LIBRO HOMENAJE A

LAS INSTITUCIONES FUNDAMENTALES DEL DERECHO
ADMINISTRATIVO Y LA JURISPRUDENCIA VENEZOLANA
DEL PROFESOR ALLAN R. BREWER-CARÍAS

EN EL CINCUENTA ANIVERSARIO
DE SU PUBLICACIÓN 1964-2014

LIBRO HOMENAJE A

LAS INSTITUCIONES FUNDAMENTALES DEL DERECHO ADMINISTRATIVO Y LA JURISPRUDENCIA VENEZOLANA

DEL PROFESOR
ALLAN R. BREWER-CARÍAS

EN EL CINCUENTA ANIVERSARIO DE SU PUBLICACIÓN 1964-2014

(Con el texto íntegro del libro homenajeado)

COORDINADOR
JOSÉ IGNACIO HERNÁNDEZ

Autores

JESÚS MARÍA ALVARADO	GUSTAVO LINARES
BETTY ANDRADE	GLADYS DEL V. MATA MARCANO
MARILENA ASPRINO	HENRIQUE MEIER
ALEJANDRO CANÓNICO	JOSÉ ANTONIO MUCI
MARÍA ALEJANDRA CORREA	CLAUDIA NIKKEN
MARGARITA ESCUDERO	COSIMINA PELLEGRINO
CARLOS GARCÍA SOTO	FREDDY ORLANDO
JOSÉ VALENTÍN GONZÁLEZ	MIGUEL ANGEL TORREALBA
JOSÉ IGNACIO HERNÁNDEZ G.	DANIELA UROSA
LUIS ALFONSO HERRERA	

EDITORIAL JURÍDICA VENEZOLANA
2015

©   Editorial Jurídica Venezolana
      Allan R. Brewer-Carías
      Hecho el Depósito de Ley
      ISBN: 978-980-365-281-4
      Depósito Legal: 54020153405

      Editado por: Editorial Jurídica Venezolana
      Avda. Francisco Solano López, Torre Oasis, P.B., Local 4, Sabana Grande,
      Apartado 17.598 – Caracas, 1015, Venezuela
      Teléfono 762.25.53, 762.38.42. Fax. 763.5239
      http://www.editorialjuridicavenezolana.com.ve
      Email fejv@cantv.net

      Impreso por: Lightning Source, an INGRAM Content company,
      para Editorial Jurídica Venezolana International Inc.
      Panamá, República de Panamá.
      Email: editorialjuridicainternational@gmail.com

      Diagramación, composición y montaje
      por: Francis Gil, en letra Times New Roman, 10,5
      Interlineado 11, Mancha 19 x 12.5 cm, libro: 24.4 x 17 cm.

SUMARIO

Tercera Parte:
LA TEORÍA DE LOS CONTRATOS ADMINISTRATIVOS

Cuarta Parte:
LOS RECURSOS ADMINISTRATIVOS

Quinta Parte:
LA JURISDICCIÓN CONTENCIOSO-ADMINISTRATIVA

NOTA SOBRE LA HISTORIA DE
LAS INSTITUCIONES FUNDAMENTALES DEL DERECHO ADMINISTRATIVO Y LA JURISPRUDENCIA VENEZOLANA, 1964

Allan R. Brewer-Carías

Escribir una Tesis doctoral nunca ha sido tarea fácil, y menos aún hacerlo en solitario, sin tener la oportunidad de confrontar con alguien las tesis mismas que uno va vislumbrando, las ideas matrices que uno va desarrollando, la sistemática escogida para exponerlas, y el texto mismo de los capítulos que uno va escribiendo. Eso de concebir y escribir una tesis en solitario, normalmente no se hace, pues usualmente el doctorando tiene alguien con quien confrontar todo lo que piensa, un tutor, un director, un profesor amigo, en fin, un interlocutor académico.

Yo, lamentablemente, no tuve el privilegio de tener esa oportunidad, y al contrario, me tocó concebir, elaborar y redactar mi Tesis doctoral: *Las instituciones fundamentales del derecho administrativo y la jurisprudencia venezolanas*, en solitario.

Ello, por supuesto, como todo en la vida, tiene una razón: Al graduarme de abogado en la Universidad Central de Venezuela en agosto de 1962, en virtud de la beca que automáticamente me había concedido la Universidad y que se otorgaba a quienes se graduaban con la mención *Suma Cum Laude*, yo había programado y decidido viajar a Francia a seguir los cursos de postgrado de derecho administrativo en la Facultad de Derecho de la Universidad de París. El profesor Antonio Moles Caubet, Director del Instituto de Derecho Público de la Universidad, con quien había estado trabajando como auxiliar de investigación a medio tiempo durante los dos últimos años de mi carrera (1960-1962), me había estado aconsejando, y entre Francia e Italia, ya desde hacía casi un año habíamos elegido Francia, por lo cual, entre todas las actividades de mi último año de la carrera de derecho, durante el cual además de contraer matrimonio con Beatriz y de que diera a luz nuestro primer hijo, estuvo la de comenzar a estudiar y aprender francés para el viaje.

Durante los mismos dos últimos años de mis estudios en la Facultad, y con el acuerdo del profesor Moles, también tuve la oportunidad de desempeñarme como auxiliar de investigación, en el otro medio tiempo del cual disponía (las noches eran para estudiar), en el Instituto de Codificación y Jurisprudencia del Ministerio de Justicia, el cual entonces dirigía el profesor Juan Porras Rengel. Allí, con la formación académica e inclinación que ya yo claramente tenía desde estudiante hacia el derecho administrativo, en lugar de dedicarme a analizar y fichar la doctrina de las sentencias de los tribunales de instancia, que era lo que regularmente hacían los investigadores, todos con una clara inclinación hacia el derecho privado (recuerdo que estaban, además de Porras Rengel, los entonces jóvenes profesores Gert Kummerow y Alberto Pérez Alemán), le expliqué a Porras mi interés y el interés que había por estudiar y fichar las sentencias en materia administrativa y constitucional de la Corte Suprema de Justicia (en Sala Político Administrativa y Corte Plena) que había recién comenzado a funcionar en 1961, y de la anterior Corte Federal, las cuales no se estudiaban en el Instituto, ni en general habían sido estudiadas y menos recopiladas en los últimos lustros.

Accedió Juan Porras a mi petición, y allí me dediqué de lleno al estudio de la jurisprudencia constitucional y administrativa venezolana, habiéndome encontrado con una auténtica "mina" de material académico, riquísima por cierto, pero ignorada o abandonada, que comencé a estudiar con toda calma y detalle, con la formidable técnica de investigación de jurisprudencia que aprendí en el Instituto. El resultado de mi trabajo de dos años de investigación del material de sentencias de la Corte Suprema de Justicia que tuve a mi disposición, fue la elaboración de un conjunto de fichas de jurisprudencia que abarcó un período de doce años, 1950-1962, y que comprendían materialmente todas las materias del derecho público, pero cuya existencia y contenido era completamente desconocido en el país. En pocas palabras: nadie sabía en Venezuela en ese entonces, que el Corte Suprema de Justicia había sentado doctrina, y tan importante, en materialmente todos los aspectos importantes del derecho constitucional y, particularmente, del derecho administrativo. Tal era el desconocimiento de ello, que por ejemplo, durante toda mi carrera de derecho (1957-1962), nunca, profesor alguno hizo referencia, ni citó ni mencionó alguna sentencia de la antigua Corte Federal o de la Corte Suprema de Justicia en apoyo de algún aspecto específico de las disciplinas de derecho público. De mi "descubrimiento" le hablé al profesor Moles, y también al profesor Gonzalo Pérez Luciani, quien había sido mi profesor de derecho administrativo, y a quien incluso le ofrecí dejarle una copia de todo mi archivo de fichas, las cuales transcribió a máquina para él, con toda eficiencia (aún no habían fotocopiadoras), su secretaria Quelita Luciani, quien luego sería por muchos lustros la secretaria de mi socio Alberto Baumeister, en nuestro Escritorio *Baumeister & Brewer*.

A comienzos de septiembre de 1962, apenas graduado, y tal como lo había planificado con Beatriz, viajé a Paris para inscribirme en los Cursos del Tercer Ciclo de Derecho Administrativo en la Facultad de Derecho de la Universidad de París, donde ya había aplicado, teniendo como equipaje, además de mi maleta y algunos libros, un gran baúl de metal, de los viejos, lleno de las fichas de jurisprudencia de los doce años de sentencias (1950-1962) de la antigua Corte Federal y de la Corte Suprema de Justicia que había recopilado. Hasta ese momento sabía de la riqueza de mi hallazgo y cargamento, el cual sin embargo, aún era materia prima que requería análisis y estudio. Me dediqué a ello los primeros meses de instalarme en París, mientras esperaba que llegara Beatriz junto con Allan, el hijo mayor. A medida que avancé en el estudio de la jurisprudencia, buscaba apartamento para instalarme y esperaba para recibir a mi familia, y, además, seguía con atención los cursos de los profesores Marcel Waline, por cuyo libro *Droit Administratif* yo había estudiado derecho administrativo en 1958-1959; René Charlier; y Charles Eisenman, este último, gran profesor y polemista, alumno de Hans Kelsen; cursos todos impartidos en los grandes anfiteatros de la planta baja del viejo edificio de la entonces Facultad

de Derecho de la Universidad de Paris, en la *Place du Panthéon*, en los mismos anfiteatros donde casi treinta años después, a mí me tocó impartir clases.

Para ese momento, el proyecto que tenía en mente era seguir dichos cursos del
tercer ciclo y luego pasar a redactar mi tesis para la obtención del Doctorado de
Universidad de la Facultad de Derecho de Paris, para lo cual ya había comenzado a
redactar, con la idea de estudiar y exponer, comparativamente con la situación en
Francia, alguno de los grandes temas del derecho administrativo en Venezuela, todo
lo cual comenzaba a vislumbrar como consecuencia del estudio sistemático que iba
haciendo de la jurisprudencia venezolana. Ningún otro lugar era el más adecuado
para acometer ese estudio comparado que no fuera Paris, siendo que en Francia, el
derecho administrativo no fue ni es otra cosa que lo que ha venido decidiendo el
Consejo de Estado, trabajado y reelaborado por la doctrina. Mi propósito era poder
decir, una vez concluida la Tesis, que en comparación con el derecho francés también se podía hablar de una doctrina venezolana de derecho administrativo.

Desde que llegué a Paris, y durante los nueve meses que siguieron hasta mayo de
1963, además de redactar los ensayos regulares que se nos exigía en los cursantes de
doctorado, me fui sumergiendo cada vez más, basado en el estudio que había hecho
de la jurisprudencia venezolana recopilada, en la redacción del libro que siempre
pensé que sería la base de mi tesis para París, en la cual, además, fui confrontando
comparativamente mis hallazgos con lo expuesto por la doctrina de derecho administrativo del momento en Francia, Italia y España. Esto último, por supuesto, me
exigió un extraordinario esfuerzo personal, que requirió todas las horas imaginables
de dedicación, habiendo escrito el texto íntegramente a mano, entre septiembre de
1962 y mayo de 1963, para luego re redactarlo mientras lo mecanografiaba, lo que
también hice yo mismo durante interminables horas de día y de noche, en la vieja
máquina portátil Olimpus que el profesor Pérez Luciani me había obsequiado como
regalo de grado. Él, sin duda, intuyó que la misma tendría buen uso, pues no sólo
había sido mi profesor de derecho administrativo, sino que con él yo había trabajado
como escribiente en el Juzgado Primero de Primera Instancia en lo Mercantil de Caracas, que regentó como destacado Juez.

Testigo directo de mi trabajo en Paris, como lo ha sido en todas partes posteriormente, fue Beatriz, quien tuvo a su cargo no sólo acompañarme y apoyarme en
mi aventura académica, sino llevar la casa, la cual como siempre, estuvo siempre
impecable; atender la vida cotidiana; cuidar las horas de mi trabajo, y atender el crecimiento de Allan, quien había llegado con ella a Paris de cinco meses y regresó a
Caracas de algo más de un año; todo en una ciudad maravillosa, pero en fin extraña,
teniendo además que comunicarse en francés hasta para las consultas pediátricas.
Por eso, el trabajo que concluí en Francia lo dediqué básicamente a ella, y además, a
lo que en ese momento era mi familia inmediata, a nuestro hijo Allan, y a mis padres
y hermanos.

París, por otra parte, en esa época, no era una ciudad fácil: el período de la post-
guerra no estaba demasiado lejos, y aún se sentía el rechazo por los extranjeros; el
Presidente de Gaulle seguía gobernando con la Constitución recién sancionada de
1958; los problemas derivados de la situación político militar en Argelia y los aten-
tados políticos en la ciudad, eran temas cotidianos; la economía en general no estaba

todavía en buen momento, y venía de establecerse el *nouveaux franc*, el mismo que existió hasta que se adoptó el *euro*, lo que hacía que las cuentas fueran complicadísimas, pues los parisinos se resistían a dejar de pensar en sus viejos francos con varios ceros a la derecha. Nuestro estipendio de la beca otorgada por el Consejo de Desarrollo Científico y Humanístico de la Universidad Central, incluso con el complemento que recibía del *Centre National des Oeuvres Universitaires et Scolaires*, era simplemente ajustado, de manera que casi ni nos permitió tener un televisor, para lo cual en esa época no sólo se requería un permiso previo sino que el pago de un impuesto. Siempre nos movilizamos para todas partes en la ciudad con Allan, y la única vez que lo dejamos en la casa para aventurarnos a ir al cine, fue con la compañía de un estudiante de medicina, de un grupo organizado que ofrecía el servicio de cuidar niños por horas. Sin embargo, luego de salir, pronto regresamos pues me imaginaba cuál hubiera podido ser la reacción del niño si se despertaba y se encontraba un joven barbudo atendiendo su despertar. En fin, la verdad es que a pesar de las dificultades, disfrutamos París, y hasta salimos de vacaciones en automóvil en dos oportunidades. En una de ellas incluso hasta Madrid, donde conocí a los profesores de derecho administrativo de la época, incluyendo a quien fue luego mi apreciado amigo, aun cuando algo mayor que yo, Eduardo García de Enterría. En París, en todo caso, seguí siempre trabajando, solo con la compañía de Beatriz y Allan, recordando que incluso en más de una ocasión, escribía y le daba al teclado de la máquina de escribir, con Allan sentado en mis piernas, frente al escritorio. Realmente se portaba muy bien, gracias al cuidado y atención de Beatriz.

A los pocos meses de nuestra estadía en París, sin embargo, el plan inicial que teníamos y que era permanecer allí unos dos años como mínimo, cambió abruptamente, como cambian tantas cosas en la vida. En enero de 1963, en efecto, recibí una comunicación oficial de la Facultad de Derecho de la Universidad Central de Venezuela, como la recibieron todos los que nos graduamos en el año 1962, en la cual se nos informaba del Acuerdo del Consejo Universitario de 11 de diciembre do 1962, conforme al cual teníamos la posibilidad de optar al doctorado de la Universidad Central de Venezuela, con la sola presentación de la tesis doctoral, para lo cual sin embargo, teníamos que inscribir y sostenerla durante 1963, ya que a partir de esa fecha, quien no lo hiciera, para optar al doctorado en Venezuela antes de presentar la Tesis tenía que seguir dos años de cursos de postgrado en Caracas, con el inconveniente de que en materia de derecho público no solo no existían sino que ni siquiera se habían programado.

Ello, por supuesto, me planteó un dilema vital de primera importancia que era, por una parte, el permanecer en Paris, como previsto, siguiendo los cursos de postgrado por al menos dos años más y eventualmente presentar la tesis doctoral en Francia, y en francés; o por la otra, acelerar la redacción de lo que había comenzado, pero re direccionando el trabajo directamente hacia una tesis de grado en español para Caracas, y programar el regreso para optar allá por el doctorado. Ya para ese enero de 1963 tenía buena parte de mi trabajo redactado y ya estaba consciente de la importancia que tenía mi investigación, por lo que la opción final fue la de regresar a Caracas.

Aun cuando no fue una decisión fácil de tomar, lo cierto fue que resulto ser la más acertada tanto para mí personalmente como para mi actividad profesional posterior en Venezuela, estimando que era mejor optar al doctorado de la Universidad Central de Venezuela, sobre todo cuando tenía ya un trabajo de tesis adelantado, cuya importancia ya sentía; que permanecer en París y eventualmente presentar dicho trabajo en francés para optar al doctorado allí. Lo cierto es que regresé a Caracas con una obra en mis brazos de casi ochocientas páginas mecanografiadas, como Tesis doctoral, con la seguridad de que sería más útil e importante sacarla en Caracas que presentarla en París.

Por otra parte, dejar la ciudad a la cual ya poco a poco nos habíamos habituado, tampoco fue fácil, pero también estaba seguro de que con el correr de los años, iba a tener oportunidad de volver a París en actividades académicas, lo que efectivamente ocurrió, año tras año, incluso no ya para aprender –pues eso es una actitud permanente en la vida – sino para enseñar: primero, como profesor en la Facultad Internacional para la Enseñanza del Derecho Comparado (1967), segundo, como profesor visitante en el Instituto Internacional de Administración Pública (1972-1974); tercero, como profesor asociado de los cursos de postgrado en el Tercer Ciclo de la Universidad de París II, como dije, en los mismos anfiteatros de la vieja Facultad de Derecho de la *Place du Panthéon* (1989-1990), donde casi treinta años antes había recibido clases; y por último, como profesor invitado la Universidad de París X, Nantèrre (1998).

Y así fue como regresé a Caracas en junio de 1963 a inscribir mi tesis doctoral, habiendo además despejado las dudas sobre la actividad profesional que me exigía el regreso anticipado, y que se materializó con mi incorporación al Instituto de Derecho Público como profesor investigador, lo que estaba asegurado, en combinación con la oferta que había recibido del profesor José Alberto Zambrano Velasco quien era el consultor jurídico del Ministerio de Justicia, para que me incorporara a la Consultoría como su consultor adjunto, cargo que ocupé durante algo más de un año desde que regresé a Caracas.

Pero el tema central académico que planteaba mi regreso era sin duda la inscripción de mi tesis, para lo cual, conforme lo requería el Reglamento respectivo, se exigía de un Tutor, quien incluso debía redactar un informe sobre la misma. Era claro que para ello no podía pensar en nadie más que pudiera apreciar el trabajo que había hecho, como dije, en solitario, fuera de Caracas, que no fuera el profesor Antonio Moles Caubet. Con él había trabajado como auxiliar de investigación antes de irme, y había planificado mi viaje a Paris; y con él comenzaba a trabajar en el Instituto como investigador en ese regreso. Moles con gusto aceptó el encargo, se estudió el manuscrito y en enero de 1964 presentó su Informe, que fue exactamente una evaluación de resultado de una tesis que recibió completamente redactada, destacando – decía - "el acopio de datos básicos, lo que confiere al estudio efectuado la seriedad propia de una auténtica tesis doctoral," e indicando entre otros conceptos que:

> "El autor ha hecho una exposición clara, precisa y contraída a sus metas, con un estilo fluido que facilita su lectura. El enfoque temático va proyectándose, en todo momento, conforme a una rigurosa metodología. En efecto, las categorías jurídicas que ha logrado establecer la avanzada evolución del Derecho Administrativo científico, sobre todo en Francia, Ita-

lia y asimismo ahora en España, sirven de arquetipo para contrastar sus coincidencias y discrepancias con la doctrina jurisprudencial venezolana que en el transcurso de los tres últimos lustros ha ido adquiriendo una cierta unidad sistemática. En tal sentido la obra comentada del abogado Brewer representa el intento, perfectamente logrado, de hacer una exposición comparativa del derecho administrativo venezolano que, a través de semejante prisma categorial, permite ser bien conocido y valorado."

Destacó así Moles, entre otros aspectos, la utilización que había hecho "del método comparativo," lo cual sin duda marcó el inicio de mi dedicación al derecho comparado y que me llevaría décadas después a la Vicepresidencia de la *Académie Internationale de Droit Comparé*; considerando entre "otros logros," que ello me había obligado a "depurar los conceptos jurídicos, lo que impone, simultáneamente, la ineludible escrupulosidad terminológica" habiendo destacado como ejemplo lo que expuse "a propósito de la 'usurpación de autoridad', la 'usurpación de funciones', 'extralimitación de atribuciones', 'abuso o exceso de poder' y 'desviación de poder'."

Moles, además, muy generosamente, destacó en su Informe lo que consideró como aciertos que sobresalían en la Tesis, que a su juicio "consisten en la precisión dentro de la sobriedad, el acopio selectivo de datos, el tratamiento dado al temario y la sencillez del lenguaje, sin detrimento de su rigor técnico, todo lo cual añade a este trabajo una cualidad evidentemente didáctica," apreciando que durante mi estadía en Francia, supe "aprovechar en París las enseñanzas de los mejores maestros y el abundante material bibliográfico de las Bibliotecas especializadas, todo lo cual queda reflejado en la excelente calidad y abundante cantidad de la bibliografía manejada." De lo anterior, Moles concluyó que procedía "considerar la Memoria o tesis doctoral presentada como investida de cuantos requisitos, de forma y contenido, precisan reglamentariamente para someterse a examen y sucesivo veredicto del Jurado que a tal efecto se designe," llamando la atención a las autoridades de la Facultad "respecto a las cualidades constitutivas de las tesis doctorales" durante el interregno del periodo especial de presentación de tesis en 1963, "en congruencia con tal nivel que debe corresponder al máximo grado académico," considerando incluso que el trabajo que yo había elaborado "habría de representar la medida exigible."

Mucho le agradecí a Moles su generoso Informe, estando yo seguro que él, tanto como yo, estábamos conscientes de la importancia del trabajo presentado, sobre todo por la experiencia que él tenía por haber estado tutorando, en y desde el Instituto de Derecho Público, durante los tres lustros precedentes, desde cuando llegó al mismo en 1948, la elaboración y presentación de las viejas tesis de grado en materias de derecho público de los antiguos Doctores en Ciencias Políticas y Sociales que era requisito de grado hasta 1958. Él sabía bien de qué se trataba elaborar una tesis doctoral y de qué se trataba el trabajo presentado.

Desde que regresé a Caracas, y específicamente a partir de octubre de 1963, comencé como investigador en el Instituto de Derecho Público y, además, como profesor interino, a dar los cursos de *Derecho Administrativo I* y *Derecho Administrativo II*. Luego de que el profesor Moles presentó su Informe, se designó el Jurado para evaluar la Tesis, integrado por los profesores Gonzalo Pérez Luciani, Enrique Pérez Olivares, y Tomás Polanco, quienes formularon su Veredicto el 24 de abril de 1964, expresando, también muy generosamente, que por cuanto la misma "reúne condiciones excepcionales de trabajo y distingue al autor por su extraordinaria dedicación a la investigación, al estudio y a la interpretación del Derecho, amerita un reconocimiento especial de la Universidad, por lo cual este Jurado examinador recomienda su publicación y le otorga la más alta mención honorífica permitida por los Reglamentos Universitarios" que era la mención *Suma Cum Laude*.

Como he dicho, yo tenía conciencia de lo que había escrito, de manera que si bien esperaba o aspiraba la recomendación del Jurado para la publicación de la Tesis, el premio otorgado de "la más alta mención honorífica permitida por los Reglamentos Universitarios" fue una satisfacción muy grande. Los tres integrantes del Jurado habían sido mis profesores, conocían bien mi trabajo, y luego, con el correr de los años, pude contar con la amistad de todos.

Habiendo sido recomendada la publicación, era obvio que el libro saldría publicado en la Colección de tesis doctorales de las ediciones de la Facultad de Derecho de la Universidad Central de Venezuela, para lo cual el mismo sería impreso en la Imprenta Universitaria. Ya yo había incursionado desde 1958 en el mundo editorial, tanto como colaborador en la edición de la *Revista Arte y Letras*, como director y editor del periódico estudiantil *Opinión,* por lo que una vez decidida la publicación del libro, me presenté personalmente con el manuscrito mecanografiado a la Imprenta Universitaria que funcionaba en los sótanos del edificio de la Biblioteca de la Universidad Central de Venezuela. Hablé con el Director y éste me puso en contacto con el Jefe del Taller, Sr. Vázquez, un maestro editor, de quien aprendí el arte de la edición de libros. Lo cierto fue que todos los días pasaba por la Imprenta bien temprano en la mañana, antes de ir a la Facultad, para ver los avances del diseño, del levantado de textos en los linotipos, de la corrección de galeras, del levantamiento de las cajas de las páginas, en fin, de todo el proceso de edición hasta que el libro estuvo disponible al público. El aprendizaje que tuve durante esos meses del arte de la edición e impresión de libros, fue definitivo, de manera que desde entonces nunca más me aparté del mundo editorial, lo que me llevó a fundar la *Editorial Jurídica Venezolana* y luego en 1980, la *Revista de Derecho Público*.

El libro en todo caso, tuvo fortuna, se utilizó como manual en los cursos de derecho y como texto de consulta profesional en la materia, y recibió el *Premio Luis Sanojo* de la Fundación Rojas Astudillo (1963-1964), que para ese entonces era el premio más importante del país para obras jurídicas.

Como lo expresé en la Presentación del libro, la verdad es que no era yo el llamado a escribir por primera vez en Venezuela sobre la "Teoría General del Derecho Administrativo *venezolano actual,*" tarea que estimé debió haber correspondido a los profesores de la Facultad que me precedieron en la Cátedra. Sin embargo, era evidente que para ello, debía haber el conocimiento previo de la jurisprudencia, que era la única vía para poder saber qué y cuánto de venezolano tenía nuestro derecho administrativo y cuán actual podía ser la aproximación a la materia. Como antes señalé, desafortunadamente la jurisprudencia era absolutamente desconocida, no había habido interés, curiosidad ni investigación alguna sobre ella, siendo yo el único privilegiado que había tenido acceso a la misma, por el estudio, como estudiante, de los originales de una a una de las sentencia del Corte Suprema de Justicia, a lo que había dedicado muchas horas de trabajo. En realidad, el material estaba allí, en los anales o copiadores de sentencias, pero nadie lo había descubierto. Me tocó a mí hacerlo, y no sólo lo utilicé apropiadamente, sino que desde entonces me propuse divulgar la jurisprudencia, a lo que dediqué artículos, libros, recopilaciones (*Jurisprudencia de la Corte Suprema 1930-1974 y estudios de derecho administrativo*, 8 volúmenes, Caracas 1975-1979), e incluso, desde 1980, las páginas de la *Revista de Derecho Público*.

Por esas fallas en la investigación jurídica que existían a comienzos de los sesenta, fue que afirmé en la Presentación del libro que algunas veces se había dudado de la existencia misma de las propias bases fundamentales del derecho administrativo en el ordenamiento jurídico venezolano, y de la posibilidad real de la sumisión de la Administración a la legalidad; particularmente porque la enseñanza de la teoría en la materia estaba basada exclusivamente en lo que habían escrito autores extranjeros sobre el derecho administrativo, pero sin conexión alguna con la realidad del ordenamiento jurídico venezolano. Por ello, frente a esa percepción, al destacar el propósito de la tesis señalé que era demostrar que sí podía hablarse en Venezuela, con propiedad, de la existencia de un derecho administrativo, particularmente por lo que nos enseñaba la jurisprudencia, y que, por tanto, después de años de autoritarismo, sí podíamos calificar a nuestro sistema como de Régimen Administrativo, con una Administración sometida a la Ley, y por ello, responsable ante los administrados por su actuación ilegítima.

Por ello, también mencioné en la Presentación, que mi intención con el libro era llenar el vacío que para ese momento existía de obras nacionales en la materia, y así ayudar a los estudiantes de nuestras Facultades de Derecho y a los profesionales preocupados, en la iniciación al estudio o en el estudio de la teoría general del derecho administrativo venezolano, pues sin duda, en ese entonces, nuestra disciplina jurídica había sido quizás la menos afortunada en cuanto a estudios doctrinales se refiere, excepción hecha de la obra de nuestro primer y entonces único tratadista, J. M. Hernández Ron publicado en los años cuarenta. Pretendía, por tanto, con el libro, comenzar a llenar el vacío que hasta ese momento existía, y que coincidentemente también se había comenzado a llenar con el *Manual de Derecho Administrativo* del profesor Eloy Lares Martínez, editado en Caracas por la misma Imprenta universitaria en junio de 1963, cuando yo ya había concluido mi Tesis.

Una Tesis de doctorado, en todo caso, sea que se considere por muchos como el punto de culminación de la actividad académica, y para otros muchos, como el comienzo de la misma, en todo caso, marca una etapa de enorme importancia en la formación académica, a la cual sin duda contribuyeron los profesores que uno tuvo en la Universidad, razón por la cual, al concluirla pensé era el momento adecuado para recordar y reconocer a aquellos que especialmente fueron de mayor importancia en la formación de uno. Por ello, en la Presentación quise dejar constancia de mi profunda gratitud a todos mis profesores de la Facultad de Derecho de la Universidad Central de Venezuela, a quienes debí mi formación jurídica universitaria, y muy especialmente a mis profesores de derecho administrativo, los profesores Gonzalo Pérez Luciani y Tomás Polanco, al profesor Antonio Moles Caubet, bajo cuya dirección me inicié en el estudio del derecho administrativo en Venezuela, y a los profesores Florencio Contreras Quintero, Arístides Calvani, Gustavo Planchart Manrique, Emilio Pittier Sucre, Gert Kummerow, Enrique Pérez Olivares, Arminio Borjas h. y Joaquín Sánchez–Covisa, de quienes aprendí, a lo largo de mis estudios de derecho en la Facultad, la virtud del método en la disciplina jurídica; y sobre todo, que el derecho sólo se aprende leyendo, que es como también se aprende a escribir.

Muchos años han pasado desde aquellos tiempos de 1963, cuando concluí la redacción de mi Tesis y regresé a Caracas a asumir el reto de comenzar una vida académica y profesional, que afortunadamente, cincuenta años después, no ha cesado. Las ideas y los propósitos iniciales ciertamente se han multiplicado, pero en ningún caso ha cambiado el sentido de la labor del investigador que siempre he sido, y que no es otro que el servir a los demás, mediante la búsqueda, análisis y divulgación de los conocimientos, para contribuir con el avance de la ciencia del derecho público, en particular del derecho administrativo y del derecho constitucional.

Algo de ello lo he logrado, y allí, al menos, está ya el testimonio de buena parte de lo hecho, en los primeros seis tomos de mi *Tratado de Derecho Administrativo* ya publicados (6.000 páginas aproximadamente, 2013), y en los primeros quince tomos de mi *Tratado de derecho Constitucional* también ya publicados (17.000 páginas aproximadamente, 2014-2015), en los cuales he recopilado buena parte de mi obra de medio siglo. Y quizás ello es lo único que explica que cincuenta años después de publicada la Tesis, este grupo destacado de jóvenes profesores de derecho hayan decidido participar en este *Libro Homenaje* que tan generosamente ha coordinado el profesor José Ignacio Hernández G.

A todos ellos, de nuevo, mi profundo agradecimiento por el honor que me han conferido al preparar su trabajos los cuales, asomándose a lo que escribí hace cinco décadas, con lo cual, sin duda, contribuirán a la comprensión de nuestra disciplina.

New York, mayo 2015.

LAS INSTITUCIONES FUNDAMENTALES DEL PROFESOR ALLAN R. BREWER-CARÍAS EN EL DERECHO ADMINISTRATIVO VENEZOLANO
Una breve perspectiva histórica

José Ignacio Hernández G.

Profesor de Derecho Administrativo en la
Universidad Central de Venezuela y la
Universidad Católica Andrés Bello

INTRODUCCIÓN

En el mes de septiembre de 1964 la Imprenta Universitaria imprimió el libro –primero– de Allan R. Brewer-Carías, intitulado *"Las instituciones fundamentales del Derecho Administrativo y la Jurisprudencia venezolana".* El libro contenía la Tesis Doctoral redactada entre 1962 y 1963 en París, según explicó el profesor Antonio Moles Caubet en el informe rendido en enero de ese año en su condición de Director de la Tesis.

Así, el viernes 24 de abril de 1964 el Jurado designado para la evaluación de la Tesis Doctoral en la Universidad Central de Venezuela rindió su veredicto, bajo el número 72, suscrito por los profesores Gonzalo Pérez Luciani, Enrique Pérez Olivares y Tomás Polanco Alcántara. El veredicto aprobó la Tesis con la más alta mención honorífica y recomendó su publicación, hecho que, como vimos, se concretaría meses más tarde. Para ello, el Jurado consideró que la Tesis *"reúne condiciones excepcionales de trabajo y distingue al autor por su extraordinaria dedicación a la investigación, al estudio y a la interpretación del Derecho".*

En la *Nota Introductiva* que precedió a la Tesis, Brewer-Carías, como es usual, explicó la motivación de ese trabajo de investigación. La nota comienza con una frase que permite valorar esa obra dentro de la historia del Derecho administrativo venezolano, que es el propósito de este breve ensayo[1]:

---

1   Todos estos datos se toman de la primera edición de la Tesis, publicada en la *Colección Tesis de Doctorado, Volumen IV,* Publicaciones de la Universidad Central de Venezuela, Facultad de Derecho, Caracas, 1964. La reimpresión de esa Tesis, de Editorial Arte (1974), puede ser vista, en digital, en la página de

"Ciertamente, no era yo el llamado a escribir por primera vez en Venezuela sobre la Teoría General del Derecho Administrativo *venezolano actual"* (destacado en original).

Lo que se afirma en esa frase es que *"Las instituciones"* venía a ser el primer texto sobre la *teoría general del Derecho venezolano actual.* Es decir, que antes de esa Tesis, no existía ningún estudio que cumpliera con esas dos condiciones, o sea, ser una teoría general, pero del Derecho administrativo *venezolano actual*[2]. Las dos últimas palabras, acotamos, fueron destacadas en original. ¿La frase era exacta, o se trataba más bien de una expresión, por demás común, que pretende exaltar los aportes de toda Tesis Doctoral?

En este ensayo, precisamente, explicaremos por qué esa frase de Brewer-Carías es exacta. Para ello volveremos sobre algunos aspectos de la historia del Derecho administrativo venezolano. Pues en efecto, en 1962, cuando Allan Brewer-Carías comenzó a escribir su Tesis, el Derecho administrativo venezolano no había sido sistematizado, pues derivaba de una dispersa jurisprudencia y legislación formada, principalmente, bajo el autocrático régimen de Juan Vicente Gómez. Tal sistematización correspondió, así, a Allan R. Brewer-Carías, junto con el *Manual* de Eloy Lares Martínez[3].

Allan R. Brewer-Carías: http://www.allanbrewercarias.com/Content/449725d9-f1cb-474b-8ab2-41efb849fea5/Content/II.1.1%20(TESIS)%201964.pdf

[2] Citando a Jesús González Pérez, explica Brewer-Carías que la ausencia de esa teoría general respondía a un vacío de la investigación venezolana. Hasta tal punto existe ese vacío (comenta Brewer-Carías) que *"se ha dudado de las propias bases fundamentales del Derecho Administrativo en el ordenamiento jurídico venezolano, y de la posibilidad real de la sumisión de la Administración a la Legalidad".* Sobre esta hipótesis, y con rigurosidad científica, Brewer-Carías enuncia el método empleado para comprobarla: *"al contrario, con este estudio pretendo demostrar que sí puede hablarse en Venezuela, con propiedad, de la existencia de un Derecho Administrativo y, por tanto, que podemos calificar a nuestro sistema como de Régimen Administrativo. La Administración, en nuestro sistema jurídico, está sometida a la Ley, y por ello es responsable ante los administrados por su actuación ilegítima"* (pp. 13-14). La expresión "régimen administrativo" se empleó, en nuestra opinión, conscientemente, o sea, en el sentido francés de esa expresión.

[3] Como advierte el propio Brewer-Carías en su *Nota Introductiva,* cuando la Tesis Doctoral fue culminada, en 1963, apareció la primera edición del *Manual de Derecho Administrativo* de Eloy Lares Martínez. Fue por ello que Brewer-Carías no pudo leer ese libro para redactar su Tesis. Se trata, así, de dos obras paralelas. Al celebrarse el cuarenta aniversario de publicación del *Manual,* preparamos, junto con el profesor Enrique Pérez Olivares –testigo histórico de esa época- un libro homenaje a esa obra, en la cual destacamos su valor histórico. *Cfr.: El Derecho administrativo venezolano en los umbrales del siglo XXI. Libro homenaje al Manual de Derecho administrativo de Eloy Lares Martínez,* Universidad Monteávila-Editorial Jurídica Venezolana, Caracas, 2004. Más recientemente, y de manera conjunta con la Academia de Ciencias Políticas y Sociales, organizamos la jornada en conmemoración del centenario del natalicio de Eloy Lares Martínez y al cincuentenario de la edición de su *Manual.* De las ponencias realizadas en esas Jornadas, es particularmente relevante para este breve ensayo, la intervención de Brewer-Carías "Eloy Lares Martínez, un administrativista integral", en: http://www.allanbrewercarias.com/Content.aspx?id=449725d9-f1cb-474b-8ab2-41efb849fea2

I. LOS ANTECEDENTES HISTÓRICOS DE LA TESIS DOCTORAL DE ALLAN R. BREWER-CARÍAS: LA FORMACIÓN DEL DERECHO ADMINISTRATIVO VENEZOLANO EN EL PRIMER TERCIO DEL SIGLO XX

El presupuesto básico del Derecho administrativo es la existencia de una *Administración*. A su vez, el presupuesto necesario para que exista Administración es la existencia del Estado. Pero no de cualquier Estado, sino de lo que se ha denominado el *Estado moderno*[4].

Como es sabido, el concepto de Estado es nuevo. Con esa palabra quiere aludirse a la organización social que ejerce un poder único y unitario, denominado soberanía. Ese rasgo unitario del Estado fue consecuencia de la paulatina evolución de las distintas formas de organización social, en un proceso que podría considerado decantado con ocasión a las monarquías absolutas. Es a partir de ese momento que puede identificarse, con exactitud, la presencia de una Administración[5].

Se trata, obviamente, de un proceso evolutivo. El Estado moderno es una organización cuyo origen no puede afirmarse específicamente, en tanto responde a un proceso caracterizado por signos de continuidad y ruptura. En cualquier caso, solo puede estudiarse a la Administración, y por ello al Derecho administrativo, desde el Estado. De allí que el Derecho administrativo sea considerado un *Derecho estatal*[6].

Aplicando esta hipótesis a Venezuela, entonces, debemos concluir que la Administración es una figura propia del *Estado moderno* venezolano. ¿Y cuándo se consolida ese Estado?

Una primera respuesta es que el Estado moderno venezolano nace con ocasión a la independencia. En concreto, nacería con la aprobación de la Constitución de 1811. La respuesta apunta al origen jurídico del Estado, no a su sustrato político-social. ¿Existía realmente el Estado moderno venezolano, como un poder unitario y unificador, a partir de 1810? No creemos que la respuesta sea positiva. El Estado del siglo XIX, en palabras de Pino Iturrieta, fue un *País archipiélago,* fragmentado política, social y territorialmente[7].

A partir de 1899 tal condición comenzará a cambiar, en parte, pues la Administración comienza a actuar como base institucional del poder, como ha observado Ramón J. Velázquez[8]. Castro, en efecto, inició un proceso de centralización del Estado nacional, basado en la consolidación de una Administración nacional central.

---

4 Principalmente, *vid.* Giannini, Massimo Severo, *Derecho administrativo,* Ministerio para las Administraciones Públicas, Madrid, 1991, pp. 37 y ss.

5 Por todos, *vid.* Heller, Herman, *Teoría del Estado,* Fondo de Cultura Económica, México D.F., 2002, pp. 169 y ss.

6 Brewer-Carías, Allan, *Derecho administrativo. Tomo I,* Universidad Externado de Colombia/Universidad Central de Venezuela, Caracas, 2005, p. 185.

7 *País archipiélago, Venezuela, 1830-1858,* Fundación Bigott, Caracas, 2004, pp. 210 y ss.

8 *La caída del liberalismo amarillo. Tiempo y drama de Antonio Paredes,* Grupo editorial norma, Caracas, 2005, pp. 43 y ss.

La labor fue continuada y perfeccionada por Gómez, quien por tal razón, ha sido considerado el fundador del Estado venezolano[9].

La apreciación puede cuestionarse, pues da a entender que el Estado venezolano "nació" con Gómez, y que antes, por ello, no había Estado. Es una apreciación que debe corregirse. Se ha dicho ya que la formación del Estado moderno es un proceso paulatino, de grados. El Estado venezolano no "nació" con Gómez. Más bien debe apuntarse que bajo el régimen de Juan Vicente Gómez, se consolidó el proceso de formación del Estado nacional venezolano[10].

Se trató de un proceso consciente, además. Gómez entendió que la centralización del poder –o centralización de *su* poder- requería imponer el orden y la paz, lemas característicos de su régimen. Aquí se apreció la influencia de los positivistas, quienes entendían que era necesario incidir, desde el Estado, en las condiciones materiales imperantes. Para ello, casi sobra decirlo, era necesario ordenar una Administración centralizada, que permitiese imponer el orden y la paz. Una idea que quedó muy bien planteada en el *Congreso de Municipalidades de Venezuela* de 1911, bajo la coordinación de César Zumeta[11].

Se insiste que el proceso se había iniciado con Castro, a quien se debe un hecho trascendental: la fundación del *Ejército Nacional*. Gómez continuará esa labor, haciendo de la Administración –y dentro de ella, del Ejército- un pilar básico de su dominación. Partiendo de la idea cardinal de *orden*, fue preciso regular la actuación de esa Administración a través de Leyes, denominadas entonces *Leyes administrativas*.

Fue precisamente el crecimiento paulatino de las Leyes administrativas lo que llevó a la Universidad Central de Venezuela a proponer la necesidad de crear una clase específica de Derecho administrativo[12]. Esa asignatura era enseñada, pero siempre conjuntamente con otras disciplinas y siempre de manera accesoria. A inicios del régimen de Gómez (1908), se enseñaba conjuntamente con el curso de Derecho constitucional. Sin embargo, se consideró que el número de Leyes administrativas había crecido tanto, que su lectura no era ya posible dentro del mismo curso destinado al estudio del Derecho constitucional. La asignatura debía separarse.

9　　Basta dos referencias concretas, sin perjuicio de un análisis más detenido que excede los límites de este ensayo. *Vid.* Caballero, Manuel, *Gómez, el tirano liberal,* Alfadil ediciones, Caracas, 2007, pp. 345 y ss., y Quintero, Inés, *El ocaso de una estirpe,* Editorial Alfa, Caracas, 2006, pp. 85 y ss. Para una perspectiva jurídica, *vid.* Brewer-Carías, Allan, Brewer-Carías, Allan, *El desarrollo institucional del Estado centralizado en Venezuela (1899-1935) y sus proyecciones contemporáneas,* Universidad Católica del Táchira, San Cristóbal, 1988, pp. 16 y ss.

10　Véase nuestro tratamiento de este punto en Hernández G. José Ignacio, *Introducción al concepto constitucional de Administración Pública en Venezuela,* Caracas, 2011, pp. 27 y ss.

11　*El pensamiento político venezolano del Siglo XX. Documentos para su estudio. Número 9,* Congreso de la República, Ediciones Conmemorativas del Bicentenario del Natalicio del Libertador Simón Bolívar, Caracas, 1983, pp. 3 y ss.

12　*Memoria que presenta el Ministro de Instrucción Pública al Congreso de los Estados Unidos de Venezuela en sus sesiones de 1909,* Caracas, Empresa El Cojo, p. XXXVI.

Tal fue la propuesta considerada por la Universidad Central y que fue sometida a la aprobación del Gobierno de Castro. El trámite siguió su curso al margen de las tensiones políticas del momento, hasta que culminó con el Decreto presidencial que autorizaba la creación de la clase de Derecho administrativo como asignatura independiente. El Decreto, fechado el 4 de enero de 1909, fue firmado por Gómez, quien ejercía ese cargo –como Vicepresidente- luego de los sucesos de diciembre de 1908.

La creación de la clase de Derecho administrativo fue una decisión basada en la realidad imperante, y no en consideraciones abstractas. Como el número de Leyes había crecido tanto, era necesario proceder a su estudio en una clase autónoma, lo que correspondió al primer profesor del curso, Federico Urbano. El problema entonces era la falta de textos, incluso, la dificultad de ubicar las Leyes vigentes. Para suplir esa carencia, el profesor Urbano publicó en la *Revista Universitaria,* su curso de Derecho administrativo impartido en la Universidad Central de Venezuela. Hasta donde hemos indagado, se trata del primer texto de Derecho administrativo venezolano[13].

La lectura de ese primer *Curso* permite apreciar cómo el Derecho administrativo enseñado era principalmente exegético, es decir, un comentario sistemático de las Leyes administrativas existentes. Quizás este rasgo restó interés académico a la disciplina, que incluso, en posteriores reformas curriculares, acentuó su propósito básico de estudiar las Leyes administrativas. Tendrían que pasar más de quince años para que se confeccionara un nuevo curso, a cargo del profesor Federico Álvarez-Feo[14]. A diferencia del *Curso* de Urbano, este texto –hasta donde conocemos– no fue publicado. Décadas después sería editado por familiares del profesor, pero en una edición de escasa circulación. Sólo sería con ocasión a la conmemoración del centenario de la cátedra de Derecho administrativo venezolano que la obra sería publicada, en un proyecto en el que tuvimos la honra de participar[15].

Nuevamente en ese *Curso* se aprecia el método exegético de estudio del Derecho administrativo. Ello era muy comprensible: para la década de los veinte del pasado siglo, el número de Leyes administrativas había crecido tanto, que su exposición

---

13 El texto de Derecho administrativo del profesor Federico Urbano fue publicado en la *Revista Universitaria,* a partir de los números editados desde 1910. Lamentablemente, como comprobó en su momento Hernández-Ron, luego Allan R. Brewer-Carías y, más recientemente, nosotros, estos textos están incompletos, al menos, en la Biblioteca Rojas Astudillo (Caracas). *Vid.,* Brewer-Carías, Allan, "Una pincelada histórica sobre el sistema de enseñanza del Derecho administrativo", en *Desafíos del Derecho administrativo contemporáneo, Tomo I,* Paredes, Caracas, 2009, pp. 23 y ss.

14 El segundo texto conocido de Derecho administrativo es el del segundo profesor de la Clase, Federico Álvarez Feo, correspondiente a sus clases de las década de los veinte. Brewer-Carías refiere, citando a Hernández-Ron, que estos textos nunca fueron publicados. Hay, en todo caso, una edición mimeografiada que recoge el *Curso de finanzas y leyes de hacienda* y el *Curso de Derecho administrativo* del Profesor Álvarez (Caracas, 1975). Esa versión nos fue suministrada por Henrique Iribarren, a quien nuevamente agradecemos el gesto y el interés en este proyecto.

15 Los textos de Federico Urbano y Federico Álvarez Feo, junto al artículo de Hernández-Ron citado en la siguiente nota, fueron recogidos en el libro *Textos Fundamentales del Derecho Administrativo (Cien años de la creación de la Cátedra de Derecho Administrativo de la Universidad Central de Venezuela),* Academia de Ciencias Políticas y Sociales, Caracas, Caracas, 2010, en el cual nos correspondió escribir el *estudio introductorio*

exegética era todavía más necesaria. Ello, sin embargo, afectó el desarrollo sistemático del Derecho administrativo venezolano.

J.M. Hernández-Ron, luego de analizar esta evolución, cuestionó el poco tratamiento bibliográfico del Derecho administrativo venezolano[16]. En parte, para el autor, ello respondía a la ausencia de mecanismos de formación de los funcionarios públicos, lo que reducía la efectividad práctica del Derecho administrativo. Tal vacío sería suplido por Hernández-Ron, con la publicación, a finales de la década de los treinta, de su *Tratado elemental de Derecho administrativo*. En esa obra permanecía el carácter exegético de la disciplina –como correspondía a la propia enseñanza universitaria del curso– pero se apreció un ejercicio importante de crear un sistema de Derecho administrativo[17].

El *Tratado* de Hernández-Ron fue actualizado en 1943, pero con el paso del tiempo, inevitablemente quedó desactualizado. En la década de los cincuenta podemos encontrar relevantes estudios especiales monográficos[18], incluso en artículos, pero no textos de exposición sistemática del Derecho administrativo[19].

La ausencia de esos textos era más relevante dado el cambio entonces producido en nuestro Derecho. Así, junto al crecimiento de las Leyes, comenzó a darse un fenómeno relevante: el progresivo desarrollo de una doctrina jurisprudencial. Si bien hasta la década de los treinta la Ley administrativa se ubicaba en el centro del Derecho administrativo, a partir de la década de los cuarenta el papel sería asumido por la jurisprudencia. Dos posibles causas podemos ubicar:

.- En *primer* lugar, a pesar que para la época no había en Venezuela un régimen democrático, la dictadura de Juan Vicente Gómez permitió crear un espacio de no injerencia política, dentro del cual imperaba formalmente el Estado de Derecho y, por ello, la revisión judicial por parte de la Corte Federal. Se trataba, claro está, de problemas que no afectaban a la esfera de poder, pero que permitieron el control judicial de la Administración bajo los cánones liberales y tradicionales del Estado de Derecho, y por ello, a través de técnicas relevantes de control del poder.

---

16   Hernández-Ron, J.M., "Historia del Derecho administrativo venezolano", originalmente publicado en *Revista del Colegio de Abogados del Distrito Federal*, Nº 6, Caracas, 1938, pp. 95 y ss.

17   La primera edición es de 1937. Conocemos una segunda edición, de 1943.

18   Como el *Derecho administrativo especial* de Polanco Alcántara, de 1959. Recientemente se ha reimpreso en Venezuela el trabajo del profesor Tomás Polanco Alcántara (Editorial Jurídica Venezolana, Caracas, 2012). El profesor Brewer-Carías realizó, para la ocasión, un estudio de la relevancia de esa obra (pp. IX y ss.). El curso seguía el programa del Derecho Administrativo II, dedicado a la temática especial, mientras que el Derecho administrativo I se orientaba al Derecho administrativa general. Sobre la evolución de los programas de la asignatura, *vid.,* Brewer-Carías, Allan, "Una pincelada histórica sobre el sistema de enseñanza del Derecho administrativo".

19   Nos remitimos a lo expuesto en Allan R. Brewer-Carías, "Perspectiva histórica sobre el Instituto de Derecho Público y el Derecho administrativo y su rol en la enseñanza universitaria en Venezuela", en *100 Años de la Enseñanza del Derecho Administrativo en Venezuela 1909-2009. Tomo I*, Universidad Central de Venezuela, Centro de Estudios de Derecho Público, Funeda, Caracas, 2011, pp. 11 y ss. Véase también nuestro análisis en Hernández G., José Ignacio, "Una mirada al Derecho Administrativo en el centenario de su enseñanza", en *100 Años de la Enseñanza del Derecho Administrativo en Venezuela 1909-2009. Tomo I, cit.,* pp. 38 y ss.

.- En *segundo* lugar, fue la jurisprudencia la que caracterizó al Derecho administrativo venezolano como *régimen administrativo* con la sentencia de 4 de diciembre
de 1944, en el caso *Astilleros La Guaira*[20]. Si bien la sentencia ha sido estudiada
dentro de la teoría general del Derecho administrativo, la importancia de la sentencia
va más allá. En ese fallo, y por vez primera –al menos, según la investigación que
hemos realizado– la jurisprudencia concluyó que el Derecho administrativo debía
organizarse a través de un régimen administrativo, es decir, como un Derecho autónomo, especial y exorbitante del Derecho común, centrado en privilegios y prerrogativas de la Administración.

Esas dos causas permitieron a la jurisprudencia sentar diversos controles sobre la
Administración Pública, sus formas de actuación y límites, de cara a los diversos
derechos de los administrados. Así como las *Leyes administrativas,* a inicios del
siglo XX, exigieron sistematizar exegéticamente al Derecho administrativo, la jurisprudencia, especialmente desde la década de los cuarenta, exigió una nueva sistematización del Derecho administrativo, ahora, estructurado –sin orden aparente– como
régimen administrativo.

Fue precisamente esa labor la que asumió Allan R. Brewer-Carías.

II.   EL DERECHO ADMINISTRATIVO A PARTIR DE 1958 Y LOS
ORÍGENES DE LA REPÚBLICA LIBERAL DEMOCRÁTICA. EL CONTEXTO
EN EL CUAL BREWER-CARÍAS ESCRIBIÓ SU TESIS DOCTORAL

Brewer-Carías se ha "autocalificado" como miembro de la generación de 1958[21].
Ese año no sólo terminó la dictadura de Pérez Jiménez. Además, ese año los venezolanos comenzaron a poner en práctica los principios democráticos y liberales que se
habían asumido teóricamente desde 1811, y que permitieron formar la República
Liberal Democrática.

La evolución de la Administración, como atrás señalamos, es resultado de signos
de ruptura y continuidad. Lo propio sucedió en 1958. No hubo, ese año, el nacimiento de una nueva Administración democrática. Más bien la democracia se estructuró
sobre la Administración existente, formada, como hemos vista ya, en regímenes dictatoriales. Gonzalo Pérez Luciani señaló tal condición, cuestionando cómo el Derecho administrativo continuó desarrollándose sobre Leyes y principios formados en
dictadura[22].

---

20   Antes hemos analizado este fallo desde una perspectiva histórica, en "Hacia los orígenes históricos del
      Derecho administrativo venezolano: la construcción del contrato administrativo, entre el Derecho Públi-
      co y el Derecho Privado" en *Boletín de la Academia de Ciencias Políticas y Sociales* N° 147, Caracas,
      2009, pp. 39 y ss.

21   Véase la referencia en el prólogo de Rafael Caldera al libro de Brewer-Carías, *Política, Estado y Admi-
      nistración Pública,* Editorial Ateneo de Caracas-Editorial Jurídica Venezolana, Caracas, 1979, p. 6.

22   "El control jurisdiccional de la constitucionalidad de leyes aprobatorias de tratados internacionales",
      Escritos del Doctor Gonzalo Pérez Luciani, Fundación Bancaribe, Caracas, 2013, pp. 123 y ss.

Para ese año, Brewer-Carías era estudiante de Derecho. En tal condición, estudió en la Universidad Central de Venezuela el Derecho administrativo que entonces se enseñaba. Es decir, un Derecho que prestaba importancia a las Leyes administrativas –en lo que se denominaba *Derecho administrativo especial*– pero en el cual ya comenzaba a despuntar la influencia del régimen administrativo francés. Como estudiante, Brewer-Carías se enfrentó a una situación parecida a quienes estudiaron Derecho administrativo a comienzos de siglo: la ausencia de un texto actualizado al Derecho administrativo venezolano actual.

Fue en esa época de estudiante cuando Brewer-Carías trabajó como auxiliar del Instituto de Codificación y Jurisprudencia del Ministerio de Justicia, así como Auxiliar de Investigación en el Instituto de Derecho Público dirigido por Antonio Moles Caubet, sistematizando la jurisprudencia de la Corte Federal y de Casación, de la Corte Federal y luego de la Corte Suprema de Justicia, en el período comprendido entre 1950 y 1962, incluso, con investigaciones en el período de 1936-1949[23].

De esa labor, Brewer-Carías constató cómo, quizás desarticuladamente, la jurisprudencia había venido trabajando en principios generales del Derecho administrativo de acuerdo a los cánones del régimen administrativo francés. Ello lo llevó a la feliz idea de dedicar su Tesis Doctoral, precisamente, al estudio del Derecho administrativo a través, principalmente, de esa jurisprudencia. El resultado derivó en uno de los aportes intelectuales más importantes a nuestro Derecho administrativo, por varias razones que trataré de resumir a continuación:

.- En *primer* lugar, la publicación de la Tesis Doctoral resultó de una utilidad excepcional. Así como los estudiantes de Derecho administrativo de 1909 se volcaron sobre el *Curso* de Urbano, los estudiantes del Derecho administrativo de 1963 se volcaron sobre el libro de Brewer-Carías, que a pesar de no haber sido escrito y concebido como un *Manual* universitario, terminó cumpliendo esa labor, junto al *Manual* de Lares Martínez.

.- En *segundo* lugar, y en nuestra opinión, lo más destacable del libro, este estudio de Brewer-Carías ordenó por vez primera el Derecho administrativo venezolano actual. Dos calificativos en los que el profesor Brewer-Carías ha insistido: estudiar el Derecho administrativo venezolano, dada la poca utilidad práctica de estudiar un "Derecho administrativo universal". Segundo, estudiar ese Derecho circunscrito a un tiempo determinado. En nuestro caso, la segunda mitad del siglo XX.

.- Por ello, y en *tercer* lugar, la tesis de Brewer-Carías se convirtió en el *testimonio de la época fundacional* del Derecho administrativo venezolano contemporáneo. En efecto, de acuerdo a la apretada evolución histórica que hemos hecho, nuestro Derecho administrativo es tributario de dos cambios históricos fundamentales: la centralización del Estado a través de Leyes administrativas, y el desarrollo e interpretación de esas Leyes por la jurisprudencia bajo los cánones del régimen administrativo francés. De allí que las bases o fundamentos de nuestro Derecho administrativo están expuestas, con notable lucidez, en ese libro.

---

23   Los datos se toman de la "Nota" que precede a la Tesis.

.- En *cuarto* y último lugar, la Tesis de Brewer-Carías sobresale por la coherencia del razonamiento empleado, que sigue a lo que Luis Castro Leiva denominó la *fundamentación liberal* de nuestra República. Toda la Tesis de Brewer-Carías, en efecto, puede resumirse en este postulado: promover técnicas efectivas de control de la Administración para proscribir toda arbitrariedad[24].

Por ello, la Tesis de Brewer-Carías se ubica en la vanguardia del Derecho administrativo del siglo XX. Para 1962, el Derecho administrativo comparado estaba perfeccionando técnicas de control del poder. Precisamente en ese año, Eduardo García de Enterría pronunció en la Universidad de Barcelona un discurso con un título sugestivo: *la lucha contra las inmunidades del poder*. Allí se proponen técnicas efectivas de control de la Administración, en especial, en lo que respecta a los poderes discrecionales. La premisa básica sostenida por Eduardo García de Enterría era que "el poder administrativo es de suyo un poder esencial y universalmente justiciable"[25].

Esa afirmación hoy día es evidente. Pero en al año –y en las concretas condiciones de la España de entonces- resulta un postulado cuando menos reaccionario. Asombra por ello leer, en la Tesis de Brewer-Carías, que ese postulado era ya aceptado normalmente por la jurisprudencia venezolana:

> "La antigua Corte Federal ha señalado que la Administración no puede ejercitar sus funciones sino dentro de los precisos límites del derecho positivo, pues la demarcación de éstos constituye garantía establecida en beneficio de los particulares o administrados contra las posibles arbitrariedades de la autoridad administrativas"[26]

Es por ello que Brewer-Carías enuncia, como principio rector, que el poder discrecional de la Administración es un poder subordinado a la Ley[27]:

> "el principio de la Legalidad Administrativa en los casos de competencia discrecional señala a la autoridad unos ciertos límites de apreciación, por lo cual se halla en todo caso encerrada por ciertas prescripciones normativas. De ahí la ausencia de arbitrariedad"

Con estas consideraciones, Brewer-Carías afirma una de las principales conclusiones de su obra[28]:

> "¿Quiere decir lo anterior que los actos administrativos discrecionales no están sometidos al control de la legalidad por la Corte? Ciertamente que no, y de ahí es que se encuentran sometidos al cumplimiento del Principio de la Legalidad Administrativa"

---

24 "La gramática de la libertad", texto contenido en el libro *De la patria boba a la teología bolivariana*, ahora tomado en *Luis Castro Leiva. Obras. Volumen I*, Fundación Polar-Universidad Católica Andrés Bello, Caracas, 2005, pp. 223 y ss.

25 Tomamos la versión de la conferencia publicada por Civitas, Madrid, 2004, p. 107.

26 *Las instituciones fundamentales del Derecho administrativo y la jurisprudencia venezolana, cit.*, p. 28.

27 *Las instituciones fundamentales del Derecho administrativo y la jurisprudencia venezolana, cit.*, p. 54. Más adelante señala, citando a la Corte: "pero esa discrecionalidad ni implica arbitrariedad ni injusticia, puesto que la Administración Nacional, Estadal o Municipal no obra en pura conformidad a su elección, sino en virtud y como consecuencia de su capacidad condicionada por su fin". Se cita una sentencia del año 1956, o sea, bajo la dictadura entonces imperante. Esto realza, todavía más, el mérito de esa afirmación.

28 *Las instituciones fundamentales del Derecho administrativo y la jurisprudencia venezolana, cit.*, p. 56.

La conferencia de García de Enterría, antes citada, no aparece en la bibliografía de la Tesis de Brewer-Carías. Probablemente Brewer-Carías no tuvo tiempo de leer esa conferencia, publicada en el número 38 de la *Revista de Administración Pública,* correspondiente al período mayo-junio de 1962. En cualquier caso, los párrafos citados permiten considerar a *Las instituciones* no sólo como la obra fundacional de nuestro Derecho administrativo, sino además, como una de las obras de vanguardia en el Derecho administrativo centrado en la defensa de la libertad frente a las arbitrariedades del poder.

III. LA PROYECCIÓN DE LA TESIS DOCTORAL DE ALLAN R. BREWER CARÍAS EN EL DERECHO ADMINISTRATIVO VENEZOLANO

La tesis de Brewer-Carías tuvo, por lo anterior, una trascendental influencia en el Derecho administrativo venezolano. Junto al *Manual* de Lares, se convirtió en el texto por excelencia de enseñanza universitaria, sitio en el que se mantuvo, en solitaria rivalidad con el *Manual,* hasta fechas muy recientes. Ello hizo, de *Las instituciones,* una de las obras que moldearon al Derecho administrativo venezolano.

No creo exagerar al señalar que todos los avances, extraordinarios por lo demás, del Derecho administrativo venezolano entre las décadas de los sesenta y los noventa del pasado siglo, estuvieron influenciados por esa obra. La afirmación del principio de legalidad de la Administración y el correlativo control universal de la jurisdicción contencioso-administrativa[29]; los motivos de control del acto administrativo, incluso, por medio del procedimiento administrativo, la teoría del contrato administrativo y la responsabilidad patrimonial de la Administración, son algunas de las instituciones que, expuestas en la Tesis, se desarrollaron en las décadas posteriores. Por ello, nuestras Leyes administrativas contemporáneas más influyentes, como la Ley Orgánica de Procedimientos Administrativos, de 1982, encuentra más de un punto de anclaje en esta obra.

Por supuesto, ciertos temas han evolucionado hasta separarse de las afirmaciones dogmáticas formuladas en la Tesis. No otra cosa es posible, en una disciplina tan cambiante como la nuestra. En dos de esos temas la evolución es particular, pues demuestra el cambio en el pensamiento de Brewer-Carías y su gran honestidad intelectual: el contrato administrativo[30] y el régimen de la Administración actuando en Derecho privado[31].

---

29   De acuerdo con la Tesis, habían actos excluidos el control de la jurisdicción contencioso-administrativa, pero no de actos excluidos totalmente del control. Se afirma así que "por tanto, quedan excluidos del recurso contencioso-administrativo de anulación los actos legislativos, los actos jurisdiccionales, los actos de gobierno y los actos de la Administración sometidos al Derecho privado" (p. 399).

30   En su Tesis, Brewer-Carías acogió la tesis tradicional francesa del contrato administrativo (pp. 161 y ss.). Posteriormente, el autor ha reconocido la debilidad de la drástica separación entre contratos administrativos y contratos de la Administración. *Vid., Tratado de Derecho Administrativo. Derecho Público en Iberoamérica, Volumen III,* Thomson Reuters Civitas, Madrid, 2013, pp. 830 y ss.

31   Partió Brewer-Carías del principio conforme al cual, existía una actividad administrativa sujeta a Derecho Privado y excluida por ello de la jurisdicción contencioso-administrativa. La afirmación se sostuvo

Esta observación es, más bien un detalle dentro del punto general que aquí quiere destacarse: el carácter novedoso y, hasta cierto punto, reaccional de la Tesis de Brewer-Carías. Si leemos ese libro con los ojos del siglo XXI, encontraremos una pieza jurídica sólida, bien estructurada y fundamentada. Pero si leemos ese libro con los ojos de 1964, entonces, nos encontraremos ante una *visión nueva y original del Derecho administrativo venezolano*. Pues más allá de las referencias a la doctrina comparada –y a la francesa, por natural influencia de la estancia parisina del autor durante la confección de su Tesis– el libro formula conclusiones basadas en la realidad que ofrecía, entonces, el concreto ordenamiento jurídico venezolano.

La relectura del libro que he realizado para organizar esta obra conmemorativa, hace inevitable la nostalgia por una época en la cual comenzaba a construirse un Derecho administrativo sobre la base de la naciente democracia, pero partiendo de las raíces crecidas en dictadura. No es un caso único, como se sabe: sigue siendo ejemplo paradigmático la construcción dogmática del Derecho administrativo español durante la dictadura de Franco. Pero constar esa realidad en Venezuela, resulta asombroso, especialmente, en tiempo presente.

Pues al leer *Las instituciones* podemos concluir que la jurisprudencia de los regímenes dictatoriales del siglo XX hizo más por la construcción del Derecho administrativo venezolano que lo que ha hecho la jurisprudencia del siglo XXI, durante un régimen formalmente democrático. La esencia misma de la Tesis de Brewer-Carías, a saber, el basamento legal de todo poder administrativo, para hacer realidad la aspiración republicana de *Gobierno de Leyes y no de hombres,* tiene en la Venezuela de hoy, cuando mucho, un tenue bosquejo, casi caricaturesco.

Con todo, no hay lugar para el desánimo. Que hoy se organice un libro conmemorativo al medio siglo de *Las Instituciones* es prueba de que, pese a todo y contra todo, persiste esa fundamentación liberal y republicana de nuestro Derecho Público, cosechada en el siglo XIX por juristas de la talla de Juan Germán Roscio y Francisco Javier Yanes, y construida en el siglo XX por juristas de la talla de Allan R. Brewer-Carías.

Como el propio Brewer-Carías dice: ¡Ahora es cuándo!

La Unión, abril de 2014

---

especialmente en el marco del llamado contrato administrativo: "si se está en presencia de un contrato de Derecho privado, la jurisdicción competente es esa del Derecho privado: la jurisdicción ordinaria civil, mercantil o del trabajo. En cambio, la jurisdicción competente en el contencioso de los contratos administrativos es la jurisdicción contencioso-administrativa" (p. 158). Posteriormente, el autor ha reconocido que el enfoque debe partir de la interaplicación del Derecho Público y del Derecho Privado. *Cfr.: Tratado de Derecho Administrativo. Derecho Público en Iberoamérica, Volumen I,* Thomson Reuters Civitas, Madrid, 2013, pp. 688 y ss.

PRIMERA PARTE

EL PRINCIPIO DE LEGALIDAD ADMINISTRATIVA

SECCIÓN PRIMERA:

LAS FUENTES DE LA LEGALIDAD ADMINISTRATIVA Y LA VIGENCIA DEL CAPÍTULO II DE LA OBRA: *LAS INSTITUCIONES FUNDAMENTALES DEL DERECHO ADMINISTRATIVO LA JURISPRUDENCIA VENEZOLANA* DEL PROF. ALLAN BREWER-CARÍAS

Prof. Henrique Meier
Director del Área de Estudios Jurídicos y Políticos del
Decanato de Estudios de Postgrado de la Universidad Metropolitana.
Director-fundador de la Escuela de Derecho de esa Universidad.
Profesor jubilado de la Universidad Católica Andrés Bello
en cuya Facultad de Derecho dictó durante 27 años las asignaturas
Derecho Administrativo II, Derecho Constitucional e Instituciones Políticas

"Sin el contencioso-administrativo el Derecho Administrativo no sería Derecho. Sin un sistema jurisdiccional por el cual los tribunales forzaran efectivamente a la Administración Pública a actuar según las normas del Derecho Administrativo, tales normas...no tendrían el carácter de jurídicas".

Antonio Canova González

INTRODUCCIÓN

Se me ha solicitado colaboración para la obra colectiva con motivo de los 50 años de haberse publicado la primera edición del libro del profesor Allan Brewer-Carías, "Las Instituciones Fundamentales del Derecho Administrativo y la jurisprudencia venezolana", que el autor presentase como tesis de grado para obtener el Doctorado en Derecho en la Universidad Central de Venezuela, merecedor del Premio Luis Sanojo 1963-1964 otorgado por la Fundación Rojas Astudillo.

Esa obra, por la que varias generaciones de abogados estudiamos la asignatura Derecho Administrativo I, constituye, sin duda alguna, un aporte pionero en el estudio de esa rama del Derecho Público no sólo por su contenido, resultado de la exhaustiva investigación de su autor, sino también por la magnífica sistematización de los conceptos y el didáctico lenguaje empleado. Sería una de las primeras de la prolífica obra jurídica del laureado profesor Brewer- Carías.

Pues bien, el objeto de la presente contribución se contrae al Capítulo Segundo "Fuentes de la Legalidad Administrativa" del Título Primero "El Principio de Legalidad Administrativa" del homenajeado libro y su autor. A ese respecto, voy a comentar la vigencia, luego de 50 años, de los conceptos expresados por Brewer- Carías en el mencionado Capítulo siguiendo el mismo orden de exposición del autor.

En la Introducción al Capítulo Brewer-Carías cita una jurisprudencia administrativa de la antigua Corte federal y de casación (CF-3G-1, 9-4-9. CF-H-2, 17-7-53) que conceptúa a la legalidad administrativa como aquel principio *"según el cual todos los actos de la Administración han de ser cumplidos o realizados dentro de las reglas o normas preestablecidas por la autoridad competente"*[1], con la finalidad de clasificar las fuentes de dicho Principio en escritas, no escritas, y en las que el autor denomina "fuentes de carácter particular".

I.   FUENTES ESCRITAS

1.   Impuestas a la Administración

A.   Jerarquía de las fuentes

Con fundamento en la doctrina jurisprudencial de la extinta Corte Suprema de Justicia en su Sala Político-Administrativa del momento[2] referida al principio de la "supremacía constitucional", Brewer clasifica las fuentes escritas impuestas a la Administración por autoridades supra-administrativas en dos grandes grupos de normas esenciales: las constitucionales y las ordinarias o secundarias *"...incluyendo sobre estas últimas, con rango intermedio, la categoría de leyes orgánicas previstas en el régimen legal vigente"*[3].

B.   Enumeración de las fuentes

(a)   La Constitución

Basándose en la jurisprudencia de nuestro Máximo Tribunal de la República[4], fuente esencial de sus desarrollos conceptuales, reitero, el autor aborda el contenido del principio de supremacía constitucional señalando que dicha supremacía implica que *"la Ley Fundamental sea, no solamente superior a los demás cuerpos legales,*

---

1   Brewer-Carías, Allan (1964). *Las Instituciones Fundamentales del Derecho Administrativo y la jurisprudencia venezolana.* Publicaciones de la Facultad de Derecho. Universidad Central de Venezuela. Colección Tesis de Doctorado. Volumen IV. Caracas, p. 29.

2   CSJ-PA-24-1, 14-3-62.

3   Brewer-Carías, *opus cit.,* p. 30

4   Sentencias tanto de la antigua Corte Federal y de Casación como de la Corte Suprema de Justicia de la época.

sino que implica también el hecho de que sobre ella no pueda existir ninguna otra norma jurídica"[5].

La vigencia de dicho principio, al menos en el ámbito estrictamente formal, después de 50 años transcurridos desde la publicación de la obra que comentamos, queda de manifiesto en el texto de la propia Constitución de la República Bolivariana de Venezuela de 1999, pues en el artículo 7 de la misma se establece:

"La Constitución es la norma suprema y el fundamento del ordenamiento jurídico. Todas las personas y los órganos que ejercen el Poder Público están sujetos a esta Constitución"[6].

De manera que la supremacía constitucional ya no es sólo un principio formulado por la doctrina jurisprudencial y la de los autores conforme a los criterios de la naturaleza supraestatal del poder que sanciona dicha norma (el Poder Constituyente originario), a su ubicación en el vértice o cúspide de la estructura piramidal y jerárquica del ordenamiento jurídico-positivo[7] y a la rigidez de los procedimientos para los cambios constitucionales (enmienda y reforma) respecto de los procedimientos para modificar la legislación orgánica y ordinaria, sino que es el mismo texto de la Ley Fundamental "vigente"[8] la fuente directa y expresa donde se consagra tal principio.

---

5   Brewer-Carías, *opus cit.,* p. 30

6   Constitución de la República Bolivariana de Venezuela (CRBV). *G.O.* N° 5.453 Extraordinario del 24 de marzo de 2000.

7   La teoría de Merkl en la que se inspiró Kelsen.

8   Recuérdese que la Constitución fue aprobada mediante referendo consultivo del 15 de diciembre de 1999, y luego relegitimada el 2 de diciembre de 2007 cuando la mayoría del pueblo-electoral, titular de la soberanía, que participó en ese otro referendo consultivo, rechazó la propuesta de Reforma Constitucional promovida por el entonces "Presidente de la República", Hugo Chávez Frías, luego de que la misma había sido aprobada por una Asamblea Nacional absolutamente controlada por quién se hacía llamar "Comandante-Presidente". El rechazo o no aprobación de la "sui generis" "Reforma", subterfugio fraudulento para derogar la Constitución del 99 y sustituirla por otra ajustada al despropósito de legitimar contra la mayoría del país la imposición de un régimen socialista al estilo del modelo cubano, implicó, al menos en el plano formal, la relegitimación del texto normativo que fuese aprobado en el 99. Respecto de esa pretensión de cambiar radicalmente la concepción del Estado de Derecho, el brillante administrativista", profesor José Ignacio Hernández acota: *"Actualmente, sin embargo, el modelo socialista ha agravado el perfil del modelo estatista de desarrollo, en tanto el desarrollo social y económico se apalanca en el Estado y su Administración. Sin embargo, este modelo estatista se diferencia del modelo del pasado siglo, pues de manera expresa se basa en la superación del Estado de Derecho por un nuevo Estado, llamado Estado socialista, lo que implica un intento formal de cambiar estructuralmente nuestro proyecto nacional, fundado en el Estado de Derecho. Incluso, ese intento de superar al Estado se plasmó en el proyecto de reforma de la Constitución de 1999 que fue rechazado en referendo popular del 2 de diciembre de 2007. Ello no ha detenido los intentos por avanzar en esa transformación, actualmente en marcha de acuerdo con el vigente Plan de Desarrollo 2007-2023".* Hernández, José Ignacio (2012). Administración Pública, Desarrollo y Libertad en Venezuela. Algunas ideas en torno a la reforma administrativa en Venezuela. Fundación de Estudios de Derecho Administrativo. FUNEDA. Caracas, p. 77. Ese intento ha continuado en el presente año 2014 con esa bazofia ideológica llamada "Plan Patria", que ni es un auténtico plan de desarrollo económico, y nada tiene que ver con el concepto de patria, ya que hoy difícilmente podemos decir que Venezuela es una República independiente libre de toda dominación de potencia extranjera, dada la influencia del régimen castrista, de esa pobre y mísera Isla en el sostenimiento de la neodictadura militarista, corrupta, totalitaria y comunistoide.

En ese sentido, el mencionado Artículo 7 constitucional consiste en un principio normativo mediante el cual la Constitución se auto califica como "norma norma-rum". Al mismo tiempo, de dicho dispositivo surge como corolario de la supremacía constitucional el principio de la "sujeción o sometimiento" de todas las personas que invisten los órganos que ejercen el Poder Público a la Constitución.

En la Exposición de Motivos de la Constitución se alude a ese principio:

"En las disposiciones fundamentales se consagran los principios de supremacía y fuerza normativa de la Constitución, según los cuales ella es la norma de mayor jerarquía y alcanza su vigencia a través de esa fuerza normativa o su capacidad de operar en la vida histórica de forma determinante o reguladora. Dichos principios constituyen el fundamento de todos los sistemas constitucionales del mundo y representan la piedra angular de la democracia, de la protección de los derechos fundamentales y de la justicia constitucional. Con base en lo anterior, todos los órganos que ejercen el Poder Público, sin excepción, están sometidos a los principios y disposiciones consagrados en la Constitución, y por tanto, todos sus actos pueden ser objeto del control jurisdiccional de la constitucionalidad".

A ese concepto de la sujeción o sometimiento a la Constitución de todos los órganos y personas que conforman el Poder Público se refiere Brewer- Carías en unos párrafos que han superado la prueba del tiempo:

"La existencia del control jurisdiccional de la Constitucionalidad de los actos del Poder Público por parte del más Alto Tribunal de la República ha sido tradicional en Venezuela y es indispensable en todo régimen que pretenda subsistir como Estado de Derecho. Y ello, porque lo inconstitucional es siempre antijurídico y contrario al principio que ordena al Poder Público, en todas sus ramas, sujetarse a las normas constitucionales y legales que definan sus atribuciones. Lo inconstitucional es un atropello al derecho de los ciudadanos y al orden jurídico en general, que tienen su garantía suprema en la Ley Fundamental del Estado. En los países libremente regidos, toda actividad individual o gubernativa ha de mantenerse necesariamente circunscrita a los límites que le señala la Carta Fundamental, cuyas prescripciones, como expresión solemne de la voluntad popular en la esfera del derecho público, son normas de ineludible observancia para gobernantes y gobernados, desde el más humilde de los ciudadanos hasta el más Alto de los Poderes del Estado. De los principios consagrados en la Constitución, de las normas por ella trazadas, así en su parte dogmática como en su parte orgánica, deben ser simple desarrollo las leyes y disposiciones que con posterioridad a la misma se dicten, y tan inconstitucionales y, por consiguiente abusivas, serían éstas si de tal misión se excedieren, como inconstitucionales y abusivos los serían cualesquiera otros actos de los Poderes Públicos que abiertamente contravinieren lo establecido en la Ley Fundamental. Así lo ha señalado la Corte Suprema de Justicia"[9].

Obsérvese que el autor, como resultado de su acuciosa investigación histórica jurisprudencial, constata que *"...el control jurisdiccional de la Constitucionalidad de los actos del Poder Público por parte del más Alto Tribunal de la República ha sido tradicional en Venezuela"* y afirma que dicho principio *"...es indispensable en todo régimen que pretenda subsistir como Estado de Derecho"*[10].

---

9   *Opus cit.,* pp. 30-31

10   En la Exposición de Motivos de la Constitución se reconoce esa tradición a la que alude Brewer-Carías en lo atinente específicamente al control difuso de la constitucionalidad: *"Como consecuencia de ello, se eleva a rango constitucional una norma presente en nuestra legislación desde 1887, característica de*

Efectivamente, ese control fue una función tradicional del más Alto Tribunal de la República, así en pasado, porque no obstante la Constitución actual, siguiendo esa tradición mencionada por Brewer-Carías, atribuya las potestades necesarias al Poder Judicial por medio de todos los jueces de la República (Control Difuso de la constitucionalidad)[11], y en especial al Tribunal Supremo de Justicia (Control Concentrado de la constitucionalidad)[12] y a su Sala Constitucional (la interpretación de la Constitución)[13], con la finalidad de garantizar la supremacía constitucional, en la práctica dicho Poder lejos de realizar esa encomiable función *"indispensable en todo régimen que pretenda subsistir como Estado de Derecho"*, en la acertada expresión del profesor Brewer, ha venido destruyendo con sus sentencias esa base axiológica esencial a todo Estado de Derecho.

En particular, y como lo reseña Brewer-Carías en uno de sus tantos escritos sobre esta temática:

"La Sala Constitucional del Tribunal Supremo de Justicia…lejos de haber actuado en el marco de las atribuciones expresas constitucionales indicadas, ha venido efectuando una inconstitucional interpretación constitucional mediante la cual ha venido asumiendo y se ha auto-atribuido competencias no sólo en materia de interpretación constitucional; sino en relación con los poderes de revisión constitucional de cualquier sentencia dictada por cualquier tribunal, incluso por las otras Salas del Tribunal Supremo de Justicia; con amplísimos poderes de avocamiento en cualquier causa; con los supuestos poderes de actuación de oficio no autorizados en la Constitución; con los poderes de solución de conflictos entre las Salas; con los poderes de control constitucional de las omisiones del Legislador; con la asunción del monopolio de interpretar los casos de prevalencia en el orden interno de los tratados internacionales en materia de derechos humanos"[14].

Al margen de esa incuestionable y lamentable realidad, el principio previsto en el comentado Artículo 7 constitucional sigue siendo una exigencia formal para todas las personas que invistan los órganos del Poder Público. Y aunque la Administración

---

nuestro sistema de justicia constitucional, y según la cual, en caso de incompatibilidad entre la Constitución y una ley u otra norma jurídica, serán aplicables en todo caso las disposiciones constitucionales.."

11 Primero y segundo párrafo del Art. 334: *"Todos los jueces o juezas de la República, en el ámbito de sus competencias y conforme a lo previsto en esta Constitución y en la ley, están en la obligación de asegurar la integridad de la Constitución. // En caso de incompatibilidad entre esta Constitución y una ley u otra norma jurídica, se aplicarán las disposiciones constitucionales, correspondiendo a los tribunales en cualquier causa, aun de oficio, decidir lo conducente"*.

12 Tercer párrafo del Art. 334: *"Corresponde exclusivamente a la Sala Constitucional del Tribunal Supremo de Justicia como jurisdicción constitucional, declarar la nulidad de las leyes y demás actos de los órganos que ejercen el Poder Público dictados en ejecución directa e inmediata de esta Constitución o que tengan rango de ley, cuando colidan con aquella"*.

13 Art. 335: *"El tribunal Supremo de Justicia garantizará la supremacía y efectividad de las normas y principios constitucionales, será el máximo y último intérprete de esta Constitución y velará por su uniforme interpretación y aplicación. Las interpretaciones que establezca la Sala Constitucional sobre el contenido o alcance de las normas y principios constitucionales son vinculantes para las otras Salas del tribunal Supremo de Justicia y demás tribunales de la República"*.

14 Brewer-Carías, Allan, *Quis Custodiet Ipsos Custodes: De la Interpretación Constitucional a la Inconstitucionalidad de la Interpretación*. Ponencia presentada al VII Congreso Peruano de Derecho Constitucional, Arequipa Perú, Septiembre de 2005- En http://www.allanbrewercarias.com/Content

Pública per se no pueda ser conceptuada como una rama del Poder Público, ella, en cualesquiera de sus modalidades político-territoriales: nacional, estadal y municipal, es una organización institucional subordinada, y por ende, dependiente, del correspondiente Poder Ejecutivo (Nacional, Estadal, Municipal).

En consecuencia, y por virtud del Artículo 7 constitucional, las personas investidas de la titularidad de los órganos de las diversas administraciones públicas están en el deber de someterse en forma estricta a los preceptos constitucionales.

Y a pesar de que, como antes se indicó, la Administración Pública no sea en si una modalidad de Poder Público; sin embargo, la actual Constitución en su Artículo 141[15] le otorga rango constitucional a dicha organización definiéndola como una institución al servicio de los ciudadanos[16] que debe realizar sus actividades con sometimiento pleno a la ley y al derecho.

Con base en ese precepto, en la "vigente" Ley Orgánica de la Administración Pública[17] se ratifica el principio constitucional del sometimiento de la organización y funcionamiento de la Administración Pública a la Constitución (Art. 3), y por tanto, la sujeción de los funcionarios que la integran a dicha Ley Fundamental y especialmente al principio de la responsabilidad civil, penal, administrativa o disciplinaria, a que haya lugar, según el caso, como consecuencia de la violación o menoscabo de los derechos de los particulares por los actos, hechos u omisiones que a dichos funcionarios les sean imputables con ocasión al ejercicio de sus funciones, sin que esa responsabilidad pueda excusarse en órdenes superiores (Art. 8).

"La Administración Pública tendrá como objetivo de su organización y funcionamiento hacer efectivos los principios, valores y normas consagrados en la Constitución de la República Bolivariana de Venezuela y en especial, garantizar a todas las personas el goce y ejercicio de los derechos humanos" (Art. 3)[18].

"Las funcionarias y funcionarios de la Administración Pública están en la obligación de cumplir y hacer cumplir la Constitución de la República Bolivariana de Venezuela. Las fun-

---

15   *"La Administración Pública está al servicio de los ciudadanos y ciudadanas y se fundamenta en los principios de honestidad, participación, celeridad, eficacia, eficiencia, transparencia, rendición de cuentas y responsabilidad en el ejercicio de la función pública, con sometimiento pleno a la ley y el derecho".*

16   Concepto servicial del Estado-Administración.

17   Decreto N° 6. 217 de 15 de julio de 2008, denominado Decreto con Rango, Valor y Fuerza de Ley Orgánica de la Administración Pública (*G.O.* N° 5. 890 Extraordinario de 31 de julio de 2008).

18   Esos principios y valores se hallan formalizados en los Artículos 2 y 3 de la Constitución cuando al declarar la Ley Fundamental que Venezuela se constituye en un Estado democrático y social de Derecho y de Justicia expresa que dicho modelo de Estado, y por ende, todas las ramas del Poder Público que lo conforman, deben propugnar como valores superiores de su ordenamiento jurídico y de su actuación, la vida, la libertad, la justicia, la igualdad, la seguridad, la democracia, la responsabilidad social y, en general, la preeminencia de los derechos humanos, la ética y el pluralismo político (Art. 2), ya que tales valores se hallan articulados a la defensa y el desarrollo de la persona y al respeto a su dignidad, al ejercicio democrático de la voluntad popular, a la construcción de una sociedad justa y amante de la paz, a la promoción de la prosperidad y bienestar del pueblo y, en fin, a la garantía del cumplimiento de los principios, derechos y deberes reconocidos y consagrados en la Constitución como fines esenciales del poder estatal (Art. 3).

cionarias y funcionarios de la Administración Pública incurren en responsabilidad civil, penal, administrativa o disciplinaria, según el caso, por los actos, hechos u omisiones que en el ejercicio de sus funciones violen o menoscaben los derechos garantizados en la Constitución de la República Bolivariana de Venezuela y la ley, sin que les sirva de excusa órdenes superiores" (Art. 8).

Y en el Artículo 4 de la Ley en referencia, al formalizarse el Principio de Legalidad Administrativa se invoca nuevamente la supremacía constitucional y la sujeción de la Administración a la "norma normarum":

> "La Administración Pública se organiza y actúa de conformidad con el principio de legalidad, por el cual la asignación, distribución y ejercicio de sus competencias se sujeta a lo establecido en la Constitución de la República Bolivariana de Venezuela, las leyes y los actos administrativos de carácter normativos dictados formal y previamente conforme a la ley, en garantía y protección de las libertades públicas que consagra el régimen democrático, participativo y protagónico"[19].

Insiste el Legislador (el finado Ex Presidente Chávez Frías 1999-2013) en el concepto o idea servicial del Estado-Administración cuya consecuencia axiológica es que el poder estatal y el sistema de potestades y competencias administrativas que se derivan de dicho poder no se justifican en sí sino en la Constitución y en las leyes, y además, su ejercicio debe traducirse en prestaciones que beneficien a los ciudadanos (y por ende, a la sociedad), siendo de estricta obligación institucional garantizarle a todas las personas, sin discriminaciones de ninguna índole, el goce y ejercicio de los derechos humanos[20].

A despecho del propio Chávez-Frías mientras estuvo en vida y en ejercicio de la Presidencia de la República y del resto de los integrantes del régimen de poder que impera en el país desde hace 15 años, ni la Constitución, ni la Ley Orgánica de la Administración Pública, legitiman un sistema de poder en el que el ciudadano pierde su condición de titular de la esfera de derechos inviolables, inalienables e impres-

---

19 De acuerdo con esa definición, no cualquier ley, reglamento o acto normativo dictado previamente por la Administración podría legítimamente integrar el Principio de Legalidad, ya que, con fundamento en la Constitución, se consagra una noción axiológica de la legalidad y no meramente "técnica" (actuar de acuerdo con las expresas normas de competencia). En efecto, las leyes, reglamentos y demás normas que conforman el "Bloque de la Legalidad" deben garantizar a todas las personas el goce y ejercicio de sus derechos humanos, en especial las "libertades públicas". Se trata de una concepción finalística o axiológica de la Legalidad Administrativa. Y es que si se entiende por legalidad actuar de acuerdo con la ley, los funcionarios del régimen nacional socialista alemán, como los de la actual Cuba comunista, actuaron y actúan, respectivamente, ajustados a leyes y normas dictadas por los órganos competentes del Estado (normas injustas desde la perspectiva de la Doctrina de los Derechos Humanos). De ahí la diferencia entre la "Legalidad Socialista", "Comunista", "Fascista", y la "Legalidad del Estado democrático de Derecho". Por esa razón, el Principio de la Legalidad Administrativa ha de supeditarse al de la Legitimidad Axiológica.

20 En el Artículo 5 del mencionado Decreto con Rango, Valor y Fuerza de Ley Orgánica de la Administración Pública se reitera que la Administración "... está al servicio de las personas, y su actuación estará dirigida a la atención de sus requerimientos y la satisfacción de sus necesidades, brindando especial atención a las de carácter social. La Administración Pública debe asegurar a todas las personas la efectividad de sus derechos cuando se relacionen con ella. Además, tendrá entre sus objetivos la continua mejora de los procedimientos, servicios y prestaciones públicas, de acuerdo con las políticas que se dicten".

criptibles garantizados en la "norma normarum" y en los tratados sobre derechos humanos suscritos por la República, para transformarse en sujeto estandarizado al servicio de una entelequia colectiva "Socialismo del Siglo XXI", por medio de un supuesto proceso revolucionario[21].

Por esa razón, no me cabe la menor duda de la ilegitimidad de desempeño o axiológica de las actuaciones formales y materiales de la Administración Pública Nacional y de la mayoría de las administraciones estadales y municipales, al pretender imponer un "proyecto socialista"("Plan Patria"), violando los principios, valores, derechos y garantías de la esfera constitucionalmente protegida, vale decir, absolutamente incompatible con el modelo de Estado, Sociedad, Economía, Educación y Cultura que el pueblo en su condición de titular de la soberanía popular, y por ende del Poder Constituyente Originario, adoptó al aprobar la Constitución en 1999 y ratificar su legitimidad en el 2007.

En este contexto, adquieren inusitada fuerza ética las palabras expresadas por el profesor Brewer-Carías, anteriormente citadas:

> "En los países libremente regidos, toda actividad individual o gubernativa ha de mantenerse necesariamente circunscrita a los límites que le señala la Carta Fundamental, cuyas prescripciones, como expresión solemne de la voluntad popular en la esfera del derecho público, son normas de ineludible observancia para gobernantes y gobernados, desde el más humilde de los ciudadanos hasta el más Alto de los Poderes del Estado".

Así, pues, desde las primeras violaciones a la Constitución por parte de los integrantes de los diferentes poderes públicos del otrora "Estado de Derecho", Venezuela comenzó a perder la condición de un país "libremente regido".

Creo necesario destacar, antes de finalizar este punto, que la actual Constitución incorpora como normas con rango "constitucional" a los tratados, pactos y convenciones relativos a los derechos humanos suscritos y ratificados por la República, los cuales, "...tienen jerarquía constitucional y prevalecen en el orden interno, en la medida en que contengan normas sobre su goce y ejercicio más favorables a las establecidas en esta Constitución y en las leyes de la República, y son de aplicación inmediata y directa por los tribunales y demás órganos del Poder Público"(Art. 23).

Según los términos de ese enunciado los tratados, pactos y convenciones en materia de derechos humanos suscritos y ratificados por Venezuela no sólo tienen jerarquía constitucional como principio general, sino que, además, cuando contengan normas sobre el goce y ejercicio de esos derechos más favorables a las establecidas en la Constitución, su rango es de carácter "supraconstitucional" y, en consecuencia, prevalecen sobre la normativa constitucional y legal en esa materia.

---

21 Tal es el caso de la Constitución de Cuba en cuyo Artículo 5 se desustancializa a la persona humana privándola de su dignidad, y por tanto, de los derechos articulados a la libertad-autonomía al consagrarse la supremacía del partido comunista sobre la persona y la sociedad en términos muy explícitos: *"El Partido Comunista de Cuba, martiano y marxista- leninista, vanguardia organizada de la nación cubana, es la fuerza dirigente superior de la sociedad y del Estado, que organiza y orienta los esfuerzos comunes hacia los altos fines de la construcción del socialismo y el avance hacia la sociedad comunista"*.

Ello quiere decir que los referidos instrumentos internacionales pueden ser conceptuados, al menos en el plano formal, como fuentes del Principio de Legalidad Administrativa tanto de rango o jerarquía constitucional como "supraconstitucional", según los casos.[22]

Asimismo, y por mandato de la citada norma constitucional en concordancia con la disposición contenida en el Artículo 154 "ejusdem"[23], tales tratados, pactos y convenciones no requieren ser aprobados mediante ley por la Asamblea Nacional para su configuración como Derecho exigible en el ámbito interno: son de aplicación inmediata y directa por los tribunales y demás órganos del Poder Público, lo que incluye al Poder Ejecutivo Nacional y demás poderes ejecutivos de los Estados y los Municipios, y por consiguiente, a las diferentes administraciones públicas[24].

La naturaleza supraestatal, supraconstitucional y supranacional del Derecho Internacional de los Derechos Humanos, reconocida formalmente por la Constitución, es lo que explica que en el Artículo 31 de la misma se garantice el derecho a toda

---

22 En mi libro "La Gobernabilidad de los Derechos Humanos" analizo el fundamento de la naturaleza supraconstitucional, supraestatal y supranacional de los derechos humanos: *"La legitimidad de estos derechos hay que buscarla más allá del Poder Constituyente, del proceso constituyente y de la Constitución texto o Constitución formal, resultado institucional del momento histórico constituyente. El concepto que hoy prevalece respecto del origen o fuente de legitimidad de los referidos derechos es el de unos poderes jurídicos que derivarían de la sola existencia del ser humano como persona, fin en si (humanismo antropocéntrico) o de esa entidad suprahumana omnipotente, origen del universo: Dios (humanismo teocéntrico). En cualquiera de las vertientes del pensamiento humanista en que se fundamenta la Teoría de los Derechos Humanos el hombre ocupa el centro del universo, ente al que se le atribuye un valor per se expresado el la noción de dignidad. La dignidad es el primero y básico atributo de la persona humana, valor superior al Estado y sus instituciones. En consecuencia, la Constitución no crea esos derechos, se limita a reconocerlos y garantizarlos...Si los derechos fundamentales tienen un origen supraconstitucional, con mayor razón son derechos supraestatales, vale decir, derechos superiores al Estado y su ordenamiento jurídico...Por ello, no cabe la menor duda de que los derechos fundamentales operan cual límite infranqueable para la actuación de los diferentes poderes públicos. La "razón de Estado" pierde legitimidad en la medida en que implique violación o menoscabo a estos derechos. De allí que el Estado de Derecho no sea simplemente el que está organizado por un conjunto de leyes, sino aquel cuyo fin primordial es garantizar el desarrollo, defensa, conservación, tutela y efectivo ejercicio de los derechos de la persona humana en su concepción integral...La propia Constitución Nacional postula el carácter supraconstitucional de los derechos humanos... "Los tratados, pactos y convenios relativos a los derechos humanos, suscritos y ratificados por Venezuela, tienen jerarquía constitucional y prevalecen en el orden interno, en la medida en que contengan normas sobre su goce y ejercicio más favorables a las establecidas en esta Constitución y leyes de la República (Art. 23)"*. Meier, Henrique (2006). La Gobernabilidad en la Hora de los Derechos Humanos. UNIMET. Centro de Estudios de Gobierno. Caracas, pp. 186-187.

23 Expresa ese dispositivo que *" Los tratados celebrados por la República deben ser aprobados por la Asamblea Nacional antes de su ratificación por el Presidente o Presidenta de la República, a excepción de aquellos mediante los cuales se trate de ejecutar o perfeccionar obligaciones preexistentes de la República, **aplicar principios expresamente reconocidos por ella,** ejecutar actos ordinarios en las relaciones internacionales o ejercer facultades que la ley atribuya expresamente al Ejecutivo Nacional"*(negritas mías). Los derechos humanos son principios expresamente reconocidos en la Constitución.

24 El ya citado Artículo 3 del Decreto Decreto N° 6. 217 de 15 de julio de 2008, denominado Decreto con Rango, Valor y Fuerza de Ley Orgánica de la Administración Pública, como se vio, establece como objetivo de la organización y funcionamiento de la Administración Pública: *"...hacer efectivos los principios, valores y normas consagrados en la Constitución de la República Bolivariana de Venezuela y en especial, garantizar a todas las personas el goce y ejercicio de los derechos humanos"*.

persona, *"...en los términos establecidos por los tratados, pactos y convenciones sobre derechos humanos ratificados por la República, a dirigir peticiones o quejas ante los órganos internacionales creados para tales fines, con el objeto de solicitar amparo a sus derechos humanos. El Estado adoptará, conforme a procedimientos establecidos en esta Constitución y en la ley, las medidas necesarias para dar cumplimiento a las decisiones emanadas de los órganos internacionales previstos en este artículo"*.

En la práctica, esa normativa constitucional que incorpora al Derecho Internacional de los Derechos Humanos expresado en los tratados, pactos y convenciones suscritos y ratificados por la República como parte del Derecho interno con la jerarquía constitucional y supraconstitucional, según los casos, así como a la garantía de la acción de amparo de legitimo ejercicio ante los organismos competentes del Sistema Interamericano de los Derechos Humanos[25], se ha convertido en letra muerta por la infausta, arbitraria e inconstitucional decisión de retirar a Venezuela de dicho Sistema por parte del "Gobierno Nacional"[26] por órgano de quien fuera "Presidente de la República" entre 1999 y 2012, Hugo Chávez Frías.[27]Antes de esa decisión, la Sala

---

25 Incorporando a nuestro Derecho interno el concepto del individuo como sujeto directo del Derecho Internacional en el caso de los Derechos Humanos.

26 Coloco entre comillas el vocablo "Gobierno Nacional" (Poder Ejecutivo Nacional) porque considero que esa expresión difícilmente le es aplicable a quienes invisten los órganos superiores del Poder Ejecutivo y sus órganos subalternos (como también de los otros poderes públicos), ya que la palabra "Gobierno" de raíz griega "Kybernetes" o timonel de un navío, equivale en el campo político a la entidad estatal que tiene como función básica dirigir, orientar y garantizar el orden de una sociedad cualquiera realizando los actos necesarios a ese fin. Conforme a la tradición medieval, analizada por el maestro García-Pelayo, se puede distinguir entre el buen y el mal gobierno, pero considero que para calificar de gobierno a una organización de poder es indispensable que reúna unos requisitos mínimos. En el caso de Venezuela desde hace 15 años lo que existe es un "desgobierno" integrado por lo que el eminente siquiatra Francis Delgado denomina la "secta destructiva". Y es que el proceso de destrucción del patrimonio institucional, empresarial, agrícola, industrial, urbanístico, ambiental, cultural y del llamado "capital social", pro movido y ejecutado desde la más altas instancias del otrora Estado, es un hecho público y notorio, no sólo lo expresan datos y estadísticas irrefutables en esas diversas áreas de la vida social, sino el "síndrome del abismo o caída", percepción cada vez más extendida en todos los estratos sociales.

27 Ese retiro del mencionado Sistema se concretó el 11 de septiembre de 2013, un año después que Chávez Frías, en uno de sus arrebatos de megalómano, al igual que lo hiciera con el retiro del país de la "Comunidad Andina", denunciara a la Comisión Interamericana y a la Corte Interamericana de Derechos Humanos como organismos serviles al imperialismo norteamericano. Con esa decisión, Chávez Frías, y ahora su sucesor Maduro, "El ilegítimo", logaron equiparar a Venezuela con Cuba, el denominado "mar de la felicidad" por el fenecido "Comandante-Presidente". Respecto de esa decisión, en un artículo de mi autoría "El retiro de Venezuela del Sistema Interamericano de los DDHH, publicado en la página WEB soberanía. org el 8 de mayo de 2012, expreso, entre otras consideraciones, las siguientes: *"Ahora bien, es obvio, y no tiene porqué causar sorpresa alguna, que para un régimen de poder de vocación totalitaria, corrupto, perverso, forajido y delincuencial es coherente la sistemática y permanente violación de una Constitución democrática que establece como finalidad esencial del Estado y del proyecto de sociedad previsto en la misma, el reconocimiento, garantía y respeto a los derechos humanos. Asimismo, la violación de los tratados internacionales en la materia, en particular del sistema interamericano, y el rechazo a las decisiones de sus organismos supranacionales: Comisión y Corte Interamericana de Derechos Humanos, forman parte del proceder "inherente" de un régimen "político" de ese cariz. El anunciado retiro de Venezuela de esos organismos implica necesariamente la denuncia de la Convención Americana sobre Derechos Humanos (Pacto de San José, 1969). No sería de extrañar también el retiro de la OEA, para así igualarnos con Cuba, que aunque nuevamente fue admitida en el 2009 en dicha Organización, el régimen castrista no participa en la misma.*

Constitucional del Tribunal Supremo de Justicia, como lo han denunciado, entre otros juristas, el propio profesor Brewer-Carías en varios de sus magníficos ensayos y artículos, uno de los cuales citamos anteriormente[28], y el profesor Eduardo Meier, dictó varías sentencias desconociendo el Derecho Internacional de los Derechos Humanos[29], en una de las cuales se instaba al Poder Ejecutivo para que procediese a denunciar el Pacto de San José.

Decisiones de esa naturaleza dejarían a la sociedad nacional en grado extremo de indefensión frente alos reiterados actos del régimen de poder violatorios de los derechos y garantías en materia de derechos humanos, ya que es un hecho público y notorio la inexistencia de una comunidad de jueces, -un poder judicial-, autónomo, independiente e imparcial,- como garante institucional de la vigencia de la Constitución Nacional. Y es que el desprecio de los dictadores (en especial en los regímenes totalitarios) a sus pueblos es de vieja data, es si se quiere inherente a esas formas de poder. Basta recordar la frase de Hitler antes de suicidarse (1945), "Si el pueblo alemán renunciase a luchar demostraría que carece de entereza moral. De ser así, merece que lo aniquilen", cuando el estado mayor del ejército alemán le informó que la guerra estaba perdida, que las tropas soviéticas se hallaban a pocos kilómetros de Berlín, y que, en consecuencia, se imponía la rendición incondicional a los aliados. O la de Castro en el episodio de los misiles durante la época de la guerra fría en 1962, cuando le expresó a Nikita Jruchov que si el triunfo del socialismo implicaba el sacrificio del pueblo cubano, que no dudara respecto a la posibilidad de iniciar un ataque nuclear preventivo contra los Estados Unidos de Norteamérica. El Che Guevara en un artículo publicado luego de su muerte se refiere a ese episodio "heroico": "Es el ejemplo escalofriante de un pueblo que está dispuesto a inmolarse atómicamente para que sus cenizas sirvan al nacimiento de una sociedad nueva..." De allí el origen de la expresión "Socialismo, patria o muerte".

28 *Vid.*, pie de página N° 14.

29 El profesor Eduardo Meier en su monografía "La eficacia de las sentencias de la Corte Interamericana de Derechos Humanos frente a las prácticas ilegítimas de la Sala Constitucional", merecedora del Premio de la Academia de Ciencias Políticas y Sociales correspondiente al periodo 2012-2013, analiza el proceso de desconocimiento del corpus iure interamericano que comenzó con la sentencia SC/TSJ N° 386/2000 (Caso: Faitha Nahmens y Ben Ami Fihman o Revista "Exceso") "...*en el que decidió una acción de amparo interpuesta por periodistas y el Director de la Revista "Exceso", quienes denunciaban acoso judicial en un juicio penal por difamación ante la falta de pronunciamiento oportuno sobre la alegada prescripción de la acción penal en su contra. Frente a la solicitud de la querellante que pretendía la detención preventiva de los periodistas, se vieron obligados a acudir a la CIDH, que decretó unas medidas cautelares a su favor, abriendo un caso contra el Estado venezolano donde se denunciaba la violación de los derechos humanos a la libertad de expresión y al debido proceso. La Sala Constitucional, anticipándose a lo que sería la asunción de criterios más radicales frente al Derecho y los órganos internacionales, consideró: "...inaceptable la instancia de la Comisión Interamericana de Derechos humanos de la organización de los Estados Americanos en el sentido de solicitar la adopción de medidas que implican una crasa intromisión en las funciones de los órganos jurisdiccionales del país, como la suspensión del procedimiento judicial en contra de los accionantes, medidas que sólo pueden tomar los jueces en ejercicio de su competencia e independencia jurisdiccional, según lo disponen la Carta Fundamental y las leyes de la República de Venezuela...".* El autor cita otras infames sentencias de cariz similar. Así, la Sentencia SC/ TSJ N° 1.013/2001 (Caso: Elías Santana y asociación Civil "Queremos Elegir") contra el estándar interamericano de derechos de rectificación, en la que la SC, *"Luego de cuestionar la legitimidad del poder cautelar, la competencia y eficacia de la CIDH como órgano del SIDH...convalida los delitos de opinión, tan rechazados por el Sistema Interamericano como por las Naciones Unidas".* Otra de las sentencias analizadas por el brillante y acucioso profesor es la Sentencia SC/TSJ N° 1942/2003 (Caso: Rafael Chavero contra el estándar interamericano sobre leyes de desacato). En esa sentencia el Magistrado Ponente afirma *"...por encima del Tribunal Supremo de Justicia y a los efectos del artículo 7 constitucional, no existe órgano jurisdiccional alguno, a menos que la Constitución o la ley lo señale, y aun en este último supuesto, la decisión que se contradiga con las normas constitucionales venezolanas, carece de aplicación en el país".* El autor se refiere también a la Sentencia SC/TSJ N° 1.411/2004 (Caso: Ley del Ejercicio del Periodismo) contra el estándar interamericano sobre

Otra de las fuentes impuestas a la Administración de acuerdo con la actual Constitución son las normas que se adopten en el marco de los acuerdos de integración, que *"...serán consideradas parte integrante del ordenamiento legal vigente y de aplicación directa y preferente a la legislación interna* (Art. 153, Constitución Nacional).

De acuerdo con el anterior enunciado, las normas que integran el denominado "Derecho Comunitario "cuyo carácter es también supranacional, al igual que el Derecho Internacional de los Derechos Humanos, tienen una jerarquía superior a las leyes, es decir, una jerarquía constitucional, desde el momento en que la Constitución en el artículo antes parcialmente transcrito faculta a la República para que pueda atribuir *"...a organizaciones supranacionales, mediante tratados, el ejercicio de las competencias necesarias para llevar a cabo estos procesos de integración"* .

(b)   Las leyes orgánicas

Como segunda fuente formal escrita de naturaleza estatal el profesor Brewer-Carias menciona a las leyes orgánicas y cita la Exposición de Motivos de la Constitución de 1961 en la que se calificaba a este tipo de leyes *"...como una categoría especial de leyes intermedias entre la Constitución y las Leyes Ordinarias; agregándose que para definirlas se sigue el modelo francés y se acoge un criterio meramente formal para su calificación: primero cuando la propia Constitución le dé tal denominación y, segundo cuando sea investida con ese carácter por las Cámaras en la forma expresada anteriormente. La creación de las Leyes Orgánicas –agrega la Exposición de Motivos –tiene por objeto impedir que por leyes especiales se deroguen disposiciones que se refieren a la organización de ciertos Poderes*

---

colegiación obligatoria: *"...luego de citar la Opinión Consultiva OC-5/85 del 13 de noviembre de la Corte Interamericana de Derechos Humanos, la Sala Constitucional validó la colegiación obligatoria en franco desacato y abierto desconocimiento del acquis conventionnel de la Corte IDH, asumiendo que para ello una interpretación errada de la opinión unánime interamericana, según la cual: "...la colegiación obligatoria del periodista en cuanto impida el acceso de cualquier persona al uso pleno de los medios de comunicación social como vehículo para expresarse o para transmitir información, es incompatible con el artículo 13 de la Convención Americana sobre Derechos Humanos"*. En fin, el profesor Eduardo Meier analiza otras sentencias que conforman ese proceso de desconocimiento del DIDH por la Sala Constitucional del TSJ: Sentencia SC/TSJ N° 1.461/2006 (Caso: Pedro Colmenares Gómez o el "caracazo") contra el estándar interamericano sobre impunidad; Sentencia SC/TSJ N° 1939/2008 (caso: Venezuela contra la Corte Interamericana de derechos Humanos) que declara inejecutable el fallo de la CIDH, y solicita la denuncia de la CADH. En esa sentencia, y para que quede constancia para la historia de la "ignominia judicial", el "Magistrado Ponente": Arcadio Delgado Rosales, expresamente solicitó al Ejecutivo Nacional que procediese a denunciar la Convención Americana de Derechos Humanos *"...ante la evidente usurpación de funciones en que ha incurrido la Corte [CIDH] con el fallo objeto de la presente decisión, y el hecho de que tal actuación se fundamenta institucional y competencialmente en el aludido Tratado"*. En esa secuencia, el autor analiza también la muy nombrada Sentencia SC/TSJ N° 834/2009 (Caso: *Globovisión*) contra el estándar interamericano sobre censura previa; la Sentencia SC/TSJ N° 796/2010 (Caso: *Asociación Civil SUMATE*) contra el estándar interamericano sobre financiación de la ONG´s ; la Sentencia SC/TSJ N° 745/ 2010 (Caso: *Asociación Civil Espacio Público*) contra el estándar interamericano sobre el acceso a la información; y la Sentencia SC/TSJ N° 1.547/2011 (Caso: *Procurador General de la República*) contra sentencia de la Corte IDH que restablece el derecho a ser elegido en el "Caso López Mendoza". *Vid.*, Meier-García, Eduardo (2014).La eficacia de las sentencias de la Corte Interamericana de Derechos humanos frente a las prácticas ilegítimas de la Sala Constitucional. Academia de Ciencias Políticas y Sociales. Serie estudios 105. Caracas, pp. 23-83.

Públicos o a las formalidades que deben reunir determinadas leyes. Por tanto las Leyes- concluye el profesor Brewer–, y en general todos los actos que se dicten en materias reguladas por Leyes Orgánicas, se someterán a las normas de éstas"[30].

En la vigente Constitución se mantiene la figura de las leyes orgánicas, pero, en su Exposición de Motivos, a diferencia de la Exposición de Motivos de la Constitución de 1961, no se califica a dichas leyes como una categoría especial de leyes intermedias entre la Ley Fundamental y las leyes ordinarias.

La novedad de la nueva Constitución en la materia es el establecimiento de cinco tipo de leyes orgánicas[31]: las que ella misma denomina como tales, las que se dicten para desarrollar derechos constitucionales, las que sirvan de marco normativo a otras leyes, y las que sean calificadas como tales por la Asamblea Nacional, en cuyo caso dicho órgano legislativo debe remitirlas a la Sala Constitucional del Tribunal Supremo de Justicia para que se pronuncie acerca de la constitucionalidad de su carácter orgánico, *"...esto con el propósito de evitar el uso indiscriminado de tal denominación"*[32].

Ante la incomprensible omisión de la Exposición de Motivos de la Constitución con relación al rango y valor de las leyes orgánicas como leyes intermedias entre la "norma normarum" y las leyes ordinarias, no creo pueda interpretarse que ese tipo de leyes tengan igual rango y valor que las leyes ordinarias. Y esto por tres razones:

a) El Artículo 202 de la Constitución exige a la Asamblea Nacional una mayoría calificada: el voto de las dos terceras partes de los integrantes presentes de ese organismo legiferante para la legitimar la calificación de orgánica antes de iniciarse la primera discusión del respectivo proyecto de ley, así como la remisión de la ley, antes de su promulgación, a la Sala Constitucional del TSJ para que ésta se pronuncie sobre la constitucionalidad de tal carácter;

b) Asimismo, el mencionado dispositivo constitucional define de manera vinculante las trascendentes materias que pueden ser reguladas mediante leyes orgánicas: organización de los poderes públicos, desarrollo de los derechos constitucionales; marco para otras leyes (ordinarias, se supone).

c) La expresión de la Exposición de Motivos para justificar el cumplimiento de esas dos exigencias anteriores: *"... con el propósito de evitar el uso indiscriminado de tal denominación"*, es clara e indubitable evidencia de que la calificación de orgánica de una determinada ley significa que ella se ubica en un rango jerárquico superior a las leyes ordinarias.

Esas tres razones justifican, sin duda alguna, la consideración de las leyes orgánicas como un tipo de leyes intermedias entre la Constitución y las leyes ordinarias; por consiguiente, la conclusión del profesor Brewer- Carías con relación a este tipo de leyes sigue siendo válida no obstante los 50 años trascurridos desde la primera publicación del libro en comento: *"Por tanto, las Leyes, y en general todos los actos*

---

30 Brewer-Carías, *opus cit.,* p. 31.

31 Art. 202

32 Exposición de Motivos de la Constitución de 1999

que se dicten en materias reguladas por Leyes Orgánicas, se someterán a las normas de éstas"[33].

(c) Las Leyes Ordinarias

La tercera de las fuentes escritas de naturaleza estatal son las denominadas "leyes ordinarias" que el autor las define de conformidad con el Artículo 162 de la Constitución de 1961 y la doctrina dominante de la Jurisdicción Contencioso-Administrativa como *"...los actos que sancionen las Cámaras Legislativas actuando como cuerpos colegisladores. Según este criterio-* señala el profesor Brewer-Carías-, *que también es expresado por las anteriores Constituciones, la orientación constitucional venezolana se ha apartado, en este punto, de toda la doctrina que consagre otros requisitos como la generalidad y el carácter abstracto, para determinar el concepto de ley. Acoge sólo la Constitución esa forma simple pero precisa para tipificar dicho concepto, lo que significa que la mera circunstancia de que una norma sea sancionada por las Cámaras Legislativas como cuerpos colegisladores, basta para que figure como Ley dentro de nuestro ordenamiento jurídico. Este concepto claro y preciso de lo que la Constitución concibe como Ley, ha sentado la Corte Suprema de Justicia "no admite ni puede admitir interpretaciones contrarias a su texto, ni menos aún la asignación de otros requisitos o condiciones que, si bien pueden ser atribuibles o procedentes en otras legislaciones donde el concepto de Ley obedece a otros criterios doctrinales, en manera alguna son adecuados al que terminantemente se fija en la Constitución venezolana". Por tanto-*concluye-el autor, *para calificar de Ley a una norma de derecho, basta únicamente determinar si es o no un acto sancionado por las Cámaras Legislativas como Cuerpos colegisladores"[34].*

Ese concepto de ley, que no admite la diferencia entre ley formal y ley material por constituir una definición constitucional, sigue siendo válido en el contexto de la "vigente" Constitución Nacional, la que, en el Artículo 202 reitera la noción que formalizaba el 162 de la Constitución de 1961, con la variante institucional de la modificación orgánica del Poder Legislativo Nacional en esta nueva Carta constitucional que eliminó el tradicional Parlamento Bicameral "Congreso de la República"

---

33   En Sentencia de la SC/TSJ de fecha 16 de octubre de 2002 se reitera la doctrina Jurisprudencial acerca de la superioridad jerárquica de las leyes orgánicas sobre las ordinarias, que el profesor José Peña Solís critica acerbamente por considerarla una interpretación insólita por el hecho de que la nueva Constitución no diga nada al respecto. Dicha sentencia citada por el mencionado autor expresa: *"Pero además la norma disponía que las leyes que se dicten en materias de leyes reguladas por leyes orgánicas-* se refiere la Sala al Artículo 163 de la Constitución de 1961- *se someterán a las normas de éstas, expresión que, si bien fue suprimida en el nuevo texto fundamental, contiene un principio de jerarquía de relevancia y arraigo en nuestro medio forense que gobierna el sistema de fuentes, y e cual debe sostenerse, pues de otra manera el constituyente no hubiere hecho la distinción y hubiese dejado al legislador ordinario la sanción de todas aquellas que le interesó distinguir y consignó en el artículo 203 constitucional, amén de la mayoría calificada que exige para su aprobación como tal".* Peña-Solís, José (2005). Los Tipos Normativos en la Constitución de 1999. Tribunal Supremo de Justicia. Colección Estudios Jurídicos N° 14. Caracas, pp. 63-64.

34   Brewer-Carias, Las Instituciones Fundamentales...*opus cit.,* p. 32

o "Congreso Nacional "por un "Parlamento Unicameral", típica institución del "constitucionalismo socialista" como es el caso de la República de Cuba[35].

En efecto, el mencionado Artículo 202 constitucional conceptúa a la Ley como *"...el acto sancionado por la Asamblea Nacional como cuerpo legislador. Las leyes que reúnan sistemáticamente las normas relativas a determinada materia se podrán denominar códigos".*

A propósito de esa definición, en la Exposición de Motivos del texto constitucional "vigente" se hace una confusa, o quizás falsa afirmación, al señalarse que: *"El texto constitucional incorpora un conjunto de cambios en cuanto a la definición de Ley y en cuanto a las leyes orgánicas".* ¿Cuál es el cambio "en cuanto a la definición de Ley"? La confusa mente del constituyente bolivariano queda al descubierto en la frase siguiente de la Exposición de Motivos *"Ley es todo acto sancionado por la Asamblea Nacional como cuerpo legislador",* es decir, la misma y simple concepción estrictamente orgánico-formal a la que se refiere el profesor Brewer-Carías al comentar el contenido del 162 de la Constitución de 1961 y su interpretación por la doctrina jurisprudencial de la extinta Corte Suprema de Justicia en Sala Político-Administrativa.

Por lo demás, la denominación de Códigos a las leyes que reúnan sistemáticamente normas relativas a una misma materia es, si se quiere, algo inocuo, no cambia en absoluto el concepto orgánico-formal de Ley; es un agregado innecesario en la norma constitucional, ya que tal calificativo forma parte de una tradición de la cultura jurídica legislativa del país desde la propia fundación de la República de Venezuela como entidad soberana y libre de dominación de toda potencia extranjera.

Brewer-Carías aborda también como fuente de la legalidad administrativa impuesta a la Administración a los tratados internacionales, los cuales *"...constituyen, con la misma condición que las leyes ordinarias, fuente de la Legalidad Administrativa ya que, para que tengan validez interna, generalmente deben ser aprobados por las Cámaras Legislativas actuando como Cuerpos colegisladores. El inicio de la discusión de los proyectos de Ley relativos a Tratados o Convenios internacionales corresponde al Senado. La consecuencia inmediata del concepto de Ley que acoge nuestra Constitución consiste, en que la distinción doctrinal entre Ley Formal y Ley*

---

35 El Artículo 69 de esa Constitución que forma parte del Capítulo XX que regula los "Órganos Superiores del Poder Popular, expresa: *"La Asamblea Nacional del Poder Popular es el órgano supremo del poder del Estado. Representa y expresa la voluntad soberana de todo el pueblo".* Esa disposición forma parte de la "mentira institucionalizada" que caracteriza a los regímenes totalitarios. Nadie, en su sano juicio, podría creer que la susodicha Asamblea es el órgano supremo del poder del Estado, pues dicho poder se halla concentrado en los sátrapas octogenarios, los hermanos Castro: Raúl y Fidel, desde hace 55 años; como tampoco que la Asamblea Nacional, el TSJ, el Ministerio Público, el Consejo Nacional Electoral, la Defensoría del Pueblo, la Contraloría General de la República en el actual régimen de poder son entidades autónomas conforme lo declara la Constitución Nacional. Hasta la muerte de Chávez Frías el poder del otrora Estado se concentró en su persona, hoy se distribuye entre el que hace las veces de "Presidente de la República", Nicolás "El ilegítimo" y ese excelso parlamentario Presidente de la Asamblea Nacional, el teniente coronel o coronel, Diosdado Cabello, caracterizado por su recta, justa y constitucional gestión al frente de la institución parlamentaria. Dicha distribución responde a una aparenta nivelación de fuerzas de poder entre ambos "personajes" y a las instrucciones recibidas desde sus jefes habaneros.

Material no se refleja en nuestro ordenamiento constitucional, sobre todo en lo que respecta a la Constitucionalidad de las Leyes"[36].

En este tema se mantiene la interpretación del profesor Brewer-Carías, salvo en dos aspectos, a saber:

a) Con la eliminación del Parlamento Bicameral, y por tanto, de la tradicional Cámara Alta o Senado, ya no aplica aquella tan conveniente competencia constitucional de reservar a esa Cámara el inicio o iniciativa de la discusión de los proyectos de Ley relativos a Tratados o Convenios internacionales;

b) Como ya se analizó, las normas que integran los pactos, tratados y convenciones en materia de Derechos Humanos, así como las normas del Derecho de la Integración o Derecho Comunitario (emanadas de organismos supranacionales) en los casos en que la República hubiere suscrito y ratificado un tratado cediendo parte de su soberanía para incorporarse a un proceso de integración, no requieren de leyes aprobatorias para su validez y vigencia en el ordenamiento jurídico interno[37].

Aparte de esas excepciones la Constitución "vigente" ratifica el tradicional principio constitucional de la exigencia de la aprobación de los tratados celebrados por la República por parte de la Asamblea Nacional, obviamente mediante ley, antes de su ratificación por el Presidente de la República (Art. 153).

2. Creadas por la Administración

A. De carácter general

(a) Los Decretos-leyes

"Dentro de la fuentes de la Legalidad Administrativa creadas por la propia Administración con carácter general -expresa el profesor Brewer-Carías- *se encuentran los Decretos con valor de Ley. En Venezuela, la Constitución de 1961 establece*

---

36 Brewer-Carías, Las Instituciones Fundamentales... *opus cit.,* pp. 32-33. Esa atribución del extinto Senado de la República estaba prevista en los Artículos 128 y 150 de la Constitución de 1961. *Vid,* pie de página N° 19 del libro en comentario.

37 Tampoco aquellos mediante los cuales se trate de ejecutar o perfeccionar obligaciones preexistentes de la República, ejecutar actos ordinarios en las relaciones internacionales o ejercer facultades que la ley atribuya expresamente al Ejecutivo Nacional (Art. 154 CN). Este último supuesto constituye una exagerada potestad discrecional a la Asamblea Nacional para que pueda, a su vez, conferir mediante ley facultades al Ejecutivo Nacional, es decir, el "Presidente de la República", para que pueda actuar en el ámbito internacional comprometiendo los intereses de la República sin control parlamentario. Esa disposición forma parte de la ideología del "presidencialismo caudillista" presente en la Constitución actual, conjuntamente con la norma que otorga potestad a la Asamblea Nacional para delegar en el Presidente de la República, mediante ley habilitante, cualesquiera de las materias que competen al Poder Nacional sin límite temporal alguno. Punto que abordaré más adelante. Asimismo, la facultad para promover los oficiales de la Fuerza Armada Nacional a partir del grado de coronel o capitán de navío (Art. 236. 6 CN), que le permitió a Chávez Frías desinstitucionalizar y desprofesionalizar a dicha Fuerza, convirtiéndola en una organización pretoriana y mercenaria a su servicio, como lo hiciera Cesar en Roma. En la Constitución del 61 el Presidente de la República requería la autorización del Senado para realizar esa atribución.

*un solo caso de los llamados Decretos-Leyes. En efecto, el artículo 190. Ordinal 8
de la Constitución da facultad al Presidente de la República, en Consejo de Ministros, para dictar medidas extraordinarias en materia económica y financiera cuando así lo requiera el interés público y halla sido autorizado para ello por ley especial. Estos actos constituyen lo que la doctrina ha denominado Decretos-leyes delegados, en que el Congreso por autorización constitucional delega al Presidente de
la República la potestad legislativa, sin exclusividad, y con las limitaciones en relación a la materia: económica y financiera; y al tiempo, mientras lo requiera el interés público"*[38]*

Sobre el particular voy a permitirme diferir de la autorizada opinión del profesor
Brewer-Carías. En mi discutible criterio los "Decretos-leyes", hoy denominados
Decretos con Rango, Valor y Fuerza de Ley por la actual Constitución, no son actos
normativos creados por la "Administración Pública" en su sentido estricto, sino impuestos por una autoridad "supra administrativa" como lo es el Presidente de la República, Jefe del Poder Ejecutivo Nacional, en cuya condición dirige la acción del
Gobierno (Art. 226 CN).

Y es que, al menos desde un enfoque formal, es posible distinguir entre el "Gobierno" y la "Administración" tanto en lo orgánico como en lo funcional[39]. En el
ámbito de lo "orgánico" considero que el "Gobierno Nacional" está integrado por
los órganos superiores del Poder Ejecutivo Nacional: el Presidente de la República,
el Vice-Presidente de la República, el Consejo de Ministros como órgano colegiado
y los Ministros.

La Administración en cuanto organización subordinada y dependiente del "Gobierno" estaría conformada por los Ministros del Despacho Ejecutivo y el resto de
los órganos articulados estructuralmente, de acuerdo con el principio jerárquico, en
Ministerios y otros organismos auxiliares. En ese sentido, y como siempre sostuve
cuando impartía clases de Derecho Administrativo en la Universidad Católica
Andrés Bello (UCAB, 1976-1999), los Ministros constituyen el punto de enlace y
separación orgánica entre "Gobierno" y "Administración".

Como miembros del "Consejo de Ministros" forman parte del "Gobierno", y en
su carácter de máxima autoridad o titulares de la jefatura de las diferentes entidades
ministeriales son "autoridades administrativas superiores". De ahí la expresión
clásica francesa "Los gobiernos pasan, pero la Administración permanece", inaplicable al régimen actual de poder, pues Hugo Chávez al triunfar en las elecciones
presidenciales de 1998 y asumir el poder en febrero de 1999 aplicó la perversa
práctica del "Spoil System", o sistema de rebatiña, o en la expresión venezolana de
"caída y mesa limpia" que refleja la concepción del poder cual botín conquistado o
por las armas o por las urnas: el triunfador se apropia del Estado y destituye masi-

---

38   Brewer-Carías, Instituciones Fundamentales, *opus cit.*, p. 35.

39   La Constitución Nacional formaliza esa diferencia en el numeral 3 del Artículo 187, que, al establecer
las competencias de la Asamblea Nacional expresa: *"Ejercer funciones de control sobre el Gobierno y
la Administración Pública, en los términos consagrados en esta Constitución y en la ley..."*. De manera
que tal diferencia tiene base constitucional.

vamente a los funcionarios públicos sin importar su escalafón, si invisten o no, "cargos de confianza"[40].

En lo funcional la "Teoría de los actos de gobierno" como actos dictados por el Presidente de la República en ejecución directa e inmediata de la Constitución[41], y que se diferencian de los actos administrativos precisamente porque éstos últimos, aunque han de sujetarse a la Constitución, la ejecutan de manera mediata, es decir, por medio de las leyes y los reglamentos.

En consecuencia, es mí parecer que los Decretos-leyes son actos normativos impuestos a la Administración por el Presidente de la República en su condición de Jefe de un Poder Público: el Ejecutivo Nacional.

Confirma esa apreciación lo expresado por el eminente jurista y profesor Brewer—Carías, a quien tanto debemos los estudiosos del Derecho Público, al referirse a la categoría jurídica de los Decretos-leyes en el Derecho comparado:

"En atención a la virtualidad de dichos actos, se les conceptúa como verdaderos actos legislativos. Se considera que la autoridad Ejecutiva, al dictarlos está realizando una función

---

40   Contra tal práctica perversa, nos consta, el profesor Brewer-Carías hizo un gran esfuerzo desde la Presidencia de la extinta Comisión de Administración Pública. Su aporte fue fundamental en la elaboración de la Ley de Carrera Administrativa (1970). Debo al profesor Brewer-Carías mi inclinación por el Derecho Administrativo cuando trabajé como Asistente Legal, conjuntamente con Isabel Boscán y Horacio vera, en el Instituto de Derecho Público de la UCV. Ingresamos a esos cargos por concurso en el año 1968 en el marco de un convenio suscrito entre el entonces Ministerio de Obras Públicas por medio de la Comisión Para el Plan Nacional de Aprovechamiento de los Recursos Hidráulicos (COPLANARH) y la UCV por medio del Instituto de Derecho Público de la Facultad de Derecho. El objeto del convenio era la elaboración de un conjunto de estudios jurídicos a fin de organizar las bases para la redacción de un proyecto de ley de aguas. Al graduarme en 1969 continúe trabajando en ese proyecto, y en 1970 me fui a estudiar Derecho Administrativo a la Universidad de Paris I (1970-71) gracias a un auxilio financiero de la Comisión de Administración Pública mientras se tramitaba mi estatus de "comisión de servicios" en el extranjero con el sueldo de Abogado I adscrito a COPLANARH. También, gracias a las gestiones del profesor Brewer-Carías, obtuve una beca del Gobierno francés para realizar estudios de Administración Pública, equivalentes a una Maestría, en el Instituto Internacional de Administración Pública en Paris (1971-73). Nobleza obliga.

41   El profesor Brewer-Carías trata ese tema en una de sus monografías: *"... los órganos que ejercen el Poder Ejecutivo del Estado, cuando lo ejercen, dictan actos estatales que no son uniformes, y tienen diversa naturaleza según el grado de ejecución de la Constitución que se produce al dictarlos, distinguiéndose, básicamente, los actos de gobierno como actos de ejecución directa e inmediata de la Constitución, y los actos administrativos como actos de ejecución indirecta y mediata de la Constitución. Ambos actos, como todos los actos estatales, son susceptibles de ser controlados judicialmente para verificar su conformidad con el derecho. Así, de acuerdo con el artículo 259 de la Constitución, la competencia para conocer de las acciones de nulidad por ilegalidad e inconstitucionalidad de los actos administrativos corresponde a la Jurisdicción Contencioso-Administrativa, lo que repite el artículo 9.1 de la Ley orgánica de la Jurisdicción Contencioso-Administrativa de 2010, y de acuerdo con la última parte del artículo 334 de la Constitución, corresponde exclusivamente a la Sala Constitucional del Tribunal Supremo de Justicia como Jurisdicción Constitucional, declarar la nulidad de las leyes y demás actos de los órganos que ejercen el Poder Público dictados en ejecución directa e inmediata de esta Constitución, como son los actos de gobierno, o que tengan rango de ley, cuando colidan con aquella, lo que se repite en el artículo 336 de la Constitución y en el artículo 25 de la Ley Orgánica del tribunal Supremo de Justicia de 2010".* Brewer-Carías, Allan. El Control de la Constitucionalidad de los Actos del Poder Ejecutivo Nacional dictados en Ejecución Directa e Inmediata de la Constitución, y el Principio de Formación del Derecho por Grados en Venezuela. En http://allanbrewer.com

legislativa. Es decir, se estima que está dictando reglas jurídicas cuya emisión, según el constitucionalismo predominante debe corresponder a otra autoridad especializada: el cuerpo legislativo o Congreso. Por ello, el derecho positivo y la doctrina de algunos países han incluido todos estos actos, de categoría legislativa, pero de procedencia ejecutiva, bajo el nombre genérico de Decretos-Leyes. Son Decretos porque provienen de la autoridad superior ejecutiva; y son leyes, porque versan sobre materias que el Derecho positivo moderno ha reservado tradicionalmente a las Cámaras Legislativas, y porque, además, tienen fuerza para modificar y derogar las normas sancionadas por éstas, es decir, las leyes"[42].

En la Constitución actual, como se verá enseguida, esa potestad legislativa del Presidente de la República se ha intensificado de manera inaudita hasta el punto que, independientemente de hechos extra-constitucionales, los Artículos 203 y 236. 8 de la Carta Fundamental, al consagrar la referida exorbitante potestad, propician la violación del principio de separación de poderes previsto en su Artículo 136 conforme a la tradición constitucional de Venezuela.

Esa abultada potestad normativa del Presidente de la República se fundamenta en la categoría de las leyes habilitantes o leyes de delegación legislativa. Según el Artículo 203 constitucional, ya antes citado, son leyes habilitantes las sancionadas por la Asamblea Nacional por las tres quintas partes de sus integrantes a fin de establecer las directrices y propósitos y el marco de las materias que se deleguen al Presidente de la República para que dicte decretos con rango y valor de ley. Las leyes habilitantes o leyes de base deben fijar el plazo que se le confiere al Presidente de la República para que ejerza la potestad legislativa delegada en las materias objeto de la delegación.

Los actos normativos dictados por el Presidente de la República en ejercicio de la mencionada delegación legislativa se les conocen como decretos con fuerza de ley (Artículo 236.8 CN) o decretos-ley, como lo señala el profesor Brewer-Carías en el Capítulo de su libro objeto de estos comentarios. Es decir, participan del mismo rango, valor y jerarquía que las leyes orgánicas o las ordinarias, según los casos. Cabe agregar sobre este punto, que la vigente Constitución, a diferencia de la del 61, no estableció límite material alguno al "órgano parlamentario": la Asamblea Nacional, para la delegación legislativa o transferencia temporal del poder legislativo al Presidente de la República.

Mientras en la Constitución del 61 el Congreso Nacional sólo podía delegar su potestad legislativa en materia económica y financiera por razones de evidente interés público,-como bien analiza el profesor Brewer-carías, en el actual texto constitucional se faculta a la Asamblea Nacional para que realice esa delegación sobre cualquiera de las materias que integran la competencia del Poder Público Nacional (Artículo 156 CN). Ello responde al reforzamiento del presidencialismo ("presidencialismo imperial") y al debilitamiento del Parlamento como parte del caudillismo mesiánico militarista que anima el proyecto de la llamada Quinta República[43].

---

42   Brewer-Carías, Las Instituciones Fundamentales, *opus cit.*, p. 36

43   Hugo Chávez Frías, en el lapso en el que ejerció la "Presidencia de la República" (1999-2012) recibió habilitaciones legislativas por una "Asamblea Nacional" absolutamente controlada por quien se hacía llamar "Comandante-Presidente" en 1999, 2001, 2007 y 2010, las tres últimas las utilizó el déspota para

No tengo la menor duda de que, tal y como está formulada la delegación legislativa en la Constitución, desdice los valores superiores del modelo de Estado democrático de Derecho. Es una involución del principio de separación de poderes, y del Parlamento como el órgano por antonomasia competente para legislar.

Del Parlamento como el escenario y el tiempo para debatir los proyectos de ley, madurarlos, oír los diversos puntos de vista, la pluralidad de opiniones de los representantes del pueblo, convocar a la sociedad civil, a los sectores interesados para que opinen; en fin, abrir un gran debate nacional utilizando el hemiciclo parlamentario, símbolo del poder democrático, del pluralismo político, además de los medios de comunicación: la radio, la prensa, la televisión, la realización de foros abiertos. En una palabra, que las leyes sean el resultado de un amplio consenso y no la imposición autoritaria de un "iluminado"[44].

Esa potestad legislativa atribuida al Presidente de la República es una reminiscencia del Estado Monárquico-absolutista europeo de los siglos XIV, XV y XVI,

---

fines incompatibles con los valores y fines del modelo de Estado democrático y social de Derecho y de Justicia formalizado en la Constitución Nacional (Arts. 2 y 3), en particular, el régimen socioeconómico de la República previsto en los Arts. 299, 112, 115 y 116 de la misma como un sistema de Economía Social y Ambiental de Mercado fundado en el principio de corresponsabilidad entre el Estado y la iniciativa privada para promover el desarrollo integral del país, o desarrollo sostenible, así como en los principios-valores de justicia social, democracia, eficiencia, libre competencia, protección del ambiente, productividad, y solidaridad, y la garantía de la seguridad jurídica, la propiedad privada (que incluye los medios de producción) y la libertad económica o el derecho de las personas a dedicarse libremente a la actividad económica de su preferencia, sin más limitación que las previstas en la propia Constitución y en las leyes por razones de desarrollo humano, seguridad, sanidad, protección del ambiente, u otras de interés social. Un régimen de economía mixta cuya finalidad constitucional es el equilibrio entre Estado y Mercado, sector público y sector privado, propiedad pública sobre determinados medios productivos (yacimientos de hidrocarburos y minerales, las aguas del territorio nacional) y el control estatal de las áreas económicas expresamente reservadas por ley al Estado, y la propiedad privada de los medios de producción como regla general. En suma, un modelo distante tanto del sistema liberal que postula la no injerencia estatal en la economía o el dejar hacer y dejar pasar, la idea del mercado como un espacio de relaciones entre productores, comerciantes y consumidores "neutro" que se autoregula por unas leyes supuestamente "espontáneas", como del sistema socialista que se basa en la estatización de los medios de producción y el control estatal absoluto de la producción, importación, distribución, circulación y consumo de bienes y servicios (Cuba). Con ocasión a esas cuatro habilitaciones Chávez Frías dictó 218 decretos con rango, valor y fuerza de ley, la mayoría violatorios de la Constitución Nacional y no pocos con el propósito de liquidar el patrimonio empresarial del país. De unas 13 empresas que había en 1998 sólo quedaban para finales de 2013 unas 5000. Allí están a la vista los resultados del proceso de estatización de la economía: improductividad y desabastecimiento de productos alimenticios y fármacos, híper inflación, devaluación salvaje del Bolívar, desinversión, desempleo, etc. Ahora, el sucesor de Chávez, Maduro, de cuya legitimidad de origen hay fuertes dudas dado los resultados de las elecciones presidenciales de abril de 2013, por ello llamado el "Ilegítimo", como también de su nacionalidad originaria venezolana, por ello llamado el "Indocumentado", se hizo dictar una ley habilitante por esa Asamblea Nacional controlada por el régimen de poder cuyos integrantes el siquiatra Francis Delgado denomina "la secta destructiva". Con base en esa habilitación Maduro dictó una nueva "Ley" de precios justos (2014) para sustituir la dictada por su mentor en el 2011. Uno de los objetivos de esa "Ley" es consolidar el orden económico socialista previsto en el Plan Patria (Art. 1).

44 Lo de "iluminado" obviamente es un sarcasmo, ni Chávez Frías, ni Maduro, son iluminados, pues el primero demostró con creces mientras estuvo en vida la ausencia de los conocimientos, formación y ética que se requiere de un Jefe de Estado. Y del segundo basta decir que ni siquiera conoce la geografía nacional. A ellos les es aplicable la frase de Bolívar "Moral y Luces son nuestras primeras necesidades".

antes de la transformación provocada en la organización de las relaciones de poder por el movimiento político-social parlamentario (democracia liberal), en particular en Inglaterra y Francia.

Es de recordar que el rey absoluto, titular de la soberanía estatal, era el depositario de una potestad cuasi ilimitada para legislar conforme a su arbitrio. Las leyes del soberano, "leyes de palacio", debían ser obedecidas por los súbditos por razones de "lealtad" (pacto de sujeción). Soberano por la "Gracia de Dios", el rey, titular de todo el poder estatal, disponía sobre la vida y bienes de sus súbditos.

Los abusos reales, especialmente en materia impositiva, son el origen del movimiento político-social que logró arrebatarle a la monarquía la potestad para crear impuestos transfiriéndola al Parlamento como representación del pueblo (en principio, los nobles y barones de la tierra y la naciente burguesía, luego el pueblo llano). A partir de ese hecho histórico sólo mediante ley parlamentaria podrán crearse nuevos impuestos (Principio de legalidad tributaria).

Esa reserva legal se extenderá a las otras materias vinculadas con las libertades y derechos ciudadanos. El triunfo del parlamentarismo, triunfo de la democracia moderna, significará la titularidad de la potestad legislativa en esa institución representativa de la diversidad política y social de la sociedad plural.

Pues bien, con las atribuciones que la Constitución del 99 confiere al Jefe del Estado y del Poder Ejecutivo, esta República del Siglo XXI se asemeja a las monarquías medievales europeas, sólo que el rey es electo por la "gracia del pueblo", o quizás del "Consejo Nacional Electoral". Si en el futuro se abre la posibilidad de reconstruir al Estado democrático de Derecho, y crear las bases para una auténtica sociedad organizada por el Derecho, vale la pena pensar en la eliminación de todo vestigio de esa legislación gubernamental, o "legislación de palacio".

Pero, obviamente, ello supone modificar la cultura política del presidencialismo imperial, la falsa creencia en el poder revolucionario de la ley para cambiar la sociedad, así como valorizar al Parlamento como órgano titular de la potestad legislativa.

En el "inconsciente colectivo" del pueblo venezolano, además de la añoranza por el hombre fuerte, el líder popular, heredero del mito bolivariano, del héroe justiciero capaz de resolver él solo los problemas del país, está presente la desconfianza en las asambleas pluralistas, en sus lentas deliberaciones, en las negociaciones y pactos políticos considerados como expresiones de corrupción.

Un pueblo impaciente con la "lentitud" de los acuerdos parlamentarios, pero paciente con la incapacidad, el engaño, y el incumplimiento de las promesas del líder providencial. El pueblo quiere soluciones rápidas, y eso sólo puede hacerlo el líder arrojado que no se detiene en formalidades, que pasa por encima de la Constitución y las leyes. El pueblo quiere que entre él y el Presidente-líder no exista mediación institucional alguna, quiere una relación directa con el salvador de la patria.

¿Será posible superar esa percepción colectiva?

(b) Los reglamentos

Expresa el profesor Brewer-Carías que los reglamentos son una manifestación o expresión de la "función administrativa" que compete a la Administración, siendo inherente a dicha función *"...la facultad de la Administración de dictar actos administrativos contentivos de normas generales. Por tanto-* agrega el autor-*debemos entender por Reglamento, como fuente del Principio de la Legalidad Administrativa, todo acto administrativo de carácter general. Es decir que, en ese sentido, no sólo son reglamentos los Decretos reglamentarios que dicta el Presidente de la República en Consejo de Ministros, en virtud de la atribución 10ª del artículo 190 de la Constitución, sino que debemos considerar también como reglamento todo acto administrativo de carácter general emanado de cualquier otra autoridad actuando en función administrativa y en virtud de autorización legal. En esta forma los Reglamentos, como actos administrativos, están sometidos también al Principio de la Legalidad Administrativa por cuanto no deben alterar el espíritu, propósito y razón de la Ley, bajo la sanción de ilegalidad por desviación de poder. En virtud del principio de jerarquía administrativa-* continua el razonamiento del profesor Brewer-Carías-*que implica la subordinación de los funcionarios inferiores ante los superiores y por cuanto según el Principio de Legalidad Administrativa, todo acto administrativo debe estar conforme a las reglas generales preestablecidas, los actos que dicte cualquier autoridad administrativa deben estar conformes a los Reglamentos que se hayan dictado por las autoridades superiores, como también deben estar conformes con los Reglamentos que esa misma autoridad haya dictado con anterioridad. Esto último es consecuencia del principio de que una autoridad administrativa no puede quebrantar sus propias decisiones y reglamentaciones, a menos que las derogue expresamente"*[45].

En este punto, también voy a diferir de la autorizada concepción del profesor Brewer-Carías. No comparto la idea de los reglamentos como una manifestación inherente a la función administrativa del Estado, ya que cuando una autoridad estatal dicta reglamentos, es decir, actos normativos de rango sub-legal, no lleva a cabo la acción de administrar sino que desarrolla o complementa una ley o norma legal preexistente en ejercicio de una potestad normativa articulada a la "función normativa" del Estado.

La función administrativa se caracteriza, al margen de la clásica e infructífera discusión acerca de sus diferencias con la función legislativa y la judicial, por la ejecución de las actividades necesarias para traducir a hechos concretos, tangibles, los diferentes cometidos del Estado previstos en la Constitución y las leyes mediante la elaboración y ejecución de planes, programas y proyectos, la construcción de obras públicas y su mantenimiento, la preservación de los bienes del dominio público, la prestación de servicios públicos, el control del ejercicio de los diversos derechos de los particulares para garantizar el orden público y social, el fomento de determinadas actividades económicas y sociales, la represión de los ilícitos o contravenciones administrativas.

---

45   Brewer-Carías, *Las Instituciones Fundamentales, opus cit.*, p. 37.

Y esas actividades las ejecuta básicamente la Administración -es su función por excelencia-, por medio de actos jurídicos y operaciones materiales. Los actos jurídicos son los típicos actos administrativos de efectos particulares, tanto los llamados "actos de autoridad" o unilaterales como los "bilaterales": los contratos y concesiones administrativas.

Los reglamentos forman parte del presupuesto normativo o base normativa de la función administrativa, bien que sean dictados por una autoridad supra-administrativa: el Presidente de la República, en Consejo de Ministros, por los Ministros, o por cualquier otra autoridad a las que la ley otorgue esa suerte de potestad normativa[46].

Se administra cuando se procede, de conformidad con la ley, a expropiar un bien de la esfera del derecho de propiedad de un determinado particular por razones de utilidad pública para construir una escuela, un dispensario, un conjunto de viviendas de interés social, etc., previo pago del justiprecio correspondiente al propietario del bien. El acto de afectación a los fines de la expropiación es un acto administrativo, al igual que las autorizaciones, permisos, visados y licencias, las multas, cierres temporales de establecimientos como medidas sancionadoras, el acto que ordena la demolición de una construcción que amenace ruinas, los contratos de obras públicas, las concesiones de servicios públicos, etc.

En mi libro "El Procedimiento Administrativo Ordinario" sostengo esa posición:

> "Comparto la teoría según la cual el reglamento no es un acto administrativo en sentido estricto, puesto que la acción de administrar entendida como actividad encaminada al desarrollo, tutela y protección de los intereses públicos en forma permanente, continua y regular, se expresa en el plano jurídico mediante actos administrativos de efectos particulares. Los reglamentos forman parte de otra función del Estado: la función normativa; función ésta que en el Estado moderno no es privativa del órgano parlamentario, pues el Poder Ejecutivo y la Administración Pública han venido adquiriendo por razones históricas (de orden político, económico y social) cada vez mayor poder para normar, para dictar actos de carácter abstracto creadores de situaciones jurídicas impersonales, genéricas y permanentes...La diferencia entre el reglamento y el acto administrativo propiamente dicho, no estriba en el destinatario de sus efectos. El reglamento no es el único tipo de acto dictado por la Administración dirigido a un número indeterminado de personas: existen actos no reglamentarios dirigidos a una categoría indeterminada de sujetos, como es el caso de las convocatorias, órdenes generales, anuncios de licitación, etc. Pero, tales actos no tienen por objeto normar; en otras palabras,

---

46   Denomino reglamentos de "Primer Grado" a los que dicta el Presidente de la República, en Consejo de Ministros" en ejercicio de una potestad normativa de rango constitucional, y de "Segundo Grado" a los dictados por los Ministros o cualquier otra autoridad administrativa en ejercicio de una potestad normativa de rango legal. En cualquier caso, la función normativa culmina con la publicación en el órgano oficial correspondiente del instrumento normativo: ley o reglamento; en cambio, la administrativa, con fundamento en los actos ordinamentales que integran el ordenamiento jurídico-administrativo, se realiza cada vez que la Administración lleva a efectos prácticos los diversos cometidos o fines del Estado-Nación o República, así como de las entidades político-territoriales que conforman la estructura del supuesto "Estado Federal Descentralizado", definidos en la Constitución y las leyes. Otro rasgo de la función administrativa es la creación, modificación y extinción de relaciones jurídicas entre la Administración y los particulares como resultado de la realización de las diferentes formas de actuación que adquiere dicha función dependiendo del tipo de Estado y del grado de intervención que la Constitución y las leyes le confieran al Gobierno y la Administración para regular y controlar las diferentes esferas de la vida social.

crear situaciones jurídicas de carácter abstracto, genérico e impersonal articuladas en forma permanente al ordenamiento jurídico. Además, la Administración Pública, hoy día, dicta reglamentos que no van dirigidos a toda la colectividad indiferenciada de sujetos, sino a una categoría determinada de la misma. Tal el caso, por ejemplo, de las normas reguladoras de determinadas industrias"[47].

Ahora bien, prescindiendo de esa diferencia de posturas acerca de la naturaleza jurídica de los reglamentos, los conceptos del profesor Brewer-Carías con relación a la función de ese tipo de normas como fuente de la Legalidad Administrativa siguen teniendo plena validez. Es así como en la actual Constitución se consagra la tradicional potestad reglamentaria del Presidente de la República en su condición de Jefe del Poder Ejecutivo Nacional, y por ende, de la conducción del Gobierno Nacional:

> "Son atribuciones y obligaciones del Presidente o Presidenta de la República: 10. Reglamentar total o parcialmente las leyes, sin alterar su espíritu, propósito y razón" (Art. 236).

Asimismo, los conceptos expresados por el Maestro Brewer-Carías en lo atinente al principio de jerarquía administrativa-*"...que implica la subordinación de los funcionarios inferiores ante los superiores y por cuanto según el Principio de Legalidad Administrativa, todo acto administrativo debe estar conforme a las reglas generales preestablecidas, los actos que dicte cualquier autoridad administrativa deben estar conformes a los Reglamentos que se hayan dictado por las autoridades*

---

47   Meier, Henrique (2004). El Procedimiento Administrativo Ordinario. Homero. Caracas, pp. 306 y 308. Esa misma teoría es expuesta por Juan Alfonso Santamaría Pastor: *"El problema de los criterios distintivos de las normas reglamentarias respecto de los actos administrativos es, es desde luego, una cuestión de alto porte teórico, pero también de una considerable relevancia práctica: reglamentos y actos suelen tener, en nuestro Derecho positivo, la misma denominación o rotulación; sin embargo, existen entre ambos sustanciales diferencias de régimen jurídico, por lo que resulta imprescindible disponer de instrumentos teóricos para determinar en cada caso, ante qué producto jurídico nos encontramos....La tesis que podríamos denominar tradicional fija el rasgo distintivo de los reglamentos en la nota de su generalidad entendida ésta en su sentido subjetivo: el reglamento es general en cuanto que sus destinatarios se encuentran definidos de modo impersonal, como pertenecientes a una categoría abstracta (P.ej., los menores de edad, los funcionarios), en tanto que el acto administrativo tendría como destinatarios a una o varia personas inequívoca e individualmente identificadas, o identificables mediante un proceso mecánico de concreción (p.ej., nombramiento de un funcionario... La postura anterior ha sido paulatinamente desplazada, sin embargo, por la de la abstracción de la generalidad en su sentido objetivo: lo que identifica a los reglamentos no es el modo de definición del círculo de destinatarios, ni el número de éstos, sino el carácter abstracto del objeto de la norma: esto es, el supuesto de hecho al que el mandato se refiere (P ej., realizar vertidos tóxicos a los cauces públicos). La definición abstracta del objeto de la norma constituye pues, una regulación preventiva hipotética, cuya realización concreta puede producirse en un número indefinido de casos (responsabilidad de la aplicación)"*. Santamaría-Pastor, Alfonso (2001). *Principios de Derecho Administrativo*. Vol. I. Tercera Edición. Editorial Centro de Estudios Ramón Areces, SA. Madrid, pp. 312, 314 y 315. En mi concepto ambas posturas identificadas por el autor citado no son incompatibles sino complementarias, pues hay reglamentos que se caracterizan por la generalidad del elemento subjetivo: los destinatarios se encuentran definidos de modo impersonal, como señala el autor, es decir, pertenecientes a una categoría abstracta; mientras que otros, por la especialidad de la materia que regulan, se caracterizan por el carácter abstracto del objeto de la norma, cual es el caso de las normas técnicas que complementan el supuesto de hecho de los delitos ambientales tipificados en la Ley Penal del Ambiente (2012) como tipos en blanco o abiertos, es decir, las normas reglamentarias dictadas por el Ejecutivo Nacional para complementar dicha Ley (Art. 12: *"Cuando los tipos penales contemplados en esta Ley, requieran de una disposición complementaria para la exacta determinación de la conducta punible o su resultado, deberá constar en una ley o en un decreto del Presidente o Presidenta de la República en Consejo de Ministros, sin que sea admisible un segundo reenvío"*).

superiores, como también deben estar conformes con los Reglamentos que esa misma autoridad haya dictado con anterioridad", fueron objeto de formalización normativa en la aun "vigente" Ley Orgánica de Procedimientos Administrativos (LOPA, 1982):

> "Ningún acto administrativo podrá violar lo establecido en otro de superior jerarquía; ni los de carácter particular vulnerar lo establecido en una disposición administrativa de carácter general, aun cuando fueren dictados por autoridad igual o superior a la que dictó la disposición general" (Art. 13).

B.   De orden interno

El profesor Brewer-Carías trata el punto de los actos administrativos internos, es decir, aplicables únicamente a los funcionarios del correspondiente organismo de la Administración Pública, denominados por algunos autores como "actos de administración" para diferenciarlos de los actos administrativos en su acepción estricta, es decir, aquellos que tienen efectos en la esfera jurídica de los particulares, como sigue:

> "Las normas o reglas creadas por la misma Administración, que forman parte de la Legalidad Administrativa, son además de las que hemos llamado de carácter general, que a la vez de tener como destinatarios a los particulares también rigen la Administración, las que llamaremos de carácter particular o de orden interno. Es decir, aquellas normas o reglas creadas por la propia Administración y que tienen también como destinataria a la propia Administración. Son los actos administrativos interiores o medidas administrativas de orden interior. Generalmente se manifiestan en las llamadas Instrucciones del Servicio que no son más que indicaciones, que en base al principio de jerarquía administrativa, los funcionarios superiores dan a los que les están subordinados, sobre la manera cómo han de desarrollar la actividad administrativa. Por ser de orden interno, normalmente no tienen publicidad. Sin embargo, no por ello dejan de ser normas preestablecidas que debe observar la autoridad administrativa en su actuar y, por ende, fuente del principio de la Legalidad Administrativa. El incumplimiento por parte de una autoridad administrativa inferior de una de esas (…instituciones) de servicio acarreará una sanción disciplinaria interna"[48].

Esa modalidad de fuente de la Legalidad Administrativa no ha sufrido modificación alguna en los 50 años desde la publicación de la primera edición de la obra en comento. En efecto, los Artículos 15 a 17 la LOPA regulan el orden de prelación jerárquica de los actos administrativos, como sigue:

-Los Decretos, vale decir, las decisiones de mayor jerarquía dictadas por el Presidente de la República (Art. 15);

-Las Resoluciones, que son las decisiones de carácter general o particular adoptadas por los Ministros por disposición del Presidente de la República o por disposición específica de la ley (Art. 16); y

---

48   Brewer-Carías, *Instituciones Fundamentales, opus cit.,* p. 38. Acoto el error de tipeo en el original del libro, ha debido decir "Instrucciones" y no "Instituciones".

-Las Órdenes o Providencias, que también pueden adoptar las formas de Instrucciones o Circulares, es decir, los actos administrativos dictados por los órganos de la Administración cuando no les corresponda la forma de Decreto o Resolución (Art. 17)[49].

Por consiguiente, las Órdenes o Providencias cuando adoptan la forma de Instrucciones son los actos administrativos internos a los que se refiere el profesor Brewer-Carías en la cita textual de su libro.

Confirma esa apreciación lo dispuesto en los Artículos 28 y 42 del citado Decreto con Rango, Valor y Fuerza de Ley Orgánica de la Administración Pública (2008) respecto del Principio de Jerarquía que impera en la organización de la Administración:

> "Los órganos de inferior jerarquía estarán sometidos a la dirección, supervisión, evaluación y control de los órganos superiores de la Administración Pública con competencia en la materia respectiva", a cuyos efectos: "El incumplimiento por parte de un órgano inferior las órdenes e instrucciones de su superior jerárquico inmediato obliga a la intervención de éste y carrea la responsabilidad de las funcionarias o funcionarios a quienes sea imputable dicho incumplimiento, salvo lo dispuesto en el artículo 8° del presente Decreto con Rango, Valor y Fuerza de Ley" (Art. 28)[50].

> "Los órganos y entes de la Administración Pública dirigirán las actividades de sus órganos jerárquicamente subordinados mediante instrucciones, órdenes y circulares…" (Art. 48).

---

49   La redacción del Artículo 17 de la LOPA es equívoca, pues ningún órgano de la Administración puede dictar actos que sean rotulados como decretos, ya que esa forma o categoría formal está reservada al Presidente de la República, órgano que no forma parte de la Administración Pública Nacional por constituir el Jefe del Poder Ejecutivo Nacional y por tanto, la máxima autoridad gubernamental de la República. Quizás la norma se refiera a los decretos de los gobernadores de los Estados como máximas autoridades gubernamentales de dichas entidades político-territoriales (Art. 160 CN).

50   El Art. 8° del mencionado Decreto-Ley expresa el principio de la responsabilidad civil, penal. Administrativa o disciplinaria en que pueden incurrir los funcionarios de la Administración Pública por los actos, hechos u omisiones que impliquen, con ocasión al ejercicio de sus funciones, violación o menoscabo de los derechos garantizados en la Constitución Nacional y la ley *"… sin que les sirva de excusa órdenes superiores"*.

II.   FUENTES NO ESCRITAS[51]

1   La Jurisprudencia

La jurisprudencia fue la fuente más importante en el progresivo desarrollo de las instituciones del Derecho Administrativo hasta el final del último período gubernamental de la mal llamada "IV República"(1959-1998)[52] e inicios de la "República Bolivariana de Venezuela" con la vigencia de la Constitución de 1999 y la eliminación de la Corte Suprema de Justicia, en particular su Sala Político-Administrativa, y la arbitraria destitución de los magistrados imparciales, autónomos e independientes que integraban la Corte Primera de lo Contencioso-Administrativo.[535455]

---

51   Es conveniente aclarar que la nomenclatura de fuentes "no escritas" utilizada por el profesor Brewer-Carías para calificar determinadas fuentes de la Legalidad Administrativa como es el caso de la Jurisprudencia Administrativa, puede conducir a equívocos, pues tal fuente constituida por sentencias judiciales se expresa o manifiesta en documentos escritos, siendo rasgo del Derecho patrio la escritura. Quizás la intención del autor fue la de indicar que no se trataba de una fuente formal como la Constitución, las leyes, los decretos-leyes y los reglamentos; sin embargo, tanto en la Constitución de 1961 como en la actual de 1999 la jurisprudencia administrativa en el tema del control de los actos administrativos por parte de la Jurisdicción Contencioso-administrativa es una fuente formal por expreso reconocimiento constitucional. En efecto, el Artículo 206 de la Constitución del 61, luego de establecer que la Jurisdicción contencioso-administrativa correspondía a la Corte Suprema de Justicia y a los demás tribunales que determinase la ley, otorgaba potestad a los órganos de dicha Jurisdicción *"...para anular los actos administrativos generales e individuales contrarios a derecho, incluso por desviación de poder, condenar al pago de sumas de dinero y a la reparación de daños y perjuicios originados en la responsabilidad de la administración, y disponer lo necesario para el restablecimiento de la situaciones jurídicas subjetivas lesionadas por la actividad administrativa"*. Por su parte, el Artículo 259 de la Constitución "vigente" reitera esa potestad a los órganos de la Jurisdicción Contencioso-Administrativa, agregando una nueva competencia para *"...conocer de reclamos por la prestación de servicios públicos"*. Ello quiere decir, reitero, que la jurisprudencia de los tribunales contencioso-administrativos, en particular de la Sala Político-Administrativa del más Alto Tribunal de la República, constituye en el ámbito del control de la Legalidad de los actos administrativos y de la responsabilidad patrimonial de la Administración, así como en el contencioso de los reclamos por el funcionamiento de los servicios públicos, fuente formal de la Legalidad Administrativa. La fuente no escrita por excelencia es la costumbre jurídica, y sin embargo, como ocurre en el caso del Derecho Mercantil (Art. 8 del Código de Comercio), los usos y prácticas son fuente supletoria ante los vacíos normativos que el juez debe avalar en la sentencia (escrita) como usos reiterados en el tiempo y el espacio.

52   La única etapa en nuestra accidentada historia republicana en la que Venezuela vivió la experiencia (con las fallas, vicios y corruptelas que nunca se ocultaron) de un Estado democrático de Derecho que reunió los elementos fundamentales para ser así calificado (pluralismo político, elecciones periódicas, libres y justas, alternabilidad en el poder, separación de poderes, control judicial de los actos estatales)

53   Es de recordar que durante todo el año 2008 la Corte Primera de lo Contencioso-Administrativo estuvo cerrada por la arbitraria destitución de sus jueces cuya motivación fue absolutamente política, pues la neodictadura militarista, corrupta y de vocación totalitaria requería de jueces complacientes con el Poder, o más bien, "comisarios judiciales", siendo que los magistrados destituidos: Ana María Ruggeri Cova, Perkins Rocha Contreras y Juan Carlos Aptiz.B, aparte de su sólida formación jurídica, son personas de indubitable convicciones éticas. Pues bien, ese año no funcionó dicha Corte a la espera de que el TSJ designara a sus suplentes. En el 2005 había ocurrido una situación semejante por los mismos motivos. En esa oportunidad la CPCA cerró sus puertas durante 11 meses.

54   La más contundente prueba de la liquidación del control jurisdiccional de los actos y actuaciones de la Administración Pública, parte del proceso de extinción del Estado democrático de Derecho en el país, es la monografía del brillante y corajudo jurista Antonio Canova González "La realidad del contencioso-

administrativo venezolano. Un llamado de atención frente a las desoladoras estadísticas de la Sala Político-Administrativa en 2007 y primer semestre de 2008", ya que en esa publicación el autor demuestra cómo dicha Sala dejó de ser el garante institucional efectivo del control de la Legalidad de los actos administrativos, violando el mandato previsto en el Artículo 259 constitucional, para convertirse en un tribunal absolutamente controlado por el "Poder Ejecutivo" ("comisarios judiciales"). En esa monografía, el autor hace un análisis estadístico extraoficial de las sentencias dictadas por la Sala Político-Administrativa del TSJ desde el 1° de enero al 31 de diciembre de 2007, y del primer semestre de 2008, veamos sus resultados: *"En cuanto a la acción de anulación contra actos administrativos, la Sala Político-Administrativa en 2007 dictó 222 sentencias. De éstas 182, que representan un 81, 98%, se declararon Sin Lugar la pretensión de los particulares; 18 que constituyen un 8,10 % fueron declaradas Parcialmente Con Lugar, un total de 22 sentencias, que son el 9,90%, acordaron Con Lugar; en contra de la Administración Pública. ...En total de las 22 sentencias Con Lugar, y tomando en cuenta esta inédita "anulación de oficio", no hubo una sola decisión contra la Administración Pública activa que supusiera un restablecimiento de la situación jurídica denunciada por los ciudadanos".* En el primer semestre de 2008 en ese mismo ámbito del contencioso de la anulación de los actos administrativos: *"... la Sala Político-Administrativa dictó 71 sentencias que resolvieron acciones contencioso-administrativas de anulación contra actos administrativos, de las cuales 61 declararon la pretensión Sin Lugar, que representan el 85, 91%; 6 decisiones estimaron Con Lugar la demanda, que equivalen a un 8, 45%; y 4 decidieron estimar la pretensión parcialmente o declaradas Parcialmente Con Lugar, que constituyen un 5, 63% del total de estas sentencias".* Concluye el autor su valiosa investigación con estas palabras: *"Lo aquí planteado debe tenerse como un llamado a todos los ciudadanos venezolanos que tienen que estar conscientes de que, contra la Administración Pública, en tanto se mantenga esa intolerable situación de los tribunales contencioso-administrativos, no cuentan con garantía de sus derechos, de su libertad; que están expuestos, en total indefensión, a sufrir actuaciones arbitrarias o ilegales de cualquier funcionario que ocupe un cargo público. Tal llamado ha de ser tanto como ensordecedor para los administrativistas venezolanos, quienes deben dejar de lado la indiferencia con que han visto hasta ahora, esta destrucción sistemática del Derecho Administrativo y, por consiguiente, del Estado de Derecho, la democracia y la libertad".* Canova-González, Antonio (2009). *La realidad del contencioso-administrativo venezolano. Un llamado de atención frente a las desoladoras estadísticas de la Sala Político-Administrativa en 2007 y primer semestre de 2008.* Fundación de Derecho Administrativo. FUNEDA. Caracas, pp. 23,50 y 163.

55   El profesor Brewer-Carías con ocasión a la Clausura de las Jornadas de Derecho Procesal Administrativo conmemorativas de los 30 años de la Revista de Derecho Público realizadas en la Facultad de Derecho de la Universidad Católica Andrés Bello, el 16 de diciembre de 2010 pronunció un discurso (videoconferencia) intitulado "La justicia administrativa y la nueva Ley Orgánica de la Jurisdicción Contencioso-Administrativa" en el que destacó esa dramática realidad de la extinción de la función de la Jurisdicción Contencioso-Administrativa como garante del control de las actuaciones de la Administración Pública, no obstante la promulgación de la Ley que regula a dicha Jurisdicción: *"Algo es definitivamente claro en esta materia de control, y es que para que una Jurisdicción Contencioso-Administrativa pueda funcionar en cualquier país, controlando a la Administración Pública, no sólo es indispensable que el Estado esté formalmente configurado como un Estado de Derecho, sino que funcione como tal, en un régimen democrático, donde esté efectivamente garantizada las separación de poderes, y en particular, la autonomía e independencia de los jueces. Sólo unos jueces autónomos e independientes son los que pueden declarar la nulidad de los actos del Poder Público, y condenar al Estado por responsabilidad contractual o extracontractual. Es por ello, precisamente, que la Jurisdicción Contencioso-Administrativa en Venezuela tuvo su mayor desarrollo a partir de la entrada en vigencia de la Constitución de 1961, durante las cuatro décadas de régimen democrático que vivió el país hasta 1999. Lamentablemente, a partir de la entrada en vigencia de la Constitución de 1999 y durante la última década, a pesar de todas las declaraciones formales, la situación ha variado radicalmente y el régimen autoritario que se ha apoderado violentamente del Estado y de todas sus instituciones ha hecho añicos la autonomía e independencia de los jueces, situación en la cual el sistema de control de la constitucionalidad, legalidad y legitimidad de la actuación de la Administración Pública, ha quedado en desuso. Ello, al menos, es lo que nos muestra la experiencia del funcionamiento de la Jurisdicción Contencioso-Administrativa en los últimos años, particularmente desde que el Poder Ejecutivo, en 2003, utilizando al Tribunal Supremo de Justicia, que ha sido el instrumento más insano para afianzar el autoritarismo en*

El mismo título del libro del profesor Brewer, cuyo capítulo dedicado a las "Fuentes de la Legalidad Administrativa "estamos comentando, da cuenta de la trascendencia de la doctrina jurisprudencial de la jurisdicción contencioso-administrativa en la formación de las instituciones del Derecho Administrativo. Comparto totalmente las apreciaciones del infatigable profesor y autor de obras de Derecho Público cuando afirma:

"Sin distinción entre las diversas ramas jurídicas y, en general, el juez juega un considerable rol en la construcción del Derecho. Nosotros no creemos, como todavía algunas veces se afirma, que el juez es una especie de distribuidor automático de decisiones jurídicas concretas que no exigen, de su parte, otra función que la de confrontar la ley a los hechos y deducir una solución de cierta forma mecánica. El juez debe interpretar la ley: y la experiencia prueba que ninguna ley puede prever todos los casos particulares que podrían traer problemas o dificultades de interpretación"[56].

En mi libro "Introducción al Estudio del Derecho", casi, con las mismas palabras, me refiero a la actividad creadora del juez:

"Por más que formalmente se le niegue al juez potestad para crear normas, en la práctica es imposible que ello no ocurra. La propia naturaleza de la función jurisdiccional, de la actividad de interpretación de textos legales insuficientes, oscuros, ambiguos, obliga al juez a establecer un cierto grado de generalidad en el razonamiento previo a la decisión (motivación de la sentencia). ¿Cómo declarar el Derecho en el caso concreto limitándose a decir cosas singulares? Es falsa la imagen del juez como un mero aplicador de la ley mediante una operación mecánica de subsunción de los hechos controvertidos en el supuesto de hecho de la norma o normas aplicables. En la interpretación, como se verá en su oportunidad, hay una actividad creativa, y más en los supuestos de ausencia de textos legales cuando el juez, con fundamento en los principios generales del Derecho (Artículo 4 Código Civil), proceda crear una regla general para decidir la litis o controversia. La importancia del Derecho judicial depende de la cultura jurídica prevaleciente en la sociedad"[57].

Esa innegable función creativa del juez dentro del marco que establece la Constitución y las leyes, se hace más evidente en el campo del Derecho Administrativo. El profesor Brewer-Carías aborda esa función del juez de lo contencioso-administrativo

---

el país, intervino a la Corte Primera de lo Contencioso-Administrativo, secuestrando su competencia y destituyendo a sus Magistrados, habiendo clausurado dicha Corte por más de diez meses; y todo, por haber dictado dichos jueces una simple medida cautelar de amparo en contra de las autoridades nacionales y municipales en relación con el proceso de contratación de médicos cubanos para ejercer la profesión médica pero que no tenían licencia para ello... El efecto demostración que tuvo esa violenta intervención policial, de lo que le puede ocurrir y efectivamente le ha ocurrido a cualquier juez cuando se trate de dictar medidas que afecten intereses gubernamentales o simplemente funcionariales, fue ciertamente devastador. Ello desencadenó la trágica situación en la que actualmente se encuentra la Jurisdicción Contencioso-Administrativa, en la cual los jueces de los tribunales que la conforman –por temor de confrontar al Poder-, simplemente se han negado a aplicar el derecho administrativo, a controlar a la Administración Pública y a proteger a los ciudadanos frente a la misma". En http://w2.ucab.edu.ve/tl_files/POST-GRADO/boletines/derecho-admin/2_boletin/BREWER%2520CARIAS. Diría que más que el temor a confrontar al Poder, los actuales integrantes de esa Jurisdicción son cómplices del régimen de poder, meros "comisarios judiciales" como los he llamado en otras oportunidades, lejos están de ser auténticos "Magistrados".

56   Brewer-Carías, *Instituciones Fundamentales, opus cit.,* p. 39.

57   Meier, Henrique (2009). *Introducción al Estudio del Derecho.* Impresos Casamayor. Caracas, p. 56.

que hasta hace algunos años fuera fundamental en la progresiva formación y consolidación de las Instituciones del Derecho Administrativo. Por ello, el autor nos dice:

> "Pero en algunas oportunidades, que se denotan más acentuadamente en el Derecho Ad-
> ministrativo, el juez carece de norma legal que interpretar para una solución concreta y, sin
> embargo, debe decidir. En virtud del artículo 9 del Código de Procedimiento Civil se prohíbe
> al juez abstenerse de decidir so pretexto de silencio, contradicción o deficiencia de la ley, o
> de oscuridad o ambigüedad en sus términos. En los casos de ausencia de ley, entonces el juez
> está obligado a determinar la regla de derecho que va a aplicar al caso concreto no regulado
> abstractamente. Por tanto, la labor del juez no es sólo interpretativa sino creativa"[58] .

Más adelante el autor demuestra cómo las Instituciones fundamentales del Derecho Administrativo son el resultado de la paciente, laboriosa y creativa labor del
juez contencioso-administrativo señalando los diversos aportes de esa doctrina jurisprudencial, mucho de los cuales se convertirían en normas jurídicas vinculantes. [59]:

> "En efecto, en materia administrativa, la creación del derecho por el juez no es un hecho
> excepcional; es, al contrario, lo normal. Es verdad que la legislación llamada de leyes admi-
> nistrativas o especiales es abusadísima, pero sin embargo, la generalidad de estas leyes está
> consagrada a regular casos concretos. Por ello, en la mayoría de los problemas planteados an-
> te el juez administrativo, éste se encuentra con la ausencia de normas generales y, por tanto,
> con la obligación de crear él mismo el derecho aplicable. Esta específica función del juez en
> materia administrativa no es más que una consecuencia del carácter nuevo, no codificado y
> evolutivo del Derecho Administrativo venezolano…Esta realidad es evidente. ¿Dónde, si no
> en la jurisprudencia, puede la Doctrina fundamentar nuestra Teoría de los actos administrati-
> vos, de los Contratos Administrativos, de los recursos administrativos y de la materia con-
> tencioso-administrativa? En efecto, en materia de actos administrativos, sólo nuestra Corte
> ha señalado sus características fundamentales, su naturaleza, la necesidad de su motivación,
> su carácter ejecutorio o de decisión ejecutoria, los efectos de su firmeza, los efectos de su
> discrecionalidad y de su Poder discrecional, la cosa juzgada administrativa, su calcificación
> general y sus clases"[60] .

Y concluye Brewer-Carías, uno de los grandes maestros de Derecho Administrativo venezolano conjuntamente con los desaparecidos profesores Eloy Lares Martínez, Antonio Moles Caubet, Tomás Polanco, Enrique Pérez Olivares y Gonzalo
Pérez Luciani:

> "Vemos, entonces, que el juez contencioso-administrativo se ha salido de los marcos tradi-
> cionales de la actuación judicial, y ello por necesidad. Sin embargo, ello no quiere decir que
> propugnamos la "tiranía del precedente". El hecho de que el Derecho Administrativo de Ve-
> nezuela tenga actualmente que fundamentarse en la jurisprudencia administrativa, no con-
> vierte a ésta, directamente, en una fuente de derecho y, por ende, en una fuente del Principio
> de la Legalidad Administrativa. La verdadera fuente no escrita de este principio está consti-
> tuida por los Principios Generales del Derecho Administrativo contenidos en esa jurispru-
> dencia. Por tanto, la sumisión de la actividad administrativa al Principio de la Legalidad ad-
> ministrativa implica el respeto a los Principios Generales del Derecho Administrativo esta-
> blecidos y definidos por la jurisprudencia, y no el respeto a la jurisprudencia en sí. De esta
> manera, un recurso administrativo de anulación procedería por la violación, por un acto ad-

---

58 Brewer-Carías, *Instituciones Fundamentales, opus cit.*, p. 39.

59 Especialmente por medio de la Ley Orgánica de Procedimientos Administrativos.

60 Brewer-Carías, *Instituciones Fundamentales, opus cit.,* p. 41

ministrativo de un Principio General de Derecho Administrativo reconocido por la jurisprudencia, pero no por la violación pura y simple de esta última"[61].

Esta última acotación del profesor Brewer-Carías hoy tiene mayor relevancia ética que en cualquier otro momento desde que hace 50 años se publicara la primera edición de las Instituciones Fundamentales, pues- no debiera ser secreto para ningún abogado, jurista, profesor y para no pocos ciudadanos, lo que ha demostrado Antonio Canova González, en su libro de denuncia vigorosa y corajuda, antes citado, acerca de la realidad de una jurisdicción contencioso-administrativa cuyos jueces, lejos de controlar los actos administrativos contrarios a derecho, incluso por desviación de poder, conforme a las exigencias constitucionales y a los Principios Generales del Derecho Administrativo, algunos de los cuales han sido incorporados formalmente en la Ley Orgánica de Procedimientos Administrativos (1982) y hasta en el Decreto con Rango, Valor y Fuerza de Ley Orgánica de la Administración Pública (2008), se han dado a la vergonzosa tarea de violar los derechos y garantías de los recurrentes, demandantes y accionantes en general, así como a los mencionados Principios que integran la esencia axiológica de la Legalidad Administrativa[62], todo ello como parte del proceso de demolición del Estado democrático de Derecho emprendido desde las más altas instancias del otrora Estado desde hace 15 años.

Coincido también con el profesor Brewer-Carías en el origen jurisprudencial de las teorías fundamentales del Derecho Administrativo : Teoría del acto administrativo, Teoría del contrato administrativo, de la Fuentes de la Legalidad Administrativa, del Procedimiento Administrativo, de la Relación Jurídico-Administrativa, de las Nulidades Administrativas, de las Formas de Actuación de la Administración Pública, de las Formas de la Organización Administrativa, de la Responsabilidad de la Administración por sus actuaciones, etc.

En ese sentido, en mi libro "Teoría de las Nulidades en el Derecho Administrativo" expreso:

> "La Teoría de las Nulidades no es un invento del legislador, es como antes se acotó, el resultado de una lenta y laboriosa creación jurisprudencial: la obra histórica fundamental de los tribunales de la jurisdicción contencioso-administrativa. Como resultado de esa función esencial para la existencia del Estado de Derecho como lo es el control de la legalidad de los actos administrativos por parte de la jurisdicción contencioso-administrativa, ésta ha venido elaborando paulatinamente las categorías jurídicas indispensables para efectuar ese control, es decir, los diferentes supuestos o causales de nulidad absoluta o relativa del acto administrativo impugnado a partir del examen de las actuaciones administrativas concretas sometidas a su consideración, sometiéndolas al ordenamiento jurídico en general y a los principios generales informantes del orden jurídico en general"[63].

---

61   *Ibídem*, p. 43.

62   La legalidad referida a los diversos elementos de fondo y forma de todo acto administrativo de efectos particulares: competencia, causa, motivo, objeto, finalidad, procedimiento, motivación, formas de manifestación.

63   Meier, Henrique (2001). *Teoría de las Nulidades en el Derecho Administrativo*. Segunda Edición. Editorial Alva. Caracas. 14

HENRIQUE MEIER

2 Los Principios Generales del Derecho

Expresa el profesor Brewer-Carías que los Principios Generales del Derecho como fuente reconocida en nuestro ordenamiento jurídico[64] han jugado un papel decisivo en la formación de la jurisprudencia administrativa, hasta tal punto que el más Alto Tribunal de la República de la época les atribuye el carácter de fuente del Principio de la Legalidad Administrativa.

El autor cita el ejemplo de los principios basados *"...en la noción del predominio de la finalidad de servicio público en la actuación de la autoridad administrativa, de donde se deriva: la ejecutoriedad del acto administrativo según la cual éstos tienen efectos inmediatos y pueden ejecutarse desde que se los dicta y por la cual los recursos administrativos no producen efectos suspensivos; el derecho de la administración a revisar sus propios actos antes de su recurribilidad jurisdiccional, limitada dicha recurribilidad a los poseedores de un interés legítimo para no entorpecer la acción de la Administración; el derecho de modificar unilateralmente los contratos administrativos según las necesidades públicas generales; el derecho para la Administración de conocer exclusivamente el mérito y la oportunidad de sus actos"*[65].

Es tal la vigencia de la noción del predominio del servicio público en las actuaciones de la Administración Pública a que se refiere el profesor Brewer-Carías, que, como ya señalé en páginas precedentes, la "vigente " Constitución y el Decreto con Rango, Valor y Fuerza de Ley Orgánica de la Administración Pública formalizan esa noción, o quizás más bien un principio relacionado con la concepción constitucional del Estado y su proyección sobre las organizaciones que integran las diferentes administraciones públicas.

Y es que si el Estado democrático y social de Derecho y de Justicia ha sido formalmente conceptuado como una compleja organización institucional cuya finalidad esencial es la defensa y protección de la dignidad de la persona humana y de sus derechos consustanciales garantizados en la Constitución y en los tratados, pactos y convenciones en materia de Derechos Humanos (Arts. 2 y 3), y si además la propia norma constitucional define a la Administración Pública como organización al servicio de los ciudadanos (Art. 141), es lógico que dicha institución estatal tenga como objetivo de su organización y funcionamiento hacer efectivos los principios, valores y normas consagrados en la Ley Fundamental de la República y en especial, garanti-

---

64 El Artículo 4 del Código Civil que establece los métodos de interpretación del Derecho califica a los Principios Generales del Derecho como fuente supletoria cuando en ausencia de una disposición expresa de la ley, y ante la imposibilidad de aplicar disposiciones que regulan casos semejantes o materias análogas (analogía), el juez, obligado a decidir el caso, debe acudir a los Principios Generales del Derecho para crear una regla específica para su solución, ya que no debe, so pena de incurrir en denegación de justicia, excusarse en el vacío normativo o en la ambigüedad o confusión de la ley.

65 Brewer-Carías, Instituciones Fundamentales, *opus cit.*, p. 44.

zar a todas las personas el goce y ejercicio de los derechos humanos (Art. 3, Decreto con Rango, Valor y Fuerza de Ley Orgánica de la Administración Pública)[66].

Algunos de los principios señalados por el profesor Brewer-Carías que derivan del predominio de la noción de servicio público en las actuaciones de la Administración fueron consagrados en la aun "vigente" Ley Orgánica de Procedimientos Administrativos[67].

---

66 En un artículo de mi autoría publicado en la página WEB soberanía. org, "La Finalidad prioritaria del Estado Democrático de Derecho", planteo el tema del poder estatal al servicio de la persona humana y sus derechos: *"El axioma "El Estado está al servicio del hombre, y no el hombre al servicio del Estado" sintetiza el primero y fundamental principio-valor del Estado de democrático Derecho en cualquiera de sus modalidades históricas del pasado y del presente.* **La primera consecuencia** *de este postulado axiológico es que el Estado no se justifica en sí mismo, ni en los fines de las doctrinas e ideologías de los absolutismos de los Siglos XVI al XVIII, y los totalitarismos de los Siglos XX y XXI, para pretender legitimar la supremacía de un hombre sobre los individuos y la sociedad: el Rey (absolutismo monárquico), un caudillo mesiánico (populismo militarista); o de una colectividad abstracta: el Estado (fascismo), la Nación-raza (nacionalsocialismo), el Partido-Estado (socialismo autoritario o comunismo) y así "justificar" la abolición de las diversas expresiones de la libertad-autonomía (libertad ambulatoria, de tránsito, de conciencia, información, opinión, expresión, culto, trabajo, profesión, arte, oficio, empresa, inviolabilidad del hogar, de la correspondencia, derecho de propiedad etc.) y de la libertad-participación (sufragio, derecho a postularse para cargos de elección popular, derecho a fundar organizaciones políticas y a formar parte de las mismas, a manifestar pacíficamente y sin armas, derecho de reunión con fines políticos, etc.). En efecto, a diferencia del "constitucionalismo democrático," en el "constitucionalismo estatalista" (fundamento político-jurídico de los Estados totalitarios o Estados policiales) se establece la superioridad absoluta del poder sobre el individuo, del poder respecto de la libertad, y como lógico corolario de ello, la eliminación de la autonomía de la persona humana y de la sociedad (organizaciones políticas, económicas, sociales, sindicales, educativas y culturales; en pocas palabras, extinción de la sociedad civil). Al respecto, en el artículo 62 de la Constitución de la Ex Unión Soviética (1977) se expresaba: "El ciudadano de la Unión Soviética debe velar por los intereses del Estado soviético y contribuir al fortalecimiento de su poderío y prestigio". El vocablo "poderío" según el reconocido constitucionalista y politólogo, Maurice Duverger, expresa las relaciones de dominación en el ámbito de las poblaciones de animales donde el más fuerte y fiero impone su fuerza bruta para liderar una manada, un rebaño. El león que se halla a la cabeza de una manada conservará su liderazgo mientras cuente con capacidad para aniquilar a cualquiera que le dispute su poderío; de lo contrario, será desplazado por el espécimen con mayor vigor físico (usualmente más joven). Duverger diferencia al poderío del poder, atribuyéndole a ésta última palabra un significado antropológico: las relaciones de dominación entre los hombres caracterizadas, en el concepto del maestro francés, por la existencia de límites políticos, jurídicos, institucionales, éticos, sociales, culturales. El poderío sería inherente a la implacable ley darwiniana de la selección de las especies (sólo sobreviven los más fuertes) que rige en el orden ecológico, mientras que el poder expresa la aspiración humana de construir un orden social justo y civilizado sustituyendo a las "leyes de la naturaleza" por las leyes civiles o de la ciudad. Pues bien, en el contexto ideológico del totalitarismo soviético no cabía la posibilidad de ciudadanos titulares de derechos y libertades frente al Estado. El "nuevo hombre" de la sociedad socialista era apenas un engranaje de esa gran maquinaria a la que se refería el padrecito de los pueblos, el genocida Stalin, cuando brindaba en su oficina del secretariado general del Partido Único, por el "éxito" de la industrialización de Rusia ejecutada a costa de millones de vida de los "kulak" (campesinos considerados como "terratenientes") sacrificados en la colectivización forzosa del campo. Todo se hallaba supeditado al po8derío soviético, al aumento progresivo, sin atenerse a límite alguno, prescindiendo de cualquier coste humano (social), del poder militar, industrial, científico y tecnológico del Estado".*

67 En efecto, el Principio-Potestad de la Ejecutividad y Ejecutoriedad de los actos administrativos (Arts. 8. 78, 79 y 80: ejecución de oficio en el término establecido en el acto o de manera inmediata, requisitos para la ejecución del acto administrativo formal, modalidades de la ejecución forzosa de los actos administrativos); el Principio-Potestad de Revisión de oficio de los actos administrativos por la propia Administración o la autotutela administrativa (Arts. 81, 82, 83 y 84: Convalidación en cualquier momento de

El autor trata también los principios *"...basados en el derecho de los adminis-trados al normal funcionamiento del servicio y a la protección jurídica frente a la Administración de donde se deriva: el principio de la cosa juzgada administrativa, según el cual un acto administrativo no puede ser revisado por una autoridad de alzada, cuando contra él no se admite apelación o ésta ha caducado, es decir, cuando está firme siendo creador dicho acto de derechos subjetivos; el derecho a la motivación del acto administrativo como protección contra el arbitrio de la Admi-nistración; el carácter de Derecho Público Subjetivo que revisten los recursos ad-ministrativos para el particular lesionado en su interés legítimo. La violación de estos principios por parte de la autoridad administrativa vician el acto de ilegali-dad, pues son fuente de la Legalidad Administrativa que, a su vez, está reconocido*

---

los actos anulables, Revocación en cualquier momento de los actos que no hubieren originado una situa-ción jurídica favorable en la esfera jurídica del particular, Reconocimiento en cualquier momento de la nulidad absoluta de los actos afectados por vicios insubsanables, Corrección en cualquier momento de errores materiales o de cálculo); el Principio de los Efectos no Suspensivos de la interposición de los re-cursos administrativos y su excepción (Art. 87). En lo que respecta a la legitimación activa para recurrir la LOPA remite la categoría de "interesados" a los Artículos 112 y 121 de la derogada Ley Orgánica de la Corte Suprema de Justicia que establecían dos categorías: los titulares de un derecho subjetivo o de un interés legítimo, directo y personal, vale decir, una situación subjetiva intransferible afectada por el acto recurrible. Ahora bien, por cuanto esa Ley fue derogada, y en el 2010 se sancionó una Ley Orgánica de la Jurisdicción Contencioso-Administrativa, considero que la interpretación que hace el administrativista Rafael Badel Madrid del Artículo 29 de la mencionada Ley en lo que respecta a la Legitimación Activa en el ámbito de la susodicha Jurisdicción ("Interés actual") es perfectamente aplicable a los recursos ad-ministrativos regulados en la LOPA, a saber: *"a. El derecho subjetivo: Derivado de la existencia de vin-culaciones o relaciones previas establecidas entre la Administración y el particular, que confiere a éste el derecho de exigir determinada prestación e impone a aquella la contrapuesta obligación de cumplir-la, so pena de violentar o infringir dicho derecho, grado que legitima al particular para recurrir contra actos de efectos particulares. B.El interés legítimo: Derivado de la especial situación de hecho del par-ticular frente al acto administrativo contrario a derecho, situación ésta que lo hace más sensible que el resto de los administrados frente a un posible desconocimiento del interés general por parte de la Admi-nistración al violar la Ley, grado que igualmente legitima al particular para recurrir contra actos de efectos particulares... d. Los intereses plurales: Representados por la suma de intereses individuales que se encuentran en una misma situación frente a la actuación administrativa contraria a derecho. Grado que legitima al particular para recurrir contra actos de efectos particulares, aquellos en los que concu-rran podrán iniciar el proceso individual o colectivamente, pudiendo existir acumulación procesal cuando las pretensiones que se deduzcan –si se formulan independientemente- tengan idéntico funda-mento y petición. e Los intereses colectivos: Se refiere a los intereses de un grupo determinado como tal, aunque no cuantificable o individualizable y respecto de los cuales puede existir un vínculo jurídico común (i. e. grupos gremiales, asociaciones vecinales, etc.), grado que legitima al particular para recu-rrir contra los actos de efectos particulares, en representación de esos intereses. Los intereses difusos: Son los que se refieren a un bien o derecho que atañe a la comunidad, asumido por un cúmulo de ciuda-danos que no conforman un sector cuantificable o particularizado y entre los cuáles no existe un vínculo jurídico común, de modo que la afectación de todos ellos deriva de razones de hecho contingentes. Sur-ge de una prestación indeterminada cuya omisión afecta a todo el colectivo sin distinción. Se refieren a un bien indivisible, en el sentido de que es insustituible de división de cuotas o fracciones adjudicables a cada uno de los intereses. Este grado que también legitima al particular para recurrir contra actos de efectos particulares, en representación de esos intereses".* Y concluye el jurista: *"Con la exigencia de un "interés jurídico actual" se abandonó el tratamiento que se daba, tanto en la Ley Orgánica de la Corte Suprema de Justicia como en la derogada Ley Orgánica del Tribunal Supremo de Justicia del año 2004, en el que se hacía referencia a la titularidad de un interés personal, legítimo y directo".* Badel-Madrid, Rafael. La demanda de nulidad. En http://www.badelgrau.com

por la Corte, como el principio fundamental del Derecho Administrativo venezolano "[68].

Esos principios también fueron objeto de formalización en la Ley Orgánica de Procedimientos Administrativos[69].

3   La costumbre administrativa

Según el profesor Brewer-Carías: *"La práctica administrativa en Venezuela ha jugado un papel decisivo en la formación de las reglas que guían la acción de las autoridades administrativas, y ello porque la repetición constante de una determinada manera de proceder de la Administración forma una norma decisiva para la actuación sucesiva de las autoridades de la Administración. Es decir, cuando la práctica es unánimemente aceptada en el orden administrativo, ella forma parte del Principio de la Legalidad Administrativa, y por tanto, de obligatoria observancia por el administrador. En varias oportunidades así lo ha reconocido nuestro Tribunal Supremo. Por otra parte, ello no podría ser de otro modo ya que, por la ausencia de una legislación procedimental administrativa, las autoridades encargadas de cumplir el procedimiento constitutivo e impugnativo del acto administrativo han carecido de normas precisas para actuar, por lo que están guiadas en una larga medida por las prácticas administrativas"*[70].

En este punto también voy a diferir del concepto expresado por el eminente jurista, profesor y prolífico autor de obras de Derecho Público, pues en lo que respecta a mi experiencia como servidor público[71], así también como abogado representando y asistiendo a personas naturales y jurídicas en sus relaciones con la Administración

---

68   Brewer-Carías, *Instituciones Fundamentales... opus cit.*, pp. 44-45.

69   El Principio de la "Cosa Juzgada" y de la Irrevisibilidad e Irrevocabilidad de los actos que hubieren originado derechos subjetivos o interese legítimos, personales y directos en la esfera jurídica del particular (Art. 82); el Principio- Garantía-Requisito de la motivación de todo acto de efectos particulares (Art. 9). La Teoría del derecho adquirido no se aplica con la rigidez de la "cosa juzgada" en el campo de las autorizaciones ambientales, ya que, dada las características de los bienes ambientales: escasez, fragilidad, insustituibilidad para la satisfacción de necesidades humanas y la conservación de la vida, no es jurídicamente posible postular una suerte de derecho a degradar el ambiente sino a su utilización o aprovechamiento sustentable. En ese sentido, las autorizaciones ambientales sólo confieren derechos limitados, condicionados y revisables como es el caso, por ejemplo, de la denominada "autorización de afectación de recursos naturales" regulada en el Decreto N° 1257 de 13 de marzo de 1996 "Normas Sobre Evaluación Ambiental de las Actividades Susceptibles de Degradar el Ambiente". Es así como el Artículo 21 de la mencionada normativa establece que la autorización en referencia para la fase de la explotación minera y la producción petrolera *"...se ajustará a las previsiones establecidas en el Estudio de Impacto Ambiental del proyecto y contendrá las especificaciones señaladas en el artículo 18 de estas normas. El Ministerio del Ambiente y de los Recursos Naturales Renovables podrá imponer las condiciones adicionales que considere necesarias, conforme a la ley".* Vid, Meier, Henrique (2011). Categorías Fundamentales de Derecho Ambiental. Homero. Caracas.

70   Brewer-Carías, Instituciones Fundamentales, *opus cit.*, p. 45

71   En particular cuando ejercí los cargos de Secretario Ejecutivo de la Comisión Nacional de Legislación Codificación y Jurisprudencia adscrita al entonces Ministerio de Justicia (1977-79),Consultor Jurídico del Ministerio del Ambiente y de los Recursos Naturales Renovables (1978-83), Consultor Jurídico de la Presidencia de la República (1995-96) y Ministro de Justicia (1996-97).

Pública[72], lo que caracterizaba a las prácticas administrativas durante ese tiempo (1997-2000: 23 años) era todo lo contrario, es decir, la transgresión del Principio de la Legalidad Administrativa, y en especial la violación a los derechos fundamentales de los particulares. Situación que se ha agravado "Ad infinitum" desde hace 15 años. Tal vez las prácticas administrativas a las que se refiere el profesor Brewer-Carías son anteriores a los años 70, quizás de la década de los años 30 y 40, en el tiempo de la antigua Corte Federal y de Casación.

Abordo ese tema de las prácticas arbitrarias de la Administración en un artículo que el profesor Brewer-Carías me publicase en su magnífica Revista de Derecho Público, "El Principio de la Legalidad Administrativa y la Administración Pública"[73], en el tiempo en el que ejercía la titularidad de la Consultoría Jurídica del Ministerio del Ambiente y de los Recursos Naturales Renovables. En dicho artículo hago un análisis de las prácticas administrativas contrarias a Derecho que había venido observando desde los años 70 y contra las que luché, sin mucho éxito, en el ejercicio de esa función consultiva.

En el artículo en cuestión doy cuenta de las más reiteradas prácticas "contra Lege" que había venido observando:

"a) El desconocimiento de "derechos adquiridos" por los particulares al amparo de permisos y autorizaciones otorgados por los órganos competentes de la Administración. Es frecuente la práctica cuando cambian los titulares de determinados órganos administrativos, de iniciar un período de renovación o cambios en la política del despacho, Dirección, o Departamento, que incluye dejar sin efecto los actos decididos por sus antecesores, aun cuando tales actos hayan creado auténticos derechos a favor de los particulares…La Administración Pública, en virtud del principio de autotutela administrativa, está en el deber de modificar y hasta de revocar los actos administrativos dictados en contravención a la ley…Sin embargo, ello tiene un límite cuando se trata de actos que han creado auténticos derechos subjetivos, y más en el caso de los llamados actos-condición; cuando la Administración lo que hace es remover obstáculos administrativos, para el perfeccionamiento de un derecho preexistente…b) El empleo abusivo y contrario a derecho de las llamadas "paralizaciones preventivas"…que constituyen actos administrativos de trámite, cuyo objeto es evitar que se produzca o continúe un visible daño a los recursos naturales y demás componentes del ambiente tutelados por la ley de la materia…La Administración no puede paralizar una actividad por simple sospecha de ilicitud: deben existir fundados motivos, base real para presumir la conducta ilegal, debe ser el resultado de una investigación sumaria…Sin embargo, se han venido repitiendo absurdas prácticas de paralizaciones preventivas o provisionales por presuntas violaciones a la Ley Orgánica del Ambiente…sin que se hayan iniciado investigaciones y menos aun, abiertos procedimientos administrativos…c) La exigencia de requisitos técnicos a los solicitantes de permisos y autorizaciones, sin que tales requisitos estén contemplados en reglamentación alguna, con lo cual se ha venido institucionalizando una discrecionalidad "técnico-administrativa" que raya simplemente en la arbitrariedad…d) La exagerada tardanza en el otorgamiento de permisos y autorizaciones así como las llamadas "renovaciones de permi-

---

72   1984-95; 1997-2000.

73   Meier, Henrique (1981). El Principio de la Legalidad Administrativa y la Administración Pública. En Revista de Derecho Público. N° 5, enero-marzo 1981. Editorial Jurídica Venezolana. Caracas, pp. 45-56

sos", que de hecho se transforman en paralizaciones ilegales de actividades y obras, con el consiguiente perjuicio a los derechos particulares"[74].

Por esa razón, en ese mismo artículo afirmo sin ambigüedades que *"...la Administración Pública en Venezuela se ha venido convirtiendo, por las prácticas arbitrarias y lesivas de los legítimos derechos de los particulares en una organización desde la cual, lejos de propiciarse el cumplimiento de las normas que rigen nuestro Estado de Derecho, se fomenta la irregularidad administrativa, las vías de hecho, el desacato a preceptos legales, el tráfico de influencia y otras prácticas contrarias a la esencia misma de una Sociedad y de un Estado, que aspiran desenvolverse bajo un ordenamiento jurídico cuyo ideal supremo es el respeto, protección y garantía de los derechos inalienables de la persona humana, conforme declara el Preámbulo de la Constitución Nacional de 1961"*[75].

III.   FUENTES DE CARÁCTER PARTICULAR

El profesor Brewer-Carías conceptúa también como fuentes de la Legalidad administrativa a determinados actos jurídicos de carácter particular *"...exteriores a la Administración o dictados por ella...Tales son las decisiones de la autoridad judicial y las decisiones de la autoridad administrativa"*[76]. De esos actos se derivan, según el autor, el respeto de la cosa juzgada jurisdiccional y la cosa juzgada administrativa. Incluye, asimismo, a los contratos administrativos.

1.   La cosa juzgada jurisdiccional

Con fundamento en un principio fundamental del Estado de Derecho, Brewer-Carías postula la obligación en que está la Administración, al igual que los particulares, a respetar y cumplir lo decidido por la autoridad judicial con fuerza de verdad legal, bien que se trate de *"...una cosa juzgada de efectos relativos, cuando la Administración ha sido parte de un proceso y condenada, por ejemplo, al pago de daños y perjuicios originados por su responsabilidad; como de una cosa juzgada de efectos erga omnes, cuando por ejemplo, la autoridad jurisdiccional en lo contencioso-*

---

74   Meier, El Principio de Legalidad...*opus cit.*, pp. 52, 53 y 54.

75   IBÍDEM, p. 45. En uno de mis libros citados, "La Teoría de las Nulidades" insisto en tema de las prácticas administrativas contrarias a Derecho: *" A la fecha mayo del 2000, la LOPA cumple 18 años, y como poco han cambiado las cosas desde el año 91, fecha de la primera edición de esta obra, podemos decir al igual que en aquella ocasión, que persisten las prácticas administrativas "contra Lege", y que en muchos Despachos de la Administración Pública, se ignora, a veces intencionalmente, la vigencia de esa Ley. Se actúa como si ella no existiera. Los treinta y tres años de democracia ininterrumpida (a la fecha cuarenta y dos) no han logrado eliminar las prácticas arbitrarias del estado venezolano. De allí pues, la delicada y trascendental función del juez de los contencioso-administrativo, a cuyo quehacer judicial debemos los principios fundamentales de la Teoría de las Nulidades en el Derecho Administrativo"*, opus cit., p. 12.

76   Brewer-Carías, *Instituciones Fundamentales*, opus cit., p. 46

administrativo declara la nulidad de un acto administrativo. La Administración, en todo caso, está obligada a observar y cumplir lo decidido por el juez[77].

Si ese principio no se cumple no es posible postular la existencia del Estado de Derecho, como tampoco la vigencia del Derecho Administrativo de bases axiológicas demo-liberales.

En la acertada expresión del jurista Antonio Canova González:

> "Sin un sistema jurisdiccional por el cual los tribunales forzaran efectivamente a la Administración Pública a actuar según las normas del Derecho Administrativo, tales normas... no tendrían el carácter de jurídicas. No obligarían a su principal destinatario: a saber, la Administración Pública. A lo sumo, serían "prácticas", "técnicas", "consejos" administrativos, nunca, Derecho"[78].

> "Y es que la autoridad del juez –sostengo en uno de mis libros, ya antes citado, -es una autoridad jurídica. No tiene a su servicio un poder material de coacción física como los órganos de fuerza con que cuenta el Estado (Poder Ejecutivo).El acatamiento de los fallos de los jueces de lo contencioso-administrativo, exige la operatividad del principio de origen filosófico que trasciende las fronteras de lo estrictamente jurídico, por ejemplo, cuando se trata de decisiones anulatorias de actos ilegales, o de condena a la Administración por los daños y perjuicios ocasionados en la esfera jurídica de los particulares, o a restablecerles las situaciones jurídicas infringidas por la actividad administrativa. Me refiero a la separación de poderes y a la real independencia del Poder Judicial respecto de los otros poderes del Estado: Ejecutivo y Legislativo. Y es que si la Administración hace caso omiso de las sentencias que les son adversas, se quiebra el frágil equilibrio sobre el que descansa la vigencia del Estado de Derecho. A nadie se le escapa el hecho de que nuestros jueces son influenciables en sus decisiones, dado el particular sistema de selección de los mismos, unido a la subestimación de esa función en la sociedad venezolana y a la tradicional dependencia del Poder Judicial respecto de otros poderes del Estado"[79].

En este tiempo de la ignominia esa dependencia es absoluta, total, ya no queda el más mínimo resquicio de autonomía del otrora Poder Judicial. Y no es que la Administración se resista al cumplimiento del principio de la "cosa juzgada", al respeto y acatamiento de las decisiones definitivamente firmes del juez de lo contencioso-administrativo anulando actos administrativos contrarios a Derecho, o condenándola al pago de sumas de dinero por los daños y perjuicios causados a los particulares (responsabilidad patrimonial contractual y extra-contractual), o en fin ordenando el restableciendo la situación jurídica infringida a los particulares por sus actuaciones u omisiones ilegales.

¡No!, como lo demuestra Antonio Canova González en su excelente investigación jurisprudencial del contencioso-administrativo, ya citada, el drama no es esa resistencia ante la autoridad jurídica del juez; es algo mucho peor: los jueces dejaron de serlo para actuar como "comisarios judiciales" al servicio de una ideología y una estructura de Poder que se halla en las antípodas de los valores, principios, derechos y garantías que conforman la base axiológica del Estado democrático y social de

---

77   *Ibídem*, p. 46

78   Canova-González, Antonio, *La Realidad del....opus cit.*, p. 9.

79   Meier, *Teoría de las Nulidades*, opus cit., pp. 13-14.

Derecho y de Justicia formalizado en la Constitucional Nacional, y de la tradición del control judicial de los actos estatales del más Alto Tribunal de la República a la que se refiere el profesor Brewer-Carías en el Capítulo de su libro en comentario.

Hoy, los particulares, personas naturales y jurídicas, nos hallamos en una situación total de indefensión. Los Artículos de la Constitución Nacional 254, 255, 256 (independencia y autonomía del Poder Judicial); 259 (control de la actuación de la Administración por parte de la Jurisdicción Contencioso-Administrativa), 334 y 335 (Control difuso y concentrado de la constitucionalidad o garantía institucional de la "Supremacía Constitucional" y de su leal y legítima interpretación) son "letra muerta", y como consecuencia de ello, el sistema de derechos y garantías constitucionales. En ese contexto, de nada vale que se haya sancionado una Ley Orgánica de la Jurisdicción Contencioso-Administrativa (2010).

Hago mía las palabras de Antonio Canova González *"No se puede tapar el sol con un dedo...Los administrativistas debemos reaccionar y asumir nuestro compromiso con la sociedad, con el país, es decir, con el Derecho, pues libremente decidimos dedicarnos profesionalmente a esta disciplina"*[80].

2.   La cosa juzgada administrativa

"La Administración, en todo caso está obligada- nos dice Brewer-Carías en este punto-, a respetar las decisiones que ella misma ha tomado, sean éstas de carácter general o particular, una vez que hayan adquirido firmeza o hayan causado estado...Respecto de los actos administrativos de efectos particulares creadores de derechos a favor de terceros, una vez firmes o si han causado estado, la Administración no puede desconocerlos ni revisarlos nuevamente, ya que es un principio general del Derecho Administrativo que, cuando los actos administrativos han creado derechos subjetivos, la Administración no puede revocarlos"[81].

Tal y como se vio en páginas anteriores, ese principio sigue siendo una fuente de la Legalidad Administrativa en el ámbito formal mientras no se derogue el Artículo 82 de la LOPA que prohíbe a la Administración revisar y revocar los actos administrativos que hubieren originado derechos subjetivos o intereses legítimos, personales y directos para un particular.

Asimismo, la potestad de la Administración para convalidar sus actos anulables (Art. 81, LOPA) no puede ser ejercitada cuando el particular afectado ya hubiere agotado la vía administrativa, o hubiere optado por ejercer directamente el recurso contencioso-administrativo correspondiente por ante el tribunal competente en los términos previstos en el Artículo 7. 10 del Decreto con Rango, Valor y Fuerza de Ley Orgánica de la Administración Pública[82], pues en esos supuestos la decisión

---

80   Canova, González, Antonio. La Realidad de...*opus cit.*, p. 162.

81   Brewer-Carías, *Instituciones Fundamentales...opus cit.*, p. 47

82   Artículo 7: *"Las personas en sus relaciones con la Administración tendrán los siguientes derechos:...10. Ejercer a su elección y sin que fuere obligatorio el agotamiento de la vía administrativa, los recursos administrativos o judiciales que fueren procedentes para la defensa de sus derechos e intereses frente a las actuaciones u omisiones de la Administración Pública, de conformidad con la ley, salvo el procedimiento administrativo previo a las acciones contra la República".*

acerca de la validez del acto impugnado compete al juez de lo contencioso-administrativo.

Sin embargo, en la práctica, la cruda realidad, así como la actual "Administración" no es objeto del control de sus actuaciones por la inexistencia de una jurisdicción contencioso-administrativa integrada por jueces conocedores del Derecho, éticos, imparciales y autónomos, por las razones ya antes indicadas, tampoco es rasgo de esa organización pública respetar sus propias decisiones, salvo las que impliquen negar legítimas peticiones a los particulares (autorizaciones, permisos, licencias), desconocer derechos adquiridos, imponer sanciones administrativas y demás actos de gravamen, desfavorables, vale decir, de efectos negativos para la esfera jurídica de los interesados.

No creo exagerar afirmando que los denominados entes administrativos del supuesto "poder popular" se inspiran en la "Ideología", que no "Doctrina", de la Sala Constitucional del Tribunal Supremo de Justicia expresada en el fallo N° 1. 309 de 19 de julio de 2001, Caso: Herman Escarrá:

> "...el Derecho es una teoría normativa presta al servicio de una política (la política que subyace tras el proyecto axiológico de la Constitución) y que la interpretación debe comprometerse, si quiere mantener la supremacía de ésta"; interpretación que según esa "Doctrina" no debe afectar "...la vigencia de dicho proyecto con elecciones interpretativas ideológicas que privilegien los derechos individuales a ultranza o acojan la supremacía del orden jurídico internacional sobre el derecho nacional en detrimento de la soberanía del Estado"[83].

El cinismo de los "Magistrados" es inocultable: llaman "proyecto axiológico" a lo que es un "proyecto ideológico" que además no subyace en la Constitución, y califican de "elecciones interpretativas ideológicas" que privilegien a los derechos individuales a lo que debería ser, con fundamento en la Constitución, lógicas "interpretaciones axiológicas" (La lógica inversa de la ideología comunista: la mentira es la verdad, la injusticia la justicia, como escribió Orwell en "1984).

He allí la verdad: la Administración, al igual que el resto de las entidades públicas está al servicio de un proyecto ideológico: el "socialismo del Siglo XXI" y a ese fin se supeditan la totalidad de los actos estatales. No es de extrañar, entonces, que la Constitución Nacional sea objeto de sistemática, continua y permanente violación.

3. Los contratos administrativos

El profesor Brewer-Carías finaliza su análisis de las fuentes de la Legalidad Administrativa de carácter particular con el punto de los "contratos administrativos", actos administrativos de naturaleza bilateral y de efectos particulares. Basándose en la Constitución de 1961 el autor de esa obra pionera fundamental en la historia del Derecho Administrativo venezolano, distingue dos categorías fundamentales de ese tipo de actos: los contratos administrativos necesarios para el normal desarrollo de la Administración Pública celebrados por el Presidente de la República o el funcionario competente, sin que se requiera de la intervención legislativa y los contratos que

---

83   *Vid.*, Canova, González, Antonio. *La Realidad del...opus cit.*, p. 149.

denomina excepcionales, es decir, aquellos que para su celebración exigían la previa autorización o la posterior aprobación del entonces Congreso de la República.

Brewer-Carías considera que la naturaleza excepcional de esa última categoría de contratos administrativos se deriva de la propia Constitución, al consistir en contratos de tal importancia para el funcionamiento mismo del Estado, *"...que la Constitución exige para su celebración, además de la intervención del órgano ejecutivo, la autorización o aprobación del órgano legislativo como supremo representante de la soberanía popular"[84]*. Y cita para ejemplificar el concepto a los contratos de empréstito público y operaciones de crédito público que, conforme a la Constitución de 1961, requerían para su validez, de una ley especial que los autorizase.

A partir de esa distinción, el autor plantea que el Principio de la Legalidad tiene un alcance diferente en ambos tipos de contratos. En los que son normales para el desarrollo de la Administración Pública, el Principio de Legalidad tendría efectos restringidos "inter partes". Pero, se pregunta *"... ¿podríamos decir lo mismo respecto de los contratos administrativos que requieren aprobación legislativa, en los que, como hemos dicho, todos los administrados y las mismas personas públicas tienen interés?[85]*

Su respuesta es negativa y se fundamenta en la propia exigencia constitucional de la aprobación legislativa mediante ley especial, cuya consecuencia, en su concepto, es que cualquier persona *"...podrá exigir ante la Corte, no ya el cumplimiento del contrato por alguno de los contratantes sino el control de la constitucionalidad del mismo. Esa es la principal finalidad de la aprobación legislativa, hacer que los terceros, ciertamente interesados como administrados, puedan exigir la conformidad con la Constitución del contrato, o, lo que es lo mismo, puedan exigir el cumplimiento del Principio de la Legalidad Administrativa"[86]*.

¿Tienen vigencia esos conceptos relacionados con los contratos administrativos en el contexto normativo de la actual Constitución Nacional?

La Constitución de 1999 no establece la distinción a la que se refiere el profesor Brewer Carías, con base en el artículo 126 de la Carta Fundamental de 1961[87], entre los contratos que requieren de la aprobación del Poder Legislativo, que es la regla general, y aquellos que están excepcionados de esa aprobación por ser necesarios para el normal desarrollo de la Administración Pública, o porque así lo permita la ley.

En efecto, el Artículo 150 de la nueva Constitución remite a la ley la determinación de los contratos de "interés público nacional" que requieren de la aprobación de

---

84 Brewer-Carías, *Instituciones Fundamentales, opus cit.,* pp. 48-49.

85 *Ibídem*, p. 50

86 *Ibídem*, p. 50

87 Artículo 126: *"Sin la aprobación del Congreso, no podrá celebrarse ningún contrato de interés nacional, salvo los que fueren necesarios para el normal desarrollo de la Administración Pública o los que permita la ley... "*

la Asamblea Nacional sin especificar si esa aprobación deba realizarse mediante ley u otro acto parlamentario.

Esa misma remisión a una ley se prevé en el Artículo 187. 9 que otorga competencia a la Asamblea Nacional para autorizar al Ejecutivo Nacional para celebrar contratos de interés nacional, *"...en los casos establecidos en la ley"*, aunque para los contratos de interés público municipal, estadal o nacional con Estados o entidades extranjeras o con sociedades no domiciliadas en Venezuela, la norma no remite a la ley el procedimiento de la autorización parlamentaria, reservándole a la Asamblea Nacional esa autorización en forma directa.

Llama la atención que en la Exposición de Motivos de la Ley Fundamental del 99 se exprese que: *"En materia de contratos de interés público se mantiene, en general, la regulación constitucional existente, aunque se mejora su redacción. Se prevé, así, como regla general que los contratos de interés público nacional deben ser aprobados por la Asamblea Nacional en los casos que determine la ley".*

Pues bien, esa no era la regla general prevista en la materia en la Constitución del 61, ya que en ésta, como acota Brewer-Carías, tal principio o regla general era la exigencia de la aprobación legislativa sin remisión a ley alguna, es decir, se establecía un control del órgano parlamentario directo, no condicionado a la sanción de una ley especial que estableciese los tipos de contratos requeridos de esa aprobación.

Por otra parte, en la nueva normativa constitucional se eliminó la distinción entre los contratos excepcionados de la aprobación legislativa por constituir medios fundamentales para el normal desarrollo de las actividades de la Administración Pública, y los que si requerían de esa aprobación (regla general). Además, no veo en qué se ha mejorado la redacción de tal normativa en el actual texto constitucional.

En consecuencia, tengo serias dudas acerca de la vigencia de la doctrina formulada por el profesor Brewer-Carías en el tema de los contratos administrativos como fuente de la Legalidad Administrativa, dada las modificaciones, antes precisadas, que en esa específica materia sufrieron las normas de la Constitución de 1961 en relación con la actual Constitución.

Por lo demás, es un hecho público y notorio que el Poder Ejecutivo y la Administración Pública del régimen de poder que impera para desgracia del país desde hace e 15 años, se caracteriza por la violación de los contratos de interés público celebrados con empresa nacionales y extranjeras en diferentes ámbitos de la vida nacional, en especial en el petrolero y minero. Prueba de ello son las múltiples demandas contra la República en instancias internacionales por el incumplimiento de cláusulas contractuales y la recisión unilateral de no pocos contratos violando los derechos y garantías procedimentales de los cocontratantes que la propia Constitución Nacional consagra.

Para quienes integran los órganos superiores del "Gobierno" y la "Administración" el contrato no es ley entre las partes, pues *la política que subyace tras el proyecto axiológico de la Constitución"*, vale decir, el proyecto de implantación del socialismo del Siglo XXI, justifica el ejercicio de un poder que no conoce límites, un poder abusivo, arbitrario, despótico.

CONCLUSIONES

En el desarrollo de este artículo ha quedado demostrado como la mayor parte de los conceptos y principios de la doctrina elaborada por el profesor Brewer-Carías en el tema de las Fuentes de la Legalidad Administrativa a partir del análisis, interpretación y sistematización de la normativa de la Constitución de 1961 y de la jurisprudencia de la Corte Federal y de Casación, y en especial de la Corte Suprema de Justicia, sigue teniendo vigencia en el ámbito formal no obstante los 50 años transcurridos desde la publicación de la primera edición de su libro "Las Instituciones Fundamentales del Derecho Administrativo y la Jurisprudencia venezolana".

Prueba de la anterior afirmación es la normativa de la Constitución Nacional de 1999, y de las Leyes Orgánicas de Procedimientos Administrativos (1982) y de la Administración Pública (2008), que formalizan los principios fundamentales de la "Teoría de las Fuentes de la Legalidad Administrativa", en particular la supremacía constitucional, el control jurisdiccional de las actuaciones de la Administración Pública, y el orden jerárquico de los actos que integran esas fuentes.

Pero, lamentablemente, y como también demostramos en este artículo con el auxilio del propio Brewer-Carías y de los connotados juristas citados en su oportunidad, no puede decirse lo mismo de la mayoría de las sentencias que conforman la jurisprudencia del Tribunal Supremo de Justicia signadas por la patente, burda y grosera inconstitucionalidad e ilegalidad, pues el más Alto Tribunal de la República desde hace unos 14 años rompió con una tradición de más de 60 años de ese mismo Tribunal que, con diferentes designaciones: Corte Federal y de Casación y Corte Suprema de Justicia, aplicó de manera sostenida el principio del control de la constitucionalidad y legalidad de las actuaciones de la Administración Pública, aun en gobiernos que no podrían calificarse como democráticos (El Gobierno de López Contreras 1936-41 y la dictadura militar 1948-58)[88].

Asimismo, el régimen de gobierno y administrativo que impera en el país desde hace 15 catastróficos años, ha venido sistemáticamente violando los valores, principios, derechos y garantías consagrados en la Constitución Nacional, así como en algunas leyes fundamentales dictadas por dicho régimen como es el caso del ya mencionado Decreto con Rango, Valor y Fuerza de Ley Orgánica de la Administración Pública y del Decreto con Rango, Valor y Fuerza de Ley de Simplificación de Trámites Administrativos (2008).

En este deplorable presente, las "Instituciones Fundamentales del Derecho Administrativa y la Jurisprudencia venezolana", obra pionera para el conocimiento y

---

[88] Para evitar malentendidos es necesario diferenciar el Gobierno del Presidente López-Contreras que, aunque no puede ser calificado como un auténtico régimen democrático, sin embargo, puede decirse que constituyó un periodo de transición hacia la República democrática-liberal, proceso que fue interrumpido durante 10 años luego del golpe de Estado militar de octubre de 1948 con los 10 años de la dictadura militar. Durante el periodo gubernamental de López Contreras surgieron los primeros partidos políticos modernos: la Organización Venezolana (ORVE), el Partido Republicano Progresista (PRP), la Federación de Estudiantes de Venezuela-Organización Política (FEV-OP) y el Partido Democrático Nacional (PDN). Sus líderes y dirigentes fueron expulsados del país raíz de su participación en la huelga petrolera de 1936.

estudio del Derecho Administrativo cónsono con un Estado de Derecho, adquiere un significativo valor ético-jurídico dada la filosofía jurídica que animan sus páginas, que es la misma de la Constitución de 1999, a saber, el control de las actuaciones del poder estatal como medio para garantizar los derechos fundamentales de la persona humana y las libertades públicas.

Universidad Metropolitana, Caracas 18 de junio de 2014.

SECCIÓN SEGUNDA:

LOS DECRETOS-LEYES Y LOS REGLAMENTOS COMO FUENTE DE LA LEGALIDAD ADMINISTRATIVA

Margarita Escudero León

Abogada egresada de la Universidad Católica Andrés Bello con Maestría
en Derecho de la Universidad de Harvard y
Doctorado en Derecho de la Universidad Central de Venezuela.
Profesora de Derecho Administrativo de la
Universidad Central de Venezuela y de
Derecho Constitucional de la Universidad Católica Andrés Bello

En 1964 se publica en Venezuela el libro *Las Instituciones Fundamentales del Derecho Administrativo y la Jurisprudencia Venezolana* del profesor Allan Brewer-Carías que le sirvió de tesis para el grado de Doctor en Derecho otorgado por la Universidad Central de Venezuela. Puede decirse que dicha obra analiza con rigurosidad, por primera vez en nuestro país, temas fundamentales del Derecho Administrativo como lo son el principio de legalidad administrativa, la teoría de los actos administrativos, la teoría de los contratos administrativos, los recursos administrativos y la jurisdicción contencioso-administrativa. Dicha obra se convirtió, sin ninguna duda, en el principal referente de la época en materia de Derecho Administrativo en Venezuela.

Hoy celebramos 50 años de este gran aporte a la disciplina del Derecho Administrativo, así como celebramos la prolífica obra que siguió después, del profesor Brewer-Carías, fijadora de cimientos del Derecho Público venezolano. Como homenaje a esta obra intentamos revisar el estado actual, 50 años después, de los temas tratados en *Las Instituciones Fundamentales del Derecho Administrativo y la Jurisprudencia Venezolana*. En este artículo analizaremos los principales cambios que se han dado en materia de decretos-leyes y reglamentos, como fuentes, de la legalidad administrativa, creadas por la propia Administración Pública.

I.   DECRETOS-LEYES

El profesor Brewer-Carías en *Las Instituciones Fundamentales del Derecho Administrativo y la Jurisprudencia Venezolana* al referirse a los decretos-leyes señalaba que la Constitución de la República de Venezuela de 1961 (en lo adelante Constitución de 1961) establecía un solo caso de este tipo de decretos, como eran aquéllos que el Presidente de la República podía decretar para dictar medidas extraordinarias en materia económica o financiera cuando así lo requiera el interés público y haya sido autorizado para ello por Ley especial. Se trata, señala el profesor Brewer-Carías, de decretos-leyes autorizados o de legislación delegada.

Hoy, la vigente Constitución de la República Bolivariana de Venezuela (en lo adelante Constitución de 1999) prevé tres tipos de decretos-leyes que analizaremos de seguidas. Asimismo revisaremos temas relacionados con los contenidos de estos decretos, su procedimiento de formación, sus límites y su vigencia.

1.   Decretos-leyes regulares

El Artículo 236 de la Constitución establece, entre las atribuciones del Presidente de la República, la de "[d]ictar, previa autorización por una ley habilitante, decretos con fuerza de ley." Estos decretos han sido denominados por la doctrina decretos-leyes regulares o de *iure*.

A.   Ley Habilitante

(a)   Contenido de las materias que pueden ser habilitadas al Presidente

El artículo 203 constitucional señala:

> Son leyes habilitantes las sancionadas por la Asamblea Nacional por las tres quintas partes de sus integrantes, a fin de establecer las directrices, propósitos y marco de las materias que se delegan al Presidente o Presidenta de la República, con rango y valor de ley. Las leyes habilitantes deben fijar el plazo de su ejercicio.

En la Constitución de 1961 el artículo 190 ordinal 8 otorgaba la facultad al Presidente de la República para dictar decretos-leyes solo en materia económica y financiera. Sin embargo, los artículos 236 y 203 de la Constitución de 1999 amplían los supuestos en los cuales se puede dictar decretos leyes, visto que no los restringe, como lo hacía la Constitución de 1961, a la materia económica y financiera.

Ello significa, y así lo ha entendido la jurisprudencia nacional, que al Presidente de la República se le puede delegar la facultad de dictar normas con rango de ley en cualquiera de las materias competencia de la Asamblea Nacional. Sin embargo, de un análisis sistemático del texto constitucional podrían establecerse algunas limitaciones a las materias que pueden ser delegadas al Presidente.

En este sentido pensemos en las leyes que puede dictar la Asamblea Nacional en ejercicio de su facultad de control sobre la Administración Pública. La Constitución de 1999 establece en su artículo 187 algunas atribuciones de la Asamblea Nacional relacionadas con la capacidad de dictar leyes que controlan la actuación del Presidente de la República. Es el caso, por ejemplo, de la ley aprobatoria del presupuesto anual (preparado por el Ejecutivo Nacional) (numeral 6) y de las leyes aprobatorias de los tratados o convenios internacionales que celebre el Ejecutivo Nacional (numeral 18).

Estos mecanismos de control parlamentario, previstos en nuestro texto constitucional, están inspirados en la intención del constituyente de asegurar formas de supervisión entre las ramas del Poder Público, necesarios para asegurar un correcto ejercicio del poder. Es por ello que pretender que una ley habilitante pueda incluir las materias mencionadas (control presupuestario o control de los tratados internacionales) implicaría desvirtuar el propio sistema de controles establecido como un pilar fundamental de nuestro sistema de separación de poderes. En consecuencia, creemos que una ley habilitante no podría facultar al Presidente de la República a dictar decretos-leyes que implicaran controlar su propio ejercicio de funciones.

(b) Posibilidad de delegar en materia de leyes orgánicas

Un tema de especial importancia en el tratamiento de las materias que pueden ser objeto de delegación por parte de la Asamblea Nacional ha sido la determinación de si una materia reservada por nuestro texto constitucional a las leyes denominadas orgánicas puede ser objeto de una habilitación a favor del Presidente de la República.[1]

Nuestro texto constitucional señala en materia de leyes orgánicas lo siguiente:

> Artículo 203. Son leyes orgánicas las que así denomina esta Constitución; las que se dicten para organizar los poderes públicos o para desarrollar los derechos constitucionales y las que sirvan de marco normativo a otras leyes.

> Todo proyecto de ley orgánica, salvo aquél que esta Constitución califique como tal, será previamente admitido por la Asamblea Nacional, por el voto de las dos terceras partes de los o las integrantes presentes antes de iniciarse la discusión del respectivo proyecto de ley. Esta votación calificada se aplicará también para la modificación de las leyes orgánicas. [...] (Subrayado mío)

Vemos pues que por la importancia de las materias que el constituyente ha asignado a las denominadas leyes orgánicas, todo proyecto de ley orgánica será admitido por el voto de las dos terceras partes de los integrantes de la Asamblea Nacional presentes antes de iniciarse su discusión.

El mismo artículo 203 continúa señalando:

> Son leyes habilitantes las sancionadas por la Asamblea Nacional por las tres quintas partes de sus integrantes, a fin de establecer las directrices, propósitos y marco de las materias que se delegan al Presidente o Presidenta de la República, con rango y valor de ley. Las leyes habilitantes deben fijar el plazo de su ejercicio. (Subrayado mío)

Vemos, pues, que las leyes habilitantes requieren para su aprobación una mayoría calificada diferente a las leyes orgánicas como es las tres quintas partes de los integrantes de la Asamblea Nacional. Esa diferencia pareciera abonar a la imposibilidad de que a través de una ley habilitante (que solo requiere una mayoría de tres quintas partes) pueda legislarse en materias orgánicas (que requieren una mayoría calificada más exigente de dos tercios).

---

1   Ver en contra José Peña Solís, *Manual de Derecho Administrativo*, Volumen 1, Colección de Estudios Jurídicos Tribunal Supremo de Justicia, Caracas, 2000, pág. 315 y ss; y Carlos Luis Carrillo Artiles, "La paradójica situación de los Decretos Leyes Orgánicos frente a la Ingeniería Constitucional de 1999", en *Revista de Derecho Público* Nº 115, Editorial Jurídica Venezolana, 2008, pág. 99 y ss.

Es más, la propia razón de ser de la exigente mayoría calificada que requiere nuestra Constitución para las leyes orgánicas responde a la intención del constituyente de que las materias de especial trascendencia para los venezolanos, como son el desarrollo de derechos constitucionales, la organización de los poderes públicos, la determinación del marco normativo para otras leyes o aquéllas que el propio constituyente eligió como tales, pasen por un debate en el seno del Parlamento que logre conseguir especiales consensos en la sociedad. Dicho razonamiento impediría que la regulación de estas materias pueda ser habilitada al Presidente de la República.

Sin embargo, la Sala Constitucional, desde el 18 de septiembre de 2001, estableció la posibilidad de que una ley habilitante faculte al Presidente de la República para dictar decretos-leyes en las materias reservadas a las leyes orgánicas. La fundamentación de la Sala en este sentido es la siguiente:

> Puede apreciarse, en consecuencia, que, de acuerdo con el nuevo régimen constitucional, no existe un límite material en cuanto al objeto o contenido del decreto ley, de manera que, a través del mismo, pueden ser reguladas materias que, según el artículo 203 de la Constitución, corresponden a leyes orgánicas; así, no existe limitación en cuanto a la jerarquía del decreto ley que pueda dictarse con ocasión de una ley habilitante, por lo cual podría adoptar no sólo el rango de una ley ordinaria sino también de una ley orgánica.

> Igualmente aprecia la Sala que el Presidente de la República puede entenderse facultado para dictar -dentro de los límites de las leyes habilitantes- Decretos con fuerza de Ley Orgánica, ya que las leyes habilitantes son leyes orgánicas por su naturaleza, al estar contenidas en el artículo 203 de la Constitución de la República Bolivariana de Venezuela, el cual se encuentra íntegramente referido a las leyes orgánicas. Así, las leyes habilitantes son, por definición leyes marco -lo que determina su carácter orgánico en virtud del referido artículo- ya que, al habilitar al Presidente de la República para que ejerza funciones legislativas en determinadas materias, le establece las directrices y parámetros de su actuación la que deberá ejercer dentro de lo establecido en esa Ley; además así son expresamente definidas las leyes habilitantes en el mencionado artículo al disponer que las mismas tienen por finalidad "establecer las directrices, propósitos y marco de las materias que se delegan al Presidente o Presidenta de la República " [2] (Subrayado mío)

Esta posición ha sido recogida por la Ley Orgánica del Tribunal Supremo de Justicia[3] cuando en su artículo 25 numeral 14 señala como competencia de la Sala Constitucional determinar, antes de su promulgación, "la constitucionalidad del carácter orgánico de las leyes que sean sancionadas por la Asamblea Nacional, o de los decretos con Rango, Valor y Fuerza de Ley que sean dictados por el Presidente de la República en Consejo de Ministros."

(c) Posibilidad de habilitar en materia de derechos humanos

De acuerdo con el artículo 23 de la Constitución de 1999 los tratados relativos a derechos humanos, suscritos y ratificados por Venezuela, tienen jerarquía constitu-

---

2   Sentencia N° 1.716 del 18 de septiembre de 2001, Sala Constitucional del Tribunal Supremo de Justicia, disponible en www.tsj.gov.ve, Internet.

3   Publicada en *Gaceta Oficial* N° 39.522 del 1° de octubre de 2010.

cional y prevalecen en el orden interno en la medida que contengan normas sobre su goce y ejercicio más favorables a las establecidas en la Constitución. En este sentido, Venezuela ratificó en 1977 la Convención Americana sobre Derechos Humanos, la cual establece en su artículo 30 que las restricciones permitidas al ejercicio de los derechos "no pueden ser aplicadas sino conforme a leyes que se dictaren por razones de interés general". Por su parte, en Opinión Consultiva N° OC-86 del 9 de marzo de 1986[4], la Corte Interamericana de Derechos Humanos definió dichas leyes como los actos emanados de los órganos legislativos constitucionalmente previstos y democráticamente electos lo cual, en el caso nuestro, significa leyes emanadas de la Asamblea Nacional.

Lo anterior significa la imposibilidad para la Asamblea Nacional, de acuerdo con la estructura constitucional venezolana, de delegar en el Ejecutivo Nacional la posibilidad de restringir, a través de decretos-leyes, el ejercicio de los derechos humanos. Sin embargo, es importante alertar que con regularidad, en el marco de las leyes habilitantes, se han dictado decretos-leyes que restringen el ejercicio de diversos derechos, lo cual ha sido convalidado por la jurisprudencia nacional. Asimismo, es necesario destacar, además, que Venezuela denunció la Convención Americana sobre Derechos Humanos, denuncia que surtió efecto a partir del 10 de septiembre de 2013.

(d) Temporalidad de la ley habilitante

El artículo 203 constitucional señala que las leyes habilitantes deben fijar el plazo de su ejercicio. Ello significa que solo por el período de tiempo que fije la referida ley podrá el Presidente de la República dictar decretos-leyes en las materias que le han sido delegadas.

Sobre este punto ha surgido el debate doctrinario[5] sobre si durante todo el tiempo que la ley habilitante otorga al Presidente para legislar éste puede hacerlo o si, por el contrario, una vez que el Presidente legisla en las materias delegadas cesa su posibilidad de dictar decretos-leyes aun cuando no se haya vencido el lapso que la referida ley fijó para dicha actuación. La jurisprudencia ha señalado sobre este particular:

> En este sentido, se encuentra la Sala ante la nulidad de una ley [ley habilitante] que tiene entre sus características esenciales la temporalidad de la misma, es decir, que la delegación se agota bien sea por el uso que de ella haga el Presidente mediante la publicación de la norma para la cual fue habilitado o por el transcurso del tiempo establecido en la misma Ley Habilitante para que sea dictada la norma. Por esta razón, se puede decir que la norma impugnada en autos es una ley cuya vigencia es de carácter temporal, ya que cuando la Ley Habilitante cumple la finalidad para la cual fue promulgada o transcurre el plazo de su ejercicio pierde su vigencia, es decir, no existe y por tal razón, en principio, carecería de sentido

---

4   Ver lo que señala la Corte Interamericana de Derechos Humanos en materia de delegaciones legislativas en Pedro Nikken, "Constitución Venezolana de 1999: La habilitación para dictar decretos ejecutivos con fuerza de ley restrictivos de los derechos humanos y su contradicción con el derecho internacional", en *Revista de Derecho Público* N° 83, Caracas, 2000, pág. 14.

5   Ver José Peña Solís, *Manual de Derecho Administrativo*, Volumen primero, Colección de Estudios Jurídicos Tribunal Supremo de Justicia, Caracas, 2000, págs. 474 y ss.

práctico proceder al análisis y posterior pronunciamiento acerca de los presuntos vicios del cual pudiera ser objeto dicha ley. [6] (Subrayado mío)

La anterior sentencia sostiene el criterio de que la ley habilitante no solo pierde vigencia con el transcurso del tiempo si no también cuando el Presidente publica la norma para la cual fue habilitado. Ello significa, entonces, que el Presidente después de dictar el decreto-ley en una materia que le ha sido delegada no podría con posterioridad, aun cuando esté dentro del lapso que otorga la ley habilitante al Presidente para ejercer la función normativa de rango legal, modificar el decreto-ley ya dictado.

B.　　Procedimiento de formación de los decretos-leyes

Sobre el procedimiento de formación de los actos dictados por la Administración Pública, en ejercicio de función normativa, la Ley Orgánica de la Administración Pública[7] señala:

Artículo 139. Cuando los órganos o entes públicos, en su rol de regulación sectorial, propongan la adopción de normas reglamentarias o de otra jerarquía, deberán iniciar el correspondiente proceso de consulta pública y remitir el anteproyecto a las comunidades organizadas. En el oficio de remisión del anteproyecto correspondiente se indicará el lapso durante el cual se recibirán por escrito las observaciones, el cual comenzará a correr a partir del décimo día hábil siguiente a la entrega del anteproyecto correspondiente.

Paralelamente a ello, el órgano o ente público correspondiente difundirá a través de cualquier medio de comunicación el inicio del proceso de consulta indicando su duración. De igual manera lo informará a través de su página en internet, en la cual se expondrá el o los documentos sobre los cuales verse la consulta.

Durante el proceso de consulta cualquier persona puede presentar por escrito sus observaciones y comentarios sobre el correspondiente anteproyecto.

Una vez concluido el lapso de recepción de las observaciones, el órgano o ente público podrá fijar una fecha para que sus funcionarias o funcionarios, especialistas en la materia que sean convocados y las comunidades organizadas intercambien opiniones, hagan preguntas, realicen observaciones y propongan adoptar, desechar o modificar el anteproyecto propuesto o considerar un anteproyecto nuevo.

El resultado del proceso de consulta tendrá carácter participativo no vinculante.

Artículo 140. El órgano o ente público no podrá aprobar normas para cuya resolución sea competente, ni remitir a otra instancia proyectos normativos que no sean consultados, de conformidad con el artículo anterior. Las normas que sean aprobadas por los órganos o entes públicos o propuestas por éstos a otras instancias serán nulas de nulidad absoluta si no han sido consultadas según el procedimiento previsto en el presente Título.

En caso de emergencia manifiesta, por fuerza de la obligación del Estado en la seguridad y protección de la sociedad o en los casos de legislación excepcional previstos en la Constitución de la República Bolivariana de Venezuela, la Presidenta o Presidente de la República,

---

6　　Sentencia N° 524 del 8 de junio de 2000, Sala Constitucional del Tribunal Supremo de Justicia, disponible en www.tsj.gov.ve, Internet.

7　　Publicada en *Gaceta Oficial* N° 5.890 E del 31 de julio de 2008.

gobernadora o gobernador, alcaldesa o alcalde, según corresponda, podrá autorizar la aprobación de normas sin la consulta previa. En este caso, las normas aprobadas serán consultadas seguidamente bajo el mismo procedimiento a las comunidades organizadas; el resultado de la consulta deberá ser considerado por la instancia que aprobó la norma y éstas podrán ratificarla, modificarla o eliminarla. (Subrayado mío)

Esta exigencia de consulta es cónsona con la propia exigencia de consulta impuesta a la Asamblea Nacional en el proceso de formación de leyes, prevista en el artículo 211 constitucional. De modo que no podría pretenderse, como requisito para la formación de leyes en el seno de la Asamblea Nacional, la consulta popular de su contenido, y no para el Presidente de la República a quien no se le hace más que delegar la referida facultad legislativa en determinadas materias. Lamentablemente, en la práctica, la mayoría de los decretos-leyes que han sido dictados en el marco de las leyes habilitantes promulgadas en los últimos años no han cumplido con el procedimiento de consulta exigido en la normativa citada, lo cual los vicia de nulidad absoluta.

C.   Vigencia de los decretos-leyes

Los decretos-leyes, como las leyes dictadas por la Asamblea Nacional, pueden ser modificados o derogados por leyes u otros decretos-leyes. La novedad que trae el texto de la Constitución de 1999 en esta materia es la posibilidad de que los decretos-leyes puedan ser sometidos a referendo abrogatorio.

El artículo 74 de la Constitución de 1999 señala que pueden "ser sometidos a referendo abrogatorio los decretos con fuerza de ley que dicte el Presidente o Presidenta de la República en uso de la atribución prescrita en el numeral 8 del artículo 236 de esta Constitución, cuando fuere solicitado por un número no menor del cinco por ciento de los electores y electoras inscritos e inscritas en el Registro Civil y Electoral." Dicho porcentaje es menor que el del 10% exigido para la solicitud del referendo abrogatorio sobre leyes dictadas por la Asamblea Nacional.

D.   Prohibición de delegar

El Artículo 35 de la Ley Orgánica de la Administración Pública señala que la delegación intersubjetiva o interorgánica no procederá cuando se trate de la adopción de disposiciones de carácter normativo. Dicha norma impide, pues, al Presidente de la República delegar en entes u órganos de la Administración Pública la facultad de dictar decretos-leyes en el marco de una ley habilitante.

2.   Decretos-leyes en estados de excepción

A.   Contenido

El artículo 236 constitucional establece en su numeral 7, como atribución del Presidente de la República, "[d]eclarar los estados de excepción y decretar la restricción de garantías en los casos previstos en esta Constitución." Por su parte, el artículo 337 de nuestra Constitución señala en qué supuestos los referidos estados de excepción pueden ser declarados. Concretamente se señala:

> El Presidente o Presidenta de la República, en Consejo de Ministros, podrá decretar los estados de excepción. Se califican expresamente como tales las circunstancias de orden social, económico, político, natural o ecológico, que afecten gravemente la seguridad de la Nación, de las instituciones y de los ciudadanos y ciudadanas, a cuyo respecto resultan insuficientes las facultades de las cuales se disponen para hacer frente a tales hechos. En tal caso, podrán ser restringidas temporalmente las garantías consagradas en esta Constitución, salvo las referidas a los derechos a la vida, prohibición de incomunicación o tortura, el derecho al debido proceso, el derecho a la información y los demás derechos humanos intangibles.

La referida declaratoria de estado de excepción, y consecuente restricción temporal del ejercicio de los derechos constitucionales, tiene un claro contenido normativo pues en dicho decreto no solo se declarará el estado de excepción, sino que se regulará la forma de ejercicio del derecho cuya garantía se restringe.[8] En consecuencia, al ser un decreto, de contenido normativo, dictado en ejecución directa e inmediata del texto constitucional, estamos ante otro tipo de decretos-leyes que pueden ser dictados por el Presidente de la República sin previa habilitación de la Asamblea Nacional. Así lo confirma el propio artículo 22 de la Ley Orgánica sobre Estados de Excepción[9] que establece que "[e]l decreto que declare los estados de excepción tendrá rango y fuerza de Ley, entrará en vigencia una vez dictado por el Presidente de la República, en Consejo de Ministros, y deberá ser publicado en la Gaceta Oficial de la República Bolivariana de Venezuela y difundido en el más breve plazo por todos los medios de comunicación social, al día siguiente en que haya sido dictado, si fuere posible."

Por su contenido normativo de rango legal, el artículo 21 de la Ley Orgánica sobre Estados de Excepción establece que estos decretos-leyes suspenden temporalmente, en las leyes vigentes, los artículos incompatibles con las medidas dictadas en dicho decreto. Es más, en el marco de esta atribución constitucional, el Ejecutivo Nacional no solo puede dictar decretos-leyes sin habilitación legislativa sino que, además, se le permite limitar los derechos constitucionales en un grado mayor al que, en situaciones de normalidad, podría la Asamblea Nacional.[10]

Ahora bien, dicho decreto-ley tiene limitaciones en cuanto a su contenido, tal como veíamos, no pudiendo ser restringidas las garantías referidas a los derechos a la vida, prohibición de incomunicación o tortura, el derecho al debido proceso, el derecho a la información y los demás derechos humanos intangibles. Además de ello el artículo 339 constitucional señala que "el decreto cumplirá con las exigencias,

---

8   Puede que existan posteriores decretos-leyes, una vez dictado el estado de excepción, que incorporen nuevas regulaciones en el ejercicio de algunos derechos constitucionales. Dichos decretos tienen la misma naturaleza normativa y rango legal que el primer decreto dictado de declaratoria de estado de excepción.

9   Publicada en *Gaceta Oficial* N° 37.261 del 25 de agosto de 2001.

10 Ver Jesús María Casal, "Los estados de excepción en la nueva Constitución", en Jesús María Casal y Alma Chacón Hanson (Coordinadores), *El Nuevo Derecho Constitucional Venezolano*, Publicaciones UCAB, Caracas, 2000, pág. 285.

principios y garantías establecidos en el Pacto Internacional de Derechos Civiles y Políticos y en la Convención Americana sobre Derechos Humanos."

Por último, la declaratoria del estado de excepción y restricción de garantías tiene plazos determinados en nuestra Constitución, siendo posible para el Presidente solicitar una sola prórroga, la cual debe ser autorizada por la Asamblea Nacional. Sin embargo, tal como señala el referido artículo 339, el decreto-ley que declare el estado de excepción y regule el ejercicio de la garantía restringida podrá ser revocado por el Ejecutivo Nacional o por la Asamblea Nacional o por su Comisión Delegada, antes del término señalado, al cesar las causas que lo motivaron.

B.   Controles posteriores especiales

Si bien el decreto-ley que declare el estado de excepción y restrinja temporalmente el ejercicio de un derecho constitucional no requiere de previa habilitación legislativa, el constituyente ha establecido controles posteriores: i) un control político en cabeza de la Asamblea Nacional y ii) un control jurídico en cabeza del Tribunal Supremo de Justicia. Estos controles son establecidos en el artículo 339 constitucional en los siguientes términos:

> Artículo 339. El decreto que declare el estado de excepción, en el cual se regulará el ejercicio del derecho cuya garantía se restringe, <u>será presentado, dentro de los ocho días siguientes de haberse dictado, a la Asamblea Nacional o a la Comisión Delegada, para su consideración y aprobación, y a la Sala Constitucional del Tribunal Supremo de Justicia, para que se pronuncie sobre su constitucionalidad.</u> [...] (Subrayado mío)

(a).   Control de la Asamblea Nacional

El artículo 27 de la Ley Orgánica sobre Estados de Excepción señala:

> Artículo 27. El decreto que declare el estado de excepción, la solicitud de prórroga o aumento del número de garantías restringidas, será aprobado por la mayoría absoluta de los diputados y diputadas presentes en sesión especial que se realizará sin previa convocatoria, dentro de las cuarenta y ocho horas de haberse hecho público el decreto.
>
> Si por caso fortuito o fuerza mayor la Asamblea Nacional no se pronunciare dentro de los ocho días continuos siguientes a la recepción del decreto, éste se entenderá aprobado.

Por su parte, si el decreto que declara el estado de excepción, o declara su prórroga o aumenta las garantías restringidas se dicta durante el receso de la Asamblea Nacional, el Presidente de la República lo remitirá a la Comisión Delegada, tal como señala el artículo 28 *ejusdem*. Sin embargo la Comisión Delegada sólo podrá considerar la aprobación del referido decreto si le resulta imposible convocar una sesión extraordinaria de la Asamblea Nacional, dentro de las referidas cuarenta y ocho horas o si a la misma no concurriere la mayoría absoluta de los diputados (artículo 29 *ejusdem*).

Es importante señalar que la Asamblea Nacional podrá modificar los términos del decreto, pero sin poder establecer un régimen que implique mayores restricciones a las establecidas por el Presidente de la República. En este caso, el acuerdo de la Asamblea Nacional deberá contar con el voto favorable de las tres quintas partes de sus miembros (artículo 30 *ejusdem*).

(b)   Control del Tribunal Supremo de Justicia

Tal como lo señala el artículo 339 constitucional el decreto que declare el estado de excepción, su prórroga o aumento del número de garantías restringidas, será enviado por el Presidente de la República dentro de los ocho días continuos siguientes a aquél en que haya sido dictado, a la Sala Constitucional del Tribunal Supremo de Justicia, a los fines de que ésta se pronuncie sobre su constitucionalidad.

La Ley Orgánica sobre Estados de Excepción además señala que el Presidente de la Asamblea Nacional enviará a la Sala Constitucional el Acuerdo mediante el cual se apruebe el estado de excepción, así como cualquier Acuerdo que dicte dicha Asamblea Nacional modificando los términos del decreto-ley, a los fines de que la Sala se pronuncie sobre su constitucionalidad. Señala el artículo 32 de la referida ley que si el Presidente de la República o el Presidente de la Asamblea Nacional no envían los referidos actos en los plazos establecidos, la Sala Constitucional del Tribunal Supremo de Justicia se pronunciará de oficio.

Los artículos 33 y 39 *ejusdem* señalan:

> Artículo 33. La Sala Constitucional del Tribunal Supremo de Justicia decidirá en el lapso de diez días continuos contados a partir del recibo de la comunicación del Presidente de la República o del Presidente de la Asamblea Nacional, o del vencimiento del lapso de ocho días continuos previsto en el artículo anterior, siguiendo el procedimiento que se establece en los artículos subsiguientes.
>
> Si la Sala Constitucional no se pronunciare en el lapso establecido en el presente artículo, los magistrados que la componen incurrirán en responsabilidad disciplinaria, pudiendo ser removidos de sus cargos de conformidad con lo establecido en el artículo 265 de la Constitución de la República Bolivariana de Venezuela.
>
> Artículo 39. La decisión de nulidad que recaiga sobre el decreto tendrá efectos retroactivos, debiendo la Sala Constitucional del Tribunal Supremo de Justicia restablecer inmediatamente la situación jurídica general infringida, mediante la anulación de todos los actos dictados en ejecución del decreto que declare el estado de excepción, su prórroga o aumento del número de garantías constitucionales restringidas, sin perjuicio del derecho de los particulares de solicitar el restablecimiento de su situación jurídica individual y de ejercer todas las acciones a que haya lugar. Esta decisión deberá ser publicada íntegramente en la Gaceta Oficial de la República Bolivariana de Venezuela.

3.   Decretos leyes de organización de la Administración Pública

A.   Fijación de organización de Ministerios y órganos
de la Administración Pública

El numeral 20 del artículo 236 constitucional señala la potestad del Presidente de la República de fijar, mediante decreto, el número, organización y competencia de los Ministerios y otros órganos de la Administración Pública Nacional.[11] Dichos decretos pueden, en consecuencia, derogar leyes anteriores que normaban la organización administrativa, competencia que era materia de reserva legal en la Constitución de 1961.

El numeral 32 del artículo 156 de la Constitución de 1999 establece como materia de reserva legal nacional la referente a "organización y funcionamiento de los órganos del Poder Público Nacional". Ello abona a la tesis de que el constituyente ha querido otorgar al Presidente de la República la posibilidad de regular una materia de reserva legal, como es la organización y competencia de los Ministerios y otros órganos de la Administración Pública Nacional, lo cual solo podría hacer a través de actos con rango de ley, concretamente decretos-leyes. Se podría decir que, en consonancia con el carácter de decreto ley que tienen los decretos dictados por el Presidente de la República en materia de organización administrativa, el artículo 117 numeral 2 de la Ley Orgánica de la Administración Pública permite al Presidente de la República "[v]ariar la adscripción del ente descentralizado funcionalmente que se encuentre prevista en su correspondiente ley o acto jurídico de creación". Es decir, que las leyes que contengan las adscripciones de entes pueden ser derogadas por actos con rango de ley (decretos-leyes) emanados del Presidente de la República.[12]

B.   Creación, modificación o suspensión de servicios públicos

El artículo 196 de la Constitución de 1999 establece como atribución de la Comisión Delegada el "[a]utorizar al Ejecutivo Nacional por el voto favorable de las dos terceras partes de sus integrantes para crear, modificar o suspender servicios públicos en caso de urgencia comprobada.

La doctrina nacional, de forma uniforme, ha entendido el término de servicio público utilizado por la Constitución, desde el punto de vista del ente que desarrolla dicha actividad.[13] Siendo que, como vimos, la Constitución otorga al Ejecutivo Nacional la competencia para organizar a los órganos de la Administración Pública

---

11   En ejercicio de esta potestad se dictó el Decreto N° 6.732 sobre Organización y Funcionamiento de la Administración Pública Nacional, publicado en *Gaceta Oficial* N° 39.202 del 17 de junio de 2009, actualmente en vigencia.

12   Ver sobre la naturaleza jurídica de estos decretos: Allan Brewer-Carías, *Las Potestades Normativas del Presidente de la República: los Actos Ejecutivos de Orden Normativo*, texto preparado para las Jornadas Internacionales sobre la función legislativa en el Estado Social y Democrático de Derecho, Universidad Católica Andrés Bello, Fundación Konrad Adenauer, Caracas, 2005, pág. 13 y ss., disponible en www.allanbrewercarias.com, Internet; José Peña Solís, *op cit*, Volumen 2, págs. 560 y ss.

13   *Idem* (Peña Solís), pág. 509.

Central, podría interpretarse que el artículo aplicaría en los casos de institutos autónomos cuya creación sí es materia de reserva legal, de acuerdo con el artículo 142 de la Constitución de 1999. En ese sentido el Ejecutivo Nacional, a través de un decreto-ley, crearía o liquidaría un instituto autónomo o modificaría su funcionamiento.

II.   REGLAMENTOS

El profesor Brewer-Carías en *Las Instituciones Fundamentales del Derecho Administrativo y la Jurisprudencia Venezolana* al referirse a los reglamentos señalaba que es "inherente a la función administrativa la facultad de la Administración de dictar actos administrativos contentivos de normas generales". Aclaraba que no son solo reglamentos los que puede dictar el Presidente de la República en el ejercicio de su facultad de complementación y desarrollo de la ley, prevista en la Constitución de 1961, sino que también debe considerarse como reglamento "todo acto administrativo de carácter general emanado de cualquier otra autoridad actuando en función normativa y en virtud de autorización legal".

Efectivamente, los Reglamentos son actos administrativos de efectos generales, es decir de carácter normativo y de rango sublegal. Dichos Reglamentos en Venezuela no solo emanan del Presidente de la República, como ya lo advertía el profesor Brewer-Carías en 1964, sino también de sus Ministros y otros entes y órganos de la Administración Pública Central y Descentralizada, a los cuales la ley habilita para dictar normas jurídicas.

Es más, la normativa venezolana faculta al Poder Judicial, Electoral y Ciudadano para dictar actos normativos sublegales, pudiendo también entes con autonomía funcional, como lo es el Banco Central de Venezuela, dictar actos de carácter normativo y rango sublegal.

De acuerdo con su vinculación a una ley preexistente analizaremos brevemente el estado actual de los llamados reglamentos ejecutivos y los llamados reglamentos autónomos.

1.   Tipos de Reglamentos

A.   Reglamentos Ejecutivos

El Artículo 236 de nuestro texto constitucional, en su numeral 10, establece (tal como lo hacía la Constitución de 1961) como una de las atribuciones del Presidente de la República, reglamentar total o parcialmente las leyes, sin alterar su espíritu, propósito y razón. Esta facultad permite al Ejecutivo Nacional dictar actos de contenido normativo, de rango sublegal, denominados reglamentos ejecutivos, pues buscan desarrollar las leyes o decretos-leyes dictados. La Ley Orgánica de la Administración Pública, en su artículo 90, ordena al Ejecutivo Nacional aprobar los reglamentos necesarios para la eficaz aplicación de las leyes dentro del año inmediatamente siguiente a su promulgación.

La Constitución de 1961 otorgaba la potestad de dictar reglamentos ejecutivos solo al Presidente de la República en Consejo de Ministros. Sin embargo, la Constitución de 1999 otorgó potestad reglamentaria ejecutiva también al Consejo Nacional Electoral y a la Fuerza Armada Nacional. Dicha facultad se desprende de los siguientes artículos constitucionales:

> Artículo 293. El Poder Electoral tiene por funciones:
>
> 1. Reglamentar las leyes electorales y resolver las dudas y vacíos que éstas susciten o contengan. […]
>
> Artículo 324. […] La Fuerza Armada Nacional será la institución competente para reglamentar y controlar, de acuerdo con la ley respectiva, la fabricación, importación, exportación, almacenamiento, tránsito, registro, control, inspección, comercio, posesión y uso de otras armas, municiones y explosivos. (Subrayado mío)

Ahora bien, diversas normas de rango legal en Venezuela otorgan la posibilidad de regular materias que ella determina no solo a órganos del Poder Judicial, Ciudadano y Electoral, sino también a órganos de la Administración Pública Central y entes de la Administración Pública Descentralizada. Sobre la constitucionalidad de este conferimiento de potestad reglamentaria por parte de la ley la Sala Constitucional ha señalado lo siguiente:

> El problema podría plantearse con respecto a otros entes y órganos que conforman la Administración Pública, pues, en este supuesto, la Constitución no hizo mención alguna. No obstante, la falta de estipulación expresa no permite afirmar que en nuestro país la única autoridad que puede dictar reglamentos sea el Presidente de la República en Consejo de Ministros, pues la potestad que el legislador tiene para autorizar a la Administración para que promulgue actos normativos se fundamenta en el propio ejercicio de la función legislativa establecida en la Constitución. Al ser ello así, los Ministerios e Institutos Autónomos pueden ejercer esta potestad, sólo que la atribución a este nivel deriva del conferimiento que el legislador hace al reglamentista para que sea éste quien ejerza las labores necesarias de complementación del texto legal. Por tanto, su desarrollo, a diferencia del supuesto presidencial derivado del artículo 236, numeral 10 de la Constitución, viene encomendado por la ley que permite esta regulación mediante una previsión expresa que autoriza el desarrollo reglamentario.
>
> […]
>
> En definitiva, en nuestro país sí existe, con las particularidades expuestas, la posibilidad de que los institutos autónomos regulen ámbitos del derecho económico, inclusive aquellos que tengan relación con el ejercicio de derechos constitucionales, siempre que: a) se atienda a la previsión legal; b) la norma establezca los criterios y las materias a regular, es decir, que exprese de forma específica, lacónica y con parámetros delimitados, el ámbito que la Administración puede normar; c) los entes actúen bajo su marco competencial; d) se apeguen a la habilitación acordada; y e) tanto la norma legal superior como la reglamentaria de complementación no atenten contra el contenido esencial del derecho a ser regulado, desnaturalizándolo y convirtiéndolo en un principio inocuo que no permita el ejercicio de garantía alguna de protección hacia los particulares. (Subrayado mío)[14]

---

14   Sentencia Nº 1.422 del 30 de junio de 2005, Sala Constitucional del Tribunal Supremo de Justicia, disponible en www.tsj.gov.ve, Internet.

B.　　Reglamentos Autónomos

Ha habido un interesante debate en la doctrina nacional sobre la base legal en virtud de la cual la Administración Pública puede dictar normas sublegales que no pretenden desarrollar una ley preexistente, ni tienen norma legal que las habilite para ello, si no por el contario pretenden regular una materia que no está regulada por ley previa. En la práctica existen, y han existido, un número importante de normas de carácter sublegal dictadas para regular materias en que no existe ley previa que las regule.

Doctrina nacional ha aceptado un poder reglamentario autónomo como inherente a la función administrativa[15]; así como también producto de las potestades de auto-organización administrativa (en este caso llamados reglamentos internos u organizativos).[16] Por su parte, la Sala Constitucional también ha reconocido que el Ejecutivo Nacional puede emitir reglamentos no solo en ejecución de una ley sino también en ausencia de ley, siempre que no se trate de materia de reserva legal.[17]

Otro tema a analizar es quiénes, dentro de la Administración Pública, tendrían la potestad de dictar estos reglamentos autónomos. Alguna aclaratoria en este punto aporta el artículo 45 de la Ley Orgánica de la Administración Pública que señala que "[c]orresponde a los órganos superiores de dirección del nivel central de la Administración Pública Nacional" ejercer la potestad reglamentaria de conformidad con la Constitución y la ley. Dichos órganos superiores, que podrían dictar reglamentos autónomos, son identificados en el artículo 44 *ejusdem*: Presidente de la República, Vicepresidente Ejecutivo, Consejo de Ministros, los ministros, los viceministros y las autoridades regionales.

2.　　Procedimiento de formación de los Reglamentos

La Ley Orgánica de la Administración Pública establece en su artículo 89 el procedimiento de formación de los reglamentos ejecutivos.

La elaboración de los reglamentos de leyes se ajustará al siguiente procedimiento:

1. La iniciación del procedimiento de elaboración de un reglamento se llevará a cabo por el ministerio competente según la materia, mediante la elaboración del correspondiente proyecto al que se acompañará un informe técnico y un informe sobre su impacto o incidencia presupuestaria.

2. A lo largo del proceso de elaboración deberán recabarse, además de los informes, los dictámenes correspondientes y cuantos estudios y consultas se estimen convenientes para garantizar la eficacia y la legalidad del texto.

15　　Ver Eloy Lares Martínez, *Manual de Derecho Administrativo*, Séptima edición, Universidad Central de Venezuela, Caracas, 1988, pág. 77.

16　　Ver José Araujo Juárez, *Derecho Administrativo-Parte General*, Ediciones Paredes, Caracas, 2010, pág. 218.

17　　Ver sentencia N° 1.122 del 8 de junio de 2006, Sala Constitucional del Tribunal Supremo de Justicia, disponible en www.tsj.gov.ve, Internet.

3. Elaborado el texto se someterá a consulta pública para garantizar el derecho de participación de las personas [...].

4. Aprobado el reglamento por la Presidenta o Presidente de la República en Consejo de Ministros, entrará en vigencia con su publicación en la Gaceta Oficial de la República Bolivariana de Venezuela, salvo que el reglamento disponga otra cosa.

Si bien la norma regula la formación de los reglamentos ejecutivos, por analogía dicha regulación debe aplicarse a los reglamentos autónomos. Por su parte, en lo que respecta al proceso de consulta pública al que se debe someter todo proyecto de reglamento, remitimos a lo señalado para los decretos-leyes en el punto I1B.

3.   Vigencia de los Reglamentos

Sobre la vigencia de los Reglamentos ejecutivos y autónomos, nuestra Sala Político-Administrativa ha señalado:

> No toda derogatoria de un texto de rango legal supone indefectiblemente la extinción del Reglamento que la desarrolló [...]. En tal virtud, la extinción del reglamento sólo se verificará si las normas reglamentarias son incompatibles con una ley que regule la misma materia.

> En el caso de los llamados reglamentos autónomos, los cuales son dictados por la Administración sin sujeción a la existencia previa de una ley, y por necesidades de organización interna de la propia Administración, resulta evidente que la existencia y validez jurídica de un reglamento cesará si la materia en él contenida pasa a formar parte de un texto legal, dada la supremacía jerárquica de la ley. [18] (Subrayado mío)

4.   Límites

A.   Prohibición de delegar

Tal como señalamos al referirnos a los decretos-leyes, el Artículo 35 de la Ley Orgánica de la Administración Pública señala que la delegación intersubjetiva o interorgánica no procederá cuando se trate de la adopción de disposiciones de carácter normativo. En consecuencia, la potestad reglamentaria no puede ser delegada.

B.   Respeto a la Constitución, a la ley y a la garantía de la reserva legal

Como consecuencia lógica del carácter sublegal de los reglamentos, éstos nunca pueden violentar lo contenido en normas de rango constitucional o legal. Ello es aplicable, por supuesto, tanto a los reglamentos ejecutivos como autónomos.

Además de dicha limitación en el contenido de las normas reglamentarias, éstas no pueden regular materias de reserva legal, entendidas éstas como aquéllas que el

---

18   Sentencia N° 1.216 del 26 de junio de 2001, Sala Político Administrativa del Tribunal Supremo de Justicia, disponible en www.tsj.gov.ve, Internet.

constituyente ha reservado para ser reguladas por actos de rango legal.[19] En este sentido, el artículo 88 de la Ley Orgánica de la Administración Pública señala:

> [...]Los Reglamentos no podrán regular materias objeto de reserva de ley, ni infringir normas con dicho rango. Además, sin perjuicio de su función de desarrollo o colaboración con respecto a la ley, no podrán tipificar delitos, faltas o infracciones administrativas, establecer penas o sanciones, así como tributos, cánones u otras cargas o prestaciones personales o patrimoniales de carácter público.

Por ello, en el supuesto que la ley remita al reglamentista el desarrollo de alguna materia de reserva legal, dicha ley debe con claridad definir con claridad los lineamientos o parámetros sobre la regulación que se delega. En consecuencia, el legislador no puede delegar en un órgano o ente administrativo la función que constitucionalmente le ha sido impuesta, sin determinar claramente los parámetros a los que debe supeditarse la regulación encomendada a la Administración, pues ello conllevaría a una delegación inconstitucional de materias objeto de reserva legal.

Sin embargo, en Venezuela, cada vez con mayor frecuencia, leyes en materias de mercado de capitales, banca, seguros, telecomunicaciones, entre otras, han delegado a entes descentralizados la regulación de materias de reserva legal sin que contengan ninguna orientación sobre los contenidos a ser regulados. Como producto de dicha situación, diversas acciones de nulidad han sido interpuestas en contra de la normativa legal que hace estas "remisiones en blanco", así como de la normativa que dicta el ente descentralizado con ocasión de la referida remisión. Sobre este particular la Sala Constitucional señaló en un caso relacionado con normativa dictada por la Comisión Nacional de Valores, en materia de mercado de capitales, lo siguiente:

> [...] Posteriormente, el paso del Estado Liberal al Estado Social de Derecho y la aparición de regímenes democráticos, en los cuales el Poder Ejecutivo es elegido en sufragios universales y directos o en el seno del propio Parlamento, produjo una alteración de los presupuestos básicos que fundamentaban la reserva legal, ya que su utilidad no puede justificarse en la oposición de límites normativos al Ejecutivo no representativo de los intereses sociales.
>
> Por otra parte, la consagración del Estado Social de Derecho, aunado al carácter normativo de las Constituciones modernas, requiere del Poder Público la adopción de medidas que posibiliten la promoción del desarrollo económico y social, que implica la intervención estatal en la sociedad, especialmente en el ámbito económico. Ello así, la extensión de la reserva legal a todas las materias que pudieran afectar los derechos e intereses de los particulares dificultaría el cumplimiento de la actividad estatal prestacional ordenada por la Constitución, por lo que ésta debe limitarse a lo que la propia Norma Fundamental haya previsto al respecto, sin posibilidad de una interpretación que la extienda a todos los ámbitos de actuación del Poder Público.
>
> [...]
>
> A partir de esta exigencia, cabe diversas gradaciones según el ordenamiento sectorial en el que se haya constituido la reserva. Así, su intensidad deberá ser mayor cuanto más directamente la regulación de la materia afecte a los derechos fundamentales. No obstante, esta in-

---

19   Las materias de reserva legal son determinadas por el constituyente a través de todo el texto constitucional, siendo, sin embargo, el numeral 32 del artículo 156 de la Constitución la cláusula contentiva del mayor catálogo de materias de reserva legal.

tensidad decrece en aquellos casos en los cuales el ejercicio de los derechos individuales se cruza con aspectos que involucran la función social o el interés general.

[…]

Desde una perspectiva pragmática, es preciso reconocer que el legislador no puede regular con igual intensidad la totalidad de las materias que competen al Poder Público Nacional, en especial, aquellas que, dada la dinámica de su substrato material, se muestran técnicamente complejas. Así, no es igual el tratamiento normativo que hace el legislador cuando disciplina la materia referida a la naturalización, la admisión, la extradición y expulsión de extranjeros, que la materia relativa al sistema financiero o a la actuación internacional de la República o al régimen del comercio exterior.

Ello así, existen materias en las cuales el Poder Legislativo puede regular íntegramente el asunto con todos los detalles y pormenores que juzgue conveniente. Mientras que en otras, tal regulación resulta materialmente imposible dada su complejidad, la falta de especialización técnica del legislador y lo cambiante de las condiciones fácticas que justifican la regulación como instrumento de política pública. En definitiva, para determinar los niveles apropiados de intensidad en cuanto a la normación por instrumento de rango legal de las materias atribuidas al Poder Público Nacional, es necesario apelar a una racionalidad material que supere los límites que impone la mera lógica formal.[20] (Subrayado mío)

El referido criterio ha sido reiterado desde el año 2004 hasta hoy delineando una nueva comprensión de la garantía de la reserva legal en Venezuela. Tal como señalan las sentencias dictadas en esta materia, la Sala Constitucional considera que existen gradaciones en la intensidad de la reserva legal, la cual será mayor en la medida que la regulación afecte derechos constitucionales pero será menor si están involucrados aspectos relacionados con "la función social o el interés general". Asimismo, se avala una menor intensidad en la regulación legislativa de materias de reserva legal técnicamente complejas. Estas consideraciones jurisprudenciales han hecho que en la práctica se den verdaderas remisiones legales "en blanco" o sin parámetros al reglamentista en materias que el constituyente ha definido como de reserva legal. Esta situación ha ampliado de forma inusitada la potestad reglamentaria incluso en materias tradicionalmente entendidas como de reserva legal y que antes se consideraban un límite infranqueable para el reglamentista.

---

20   Sentencia N° 2.164 del 14 de septiembre de 2004, Sala Constitucional del Tribunal Supremo de Justicia, disponible en www.tsj.gov.ve, Internet.

SECCIÓN TERCERA:

LA LEY COMO INSTRUMENTO DE DEGRADACIÓN DE LAS LIBERTADES PÚBLICAS EN EL ESTADO SOCIAL Y DEMOCRÁTICO DE DERECHO

José Valentín González P.

Profesor de Derecho Administrativo
Universidad Católica Andrés Bello

"Mientras sea admitido en principio que puede desviarse la ley de su misión verdadera, que aquella puede violar los derechos de propiedad en lugar de garantizarlos, cada clase querrá hacer la ley, sea para defenderse contra la expoliación, sea para organizarla también en provecho propio".

Frédéric Bastiat, La Ley

I.   INTRODUCCIÓN

Nuestra tradición jurídica nos lleva a identificar las nociones de Ley y legislación. No era así en otros sistemas donde se entendía que la Ley no era algo impuesto por el Estado, sino una realidad preexistente descubierta por jurisconsultos eminentes (derecho romano) o por los jueces (*common law* inglés), mientras que la legislación sí era una creación o producción de un órgano estatal. Evidentemente, eso no implicaba que todo lo que se manifestaba como legislación era una creación o producción del Estado, ya que en muchos casos la legislación se limitaba a plasmar lo que el órgano legislativo descubría como realidad preexistente, tal como ocurrió con el fenómeno de la codificación.[1]

No obstante, queriendo dejar sentado que no necesariamente Ley y legislación se identifican, en esta breve contribución y para evitar equívocos nos referiremos a la Ley como un producto del órgano legislativo, siguiendo así la línea que en Venezuela BREWER estableció en las *Instituciones*.[2]

---

1   Leoni, Bruno: *Freedom and the Law*, Nash Publishing, Los Angeles, 1972, pp. 1-24. Para el autor, la distinción entre Ley y legislación no es bizantina ya que considera que la Ley es una garantía de la libertad mientras que la expansión de la legislación ha afectado negativa y profundamente los derechos de los ciudadanos.

2   Brewer-Carías, Allan-Randolph: *Las Institucionales Fundamentales del Derecho Administrativo y la Jurisprudencia Venezolana*, UCV, Caracas 1964, pp. 32-35.

Históricamente, los juristas continentales han rendido culto a la Ley. En efecto, han visto en la Ley la expresión de la comunidad política organizada y soberana; la garantía de la exclusión de la actuación del Monarca o del Poder Ejecutivo en las libertades de los ciudadanos mediante la técnica de la reserva legal. No obstante, todo eso ha quedado atrás, ya que en el Estado Social y Democrático de Derecho, la Ley se ha convertido en un fabuloso instrumento de degradación de las libertades que las constituciones reconocen a los ciudadanos.[3]

En principio, si revisamos cualquier constitución propia de un Estado Social y Democrático de Derecho, encontraremos un catálogo de libertades de primera generación que coinciden nominalmente con aquellas libertades contenidas en las primeras constituciones escritas, tales como las reconocidas por las Enmiendas aprobadas en 1791 a la Constitución de los Estados Unidos de América de 1787 y la Constitución francesa de 1791. No obstante, si examinamos detalladamente ese catálogo, vemos que esas libertades se encuentran ahora sujetas a las amplísimas restricciones que la Ley pueda establecer sobre la base de las habilitaciones contenidas en las "reservas legales" establecidas en los textos constitucionales. Por ende, entre aquellas libertades contenidas en esas constituciones -las cuales eran concebidas como límites al Estado, lo cual incluía al legislador- y las libertades que conservan su mismo nombre en las constituciones del Estado Social y Democrático de Derecho existen profundas diferencias, más allá de las coincidencias nominales.

De esa forma, la Ley se convierte en el instrumento por excelencia para restringir y hasta desnaturalizar las libertades que han acompañado al constitucionalismo desde su aparición. No obstante, es muy poco lo que se dice sobre el papel de la Ley en ese programa liberticida, simplemente porque la Ley sigue, en cierta forma, protegida por ese halo mítico que la asocia a una supuesta voluntad general que debe imponerse a cualquier disidencia.

II. LA NOCIÓN MERAMENTE FORMAL DE LEY EN LA CONSTITUCIÓN DE 1999

Al igual que ocurría con el artículo 162 de la Constitución de la República de Venezuela aprobada en 1961,[4] el artículo 202 de la Constitución de la República Bolivariana de Venezuela contiene una noción meramente formal de la Ley,[5] es decir, no nos señala absolutamente nada sobre el contenido de ese instrumento normativo. Por consiguiente, en nuestro ordenamiento jurídico, la Ley no tiene ningún contenido específico. En efecto, nos enfrentamos ante una noción exclusivamente formal -o si se quiere procedimental- de la Ley. Veamos los orígenes históricos de esa realidad.

---

3   Casal, H, Jesús: *Los Derechos Fundamentales y sus Restricciones*, Legis, Caracas 2010, pp. 139-140.

4   "Los actos que sancionen las Cámaras como cuerpos colegisladores se denominarán leyes. Las leyes que reúnan sistemáticamente las normas relativas a determinada materia podrán denominarse códigos"

5   "La ley es el acto sancionado por la Asamblea Nacional como cuerpo legislador. Las leyes que reúnan sistemáticamente las normas relativas a determinada materia se podrán denominar códigos".

Como todos sabemos, la idea de Ley había estado asociada tradicionalmente a ciertos contenidos. En efecto, se señalaba que la Ley era esencialmente general y abstracta. Así, la idea de generalidad implicaba que la Ley *"Debe ser la misma para todos"*[6], por lo que era el *"corolario del precepto de igualdad jurídica"*[7]. En ese mismo sentido, la abstracción implicaba que la Ley tenía una vocación de largo plazo, que no se dictaba para resolver casos particulares ya conocidos por el legislador ni para beneficiar o perjudicar a personas claramente identificadas. Así, las leyes debían ser prospectivas, jamás retrospectivas o retroactivas.[8]

La exigencia de que las leyes fueran generales y abstractas respondía a la idea del *rule of law* o el Estado de Derecho en el sentido liberal de esa expresión.[9] En efecto, si para poder interferir o restringir los ámbitos de libertad de los ciudadanos era necesaria una habilitación legal, la mejor forma de asegurar que esas interferencias o restricciones no fueran arbitrarias consistía en que ellas se aplicaran a todos los ciudadanos por igual y que no fueran aprobadas por el legislador con un caso concreto en mente.

En ese sentido, también se ha señalado que la previsibilidad de esas interferencias o limitaciones es un elemento fundamental en la protección de esos ámbitos de libertad, ya que esa previsibilidad permite que las personas afectadas puedan tomar en cuenta esa realidad para alcanzar sus propios fines, sin ser instrumento de los fines de otros, particularmente de quienes encarnan al Estado.[10]

La idea de la ley general y abstracta se corresponde con el modelo del Estado Liberal de Derecho, en el cual el Estado se limitaba a garantizar los derechos de los ciudadanos en el marco del orden que surgía o evolucionaba como producto espontáneo de la interacción de los particulares, sin una interferencia significativa del Estado.[11]

No obstante, el dogma del carácter general y abstracto de la Ley se rompe a principios del Siglo XX con el surgimiento del Estado Social y Democrático de Derecho, en el cual aparecen leyes que adolecen de esas notas, tales como las "Leyes

---

6   Artículo 6 de la Constitución francesa de 1791.

7   Lares Martínez, Eloy: *Manual de Derecho Administrativo*, UCV, Caracas 1986, 6ª. Edición, p. 50.

8   Hayek, Friedrich: *The Constitution of Liberty*, The University of Chicago Press, Chicago 1978, p. 208.

9   No olvidamos que existen diferencias entre la idea del *rule of law* de origen anglosajón y la idea de Estado de Derecho de origen continental. En esta breve contribución, nos permitimos esta asimilación por razones prácticas ya que ambas ideas responden al espíritu liberal de limitación del poder del Estado como garantía de la libertad.

10   Hayek, *ob. cit.*, p 21.

11   No creo que la simple generalidad, abstracción y previsibilidad de las interferencias y restricciones de los derechos de los ciudadanos sea la garantía de la libertad. No obstante, si me parece evidente que un sistema en el cual la ley deba cumplir con esas características es mucho más provechoso para las libertades públicas que aquel que tolera la constitucionalidad de las leyes singulares. Sobre este interesante debate entre autores liberales, *Cf.* Rothbard, Murray N: *La Ética de la Libertad*, Unión Editorial, Madrid, 1995, pp. 308 y ss.

Singulares", "Leyes Medidas", "Leyes Proveimentos" o "Actos Singulares en forma de Ley".[12]

¿Cuál es la relación entre el surgimiento del Estado Social y Democrático de Derecho y las "Leyes Singulares"? Como señalamos anteriormente, la generalidad y la abstracción de la Ley se corresponden con el rol del Estado Liberal de Derecho que se abstenía de planificar y moldear la sociedad, mientras que el Estado Social y Democrático de Derecho busca conformar o configurar el orden social[13], lo cual requiere que la Ley sea suficientemente flexible para contener medidas que sea aplicadas a situaciones o personas específicas aun cuando ello implique una ruptura de aquel dogma liberal de que la Ley *"Debe ser la misma para todos"*.

Semejante cambio en el paradigma liberal ha llegado a su máxima expresión con las llamadas expropiaciones legislativas de caso único, en las cuales el Poder Legislativo mediante una ley ha usurpado la potestad tradicional del Poder Ejecutivo de concretar la aplicación de la potestad expropiatoria a bienes determinados, lo cual puede implicar un grave perjuicio para el debido proceso de los particulares afectados. Como ejemplos podemos invocar el famoso caso RUMASA en España,[14] así como la expropiación de SIDOR en Venezuela.[15]

Sobre esta materia, es necesario resaltar el caso de la Ley Fundamental de la República Federal Alemana. En efecto, su artículo 19.1 señala que *"Cuando [...] un derecho fundamental pueda ser restringido por ley o en virtud de una ley, ésta deberá tener carácter general y no estar limitada al caso individual"*. Nos encontramos, en principio, con una prohibición de las leyes de caso único, en la mejor tradición del *rule of law* o Estado de Derecho. No obstante, su artículo 14 señala que la expropiación puede efectuarse *"por ley o en virtud de una ley"*, con la cual la Ley Fundamental introduce inmediatamente una excepción a esa prohibición. Evidentemente, el hecho de que la excepción afecte al derecho de propiedad no es más que una expresión de la degradación de ese derecho en el Estado Social y Democrático de Derecho.

Ahora bien, en las *Instituciones*, BREWER señala que la jurisprudencia de la extinta Corte Suprema de Justicia de la República de Venezuela había abandonado definitivamente la distinción entre las llamadas "leyes formales" y "leyes materiales". Así, la jurisprudencia venezolana ya había pasado a aceptar recursos objetivos de inconstitucionalidad contra leyes meramente formales -tales como aquellas que se limitaban a aprobar un contrato público- porque enfáticamente rechazó que las leyes debieran tener un contenido general y abstracto. En otras palabras, se había

---

12 Parejo Alfonso y Santamaría, citados por Peña Solís, José: *Manual de Derecho Administrativo I*, TSJ, Caracas 2000, p. 221.

13 Martín-Retortillo, Sebastián: *Derecho Administrativo Económico I*, La Ley, Madrid 1991 (Reimpresión), p. 38.

14 Parada Vázquez, José Ramón: *Expropiaciones Legislativas y Garantías Jurídicas (El caso Rumasa)*, en *Revista de Administración Pública N° 100-102, Enero/Diciembre 1983*, Centro de Estudios Políticos y Constitucionales, Madrid 1983, pp. 1139-1168.

15 Decreto-Ley N° 6.058 publicado en la *Gaceta Oficial de la República Bolivariana de Venezuela* N° 38.928 del 12 de mayo de 2008.

impuesto el criterio formal -o procedimental- como el único válido para definir lo que era una ley en el ordenamiento jurídico venezolano, lo cual era perfectamente cónsono con el surgimiento y consolidación del Estado Social y Democrático de Derecho.[16]

III.   LA LEY Y LA DEGRADACIÓN DE LAS LIBERTADES PÚBLICAS

Dado que la Ley ya no tiene que ser general y abstracta, el legislador puede ver los efectos de su legislación en el orden social. Ya no se trata de establecer reglas que perduren en el largo plazo y que se apliquen a situaciones y personas que el legislador no conoce. Por el contrario, se trata de que el legislador sea el actor fundamental en la tarea de conformar o configurar la sociedad que le corresponde al Estado Social y Democrático de Derecho. Así, el legislador produce efectos inmediatos y directos con su legislación y además habilita a la Administración Pública para que profundice y perfeccione las modificaciones deseadas en el orden social.

Ya el rol principal de la Ley en la estructura constitucional no es prohibir la interferencia del Poder Ejecutivo en las libertades de los ciudadanos, sino por el contrario, abrir el camino para esas intervenciones administrativas, darles cobertura normativa, sobre la base de la legitimidad que el legislador aun reclama como representante de la "soberanía popular".

En este sentido, es necesario detenernos en este nuevo rol de la Ley en el Estado Social y Democrático de Derecho, en relación al derecho de propiedad, el cual era el pilar fundamental en la contención del poder estatal bajo el Estado Liberal de Derecho.

En efecto, observemos como el artículo 112 de la Constitución de la República Bolivariana de Venezuela consagra el derecho de propiedad: *"Se garantiza el derecho de propiedad. Toda persona tiene derecho al uso, goce, disfrute y disposición de sus bienes. La propiedad estará sometida a las contribuciones, restricciones y obligaciones que establezca la ley con fines de utilidad pública o de interés general"*.

¿Es posible determinar cuál es el contenido y extensión del derecho de propiedad mediante la lectura de ese dispositivo constitucional? Evidentemente, no lo es, ya que la determinación del contenido del derecho de propiedad es una labor que el constituyente ha abdicado en el legislador, tal como lo ha reconocido la doctrina nacional.[17]

Naturalmente, dentro del Estado Social y Democrático de Derecho y sobre la base de la llamada "función social" de la propiedad, esa labor de la determinación del contenido y extensión del derecho de propiedad por parte del legislador no implica

---

16   Brewer-Carías: *ob. cit.*, pp. 32-35.

17   Brewer-Carías, Allan-Randolph.: *Urbanismo y Propiedad Privada*, EJV, Caracas 1980, pp. 82-83.

un reforzamiento o ampliación de los atributos tradicionales de ese derecho. Por el contrario, esa labor se dirige fundamentalmente a interferir o restringir sustancialmente esos atributos tradicionales.

Adicionalmente, recordemos que ya la Ley no tiene que ser general y abstracta. Por consiguiente, no existe obstáculo alguno para que el legislador apruebe normas que estén claramente dirigidas a interferir o restringir los atributos tradicionales del derecho de propiedad en casos concretos afectando así a grupos de personas perfectamente identificables,[18] e incluso a una persona en particular, como sucede en las expropiaciones legislativas de caso único a las cuales ya hicimos referencia.

Asimismo, es necesario señalar que la existencia de leyes que carecen de singularidad y abstracción también atenta contra otro elemento fundamental del *rule of law* o Estado de Derecho: el principio de separación de poderes. En efecto, el respeto efectivo de la noción tradicional de ese principio como elemento protector de las libertades exige que el creador de las nuevas leyes sea un cuerpo distinto de aquel a quien corresponde aplicarla. De otra forma, se abre puerta franca a la arbitrariedad.[19]

Este nuevo rol de la Ley como elemento de degradación de las libertades tradicionales del Estado Liberal de Derecho también lo observamos en otros casos en la Constitución de la República Bolivariana de Venezuela, tales como: (i) el derecho al libre tránsito (Art. 50) (ii) el derecho de asociación (Art. 52) y (iii) la libertad económica (Art. 112).

Por si ello fuese poco, en el Estado Social y Democrático de Derecho, el Derecho Administrativo reconoce un importante rol al Poder Ejecutivo en la producción de normas de rango legal y sub-legal que interfieren y restringen el derecho de propiedad.

Así, por ejemplo, los artículos 203 y 236(8) de la Constitución de la República Bolivariana de Venezuela le otorgan al Presidente de la República la potestad de dictar decretos-leyes, previa ley habilitante aprobada por la Asamblea Nacional, sin restringir materialmente esa potestad. En otras palabras, en principio y sin invocar tratados internacionales en materia de derechos humanos que podrían limitar esa potestad en ciertas materias como la creación de delitos y penas, el Presidente de la República podría dictar decretos-leyes en cualquier materia que sea competencia del Poder Nacional.

Dado que los decretos-leyes son instrumentos dictados para atender circunstancias excepcionales que justifican que se habilite al Presidente de la República para realizar una actividad que es propia de la Asamblea Nacional, es evidente que esos decretos-leyes están naturalmente llamados a ser aplicados a casos concretos ya existentes afectando así el derecho de propiedad de grupos de personas perfectamente identificables. Por ende, esos decretos-leyes se alejan mucho más que las leyes

---

18   García de Enterría, Eduardo: *Las Expropiaciones Legislativas desde la Perspectiva Constitucional*, en *Revista de Administración Pública N° 141, Septiembre/Diciembre 1996*, Centro de Estudios Políticos y Constitucionales, Madrid 1996, pp. 131-152.

19   Hayek, *ob. cit.*, pp. 210-211.

aprobadas por el Poder Legislativo de las características de generalidad y abstracción que eran típicas de la Ley.

Asimismo, es necesario tener presente el rol del reglamento como instrumento de colaboración en esa labor de determinación del contenido y extensión del derecho de propiedad. No bastan los embates del legislador ordinario y del Presidente de la República como productor de decretos-leyes, sino que el derecho de propiedad debe soportar que la Administración Pública dicte normas (sublegales) que también afectan negativamente los atributos tradicionales de ese derecho.[20]

De esa forma, constitución, Ley, decreto-ley y reglamento integran un bloque normativo diseñado para interferir y restringir las libertades públicas tradicionales del Estado Liberal de Derecho. Ya la reserva legal no es un ámbito de protección de los derechos de los ciudadanos ante la interferencia del Poder Ejecutivo. Por el contrario, la Ley es el instrumento del constituyente para restringir esos derechos y para habilitar la intervención del Poder Ejecutivo y el reglamento en materias en las cuales tradicionalmente no tenían rol alguno que jugar.

IV.   CONCLUSIÓN

En muchas ocasiones los abogados no nos detenemos a reflexionar sobre las razones que explican los cambios en las instituciones jurídicas. Se trata de un gravísimo error. En el caso que analizamos, el abandono de la exigencia de que la Ley fuera general y abstracta se debió a la necesidad de expandir el rol configurador del Estado en la sociedad. Así, la adopción de la noción exclusivamente formal de la Ley tiene un carácter claramente estatista e iliberal. Nos corresponde analizar si se trató de un cambio positivo o si no sería conveniente reivindicar la antigua noción de la Ley, la cual constituía un elemento de contención al poder del Estado.

---

20   Sobre el rol de los reglamentos ejecutivos en este tipo de casos y la posibilidad de que sí intervengan en materias reservadas a la Ley (bajo la imprecisa justificación de que el "núcleo esencial" sea establecido legalmente), recomendamos el análisis de las relaciones entre Ley y Reglamento y la remisión normativa, en García de Enterría, Eduardo y Tomás Ramón Fernández: *Curso de Derecho Administrativo I*, CIVITAS, Madrid 1997, Octava Edición, pp. 261-268.

SECCIÓN CUARTA:

EL PRINCIPIO DE LA LEGALIDAD ADMINISTRATIVA

María Alejandra Correa

Profesora de Derecho Administrativo
de la Universidad Central de Venezuela

I.   EL ALCANCE DEL PRINCIPIO DE LEGALIDAD

El Principio de Legalidad, afirma el profesor Brewer-Carías "es *el signo común y quizás el más característico y patente de todos los sistemas jurídicos contemporáneos"*, implícito en la noción misma de Estado de Derecho[1]; y es que, como expresa García de Enterría, lo esencial en los sistemas contemporáneos es la construcción de un poder representativo del pueblo, autor de la Ley, que limite al poder político, sometiéndolo a su completa legalización[2].

Alain Touraine, por su parte, sostiene que ningún principio tiene tanta importancia en la idea democrática, como el de la limitación del poder[3].

El Principio de la legalidad viene a ser la conceptualización de la legalización del poder público. En el Estado de Derecho, individuos y autoridad se someten a la Ley, aunque su relación con ella sea distintas[4], desde la perspectiva del individuo y sus

---

1   Allan R. Brewer-Carías, *Las instituciones fundamentales del Derecho Administrativo y la jurisprudencia venezolana*, Colección Tesis de Doctorado, Volumen IV, Caracas, Universidad Central de Venezuela, 1964, p. 23.

2   Eduardo García de Enterría: *La Democracia y el lugar de la Ley*, en: *El Derecho, la Ley y el Juez*, Madrid, Cuadernos Civitas, 1997, pp. 31-35. La vinculación entre legalidad y democracia responde a la idea conforme a la cual, la democracia es hoy en la conciencia universal la única forma de gobierno permanente posible, entendida ésta no como un sistema de elección de gobernantes, sino como un sistema basado en las ideas de igualdad y libertad, que implicaría no someterse sino a la autoridad de la ley, expresión de la voluntad general, expresada claramente por García de Enterría en la obra citada y presente en la obra del profesor Brewer-Carías: *La Crisis de la Democracia Venezolana. La Carta Democrática Interamericana y los sucesos de abril de 2002*, Caracas, Los libros de EL Nacional, Colección Ares N° 44, pp. 139 y ss.

3   Alain Touraine, *Qu'est-ce que la Démocratie?*, Paris, Fayard, 1994, p. 62 y ss.

4   En sentencia de la Corte Federal del 14 de octubre de 1958, citada en Brewer-Carías y Luis A. Ortíz-Alvares, *Grandes decisiones de la Jurisprudencia Contencioso Administrativa (1961-1996)*, Caracas, Editorial Jurídica Venezolana, 1996, p. 545, (tomada de la Gaceta Forense N° 22, 1958, pp. 70-71), se lee: "Que el principio alegado por el recurrente, según el cual, ante el silencio de la Ley, lo que no está prohibido debe tenerse por permitido, es máxima de derecho privado derivada de la idea fundamental de la libertad individual, que no tiene aplicación en el derecho público, en cuyo ámbito rige el principio opuesto de estricta sujeción a pautas y atribuciones legales".

derechos individuales, la Ley se erige como un límite a la libertad y de ahí la llamada vinculación negativa de los particulares a la legalidad; por el contrario, para la autoridad pública, la legalidad es, como se desprende de la consagración del principio en el artículo 137 de la Constitución, una regla atributiva de potestades, que determina una vinculación positiva de la autoridad al Derecho[5].

El Principio de la Legalidad, expresa Antonio Moles Caubet[6], se erige sobre la idea del predominio de la ley sobre la arbitrariedad del Poder Público, se ubica en el origen del Estado de Derecho y su trascendencia jurídica es tal que, aún cuando no estuviera expresamente consagrado en una norma, forma ya parte de la cultura democrática de las sociedades contemporáneas. De manera que, así como es una idea adquirida, la de ser hombres libres y con derechos, igualmente adquirida, en la conciencia política del hombre, está el que las atribuciones del Poder Público las definen las normas jurídicas y ellas deben someterse las autoridades públicas en el ejercicio de sus potestades.

El primer aspecto, relativo al alcance de la legalidad, abordado por Brewer-Carías, en el primer párrafo de su tesis, es el de la legalidad como conformidad con la ley, entendida esta última en sentido amplio, como sinónimo de Derecho. Idea retomada en toda su obra, y actualmente plasmada en la expresión *"con sometimiento pleno a la ley y al derecho"*, del artículo 141 de la Constitución de 1999, en la cual participó como constituyente.

El profesor Brewer-Carías, en ese mismo párrafo primero de su tesis, hace énfasis en la relación directa de la legalidad con la jerarquía normativa, al afirmar, que el *"Principio de la Legalidad no es más que una forma de enunciación de la jerarquía de las normas"*, la Constitución en la cúspide, noción de supremacía constitucional, proposición fundamental, que como principio rige aún sin consagración expresa, pero al que la Constitución de 1999 le dedica varios artículos[7].

Ahora bien, el sometimiento pleno a la ley y al derecho, se traduce en conformidad formal y material[8]. Moles Caubet, respecto del alcance de la conformidad material utiliza la expresión "Derecho detrás del Derecho", se refiere así a la existencia de un fundamento superior del orden jurídico, contenido en las declaraciones de derechos fundamentales, y que va más allá de la conformidad o no contrariedad con las normas preestablecidas, o derechos ya declarados en un norma de derecho positivo, concepción que es la justificación de la cláusula abierta de derechos inherentes a la persona humana, consagrada tradicionalmente en nuestras constituciones[9].

---

5   Eduardo García de Enterría y Tomas Ramón Fernández, Curso de Derecho Administrativo, Madrid, Civitas, 1989, p. 440, véase Gabriel Ruan Santos, El Principio de la Legalidad, la Discrecionalidad y las medidas administrativas, Caracas, Funeda, 1998, p. 11 y ss.

6   Moles Caubet, Antonio: *El principio de legalidad y sus implicaciones*, en: Separata de la Revista de la Facultad de Ciencias Jurídicas y Políticas, N° 82, Caracas, UCV, 1991, p.8

7   El artículo 7 de manera particular y luego en los artículos 22, 137 y 333, por citar los más emblemáticos.

8   *Op. cit.*, p.24.

9   Artículos 22 de la Constitución de 1999, 50 de la Constitución de 1961 y que se encuentra con algunos cambios de redacción en las anteriores Constituciones, en la de 1858 (artículo 28), en las Constituciones de 1864, 1874, 1881, 1891 y 1893 (artículo 15), en las Constituciones de 1901 y 1904 (artículo 18), en la

La conformidad material está presente también en la noción de bloque de constitucionalidad, atribuyendo ese rango, además del texto escrito de las Constituciones y Declaraciones de Derechos Fundamentales, integradas o anexas a ellas, a los principios y valores que la inspiran[10].

El Principio de la legalidad administrativa tiene un sentido amplio, alcanzando, el ordenamiento jurídico positivo y los derechos fundamentales, principios y valores, comprendida la racionalidad jurídica, justicia y equidad.

Advierte igualmente el profesor Brewer-Carías en el párrafo 3 de su tesis, que la Administración está sometida también a las reglas o nomas jurídicas que ella misma ha creado, conforme al principio de la autovinculación de la Administración.

La necesaria conformidad formal y material al derecho, implícita en la noción de legalidad, nos conduce al planteamiento del profesor Moles Caubet, quien afirma que un análisis completo del principio de legalidad obliga a analizar, ante todo, aquellos dominios que únicamente pueden ser regulados por la ley y la observancia del orden prelativo de las normas, conforme a su desigual valor jurídico[11], y nos insta a reflexionar sobre la jerarquía normativa y la justificación de la distribución de potestades normativas, frente a la reserva legal y la figura de la deslegalización, técnica legislativa cada vez más utilizada en nuestro país[12], con la anuencia de la jurisprudencia contencioso administrativa de los últimos años, no obstante alcanzar esa deslegalización, materias de la reserva legal.

Aspecto al cual dedicaremos un aparte de este estudio, luego de referirnos a la noción del Principio de la Legalidad, dando cuenta de sus implicaciones y de las normas incorporadas en nuestro ordenamiento jurídico al respecto (I), para luego analizar lo que he denominado, la ilegalidad de la deslegalización en materias de la reserva legal (II), exposición en la que se abordan las nociones de la reserva legal y discrecionalidad, que ha sido el origen de los criterios jurisprudenciales recientes, y

---

Constitución de 1909 (artículo 25), en las Constituciones de 1914 y 1922 (artículo 23) en las Constituciones de 1925, 1928, 1929, 1933 y 1936 (artículo 33); en la Constitución de 1945 (artículo 34), en la Constitución de 1947 (artículo 25), en la Constitución de 1953 (artículo 32).

10   El bloque constitucional es una noción cuyo origen se ubica en la expresión de Hauriou del bloque de legalidad, desarrollada luego por los Tribunales Constitucionales, cuyo significado es el de entender que la Constitución comprende, además de su articulado, los tratados, pactos y convenciones sobre derechos humanos, (el artículo 23 de la Constitución de 1999 le atribuye rango constitucional), extendido a cualquier otro derechos inherentes a la persona humana (conforme a la cláusula abierta del artículo 22 ejusdem) y los principios constitucionales, sobre cuyo contenido y alcance la Sala Constitucional está llamada a fijar la interpretación (conforme al artículo 335 de la Constitución), con lo cual se suman además, las sentencias con carácter vinculante, que sobre los mismos dicte la Sala Constitucional del Tribunal Supremo de Justicia.

11   Véase Moles Caubet, *ob. cit.*, p. 9 y 11 a 22.

12   Ya lo advertía Gabriel Ruan Santos en su trabajo, *El Principio de la Legalidad, la discrecionalidad y las medidas administrativas*, Caracas, Funeda, 1998, p. 8, al referirse a las facultades concedidas a los órganos administrativos para dictar actos cuyas modalidades y procedimientos se dejan a la iniciativa creadora del órgano, porque la norma legal que les da fundamento no contiene una prefiguración completa del acto ni de sus características esenciales. Esa situación se ha agravado en la legislación de la última década en la que la imprecisión se da, incluso, frente a la tipificación de faltas y sanciones administrativas y otros aspectos de la reserva legal.

que por su vinculación intrínseca al principio de la legalidad, no son ajenas al estudio que hiciera el profesor Brewer-Carías en su tesis, al estudiar el alcance del principio, según las funciones del Estado y la relación con la discrecionalidad administrativa.

II. LA NOCIÓN DE LEGALIDAD

Las propuestas definitorias, en la tesis doctoral del profesor Brewer-Carías, en síntesis son:

El Principio de la Legalidad es una forma de enunciación de la teoría de la jerarquía de las normas; todo acto jurídico para ser válido debe estar conforme al orden jurídico, tanto formal, como materialmente[13].

Todos los actos de la Administración han de ser cumplidos o realizados dentro de las reglas o normas preestablecidas por la autoridad competente, lo cual implica no solamente la sumisión de la Administración a las reglas de derecho que le son exteriores, sino que conlleva también la sumisión a las reglas o normas jurídicas que ella misma ha elaborado"[14].

El Principio de la Legalidad constituye una garantía establecida en beneficio de los particulares contra las posibles arbitrariedades de la autoridad administrativa e implica la ineficacia de los actos cumplidos con su violación, pudiendo los órganos jurisdiccionales declarar su nulidad, no sólo cuando les falta, como fuente primaria un texto legal, sino también cuando no son ejecutados en los límites y dentro del marco señalado de antemano por la Ley[15].

El profesor Gonzalo Pérez Luciani, en su obra *El Principio de Legalidad*, recorre el tratamiento del tema en la doctrina venezolana, dedicando una sección[16] a la obra del profesor Brewer-Carías, desde su tesis doctoral, hasta las publicaciones más recientes, destacando la concepción del profesor Brewer-Carías sobre el alcance material del principio.

En la copiosa obra posterior de Brewer-Carías, se observa la reiterada referencia a las premisas iniciales antes esbozadas, destacando efectivamente, la idea de la subordinación de la actividad administrativa al todo el ordenamiento jurídico, insistiendo en que sus fuentes no se agotan en la Constitución y la ley[17].

---

13 Allan R. Brewer-Carías, *Las instituciones fundamentales del Derecho Administrativo y la jurisprudencia venezolana,...* 1964, pp. 23, 24.

14 *Idem*, pp. 26-27.

15 *Idem*, p. 28.

16 Gonzalo Pérez Luciani, *El Principio de Legalidad*, Caracas, Academia de Ciencias Políticas y Sociales, Serie Estudios, 81, 2009, pp. 87-93.

17 En la obra compilatoria de Brewer-Carías y Luis A. Ortíz-Alvares, *Grandes decisiones de la Jurisprudencia Contencioso Administrativa (1961-1996)*, Caracas, Editorial Jurídica Venezolana, 1996, p. 546, se utiliza el término bloque de legalidad como título de una sección, en la cual se cita una sentencia de la Sala Político- Administrativa de la antes Corte Suprema de Justicia, de fecha 6 de junio de 1985, en la

Por otra parte, profundiza sobre la vinculación entre legalidad y potestades discrecionales, de manera particular en las obras relativas a la compilación jurisprudencial[18], y en los estudios sobre la Ley Orgánica de Procedimientos Administrativos[19].

En la Ley Orgánica de Procedimientos Administrativos, instrumento normativo vigente desde 1982, se norman las implicaciones al principio de la legalidad, así: la sujeción a las prescripciones de la Ley (artículo 1), el respeto al límite de la reserva legal (artículo 10); la debida observancia por parte de la Administración, en el ejercicio de sus potestades discrecionales, de la proporcionalidad y adecuación con los fines de la norma (artículo 12); la no derogatoria singular de actos reglamentarios (artículo 13), la necesaria expresión en los actos administrativos de los fundamentos legales del mismo (artículo 18, numeral 5); la sujeción a la cosa juzgada administrativa (artículos 19, numeral 2 y 82) y la nulidad de los actos administrativos contrarios a derecho (artículos 25).

Esas normas determinan el alcance del principio de la legalidad, que como se ha dicho, tiene un sentido amplio y no se agota en el respeto de la ley y la jerarquía normativa, sino que además implica conformidad intrínseca de los actos administrativos con el orden jurídico, de donde resulta la ilegalidad de los actos dictados contrarios a derecho, así como si se incurre en desviación de poder (artículo 259 de la Constitución) y las actuaciones contrarias a la equidad y/o a la racionalidad, nociones a las que hacía referencia el profesor Brewer-Carías en el párrafo 29 de su tesis y que luego se plasman en el artículo 12 de la Ley Orgánica de Procedimientos Administrativos, al disponer que la medida administrativa, adoptada en ejercicio de alguna potestad discrecional, deberá mantener la debida proporcionalidad y adecuación con el supuesto de hecho y con los fines de la norma.

Con la entrada en vigencia de la Ley Orgánica de Procedimientos Administrativos, el profesor Brewer-Carías, publicó su obra *El Derecho Administrativo y la Ley Orgánica de Procedimientos Administrativos*, en la nota introductoria él se refiere a su tesis doctoral preparada en 1963 y expresa que no ha querido corregirla ni aumentarla, por considerar que debía quedar como lo que fue, aun cuando advierte que ha cambiado muchas de las concepciones formuladas en esa época[20].

Sin duda su obra posterior muestra la evolución de su pensamiento jurídico y la profundización de sus estudios. Sin embargo, a pesar de esa aclaratoria pareciera

---

cual se hace referencia al bloque de la legalidad (Hauriou), definido como la sumisión de la administración a la ley, lo cual implica, la sujeción a la ley formal y a las instrucciones emanadas del funcionario superior y a sus propias actuaciones, p. 548.

18   Allan R. Brewer-Carías: Jurisprudencia de la Corte Suprema 1930-1974 y Estudios de Derecho Administrativo, Caracas, 1971, Tomo I, p. 15 y ss., Brewer Carías y Luis A. Ortíz-Alvares, *Grandes decisiones de la Jurisprudencia Contencioso Administrativa (1961-1996)*, Caracas, Editorial Jurídica Venezolana, 1996, p. 545 y siguientes.

19   Allan R. Brewer-Carías: *Introducción al Régimen de la Ley Orgánica*, en: la obra colectiva *Ley Orgánica de Procedimientos Administrativos*, Caracas, Editorial Jurídica Venezolana, 1987, p. 9-51., y del mismo autor el *Derecho Administrativo y la Ley Orgánica de Procedimientos Administrativos*, Caracas, Editorial Jurídica Venezolana, 1982.

20   Allan Brewer-Carías, *El Derecho Administrativo y la Ley Orgánica de Procedimientos Administrativos*, Caracas, Editorial Jurídica Venezolana, la edición consultada es la 4ta de 1997, p. 9, nota al pie N° 6.

que lo dicho en 1963, respecto de la legalidad administrativa, por tratarse precisamente de un *principio*, mantiene absoluta vigencia, lo cual se corrobora al leer, en su obra publicada en 1996, *Instituciones Políticas y Constitucionales*[21], las mismas ideas contenidas en las primeras páginas de su tesis doctoral.

No significa ello que no haya más que decir, por el contrario, como lo muestra su obra posterior, la de otros autores nacionales y la jurisprudencia, se han incorporado otros elementos. Lo dicho se refiere más a que el principio de legalidad admite deducciones más no contradicciones[22], de manera que esos nuevos elementos y las tendencias a flexibilizar las implicaciones del principio, son una racionalización de la sujeción al orden jurídico y no la negación del postulado, que en esencia se mantiene incólume.

La actualización del tema, amerita entonces, solo complementar, con la mención de las teorías de las competencias paralelas y competencias implícitas, por una parte y, por otra parte, del desarrollo de los límites jurídicos a las potestades discrecionales y la noción de conceptos jurídicos indeterminados.

1.   Principio de la legalidad, competencias implícitas y paralelas

La actividad administrativa del Estado, sujeta como está a la legalidad, debe invocar la norma que la facultad para cumplir una determinada actuación, esa regla de la competencia expresa, que erige a la base legal de los actos administrativos, como un requisito de validez de los mismos, ha evolucionado, al admitirse que en ausencia de una norma expresa, la facultad podría deducirse de alguna otra norma, que sí contemple una competencia, pero que no podría ejercerse plenamente sin asumir la otra que se deduce, surgiendo así la tesis de las competencias implícitas.

O bien, igualmente a falta de norma expresa, la atribución que se requiere ejercer, se ha fundamentado en el principio de paralelismo, en el sentido que si una norma atribuye potestad para adoptar una medida o cumplir una determinada actuación, no existiendo en el ordenamiento jurídico otra norma que atribuya competencia para revocar esa medida o hacer cesar el efecto jurídico creado, la competencia para dictar los actos con ese fin, corresponde a la misma autoridad competente para adoptar la medida o cumplir la actuación inicial, estaríamos en ese caso en presencia de competencias paralelas.

En ese sentido, la jurisprudencia afirmado lo siguiente:

"Estima así esta Sala que, en materia de derecho público rige el principio conforme al cual la competencia de los órganos debe estar prevista de manera explícita o expresa en un instrumento normativo, por ser una manifestación de las potestades públicas a éstos otorgadas, de modo que, acudir a la tesis de las competencias implícitas a fin de justificar el ejercicio de ciertas facultades que la ley no atribuye a los órganos públicos, constituye una excepción de

---

21   Allan Brewer Carías, *Instituciones Políticas y Constitucionales*, Caracas, Editorial Jurídica Venezolana y Universidad Católica del Táchira, 1996, Tomo II, pp. 161-162

22   Moles Caubet, *ob. cit.*, p 7.

interpretación restrictiva al principio de la legalidad, que incluso a veces, no ha contado con la aprobación de la mayoría doctrinaria.

Conforme al principio conocido como el "paralelismo de las competencias", los órganos públicos estarán facultados en algunos casos para realizar determinadas actividades, sin que para ello requieran de una ley o norma que los habilite a tal fin, siempre y cuando no exista una norma que expresamente lo prohíba; con lo cual se busca resolver en el ámbito fáctico, los problemas que pudieran suscitarse cuando una norma atribuye competencia a un órgano para dictar un acto, pero no indica cuál es el órgano facultado para modificarlo o revocarlo, por ello, ha señalado la doctrina patria más autorizada, que en nuestro ordenamiento tal principio puede ser aplicado perfectamente, salvo que se trate de un acto de efectos particulares."[23]

Se admiten así, con limitaciones y condicionantes, la existencias de competencias que satisfacen la regla de conformidad al ordenamiento jurídico, sin que se exija la atribución en norma expresa, respecto de una competencia en específico, aun cuando la misma debe poder deducirse de alguna otra expresa en una norma.

2. Legalidad y discrecionalidad administrativa.

Legalidad y discrecionalidad, lejos de ser nociones opuestas, son complementarias, en la medida que la segunda requiere de la consagración legal de un margen de libertad de apreciación. En efecto, para que la administración pública pueda evaluar la oportunidad, conveniencia o intensidad de una determinada medida administrativa, debe estar facultado para ello en la norma[24].

Los límites a las potestades discrecionales, son el objeto de otra sección de esta obra, por lo que no nos extenderemos aquí sobre el tema, haciendo mención únicamente de lo esencial, para establecer el alcance de la sujeción de la Administración a la legalidad, incluso en el ejercicio de las potestades discrecionales.

La Sala Político-Administrativa de la Corte Suprema de Justicia, en sentencia de fecha 2 de noviembre de 1982[25], desarrolló el tema de los actos reglados y los actos discrecionales, sentando criterio sobre varios aspectos de las potestades discrecionales.

---

23 Sentencia N° 2612 de la Sala Constitucional del Tribunal Supremo de Justicia, de fecha 11 de diciembre de 2001, consultada en la página web del tsj.

24 El profesor Brewer-Carías en el párrafo 24 de su tesis doctoral, expresa que *"el principio de la Legalidad Administrativa en los casos de competencia discrecional señala a la autoridad, unos ciertos límites de apreciación, por lo cual se halla encerrada por ciertas prescripciones normativas"*. Antonio Moles Caubet, por su parte, expresa, sobre la dinámica del principio de legalidad, "la discrecionalidad no constituye una excepción del principio de legalidad. Por el contrario, gran parte de la administración consiste en el ejercicio de un poder que permite elegir los medios para la realización del interés público, sea con opciones prefijadas (discrecionalidad en la alternativa), con el libre contenido del acto (discrecionalidad de "quid") o con las modalidades del mismo (discrecionalidad del "quo-modo")" *op .cit.*, p. 67.

25 Citada en la obra conjunta del profesor Brewer-Carías y Luis Ortíz Álvarez: *Grandes decisiones de la Jurisprudencia Contencioso Administrativa (1961-1996)*, Caracas, Editorial Jurídica Venezolana, 1996, pp. 581-593

Se desecha en esa decisión, la falsa distinción entre acto reglado y acto discrecional, al afirmar que existen potestades regladas y discrecionales, y ambas se encuentran presentes en menor o mayor medida en toda la actividad administrativa.

Esa sentencia, desestima igualmente las tesis conforme a la cual no se requeriría justificar las medidas discrecionales y su exclusión del control jurisdiccional, afirmando, por el contrario, que todos los actos administrativos deben ser motivados, con mayor razón los que se dicten en ejercicio de facultades discrecionales, y que es a partir de esa motivación que el juez contencioso administrativo, podrá revisar y controlar, la debida apreciación de las circunstancias de hecho, así como las consideraciones de oportunidad y conveniencia en las que la Administración haya fundamentado su decisión.

Ha surgido, por otra parte, la tesis de una discrecionalidad técnica, referida al margen de apreciación que debe realizar la Administración Pública, en base a elementos de conocimiento relacionados con una especialidad de conocimiento, objeto de la una actividad administrativa específica.

La Sala Político Administrativa, menciona la discrecionalidad técnica en sentencia del 16 de mayo de 1983, advirtiendo que la ausencia de motivación vicia los actos administrativos de nulidad, sin que quepa alegar una supuesta discrecionalidad técnica, de donde resulta que, incluso en ese caso, el acto administrativo deberá expresar los motivos técnicos, en la cual se fundamenta, sin perjuicio que esa apreciación basada en criterios técnicos, por su naturaleza, podría estar exenta del control judicial[26], tal como se lee en otra sentencia, más reciente, igualmente de la Sala Político Administrativa:

> "la discrecionalidad técnica es aplicable cuando la Administración tenga atribuida la competencia para dictar actos que requieran la aplicación de conocimientos especializados de distintas disciplinas, por lo que, la decisión que adopte la Administración, va a depender del criterio técnico que los especialistas en esa área científica determinen; la autoridad administrativa competente tiene atribuido un poder discrecional con un contenido técnico, y según la doctrina creadora de esta tesis –CAMMEO, PRESUTTI, MORATTI y la vieja Escuela del Derecho administrativo italiano- debido a que los indicados criterios técnicos forman parte del margen de libertad de elección de la Administración, este tipo de discrecionalidad estará exenta de control judicial (José PEÑA SOLIS. "El Principio de Legalidad y la Discrecionalidad Administrativa en Venezuela". Contraloría General de la República. Fondo Editorial 60 años. Caracas, 1998. Pág. 71 y 72)

Vale decir que la teoría de la discrecionalidad técnica no ha tenido acogida jurisprudencial en Venezuela, ya que carece de fundamentación en el Derecho positivo. Algunos doctrinarios patrios (Brewer Carías, Pérez Luciani) han defendido la posición, mientras que otros más bien la rechazan (Rondón de Sansó, Peña Solis), pero lo cierto es que la misma no ha tenido receptividad en la jurisprudencia contencioso administrativa venezolana, puesto que como se ha señalado, esta figura no constituye forma alguna de apreciación valorativa por parte del órgano administrativo, por

---

26 Véase sobre el tema, José Peña Solis. "El Principio de Legalidad y la Discrecionalidad Administrativa en Venezuela". Contraloría General de la República. Fondo Editorial 60 años. Caracas, 1998 y Juan Igartua Salaverría, *Discrecionalidad técnica, motivación y control jurisdiccional*, Madrid, Civitas, 1998.

cuanto con la misma no le es dado determinar la oportunidad y conveniencia del acto, y no escapa del control del contencioso administrativo, en razón que el juez podrá verificar si el juicio técnico se realizó o no y si fue correcto o no (Hildegard Rondón de Sansó. "Teoría General de la Actividad Administrativa". Ediciones Liber. Caracas, 2000. Pág. 74).

En todo caso, el hecho que la discrecionalidad sea técnica o administrativa no exime a la Administración de motivar sus actos. En efecto, como ya se señaló *supra*, la Administración tiene la obligación de motivar *todos* sus actos administrativos, salvo que sean de mero trámite, y ello no excluye a los actos dictados con base a la discutida y cuestionada teoría de la discrecionalidad técnica. El hecho que la Administración utilice criterios técnicos para dictar ciertas resoluciones, no le permite dictarlos sin motivar aquellos[27]"

La Administración Pública cada vez más, interviene en materias que, por su naturaleza, se rigen más por criterios de especialización y para evitar la arbitrariedad, las medidas deben justificarse en los criterios técnicos aplicables, las cuales deben expresarse en la motivación del acto, y permitir al Juez el control de su aplicación, sin que ello implique sustituir a la Administración en la determinación de la mejor opción técnica. La falta de conocimientos técnicos del juez contencioso no justificaría excluir el control jurisdiccional, por ser un obstáculo salvable mediante experticia, tal como se hace al momento de controlar la interpretación de los conceptos jurídicos indeterminados.

Estos últimos, son términos utilizados en las normas cuyo contenido o significado no puede establecerse con la sola lectura de la disposición normativa, por su dinamismo, al estar referidos a términos susceptibles de variación en razón de factores externos.

La connotación "jurídicos", deriva precisamente de su inclusión en una norma de derecho, sin que el concepto en sí mismo se refiera necesariamente a una institución jurídica.

Ejemplos de conceptos jurídicos indeterminados son, entre otras nociones, la moral pública, buenas costumbres, utilidad pública, honorabilidad.

Una de las sentencias más emblemáticas en el tema de los conceptos jurídicos indeterminados es la del caso Radio Caracas Televisión, Hola Juventud, dictada por la Sala Político Administrativa en fecha, 5 de mayo de 1983. Esa decisión judicial[28] sirve de referencia a sentencias más recientes.

Así, en decisión de la Sala Político Administrativa de fecha 5 de junio de 2012[29], se lee:

---

27 Sentencia N° 389, de fecha 22 de abril de 2004, de la Sala Político Administrativa del Tribunal Supremo de Justicia, expediente 1980-2857, consultada en la página web del tsj.

28 Esa sentencia está incorporada en la recopilación de las Grandes Decisiones de la Jurisprudencia Contencioso Administrativo (1961-1996), pp. 593-600.

29 Sentencia N° 615 de fecha 5 de junio de 2012, expediente N° 2008-1014, de la Sala Político Administrativa del Tribunal Supremo de Justicia, consultada en la página web del tsj

"Ahora bien, la honorabilidad *per se* constituye un concepto jurídico indeterminado y, como tal, se caracteriza por la imprecisión de su significado y alcance, los cuales deberán ser fijados en el asunto concreto por el órgano competente, atendiendo a las circunstancias propias del caso y buscando siempre una solución justa.

Sobre los conceptos jurídicos indeterminados, comúnmente utilizados en el campo del derecho público, se pronunció la Sala Constitucional del Máximo Tribunal en su sentencia N° 00962 del 9 de mayo de 2006, en los siguientes términos:

"La Corte Suprema de Justicia, en Sala Político Administrativa, en el caso RCTV-Hola Juventud, decisión del 5 de mayo de 1983, caracterizó los conceptos jurídicos indeterminados como '...conceptos que resulta difícil delimitar con precisión en su enunciado, pero cuya aplicación no admite sino una sola solución justa y correcta, que no es otra que aquella que se conforme con el espíritu, propósito y razón de la norma.' García de Enterría y Fernández (Curso de derecho administrativo. Madrid. Ed. Civitas. 1998. Tomo I. p. 450) enseñan respecto del tema de los conceptos jurídicos indeterminados que:

'... la aplicación de conceptos jurídicos indeterminados es un caso de aplicación de la Ley, puesto que se trata de subsumir en una categoría legal (configurada, no obstante su imprecisión de límites, con la intención de acotar un supuesto concreto) unas circunstancias reales determinadas; justamente por ello es un proceso reglado, que se agota en el proceso intelectivo de comprensión de una realidad en el sentido de que el concepto legal indeterminado ha pretendido, proceso en el que no interfiere ninguna decisión de voluntad del aplicador, como es lo propio de quien ejercita una potestad discrecional.'

'... Siendo la aplicación de conceptos jurídicos indeterminados un caso de aplicación e interpretación de la Ley que ha creado el concepto, el juez puede fiscalizar tal aplicación, valorando si la solución a que con ella se ha llegado es la única solución justa que la Ley permite. Esta valoración parte de una situación de hecho determinada, la que la prueba le ofrece, pero su estimación jurídica la hace desde el concepto legal y es, por tanto, una aplicación de la Ley...'.""

En este mismo sentido, ha señalado la Sala Político Administrativa que el concepto jurídico indeterminado "exige que, a la luz de una situación concreta, se indague su significado hasta dar con la única solución justa, de modo que si el órgano competente se apartara de ésta incurriría en violación de la ley y sería nula o, al menos, anulable su decisión (sentencia de la Sala Político-Administrativa de la Corte Suprema de Justicia del 5 de mayo de 1983, citada)". (Vid. Sentencia 00633 del 12 de mayo de 2011)".

Los conceptos jurídicos indeterminados se caracterizan por admitir una sola definición válida, condicionada por el momento de la aplicación de la norma y se diferencian de las potestades discrecionales, precisamente, en que estas últimas dejan un margen de apreciación que permitirá a la administración pública decidir entre varias posibles soluciones, todas válidas, las que más se adecúa con la norma, mientras que los conceptos jurídicos indeterminados implican una única solución justa, constituyendo esa figura una noción más cercana a la actividad administrativa reglada, que a la discrecionalidad.

III. DE LA REDEFINICIÓN DEL PRINCIPIO DE LA LEGALIDAD ADMINISTRATIVA Y DE LA ILEGALIDAD DE LA FIGURA DE LA DESLEGALIZACIÓN DE LA RESERVA LEGAL.

El Tribunal Supremo de Justicia, en la última década, ha dictado sentencias que merman el alcance del principio de la legalidad, en su implicación consagrada en el artículo 10 de la Ley Orgánica de Procedimientos Administrativos, relativo al respeto de la reserva legal, vaciando de contenido esa garantía, consagrada en la Constitución, conforme a la cual las regulaciones más sensibles, por limitar los derechos fundamentales, deben ser normados mediante ley, garantía que se erige con un límite a las potestades normativas de la Administración Pública.

En las sentencias que a continuación se citan, se analiza el principio de la legalidad administrativa, con el objeto de determinar su alcance, ante las denuncias de violación del principio de tipicidad legal de las faltas y sanciones administrativas y la garantía de la reserva legal, planteada por los recurrentes.

Así, en sentencia de la Sala Constitucional del Tribunal Supremo de Justicia, de fecha 30 de marzo de 2004[30] y en sentencia de la Sala Político Administrativa del 4 de mayo de 2004, se admite la posibilidad que una norma de rango sublegal, regule aspectos de la reserva legal. Esas decisiones pretenden justificar esa alteración del principio de la legalidad y la jerarquía normativa, en la eficacia administrativa y las potestades discrecionales en la actividad administrativa.

Ambas sentencias contienen párrafos idénticos en cuanto a la definición del principio de la legalidad, que en esencia son acertadas, pero de cuyos postulados se apartan luego al afirmar lo siguiente:

> "Ahora bien, este principio de legalidad está conectado con la disposición constitucional de la reserva legal, mediante la cual determinadas materias, en este caso, las que imponen restricciones al sistema de libertades públicas, deben ser reguladas por Ley. A este respecto, resulta un tanto clarificadora la decisión precedentemente citada, pues en la misma la extinta Corte Suprema de Justicia estableció que *"las sanciones de carácter administrativo, según la intención y voluntad del legislador, pueden establecerse tanto en una ley como en un reglamento, pero, en este segundo caso, es indispensable que la propia Ley establezca que por vía reglamentaria, se determinarán las sanciones. Ese ha sido el camino escogido por el legislador en numerosos casos, al autorizar o delegar en el Poder Ejecutivo la determinación de las penas y sanciones a las infracciones de los administrados a la normativa legal y, en tal supuesto, se cumple con el precepto constitucional, pues el particular conoce, con antelación, cuales son concretamente, las sanciones aplicables a determinadas infracciones, y el poder administrador ejerce su acción dentro de cauces que no permiten arbitrariedades y abusos de poder"*.

En este orden de ideas, en la doctrina se ha venido afirmando que la reserva legal ha adquirido una nueva dimensión, pues no es tanto el deber del legislador de tipificar las sanciones como el que tenga la posibilidad de hacerlo y decida si va a realizarlo él directamente o va a encomendárselo al Poder Ejecutivo; es así, como se infiere que la reserva legal implica una prohibición al reglamento de entrar por inicia-

---

30   Sentencia N° 488, expediente N° 02-1957, consultada en la página web del tsj.

tiva propia en el mencionado ámbito legislativo, pero no prohíbe al legislador el autorizar al Poder Ejecutivo para que así lo haga"[31].

Según la Sala Político Administrativa del Tribunal Supremo, la reserva legal habría adquirido una nueva dimensión y ya no sería un límite al ejercicio de la potestad reglamentaria, si el legislador optare por dejar sin efecto esa garantía constitucional de los particulares, y delegare su potestad legislativa, permitiendo al Ejecutivo normar las materias de la reserva legal mediante actos de rango sublegal.

Textualmente afirma que el límite a la potestad normativa del Ejecutivo es únicamente para invadir la reserva legal por iniciativa propia, pero que no se viola la reserva legal, si el legislador lo faculta para ello.

Obvia en su consideración la decisión que la reserva legal no es enajenable, por el legislador; es a peste a quien le corresponde normar las materias de la reserva legal, sin que pueda deslegalizarlas, instando a que esas materias sean normadas por el Ejecutivo. Una disposición legal en ese sentido sería inconstitucional y la Administración debería abstenerse de normas esas materias mediante actos de rango sublegales.

En efecto, lo que la sentencia convalida es la deslegalización de las materias de la reserva legal, de las cuales no puede disponer el legislativo[32], y que constituyen un límite potestades normativas de la Administración, así como para la adopción de actos de efectos particulares.

La decisión cuenta con un voto salvado, en el cual se lee:

> "Ahora bien, en el presente caso no resulta adecuado que la mayoría sentenciadora haya dado respuesta a los alegatos relativos a la violación del derecho fundamental de presunción de inocencia y a la denuncia de falso supuesto de derecho, con las afirmaciones contenidas en el párrafo transcrito. Constituye un lugar común del derecho administrativo contemporáneo, que el principio de legalidad debe ser interpretado desde la perspectiva de la vinculación positiva de la administración, esto es, que la Administración pública sólo puede hacer aquello que expresamente le está permitido por la ley, y no todo aquello que no le este expresamente prohibido. Sin embargo, el criterio de la mayoría trastoca el principio de vinculación positiva, haciendo del principio de legalidad un dato irrelevante para el derecho administrativo. Para el caso concreto resulta inquietante la frase: *"...el sujetar la actuación de las autoridades administrativas, a lo que prescriba exclusivamente un texto de carácter legal, conllevaría indefectiblemente a que la gestión pública se torne ineficiente e incapaz de darle respuesta a nuevas necesidades del colectivo"*; ya que en mi opinión es jurídicamente errónea e inexacta en sus premisas fácticas.
>
> Por una parte, la afirmación da al traste, como ya se dijo, con el principio de legalidad en su acepción positiva, y subvierte por completo el régimen constitucional de la actividad ad-

---

31   Sentencia dictada en fecha 4 de mayo de 2004, por la Sala Político Administrativo, caso Italcambio, expediente 2002-0484, consultada en la página web del tsj.

32   El poder legislativo está también sujeto al respeto de las disposiciones constitucionales y solamente podría habilitar al Ejecutivo, mediante ley habilitante, para que adopta actos con rango y fuerza de ley, mecanismo constitucional previsto en los artículos 203 y 236, numeral 8, de la Constitución. Circunstancia que es distinta a la planteada en la decisión judicial, en la cual se entiende facultado, en virtud de una ley ordinaria, para normar materias de la reserva legal, mediante actos de rango sublegal.

ministrativa, según el cual esta debe ajustarse *"a la ley y al derecho"*. Ha desnaturalizado lo que es el saludable reconocimiento intersticial y restringido de las llamadas potestades implícitas de la Administración (doctrina ésta de un exclusivo valor instrumental), concebidas no con el objeto de flexibilizar la vinculación positiva de la Administración a lo expresamente previsto en la ley, sino con el objeto de permitirle ejercer cabalmente las potestades expresamente otorgadas por el legislador, con una doctrina sumamente amplia y genérica que recuerda la ya enterrada doctrina de las cláusulas generales de apoderamiento, según la cual el gobierno tendría siempre amplias facultades de actuación sobre la base de que le está atribuida la "protección del interés general", o de satisfacer las "necesidades del colectivo".

Es cierto que la Administración tiene atribuida la protección del interés general y de las necesidades del colectivo; pero no es correcto que pueda hacerlo sin quedar vinculada a lo que expresamente el legislador ha establecido en la ley, al otorgarle potestades administrativas, que es lo que lamentablemente trasluce la sentencia, al sostener un criterio según el cual la Administración tiene puerta franca para decidir cómo y en qué ocasiones va a "satisfacer las necesidades del colectivo", sin preocuparse por la falta de atribución legal para ello.

Por otra parte, no es correcta la apreciación conforme a la cual sería contrario a la eficiencia y dinamismo de la actividad administrativa, que su ejercicio esté estrictamente apegado a lo que expresamente el legislador le permite a la Administración. En tal sentido considero que la capacidad o incapacidad para satisfacer necesidades colectivas sólo puede medirse dentro de los cauces legales. Si el diseño legal que el legislador ha empleado para definir el ejercicio de una determinada actividad administrativa resulta insuficiente para una protección idónea del interés general, le corresponde al legislador *y sólo al legislador* corregir esta deficiencia. Lo contrario (es decir, lo que la mayoría sentenciadora estima como correcto), supone que la actividad administrativa, sublegal por definición, tenga el poder de alterar su lugar de ubicación desde el punto de vista de la jerarquía normativa, y posicionarse por encima de la norma legal, cada vez que consideren las autoridades administrativas que las potestades legales no son suficientes para satisfacer lo que estiman como *la forma idónea* para la satisfacción del interés general.

La vinculación estricta al principio de legalidad, por otra parte, no supone un estancamiento o paralización de la actividad administrativa. Esta es otra de las suposiciones equivocadas en que incurre la mayoría sentenciadora. Si bien comparto la preocupación de alguna forma contenida en el fallo, relativa a la necesidad de evitar una obstaculización extrema en el ejercicio de las potestades administrativas, no resulta correcto que para ello deba concluirse (como lo hace el fallo), que en ocasiones sea permisible olvidarse de la vinculación positiva de la Administración. Antes bien, el legislador ha concebido formas para permitir esa flexibilidad en el ejercicio de las potestades, en primer término, a través de la técnica de las potestades discrecionales, y en segundo término, admitiendo el valor de la práctica administrativa y de la posibilidad del cambio de criterios jurídicos en su ejercicio".

El razonamiento de la Sala Constitucional y de la Sala Político Administrativa para justificar la regulación mediante actos de rango sublegal, de materias de la reserva legal, es como lo advierte el magistrado disidente, contrario al principio de la legalidad, que implica la sujeción a las normas constitucionales que consagran la reserva legal.

La mayoría sentenciadora en ambas Salas, pretenden justificar la inconstituciona-lidad derivada de la violación al principio de la legalidad, en la necesidad de la Administración de adaptarse a las circunstancias fácticas y a la evolución social, entre-mezclando conceptos que tienen, cada uno, su ámbito de aplicación.

Los votos salvados enfrentan el verdadero problema, que no es el de la discrecionalidad, sino el que no se pueda, mediante actos sublegales, normar dominios reservados a la Ley, recordando las implicaciones de la vinculación positiva de la Administración a la legalidad, esto es, su sujeción plena a la ley y al derecho.

La exigencia de dotar a la Administración de una margen de apreciación, para adecuar las decisiones administrativas a los fines de la norma, justifica el que la ley contemple potestades discrecionales, sin autorizar la arbitrariedad, ni atentar contra la seguridad jurídica, ni contra las expresas disposiciones constitucionales, por lo que su ejercicio se deberá enmarcar siempre, dentro de la legalidad.

El significado fundamental del principio de la legalidad es que toda potestad pública debe encontrar fundamento en una norma previamente establecida, y que esa norma debe ser conforme, no solamente a la ley, sino al derecho, como lo ha reitera-do el profesor Brewer-Carías en todas sus obras, en su acepción más amplia, respe-tando la jerarquía normativa y la necesaria coherencia de todo el ordenamiento jurí-dico.

SECCIÓN QUINTA:
EL PODER DISCRECIONAL Y SUS LÍMITES

Freddy J. Orlando S.

Profesor en la Universidad Central de Venezuela y
Universidad Católica Andrés Bello.

PRELIMINAR

La tesis doctoral del Profesor Allan Randolph Brewer-Carías, intitulada "Las Instituciones Fundamentales del Derecho Administrativo y la Jurisprudencia Venezolana", cumple este año 2014, cincuenta años de haber sido defendida exitosamente ante el jurado calificador integrado por los Doctores Gonzalo Pérez Luciani, Enrique Pérez Olivares y Tomás Polanco, ilustres Profesores de la asignatura Derecho Administrativo en la Escuela de Derecho de la Universidad Central de Venezuela[1]; y en el venidero mes de setiembre, también cincuenta años de haber salido a la luz pública formando parte de la "Colección Tesis de Doctorado" dentro de las "Publicaciones de la Facultad de Derecho" de la mencionada Universidad.

No obstante las transformaciones propias de una disciplina jurídica como el Derecho Administrativo, producto de la incesante y profusa normativa de rango legal y sublegal atinente a la organización y funcionamiento del Estado dictada por las autoridades competentes, la referida obra del Profesor Brewer, la primera que expuso en nuestro país, y quizás en Hispanoamérica los temas fundamentales del Derecho Administrativo contemporáneo con una metodología moderna, sigue siendo objeto de consulta permanente por los especialistas de esta rama del Derecho. De allí las nueve ediciones que lleva hasta la fecha.

Con motivo de dicho acontecimiento, el apreciado amigo José Ignacio Hernández, integrante de las nuevas generaciones de estudiosos del Derecho Administrativo, con una importante obra escrita y una intensa actividad académica llevada a cabo en forma tesonera, ha promovido, como en otras ocasiones, la elaboración de un libro Homenajea "Las Instituciones Fundamentales del Derecho Administrativo y la Jurisprudencia Venezolana" en el cincuenta aniversario de su publicación y nos ha invitado a analizar uno de los temas que entonces abordó el Profesor Brewer-Carías en su Tesis Doctoral: "El poder discrecional y sus límites".

---

[1] La mencionada defensa tuvo lugar el día 28 de abril de 1964; así consta en el veredicto del Jurado Calificador, cursante en la página 7, primera edición, del libro objeto de este homenaje.

De manera que para nosotros es un verdadero honor, aportar nuestra modesta colaboración en este tributo que se le rinde al libro con el que comenzó a labrar su vasta obra el Profesor Allan Randolph Brewer-Carías, uno de los más grandes juristas de Venezuela, cuya proyección internacional es indiscutible.

Concluimos esta breve introducción agradeciendo, muy de veras, la referida invitación que se nos ha extendido para analizar, como hemos dicho, el tema de la discrecionalidad administrativa.

I. EL ESTADO, Y LOS FINES QUE LE ASIGNA LA CONSTITUCIÓN.

En virtud de que para el momento en que nos encontramos realizando el presente trabajo, el país se encuentra estremecido por una gran crisis política, económica y social, producto de los desatinos que en esos ámbitos se han venido incubando en los últimos quince años[2] y que se agregan a los que existían con antelación al inicio del gobierno del "socialismo del siglo XXI", hemos creído pertinente poner de relieve el texto del artículo 3 de la Constitución que nos rige, toda vez que, por un lado, el desiderátum contenido en dicha norma pareciera, por lo pronto, no sólo inalcanzable, sino verdaderamente utópico, pero por el otro, nos conecta directamente con el tema objeto del presente estudio.

Dice el precitado artículo 3 Constitucional lo que se copia de seguidas:

"Artículo 3. El Estado tiene como fines esenciales la defensa y el desarrollo de la persona y el respeto a su dignidad, el ejercicio democrático de la voluntad popular, la construcción de una sociedad justa y amante de la paz, la promoción de la prosperidad y bienestar del pueblo y la garantía del cumplimiento de los principios, derechos y deberes consagrados en esta Constitución.

La educación y el trabajo son los procesos fundamentales para alcanzar dichos fines".

Se requerirá una observancia plena, una sumisión absoluta, un respeto total a los preceptos contenidos en la Ley Suprema de la república, para que el caos precedentemente aludido, particularmente el que fomenta el gobierno con su tozudez de hacer de Venezuela un país de signo comunista, vaya cesando paulatinamente y el Estado se aboque a la construcción de *"una sociedad justa y amante de la paz"*, que promo-

---

2 La política de agresión contra el sector productivo nacional, el desconocimiento del derecho de propiedad, las expropiaciones transformadas en confiscación, entre otros casos que referimos a título de ejemplo, ha traído como consecuencia que Venezuela debe importar todo tipo de bienes. De allí que la escasez de productos de primera necesidad, según cifras del Banco Central de Venezuela se sitúa en un 26%. La inflación alcanzó el año pasado un 56% que afectó y afecta, fundamentalmente, la capacidad adquisitiva de los sectores más desposeídos del país. Si a lo anterior se agrega que la inseguridad produjo la dantesca cifra 25 mil homicidios el año pasado y que las protestas contra este caos, alentadas en las últimas semanas principalmente por los estudiantes, han provocado, muertes, torturas y todo tipo de violación de derechos humanos cuyos autores son los cuerpos de seguridad del Estado (Guardia Nacional Bolivariana, Guardia del Pueblo, Policía Nacional y los grupos paramilitares alentados y cobijados por el gobierno), es evidente que el país se encuentra sumergido en una gran crisis que, como dijimos, comprende los ámbitos arriba señalados.

cione *"la prosperidad y bienestar del pueblo y la garantía del cumplimiento de los principios, derechos y deberes consagrados en esta Constitución"* sin desmedro de *"la defensa y el desarrollo de la persona y el respeto a su dignidad"*, así como *"el ejercicio democrático de la voluntad popular"*.

Si el ejecutivo nacional, que luego de este desbarajuste tome las riendas del país, dado que el actual no da señales de enmienda, orienta sus pasos en el sentido antes señalado y encausa su labor con sujeción al principio de la legalidad establecido en el artículo 137 de la vigente Constitución[3], la "Administración Pública", entendida ésta, por una parte, como la diversidad de órganos que ejercen el poder ejecutivo en los diferentes niveles territoriales previstos en el Texto Constitucional; esto es, nacional, estadal y municipal, así como por los órganos que tienen a su cargo el ejercicio de los poderes judicial, electoral y ciudadano en el nivel nacional; y, por la otra, como la actividad de carácter sublegal que realiza el conjunto de órganos que conforman la Administración Pública, ésta tendrá la responsabilidad de llevar a cabo una labor de proporciones descomunales.

En efecto, son numerosas y muy variadas las decisiones que tendrán que adoptarse para minimizar los índices de la delincuencia, ya que es innegable su franco desbordamiento, para proveer de todos los productos, en especial los de la cesta básica, en la actualidad escasos como jamás había ocurrido; la altísima inflación, que engulle los sueldos y aleja la capacidad de ahorro de quien pudiera tener esa posibilidad en las reinantes circunstancias, será imprescindible controlarla como ha ocurrido en la mayoría de los países de nuestro continente; en cuanto a la corrupción, la cual campea a sus anchas, será imperioso reducirla a su mínima expresión; y, finalmente, será necesario darle al tema del sistema económico una orientación completamente diferente al modelo del "socialismo del siglo XXI" o comunista que se nos quiere imponer, pues la historia ha evidenciado su completo y total fracaso.

Sólo en el ámbito de los servicios públicos, para referirnos a este campo tan particular, la Administración Pública deberá realizar un exhaustivo esfuerzo de manera que pueda hacer realidad los principios a los que está sujeta, según las previsiones del artículo 10 de su Ley Orgánica, especialmente, los de economía, eficacia y eficiencia.[4]

Pues bien, los puntos precedentemente referidos a título de ejemplo, pondrán a prueba al "aparato administrativo" venezolano, ya que será menester tomar decisiones en esas materias, la mayoría de ellas a través de actos administrativos en donde la discrecionalidad para adoptarlas o la emisión de estos conforme al régimen reglado que, en sus casos establezca el ordenamiento legal, irá evidenciando si el gobier-

---

3   Artículo 137.- Esta Constitución y la ley definen las atribuciones de los órganos que ejercen el Poder Público, a las cuales deben sujetarse las actividades que realicen.

4   Artículo 10.- La actividad de la Administración Pública se desarrollará con base en los principios de economía, celeridad, simplicidad, rendición de cuentas, eficacia, eficiencia, proporcionalidad, oportunidad, objetividad, imparcialidad, participación, honestidad, accesibilidad, uniformidad, modernidad, transparencia, buena fe, paralelismo de la forma y responsabilidad en el ejercicio de la misma, con sometimiento pleno a la ley y al derecho, y con supresión de las formalidades no esenciales.

no está dispuesto a respetar o no del Estado de Derecho que proclama el Texto Constitucional para alcanzar los fines que allí se establecen.

II.   LOS ACTOS DISCRECIONALES Y LOS ACTOS REGLADOS.

Uno de los puntos, objeto de estudio por parte el Derecho Administrativo, es el de la clasificación de los actos administrativos. Son diversas las maneras de hacerlo, pues son también diferentes los criterios para ordenarlos, sistematizarlos y distinguirlos. De allí que tales clasificaciones no se excluyan sino que, por el contrario, se complementen. Ahora bien, abstracción hecha de la variedad de puntos de vista que puedan adoptarse para clasificar los actos administrativos, lo cierto es que los tratadistas, en su mayoría, no dejan de mencionar la que distingue entre actos reglados y actos discrecionales, producto a su vez de las formas de actuación propias de la Administración: es decir, bajo competencia reglada, o sea, enmarcada dentro de los preceptos que establece el ordenamiento jurídico o con la posibilidad de apreciar, con absoluta libertad, las circunstancias de mérito que la llevarán a adoptar la decisión que estime procedente.

Así las cosas, se habla de actos administrativos reglados, cuando la autoridad competente resuelve un determinado asunto de conformidad con las prescripciones que establezca la norma jurídica. Dicho de otra manera, la decisión que adopta la Administración en un caso concreto está conforme con las previsiones establecidas en el correspondiente texto legal. Por el contrario, son actos discrecionales los que dictan las autoridades con base en el poder que les otorga la ley para que aprecien las circunstancias de hecho y resuelvan lo que estimen conducente, sin que ello trascienda el campo de la arbitrariedad. Sobre este punto volveremos más adelante, con motivo de referirnos a los límites de las actuaciones discrecionales.

Cuando el Profesor Brewer-Carías abordó este tema, en su precitada Tesis Doctoral, lo hizo expresando lo que se copia de inmediato:

> "La Administración actúa bajo competencia reglada cuando las reglas o normas preestablecidas que forman el Principio de la Legalidad Administrativa no le conceden libertad alguna de obrar o de elección entre varias soluciones, sino que le indican qué decisión concreta debe tomar.
>
> El alcance del Principio de la Legalidad Administrativa se manifiesta extraordinariamente rígido en la Administración Reglada.
>
> Pero si toda la actividad de la Administración se realizara bajo la forma de competencia reglada, la función de ella se reduciría a la elaboración mecánica de actos, sin ninguna libertad de apreciación de la oportunidad o conveniencia de los mismos, y sin posibilidad de iniciativa.
>
> De ahí la existencia del poder discrecional de la Administración, según el cual ante unas circunstancias de hecho determinadas, la autoridad administrativa tiene la facultad de apreciar esas circunstancias en punto a su oportunidad y conveniencia y, por tanto, la facultad

discrecional de adoptar, suprimir o modificar providencias sin estar condicionada para ello por norma legal expresa."[5]

El criterio precedentemente transcrito, como lo indica el propio Brewer-Carías, encontraba asidero en sentencias de la antigua Corte Federal de nuestro país. En efecto, esta había tenido la oportunidad de pronunciarse sobre la referida materia, habida cuenta la imposibilidad de que el ordenamiento jurídico pudiera prever en su totalidad, la pluralidad de variables que puede asumir la Administración Pública en cumplimiento de sus objetivos. Así, en sentencia de fecha 17 de julio de 1953, citada por Brewer-Carías, la Corte Federal expresó: "Los actos administrativos reglados son aquellos dictados con sujeción estricta a la Ley, con miras a la finalidad social buscada"[6]. La misma Sala, el 6 de noviembre de 1958, concluyó que: "El acto discrecional se produce cuando la administración actúa en ejercicio del poder de libre apreciación que le deja la ley para decidir si debe obrar o abstenerse, o qué alcance ha de dar a su actuación"[7].

Por otra parte, debe expresarse que la doctrina de entonces también había hecho su aporte en cuanto a la señalada diferenciación entre los actos reglados y los discrecionales, al exponer elementos diferenciadores entre una y otra categoría de actos. Por ejemplo, la Contraloría General de la República Contraloría General de la República, en el dictamen N° 213 del 10 de noviembre de 1949, en torno a la procedencia del procedimiento de Licitaciones en la actividad contractual de la Administración Pública, regulado entonces en la Ley Orgánica de la Hacienda Pública Nacional, dijo: "...la observancia del procedimiento de licitación no es requisito indispensable o impretermitible para la validez de los contratos que haya de celebrar la Administración Pública; y ello, por las razones de que el artículo 427 de la Ley Orgánica de la Hacienda Pública Nacional, que se concreta al expresado procedimiento, lo prevé *"en cuanto sea posible"*; y de que habida cuenta de lo elástico de esta frase, y de la amplitud que, por lo mismo, ofrece su comprensión, es obvio que en mientes del Legislador, estuvo el **dejar al buen juicio de los órganos de la Administración Pública**, la deliberación tocante a las ventajas o desventajas que para los fines e intereses de la Propia Administración, pueda haber, en un caso dado, de someter o no la celebración de un contrato, al susodicho procedimiento (...)"[8] (Destacado nuestro).

De igual manera, la misma Consultoría Jurídica, en el dictamen 305, fechado el 14 de octubre de 1953, y que traemos a colación a título de ejemplo, sostuvo lo siguiente: "Es de principio que los funcionarios públicos, que tienen para el ejercicio de sus funciones, atribuciones y facultades regladas por la Ley, están en la obligación de ceñirse a aquellas para la validez de sus actos, quedando, por supuesto, a

---

5   Brewer-Carías, A.R: *"Las Instituciones Fundamentales del Derecho Administrativo y la Jurisprudencia Venezolana"*. Primera edición. UCV. Caracas. 1964. pp 52 y 53.

6   *Cfr.* Brewer-Carías, A.R. "Jurisprudencia de la Corte Suprema 1930-74 y Estudios de Derecho Administrativo. Tomo I. Instituto de Derecho Público de la UCV. Caracas, 1975, p. 606.

7   *Ibídem*, p. 608.

8   *Cfr.* "Dictámenes de la Contraloría General de la República (1938-1968)". Tomo I. Ediciones de la Contraloría General de la República. Caracas 1968. p. 98.

salvo, los casos para los cuales la Ley les permita, por excepción, obrar discrecionalmente".[9]

Adicionalmente, es menester decir que durante la primera mitad del pasado siglo la corriente de tratadistas latinoamericanos de Derecho Administrativo, como por ejemplo los argentinos Rafael Bielsa y Juan Francisco Linares, contribuyeron con sus criterios a actualizar el tema al que nos hemos venido refiriendo. El primero de los nombrados, en su libro "Derecho Administrativo", cuya primera edición data del año 1919, advertía que la distinción entre actos reglados y actos discrecionales "sólo concierne a la libertad de apreciación y de juicio que la Administración tiene en la producción del acto administrativo, con respecto a la ley, como grado o coeficiente de sujeción a la norma".[10] Por su parte, el prenombrado autor Juan Francisco Linares, en su libro "Poder Discrecional Administrativo", señalaba que "La doctrina del derecho administrativo viene hace mucho tiempo distinguiendo, en el acto administrativo, su aspecto de *legalidad* frente a su aspecto de *mérito, oportunidad o razonabilidad*. (...) La *legalidad* es la razón suficiente que el acto tiene frente a textos más o menos expresos. Es el apoyo conceptual, en tanto que mención conceptual del acto, que ese acto tiene en la ley. El *mérito u oportunidad* es la razón suficiente que el acto tiene, desde el ángulo axiológico, no expresado por la ley, salvo cuando es mentado por formulas elásticas en cuyo caso éstas constituyen fundamento de legalidad. (...) En verdad la *legalidad* del acto es lo que llamamos nosotros *fundamento de legalidad*, y la *oportunidad o mérito* del acto es lo que denominamos *razonabilidad*."[11]

En 1953, el jurista uruguayo Enrique Sayagués Laso, publica el tomo I de su Tratado de Derecho Administrativo, obra de singular importancia, dada la innegable preparación y trayectoria académica de este autor. Al tratar el tema de la clasificación de los actos administrativos, Sayagués Laso se hace eco de la corriente que rechazaba la diferenciación tajante que, entre estas categorías de actos administrativos, había establecido originalmente la doctrina francesa, reafirmando -como lo había hecho con anterioridad Hauriou- que "El acto discrecional no puede oponerse radicalmente al acto reglado, como dos categorías absolutamente distintas, según hemos dicho. La diferencia aparece nítida en los extremos, es decir, cuando se oponen los actos dictados en ejercicio de potestades ampliamente discrecionales, a los típicamente reglados. Pero en estos extremos hay toda una gama de situaciones, porque la discrecionalidad administrativa es más o menos amplia y se pasa insensiblemente de las hipótesis de máxima discrecionalidad a aquellas en que la discrecionalidad está reducida a un mínimo. De ahí que puede decirse, con acierto, que en realidad los

---

9   *Cfr.* "Dictámenes de la Contraloría General de la República (1938-1968)". Tomo I. Ediciones de la Contraloría General de la República. Caracas 1968. p. 46.

10   Bielsa, Rafael: "Derecho Administrativo". Sexta Edición. Tomo II. La Ley. Buenos Aires. 1964. p. 2.

11   Linares Juan Francisco "Poder Discrecional Administrativo (Arbitrio Administrativo). Abeledo-Perrot. Buenos Aires. 1958. pp. 131, 132.

actos administrativos son más o menos discrecionales, más o menos reglados, según los casos".[12]

Esta posición doctrinaria había bebido a su vez de la fuente del derecho francés, donde el debate en torno a esta distinción giraba, fundamentalmente, en torno a la recurribilidad o no ante la autoridad judicial de los actos discrecionales. En efecto, durante un tiempo acentuadamente extenso, privó en ese país, no sólo la tesis que distinguía, en forma tajante, los actos reglados de los actos discrecionales, sino la que propugnaba que los actos discrecionales no eran susceptibles de ser impugnados ante la jurisdicción administrativa por vía del recurso "de exceso de poder". Se consideraba, entonces que la autoridad administrativa debía tener cierto margen de acción para que su actividad fuera eficiente. Pero esta postura, podría decirse, era la antítesis del principio de la legalidad, razón por la cual, frente a actuaciones discrecionales de la autoridad administrativa, que lesionaran derechos subjetivos de los ciudadanos, no cabía la posibilidad de que fueran recurridos y, por ende, se estaba frente a una excepción al principio de legalidad, conforme al cual la actividad de la administración, estando subordinada a la ley, no podía ser contraria a lo que esta prescribiera

La labor jurisprudencial del Consejo de Estado francés, contribuyó, en forma decidida y progresiva, a esclarecer, cada vez más, los criterios que a través del tiempo fue elaborando y estuvo animada por la idea de que, a medida que se disipaban dudas, podía aumentar el control de la jurisdicción administrativa a los llamados actos discrecionales con miras a contener actuaciones arbitrarias.

Las dos decisiones del Consejo de Estado francés que, a título de ejemplo, vamos a referir, evidencian, precisamente, la evolución de la construcción jurisprudencial del mencionado Organismo en la materia bajo estudio. Así, puede mencionarse en primer lugar el ârret Abate Bouteyre del 10 de mayo de 1912, en el que se rechazó el recurso por exceso de poder incoado por el nombrado clérigo, una vez que su inscripción para concursar en la provisión de una cátedra de filosofía -vía oposición- en el nivel de secundaria, fue rechazada por el ministro de educación, con el argumento del carácter laicista de la educación francesa. La parte pertinente de la argumentación del Consejo de Estado en la referida decisión, fue la siguiente: "Considerando (…) que por la decisión atacada que declaró inadmisible al recurrente para tomar parte en el concurso para una cátedra de filosofía, el ministro de educación pública, en relación con ese candidato y en aras del servicio colocado bajo su autoridad, **no hizo más que hacer uso del derecho de apreciación** que le reservó el decreto de abril 10 de 1852 y el reglamento de julio 29 de 1855, y que, en consecuencia, dicha decisión no está viciada ni por exceso de poder ni por desviación de poder…"[13] (Destacado nuestro).

El otro fallo precedentemente aludido, es el ârret Barel, dictado el 28 de mayo de 1954. En esta ocasión se trata del rechazo de que fue objeto la candidatura del señor

---

12   *Cfr.* Sayagués Laso, Enrique: "Tratado de Derecho Administrativo. Tomo I. 9ª edición. Fundación de Cultura Universitaria. Montevideo. p. 408.

13   *Long M., Weil P., Braibant G. "Les Grands Ârrets de la Jurisprudence Administrative". 6e édition. Sirey. París. 1974. p.106.*

Barel (y otros) para ingresar por concurso a la Escuela Nacional de Administración, debido a sus opiniones políticas. El caso había estado precedido de cierta publicidad en el sentido de que, días después del citado rechazo, en el diario *"Le Monde"*había salido publicado un comunicado según el cual un funcionario del despacho del secretario de Estado, había expresado su decisión de no admitir ningún "comunista" al citado instituto educacional. El ministro, que fue objeto de interpelación por la Asamblea Nacional, negó el hecho pero hubo el agravante de que requerido como fue el expediente del concurso por el Consejo de Estado, la Administración se abstuvo de enviarlo.

Un mes después de haber sido incoada la demanda, el Consejo de Estado, falló en los siguientes términos: "Considerando que si bien corresponde al secretario de Estado encargado, **elaborar** la lista de los candidato admitidos en concurso **y en interés del servicio, apreciar** si los candidatos llenan los requisitos establecidos para el ejercicio de funciones a las cuales se accede por los estudios adelantados ante la escuela nacional de administración, y si hay lugar, tener en cuenta los hechos y manifestaciones contrarias a la discreción que deben observar estos candidatos; dicho secretario no podía excluir de dicha lista a un candidato con base en sus opiniones políticas exclusivamente, sin desconocer el principio de igualdad de acceso de todos los franceses a los empleos y funciones públicas (…) que en consecuencia, le asiste derecho a los demandantes para sostener que las decisiones sometidas al control del Consejo de Estado se fundamentan sobre una motivación viciada por un error de derecho y para pedir en consecuencia, su anulación por violación de la ley"[14] (Destacado nuestro).

Se correspondía esta última decisión, como dijimos con anterioridad, a la evolución impulsada por el propio Consejo de Estado sobre esta materia, la cual contó con el apoyo de la doctrina de ese mismo país, a la que se fueron sumando autores italianos y también de Iberoamérica. En efecto, en 1962 el profesor español Eduardo García de Enterría, dictó una conferencia en la Facultad de Derecho de la Universidad de Barcelona que intituló "La Lucha Contra las Inmunidades del Poder". Esta conferencia fue publicada posteriormente y constituyó un éxito editorial. Con la calidad y claridad de su exposición, García de Enterría, enfila, no sólo contra los poderes discrecionales, como una de las inmunidades del poder, sino también contra otras dos inmunidades más: "los poderes políticos o de gobierno" y "los poderes normativos", las tres llamadas de esa manera porque de acuerdo con la Ley de la Jurisdicción Contencioso-administrativa española de 1956, eran "inmunes" a esa jurisdicción. Después de señalar la manera de "desmontar" estas "reminiscencias" del *"Ancien Régime"*, concluye el autor señalando lo que se copia de inmediato: "Uno por uno hemos podido ver que esos tres últimos y graves reductos de la vieja inmunidad regia (*the King can do not wrong, lex animata in terra*, etc.) respecto de los Tribunales, que había infundadamente heredado la moderna Administración,

---

14	*Long M., Weil P., Braibant G. "Les Grands Ârrets de la Jurisprudence Administrative". 6e édition. Sirey. París. 1974. pp. 425 y ss.*

pueden y deben ser eliminados. El poder administrativo es de suyo un poder esencial y universalmente justiciable"[15].

Con base en todo lo anteriormente expuesto, es pertinente afirmar quela actividad que lleva a cabo la administración debe estar dirigida a colmar el interés público; por ello, su actuación, debe ser eficaz, abstracción hecha de que ésta se alcance como consecuencia del cabal cumplimiento de los preceptos legales, conforme a las consecuencias jurídicas derivadas de las normas jurídicas y según los supuestos de hecho que estableció el legislador; o en virtud del margen de apreciación que la norma jurídica le otorgó al órgano encargado de dictar el acto. Como dijimos con antelación, en el primer supuesto, estamos en presencia de una actividad reglada, condicionada por la ley; en el segundo, de una actividad en la que la norma jurídica dejó a criterio de la autoridad ponderar las circunstancias de oportunidad, conveniencia de la decisión a adoptar respetando los fines de la norma.

III.   LOS LÍMITES A LAS ACTUACIONES DISCRECIONALES.

Ahora bien, para que el ejercicio del poder discrecional no se traduzca en desafueros que conduzcan a lesionar los derechos subjetivos de los administrados y, por ende, comprometan la responsabilidad de la administración y, por supuesto, la de los autores de los actos con tales características, la doctrina más autorizada del derecho administrativo fue impulsando la tesis de los límites del poder discrecional, que fue acogida, tanto por la jurisprudencia, como por el derecho positivo. Venezuela es una clara muestra de este aserto, como lo evidenció el Profesor Brewer-Carías en la obra objeto del homenaje que hoy se le rinde en su cincuenta aniversario. En efecto, la Corte Federal, en sentencia del 24 de febrero de 1956, citada por dicho autor, y cuya parte pertinente copiamos de inmediato a título de ejemplo, expresó: "… el ente administrativo al tomar la vía de la discrecionalidad queda en libertad de realizar los actos según la libre expresión de las circunstancias. Pero esta discrecionalidad no implica **arbitrariedad ni injusticia**, puesto que la Administración Nacional, Estatal o Municipal no obra en pura conformidad a su elección, sino en virtud y como consecuencia de su capacidad **condicionada por su fin**. Siendo así las cosas, el funcionario al obrar discrecionalmente, tiene que hacerlo: a) **sin excederse de su competencia**, y b), marcando la **exacta correspondencia entre el fin perseguido y los medios utilizables** (medios que ofrece la técnica de su actividad)[16]" Destacado nuestro.

En una línea jurisprudencial, reiterada y pacífica, el Máximo Tribunal de la República, fue conformando la precitada doctrina, incluso con anterioridad a la entrada

---

15   *Cfr.* García de Enterría, Eduardo: "La Lucha contra las inmunidades del Poder". Tercera edición. Cuadernos Civitas. Madrid. 2004. p. 107. El Profesor Eduardo García de Enterría, falleció en Madrid, el pasado 16 de setiembre de 2013 a la edad de 90 años, luego de una brillante trayectoria como jurista, docente y académico.

16   *Cfr.* Brewer-Carías, A.R: Jurisprudencia de la Corte Suprema 1930-74 y Estudios de Derecho Administrativo. Tomo I. Instituto de Derecho Público de la UCV. Caracas. 1975. p. 612.

en vigencia de la Constitución de 1961, la de más larga vigencia en nuestro país; la que sirvió de base para el desarrollo del Estado de Derecho y cobijó a los gobiernos civiles y democráticos que se fueron sucediendo debido a elecciones libres y democráticas durante los últimos cuarenta años del pasado siglo. Ese Estado de Derecho, lamentablemente, hoy no existe debido a las reiteradas e impunes violaciones de los personeros de la denominada "revolución bolivariana" al Texto Constitucional de 1999.[17]

En consonancia con lo expresado en el encabezamiento del párrafo precedente, pueden señalarse las siguientes sentencias: la dictada el 9 de agosto de 1957 por la Corte Federal, en la que asentó: "… la subordinación (del acto administrativo) a la **equidad** y a la **verdad** significa que el funcionario o la administración no pueden en modo alguno salirse de los **fines** que, con la norma legal se persiguen, aun en el supuesto de que estén en función las facultades discrecionales del Poder Público (…) La Potestad discrecional del funcionario administrativo, lo mismo que la del Juez, no puede traspasar los lindes de la **verdad** y de la **equidad**."[18] (Sombreado nuestro).Asimismo, es de destacar la decisión de la prenombrada Corte Federal fechada el 6 de noviembre de 1958 -sucesión de Luis Reingruber- con ponencia del Magistrado Alberto Lossada Casanova, en la que siguiendo los criterios jurisprudenciales y doctrinarios del derecho a administrativo francés, dijo: "El uso del verbo poder, en la oración 'podrá reducir las penas', del texto copiado indica que se está en presencia de una facultad discrecional de la Administración Pública. Poder es tener la facultad o el medio de hacer una cosa y facultad, el derecho -no el deber, ni la obligación- de hacer una cosa (…) De cuanto queda expuesto se desprende que es de la naturaleza de todo acto realizado en ejercicio de una facultad discrecional, el que no pueda ser revisado o anulado por otro poder en lo que se refiere al mérito o fondo. Esta conclusión resulta evidente, porque de lo contrario, esa facultad discrecional no sería tal, ni propia de un poder; **pero sí puede ser materia de revisión por lo que se refiere a la incompetencia del funcionario que lo dictó, a defecto de forma del acto, o a su ilegalidad**, en cuyos casos procede su revocación o anulación".[19] (Destacado nuestro).

---

17   Dentro de los casos más recientes de estas violaciones a nuestra Carta Magna se encuentran, por mencionar sólo dos, los "pronunciamientos" –nos cuesta llamarlos sentencias- emanados de la Sala Constitucional del Tribunal Supremo de Justicia los días 19 y 31 de marzo del año en curso, con los que se despojó -en abierta violación a la soberanía popular- la condición de Alcalde de San Diego, Estado Carabobo, a Enzo Scarano y la investidura de diputada a la Asamblea Nacional de María Corina Machado. Al nombrado en primer término, porque habría desacatado un amparo que ordenaba impedir la construcción de barricadas en su Municipio; y a la diputada Machado, con la peregrina tesis de haber "aceptado un cargo en el gobierno Panameño", toda vez que Panamá le facilitó su curul en la OEA para que planteara en la sesión del Consejo Permanente de fecha 21 se marzo del corriente año, lo cual ni siquiera ocurrió pues su intervención fue saboteada por los representantes de los países alineados en la ALBA, las violaciones a los derechos humanos protagonizados por el gobierno de Venezuela con motivo de las recientes protestas del movimiento estudiantil. En el caso de Scarano, el exabrupto tuvo lugar, adicionalmente, con omisión del debido proceso y suplantando la competencia de los tribunales penales competentes. En el de María Corina Machado, la Sala Constitucional, igualmente omitió el debido proceso y utilizó un juicio en el que ella no era parte para proferir el citado "pronunciamiento".

18   *Ibídem*. p. 614.

19   *Cfr. Gaceta Oficial* N° 25.819, sábado 22 de noviembre de 1958.

De igual manera, pero ya bajo la vigencia de la Constitución de 1961, la Sala Político Administrativa de la Corte Suprema de Justicia, el 12 de diciembre de 1962, sostuvo lo que parcialmente se copia de seguida: "... **y aun cuando el acto fuera discrecional, también estaría sometido al cumplimiento de determinadas normas legales** que son las que le dan contenido y efectos jurídicos, por virtud del **principio de legalidad** que anima y sustenta su vigencia".[20] Otro fallo que es pertinente traer a colación es el que emanó de la Sala Político Administrativa de la Corte Suprema de Justicia el 8 de junio de 1964, en el que quedó establecido el siguiente criterio: "Es tan rigurosa la exigencia de la ley a este respecto, que la discrecionalidad en la apreciación de los hechos en un caso determinado de parte del funcionario, con todo y estar revestida de cierta amplitud dentro del Marco de la ley, nunca aquélla puede conducir a la **arbitrariedad**. Si esto ocurre, el acto administrativo es irregular por vicio de ilegalidad"[21]. (Destacado nuestro).

Los fallos antes referidos, transcritos en su parte pertinente, evidencian la construcción jurisprudencial que fue tejiendo entre nosotros los límites del poder discrecional. También cabe afirmar, que el legislador patrio, al sancionar en 1981 la Ley Orgánica de Procedimientos Administrativos, tuvo en cuenta esa labor creativa del Máximo Tribunal de la República en un tema de tanta importancia como es el relativo a las actuaciones discrecionales de las autoridades administrativas. Por ello, el artículo 12 del precitado texto legal, consagró los límites al poder discrecional de la Administración Pública, en los siguientes términos: "*Aun cuando una disposición legal o reglamentaria deje alguna medida o providencia a juicio de la autoridad competente, dicha medida o providencia deberá mantener la debida **proporcionalidad y adecuación con el supuesto de hecho y con los fines** de la norma, y cumplir los trámites, requisitos y formalidades necesarios para su validez y eficacia.*"[22] (Destacado nuestro). Como puede observarse con meridiana claridad, el legislador estableció de manera categórica los límites a la discrecionalidad, indicando como tales: la proporcionalidad con el supuesto de hecho establecido en la correspondiente norma jurídica, el cumplimiento de los trámites, requisitos y formalidades previstos en la ley y el principio de la igualdad que ha estado siempre consagrado como garantía constitucional en la Ley Fundamental de la república.

Ahora bien, no está demás señalar que dieciocho años después de haber salido a la luz pública la precitada tesis doctoral del Profesor Brewer, otra obra de singular importancia por él escrita, entró en circulación para beneplácito de especialistas y cursantes de la carrera de Abogacía, nos referimos a "*El Derecho Administrativo y la Ley Orgánica de Procedimientos Administrativos. Principios del Procedimiento Administrativo.*"[23] Este libro que, fundamentalmente, contiene los comentarios del Profesor Brewer acerca del articulado de esa Ley, al referirse a los límites del Poder Discrecional, enumera como tales los que aparecen en el mencionado artículo 12; es

---

20 *Ibídem.* p. 620.

21 *Ibídem.* p. 622.

22 *Gaceta Oficial* N° 2.818, Extraordinario, de 1° de julio de 1981.

23 Este libro se inserta dentro de la "Colección Estudios Jurídicos N° 16 de la Editorial Jurídica Venezolana. A la fecha lleva 9 ediciones, siendo la última la correspondiente al año 2010.

decir, a) *la proporcionalidad* con el supuesto de hecho de la norma de manera de evitar las actuaciones arbitrarias de la autoridad; b) *la adecuación a la situación de hecho* constitutiva de la *causa del acto* que es uno de sus elementos de validez; c) la necesaria adecuación con otro de los elementos esenciales del acto administrativo, como lo es su *finalidad*, de manera que al momento de dictar el acto, la autoridad no incurra en el vicio de desviación de poder; d) la observancia de las *formalidades* de ley, es decir, cumplimiento de trámites, requisitos y aspectos formales del acto de manera que este pueda ser válido y también eficaz, que produzca los efectos queridos por la autoridad; y, finalmente, Brewer agrega otro límite que es la *igualdad* en el sentido de que el autor del acto no puede transgredir lo que es una garantía constitucional, dictando actos diferentes frente a un mismo supuesto de hecho.

Por otra parte, de acuerdo a lo que antecede, podría afirmarse que la mencionada Ley Orgánica de Procedimientos Administrativos, en la materia que nos ocupa, tuvo en cuenta las propuestas formuladas por el Profesor García de Enterría en la obra precedentemente citada "La Lucha Contra las Inmunidades del Poder", y que él denominó "reducciones". En efecto, la primera reducción que él califica como "los elementos reglados que en todo acto discrecional existen", se hallan presentes en artículo 12 de nuestra Ley Orgánica de Procedimientos Administrativos, cuando esta hace mención al necesario cumplimiento de "trámites, requisitos y formalidades"; la segunda reducción que él propone y que designa con el nombre de "la finalidad considerada por la Ley", también se encuentra presente en el referido artículo 12, cuando la norma expresa que "la medida o providencia deberá corresponderse con la "finalidad considerada por la ley".

Adicional a lo que antecede, es de mencionar que el Profesor García de Enterría se hace eco de las llamadas "técnicas alternativas" de control de las potestades discrecionales, producto de la incesante evolución de los criterios de la jurisprudencia francesa, así como también de la doctrina alemana. Dichas técnicas alternativas "que pueden utilizarse al margen de las ya indicadas", son las siguientes: a) en primer lugar, "el control de los hechos determinantes", es decir, que no puede quedar al arbitrio de una autoridad administrativa la determinación de si un hecho ha ocurrido o no. Ésta podría "valorar políticamente una realidad" -dice el Profesor García de Enterría- pero lo que no será objeto de las facultades discrecionales es "la realidad como tal", si se ha producido o no el hecho y cómo se ha producido; b)en segundo lugar, "los conceptos jurídicos indeterminados", (denominados por la doctrina italiana "discrecionalidad técnica"), "en el sentido de que la medida concreta para la aplicación de los mismos en un caso particular no nos la resuelve o determina con exactitud la propia Ley que los ha creado y de cuya aplicación se trata". (Paréntesis nuestro).

El tema de "los conceptos jurídicos indeterminados" lo explica el Profesor Brewer con la claridad que lo caracteriza, en un trabajo que elaboró con motivo de la entrada en vigor, en 1983, de la entonces denominada "Ley Orgánica de Salvaguarda del Patrimonio Público" -hoy Ley contra la Corrupción- y que intituló "La Responsabilidad Administrativa de los Funcionarios Públicos". En dicho trabajo, Brewer se refiere a los *conceptos jurídicos indeterminados*, así: "la idea de los conceptos jurídicos indeterminados está presente cuando sólo una decisión es la jurídicamente admisible. Si se quiere, el concepto jurídico indeterminado está configurado por la ley como un supuesto concreto, regulado de tal forma, que sólo se da una única solución justa en la aplicación del concepto a una circunstancia de hecho. ¿Qué es lo necesario? Algo concreto; no hay varias clases de necesidad. Algo o es o no es necesario. En otros casos la concreción es mayor cuando se agrega "estrictamente" necesario, lo cual debe ser calificado por el organismo".[24]

La tercera y última "técnica de control de las facultades discrecionales" propuesta por el Profesor García de Enterría en la obra a la que nos hemos referido anteriormente, es "el control por los Principios Generales del Derecho". "La Administración -dice el autor- no es un poder soberano, sobre esto hemos de insistir, y por esta simplísima razón no pueden pretender apartar en un caso concreto, utilizando una potestad discrecional, la exigencia particular y determinada que dimana de un principio general del derecho operante (dentro de la comunidad que se contempla) en la materia de que se trate".

IV. CONCLUSIONES

A modo de conclusión, puede afirmarse que sigue teniendo importancia en el Derecho Administrativo el tema de la actividad discrecional y los límites que a ésta le ha venido imponiendo, luego de un importante desarrollo consolidado a través del tiempo, la jurisprudencia, la doctrina y la legislación. En nuestro país, no hay duda de que ello ha sido así.

También es verdad, que la Administración requiere de un margen de acción para el cabal cumplimiento de sus fines, y que ese margen puede brindárselo la posibilidad de que, conforme a la norma legal, aprecie las razones de oportunidad y conveniencia de los actos que debe dictar, sin pretender desbordar dichos límites para trascender al campo de la arbitrariedad. Por ello, la sujeción de tales actos al principio de la legalidad con la convicción de que el respeto al Estado de Derecho es una invalorable contribución a que éste se consolide como tal, sirve igualmente a la vigencia -real y efectiva- de todo sistema democrático de gobierno. Lo contrario es abrir, de par en par, las puertas de la arbitrariedad, muy propia de los regímenes despóticos y totalitarios.

La legislación que se ha venido dictando en estos tiempos de "revolución bolivariana" ha sido muy proclive a prever, con abundancia, actuaciones discrecionales de las autoridades administrativas. Ejemplo de este aserto, lo constituye el "Decreto con Rango, Valor y Fuerza de Ley Orgánica de Precios Justos"[25], uno de cuyos fines es: "*Fijar criterios justos de intercambio, para la adopción o modificación de nor-*

---

24   *Cfr*. Brewer-Carías, AR: "La Responsabilidad Administrativa de los Funcionarios Públicos" en la obra colectiva *Ley Orgánica del Salvaguarda del Patrimonio Público*. Colección Textos Legislativos N° 2. Editorial Jurídica Venezolana. Caracas. 1983. p.62-63.

25   Decreto N° 600 de fecha 21 de noviembre de 2013 con Rango, Valor y Fuerza de Ley de Costos y Precios Justos, publicado en la *Gaceta Oficial* N° 40.340 de fecha 23 de enero de 2014.

mativas que incidan en los costos, y en la determinación de porcentajes de ganancias razonables"[26]. Pues bien, la materia atinente a las "medidas preventivas" que puede adoptar el funcionario actuante en un procedimiento de Inspección y Fiscalización en materia de precios y márgenes de ganancias, regulado en el artículo 39 de la citada Ley, es una clara muestra del poder discrecional que se le ha conferido. En efecto esta norma expresa que si el funcionario "detectara indicios de incumplimiento de las obligaciones previstas en la presente Ley y existieren elementos que permitan presumir que se puedan causar lesiones graves o de difícil reparación a la colectividad", **"podrá adoptar y ejecutar en el mismo acto"** las siguientes medidas preventivas: "1. Comiso, 2. Ocupación temporal de los establecimientos o bienes indispensables para el desarrollo de la actividad, o para el transporte o almacenamiento de los bienes comisados, 3. Cierre temporal del establecimiento, 4. Suspensión temporal de las licencias, permisos o autorizaciones emitidas por la SUNDDE (Superintendencia Nacional para la Defensa de los Derechos Socio Económicos), 5. Ajuste inmediato de los precios destinados a comercializar o servicios a prestar, conforme a los fijados por la SUNDDE, 6. **Todas aquellas que sean necesarias** para impedir la vulneración de los derechos de las ciudadanas y los ciudadanos, protegidos por la presente ley". (Destacado y Paréntesis nuestro).

De lo antes transcrito puede evidenciarse, por una parte, las facultades de que está investida la autoridad competente para adoptar "las medidas provisionales" que estime adecuada; por la otra, se pone de manifiesto que, en atención a las consecuencias que puede tener en la actividad o servicio fiscalizado la adopción de cualquiera de las referidas "medidas preventivas", se requerirá una ponderación muy equilibrada por parte de dicha autoridad, de manera que estas medidas no se traduzcan en sanciones definitivas, pues es lo cierto que su aplicación tiene lugar con anterioridad al inicio del procedimiento administrativo sancionatorio contemplado en el artículo 68 y siguientes de la Ley. En nuestra opinión, más que "medidas preventivas", se trata de verdaderas sanciones cuya inconstitucionalidad es incuestionable por vulnerar la garantía del debido proceso, pero muy cónsonas con las características de un régimen como el que se encuentra al frente de la Administración Pública en los actuales momentos y desde hace quince años.

Saludamos de manera efusiva, el cincuentenario de la obra "Las Instituciones del Derecho Administrativo y la Jurisprudencia Venezolana" y aprovechamos de reiterarle a su autor, el Profesor Allan Randolph Brewer-Carías, nuestros sinceros sentimientos de respeto, admiración y alta estima.

Caracas, 03 de abril de 2014

---

26   Artículo 3, numeral 4.

SECCIÓN SEXTA:

LA RESPONSABILIDAD PATRIMONIAL DE LA ADMINISTRACIÓN PÚBLICA

Alejandro Canónico Sarabia

Abogado UCAB. Profesor UNIMAR y UCAB.
Miembro del Foro Iberoamericano de Derecho Administrativo
y de la Asociación Internacional de Derecho Administrativo.

INTRODUCCIÓN

Constituye un honor participar en este significativo homenaje al Dr. Allan Brewer Carias y su trascendental obra; no se puede ocultar ni desconocer la importancia de toda su ardua labor para el desarrollo del Derecho Público venezolano. Su tesis de doctorado producida hace 50 años, y que resulta homenajeada en esta publicación es un ejemplo de su impronta y de la vigencia de sus estudios en esta materia.

Las instituciones fundamentales del derecho administrativo y la jurisprudencia venezolana, fue escrito por Brewer Carias entre Francia y Venezuela, y publicada por la Facultad de Derecho de la Universidad Central de Venezuela, en la ciudad de Caracas en 1964, en su colección de Tesis de doctorado, y obtuvo inmediatamente el Premio Luis Sanojo 1963-1964, otorgado por la Fundación Rojas Astudillo. Por lo que desde su génesis se reconoció la importancia de la obra y hoy, a través de este merecido homenaje, reconocemos la trascendencia de la misma.

Nos corresponde referirnos -en este interesante dialogo- al tema de la responsabilidad patrimonial de la administración, tratado de manera seria y completa por el profesor Brewer-Carias en la referida tesis doctoral, con la mirada puesta en la Constitución (1961) y la jurisprudencia de la época, pero con una vigencia premonitoria, como veremos a continuación. Por lo tanto, simplemente nos limitaremos a comentar la visión de nuestro homenajeado para luego reflejar la situación actual del tema, y con ello tratar de destacar los legados histórico-jurídicos que ayudaron a construir el sistema actual de la responsabilidad administrativa en Venezuela.

Recordemos que históricamente los estados se consideraban irresponsables, en palabras de Laferriére: *"Lo propio de la soberanía es imponerse a todos sin compensación"*. Sin embargo, por el desarrollo de la humanidad, la civilización de los pueblos y así de las instituciones, la responsabilidad de los estados se fue instaurando y afinando[1]; hasta su perfeccionamiento por la evolución de sus normas fundamentales y el trabajo intermitente de la jurisprudencia. Debemos reconocer la influencia Francesa en nuestro Derecho Administrativo, principalmente en la institución de la responsabilidad patrimonial de la Administración, aportada por algunos profesores venezolanos que pasaron por esas tierras, dentro de los que destacan el propio Brewer-Carias y Araujo Juárez; es así como se constituye en referencia obligada –incluso en estas latitudes- la decisión Blanco dictada por el Tribunal de Conflictos Francés, el 8 de febrero de 1783, mediante la cual se consagró la responsabilidad de la Administración por los daños que cause a los particulares como consecuencia de la prestación de los servicios públicos y, en según lugar, estableció la incompetencia de los tribunales civiles para condenar a la administración por los daños causados a los particulares conforme a las reglas del Código Civil.

En Venezuela, podemos advertir que a la par de la influencia extranjera, la evolución de la comentada institución no escapó de esa realidad, su madurez guarda estrecha relación con la evolución de las constituciones patrias, se puede decir que, a partir de la Constitución de 1901 y gracias a su artículo 14, redactado en forma indirecta, se comienza a entender que el estado es responsable frente a los ciudadanos cuando le ha causado algún daño, planteamiento que fue ratificado en la Constitución Nacional de 1961, específicamente en su artículo 47, el cual adminiculado al artículo 206, servía para que los jueces aplicaran la teoría de la responsabilidad del estado y por ende obligaban a la administración a reparar los daños causados, paralelo a ello se continuaba aplicando las normas de derecho civil que se referían a la responsabilidad civil (artículos 1467 y 1185 del Código Civil).

Ahora bien, el sistema de responsabilidad patrimonial del estado en nuestro país adquiere un perfil más claro a partir de la vigencia de la Constitución de la República Bolivariana de Venezuela, en virtud de la redacción del artículo 140, el cual abandona el planteamiento en negativo de la tradición constitucional para afirmar de manera directa y categórica que el estado está obligado a responder patrimonialmente por los daños sufridos por los particulares siempre que la lesión sea imputable al funcionamiento de la administración pública.

Es precisamente sobre los anteriores parámetros que nos moveremos en este pequeño pero significativo dialogo entre la tesis de Brewer-Carias de 1964 y la realidad actual de la responsabilidad administrativa en Venezuela.

---

1   Ortiz Álvarez, L., *La Responsabilidad Patrimonial de la Administración Pública*, Colección Textos Jurídicos N° 64, Editorial Jurídica Venezolana, Caracas, 1995.

I. EL PLANTEAMIENTO CONSTITUCIONAL SOBRE LA RESPONSABILIDAD PATRIMONIAL DE LA ADMINISTRACIÓN

1. La Tesis de Brewer de 1964, con base en la Constitución de 1961

La mejor aproximación que el autor hace sobre el tema de la responsabilidad patrimonial de la administración, en el comentado trabajo, la presenta desde la perspectiva del estudio del contencioso administrativo, partiendo su análisis desde el texto constitucional que se encontraba vigente para ese momento.

Según Brewer-Carias, la Constitución venezolana de 1961 declaraba expresamente la responsabilidad del Estado venezolano, aunque interpretada de forma indirecta, en el artículo 47, cuya disposición expresaba textualmente: *"en ningún caso podrán pretender los venezolanos ni los extranjeros que la República, los Estados o los Municipios los indemnicen por daños, perjuicios o expropiaciones que no hayan sido causados por autoridades legítimas en el ejercicio de su función pública".* Citando a José Guillermo Andueza[2], explica que la finalidad de incorporar al mencionado artículo en la constitución (por primera vez en la constitución de 1901), fue exonerar de responsabilidad al Estado por los hechos ilícitos cometidos por los revolucionarios en las guerras civiles, quienes no eran consideradas autoridades legítimas, y evitar así las constantes reclamaciones de daños y perjuicios que provenían, principalmente de las personas extranjeras[3].

Esa disposición constitucional era lógica observarla en un sistema soportado bajo el esquema de un Estado de Derecho, en donde se debe verificary preservar las garantías jurídicas de los administrados frente a la Administración. La norma constitucional citada consagraba la responsabilidad del Estado por daños causados por autoridades legítimas en el ejercicio de su función pública, entendiéndose que no se limitaba a alguna autoridad específica, ni a una función pública determinada, se extendía –por tanto- la responsabilidad por daños causados por cualquier autoridad legítima en ejercicio de una actividad administrativa, legislativa, judicial o de gobierno, debido a que no existía ninguna otra norma constitucional que la limitara.

Al continuar con su interpretación de la norma constitucional, concluía que el artículo en comento, no sólo consagraba la responsabilidad del Estado, esto es, verificada por la actuación ilegítima de la administración, contraria al ordenamiento jurídico; sino que también contenía la denominada "teoría de la indemnización", siendo aquella que se manifiesta cuando el particular tiene derecho a una indemnización en virtud de su afectación por el ejercicio legítimo de una potestad de la ad-

---

2   Andueza, J.G., *El control en Venezuela de los actos ilegales de la Administración Pública,* Publicación del Ministerio de Justicia de la República de Venezuela, Caracas, 1959

3   *"La conocida norma del artículo 47 de la Constitución de 1961 es, ciertamente, tributaria del artículo 14.1 de la Constitución de 1901. El principio asentado en ésta, sin embargo data de mucho tiempo atrás...En efecto, la responsabilidad del Estado en Venezuela encuentra su primer y más notable ejemplo en la historia de las reclamaciones extranjeras formuladas contra Venezuela".* (Hernández, J.I., Reflexiones críticas sobre las bases constitucionales de la responsabilidad patrimonial de la administración en Venezuela, FUNEDA, Caracas, 2004, p. 8.

ministración, actuando conforme a la ley y con miras a satisfacer un interés colectivo, como sería el caso de una expropiación.

Vemos como Brewer distinguía entre la propiamente responsabilidad del Estado, cuando este actúa ilegítimamente, de la teoría de la indemnización, que se verifica cuando el estado actúa lícita o legítimamente, no considerándola –esta última- responsabilidad de la administración en sentido estricto.

Concluía el análisis constitucional, afirmando que el citado artículo 47, que consagraba la responsabilidad patrimonial del Estado en Venezuela, era perfectamente completado por la disposición del artículo 206 de la derogada constitución, al establecer el sistema contencioso administrativo, e integrar dentro del mismo, la competencia de los tribunales de lo contencioso administrativo para ordenar la reparación de los daños y perjuicios originados en responsabilidad de la administración. Otorgándole, por una parte, la garantía jurisdiccional plena a los ciudadanos para obtener reparación patrimonial y lograr el restablecimiento de sus derechos e intereses lesionados, y por la otra, generando un monopolio de conocimiento sobre la jurisdicción contencioso administrativa, para condenar a la Administración por su responsabilidad.

2. El sistema de responsabilidad patrimonial conforme a la Constitución de 1999

En la Constitución de la República Bolivariana de Venezuela de 1999[4], se ratifica la previsión de la responsabilidad del funcionario público y se reconoce de manera expresa, y ahora, en sentido positivo el principio de la responsabilidad del Estado, pese a que la propia jurisprudencia[5] del máximo tribunal del país ha indicado que se trata de una continuidad constitucional en el tratamiento de estos temas. Resultando de sumo interés revisar las nuevas normas y la interpretación que a ellas les ha dado, tanto la doctrina como la jurisprudencia.

El nuevo texto constitucional comienza definiendo a la nación venezolana como un Estado democrático y social de Derecho y de Justicia, insertándole unos valores superiores que impregnan a todo el ordenamiento jurídico, condicionando su apreciación general (Artículo 2), y soportando su actuación -a su vez- con base en el principio de legalidad (Artículo 137); y, como uno de los principios que se desprende de ese Estado de derecho y justicia, en materia de régimen general de ejercicio del Poder Público, la constitución reconoce el principio de la responsabilidad patri-

---

4   La versión constitucional aplicada fue la publicada en la *Gaceta Oficial* N° 5.453 Extraordinario, del 24 de marzo de 2000, y que posteriormente sufrió una enmienda publicada en la *Gaceta Oficial* N° 5.908 Extraordinario del 19 de febrero de 2009.

5   Mediante sentencia N° 2818, del 19 de noviembre de 2002, la Sala Constitucional del Tribunal Supremo de Justicia, indicó que *"... no existiendo ruptura en la continuidad constitucional de la Constitución de 1961 y la sucesiva de 1999; ni existiendo tampoco en la vigente Constitución de 1999 ninguna limitación ni restricción en cuanto al régimen de responsabilidad del Estado, habría de aplicarse in integrum al caso que nos ocupa, el régimen de responsabilidad contenido en la vigente Constitución de la República ... "*

monial del Estado, a través de varias disposiciones constitucionales, como son los artículos 6, 25, 30, 139, 140, 141, 259 y 281.2;[6]pero de todos ellos emerge con gran relevancia y trascendencia, la norma contenida en el artículo 140, que presenta de manera general y sustantiva la responsabilidad del Estado en Venezuela, o mejor aún, la responsabilidad administrativa, y que necesariamente debe ser transcrita para apreciarla textualmente:

> Artículo 140. "El Estado responderá patrimonialmente por los daños que sufran los o las particulares en cualquiera de sus bienes y derechos, siempre que la lesión sea imputable al funcionamiento de la Administración Pública".[7]

Observamos que la citada disposición se refiere de manera precisa a la responsabilidad del Estado, siendo el sujeto de derecho llamado a responder; expresión que supone la inclusión de todas las personas jurídicas estatales, la República, los Estados y los Municipios, por el funcionamiento de sus órganos en su actividad administrativa; privilegiando el criterio material de la actividad que desarrollan los órganos para el ente al cual pertenecen, por lo que debe entenderse que la responsabilidad abarca la reparación de los daños producidos por los órganos que ejercen el Poder Público en ejercicio de una actividad administrativa, incluyendo al Poder Ejecutivo, Ciudadano y Electoral, y las actividades administrativas derivadas de los órganos del Poder Judicial y Legislativo. Sin embargo la exposición de motivos de la constitución nos lleva a interpretar al sistema de manera más amplia e integral, el cual no sólo recae sobre el ejercicio de la función pública por parte de la Administración Pública, sino también sobre las demás funciones legislativas, judiciales, electorales,

---

6   Posteriormente entró en vigencia la Ley Orgánica de la Administración Pública (2001) y en su artículo 14, dispuso: *"La Administración Pública será responsable ante los particulares por la gestión de sus respectivos órganos, de conformidad con la Constitución de la república Bolivariana de Venezuela y la ley, sin perjuicio de la responsabilidad que corresponda a los funcionarios o funcionarias por su actuación. La Administración Pública responderá patrimonialmente por los daños que sufran los particulares, siempre que la lesión sea imputable a su funcionamiento."* Su última modificación fue publicada en la *Gaceta Oficial* Nº 5.890 Extraordinario del 31 de julio de 2008, y en referido artículo pasó a ser el Artículo 13, y su nueva redacción es la siguiente:*"La Administración Pública será responsable ante las personas por la gestión de sus respectivos órganos, de conformidad con la Constitución de la República Bolivariana de Venezuela y la ley, sin perjuicio de la responsabilidad de cualquier índole que corresponda a las funcionarias o funcionarios por su actuación. La Administración Pública responderá patrimonialmente por los daños que sufran las personas en cualquiera de sus bienes y derechos, siempre que la lesión sea imputable a su funcionamiento."* Y por último, en el ámbito municipal también emergió una norma relevante para el tema de la responsabilidad administrativa, la disposición del artículo 130 de la Ley Orgánica del Poder Público Municipal vigente, que señala: *"El Municipio responderá patrimonialmente por los daños que cause con ocasión del funcionamiento de sus servicios por acción, por falta u omisión; queda a salvo el derecho del particular para exigir la responsabilidad del funcionario y el derecho del Municipio de actuar contra éste, de conformidad con las leyes que regulan la materia".*

7   La doctrina nos indica que esta disposición normativa tiene su génesis en el artículo 121 de la Ley de Expropiación Forzosa española de 1954 y que influenció a su vez el artículo 106.2 de la Constitución española de 1978, la cual establece que: *"...los particulares, en los términos establecidos por la ley, tendrán derecho a ser indemnizados por toda lesión que sufran en cualquiera de sus bienes y derechos, salvo en los casos de fuerza mayor, siempre que la lesión sea consecuencia del funcionamiento de los servicios públicos..."* (Hernández, José Ignacio, *Reflexiones críticas sobre las bases constitucionales de la responsabilidad patrimonial de la administración en Venezuela,* Funeda, Caracas, 2004, p. 5)

ciudadanas o cualquier otro tipo de función pública, pudiendo éstas ser ejercidas por personas públicas o privadas en ejercicio de las funciones públicas.[8]

En segundo lugar se destaca, que al señalar la norma, que: *"...la lesión sea imputable al funcionamiento de la Administración Pública."*, se está admitiendo que el Estado estaría obligado a reparar el daño producido tanto por funcionamiento anormal como por funcionamiento normal de la Administración Pública. A partir de aquí se han generado posiciones doctrinarias y jurisprudenciales, sobre la concepción objetiva e integral del sistema autónomo de responsabilidad administrativa en Venezuela, puntos sobre los que regresaremos más adelante.

Este nuevo enfoque constitucional, generó que el propio Brewer-Carias, aceptara en una revisión posterior la existencia de la integralidad reparadora del sistema de responsabilidad administrativa del Estado, *"...convenimos en que hoy es perfectamente admisible englobar los dos aspectos mencionados de la obligación resarcidora del Estado bajo la denominación general de "responsabilidad administrativa", que englobaría todas las reparaciones debidas por el Estado por daños causados por actividades administrativas tanto lícitas como ilícitas."*[9]

Por otra parte, la consideración de la responsabilidad administrativa como un principio informador de la Administración Pública, se observa expresamente del postulado del artículo 141 constitucional, que luego de poner en evidencia la característica vicarial general de la actuación de la Administración, determina los principios fundamentales que la gobiernan, destacándose -entre otros- el principio de *la responsabilidad en el ejercicio de la función pública*. Por ello consideramos que la interpretación de los artículos 140 y 141 constitucionales nos permite concluir -a priori- que las previsiones constitucionales vigentes han avanzado decisivamente en el reconocimiento de la responsabilidad administrativa en Venezuela, con mayor profundidad que el esquema constitucional derogado.

Como ocurría bajo la vigencia de la constitución de 1961, y así lo afirmaba Brewer Carias, el principio de la responsabilidad patrimonial de la Administración se perfecciona material y adjetivamente, al integrarlo a la norma constitucional que consagra el sistema contencioso administrativo, antes artículo 206 (constitución de 1961) hoy artículo 259 de la vigente carta fundamental, y que expresamente señala:

> "La jurisdicción contencioso administrativa corresponde al Tribunal Supremo de Justicia y a los demás tribunales que determine la ley. Los órganos de la jurisdicción contencioso-administrativa son competentes para anular los actos administrativos generales o individuales contrarios a Derecho, incluso por desviación de poder, **condenar al pago de sumas de dinero ya la reparación de daños y perjuicios originados en responsabilidad de la Administración**; conocer de reclamos por la prestación de servicios públicos y **disponer lo necesario para el restablecimiento de las situaciones jurídicas subjetivas lesionadas por la actividad administrativa**". (resaltado del autor)

---

8   Araujo Juárez, J., *Derecho Administrativo General. Administración Pública*, Ediciones Paredes, Caracas 2011, p. 370

9   Brewer-Carias, A., *Tratado de Derecho Administrativo*, Volumen I, Cívitas, Madrid, 2013, p. 71

Con este planteamiento, la constitución ratifica la justicialidad de la responsabilidad administrativa en favor de los ciudadanos afectados, precisamente con la finalidad de brindarles la garantía judicial a las personas que han sufrido un daño en su patrimonio, producto de la actuación de la Administración Pública. En consecuencia estos asuntos serán tratados y decididos por los tribunales que integran la denominada jurisdicción contencioso-administrativa, que serán competentes para: *condenar al pago de sumas de dinero y a la reparación de daños y perjuicios originados en responsabilidad de la Administración; y, disponer lo necesario para el restablecimiento de las situaciones jurídicas subjetivas lesionadas por la actividad administrativa.* En consecuencia el sistema de resarcimiento estatal encuentra el respaldo constitucional necesario, para fundamentar el restablecimiento de la alteración patrimonial que pueda sufrir una persona, por tanto dicho marco permite verificar la garantía de la integridad patrimonial que constituye la razón fundamental de la responsabilidad estatal[10].

Inmediatamente entró en vigencia la constitución de 1999, la jurisprudencia del máximo tribunal del país, se alineó con la interpretación progresista de las comentadas normas constitucionales relativas a la responsabilidad administrativa, y específicamente, sobre el sistema mixto de responsabilidad de la administración. Es así como mediante sentencia del 15 de julio de 2000, en el caso: ELEORIENTE, la Sala Político Administrativa del Tribunal Supremo de Justicia dejó sentado lo siguiente:

"…La Constitución vigente establece un régimen de responsabilidad administrativa de carácter objetivo que comporta tanto la llamada Responsabilidad por Sacrificio Particular o sin falta, como el régimen de responsabilidad administrativa derivada del funcionamiento anormal del servicio público, según el cual los usuarios de los servicios públicos deben ser indemnizados por los daños que puedan surgir del mal funcionamiento de éstos…"

"Al respecto observa esta Sala que la Exposición de motivos de la Constitución de la República Bolivariana de Venezuela, al referirse al sistema de responsabilidad patrimonial de la Administración Pública, señala expresamente que en ella se consagra "…la obligación directa del Estado de responder patrimonialmente por los daños que sufran los particulares en cualquiera de sus bienes y derechos, siempre que la lesión sea imputable al funcionamiento, normal o anormal de los servicios públicos y cualesquiera actividades públicas, administrativas, judiciales, legislativas, ciudadanas o electorales de los entes públicos o incluso de personas privadas en ejercicio de tales funciones."

Es decir el sistema de responsabilidad patrimonial del Estado dispuesto en el artículo 140 de la Constitución, al referirse a la responsabilidad derivada del funcionamiento de la administración, lo hace respecto al funcionamiento normal o como anormal, es decir, lo determinante, como se ha expuesto, es que los particulares no están obligados a soportar sin indemnización el daño sufrido, indistintamente si el daño ha sido causado por el funcionamiento normal o anormal como se ha indicado."

Más tarde, y en virtud de un recurso de revisión constitucional interpuesto en contra de la sentencia dictada por la Sala Político Administrativa del 15 de mayo de

---

10   Torrealba Santiago, J.M., "Cláusulas constitucionales y responsabilidad del estado en Venezuela", AA.VV., (Coord. A. Canónico Sarabia), *El Control y la responsabilidad en la administración pública*, Editorial Jurídica Venezolana, Caracas, 2012, p. 377

2001[11], la Sala Constitucional en fecha 19 de noviembre de 2002, en el sonado caso: Gladis de Carmona, anuló el fallo antes mencionado, por considerar que era contrario a los principios constitucionales que prevén el establecimiento de un régimen integral y objetivo de la responsabilidad del Estado que se erige en garantía de los particulares frente a las actuaciones dañosas de la Administración. En esta sentencia 2818, de la fecha citada *supra*, la Sala Constitucional declara Ha Lugar el recurso de revisión constitucional y, precisó:

"...observamos que de la lectura de los artículos 30 y 140 de la Constitución de la República Bolivariana de Venezuela se infiere que la Constitución Bolivariana de Venezuela adopta el régimen integral de responsabilidad del Estado, no cabe duda que dicha responsabilidad debe ser apreciada de manera objetiva descartándose la culpa del funcionario como fundamento único del sistema indemnizatorio; y además, al encontrarse tipificado el hecho ilícito que causa la reclamación de indemnización como violación del derecho humano a la vida, el artículo 30 de la Constitución de la República Bolivariana de Venezuela sanciona expresamente al Estado con la obligación de indemnizar integralmente a sus derechohabientes, incluido el pago de daños y perjuicios.

El carácter determinante de la responsabilidad objetiva del Estado que se deriva de los artículos 30 y 140 de la Constitución vigente de 1999 constituiría una hipótesis nunca verificable si se vincula la culpa personal del funcionario a la culpa en el servicio para exonerar de responsabilidad al Estado claro está, que un régimen de responsabilidad objetiva del Estado no puede ser apriorístico y tener los efectos de una presunción iure et de iure a favor de los particulares, ya que pudiera ocurrir que la acción ilícita o delictual del funcionario público no gravara la responsabilidad del Estado pero sólo y siempre cuando quedare evidenciado que el móvil y circunstancias del delito quedaron limitadas al ámbito íntimo y personalísimo del funcionario; o también, cuando existieren causas de inimputabilidad penal como son el estado de necesidad y la legítima defensa. El perjuicio reparado en su integridad subrogaría al Estado en los derechos de las víctimas contra el autor del acto dañoso, tal como se encuentra previsto en los artículos 25 y 30 (parte in fine) de la Constitución de la República Bolivariana de Venezuela; y en el artículo 34 de la Ley de Salvaguarda del Patrimonio Público.

Más aún, en aplicación de los principios de trasparencia y responsabilidad en el ejercicio de la función pública postulados en el artículo 141 de la Constitución vigente, la responsabilidad contractual y extracontractual del Estado debe tener sus reglas especiales que varían en función de las necesidades del servicio, y de la necesidad de conciliar los derechos del Estado con los derechos privados de los ciudadanos. Del análisis de la normativa constitucional vigente, infiere la Sala Constitucional que la responsabilidad patrimonial del Estado no debe ser considerada como una garantía en favor de los entes públicos; por el contrario, su consagración constitucional exige que la misma sea interpretada por los jueces en sentido amplio y progresista como una garantía patrimonial del administrado frente a las actuaciones de la Administración generadoras de daño."

---

11 Sentencia N° 943, del 15 de mayo de 2001, dictada por la Sala Político Administrativa del Tribunal Supremo de Justicia, en el caso: Ramón Carmona, mediante la cual declaró Sin Lugar la demanda por daños y perjuicios materiales y morales contra la República de Venezuela, entre otros, por: "...*definitivo que tuvo fuerza demostrativa en el presente juicio una serie de elementos probatorios e indicios que condujeron a poner en evidencia que fue una conducta de terceros (en nuestro caso, agentes policiales) quienes no estaban en cumplimiento del servicio público de policía, los que ocasionaron los hechos dañosos, por lo que es a ellos personalmente imputables en cuanto a la responsabilidad patrimonial que puedan proyectar y no a la República Bolivariana de Venezuela. Así se declara.*"

Vemos como la jurisprudencia ha dado un paso adelante y se ha colocado en la posición de defender la interpretación del carácter integral y objetivo del sistema de responsabilidad administrativa, a partir de la interpretación de la Constitución de la República Bolivariana de Venezuela. Aunque en algunos momentos se ha extralimitado en la interpretación del alcance de la objetividad del sistema.

En ese mismo orden de argumentación nos encontramos los siguientes fallos del máximo tribunal, en Sala Político Administrativa: sentencias del 9 de octubre de 2001, en el caso: Hugo Eunices Bentancourt, al afirmar: *"...lo determinante es que los particulares no están obligados a soportar sin indemnización el daño sufrido, indistintamente si el daño ha sido causado por el funcionamiento normal o anormal"*. Sentencias del 10 de abril de 2002, caso: CADAFE, y del 30 de julio de 2002, caso: CADELA, en las que expresó: *"...en definitiva y sin margen de dudas, la responsabilidad objetiva, patrimonial e integral de la Administración, cuando con motivo de su actividad ocasione daños a los particulares, no importando si el funcionamiento dañoso de la Administración ha sido normal o anormal, a los fines de su deber resarcitorio..."*, Así como en sentencia del 13 de abril de 2004, en el caso: Distribuidora Servi-Pronto, al indicar: *"...en definitiva la responsabilidad objetiva, patrimonial e integral de la Administración, cuando con motivo de su actividad ocasione daños a los particulares, independientemente de que el funcionamiento dañoso de la Administración haya sido normal o anormal..."*

Y, dentro de las más importantes, por su definición conceptual y precisión sistémica, se encuentra la sentencia N° 730 del 30 de junio de 2004, en el caso: Rister-Deltony Rodríguez Boadas, en la que la Sala Político Administrativa, en una demanda por daños y perjuicios basada en el funcionamiento normal de la administración declara sin lugar la pretensión porque consideró que la actuación no es extraordinaria y en consecuencia el demandante debe soportar el daño, por las siguientes razones:

"...Así, el Estado responde ordinariamente por el funcionamiento *"anormal"* (o por falta) de las instituciones del Poder Público y sus órganos, en el cumplimiento o realización de sus compromisos, cometidos y fines, esto es, por los daños y perjuicios que sean ocasionados, bien sea por las personas (funcionarios y demás trabajadores) que dependen de esos órganos en el ejercicio de sus funciones, o bien sea por las cosas y bienes que le pertenecen o son administradas por esos órganos, sí dicho funcionamiento es consecuencia de una conducta ilícita o contraria al derecho positivo. (...)

"Por otra parte, el Estado responde extraordinariamente por el funcionamiento *"normal"* (o sin falta) de las instituciones de Poder Público y sus órganos, esto es, por los actos, hechos u omisiones que causen un daño o perjuicio sobre la esfera jurídico-subjetiva de los ciudadanos, el cual pueda ser individualizado, valorado y estimado, aunque aquellos se ajusten o se presuma que son conformes con el derecho positivo."

Por su parte, la Sala Constitucional del Tribunal Supremo de Justicia, también ha ayudado a la interpretación racional del sistema de responsabilidad patrimonial del Estado, a partir del artículo 140 constitucional, precisando el alcance del carácter objetivo, como puede verse en Sentencias 2828/2002, 1469/2004, 2359/2007 y 1542/2008 y muy especialmente en la Sentencia N° 189 del 8 de abril de 2010, en el caso: American Airlines, donde ratificó que:

"…En materia de responsabilidad patrimonial del Estado el modelo considerado por el Constituyente de 1999 fue el de responsabilidad objetiva; pero no aquel entendido en un sentido absoluto, ni de acepción ilimitada que, sin importar los factores que generaron el acaecimiento de un hecho generador, se pueda establecer directamente una condenatoria en contra del Estado." (…)"…la responsabilidad patrimonial del Estado debe ser considerada en su sentido objetivo, descartándose la culpa del funcionario como fundamento único del sistema indemnizatorio; sin embargo, se precisó que la responsabilidad objetiva no determina que de manera automática se comprometiera al Estado por cualquier hecho en el que estuviese tangencialmente involucrado, entendiéndose así que "… un régimen de responsabilidad objetiva del Estado no puede ser apriorístico y tener los efectos de una presunción iure et de iure a favor de los particulares." (…)

"…el modelo de responsabilidad objetiva considerado por el Constituyente de 1999 no fue precisamente aquel en que se considerase que fuese un modelo apriorístico con los efectos de una presunción iure et de iure, ni que pueda equiparse a una noción absoluta de responsabilidad, libre de cualquier elemento exógeno; por el contrario, tal como lo establece la jurisprudencia constitucional, solamente aquellas situaciones en que se relacionen objetivamente el efecto pernicioso del daño con las consecuencias directas derivadas de la actividad administrativa derivan en responsabilidad, sin que el aludido carácter objetivo pueda desvincularse de la imputabilidad que debe establecerse entre el daño y la actividad administrativa." (…)

En ese mismo fallo, la Sala Constitucional hace una precisión importante acerca del régimen jurídico aplicable en materia de responsabilidad administrativa, a saber:

"…la consideración efectuada con carácter vinculante por esta Sala Constitucional se relacionó con la potestad que tiene el Estado para implementar un sistema de responsabilidad patrimonial de derecho público regulado por normas especiales, sustitutivo de las disposiciones generales de derecho común, siendo aplicables los ordenamientos jurídicos sectoriales conjuntamente con los principios generales del derecho público en materia de responsabilidad administrativa.

De suerte que, a medida de que siga evolucionando el sistema de responsabilidad del Estado, más cederán las normas comunes respecto de las establecidas en los ordenamientos especiales y los principios generales en materia de responsabilidad patrimonial del Estado. De ese modo, **sólo en caso de no mediar una normativa especial es que se aplicaría directamente los principios generales en materia de responsabilidad administrativa y, en última instancia, en la medida de que no se contraríen los mencionados principios, las disposiciones del Código Civil.**

En otras palabras, en materia de responsabilidad patrimonial de la Administración siempre deben aplicarse las normas especiales que dicte el legislador; y serán únicamente éstas las que regulen los términos en que se determina la responsabilidad patrimonial de la Administración, vetando cualquier posibilidad de acudir a la normativa común (Código Civil) para determinarla,…"

Con base en las sentencias comentadas, considero pertinente la afirmación que un sector de la doctrina[12]ha hecho sobre la interpretación del artículo 140 constitu-

---

12   Hernández, J.I. *Reflexiones críticas…op. cit.,* p. 63; Ortiz Álvarez, L. A., "La responsabilidad patrimonial del estado en Venezuela", En Congreso Internacional de Derecho Administrativo, Universidad Católica Andrés Bello, Caracas, 2006, p. 342 y 343: *"…de ninguna manera puede señalarse que nosotros hemos propuesto o defendido una visión objetiva absoluta de la responsabilidad del Estado… Muy al contrario, siempre hemos defendido la necesaria naturaleza mixta del sistema. El concepto del sistema*

cional, entendiendo que no es posible interpretar del referido artículo, un sistema objetivo absoluto, general y lineal de responsabilidad patrimonial de la Administración, en el sentido de que ésta deberá responder siempre por cualquier daño a ella imputable, por el solo hecho que la acción o inacción se le atribuye a la Administración. Esta conducta negativa o positiva, debe ser realizada por los órganos del Estado de manera ilícita, contraria al ordenamiento jurídico, para que se genere la obligación incuestionable de reparar. Y como lo afirma en la actualidad Brewer-Carias, la responsabilidad administrativa debe ser apreciada de manera objetiva, sólo porque se descarta la culpa del funcionario como fundamento único del sistema indemnizatorio[13]; Aun cuando en determinados y analizados casos, se permita la reparación de daños extraordinarios producidos por funcionamiento normal de la Administración.

II. FUNDAMENTO DE LA RESPONSABILIDAD ADMINISTRATIVA EN VENEZUELA

1. Teoría civilista de la responsabilidad soportada en la tesis de 1964

Recordemos que el profesor Brewer Carias escribió este importante trabajo de tesis, en parte, desde París, con la influencia de sus estudios en esa ciudad, y por supuesto, no podía dejar de referirse a esa realidad, donde además se sitúa el origen de la institución que comentamos. Nos explicó que uno de los signos característicos de la teoría de la responsabilidad administrativa en Francia, era su total autonomía e independencia respecto a la responsabilidad civil, presentada por una construcción original y autentica, basada en la noción de culpa del servicio, aunque distinta a la teoría civilista tradicional.

Nuestro homenajeado afirmaba-en su tesis- que en Venezuela, el sistema dela responsabilidad extracontractual de la Administración debía fundarse en las disposiciones del Código Civil, a diferencia de la experiencia francesa, donde la teoría de la responsabilidad administrativa se presenta con una total autonomía e independencia de la responsabilidad civil, basada en la noción de culpa del servicio, distanciándose de la teoría civilista de la culpa. Manifestando que una de las razones principales del andamiaje autónomo y derogatorio del derecho común -en Francia-, obedecía a la insuficiente regulación sobre responsabilidad civil extracontractual que aportaba el Código Napoleónico; no siendo el caso venezolano, que exhibe un Código Civil inspirado en el proyecto de código Franco-Italiano de las obligaciones, con una ex-

---

"objetivo" de responsabilidad solamente hace referencia a que, modernamente, entre los mecanismos de imputación no sólo se encuentra la culpa o falta de servicio, sino que también existen otros títulos de imputación que si pueden ser objetivos o en los cuales la falta o culpa es jurídicamente irrelevante.";
Araujo Juárez, J., *Derecho Administrativo General. Administración Pública*, Ediciones Paredes, Caracas, 2011, p. 373: "*dado la evolución del sistema de la responsabilidad patrimonial del Estado, la culpa ha dejado de ser el presupuesto único y principal para el funcionamiento del mismo, siendo que lo más importante ahora es la integridad patrimonial del ciudadano.*"

13   Brewer-Carías, A., *Tratado...op. cit.*, p. 72

celente regulación de la responsabilidad extracontractual (Artículos 1.382 y siguientes C.C.).

Por lo tanto, consideraba que al no existir una reglamentación legal propia del Derecho Administrativo, ni –para ese momento- jurisprudencia de la Corte que se haya apartado del régimen de responsabilidad regulado en el Código Civil, éste debía ser el fundamento legal de la responsabilidad extracontractual de la Administración, y en consecuencia, esa responsabilidad debía ser interpretada bajo las nociones de culpa y riesgo, como lo hace el derecho común.

Esta posición particular de Brewer-Carias (1964) dejaba sentada las bases para el desarrollo y reinterpretación del sistema de responsabilidad administrativa en Venezuela, a partir de los aportes jurisprudenciales y los cambios normativos, como ocurrió con la vigencia de la nueva constitución en 1999.

A.   La responsabilidad de la Administración por culpa o hecho ilícito

La responsabilidad de la administración es un hecho propio, y por tanto directa, lo afirmaba Brewer-Carías, la actividad desplegada por autoridades legítimas le es atribuida al Estado, el funcionario que actúa por la administración forma parte de ella y se integra; tal y como es explicado a través de la teoría del órgano que aporta el Derecho público. Insiste el autor que no se trata de una responsabilidad fundada en el artículo 1.191 del Código Civil (culpa *in eligendo* o *in vigilando*), sino una responsabilidad basada en culpa *in comitendo* o *in omitendo*, según el artículo 1.185 *eiusdem*. No obstante lo anterior, la actividad de la administración requiere de la acción humana, de su funcionario, para visualizar su actuación, quien también puede ser responsable individualmente, por ello muchas veces se debe distinguir entre la responsabilidad de la Administración y la responsabilidad personal del funcionario.

La responsabilidad de la administración es concebida cuando la actividad administrativa ha causado un daño a un administrado, bien sea por negligencia, imprudencia o intención. Siempre que un acto administrativo o un hecho-jurídico administrativo, por intención, negligencia o imprudencia, cause un año a un particular, existe responsabilidad extrancontractual de la administración y, ésta, estaría en la obligación de reparar.

En ese mismo sentido el autor, se pronuncia afirmando que, igualmente la actividad ilegal de la Administración, bien sea por actos administrativos inconstitucionales o ilegales, productora de daños, compromete la responsabilidad de la Administración, lo que denominó: *presunción de culpa* de la Administración. Por cuanto la violación del ordenamiento jurídico, en términos de responsabilidad civil, equivale al abuso de derecho por una actuación administrativa, lo que hace presumir la existencia de una negligencia o imprudencia en el accionar administrativo. Pero siempre debe probarse el daño que produjo la ilegalidad de la actuación de la Administración.

B.   La responsabilidad individual del funcionario

Afirmaba Brewer-Carías, como principio, la Administración es responsable por todos los daños causados por sus autoridades legítimas en ejercicio de la función administrativa, sean ocasionados intencionalmente o por dolo, o culposamente por negligencia o imprudencia. Sin embargo, esta premisa, no excluye necesariamente la responsabilidad personal del funcionario en todos los casos.

Ahora bien, puntualiza que en algunos casos se compromete la responsabilidad personal del funcionario, sin comprometerse la responsabilidad de la Administración. La responsabilidad extracontractual exclusiva del funcionario, puede presentarse en dos formas: responsabilidad civil y responsabilidad administrativa.

En primer lugar, la responsabilidad civil del funcionario público se verifica, cuando el hecho ilícito por él cometido no tiene relación alguna con el ejercicio de sus funciones públicas; es decir, cuando los daños que cause su actuación personal no fueron producidos con ocasión del ejercicio de las funciones públicas que tiene encomendadas. En estos casos, el único responsable de esos daños es el funcionario, mientras que la Administración estará exenta de toda responsabilidad respecto de ellos.

Por otra parte, la responsabilidad personal del funcionario también se encuentra comprometida, no sólo respecto a los particulares, sino también respecto a la propia Administración, emergiendo la teoría de la responsabilidad administrativa del funcionario. En este sentido, el funcionario público responde personal y patrimonialmente de los daños causados a la Administración por su hecho ilícito.

En la actualidad, la apreciación de la falta del funcionario no ha variado, de ordinario la falta del funcionario en ejercicio de sus funciones involucra la responsabilidad del ente (falta impura o solidaria), como nos enseña Araujo Juárez; para que la falta personal del funcionario exonere de responsabilidad a la administración, debemos estar en presencia de la denominada *falta personal pura*, y es cuando el hecho y por ende el daño se impute únicamente al funcionario público; para ello es necesaria una falta personal pura o totalmente desconectada del servicio[14].

C.   El cúmulo de responsabilidades

Efectuando una interpretación concatenada de los artículos 46, 47 y 121 de la Constitución Nacional de 1961, Brewer-Carias, sostenía que la Administración es responsable frente al particular de los daños y perjuicios que le causen autoridades legítimas en el ejercicio de sus funciones públicas, así esa autoridad legítima haya actuado dolosamente, contrariamente a lo que ocurre en el sistema francés.

Sin embargo, esta responsabilidad no recae sólo en la Administración, sino que las autoridades legítimas son también responsables de los daños que causen en ejer-

---

14   Araujo Juárez, J., *Derecho Administrativo*. Parte General. Ediciones Paredes. 1era. Edición, 1era. Reimpresión, Caracas, 2008, p. 1033

cicio de sus funciones públicas, en vista de que los funcionarios asumen la responsabilidad por los actos nulos que ordene y ejecuten, ya que el ejercicio del Poder Público, acarrea responsabilidad individual por abuso de poder o violación de la Ley.

En consecuencia, según el autor, estaríamos en presencia de un cúmulo de responsabilidades, cuando la responsabilidad surge por violación de la Constitución y los derechos que ella garantiza, por violación de la Ley o por abuso de poder. En estos caso, tanto el Estado o la Administración, como el funcionario personalmente, están llamados a responder por los daños causados, verificándose una responsabilidad solidaria; permitiéndole al particular afectado dirigir su acción contra la Administración y contra el funcionario público, aplicando la disposición contenida en el artículo 1.195 del Código Civil.

En virtud de la aplicación de la citada disposición del Código Civil, el cúmulo de responsabilidades no se produce de forma absoluta, ya que de responder la Administración pecuniariamente por los daños causados por dolo del funcionario, éste mantendrá su responsabilidad administrativa, lo que le permitiría a la Administración repetir de él lo pagado. Ahora bien, si ha sido el funcionario público el que ha pagado, no tendrá acción contra su cooligado que es la Administración, por ser de él la totalidad de la falta, siempre visto dentro de los casos de dolo del funcionario en ejercicio de sus funciones.

D. Responsabilidad sin culpa. Teoría del riesgo.

Comentaba Brewer Carias, que en algunos casos la responsabilidad de la Administración se da con prescindencia de la noción de culpa y principalmente fundada en la noción de riesgo. La teoría del riesgo, se fundamenta en la idea del provecho-carga. Lo que quiere decir que toda persona que con ocasión de una actividad de la cual saca provecho crea un riesgo de causar daños, debe responder por los daños causados, debido a que no sería justo sacar provecho de una situación o actividad sin asumir las cargas.

Por lo tanto, Brewer-Carias, en el año 1964 llegó a afirmar que, estos casos de responsabilidad objetiva, fundada en la noción de riesgo, y con prescindencia absoluta del concepto de culpa, son perfectamente aplicables a la responsabilidad administrativa, siendo, en todo caso, el segundo fundamento de la responsabilidad de la Administración en el sistema venezolano.

No obstante, aclaró que aun cuando se presente como una responsabilidad objetiva, admite la exoneración de responsabilidad en los supuestos típicos de falta de la víctima, hecho de un tercero y caso fortuito o fuerza mayor; instituciones traídas del Derecho Civil.

La doctrina refiere con frecuencia casos de responsabilidad administrativa no fundamentados en la idea de culpa o en la idea de riesgo, y que tienen su origen en daños causados por el ejercicio legal y legítimo del poder público. Estos casos, no los consideraba Brewer Carias, como casos de responsabilidad administrativa, sino que entrarían en los supuestos de la denominada "Teoría de la Indemnización".

2. La evolución de la apreciación civilista de la responsabilidad de la administración a un sistema de derecho público

Como se observara en el punto anterior, científicamente explicado en la tesis de Brewer-Carías del año 64, el criterio mayoritario era considerar que la responsabilidad patrimonial que pudiera corresponder a la Administración pública se basaba en las reglas propias del derecho común, el Derecho Civil, por la inexistencia de un cuerpo normativo que se sirviera de fundamento a la responsabilidad administrativa, así se mantuvo durante un largo tiempo.

Posteriormente se produjo, el histórico voto salvado del Magistrado Luis Henrique Farías Mata, en la sentencia dictada por la Sala Político Administrativa de la Corte Suprema de Justicia, el 04 de marzo de 1993, en el caso: Silvia Rosa Riera contra INAVI, considerado por la doctrina[15] como factor determinante y detonante de una reinterpretación del sistema de responsabilidad administrativa en Venezuela[16].En aquel pronunciamiento expresó el disidente:

> "...el régimen jurídico especial que disciplina la actividad de los servicios públicos comporta no sólo la sujeción objetiva de éstos al principio de legalidad, sino una aplicación peculiar del principio de respeto a las situaciones jurídicas subjetivas, aplicación ésta enraizada o morigerada por las sentencias de los jueces contencioso-administrativos, quienes deben apreciar tal actividad de servicio público en función del interés general comprometido en la misma, para no tener por viables estricta e indiscriminadamente las reglas de responsabilidad civil, concebidas históricamente para las simples relaciones entre los particulares.

> Por consiguiente, en criterio del autor del presente voto salvado, la responsabilidad patrimonial que puede corresponder a las personas morales de Derecho Público, no es ni general ni absoluta, como se ha dicho en la decisión a menudo considerada –no con todo fundamento- madre del Derecho Administrativo; no se rige, en efecto, directa ni literalmente por las reglas del Código Civil, concebidas para regular las relaciones entre simples particulares; y comporta reglas autónomas y propias, que debe determinar, como ya lo ha hecho, el juez venezolano del contencioso administrativo, tomando en cuenta la naturaleza del servicio público involucrado, y la necesaria conciliación de los intereses particulares con el interés general en la prestación del servicio.

> Parte de esas reglas propias consiste, en que la exigencia de la "falta del servicio" debe ser necesariamente menor en Derecho Público. Extracontractualmente en Derecho privado se responde hasta por falta levísima; sin embargo, en Derecho público sólo responden las administraciones públicas por falta leve, y, en algunos casos, por falta grave."

---

15 Iribarren Monteverde, H., *El régimen actual venezolano (paradójicamente clásico) de la responsabilidad administrativa extracontractual*, Ediciones Liber, Caracas, 2006, p. 14

16 Se debe reconocer que previo al citado fallo y su voto salvado, se encuentra un trabajo del profesor Henrique Iribarren Monteverde, denominado La Responsabilidad Administrativa Extracontractual, publicado en la Revista de la Facultad de Derecho de la Universidad Católica Andrés Bello N° 44, 1992, pp. 135 a 172, y donde sostenía la tesis similar al criterio del comentado voto salvado.

Fue tan trascendente e influyente, el citado pronunciamiento judicial, que no tardó mucho en convertirse en sentencia como criterio imperante, con algunas vacilaciones; en consecuencia, y antes de la vigencia de la Constitución de 1999, se produjeron importantes Sentencias en el orden argumental anterior; la sentencia N° 10, dictada por la misma Sala Político Administrativa de la Corte Suprema de Justicia, el 27 de enero de 1994, caso: Promociones Terra Cardon[17], la sentencia dictada el 25 de enero de 1996, en el caso: Sermes Figueroa vs Instituto Autónomo de ferrocarriles del estado, y la sentencia del 22 de abril de 1999, caso: Jorge Plaza vs. Corporación Venezolana de Guayana, entre otras.

Posterior a la vigencia de la Constitución de 1999, como fallos líderes, se pueden consultar las Sentencias de la Sala Político Administrativa del Tribunal Supremo de Justicia, N° 968, del 2 de mayo de 2000, en el caso: Cheremos vs. ELECENTRO,[18] y N° 1386, del 15 de julio de 2000, en el caso: German Avilez vs. ELEORIENTE.[19] Adicionalmente se debe considerar la cadena jurisprudencial producida por la Sala Constitucional del Tribunal Supremo de Justicia, en el famoso caso: Gladys de Carmona, por el asesinato de su esposo el abogado Ramón Carmona, Sentencias 2818/2002,1469/2004,2569/2005,648/2006, 502/2007, 765/2007, 1787/2007, y 2359/2007.

Se comienza a sostener con mayor fuerza, gracias a la nueva doctrina jurisprudencial y al renovado postulado constitucional, la existencia de un régimen jurídico de responsabilidad administrativa de derecho público, especial, autónomo y propio, distinto del régimen de derecho privado, abandonándose -por momentos- los criterios iusprivatistas. Así lo señala, Torrealba Santiago: *"El desarrollo alcanzado en materia de responsabilidad administrativa patrimonial ha permitido que la institución goce de un grado de autonomía suficiente que posibilita, el abordaje del tema desde la perspectiva del Derecho Público, específicamente desde la óptica del Derecho Constitucional y del Derecho Administrativo, áreas a las que se hace necesario agregar el aporte proveniente de la jurisprudencia, la cual contribuye a delinear, desde el punto de vista de su aplicación, el sistema de responsabilidad patrimonial de la Administración y por tanto el tratamiento de carácter jurídico público con el cual se debe analizar el tema."*[20]

Y así lo ha manifestado la Sala Constitucional del Tribunal Supremo de Justicia, en diferentes fallos, entre otros, en la sentencia N° 2818, de 19 de noviembre de 2002., en la que ha expresado lo siguiente:

---

17   Como dato curioso la ejecución voluntaria de la citada sentencia fue decretada mediante decisión Nro. 6045 del 2 de noviembre de 2005, esto es, once años más tarde de producirse el fallo original. (http://www.tsj.gov.ve/decisiones/spa/Noviembre/06045-021105-1987-5786.htm)

18   http://www.tsj.gov.ve/decisiones/spa/mayo/00968-020500-15439.HTM

19   http://www.tsj.gov.ve/decisiones/spa/junio/01386-150600-10690.htm

20   Torrealba Santiago, J.M., "El Contencioso de la responsabilidad patrimonial del estado en Venezuela (referencia particular al régimen extracontractual)", *En Actualidad del contencioso administrativo y otros mecanismos de control del poder público*, AA.VV. (Canónico Sarabia, A., Coord.), Editorial Jurídica Venezolana y Centro de Adiestramiento Jurídico, Caracas, 2013, p. 431 pp. 411-466

" ... el Estado venezolano puede autolimitar la responsabilidad objetiva a la que sujeta la normativa constitucional el ejercicio de la función pública, ya que esta responsabilidad ni se rige por los principios establecidos en el Código Civil para la regulación de las relaciones horizontales de particular a particular, ni puede ser general o absoluta. Más aún, en aplicación de los principios de transparencia y responsabilidad en el ejercicio de la función pública postulados en el artículo 141 de la Constitución vigente, la responsabilidad contractual y extracontractual del Estado debe tener sus reglas especiales que varían en función de las necesidades del servicio, y de la necesidad de conciliar los derechos del Estado con los derechos privados de los ciudadanos".

Vemos como los aportes jurisprudenciales constitucionales y administrativos, así como la doctrina patria, reconocen la existencia de un marco jurídico de preeminente Derecho Público, especial y autónomo, para la responsabilidad administrativa, que desplaza progresivamente al Derecho Civil, aun cuando mantienen vigencia algunas normas de derecho común o privado. Por ello, de presentarse un conflicto donde esté involucrada la responsabilidad de la Administración, se debe aplicar con preferencia, las disposiciones constitucionales, que son normas supremas y fundamento del resto del ordenamiento jurídico, y de manera complementaria aplicar los Principios generales del Derecho Público. Pero debemos necesariamente aclarar que, no pueden desecharse a priori las normas de Derecho Civil, ya que se podrán aplicar de manera supletoria, en aquello que no pueda ser resuelto aplicando las fuentes anteriores, por lo que se admite la posibilidad de acudir a las disposiciones sobre responsabilidad contenidas en el Código Civil, siempre que exista una remisión legal expresa del ordenamiento especial o que circunstancias particulares así lo exijan.[21]

La jurisprudencia de la Sala Político Administrativa del Supremo tribunal venezolano, mediante sentencia del 25 de marzo de 2003, en el caso: CADAFE, también ha precisado la conveniencia de mantener la aplicación de las disposiciones de derecho común, pero de forma supletoria, de la siguiente forma:

"...Sin embargo, aun cuando de acuerdo al artículo 140 del Texto Constitucional vigente, la Administración estaría obligada a reparar el daño presuntamente sufrido por la actora como consecuencia de su funcionamiento normal, lo cual comporta la noción de responsabilidad objetiva de la Administración, esta Sala no puede dejar de advertir que tal noción admite límites que se derivan de los eximentes de responsabilidad que consagra el derecho común, que no pueden ser soslayados pues atienden a la responsabilidad general por hecho ilícito, como son las constituidas por causas extrañas no imputables, respecto de las cuales no existe razón alguna para que la Administración no pueda invocarlas..."

Sostiene la doctrina que existe una amplia y consistente base jurídica para fundamentar y desarrollar técnicamente los principios propios y autónomos de la responsabilidad del Estado en Venezuela, sin necesidad de tener que acudir a las normas del Código Civil, normas que resultan sólo parcialmente pertinentes en estos asuntos. Así mismo reiteran que *"...Las referencias exclusivas al Código Civil como base normativa de la responsabilidad, resulta innecesaria, y a veces impertinente –y por tanto inconstitucional-, pues como hemos dicho la responsabilidad administra-*

---

21 Sentencia de la Sala Político Administrativa del Tribunal Supremo de Justicia, del 31 de julio de 2002, caso: Bauxilum, C.A., en la que se concluyó que no puede abandonarse el análisis de la licitud a pesar del carácter objetivo del sistema de responsabilidad.

tiva debe regirse por principios propios de derecho público los cuales, si bien en algunos casos son compatibles con los principios de derecho privado, en general los sobrepasan y difieren de éstos."[22]

Los anteriores argumentos nos llevan a concluir que en la actualidad el sistema de responsabilidad patrimonial de la administración pública en Venezuela, se rige principalmente por el fundamento jurídico que se desprende del artículo 140 constitucional interpretado conjuntamente con el artículo 13 de la Ley Orgánica de la Administración Pública, y el artículo 130 de la Ley Orgánica del Poder Público Municipal, si la afectación se origina por órganos municipales, así como los principios que la doctrina y la jurisprudencia han aportado en el análisis hermenéutico que sobre esas normas han realizado; No obstante, se podrán aplicar las normas del Derecho Civil, en cuanto sean compatibles con el sistema descrito y en lo que las disposiciones de Derecho Público, no regulen. Pero se insiste que el fundamento principal del sistema es de Derecho Público.

Al mismo tiempo debe dejarse sentado que en Venezuela, a partir de 1999, se consagra un sistema mixto de responsabilidad patrimonial del Estado, en el cual se combinan la responsabilidad objetiva o sin falta de la Administración y la responsabilidad con falta o por funcionamiento anormal de la misma. Hay que distinguir entonces, a los fines de establecer la responsabilidad, en primer lugar, que se ha producido un daño patrimonial a un particular que no está obligado a soportar, pero ese daño o lesión puede darse como consecuencia de una actuación legítima de la Administración[23] (en cuyo caso deben utilizarse la teoría del riesgo y el principio de igualdad ante las cargas públicas), o como consecuencia de un funcionamiento anormal de la Administración (donde debe establecerse si hubo una violación a las obligaciones administrativas).[24] Alejándose de la interpretación extensiva del sistema objetivo de la responsabilidad, debido a que en cada caso debe hacerse la evaluación respectiva de los hechos ocurridos para puntualizar la situación jurídica aplicable al caso, y por lo tanto las consecuencias que los hechos producen.

---

22   Ortiz Álvarez, L., *op. cit.,* p. 354

23   Hernández Mendible, sostiene que:*"...existen casos donde la actuación lícita de la Administración pública debe ser soportada, tolerada y aceptada por las personas que se ven afectadas por ella, como sucede cuando se produce el comiso de bienes producto de un contrabando y existen otros casos, donde a pesar de la actuación lícita de la Administración Pública se impone un sacrificio para la persona, que excede de aquél que el común de las personas deben normalmente soportar y que en virtud de su magnitud, anormalidad y singularidad, conduce a una ruptura del principio de igualdad ante las cargas públicas, que exige una compensación por el sacrificio irrogado en provecho del interés general que ha justificado la actuación de la Administración Pública. Hernández Mendible, V., La evolución jurisprudencial de la responsabilidad de la administración pública en Venezuela,* ponencia presentada en la Reunión del Foro Iberoamericano de Derecho Administrativo, Ciudad de México, 2014.

24   Sentencia Nº 1292 dictada por la Sala Político Administrativa del Tribunal Supremo de Justicia, el 21 de agosto de 2003, en el caso: Rogelio Cartaya vs. Instituto de Canalizaciones

A MANERA DE RESUMEN

Cuando la Constitución de la República Bolivariana de Venezuela, consagra definitivamente, en su artículo 140, el sistema de responsabilidad patrimonial del estado por los daños causados a los particulares, imputables al funcionamiento tanto normal como anormal de la Administración Pública, lo aprecia desde una perspectiva mixta, sin que se encuentre basado exclusivamente en la idea de la culpa, por ello la doctrina lo considera un sistema integral y objetivo.

La responsabilidad administrativa en Venezuela, estará regida predominantemente por normas y principios de Derecho Público, lo cual no excluye definitivamente la aplicación del Derecho Civil, en algunos casos, y así lo observamos en fallos jurisdiccionales que a los fines de llegar a conclusiones certeras y científicas utilizan normas del Código Civil para apoyar sus afirmaciones y soluciones de justicia.

Es por ello que nos inclinamos hacia la postura sostenida por la doctrina, apoyada por Brewer Carias, al manifestar que *"...el artículo 140 constitucional no impone un sistema de responsabilidad sin culpa de la administración. Exige que la Administración repare los daños por ella ocasionados, pero tales daños han de ser antijurídicos, y como tales, contrarios al ordenamiento jurídico, sea que la Administración haya procurado el daño en ejercicio de sus potestades, pero lesionando discriminatoriamente a determinado particular (lo que produciría la ruptura del equilibrio de las cargas públicas); haya creado una situación de riesgo en beneficio propio (lo que nos conduciría a los tradicionales supuestos de responsabilidad sin culpa del Código Civil) o sea que haya procurado el daño actuando indebidamente."*[25]

---

25 Hernández G. J.I. *Reflexiones Críticas Sobre Las bases Constitucionales de la Responsabilidad Patrimonial de la Administración en Venezuela*, Funeda, Caracas, 2004, p. 52

SEGUNDA PARTE

LA TEORÍA DE LOS ACTOS ADMINISTRATIVOS

SECCIÓN PRIMERA:

LA NOCIÓN DE "ACTO ADMINISTRATIVO" EN LA OBRA DE ALLAN R. BREWER CARÍAS
(Reflexiones desde y por el "Rule of Law")

Jesús María Alvarado Andrade

Catedrático de la Universidad Francisco Marroquín;
Miembro del claustro del Centro Henry Hazlitt de la
Universidad Francisco Marroquín,
Profesor de Derecho Constitucional de la
Universidad Central de Venezuela y Miembro de la
Asociación Venezolana de Derecho Constitucional.

> *"...En verdad, la separación de poderes no se ha aplicado en ningún sistema constitucional, ni histórico ni vigente, de modo que se haya conseguido un equilibrio perfecto entre los tres poderes fundamentales del Estado. Alguno de los tres ha tenido siempre alguna preeminencia sobre los demás. En Europa la supremacía característica del legislativo concluyó en un persistente "legicentrismo" (RIALS), que ha durado hasta el último tercio del siglo XX. Pero Montesquieu explicó que (como se ha aplicado con más acierto en el constitucionalismo norteamericano) la fórmula que debe emplearse para corregir la tendencia al predominio de unos poderes sobre otros consiste en evitar que cada poder asuma en exclusiva una función para evitar que uno solo de ellos la ejerza con monopolio. En el modo de establecer ese equilibrio está la importancia de los contrapesos"[1].*

INTRODUCCIÓN

En las *Instituciones Fundamentales del Derecho Administrativo y la Jurisprudencia Venezolana*[2] de Allan R. BREWER-CARÍAS se analizó reflexivamente en Ve-

---

[1]   Muñoz Machado, Santiago, *Tratado de Derecho Administrativo y Derecho Público General*, Tomo I, Editorial Thomson-Civitas, Madrid, 2004, p. 27.

[2]   Brewer-Carías, Allan R. *Las Instituciones Fundamentales del Derecho Administrativo y la Jurisprudencia Venezolana*, Colección Tesis de Doctorado, Vol. IV, Facultad de Derecho, Universidad Central de

nezuela la noción de "acto administrativo" en tanto institución central del Derecho Administrativo, influyendo *a posteriori* de manera decisiva en los estudios *iuspublicistas* venezolanos e iberoamericanos. Con arreglo a la referida obra, en especial al capítulo segundo, el autor desarrolló una teoría de los actos administrativos, que visto en conjunto con el resto de la obra, invita merecidamente a efectuar el merecido homenaje, pues se trató de un esfuerzo encomiable que vino a colmar el vacío dogmático existente, por lo que no es exagerado afirmar que fue la primera obra *iuspublicista* en Venezuela que se trazó un programa de investigación conceptual y sistemático sobre el Derecho Administrativo, a partir de una investigación histórica y conceptual, con arreglo a la doctrina francesa y española, y a toda la jurisprudencia constitucional y administrativa de la Corte Suprema 1930-1974, que luego compiló y publicó en los años setenta[3], la cual comenzó a estudiar en sus años como Auxiliar de Asuntos Legales para el Estudio de la Jurisprudencia de la Antigua Corte Federal en el Instituto de Codificación y Jurisprudencia (1961-1962).

En dicha obra, el autor asumió un concepto de "acto administrativo" que la Corte Federal había expuesto en sentencia del 3 de junio de 1959, el cual era del tenor siguiente: "declaración de voluntad realizada por la Administración con el propósito de producir un efecto jurídico"[4]. Las consecuencias jurídicas de tal noción fueron debidamente analizadas en la obra homenajeada, por lo que vale la pena examinarla cincuenta años después, porque a partir de la referida obra, puede cualquier observador percatarse, de la importante proyección que ha tenido la obra del profesor BREWER-CARÍAS en la jurisprudencia, legislación y en la doctrina *iuspublicista* venezolana, tanto en su génesis, desarrollo y consolidación[5], en especial, en el ámbito del Derecho Administrativo.

Por todo lo anterior, y con arreglo a la importancia de la obra homenajeada, es que el presente trabajo hurgará en la noción de "acto administrativo" en la obra de BREWER-CARÍAS, con el objetivo de efectuar un análisis de la compatibilidad de esta categoría con la cláusula constitucional del "Estado de Derecho" (Art. 2) y de la supremacía constitucional (art. 7).

Venezuela, Caracas, 1964, p. 99 y ss., y también en *Tratado de Derecho Administrativo. Derecho Público Iberoamericano*, Tomo III, Editorial Civitas Thomson Reuters- Fundación de Derecho Público- Editorial Jurídica Venezolana, Madrid, 2013, pp. 85-121.

3   Brewer-Carías, Allan R. *Jurisprudencia de la Corte Suprema 1930 - 1974 y Estudios de Derecho Administrativo*, Ediciones del Instituto de Derecho Público de la Facultad de Derecho de la Universidad Central de Venezuela, Caracas, 1975-1979, en ocho grandes volúmenes.

4   Brewer-Carías, Allan R. *Las Instituciones Fundamentales del Derecho Administrativo y la Jurisprudencia Venezolana, op. cit.,* p. 99 y ss.

5   Para una breve muestra de la importancia de una obra colosal por parte del profesor Brewer-Carías, puede el posible lector, hurgar en los seis tomos del *Tratado de Derecho Administrativo. Derecho Público Iberoamericano*, Editorial Civitas-Thomson Reuters, en coedición con la Fundación de Derecho Público y la Editorial Jurídica Venezolana, Madrid, 2013, así como en los dieciséis tomos del *Tratado de Derecho Constitucional*, Fundación de Derecho Público-Editorial Jurídica Venezolana, Caracas, 2014.

I.   BREWER-CARÍAS 1964 VS BREWER-CARÍAS 2014: CINCUENTA AÑOS DE ESTUDIO EN RELACIÓN AL "ACTO ADMINISTRATIVO".

El estudio en profundidad de la dilatada obra del profesor BREWER-CARÍAS, puede conllevar equívocamente al lector de la misma, a caer en el fácil y a veces estéril juego de detectar presuntas *contradicciones*, las cuales para quien escribe no son más que productos de cambios de criterios o de *evoluciones* siempre productos del estudio constante, mucho más cuando se examina el corpulento *curriculum vitae* del autor[6]. De hecho, en lo que concierne al "acto administrativo", innegablemente el BREWER-CARÍAS de 1964 se diferenciará en muchos temas del BREWER-CARÍAS del 2014, pues vale recordar que el BREWER-CARÍAS en su primera obra, asumirá un *criterio material,* para la identificación y explicación de la categoría jurídica del "acto administrativo", que luego será vehementemente criticado por él en sus sucesivas obras académicas, a partir de los años setenta.

Por ello, luce vital aproximarse previamente a la idea original de los sesenta (1964) y luego a sus posturas críticas (1975 y ss.), las cuales en gran medida se han mantenido de algún modo inalteradas hasta el presente. En efecto, para los años sesenta BREWER-CARÍAS sostendrá que el "acto administrativo" en tanto "expresión antropomórfica de una determinación" de la Administración Pública, implicaba una aproximación previa al concepto de Administración Pública, tal y como disponía el ordenamiento jurídico, por cuanto la Administración Pública se encontraba inserta dentro de la estructura del Estado, formando parte de él, por lo que era vital adentrarse en la noción de "función administrativa" para luego "una vez precisado por este conducto lo que por Administración debe entenderse, examinar las diferencias esenciales entre el acto administrativo y los demás actos jurídicos estatales"[7].

En *Las Instituciones Fundamentales del Derecho Administrativo y la Jurisprudencia Venezolana,* aseveraba entonces, que lucía indispensable previamente a la hora de encarar la definición de "acto administrativo", hacer un análisis de lo que se entendía por "función administrativa", a partir del encuadramiento de ella en el Estado, como una de sus múltiples funciones, en tanto, el jurista debía estudiar al Estado y sus relaciones con la noción de Poder Público, para luego abordar las implicaciones jurídicas de la noción de "función administrativa" como elemento definidor de la noción de "acto administrativo".

De hecho, en su obra, el Poder Público era entendido como la "situación jurídica constitucional individualizada, propia y exclusiva del Estado"[8], derivado de la pre-

---

6   El autor tiene la virtud, de hacer notar en notas al pie, cuando ha cambiado de criterio a lo largo de su obra. Por ello, es que hay que leer sus obras, que son muchas para darse cuenta de sus criterios pasados y actuales.

7   Brewer-Carías, Allan R. *Las Instituciones Fundamentales del Derecho Administrativo y la Jurisprudencia Venezolana, op. cit.,* p. 103.

8   Brewer-Carías, Allan R., *Tratado de Derecho Administrativo. Derecho Público Iberoamericano,* Tomo I, Editorial Civitas-Thomson Reuters, Fundación de Derecho Público-Editorial Jurídica Venezolana. Madrid, 2013, p. 533 y ss.

sunta "unicidad del Poder del Estado y no de la pluralidad de poderes separados" , la cual vendría a ser una presunta consecuencia de que el régimen constitucional venezolano, se caracterizaría por una *unicidad* del poder del Estado, que implicaría desde un punto de vista jurídico, una actuación de éste a través de determinados órganos que ejercerían cuota parte de ese Poder Público único e indivisible[9], como reza actualmente la "Constitución" al disponer que el "El Poder Público se distribuye entre el Poder Municipal, el Poder Estadal y el Poder Nacional. El Poder Público Nacional se divide en Legislativo, Ejecutivo, Judicial, Ciudadano y Electoral" agregando que "Cada una de las ramas del Poder Público tiene sus funciones propias, pero los órganos a los que incumbe su ejercicio colaborarán entre sí en la realización de los fines del Estado" (art. 136).

La idea antes referida, casi unánimemente aceptada en la doctrina *iuspublicista* venezolana, descansa en el hecho, de que se caracteriza al Poder Público como la "potestad o poder jurídico de obrar que confiere la Constitución al Estado venezolano para realizar sus fines"[10] (art. 3)[11], identificándose erróneamente *sociedad civil* con Estado, descuidándose el hecho de que en una *sociedad libre*, los fines deben ser perseguidos por los individuos libres y no por el *deus mortalis*. Sin embargo, para BREWER-CARÍAS, el "Poder Público no existe en la realidad social como un ente funcionante sino como un concepto jurídico que representa las funciones del Estado venezolano"[12]. De allí que sea el Estado quien actúe con arreglo a una sola y única potestad, a saber, el Poder Público, relegando el tema de las funciones del Estado, como algo perteneciente a las diversas manifestaciones de la presunta *unicidad* del Estado, a través de determinados órganos, puesto que como advertirá posteriormente en 1975, lo importante es establecer "la unidad del Poder del Estado para luego distinguir sus funciones"[13].

De hecho, para la doctrina *iuspublicista* venezolana, la legislación, la jurisprudencia[14], e incluso para la Constitución, el Poder Público se manifiesta en ramas, las cuales tienen asignadas sus "funciones propias". De allí que BREWER-CARÍAS, alegara enfáticamente desde sus inicios, que en la comprensión de la noción de "acto administrativo", sus problemas y sus relaciones con la Administración Pública y los

---

9　　*Ibíd.*, p. 533 y ss.

10　Brewer-Carías, Allan R. *Las Instituciones Fundamentales del Derecho Administrativo y la Jurisprudencia Venezolana, op. cit.*, p. 103.

11　Dice la "Carta-Constitución" actual que "El Estado tiene como fines esenciales la defensa y el desarrollo de la persona y el respeto a su dignidad, el ejercicio democrático de la voluntad popular, la construcción de una sociedad justa y amante de la paz, la promoción de la prosperidad y bienestar del pueblo y la garantía del cumplimiento de los principios, derechos y deberes reconocidos y consagrados en esta Constitución" (art. 3), en uno de los preceptos jurídico constitucionales más funestos de todos.

12　Brewer-Carías, Allan R. *Las Instituciones Fundamentales del Derecho Administrativo y la Jurisprudencia Venezolana, op. cit.*, p. 103.

13　Brewer-Carías, Allan R., *Derecho Administrativo*, Tomo I, Publicaciones de la Facultad de Derecho - Universidad Central de Venezuela, Caracas, 1975, p. 215; y en Brewer-Carías, Allan R., *Tratado de Derecho Administrativo. Derecho Público Iberoamericano*, Tomo I, *op. cit.*, p. 533 y ss.

14　Brewer-Carías, Allan R. y Ortiz Álvarez, Luis, *Las Grandes Decisiones de la Jurisprudencia Contencioso-Administrativa*, Editorial Jurídica Venezolana, Caracas, 2005, *in totum*.

otros órganos que ejercen el Poder Público, o los Poderes Públicos, debía tenerse presente la distribución vertical, y estudiar no solo los "actos jurídicos"[15], sino también, la propia noción de "funciones del Estado", pues en relación a esta última, "debe ser entendida únicamente en el sentido de función jurídica y no en el sentido de atribución", por cuanto las funciones del Estado no son más que la "acción que desarrollan los órganos estatales o la actividad que desempeñan, como tarea que les es inherente" en tanto "la función es toda actividad de la propia esencia y naturaleza del Estado y, por tanto, indelegable"[16], siempre diversas y exteriorizaciones de la actividad estatal[17].

En efecto, y en la línea argumentativa desplegada, luce importante recordar que para 1964, el más importante *iuspublicista* venezolano, sostuvo una defensa rotunda del criterio funcional, a la hora de delimitar o definir al "acto administrativo" en el ordenamiento jurídico venezolano. De hecho, en dicha obra, se afirmaba que el "acto administrativo" no era más que aquella "manifestación de voluntad realizada por una autoridad pública actuando en ejercicio de la función administrativa, con el objeto de producir determinados efectos jurídicos"[18], para luego abandonarlo por el denominado *criterio mixto*, supuestamente mas acoplado a la realidad de la separación de poderes en Venezuela. Así pues, para 1975, afirmará que "El acto administrativo, como concreción típica pero no única del ejercicio de la función administrativa, puede emanar de todos los órganos estatales en ejercicio del Poder Público, teniendo en todo caso carácter sublegal"[19], en tanto no debía identificarse el ejercido de una función estatal determinada con la producción de determinados actos jurídicos, puesto que "Al igual que la separación orgánica de poderes no coincide con la distribución de funciones, ésta no coincide, necesariamente, con el tipo de acto jurídico que emane de la voluntad estatal"[20].

La ruptura con el criterio *material* que en antaño utilizó BREWER-CARÍAS, se debía por tanto a que la identificación del "acto administrativo" con el ejercicio de la *función administrativa*, identificaba lo inidentificable, a saber, acto estatal con función estatal, "cuando ambos conceptos son sustancialmente distintos"[21]. La quiebra

---

15   Brewer-Carías, Allan R., "Reflexiones sobre la situación de la enseñanza e investigación del Derecho Administrativo: notas para un prefacio que nunca fue publicado (1963)", *Inédito*. Agradezco al profesor Brewer-Carías, la puesta a la orden de este importante texto suyo.

16   Brewer-Carías, Allan R. *Las Instituciones Fundamentales del Derecho Administrativo y la Jurisprudencia Venezolana, op. cit.*, p. 105.

17   Sobre las sentencias de la Corte Federal y de Casación que influyeron en el autor, véase Brewer-Carías, Allan R. "Algunas bases fundamentales del derecho público en la jurisprudencia venezolana" en *Revista de la Facultad de Derecho*, N° 27, Universidad Central de Venezuela, Caracas, 1963, pp. 143-147.

18   Brewer-Carías, Allan R. *Las Instituciones Fundamentales del Derecho Administrativo y la Jurisprudencia Venezolana, op. cit.*, p. 117.

19   Brewer-Carías., Allan R., *Derecho Administrativo*, Tomo I, *op. cit.*, p. 385.

20   *Ibíd.*, p. 385.

21   Brewer-Carías, Allan R. "El problema de la definición del acto administrativo" en *Libro Homenaje al Doctor Eloy Lares Martínez*, Tomo I, Facultad de Ciencias Jurídicas y Políticas, Universidad Central de Venezuela, Caracas, 1984, pp. 39-40 y Brewer-Carías, Allan R., "El recurso contencioso-administrativo contra los actos de efectos particulares" en *El Control jurisdiccional de los Poderes Públicos en Vene-*

con la concepción de 1964, obedeció a que en la redacción del libro *Derecho Administrativo*, Tomo I, le resultó imposible al maestro concebir un criterio material que "pudiera reducir a una unidad la actividad administrativa"[22]. De hecho, con la promulgación de la Ley Orgánica de Procedimientos Administrativos[23], el autor ratificará su posición de 1975, destacando enfáticamente, que conforme al ordenamiento jurídico, resultaba inconveniente e incluso errado, utilizar un *criterio único*, una especie de "Dorado"[24], para definir el "acto administrativo", ya que la "heterogeneidad de sus formas y contenido lo demuestra y exige"[25].

Con ello, BREWER-CARÍAS rechazará hasta la actualidad el criterio orgánico, lo cual data desde la publicación de *Las Instituciones Fundamentales del Derecho Administrativo y la Jurisprudencia Venezolana* de 1964, al asegurar que resultaba imposible definir el "acto administrativo", solo y exclusivamente a la luz del dato de su emanación por los órganos que ejercen el Poder Ejecutivo. De igual modo, el autor rechazó posteriormente el criterio material utilizado en su obra de 1964, caracterizado por la definición exclusiva del "acto administrativo" a la luz del dato del ejercicio de la función administrativa, puesto que conforme a su visión, no se podía confundir acto estatal con función estatal, en tanto son conceptos sustancialmente distintos. Por último, BREWER-CARÍAS, de igual modo, rechazó la sola invocación del criterio formal para definir el "acto administrativo", en base a su carácter sublegal, puesto que los actos judiciales también en su criterio tendrían conforme al principio de la formación del derecho por grados, carácter sublegal[26]

La posición doctrinaria de BREWER-CARÍAS en relación al "acto administrativo" luego de 1975, se decantará por la asunción de un célebre *criterio mixto*, delimitador del "acto administrativo", supuestamente más acorde a la realidad de la separación de poderes en Venezuela. Conforme a ello, la noción de "acto administrativo" resultante de ese *criterio mixto*, será el de que es "Toda manifestación de voluntad de carácter sublegal, realizada, *primero*, por los órganos del Poder Ejecutivo, es decir, por la Administración Pública, actuando en ejercicio de la función administrativa, de la función legislativa y de la función jurisdiccional; *segundo*, por los órganos del Poder Legislativo (de carácter sublegal) actuando en ejercicio de la función administrativa; y *tercero* por los órganos del Poder Judicial actuando en ejercicio de la función administrativa y de la función legislativa"[27].

---

zuela, Instituto de Derecho Público, Facultad de Ciencias Jurídicas y Políticas, Universidad Central de Venezuela. Caracas, 1979, p. 170 y ss.

22   Brewer-Carías., Allan R., *Derecho Administrativo*, Tomo I, *op. cit.*, p. 395.

23   *Gaceta Oficial* No. 2818 Extraordinario, 1 de julio de 1981.

24   Brewer-Carías., Allan R., "El Concepto de Derecho Administrativo en Venezuela" en *Revista de Administración Pública*, N° 100-102, Vol. I, Centro de Estudios Políticos y Constitucionales, Madrid, 1983, p. 686.

25   Brewer-Carías, Allan R. "El problema de la definición del acto administrativo" *op. cit.*, p. 39.

26   Brewer-Carías, Allan R. "El problema de la definición del acto administrativo" *op. cit.*, pp. 39-40 y Brewer-Carías., Allan R., *Derecho Administrativo*, Tomo I, *op. cit.*, p. 373 y ss.

27   Brewer-Carías, Allan R. *El Derecho Administrativo y la Ley Orgánica de Procedimientos Administrativos. Principios del Procedimiento Administrativo*, Colección Estudios Jurídicos, N° 16, 8ª Edición, Edi-

En esta definición, el elemento clave pasaba a ser la determinación de qué debe entenderse por "Administración" [28], ya que conforme al autor, los "actos administrativos" son dictados por todos los órganos estatales y en ejercicio de todas las funciones estatales, de allí que "su individualización, a pesar de su carácter sublegal, no puede estar fundamentada en la sola utilización del criterio orgánico, del criterio formal o criterio material, sino, de la mezcla y combinación de ellos, pues de lo contrario quedarían fuera de caracterización, por ejemplo, los actos administrativos que dictan los funcionarios de los órganos legislativos o de los órganos judiciales"[29]. Con arreglo a esta visión, BREWER-CARÍAS, se alzará como firme disidente de toda defensa del criterio orgánico a la hora de delimitar o definir los "actos administrativos", en tanto, según su consideración, pueden surgir "actos administrativos", tanto de los órganos legislativos actuando en función administrativa, como de los tribunales, "de los órganos del Poder Electoral y del Poder Ciudadano, actuando en tanto en función normativa como en función administrativa"[30], entre otros.

II.   CONSTITUCIÓN Y ESTADO DE DERECHO EN LA OBRA DE BREWER-CARÍAS: ALGUNAS CONSIDERACIONES CRÍTICAS.

En la célebre tesis *Las Instituciones Fundamentales del Derecho Administrativo y la Jurisprudencia Venezolana* de 1964, BREWER-CARÍAS no realizó un análisis pormenorizado de lo que se entiende por "Estado de Derecho" (*rule of law*), aun cuando la obra gira indirectamente sobre tal ideal político. La cuestión luce comprensible, si se toma en cuenta que el objeto del libro era abordar las instituciones fundamentales del Derecho Administrativo, y de ningún modo incursionar en el ámbito del Derecho Constitucional, algo que luego hará fructíferamente a partir de 1975. Aun así, es menester destacar, que en dicha obra, si bien se daba por supuesto el significado y alcance del ideal político del "Estado de Derecho" (*rule of law*), se realizaron algunas consideraciones que es permitente abordar, como aquella de que la actividad administrativa debía estar "condicionada por la Ley a la obtención de determinados resultados" en tanto aseguraba el autor, "no puede la Administración

---

torial Jurídica Venezolana, Caracas, 2008, pp. 141-142 o en *Tratado de Derecho Administrativo. Derecho Público Iberoamericano*, Tomo IV, Editorial Civitas Thomson Reuters- Fundación de Derecho Público- Editorial Jurídica Venezolana, Madrid, 2013, pp. 483 y ss.

28   Hernández G., José Ignacio, "Allan R. Brewer-Carías y el concepto de Derecho Administrativo en Venezuela" en *Revista de Administración Pública*, Nº 184, Centro de Estudios Políticos y Constitucionales, Madrid, 2011, pp. 350-352.

29   Brewer-Carías, Allan R. "Los actos ejecutivos en la Constitución venezolana y su control judicial" en *Reflexiones sobre el Constitucionalismo en América*, Cuadernos de la Cátedra Fundacional Doctor Charles Brewer Maucó "Historia del Derecho en Venezuela", Universidad Católica Andrés Bello, Nº 2, Editorial Jurídica Venezolana, Caracas, 2001, p. 236. En una versión crítica véase a Pérez Luciani, Gonzalo, "Actos administrativos que en Venezuela escapan al Recurso Contencioso de Anulación" en *Revista de la Facultad de Derecho*, Nº 6, Universidad Católica Andrés Bello, Caracas, 1968, p. 171-203, en especial nota 19.

30   Brewer-Carías, Allan R. "Los actos ejecutivos en la Constitución venezolana y su control judicial" *op. cit.*, p. 236.

Pública procurar resultados distintos de los perseguidos por el legislador, aun cuando aquéllos respondan a la más estricta licitud y moralidad, pues lo que se busca es el logro de determinado fin, que no puede ser desviado por ningún motivo, así éste sea plausible"[31].

Tal perspectiva de bastante vigencia en la actualidad, permite entrever que el autor se tomaba en serio la sujeción del "Estado de Derecho" y no a la defensa de un "Estado de Justicia" (art. 2) que como bien acotó tempranamente un excelso académico venezolano en el ámbito del Derecho Constitucional "lo que hace es confundir aún más lo que se quiere decir. [...] por ello no puede uno menos de pensar que al añadir a la justicia como algo distinto del Derecho, se está separando a éste de aquella y, por tanto, buscando caminos diferentes al derecho para lograr la justicia, con lo cual el derecho tiende a desaparecer y como corolario forzado, el Estado de Derecho[32]". Para el jurista BREWER-CARÍAS, la autoridad administrativa debía estar condicionada en su actuación por la Ley, para la obtención de determinados resultados, por lo que la Administración Pública, le debía estar proscrito el perseguir resultados distintos de los señalados expresamente en las leyes que debían ser generales y abstractas, lo cual no podía ser desvirtuado por "ningún motivo, así sea plausible éste"[33].

Es cierto que el "Estado de Derecho" (*rule of law*) verdadero y no su deformación como *Estado de legalidad*, significa e implica más cosas que lo que allí se afirmaba, sobre el cual me he ocupado en otro lugar[34]. Sin embargo, lo importante en relación con la obra homenajeada, es que uno de los pilares del "Estado de Derecho" (*rule of law*), a saber, la separación de poderes, se encontraba desde temprano bastante resentida, pues no gozaba de muy buena salud. Repárese, que BREWER-CARÍAS si bien fue modulando su obra hacia un *criterio mixto* como clave de bóveda determinadora de lo que debía entenderse por "acto administrativo", ello obedecía a un entendimiento previo de una peculiar doctrina sobre la "separación de poderes", que terminó a la postre con una definición sumamente amplia de "acto administrativo", afectando considerablemente la doctrina forjada por LOCKE y MONTESQUIEU, recogido en *The Federalist* y plasmado en la *Déclaration des Droits de l'Homme et du Citoyen* de 1789 y por ende la libertad individual y política.

---

31   Brewer-Carías, Allan R. *Las Instituciones Fundamentales del Derecho Administrativo y la Jurisprudencia Venezolana, op. cit.,* p. 70.

32   Planchart Manrique, Gustavo, "El Estado Social de Derecho y de Justicia" en *La Constitución de 1999,* Serie Eventos, Biblioteca de la Academia de Ciencias Políticas y Sociales, Caracas 2000, p. 393.

33   Brewer-Carías, Allan R. *Las Instituciones Fundamentales del Derecho Administrativo y la Jurisprudencia Venezolana, op. cit.,* p. 128. Idea ésta que en realidad es bastante diferente a la planteada por el mismo autor décadas más tarde. Brewer-Carías, Allan R., *Principios Fundamentales del Derecho Público,* Editorial Jurídica Venezolana, Caracas, 2005, p. 122, o en *Tratado de Derecho Administrativo. Derecho Público Iberoamericano,* Tomo I, *op. cit.,* pp. 367-372; al invitar a que el Estado tienda a garantizar la "justicia" por encima de la *legalidad formal.* Para quien escribe, la posición ideal sería la postura de 1964, que está recogida de igual modo en el *Tratado.*

34   Con la venia de estilo, Alvarado Andrade, Jesús María, "División del Poder y Principio de Subsidiariedad. El Ideal Político del Estado de Derecho como base para la Libertad y prosperidad material" en Herrera Orellana, Luis Alfonso (Coord.), *Enfoques Actuales sobre Derecho y Libertad en Venezuela,* Academia de Ciencias Políticas y Sociales, Caracas, 2013, pp. 131-185.

Dado que en la *Déclaration* de 1789, se afirmaba sin ambages en su célebre artículo XVI, que la *separación de poderes* era un elemento necesario mas no suficiente, para saber con exactitud si existía en una determinada sociedad una Constitución auténtica, es por lo que la separación de poderes en su fórmula clásica, requiere a este respecto un re-examen en el caso de Venezuela, con el objetivo de evaluar si la posición asumida en la obra que nos ocupa y la de la doctrina mayoritaria en Venezuela, es compatible con el ideal político del "Estado de Derecho" (*rule of law*), y con la noción de Constitución, más allá de lo que expresa la "Carta-Constitución" de 1999, consideraciones que vale acotar, de igual modo pueden ser extrapoladas a las "Cartas-Constituciones" de 1947 y de 1961.

La condición necesaria mas no suficiente de la separación de poderes, permite "tener una constitución", pero el "vivir" y el "estar" bajo Constitución, requiere que la forma constitucional responda a los cánones del ideal político del "Estado de Derecho" (*rule of law*), que es el que posibilita que los ideales sean debidamente practicados[35]. Por ello, como ya se ha expuesto en otro trabajo[36], en el caso venezolano no puede sostenerse equívocamente como se sigue haciendo, que toda carta, documento etc. reputado como "Constitución" es tal, pues solo hay Constitución cuando se instaura la separación de poderes y se garantizan los derechos individuales y no las "expectativas de derechos"[37], que siendo *falsos derechos*, lo que hacen es desconocer el principio de la alteridad, al atribuir "al Estado innumerables obligaciones y que, en gran parte, marginan a la sociedad civil, resultando un esquema que globalmente considerado es altamente paternalista"[38].

Por ello, el concepto de Constitución exige la separación de poderes, aun cuando sea ésta una condición necesaria mas no suficiente, siendo esto así, desde que las declaraciones de derechos de las colonias de América del Norte, en especial, las de Estados Unidos de América, legaran al mundo occidental[39] la importancia de tal formulación. De hecho, en la Constitución del estado de New Hampshire de 1783, sección III y en la Constitución de Massachusetts de 1780 entra otras, se recogía la doctrina mucho antes que se recogiera en la Constitución Federal de ese país, y en la conceptualización de la *Déclaration des Droits de l'Homme et du Citoyen* de 1789.

En efecto, en la Constitución de Massachusetts de 1780, se establecía que "En el gobierno de esta Comunidad, el departamento legislativo nunca ejercerá los poderes

---

35   Por todos, Aguiló Regla, Josep, "Tener una constitución", "darse una constitución" y "vivir en Constitución" en *Isonomía: Revista de teoría y filosofía del derecho* N° 28, Instituto Tecnológico Autónomo de México, México, D.F, 2008, pp. 67-86

36   Con la venia de estilo, Alvarado Andrade, Jesús María, "Aproximación a la tensión Constitución y libertad en Venezuela" en *Revista de Derecho Público* N° 123, Editorial Jurídica Venezolana, Caracas, 2010, pp. 17-43.

37   Brewer-Carías, Allan R., *Un Derecho para el desarrollo y la protección de los particulares frente a los poderes público y privado*, Centro de Estudios de Filosofía del Derecho-Universidad del Zulia, Maracaibo, 1975, p. 53.

38   Brewer-Carías, Allan R. "El fortalecimiento de las instituciones de protección de los derechos humanos en el ámbito interno" en *Reflexiones sobre el Constitucionalismo en América, op. cit.*, p. 69.

39   García de Enterría, Eduardo, *Problemas del Derecho Público al comienzo de siglo. Conferencias en Argentina*, Editorial Civitas, Madrid, 2001, p. 93 y ss.

ejecutivos y judiciales, o alguno de ellos; el ejecutivo nunca ejercerá los poderes legislativos y judiciales, o alguno de ellos; el judicial nunca ejercerá los poderes legislativos y ejecutivos, o alguno de ellos, para que así sea un gobierno de leyes y no de hombres" (art. 30), y en la Constitución Federal de 1811 de Venezuela, en su importante *Preliminar* se establecía que: "El ejercicio de esta autoridad confiada à la Confederación, no podrá jamás hallarse reunido en sus diversas funciones. El Poder Supremo debe estar dividido en Legislativo, Executivo, y Judicial, y confiado á distintos cuerpos independientes entre sí, en sus respectivas facultades. Los individuos que fueren nombrados para ejercerlas, se sujetarán inviolablemente al modo, y reglas que en esta Constitución se les prescriben para el cumplimiento, y desempeño de sus destinos."

Sin embargo, pese a estos antecedentes[40], la pertinencia de tal doctrina ha sido paulatinamente puesta en duda en los tiempos modernos, por la influencia de una doctrina *iuspublicista* anti-liberal, con el alegato de que la misma ha tomado "distintas modalidades según las épocas y las coyunturas"[41], por lo que dependería posteriormente de la concretización histórica, y no de la formulación expuesta por LOCKE[42], MONTESQUIEU[43] o HUME[44], entre otros. Así pues, la separación o balance de poderes –sin mengua de sus antecedentes medievales y antiguos-, caracterizada por la defensa irrestricta de la libertad individual y política, recelosa frente al poder, en tanto éste tiende a su abuso, y por tanto es el mayor enemigo de la libertad, exigía no una mera separación de poderes en distintos órganos, sino también la conciencia de que la "sola determinación en un pergamino de los límites constitucionales de los varios departamentos no es suficiente salvaguardia contra las usurpaciones que conducen a la concentración tiránica de todos los poderes gubernamentales en las mismas manos"[45].

Sin embargo, la separación de poderes válida y reputada en antaño, en los tiempos modernos ciertamente no goza de buena salud, debido a las concretizaciones históricas, que se han alejado ostensiblemente de su significado, lo que ha ocasionado una confusión mayúscula, dado que la otrora separación de poderes, ha pasado a entenderse simplemente como simple distribución de funciones al interior de la *unicidad* del Estado, olvidando que la idea original se basaba precisamente en "su incompatibilidad con la unidad e indivisibilidad del poder del Estado"[46], que es el que

---

40   Brewer-Carías, Allan R., *Orígenes del Constitucionalismo Moderno en Hispanoamérica*, Colección Tratado de Derecho Constitucional, Tomo II, Fundación Editorial Jurídica Venezolana, Caracas, 2014, 982 pp.

41   García-Pelayo, Manuel, "La división de poderes y su control jurisdiccional" en *Revista de Derecho Político*, Nº 18-19, Universidad Nacional de Educación a Distancia (UNED), Madrid, 1983, p. 7.

42   Locke, John, *Segundo Tratado sobre el Gobierno Civil*, Alianza Editorial, Madrid, 2008.

43   Montesquieu, *El Espíritu de las Leyes*, Editorial Tecnos, Madrid, 2007.

44   Hume, David, *Essays, Moral, Political and Literary*, Liberty Fund, Indianapolis-USA, 1987.

45   Hamilton, Alexander; Madison, James, y Jay, John, *El Federalista*, Fondo de Cultura Económica, México D.F, 2000, pp. 213.

46   García-Pelayo, Manuel, "La división de poderes y su control jurisdiccional" *op. cit.*, p. 11.

actualmente se defiende, debido al fenómeno de la *administrativización* del Derecho Constitucional[47] y a la estatización de la precaria y nula *sociedad civil*.

De hecho, la máxima de LOCKE, MONTESQUIEU e incluso de HUME, basada en la necesidad de que el poder político donde se hallare dividido debía limitarse en aras de garantizar la libertad política y la libertad individual, evitando los abusos de poder, mediante los recelos y controles recíprocos entre los poderes divididos, hoy ha venido relajándose por el advenimiento de la idea del poder político benévolo al amparo de la cláusula del "Estado Social". Dado que la división implica la separación de poderes antes, es por lo que la separación de poderes clásica, que es la que es compatible con el concepto genuino de Constitución y con el ideal político del Estado de Derecho *(rule of law),* no es equivalente a la llamada *separación de funciones*, en el que existen múltiples "órganos y a cada uno se asigna una función propia, lo que en modo alguno significa exclusividad en el ejercicio de esa función"[48].

Lo anterior, no viene a colocar una "hipostatización"[49] de la idea de la *separación de poderes*, pues precisamente porque para quien escribe no están claras esas supuestas nuevas formas actuales que garantizan la libertad política e individual. En efecto, es tan claro y prístino como el agua bien tratada y por tanto potable, que pensadores como LOCKE, MONTESQUIEU o HUME, redactaron sus obras teniendo presente la realidad social que los circundaba, y teniendo muy en cuenta la *verità effettuale della cosa* como gustaba decir al gran MAQUIAVELO, para así no dejarse llevar por ideales impracticables. Sin embargo, su validez atemporal, descansa en sus sabias formulaciones y en las precauciones que legaron al tener muy presente la "naturaleza humana", las cuales permiten hasta la actualidad, comprender que la existencia de un gobierno limitado para el *liberalismo* era un mal necesario, pero que éste debía ser moderado y representativo, para lo cual era necesario tomar en cuenta la separación de poderes, con el objetivo de que se impidiera el abuso, el despotismo o la tiranía.

Por ello, es que la obra de los clásicos si bien no se construyó "en un vacío sociopolítico"[50], en nada impide que teniendo presente esas realidades y las nuevas, pero también las máximas con las que operaron que las trascienden, se examine más allá del tópico común, la idea de la separación de poderes, pues como se ha advertido, la misma es una condición necesaria mas no suficiente para que exista Constitución auténtica en una sociedad. Dado que la separación de poderes presupone un poder concentrado y no separado, es por ello que la Constitución reviste importancia, pues es a través de ella que se instaura la separación de poderes, la cual no es equivalente

47   En el caso venezolano, con la venia de estilo, Alvarado Andrade, Jesús María, "Sobre Constitución y Administración Pública ¿Es realmente el Derecho Administrativo en Venezuela un Derecho Constitucional Concretizado?" en Hernández G, José Ignacio (Coord.), *100 Años de Enseñanza del Derecho Administrativo en Venezuela 1909-2009,* Centro de Estudios de Derecho Público de la Universidad Universidad Monteávila Fundación de Estudios de Derecho Administrativo (FUNEDA), Caracas, 2011, pp. 165-263.

48   Brewer-Carías., Allan R., *Derecho Administrativo*, Tomo I, *op. cit.,* p. 219.

49   García-Pelayo, Manuel, "La división de poderes y su control jurisdiccional" *op. cit.,* p. 11.

50   García-Pelayo, Manuel, "La división de poderes y su control jurisdiccional" *op. cit.,* p. 9.

a la mera colaboración o especialización de funciones, fomentada por la cláusula del "Estado Social", que vino a resquebrajar al "Estado de Derecho" (*rule of law*) y hacerlo polvo cósmico por más que se trate infructuosamente de hacerlos compatibles, sencillamente porque obedecen a presupuestos teóricos y filosóficos totalmente discrepantes.

No cabe duda alguna que en los últimos doscientos sesenta y seis años desde la publicación de *De l'esprit des lois*, han acaecido diversos "cambios sociales, políticos y constitucionales"[51], sobre el cual nadie puede permanecer ajeno. Sin embargo, la situación constitucional actual, basada mas en "competencias dependientes separadas funcionalmente"[52], que en la doctrina de antaño, luce funesta para la libertad política e individual, máxime si se tiene presente que aquella separación de poderes originaria, representativa de fuerzas sociales, se ha convertido en una simple separación de funciones determinada por cualquier documento auto reputado como "Constitución"[53] aun cuando ni separe los poderes ni garantice los derechos individuales, lo que incluso ha facilitado, que sean las falsas "Constituciones" actuales reinantes, las que conforme a los nuevos tiempos, concedan al Gobierno, ya no solo la función gubernativa o de ejecución de leyes generales y abstractas -las menos-, sino también las leyes-medida (*massnahmegesetze*) –las más-, y a la vez gozar de una actividad normativa a través de las llamadas "leyes delegantes" y las "leyes delegadas" todo ello en conformidad con la cada vez más intensa actividad prestacional de la Administración Pública propia del "Estado Social" que se ha caracterizado por "sacar de sus límites clásicos al poder ejecutivo"[54], lo cual puede evidenciarse en la frase de BREWER-CARÍAS de que "El problema respecto de la separación de poderes en América Latina en la actualidad, no es por tanto el de si es o no garantía de las libertades públicas, sino el de si con ella el Estado puede o no gobernar"[55], olvidando ello que "En una democracia, donde una multitud de individuos ejercen en persona las funciones legislativas y están continuamente expuestas, por su incapacidad para deliberar regularmente y para tomar medidas concertadas, a las ambiciosas intrigas de sus magistrados ejecutivos, bien se puede temer que la tiranía brote en la primera ocasión favorable"[56], facilitada ahora mucho más con la legislación motorizada.

Para el pensador francés autor de las *Lettres Persanes*, la *distribution des pouvoirs*, aplicaba al ámbito de lo político, mientras que la *separation des pouvoirs*, aplicaba al ámbito jurídico. De allí pues, que la *separation des pouvoirs* envolvía algo más allá que la simple asignación de funciones propias a cada uno de los poderes. Sin embargo, en el caso venezolano que vale de igual modo para la región –en aquellas partes donde se siga la doctrina de la superación de la separación de poderes- ha prevalecido la idea de que más que *separación de poderes* debe hablarse de

51 García Macho, Ricardo, "Problemática de la División de Poderes en la actualidad" *op. cit.*, p. 175.

52 *Ibíd.*, p. 180

53 *Ibíd.*, p. 181

54 *Ibíd.*, p. 183

55 Brewer-Carías, Allan R., *Cambio Político y Reforma del Estado en Venezuela*, Colección Ciencias Sociales, Serie de Ciencia Política, Editorial Tecnos, Madrid, 1975, p. 175.

56 Hamilton, Alexander; Madison, James, y Jay, John, *El Federalista, op. cit.*, p. 211.

una *división de funciones*[57], debido a dos confusiones que es menester destacar, a saber: *i)* la que de que presuntamente la concepción de MONTESQUIEU era profundamente rígida, *ii)* la de que supuestamente la concepción otrora liberal, no se "adecúa a las nuevas realidades y fuerzas sociales ni a las gigantescas dimensiones del Estado social contemporáneo"[58] y *iii),* la idea de que la separación de poderes otrora rígida y superada, impedía la colaboración de voluntades entre los poderes.

En efecto, en relación a la *primera* de las confusiones, vale advertir que MONTESQUIEU no pretendió nunca una concepción rígida, en el sentido de postular el aislamiento entre los poderes, pues como afirmó MADISON en *El Federalista*, XLVIII, lo importante es dividir y equilibrar el poder de modo tal "ninguno pasara de sus límites legales sin ser contenido y reprimido eficazmente por los otros"[59]. En cuanto a la *segunda* de las confusiones, sucintamente puede afirmarse que el "Estado Social" contemporáneo, es precisamente el que ha desvirtuado el "Estado de Derecho" (*rule of law*), destruyendo con ello la otrora concepción liberal, "en provecho de un poder gubernamental que es el centro neurálgico del sistema de dirección política"[60], al cual se someten todos los poderes o como se dice en Venezuela, a los órganos que ejercen el Poder Público. Por último, y en relación a la *tercera* confusión, es menester recordar que la concepción liberal no pretendió como se ha advertido equívocamente, un aislamiento o desconexión entre los poderes, pues de hecho, en la obra de MONTESQUIEU, "la conexión es parte inescindible de su teoría de la división, pues de otra forma el poder no frenaría al poder", aun cuando, " la riqueza de los controles del constitucionalismo británico de su tiempo era más amplia que la pura *faculté d'empécher.*"[61]

Sin embargo, en la obra de BREWER-CARÍAS, se puede observar una oscilación, que va de la prescindencia de la concepción clásica de la separación de poderes a la necesidad por revivirla, en especial, cuando la realidad vuelve a demostrar que los asuntos ventilados en doctrina tienen implicaciones prácticas, muchas veces perniciosas que es imposible descuidar. En efecto, BREWER-CARÍAS pese a los criterios antes referidos, ha llegado afirmar con razón que tiene que "arraigarse el principio de la separación orgánica de poderes, como antídoto efectivo frente al autoritarismo"[62], y que en el caso de la "Carta-Constitucional", pese que contemple la "novedad" de la penta-división del Poder Público Nacional, los mismos no llegan a ser autónomos e independientes entre sí, por cuanto existe una funesta distorsión que se manifiesta en la competencia que ostenta la Asamblea Nacional para *remover* a los

---

57   Sánchez Agesta, Luis, "División de poderes y poder de autoridad del Derecho" en *Revista Española de Derecho Constitucional*, n° 25, Centro de Estudios Políticos y Constitucionales, Madrid, 1989, p. 13

58   García Roca, Francisco Javier, "Del principio de la división de poderes (1)" en *Revista de Estudios Políticos*, N° 108, Centro de Estudios Políticos y Constitucionales, Madrid, 2000, p. 46

59   Hamilton, Alexander; Madison, James, y Jay, John, *El Federalista, op. cit.,* p. 212.

60   García Roca, Francisco Javier, "Del principio de la división de poderes (1)" *op. cit.,* p. 46

61   Aragón Reyes, Manuel, "El control como elemento inseparable del concepto de Constitución" en *Revista Española de Derecho Constitucional*, N° 19, Centro de Estudios Políticos y Constitucionales, Madrid, 1987, p. 22.

62   Brewer-Carías, Allan R. "Retos Constitucionales para el Siglo XXI" en *Reflexiones sobre el Constitucionalismo en América, op. cit.,* p. 21

Magistrados del Tribunal Supremo de Justicia, al Fiscal General de la República, al Contralor General de la República, al Defensor del Pueblo y a los Miembros del Consejo Nacional Electoral (arts. 265, 279 y 296); en algunos casos por simple mayoría; en la previsión de la delegación legislativa por parte de la Asamblea Nacional al Presidente de la República, mediante "ley habilitante", para regular mediante "decreto-ley", sin límite material, cualquier materia (arts. 203, y 236, ord. 8), violando incluso la reserva legal; en la eliminación de la bicameralidad, y agrega quien escribe, en la competencia a la Sala Constitucional de declarar la inconstitucionalidad de la conducta omisiva del cuerpo representativo, mucho más si se tiene presente que la propia "Carta-Constitucional" incorpora flagrantes violaciones al principio de alteridad, lo cual se traduce en una esquizofrenia "constitucional" total, que ha desquiciado el necesario control al poder.

III.   BREWER-CARÍAS Y LAS TENSIONES CON LA DOCTRINA DE LA SEPARACIÓN DE PODERES: LA NOCIÓN AMPLIA DE "ACTO ADMINISTRATIVO"

Dada la importancia e influencia de la obra de BREWER-CARÍAS, no solo en Venezuela, sino también en Iberoamérica[63], no solo resulta imperioso efectuar una crítica constructiva en relación a la idea de separación de poderes que ha permanecido en la obra del autor, sino también en toda la dogmática *iuspublicista* venezolana, y a la vez a la noción de "acto administrativo". En efecto, la comprensión de lo expuesto previamente permite no solo dar cuenta del pensamiento del homenajeado en alguna de sus obras más representativas a lo largo de estas cinco décadas de intensa labor intelectual y profesional, sino también el percatarse de que es precisamente esta idea de la animadversión por la separación de poderes en su fórmula clásica, la que ha permitido que se concretizara, ya no solo a nivel de doctrina, sino también a nivel jurisprudencial, la idea de que más que hablar de separación de poderes debe defenderse una separación "atenuada"[64], que inaugurada por la Corte Federal y de Casación, ha trastocado hasta sus cimientos las instituciones y la comprensión teórica a nivel de Derecho Constitucional y de Derecho Administrativo, perjudicando gravemente la libertad individual y política de los ciudadanos.

---

63   Está demás advertir, pues es de sobra conocido, que soy un deudor de toda la obra del profesor Allan R. Brewer-Carías a quien considero uno de mis *maestros*. No es de extrañar que un discípulo, mantenga una diferencia en relación a este tema del "acto administrativo". Para un estudio omnicomprensivo sobre la importancia de la obra del más importante jurista del país y uno de los más importantes de Iberoamérica, véase Hernández G., José Ignacio "Allan R. Brewer-Carías y el concepto de Derecho Administrativo en Venezuela" en *Revista de Administración Pública*, N° 184, Centro de Estudios Políticos y Constitucionales, Madrid, 2011, pp. 349-355., y Alvarado Andrade, Jesús María, "Sobre el Derecho Público Iberoamericano: A Propósito del Tratado de Derecho Administrativo de Allan R. Brewer-Carías" en *Revista de Administración Pública*, N° 193, Centro de Estudios Políticos y Constitucionales, Madrid, 2014, pp. 423-464.

64   Brewer-Carías, Allan R. *Las Instituciones Fundamentales del Derecho Administrativo y la Jurisprudencia Venezolana, op. cit.*, p. 110.

De lo anteriormente expuesto, se colige que no se ha defendido la "separación de poderes" al estilo francés revolucionario, sino aquella que siendo de la esencia del "Estado de Derecho" (*rule of law*) surgió en la tradición anglosajona, por lo que la separación de poderes no francesa pero también a toda la de Europea continental, tampoco es asumida en estas líneas por cuanto no es algo a imitar. De hecho, vale recordar, que en relación a la obra de BREWER-CARÍAS, extensiva a la doctrina –y en esto es una diferencia rotunda con el maestro- existe un desdén por la doctrina de la separación de poderes, que responde a una influencia decisiva de los célebres teóricos del Estado del siglo XIX europeos, quienes comenzaron a desacreditar la doctrina, por la desesperada búsqueda por lograr darle una personalidad jurídica al Estado[65].

En efecto, con arreglo a la obra de los teóricos del Estado galos y germanos, se llegará a sostener que el acuerdo de varias voluntades " implica necesariamente el concurso de todos o de varios de los órganos que constituyen la personalidad estatal"[66], pues como afirmare el célebre CARRÉ DE MALBERG, había que comenzar por establecer la unidad del Poder del Estado, para luego distinguir sus funciones al interior de ese Estado, lo cual es *per se*, algo totalmente opuesto a la doctrina clásica como ya se acotó[67]. Repárese que en las obras de CARRÉ DE MALBERG, Georg JELLINEK[68], e incluso en León DUGUIT[69] existen muchos recelos por la obra de MONTESQUIEU, y por todo el ideario liberal, hasta el punto que para el primer jurista, tal doctrina conllevaba a "destruir en el Estado la unidad que es el principio mismo de

---

65   Es por ello que Brewer-Carías, entre otras cosas más, mantiene una diferencia con la obra de Eduardo García de Enterría con su concepción estatutaria.

66   García Roca, Francisco Javier, "Del principio de la división de poderes (1)" *op. cit.,* p. 48

67   En Latinoamérica, el jurista Juan Carlos Cassagne, ha afirmado que "...Si se parte de la unidad del poder del Estado puede aceptarse sólo una distribución de funciones en órganos diferentes pero nunca una separación que opere, con límites precisos y definitivos, una delimitación absoluta de funciones. ¿Qué ocurre en la realidad? ¿Cuál es el sentido actual de la teoría? Aparte de la función gubernativa (que reviste un carácter superior y excepcional), las funciones del Estado pueden clasificarse desde un punto de vista material en: administrativa (actividad permanente, concreta, practica e inmediata); legislativa (actividad que consiste en el dictado de normas generales y obligatorias) y jurisdiccional (actividad que se traduce en la decisión de controversias con fuerza de verdad legal). Las tres funciones deben perseguir, primordialmente, en su orientación teleológica, a la realización del bien común, ya sea en forma inmediata o mediata. En el orden de la realidad lo que acontece es que cada uno de los órganos entre los que se distribuye el poder estatal tiene asignada, como competencia predominante, una de las funciones señaladas sin que ello obste a la acumulación (en forma entremezclada) de funciones materialmente distintas. El valor de la tesis de Montesquieu consiste fundamentalmente en los principios de coordinación, equilibrio y especialización que la nutren. Por lo tanto, sin apartarse del objetivo esencial de la concepción (que es evitar la concentración indebida de poder en un solo órgano), ella puede ajustarse a las exigencias históricas graduando la competencia asignada a cada órgano en función de los requerimientos de colaboración, control y especialización funcional. Se quiebra, en consecuencia, el principio divisorio, entendido a la manera clásica, a raíz de que no pueden ya identificarse de una manera estricta los aspectos sustancial, orgánico y formal de los actos estatales" Cassagne, Juan Carlos *Derecho Administrativo,* Tomo I, 8° Edición Actualizada, Lexis Nexis-Abeledo Perrot, Buenos Aires, 2006, pp. 72 y 73.

68   *Teoría General del Estado,* Fondo de Cultura Económica, México D.F, 2012, 687 pp.

69   *La Separación de Poderes y la Asamblea Nacional de 1789,* Centro de Estudios Constitucionales, Madrid, 1996, 152 pp. y *Las Transformaciones del Derecho Público y Privado,* Editorial Comares, Madrid, 2007, 315 pp.

su fuerza"[70], lo que favoreció una nueva doctrina de reemplazo, conocida como la teoría formal-sustancial, la cual propició la *justificación*, ya no solo *descripción*, de que los órganos ejecutivos ejercieran "función normativa", a través de las leyes delegadas y delegantes; que los órganos legislativos ejercieran funciones judiciales; que los órganos administrativos ejercieran funciones judiciales (entre otros el absurdo de los actos "cuasi-jurisdiccionales"[71]); y que los órganos judiciales ejercieran funciones legislativas (el absurdo de la "legislación positiva")[72], aunado al hecho

---

70 Carré De Malberg, Raymond, *Teoría General del Estado*, Fondo de Cultura Económica, México, 2000, p. 754.

71 Rondón de Sansó, Hildegard, *Los actos cuasi jurisdiccionales*, Ediciones Centauro, 1990, 160 pp., y la "famosa", sentencia Sala Político-Administrativa de 10 de enero de 1980, *caso Miranda Entidad de Ahorro y Préstamo*.

72 La definición global del "acto administrativo" permitió una ruptura radical con la doctrina de la *separación de poderes*. El fundamento de tal ruptura se halla en las influencias intelectuales descritas, y en teorías que rompieron con la formulación original de Locke y Montesquieu. Es menester destacar, que la amplia noción de "acto administrativo", ha sido el resultado de esta ruptura. Circunstancias como la absurda "jurisdicción normativa", no son más que una conclusión lógica del planteamiento de la *teoría formal sustancial*. Sin embargo, alguien podría objetar que la Sala Constitucional del Tribunal Supremo de Justicia, creadora de este invento funesto de la "jurisdicción normativa", no cuenta con una competencia que lo autorice a legislar, pero no hay que olvidar, que en la "Constitución" se plasmó el absurdo de la "omisión legislativa" (art. 336 ord. 7), la cual no es una competencia estrictamente jurisdiccional. Sobre el invento de la llamada "jurisdicción normativa", ha dicho el ex Magistrado Jesús Eduardo Cabrera Romero que "...se manifiesta cuando la Sala Constitucional ha preferido aplicar las normas de la Carta Fundamental, a pesar de que no existen leyes que las implemente, y a ese fin acude a disposiciones legales semejantes o análogas que hacen viables las situaciones referidas en la normativa constitucional, logrando así que la normativa constitucional viva. O, cuando por control difuso constitucional desaplica normas procesales existentes que coliden con la Constitución; o cuando las ha reinterpretado conforme los principios constitucionales" en Cabrera romero, Jesús Eduardo, "La Prueba en el Proceso Constitucional Venezolano" en *Revista de Derecho Probatorio* nº 14, Ediciones Homero, Caracas, 2006, pp. 111-112. Para una crítica no total a la "legislación positiva", pero sí a los absurdos de la Sala Constitucional véase a Brewer-Carías, Allan R., "Prólogo: Los tribunales constitucionales como legisladores positivos. Una aproximación comparativa", al libro de Daniela Urosa Maggi, *La Sala Constitucional del Tribunal Supremo de Justicia como legislador Positivo*, Academia de Ciencias Políticas y Sociales, Serie Estudios N° 96, Caracas, 2011, pp. 9-70; y su reciente libro *Constitucional Courts as Positive Legislators*, Cambridge University Press, New York, 2011, 923 p. Repárese que la Sala Constitucional, afirma que "La "jurisdicción normativa" estaba prevista en la Ley de Registro Público de 1940!!!!, para que la ejerciera la Corte Federal (artículo 11 de dicha Ley de Registro Público), la cual según la Sala, en los últimos años de la extinta Corte Suprema de Justicia, fue ampliamente ejercida -sin base legal alguna- tanto por la Sala de Casación Civil, como por la Sala Político-Administrativa. El mismo argumento vale para ella. No tiene base legal y menos constitucional, pero repare el lector en lo que dice la norma citada erróneamente que: "Las dudas que ocurrieren, en cuanto a la inteligencia y aplicación de esta Ley, en los casos concretos que puedan presentarse, serán resueltas por la Corte Federal y de Casación, a solicitud del Ministerio de Relaciones Interiores, de los Registradores, por órgano del mismo Ministerio, o de los particulares interesados, debiendo estos últimos formular sus consultas por intermedio del respectivo Registrador, quien las remitirá, debidamente informadas, dentro del término de siete días después de su presentación, por conducto del mencionado Despacho. La Corte Federal y de Casación podrá solicitar, por órgano del mencionado Despacho, los datos que a su juicio fueren necesarios para ilustrar suficientemente la consulta; y deberá resolver las dudas que se le sometan conforme a este artículo, dentro del plazo de treinta días, a contar de la fecha en que reciba el último recaudo" en Ley de Registro Público, *Gaceta Oficial* N° 47 Extraordinario del 4 de septiembre de 1943. No se ve la "jurisdicción normativa" por ningún lado. Véase, sentencia N° 1571, de fecha 22 de agosto de 2001, caso: *ASODEVIPRILARA*. Por todos, véase la crítica insuperada de Pesci-Feltri, Mario, "La jurisdicción normativa y los artículos 335 y 336 de la constitución" en *El derecho público a comienzos del siglo XXI: estudios en homenaje al*

aun más deplorable, de que todos los órganos que ejercen el Poder Público, pueden dictar "actos administrativos", acarreando con ello, que *i)* cualquier manifestación de voluntad de la Administración deviene en "acto administrativo" por lo que puede crear, modificar y extinguir situaciones jurídicas, afectando gravemente la situación jurídico-subjetiva del individuo; *ii)* toda manifestación de voluntad de la Administración Pública deviene en "acto administrativo", el cual siempre se presumirá *legítimo, ejecutivo* y *ejecutorio*; *iii)* todo acto estatal dictado por cualquiera de los órganos que ejercen el Poder Público en su división vertical, con fundamento en el ejercicio de la "actividad administrativa" de modo secundario, puede dictar "actos administrativos", por virtud de la teoría formal-material, violando "justificadamente" la separación de poderes, y haciendo saltar por los aires al "Estado de Derecho" (*rule of law*)[73].

Con arreglo a la ruptura con la separación de poderes, es que se ha erigido una noción de "acto administrativo" que se encuentra en las antípodas de la genuina idea del "Estado de Derecho" (*rule of law*) al otorgarle un poder omnímodo al Estado. De hecho, la primigenia idea de la separación de poderes, precisamente buscaba evitar la confusión de funciones, así sea por decisión del constituyente, por lo que contraviene la formulación original, una teoría como la *formal-sustancial* que se basa en la idea de que los órganos que ejercen el Poder Público –en esta visión estatalizada– pueden ejercer tanto funciones primarias como funciones secundarias de otros, evidenciándose con ello, la imposibilidad de asegurar la libertad individual y política en estos términos[74].

Es innegable que la referida doctrina realiza un esfuerzo encomiable por *describir* la "separación de poderes" plasmada a nivel constitucional y legislativa, pero en su descripción existe una *justificación* a la ruptura con la separación de poderes clásica, la cual se corrobora en la ausencia de críticas jurídicas y políticas al llamado ejercicio "inter-orgánico" e "inter funcional" del Poder Público plasmado normativamente ya en la "Constitución". En efecto, el enjuiciamiento crítico de tal realidad anómala a nivel "constitucional", debió realizarse desde el primer momento, para advertir que el diseño "constitucional" destruía la idea de separación de poderes por representar un atentado funesto al ideal político del "Estado de Derecho" (*Rule of Law*), aunado a todos los problemas concretos que tal posición acarreaba, lo cual incluso hasta la actualidad no se hace, lo cual justifica este trabajo en esta merecida conmemoración.

---

profesor Allan R. Brewer Carías, (Coords. Arismendi A. Alfredo y Caballero Ortiz, Jesús Vol. 1, Editorial Civitas, Madrid, 2003, pp. 1029-1056.

73   Muchas de las ideas que se encuentran en este trabajo fueron ya expuestas por mí, en mi tesis titulada "Reflexiones sobre la construcción de la noción de acto administrativo en Venezuela", Universidad Central de Venezuela, Caracas, 2011, 186 pp., que actualmente se encuentra en revisión para su publicación. Allí hacía una reflexión sobre la noción de "acto administrativo" y su precaria reflexión sustantiva debido a la vinculación con el dato procesal.

74   Con la venia de estilo, Alvarado Andrade, Jesús María, "Sobre la Incompatibilidad del Estado de Derecho (*rule of law*) con la presunción de legitimidad del "acto administrativo"", texto inédito, Guatemala, 2014.

La tesis mayoritaria sobre el "acto administrativo" en la doctrina *iuspublicista* venezolana[75], inspirada en la obra de BREWER-CARÍAS, no cabe duda alguna que representa una lectura fiel a la realidad normativa de las "Constituciones" analizadas (1947, 1961 y 1999), así como de las legislaciones imperantes en Venezuela. Sin embargo, si bien no hay un falseamiento de lo analizado normativamente, si es pertinente destacar que la crítica que se formula descansa no en la *descripción* efectuada, sino en la ausencia de una crítica a la pervertida normatividad, debido a que en medio de la *descripción*, se empezó a asumir la realidad normativa como lo ideal o lo valioso, descuidándose abiertamente la separación de poderes, al no denunciarse el distanciamiento progresivo que las "Constituciones" habían empezado a tener con respecto a aquella parte medular del ideal político del "Estado de Derecho" (*rule of law*), cuyas violaciones a la separación orgánica ya en la "Carta-Constitucional" de 1999, como ha criticado el propio profesor BREWER-CARÍAS, son igual de perversas que las violaciones a la libertad individual y a los derechos constitucionales que trae consigo el ejercicio "inter-orgánico" e "inter-funcional" de los Poderes Públicos.

Así pues, la referida doctrina *iuspublicista* mayoritaria, al no enjuiciar la realidad normativa que analizaba, terminó por aceptar como válido lo que es a todas luces algo sumamente funesto para el goce y ejercicio de la libertad individual y política. La explicación de esta situación, se debe entre otros factores, al descrédito hacia la doctrina liberal y al constitucionalismo liberal, el cual comenzó a florecer en Venezuela a raíz de la "Constitución" de 1947, la cual terminó por erradicar lo ridículamente liberal que quedaba en las "Constituciones" del siglo XIX, y en la cultura jurídica venezolana, y a la vez, con un fenómeno ya más global, a saber, la influencia de posturas doctrinarias europeas continentales, que alejadas del ideal político del "Estado de Derecho" (*rule of law*), fueron afianzando un abismo entre la formu-

---

75   Sobre los trabajos más representativos sobre el "acto administrativo" en Venezuela, véase a Farías Mata, Luis Henrique, "La Doctrina de los Actos Excluidos en la Jurisprudencia del Supremo Tribunal" en *Archivo de Derecho Público y Ciencias de la Administración*, Volumen I, Universidad Central de Venezuela, Facultad de Derecho, Caracas, 1971, p. 335; Farías Mata, Luis Henrique, "Procedimiento para la fijación de Cánones de Arrendamiento en el derecho venezolano" en *Studia Jurídica*, N° 3, Instituto de Derecho Público, Universidad Central de Venezuela, Caracas, 1973, pp. 423 y 425; De Stefano, Juan, "Los Meros Actos Administrativos" en *Revista de la Facultad de Ciencias Jurídicas y Políticas*, N° 84, Universidad Central de Venezuela, Caracas, 1992, pp. 33 y ss.; Andueza, José Guillermo "El control de la constitucionalidad y el Contencioso Administrativo" en VV.AA *Contencioso Administrativo en Venezuela*, Editorial Jurídica Venezolana, 3° Edición, Colección Estudios Jurídicos N° 10, Caracas, 1993, p. 76 y ss.; Lares Martínez, Eloy, *Manual de Derecho Administrativo*, 12° Edición, Facultad de Ciencias Jurídicas y Políticas, Universidad Central de Venezuela, Caracas, 2001, p. 136 y ss.; Rondón De Sansó, Hildegard, "Estudio Preliminar" en *Ley Orgánica de Procedimientos Administrativos y Legislación Complementaria*, Colección Textos Legislativos, N° 1, 15° Edición, Editorial Jurídica Venezolana, Caracas, 2008, pp. 80-82; Pérez Luciani, Gonzalo, *La Noción del Acto Administrativo*, Academia de Ciencias Políticas y Sociales, Editorial Italgráfica, Caracas, 1998; Linares Benzo, Gustavo, "Notas sobre los actos administrativos" en *El Derecho Público a los 100 números de la Revista de Derecho Público 1980-2005*, Editorial Jurídica Venezolana, Caracas, 2006, pp. 755-784 y Herrera Orellana, Luis, *La Potestad de Autotutela. Ejecutividad y Ejecutoriedad de los Actos y de los Contratos Administrativos*, Ediciones Paredes, Caracas, 2008 entre otros.

lación teórica política de la separación de poderes y las falsas "Constituciones" reinantes[76].

El referido abismo, descansa en que las posturas europeas continentales desde el siglo XIX, comenzaron a propugnar la idea de que una lectura atenta de las "Constituciones" europeas del siglo XIX, permitía entrever que adolecían de una separación de poderes a la estirpe de los cánones descritos por LOCKE y MONTESQUIEU, en tanto los referidos textos "constitucionales" y legales, reflejaban una realidad normativa del todo diferente. En efecto para esta teoría, cada uno de los "poderes" u "órganos que ejercían" el Poder Público en salvaguarda de la unidad estatal, desempeñaban por disposición constitucional "funciones" que si bien le correspondían por su índole (funciones propias), ello no significaba que no podían ejercer otras "funciones" que no le correspondían por su índole (funciones secundarias), surgiendo con ello una nueva teoría jurídica, a saber, la *teoría formal-sustancial* que tanto ha influido en la doctrina *iuspublicista* venezolana y en especial en la obra del maestro.

Conforme a la *teoría formal-sustancial*, se le dio descanso eterno a la separación de poderes en Venezuela, y en donde se haya asumido, al sostenerse que existía en contra de la formulación original un obstáculo severo en las propias "Constituciones", con lo cual se dudó incluso de la *razón de ser* de la doctrina[77], pues al no considerarse como una institución de derecho positivo, se adujo que ella representaba solamente una "mera teoría política o un principio de política o organizativo que sirviera de desarrollo de todo el sistema de poderes del Estado, o a lo sumo, una finalidad a la cual debería tender el derecho positivo"[78]. La combinación de la *teoría formal-sustancial*, con otras surgidas posteriormente –la de la escuela de la formación por grados- bastante diferentes, propició a su vez otra idea, según la cual, tampoco existe una igualdad entre los "poderes", pues de conformidad con las "Constituciones" y los derechos positivos de todos los Estados, se desprendía también que esa igualdad no estaba consagrada en las mismas.

Ahora bien, a estas alturas no se requiere mucha perspicacia para darse cuenta que la *teoría formal-sustancial*, no representaba ni representa un progreso en cuanto a la búsqueda necesaria por realmente constitucionalizar el poder político a través de una verdadera Constitución que establezca la separación de poderes y garantice los derechos individuales como rezaba el célebre artículo XVI de la *Déclaration* de 1789. Por ello, la presente crítica en contra de la *teoría formal- sustancial* no es extremada, ya que a partir de ella, ha surgido la noción imperante del "acto administrativo", y es por ella que la noción aceptada en Venezuela es tan amplia y peligrosa para la libertad individual, ya que al no existir separación de poderes, todos los actos estatales serían "actos administrativos" a excepción de los actos de gobierno, las

---

76 Tal y como he explicado en el trabajo ya citado en la nota N° 36, en Venezuela no ha habido Constitución auténtica, de allí que tengamos la grave situación política, económica y social prolongada en el tiempo sin que se quiera comprender lo esencial.

77 Ya Loewenstein afirmaba que "…aunque erróneamente se suele designar como la separación de los poderes estatales, es, en realidad, la distribución de determinadas funciones estatales a diferentes órganos del Estado" Loewenstein, Karl, *Teoría de la Constitución*, Ariel, Barcelona, 1979, p. 55.

78 Pérez Luciani, Gonzalo, "La actividad normativa de la Administración" en *Revista de Derecho Público* N° 1, Editorial Jurídica Venezolana, Caracas, 1980, pp. 19-44.

leyes o los actos parlamentarios sin forma de Ley y las sentencias[79], por lo que todos esos actos estatales dictados por todos los órganos que ejercen los poderes públicos, *prima facie* crearían, modificarían o extinguirían situaciones jurídicas, y los mismos a su vez, gozarían de los privilegios de *imperatividad* o de *ejecutoriedad,* a la vez que de la inconstitucional *presunción de legitimidad*[80].

Tal noción imperante en el Derecho Administrativo venezolano, no constitucionalizado y bastante iliberal en sus cimientos[81], parte de la influencia de que la separación de poderes ha quedado disuelta en la práctica política constitucional a una mera especialización funcional. Y es que si bien el argumento, versa en que en la realidad normativa "constitucional" y legal la separación de poderes no encuentra respaldo normativo, también hay que destacar, que en la teoría existe un desdén por la doctrina de la separación de poderes, razón que explica por qué en la *descripción*, existe esa propensión a *justificar* la *descripción* expuesta, pese a contrariar al "Estado de Derecho (*rule of law*)[82]. De allí pues, que *descripción* y *valoración* en los autores se unan, en detrimento de la doctrina formulada por LOCKE y MONTESQUIEU[83].

En la construcción de la noción de "acto administrativo", como ya se ha explicado, la doctrina y jurisprudencia perdieron de vista la elaboración de una noción científica del "acto administrativo" debido a la búsqueda por sólo vincular la noción con un efecto principal, a saber, el control jurisdiccional, con el objetivo de que no existan actos excluidos de control, olvidando que todo acto estatal deviene impugnable, aun cuando no administrativo conforme a la cláusula del "Estado de Derecho" (*rule of law*)[84]. En tal encomiable pero infructífera labor, la doctrina y la jurispru-

---

79 Brewer-Carías, Allan R. *El Derecho Administrativo y la Ley Orgánica de Procedimientos Administrativos.* ob., *cit.,* pp. 141-142. Crítica a la anterior postura, véase en Pérez Luciani, Gonzalo, *La Noción del Acto Administrativo,* Editorial Italgráfica, p. 119.

80 Con la venia de estilo, Alvarado Andrade, Jesús María, "Sobre la Incompatibilidad del Estado de Derecho (*rule of law*) con la presunción de legitimidad del acto administrativo", texto inédito, Guatemala, 2014.

81 Herrera Orellana, Luis Alfonso, "Derecho Administrativo y Libertad: o de por qué el Derecho Administrativo venezolano no ha respetado ni promovido la libertad", en *Revista Electrónica de Derecho Administrativo Venezolano,* N° 2, Centro de Estudios de Derecho Público de la Universidad Monteávila, Caracas, 2014, pp. 71-94.

82 Brewer-Carías, Allan R., "Retos constitucionales para el siglo XXI" en *Revista Politeia (Constitución y Constitucionalismo hoy. Bicentenario del Derecho Constitucional Comparado de Manuel García Pelayo),* n° 26, Instituto de Estudios Políticos, Universidad Central de Venezuela, Caracas, 2001, pp. 47-68; y *Authoritarian Government v. The Rule of Law. Lectures and Essays (1999-2014) on the Venezuelan Authoritarian Regime Established in contempt of the Constitution,* Fundación de Derecho Público, Editorial Jurídica Venezolana, Caracas, 2014, 986 p., aunque aún persista la defensa de la "teoría formal sustancial".

83 Vile, M. J. C., *Constitutionalism and the separation of powers,* Liberty Fund, Indianapolis, 1998, 455 p.

84 Brewer-Carías, Allan R., *El Control de la Constitucionalidad de los Actos Estatales,* Colección Estudios Jurídicos, N° 2, Editorial Jurídica Venezolana, Caracas, 1977, pp. 31, 32, 112, 113 y 114; Brewer-Carías, Allan R., "La impugnación de los actos administrativos de registro ante la jurisdicción contencioso-administrativa" *en Libro a la Memoria de Joaquín Sánchez Covisa,* Caracas, 1975, pp. 440 y ss.; Canova González, Antonio, "Bases actuales para el control de la Administración Pública (Algunos argumentos a favor de la Abolición de los modelos históricos)" en *Revista de Derecho Administrativo,* N° 1, Editorial Sherwood, Caracas, 1997, pp. 47-70.

dencia se empecinaron en el estudio del "acto administrativo", pero solo a efectos del control "contencioso-administrativo"[85] a fin de tutelar los derechos e intereses de los ciudadanos, razón por la cual arguyó la doctrina, la idea de que no podía adoptarse un criterio *único* y *excluyente*, sino todos los criterios (orgánico, material y mixto) para supuestamente hacer efectivo el principio de *universalidad del control jurisdiccional*[86], lo que acarreó innumerables problemas y confusiones en el entendimiento de esta importante institución del Derecho Administrativo y de todo el entramado institucional.

En efecto, ha sido Allan R. BREWER-CARÍAS, quien gracias a su magisterio, ha logrado idear una fórmula para lograr este sometimiento de los actos del Estado (los actos sublegales) al control jurisdiccional, en especial al "contencioso administrativo", por medio de una explicación sobre el llamado ejercicio "inter-orgánico" e "inter funcional" del Poder Público presente en un Estado Federal que reconoce falsamente la "separación orgánica de poderes" en sus tres entes político territoriales. Según esta postura doctrinaria, es prioritario comprender la noción de *función estatal* la cual entiende el jurista cómo "la acción que desarrollan los órganos estatales o la actividad que desempeñan como tarea que le es inherente, en el sentido que sólo en ejercicio del Poder Público pueden cumplirse. De ahí que la función es toda actividad de la propia esencia y naturaleza de los órganos estatales y, por tanto, indelegable salvo que exista una autorización constitucional. Entonces, las diversas funciones del Estado son sólo las diversas formas a través de las cuales se manifiesta la actividad estatal"[87], concepto que permite reforzar la idea según la cual, la "separación orgánica" de poderes no coincide con la "separación de funciones" ya que si bien la "Constitución" establece una distribución del Poder Público en "ramas", también asigna a cada una de ellas y a sus órganos conformados de acuerdo a la división del Poder en cada nivel, unas determinadas "funciones propias" pero permitiendo la asunción de otras.

Conforme a ello, cada uno de los órganos que ejercen el Poder Público Nacional, si bien ostentan constitucionalmente "funciones propias", ello no significa que las ejerzan con carácter de *exclusividad*, pues en el ejercicio del Poder Público por parte de los órganos que lo ejercen, algunas veces intervienen otros órganos, y la vez, su ejercicio también se le atribuye constitucional y legalmente a otros órganos, la cual sin duda es la posición mayoritaria en la doctrina venezolana. Sin embargo, huelga

---

85   Alvarado Andrade, Jesús María, "Reflexiones sobre la construcción de la noción de acto administrativa en Venezuela", Universidad Central de Venezuela, Caracas, 2011, 186 pp., y Alvarado Andrade, Jesús María, "Sobre la Incompatibilidad del Estado de Derecho (*rule of law*) con la presunción de legitimidad del acto administrativo", texto inédito, Guatemala, 2014.

86   Canova González, Antonio, *Reflexiones para la reforma del sistema contencioso administrativo venezolano*, Editorial Sherwood, Caracas, 1998; y del mismo autor, *La realidad del contencioso administrativo venezolano (Un llamado de atención frente a las desoladoras estadísticas de la Sala Político Administrativa en 2007 y primer semestre de 2008)*, Caracas, 2008; Torrealba Sánchez, Miguel Ángel, *Manual de Contencioso Administrativo (Parte General)*, Editorial Texto, Caracas, 2007 y Brewer-Carías, Allan R. *Tratado de Derecho Administrativo. Derecho Público Iberoamericano*, Tomo VI, ob., *cit.*, p. 130 y ss.

87   Brewer-Carías, Allan R. *Tratado de Derecho Administrativo. Derecho Público Iberoamericano*, Tomo III, *op. cit.*, 1.072 p.

advertir que tal postura tiene el inconveniente –nada baladí- de que en realidad afianza un poder tiránico por parte del Estado en contra del individuo, no porque la separación de poderes sea insuficiente por sí sola como ya entrevió *El Federalista XLVIII*, cuando afirmaba que "la sola determinación en un pergamino de los límites constitucionales de los varios departamentos no es suficiente salvaguardia contra las usurpaciones que conducen a la concentración tiránica de todos los poderes guber-namentales en la misma en las mismas manos"[88], sino porque la propia idea de *separación de poderes* se relega gravemente al ámbito de la ciencia política por no co-rresponderse supuestamente con una realidad normativa alejada del constituciona-lismo liberal.

La noción de "acto administrativo" asumida en la doctrina *iuspublicista* venezo-lana, no cabe duda alguna que fue el producto de un *sincretismo jurídico*[89], y el re-sultado de una profunda y negativa influencia de corrientes doctrinarias opuestas a la doctrina de la separación de poderes clásica. Si a dicha conclusión, se añade lo absolutista que es la propia noción de "acto administrativo" construida al calor de la conveniencia política de los revolucionarios de 1789, quienes tomaron todo aquello que provenía del *ancien régime* para acelerar sus planes de reingeniería social[90], luce fácil comprender que el tema del "acto administrativo" es un tema complejo y que amerita una reflexión profunda, ya que es en esta disciplina, a veces abstrusa del Derecho Administrativo, en donde se ve patente que el porvenir de la libertad indi-vidual se encuentra nebulosa, debido a la cada vez mayor *administrativización* de la sociedad[91].

CONCLUSIONES

El presente trabajo, desde una perspectiva constitucional, pretendió ofrecer su-cintamente una reflexión, que permita efectuar un reexamen en la doctrina *iuspubli-cista* venezolana[92], en relación a la noción del "acto administrativo", procurando en todo momento evidenciar, que la verdadera *constitucionalización* del ordenamiento jurídico, solo pasa por la concientización de que la verdadera Constitución normati-

---

88   Hamilton, Alexander, Madison, James y Jay, John, *El Federalista, op. cit.*, p. 213.

89   Brewer-Carías, Allan R. "Sobre la importancia para el derecho administrativo, de la noción del acto administrativo y de sus efectos" en *Los efectos y la ejecución de los actos administrativos. III Jornadas Internacionales de Derecho Administrativo Allan Randolph Brewer-Carías*, Fundación Estudios de De-recho Administrativo (FUNEDA), Caracas, 1997, pp. 19-43.

90   Con la venia de estilo, Alvarado Andrade, Jesús María, "Sobre la Incompatibilidad del Estado de Dere-cho (*rule of law*) con la presunción de legitimidad del acto administrativo", texto inédito, Guatemala, 2014.

91   Con la venia de estilo, Alvarado Andrade, Jesús María, "Análisis sobre el Acrecentamiento de la Admi-nistración Pública Central del Estado Venezolano (Consideraciones especiales sobre la Transformación y el Aumento en la "Administrativización" de la Sociedad 1999-2009)" en *Revista de la Facultad de De-recho de la Universidad Católica Andrés Bello*, N° 60-61, Universidad Católica Andrés Bello, Caracas, pp. 209-260.

92   Hernández G., José Ignacio, "Repensando al Derecho Administrativo Venezolano", Universidad Católi-ca Andrés Bello, Caracas, 2013.

va, es aquella que se amolda a los cánones del ideal político del "Estado de Derecho" (*rule of law*), que es el que puede garantizar una forma política favorable a la libertad política e individual.

Para ello, se trató de mostrar que solo bajo una Constitución que entronice la separación de poderes y las debidas protecciones a los derechos individuales, es la que puede lograr el debido control al poder, combatiendo en todo momento, conceptos elásticos que conciben a la Constitución, como "pura entelequia o desnuda vaciedad"[93]. De allí que la Constitución defendida no sea aquel texto auto-reputado como "Constitución", sino aquel, que refleje el desiderátum sabio de los revolucionarios de 1789 en su célebre artículo XVI.

En ese sentido, el lector podrá evidenciar que la crítica siempre constructiva, anhela un reexamen de la noción de "acto administrativo" imperante en Venezuela, que erradique esa funesta concepción de la libertad como una realidad sólo posible en y a través del Estado[94], y de la concepción de "derechos" como derechos públicos subjetivos existentes por obra y gracia del Estado y en la configuración que el Estado desee, convirtiendo a los individuos en medios dóciles de un poder inusitado, haciendo a los individuos indefensos y sometidos al "Estado administrativo" que solo se limita a cumplir –si es que lo hace- sus cada vez más programas de reingeniería social a través de sus voraces legislaciones, opuestas a las leyes generales y abstractas.

Es por ello, que en este homenaje a una obra como *Las Instituciones Fundamentales del Derecho Administrativo y la Jurisprudencia Venezolana*, que debe ser leída y estudiada en las Universidades por la importancia que reviste, nos vimos también forzados a acudir a la extensa y prolífica obra de BREWER-CARÍAS, para analizar el tema del "acto administrativo" en su obra, pues lo dicho en la obra homenajeada sufrió cambios que es importante conocer, para posteriormente en diálogo con el maestro, efectuar una crítica a la manera en que el autor ha concebido la noción de "acto administrativo", mostrando las influencias que presumiblemente existen, y que lo llevaron a concebir más que una separación de poderes, una separación de funciones, al amparo de una *descripción* que terminó convirtiéndose en una *justificación* tácita y a veces expresa que debe ser superadas en aras de hacer posible el "Estado de Derecho" (*rule of law*).

Como se ha advertido, al partir BREWER-CARÍAS de que cada uno de los órganos que ejercen el Poder Público, si bien cuentan con *funciones propias* ellas no le son excluyentes a los diversos órganos de los poderes del Estado, pues "la asignación de funciones propias a los órganos que ejercen los Poderes Públicos, no implica que cada uno de los órganos del Estado siempre tenga el ejercicio exclusivo de alguna

---

93　Aragón Reyes, Manuel, "El control como elemento inseparable del concepto de Constitución" *op. cit.,* p. 16.

94　Colletti, Lucio, *From Rousseau to Lenin, Studies in Ideology and Society*, Monthly Review Press; USA, 1974, 240 pp.

función estatal específica"[95], con el objetivo de "identificar a la función administrativa y su ejercicio por los diversos órganos del Estado"[96] , logrando que " El acto administrativo, como concreción típica pero no única del ejercicio de la función administrativa, puede emanar de todos los órganos estatales en ejercicio del Poder Público, teniendo en todo caso carácter sublegal."[97], pero también con arreglo al principio del carácter" inter-funcional" de los actos estatales, el cual implica que no exista coincidencia entre las funciones del Estado y los actos jurídicos que emanan de la voluntad estatal, todo lo cual facilita que los "actos administrativos" pueden emanar de la:

> "...Asamblea Nacional, actuando en función administrativa y en función de control; de los tribunales, actuando en función normativa, en función de control y en función administrativa; de los órganos que ejercen el Poder Ejecutivo (Administración Pública Central) cuando actúan en función normativa, en función jurisdiccional, en función de control y en función administrativa; de los órganos que ejercen el Poder Ciudadano actuando en función normativa, en función de control y en función administrativa; y de los órganos que ejercen el Poder Electoral actuando también en función normativa, en función de control y en función administrativa. Los actos administrativos en esta forma, y contrariamente a lo que sucede con las leyes, con los actos parlamentarios sin forma de ley, con los decretos-leyes, con los actos de gobierno y con las sentencias judiciales, no están reservados a determinados órganos del Estado, sino que pueden ser dictados por todos ellos y no sólo en ejercicio de la función administrativa, sino de todas las otras funciones del Estado."[98]

Así pues, como se ha explicado a lo largo del sucinto trabajo, la noción de "acto administrativo" excesivamente amplia de BREWER-CARÍAS, ha sido el producto como ha destacado PÉREZ LUCIANI de un *sincretismo jurídico[99]*, pero también de un entendimiento discutible de la *separación de poderes,* bastante alejada de los cánones clásicos, sobre los cuales ha oscilado su obra si se lee detenidamente sus obras de Derecho Constitucional, mucho más liberales, que las obras de Derecho Administrativo, bastante antiliberales en sus inicios.

Aun así, esta crítica constructiva que en nada pretende liquidar una discusión que debe darse en doctrina, no implica que se falsee la obra del más importante jurista del país, en lo que respecta a la noción de "acto administrativo" como puede verse en algunos fallos judiciales[100], que estimo pueden ser muchos, derivado del poco

---

95   Véase la parte que le corresponde a nuestro homenajeado en Vidal Perdomo, Jaime; Ortíz Ortíz, Eduardo; Gordillo, Agustín y Brewer-Carías, Allan R. *La función administrativa y las funciones del Estado. Cuatro amigos, cuatro visiones sobre el derecho administrativo en América Latina*, Cuadernos de la Cátedra Allan R. Brewer-Carías de Derecho Administrativo, Universidad Católica Andrés Bello, Editorial Jurídica Venezolana, Caracas, 2014, p. 204.

96   *Ibíd.,* p. 205

97   *Ibíd.,* pp. 219-220

98   *Ibíd.,* pp. 228-239.

99   Pérez Luciani, Gonzalo, *La Noción del Acto Administrativo, op. cit.,* p. 119 y 120.

100   Véase la sentencia asunto: FP11-R-2006-000327 del Tribunal Superior Segundo del Trabajo de la Circunscripción Judicial del Estado Bolívar, Puerto Ordaz, 17 de Octubre de 2006 en http://bolivar.tsj.gov.ve/DECISIONES/2006/NOVIEMBRE/1928-17-FP11-R-2006-000327-0040.HTML y también la sentencia de la Corte Primera de lo Contencioso Administrativa de fecha 1 de junio de

estudio serio y honesto de una obra vasta, imponente e importante. De hecho y por más extraño que parezca, siendo deudor de la obra del maestro, en este punto mantengo una diferencia, que se aclara con el hecho de que soy un discípulo que no pretendo un *gobierno liberal* pues eso "es realmente una *contradictio in adjecto*" ya que la "Solo la presión unánime de la opinión pública obliga al gobernante a liberalizar; el jamás lo haría por su propio impulso[101], sino que pretendo un sólido "Estado de Derecho" (*rule of law*), pues como advirtieran los sabios de *The Federalist:*

> "Si los hombres fuesen ángeles, el gobierno no sería necesario. Si los ángeles gobernaran a los hombres, saldrían sobrando lo mismo las contralorías externas que las internas del gobierno. Al organizar un gobierno ha de ser administrado por hombres para los hombres, la gran dificultad estriba en esto: primeramente hay que capacitar al gobierno para mandar sobre los gobernados; y luego obligarlo a que se regule a sí mismo. El hecho de depender del pueblo es, sin duda alguna, el freno primordial indispensable sobre el gobierno; pero la experiencia ha demostrado a la humanidad que se necesitan precauciones auxiliares[102].

2000, caso: Julio Rico en *Revista de Derecho Público*, N° 82, Editorial Jurídica Venezolana, Caracas 2000, pp. 415-416. Con provecho Brewer-Carías, Allan R. "Sobre la relación de Eduardo García de Enterría con Venezuela", Palabras leídas por Jesús María Alvarado Andrade en *Foro: Estado de Derecho, Judicatura y democracia*, Academia de Ciencias Políticas y Sociales, Acceso a la Justicia y Universidad Metropolitana, Caracas, 28 noviembre 2013.

101 Von Mises, Ludwig, *Liberalismo*, Universidad Francisco Marroquín-Unión Editorial, Madrid, 2005, p. 103.

102 Hamilton, Alexander; Madison, James, y Jay, John, *El Federalista, op. cit.,* pp. 220 y 221.

SECCIÓN SEGUNDA:

LA CLASIFICACIÓN DE LOS ACTOS ADMINISTRATIVOS EN LA OBRA DE ALLAN BREWER-CARÍAS

Gladys del V. Mata Marcano
Marilena C. Asprino Salas

Profesoras de Derecho Administrativo,
Facultad de Ciencias Jurídicas, Políticas y Criminológicas, ULA

I.   INTRODUCCIÓN

En 1964, el Dr. Allan Brewer-Carías publicó su tesis de grado intitulada "Las Instituciones Fundamentales del Derecho Administrativo y la Jurisprudencia Venezolana", con la que obtuviera un año antes el título de Doctor. Elaborada durante su estadía en París bajo la influencia de destacados doctrinarios franceses, alemanes y españoles, así como de la jurisprudencia de esos países, la tesis doctoral de Brewer-Carías constituyó la primera obra completa y organizada de Derecho Administrativo en nuestro país, poco afortunado para esos momentos, en lo que a producción de estudios doctrinarios se refiere[1]. Al cumplirse cinco décadas de tan importante trabajo, cualquier iniciativa de reconocimiento luce pequeña ante la dimensión del aporte de este maestro del Derecho Administrativo venezolano, la cual se ha hecho evidente a lo largo de su fructífera labor como docente, investigador, jurista, conferencista y autor de infinidad de artículos y libros especializados. De manera que atender la gentil invitación que se nos hiciera para participar en la obra homenaje con ocasión de cumplirse los cincuenta años de esta tesis doctoral, es un gran compromiso para nosotras y así lo asumimos, por lo que, en las páginas siguientes, abordamos el estudio de la propuesta para la categorización de los actos administrativos hecha por Brewer-Carías, con una necesaria y obligada referencia a las normas venezolanas y a las soluciones dadas desde el ámbito de la justicia administrativa a la exigencia de clasificación de tales actos.

---

[1]   En el año 1963, concluida la tesis doctoral del Dr. Allan Brewer-Carías, se publicó la primera edición del "Manual de Derecho Administrativo" del ilustre catedrático y jurista Eloy Lares Martínez, obra de reconocido valor didáctico para la difusión de los principios, fundamentos e instituciones de esta disciplina, la cual ha sido calificada también como pionera, dada la inexistencia de estudios completos y sistematizados de Derecho Administrativo en el país para ese momento.

II. CLASIFICACIÓN DE LOS ACTOS ADMINISTRATIVOS EN "LAS INSTITUCIONES FUNDAMENTALES DEL DERECHO ADMINISTRATIVO Y LA JURISPRUDENCIA VENEZOLANA"

En el texto "Instituciones Fundamentales del Derecho Administrativo y la Jurisprudencia Venezolana", Brewer-Carías basa su análisis en las soluciones surgidas de la jurisprudencia del Máximo Tribunal de la República (antigua Corte Federal y de Casación)[2], durante el período comprendido entre los años 1950 y 1962. Asimismo, en virtud de que al final de este periodo entró en vigencia la Constitución de 1961, las disposiciones de la -para entonces- novedosa Constitución, influyeron de manera sustancial en su análisis y en la elaboración de su propuesta de categorización de los actos administrativos. La Corte Federal[3] definió al acto administrativo como la "Declaración de voluntad realizada por la Administración con el propósito de producir efectos jurídicos." Esta definición dada por la jurisprudencia posee menos elementos que la elaborada por el autor[4], quien además, llegó a proponer una clasificación de los actos administrativos basada en los siguientes criterios:

1. La declaración de voluntad.

2. La autoridad que declara la voluntad de la Administración.

3. Los poderes de la autoridad que dicta el acto administrativo;

4. Los efectos del acto administrativo.[5]

---

2   Araujo Juárez sostiene que el instituto del acto administrativo surge en el Derecho administrativo venezolano, cuando el artículo 120, numeral 12 de la Constitución de 1931 hace mención de él dentro de las atribuciones de la Corte Federal y de Casación. *Cfr. Vid.*, ARAUJO-JUÁREZ, José. "Derecho Administrativo venezolano: aproximación a su constitución científica". En *100 años de la enseñanza del Derecho Administrativo en Venezuela 1909-2009.* Caracas: UCV/Centro de Estudios de Derecho Público de la Universidad Monteávila/FUNEDA, 2011. Tomo I. pp. 283-284.

3   La sentencia a que se hace referencia es la Sentencia de la Corte Federal del 3-6-59 citada por el autor Allan Brewer-Carías en su obra *in comento.* En cuanto a la definición de acto administrativo contenida en dicha sentencia, puede afirmarse que posee un marcado carácter orgánico, puesto que sólo considera la manifestación de voluntad de la Administración. A este respecto, el autor hace un análisis del vocablo Administración por considerar que la Corte no lo utiliza en sentido estricto. *Cfr. Vid.*, BREWER-CARÍAS, Allan. *Instituciones Fundamentales del Derecho Administrativo y la Jurisprudencia Venezolana.* Caracas: Publicaciones de la Facultad de Derecho, Universidad Central de Venezuela, 1964. pp. 102 y ss.

4   El autor Allan Brewer-Carías analiza en detalle los elementos conceptuales de la definición dada por la Corte Federal y se aparta de una interpretación literal de la misma para elaborar y exponer su propia definición del acto administrativo, en los términos siguientes (...) "Podemos definir el acto administrativo como aquella manifestación de voluntad realizada por una autoridad pública actuando en ejercicio de función administrativa, con el objeto de producir efectos jurídicos determinados que pueden ser, o la creación de una situación jurídica individual o general, o la aplicación a un sujeto de derecho de una situación jurídica general. BREWER-CARÍAS, Allan. Op. Cit., pp. 99-120.

5   Otra clasificación de los actos administrativos fue la propuesta por Lares Martínez, basada en criterios distintos a los utilizados por Brewer-Carías. En este sentido, sustenta la tipología de este tipo de actos en los siguientes aspectos: a) en el *número de órganos* que participan en la formación del acto, pudiendo ser simples o complejos; b) en el *procedimiento,* por el cual los actos pueden ser: preparatorios o de trámite; actos principales o definitivos; actos firmes y actos de ejecución; c) en el alcance de sus *efectos* (destinatarios), pudiendo ser generales (generales de contenido normativo y generales de contenido no normati-

Desde la perspectiva de la declaración de voluntad, Brewer-Carías clasifica los actos administrativos en:

a) Expresos, si la voluntad de la Administración es declarada formalmente, pudiendo ser a su vez, acordatorios o denegatorios respecto de la petición hecha por el administrado; y tácitos si se configura el silencio administrativo, calificado esencialmente como denegatorio o de rechazo de una solicitud[6].

b) Unilaterales, si el acto se configura por la sola declaración de voluntad de la Administración -siendo por demás su modo normal de acción-, o bilaterales si el acto se forma por un acuerdo de voluntades, siendo una de ellas la voluntad de la Administración. Este tipo de actos están representados por el contrato administrativo como acto tipo.

A partir de la autoridad que declara la voluntad de la Administración, Brewer-Carías reivindica la existencia de actos administrativos nacionales, actos administrativos estadales y actos administrativos municipales, que corresponden a las distintas Administraciones Públicas existentes en Venezuela, en razón de la distribución vertical del Poder Público consagrada en la Constitución Nacional.[7]

Según los poderes de la Administración, en la tipología propuesta por Brewer-Carías, los actos administrativos pueden ser: reglados, si la autoridad que emite el acto lo hace bajo el condicionamiento de normas preestablecidas que no le conceden libertad de elección[8]; o discrecionales si la autoridad competente emite el acto en

---

vo) o individuales; d) en la *amplitud de los poderes de la Administración,* dando lugar a los actos reglados y los actos discrecionales; e) de acuerdo a su *contenido* los actos pueden ser muy variados, siendo los más reconocidos: admisiones, concesiones, autorizaciones, aprobaciones, renuncias, actos punitivos, actos de expropiación y órdenes. LARES MARTÍNEZ, Eloy. *Manual de Derecho Administrativo.* 8ª. Edición. Caracas: Universidad Central de Venezuela, 1990. pp. 160-172.

6   Entre las normas que para ese entonces atribuían al silencio administrativo un valor denegatorio Brewer-Carías cita el Reglamento de la Ley de Regulación de Alquileres y las Leyes de la Procuraduría de la Nación y del Ministerio Público. *Cfr. Vid.,* BREWER-CARÍAS, Allan. *op. cit.,* Nota 131, p. 148. // Asimismo, sobre el silencio administrativo conviene señalar que la Sala Político Administrativa de la Corte Suprema de Justicia en sentencia de fecha 02-03-1978 y 28-11-1978, con ocasión de la entrada en vigencia de la Ley Orgánica del Tribunal Supremo de Justicia, le otorga un valor negativo y en consecuencia, lo instituye como una carga para el administrado. En efecto, el máximo Tribunal estableció que vencido el lapso de la Administración para la decisión del recurso jerárquico, el administrado debía ejercer obligatoriamente el recurso de anulación dentro del lapso de seis meses siguientes al vencimiento del mismo. BREWER-CARÍAS, Allan y ORTÍZ, Luis. *Las Grandes Decisiones de la Jurisprudencia Contencioso-Administrativa (1961-1996).* Caracas: Editorial Jurídica Venezolana, 1996, pp. 724-729//Más recientemente, el máximo tribunal se inclina favor de la posibilidad que surge para el administrado de actuar por ante los órganos contencioso administrativos para demandar la nulidad de un acto, si transcurre el lapso previsto para que la Administración se pronuncie sobre el recurso jerárquico, sin que se produzca pronunciamiento alguno. Sala Política Administrativa, N° Sentencia 01752 de fecha 27-07-2000. Disponible en http://www.tsj.gov.ve/jurisprudencia/extracto.asp?e=495

7   Constitución de la República de Venezuela, *Gaceta Oficial* N° 662, Extraordinario de 23 de enero de 1961.

8   En sentencia de la Corte Federal de 17-07-1953, el Máximo Tribunal afirmó: "(...) y reglados, llamados también vinculados y obligatorios, cuando el funcionario no puede efectuarlos sino con sujeción estricta a la Ley, so pena de incurrir en incompetencia, exceso de poder o genéricamente, en ilegalidad o violación de la Ley; en este orden de ideas todas las actividades de la autoridad administrativa deben ceñirse a reglas o normas preestablecidas. De ahí, el principio de legalidad de los actos administrativos." BRE-

ejercicio de su poder de apreciación otorgado por la propia ley[9]. En el ejercicio de su potestad discrecional la Administración está facultada para decidir actuar o abstenerse de hacerlo, y en caso de obrar, elegir entre varias soluciones posibles según la oportunidad y conveniencia de ello.

Finalmente, conforme a los efectos de los actos administrativos, apunta Brewer-Carías que pueden ser: generales si sus efectos son impersonales y objetivos, siendo el característico el acto reglamentario[10], en virtud del cual la Administración regula la conducta de los administrados, la de los funcionarios a su servicio y su propia actividad, o actos administrativos individuales[11], si producen efectos individuales, particulares y subjetivos. Estos últimos representan el actuar normal de la Adminis-

---

WER-CARÍAS, Allan. "El Poder Discrecional en la Jurisprudencia Administrativa Venezolana". En *Revista de la Facultad de Derecho* N° 28. Caracas: Universidad Central de Venezuela. p. 189.

9   Respecto del acto discrecional de la Administración y su control, la Corte Federal en sentencia de fecha 06-11-1958, estableció:"(...) Este poder discrecional, ya virtual, ya expresamente conferido por la Ley, es indispensable para que el Poder Administrador, y de manera más amplia, pueda realizar sus fines de un modo cabal, porque la ley no puede prever y reglamentar las múltiples, cambiantes y complejas relaciones jurídicas que se producen en la sociedad. De ahí que, por lo general, se limite a determinar normas que fijan la competencia de los diversos órganos administrativos y deje a éstos una cierta libertad de apreciación de los hechos, para decidir u orientar su actuación."// Puede decirse, entonces, que el acto discrecional se produce cuando la Administración actúa en ejercicio del poder de libre apreciación que le deja la ley para decidir si debe obrar o abstenerse, cómo ha de obrar o qué alcance ha de dar a su actuación. Bonnard. *Derecho Administrativo*, 1938. pág. 64 **Apud** BREWER-CARÍAS, Allan y ORTÍZ, Luis. *Las Grandes Decisiones de la Jurisprudencia Contencioso-Administrativa (1961-1996)...* pp. 578-581. //De igual manera, puede revisarse toda una gama de decisiones de la Antigua Corte Federal sobre el poder discrecional de la Administración en artículo del mismo autor. *Cfr. Vid.,* BREWER-CARÍAS, Allan. "El Poder Discrecional en la Jurisprudencia Administrativa Venezolana" En *Revista de la Facultad de Derecho* N° 28... pp. 188-194.

10   Aún existe discrepancia en la doctrina en cuanto a considerar el reglamento como acto administrativo. En opinión de Brewer-Carías con fundamento en las normas constitucionales, tanto de 1961 como de 1999, que atribuyen a la Sala Político Administrativa la competencia para declarar la nulidad total o parcial de los reglamentos y demás actos administrativos generales o individuales del Ejecutivo Nacional, en Venezuela, los reglamentos son y siempre han sido considerados como actos administrativos. *Cfr. Vid.,* "Los Actos Ejecutivos en la Constitución Venezolana de 1999 y su control judicial". En Acto Administrativo y Reglamento. Jornadas Organizadas por la Universidad Austral, Facultad de Derecho, 30-31 Mayo y 1° Junio 2001. Argentina: Ediciones RAP S.A., 2002. pp. 531-579. Disponible en: www.allanbrewercarias.com // En sentido contrario, se ha pronunciado Pérez Luciani. *Cfr. Vid.,* PEREZ LUCIANI, Gonzalo. La Noción del Acto Administrativo. Caracas: Academia de Ciencias Políticas y Sociales, Serie Discursos N° 2, 2009. // No obstante, al prever la Ley Orgánica de la Administración Pública (2008) en su artículo 88 el procedimiento para la elaboración de los reglamentos y en el artículo 87 el principio de la reserva legal, el legislador manifiesta de manera clara su intención de incluir dentro de la noción de actos administrativos a los reglamentos.

11   Respecto de esta clasificación la Sala Político Administrativa de la Corte Suprema de Justicia en sentencia de fecha 2-11-67 se pronunció en estos términos: "A este respecto bastaría analizar el alcance del acto que se discute para apreciar la diferencia entre él y un acto reglamentario. En efecto, una disposición reglamentaria tiene siempre un atributo de la generalidad, porque se aplica dentro de los supuestos de hecho que contempla y en relación con la materia legal cuya ejecución se regula, a un número indeterminado de personas. El acuerdo que se impugna tiene un carácter distinto porque la decisión que contiene se refiere a un grupo de personas individualmente determinadas. La circunstancia de que la situación jurídica creada por el acto cuya validez se discute esté dirigida a mas de una persona, en virtud del número de ellas, no modifica su individualidad motivo por el cual sigue siendo un acto administrativo de efectos particulares...." *Vid.,* BREWER-CARÍAS, Allan y ORTÍZ, Luis. *Las Grandes Decisiones de la Jurisprudencia Contencioso-Administrativa (1961-1996)...* pp.21-23.

tración. Puede observarse que esta categorización de los actos administrativos en generales e individuales, se fundamenta en la presencia o ausencia del carácter normativo en los mismos.

III. INCIDENCIA DE LA PROMULGACIÓN Y ENTRADA EN VIGENCIA DE LA LEY ORGÁNICA DE LA CORTE SUPREMA DE JUSTICIA EN LA CLASIFICACIÓN DE LOS ACTOS ADMINISTRATIVOS

Doce años después de la publicación de la tesis doctoral del Dr. Brewer-Carías, es promulgada en Venezuela la Ley Orgánica de la Corte Suprema de Justicia[12], en la cual queda plasmada la doctrina administrativa nacida de la jurisprudencia del Supremo Tribunal. Esta ley entra a organizar y a regular "provisoriamente" la jurisdicción contencioso-administrativa, convirtiéndose en la norma adjetiva o de carácter procesal que sitúa a los actos administrativos como el objeto del contencioso administrativo de nulidad y restringe su clasificación a los solos fines del proceso. Esta Ley fue dictada bajo el imperio de la Constitución Nacional de 1961, la cual establecía las bases del contencioso administrativo venezolano en el artículo 206[13]. Este artículo, recogió la distinción entre actos generales y actos individuales, siendo que en caso de contrariedad al derecho, ambos podían ser objeto de la acción de nulidad ejercida ante esta jurisdicción[14]. Sin embargo, cuando en el texto de la Ley Orgánica de la Corte Suprema de Justicia se alude al procedimiento a seguir para la anulación de los actos administrativos, el legislador plasma una distinción entre actos de efectos generales y actos de efectos particulares[15], diferente a la establecida en la Constitución, de actos generales y actos individuales.

---

12   *Gaceta Oficial* N° 1.893 Extraordinario de 30 de julio de 1976.

13   "La jurisdicción contencioso-administrativa corresponde a la Corte Suprema de Justicia y a los demás Tribunales que determine la ley. Los órganos de la jurisdicción contencioso-administrativa son competentes para anular los actos administrativos generales o individuales contrarios a derecho, incluso por desviación de poder; condenar al pago de sumas de dinero y a la reparación de daños y perjuicios originados en responsabilidad de la administración, y disponer lo necesario para el restablecimiento de las situaciones jurídicas subjetivas lesionadas por la actividad administrativa". (Artículo 206, Constitución Nacional de Venezuela, 1961).

14   *Vid.* Artículo 205 de la Constitución de la República de Venezuela de 1961.

15   Los artículos de la Ley Orgánica de la Corte Suprema de Justicia considerados en este análisis son los siguientes: "**Artículo 112.** Toda persona natural o jurídica plenamente capaz, que sea afectada en sus derechos o intereses por ley, reglamento, ordenanza **u otro acto de efectos** generales emanado de alguno de los cuerpos deliberantes nacionales, estadales o municipales o del Poder Ejecutivo Nacional, puede demandar la nulidad del mismo, ante la Corte, por razones de inconstitucionalidad o de ilegalidad, salvo lo previsto en las Disposiciones Transitorias de esta Ley". //"**Artículo 121.** La nulidad de **actos administrativos de efectos particulares** podrá ser solicitada sólo por quienes tengan interés personal, legítimo y directo en impugnar el acto de que se trate. El Fiscal General de la República y demás funcionarios a quienes la Ley atribuya tal facultad, podrán también solicitar la nulidad del acto, cuando éste afecte un interés general"// "**Artículo 134: Las acciones o recursos de nulidad contra los actos generales del Poder Público podrán intentarse en cualquier tiempo, pero los dirigidos a anular actos particulares de la Administración,** caducarán en el término de seis meses contados a partir de su publicación en el respectivo órgano oficial, o de su notificación al interesado, si fuere procedente y aquélla no se efec-

Esta situación es objeto de la atención del Dr. Brewer-Carías, quien a un año de la promulgación de la referida Ley, en su artículo *"El recurso contencioso- administrativo contra los actos de efectos individuales"*[16] reconoce que no es posible definir el acto administrativo con un criterio único[17], e introduce una distinción de los actos según sus destinatarios y según sus efectos, adaptada a la Constitución de 1961, explicando a su vez, los errores en los que incurre la Ley Orgánica de la Corte Suprema de Justicia. En este sentido, el autor señala lo siguiente: "En este punto sin duda, tanto la Ley Orgánica de la Corte Suprema de Justicia como su exposición de motivos, han confundido y mezclado una serie de términos que dificultan su interpretación. En efecto, no debemos olvidar que es la Constitución la que ha hecho una distinción básica en su artículo 206 entre actos administrativos generales e individuales, sin precisar, por supuesto, si la distinción se basa en el número de destinatarios o en sus efectos, es decir, en su carácter normativo o no normativo. Ahora bien, el legislador, en la Ley Orgánica de la Corte debió optar por uno de las clasificaciones señaladas para distinguir los procedimientos, sin embargo no lo hizo y mezcló los conceptos."[18] Con base en estas consideraciones, Brewer-Carías elabora una nueva clasificación de los actos administrativos, a saber:

Desde el punto de vista de sus destinatarios, dependiendo si van dirigidos a un solo sujeto o a una pluralidad de sujetos, los actos administrativos pueden ser:

a) Generales, si están dirigidos a un número determinado o indeterminado de sujetos. Pueden ser a su vez: de efectos generales si tienen contenido normativo, orientados generalmente a un número indeterminado de sujetos; y de efectos particulares si son de contenido no normativo o concreto, dirigido a un número determinado o determinable de sujetos.

---

tuare. Sin embargo, aún en el segundo de los casos señalados, la ilegalidad del acto podrá oponerse siempre por vía de excepción, salvo disposiciones especiales." (Subrayado nuestro).

16   BREWER-CARÍAS, Allan. "El recurso contencioso-administrativo contra los actos de efectos individuales". En *Revista El Control Jurisdiccional de los Poderes Públicos en Venezuela*. Caracas: Instituto de Derecho Público, Universidad Central de Venezuela, 1979, pp. 169-194.

17   El autor en este estudio plantea la necesidad de redefinir la noción de actos administrativos pues, a su juicio, no puede ser conceptualizado utilizando un criterio único. De esta manera, expone su rechazo a la utilización de un criterio puramente orgánico, material o formal y argumenta sobre el por qué debe utilizarse uno mixto que incluya a estas tres categorías. BREWER-CARÍAS, Allan. *El recurso contencioso-administrativo contra los actos de efectos individuales...* p. 172.

18   Efectivamente, en opinión de Allan Brewer-Carías, la Ley Orgánica de la Corte Suprema de Justicia de 1976 confunde los "actos generales" con los "actos de efectos generales" y los "actos particulares" con los "actos de efectos particulares". Del mismo parecer es el jurista venezolano José Guillermo Andueza, sin embargo, a diferencia del primero, considera que en aras de armonizar lo contenido en la Constitución y en la Ley Orgánica de la Corte Suprema de Justicia, (pese a que la doctrina considerara que eran conceptos diferentes), debía establecerse una equivalencia entre el acto general y el acto de efectos generales, fuesen normativos o no, siempre que estuviesen dirigidos a un número indeterminado de sujetos, para evitar dejar por fuera del control de constitucionalidad a los actos no normativos. En consecuencia, por acto de efectos generales debía entenderse aquél que tuviese como destinatario a un número indeterminado de sujetos, tuviese o no contenido normativo. *Cfr.* Vid. ANDUEZA, José Guillermo. "El Control de Constitucionalidad y el Contencioso Administrativo". En *Contencioso Administrativo en Venezuela*. Caracas: Editorial Jurídica Venezolana, 1996, pp. 67-69.// De igual manera, Pérez Luciani, señala "la utilización errónea de la terminología por la Ley". Vid. PEREZ LUCIANI, Gonzalo. Op. Cit., p. 147.

    b) Individuales, si se dirigen a un solo sujeto de derecho. Siempre de efectos particulares.[19]

Desde el punto de vista de sus efectos, la clasificación de Brewer-Carías atiende al carácter normativo o no normativo del acto, pudiendo ser:

    a) De efectos generales, si el acto es normativo y va dirigido -generalmente- a un número indeterminado de sujetos.

    b) De efectos particulares, si el acto no posee carácter normativo, pudiendo ser a su vez: generales de efectos particulares, si están dirigidos a un grupo determinado o determinable de personas; o individuales, si van dirigidos a un solo sujeto de derecho.

Como puede observarse, esta clasificación de Brewer-Carías de los actos administrativos según sus efectos, es diferente a la presentada en su obra "Instituciones Fundamentales del Derecoho Administrativo y la Jurisprudencia Venezolana"[20], y será mantenida y considerada por el autor, cinco años después, en el análisis y examen de la tipología de los actos administrativos que hiciese con ocasión de la promulgación de la Ley Orgánica de Procedimientos Administrativos de 1982.

IV.   INCIDENCIA DE LA LEY ORGÁNICA DE PROCEDIMIENTOS ADMINISTRATIVOS EN LA CLASIFICACIÓN DE LOS ACTOS ADMINISTRATIVOS ELABORADA POR BREWER-CARÍAS

La promulgación de la Ley Orgánica de Procedimientos Administrativos de 1981[21], marca una nueva pauta en el tratamiento jurídico de la Administración y de sus relaciones con los administrados. Dada la importancia de esta ley para el avance del Derecho Administrativo venezolano, el tratadista Brewer-Carías desarrolla nue-

---

19   Para Pérez Luciani, la generalidad de un acto jurídico alude al número de sujetos a los cuales el acto va dirigido, pero en ningún caso se refiere a los efectos, los cuales suelen clasificarse en efectos declarativos o meramente declarativos y efectos constitutivos de creación, modificación o extinción de situaciones jurídicas. *Cfr. Vid.* PEREZ LUCIANI, Gonzalo. *Op. Cit.*, p. 146.

20   Efectivamente, en la clasificación del acto administrativo propuesta según sus efectos por Brewer-Carías en la obra "Instituciones Fundamentales del Derecho Administrativo y la Jurisprudencia Venezolana", examinada en párrafos anteriores, el autor categoriza a los actos emanados de la Administración en generales e individuales, según sus efectos sean generales, impersonales u objetivos o individuales o subjetivos, siendo que esta categorización apunta al carácter normativo o no normativo de los actos. En la nueva tipología propuesta, clasifica a los actos administrativos según sus destinatarios en generales e individuales y según su carácter normativo o no normativo, en actos de efectos particulares y actos de efectos generales. Con respecto a esta clasificación, el doctrinario Gonzalo Pérez Luciani, ha señalado lo que a su criterio constituye una contradicción dentro de la propuesta de Brewer-Carías, consistente en el señalamiento de la existencia, por una parte, de actos generales y actos particulares, en atención al número de destinatarios, sin apuntar a sus efectos; y por otra, convierte a estos últimos en elemento diferenciador entre actos de efectos generales (de contenido normativo) y actos de efectos particulares (de contenido no normativo). *Cfr.* Vid. PEREZ LUCIANI, G. *op. cit.* p. 167. Estos criterios mencionados por Brewer-Carías han permanecido en sus obras posteriores, sin variaciones.

21   *Gaceta Oficial* N° 2.818, Extraordinario de fecha 1 de julio de 1981.

vos estudios que conducen a la publicación de su obra intitulada "El Derecho Administrativo y la Ley Orgánica de Procedimientos Administrativos."[22]

Esta Ley, que como acertadamente observó Brewer-Carías, contribuyó a la "popularización" del Derecho Administrativo, instituyó una nueva definición de acto administrativo, en la cual el legislador introdujo elementos distintos a la emitida por la Corte Federal y de Casación en 1959.[23] Pese a las críticas hechas por el autor a esta definición[24], con fundamento en ella y en lo establecido en el articulado de la Ley, presentó otra categorización de los actos administrativos basada en los siguientes criterios:

- Los efectos del acto.
- El contenido del acto.
- La manifestación de voluntad.
- La impugnabilidad del acto.
- La ejecución del acto.

---

22 Señala el autor que para el momento en que entró en vigencia la Ley Orgánica de Procedimientos Administrativos (LOPA), a diferencia del panorama de la década de los sesenta, nuestro país se encuentraba en una situación mucho más favorable para la generación de doctrina administrativa, lo que se tradujo en la existencia de diversos tratados, manuales y revistas especializadas que plasman los principios fundamentales de esta rama del Derecho, lográndose con la nueva ley, además, la positivización de sus principios. BREWER-CARIAS, Allan. *El Derecho Administrativo y la Ley Orgánica de Procedimientos Administrativos.* Caracas: Editorial Jurídica Venezolana, 1990, pp.8-9.

23 *"Toda declaración de carácter general o particular emitida de acuerdo con las formalidades y requisitos establecidos en la Ley, por los órganos de la Administración Pública"* (Art.7, LOPA).

24 Con respecto a la definición de la LOPA, Brewer-Carías señala lo siguiente: "El artículo 7, en efecto, ha establecido una definición de acto administrativo, incurriendo en lo que tradicionalmente se ha calificado como una falta de técnica legislativa, porque el legislador, por principio, no debe definir conceptos jurídicos y mucho menos, conceptos jurídicos tan difíciles y controvertidos como el de acto administrativo (...). Esta definición de acto administrativo, sin duda, recoge lo que la doctrina ha calificado como definición orgánica del acto administrativo, es decir, la definición del acto por el órgano del que emana. En esta forma, queda claro, de acuerdo al artículo 7 de la Ley, la noción de que el acto es una declaración emitida por los órganos de la Administración Pública. Al acoger esta definición orgánica del acto, la ley está realizando una definición inútil, incompleta y errada porque en nuestro criterio, en el derecho administrativo venezolano, no es admisible, la definición orgánica de los actos administrativos. (...). En el ordenamiento jurídico venezolano, el acto administrativo no es sólo el que emana de los órganos de la Administración Pública (...) y no puede derivarse de la sola definición orgánica sino que tiene que ser establecida por una combinación de criterios orgánico, material y formal, y no puede condicionarse al ejercicio de una función específica del Estado (...)" Siendo consecuente con el parecer expuesto, el autor cuya obra comentamos, define al acto administrativo como: "Toda manifestación de voluntad de carácter sub-legal, realizada primero por los órganos del Poder Ejecutivo, es decir, por la Administración Pública, actuando en ejercicio de la función administrativa, de la función legislativa y de la función jurisdiccional; segundo por los órganos del Poder Legislativo (de carácter sub-legal), actuando en ejercicio de la función administrativa y tercero por los órganos del Poder Judicial actuando en ejercicio de la función administrativa y de la función legislativa. En todos esos casos, la declaración de voluntad constituye un acto administrativo cuando tiende a producir efectos jurídicos determinados, que pueden ser la creación, modificación o extinción de una situación jurídica individual o general o la aplicación, a un sujeto de derecho de una situación jurídica general". BREWER-CARÍAS, Allan. *El Derecho Administrativo y la Ley Orgánica de Procedimientos Administrativos...* pp.138-141. // La posición del autor respecto a la mezcla de criterios para definir el acto administrativo se mantiene hasta hoy. *Vid.* BREWER-CARÍAS, Allan. "Introducción General al Derecho Administrativo venezolano". En *REDAV N° 1,* 2012. pp. 26 Y 27.

En relación a los efectos del acto, Brewer-Carías presenta una clasificación de los actos administrativos desde dos perspectivas diferentes:

a) Son de efectos generales los actos que tienen contenido normativo. La LOPA los contempla en el artículo 13 como actos o disposiciones administrativas de carácter general y en el artículo 72 como actos que deben ser publicados. Son actos de efectos particulares, aquéllos que no poseen contenido normativo, pudiendo estar referidos a un sujeto o a una pluralidad de sujetos, distinguidos en el mismo artículo 13 como actos administrativos de carácter particular y en el artículo 73 del mismo texto, como objeto de notificación. El autor advierte además, que esta clasificación es la que de acuerdo a la Ley Orgánica de la Corte Suprema de Justicia, permite distinguir los actos administrativos en actos de efectos generales y actos de efectos particulares.

b) Son actos generales si interesan a una pluralidad de sujetos, ya se trate de sujetos de derecho determinados o indeterminados, y actos individuales si están dirigidos a un sólo destinatario o a un sólo sujeto de derecho. Dicha clasificación aparece reflejada en el Artículo 72 de la Ley, referido a la publicación necesaria de los actos que afectan a un número indeterminado de sujetos.[25]

De acuerdo al contenido del acto administrativo, Brewer-Carías los clasifica de la manera siguiente:

a) Según la decisión que contenga el acto administrativo, éstos pueden ser definitivos[26] si el acto pone fin al asunto administrativo o de trámite si el acto no pone fin al procedimiento administrativo sino que tiene carácter preparatorio[27]. Esta clasificación, indica el autor, se deduce de los artículos 9, 62 y 85 de la Ley Orgánica de Procedimientos Administrativos.

b) En otro sentido, los actos administrativos pueden ser creadores o no de derechos subjetivos, regulados en los artículos 19.2 y 82 de la Ley; o actos administrativos que establecen obligaciones referidos en el artículo 70 *ejusdem*.

Desde el punto de vista de la manifestación de voluntad, Brewer-Carías distingue entre los actos administrativos los expresos de los tácitos. Respecto a los primeros,

---

25   Sobre la clasificación en actos administrativos de efectos generales y actos administrativos de efectos particulares, la jurisprudencia no ha sido uniforme en cuanto a su tratamiento. En algunos casos se equipara al carácter normativo o no normativo de los actos administrativos (CP-CSJ de fecha 16-02-94); en otros se equivale el carácter indeterminado o determinado de sus destinatarios(CPCA de fecha 18-04-85 y 28-01-86 y SPA/CSJ 15-07-92); en otros utiliza indistintamente el criterio normativo o no normativo de los actos así como el criterio determinado o indeterminado de los destinatarios (Sentencias SPA/CSJ de fecha 24-04-80, 15-11-90, CPCA sentencias del 01-06-82, 07-04-83 y 29-05-86) y en otros sigue el criterio del autor (CSJ-SPA 24-4-80, 19-08-93, y CPCA de fecha 17-10-85). Todas consultadas en BALASSO, Caterina. *Jurisprudencia sobre los actos administrativos (1980- 1993)*. Caracas: Editorial Jurídica Venezolana, 1999. pp. 157-177.

26   La CPCA en sentencia de fecha 17-07-82 sostiene –coincidiendo con Brewer-Carías, que "(...) un acto definitivo que por lo general es aquel que resuelve el fondo del asunto, poniendo fin al procedimiento (...) // Igualmente, véase sentencia de la misma Corte de fecha 22-07-87. BALASSO, Caterina. *op. cit.*, pp. 221- 224.

27   La jurisprudencia ha sostenido que existen actos que no deciden el mérito principal del asunto pero que pueden ser reputados como definitivos, porque impiden o imposibilitan la continuación del procedimiento, causen indefensión o prejuzguen sobre el fondo del asunto. Véase, sentencia de la CPCA de fecha 17-07-82 y sentencias de la SPA/CSJ de fecha 18-02-88 y 26-10-89. *Ibidem*, pp. 221 y 225.

la LOPA en su artículo 18 exige que la voluntad del acto deba manifestarse de manera expresa, formal y por escrito; y los segundos se dan cuando se presume una voluntad tácita denegatoria de la solicitud por silencio de la Administración, regulado en el artículo 4 del mismo texto.[28]

Considerando la impugnabilidad de los actos administrativos, el autor *in comento* los categoriza como firmes[29] si el acto no puede ser impugnado por las vías ordinarias administrativas o no firmes si es recurrible o impugnable por vía administrativa. Todo ello de conformidad con lo establecido en los artículos 85 y 97 de la Ley Orgánica de Procedimientos Administrativos.

Desde la perspectiva de la ejecución de los actos, el autor distingue entre el acto material de ejecución y el acto administrativo formal. El primero se distingue en el artículo 78 de la Ley en concordancia con el artículo 8 de la misma.

Sin pretender restar importancia a las diversas categorías de actos administrativos señaladas anteriormente, y considerando que una de las más debatidas en la doctrina y la jurisprudencia venezolana es aquélla referida a sus efectos, se estima conveniente citar la opinión del Dr. Allan Brewer-Carías sobre este particular, expuesta unos años más tarde, en el marco de las III Jornadas de Derecho Administrativo "Allan Randolph Brewer-Carías", en su conferencia introductoria.[30] En dicha exposición el autor, además de resaltar la importancia de la noción de acto administrativo para el Derecho Administrativo, retoma el tema de la clasificación de los actos administrativos según sus efectos, subrayando una categorización de orden sustancial y otra de orden formal.

---

28 Después de la promulgación de la Ley Orgánica de Procedimientos Administrativos, la SPA/CSJ en sentencia de fecha 22-06-82, (caso Ford Motors de Venezuela) cambia el criterio sostenido y modifica la interpretación sobre el carácter negativo del silencio administrativo, entendiéndolo como un mecanismo procesal que permite al administrado ejercer el recurso contencioso administrativo contra un acto que no causa estado cuando la Administración guarda silencio ante la resolución de un recurso administrativo. Consultada en BALASSO, Caterina. *op. cit.* pp. 234-244. // Igualmente, la SPA/CSJ, en sentencia de fecha 05-05-1988 sostuvo: "Pero observa la Corte: 1. Ante la ausencia de pronunciamiento expreso de la Administración la propia norma legal (Ley Orgánica de Procedimientos Administrativos), ha optado por dar – transcurrido un determinado plazo- efecto jurídico preciso al silencio de la Administración dentro de los procedimientos administrativos, confiriéndole valor procesal al considerarlo como respuesta negativa, con el objeto de permitir de esta manera al interesado la opción de acudir a la instancia correspondiente en resguardo de sus derechos e intereses. En efecto, tal como lo tiene establecido esta Sala respecto del silencio administrativo consagrado en el artículo 134 de la Ley Orgánica de la Corte Suprema de Justicia, "el silencio no es en sí mismo un acto sino una abstención de pronunciamiento (...) es una garantía jurídica que se traduce en un beneficio para los administrados (...); principios jurisprudenciales perfectamente aplicables, estima esta sala, al silencio previsto en la Ley Orgánica de Procedimientos Administrativos." Consultada en BREWER- CARÍAS, Allan y ORTÍZ-ALVAREZ, Luis. *Las grandes de Decisiones de la Jurisprudencia Contencioso Administrativa (1961-1996)...* pp. 48-50.

29 En cuanto a la firmeza del acto, la SPA/CSJ en sentencia de fecha 25-03-93 define el acto firme de la manera siguiente: "el acto administrativo es firme cuando han sido agotados, tanto en vía administrativa como en vía jurisdiccional los recursos para impugnarlos o se ha dejado trascurrir el lapso para su ejecución." BALASSO, Caterina. *Jurisprudencia sobre los actos administrativos (1980- 1993)...* p. 228.

30 BREWER-CARÍAS, Allan. *La importancia para el Derecho Administrativo, de la noción del acto administrativo y de sus efectos.* Conferencia dictada en las III Jornadas Internacionales de Derecho Administrativo Allan Randolph Brewer-Carías. Caracas: Fundación Estudios de Derecho Administrativo (FUNEDA), 1997, pp. 19-43.

En relación a la clasificación de orden sustancial, el autor aporta una nueva tipología de los actos según sus efectos, atendiendo el contenido sustantivo de la actividad administrativa e indica como tales, a los siguientes: actos declarativos, actos ablatorios, actos concesorios y actos autorizatorios.[31] Según el autor son actos declaratorios, aquéllos que otorgan certeza a determinados actos o hechos jurídicos, atribuyendo calificaciones jurídicas a cosas, personas o relaciones jurídicas determinadas, ubicando entre éstos de manera especial los actos de registro y los actos de certificación. Actos ablatorios, son aquéllos en virtud de los cuales los sujetos de derecho sufren determinadas privaciones en su esfera jurídica. Se encuentran entre ellos la expropiación, el comiso, la requisición o la servidumbre en relación a la propiedad, su uso o limitación; el arresto, confinamiento o cuarentena en relación a la privación o limitación de libertad; las multas como imposición de dar o las demoliciones como imposición de hacer. Por otra parte, define como actos concesorios a los que amplían la esfera jurídica subjetiva de los administrados otorgándosele un derecho que no preexistía. Generalmente se originan de un contrato donde se incorporan las obligaciones del concesionario; y denomina actos autorizatorios a los que permiten a los administrados ejercer un derecho preexistente, entre los que se encuentran los permisos, licencias y demás autorizaciones administrativas.[32]

En relación a la clasificación de orden formal, el Dr. Brewer-Carías señala una vez más las diferencias de criterio existentes entre el artículo 206 constitucional, que distingue entre actos generales y actos individuales, y la Ley Orgánica de la Corte Suprema de Justicia de 1976, la cual al regular el procedimiento de los juicios de nulidad de los actos administrativos los categoriza en actos de efectos generales y

---

31   La mayoría de estos actos categorizados por el autor según sus efectos como actos declarativos, concesiones, autorizaciones o actos ablatorios, están subsumidos en las clasificaciones de los actos administrativos presentadas por la doctrina desde el punto de vista de su contenido.//No obstante, estudiosos del Derecho Administrativo como el especialista Jesús Alvarado, en base a doctrina calificada, coincide con el planteamiento de Brewer-Carías y presenta como clasificación jurídica idónea de los actos administrativos según sus efectos, la siguiente: 1) **Actos Administrativos Favorables** que son aquellos que entran en la esfera o el patrimonio jurídico del destinatario y que reconocen o crean un derecho o una ventaja jurídica, encontrándose aquí a las: **concesiones, autorizaciones, admisiones, aprobaciones y dispensas; 2) Actos de Gravamen o Desfavorables**: aquellos que perpetran o limitan el patrimonio jurídico de los ciudadanos destinatarios como: **órdenes (mandatos y prohibiciones); expropiaciones, revocaciones, sanciones, revisiones, jubilaciones y rescates;** 3) **Actos Administrativos con doble efecto** que pueden ser actos administrativos con efectos a terceros (licencias para la realización de actividades comerciales o industriales, que afectan al titular de la actividad autorizada, pero también a los vecinos donde se localiza la industria) y "actos administrativos con efectos mixtos" (que producen simultáneamente efectos beneficiosos y perjudiciales respecto del mismo destinatario) y 4) **Actos con Efectos Mixtos** que son aquellos actos en los cuales su existencia revela que a los efectos de la revisión o revocación lo realmente importante es la naturaleza del acto de revisión." ALVARADO, Jesús María. *Reflexiones sobre la construcción de la noción de "Acto Administrativo" en Venezuela.* Caracas: Universidad Central de Venezuela, Especialización en Derecho Administrativo, Centro de Estudios de Postgrado, 2013. pp. 175-178. Disponible en: http://saber.ucv.ve

32   Esta concepción de los actos administrativos autorizatorios expuesta por Brewer-Carías, es compartida por el Dr. Román José Duque Corredor, tal y como se evidencia en su voto salvado en la decisión Arnaldo Lovera, "La autorización de desalojo no es un acto constitutivo, porque no crea el derecho a desalojar, sino que remueve el obstáculo que existía para ejercerlo (...)" *Cfr.* Vid. ERICHSEN, Liliana. *Diccionario de voces del Contencioso-Administrativo Venezolano.* Caracas: Universidad Católica Andrés Bello/Los libros de El Nacional. Serie Jurídica, 2005. p. 20.

actos de efectos particulares, según el objeto de impugnación. En consecuencia, el autor mantiene su opinión, en el sentido de considerar que los actos administrativos generales previstos en la Constitución de 1961 pueden ser de efectos generales o de efectos particulares y los actos individuales (siempre de efectos particulares) pueden ser generales si están dirigidos a una pluralidad de sujetos determinados o determinables o individuales si están destinados a un sólo sujeto.[33] Esta diferencia entre la categorización constitucional y la clasificación legal de los actos administrativos sería reproducida en el texto fundamental de 1999, así como en los subsiguientes textos legislativos reguladores de la jurisdicción contencioso- administrativa.

V.   LA CLASIFICACIÓN DE LOS ACTOS ADMINISTRATIVOS Y LA CONSTITUCIÓN DE 1999.

La Constitución de 1999[34], no introduce en cuanto a la categorización de los actos, cambio alguno. Al igual que la Constitución de 1961, califica a los actos administrativos según los destinatarios del mismo. Al otorgar competencia a la jurisdicción contencioso-administrativa para anular los actos administrativos contrarios a derecho, la Constitución de la República Bolivariana de Venezuela distingue entre actos generales y actos individuales. Efectivamente, el artículo 259 del texto fundamental, atribuye a los órganos de la jurisdicción contencioso-administrativa competencia para anular los actos administrativos generales o individuales contrarios a derecho, incluso por desviación de poder. Asimismo, el artículo 266 numeral 5 del mismo texto, otorga a la Sala Político Administrativa del Tribunal Supremo de Justicia, competencia para declarar la nulidad total o parcial de los reglamentos y demás actos administrativos generales o individuales del Ejecutivo Nacional, cuando sea procedente. Posteriormente, se promulga la **Ley Orgánica del Tribunal Supremo de Justicia de 2004**[35], que también toca lo atinente a la clasificación de los actos administrativos, reproduciendo la expuesta en la Ley Orgánica de la Corte Suprema de Justicia de 1976, que los distingue en actos de efectos generales y actos de efectos particulares. El nuevo texto al igual que su precedente, utiliza indistintamen-

---

33   La CPCA en sentencia de fecha 16-02-1994, ya citada, expone: "Aunque la doctrina no es uniforme en considerar estas dos clases de actos se observa que predomina el criterio de equiparar la generalidad con el carácter normativo, es decir, lo que caracteriza a dichos actos es la abstracción e impersonalidad. En cambio el acto administrativo de efectos particulares estaría dirigido a un destinatario concreto o grupo de personas perfectamente identificables y en este último caso, se habla de actos generales de efectos particulares". En cuanto a la SPA/CSJ en sentencia del 24-04-1993 sostuvo que: "De manera que resulta concluyente, en aplicación de reiterada doctrina de este Alto Tribunal (sentencia del 16-11-89) que el acto administrativo impugnado es general de efectos particulares ya que "afecta a personas específicas perfectamente identificables". Vid. BREWER-CARÍAS, Allan y ORTÍZ-ALVAREZ, Luis. *Las grandes de decisiones de la Jurisprudencia Contencioso Administrativa (1961-1996)...* pp.23-24 y 26-27.

34   Puede verse un análisis detallado del contenido de la Constitución en BREWER-CARÍAS, Allan. *La Constitución de 1999.* Caracas: Editorial Arte, 2000.

35   *Gaceta Oficial* N° 37.942 de fecha 20 de mayo de 2004.

te a lo largo de su articulado, los términos "actos de efectos generales" o "actos generales" y "actos de efectos particulares" o "actos particulares."[36]

Sobre este aspecto, Brewer-Carías, en su artículo " Los actos normativos del Ejecutivo Nacional"[37], señala nuevamente la incorrecta utilización de los términos en la Ley Orgánica del Tribunal Supremo de Justicia de 2004, de la siguiente manera: "(…) puede decirse que se establece una distinción de los actos administrativos según sus efectos refiriéndose, por una parte, a los efectos normativos o no normativos de los mismos; y por la otra, a los destinatarios de los actos; pero la hace, utilizando indistintamente la terminología de "actos generales" o "actos de efectos generales" y de "actos individuales", "particulares" o "de efectos particulares," cuando ello no es correcto (…) No todo "acto general" es de carácter normativo. Como sucede por ejemplo, con la convocatoria a un concurso de oposición o a una licitación. De lo anterior resulta, que los actos administrativos según sus efectos, se deben clasificar, en dos categorías: en primer lugar, según el contenido normativo o no normativo de los actos, es decir, según sean o no fuente de derecho; y en segundo lugar, según los destinatarios de los actos (…).[38] El autor advierte, además, que ante esta situación, la jurisprudencia sigue sustentando que la categoría de los actos de efectos generales podía traducir indistintamente un acto normativo o referido a un número indeterminado de destinatarios y, en el caso de los actos de efectos particulares, significar actos no normativos o un acto dirigido a un sólo sujeto o a una pluralidad de sujetos determinados o determinables.

La ley de 2004 fue derogada por la Ley Orgánica del Tribunal Supremo de Justicia de 2010[39], año en que es promulgada la Ley Orgánica de la Jurisdicción Contencioso Administrativa[40], la cual entra a regular la justicia administrativa como ley especial. Esta última, mantiene la clasificación de los actos administrativos según sus efectos en actos administrativos de efectos generales y actos administrativos de efectos particulares. En el texto de la ley se refleja esta distinción en **el artículo 8**, cuando somete al control de la jurisdicción la actividad administrativa desplegada por todos los órganos, que incluye *actos de efectos generales y particulares*; en **el artículo 9, numeral 1°** cuando regula la competencia de la jurisdicción contencioso administrativa para conocer de las impugnaciones contra los *actos administrativos de efectos generales o particulares*, incluso por desviación de poder; en **el artículo 23, numerales 5° y 6°** cuando atribuye a la Sala Político Administrativa del Tribunal Supremo de Justicia, la competencia para conocer de las demandas de nulidad contra *los actos administrativos de efectos generales o particulares* dictados por el Presi-

---

36   Véase el artículo 5, párrafo 1°, numerales 28, 30 y 31y el artículo 21, párrafos 9, 11, 20, 21 y 22 de la Ley Orgánica del Tribunal Supremo de Justicia, de Venezuela.

37   BREWER-CARÍAS, Allan. *Los actos administrativos normativos como fuente del derecho en Venezuela con especial referencia a los reglamentos ejecutivos*. Ponencia en VIII Encuentro Iberoamericano de Derecho Administrativo. Panamá: Corte Suprema de Justicia, 2009. 19 p. Disponible en: www.allanbrewercarias.com

38   *Ibídem*, pp. 2, 5-7.

39   Originalmente promulgada en *Gaceta Oficial* N° 39.447 de fecha 16 de junio 2010 y reimpresa en *Gaceta Oficial* N° 39.451 de fecha 22 de junio de 2010.

40   *Gaceta Oficial* N° 39.451 de 22 de junio de 2010.

dente o Presidenta de la República, el Vicepresidente Ejecutivo o Vicepresidenta Ejecutiva de la República, los Ministros o Ministras, así como por las máximas autoridades de los demás organismos de rango constitucional, si su competencia no está atribuida a otro tribunal y para conocer de las demandas de nulidad del acto administrativo de efectos particulares conjuntamente con el acto normativo sub-legal que le sirve de fundamento respectivamente; en **el artículo 24, numeral 5°** cuando le atribuye a los Juzgados Nacionales de la Jurisdicción Contencioso Administrativa la competencia para conocer de las demandas de nulidad contra *los actos administrativos de efectos generales o particulares* dictados por autoridades distintas de las mencionadas en el artículo 23, numeral 5°; en el **artículo 25, numerales 3° y 6°** cuando atribuye a los Juzgados Estadales de la Jurisdicción Contencioso Administrativa la competencia para conocer de las demandas de nulidad contra *los actos administrativos de efectos generales o particulares,* dictados por las autoridades estadales o municipales de su jurisdicción y de las demandas de nulidad contra los actos administrativos *de efectos particulares* concernientes a la función pública en su orden; y **en el artículo 32, numeral 1°** al referirse a la caducidad de la acción contra los *actos administrativos de efectos particulares* y a la no caducidad en el caso de *los actos de efectos generales.* (Subrayado u uso de cursiva nuestros).

Como puede observarse, esta ley a diferencia de sus antecesoras, ya no hace un uso indistinto de los términos "actos de efectos generales o actos generales" y "actos de efectos particulares o actos particulares", confundiendo así las clasificaciones según sus efectos y según sus destinatarios, sino que la armoniza, uniformándola. En la Ley Orgánica de la Jurisdicción Contencioso Administrativa de 2010, sólo se contempla la clasificación de los actos según sus efectos, distinguiéndolos en actos de efectos generales y actos de efectos particulares. Pareciera desprenderse de la ley entonces, que tal distinción se establece basada en el contenido normativo o no normativo del acto, lo cual concuerda con la opinión del Dr. Allan Brewer-Carías, sostenida a lo largo de la evolución legislativa venezolana. En este sentido, señala el autor: "(…) según sus efectos, como se ha dicho, los actos estatales pueden ser clasificados en forma distinta, distinguiéndose así, los actos "de efectos generales" es decir, de contenido normativo y que, por tanto, crean, declaran, modifican o extinguen situaciones jurídicas generales y los actos "de efectos particulares", aquéllos de contenido no normativo, es decir, que crean, declaran, modifican o extinguen situaciones jurídicas particulares. Bajo este ángulo, la clasificación de los actos administrativos puede realizarse así: los *actos de efectos generales* son los de contenido normativo, dirigidos a un número indeterminado e indeterminable de sujetos; en cambio, los *actos de efectos particulares* son de contenido no normativo, y éstos, a su vez, pueden ser o *actos generales,* dirigidos a un grupo determinado o determinable de personas, o *actos individuales,* siempre dirigidos a un solo sujeto de derecho"[41]. Se convalida esta opinión, si consideramos que en el caso de los juicios de nulidad -pese a que esta ley unifica los procedimientos estableciendo un solo proce-

---

41   BREWER-CARÍAS, Allan. *Los Actos Administrativos Normativos como Fuente del Derecho en Venezuela con especial referencia a los Reglamentos Ejecutivos… pp. 5-6.* Véase también sus obras *El recurso contencioso-administrativo de anulación contra los actos de efectos particulares,* pp. 171 y ss. y *El control de la constitucionalidad de los actos estatales.* Caracas: 1977. p. 8 y ss.

dimiento, tanto para las acciones contra actos de efectos generales como para las acciones contra los actos de efectos particulares[42]-, se mantiene el lapso de caducidad de la acción contra los actos de efectos particulares y la imprescriptibilidad de la acción contra los actos de efectos generales, lo que sólo se justificaría, como señala Brewer-Carías, por el carácter normativo de estos últimos.

La Ley Orgánica de la Jurisdicción Contencioso Administrativa de 2010, introduce otros elementos relacionados con la clasificación de los actos administrativos que deben ser considerados en este estudio. En tal sentido, conviene señalar que este texto legal positiviza el llamado **"Acto de autoridad"**, categoría de acto administrativo fruto de la doctrina del Máximo Tribunal[43]. En efecto, la Ley somete a la jurisdicción contencioso administrativa a "(...) cualquier sujeto distinto a los mencionados anteriormente, que dicte actos de autoridad o actúe en función administrativa" (Artículo 7, numeral 6°). Esto recoge el parecer del Dr. Brewer- Carías en relación a que toda forma de acto administrativo queda sometido al control de esta jurisdicción, esto es, "que todos, absolutamente todos los actos administrativos se sujetan al control judicial de los órganos de la jurisdicción contencioso administrativa, en virtud del principio de la universalidad del control"[44]. En consecuencia, "los actos administrativos emanados de cualquier ente u órgano de la Administración Pública o de cualquier otra persona o entidad actuando en función administrativa, por cualquier motivo de contrariedad al derecho, pueden ser controlados por los tribunales de la jurisdicción contencioso-administrativa. Ello implica que cualquier exclusión de control respecto de actos administrativos específicos sería inconstitucional, sea que dicha exclusión se haga por vía de ley o por las propias decisiones de los tribunales, en particular, del propio Tribunal Supremo de Justicia."[45]

---

42   Capítulo II, Título IV, Sección Tercera, denominado "Procedimiento Común a las demandas de nulidad, interpretación de leyes y controversias administrativas". Ley Orgánica de la Jurisdicción Contencioso Administrativa.

43   Con respecto al Acto de autoridad, Araujo-Juárez se ha pronunciado en los siguientes términos: "(...) la construcción de esta especial categoría en nuestro país es uno de los grandes aportes de la justicia administrativa del Derecho administrativo venezolano, y de las formas a través de la cual la justicia administrativa contribuye al afianzamiento del Estado de Derecho y al control de la arbitrariedad de los entes dotados del Poder Público, capaz de incidir en la esfera jurídica de los otros sujetos." ARAUJO-JUÁREZ, José. *op. cit.*, p. 284.

44.   BREWER-CARÍAS, Allan. "Introducción general al régimen de la Jurisdicción Contencioso Administrativa". En *La Ley Orgánica de la Jurisdicción Contencioso Administrativa*. Caracas: Editorial Jurídica Venezolana, 2010. Colección Textos Legislativos N° 47, p. 27.

45   Sobre el Acto de Autoridad **Rafael Badell Madrid** sostiene que: "(...) el conocimiento de dichos actos corresponde al control de la Jurisdicción Contencioso Administrativa, toda vez que tratan de la organización y desarrollo del servicio público o de una actividad que le ha sido encargada a un particular y que ha sido denominada como de utilidad pública, ello en virtud del interés general que están llamados a tutelar, de tal forma que atendiendo a la naturaleza del acto recurrido en materia contencioso administrativa, el control judicial de dicho acto está atribuido a esta jurisdicción, de acuerdo al principio de universalidad y asimismo del artículo 259 de la Constitución de la República Bolivariana de Venezuela del año 1999. En conferencia intitulada *La Jurisdicción Contencioso Administrativa en Venezuela*. **I Congreso Nacional de Derecho Procesal. Homenaje al Dr. Israel Argüello, 2012. Disponible en la siguiente dirección**   **electrónica**: http://www.badellgrau.com/?pag=27&ct=1169#sthash.kq9vzH8t.dpufhttp://www.badellgrau.com/?pag=27&ct=1169

Asimismo, el dispositivo legal extiende el control de la jurisdicción contencioso administrativa a los actos de "los consejos comunales[46] y otras entidades o manifestaciones populares de planificación, control, ejecución de políticas y servicios públicos, cuando actúen en función administrativa"[47].

En sentido análogo, el artículo 7 *ejusdem* amplía la clasificación de los actos administrativos incorporando como criterio clasificador a la autoridad de la cual emane, de manera que puede hablarse con propiedad de actos de los órganos de la Administración Pública (nacional, estadal, municipal, descentralizada o centralizada)[48]; actos de los órganos que ejercen el Poder Público (La Dirección Ejecutiva de la Magistratura del Poder Judicial DEM, el Consejo Nacional Electoral del Poder Electoral (CNE) y los órganos del Poder Ciudadano: Fiscalía General de la Republica, la Defensoría del Pueblo y la Contraloría General de la República[49]; actos de corpora-

---

46 Los consejos comunales fueron regulados por primera vez en la Ley Orgánica de los Consejos Comunales en 2006, *Gaceta Oficial* 5806 Extraordinaria de fecha 10-04-2006 la cual fue derogada por la Ley Orgánica de los Consejos Comunales de 2009, *Gaceta Oficial* 39.335 de fecha 29- 12-2009. Es necesario señalar que hoy existen además las llamadas Leyes del Estado Comunal que imponen una organización "paralela" a la organización político territorial establecida por la Constitución. Estas leyes son: Ley Orgánica de Consejo Federal, Ley Orgánica del Poder Popular, Ley Orgánica de Planificación Publica y Popular, Ley Orgánica de Contraloría Social, Ley Orgánica de las Comunas y Ley Orgánica del Sistema Económico Comunal, por lo que también darían pie a estudios sobre los actos emitidos por las comunas y otras organizaciones populares. En relación al análisis del estado comunal y la regulación sobre el mismo se recomienda leer el Anuario de Derecho Público IV-V, años 2011-2012 del Centro de Derecho Público de la Universidad Monte Ávila, Caracas 2013, en especial al Dr. José Ignacio Hernández: la "Crónica del Derecho Público 2010", pp. 21-30; J. Villegas. "Jaque al Municipio constitucional: La irrupción de la Comuna en el sistema territorial municipal". pp. 57-70; Daniela Urosa. "Alcance e implicaciones del Poder Popular en Venezuela", pp. 71-98, Hernández J; "El estado comunal" pp. 99-108.

47 Artículo 7 numeral 4, Ley Orgánica de la Jurisdicción Contencioso Administrativa.

48 Sostiene el Dr. Brewer-Carías que para determinar lo que es Administración Pública en el numeral 1 del artículo 7 de la LOJCA, debe recurrirse a los artículos 140 y siguientes de la Constitución y a lo contemplado en la Ley Orgánica de la Administración Pública, en particular, a lo establecido en el artículo 15 de este último texto legal, donde se definen tres organizaciones que ahora forman parte del universo de la Administración Pública, como son los entes, los órganos y las misiones. *Vid.* BREWER-CARÍAS, Allan. "Introducción general al régimen de la Jurisdicción Contencioso administrativa". En *La Ley Orgánica de la Jurisdicción Contencioso Administrativa...* pp. 39-40. // En relación al artículo 15 de la LOAP, debe enfatizarse el hecho de que la norma sujeta a sus disposiciones de regulación y control a los entes y órganos de la Administración Pública, no así a las misiones, las cuales carecen de control por parte de los órganos contralores, de los órganos superiores y/o de los órganos de adscripción (control jerárquico, control de tutela). Quizás ello se deba al hecho de que "operan bajo condiciones experimentales, lo cual revela que, por una parte, su operatividad está sometida a prueba, y por otra, que permiten la utilización de métodos novedosos", tal y como afirma Rondón de Sansó. RONDÓN DE SANSÓ, Hildegard. "El Concepto del Derecho Administrativo en Venezuela y las administraciones públicas*"* En *100 Años de la Enseñanza del Derecho Administrativo en Venezuela 1909-2009*. Caracas: Centro de Estudios de Derecho Público de la Universidad Monteávila y Fundación Estudios de Derecho Administrativo FUNEDA, 2011. Tomo I. pp. 331-403. p. 360// En relación al concepto de acto administrativo y su aplicación a las misiones, se recomienda el estudio así intitulado de LEÓN ALVAREZ, María Elena. "Estudios acerca de la Ley Orgánica de la Administración Pública de 2008: El concepto de acto administrativo y su aplicación a las misiones". En *100 Años de la Enseñanza del Derecho Administrativo en Venezuela 1909-2009*. Caracas: Centro de Estudios de Derecho Público de la Universidad Monteávila y Fundación Estudios de Derecho Administrativo FUNEDA, 2011. Tomo I. pp. 813-823.

49 Respecto de la incorporación constitucional de estos órganos a la esfera de la Administración Pública, el Dr. Brewer-Carías en su ponencia *La Actividad Administrativa y su Régimen Jurídico*, presentada en las

ciones, fundaciones, sociedades, empresas, asociaciones y otras formas de derecho privado, en las que el Estado tenga participación decisiva; los actos de sujetos de derecho privado en ejercicio de potestades públicas y/o prestación de servicios[50] y actos de los consejos comunales[51] y otras entidades o manifestaciones populares de planificación, control, ejecución de políticas y servicios públicos, cuando actúen en función administrativa.

La amplitud de la Ley Orgánica de la Jurisdicción Contencioso Administrativa en cuanto a la consideración de la integración de la Administración Pública y el so-

---

II Jornadas de Derecho Administrativo de Valencia sobre El Contenido de la Actividad Administrativa, organizadas por FUNEDA y el Instituto de Estudios Jurídicos del Colegio de Abogados el Estado Carabobo, en el año 2004, expresó: "Esta tendencia se ha consolidado en la Constitución de 1999, al establecerse la ya mencionada pentadivisión del Poder Público, agregándose a los Poderes Legislativo, Ejecutivo y Judicial, el Poder Ciudadano y el Poder Electoral (Art. 136). Por ello, puede decirse que también conforman e integran la Administración Pública a nivel nacional, los órganos que ejercen el Poder Ciudadano, es decir, la Fiscalía General de la República o Ministerio Público, la Contraloría General de la República, y la Defensoría del Pueblo; así como los órganos que ejercen el Poder Electoral, como el Consejo Nacional Electoral. Igualmente, también puede considerarse que es órgano de la Administración Pública nacional, la Dirección Ejecutiva de la Magistratura del Tribunal Supremo de Justicia. Todos esos órganos conforman la Administración Pública Nacional, aun cuando por supuesto, no de la Administración Pública Central cuyos órganos son los que ejercen el Poder Ejecutivo Nacional." (En documento consultado en la página Web de Allan Brewer-Carías, ya señalada). Este parecer es sostenido por el autor en su artículo "Introducción General al Derecho Administrativo venezolano". En *Revista Electrónica de Derecho Administrativo venezolano REDAV N° 1.* Caracas: 2012, p. 4. Disponible en http://www.uma.edu.ve/admini/ckfinder/userfiles/files/ABC.pdf

50   Durante la vigencia de la Ley Orgánica de la Corte Suprema de Justicia de 1976 que atribuía competencia a la Corte Primera en lo Contencioso Administrativo para conocer de la nulidad de los actos administrativos emitidos por autoridades distintas a las que eran de la competencia de la Sala Político Administrativa (art. 185.3), la jurisprudencia introdujo la categorización de los actos de autoridad reconocidos a sujetos de derecho privado que ejercen funciones públicas, en ejercicio de potestades públicas o de un servicio público. Es el caso de los Colegios de Profesionales, sociedades autorales o de autores y compositores, deportivas, universidades privadas, Bolsa de Valores. Véase a título de ejemplo, sentencia de la CPCA 15-03-1984 (control de actos administrativos de particulares), 13-02-86 (Asociación de tiro del Distrito Federal), 18-02-1986 (sociedad de autores o compositores), 24-11-86 Universidad Católica Andrés Bello), 16-12-87 (Criollitos de Venezuela), 24-03-88(Comisión Nacional de Valores). De la SPA/CSJ 21-03-90 (Criollitos de Venezuela II), 27-7-93(Colegio de Técnicos Radiólogos). BALASSO, Caterina. *Jurisprudencia sobre los actos administrativos (1980- 1993)...* pp. 121, 154. Más recientemente, N° 2727 de fecha 30 de noviembre de 2006, caso *Unidad Educativa Colegio Academia Merici de Venezuela*, en *RAP* N° 108, 2006, pp. 160,168.

51   Indica el Dr. Brewer-Carías que, "el literal C del artículo 7 de la LOJCA, agrega a la enumeración de los órganos sujetos al control los consejos comunales y otras entidades o manifestaciones populares de planificación, control, ejecución de políticas y servicios públicos, cuando actúen en función administrativa. Esta norma, de nuevo, puede considerarse como redundante, pues los entes que en ella se enumeran pueden incluirse en los literales A y B del mismo artículo. En cuanto a los Consejos Comunales, sin duda, son "entes" de la Administración Pública pues están regulados en la Ley Orgánica de los Consejos Comunales de 2009, en la cual se dispone que se adquiere personalidad jurídica con su registro ante la respectiva Comisión Local de Planificación del Poder Popular (art. 20)" BREWER-CARÍAS, Allan. "Introducción general al régimen de la Jurisdicción Contencioso administrativa". En *La Ley Orgánica de la Jurisdicción Contencioso Administrativa...* pp.39-40 // Véase del mismo autor "El inicio de la desmunicipalización del municipio en Venezuela: La organización del Poder Popular para eliminar la descentralización, la democracia representativa y la participación a nivel local". En *Revista de la Asociación Internacional de Derecho Administrativo*, AIDA. México: Universidad Nacional Autónoma de México, 2007, pp. 49-67.

metimiento al control jurisdiccional de la misma a actos administrativos emanados de órganos que ejercen poderes públicos distintos al Ejecutivo, nos muestra que tanto la jurisprudencia[52] como la legislación venezolana han incorporado paulatinamente, los criterios sostenidos por el Dr. Allan Brewer_Carías durante todos estos años después de la publicación de su tesis doctoral, con respecto a la clasificación de los actos administrativos. Criterios éstos que por supuesto, el autor ha ido modelando y perfeccionando con el paso del tiempo. Esa labor de "afinación" se pone de manifiesto de manera particular en el hecho de haber pasado de una tipología basada en el criterio orgánico-funcional a otra construida con base en un criterio mixto que reúne lo orgánico, lo material y lo funcional. En la actualidad no sólo convergen en esta noción los conceptos de Administración Pública y de actividad administrativa, sino también de las potestades públicas y hasta de los servicios públicos, lo que sin duda ha repercutido en la categorización de los actos, ampliándola, por cuanto va de la mano de la definición del acto administrativo y de sus particularidades jurídicas.

VI. A MODO DE CONCLUSIÓN

Creemos que hemos honrado el compromiso asumido de analizar y exponer de manera sucinta la categorización de los actos administrativos elaborada por el Dr. Allan Brewer Carías en su tesis doctoral, a la luz de la doctrina, la legislación y la jurisprudencia administrativa venezolanas de los años sesenta, y compararla con propuestas posteriores del autor, surgidas de la evolución de nuestro Derecho Administrativo y de los cambios experimentados por la Administración Pública en Venezuela, desde ese entonces hasta años recientes.

---

52   La jurisprudencia ha dado un tratamiento más tradicional al tema. Así por ejemplo, en sentencia de fecha 09-10-2001, la Sala Político Administrativa del Tribunal Supremo de Justicia, en cuanto a la definición del acto y su clasificación, parte del concepto establecido por la Ley Orgánica de Procedimientos Administrativos en su art.7 y de la categorización de los actos mostrada por la doctrina, especialmente la exhibida por el autor Eloy Lares Martínez. No obstante, en cuanto a su clasificación según sus efectos expresa que: "la doctrina y la jurisprudencia han sido pacíficas en señalar que los actos de efectos generales son aquellos que interesan a una pluralidad de sujetos, es decir, que inciden en la esfera jurídica de un número determinado o indeterminado de personas y los de efectos particulares los que van dirigidos a un sujeto de derecho o a un número preciso de sujetos a los cuales afecta en su esfera jurídica particular". En: MOSTAFÁ, Hadel. *Compilación de la Doctrina de la Sala Político Administrativa: Contencioso Administrativo*. Caracas: Tribunal Supremo de Justicia, Colección Doctrina Judicial N°3, 2009. Tomo I. pp. 126-128.

SECCIÓN TERCERA:

REQUISITOS DE VALIDEZ DEL ACTO ADMINISTRATIVO: UN RECORRIDO POR EL TREN DE *LAS INSTITUCIONES FUNDAMENTALES DEL DERECHO ADMINISTRATIVO Y LA JURISPRUDENCIA VENEZOLANA*, DEL CATEDRÁTICO ALLAN R. BREWER-CARÍAS

Cosimina G. Pellegrino Pacera

Universidad Central de Venezuela. Facultad de Ciencias Jurídicas y Políticas. Abogada, mención *Magna Cum Laude*. Especialista en Derecho Administrativo. Doctora en Ciencias, mención "Derecho". Profesora *Asistente*. Ha sido profesora de Derecho Administrativo II, así como profesora en el Curso de Doctorado en Derecho sobre *Derecho y Literatura*. Miembro del Consejo de Redacción de la Revista de Derecho Público en Venezuela

INTRODUCCIÓN

Al conmemorarse cincuenta años de la publicación de la Tesis Doctoral del profesor Allan Brewer-Carías, titulada *Las instituciones fundamentales del Derecho administrativo y la jurisprudencia venezolana*, es propicia la ocasión para analizar en las próximas líneas cómo ha evolucionado y lo mucho que ha transitado este tren respecto al tema de los requisitos de validez del acto administrativo desde 1964 hasta la actualidad.

Estamos convencidos que uno de los contenidos fundamentales del Derecho Administrativo es la teoría de los actos administrativos, destacándose los requisitos o elementos para la validez de los actos administrativos.

Para tal fin hemos dividido nuestro trabajo en dos partes. La primera, aborda el tema desde la óptica de la obra del profesor Brewer-Carías con la descripción de cada uno de los elementos esenciales para la validez del acto administrativo, y en la segunda está referida a la revisión de este tema frente a la jurisprudencia contencioso-administrativa, haciendo especial referencia a las sentencias emanadas de la Sala Político-Administrativa del Tribunal Supremo de Justicia.

I. REFLEXIONES SOBRE LOS REQUISITOS PARA LA VALIDEZ DEL ACTO ADMINISTRATIVO A TRAVÉS DE LA MIRADA DE ALLAN BREWER-CARÍAS, REFLEJADA EN SU OBRA *LAS INSTITUCIONES FUNDAMENTALES DEL DERECHO ADMINISTRATIVO Y LA JURISPRUDENCIA VENEZOLANA*

Para poder examinar los requisitos de validez de los actos administrativos, es necesario recordar que es válido todo acto administrativo que ha nacido conforme al ordenamiento jurídico vigente, figura que difiere de la eficacia del acto administrativo que implica la posibilidad de ponerlo inmediatamente en práctica; es el instante en que el acto administrativo comienza a producir todos sus efectos jurídicos.

"… La validez es el resultado de la perfecta adecuación, sumisión y cumplimiento en la elaboración y expedición del acto administrativo a los requisitos y exigencias establecidos en las normas superiores. En otras palabras, se dice que un acto administrativo es válido en la medida en que éste se adecúa perfectamente a las exigencias del ordenamiento jurídico. Esto es, el acto administrativo es válido cuando ha sido emitido de conformidad con las normas jurídicas, cuando su estructura consta de todos los elementos que le son esenciales. La validez supone en el acto la concurrencia de las condiciones requeridas por el ordenamiento jurídico…"[1]

Esencialmente la validez recae en el cumplimiento de las formalidades que se le exigen al acto para que se forme o se produzca. En tal sentido, el profesor Brewer-Carías sostiene que los actos administrativos tienen que cumplir determinados requisitos de forma y de fondo. Los primeros, "constituyen lo que se ha llamado el procedimiento constitutivo del acto administrativo"; y los segundos, se refieren "a su contenido y son los que determinan, propiamente, la naturaleza del acto administrativo".[2]

1. Los requisitos de forma

Para Brewer-Carías los requisitos de forma están referidos a las formalidades que según la ley ha de cumplir la autoridad pública para la emisión y expresión del acto administrativo.[3] En tal sentido advierte que cuando la ley no establece la forma para la emisión o expresión de la voluntad administrativa, el funcionario está facultado para emitir el acto administrativo según las formalidades que "juzgue más conve-

---

1   SANTOFIMIO GAMBOA, Jaime Orlando. **Tratado de Derecho Administrativo**. Universidad Externado de Colombia, Publicaciones Universidad Externado de Colombia, Bogotá, 2007, pp. 319-320.

2   BREWER-CARÍAS, Allan Randolph. **Las Instituciones Fundamentales del Derecho Administrativo y la Jurisprudencia Venezolana**. Colección Tesis de Doctorado, Volumen IV. Publicaciones de la Facultad de Derecho, Universidad Central de Venezuela, Caracas, 1964, p. 121.

3   Hay que recordar que en **Las Instituciones Fundamentales del Derecho Administrativo y la Jurisprudencia Venezolana** el profesor Brewer-Carías emplea un criterio material para definir el acto administrativo como *"aquella manifestación de voluntad realizada por una autoridad pública actuando en ejercicio de la función administrativa, con el objeto de producir efectos jurídicos determinados que pueden ser, o la creación de una situación jurídica individual o general, o la aplicación a un sujeto de derecho de una situación jurídica general"*, p. 120.

niente y racional, siempre que esa forma de formación o de expresión demuestre claramente la verdadera voluntad de la Administración".[4]

Para sostener tal afirmación Brewer-Carías se fundamenta en los criterios jurisprudenciales de la antigua Corte Federal y de Casación, "...que cuando la ley o la costumbre no preceptúan una forma determinada, la autoridad administrativa puede servirse de cualquier forma adecuada para el cumplimiento del acto administrativo".[5]

Si bien es cierto, que para ese momento Venezuela no tenía una legislación con carácter general para regular el procedimiento para la formación de los actos administrativos, sí existían múltiples leyes especiales y reglamentos que contemplaban de manera concreta los aspectos formales para la emisión de los actos administrativos. En todo caso, esa falta de uniformidad favorecía a la Administración para actuar con discrecionalidad para producir el acto administrativo, no obstante la inseguridad jurídica que eso podía generar a los destinatarios del acto.

Ante este escenario se hacía difícil clasificar los requisitos de forma de los actos administrativos. Sin embargo, el profesor Brewer-Carías procuró sistematizar -en una forma pedagógica- los requisitos de forma de los actos administrativos, sujetándose a los criterios jurisprudenciales existentes, y de tal manera clasificarlos así:

    a.   la manifestación de la voluntad administrativa

    b.   la motivación del acto administrativo

    c.   la notificación del acto administrativo

En relación con la *manifestación de la voluntad administrativa*, Brewer-Carías advierte que para que se produzca realmente la voluntad del órgano es necesario que "deba expresarse dentro de un proceso formativo que se desarrolla de acuerdo con la ley y con fundamento en la observancia de ciertas formas". Cuando la manifestación de la voluntad de la Administración incumpla las formas exigidas, esa manifestación de voluntad "no responde a la verdadera voluntad de la administración".

Al respecto, Brewer-Carías indica que el órgano que expresa la voluntad de la Administración debe ser competente para ello, es decir "debe tener la atribución legal para obrar en cumplimiento de la función administrativa". Los actos administrativos deben emanar del órgano o ente competente al que el ordenamiento jurídico le haya atribuido el poder suficiente para dictar su manifestación de voluntad.

En este caso, Brewer-Carías aprovecha para distinguir entre los actos administrativos expresos, es decir aquellos que tienen una clara e inequívoca exteriorización de la manifestación de voluntad, de los actos administrativos tácitos que son productos del silencio administrativo. En ambos casos deben estar sujetos a determinadas formas y plazos, sin cuyo cumplimiento no podrá haber legítima manifestación de la

---

4   *Ibid.*, p. 121.

5   Sentencia de 7-12-37, Resumen CFC en SPA 1936-1939, pág 14 (Memoria 1938, Tomo I, pág. 374), referencia citada en *Ibídem*, p. 122.

Administración." No obstante, aclara que las formas del acto administrativo tácito deben ser siempre legales para que haya tal manifestación de voluntad.[6]

Sobre el requisito formal de la *motivación*, Brewer-Carías afirma que es el justificativo de la acción administrativa. En tal sentido, utiliza como fundamento la sentencia de fecha 9 de agosto de 1957 de la antigua Corte Federal, para sostener que los actos administrativos "deben expresar correctamente la causa o motivo que los inspira como condición para su validez, sobre todo cuando sólo están en juego, en principio, intereses de particulares, que si bien son tutelados por el Estado, es con miras de equidad y provecho general".[7]

En la mencionada sentencia, la antigua Corte Federal expresa que "la forma del acto en lo tocante a la motivación del mismo ha llegado a considerarse sustancial, en razón de que la ausencia de fundamentos abre amplio campo al arbitrio del funcionario. En efecto, en tal situación jamás podrían los administrados saber por qué se les priva de su derecho o se les sanciona".

De ahí que el profesor Brewer-Carías concluya que la motivación es el instrumento que permite "el control jurisdiccional sobre la exactitud de los motivos", y su correspondencia con los textos legales o reglamentarios en que se apoya el acto.[8]

Por último, en relación con la *notificación* como requisito de forma para los actos administrativos particulares, o la *publicación* en el órgano oficial respecto a los actos administrativos generales, cabe señalar que a la luz de la jurisprudencia de la antigua Corte Federal es tratado como un elemento de validez para la expresión del acto administrativo.

Respecto a tal exigencia formal, el profesor Brewer-Carías indica la sentencia del 5 de agosto de 1958, que expresó:

> "...en el orden administrativo es unánimemente aceptada la práctica, sancionada hoy por todas las leyes sobre esta materia, que la notificación de las resoluciones se haga, de ordinario, por su publicación en el órgano oficial, cuando el acto es general. Pero si el acto es individual, es preciso su notificación especial al interesado por medio de oficio, dejándose constancia, también escrita, del día y la hora en que se entrega al propio interesado. Si no se logra localizar a éste, las leyes, la jurisprudencia y la doctrina extranjera, así como también un elemental principio de justicia, requiere que el interesado sea notificado por cartel que se publicará en el órgano oficial destinado a este efecto, con fijación de un plazo prudencial, vencido el cual, sin que se presente el interesado a notificarse, se considera iniciado el lapso de apelación. Esta solución, a mas de estar enmarcada dentro de claros principios de procedimiento, es justa."

Cabe acotar que conforme a la referida jurisprudencia, cuando la Administración dictaba actos administrativos particulares se requería la notificación "personal" del interesado, y ante la imposibilidad de efectuarse la misma se aceptaba como suficiente la notificación "por cartel", publicado en el órgano oficial destinado a tal fin.

---

6   BREWER-CARÍAS, Allan R. *Ob. cit.*, p. 123.

7   *Ibid.*, pp. 124-125

8   *Idem.*

2. Los requisitos de fondo

En este punto, el profesor Brewer-Carías distingue los requisitos de *la subordinación al principio de la legalidad administrativa y el requisito de la subordinación a la finalidad de servicio público.*

El requisito de la *subordinación al principio de la legalidad administrativa implica la competencia del órgano que dicta el acto administrativo, así como la causa o motivo* y el objeto del acto.

Cabe recordar que el principio de la legalidad administrativa es aquél según el cual todos los actos de la Administración han de ser cumplidos dentro de las reglas o normas preestablecidas. Es por ello que la "violación del principio de la legalidad administrativa por una autoridad administrativa vicia el acto administrativo de ella emanado de ilegalidad".[9]

En la *subordinación al principio de la legalidad administrativa,* los actos administrativos deben emanar de la autoridad competente al que el ordenamiento jurídico le haya atribuido el poder suficiente para dictar su manifestación de voluntad (*competencia*).

Igualmente, la *subordinación al principio de la legalidad administrativa* exige que el acto administrativo deba ceñirse a los presupuestos de hecho que autorizan su actuación (*causa o motivo*). La causa o motivo del acto administrativo es el antecedente que impulsa a la autoridad para dictarlo.

Además, la *subordinación al principio de la legalidad administrativa* impone el cumplimiento del requisito del *objeto.* El objeto del acto administrativo es "la consecuencia inmediata, el efecto práctico que el acto persigue". Al respecto, advierte Brewer-Carías que como en todo acto jurídico, el objeto debe ser posible, lícito, determinado o determinable, según la expresión del artículo 1.155 del Código Civil venezolano.[10]

Ahora bien, en lo que concierne al requisito de la *subordinación a la finalidad de servicio público,* señala Brewer-Carías que es la exigencia de fondo que determina la naturaleza de los actos administrativos.

Pero ¿qué se entiende por actividad realizada con *finalidad de servicio público*? Al respecto, Brewer-Carías responde esta interrogante:

> "...toda actividad que en ejecución de la Ley y como gestión de los intereses públicos, realiza una autoridad pública con el objeto de mantener y hacer mantener incólumes las garantías constitucionales; a respetar y hacer respetar los derechos constitucionales de los ciudadanos; a hacer cumplir los deberes constitucionales de los ciudadanos; o a cumplir las obliga-

---

9   BREWER-CARÍAS, Allan R. "Consideraciones sobre la ilegalidad de los actos administrativos en el Derecho Venezolano", en *Revista de Administración Pública* N° 43, Instituto de Estudios Políticos, Madrid, 1964, p. 428. Cabe señalar que estas consideraciones del profesor Brewer-Carías forman parte de la obra **Las instituciones fundamentales del Derecho administrativo y la jurisprudencia Venezolana.**

10   BREWER-CARÍAS, Allan R. **Las instituciones...,** p. 128.

ciones constitucionales del Estado venezolano, con miras a obtener el bienestar general y la seguridad social".[11]

En este caso, enfatiza la decisión de fecha 28 de septiembre de 1954 de la extinta Corte Federal que dispuso que "la actividad administrativa en el Estado de Derecho está condicionada por la Ley a la obtención de determinados resultados, y por ello no puede la Administración Pública procurar resultados distintos de los perseguidos por el legislador, aun cuando aquellos respondan a las más estricta licitud y moralidad, pues lo que se busca es el logro de determinado fin que no puede ser desviado por ningún motivo, así éste sea plausible".

Este requisito implica que todo acto administrativo debe procurar obtener los fines o resultados perseguidos por el legislador, cuyo incumplimiento acarreará la desviación de poder como vicio de ilegalidad del acto administrativo.

Sobre este punto, expone Brewer-Carías que:

"Ley atribuye a la autoridad administrativa el ejercicio de cierta y determinada facultad, pero se la atribuye para obtener un determinado fin o para alcanzar determinado objetivo; si la autoridad administrativa se sirve de tal poder, que efectivamente le ha sido conferido, para obtener un fin distinto de aquel buscado por la Ley, desvía la finalidad de ésta, y por ello se dice que los actos que así dicten están viciados de *desviación de poder*".[12]

En tal sentido, subraya lo asentado por la antigua Corte Federal en la sentencia de fecha 28 de septiembre de 1954, que conceptualizó el vicio de desviación de poder, en los términos siguientes:

"Un acto administrativo se encuentra viciado por *desviación de poder*, por cuanto siendo un acto dictado por quien está facultado para hacerlo y en forma tal que aparece subordinado a la ley, en su espíritu o en el fondo es realmente contrario a la finalidad de servicio público o de los principios que informan la función administrativa. Si la autoridad administrativa se sirve de tal poder que efectivamente le ha sido conferido, para obtener un fin distinto de aquel buscado por la ley, desvía la finalidad de ésta, y por ello se dice que hay *desviación de poder*".[13]

Por tanto, a la luz de las soluciones jurisprudenciales recopiladas e interpretadas por el profesor Brewer-Carías en su Tesis Doctoral, entiende que la Administración para emitir los actos administrativos está obligada a cumplir los requisitos de forma y de fondo, y de esta manera considerarse válidos los actos administrativos.

II.   COMENTARIOS SOBRE LOS REQUISITOS DE VALIDEZ DEL ACTO ADMINISTRATIVO A LA LUZ DE LA JURISPRUDENCIA ACTUAL

Tras los cincuenta años de la publicación de *Las instituciones fundamentales del Derecho administrativo y la jurisprudencia venezolana,* la jurisprudencia contencio-

---

11   *Ibid.,* pp. 113-114.

12   BREWER-CARÍAS, Allan R. *Consideraciones...*, p. 439.

13   BREWER-CARÍAS, Allan R. Las Instituciones..., p. 70.

so-administrativa ha introducido importantes avances que han permitido delinear el contenido y alcance de los requisitos de validez de los actos administrativos, aunado a la promulgación de la Ley Orgánica de Procedimientos Administrativos a comienzos de la década de los ochenta del siglo pasado, que tuvo como objeto recoger el desarrollo jurisprudencial realizado por nuestros tribunales y la doctrina administrativa existente para la época.

Cabe subrayar que respecto a la entrada en vigor de la ley, la Corte Primera de lo Contencioso Administrativo en sentencia de fecha 12 de agosto de 1983, bajo la ponencia de la Magistrada Armida Quintana Matos, asentó que:

> "Si bien la Ley Orgánica de Procedimientos Administrativos entró en vigencia a partir de enero de 1982, los principios que ella desarrolla han integrado siempre el ordenamiento jurídico administrativo de manera que los requisitos que integran el acto administrativo y la invalidez que afecte a éste por carecer de uno de ellos, configuran bases fundamentales del Ordenamiento Administrativo que ha desarrollado tanto la doctrina como la jurisprudencia administrativa. La exigencia de los elementos sustanciales y de forma del acto administrativo a partir de la Ley Orgánica es más precisa, pero no quiere decir que la ausencia de dicho texto impidiera comprobarlos y, de no existir ellos o ser irregulares, producir la declaratoria de nulidad o anulación de determinado acto, bien en vía administrativa, bien en vía jurisdiccional".[14]

Precisamente, partiendo de la Ley Orgánica de Procedimientos Administrativos, especialmente el artículo 7 que contempla la definición de acto administrativo, la Sala Político-Administrativa del Tribunal Supremo de Justicia reconoce que la característica esencial del acto es el sometimiento al principio de legalidad, que se expresa de dos maneras, a saber: la legalidad formal y la legalidad sustancial.

El sometimiento a la ley de los actos administrativos conduce a su validez, que es la situación en la que se encuentran los actos conformes a derecho.

Concretamente, en la sentencia N° 1.701/2009, del 25 de noviembre, recaída en el caso *Granja Porcina Hermanos Mosquera*, el Tribunal Supremo de Justicia, en Sala Político-Administrativa resalta que "el principio de legalidad en virtud del cual la actividad administrativa ha de ceñirse a los condicionamientos de la ley, obliga a la Administración a someterse en sus declaraciones a las modalidades extrínsecas que ella le señala (legalidad formal) y a llenar los requisitos que de igual forma establece (legalidad sustancial)", criterio ratificado por la misma Sala Político-Administrativa en sentencia N° 55/2013, del 30 de enero, caso *Unidad Educativa Instituto de Ciencias Náuticas Contralmirante José María García, C.A.*

Así las cosas, los aspectos formales y sustanciales para la validez del acto administrativo están sujetos al control de la jurisdicción contencioso administrativa, tal como lo reconoce la Sala Político-Administrativa en sentencia N° 1.095/2011, del 9 de agosto, recaída en el caso *Roxana Orihuela Gonzatti y Fermín Toro Jiménez contra UCV (Reglamento del Personal Docente y de Investigación de la Universidad Central de Venezuela)*, que asentó "todo administrativo puede ser recurrido por ra-

---

14   BALASSO TEJERA, Caterina. **Jurisprudencia sobre los actos administrativos (1980-1993).** Colección Jurisprudencia N° 7. Editorial Jurídica Venezolana, Caracas, 1998, pp.361-362.

zones de forma y fondo, lo contrario contradice el orden constitucional al transgredir el derecho al debido proceso consagrado en el artículo 49 de la CRBV y la LOPA".

Es evidente que la necesidad de que los actos administrativos han de ser cumplidos o realizados dentro de las normas o reglas del ordenamiento jurídico constituye un principio reconocido por la abundante jurisprudencia hoy en día. "Los actos administrativos, como instrumentos jurídicos, son mecanismos de expresión de la voluntad administrativa, los cuales poseen como característica fundamental la sumisión a una serie de requisitos legales para su validez y eficacia" (*Vid.* Tribunal Supremo de Justicia, en Sala Político-Administrativa, sentencia N° 661/2011, de 18 de mayo, caso *Ernesto Rafael Márquez Marín contra Ministro del Poder Popular para la Defensa*).

1. Los requisitos de forma

A. Exteriorización del acto administrativo

A partir de la Ley Orgánica de Procedimientos Administrativos constituyó una novedad expresar con precisión lo que debe contener un acto administrativo desde el punto de vista de la forma,[15] y que están enumerados en el artículo 18. Sobre este requisito, la jurisprudencia contencioso-administrativa ha sostenido que:

> "La validez de un acto administrativo en cuanto a su exteriorización o forma, conforme a la disposición contenida en el artículo 18 de la Ley Orgánica de Procedimientos Administrativos, debe juzgarse atendiendo a la finalidad que en cada caso concreto tales formalidades están destinadas a conseguir determinando la influencia sobre el fondo del asunto, no procediendo, por ende la nulidad administrativa cuando, aun siendo defectuosas, han logrado cumplir con su fin. En otras palabras, la inobservancia de las formas o los tramites procedimentales constituye, desde luego una irregularidad, pero esta solo llega a los grados de invalidez, cuando no se cumple o logra la finalidad objetiva, concreta, a que está destinado, con relación a un acto específico, o bien cuando la omisión de la formalidad o su defectuoso incumplimiento es de tal naturaleza, que ejerce una influencia determinante sobre el contenido del acto administrativo adoptado, lo cual permite aclarar suficientemente la idea de la supremacía del acto sobre su apariencia formal".[16]

Al respecto, la Sala Político-Administrativa ha reiterado que las formalidades no son fines en sí mismas, y que su omisión solo produce nulidad si altera la voluntad real de la Administración o si causan indefensión.

Vale acotar que la prenombrada Sala ha delimitado en su jurisprudencia cuáles son las omisiones que producen la nulidad del acto administrativo, y en este sentido, ha establecido lo siguiente:

---

15   BREWER-CARÍAS, Allan R. El derecho administrativo y la Ley Orgánica de Procedimientos Administrativos. Principios del procedimiento administrativo. Colección Estudios Jurídicos N° 16. Editorial Jurídica Venezolana, Caracas, 2002, p. 184.

16   OJEDA DE ILIJA, Raiza. *Actos administrativos. Aporte jurisprudencial,* en Anuario de Derecho. Año 29, N° 29. Enero-diciembre 2012. Mérida-Venezuela, p. 11, consultada en página web: http://www.saber.ula.ve/bitstream/123456789/37043/1/articulo6.pdf

"...Se sostiene, finalmente, que la Administración omitió determinadas formalidades y menciona la recurrente, en particular, que no consta en el acto 'el lugar en el que se dictó'; ni el sello de la oficina respectiva; como tampoco los recursos que procedían contra el mismo. Observa la Sala que si bien tales omisiones resultan evidentes de la revisión del acto, éstas no causaron indefensión grave a la demandante, quien, haciendo uso de los recursos legalmente establecidos, ejerció oportunamente su derecho a la defensa. **Se reitera que actos como el presente sólo se anulan cuando han incumplido formas sustanciales que inciden en la decisión final o producen indefensión, afectando de manera real y cierta algún derecho del administrado.** (Destacado del fallo) (*Vid.* Sentencias Nros. 1848, 0799 y 00581 publicadas en fechas 10 de agosto de 2000, 11 de junio de 2002 y 7 de marzo de 2006)" Sentencia N° 55/2013, del 30 de enero, caso *Unidad Educativa Instituto de Ciencias Náuticas Contralmirante José María García, C.A.*

B.   Motivación

Con respecto a este requisito formal la jurisprudencia tiene establecido desde antiguo -tal como lo expone Brewer-Carías en *Las instituciones fundamentales del Derecho administrativo y la jurisprudencia venezolana*-, y de manera específica según lo dispuesto en los artículos 9 y 18.5 de la Ley Orgánica de Procedimientos Administrativos, la obligación de motivar los actos administrativos, es decir que los actos contengan una relación sucinta de los hechos, de las razones que hubieren sido alegadas y de los fundamentos legales pertinentes para entenderse motivado.

En efecto el artículo 9, establece un principio general, y es que todos los actos administrativos de carácter particular deben ser motivados salvo los actos de mero trámite. La motivación constituye un requisito esencial e indispensable para su formación y validez, como reiteradamente lo ha sostenido la jurisprudencia en numerosas sentencias.

Al respecto, cabe mencionar la sentencia N° 1.091/2010, del 3 de noviembre, caso *C.A. Café Fama de América contra Instituto Nacional de Cooperación Educativa (INCE),* en la cual la Sala Político-Administrativa reconoce que "la doctrina administrativa ha concebido la motivación como la expresión sucinta de los fundamentos de hecho y de derecho que dan lugar a la emisión de un acto por parte de la Administración, independientemente de la falsedad o no de la fundamentación expresada".

De hecho, la Sala Político-Administrativa ha insistido que "los actos que la Administración emita deberán señalar, en cada caso, el fundamento expreso de la determinación de los hechos que dan lugar a su decisión, de manera que el Administrado pueda conocer en forma clara y precisa las razones fácticas y jurídicas que originaron la resolución, permitiéndole oponer las razones que crea pertinente a fin de ejercer su derecho a la defensa" (*Vid.* sentencia N° 661/2011, del 18 de mayo, caso *Ernesto Rafael Márquez Marín contra Ministro del Poder Popular para la Defensa*).

No obstante, la Sala ha advertido en su doctrina jurisprudencial que la Administración no se encuentra obligada a efectuar "una exposición minuciosa, rigurosamente analítica y extensa de cada uno de los datos o argumentos que se le plantean, pues basta que pueda advertirse del texto los fundamentos legales y los supuestos de hecho que constituyen los motivos en que se apoyó para responder al administrado"(*Vid.* sentencia N° 2.447/2006, del 7 de noviembre de 2006, caso *Estacionamiento Espagal, S.R.L. contra Ministro de la Producción y el Comercio*).

Igualmente, la jurisprudencia de la Sala Político-Administrativa ha reiterado que

"...se cumple con el requisito de la motivación, cuando la misma esté contenida en su contexto, es decir, que la motivación se encuentre dentro del expediente, considerado en forma íntegra y formado en virtud del acto de que se trate y de sus antecedentes, siempre que el administrado haya tenido acceso y conocimiento oportuno de los mismos; siendo suficiente, en algunos casos, que sólo se cite la fundamentación jurídica, si ésta contiene un supuesto unívoco y simple" (*Vid.* sentencias Nros. 387/2006, del 16 de febrero, caso *Valores e Inversiones, C.A.*; 1.564/2007, del 20 de septiembre, caso *Motores Venezolanos, C.A. (MOTORVENCA);* 1.467/2008, del 19 de noviembre, caso *AW Nazca S&S Advertising, C.A.*; 759/2009, del 3 de junio, caso *Ruedas de Venezuela, C.A. (RUDEVECA)*; y, 1.080/2010, del 3 de noviembre, caso *Motoriente El Tigre, C.A. contra Ministerio de Hacienda*).

En todo caso, la nulidad de los actos administrativos por el vicio de *inmotivación* solo se producirá "cuando no permiten a los interesados conocer los fundamentos legales y los supuestos de hecho que constituyeron las bases o motivos en que se apoyó el órgano administrativo para dictar la decisión, pero no cuando, a pesar de la sucinta motivación, permite conocer la fuente legal, las razones y los hechos apreciados por aquél" (*Vid.* sentencia N° 1.701/2009, del 25 de noviembre, caso *Granja Porcina Hermanos Mosquera*).

De esta manera, la motivación como elemento formal del acto administrativo se encuentra en clara relación con el derecho a la defensa de las personas, permitiéndole al juez ejercer el control judicial del acto, tal como lo advertía Brewer-Carías en su Tesis Doctoral.

En ese orden de ideas, la Sala Político-Administrativa en sentencia N° 1.368/2007, del 1 de agosto, caso *Corporación Eurocars, C.A. contra Gerencia Regional de Tributos Internos de Contribuyentes Especiales de la Región Capital del Servicio Nacional Integrado de Administración Tributaria (SENIAT)*, expresa que "el objetivo de la motivación es, en primer lugar, permitir a los órganos competentes el control de la legalidad del acto administrativo y, en segundo lugar, hacer posible a los administrados el ejercicio del derecho a la defensa".

Finalmente, cabe puntualizar que dada la naturaleza de este requisito la Sala Político-Administrativa de la antigua Corte Suprema de Justicia sostuvo que "la motivación del acto no está sometida por el legislador a ningún formato o módulo determinado y que ésta puede aparecer concomitante o contemporánea con la 'expresión' o 'manifestación' de la voluntad administrativa o con anterioridad a tal 'expresión', en cuyo caso aparece implícitamente ligada al proceso de formación del acto"(Sentencia de fecha 30 de julio de 1984).[17]

---

17   *Vid.* BALASSO TEJERA, Caterina. *Ob. cit.*, pp. 501-503.

C.   La notificación como requisito de eficacia y no de validez

A diferencia de lo que expone el profesor Brewer-Carías según la jurisprudencia de la antigua Corte Federal, hoy en día la *notificación* está considerada como una formalidad para lograr la eficacia del acto administrativo, es decir para que el acto produzca los efectos para los cuales fue dictado, y no como un requisito para su validez.

Debe señalarse que la Ley Orgánica de Procedimientos Administrativos, así como la jurisprudencia de la Sala Político-Administrativa de la antigua Corte Suprema de Justicia y del actual Tribunal Supremo de Justicia reconocen "...que la notificación de un acto administrativo de efectos particulares constituye una condición suspensiva de su eficacia, de tal manera que, no comenzará a surtir sus efectos, y por ende los lapsos para su impugnación no correrán, hasta tanto no se ponga en conocimiento a los particulares afectados por el mismo..." (*Vid.* Tribunal Supremo de Justicia, en Sala Político-Administrativa, sentencia N° 2.141/2005, del 21 de abril, caso *Costa de Oro C.A. contra Alcaldía del Municipio Colina del Estado Falcón*).

De hecho, la Sala Político-Administrativa del Tribunal Supremo de Justicia expresamente ha señalado que el acto administrativo se hace eficaz mediante su publicidad o comunicación a los interesados. Y tal publicidad o comunicación "constituye un aspecto de forma, vinculado directamente a la eficacia del acto, tratándose de una formalidad posterior a la emisión del acto... la publicación o comunicación constituyen la base de la presunción del conocimiento de la existencia del acto".

Asimismo, la prenombrada Sala ha subrayado que:

> La publicidad y comunicación del acto administrativo de alcance general se logra mediante la publicación de aquél en el órgano oficial, en la *Gaceta Oficial de la República;* la comunicación de un acto administrativo de alcance particular se logra mediante la notificación por medio idóneo: telegrama, memorando y oficio. Pero también debe admitirse como notificación, la que resulte de algún comportamiento del administrado o de la Administración, activa o pasiva, del que surja indubitablemente, que éste se halla enterado de la resolución o decisión respectivas de aquélla.

> Ciertamente sólo mediante la notificación es razonable admitir que el acto ha llegado efectivamente, directa y concretamente al interesado, pues como se ha señalado, ésta tiene por objeto, hacer que el acto se conozca por ante quien se opone, lo cual jamás podría ser desconocido o negado por la Administración, ya que es ella la que lo emite.

> Por principio, la notificación del acto administrativo es escrita, así lo reconoce la doctrina predominante. Sin embargo, esta circunstancia no autoriza a sostener, que sea el único modo en que el administrado entra en conocimiento de la voluntad de la Administración. Se ha admitido la notificación verbal de un acto, así como, una notificación excepcional como es la expresada por gestos y señales inequívocos, que lleven en forma efectiva la voluntad del ente administrativo. Estos últimos, traducen comportamientos, hechos o actitudes materiales de la Administración, de los cuales se deriva una voluntad expresada en determinado sentido (*Vid.* sentencia N° 1.368/2002, del 21 de noviembre, caso *Medardo Vargas Salas contra Ministro de la Defensa*).

Es interesante este criterio de la Sala Político-Administrativa, pues además de reiterar lo contemplado en los artículos 72 y 73 de la Ley Orgánica de Procedimientos

Administrativos, establece otras formas para llevar el acto emitido a conocimiento de los interesados. En todo caso, los actos que fueran publicados de manera defectuosa no afectan la validez, quedando su ejecución en suspenso hasta que cumplan con las formalidades de la ley para su eficacia, como lo dispone el artículo 74 *eiusdem* que determina que los vicios en las notificaciones no invalidan los actos, sino que los hacen ineficaces.

2.   Requisitos de fondo

Tanto bajo la vigencia o no de la Ley Orgánica de Procedimientos Administrativos, la doctrina jurisprudencial sobre los requisitos de fondo del acto administrativo ha sido pacífica al establecer que la *competencia,* la *causa,* el *objeto* y la *finalidad* son los elementos sustanciales para la validez del acto administrativo.

En efecto, no ha habido vaivenes jurisprudenciales sobre este tema; la tendencia jurisprudencial ha sido consecuente con los criterios expuestos en 1964 por el profesor Brewer-Carías en *Las instituciones fundamentales del Derecho administrativo y la jurisprudencia venezolana.*

A. Competencia

Del examen del estado actual de la jurisprudencia se desprende que es pacífica la exigencia respecto de la *competencia administrativa,* la cual ha sido definida como "la esfera de atribuciones de los entes y órganos del Estado, determinada por el Derecho objetivo o el ordenamiento jurídico positivo; es decir, el conjunto de facultades y obligaciones que un órgano puede y debe ejercer legítimamente" (*Vid.* Tribunal Supremo de Justicia, en Sala Político-Administrativa, sentencia N° 1.701/2009, del 25 de noviembre, caso *Granja Porcina Hermanos Mosquera contra Ministerio del Ambiente y de los Recursos Naturales*).

B. Base legal

La jurisprudencia admite la obligación de la *base legal* que debe cumplir el órgano o ente que emita el acto administrativo, y que es definido este requisito de fondo como "el supuesto jurídico de procedencia de toda providencia administrativa, por lo que los actos emanados de la Administración deben, en todo momento, encontrar fundamento en una norma legal que los autorice" (*Vid.* Tribunal Supremo de **Justicia, en Sala Político-Administrativa, sentencia N° 16/2012, del 18 de ene**ro, caso *Procurador General del Estado Táchira contra Corporación Salud del Estado Táchira*).

C.   Causa o motivo

El otro requisito de fondo de todo acto administrativo que advierte la jurisprudencia contencioso-administrativa es la *causa o motivo,* que es "la fundamentación fáctica o de hecho de la actuación administrativa", elemento que procura constantemente diferenciarlo con el requisito de la *motivación* "que es la expresión formal de los supuestos de hecho y derecho del acto" (*Vid.* Tribunal Supremo de Justicia, en Sala Político-Administrativa, sentencia N° 5.659/2009, del 21 de septiembre, caso *José Humberto Niño Chacón contra la Comisión de Funcionamiento y Reestructuración del Poder Judicial*).

Importa mucho poner de relieve la distinción entre ambos elementos, ya que en la práctica los recurrentes o accionantes confunden la *causa* y la *motivación* del acto, y el empleo inadecuado de ambos elementos, uno de fondo y el otro de forma, determina la errónea identificación de los vicios que afectan a cada uno de estos elementos en el acto administrativo.

En todo caso, cabe comentar que ha sido pacífica la jurisprudencia al reconocer este elemento del acto administrativo, en los términos siguientes:

> "En general, todo acto administrativo para que pueda ser dictado, requiere: a) que el órgano tenga competencia; b) que una norma expresa autorice la actuación; c) que el funcionario interprete adecuadamente esa norma; d) que conste la existencia de una serie de hechos del caso concreto, y e) que esos supuestos de hecho concuerden con la norma y con los presupuestos de hecho. Todo ello es lo que puede conducir a la manifestación de voluntad que se materializa en el acto administrativo. En tal sentido, los presupuestos fácticos o los supuestos de hecho del acto administrativo son la causa o motivo de que, en cada caso, el acto se dicte. Este requisito de fondo de los actos administrativos es quizás el más importante que se prevén para el control de la legalidad de los actos administrativos a los efectos de que no se convierta en arbitraria la actuación de un funcionario. Por ello, la Administración está obligada a comprobar adecuadamente los hechos y a calificarlos para subsumirlos en el presupuesto de derecho que autoriza la actuación. No puede, por tanto, la Administración, dictar actos fundados en hechos que no ha comprobado. La necesidad de comprobar los hechos como base de la acción administrativa y del elemento causa está establecida expresamente en el artículo 69 de la Ley Orgánica de Procedimientos Administrativos" (*Vid.* Tribunal Supremo de Justicia, en Sala Político-Administrativa, sentencia N° 1.705/2000, del 20 de julio, caso *Miguel Ángel Garcilazo Cabello contra Ministro de la Defensa*).

D.   Objeto

Por lo que se refiere a este elemento, se ha reconocido que todo acto administrativo debe tener un *objeto* que se constituye:

> "...en el efecto práctico que el sujeto emisor se propone lograr a través de su acción, el cual puede ser positivo o negativo, pero siempre determinable, posible y lícito, en forma tal que la imposibilidad de dar cumplimiento al acto administrativo, constituye un vicio que ocasiona su nulidad absoluta, pues la presunción de legitimidad que lo apareja no puede prevalecer contra la lógica y por eso, el numeral 3 del artículo 19 de Procedimientos Administrativos sanciona con la nulidad absoluta a los actos cuyo contenido sea de imposible o ilegal ejecución" (*Vid.* Tribunal Supremo de Justicia, en Sala Político-Administrativa, sentencia N° 68/2011, del 20 de enero, caso *Rosa Virginia Acosta Castillo contra Comisión de Funcionamiento y Reestructuración del Sistema Judicial*).

E.   Finalidad

La jurisprudencia de manera reiterada ha reconocido que el funcionario o la autoridad que emite el acto administrativo debe sujetarse al espíritu y propósito de la norma legal que le confiere la atribución para dictarlo, es decir que debe perseguir con su actuación la finalidad contemplada en el dispositivo legal, y no otra distinta (*Vid.* Tribunal Supremo de Justicia, en Sala Político-Administrativa, sentencia N° 993/2010, del 20 de octubre, caso *Victoria Milagros Acevedo Gómez contra Comisión de Funcionamiento y Reestructuración del Sistema Judicial*).

Al respecto, cabe traer a colación la sentencia N° 1.448/2001, del 12 de julio, caso *Mercedes Arcadia Montilla contra Consejo de la Judicatura*, a través de la cual la Sala Político-Administrativa, reconoce expresamente que:

> "…uno de los elementos sustanciales del acto administrativo lo constituye el fin o la finalidad que persigue la administración. De allí que el fin sea siempre un acto reglado, aun en los casos en los cuales exista manifestación del poder discrecional, razón por la cual la administración se encuentra, siempre obligada a adecuar la providencia adoptada, al fin previsto en la norma. Con base a lo anterior, se configura la desviación de poder cuando el autor del acto administrativo, en ejercicio de una potestad conferida por la norma legal, se aparta del espíritu y propósito de ésta, persiguiendo con su actuación una finalidad distinta de la contemplada en el dispositivo legal…".

Así las cosas, los actos administrativos -reglados o discrecionales- deben cumplir con el fin o la finalidad contemplada por el legislador y para la cual le fue otorgada la competencia para su emisión. Su incumplimiento origina el vicio de la *desviación de poder*, vicio que ha sido definido por la jurisprudencia como "el vicio de ilegalidad teleológica".

De hecho, y sin ánimo de profundizar sobre este vicio, pues corresponderá a otro estudio su análisis, la jurisprudencia de Sala Político-Administrativa ha definido a la desviación de poder:

> "…como el vicio en que incurre la autoridad administrativa en los casos en que, si bien se han respetado las formalidades externas para la emisión del acto, no se ha atendido a la finalidad que habilita el ejercicio de la potestad pública (véase sentencia de esta Sala del 13 de agosto de 1997, caso: Angel Oscar Matheus)….se reitera que el vicio de desviación de poder es de estricta legalidad, y permite el control del cumplimiento del fin que señala la norma habilitante. No se examina, por consiguiente, la moralidad del funcionario o de la Administración, sino la legalidad que debe enmarcar toda actuación administrativa conforme a los principios ordenadores de nuestro sistema de derecho" (*Vid.* sentencia N° 60/2001, del 6 de febrero, caso *Corporación DIGITEL C.A. contra Alcaldesa del Municipio Baruta*).

A lo largo de esta exposición hemos visto cómo nuestros tribunales han ido reconociendo de manera uniforme y constante los criterios jurisprudenciales que sirvieron para la elaboración de la obra *Las instituciones fundamentales del Derecho administrativo y la jurisprudencia venezolana,* en el tema de los requisitos de validez de los actos administrativos, que contribuyó a la difusión del Derecho Administrativo en Venezuela, y constituye aún en el siglo XXI una obra de referencia obligatoria para estudiantes y profesores en el estudio de nuestra disciplina jurídica.

Existe una importante evolución de la jurisprudencia sobre esta temática de la teoría del acto administrativo, y consideramos que este avance progresivo se ha logrado alcanzar, entre otras razones, por el extraordinario aporte de la obra del profesor Allan R. Brewer-Carías. ¡Gracias profesor!

Caracas, abril 2014

SECCIÓN CUARTA:
LOS EFECTOS DEL ACTO ADMINISTRATIVO

Claudia Nikken

Abogado de la UCV
DEA de Derecho Público Interno de la UniversitéPanthéon-Assas (Paris II)
Doctora en Derecho de la UniversitéPanthéon-Assas (Paris II)
Profesora de Derecho Administrativo en la UCV
Miembro del Consejo de Redacción de la Revista de Derecho Público

INTRODUCCIÓN

Cincuenta años hace que defendió y publicó su tesis de doctorado el Profesor Allan R. Brewer-Carías. Se escribe esto con cierta facilidad, pero ¡son cincuenta años!

Esa tesis tiene el mérito de ser "el [primer] intento, perfectamente logrado, de hacer una exposición comparativa del Derecho Administrativo venezolano que, a través de semejante prisma categorial, permite ser bien conocido y valorado"[1].

Para rendirle homenaje, se planteó una obra en la cual varios profesores pudiéramos "establecer un diálogo entre las reflexiones del autor sobre el estado de la jurisprudencia venezolana en 1964, con el estado de esa jurisprudencia para 2014", "con el propósito de mostrar los cambios que, en cada uno de los temas tratados, se han presentado en estos cincuenta años".

La prolífica obra del Profesor Brewer-Carías en estos cincuenta años y el desarrollo de la jurisprudencia, sin contar el de la legislación, obligarían a la ejecución de trabajo de enormes dimensiones que hoy, lamentablemente, no es posible editar en nuestro país. La consecuencia es que, como todos los que componen la obra general, este estudio es mucho menos ambicioso; no pretende confrontar con el presente todo el tema de *los efectos del acto administrativo*, como fue planteado en 1964 en las *Instituciones fundamentales del derecho administrativo y la jurisprudencia venezolana*[2].

---

1   Informe del Tutor, Profesor Antonio Moles Caubet, publicado en la obra analizada en su página 5.

2   A.R. Brewer-Carías, *Instituciones fundamentales del derecho administrativo y la jurisprudencia venezolana*, Col. Tesis de Doctorado Vol. IV, Publicaciones de la Facultad de Derecho de la Universidad Central de Venezuela, Caracas, 1964.

Como se verá, se escogieron algunos –muy pocos– aspectos desarrollados entonces para mirarlos en perspectiva, porque son fundamentales y porque entonces no estaban claros en nuestro medio –lo que no quiere decir que hoy en día lo estén.

Para traer esos temas al día de hoy, en el entendido de que el punto de arranque es el capítulo de "los efectos del acto administrativo" en las *Instituciones fundamentales del derecho administrativo y la jurisprudencia venezolana,* tomé en primer lugar la obra del Profesor Brewer-Carías denominada *Jurisprudencia de la Corte Suprema 1930-1974 y Estudios de Derecho Administrativo* de 1976[3], en particular el Volumen 1[4] de su Tomo III[5].

Luego, para trabajar especialmente la jurisprudencia, aproveché la obra de Caterina Balasso Tejera *Jurisprudencia sobre los actos administrativos (1980 – 1993)*[6], que recoge los extractos de jurisprudencia publicados en la *Revista de Derecho Público* en el período señalado sobre los actos administrativos, claro está.

Por supuesto que también empleé la *Revista de Derecho Público*[7] en búsqueda de jurisprudencia, en especial a partir de 1993, sin perjuicio de haber investigado directamente en el sitio web del Tribunal Supremo de Justicia[8], donde se publican todas sus sentencias desde el año 2000, y en los anteriores medios de publicación oficial de la máxima instancia, como su *Memoria* o, luego, la Gaceta Forense.

En cuanto se refiere a la evolución de la obra del Profesor Brewer-Carías, vistos el tiempo y el espacio de este trabajo, tomé su recién publicado *Tratado de Derecho Administrativo – Derecho Público en Iberoamérica*[9], en particular el Volumen III, referido a *Los actos administrativos y los contratos administrativos.*

Antes de continuar, debo expresar que, para facilitar la referencia a las obras antes señaladas, me he permitido emplear algunas abreviaturas, así:

---

3   A.R. Brewer-Carías, *Jurisprudencia de la Corte Suprema 1930-1974 y Estudios de Derecho Administrativo*, Instituto de Derecho Público – Facultad de Derecho – Universidad Central de Venezuela, Caracas, 1976.

4   Referido a los *Reglamentos, procedimientos y actos administrativos.*

5   Referido a *La actividad administrativa.*

6   C. Balasso Tejera, *Jurisprudencia sobre los actos administrativos (1980 – 1993)*, Col. Jurisprudencia N° 7, Editorial Jurídica Venezolana, Caracas, 1998.

7   Publicada desde 1980 por la Editorial Jurídica Venezolana, en Caracas.

8   www.tsj.gov.ve

9   A.R. Brewer-Carías, *Tratado de Derecho Administrativo – Derecho Público en Iberoamérica*,Cívitas – Thomson Reuters, Fundación de Derecho Público, Editorial Jurídica Venezolana, Madrid, 2013.

Instituciones fundamentales del derecho administrativo y la jurisprudencia venezolana	IFDAJV
Jurisprudencia de la Corte Suprema 1930-1974 y Estudios de Derecho Administrativo	JCS 1930-1974
Jurisprudencia sobre los actos administrativos (1980-1993)	JAA
Tratado de Derecho Administrativo – Derecho Público en Iberoamérica	TDA
Revista de Derecho Público	RDP[10]

Luego aparecen otras abreviaciones más comunes:

CFC	Corte Federal y de Casación
CF	Corte Federal
CSJ	Corte Suprema de Justicia
TSJ	Tribunal Supremo de Justicia
SPA	Sala Político-Administrativa
SC	Sala Constitucional
CP	Corte en Pleno

Para terminar con esta explicación, debo expresar que la introducción de este trabajo, pretende mostrar muy brevemente algunos aspectos metodológicos de las *Instituciones* **(1)** y también cómo pude delimitar el tema estudiado **(2)**.

1. Los efectos del acto administrativo en las Instituciones fundamentales del derecho administrativo y la jurisprudencia venezolana

Instituciones fundamentales del derecho administrativo y la jurisprudencia venezolana es una obra organizada en cinco títulos, cada uno a su vez organizado en capítulos. El Título segundo de la obra se refiere a "la teoría de los actos administrativos" en cinco capítulos. El Capítulo cuarto de ese Título segundo desarrolla "los efectos del acto administrativo". Ese es el capítulo al cual me referiré en este espacio, reseñando, por el momento, los siguientes aspectos: **(A)** fuentes de la investigación; **(B)** esquema para el desarrollo del tema hace cincuenta años.

---

10   Los trabajos en francés que aparecen como publicados en la RDP lo están en la *Revue de droitpublic et de la sciencepolitique en France et à l'étranger.*

CLAUDIA NIKKEN

A.   Las fuentes de la investigación

A mi juicio, en un trabajo como el presente es imperioso llamar la atención del lector sobre las fuentes de la investigación llevada adelante por Allan R. Brewer-Carías, materializada en su tesis doctoral. Esto, únicamente en cuanto concierne al tema en análisis: *los efectos del acto administrativo*. Me referiré así a la doctrina citada **(a)**, a la legislación de base **(b)**, y a la jurisprudencia analizada **(c)**.

(a)   La doctrina

Desde la primera nota al pie de página del capítulo correspondiente al tema de los efectos del acto administrativo, encontramos referencias a la doctrina que sustenta las ideas desplegadas por el Profesor Brewer-Carías en su tesis de doctorado. Llama la atención que no se cita ningún autor venezolano[11], salvo a considerar la breve mención de una opinión de la Procuraduría General de la República, como doctrina oficial sobre el tema específico de la relatividad de la cosa juzgada administrativa[12]. La razón se explica en la nota introductiva de la obra: cuando se escribió, solo existía el Tratado de Derecho Administrativo de J.M. Hernández Ron y, concluido el trabajo, "apareció en junio de 1963 el *Manual de Derecho Administrativo* del Profesor Eloy Lares Martínez, editado en Caracas por la Imprenta Universitaria"[13].

Con relación al tema de los efectos del acto administrativo, la doctrina citada por el Profesor Brewer-Carías tampoco es demasiado extensa, siendo esenciales, como era y sigue siendo natural, la francesa, la italiana y la española[14].

La doctrina francesa aparece en el texto con relación a ocho temas: la noción de "decisión ejecutoria"[15]; la ejecución forzosa del acto administrativo[16]; la suspensión de la ejecución del acto administrativo[17]; la condición y el término en el acto admi-

---

11   Excepto la referencia a un artículo publicado por el mismo Profesor Brewer-Carías, titulado "Consideraciones acerca de la distinción entre documento público o auténtico, documento privado reconocido o autenticado y documento registrado", *Revista del Ministerio de Justicia*, 1962, Nº 41, pp. 192 y ss.; y la referencia a un artículo relativo al estado de emergencia, publicado por J.G. Andueza, "Los derechos del hombre en el estado de emergencia" *Revista del Ministerio de Justicia*, 1961, Nº 38, pp. 195 y ss.

12   Procuraduría General de la República, *Informe 1957-1958*, Caracas, 1958, p. 408.

13   IFDAJV, p. 14.

14   Incidentalmente se cita a H. Kelsen, *Teoría general del Estado*, Editorial Nacional, México, 1957, p. 348, con relación a la definición del acto administrativo como declaración o manifestación de voluntad (IFDAJV, pp. 135-136); y a R. Bielsa, *Instrumentos públicos emanados de funcionarios y órganos del Estado*, Rosario, 1949, con relación a la noción de instrumento público en Argentina y otros países (IFDAJV, pp. 131-132). Menos incidentalmente, pero sí aisladamente, se cita al uruguayo E. Sayagués Laso, *Tratado de derecho administrativo*, T.I, p. 490, sobre la ejecutividad y la ejecutoriedad del acto administrativo (IFDAJV, p. 130).

15   M. Hauriou, *Précis élémentaire de droit administratif*, 4ª ed., Sirey, París, 1938; referido en IFDAJV, pp. 132.

16   Long, Weil y Braibant, *Les grands arrêts de la jurisprudence administrative*, Sirey, Paris, 1962, pp. 40 y ss.; referido en IFDAJV, pp. 133-134.

17   Tourdias, *Le sursis à exécution des décisions administratives*, París, 1957 ; referido en IFDAJV, p. 130.

nistrativo[18]; la irretroactividad del acto administrativo[19]; la revocación del acto administrativo[20]; la desaparición del contenido y del objeto del acto administrativo[21]; y la cosa decidida administrativa[22].

La doctrina italiana, por su parte, fundamenta las reflexiones del Profesor Brewer-Carías con relación a seis temas: la presunción de legitimidad del acto administrativo[23]; la ejecutoriedad del acto administrativo[24]; la revocación y revocabilidad del acto administrativo[25]; y el carácter definitivo del acto administrativo[26].

Por último, la doctrina española citada se refiere a la ejecutividad y ejecutoriedad del acto administrativo[27]; a su ejecución forzosa[28]; a la condición y el término en el acto administrativo[29] y; a la revocación del acto administrativo[30].

---

18   M. Stassinopoulos, *Traité des actes administratifs*, LGDJ, París, 1954,pp. 89, 93, 95; referido en IFDAJV, p. 138.

19   O. Dupeyroux, *La règle de la non-rétroactivité des actes administratifs*, LGDJ, París, 1954 ; M. Latourneur, *Le principe de non-rétroactivité des actes administratifs"*, EDCE, fascículo 9, 1955, p. 37 ; Lefas, "Non-rétroactivité des actes administratifs", EDCE, 1949, fascículo 3, p. 71 ; Puisoye "L'application du principe de non-rétroactivité des actes administratifs", Sirey Cronicas, 1961, p. 45. Todos referidos en IFDAJV, pp. 139.

20   L. Delbez, "La révocation des actesadministratifs", RDP, 1928, p. 463; referido en IFDAJV, p. 142.

21   M. Stassinopoulos, *op. cit.,* pp. 238; referido en IFDAJV, p. 140.

22   G. Vedel, *Droitadministratif*, Themis, PUF, T. I, Paris, 1958, p. 126; referido en IFDAJV, p. 147.

23   Treves, *La presunzione de legittimitàdegliattiamministrativi*, Studi di diritto publico direti da Donatti, vol. VIII, Padua, 1936; referido en IFDAJV, p. 132. R. Resta, *"La legitimitàdegliattigiuridici"* Riv. Dir. Pub., 1955; referido en IFDAJV p. 132.

24   Borsi, *L'essecutorietàdegliattiamministrativi*, Turín, 1901; Pujia, "L'essecuzioned'ufficionelleopperepubliche", Riv. Dir. Pub. 1913. Referidos ambos en IFDAJV, p. 130.

25   Raggi, "La revocabilitàdegliattiamministrativi" *Riv. Dir. Pub.,* 1917; Alessi, *La revocabilitàdell'attoamministrativo*, Milán, 1936, 1942; Vitta, *La revoca degliattiamministrativi*, F.A., 1930; Resta, *La revoca degliattiamministrativi*, Milán 1935; Sandulli, "Spunti en materia di revocabilitàdegliattiamministrativi", G.I., 1943, III, 7 ; Resta, "Revoca, revocazione, abrograziones di attiamministrativi" FA, 1936, p. 97. Todos referidos en IFDAJV p. 142.

26   Cammeo, "La definitivitàdegliattiamministrativi" *Giurisprudenza italiana*, 1911, III, 1; Tommasone, "Sulladefinitivitàdegliattiamministrativi", FA, 1925, p. 1; M.S. Giannini, "In torno agliattiamministratividefinitiviimpliciti", *Giurisprudenza italiana*, 1940, III, p. 117. Todos referidos en IFDAJV, p. 145.

27   J. González Pérez, "Sobre la ejecutoriedad de los actos administrativos", *Revista Crítica de Derecho Inmobiliario*, Nº 316, 1954, pp., 706 y ss.; F. Garrido Falla, *Tratado de derecho administrativo*, Instituto de Estudios Políticos, Tomo I, Madrid, pp. 480 y ss.; N. Rodríguez Moro, *La ejecutividad del acto administrativo –con especial referencia a lo municipal*, Instituto de Estudios de la Administración Local, Madrid, 1946. Todos referidos en IFDAJV, p. 130.

28   F. Garrido Falla, *Tratado de derecho administrativo*, T. I, *cit.,* p. 484; referido en IFDAJV, pp. 133-134.

29   F. Garrido Falla, "Los motivos de impugnación del acto administrativo (Nulidad y anulabilidad en Derecho administrativo)", *Revista de Administración Pública* Nº 17, 1955, pp. 42 y ss.; referido en IFDAJV, pp. 137-138.

30   J. González Pérez, "La revocación de los actos administrativos en la jurisprudencia española", *Revista de Administración Pública*, Nº 1, 1950, p. 155; referido en IFDAJV, p. 142.

La (re)lectura de los autores citados enriquecería enormemente el estudio del tema analizado en este trabajo en su perspectiva histórica. Lamentablemente el tiempo y el espacio conspiran contra ese método. No descarto que en el futuro pueda hacerse el ejercicio.

En todo caso, desde la perspectiva trazada por el transcurso de cincuenta años, es una lástima que el Profesor Brewer-Carías no haya alcanzado a referirse en las *Instituciones fundamentales de derecho administrativo y la jurisprudencia venezolana* al *Manual de Derecho Administrativo* de Eloy Lares Martínez[31], quien con relación a los efectos del acto administrativo desarrolló algunas cuestiones tratadas en la obra cuyo análisis nos ocupa, y que sobrevolaremos un poco más adelante.

(b)   La legislación

Para la época en que se escribieron las *Instituciones fundamentales del derecho administrativo y la jurisprudencia venezolana* no existía en Venezuela ninguna legislación general relativa al procedimiento administrativo, a la organización de la administración o al contencioso administrativo. Existía, sí, un proyecto de *Ley de Procedimiento Administrativo* aludido por el Profesor Brewer-Carías en diversas ocasiones para referirse, en nuestro tema, a la regulación propuesta sobre el acto administrativo como título ejecutivo; a la posibilidad que se daría a la administración para ejecutar forzosamente sus actos por sí misma, salvo que alguna disposición expresa previera que debía acudirse a la ejecución judicial; y a la irretroactividad del acto administrativo[32].

De resto, el Profesor Brewer-Carías se fundamentó en el *derecho común,* específicamente en el Código Civil y en el Código de Procedimiento Civil para establecer que el acto administrativo es un título ejecutivo; para referirse a la ejecución forzosa por vía judicial del acto administrativo, a la entrada en vigor del acto administrativo, a la condición y el término en el acto administrativo y, a la irretroactividad del acto administrativo.

Por supuesto que se hacen referencias en la obra a la Constitución y también a cierta legislación *administrativa*: la Ley del Servicio Militar Obligatorio, el Reglamento de la Ley de Tránsito Terrestre, y la Ley Orgánica de la Corte Federal, que contenía una regulación incipiente y transitoria del contencioso administrativo. Sobre la base de estos textos, Brewer-Carías desarrolló en parte los temas de la excepcional ejecución forzosa por la administración de sus actos, la entrada en vigor del acto administrativo, la irretroactividad del acto administrativo, la condición resolutoria en el acto administrativo, la anulación del acto administrativo y la excepción de ilegalidad del acto administrativo.

---

31   E. Lares Martínez, *Manual de Derecho Administrativo,* Col. Cursos de Derecho, Facultad de Derecho de la Universidad Central de Venezuela, Caracas, 1963.

32   IFDAJV, pp. 133-134.

(c)   La jurisprudencia

La jurisprudencia del más alto tribunal es la fuente de investigación más importante para el Profesor Brewer-Carías en su intención de definir las instituciones fundamentales del derecho administrativo venezolano. En la obra analizada, con relación al tema de los efectos del acto administrativo, se citan veintiuna sentencias dictadas entre 1939 y 1962. Solo tres de esas sentencias fueron dictadas por la Corte Suprema de Justicia instituida por la Constitución de 1961. Otras tres fueron dictadas durante el período posterior a la huida Pérez Jiménez y la entrada en vigencia de ese texto democrático. Diez sentencias fueron dictadas en el período 1948-1957, dominado por Pérez Jiménez y; las cinco sentencia restantes fueron dictadas en el período de la era post-gomecista.

El cuadro que se copia seguidamente pretende resumir los temas tratados en las sentencias citadas por el profesor Brewer-Carías:

FECHA	TRIBUNAL	TEMA
9/3/1939	CFC	Sobre la irretroactividad del acto administrativo
9/6/1942	CFC	El acto administrativo como documento auténtico
20/3/1943	CFC	Sobre la irretroactividad del acto administrativo
7/12/1943	CFC	Sobre la irretroactividad del acto administrativo
20/12/1945	CFC	Sobre la irretroactividad del acto administrativo
4/8/1949	CFC	La ley puede prohibir expresamente la posibilidad de revocatoria
12/6/1951	CFC-CP	Anulación del acto administrativo. Inexistencia del acto administrativo inconstitucional
19/10/1951	CFC-CP	Es posible solicitar al PGR de demande la nulidad del acto administrativo ilegal creador de derechos
30/5/1952	CFC-CP	Sobre la revocación de los actos reglamentarios
		No puede ser revocado el acto administrativo creador de derechos dictado por el máximo jerarca
		Sobre la firmeza del acto administrativo
		Sobre la cosa juzgada administrativa
17/3/1953	CF	Sobre la posibilidad de revocación del acto administrativo
7/7/1953	CFC	Sobre la subordinación del acto administrativo a la equidad y la oportunidad
24/11/1953	CF	No puede ser revocado el acto administrativo creador de derechos dictado por el máximo jerarca
		Sobre la firmeza del acto administrativo

11/11/1955	CF	Es posible solicitar al PGR de demande la nulidad del acto administrativo ilegal creador de derechos
15/6/1956	CFC	No puede intervenir de oficio la revocatoria del acto administrativo
		Sobre la cosa juzgada administrativa
9/8/1957	CF	El carácter ejecutorio del acto administrativo es consecuencia de la presunción de su legalidad y legitimidad
5/8/1958	CF	Importancia de la ejecución privilegiada
		El acto administrativo como "decisión ejecutoria"
		Sobre la notificación del acto administrativo
29/7/1959	CF	La inmediata ejecución de sus actos es un privilegio de la administración
		Sobre la presunción de legitimidad del acto administrativo
25/1/1960	CF	Sobre la presunción de legitimidad del acto administrativo
		Sobre el carácter no suspensivo de los recursos
10/4/1961	CSJ-SPA	Sobre la subordinación del acto administrativo a la equidad y la oportunidad
28/2/1962	CSJ-SPA	Sobre la firmeza del acto administrativo
15/3/1962	CSJ-SPA	Sobre la firmeza del acto administrativo

Hasta aquí, a mi juicio, las fuentes de investigación empleadas por el Profesor Brewer-Carías para desarrollar el tema de los efectos del acto administrativo en su tesis doctoral. Veamos cuál fue el esquema que escogió hace cincuenta años para exponer el tema.

B.   El esquema para el desarrollo del tema hace cincuenta años

Hace cincuenta años, el Profesor Brewer-Carías ubicó el capítulo correspondiente a los efectos del acto administrativo inmediatamente después del capítulo relativo a "los requisitos del acto administrativo", que en esta obra colectiva desarrolla mi compañera y amiga Cosimina Pellegrino. Se afirma en la introducción del capítulo o "noción previa" que "[d]el cumplimiento de los requisitos estudiados en el capítulo anterior, y principalmente de los requisitos de fondo del acto administrativo, se deriva el efecto fundamental de este: su ejecutoriedad, que estudiaremos en primer lugar". Desde ahí, sin mas explicaciones, se presenta el esquema seguido (el "plan") para desarrollar el tema que nos ocupa: "la entrada en vigor y el comienzo de los efectos del acto, el fin de los efectos y especialmente la extinción del acto y, por último, la firmeza del acto administrativo"[33].

Vale decir que, para aquel tiempo, en el único *Manual* venezolano existente, publicado meses antes por Lares Martínez no se dio relevancia al tema específico de los "efectos" del acto administrativo.

Al desarrollar el Capítulo XI de su *Manual*, referido a "Elementos esenciales del acto administrativo. El procedimiento constitutivo. Recursos administrativos contra dichos actos. Ejecutividad y ejecutoriedad"[34], Lares Martínez toca tangencialmente el tema de los *efectos del acto administrativo,* para expresar lo siguiente:

> "Entendemos por *acto perfecto*, aquel que está completamente formado, esto es, el acto en cuya elaboración se han cumplido todos los trámites del procedimiento constitutivo y que reúna los requisitos de forma exigidos por la ley. El acto puede ser perfecto, y no ser todavía *eficaz*, por cuanto su obligatoriedad o eficacia dependa de una condición suspensiva o de un término o del cumplimiento de una de las formas complementarias, la publicación o la notificación, según el caso. En estos casos, el acto administrativo, aunque haya sido regularmente dictado, y ser por ello, *válido,* no es todavía eficaz, pues sus efectos naturales no se producen aún. La invalidez de un acto administrativo resulta de los vicios de forma o de fondo de que pueda adolecer"[35].

En esas pocas líneas, más que a los efectos del acto, se refirió Lares Martínez a lo que el Profesor Brewer-Carías calificó como "La entrada en vigor y el comienzo de los efectos del acto administrativo"[36], como parte del tema general.

Claro que, seguidamente, Lares Martínez desarrolla el tema de la *ejecutividad y ejecutoriedad* del acto administrativo y, solo refiriéndose a Zanobini[37], afirma lo siguiente:

> "La ejecutividad es la cualidad de ejecutivo, o lo que es igual, la cualidad del acto administrativo que puede ser ejecutado. La ejecutividad tiene la misma significación que la eficacia. (…).

> La ejecutoriedad es la posibilidad para la administración, de ejecutar el acto administrativo por sus agentes, y aun por medios coercitivos, en caso de resistencia de las personas afectadas, sin necesidad de intentar demanda ante un tribunal. La ejecutoriedad es característica de aquellos actos administrativos que imponen a las personas deberes o restricciones. La ejecutoriedad supone que el acto sea ejecutivo, esto es, eficaz.

> La fuerza ejecutoria de los actos administrativos constituye un verdadero privilegio para la administración. (…)"[38].

Ya veremos cómo dio tratamiento el Profesor Brewer-Carías a este tema, fundamental en el derecho administrativo.

---

33   IFDAJV, p. 130.

34   E. Lares Martínez, *op. cit.,* pp. 113- 120.

35   *Ídem,* p. 119.

36   Ver IFDAJV, pp. 135-140.

37   G. Zanobini, *Corso di DirittoAmministrativo,* T. I, p. 294; referido por Lares Martínez en la p. 120.

38   E. Lares Martínez, *op. cit.,* pp. 119-120.

Luego, sobre los asuntos tratados en las *Instituciones* bajo el tema de los *efectos del acto administrativo*, Lares Martínez dedica un capítulo completo (XIV) a la "Extinción de los actos administrativos. La vía administrativa y la jurisdiccional"[39]. Allí recoge los aspectos, así tratados por Brewer-Carías, del fin de los efectos del acto y la extinción del acto.

Hoy en día, el tema es mucho más álgido y comprende muchos más temas.

2.   Los efectos del acto administrativo cincuenta años después

Antes de adentrarme en el tema de los efectos del acto administrativo desde la perspectiva que surge cincuenta años después de la publicación de las *Instituciones*, me permito hacer una breve aproximación a las fuentes de la investigación hoy **(A)**, antes de presentar un esquema para su análisis, en tiempo y espacio limitados **(B)**.

A.   Sobre las fuentes de la investigación

En el *Capítulo cuarto* del *Título segundo* de *las Instituciones fundamentales del derecho administrativo y la jurisprudencia venezolana* se desarrolla, como sabemos, el tema de "*los efectos del acto administrativo*". Acabo de hacer un vuelo rasante sobre las *fuentes de la investigación* que sustentan lo expresado por el Profesor Brewer-Carías en ese capítulo, con el ánimo de contrastarlas más adelante con lo que serían –o podrían ser– las fuentes de una investigación actual sobre el mismo tema.

Es *natural* que, cincuenta años después de la publicación de las *Instituciones fundamentales del derecho administrativo y la jurisprudencia venezolana*, se haya ampliado el espectro de las fuentes de una investigación sobre *los efectos del acto administrativo*. No obstante esa *naturalidad*, me parece indispensable subrayar algunos aspectos esenciales de la evolución de la ciencia del derecho administrativo en esos cincuenta años **(a)**, así como del derecho positivo en sí **(b)**, pues en mucho esa evolución fue impulsada por la intervención directa o indirecta del Profesor Brewer-Carías en ambas esferas.

(a)   La evolución de la ciencia del derecho administrativo

El año 2009 se celebró el primer centenario de la Cátedra de Derecho Administrativo de la Universidad Central de Venezuela, la más antigua del país. Al respecto, como lo apuntó el Profesor Gustavo Urdaneta Troconis, en cien años "[u]na cátedra regentada por un profesor pionero ha devenido en un conglomerado de más de treinta profesores permanentes, todos con estudios de cuarto nivel, la gran mayoría ingresados mediante concurso de oposición y desarrollando sus respectivas carreras

---

39   Vid. pp. 149-160 del *Manual*.

universitarias. Una cátedra compuesta de una sola materia ha pasado a estar estructurada en tres asignatura sucesivas, que se cursan en tres años distintos"[40].

Aunque no contamos, a pesar de eso, con un gran número de *manuales* o *tratados* sobre el Derecho administrativo venezolano, existen varios. El *Manual* de Lares Martínez, cuya última edición, ya actualizada por Rodrigo Lares Bassa, es de 2013[41]; el *Manual* de José Peña Solís[42]; el nuevo *Manual* de Gustavo Briceño Vivas[43] y; el hoy ya *Tratado* de José Araujo Juárez[44]. El último en aparecer fue el *Tratado de Derecho Administrativo* de Allan Brewer-Carías, en seis volúmenes.

Sí contamos en cambio con una amplísima bibliografía monográfica en materia de derecho administrativo y con una prolífica hemerografía. También contamos con la *Revista de Derecho Público* desde 1980 hasta hoy; con la *Revista de Derecho Administrativo*, que lamentablemente no se publica ya; con las revistas universitarias que ya no son solo las de la UCV y la UCAB; con la *Revista del Tribunal Supremo de Justicia*.

En fin. La ciencia del derecho administrativo, cincuenta años después, no es la misma. A pesar de que falta mucho –siempre faltará–, también es muchísimo el camino andado, gracias en muy buena parte al Profesor Brewer-Carías.

Sobre el aporte de Allan Brewer-Carías al derecho administrativo –y al derecho público en general– se da cuenta en los *Estudios en Homenaje al Profesor Allan Brewer-Carías*, intitulados *El Derecho Público a Comienzos del Siglo XXI*[45]. De él se dice, con razón, que ocupa un lugar de primer orden entre los iuspublicistas hispanoamericanos; que el derecho público venezolano, administrativo y constitucio-

---

40   G. Urdaneta Troconis, "La cátedra de derecho administrativo, a los cien años de su creación", en *100 años de la enseñanza del Derecho Administrativo en Venezuela 1909-2009*, T. I, UCV – Centro de Estudios de Derecho Público de la Universidad Monteávila – FUNEDA, Carcas, 2011, p. XIII. Sigue diciendo el Profesor Urdaneta Troconis: "Una cátedra de la carrera de Derecho ha crecido considerablemente en significación dentro de las estructuras de la Facultad de Ciencias Jurídicas y Políticas: el Derecho Administrativo ya no es solo una cátedra dentro del *pensum* de la Escuela de Derecho, pues existe también un cátedra similar dentro de la Escuela de Estudios Políticos y Administrativos; una sección del Instituto de Derecho Público de esa misma Facultad se dedica a la investigación en ese campo; un Curso de Especialización en Derecho Administrativo figura entre las opciones de enseñanza de cuarto nivel de mayor aceptación en el Centro de Estudios de Postgrado de dicha Facultad, donde cada año se postulan alrededor de un centenar de nuevos aspirantes".

41   E. Lares Martínez, *Manual de Derecho Administrativo*, 14ª edición, 50 aniversario 1963-2013, Caracas, 2013.

42   J. Peña Solís, *Manual de Derecho Administrativo*, Tribunal Supremo de Justicia, Caracas 2000-2003. 3 volúmenes.

43   G. Briceño Vivas, *Manual de Derecho Administrativo Especial*, Editorial Jurídica Venezolana, Caracas, 2013.

44   J. Araujo-Juárez, *Derecho Administrativo General*, Ediciones Paredes, Caracas 2010-2011. 6 volúmenes.

45   Son tres volúmenes publicados en Madrid (2003), por Thomson – Cívitas, con el auspicio del Instituto de Derecho Público de la Universidad Central de Venezuela, bajo la coordinación de los profesores Alfredo Arismendi y Jesús Caballero Ortiz.

nal, "ha quedado conformado en su conjunto sistemático y en partes sustanciales del mismo por las construcciones de Brewer-Carías"[46].

(b)   La evolución del derecho positivo

En 1963, cuando el Profesor Brewer-Carías terminó la redacción de sus *Instituciones fundamentales del derecho administrativo,* apenas si se había aplicado la Constitución del 23 de enero de 1961, abrogada mediante referendo el 15 de diciembre de 1999. Esa Constitución contaba entonces con menos de dos años de vigencia, de modo era difícil determinar su incidencia en la actuación administrativa.

Sobre la base de esa Constitución, entre muchas otras leyes que interesan al derecho administrativo, se dictaron la Ley Orgánica de la Corte Suprema de Justicia (1976), que reguló "transitoriamente" desde 1977 hasta 2004 el contencioso administrativo; la Ley Orgánica de Procedimientos Administrativos (1981), vigente todavía hoy desde 1982; La Ley Orgánica de Amparo sobre Derechos y Garantías Constitucionales (1988), parcialmente vigente todavía.

Con la entrada en vigencia de la nueva Constitución el 30 de diciembre de 1999 se produjo, como lo advierte el Profesor Brewer-Carías, la *constitucionalización* del derecho administrativo venezolano, "lo que confirma cada vez más los estrechos vínculos que existen entre el derecho constitucional y el derecho administrativo, constituyendo la propia Constitución la principal fuente de este último"[47].

Sobre la base de esa Constitución se dictó la Ley de Simplificación de Trámites Administrativos (2000); la Ley Orgánica de las Administración Pública (2001). Luego, la Ley Orgánica del Tribunal Supremo de Justicia (2004-2010) y, más recientemente, la Ley Orgánica de la Jurisdicción Contencioso-Administrativa (2010).

Por eso, el estudio de la evolución del tema de los efectos del acto administrativo no puede quedarse en la *jurisprudencia*. Los cambios normativos necesariamente deben tomarse en consideración.

B.   Un nuevo esquema para el análisis de los efectos del acto administrativo

Debo confesar que cuando comencé a preparar este trabajo, pretendí mantener el esquema que planteó el Profesor Brewer-Carías en las *Instituciones fundamentales del derecho administrativo y la jurisprudencia venezolana*. No obstante, en las primeras de cambio comprendí que ello no era posible: la evolución de la ciencia del derecho administrativo y del derecho positivo obligan a la inclusión de nuevos temas y al redimensionamiento de otros ya planteados. Por lo demás, hay asuntos que hace cincuenta años se presentaron como novedosos y que hoy se dan como resueltos *ad Semper*.

---

46   E. García de Enterría, *Prólogo* al libro *Principios del Procedimiento Administrativo* (Madrid, 1990), publicado en *El Derecho Público a Comienzos del Siglo XXI, cit.,* T.I, p. 41.

47   TDA, Vol. 1, p. 171.

Esto me condujo a proponerme un nuevo esquema, pero al desarrollarlo entendí que la evolución del derecho administrativo con relación a *los efectos del acto* administrativo no puede resumirse en unas pocas páginas. Por eso este trabajo tiene un contenido limitado, que espero sea muestra suficiente de esa evolución.

Para desarrollar enteramente el tema, habría que partir del estudio de los actos administrativos según sus efectos en el ordenamiento jurídico; para adentrarse luego en su nacimiento, ejecución y extinción, lo que implica pasar, entre otros temas, por la "novedosa" suspensión de los efectos del acto. No obstante, me voy a limitar a trabajar tres temas: I) la ejecutividad y ejecutoriedad del acto administrativo; II) la presunción de legalidad del acto administrativo y; III) la irretroactividad del acto administrativo.

Se trata de temas *de principio* que, si bien fueron tratados en la obra que hoy honramos, no fueron suficientemente desarrollados, *porque no estaban suficientemente desarrollados*. La evolución del derecho administrativo venezolano en cincuenta años puede observarse, de hecho, precisamente a través del tratamiento de los principios enunciados. Por eso fueron escogidos en desmedro de otros, igualmente o incluso más importantes, al menos en la práctica.

I.   LA EJECUTIVIDAD Y EJECUTORIEDAD DEL ACTO ADMINISTRATIVO

El término "principio" según el Diccionario de la Real Academia Española de la lengua es una *"[n]orma no legal supletoria de ella y constituida por doctrina o aforismos que gozan de general y constante aceptación de jurisconsultos y tribunales"*. A partir de esa idea, de la lectura de las *Instituciones fundamentales del derecho administrativo y la jurisprudencia venezolana* aparece que, si bien es cierto que entonces se develaron principios que hoy permanecen en pie, algunas cuestiones quedaron sin resolver pues no tenían una solución comúnmente aceptada en 1963-1964.

Entre las cuestiones que no estaban claras entonces cuentan la ejecutividad y la ejecutoriedad de los actos administrativos, a las cuales prefiero referirme como potestad declarativa y potestad ejecutiva de la administración.

Se trata de una terminología de origen español, que se inserta en la noción, desarrollada en Italia y España, de "autotutela" de la administración, la cual consiste en que "la Administración está capacitada como sujeto de derecho para tutelar por sí misma sus propias situaciones jurídicas, incluso sus pretensiones innovativas del *statu quo*, eximiéndose de este modo de la necesidad, común a los demás sujetos, de recabar una tutela judicial"[48]; y que de ordinario en Venezuela se ha reducido a la llamada potestad revocatoria[49].

La *autotutela* comprende, en efecto, una potestad declarativa o autotutela declarativa, que traduce lo que normalmente se denomina en Venezuela la "ejecutividad" de los actos administrativos, y que supone que en principio todo acto administrativo es de inmediato cumplimiento aunque otro sujeto discrepe de su legalidad o esté en desacuerdo con su contenido[50]. También comprende una potestad ejecutiva o autotutela ejecutiva, que traduce la "ejecutoriedad" de los actos administrativos, y que "supone el paso al terreno de los hechos, del comportamiento u operaciones materiales, concretamente al uso de la coacción frente a terceros"; que se refiere normalmente "a la ejecución forzosa de los propios actos de la Administración cuyos destinatarios resistan el cumplimiento"[51].

Ahora bien, ni la *potestad declarativa* ni la *potestad ejecutiva* de la administración forman parte de la terminología empleada en las *Instituciones fundamentales del derecho administrativo y la jurisprudencia venezolana*, pues en ese entonces no se las utilizaba todavía para designar la *ejecutividad* y la *ejecutoriedad* del acto administrativo[52].

Con relación a esto, hay que decir que, al estudiar el capítulo relativo a los efectos del acto administrativo en las *Instituciones*, llama la atención que no se haga referencia a la *ejecutividad* de los actos administrativos, desarrollándose –supuestamente– su *ejecutoriedad*. Ese desarrollo es contradictorio y, por eso, con la finalidad de evitar más confusiones, para explicar esas ideas o principios, me tomo prestada la terminología española para referirme a la potestad declarativa (**1**) y la potestad ejecutiva (**2**) de la administración.

1.   La potestad declarativa de la administración (o la ejecutividad del acto administrativo)

En las *Instituciones fundamentales del derecho administrativo y la jurisprudencia venezolana* no se hace referencia a la *ejecutividad* de los actos administrativos,

---

48   E. García de Enterría y T.R. Fernández, *Curso de Derecho Administrativo,* T.I, 4ª ed., Cívitas, Madrid, p. 497.

49   C.L Carrillo Artiles, *La imbricación de la noción y contenido de la potestad de autotutela de la administración en Venezuela,* en "Derecho Administrativo Iberoamericano – 100 autores en homenaje al postgrado de Derecho Administrativo de la Universidad Católica Andrés Bello", T. II, Ediciones Paredes – Caracas, 2007, p. 1019. De hecho, en la primera edición de su *Manual,* Lares Martínez nos dice lo siguiente refiriéndose al principio de la autotutela de la administración pública: "[s]alvo ciertas limitaciones que se estudiarán después, la administración pública tiene la potestad de proceder por sí misma, sin necesidad de acudir a los Tribunales, a declarar la extinción o reforma de los actos administrativos que considere total o parcialmente viciados por razones de mérito o de legalidad" (p. 151).

50   E. García de Enterría y T.R. Fernández, *op. cit.,* pp. 500-501.

51   E. García de Enterría y T.R. Fernández, *op. cit.,* p. 503.

52   Tampoco la emplea hoy en día el Profesor Brewer-Carías en su obra más reciente al respecto.TDA, Vol. III, pp. 511-513.

desarrollándose –supuestamente- su *ejecutoriedad*. Esto puede explicarse en parte porque en Francia –donde fue redactada la obra– se habla solamente de *decisión exécutoire*, para definir "el acto mediante el cual la administración pone en práctica su poder de modificación unilateral de las situaciones jurídicas"[53], o como lo decía Vedel en la época en que se redactó la obra analizada, el "acto jurídico emitido unilateralmente por la administración en vista de la modificación del ordenamiento jurídico a través de las obligaciones que ese acto impone o de los derechos que confiere"[54]. En otros términos, el *acto administrativo*.

Es cierto que en una nota al pie de página, específicamente en la nota 76[55], el Profesor Brewer-Carías afirma lo siguiente:

> "La jurisprudencia administrativa de la Corte, al hablar de la ejecutoriedad del acto administrativo, incluye en dicho concepto dos caracteres diferentes distinguidos por la doctrina (...)[56]: la ejecutividad y la ejecutoriedad del acto administrativo. En este sentido, la ejecutividad es la regla general del acto administrativo y consiste en el principio de que todo acto administrativo, una vez perfeccionado, produce todos sus efectos y, por lo mismo, puede ser ejecutado. Decir entonces que un acto administrativo es ejecutivo es tanto como afirmar que tiene fuerza obligatoria y debe cumplirse, lo cual ocurre desde el momento en que produce íntegramente sus efectos. Por otra parte, para nosotros este concepto de ejecutividad del acto implica la aptitud de ser llevado, si es necesario, a la ejecución judicial directamente, con fuerza de título ejecutivo".

Sigue diciendo el Profesor Brewer-Carías que, sin embargo, "este carácter según la doctrina más autorizada, debe distinguirse de la ejecutoriedad del acto administrativo, que es la posibilidad de la Administración de ejecutar el acto por sí misma, incluso en caso de resistencia abierta o pasiva de las personas afectadas, pudiendo acudir en tal caso a diversas medidas de coerción". Observa, para terminar, que el proyecto de Ley de Procedimientos Administrativos de 1963 "acoge el concepto de ejecutividad, distinto de la ejecutoriedad", al establecer en su artículo 27 que "[l]os actos administrativos de los órganos del Poder Nacional en la esfera de sus competencias respectivas serán ejecutivos conforme a derecho".

Es pues, en razón de la posición de la jurisprudencia, que el Profesor Brewer-Carías no distingue entre la ejecutividad y la ejecutoriedad de los actos administrativos en las *Instituciones*. Y es a la *ejecutividad* de los actos administrativos a lo que se refiere el Profesor Brewer-Carías en las *Instituciones* cuando define su *ejecutoriedad*.

En efecto, en el acápite correspondiente, se define la ejecutoriedad del acto administrativo como un privilegio acordado a la administración, que consiste en "la inmediata ejecución de sus actos"[57]; diciéndose luego, que la administración, "por

---

53 J. Rivero y J. Waline, *Précis de Droit administratif*, 16ª ed., Col. Droit public – Science politique, Dalloz, París, 1996, p. 83.

54 G. Vedel, *Cours de droit administratif – Licence 2ème année*, Les Cours de Droit, París, 1963, p. 165.

55 Se trata de la nota 76 de las IFDAJV, que se extiende desde la página 130 hasta la 131.

56 Se refiere a lo expresado al respecto por F. Garrido Falla, E. Sayagués Lazo y N. Rodríguez Moro.

57 IFDAJV, p. 130.

sus mismos caracteres y fines, actúa en medio de situaciones jurídicas ya creadas; por tanto, la gran mayoría de sus actos jurídicos habrán de destruir o modificar alguna o algunas de esas situaciones jurídicas preexistentes"[58]. Más adelante se explica que la ejecutoriedad, "por otra parte, permite darle a los actos administrativos cumplimiento inmediato incluso contra la voluntad de los propios interesados"[59]. Terminando, se advierte que "el acto administrativo expreso es un *documento auténtico,* y como tal se presume válido y hace plena fe"[60].

Aun cuando es confuso, se asume así que la ejecutividad es la regla general del acto administrativo y consiste en el principio de que todo acto administrativo, una vez perfeccionado, produce todos sus efectos y, por lo mismo, puede ser ejecutado, como lo refiere en la nota 76.

Más tarde, en 1965, el Profesor Brewer-Carías publicó un artículo titulado "Aspectos de la ejecutividad y de la ejecutoriedad de los actos administrativos fiscales y la aplicación del principio *solve et repete*"[61], recogido luego en su obra *Jurisprudencia de la Corte Suprema 1930-1974 y Estudios de Derecho Administrativo* de 1976[62]. Allí comienza con el análisis del proceso de cognición y de ejecución en la actividad jurisdiccional, para luego desarrollar la ejecutividad y ejecutoriedad del acto administrativo.

En esta obra, el Profesor Brewer-Carías señala, con relación a la ejecutividad del acto administrativo que, a diferencia de los particulares, la administración "no necesita recurrir al órgano jurisdiccional para procurarse un título ejecutivo capaz de ser ejecutado", pues tiene la "facultad para declarar sus propios derechos en forma pública y con certeza necesaria mediante decisiones unilaterales que crean generalmente obligaciones jurídicas para los administrados, exigibles desde el mismo momento en que se dicta el acto", por lo que esas decisiones tienen "fuerza de títulos ejecutivos"[63]. Termina diciendo el Profesor Brewer-Carías que por eso "se habla de *ejecutividad de los actos administrativos,* porque los actos administrativos, una vez dictados, producen todos sus efectos y tienen la posibilidad, por sí solos, de ser ejecutados sin la intervención de otro órgano estatal"[64].

En concreto, en 1965 Brewer-Carías define la *ejecutividad* como el atributo que permite a la administración, a diferencia de los particulares, no recurrir a los tribunales para declarar sus derechos y con certeza; mientras que define la *ejecutoriedad* como la característica de los actos administrativos "en virtud de la cual la Administración no tiene necesidad de incoar un proceso de ejecución para que lo mandado

---

58 *Ídem,* p. 131.

59 *Ibídem.*

60 *Ibídem.*

61 Publicado en la *Revista del Ministerio de Justicia,* N° 53, año XIV, Caracas, abril – diciembre 1965, pp. 67-86.

62 JCS 1930-1974, T. III, Vol. 1, pp. 97-115.

63 *Ídem,* p. 102.

64 *Ibídem.*

en los mismos sea cumplido en contra de la voluntad de los particulares", "es la posibilidad de ejecución coactiva de los mismos por la administración, es decir, es la posibilidad que tienen las autoridades administrativas de *usar los procedimientos administrativos de ejecución* en caso de resistencia u oposición de parte de los particulares"[65].

Esto corrobora la hipótesis de que en las *Instituciones*, al hablar de "ejecutoriedad" del acto administrativo, en realidad se refería el Profesor Brewer-Carías a su "ejecutividad".

No obstante lo anterior, hay que decir que, en la obra de 1965, para hacer referencia a la ejecutividad del acto administrativo, se cita una sentencia de la Corte Federal del 9 de agosto de 1957[66], referida también en las *Instituciones*[67], en la cual no se hacía la distinción entre la ejecutividad y la ejecutoriedad' del acto administrativo, como ya se vio. Esta sentencia, precisamente por no distinguir ambas *características*, estableció que, por ser "consecuencia directa de la presunción de legitimidad el carácter ejecutorio del acto, la administración puede, desde el momento preciso que lo profiere, *hacerlo* ejecutar por quien corresponda".

Más llama la atención que, para definir la *ejecutoriedad* del acto administrativo, el Profesor Brewer-Carías a otra sentencia dictada el 29 de julio de 1959[68], citada también en las *Instituciones*[69], de acuerdo con la cual, entre los privilegios que se acuerdan a la administración, "que exceden el molde clásico del derecho común, se encuentra la inmediata ejecución de sus actos. Esta ejecutoriedad permite darles cumplimiento incluso contra la voluntad de los propios interesados, por existir en ellos una presunción de legitimidad que no se destruye por la mera impugnación".

Aparentemente el Profesor Brewer-Carías invirtió las citas jurisprudenciales. Pareciera que en 1957 la Corte Federal se refirió a la *ejecutoriedad* de los actos administrativos, afirmando que la administración puede *hacerlos ejecutar* por quien corresponda –dado que no tenía la facultad de hacerlo por sí misma; mientras que en la sentencia de 1959 se refirió a la *ejecutividad,* pues afirmó que los actos administrativos son obligatorios incluso si sus destinatarios no están conformes con su contenido[70].

Jurisprudencia posterior, fundada ya en la Ley Orgánica de Procedimientos Administrativos (1982), parece desvirtuar la anterior conjetura: para la Sala Político-Administrativa de la Corte Suprema de Justicia, en 1982, la posibilidad que se acuerda a la administración de materializar inmediatamente sus decisiones es lo que

---

65 JCS 1930-1974, T. III, Vol. 1, p. 105.

66 CF, 9/8/1957, GF N° 17, pp. 134-135; referida en JCS 1930-1974, p. 100.

67 IFDAJV, nota 78, pp. 131.

68 CF, 29/7/1959, GF N° 25, p. 99; referida en JCS 1930-1974, p. 100.

69 IFDAJV, nota 76, p. 130.

70 No obstante, más recientemente, el Profesor Brewer-Carías emplea exactamente la misma cita jurisprudencial para referirse a la ejecutividad del acto administrativo. Ver TDA, Vol. III, pp. 512-513.

se denomina "ejecutoriedad" del acto administrativo[71]. No obstante, en 1989, la misma Sala Político-Administrativa afirmó que la fuerza obligatoria que adquiere el acto administrativo desde su nacimiento, que implica que el mismo "debe cumplirse a partir del momento en que es *definitivo*", es lo que se denomina "ejecutividad"; atributo que pretende distinguir de la "ejecutoriedad", que define como "la posibilidad de actuar aun en contra de la voluntad de los administrados y sin necesidad de obtener previamente una decisión judicial al respecto"[72]. El voto salvado del Magistrado Román J. Duque Corredor ayuda a esclarecer el punto de la confusión, al afirmar lo siguiente[73]:

> "1. La ejecutividad es una cualidad genérica de todo acto administrativo, que explica el carácter obligatorio de tales actos como actos de autoridad, y que significa la capacidad de la Administración de obligar unilateralmente a los administrados. 'Fuerza obligatoria' o 'exigibilidad', llama Dromi a la ejecutividad (…). Decir que el acto administrativo es ejecutivo, es 'tanto como afirmar que tiene fuerza obligatoria y debe cumplirse' (…). Este carácter obligatorio está implícitamente consagrado en el artículo 80 de la Ley Orgánica de Procedimientos Administrativos.
>
> 2. La ejecutoriedad, por el contrario, es una potestad, una suerte de competencia especial, de la administración, para ejecutar por sí misma sus actos administrativos eficaces, sin necesidad de recurrir a los tribunales. Competencia esta consagrada en los artículos 80 y 79 *ejusdem*. Sin embargo, a diferencia de la ejecutividad, la ejecutoriedad no es propia de todos los actos administrativos, sino de algunos de ellos (…)".

En efecto, tanto la ejecutividad como la ejecutoriedad son potestades que permiten a la administración actuar sin la intervención del poder judicial. La ejecutividad le permite *decidir* de manera unilateral y con carácter obligatorio; mientras que la ejecutoriedad le permite imponer forzosamente al destinatario del acto sus consecuencias. En otros términos, no se requiere que un tribunal determine la existencia y la validez del contenido de un acto administrativo para que el mismo sea obligatorio; ni se requiere –salvo disposición en contrario- que un tribunal intervenga para que el destinatario del acto lo cumpla, pudiendo *forzarlo* a ello la propia administración.

Esto ha quedado claro en jurisprudencia reciente (2012), en la que se afirma que "la ejecutividad es una prerrogativa propia de todo acto administrativo, en el sentido de que este no requiere la homologación de un ente distinto a la administración para que produzca sus efectos, mientras que la ejecutoriedad alude a la facultad que tiene la administración de ejecutar por sí sola los actos que dicta, aún (sic) contra la voluntad de los administrados", es decir, forzosamente[74].

La *confusión* entre los conceptos de ejecutividad y ejecutoriedad no tiene nada de singular, como lo apuntaba en 1961 Garrido Falla, para quien "[n]o obstante la con-

---

71   CSJ-SPA, 3/8/1982, JAA, p. 607.

72   CSJ-SPA, 9/11/1989, *Arnaldo Lovera*, JAA, p. 613.

73   CSJ-SPA, 9/11/1989, *Arnaldo Lovera* (voto salvado de R.J. Duque Corredor), JAA, p. 617.

74   TSJ-SPA, 28/6/2012, *Corpomedios G.V Inversiones, C.A. (Globovisión), y otros vs. CONATEL*, RDP 130, pp. 506-507. En esta decisión, la Sala dice reiterar el criterio sentado en su sentencia N° 00272/2012.

fusión terminológica que reina en esta materia (...), decir que un acto es ejecutivo es tanto como afirmar que tiene fuerza obligatoria y debe cumplirse, lo cual ocurre desde el momento en que (...) el acto es definitivo, incluso con independencia de que sea firme"[75]. Esa ejecutividad, según el autor, es un rasgo común a todos los actos administrativos, mientras que la llamada ejecutoriedad "solo es propia de aquellos actos que imponen deberes positivos o negativos, cuyo cumplimiento pueda no ser voluntariamente aceptado por el obligado", de hecho propone designar esta especial facultad como "ejecución forzosa", la cual "supone una actuación material que se impone en alguna forma a los interesados"[76].

Es, pues, de suma utilidad la *nomenclatura* empleada en España hoy día para distinguir ejecutividad y ejecutoriedad: potestad (o autotutela) declarativa y potestad (o autotutela) ejecutiva, la última de las cuales ha sido adoptada por la jurisprudencia y a ella volveremos más adelante.

En efecto, la *potestad declarativa* supone para la administración la facultad de eximirse "de la carga de juicio declarativo (en el sentido genérico del concepto, que incluye la actuación tanto de pretensiones puramente declarativas como de las constitutivas y de condena)", lo que se traduce en que todos los actos administrativos, salvo disposición expresa de la ley, "obligan al inmediato cumplimiento aunque otro sujeto discrepe sobre su legalidad"[77]; al tiempo que la *potestad ejecutiva* faculta a la administración "para el uso directo de su propia coacción sin necesidad de recabar el apoyo de la coacción judicialmente administrada"; "supone el paso al terreno de los hechos, del comportamiento u operaciones materiales, concretamente al uso de la coacción frente a terceros", refiriéndose a la ejecución forzosa de los actos administrativos[78].

Entre nosotros, pocos son los autores que emplean la terminología española a pesar de su clara utilidad conceptual[79]. No obstante, incluso a pesar de que el Profesor Brewer-Carías está entre quienes no la toma en consideración, prefiero hablar de potestad declarativa y no de ejecutividad del acto administrativo.

2.   La potestad ejecutiva de la administración

Ya quedó establecido que la ejecutoriedad de los actos administrativos o, como prefiero llamarla, la potestad ejecutiva de la administración, implica que esta está

---

75   F. Garrido Falla, *Tratado de Derecho Administrativo*, Vol. I, 2ª ed., Col. Estudios de Administración, Instituto de Estudios Políticos, Madrid, 1961, pp. 480-481.

76   *Ídem*, p. 483.

77   E. García de Enterría y T.R. Fernández, *op .cit.*, pp. 500-501.

78   *Ídem*, p. 503.

79   La emplean, por ejemplo, J. Peña Solís, *Manual de Derecho Administrativo*, Col. Estudios Jurídicos Nº 9, Vol. III, Tribunal Supremo de Justicia, Caracas, 2003, pp. 42-83; L.A. Ortiz Álvarez en *El privilegio de autotutela y el principio no suspensivo de los recursos*, RDA 1, 1997, pp. 71-138; V. Hernández-Mendible, "La ejecución de las resoluciones administrativas de multas impuestas por la Superintendencia de Bancos y otras Instituciones Financieras", *Revista de la Facultad de Ciencias Jurídicas y Políticas de la Universidad Central de Venezuela*, Nº 116, p. 57; C.L. Carrillo Artiles, *op. cit.*, pp. 1019-1037.

facultada para ejecutar por sí misma (algunas de) sus decisiones, incluso coactivamente, forzosamente, en caso de incumplimiento de sus destinatarios.

Contrariamente a lo afirmado, el Profesor Brewer-Carías advierte en las *Instituciones fundamentales del derecho administrativo y la jurisprudencia venezolana* que la ejecutoriedad del acto administrativo no se traduce en que la administración, por sí misma, esté facultada para emplear medidas coercitivas para ejecutarlo en caso de incumplimiento. Dice, al contrario, que "[e]n principio, la ejecución del acto administrativo *por vías coercitivas* no puede tener lugar sino por vía judicial, y ante esta es que el acto administrativo, (…), tiene carácter ejecutorio"[80].

Lo anterior traduce la *confusión* de términos señalada ya, en que se incurría hace cincuenta años, y que, en el caso, conduce a concluir que, hace cincuenta años, en Venezuela los actos administrativos no estaban dotados de ejecutoriedad, que la administración venezolana, en principio, no contaba con potestad ejecutiva alguna, como era el caso en Francia[81].

En efecto, en las *Instituciones* Brewer-Carías señala que, a su juicio, "la Administración en Venezuela puede recurrir a la fuerza pública para ejecutar forzosamente sus decisiones, en tres casos precisos que se desprenden de nuestro ordenamiento jurídico vigente": cuando la ley lo permite expresamente, en caso de declaratoria de emergencia nacional o de suspensión de garantías, y en estado de necesidad o urgencia comprobada[82].

Esas conclusiones surgen para Brewer-Carías de un análisis de derecho comparado[83]; pero, fuera de esa enumeración genérica, no hace referencia a casos en los cuales nunca podría la ley autorizar la ejecución forzosa administrativa, ni qué quiere decir, en ese sentido "estado de necesidad o urgencia comprobada", a pesar de que él mismo advierte que, si bien es cierto que "no es conveniente que por una simple inercia de los particulares, o por el carácter recalcitrante de estos, las decisiones de la Administración corran el peligro de no ser ejecutadas o serlo pero con gran dilación", "es peligroso que la Administración, por detentar la fuerza pública, pueda

---

80   IFDAJV, p. 132.

81   IFDAJV, nota 83, p. 133. Hoy en día en Francia es admitida la ejecución forzosa por la propia administración, el "recurso a la coacción" [*"recours à la contrainte"*], siempre que: 1) la decisión a ejecutar tenga su fundamento en una norma general; 2) que la administración se encuentre ante la resistencia (activa o pasiva) del obligado; 3) que la resistencia no pueda ser vencida por otros medios, porque la legislación no prevea sanciones penales o administrativas a aplicar en razón de la misma, o bien porque la resistencia persiste a pesar de la aplicación de las sanciones; 4) que las medidas de ejecución no excedan el fin perseguido. También se admite la ejecución forzosa en caso de urgencia, incluso si no hay resistencia, siguiendo la célebre frase de Romieu "cuando la casa se quema, no vamos a pedir al juez una autorización para enviar a los bomberos". Esa ejecución forzosa, para concluir, es posible pero no obligatoria para la administración. Todo en J. Waline, *Droit administratif*, 22ª ed., Col. Droit Public et Science Politique, Dalloz, París, 2008, pp. 402-404.

82   IFDAJV, pp. 133-135.

83   Se hace alusión al derecho español y al derecho francés, para concluir que "la ejecución forzosa, cuando se trata de utilización de medidas coercitivas, es posible cuando un texto legal la autoriza, salvo en circunstancias anormales donde el interés público debe prevalecer, y en las cuales no es necesario texto legal expreso que permita la ejecución forzosa". IFDAJV, p. 134, nota 83.

en todo caso ejecutar sus propias decisiones forzosamente, ya que ello traería una violación sencilla y rápida de los derechos y garantías constitucionales de los ciudadanos"[84].

Hace luego referencia el Profesor Brewer-Carías al proyecto de Ley de Procedimientos Administrativos de 1963, texto que da origen a la Ley Orgánica de Procedimientos Administrativos vigente, en el cual se establece el principio contrario con relación a la ejecución forzosa de sus actos por la administración: la ejecución por vía judicial debe ser de texto expreso[85].

De hecho, la Ley Orgánica de Procedimientos Administrativos se refiere a la ejecución forzosa de los actos administrativos, advirtiendo que la misma "será realizada de oficio por la misma administración, salvo que por expresa disposición legal deba ser encomendada a la autoridad judicial"[86]; para luego definir los mecanismos de ejecución forzosa de los actos administrativos[87].

En cuanto a lo último, la ley establece que, cuando el acto administrativo es susceptible de ejecución indirecta con respecto al obligado, la administración puede ejecutar el acto, por sí o por medio de un tercero designado al afecto, a costa del obligado. Cuando se trata de un acto administrativo de ejecución personal, la administración solo puede, en principio, imponer multas sucesivas mientras el obligado permanezca en rebeldía "y, en el caso de que persista el incumplimiento, será sancionado con nuevas multas iguales o mayores a las que ya se le hubieren aplicado, concediéndole un plazo razonable, para que cumpla lo ordenado. Cada multa podrá tener un monto de hasta diez mil bolívares (Bs. 10.000,00), salvo que otra ley establezca una mayor, caso en el cual se aplicará esta"[88].

Lamentablemente, esas disposiciones legales no han sido analizadas en la profundidad que merece el tema, especialmente por los tribunales.

En efecto, no se ha establecido el alcance de la disposición de acuerdo con la cual la administración puede ejecutar forzosamente sus decisiones, salvo cuando la ley establezca que ello compete a los tribunales. Lo digo, pues en Venezuela, más que la ley, es la Constitución el texto que en muchos casos reserva al poder judicial la ejecución de algunas decisiones.

Por otra parte, no está claro qué decisiones administrativas podría ejecutar por sí misma la administración a costa del obligado, pues tampoco está claro qué se entiende por "acto administrativo de ejecución personal".

Con relación al primer asunto, que es el más relevante, es de señalar que, de acuerdo con la Constitución, si bien es posible que la ley autorice a la administración para tomar la decisión correspondiente, dicha decisión no podría ser ejecutada

---

84   IFDAJV, p. 133.

85   IFDAJV, nota 83 *in fine*, p. 134.

86   Artículo 79 de la Ley Orgánica de Procedimientos Administrativos.

87   Artículo 80 de la Ley Orgánica de Procedimientos Administrativos.

88   Artículo 80.2 de a Ley Orgánica de Procedimientos Administrativos.

forzosamente por esa administración si la misma supone, salvo con las excepciones allí establecidas: 1) la privación de la libertad personal; 2) la irrupción en el hogar doméstico o en general en un recinto privado; 3) el menoscabo de la propiedad; 4) la intervención de las comunicaciones privadas; 5) la publicación de la vida o asuntos privados de una persona. Para ejecutar cualquiera de estas decisiones, la administración requiere la intervención judicial[89].

Así, por ejemplo, un acto administrativo mediante el cual se imponga la doble sanción de demoler una construcción ilegal en una casa de habitación y el pago de una multa, no puede ser ejecutado forzosamente por la administración. No porque la demolición o el pago sean actuaciones "personales", sino porque está vedado a la administración irrumpir en el hogar doméstico y apropiarse de sumas de dinero particulares, sin que medie para ello una orden judicial.

Contrariamente a esto, en una decisión del 7 de mayo de 2014, la Sala Político-Administrativa del Tribunal Supremo de Justicia, declaró que como "corresponde al propio órgano administrativo que dicta el acto, proceder a su ejecución, (…) el Poder Judicial no tiene jurisdicción para conocer de la solicitud de ejecución forzosa de la Resolución N° 1392 de fecha 28 de agosto de 2012, dictada por la Dirección de Ingeniería Municipal de la Alcaldía del Municipio Baruta del estado Bolivariano de Miranda"[90].

Claro que en el caso no fue la administración quien solicitó la ejecución forzosa de su acto, sino que un particular demandó a los destinatarios de ese acto para que le dieran cumplimiento, requiriendo la intervención judicial. De todas maneras, no conocemos casos en los cuales haya mediado algún pronunciamiento en el sentido aludido.

En nuestra jurisprudencia se analiza poco el asunto. Así,

"La denominada ejecutoriedad de los actos administrativos supone la potestad de la Administración Pública de hacer cumplir sus propias decisiones, haciéndolas efectivas a través de sus órganos sin que medie intervención o habilitación judicial.

Tal característica de los actos administrativos encuentra en diferentes sistemas jurídicos, consagración o reconocimiento de distinta naturaleza, en algunos casos de rango legal y en otros de rango constitucional. Sin embargo, mas allá de las variadas formas en que ésta ha sido incorporada al derecho positivo, el basamento jurídico y, al mismo tiempo político, sobre el cual descansa tal figura, encuentra una justificación que obedece a razones siempre similares, como se expondrá seguidamente.

Al respecto, se suele señalar que la potestad o prerrogativa en comento se fundamenta en la imperiosa necesidad de dar satisfacción a los intereses generales, para cuya consecución se producen las actuaciones administrativas, sin que pueda resultar obstaculizada o impedida por la acción de los particulares o administrados. Esta argumentación ha sido sostenida por la más acreditada doctrina, tanto patria como extranjera.

---

89   Ver artículos 44, 47, 48, 60, 115 y 116 de la Constitución.

90   TSJ-SPA, 7/5/2014, en http://www.tsj.gov.ve/decisiones/spa/mayo/163685-00661-7514-2014-2014-0224.HTML

En palabras del jurista italiano Oreste Raneletti: *'La razón y la justificación de tal carácter de los actos administrativos radica, en cambio, a nuestro modo de ver, en la naturaleza pública de la actividad que la Administración ejercita mediante ellos; en la necesidad de los intereses colectivos, para los cuales fueron emitidos dichos actos, y por consiguiente los fines correspondientes del estado, queden rápidamente satisfechos. La facultad de exigir coactiva y directamente las propias decisiones deriva del concepto mismo del poder público, al que le es esencial. Sin ella los órganos del poder público dejarían de ser tales. Por otra parte, un sistema que sometiere la Administración, en su actividad pública, a las normas aplicables a los particulares, pondría al desenvolvimiento de esa actividad tales obstáculos que la tornarían enteramente ineficaz.'*. ('Teoriadegliattiamministrativispeciali', pág. 127, citado por Marienhoff, Miguel S. 'Tratado de Derecho Administrativo', pág. 375 y ss., ediciones e impresiones Abeledo-Perrot, tercera edición, 1992).

En el mismo sentido, se pronuncia el tratadista argentino Roberto Dromi, cuando expresa:

"Partiendo de la concepción de que el poder del Estado es uno y único, no podemos negar a la Administración la capacidad para obtener el cumplimiento de sus propios actos, sin necesidad de que el órgano judicial reconozca su derecho y la habilite a ejecutarlos"

(...omissis...)

"La ejecutoriedad es un elemento inescindible del poder. La ejecutoriedad es un carácter esencial de la actividad administrativa, que se manifiesta en algunas categorías o clases de actos y en otros no, dependiendo esto último del objeto y la finalidad del acto administrativo.

El fundamento último de la ejecutoriedad lo encontramos en la relación dialógica de mando y obediencia, de prerrogativa y garantía, por lo cual el contenido y alcance de la ejecutoriedad dependerá del ordenamiento político-institucional que le sirve de sustento.

En los regímenes democráticos, en donde la relación autoridad-libertad, mando-obediencia se desenvuelve con un razonable y justo equilibrio, el ordenamiento jurídico reconoce a la autoridad el privilegio o la prerrogativa de obtener el cumplimiento del acto administrativo sin recurrir al órgano judicial. Esto es así porque previamente atribuyó al órgano ejecutivo la competencia para gobernar, mandar, ejecutar y administrar, competencia imposible de imaginar sin la consiguiente fuerza para hacer cumplir u obtener, en última instancia, la ejecución coactiva del acto administrativo. Al mismo tiempo que reconoce la prerrogativa al Estado, reconoce la garantía al administrado, a través de la figura de la suspensión del acto administrativo.

Sostener que el título o derecho de la Administración y la posibilidad de obtener su cumplimiento debe ser sometido al órgano judicial, significa subordinar el órgano ejecutivo al judicial, lo cual no condice con nuestro ordenamiento jurídico, que establece el equilibrio y la igualdad de los órganos que ejercen el poder político." ("Derecho Administrativo", pág. 249 y ss., Ediciones Ciudad Argentina, sexta edición, 1997). (Subrayado de la Sala).

Estas razones han permitido al distinguido tratadista Miguel S. Marienhoff señalar que *"dado el fundamento jurídico de la 'ejecutoriedad', resulta obvio que ésta no requiere norma positiva expresa que la consagre, aunque puede existir tal norma en un determinado ordenamiento legal. La 'ejecutoriedad' del acto administrativo hállase ínsita en la naturaleza de la función ejercida."* (ob. cit.)".

Copiando y recopiando, no se nota que en Francia, por ejemplo, el principio esotro: solo excepcionalmente, la administración puede pasar directamente a la ejecución forzosa de los actos; siendo la jurisprudencia la que ha delineado esa posibilidad de ejecución forzosa, a falta de texto expreso, siempre en condiciones muy específicas: 1) la decisión a ejecutar debe tener su fundamento en una norma general; 2) la administración debe encontrarse ante la resistencia (activa o pasiva) del obligado; 3) la resistencia no debe poder ser vencida por otros medios, porque la legislación no prevé sanciones penales o administrativas a aplicar en razón de la misma, o bien porque la resistencia persiste a pesar de la aplicación de las sanciones; 4) las medidas de ejecución no pueden exceder el fin perseguido. También se admite la ejecución forzosa en caso de urgencia, incluso si no hay resistencia. Esa ejecución forzosa, para concluir, es posible pero no obligatoria para la administración[91].

En conclusión, se trata de un tema que amerita un estudio detenido, especialmente frente a la multiplicación de leyes que definen sanciones administrativas cuya ejecución forzosa –si no su adopción misma– están reservadas constitucionalmente al poder judicial.

II.   LA PRESUNCIÓN DE LEGALIDAD DEL ACTO ADMINISTRATIVO

En cuanto concierne a *los efectos del acto administrativo*, en las *Instituciones fundamentales del derecho administrativo y la jurisprudencia venezolana*, aparece entre los develados por el Profesor Brewer-Carías, un principio del derecho administrativo venezolano sentado por la jurisprudencia, de acuerdo con el cual los actos administrativos se presumen legales y legítimos[92]. Se hace referencia a esto como *presunción de legalidad y legitimidad del acto administrativo*.

Al respecto, se señala en las Instituciones que la presunción "tiene por fundamento la preocupación y necesidad de evitar todo posible retardo en el desenvolvimiento de la actividad de la Administración Pública"[93].Además, se afirma –aparentemente con relación a esta presunción- que "el acto administrativo expreso es un documento auténtico, y como tal se presume válido y hace plena fe"[94].

El Profesor Brewer-Carías agrega a estas reflexiones, en un artículo publicado en 1965 al cual ya se hizo referencia, que la presunción de legalidad y legitimidad del acto administrativo es una presunción *iuris tantum* que "solo puede ser desvirtuada a través del ejercicio de los recursos correspondientes, por la autoridad administrativa o judicial competente para revisar el acto"[95]. En ese mismo artículo afirma el autor que "en materia fiscal dicha presunción adquiere su máxima efectividad"[96], con

---

91   J. Waline, *op. cit,* pp. 402-404.

92   Se refiere el Profesor Brewer-Carías a una sentencia dictada por la Corte Federal el 9 de agosto de 1957, en IFDAJV, nota 78, p. 131.

93   IFDAJV, pp. 131.

94   *Ídem.*

95   A.R. Brewer-Carías, *Aspectos de la ejecutividad y de la ejecutoriedad de los actos administrativos fiscales y la aplicación del principiosolve et repete*, que como sabemos fue Publicado en la Revista del Ministerio de Justicia, N° 53, año XIV, Caracas, abril – diciembre 1965, pp. 67-86, y se recoge en JCS 1930-1974, T. III, Vol. I, *cit.*. La referencia está en la p. 101.

96   *Ídem.*

apoyo en una sentencia de la Sala Político-Administrativa de la Corte Suprema de Justicia del 6 de abril de 1963[97], según la cual

> "las Actas Fiscales, contentivas de Reparos, cuando han sido levantadas por funcionarios competentes y con las formalidades legales, como actos administrativos antecedentes a la liquidación del impuesto, gozan de una presunción de legitimidad con respecto a los elementos que en ellas se consignan y, especialmente, respecto de los hechos. De ahí que corresponda al contribuyente producir la prueba de la inexistencia, falsedad o inexactitud de los hechos consignados en las Actas Fiscales".

Leído este extracto, parece necesario detenerse a considerar lo expresado en el fallo por la Sala Político-Administrativa, pues a juicio de quien suscribe, el mismo va más allá del reconocimiento de la presunción de legalidad y legitimidad del acto administrativo y fija otro principio: el principio de la *presunción de veracidad* del acto administrativo.

De hecho, en la compilación contenida en la obra *Jurisprudencia de la Corte Suprema 1930-1974 y Estudios de Derecho Administrativo*, en el acápite correspondiente a los efectos del acto administrativo el Profesor Brewer-Carías incluye como criterio clasificatorio de las sentencias la *"presunción de legalidad, legitimidad y veracidad"*[98]. Allí se incorporaron extractos de diez sentencias dictadas entre 1931 y 1973.

La primera de esas sentencias, dictada por la Sala Político-Administrativa de la entonces denominada Corte Federal y de Casación el 29 de enero de 1931[99], establece que "debe sentarse el principio de que la lógica jurídica veda presumir la violación de la ley". No es, pues, lógico asumir que la administración, al dictar un acto administrativo, pudo violar la ley.

Más tarde, en una sentencia dictada el 18 de abril de 1939 por la misma Sala Político-Administrativa de la Corte Federal y de Casación[100], se estableció que cuando un funcionario actúa "dentro de la órbita de sus atribuciones", se presume "vehementemente" la veracidad del contenido de su actuación. Esto podría referirse a la "autenticidad" del acto.

Luego, en una sentencia del 14 de julio de 1964, la Sala Político-Administrativa de la Corte Suprema de Justicia declaró que "las Actas Fiscales, cuando han sido levantadas por los funcionarios competentes y con las respectivas formalidades legales y reglamentarias, gozan de una presunción de veracidad respecto de los hechos consignados en ellas"[101].

En otras decisiones se declara que, del mismo modo en que "se presume acierto [en el ejecutivo] al aplicar la ley e interpretar los principios que rigen la materia,

---

97 CSJ-SPA, 4/4/1963. Puede consultarse un extracto en JCS 1930-1974, T. III, Vol. I, *cit.*, p. 274.

98 Ver JCS 1930-1974, T. III, Vol. I, *cit.*, p. 268.

99 *Ídem.*

100 Ibídem, p. 269.

101 *Ibídem*, p. 270. Esta sentencia ratifica el criterio sentado en CSJ-SPA, 4/4/1963; al tiempo que es ratificado en CSJ-SPA, 7/12/1964, citada en la misma obra, p. 536; y en CSJ-SPA, 2/8/1973, *ídem*, p. 279.

cuando no concede una Marca de Fábrica, cabe igual presunción de acierto de que se ha mantenido dentro de los permitido y de lo prohibido por el Legislador, cuando ha accedido a la solicitud de registro de la Marca de Fábrica", según sentencia dictada el 29 de octubre de 1943 por la Sala Federal de la Corte Federal y de Casación[102]; o que un acto dictado por el Consejo Supremo Electoral en el ámbito de su competencia, "está amparado por una presunción de legitimidad", según sentencia de fecha 3 de febrero de 1970, dictada por la Sala Político-Administrativa (acc.) de la Corte Suprema de Justicia[103]; y que los actos administrativos están amparados por una "presunción de legitimidad" o "presunción de legalidad"[104].

Se habla entonces de dos cosas. La *presunción de legalidad o legitimidad* de los actos administrativos, y la presunción de *veracidad* de los actos administrativos, especialmente de aquellos de carácter fiscal.

La *presunción de legalidad o legitimidad* de los actos administrativos supone que los mismos son válidos, conformes a derecho, mientras no sean revocados o anulados por haber quedado demostrada su ilegalidad. *La presunción de veracidad o certeza*, por su parte, supone que son ciertos los hechos que fundamentan el acto administrativo, siempre que dicho acto emane de un funcionario competente, y se hayan cumplido las formalidades legales y reglamentarias para dictarlo. En ambos casos, corresponde al interesado desvirtuar la presunción.

Dicho de otro modo, la presunción de legalidad se refiere a los elementos constitutivos del acto administrativo, salvo por lo que respecta a su fundamento de hecho; el cual está amparado por la *presunción de veracidad o certeza*.

En su obra *Jurisprudencia sobre los actos administrativos (1980 – 1993)*, Caterina Balasso Tejera incluyó ocho sentencias dictadas por la Sala Político-Administrativa de la Corte Suprema de Justicia durante el período aludido, referidas a la "presunción de legalidad y legitimidad" de los actos administrativos, clasificadas bajo distintos criterios: 1) actos amparados por la presunción, 2) carácter *iuris tantum*, 3) carga de la prueba para desvirtuarla.

Esas sentencias, aparentemente, no cambian los criterios sentados entre 1930 y 1974 a los que ya se hizo referencia. Esto es así –no cabe sombra de duda- en cuanto se refiere al carácter *iuris tantum* de la presunción[105]. Sobre la especificidad de la presunción de certeza o veracidad con relación a actos (actas) fiscales, extensible a los hechos en general, también se mantiene el criterio sentado en las décadas anteriores[106]. No puede decirse lo mismo con relación a los actos amparados por la presunción.

---

102 *Ibídem*, p. 273.

103 *Loc. cit.*, p. 277.

104 CSJ-SPA, 4/5/1970, *loc. cit.*, p. 279; CSJ-SPA, 12/8/1971, *loc. cit.*, p. 279.

105 CSJ-SPA, 10/6/1980, JAA, p. 547.

106 CSJ-SPA, 4/2/1980, JAA, p. 550; CSJ-SPA, 4/5/1981, JAA, p. 547.

En efecto, aunque ello no se desprende expresamente de ninguna de las decisiones referidas, dictadas entre 1930 y 1974, la presunción de legalidad o legitimidad ampara a todos los actos administrativos. Es con relación a la presunción de veracidad o certeza que se hace la salvedad de que la misma opera únicamente si la actuación es llevada a cabo por un funcionario competente y según las formalidades legales y reglamentarias al efecto.

No obstante, en una sentencia del 19 de junio de 1980, ratificada en una decisión del 18 de septiembre del mismo año[107], la Sala Político-Administrativa aclara que "la presunción de legitimidad de los actos administrativos (…) ampara solo los actos que han sido cumplidos por funcionarios competentes y en ejercicio de sus atribuciones legales, no por aquellos otros cuya competencia ha sido precisamente cuestionada en juicio"; criterio que fue nuevamente expuesto en sentencia de la misma Sala Político-Administrativa del 4 de diciembre de 1980[108].

En virtud de lo anterior, la Sala Político-Administrativa declaró que "[c]omo regla general, los actos administrativos gozan de la presunción de legitimidad. Pero de ello no puede colegirse necesariamente que en todos los casos en que se los impugne en vía jurisdiccional, la carga de la prueba corresponde al recurrente. En no pocos casos ella debe ser suministrada por la Administración autora de los actos recurridos. Uno de ellos es precisamente, cuando se los objeta por razones de incompetencia legal del funcionario autor"[109]. Esto se traduce, o debería traducirse, en que la presunción de legalidad o legitimidad de los actos administrativos no opera cuando se los objeta por razones de competencia, ni en ningún otro caso en que la carga de la prueba corresponda a la administración.

No obstante esa lógica conclusión, sin necesidad de ir más allá de la compilación de Caterina Balasso Tejera, encontramos claras contradicciones con ese razonamiento.

Así, por ejemplo, en una sentencia de la Sala Político-Administrativa dictada el 4 de febrero de 1980[110], dictada ciertamente con anterioridad a las referidas, ante el alegato de no haber probado la administración –que tenía la carga de la prueba en virtud del derecho a la presunción de inocencia- que el recurrente incurrió en conductas irregulares susceptibles de sanción, se afirmó que "parece que la apelante ha invertido el régimen procesal de la prueba", pretendiendo que la administración demostrara la ocurrencia de sus conductas irregulares (falta de vigilancia), "siendo así que, de acuerdo con la doctrina hasta ahora recibida", correspondía al administrado probar que había actuado conforme a derecho (debida vigilancia).

Años más tarde, en una sentencia del 11 de agosto de 1988[111], la misma Sala Político-Administrativa declaró que aunque la competencia sea cuestionada, el acto administrativo es presuntamente legal.

---

107   JAA, p. 543.

108   *Ídem*, p. 544.

109   CSJ-SPA, 18/9/1980, JAA, p. 543. Ver también CSJ-SPA, 22/4/1982, JAA, p. 552.

110   JAA, p. 549.

111   CSJ-SPA, 11/8/1988, JAA, p. 546.

Resulta así que los actos administrativos se presumen legales en todos los casos, de manera tal que corresponde siempre al impugnante demostrar lo contrario. Esto es asumido así por la actual jurisprudencia, con especial severidad, particularmente para negar la suspensión de los efectos del acto[112].Esto implica que corresponde al recurrente demostrar que la autoridad que dictó el acto era incompetente para hacerlo; que no siguió ningún procedimiento o que incurrió en irregularidades susceptibles de viciar la decisión; que el acto no se expresó según las formalidades de ley. Debe probar que no tiene fundamento de hecho o de derecho, que el objeto es ilícito o simplemente ilegal; que el funcionario incurrió en desviación de poder.

Es interesante notar que, en Francia, la presunción de legalidad del acto administrativo no es trasladable a juicio. Cuando el acto es impugnado, la administración no goza a su favor de ninguna presunción de legalidad o veracidad[113].

Para terminar, aun cuando ya fuera de tema, es de notar que en los últimos años, la llamada presunción de veracidad o certeza se emplea menos con respecto al acto administrativo o a los hechos que lo fundamentan, que con relación a los hechos no controvertidos en el trámite de un procedimiento administrativo, en el sentido de que, de acuerdo con la Ley de Simplificación de Trámites Administrativos, "se presume cierta la información declarada o proporcionada por la persona interesada en su solicitud o reclamación"[114]; en un marco en el que, además, "[d]e acuerdo con la presunción de buena fe, en todas las actuaciones que se realicen ante la Administra-
, salvo
prueba en contrario"[115].

III.   LA IRRETROACTIVIDAD DEL ACTO ADMINISTRATIVO

El tema de la irretroactividad del acto administrativo es tratado muy brevemente en las *Instituciones fundamentales del derecho administrativo y la jurisprudencia venezolana.*

Se concluye, a partir de la garantía de la irretroactividad de la ley, que la irretroactividad "debe ser considerada como un principio general y fundamental de nuestro Derecho, aplicable a todos los actos jurídicos estatales", de lo cual resulta que "tiene aplicación a los actos administrativos". En tal virtud, el acto administrativo "no puede disponer sino para el futuro y, por tanto, es inadmisible que pueda reglar relaciones o situaciones jurídicas que se han sucedido en el pasado"[116]. De hecho, se señala

---

112   Ver, por ejemplo, CSJ-SPA, 13/2/2014, en http://www.tsj.gov.ve/decisiones/spa/febrero/161133-00235-13214-2014-2013-0922.HTML; o TSJ-SPA, 20/7/2011, en http://www.tsj.gov.ve/decisiones/spa/Julio/01000-20711-2011-2011-0247.html

113   C. Broyelle, *Cas français*, « Journées Internationales de l'Association Henri Capitant 2013 – La preuve », en http://www.henricapitant.org/sites/default/files/France%20(C.%20Broyelle)v2.pdf

114   Artículo 27 de la Ley de Simplificación de Trámites Administrativos.

115   Artículo 23 de la Ley de Simplificación de Trámites Administrativos.

116   IFDAJV, p. 139.

que el proyecto de Ley de Procedimientos Administrativos establecía, en su artículo 29, que "en ningún caso los actos administrativos podrán tener efectos retroactivos"[117].

No aparece en la obra analizada que la jurisprudencia se haya pronunciado en el sentido aludido y, en realidad, si la conclusión expresada parece innegable en cuanto se refiere a los actos administrativos reglamentarios **(1)**, al menos debe discutirse el asunto con relación a los actos no normativos. De hecho, en una obra más reciente, el Profesor Brewer Carías expresó que "el principio de la no retroactividad de los actos administrativos tiene diversas excepciones"[118]**(2)**. Otro tema es el de la irretroactividad del precedente administrativo, no tratado en las *Instituciones Fundamentales del derecho administrativo y la jurisprudencia venezolana* **(3)**.

1. Los actos normativos no pueden ser retroactivos

Como ya se adelantó, en las *Instituciones fundamentales de derecho administrativo y la jurisprudencia venezolana,* a partir de la garantía de la irretroactividad de la ley, se concluye que la irretroactividad "debe ser considerada como un principio general y fundamental de nuestro Derecho, aplicable a todos los actos jurídicos estatales", por lo cual, se dice, "tiene aplicación a los actos administrativos". En tal virtud, según se afirma, el acto administrativo "no puede disponer sino para el futuro y, por tanto, es inadmisible que pueda reglar relaciones o situaciones jurídicas que se han sucedido en el pasado"[119].

A pesar de que no se hace referencia a esta decisión en las *Instituciones*, la Corte Federal y de Casación, en sentencia del 9 de agosto de 1940 dictada por la Sala Político-Administrativa[120], había declarado que el principio de irretroactividad de la ley era aplicable a un decreto reglamentario emanado de la Junta Reguladora del Distrito Iribarren, mediante el cual pretendió imponer unas nuevas tarifas, más bajas, a la empresa prestadora del servicio de energía eléctrica, con relación a servicios prestados antes de la entrada en vigencia del decreto en cuestión.

En una sentencia posterior, del 22 de junio de 1971, la Sala Político-Administrativa de la Corte Suprema de Justicia declaró que el principio de la irretroactividad de la ley era aplicable a los reglamentos[121], refiriéndose específicamente el Reglamento de la Ley de Reforma Agraria.

Ninguna de las dos sentencias referidas explica mayormente las razones por las cuales la garantía de la irretroactividad de la ley es extensible a los actos reglamen-

---

117 *Ídem,* nota 99.

118 A.R. Brewer-Carías, Trabajo inédito preparado el año 2005 sobre los efectos y la vigencia de los actos administrativos, incluido en el TDA, Vol. III. La cita fue tomada de la p. 505.

119 IFDAJV, p. 139.

120 CFC-SPA, 9/8/1940, JCS 1930-1974, T. III, Vol. I, pp. 290-293.

121 CSJ-SPA, 22/6/1971, JCS 1930-1974, T. III, Vol. I, p. 77.

tarios. Parece una consecuencia lógica de los caracteres de generalidad y abstracción que comparten la ley formal y el reglamento.

Más tarde, la Sala Político-Administrativa de la Corte Suprema de Justicia, en sentencia del 31 de julio de 1980, luego de reiterar el precedente sentado por la Corte Federal y de Casación en su sentencia del 9 de agosto de 1940, explico que si

"en el ordenamiento jurídico venezolano la irretroactividad de la ley es previsión de jerarquía normativa superior puesto que se contiene en un dispositivo constitucional, resulta compatible con ello que (…) los actos administrativos generales que están destinados a completar o desarrollar la ley, (…), ante la ausencia de disposición expresa que así lo consagre, se sujeten también a tal principio; habida cuenta, por lo demás, de que las declaraciones principistas son, la mayoría de las veces, ajenas al campo administrativo"[122].

Es interesante ver que, en tiempos recientes, la jurisprudencia se limita a expresar que la norma constitucional que establece la garantía de la irretroactividad de la ley, "prohíbe la aplicación de una normativa nueva a situaciones de hecho nacidas con anterioridad a su vigencia, de forma que la disposición novedosa resulta ineficaz para regular situaciones fácticas consolidadas en el pasado"[123], dando por cierto que la norma constitucional se aplica a toda norma general y abstracta, independientemente de su rango en la jerarquía de las normas.

2. Algunos actos administrativos (no normativos) son necesariamente retroactivos

En el ámbito de los actos administrativos no normativos, nada particular expresó el Profesor Brewer-Carías en las *Instituciones* para justificar la aplicación, en su caso, de la garantía de la irretroactividad de la ley. Tampoco incluyó alguna decisión en su *Jurisprudencia de la Corte Suprema 1930-1974 y Estudios de Derecho Administrativo*. Solo nos contó que el proyecto de Ley de Procedimientos Administrativos establecía, en su artículo 29, que los actos administrativos, en ningún caso, podrían tener efectos retroactivos.

La Sala Político-Administrativa de la Corte Suprema de Justicia, en sentencia del 31 de julio de 1980, luego de reiterar el precedente sentado por la Corte Federal y de Casación en su sentencia del 9 de agosto de 1940 acerca de la irretroactividad de los actos reglamentarios[124], declaró lo siguiente:

"El vacío que existe en la materia respecto de los actos administrativos no normativos, debe llenarse, por ahora, mediante la aplicación de los principios generales del Derecho a los que hace mención el artículo 4° del Código Civil, acorde con los cuales si en el ordenamiento jurídico venezolano la irretroactividad de la ley es previsión de jerarquía normativa superior puesto que se contiene en un dispositivo constitucional, resulta compatible con ello que tanto los actos administrativos generales que están destinados a completar o desarrollar la ley, como los actos administrativos singulares que se dicten en ejecución de la misma, ante la au-

122   CSJ-SPA, 31/7/1980, JAA, p. 602.
123   TSJ-SPA, 30/1/2013, RDP 133, p. 138.
124   CFC-SPA, 9/8/1940, JCS 1930-1974, T. III, Vol. I, pp. 290-293.

sencia de disposición expresa que así lo consagre, se sujeten también a tal principio; habida cuenta, por lo demás, de que las declaraciones principistas son, la mayoría de las veces, ajenas al campo administrativo"[125].

Claro que, en la decisión parcialmente transcrita, se consideró que la retroactividad del acto administrativo "se dirige a conferirle efectos en el pasado, es decir, antes de que el mismo entre en vigor, de donde resulta que la problemática de la irretroactividad del acto administrativo se enlaza con la de su eficacia, entendida esta como la imposibilidad del acto para producir efectos jurídicos directos sobre terceros, si no ha sido exteriorizado debidamente, bien a través de su publicación, bien por medio de su notificación"[126]. Esto así, resulta que en el caso el problema de la retroactividad de los actos administrativos no normativos se miró con relación al momento a partir del cual el acto es formalmente eficaz; no se trató sobre la cuestión de que un acto administrativo pudiera versar sobre situaciones jurídicas creadas, modificadas o extinguidas en el pasado.

En una sentencia dictada pocos días después por la misma Sala Político-Administrativa de la Corte Suprema de Justicia, el 5 de agosto de 1980, en la cual se ratifica nuevamente el precedente de 1940 y también el precedente de 1971 que se citó antes[127], se afirma que el principio de irretroactividad "[se] extiende a los actos administrativos de efectos particulares, ya que estos solo pueden disponer para el futuro y no puede pretenderse, a través de ellos, regular situaciones jurídicas creadas con anterioridad a la publicación o notificación de aquellos"[128]. No obstante, en la sentencia se expresa que el caso versa sobre una "situación de excepción (…), que consiste en una exoneración de impuesto sobre la renta, concedida discrecionalmente por el Ejecutivo Nacional (…), en beneficio exclusivo de un determinado contribuyente"[129]. Con relación a ello, la Corte expresó que "por excepción, el acto administrativo tiene aplicación retroactiva porque, en este caso, la retroactividad es el efecto natural del acto ya que la exoneración fue concedida para un préstamo determinado aunque su manifestación o publicación se hubiere hecho con retardo"[130].

La Ley Orgánica de Procedimientos Administrativos entró en vigencia el 1° de enero de 1982 y nada estableció directamente sobre la aplicación retroactiva de los actos administrativos, limitándose a la aplicación retroactiva de los cambios de criterio a lo cual nos referiremos más adelante. En consecuencia, seguía y sigue siendo la jurisprudencia nuestra guía en esa materia.

Al respecto, de nuevo la Sala Político-Administrativa de la Corte Suprema de Justicia, en sentencia del 11 de agosto de 1983, señaló que los actos administrativos particulares "no deben tener efectos retroactivos, ya que tal circunstancia los viciaría de ilegalidad"; pero seguidamente advirtió que "la irretroactividad de dichos actos es

125 CSJ-SPA, 31/7/1980, JAA, p. 602.

126 *Ídem.*

127 CSJ-SPA, 22/6/1971, JCS 1930-1974, T. III, Vol. I, p. 77.

128 CSJ-SPA, 5/8/1980, JAA, p. 603.

129 *Ídem,* p. 604.

130 *Ibídem.*

admisible cuando así lo disponga la ley o tal posibilidad sea inherente a la naturaleza del acto específicamente considerado"[131].

En ese sentido, en una sentencia del 12 de abril de 1984, la Corte Primera de lo Contencioso Administrativo, actuando entonces como tribunal de segunda y última instancia, afirmó que "los actos no tienen efecto retroactivo sino excepcionalmente cuando se les dicta en sustitución de un acto anulado y siempre que no lesionen derechos adquiridos"[132]. Luego, en sentencia del 29 de enero de 1987, la misma Corte, actuando ahora en primera y única instancia, expresó lo siguiente:

> "De antaño ha sido harto discutido la diferencia entre los efectos retroactivos de los actos jurídicos y sus efectos inmediatos. Los primeros suponen la eliminación, alteración o modificación de hechos pasados y consumados, de modo que supone regular una situación hacia el pasado. Por el contrario, los segundos son los efectos normales y ordinarios de las leyes y demás actos jurídicos, es decir, la regulación de las situaciones futuras. Estas pueden surgir después de tales actos, o ser meras consecuencias de hechos pasados que no se habían producido aún. De modo que lo retroactivo es cambiar situaciones y consecuencias consumadas y sustituirlas por otras, simplemente para hacerlas desaparecer. Mientras que la aplicación inmediata de los actos jurídicos a la realidad, cuyo origen es el pasado, o por nacer es otra cosa"[133].

En 2005, el Profesor Brewer-Carías nos dice, como ya se expresó, que "el principio de la no retroactividad de los actos administrativos tiene diversas excepciones"[134].

En primer lugar, advierte que "en general, se admite la retroactividad de los actos administrativos cuando produzcan efectos favorables a los interesados", siempre que "los supuestos de los motivos del actos tuvieran existencia a la fecha a la cual se retrotraiga la eficacia del acto y que este no lesione derechos o intereses legítimos de otras personas"[135].

En segundo lugar, señala que también tienen efectos retroactivos "siempre que no lesionen derechos adquiridos, los actos administrativos que se dicten en sustitución de otro anulado"[136].

Cabe agregar los supuestos de retroactividad obvios, que por obvios se olvidan:

1) Al menos en teoría, son necesariamente retroactivos los actos administrativos que, declarando la nulidad absoluta de un acto previo, proceden a su revocatoria;

---

131   CSJ-SPA, 11/8/1983, JAA, pp. 604-605.
132   CPCA, 14/4/1984, JAA, p. 605.
133   CPCA, 29/1/1987, JAA, p. 606.
134   A.R. Brewer-Carías, "Trabajo inédito preparado el año 2005 sobre los efectos y la vigencia de los actos administrativos", *cit.,* p. 505.
135   *Ídem,* p. 506.
136   *Ibídem.*

2) Son necesariamente retroactivos los actos administrativos mediante los cuales la administración corrige errores materiales o de cálculo en que hubiere incurrido;

3) Son necesariamente retroactivos los actos administrativos mediante los cuales se subsanan los vicios de nulidad relativa de uno anterior.

3.   Precedente administrativo e irretroactividad

Un tema no tratado en las *Instituciones* es el del precedente administrativo, en consecuencia tampoco se trató la cuestión de la irretroactividad con relación al mismo. Solo se hace referencia al tema en el ámbito de las fuentes de la legalidad administrativa[137], al analizarse la *costumbre administrativa* como fuente no escrita.

Al respecto, el Profesor Brewer-Carías afirmó que "[l]a práctica administrativa ha jugado un papel decisivo en la formación de las reglas que guían la acción de las autoridades administrativas, y ello porque la repetición constante de una determinada manera de proceder de la Administración forma una norma decisiva para la actuación sucesiva de las autoridades de la Administración. Es decir que, cuando la práctica es unánimemente aceptada en el orden administrativo, ella forma parte del Principio de la Legalidad Administrativa y, por tanto, de obligatoria observancia por el administrador"[138]. Esto habría sido reconocido varias veces por el máximo tribunal de la República, en fe de lo cual se hace referencia a cuatro sentencias dictadas entre 1937 y 1962[139].

A juicio del Profesor Brewer-Carías, lo anterior "no podría ser de otro modo ya que, por la ausencia de una legislación procedimental administrativa, las autoridades encargadas de cumplir el procedimiento constitutivo e impugnativo del acto administrativo han carecido de normas precisas para actuar, por lo que están guiadas en una larga medida por las prácticas administrativas"[140].

Prácticamente veinte años más tarde, en el artículo 11 de la Ley Orgánica de Procedimientos Administrativos se dispuso que "[l]os criterios establecidos por los distintos órganos de la Administración Pública podrán ser modificados, pero la nueva interpretación no podrá aplicarse a situaciones anteriores, salvo que fuere más favorable a los administrados. En todo caso, la modificación de criterios no dará derecho a la revisión de los actos definitivamente firmes".

En una primera aproximación, el Profesor Brewer-Carías afirmó con respecto a la norma que la misma establece "como principio general, que los criterios establecidos por los distintos órganos de la Administración Pública, pueden ser modificados; es decir, la Administración no está sujeta a sus precedentes y, por tanto, ante nuevas situaciones se pueden adoptar nuevas interpretaciones". Advierte que, no obstante, la modificación de sus criterios por parte de la Administración está sujeta a

---

137   IFDAJV, p. 45.

138   IFDAJV, p. 45.

139   CFC-SPA, 7/12/1937; CF, 5/8/1958; CF, 3/6/1958; CSJ-SPA, 19/2/1962. Ver nota 70, p. 45, IFDAJV.

140I FDAJV, p. 45.

límites. Según el autor, "la nueva interpretación no puede aplicarse a situaciones anteriores, con lo cual, dictado un acto administrativo en un momento determinado conforme a una interpretación, si luego se cambia la interpretación, no puede afectarse la situación y el acto anterior. Por tanto, el nuevo acto dictado conforme a la nueva interpretación no tiene efecto retroactivo"[141].

A mi juicio, en la idea antes transcrita se confunden la irretroactividad del cambio de criterio de la administración y la irretroactividad del acto administrativo, a pesar de que en la introducción del tema se afirma claramente que en el artículo 11 "se determina cuál es el valor del precedente administrativo, y se consagra, en forma *indirecta*, otro principio que es el de la irretroactividad de los actos administrativos"[142].

El año 2010, el Profesor Brewer-Carías publicó el texto de una ponencia presentada en Argentina, en el marco del IX Foro Iberoamericano de Derecho Administrativo[143]. Allí mantiene la posición fijada en 1981, mirando al precedente desde la perspectiva de la irretroactividad del acto administrativo y también de su irrevocabilidad, omitiendo que el precedente recoge la práctica administrativa y que, como él mismo escribió en 1964, "[esa] práctica administrativa ha jugado un papel decisivo en la formación de las reglas que guían la acción de las autoridades administrativas, y ello porque la repetición constante de una determinada manera de proceder de la Administración forma una norma decisiva para la actuación sucesiva de las autoridades de la Administración. Es decir que, cuando la práctica es unánimemente aceptada en el orden administrativo, ella forma parte del Principio de la Legalidad Administrativa y, por tanto, de obligatoria observancia por el administrador"[144].

En realidad, el tema del precedente administrativo hay que aprehenderlo según la metodología empleada para estudiar la jurisprudencia como fuente del derecho; porque el precedente es eso, la "jurisprudencia" que sienta la administración en la aplicación del derecho. Desde esa óptica, el artículo 11 de la Ley Orgánica de Procedimientos Administrativos, luego de *permitir* a los órganos de la administración cambiar de criterio, sienta dos principios:

1) El nuevo criterio no puede aplicarse a actos administrativos emitidos antes de su adopción, salvo si el acto está sujeto a algún recurso administrativo, y siempre que el nuevo criterio sea más favorable para el administrado.

2) El nuevo criterio no da derecho a la revisión de actos administrativos definitivamente firmes.

---

141   A.R. Brewer-Carías, "Introducción al régimen de la ley orgánica" en *Ley Orgánica de Procedimientos Administrativos,* Col. Textos Legislativos Nº 1, Editorial Jurídica Venezolana, Caracas, 1981, pp. 36-37.

142   *Ídem,* p. 35.

143   A.R. Brewer-Carías, "Notas sobre el valor del precedente en el derecho administrativos, y los principios de la irretroactividad y de la irrevocabilidad de los actos administrativos" *in Fuentes del derecho administrativo (tratados internacionales, contratos como regla de derecho, jurisprudencia, doctrina y precedente administrativo), IX Foro Iberoamericano de Derecho Administrativo,* Editorial Rap, S.A., Mendoza, 2010, pp. 737-747. Esta obra está publicada en el TDA, Vol. III, pp. 547-556.

144   IFDAJV, p. 45.

En otros términos, quien ha impugnado en sede administrativa un acto administrativo, puede pedir que se le aplique el nuevo criterio, y la administración podrá aplicarlo siempre que resulte más favorable al administrado. En cambio, el destinatario de un acto administrativo que quedó firme antes de la adopción del nuevo criterio, no puede pedir su revisión sobre la base de ese nuevo criterio.

En efecto, a pesar de que el artículo 11 de la Ley Orgánica de Procedimientos Administrativos señala que los nuevos criterios no se aplican a "situaciones anteriores", la verdad es que, por su naturaleza, los nuevos criterios se aplican a una situaciones que ocurrieron antes de su emisión; al igual que el cambio de criterio jurisprudencial, el cual se aplica a partir de un caso concreto, ocurrido necesariamente antes de que se produjera dicho cambio y que da motivo a la sentencia que lo contiene.

La constatación anterior apareja problemas mayores a los cuales no me referiré en este espacio. Quiero simplemente establecer que, precisamente por el valor del precedente, su análisis requiere partir del principio (derecho) constitucional de la igualdad ante la ley, del principio de la seguridad jurídica y de su contrapartida la confianza legítima[145]. Así lo expresó la Sala Político-Administrativa del Tribunal Supremo de Justicia, en sentencia del 17 de junio de 2009[146], en los términos siguientes:

"Esta Sala ha señalado en relación a la seguridad jurídica, que dicho postulado ha de ser entendido como la certeza sobre el ordenamiento jurídico aplicable y los intereses jurídicamente tutelados, como la expectativa razonablemente fundada del ciudadano en cuál ha de ser la actuación de la Administración a través de la aplicación del Derecho. (Vid. sentencia N° 570 del 10 de marzo de 2005).

Otro de los principios que rigen la actividad administrativa es el principio de confianza legítima, estrechamente vinculado con el anterior, el cual se refiere a la concreta manifestación del principio de buena fe en el ámbito de la actividad administrativa y cuya finalidad es el otorgamiento a los particulares de garantía de certidumbre en sus relaciones jurídico-administrativas. (Vid. sentencia de esta Sala N° 1.171 del 4 de julio de 2007).

La confianza legítima constituye la base de una nueva concepción de los vínculos que existe entre el Poder Público y los ciudadanos, cuando a través de la conducta de los órganos que ejercen aquél, revelada en sus declaraciones, actos y doctrina consolidada, se pone de manifiesto una línea de actuación que la comunidad o sujetos específicos de ella esperan se mantenga. Este principio alude así, en el ámbito del derecho administrativo, a la situación de un sujeto dotado de una expectativa justificada de obtener una decisión favorable a sus intereses, en virtud de actuaciones precedentes y reiteradas de la Administración.

En sentencia N° 514 de fecha 3 de abril de 2001, esta Sala indicó que una muestra significativa de la consagración del principio de confianza legítima en nuestro ordenamiento jurídico es el artículo 11 de la Ley Orgánica de Procedimientos Administrativos, con base en el cual, las actuaciones reiteradas de un sujeto frente a otro, en este caso de la Administración

---

145   Ver, en ese sentido, TSJ-SPA, 13/5/2009 en http://www.tsj.gov.ve/decisiones/spa/Mayo/00607-13509-2009-2009-0046.html

146   TSJ-SPA,   17/6/2009   en   http://www.tsj.gov.ve/decisiones/spa/junio/00890-17609-2009-2006-1716.HTML

Pública, hacen nacer expectativas jurídicas que han de ser apreciadas por el juez y justamente, los criterios administrativos, si bien pueden ser cambiados, son idóneos para crear tales expectativas.

Vale destacar que, al igual que ocurre con los criterios jurisprudenciales, los que provienen de la actividad administrativa pueden ser revisados, ya que tal posibilidad está inmersa dentro de la diversa naturaleza de las situaciones sometidas al conocimiento y revisión a través del ejercicio de las funciones jurisdiccional y administrativa, sólo que ese examen no debe ser aplicado de forma indiscriminada o con efectos retroactivos perniciosos".

No se refirió la Sala al derecho a la igualdad ante la ley, como fundamento de la obligatoriedad para la administración de respetar sus precedentes. Esto, de nuevo, apareja problemas mayores. No voy a tratarlos en este espacio, contentándome con dejarlos planteados.

***

Sobre los efectos del acto administrativo, se quedaron muchos temas sin plantear en este homenaje a los cincuenta años de las *Instituciones fundamentales del derecho administrativo y la jurisprudencia venezolana*. Ojalá alcance el tiempo para desarrollarlos en otra u otras oportunidades.

TERCERA PARTE

LA TEORÍA DE LOS CONTRATOS ADMINISTRATIVOS

SECCIÓN PRIMERA:

CONCEPTO Y NATURALEZA DEL "CONTRATO ADMINISTRATIVO" EN ALLAN R. BREWER-CARÍAS

Carlos García Soto

Director de la Escuela de Derecho de la
Facultad de Ciencias Jurídicas y Políticas de la
Universidad Monteávila

INTRODUCCIÓN

Como ocurre con otras de las instituciones fundamentales del Derecho Administrativo venezolano, explicar la evolución del concepto de "contrato administrativo" bien puede hacerse a partir del pensamiento de Allan R. Brewer-Carías. Porque en el caso del "contrato administrativo", como ha ocurrido con otras instituciones del Derecho Administrativo en Venezuela, la evolución de esa institución ha sido consecuencia, en gran medida, de la evolución del pensamiento de Allan R. Brewer-Carías. Así que el presente trabajo sirve como una muestra de cuál ha sido la evolución que el concepto de "contrato administrativo" ha sufrido en Venezuela. Evolución que se estudiará siguiendo como hilo conductor los planteamientos que sobre el tema ha realizado de Allan R. Brewer-Carías.

Señalaremos que hay tres momentos en el pensamiento de Allan R. Brewer-Carías sobre el concepto y la naturaleza del contrato administrativo. Una primera etapa, que se ubica en 1964, en la cual se entiende a los contratos administrativos como contratos sometidos a normas jurídicas autónomas, distintas a lo que se consideraba como el régimen de los contratos sometidos al Derecho Privado (o Común). Una segunda etapa, en la que se considera a los contratos que celebra la Administración como contratos en los que hay que distinguir entre aquellos que se basan en un régimen preponderante de Derecho Administrativo y otros que se basan en un régimen preponderante de Derecho Civil, abandonando así el concepto de "contrato administrativo". Y una tercera etapa, en la que a partir de la posición asumida en esa segunda etapa, se insiste en la equivalencia de los conceptos de contratos administrativos, contratos públicos y contratos del Estado.

I.   LOS CONTRATOS ADMINISTRATIVOS COMO CONTRATOS SOMETIDOS A NORMAS JURÍDICAS AUTÓNOMAS

Cuando Brewer-Carías advierte en *Las Instituciones Fundamentales del Derecho Administrativo y la Jurisprudencia Venezolana* la distinción entre los contratos celebrados por la Administración bajo la forma de contratos de Derecho Privado y los contratos celebrados bajo la forma de contratos de Derecho Público, señalará:

> "la Administración Pública puede realizar también actos bilaterales, que, si bien tienen naturaleza contractual, como consecuencia de su contenido la relación jurídica que surge de ellos es una relación de Derecho Administrativo y, por tanto, estarán sometidos a normas jurídicas autónomas, algunas de las cuales distintas de las del Derecho privado. Estos contratos forman, dentro de los Contratos de la Administración, la categoría particular de los contratos administrativos"[1].

Brewer-Carías acotaría que el interés de la distinción se encontraba en dos sentidos, conforme a los que había venido señalando la jurisprudencia en Venezuela: por una parte, en que al contrato de Derecho Privado le serían aplicables las normas del Código Civil, mientras que a los denominados como "contratos administrativos" les resultaría aplicable el Derecho administrativo; por otra parte, la distinción sería necesaria a los efectos de determinar la jurisdicción competente para conocer de cada tipo de contratos: para los contratos de Derecho Privado sería aplicable la jurisdicción ordinaria civil, mercantil o del trabajo, mientras que para el caso de los "contratos administrativos" la jurisdicción competente sería la contencioso-adminis-trativa[2].

Hecha la aclaratoria, Brewer-Carías advertirá que la finalidad de servicio público sería la noción que da su naturaleza específica al contrato administrativo:

> "la noción que le da su naturaleza específica al contrato administrativo es la *finalidad de servicio público que se persigue al celebrarlo, y no la prestación de un determinado servicio público.* Ya hemos expresado qué entendemos por finalidad de servicio público y las implicaciones del concepto. Sin embargo, es conveniente recordar que una actividad es realizada con finalidad de servicio público cuando, realizada por una autoridad pública *como gestión de intereses públicos* y en ejecución de la Ley, tiende a mantener y hacer mantener incólumes las garantías constitucionales de los ciudadanos; a respetar y hacer respetar los derechos constitucionales de los ciudadanos; a hacer cumplir los deberes constitucionales de los ciudadanos; o a cumplir las obligaciones constitucionales del Estado venezolano con miras a obtener el bienestar general y la seguridad social.

> En definitiva, todo contrato realizado por la Administración Pública con finalidad de servicio público es un contrato administrativo"[3].

Desde esa perspectiva será definido el "contrato administrativo":

> "Tomando como base los conceptos sobre acto jurídico expuestos en el Título II° y lo anteriormente expresado, podemos definir el contrato administrativo como aquel acuerdo bila-

---

1   Universidad Central de Venezuela, Caracas, 1964, pp. 157-158.

2   Véase *Las Instituciones Fundamentales del Derecho Administrativo y la Jurisprudencia Venezolana, cit.,* p. 158.

3   *Las Instituciones Fundamentales del Derecho Administrativo y la Jurisprudencia Venezolana, cit.,* pp. 161-162.

teral de voluntades realizado entre dos o más personas jurídicas, una de las cuales es la Administración Pública actuando en función administrativa, con la finalidad de servicio público y el efecto de crear una situación jurídica individual y subjetiva"[4].

De tal manera, en esta primera etapa el concepto y naturaleza del "contrato administrativo" se afincará en que se trata de un contrato suscrito por la Administración Pública, con una finalidad de servicio público, sujeto a unas normas jurídicas autónomas. Sin duda, la concepción de Brewer-Carías sería tributaria de la teoría del contrato administrativo que se había construido en Francia desde principios de siglo.

II. CONTRATOS CON UN RÉGIMEN PREPONDERANTE DE DERECHO ADMINISTRATIVO O PREPONDERANTE DE DERECHO CIVIL

Brewer-Carías modificaría su posición en torno al concepto de contrato administrativo en "La evolución del concepto de contrato administrativo"[5].

Al hacer referencia a la complejidad que supone el tema de los contratos administrativos, señalará:

"el problema, en nuestro caso, es que el concepto de los contratos administrativos, como categoría jurídica contrapuesta a los contratos de derecho privado de la Administración, ha sido tributario, solamente, de las concepciones teóricas y de los criterios de la doctrina y jurisprudencia francesas, pero no de las justificaciones prácticas y pragmáticas de aquella distinción"[6].

Inmediatamente precisará esa idea, para señalar:

"La repartición de competencias jurisdiccionales en Francia, ha sido factor clave en el nacimiento y desarrollo del derecho administrativo y en la concepción misma del contrato administrativo; en definitiva, ha sido la justificación del propio derecho administrativo. En nuestros países y en la gran mayoría de los que han sido tributarios del derecho francés, ello

---

4   *Las Instituciones Fundamentales del Derecho Administrativo y la Jurisprudencia Venezolana, cit.,* p. 162. En nota al pie N° 10 (p. 162), aclararía que "La creación de una situación jurídica, individual y subjetiva puede manifestarse como 'constitución, reglamentación, transmisión, modificación o extinción' entre los contratantes de un vínculo jurídico".

5   En *Libro-homenaje al Profesor Antonio Moles Caubet,* Universidad Central de Venezuela, Caracas, 1981. Los mismos planteamientos serían reiterados en *Contratos Administrativos,* Editorial Jurídica Venezolana, Caracas, 1992 (y 1997), pp. 11-15 y 39-53.

6   "La evolución del concepto de contrato administrativo", *cit.,* p. 42. La idea sería desarrollada más adelante, al señalar que "Es a comienzos del presente siglo, con la aparición del criterio de servicio público, cuando comienza a formularse la idea de un contrato administrativo, sometido a un régimen de derecho administrativo, como contrapuesto al contrato de derecho privado, sometido a las regulaciones del derecho civil, con sus razones jurisdiccionales: los primeros quedaban sometidos a la jurisdicción administrativa, en cambio que los últimos caían bajo la competencia de la jurisdicción judicial. En el inicio de esta distinción jurisdiccional está la célebre decisión contenida en el *arret* Terrier, de 1903, en el cual el Consejo de Estado francés señaló que todo lo que concernía a la organización y funcionamiento de los servicios públicos, fuera que la Administración actuase por vía de contrato o de autoridad, constituía una operación administrativa, que por su naturaleza, era del dominio de la jurisdicción administrativa" ("La evolución del concepto de contrato administrativo", *cit.,* p. 55).

no ha ocurrido, ni es así. De allí la tendencia observada, una vez lograda la necesaria madurez doctrinal, por abandonar tantas teorías y concepciones basadas en una situación de origen adjetivo, circunstancial por lo demás, y por estructurar nuestras propias concepciones. No se trata de innovar por innovar, sino de sustantivizar el propio derecho administrativo conforme a las peculiaridades de nuestros países para dejar de importar por importar. Allí está la labor de los últimos veinte años de la doctrina española la cual, sin desconocer los aportes de las concepciones francesas, ha desarrollado una formidable labor doctrinal cuyas influencias se comienzan a hacer sentir en nuestros países. Dentro de esta tendencia a sustantivizar nuestro propio derecho administrativo es que se encuadra la orientación que se presiente, de abandonar toda idea de un pretendido contrato administrativo por oposición a contratos de derecho privado de la Administración"[7].

Añadiendo, al referir la implicación que el problema del "contrato administrativo" tiene para el Derecho Administrativo:

"Lo polémico del tema, en todo caso, surge de su carácter medular para el derecho administrativo: en su estudio están implicadas las cuestiones básicas del derecho administrativo; el ´problema´ del contrato administrativo es, por tanto, el ´problema´ del derecho administrativo, y en no pocas ocasiones, la sustantividad del propio derecho administrativo y de su autonomía"[8].

Para concluir:

"El tema de los contratos administrativos, no parece necesario insistir en ello, es uno de los temas medulares del derecho administrativo. De allí que todos los que hemos tenido que estudiar y escribir sobre esta rama del derecho, alguna vez nos hayamos tenido que enfrentar con su análisis, y con las dificultades que entraña. En nuestra disciplina, en efecto, si hay un tema difícil de asir, es precisamente este: aparentemente sencillo, implica una toma de posición general sobre ella"[9].

Brewer-Carías partirá entonces de una nueva premisa: en la medida en la que a la actividad de la Administración se le aplica tanto el Derecho Público como el Derecho Privado, habrá que relativizar la distinción entre "contratos administrativos" y "contratos de Derecho Privado de la Administración", de la cual él mismo había originalmente partido, según se vio.

La base de esa nueva perspectiva se fundamentará en esta afirmación de carácter general:

"La Administración, por tanto, si bien preponderantemente regulada por el derecho administrativo, en la actualidad está sometida, tanto al derecho público como al derecho privado, y su actividad, regida por ambas ramas del derecho, será siempre una actividad administrativa. No hay, en realidad, actividad privada de la Administración: así como no existen actos privados de la Administración, tampoco existen, en puridad, contratos de derecho privado de la Administración. La actividad de la Administración y en general, de todos los sujetos de derecho administrativo, está sometida a un régimen preponderante de derecho administrativo

---

7   "La evolución del concepto de contrato administrativo", *cit.*, pp. 42-43.

8   "La evolución del concepto de contrato administrativo", *cit.*, p. 44.

9   "La evolución del concepto de contrato administrativo", *cit.*, p. 42.

o preponderante de derecho privado, pero ello no autoriza a concluir que, en el primer supuesto, la actividad sea administrativa y en el segundo, sea privada"[10].

Y aquí vendrá entonces el cambio de criterio de Brewer-Carías sobre el concepto y naturaleza de "contrato administrativo" al que había hecho referencia en *Las Instituciones Fundamentales del Derecho Administrativo y la Jurisprudencia Venezolana*:

"En materia de contratos de la Administración, entonces, habrá contratos con un régimen preponderante de derecho administrativo o preponderante de derecho civil, o si se quiere, habrá contratos en los cuales la modulación administrativa de los mismos alcanza una mayor o menor intensidad.

Por tanto, en nuestro criterio, en la actualidad, y en países como Venezuela, en los cuales la jurisdicción contencioso-administrativa ha sido tradicionalmente competente para conocer de todos los litigios concernientes a los contratos de cualquier naturaleza en que sea parte la Administración, la distinción entre contratos administrativos y contratos de derecho privado, parece no tener el interés jurídico que ha tenido en otros países, o que pudo tener hace algunas décadas, derivado del interés en sustantivizar nuestro propio derecho administrativo. Nosotros mismos, en un libro escrito hace quince años, al escribir sobre la teoría del contrato administrativo como una de las instituciones fundamentales del derecho administrativo venezolano, establecimos la distinción entre contratos administrativos y contratos de derecho privado basados en la finalidad perseguida por la Administración al contratar"[11].

La conclusión será por ello la siguiente:

"En definitiva, la distinción entre contratos administrativos y contratos de derecho privado de la Administración está en la actualidad superada, y ya no tiene interés jurídico. Insistimos, toda la actividad contractual de la Administración es administrativa, y habrá, en ciertos contratos, según la finalidad de servicio público perseguida, una preponderancia de régimen de derecho público. Si a estos contratos los queremos llamar contratos administrativos, ello será por puro convencionalismo y tradición terminológica legítima, pero no porque sean opuestos a los contratos de derecho privado que celebre la Administración"[12].

En 1996 volvería sobre el tema, para señalar, al hacer referencia a la interaplicación del Derecho Público y del Derecho Privado en la actividad contractual de la Administración:

"Por ello hemos cuestionado la distinción entre contratos administrativos y contratos de derecho privado de la Administración, como si estos últimos sólo estuviesen sometidos a normas de derecho privado lo cual es imposible, pues todos los contratos de la Administración están sometidos al derecho administrativo, aun cuando pueda considerarse, *a priori*, que preponderantemente se le aplica el derecho privado. Por ello, la distinción no tenía ninguna justificación en el país, hasta que la Ley Orgánica de la Corte Suprema acogió la noción de contrato administrativo para asignar a la Sala Político Administrativa de la Corte competencia para conocer de las cuestiones que se susciten con motivo de 'la interpretación, cumplimiento, caducidad, nulidad, validez o resolución' de los mismos. Esta norma, por supuesto, ha sido objeto de aplicación en múltiples casos, y varias han sido las decisiones de la Corte

---

10   "La evolución del concepto de contrato administrativo", *cit.,* p. 57.

11   "La evolución del concepto de contrato administrativo", *cit.,* p. 58.

12   "La evolución del concepto de contrato administrativo", *cit.,* p. 69.

para identificar a los contratos administrativos, habiéndose acogido como criterio, además del objeto vinculado a un servicio público –la verdad es que en nuestro criterio, parecería imposible no encontrar algún contrato de la Administración, en una u otra forma vinculado a un servicio público-, la existencia de cláusulas exorbitantes del derecho común, es decir, que creare, situaciones de privilegio a favor de la Administración contratante, como serían las que le permiten dirigir y controlar la ejecución del contrato; modificarlo unilateralmente, con el debido respeto al principio de la llamada ecuación o equilibrio económico del contrato, y rescindirlo unilateralmente, las cuales, como lo ha considerado la Corte Suprema, ́podrían incluso ser implícitas, es decir, no figurar en forma expresa en el texto del contrato, y sin embargo, considerarse presentes en el mismo por estar consustanciadas con la naturaleza de la relación jurídica creada ́. En palabras de la Corte, implícita o expresamente dichas cláusulas están ́en los casos en los cuales este poder de supremacía de la Administración se pone de manifiesto justificado por la necesidad de proteger el interés jurídico en forma especial confiado a su competencia"[13].

Brewer-Carías abandonará la tesis del contrato administrativo construida en Francia que él mismo había adoptado en 1964, para dar lugar a una concepción de la actividad contractual conforme a la cual a esa actividad se aplicarán tanto normas de Derecho Público, como de Derecho Privado, según cada caso. Ello tiene como conclusión abandonar la concepción de un supuesto "contrato administrativo", como oposición a unos supuestos "contratos de Derecho Privado de la Administración". Partiendo de la base, en todo caso, que toda la actividad de la Administración, aún la contractual, se fundamenta en un régimen de Derecho Administrativo.

III.   CONTRATOS ADMINISTRATIVOS, CONTRATOS PÚBLICOS, CONTRATOS DEL ESTADO

Entre 2005 y 2013, Brewer-Carías publicará varios trabajos en los cuales precisará su posición sobre el concepto y la naturaleza del contrato que celebra la Administración Pública. En 2005 escribirá "Nuevas consideraciones sobre el régimen jurídico de los contratos del Estado en Venezuela"[14]. A ese trabajo seguiría en 2010 "Sobre los Contratos del Estado en Venezuela"[15]. Luego volvería al tema en "Los

---

13   "La interaplicación del Derecho Público y del Derecho Privado a la Administración Pública y el proceso de huida y recuperación del Derecho Administrativo", en *II Jornadas Internacionales de Derecho Administrativo "Allan Randolph Brewer-Carías" (Las formas de la actividad administrativa)*, Funeda, Caracas, 1996, pp. 58-59.

14   En *VIII Jornadas Internacionales de Derecho Administrativo "Allan Randolph Brewer-Carías" (Contratos administrativos. Contratos del Estado)*, Funeda, Caracas, 2006, pp. 449-479. También publicado en *Estudios de Derecho Administrativo (2005-2007)*, Editorial Jurídica Venezolana, Caracas, 2007, pp. 439-472 y en *Revista de Derecho Administrativo (RDA)*, Círculo de Derecho Administrativo (CDA), año 1, N° 2, Lima, diciembre 2006, pp. 46-69.

15   En *Derecho Administrativo Iberoamericano (Contratos Administrativos, Servicios Públicos, Acto Administrativo y Procedimiento Administrativo, Derecho Administrativo Ambiental, Limitaciones a la libertad). IV Congreso Internacional de Derecho Administrativo*, Mendoza, 2010, pp. 837-866. También publicado en *Revista Mexicana Statum Rei Romanae de Derecho Administrativo (Homenaje al Dr. José Luis Meilán Gil)*, N° 6, Facultad de Derecho y Criminología de la Universidad Autónoma de Nuevo León, enero-junio 2011, pp. 207-252.

contratos del Estado y la Ley de Contrataciones Públicas. Ámbito de aplicación"[16]. En 2013 se ocuparía del asunto en "Introducción General al Derecho Administrativo Venezolano"[17]. La versión más actualizada de su tratamiento del tema, en todo caso, es la contenida en el *Tratado de Derecho Administrativo. Derecho Público en Iberoamérica (Los actos administrativos y los contratos administrativos)*[18], en la que se recoge la recopilación previa realizada en *Contratos administrativos, Contratos públicos, Contratos del Estado*[19].

Brewer-Carías advertirá cómo las inclusiones de la expresión "contratos administrativos" en las derogadas Ley Orgánica de la Corte Suprema de Justicia de 1976 y Ley Orgánica del Tribunal Supremo de Justicia de 2004 a los efectos de la competencia para conocer de tales contratos, "a lo que habían conducido era a confusiones, contradicciones y dilaciones"[20]. Sin embargo, como señalaría:

> "Todo ello y la discusión sobre los contratos administrativos como categoría específica en los contratos del Estado puede decirse que desapareció , al eliminarse de la Ley Orgánica del Tribunal Supremo de 2010 la noción misma de contrato administrativo y no incluirse la misma en la Ley Orgánica de la Jurisdicción Contencioso Administrativa de ese mismo año para la delimitación de la competencia judicial; y además, al no haberse empleado la terminología en la Ley sobre Contrataciones Públicas de 2008, reformada en 2010. Esta, en efecto, habla de contratos del Estado o contratos públicos, y en cuanto a la atribución de competencia entre los diversos tribunales de la Jurisdicción Contencioso Administrativa para conocer de controversias sobre contratos suscritos por entes públicos, la Ley Orgánica de la misma no establece distinción alguna entre contratos administrativos y otros que podrían no serlo, de manera que todas las demandas sobre contratos públicos son del conocimiento de los tribunales de la jurisdicción contencioso administrativa"[21].

En esta nueva etapa, Brewer-Carías asumirá una posición, si se quiere, orgánica, al señalar el concepto de contrato administrativo. De hecho, dejará de lado el término "contrato administrativo", dadas las complicaciones conceptuales reseñadas, para asumir la de contratos públicos, contratos del Estado o contratos estatales. Señalará desde esta perspectiva:

> "Los contratos públicos, contratos del Estado o contratos estatales, son todos aquellos contratos en los cuales una de las partes (pueden ser las dos) es una persona jurídica estatal, es decir, que está integrada en la organización del Estado, sea que se trate de una persona jurídica político territorial (República, Estados, Municipios), o de personas de derecho público (pe.

---

16 En *Ley de Contrataciones Públicas*, 3 era. edición actualizada y aumentada, Editorial Jurídica Venezolana, Caracas, 2012, pp. 9-47.

17 En *Revista Electrónica de Derecho Administrativo venezolano*, Centro de Estudios de Derecho Público de la Universidad Monteávila, N° 1, agosto-septiembre, 2013, pp. 47-50.

18 Volumen III, Civitas-Thomson Reuters-Fundación de Derecho Público-Editorial Jurídica Venezolana, Madrid, 2013, pp. 830-859.

19 Editorial Jurídica Venezolana, Caracas, 2013.

20 "Introducción general al Derecho Administrativo venezolano", *cit.*, p. 49.

21 "Introducción general al Derecho Administrativo venezolano", *cit.*, pp. 49-50.

los institutos autónomos) o de personas de derecho privado (pe. las sociedades anónimas del Estado o empresas del Estado) estatales"[22].

La explicación vendrá dada con ocasión del concepto de los denominados "contratos de interés público". Al explicar este tipo de contratos, al cual se hace expresa referencia en los artículos 150 y 151 de la Constitución, señalará:

> "Esa noción de contratos de interés público puede considerarse como equivalente a las nociones de *contratos públicos*, *contratos del Estado*, o *contratos de la Administración*; o a la noción en inglés de *Public Contract*; a la francesa de *contrats de l'administration*; a la italiana de *contratti della pubblica amministrazione*; o a la portuguesa de *contratos de administracao pública*; todas tendientes a identificar contratos en los cuales una de las partes de la relación contractual es el Estado, la Administración Pública o una entidad pública, los que además, en general, tienen propósitos de interés público. Esa fue la intención de la propuesta que formulamos respecto de esa norma ante la Asamblea Nacional Constituyente durante la elaboración de la Constitución de 1999"[23].

Luego concluirá:

> "Todos los contratos estatales o contratos del Estado, al tener como una de las partes contratantes un ente público o persona jurídica estatal, pueden considerarse como de interés público, en el sentido de que lo que interese a un ente público es de interés público. Por eso hemos considerado que la expresión contrato de interés público en la Constitución equivale a contrato público, contrato estatal o contrato del Estado"[24].

Desde esa perspectiva, Brewer-Carías volverá sobre la antigua discusión acerca del concepto del "contrato administrativo":

> "Conforme a la doctrina tradicional, no todos los contratos del Estado pueden considerarse como 'contratos administrativos', pero sin duda, en presencia de cualquier contrato del Estado o contrato público, siempre surgirá la discusión sobre si debe o no considerarse como un contrato administrativo, en particular cuando de cuestiones de competencia judicial se trata.

> Por otra parte, con frecuencia es la propia Administración contratante la que califica a cualquier contrato como contrato administrativo a los efectos de alegar la existencia de cláusulas exorbitantes del derecho común. Sin embargo, de hecho, si bien es cierto que en su origen en el siglo pasado, la distinción entre 'contratos administrativos' y 'contratos de derecho privado de la Administración' podía tener alguna importancia en relación con los poderes extraordinarios que podían ejercerse por la Administración contratante en relación con la ejecución de los 'contratos administrativos' y que supuestamente no existían en los 'contratos de derecho privado'; en la actualidad la distinción es inútil, ya que los poderes extraordinarios (*cláusulas exorbitantes*) establecidos en las leyes, pueden siempre ejercerse por la Administración contratante, independientemente del objeto del contrato público y del contenido de sus cláusulas, cuando el interés público lo requiera"[25].

---

22   *Tratado de Derecho Administrativo. Derecho Público en Iberoamérica (Los actos administrativos y los contratos administrativos)*, cit., p. 832.

23   *Tratado de Derecho Administrativo. Derecho Público en Iberoamérica (Los actos administrativos y los contratos administrativos)*, cit., pp. 832-833.

24   *Tratado de Derecho Administrativo. Derecho Público en Iberoamérica (Los actos administrativos y los contratos administrativos)*, cit., p. 839.

25   *Tratado de Derecho Administrativo. Derecho Público en Iberoamérica (Los actos administrativos y los contratos administrativos)*, cit., pp. 842-843.

Para luego concluir:

> "La noción de 'contrato administrativo', en ausencia de una ley general que los regule en Venezuela, sin duda, es una construcción doctrinal en cuya elaboración hemos contribuido en una forma u otra todos los que nos hemos ocupado de esta disciplina, al comentar la rica jurisprudencia de la Corte Suprema de Justicia, basada fundamentalmente en razones prácticas de orden adjetivo"[26].

Luego de resumir la propia evolución de su pensamiento sobre los denominados "contratos administrativos"[27], señalará:

> "Como indicamos, el origen francés de la distinción entre contrato administrativo y contrato de derecho privado suscrito por la Administración Pública, dio origen a la distribución de competencias judiciales entre la jurisdicción contencioso administrativa y la jurisdicción judicial ordinaria; la cual fue seguida en muchos países de régimen de derecho escrito. La noción francesa de *service public* fue también utilizada y por ello la seguimos hace cuatro décadas. La muy conocida crisis de la noción de *servicio público* también originó la mencionada crisis de la noción de contrato administrativo, los cuales no pueden ahora ser definidos por la sola finalidad de servicio público, dado el riesgo de que no exista criterio sustantivo alguno para identificar dicha finalidad, o simplemente porque se identifiquen con todos los contratos públicos o de interés público. Si tal es el caso, entonces la noción de contrato administrativo es inútil, excepto para la competencia de la Sala Político Administrativa del Tribunal Supremo de Justicia al decidir sobre su propia competencia en relación con ciertos contratos suscritos por la República, los Estados o los Municipios"[28].

De hecho, con ocasión de la Ley Orgánica del Tribunal Supremo de Justicia, Brewer-Carías advertirá cómo incluso desde el punto de vista procesal, la noción de "contrato administrativo" ha dejado de tener sentido:

> "Sin embargo, este interés adjetivo que originó la misma noción de contrato administrativo, puede decirse que también ha desaparecido con la aplicación de la reciente Ley Orgánica del Tribunal Supremo de Justicia de mayo de 2004, la cual al distribuir las competencias entre los tribunales de la jurisdicción contencioso administrativa, puede decirse que eliminó el monopolio que tenía la Sala Político Administrativa del Tribunal Supremo para conocer controversias en materia de 'contratos administrativos', con lo cual la noción perdió utilidad e interés procesal, que materialmente era el único que la sustentaba. Por tanto, ninguna importancia tiene que se califique o no a cualquier contrato público como contrato administrativo, el cual como contrato público, está sometido, como todos los contratos del Estado a un régimen mixto de derecho público y de derecho privado, siendo el Código Civil de aplicación supletoria respecto de lo establecido en las cláusulas contractuales y en las leyes especiales"[29].

Por ello más adelante concluirá:

---

26   *Tratado de Derecho Administrativo. Derecho Público en Iberoamérica (Los actos administrativos y los contratos administrativos), cit.*, p. 843.

27   *Tratado de Derecho Administrativo. Derecho Público en Iberoamérica (Los actos administrativos y los contratos administrativos), cit.*, pp. 844-848.

28   *Tratado de Derecho Administrativo. Derecho Público en Iberoamérica (Los actos administrativos y los contratos administrativos), cit.*, p. 848.

29   *Tratado de Derecho Administrativo. Derecho Público en Iberoamérica (Los actos administrativos y los contratos administrativos), cit.*, p. 848.

"Es decir, no existe en el ordenamiento jurídico venezolano un ′régimen jurídico propio (distinto aunque no excluyente de los preceptos del derecho civil y comercial)′ exclusivamente aplicable a los ′contratos administrativos′. Lo que existe es un régimen jurídico que no es ni único ni uniforme y que es aplicable a todos los contratos públicos o contratos del Estado, conformado por normas de derecho público y de derecho privado (incluyendo las cláusulas contractuales) que se interaplican y que pueden tener preponderancia en uno u otro contrato según el grado de regulación legal específico que exista en relación con el objeto del contrato específico. De allí el mismo sentido de la distinción entre contratos administrativos y contratos de derecho privado de la Administración"[30].

Es decir, que para Brewer-Carías, la distinción que desde el punto de vista del Derecho Procesal Administrativo se había construido entre "contratos administrativos" y "contratos de Derecho Privado de la Administración" ha dejado de tener sentido. En efecto, la distinción ha sido abandonada por las propias Leyes reguladoras de la jurisdicción contencioso-administrativa (primero por la Ley Orgánica del Tribunal Supremo de Justicia, luego por la Ley Orgánica de la Jurisdicción Contencioso Administrativa), e incluso por la propia Ley de Contrataciones Públicas. Según la interpretación de Brewer-Carías, al desaparecer la justificación procesal de la distinción entre "contratos administrativos" y "contratos de Derecho Privado de la Administración", ésta deja de tener sentido, ya que ese interés procesal "materialmente era el único que la sustentaba".

En consecuencia, la actividad contractual de la Administración deberá ser entendida según Brewer-Carías como una actividad sujeta a un régimen conformado por normas tanto de Derecho Público como de Derecho Privado, que se interaplican, regímenes que pueden ser más o menos preponderantes en cada contrato "según el grado de regulación legal específico que exista en relación con el objeto del contrato específico".

CONCLUSIÓN

Como se señaló, la evolución del concepto y la naturaleza del "contrato administrativo" en el Derecho Administrativo venezolano, bien puede estudiarse a partir de la evolución del pensamiento de Allan R. Brewer-Carías, en el entendido que el origen de sus reflexiones sobre el tema (1964) coinciden con los postulados fundamentales de la llamada "teoría del contrato administrativo" de formulación francesa, en los inicios del siglo XX. Pero esa posición irá cambiando con el tiempo, hacia el concepto de la actividad contractual de la Administración como una manifestación más de la interaplicación del Derecho Público y del Derecho Privado que se da, con su más y menos, en toda la actividad de la Administración Pública contemporánea.

---

30   *Tratado de Derecho Administrativo. Derecho Público en Iberoamérica (Los actos administrativos y los contratos administrativos), cit.,* p. 885.

"HAN DISCREPADO MUCHOS AUTORES"
EL EQUILIBRIO FINANCIERO DEL CONTRATO ADMINISTRATIVO
EN LA LEY DE CONTRATACIONES PÚBLICAS

Gustavo Linares Benzo

Profesor Agregado de Derecho Administrativo
Universidad Central de Venezuela

Las Instituciones Fundamentales del Derecho Administrativo Venezolano, de ahora en adelante las *Instituciones*, es el primer tratado de Derecho Administrativo moderno en Venezuela. Tanto, que esta obra colectiva conmemorativa es contemporánea de reimpresiones del texto original de 1964, que sigue editándose cincuenta años después. Yo mismo, de hecho, estudié Administrativo I por una reimpresión de 1980, cuyos derechos de autor nunca deben haber sido cancelados ni a BREWER ni a la UCV.

Así que la honrosa invitación que se me hiciera a colaborar en esta conmemoración, en lo relativo al gaseoso tema del equilibrio financiero del contrato, exige historiar esa figura desde las *Instituciones* hasta hoy en día, lo que es más fácil de lo que parece gracias a la obra del propio BREWER, tanto la conmemorada como sus sucesivos trabajos sobre el tema. Porque esos trabajos, como siempre ha sido su costumbre, recogen el estado del asunto tanto en la doctrina como en la jurisprudencia. Comencemos por ésta última para el momento en que se publican las *Instituciones*, 1964, recordando que el tema, como ocurre con casi todo lo jurídico, es uno sobre el cual "han discrepado muchos autores", como dice la misma sentencia de la Corte Federal de 1954 con que BREWER comenzó este itinerario de los contratos administrativos.

I.   LA SENTENCIA DE LOS CONEJOS (BREWER EN 1964)

Las *Instituciones* enfrentan el problema de los contratos administrativos y en concreto el del equilibrio financiero citando sobre todo la sentencia Machado Machado, que aún leen los estudiantes en sus pupitres de segundo año. La famosa sentencia de los conejos, como se la llama, es de la Corte Federal y de Casación de 12 de noviembre de 1954, que fuera publicada en la Gaceta Forense no. 6 de ese mismo año. La propia decisión resume el asunto en su narrativa:

> *Según el contrato celebrado con la Nación él (el contratista Alberto Machado Machado) se comprometió a venderle al Ministerio de Agricultura y Cría, y éste a comprarle, la cantidad de cuarenta mil conejos mestizos de las razas allí especificadas, debiendo ser hecha la*

*última entrega, a mas tardar, el 31 de Diciembre de 1950; posteriormente se modificó la
cláusula respectiva, en el sentido de que la última entrega sería el 31 de Diciembre de 1952;
durante tres primeros años no se **presentaron** inconvenientes; con fecha 26 de Mayo de 1950
la Dirección de Agricultura del expresado Ministerio le notificó que el Despacho había resuelto no recibir nuevos lotes de conejos, por encontrarse atacados de coccidiosis intestinal
los que se venían entregando; a pesar de ello, Machado Machado continúo ofreciendo men-
sualmente nuevos lotes de conejos al Ministerio, sin que esto lo recibiera, hasta que se dictó
la Resolución impugnada; que según dicha Resolución, el contrato es administrativo y puede, por ello se rescindido unilateralmente por la Administración y que la causa de la rescisión es el incumplimiento por parte del Sr. Machado Machado de entregar conejos sanos.*

Esta controversia, que de no ser por las *Instituciones* se hubiera perdido en los
archivos judiciales, es la cita jurisprudencial básica para que BREWER hilvane su
teoría sobre el equilibrio financiero y, me atrevo a decir, sobre todo el contrato administrativo. Así,

*175. La antigua Corte Federal ha señalado que la extrema flexibilidad que caracteriza a
los contratos administrativos en relación con la facultad de la Administración para introducir en ellos modificaciones cuando así lo exija el interés general – y esto es el álea administrativo del contrato --, no la exime, de una manera absoluta; de indemnizar al cocontratante
cuando para éste, dada la naturaleza de las modificaciones introducidas, se ha llegado a
una alteración sustancial del contrato y, desde luego a un cambio sensible de la ecuación
económica del mismo. La indemnización, en estos casos, es conforme con la justicia y la
equidad.*

*Por tanto, para que sea posible la indemnización en estos casos de modificación unilate-
ral del contrato por la Administración, esa modificación debe ser introducida en forma unilateral por la Administración contratante, no debe, además, ser impuesta sanción al contratante por su culpa en el incumplimiento de sus obligaciones; y debe ser sustancial, es decir,
que modifique sensiblemente el equilibrio financiero del contrato haciéndolo más oneroso de
lo previsto. (Instituciones, pp. 206 y 207)*

Las modificaciones impuestas por la Administración al contratista, *si se ha llegado a una alteración sustancial del contrato y, desde luego a un cambio sensible
de la ecuación económica del mismo,* implican la obligación de la misma Administración de indemnizar al contratista. Esa indemnización no es otra cosa que la res-
tauración del equilibrio económico del contrato roto por las modificaciones unilaterales decididas por el ente público. Veamos cómo esta tesis es aplicada por la sentencia de los conejos:

*Ellos (los contratos administrativos) están sometidos a reglas especiales; tiene un a fina-
lidad general, por lo regular en relación con los servicios públicos; por rezón del fin se
obliga al particular contratante a una prestación, corrientemente continua y regular. Loe
efectos más genuinos y característicos en ellos consisten en la facultad de la Administración
de adoptar decisiones ejecutivas sobre el cumplimiento, inteligencia, rescisión y efectos; y si
así en ellos la Administración aparece en un plano superior, la desigualdad se explica por el
propio interés de los administrados y por que su obligación de los administradores, es decir,
de los gobernantes, el velar por que la prestación objeto del contrato se efectúe en forma ordenada y continúa, si tal fuere el caso, y en resumen, conforme a las normas reguladoras del
propio contrato; de no ser así, se llegaría a la conclusión de que por tales actos, la Administración, pierde, renuncia o enajena uno de sus grandes atributos, cual es el de tuteladora del
bien y el interés público.*

BREWER escogió bien el precedente privilegiado en las Instituciones. Machado Machado no sólo es jurisprudencia básica en materia de contratación administrativa, sino que recoge principios en materia de pruebas, teoría general del contrato, potestades de autotutela de la Administración, entre otros, que la harían merecedora también por esas solas menciones de entrar en los anales judiciales venezolanos. Luego de analizar los argumentos de las partes, el fallo concluye que si bien la Administración tenía potestad para resolver unilateralmente el contrato, no logró probar la culpa del contratista para que esa resolución pudiera pasar sin que se le debiera nada. Sobre esas menciones BREWER asienta el otro elemento fundamental de su doctrina:

> Por tanto, para que sea posible la indemnización en estos casos de modificación unilateral del contrato por la Administración, esa modificación debe ser introducida en forma unilateral por la Administración contratante, no debe, además, ser impuesta sanción al contratante por su culpa en el incumplimiento de sus obligaciones; y debe ser sustancial, es decir, que modifique sensiblemente el equilibrio financiero del contrato haciéndolo más oneroso de lo previsto (Instituciones, p. 207)

Como hemos visto, en el caso Machado Machado la Corte Federal dedica buena parte de su decisión a indagar si la resolución del contrato de venta de conejos celebrado entre las partes se debió, como alegaba la Administración, a la culpa del contratista al incumplir el contrato en virtud de la enfermedad de los conejos que entregaba. Como la Administración no probó esa culpa, el contrato en realidad había sido resuelto sin culpa del contratista, resolución válida pero indemnizable

> Conforme a anteriores consideraciones expuestas en este fallo, es un hecho evidente que la Administración pública, al rescindir unilateralmente, a través del Ministerio de Agricultura y Cría, los contratos que tenían celebrados con Machado Machado para el suministro de conejos, procedió en ejercicio de una facultad que, según se dijo arriba, no le es discutible, ni ella puede renunciar ni enajenar en tratándose, como se trata, de un contrato administrativo.

Al final, pues, la Corte ordena indemnizar al contratista. Aquí la sentencia, hasta entonces prolija en lo que concierne a fundamentar la declaratoria con lugar de la demanda y en consecuencia a ordenar la indemnización del contratista, parece sacarse de la manga el módulo de la indemnización. Pero eso sería para otro análisis.

II. LA EVOLUCIÓN DEL CONCEPTO DE CONTRATO ADMINISTRATIVO (BREWER EN 1981).

Tres lustros después de las Instituciones, BREWER aborda de nuevo el tema de los contratos administrativos, para incorporar al Derecho venezolano las más recientes tendencias sobre tal concepto. Así, en "La evolución del concepto de contrato administrativo" en el *Libro homenaje a Antonio Moles Caubet*, UCV, Caracas 1981., Tomo I, pp. 44-69, recoge el núcleo de la nueva visión.

Comienza resumiendo la tesis clásica, de acuerdo con la cual los contratos administrativos eran distintos de los contratos civiles, por dos razones. En primer lugar, porque el contrato civil es limitado en su alcance, sólo es ley para las partes; en cambio, el contrato administrativo sería vinculante, incluso para terceros, como sería el caso de los usuarios de los servicios públicos concedidos a la tarifa que fijaran los concesionarios co-contratantes de la Administración. En segundo lugar, el contrato civil es ilimitado en su fuerza obligatoria, es decir, todo lo que pacten las partes ha de ser cumplido, mientras que en el contrato administrativo, su fuerza obligatoria disminuye en virtud de la ecuación financiera, es decir, las partes pueden verse relevadas de ciertas obligaciones en virtud de acontecimientos posteriores al contrato. Estas dos diferencias, alcance ilimitado de los contratos administrativos, frente a alcance limitado de los contratos civiles y, alcance ilimitado de los contratos civiles, frente al alcance limitado de esa obligatoriedad en los contratos administrativos, perfiló una sustantivización de esos contratos en la Escuela de Burdeos ya en este siglo que tenía como corolario la inclusión en el contrato administrativo de cláusulas exorbitantes del Derecho común, es decir, que nunca hubieran podido ser pactadas en un contrato normal, en un contrato de Derecho Privado.

Dicho esto, debemos tocar, al menos tangencialmente, el problema de que la diferencia nuclear entre un contrato donde es parte una Administración Pública, y donde obran por tanto estas prerrogativas, y un contrato entre particulares, es que el equilibrio contractual viene dado por el equilibrio financiero del contrato. Aquí, citando al maestro Hauriou, tenemos que recordar que cuando la Administración contrata, el fin del contrato prevalece sobre su objeto. Esta es la regla básica de la contratación pública, con independencia de que se trate de contratos administrativos o no administrativos. Si es una Administración Pública, y por tanto, titular de intereses generales, la que está contratando, lo importante de ese contrato es su fin, lo que ese contrato pretende, la gestión del servicio público, la actualización de cometidos estatales que ese contrato pretende, y no su objeto, es decir, la recíproca contraprestación de actuaciones entre las partes.

Esta es la conclusión, además, del *arret* del Consejo de Estado francés fundamental en la materia, la decisión *Compañía General Francesa de Transvías* (21 de marzo de 1910, conclusiones Blum):

> *Considerando que la resolución del prefecto de Bocas del Rhône fue expedida dentro de los límites de las facultades que le confiere el art. 33 del reglamento de administración pública de agosto 6 de 1881, dictado en cumplimiento de las leyes de junio 11 de 1880 (art. 38) y de julio 15 de 1845, las cuales otorgaban a la administración el derecho no solamente de aprobar los horarios de los trenes con miras a la seguridad y a la comodidad de la circulación, sino también ordenar las modificaciones y las adiciones necesarias para garantizar en aras del interés público, la prestación normal del servicio, que así, como lo sostiene la compañía de tranvías, la circunstancia que el prefecto hubiera impuesto a esa compañía un servicio diferente del que había sido previsto por las partes contratantes, en la especie, no sería de naturaleza para conllevar por sí misma la nulidad de la resolución prefectoral de junio 23 de 1903; que en consecuencia erróneamente por medio de la resolución atacada, el Consejo de Prefectura decretó la revocación de la resolución prefectoral; que, si la compañía cree tener derecho, sólo podría presentar una demanda de indemnización para que le sea reparado el perjuicio que demuestre habérsele causado por medio de la explotación la agravación de los gastos de explotación que implicó la modificación así impuesta.*

> *(...)*

> *'El único objeto de esas precisiones es de constituir la unidad financiera del contrato, por su correlación equitativa, por su compensación presunta. Por su simple enunciación, por su simple existencia, esas precisiones no pueden limitar el derecho de reglamentación que es*

independiente del contrato, porque tiene por objetivo final el de garantizar la prestación normal del servicio, sin importar lo que haya sido convenido o lo que pueda suceder'.

Por esa razón Hauriou dice que la prevalencia del fin del contrato sobre el objeto del contrato, produce la rigidez del servicio y la flexibilidad del contrato. Lo que no puede cambiar, lo que debe mantenerse inalterado a toda costa, es el servicio público que se pretende dar, y no el objeto del contrato, y en ese sentido, el contrato se flexibiliza en aras del fin. Lo que se mantiene inalterado es la correspondiente relación entre las remuneraciones del contratista, y sus actuaciones, es decir, el resultado del contrato que el particular tenía que dar a la administración.

La doctrina comparada, básicamente la española, y la jurisprudencia de esos países, se aparta radicalmente de la concepción clásica del contrato administrativo y pone énfasis en lo que es verdaderamente esencial de esa figura: la presencia de una Administración Pública, por lo tanto, dotada de las prerrogativas propias de esa posición, que son las que explican en definitiva todas las modulaciones del Derecho Privado que se dan en el seno de los contratos administrativos[1].

Es decir, las nuevas tendencias, básicamente debidas al profesor García de Enterría y expresamente recogidas en nuestro sistema por BREWER, ya en el año 1984, se limitan a afirmar que en todo contrato donde sea parte una Administración Pública, conviven el Derecho Público y el Derecho Privado, con independencia de la calificación que al contrato pueda darse, calificación que al final será meramente, por razones pragmáticas, para llevar el asunto a conocimiento de la jurisdicción contenciosa, no más. No existe así, una naturaleza especial, distinta, sustantivizable, del contrato administrativo, que pudiera diferenciarla netamente de los contratos de Derecho Privado de la Administración, porque sea como sea que contrate, sigue ostentando las potestades públicas inherentes a su posición de, precisamente, una persona pública, una persona más poderosa, en las palabras de García de Enterría[2]. En otras palabras, un estudio detallado de los contratos administrativos clásicos, es decir, el contrato de obras, el contrato de suministros y el contrato de concesión de servicios públicos, nos lleva a la conclusión de que cada uno de estos contratos tiene un equivalente estructural exacto en el Derecho Civil, y que lo que pueda exceder de la reglamentación civil de esos contratos, no es tal cláusula exorbitante, sino sencillamente el uso de potestades públicas que la Administración contratante tiene, y que no puede dejar de emplear en aras del interés público. Para poner un solo ejemplo, una de las cláusulas exorbitantes por naturaleza, el *jus variandi*, la posibilidad de que la Administración modifique unilateralmente el contrato, está prevista en el artículo 1.639 del Código Civil, que permite al dueño de la obra modificar el objeto del contrato, previo al reacomodo de las prestaciones recíprocas que el contrato de obra produce. Exámenes de este tipo pueden hacerse con todas y cada una de las cláusulas exorbitantes clásicas, que encuentran así un paralelo directo en el Derecho Civil.

---

1   *Cfr.*, por todos, GARCÍA DE ENTERRÍA, Eduardo y FERNÁNDEZ, Tomás Ramón. *Curso de Derecho Administrativo*, Editorial Civitas, Madrid, 1986, Tomo I, pp. 615-662. La recepción expresa a estas ideas en nuestro medio puede verse en BREWER-CARIAS, Allan Randolph. "La evolución del concepto de contrato administrativo" en el *Libro homenaje a Antonio Moles Caubet, cit.,* Tomo I, pp. 44-69.

2   Para un análisis detallado de las cláusulas exorbitantes, *V.* GARCÍA DE ENTERRÍA, Eduardo, *op. cit.,* pp. 635-637.

Esto ya tumba por su base la necesidad de acudir a una naturaleza distinta y espiritualizada de los contratos administrativos, para percatarnos sencillamente de que lo que sucede es que en el seno del contrato, porque una de las partes es una Administración Pública, obran potestades que esa Administración tiene, y que no puede dejar de emplear en aras del bien común.

III. LAS CONDICIONES GENERALES DE CONTRATACIÓN (BREWER EN 1992).

Diez años después BREWER ya estaba analizando lo que la vigente Ley de Contrataciones Públicas elevó a rango legal: normas generales y abstractas que regularían los contratos de la Administración más allá de la voluntad contractual.

En *Contratos Administrativos* (EJV, Caracas, 1992, pp. 214-216) ya se dice:

> *Ahora bien; esta indemnización por los daños y perjuicios causados por la modificación unilateral de la oportunidad y forma de pago, en algunas legislaciones como Argentina, y en las cláusulas de Condiciones Generales de los contratos, como sucede en España, a veces se predetermina tomando como base el pago de intereses. Esto es lo que también sucedió en nuestro país, en los contratos de obra pública, en las Condiciones Generales de Contratación para la Ejecución de Obras adoptadas por Decreto Nº 2.189 de 7 de junio de 1977, en las cuales se reguló por primera vez un lapso de pago de las valuaciones y la cláusula de pago de intereses moratorios por retraso en el pago. En el artículo 71, de dicho Decreto, en efecto, se estableció lo siguiente:*

> *"Artículo 71. En un plazo de noventa (90) días que se hubiere establecido en el Documento Principal, siempre éste fuere mayor, contados uno u otro a partir de la fecha de presentación de las valuaciones debidamente conformadas por el Ingeniero Inspector a la correspondiente oficina receptora del ente público, deberá efectuarse el pago de las valuaciones al Contratista.*

> *Cuando el pago no se hiciere en el plazo anteriormente fijado , y sólo a partir de su respectivo vencimiento, el ente público pagará al contratista, por el tiempo que dure el retraso en el pago, intereses a la tasa promedio de los bonos de la deuda pública interna colocados durante los seis (6) meses anteriores a la fecha de pago de los intereses correspondientes.*

> *Para que proceda el pago de los intereses aquí estipulados se requerirá, que el monto de la valuación que los origina esté debidamente previsto en el Presupuesto del ente público conjuntamente con el Contratista elaborarán un Cronograma de pago en el cual se indicarán el o los ejercicios presupuestarios en que se pagará la obra, con señalamiento expreso de la cantidad asignada a ese fin en cada uno de los ejercicios.*

> *El referido cronograma de pago debidamente firmado por los contratantes, formará parte del contrato".*

> *Un artículo similar está contenido en el Decreto Nº 1.821 de 30-8-91 que modificó el Nº 1.802 de 20-1-83 y que a su vez había modificado el de 1977 relativo a las mismas Condiciones Generales de Contratación para la ejecución de obras, cuyo artículo 58 establece lo siguiente:*

"Artículo 58. Cuando los pagos de la Valuaciones o retenciones que hubieren sido reconocidos por el Ente Contratante no se hicieren dentro de los noventa (90) días calendario contados a partir de la fecha de presentación por parte del Contratista al Ingeniero Inspector, siempre que no hubiere sido rechazada por éste o por la oficina administradora del Ente Contratante, éste pagará intereses al Contratista sobre el monto neto a pagar por el tiempo que dure la mora en el pago hasta la fecha de emisión de la correspondiente orden de pago. Los intereses se calcularán utilizando una tasa equivalente al promedio ponderado por el Banco de Venezuela, de las tasas pasivas que paguen los seis (6) bancos comerciales del país con mayor volumen de depósitos por operaciones de crédito a plazo, a plazos no mayores de noventa (90) días calendario.

Para que proceda el pago de los intereses aquí estipulados se requerirá, además que el monto de la valuación que los origina esté debidamente previsto en el presupuesto del Ente Contratante, vigente para el momento de presentación de aquella. A tales efectos se deberá tomar en cuenta el cronograma de pago vigente elaborado por el Ente Contratante y el Contratista en el cual se habrán indicado, el o los ejercicios presupuestarios en que se pagará la obra, con señalamiento expreso de la cantidad asignada a ese fin en cada unos de esos ejercicios.

El referido cronograma de pago, debidamente firmado por los contratantes, forma parte del contrato.

Si al verificarse la revisión de las valuaciones en la forma establecida en el artículo 57 se encontrare que éstas presentan irregularidades o errores, el plazo antes señalado para comenzar a computarse los intereses, no comenzará a correr hasta que no hayan sido presentados nuevamente las valuaciones debidamente corregidas"

De ello resulta en definitiva que, a partir de la vigencia del Decreto Nº 2.189 de 1977 y en los contratos de obra pública celebrados con posterioridad al mismo, en los cuales dichas Condiciones Generales han pasado a formar parte de las cláusulas del contrato, la determinación del monto de la indemnización debida al contratista por los daños y perjuicios causados por el retraso en el pago de las obras, tiene una solución contractual traducida en el pago de los intereses moratorios.

Aunque ya había señalado estas realidades tiempo antes, BREWER ya deja claro desde 1992 que en materia de equilibrio económico del contrato de la Administración había que estarse a lo que establecieran la normativa, reglamentaria entonces, sobre las condiciones generales de los contratos en que una Administración fuese parte. Es la base doctrinal para que fuera dable en el futuro dictar una ley como la de contrataciones Públicas.

IV. AEROLINK (BREWER EN EL 2000).

Toda esta trayectoria fue casi oficialmente recibida por el actual Tribunal supremo de Justicia. Citando las sentencias líderes ya consagradas por la obra de BREWER y al propio BREWER en *La Evolución*, la Sala Político Administrativa dicta su sentencia fundamental en la materia, AEROLINK de 20 de junio de 2000:

Sobre este punto reciente jurisprudencia de fecha 22 de julio de 1998, de la Sala Político Administrativa de la extinta Corte Suprema de Justicia, al decidir la demanda de nulidad de un acto de rescisión unilateral de un contrato de concesión del Aeropuerto La Chinita, Santa

Bárbara y Oro Negro, precisó que las decisiones como la declaratoria de caducidad de una concesión administrativa, constituyen 'actos administrativos', ya que son el producto del ejercicio de potestades administrativas, no de facultades contractuales, conclusión que es plenamente acogida por esta Sala.

Así, el texto del fallo antes mencionado reza de la manera siguiente:

"La jurisprudencia de esta Sala Político Administrativa ha señalado que las decisiones unilaterales de la Administración Pública en materia de contratos administrativos y que se refieren a la dirección, interpretación, incumplimiento, sanción y extinción de la relación contractual, son el producto del ejercicio de poderes extracontractuales, por lo que no requieren estar previstas en el texto del contrato. Así, en sentencia de esta Sala que recoge criterios de la extinguida Corte Federal, se expresó:

'Con sus reglas propias, distintas a las del derecho común, el contrato administrativo autoriza a la administración contratante para rescindirlo unilateralmente juzgando el incumplimiento del particular que con ella lo suscribiera, a quien en todo caso queda abierta la vía contencioso para asegurarse, en un debate ante el juez competente, la preservación de la ecuación económica si la causa de la rescisión no le fuere imputable, como lo sentara este Supremo Tribunal en la citada sentencia de 12-11-54 (Corte Federal:... en el campo de acción de los contratos administrativos, y aunque no conste en las cláusulas de la convención, la rescisión de ellos cuando así lo demandan los intereses generales y públicos, es una facultad que la Administración no puede enajenar ni renunciar... ' (Sentencia del 14 de junio de 1983 en el juicio de Acción Comercial, S.A.).

El carácter extracontractual de estos poderes también ha sido sostenido por la doctrina nacional:

'En primer lugar, están todas aquellas decisiones unilaterales de la Administración Pública en materia contractual, y que se refieren, como lo ha señalado la jurisprudencia venezolana, a la dirección, interpretación, incumplimiento, sanción y extinción de la relación contractual. Sin embargo, como lo señala E. García de Enterría, estas cláusulas en realidad son extracontractuales, y provienen de los poderes propios de acción unilateral de la administración como gestora del interés público. Por ello, con razón, la jurisprudencia venezolana ha establecido que estas cláusulas no necesitan estar previstas en el texto contractual, por supuesto que no, pues como se dijo, no son realmente estipulaciones contractuales, ni podrían serlo'. (Cf. Brewer Carías, Allan R., La Evolución del Concepto de Contrato Administrativo, en el Libro Homenaje a Antonio Moles Caubet, UCV, Caracas, 1981, Tomo I, p. 63). Subrayado de esta Sala.

*En realidad, las llamadas 'cláusulas exorbitantes son poderes que detenta la Administración Pública como consecuencia del Principio de Autotutela Administrativa. Por consiguiente, decisiones como la declaratoria de caducidad de una concesión administrativa, constituyen 'actos administrativos' ya que son el producto del ejercicio de potestades administrativas, no de facultades contractuales". (Subraya*do de esta Sala) .(Sent. TSJ-SC 568/2000 de 20-06, caso AEROLINK).

Por lo tanto, y ésta es la conclusión fundamental que es importante retener a los efectos del equilibrio económico del contrato, toda cláusula en un contrato administrativo que no pueda encontrar un equivalente estructural exacto en el Derecho Privado, no es producto de una naturaleza distinta de los contratos administrativos, sino de la presencia de una Administración Pública en esa relación contractual, que ejerce unas prerrogativas que no pueden dejar de emplear en aras del interés público. La única diferencia, o la diferencia nuclear entre los contratos que pudiéramos llamar privados, y los contratos de la Administración, sean o no administrativos, según la teoría clásica francesa, es que el punto de equilibrio del contrato no está ya en el recíproco cumplimiento de las prestaciones, sino en el llamado equilibrio financiero del contrato, es decir, que se respete la ecuación que se construyó a la hora del pacto.

Esta constatación es básica, y me parece que puede ser recibida en nuestro sistema, no sólo por la doctrina de BREWER, sino porque nunca nuestra jurisprudencia ha dicho que puede existir un contrato administrativo entre privados, es decir, siempre se ha predicado como elemento fundamental del contrato administrativo, la presencia de una administración o de personas analogadas a esa administración. Por lo tanto, esta teoría de que los contratos de la administración son una convivencia de Derecho Público y Derecho Privado, tiene cabida en nuestro Derecho, y es sumamente importante retenerla para poder entender a cabalidad el problema del equilibrio financiero..

Debe afirmarse incluso que ni siquiera el equilibrio financiero del contrato es un elemento puramente administrativo. En el Derecho Privado, tal y como lo ha establecido la doctrina más avanzada, lo que está en la base de cualquier contrato es el principio de la correlación de prestación; lo que llama Melich[3], muy reveladoramente, el sinalagma funcional. Todos sabemos que los contratos consensuales nacen, básicamente, cuando hay el acuerdo sobre las prestaciones, y es allí cuando nacen las obligaciones para ambas partes, en el caso de que sean contratos bilaterales, y entonces se llaman "contratos sinalagmáticos". Pero ese sinalagma, es decir, "doy para que me des", como decían los romanos, no sólo juega cuando comienza el contrato, sino durante toda su vida, que es lo que justifica la excepción *non adimpleti contractu*: si tu no me das, yo no te doy. Lo que está en la base, por lo tanto, de cualquier contrato sinalagmático, es decir, de la inmensa mayoría de los contratos, es que lo que "yo te doy" no sea desproporcionado frentes a lo que "tu me das", que es lo que está previsto en el artículo 1.350 del Código Civil, con la posibilidad de la rescisión por lesión.

El equilibrio financiero del contrato es en sí un principio común a cualquier pacto, incluso de Derecho Privado, con las modulaciones propias del Derecho Administrativo. Se muestra aún más fehacientemente que los contratos de la Administración se disciplinan por los mismos principios que regulan cualquier contrato, que son los de Derecho común, y que sólo la presencia de una Administración, es decir, de unas

---

3   "En el lenguaje jurídico, sin embargo, la expresión ha pasado a indicar el nexo entre dos obligaciones contrapuestas que se manifiesta *en primer término* en el momento de perfeccionamiento del contrato: de modo que la tutela jurídica del interés que tiene una de las partes en la prestación prometida por la parte opuesta sólo se logra si simultáneamente se alcanza una tutela jurídica paralela para el interés que la contraparte tiene en la prestación que se le ofrece en cambio, de modo que si esta última tutela fuese imposible natural o jurídicamente, tampoco existiría la primera (es el llamado "sinalagma genético"); y *en segundo término*, en la fase del contrato ya perfeccionado y existente, en el sentido de que si en la relación de intercambio así creada por las partes y tutelada por el ordenamiento, alguno de esos dos términos contrapuestos llegare a frustrarse voluntaria o involuntariamente, la tutela otorgada por el ordenamiento también se vendría abajo, faltando así el fundamento del deber de cumplimiento para la parte cuya obligación fuese sin embargo posible de cumplir (es el llamado "sinalagma funcional")". MELICH ORSINI, José. *Doctrina General del Contrato*. Editorial Jurídica Venezolana, Caracas 1993, p. 38, nota 3.

prerrogativas públicas irresistibles, son las que hacen que surjan las modulaciones propias del Derecho Administrativo, y que para explicarlas no hace falta recurrir a ninguna naturaleza especial de los contratos administrativos, sino sencillamente a la presencia de una administración.

V.   LA LEY DE CONTRATACIONES (2008)

Sobre las bases puestas por más de los cuarenta años hasta entonces de las *Instituciones,* en 2008 se dicta la Ley de Contrataciones Públicas (la vigente de 2010, *G.O.* 39.503 de 6 de junio de 2010).

La Ley contiene cuatro artículos relacionados con el equilibrio contractual:

Modificaciones

Artículo 106. El órgano o ente contratante podrá, antes o después de iniciado el suministro de los bienes, la prestación de los servicios o la ejecución de la obra, introducir las modificaciones que estime necesarias, las cuales serán notificadas por escrito al contratista. Así mismo, éste podrá solicitar al órgano o ente contratante cualquier modificación que considere conveniente, la cual deberá ir acompañada del correspondiente estudio económico, técnico y de su presupuesto, y el órgano o ente contratante deberá dar oportuna respuesta a la misma. El contratista sólo podrá realizar las modificaciones propuestas cuando reciba autorización por escrito del órgano o ente contratante, debidamente firmada por la máxima autoridad o de quien éste delegue.

Modificaciones del contrato sin autorización

Artículo 107. El órgano o ente contratante procederá a reconocer y pagará las modificaciones o cambios en el suministro de bienes y servicios, o ejecución de obras cuando las haya autorizado expresamente. En el caso de obras, podrá obligar al contratista a restituir la construcción o parte de ésta al estado en que se encontraba antes de la ejecución de la modificación o a demoler a sus expensas lo que hubiere ejecutado sin la referida autorización escrita. Si no lo hiciere, el órgano o ente contratante podrá ordenar la demolición a expensas del contratista.

Causas de modificación del contrato

Artículo 108. Serán causas que darán origen a modificaciones del contrato las siguientes:

1. *El incremento o reducción de la cantidad de la obra, bienes o servicios originalmente contratados.*

2. *Que surjan nuevas partidas o renglones a los contemplados en el contrato.*

3. *Se modifique la fecha de entrega del bien, obra o servicio.*

4. *Variaciones en los montos previamente establecidos en el presupuesto original del contrato.*

5. *Las establecidas en el Reglamento de la presente Ley.*

Variación del presupuesto

Artículo 109. Se consideran variaciones del presupuesto original las fundamentadas por el contratista, por hechos posteriores imprevisibles a la fecha de presentación de la oferta, debidamente aprobadas por el órgano o ente contratante. En el caso de contratos para la ejecución de obras, también se consideraran variaciones los aumentos o disminuciones de las cantidades originalmente contratadas; así como las obras adicionales.

Variaciones de precios

Artículo 110. Todas las variaciones de precios que hayan afectado realmente el valor de los bienes y servicios suministrados u obra contratada, debidamente aprobadas por el órgano o ente contratante, se reconocerán y pagarán al contratista de acuerdo a los mecanismos establecidos en los contratos, aplicables según la naturaleza y fines, entre los cuales se señalan el calculado con base en las variaciones de índices incluidos en fórmulas polinómicas o el de comprobación directa.

El juego conjunto de los artículos 106 y 107 de la Ley da base legal al equilibrio financiero del contrato administrativo. En efecto, el artículo 106 establece el *ius variandi*, la potestad de la administración de modificar unilateralmente el contrato: "el órgano o ente contratante *podrá*, antes o después de iniciado el suministro de los bienes, la prestación de los servicios o la ejecución de la obra, *introducir las modificaciones que estime necesarias*, las cuales serán notificadas por escrito al contratista".

Por su parte, el artículo 107 determina el efecto económico de esas órdenes de la Administración: "el órgano o ente contratante *procederá a reconocer y pagará* las modificaciones o cambios en el suministro de bienes y servicios o ejecución de obras cuando lo haya autorizado expresamente". El objeto del contrato es maleable para la Administración, el equilibrio económico le es intangible: debe pagar por las modificaciones que ordene.

La Ley de Contrataciones Públicas es la base legal para recibir en Venezuela la teoría del equilibrio financiero del contrato. Sin embargo, los copiados artículos 106 y 107 parecen referirse exclusivamente a las consecuencias patrimoniales del ejercicio del *ius variandi*, que siendo la principal manifestación del principio del equilibrio económico, no incluye el tema de los efectos ajenos a las partes sobre la vida del contrato. (Como se vió, la teoría de la imprevisión está regulada en el artículo 109).

Estos efectos extraños al contrato se encuentran regulados en el artículo 110 "Variaciones de precios", pero con un cambio sustancial frente a las regulaciones anteriores, especialmente las Condiciones Generales de Contratación: las variaciones de precios sólo se reconocerán y pagarán si han sido "debidamente aprobados por el órgano o ente contratante" y "de acuerdo a los mecanismos establecidos en los contratos". Si la aprobación de la Administración es esencial para que las variaciones de precios causen una obligación en su cabeza, es imprescindible determinar si esa potestad de aprobación es discrecional o, en cambio, toda variación que sea inimputable para el contratante *debe* ser aprobada por el ente contratante y, de no hacerlo, el tribunal competente podría aún en ausencia de tal aprobación condenar a la Administración a cancelarlas. Adicionalmente, esos pagos deben realizarse de acuerdo con el contrato: *quid juris* si el contrato no prevé nada al respecto?

Si la variación de precios es causada por eventos inimputables al contratista y, adicionalmente, esos eventos pueden encuadrarse en las figuras del hecho del príncipe, del caso fortuito o de la fuerza mayor, la Administración debe aprobar tales variaciones y los pagos correspondientes; de lo contrario el tribunal competente debe condenar a la Administración a hacerlo aún en ausencia de la aprobación. A ello tampoco obstaría la ausencia de previsiones contractuales al respecto, que de si existir se aplicarían con preferencia.

El Reglamento de la Ley (G.O. N° 39.181 de 19-05-2009) prevé varias normas sobre el ejercicio del *ius variandi* y la correlativa garantía del equilibrio económico del contrato, los artículos 143 y 144:

Aumentos o disminuciones de obra

Artículo 143. Los aumentos o disminuciones que se presenten en las cantidades de obras de las partidas del presupuesto original base del contrato, ocasionados por errores en los cómputos métricos originales o por modificaciones de la obra debidamente autorizada por el órgano o ente contratante. El pago de los aumentos de obra se efectuará teniendo como base los precios unitarios del presupuesto original.

Antes de ejecutar los aumentos de obra, deberán preverse la disponibilidad presupuestaria a fin de permitir su pago oportuno. Asimismo, el órgano o ente contratante, debe prever en la elaboración de los presupuestos anuales, los recursos que a su juicio sean requeridos para pagar los incrementos del monto del contrato, habidos, respecto a los presupuestos originales de las obras contratadas en el año inmediatamente anterior. El órgano o ente contratante debe dar especial importancia a la previsión de recursos presupuestarios para pagar las variaciones del presupuesto original vigente, en aquellos casos en que las obras contratadas representen su culminación, a objeto de garantizar que con estos recursos se logre la puesta en servicio de la obra.

Obras adicionales

Artículo 144. Son obras adicionales aquellas cuyos precios unitarios no hubieran sido previstos en el presupuesto original del contrato y se clasificarán en:

1. Obras Extras: Las comprendidas en los planos y especificaciones particulares pero omitidas en los cómputos originales.

? Obras Complementarias: Las que no fueron señaladas en los planos y especificaciones particulares, ni en los cómputos originales, pero cuya ejecución sea necesaria para la construcción y cabal funcionamiento de la obra contratada.

3. Obras Nuevas: Las modificaciones de la obra ordenadas por el órgano o ente Contratante.

Para procedes a la ejecución de cualquiera de las obras arriba señaladas se debe constar con la previa aprobación por escrito de la autoridad competente del órgano o ente contratante.

Estas normas son desarrollo de los artículos 109 y 110 de la Ley de Contrataciones, así que no merecían mayor comentario. La novedad que presenta el Reglamento frente a la Ley se encuentra en el aparte del artículo 143 y sobre todo por el artículo 145, cuando introducen la necesidad de la disponibilidad presupuestaria para los aumentos de obra o las obras adicionales:

Disponibilidad presupuestaria

Artículo 145. Antes de proceder a la ejecución de cualquier obra adicional, el órgano o ente contratante debe contar con la disponibilidad presupuestaria requerida para su ejecu-

ción. Si no se cuenta con la disponibilidad presupuestaria para el pago de las obras adicionales, aumentos de obras u obras complementarias, el Contratista presentará al órgano o ente contratante junto con la solicitud para la aprobación de éstas, un presupuesto de disminución que conlleve a una reducción de la meta física establecida en el contrato.

Son múltiples las normas venezolanas que exigen disponibilidad presupuestaria para gastos en obras. Lo novedoso del artículo 145 del Reglamento es la consecuencia de la falta de esa disponibilidad: la presentación obligatoria por parte del contratista de un "presupuesto (…) de disminución que conlleve a una reducción de la meta física establecida en el contrato". Si esta disminución de la meta física del contrato y de sus costos es de obligativa aceptación por parte del ente contratante, significaría la prohibición del *ius variandi* en el Derecho venezolano, pues ese poder de variación unilateral sería inútil si toda modificación del contrato original debe ser compensada por una reducción del objeto total del contrato. Así que esta norma debe entenderse como una medida de sana administración que facilita la decisión del contratante sobre la modificación del contrato, al brindarle una alternativa: la posibilidad, discrecional, de acoger la propuesta del contrato.

Además, esta norma reglamentaria fuera ilegal si se entendiese como obligación del contratante reducir el monto original del contrato para poder ordenar modificaciones, al contrario en esa lectura el artículo 106 de la Ley. Nótese, por último, que el artículo 145 parece destinado a las obras adicionales solicitadas por el contratado y no a las ordenadas unilateralmente por el contratante, pero aún en el primer caso la Administración, como se dijo, no está obligada a acoger la disminución del contrato propuesto por aquél. Así, en todo caso, queda más claro que las modificaciones unilaterales no tienen que ser compensadas con disminuciones del contrato original.

SECCIÓN TERCERA:

CONTRATOS ADMINISTRATIVOS Y
POTESTADES EXORBITANTES

REFLEXIONES EN TORNO A LAS POTESTADES EXORBITANTES CINCO DÉCADAS DESPUÉS DE LA PUBLICACIÓN DE LAS INSTITUCIONES FUNDAMENTALES DEL DERECHO ADMINISTRATIVO DEL PROFESOR BREWER-CARÍAS

José Antonio Muci Borjas
Profesor de Derecho Administrativo
Universidad Católica Andrés Bello

I. INTRODUCCIÓN

1. Hace ya cincuenta años de la publicación de las *Instituciones Fundamentales del Derecho Administrativo y la Jurisprudencia Venezolanas,*[1] y con ocasión de ese aniversario el Profesor José Ignacio Hernández tomó la atinada decisión de promover la edición de una publicación conjunta que permitiera resaltar la importancia de esa obra. Es en el marco de esta iniciativa que celebra una vez más la fecunda vida académica del Allan Randolph Brewer-Carías, que hemos preparado estas breves reflexiones sobre los contratos administrativos y la potestad de rescisión de tales contratos.

2. A los efectos de este breve ensayo nos interesa destacar, primero que nada, que en sus Instituciones Fundamentales Brewer-Carías observaba que los **contratos administrativos** se hallaban informados por **principios** que, en todo o en parte, **derogaban** las reglas que gobernaban o disciplinaban los contratos de Derecho común. En efecto, afirmaba el Profesor Brewer-Carías:

    a. Primero, que si bien es cierto que los contratos administrativos, como todo contrato, «...tienen fuerza obligatoria entre las partes», *ex*-artículo 1.159 del Código Civil,[2] no es menos cierto que en el ámbito del Derecho Administrativo «...este principio **no es tan rígido y absoluto** como lo es en el Derecho Civil, pues en ciertos casos, y previa

---

1   Brewer-Carías, A.R., *Las Instituciones Fundamentales del Derecho Administrativo y la Jurisprudencia Venezolana*, Publicaciones de la Facultad de Derecho de la Universidad Central de Venezuela, Caracas, 1964.

2   El artículo 1.159 del Código Civil venezolano textualmente dispone: «Los contratos tienen fuerza de Ley entre las partes. No pueden revocarse sino por mutuo consentimiento o por las causas autorizadas por la Ley».

indemnización, la Administración puede desligarse de sus obligaciones contractuales y rescindir unilateralmente el contrato»;[3]

b. Segundo, que en razón de los **poderes exorbitantes del Derecho común** reconocidos a la Administración Pública como «...consecuencia inmediata de la situación de subordinación jurídica en que se encuentra, respecto de la Administración, su cocontratante y, por tanto, de la finalidad de servicio público que se persigue al celebrar el contrato», la Administración habida consideración de la mutabilidad de las exigencias del interés general, «...puede modificar hasta de una manera sustancial las condiciones de ejecución del contrato administrativo»;[4] y,

c. Tercero, que la Administración Pública, siempre con base en sus **prerrogativas de Derecho Público**, podía incluso llegar a rescindir unilateralmente el contrato administrativo «...haya falta o no del cocontratante».[5] En otras palabras, la **potestad** para rescindir puede ser ejercida por la Administración, primera hipótesis, como «...sanción al incumplimiento del cocontratante a sus obligaciones contractuales», por una parte, y por la otra, sin que medie falta alguna imputable a su contraparte contractual, «...en atención a las exigencias cambiantes del interés público o general».

3. Con base en la jurisprudencia, Brewer-Carías destacaba, finalmente, que «...esas prerrogativas se derivan de la naturaleza misma del contrato y, por tanto, no necesitan estar en cláusulas expresas del mismo para tener aplicación...».[6]

4. En las líneas que siguen nos dedicaremos a pasar revista a las afirmaciones que el Profesor Allan Brewer-Carías hiciera en su obra, cuya vigencia, cincuenta años después, resulta indiscutible.

II. LOS CONTRATOS ADMINISTRATIVOS

5. En determinadas circunstancias, los contratos en los que un ente administrativo figura como parte contratante pueden estar sujetos al Derecho Público, **de manera principal o predominante**, por lo que se refiere a su celebración, ejecución o rescisión. Esa sujeción al Derecho Público obedece a la estrecha relación que media entre dichos contratos y el interés general -i.e., entre el contrato y un servicio público, *lato et improprio sensu*-.7

---

3 Brewer-Carías, A.R., *Las Instituciones Fundamentales del Derecho Administrativo y la Jurisprudencia Venezolana, op. cit.*, p. 192.

4 Brewer-Carías, A.R., *Las Instituciones Fundamentales del Derecho Administrativo y la Jurisprudencia Venezolana, op. cit.*, pp. 192 y 196.

5 Brewer-Carías, A.R., *Las Instituciones Fundamentales del Derecho Administrativo y la Jurisprudencia Venezolana, op. cit.*, pp. 192, 202 y 203.

6 Brewer-Carías, A.R., *Las Instituciones Fundamentales del Derecho Administrativo y la Jurisprudencia Venezolana, op. cit.*, p. 196.

7 Brewer-Carías explica que los contratos celebrados por la Administración Pública de Venezuela están sujetos a dos marcos legales distintos y **coexistentes**: (i) en primer lugar, un **régimen de Derecho Público**, que regula cuestiones tales como el procedimiento previo a seguir para la celebración de contratos de esta naturaleza y la facultad para suscribirlos; y, (ii) sin perjuicio de ello, en algunos casos dichos contratos están sujetos a la aplicación de **normas y disposiciones de Derecho Privado**, tales como

6. Tanto la jurisprudencia como la mayoría de la doctrina venezolana, denominan dichos contratos como **contratos administrativos,** terminología que acogeremos en el presente estudio.[8]

---

el Código Civil o el Código de Comercio, ante la falta de una norma específica de Derecho Público que los rija o discipline (Brewer-Carías, A.R., *Contratos Administrativos*, Editorial Jurídica Venezolana, Caracas, 1992, pp. 44-51).

8 En materia jurisprudencial, consúltense las sentencias de la Corte Federal, 12 de noviembre de 1954 (Alberto Machado-Conejos Mestizos); Sala Político-Administrativa del Tribunal Supremo de Justicia N° 0143, 14 de junio de 1983 (Acción Comercial); y N° 0071, 11 de agosto de 1983 (Cervecería de Oriente), en Ortiz-Álvarez, L.A. y Mascetti, G., *Contratos Administrativos (1980-1999)*, Editorial Sherwood, Caracas, 1999, pp. 75, 522, 95 y 96. Ver también Sentencias de la Sala Político-Administrativa del Tribunal Supremo de Justicia N° 0220, 28 de noviembre de 2000 (Alimentos de Occidente), N° 1452, 11 de julio de 2001 (Alatec Haskoning); N° 2743, 15 de noviembre de 2001 (Monagas Plaza); N° 1111, 17 de septiembre de 2002 (Municipio Francisco de Miranda del Estado Guárico); N° 1410, 3 de diciembre de 2002 (Armando Arturo Padrino Mago); N° 1929, 9 de diciembre de 2003 (Barinas Ingeniería); N° 1164, 22 de julio de 2003 (Franco José López),; N° 0500, 19 de mayo de 2004 (Inversiones y Desarrollo P&R); N° 1002, 5 de agosto de 2004 (DHL, Zoom, Domesa *et al.*); N° 2584, 4 de mayo de 2005 (Servicios Industriales Especializados); y N° 0881, 29 de julio de 2008 (Babcock de Venezuela).

Entre otros juristas venezolanos, consúltese Araujo Juárez, J., *Derecho Administrativo*, Parte General, Ediciones Paredes, Primera Reimpresión, Caracas, 2008, pp. 585-639; Araujo Juárez, J., "El Contencioso de los Contratos Administrativos", *XXXVIII Jornadas J.M. Domínguez Escobar, Avances Jurisprudenciales del Contencioso Administrativo en Venezuela*, Barquisimeto, 2013, pp. 239-276; Badell Madrid, R. y otros, *Contratos Administrativos*, Cuadernos Jurídicos N° 5, 1999, pp. 188; Brewer-Carías, A.R., *Las Instituciones Fundamentales del Derecho Administrativo y la Jurisprudencia Venezolana*, Publicaciones de la Facultad de Derecho de la Universidad Central de Venezuela, Caracas, 1964, p. 162; Brewer-Carías, A.R., *Contratos Administrativos, op. cit.*, pp. 291; Brewer-Carías, A.R., *Estudios de Derecho Administrativo 2005-2007, op. cit.*, pp. 415-462; Briceño de Muci, C., "Las Cláusulas Exorbitantes en la Contratación Administrativa", *Revista de Derecho Público* N° 100 (2005), Editorial Jurídica Venezolana, Caracas, pp. 837-848; Carmona Romay, A., "Contratos Municipales. Generalidades expuestas de acuerdo con una Teoría sobre la Autonormatividad convenida de las relaciones libres como revisión de las doctrinas en boga", *Revista de la Facultad de Derecho de la Universidad del Zulia*, N° 8 (1963), pp. 1-47; Farías Mata, L.H., "La Teoría del Contrato Administrativo en la Doctrina", *Libro Homenaje a Antonio Moles Caubet*, Caracas, 1981, pp. 935-977; Ghersi Rassi, O., "Autovinculación y Potestades Públicas en los Contratos Estatales", *Revista Electrónica de Derecho Administrativo Venezolano* (http://www.uma.edu.ve/interna/501/0/redav_1), Centro de Estudios de Derecho Público de la Universidad Monteávila, Caracas, 2014, pp. 175-220; Lares Martínez, E., *Manual de Derecho Administrativo, op. cit.*, pp. 257-328; Linares Benzo, G., "La Revisión de los Precios en el Contrato Administrativo", en *Revista de la Fundación de la Procuraduría* N° 8, Caracas, 1993, pp. 135-148; Rodríguez García, A., "Ejecución del Contrato Administrativo. Potestades de la Administración y Derechos de los Contratistas", *Régimen Jurídico de los Contratos Administrativos*, Fundación Procuraduría General de la República, 1991, pp. 85-223; Romero Mendoza, A., "El Hecho del Príncipe en los Contratos Administrativos y su Regulación en el Decreto que contienen las Condiciones Generales de Contratación para la ejecución de obras", *Revista de Derecho del Tribunal Supremo de Justicia*, N° 4 (2002), pp. 461-478; Subero Mujica, M., "La Noción de Contrato Administrativo y la Jurisprudencia en Venezuela", *Derecho Administrativo Iberoamericano. N° 100 Autores en Homenaje al Postgrado de Derecho Administrativo de la Universidad Católica Andrés Bello* (Vol. III), Ediciones Paredes, Caracas, 2007, pp. 2.043; Tavares Duarte, F., *Actos Administrativos y Contratos de la Administración Pública*, Cuadernos de la Cátedra Allan R. Brewer-Carías de Derecho Administrativo N° 16, Universidad Católica Andrés Bello y Fundación Estudios de Derecho Administrativo, Caracas, 2003, pp. 113; y, Torrealba Sánchez, M.A., "Las Actuaciones Bilaterales: Los Contratos Públicos y los Convenios en la Ley Orgánica de la Jurisdicción Contencioso-Administrativa", *La Actividad e Inactividad Administrativa y la Jurisdicción Contencioso-Administrativa*, Editorial Jurídica Venezolana, Caracas, 2012, pp. 221-257.

7. Como es bien sabido, el origen del término **contratos administrativos**, y lo mismo vale decir de otros tantos institutos del Derecho Administrativo venezolano, se remonta al Derecho Francés (*contrats administratifs*).[9]

8. Conforme al Derecho Venezolano, los contratos pueden estar sujetos a este régimen predominante de Derecho Público y, en consecuencia, calificar como contratos administrativos, cuando se cumplen los siguientes criterios:

a. Primero, una de las partes contratantes ha de ser la **Administración Pública**.

b. Segundo, el contrato debe tener por **objeto** una actividad de "interés general".

c. Tercero, por causa del "interés general" subyacente, la Administración Pública cuenta con poderes exorbitantes derivados del *ius imperium*.[10]

9. Cuando se cumple el primero de los criterios mencionados con anterioridad (*supra*, 8.a), el contrato califica como un contrato administrativo si (i) el objeto del contrato es una actividad de interés general, o (ii) el contrato, debido al interés general subyacente, incluye una o más disposiciones que le reconocen a la Administración Pública poderes exorbitantes derivados de su *ius imperium*.[11] De seguida revisaremos estos dos últimos criterios.

Entre otras leyes y reglamentos, el término **contratos administrativos** ha sido utilizado en los siguientes textos normativos: (i) Ley Orgánica de la Corte Suprema de Justicia (*Gaceta Oficial Extraordinaria de la República* N° 1893, 30 de julio de 1976), derogada en 2004; (ii) Ley Orgánica del Tribunal Supremo de Justicia de la República Bolivariana de Venezuela (*Gaceta Oficial de la República* N° 37942, 20 de mayo de 2004), derogada el 1° de octubre de 2010; (iii) Ley de Reforma Parcial del Estatuto Orgánico del Desarrollo de Guayana (*Gaceta Oficial Extraordinaria de la República* N° 5553, 12 de noviembre de 2001); (iv) Ley Orgánica que reserva al Estado bienes y servicios conexos a las actividades primarias de Hidrocarburos (*Gaceta Oficial de la República* N° 39173, 7 de mayo de 2009); (v) Ley de Tierras y Desarrollo Agrario (*Gaceta Oficial Extraordinaria de la República* N° 5991, 29 de julio de 2010); y (vi) Reglamento Parcial de la Ley Forestal de Suelos y de Aguas sobre Repoblación Forestal en Explotaciones Forestales (*Gaceta Oficial de la República* N° 34808, 27 de septiembre de 1991). La expresión no fue utilizada por el legislador venezolano en la Ley de Contrataciones Públicas (*Gaceta Oficial de la República* N° 39503, 6 de septiembre de 2010), pero allí se reconoce, no obstante, que la Administración Pública puede ejercer potestades públicas en el marco de una relación contractual.

9 Entre otros, véase Araujo Juárez, J., *Derecho Administrativo, op. cit.*, pp. 586-590; Linares Benzo, G., "La Revisión de los Precios en el Contrato Administrativo", *op. cit.*, pp. 140-141; y Torrealba Sánchez, M.A., "Las Actuaciones Bilaterales: Los Contratos Públicos y los Convenios en la Ley Orgánica de la Jurisdicción Contencioso-Administrativa", *op. cit.*, p. 224.

10 Sentencias de la Sala Político-Administrativa del Tribunal Supremo de Justicia N° 1111, 17 de septiembre de 2002 (Municipio Francisco del Estado Guárico); N° 1410, 3 de diciembre de 2002 (Armando Arturo Padrino Mago); N° 1929, 9 de diciembre de 2003 (Barinas Ingeniería); N° 1164, 22 de julio de 2003 (Franco José López); N° 1002, 5 de agosto de 2004 (DHL, Zoom, Domesa y otros); N° 0500, 19 de mayo de 2004 (Inversiones y Desarrollo P&R); N° 2010, 23 de marzo de 2004 (Municipio Ambrosio Plaza); N° 2584, 4 de mayo de 2005 (Servicios Industriales Especializados); N° 0391, 7 de marzo de 2007 (Estado Táchira); N° 1967, 5 de diciembre de 2007 (Transcar de Venezuela); y N° 0881, 29 de julio de 2008 (Babcock de Venezuela). Ver también Araujo Juárez, J., *Derecho Administrativo, op. cit.*, p. 592; Badell Madrid, R. y otros, *Contratos Administrativos, op. cit.*, pp. 31-39; Lares Martínez, E., *Manual de Derecho Administrativo, op. cit.*, pp. 267-268; y, Linares Benzo, G., "La Revisión de Precios en el Contrato Administrativo", *op. cit.*, p. 138.

11 Iribarren Monteverde, H., "El equilibrio económico en los contratos administrativos y la teoría de la imprevisión", *Congreso Internacional de Derecho Administrativo en Homenaje al Profesor Luis H. Farías Mata*, Universidad Católica Andrés Bello, 2006, p. 148. Según Araujo Juárez, el primer criterio es un re-

1.   El Objeto del Contrato Administrativo:
Una Actividad de "Interés General"

10. Todo contrato administrativo tiene por objeto una actividad o servicio declarado por Ley como de "interés general", "interés público" o "interés colectivo".[12] Las prestaciones ofrecidas por el particular constituyen el motivo determinante para la celebración del contrato, pues es a través de tales prestaciones que el ente administrativo contratante procura satisfacer el "interés general".[13]

---

quisito esencial de cualquier contrato administrativo. Además del primer criterio, el contrato deberá asimismo (i) perseguir un objeto que haga al interés general, (ii) establecer por escrito que el ente administrativo puede ejercer potestades públicas cuando se trata de la ejecución o extinción (cláusulas exorbitantes), o (iii) estar sujeto al régimen aplicable a los contratos administrativos (Araujo Juárez, J., "El Contencioso de los Contratos Administrativos", *op. cit.*, pp. 243-276).

12   Ver Sentencias citadas en la Nota al Pie N° 16. Ver también Sentencia de la Sala Constitucional del Tribunal Supremo de Justicia N° 0568, 20 de junio de 2000 (Aerolink Internacional); Sentencias de la Sala Político-Administrativa del Tribunal Supremo de Justicia N° 0220, 28 de noviembre de 2000 (Alimentos de Occidente; N° 2743, 15 de noviembre de 2001 (Monagas Plaza); N° 6483, 8 de diciembre de 2005 (Beta Ingeniería); y N° 1791, 18 de julio de 2006 (Proyectos N.T.). Ver también Sentencias de la Corte Federal, 12 de noviembre de 1954 (Alberto Machado-Conejos Mestizos) y de la Sala Político-Administrativa de la Corte Suprema de Justicia, 14 de junio de 1983 (Acción Comercial) y 4 de abril de 1986 (Hotel Isla de Coche), in Ortiz-Álvarez, L.A. and Mascetti, G., *Contratos Administrativos, op. cit.*, pp. 75, 81 y 185; y de la Sala Político-Administrativa de la Corte Suprema de Justicia, 1 de abril de 1986 (Estado Nueva Esparta), *Jurisprudencia Venezolana*, Ramírez & Garay, XCV (1986)**,** 601. En el mismo espíritu que la jurisprudencia citada, ver también Brewer-Carías, A.R., *Contratos Administrativos, op. cit.*, p. 46**;** y, Briceño de Muci, C., "Las Cláusulas Exorbitantes en la Contratación Administrativa", *op. cit.*, p. 839.

Los términos tales como **interés general, interés público, interés colectivo, bien común** -y lo mismo aplica, *e.g.*, a la **utilidad pública** e **interés social**, cuando se utilizan para justificar la expropiación de propiedad privada- son lo que en jurisprudencia y doctrina se denominan **conceptos jurídicos indeterminados**. Dada su vaguedad y ambigüedad, cuando se invocan estos institutos como fundamento para la expedición de un acto administrativo, dichos actos deben estar debidamente **fundados** (en otras palabras, el ente administrativo debe ofrecer una explicación satisfactoria acerca de las circunstancias fácticas y de hecho tomadas en consideración, y la medida debe respetar el **principio constitucional de razonabilidad**. Ver Sentencias de la Sala Político-Administrativa de la Corte Suprema de Justicia, 5 de mayo de 1983 (Hola Juventud), y 1 de agosto de 1991 (La Escuelita), en Balasso Tejera, C., *Jurisprudencia sobre los Actos Administrativos* (1980-1993), *op. cit.*, pp. 377-383. Ver también Sentencia de la Sala Político-Administrativa del Tribunal Supremo de Justicia N° 0615, 5 de junio de 2012 (Orlando Castro). Asimismo, los tribunales venezolanos han concluido que cuando estos conceptos se incluyen en una norma legal, el objeto del legislador es denegar el **poder discrecional** a la Administración Pública.

13   Tanto la jurisprudencia como la doctrina venezolanas son contestes respecto de la existencia de los contratos entre particulares y Entidades Públicas regidos por el **Derecho Público** y respecto de que, en dichos contratos, la causa o motivo determinante es el "interés público" que se persigue. Ver Sentencias de la Sala Político-Administrativa de la Corte Suprema de Justicia, 12 de junio de 1983 (Acción Comercial), y 1 de abril de 1986 (Isla de Coche), en Ortiz-Álvarez, L.A. y Mascetti, G., *Contratos Administrativos, op. cit.*, 78 y 86. Ver también Sentencias de la Sala Político-Administrativa del Tribunal Supremo de Justicia N° 1929, 9 de diciembre de 2003 (Barinas Ingeniería); N° 0848, 14 de julio de 2004 (Transporte Bonanza); N° 0783, 6 de julio de 2004 (Construcciones Pentaco); N° 0500, 19 de mayo de 2004 (Inversiones y Desarrollo P&R); N° 6483, 8 de diciembre de 2005 (Beta Ingeniería); N° 1967, 5 de diciembre de 2007 (Transcar de Venezuela); N° 0220, 28 de noviembre de 2000 (Alimentos de Occidente); y N° 0568 de la Sala Constitucional del Tribunal Supremo de Justicia, 20 de junio de 2000 (Aerolink Internacional). Ver Carmona Romay, A., "Contratos Municipales. Generalidades expuestas de acuerdo con una Teoría sobre

11. Los Tribunales han agregado que el término "**servicio público**" constituye el denominador común de contratos de ciertos tipos, caracterizados por **estar sujetos a Derecho Público**,[14] y que el término "servicio público" debe interpretarse **en el sentido más amplio posible**.[15]

12. Por consiguiente, cuando un contrato celebrado por un ente administrativo tiene por objeto **una actividad de interés general** (*i.e.*, un servicio público *lato et improprio sensu*), esa sola circunstancia basta para calificar el contrato en cuestión como contrato administrativo.

2. La Existencia de Potestades Exorbitantes

13. Cuando la Administración Pública actúa como Poder Público y ejerce sus potestades públicas (*i.e.*, sus prerrogativas de *puissance publique* o *ius imperium*)[16], sus decisiones unilaterales pueden ejecutarse, incluso contra la voluntad de la persona o personas a las que van dirigidas, sin necesidad de intervención previa del Poder Judicial, dado que el interés general encomendado a la Administración Pública debe prevalecer ante un conflicto entre el interés general y el interés individual.[17]

15. Este tipo de decisión administrativa (acto administrativo) resulta, por consiguiente, (i) del "principio de supremacía" y (ii) del hecho de que la Administración

---

la Autonormatividad convenida de las relaciones libres como revisión de las doctrinas en boga", *op. cit.*, pp. 21-22.

14 Sentencias de la Corte Federal, 12 de noviembre de 1954 (Alberto Machado-Conejos Mestizos) y de la Sala Político-Administrativa de la Corte Suprema de Justicia, 14 de junio de 1983 (Acción Comercial), y 11 de agosto de 1983 (Cervecería de Oriente), in Ortiz-Álvarez, L.A. y Mascetti, G., *Contratos Administrativos*, *op. cit.*, pp. 76, 81 y 82. Ver también Sentencias de la Sala Político-Administrativa del Tribunal Supremo de Justicia N° 1452, 11 de julio de 2001 (Alatec Haskoning); N° 1002, 5 de agosto de 2004 (DHL, Zoom, Domesa y otros); N° 0391, 7 de marzo de 2007 (Estado Táchira); y N° 0881, 29 de julio de 2008 (Babcock de Venezuela).

Brewer-Carías argumenta que la aplicación del Derecho Público a los contratos administrativos se impone como consecuencia del servicio público tomado en consideración por la Administración Pública al celebrar dicho contrato (Brewer-Carías, A.R., *Las Instituciones Fundamentales del Derecho Administrativo y la Jurisprudencia Venezolana*, *op. cit.*, p. 183). Ver también Lares Martínez, E., "El Equilibrio Financiero de los Contratos", *Revista de la Fundación de la Procuraduría General de la República* N° 8, 1993, p. 126; y, Subero Mujica, M., "La Noción de Contrato Administrativo y la Jurisprudencia en Venezuela", *op. cit.*, p. 2.043.

15 Sentencias de la Sala Político-Administrativa del Tribunal Supremo de Justicia N° 1839, 20 de noviembre de 2003 (Tramaven); y N° 0531, 29 de abril de 2009 (Consorcio Prosigma). Ver también Sentencia del Tribunal Primero Contencioso Administrativo, 10 de octubre de 1997 (Electricidad Tested de Occidente), in Ortiz-Álvarez, L.A. y Mascetti, G., *Contratos Administrativos*, *op. cit.*, p. 197.

Badell Madrid, R. y otros, *Contratos Administrativos*, *op. cit.*, p. 35; y Lares Martínez, E., *Manual de Derecho Administrativo*, *op. cit.*, pp. 272-273.

16 Citando Parada, Badell Madrid hace referencia a las cláusulas exorbitantes denominándolas prerrogativas de "*puissance publique*" (Badell Madrid R., *Contratos Administrativos* (III, 3.3.), Conferencia dictada en la Universidad Monteávila, Caracas, 29 de marzo de 2001).

17 Tribunal Primero Contencioso Administrativo, 11 de abril de 1988 (Capremco); y Sala Político-Administrativa del Tribunal Supremo de Justicia, 9 de noviembre de 1989 (Arnaldo Lovera), (Balasso Tejera, C., *Jurisprudencia sobre los Actos Administrativos (1980-1993)*, *op. cit.*, pp. 611, 613-614).

Pública y la persona a quien va dirigida la medida no se encuentran en un plano de igualdad, dado que la Administración Pública cuenta con poderes o **potestades públicas** para garantizar la supremacía del interés general.[18]

16. Cabe destacar que las decisiones de esta naturaleza **se pueden dictar** o tomar **en el contexto de una relación contractual**, así como en la ausencia de un contrato.[19]

17. En efecto, la jurisprudencia venezolana ha concluido que la Administración Pública, obrando en su condición de parte en un contrato, está facultada para tomar **decisiones unilaterales** en ejercicio de los **poderes exorbitantes** que surgen de su *ius imperium*.[20] En virtud de dichas decisiones, la Administración puede **imponerle su voluntad** a sus contrapartes contractuales, incluso mediante la coerción, cuando el contrato califica como un contrato administrativo.[21] Dichos poderes exorbitantes se pueden ejercer, entre otras cosas, respecto de la ejecución, interpretación, enmienda o rescisión del contrato, a fin de salvaguardar el "interés general" encomendado por Ley a la Administración.[22]

---

18   Rondón de Sansó, H., *Teoría General de la Actividad Administrativa*, Ediciones Liber, Caracas, 2000, pp. 43-44.

19   Sentencia de la Sala Constitucional del Tribunal Supremo de Justicia N° 0586, 20 de junio de 2000 (Aerolink Internacional); Sentencia de la Sala Político-Administrativa de la Corte Suprema de Justicia N° 0525, 6 de agosto de 1998 (Consorcio Aeropuertos del Zulia); y Brewer-Carías, A.R., *Estudios de Derecho Administrativo 2005-2007*, Colección Estudios Jurídicos N° 0086, Editorial Jurídica Venezolana, Caracas, 2007, p. 445.

     Ver también Muci Borjas, J.A., *"Global Administrative Law and the Limitations Imposed by National Law on the Enforcement of Judicial Rulings against the Republic of Venezuela for the Payment of Sums of Money"*, *Global Administrative Law: Towards a Lex Administrativa*, publicado por Robalino-Orellana, J. y Rodríguez-Arana Muñoz, J., Cameron May International Law & Policy, Reino Unido, 2010, pp. 243-273.

20   Sentencia del Tribunal Primero Contencioso Administrativo, 10 de octubre de 1997 (Electricidad Tested de Occidente), in Ortiz-Álvarez, L.A. and Mascetti, G., *Contratos Administrativos, op. cit.*, p. 197; y, Sentencias de la Sala Político-Administrativa del Tribunal Supremo de Justicia N° 0820, 30 de mayo de 2007 (Marshall y Asociados), y N° 0881, 29 de julio de 2008 (Babcock de Venezuela). Lares Martínez manifiesta que aquellos contratos cuyo objeto es el de satisfacer una necesidad pública, contemplan actividades asociadas al interés general, de utilidad pública o al bien común, términos todos con un significado más amplio que el servicio público, **están sujetos fundamentalmente a los principios de Derecho Público** (Lares Martínez, E., *Manual de Derecho Administrativo, op. cit.*, 272-273). Brewer-Carías reconoce que la noción de contratos administrativos impone que un ente administrativo parte de un acuerdo **actúe como una autoridad** en procura del interés general (Brewer-Carías, A.R., *Las Instituciones Fundamentales del Derecho Administrativo y la Jurisprudencia Venezolana, op. cit.*, pp. 165 y 178-179).

21   *Ibid.*

22   Sentencias de la Corte Federal, 12 de noviembre de 1954 (Alberto Machado-Conejos Mestizos) y de la Sala Político-Administrativa de la Corte Suprema de Justicia, 14 de junio de 1983 (Acción Comercial), in Ortiz-Álvarez, L.A. y Mascetti, G., *Contratos Administrativos, op. cit.*, pp. 77 y 81. Ver también Sentencias de la Sala Constitucional del Tribunal Supremo de Justicia N° 0568, 20 de junio de 2000 (Aerolink Internacional); y N° 1556, 8 de diciembre de 2000 (Transporte Sipalcar); y Sentencias de la Sala Político-Administrativa del Tribunal Supremo de Justicia N° 0783, 6 de julio de 2004 (Construcciones Pentaco); N° 1002, 5 de agosto de 2004 (DHL, Zoom, Domesa *y otros*); N° 0820, 30 de mayo de 2007

18. Existe consenso en la doctrina venezolana en el sentido de que la **potestad pública** reconocida a la Administración Pública para **rescindir unilateralmente un contrato**, incluso en los casos en los que dicha potestad se establece expresamente en el contrato, **no es de naturaleza contractual.**[23] El poder o potestad pública con base en el cual se decreta la rescisión del contrato se considera **"extra-contractual"**, no sólo por ser **general** -general por naturaleza o definición- y, por consiguiente, **preexistir** a cualquier contrato administrativo en particular,[24] sino porque la inclu-

---

(Marshall y Asociados); N° 1515, 20 de octubre de 2009 (Distribuidora Disca); y N° 0220, 28 de noviembre de 2000 (Alimentos de Occidente).

23 Citando a don Eduardo García de Enterría y Tomás Ramón Fernández, Brewer-Carías las ha denominado **"cláusulas extracontractuales"** o **"disposiciones fuera del Contrato"**, porque surgen directamente de la potestad jurídica (general) otorgada a la Administración Pública como administrador del "interés público" (Brewer-Carías, A.R., "La Evolución del Concepto de Contrato Administrativo", *Libro Homenaje al Profesor Antonio Moles Caubet* (Vol. I), Universidad Central de Venezuela, Caracas, 1981, p. 63). La posición de Brewer-Carías ha sido citada en la Sentencia N° 0525 de la Sala Político-Administrativa de la Corte Suprema de Justicia, 6 de agosto de 1998 (Consorcio Aeropuertos del Zulia), en la cual se afirma que la rescisión unilateral de un Contrato Administrativo es «**...el resultado del ejercicio de la potestad extracontractual...**», y más recientemente en la Sentencia N° 0586 de la Sala Constitucional del Tribunal Supremo de Justicia, 20 de junio de 2000 (Aerolink Internacional). La posición adoptada por Brewer-Carías y por la Sala Constitucional se basa, a su vez, en la sentencia de la Corte Federal del 12 de noviembre de 1954 (Alberto Machado-Conejos Mestizos), in Ortiz-Álvarez, L.A. y Mascetti, G., *Contratos Administrativos, op. cit.*, p. 77, que dispuso que «...en el campo de acción de los contratos administrativos, y aunque no conste en las cláusulas de la convención, la rescisión de ellos, cuando así lo demandan los intereses generales y públicos, es una facultad que la Administración no puede enajenar ni renunciar». Ver también la Sentencia N° 1002 de la Sala Político-Administrativa del Tribunal Supremo de Justicia, 5 de agosto de 2004 (DHL, Zoom, Domesa et al.), según la cual los **contratos administrativos** —contratos administrativos, en general- **se rigen por normas especiales** que difieren de las normas de Derecho Privado, y **es una de esas normas la que autoriza a la Administración pública a rescindirlos y que** «...estas cláusulas no necesariamente tienen que estar señaladas expresamente en el contrato, sino que pueden estar contenidas de manera implícita o virtual, es decir, si bien puede suceder que no estén señaladas y pactadas expresamente en el cuerpo del contrato, no por ello las mismas no existen o no forman parte del mismo, sino que ellas son, por su propia naturaleza, inherentes a todo contrato administrativo».

24 La facultad de rescindir un Contrato Administrativo es: (i) **"general"**, porque surge del "interés general" subyacente o como consecuencia de él; (ii) encuentra su razón de ser en la necesidad de garantizar la supremacía y la prevalencia del interés público; y (iii) tiene como resultado una disparidad (natural) entre las partes contratantes, dado que el Ente Administrativo que celebra el contrato por consideraciones de "interés general" mientras que los intereses individuales de la contraparte están subordinados a dicho "interés general". Ver Sentencia de la Corte Federal, 1954 (Alberto Machado-Conejos Mestizos), en Ortiz-Álvarez, L.A. y Mascetti, G., *Contratos Administrativos, op. cit.*, p. 75). Ver también Brewer-Carías, A.R., *Las Instituciones Fundamentales del Derecho Administrativo y la Jurisprudencia Venezolana, op. cit.*, p. 196; y Brewer-Carías, A.R., *Contratos Administrativos, op. cit.*, p. 183; y Lares Martínez que argumenta que un ente administrativo podría rescindir un contrato **en virtud de la potestad de Derecho Público** y no en función de una determinada cláusula contractual (Lares Martínez, E., *Manual de Derecho Administrativo, op. cit.*, p. 273).

En el Contrato Administrativo, la potestad de rescindir también se ve caracterizada como "**implícita**" (ver Sentencia N° 6483 de la Sala Político-Administrativa del Tribunal Supremo de Justicia, 8 de diciembre de 2005 (Beta Ingeniería), dado que dicha potestad **siempre se encuentra presente** y, por consiguiente, **siempre debe considerarse parte del contrato** (Sentencia N° 1002 de la Sala Político-Administrativa del Tribunal Supremo de Justicia, 5 de agosto de 2004 (DHL, Zoom, Domesa et al.). Ver también Badell Madrid, R. y otros, *Contratos Administrativos, op. cit.*, pp. 117 y 119; Brewer-Carías, A. R., *Estudios de Derecho Administrativo 2005-2007, op. cit.*, p. 433; y Briceño de Muci, C., "Las Cláusulas Exorbitantes en la Contratación Administrativa", *op. cit.*, p. 847.

sión de una disposición expresa en el contrato, a los fines de reiterar o confirmar la existencia de dicho poder exorbitante, **no puede** modificar la **naturaleza de la potestad** -otorgada por el Derecho Público- de rescindir el contrato.[25] La esencia del poder jurídico -*rectius*, de la potestad pública- es la misma medie o no cláusula contractual que la contemple o reconozca.

19. En otras palabras, incluso en aquellos casos en que el poder o potestad pública para rescindir un contrato en particular se establece o se ratifica expresamente en un contrato administrativo, el poder (extra-contractual) no surge de la cláusula contractual,[26] porque la existencia de la potestad **antecede la suscripción** del contrato y **es "independiente" del mismo.**

20. El Tribunal Supremo de Justicia ha reconocido que la rescisión fundada en una previsión contractual conlleva la invocación de una potestad exorbitante y, por consiguiente, constituye un acto de *ius imperium* resultante del ejercicio de un **poder público.** Según el más alto Tribunal:

a.   «...sólo en **los Contratos Administrativos**, en los cuales el interés general [encomendado a la Administración Pública] se impone sobre el interés privado [de la parte contratante], es **posible rescindir unilateralmente** el contrato, ya que en esos casos,

---

Sin embargo, en algunos casos el legislador ha optado por diseñar **normas específicas** en la materia a los fines de regular esta potestad general e implícita. Un ejemplo de dichas disposiciones legales se puede encontrar en el Artículo 46.c de la Ley Orgánica sobre Promoción de la Inversión Privada bajo el Régimen de Concesiones, que establece que las concesiones se pueden extinguir por causa de rescisión ante un incumplimiento grave de las obligaciones del concesionario (*Gaceta Oficial Extraordinaria de la República* N° 5394, 25 de octubre de 1999).

25   Desde 1954, los tribunales de Venezuela han establecido que «...en el ámbito de los contratos administrativos, e incluso cuando no está contemplado en las cláusulas contractuales, su rescisión, cuando así lo impone el interés público, es una potestad **intransferible o irrenunciable** de la Administración.» Ver Noguera Mora, quien alega -*mutatis mutandis*- que la potestad de modificar un contrato administrativo (*ius variandi*) «...existe incluso sin ninguna disposición contractual expresa... **incluso en presencia de una cláusula contractual en sentido contrario**» (énfasis añadido), (Noguera Mora, J., "Naturaleza Jurídica de los Contratos de Concesiones Petroleras en los Países Árabes Miembros de la OPEP", *Libro Homenaje al Profesor Antonio Moles Caubet*, Vol. I, Caracas, 1981, pp. 423-445).

Ver también sentencias de la Corte Federal, 12 de noviembre de 1954 (Alberto Machado-Conejos Mestizos) y 14 de junio de 1983 (Acción Comercial), en Ortiz-Álvarez, L.A. y Mascetti, G., *Contratos Administrativos, op. cit.*, pp. 77 y 522. Ver también Sentencia N° 0586 de la Sala Constitucional del Tribunal Supremo de Justicia, 20 de junio de 2000 (Aerolink Internacional).

26   Brewer-Carías, A. R., "La Evolución del Concepto de Contrato Administrativo", *Libro Homenaje al Profesor Antonio Moles Caubet, op. cit.*, p. 63. Badell aduce que tanto la jurisprudencia como la doctrina han concluido que las siguientes son "**cláusulas" características ("implícitas" (o presupuestas)** que se encuentran **presentes en todo** Contrato Administrativo: (i) la potestad que se reconoce a la Administración Pública de interpretar unilateralmente el sentido y alcance de las disposiciones contractuales; (ii) el *ius variandi* o la facultad que se reconoce a la Administración Pública de modificar unilateralmente el contrato; (iii) la potestad que se reconoce a la Administración Pública de revocar el contrato unilateralmente por consideraciones de "orden público"; y (iv) la **potestad de rescindir el contrato unilateralmente sin intervención judicial como sanción** a la contraparte de la Administración Pública, **en ejercicio de un poder disciplinario** ejercido por la Administración (Badell Madrid, R., *Contratos Administrativos* (III, 3.3), Conferencia dictada en la Universidad Monteávila, *op.cit.*).

la rescisión [es decir, la medida adoptada por el Estado] resulta del **ejercicio de una potestad administrativa y no de un derecho contractual**» (énfasis añadido);[27] y,

b. Fuera del campo de los contratos administrativos, la inclusión en un contrato de una cláusula en virtud de la cual una de las partes pueda imponer unilateralmente a la otra la rescisión de un contrato **sin intervención previa del poder judicial** resulta **inconstitucional.**[28]

21. La rescisión unilateral es, pues, el resultado del ejercicio de poderes exorbitantes y prerrogativas de Derecho Público, derivadas *ius imperium*, y no el resultado del ejercicio de un derecho de naturaleza contractual.

22. En resumen:

a. La facultad de modificar, rescindir o extinguir unilateralmente un contrato administrativo es un poder **inexistente en el Derecho Privado** (*poder exorbitante*) y, por lo tanto, **ajeno a los contratos sujetos al Derecho Privado.**

b. Dicho **poder** público surge de la naturaleza del interés general en juego, es decir, del interés general encomendado por Ley al ente administrativo parte del contrato.

c. La potestad que permite la modificación o rescisión unilateral de un contrato administrativo siempre constituye un **poder exorbitante** y una **prerrogativa de Derecho Público**, y, como tal, **resulta inseparable** del papel que juega la Administración Pública como guardián o tutora del interés general.

d. Es un poder público que surge de la **doctrina y el régimen general** de los contratos administrativos. Este poder antecede a la fecha en que la Administración celebra un contrato en particular sujeto a determinadas disposiciones; y la inclusión de una enumeración de potestades gubernamentales "preexistentes" no puede cambiar o modificar la "naturaleza" subyacente de la potestad que confiere la ley al ente administrativo.

e. Este poder público es ejercido por la Administración Pública a través de actos administrativos.

---

27 Sentencia N° 0167 de la Sala Constitucional del Tribunal Supremo de Justicia, 4 de marzo de 2005 (Imel). El fallo citado ratifica dos (2) sentencias anteriores de esa misma Sala Constitucional: N° 0586, 20 de junio de 2000 (Aerolink Internacional); y N° 1097, 22 de junio de 2001 (Jorge Alois Heigl y otros).

En igual sentido que la jurisprudencia citada, los tribunales venezolanos han concluido que la rescisión de un contrato administrativo constituye una manifestación del *ius imperium*. Ver Sentencias de la Sala Político-Administrativa de la Corte Suprema de Justicia N° 1002, 5 de agosto de 2004 (DHL, Zoom, Domesa et al.); N° 0820, 30 de mayo de 2007 (Marshall y Asociados); y N° 1515, 21 de octubre de 2009 (Distribuidora Disca).

La Ley Orgánica sobre Promoción de la Inversión bajo el Régimen de Concesiones establece, por ejemplo, que la **decisión de rescindir puede hacerse valer o ser ejecutada** por la Administración Pública **sin necesidad de intervención del Poder Judicial**, de modo que se reconoce implícitamente que dicha decisión es la manifestación de una potestad soberana.

28 Sentencia N° 0167 de la Sala Constitucional del Tribunal Supremo de Justicia, 4 de marzo de 2005 (Imel), donde se ratifica el **criterio vinculante** confirmado por la misma Sala en su Sentencia anterior N° 1658, 16 de junio de 2003 (Fanny Lucena Olabarrieta). Ver también, Romero Mendoza, A., "El hecho del príncipe en los contratos administrativos y su regulación en el Decreto que contienen las Condiciones Generales de Contratación para la ejecución de obras", *op. cit.*, pp. 461-478.

III. LA POTESTAD DE RESCISIÓN

23. En su condición de parte en un contrato administrativo, la Administración Pública puede invocar el poder público para rescindir unilateralmente el contrato administrativo celebrado[29] con base en **dos motivos distintos mutuamente excluyentes**, a saber:

    a.   El incumplimiento de las obligaciones contractuales que debían ser honradas por su contraparte contractual.[30] En este supuesto, la extinción se produce **sin intervención previa del poder judicial**,[31] tiene -por definición- **naturaleza sancionadora**[32] y, por consiguiente, la Administración **no tiene obligación de indemnizar** a la contraparte.[33] Asimismo, cuando se invoca un incumplimiento contractual como fundamento de la decisión de rescisión, la medida que pone fin a la relación contractual sólo puede adoptarse una vez concluido **un procedimiento administrativo,** salvaguardando el **debido proceso.** La finalidad de dicho proceso administrativo es verificar el incumplimiento y la responsabilidad de la parte a quien se le imputa, y garantizar a la otra parte el derecho a ser oída *ex ante* (debido proceso).[34]

---

29   Brewer-Carías también ha manifestado que «...sin lugar a dudas, la facultad de rescindir unilateralmente un contrato administrativo es una **consecuencia inmediata** de la subordinación [existente] entre las partes de la relación contractual... Esta autoridad quizá sea una de las características más salientes de los contratos administrativos en la teoría del derecho» (Ver también Brewer-Carías, A.R., *Contratos Administrativos, op. cit.*, p. 183).

30   Sentencia N° 0143 de la Sala Político-Administrativa de la Corte Suprema de Justicia, 14 de junio de 1983 (Acción Comercial), en Ortiz-Álvarez, L.A. y Mascetti, G., *Contratos Administrativos, op. cit.*, p. 522.

     Los tribunales venezolanos han entendido que un **incumplimiento contractual** que puede dar lugar a la extinción del contrato se limita a **aquellos incumplimientos en los que la parte incumplidora puede resultar personalmente responsable**. Ver Sentencias de la Sala Político-Administrativa del Tribunal Supremo de Justicia N° 0907, 18 de junio de 2009 (Mayreca); N° 0615 de la Cámara de Casación Civil del Tribunal Supremo de Justicia, 27 de septiembre de 2012 (Josefa Antonia Barboza) y el Tribunal Superior Civil Contencioso Administrativo de la Región Centro-Occidental, 25 de mayo de 2009 (Fondo Único para el Desarrollo del Estado Trujillo). Ver también Maduro Luyando, E., *Curso de Obligaciones, Derecho Civil III*, Fondo Editorial Luis Sanojo, Caracas, 1967, pp. 591-592.

31   Sentencia de la Sala Político-Administrativa de la Corte Suprema de Justicia, 2 de enero de 1993 (Hotel Isla de Coche II), en Brewer-Carías, A.R. y Ortiz-Álvarez, L.A., *Las Grandes Decisiones de la Jurisprudencia Contencioso-Administrativa (1961-1996)*, Editorial Jurídica Venezolana, Caracas, 2007, p. 193.

32   Badell Madrid, R., *Contratos Administrativos* (III, 3.3), Conferencia dictada en la Universidad Monteávila, *op. cit.* Según Badell, el poder de rescindir el contrato unilateralmente sin necesidad de intervención judicial constituye una **sanción** a la contraparte de la Administración Pública y surge de una **potestad disciplinaria** que ejerce esta última. Ver Sentencia N° 0060 de la Sala Político-Administrativa del Tribunal Supremo de Justicia, 1 de febrero de 2001 (Corporación Digitel); y Sentencia N° 0884 de la Sala Constitucional del Tribunal Supremo de Justicia, 24 de abril de 2003 (Constructora El Milenio).

33   Briceño de Muci, C., "Las Cláusulas Exorbitantes en la Contratación Administrativa", *op. cit.*, p. 840.

34   Badell Madrid, R., *Contratos Administrativos* (V.4.3), Conferencia dictada en la Universidad Monteávila, *op. cit.*; y Brewer-Carías, A.R., *Estudios de Derecho Administrativo 2005-2007, op. cit.*, p. 445. Ver Sentencia N° 0586 de la Sala Constitucional del Tribunal Supremo de Justicia, 20 de junio de 2000 (Aerolink Internacional). En este fallo, el Tribunal ratificó que la decisión de rescindir ante un incumplimiento contractual constituye (i) un "acto administrativo" y, por consiguiente, (ii) debe estar precedido de un procedimiento administrativo que (iii) garantice el derecho de defensa y el debido proceso de la contraparte del ente administrativo. Ver también, Sentencias de la Sala Político-Administrativa del Tri-

b. Razones de conveniencia u oportunidad.[35] En este caso la Administración Pública que es parte del contrato debe indemnizar a su contraparte (*restitutio in integrum*). Por consiguiente, dicha indemnización debe comprender tanto el daño emergente (*damnum emergens*) como el lucro cesante (*lucrum cessans*) porque, en última instancia, dicha decisión constituye una expropiación forzosa -o, en todo caso, una medida con efectos equivalentes a los de una expropiación forzosa (*measure tantamount to an expropriation*)- de derechos contractuales o de crédito y genera la obligación de indemnizar por parte del ente administrativo.[36] Dado que la rescisión es una decisión "ex-

---

bunal Supremo de Justicia N° 1369, 3 de noviembre de 2003 (Imagen Publicidad); N° 1002, 5 de agosto de 2004 (DHL, Zoom, Domesa et al.); y N° 6483, 8 de diciembre de 2005 (Beta Ingeniería).

35 Badell Madrid, R., *Contratos Administrativos* (V.4.1), Conferencia dictada en la Universidad Monteávila, *op. cit.*, y Brewer-Carías, A.R., *Las Instituciones Fundamentales del Derecho Administrativo y la Jurisprudencia Venezolana, op. cit.*, 203.

36 La Corte Suprema ha afirmado que los derechos contractuales merecen el mismo respeto que la propiedad privada y, por consiguiente, no es admisible la rescisión sin indemnización (Corte Suprema de Justicia en Sesión Plenaria, 15 de marzo de 1962, así como también Corte Federal, 12 de noviembre de 1954, en Brewer-Carías, A.R., *Jurisprudencia de la Corte Suprema 1930-1974 y Estudios de Derecho Administrativo* (Vol. III.2), Universidad Central de Venezuela, Facultad de Derecho, Instituto de Derecho Público, Caracas, 1977, pp. 803 y 804). Ver Sentencia de la Sala Político-Administrativa del Tribunal Supremo de Justicia N° 0848, 15 de julio de 2004 (Transporte Bonanza); y N° 1002, 5 de agosto de 2004 (DHL, Zoom, Domesa y otros). Brewer-Carías, A.R., *Contratos Administrativos, op. cit.*, p. 186. Brewer-Carías, A.R., *Estudios de Derecho Administrativo 2005-2007, op. cit.*, pp. 446 y 451; Briceño de Muci, C., "Las Cláusulas Exorbitantes en la Contratación Administrativa", *op. cit.*, p. 840; y, Romero Mendoza, A., "El Hecho del Príncipe en los Contratos Administrativos y su Regulación en el Decreto que contienen las Condiciones Generales de Contratación para la ejecución de obras", *op. cit.*, p. 468. *Mutatis mutandis*, ver también Sentencia N° 0980 de la Cámara Político-Administrativa del Tribunal Supremo de Justicia, 17 de julio de 2002 (Enelven), que dispone que corresponde el pago de justa indemnización cuando un bien está sujeto a expropiación y hace referencia a la *restitution in integrum* de los daños provocados por una medida de esta naturaleza.

La Ley de Promoción y Protección de Inversiones (*Gaceta Oficial Extraordinaria de la República* N° 5390, 22 de octubre de 1999), cuya definición amplia de Inversión comprende a los **derechos contractuales**, establece que tanto la expropiación como las **medidas equivalentes a expropiación** sólo pueden adoptarse (i) por razones de utilidad pública o interés social, (ii) **siguiendo el procedimiento que establece la ley** y en forma no discriminatoria, y (iii) sujeto al **pago de indemnización oportuna, suficiente y efectiva**. La Ley de Inversiones dispone: (i) «la indemnización será equivalente al justo precio que la inversión expropiada tenga inmediatamente antes del momento en que la expropiación sea anunciada por los mecanismos legales o hecha del conocimiento público, lo que suceda antes»; (ii) «la indemnización, que incluirá el pago de intereses hasta el día efectivo del pago, calculados sobre la base de criterios comerciales usuales, se abonará sin demora»; y (iii) «las indemnizaciones a que haya lugar con motivo de expropiaciones de inversiones internacionales serán abonadas en moneda convertible y serán libremente transferibles al exterior». Análogas previsiones contiene, *exempli gratia*, el Acuerdo entre el Gobierno de la República de Venezuela y el Gobierno de Canadá para la Promoción y la Protección de Inversiones (*Gaceta Oficial de la República* Extraordinaria N° 5.207, del 20 de enero de 1998), cuyo artículo I(f)(iii) define como **inversiones protegidas** por el Tratado «...**cualquier clase de bienes de propiedad de un inversor...**», incluidos «el dinero, **los derechos al pago de dinero, y los derechos a prestaciones contractuales que tengan valor económico**», para luego establecer en su artículo VIII(1) que «las inversiones y ganancias de los inversores de una de las Partes Contratantes no serán nacionalizadas, expropiadas o sujetas a medidas de efecto equivalente a la nacionalización o a la expropiación (en adelante "expropiación") en el territorio de la otra Parte Contratante, excepto para un fin público, conforme al debido proceso de ley, de manera no discriminatoria y mediante una compensación pronta, adecuada y efectiva. Esa compensación se basará en el valor genuino de la inversión o de las ganancias expropiadas inmediatamente antes de la expropiación o al momento en que la expropiación propuesta se haga del conocimiento público, cualquiera que sea anterior: será pagadera desde la fecha de la expropiación con inter-

trema", en virtud del principio constitucional de "racionalidad" o "razonabilidad", este tipo de medida puede adoptarse únicamente cuando la Administración Pública ha concluido que el contrato existente no puede sobrevivir como resultado del ejercicio del *ius variandi*[37] o mediante la renegociación con la contraparte.[38] Y aunque la jurisprudencia ha concluido que la rescisión de un contrato administrativo por razones de conveniencia u oportunidad no tiene que estar precedida de procedimiento alguno, lo cierto es que esa postura contradice abiertamente lo dispuesto por el artículo 49 de la Constitución política de 1999, que **-sin excepciones-** garantiza el **debido proceso** en **todas y cada una** de las actuaciones judiciales y administrativas.

24. En cualquiera de los dos casos mencionados anteriormente, la Administración Pública que es parte en el contrato termina actuando **como juez y parte** al decidir unilateralmente, **tal como lo haría un juez**, quién debe prevalecer en el conflicto o controversia (*potestad de autotutela decisoria*).[39] Y lo hace -sin necesidad de intervención judicial previa- mediante la expedición de un "acto administrativo" en ejercicio de poder público.[40] Tras resolver el conflicto en el cual es parte, la Administración Pública luego procede a **ejecutar su propia decisión** tal como pueden hacerlo únicamente algunos tribunales en otras áreas del derecho (*potestad de auto-*

---

eses a la tasa comercial normal, será pagada sin demora y será efectivamente realizable y libremente transferible».

37 Los tribunales venezolanos han afirmado que el *ius variandi* surge del poder público del Estado. Sentencia N° 0848 de la Sala Político-Administrativa del Tribunal Supremo de Justicia, 15 de julio de 2004 (Transporte Bonanza). A principios de los años 1960, Brewer-Carías explicó que el ejercicio de la facultad de modificar los términos de un contrato administrativo (*jus variandi*) estaba sujeto a ciertos límites que surgían de la suficiencia entre las circunstancias y las decisiones a adoptarse. El autor venezolano expresamente argumentó que este poder debía respetar la razonabilidad, la justicia, la igualdad y la proporcionalidad (Brewer-Carías, A.R., "La facultad de la Administración de Modificar Unilateralmente los Contratos Administrativos", *Revista de Derecho Español y Americano* N° 19 (1968), pp. 6-7).

38 En el ejercicio del *ius variandi*, el ente administrativo está sujeto a "límites" ya que no puede alterar el "equilibrio económico" del Contrato (Corte Suprema de Justicia en Sesión Plenaria, 15 de marzo de 1962, en Brewer-Carías, A.R., *Jurisprudencia de la Corte Suprema 1930-1974 y Estudios de Derecho Administrativo* (Vol. III.2), *op. cit.*, 803). Ver también Brewer-Carías, A.R., *Contratos Administrativos*, *op. cit.*, p. 174.

39 Sentencia N° 1010 de la Sala Político-Administrativa del Tribunal Supremo de Justicia, 8 de julio de 2009 (Corporación Maite). Ver también Caballero Ortiz, J., "Una concepción amplia del contrato administrativo es contradictoria con las prerrogativas de la administración. Ensayos de Derecho Administrativo", *Libro Homenaje a Nectario Andrade Labarca*, Vol. I, Tribunal Supremo de Justicia, Colección Libros Homenaje, N° 13, Caracas, 2004, pp. 209-246.

Citando a Benvenuti, Barcelo Llop, autor español invocado por la Sala Constitucional del Tribunal Supremo de Justicia, comenta que debido a dicha prerrogativa (*autotutela decisoria*), la Administración Pública **puede hacerse justicia por sí misma**, esto es, **hacer justicia por mano propia** (Barcelona Llop, J., *Ejecutividad, Ejecutoriedad y Ejecución Forzosa de los Actos Administrativos*, Universidad de Cantabria, 1995, p. 105). Benvenuti se refiere a dicho poder extraordinario como la «*capacitá di farsi giustizia da sé*». La fórmula acuñada por Benvenuti fue invocada en los siguientes fallos judiciales: Sentencia del Tribunal Superior de lo Contencioso Tributario de la Región Guayana, 7 de agosto de 2006 (Revemin II); Sentencia del Noveno Tribunal Superior de lo Contencioso Tributario del Área Metropolitana de Caracas, 1 de noviembre de 2006 (Sudamtex de Venezuela); y Sentencia del Juzgado Superior en lo Civil y Contencioso Administrativo de la Región Centro-Occidental, 8 de febrero de 2008 (Sabino Pastor Castillo).

40 Sentencia N° 0586 de la Sala Constitucional del Tribunal Supremo de Justicia, 20 de junio de 2000 (Aerolink Internacional).

tutela ejecutiva).[41] Por consiguiente, tanto la potestad de autotutela decisoria como la potestad de autotutela ejecutiva surgen del ejercicio del poder público, y no de una disposición contractual.

25. Los tribunales venezolanos han concluido que las decisiones unilaterales de la Administración Pública de rescindir un contrato administrativo son **actos administrativos** dictados en el ejercicio de **potestades públicas,** y no meros actos contractuales. En tal sentido, valdría la pena citar aquí tres decisiones del Tribunal Supremo de Venezuela:

a. En primer lugar, en el caso Aerolink Internacional la Sala Constitucional del Tribunal Supremo de Justicia ratificó una decisión anterior de la Sala Político-Administrativa de la Corte Suprema de Venezuela, que establecía que las decisiones de la Administración Pública a los fines de rescindir un contrato administrativo constituyen **actos administrativos**, ya que resultan del ejercicio de **potestades públicas**, y no del ejercicio de "derechos" creados en virtud de norma contractual.[42]

b. En segundo lugar, en el caso Fertical Guayana el Juzgado de Sustanciación de la Sala Político-Administrativa del Tribunal Supremo de Justicia decidió que la rescisión de un contrato por incumplimiento dictada por la Corporación Venezolana de Guayana (CVG) constituía un acto administrativo, es decir, el producto o resultado del ejercicio de potestades públicas, y concluyó, por tanto, que la revisión judicial de dicha Resolución correspondía a la Corte Primera de lo Contencioso Administrativo.[43] Cabe destacar que ese caso la CVG había rescindido el contrato **con fundamento en una cláusula contractual**, esto es, invocando una disposición contractual que de manera expresa le reconocía el poder de rescisión.

c. En tercer lugar, en un caso más reciente (Minera Las Cristinas) la Sala Político-Administrativa del Tribunal Supremo de Justicia concluyó que la decisión de rescindir un contrato minero, por incumplimientos imputables a la contraparte de la Administración, constituía un **acto administrativo típico**, dictado por esta **en ejercicio de** su *ius imperium*.[44] Según el más alto Tribunal, la rescisión decretada

    «...es **un típico acto administrativo** dictado por el instituto autónomo Corporación Venezolana de Guayana (C.V.G.), **en ejercicio del *ius imperium* de la Administración**; y como tal, ese acto administrativo está premunido del poder exorbitante de la Administración, consistente en la **potestad imperativa** de poner fin unilateralmente a sus contrataciones administrativas».

---

41 Los artículos 8 y 79 de la Ley Orgánica de Procedimientos Administrativos reconocen que la Administración Pública tiene otra prerrogativa (*autotutela ejecutiva*) que le permite ejecutar sus decisiones previas por sí sola. Los Artículos 8 y 79 establecen, respectivamente, que «los actos administrativos que requieren ser cumplidos mediante actos de ejecución, deberán ser ejecutados por la administración en el término establecido. A falta de este término, se ejecutarán inmediatamente» y que «la ejecución forzosa de los actos administrativos será realizada de oficio por la propia administración salvo que por expresa disposición legal deba ser encomendada a la autoridad judicial».

42 Sentencia de la Sala Constitucional del Tribunal Supremo de Justicia N° 0568, 20 de junio de 2000 (Aerolink Internacional).

43 Ver Sentencia del Juzgado de Sustanciación de la Sala Político-Administrativa del Tribunal Supremo de Justicia N° 0567, 30 de septiembre de 2010 (Fertical Guayana). Ver también Sentencia de la Corte Primera de lo Contencioso-Administrativo, N° 1369, 15 de noviembre de 2011 (Fertical Guayana).

44 Sentencia de la Sala Político-Administrativa del Tribunal Supremo de Justicia N° 1690, 7 de diciembre de 2011 (Minera Las Cristinas).

En este último caso la Administración Pública resolvió rescindir el contrato con fundamento -una vez más- en una **cláusula contractual expresa**.

26. La naturaleza del poder ejercido tiene una gran relevancia, esto es, una enorme trascendencia, particularmente en lo tocante a los Tratados Bilaterales de Inversión (BIT'S) y a la revisión de la decisión rescisoria por los tribunales arbitrales internacionales.

27. En efecto, comoquiera que el poder jurídico reconocido a la Administración Pública para rescindir unilateralmente un contrato administrativo no tiene naturaleza contractual, la decisión rescisoria no debe ser enjuiciada como una infracción de carácter contractual. Por el contrario, siendo la rescisión un **acto administrativo** dictado por una **autoridad** en ejercicio de *potestas* o *imperium*, es decir, de una **potestad pública**, la decisión autoritaria que pone fin al contrato permite a los tribunales arbitrales internacionales **afirmar su competencia** para conocer de la infracción -**directa**- de las normas y estándares del Tratado Bilateral de Inversión (BIT) invocado por el inversionista demandante, a los fines de determinar si la aludida rescisión se traduce en una violación del Tratado y, por consiguiente, engendra responsabilidad estatal.

Caracas, 27 de abril de 2014.

SECCIÓN CUARTA:

LO CONTENCIOSO DEL CONTRATO
(50 AÑOS DESPUÉS).

Miguel Ángel Torrealba Sánchez.

Profesor Ordinario (Agregado) de Derecho Administrativo.
Escuela de Derecho. Facultad de Ciencias Jurídicas y Políticas.
Universidad Central de Venezuela.

Exponer en pocas páginas aunque sea un resumen de los estudios realizados en el último medio siglo por A.R. BREWER-CARÍAS sobre el régimen procesal de los contratos públicos o del Estado, visto lo extenso e intenso de la obra de éste, no es tarea fácil. No obstante, esa dificultad es compartida por todos aquellos que participan en la elaboración de este libro, por lo que hemos de ceñirnos a las acertadas pautas editoriales establecidas al respecto. De tal manera que a continuación mostramos, en apretada síntesis, una comparación entre lo sostenido por el autor hace cincuenta años, en la obra que se homenajea con la publicación de este trabajo colectivo, con la actual situación legal y jurisprudencial del tema asignado, con las limitaciones inherentes a tal esquema metodológico. Remitimos pues a la bibliografía contenida en las notas al pie para una consulta más detenida y detallada sobre los asuntos que aquí apenas se esbozan. Comencemos por resumir lo expuesto originalmente por el tratadista.

I.   LA SITUACIÓN DEL CONTENCIOSO DE LOS CONTRATOS ADMINISTRATIVOS EN LAS *INSTITUCIONES FUNDAMENTALES DEL DERECHO ADMINISTRATIVO Y LA JURISPRUDENCIA VENEZOLANA*[1].

1   El Juez del contrato[2].

Señalaba A.R. BREWER-CARÍAS, hace ya medio siglo, que desde la Constitución de 1830 ha estado atribuido al máximo Tribunal de la República, el conocimiento de las controversias que se suscitaran con ocasión de la responsabilidad contractual del Estado, competencia que se mantuvo en todas las Constituciones hasta la de 1961, en la cual quedó implícita en la redacción del artículo 206. En cuanto a las otras atribuciones que en esa materia tenía la Corte, quedan, con rango legal, recogidas en el artículo 7 de la Ley Orgánica de la Corte Federal, ejercidas por la Sala Político-Administrativa. Agregaba que del marco legal referido, la competencia ejercida por ese órgano judicial en Sala Político-Administrativa, inderogable e irrenunciable por ser de orden público, excluía entonces que sobre esa materia pudiese conocer tanto la jurisdicción ordinaria como los Tribunales extranjeros. Se trataba pues, de una competencia atribuida únicamente a la jurisdicción contencioso-administrativa.

2.   Extensión del contencioso del contrato[3].

El ámbito competencial referido en el epígrafe anterior, denominado por A.R. BREWER-CARÍAS como <<lo contencioso del contrato>>, resultaba, en opinión del autor, sumamente extenso y comprendía todas las cuestiones relativas a la nulidad, caducidad, resolución, alcance y cumplimiento del contrato administrativo. Añadía que el recurso contencioso-administrativo de anulación no era admitido contra ese tipo contractual, pues el mismo solo resultaba posible contra los actos administrativos unilaterales, no obstante que sí lo era contra los actos que contribuyeron a la formación del acuerdo, por lo que de esta manera se podía obtener, indirectamente, la pérdida de los efectos del contrato. En el caso de los contratos administrativos, el medio jurisdiccional disponible era el recurso contencioso-administrativo de plena jurisdicción.

---

1   BREWER-CARÍAS, Allan-Randolph: *Las Instituciones Fundamentales del Derecho Administrativo y la Jurisprudencia Venezolana*. Colección tesis de Doctorado. Volumen IV. Publicaciones de la Facultad de Derecho. Universidad Central de Venezuela. Caracas, 1964, pp. 216-221. A los efectos de las correspondientes citas, se empleará la numeración de párrafos de esa obra, cuyo Título Tercero ha sido recogido recientemente en la recopilación del mismo autor: *Contratos Administrativos, Contratos Públicos, Contratos del Estado*. Colección Estudios Jurídicos N° 100. Editorial Jurídica Venezolana. Caracas, 2013, pp. 9-58, así como en: *Tratado de Derecho Administrativo. Derecho Público en Iberoamérica*. Tomo III. Los actos administrativos y los contratos administrativos. Fundación de Derecho Público. Editorial Jurídica Venezolana. Civitas. Thomson Reuters. Madrid, 2013, pp. 517-619.

2   Párrafo 185.

3   Párrafo 186.

Por otra parte, agregaba que era posible recurrir contra la Ley aprobatoria de un contrato administrativo mediante el recurso de inconstitucionalidad, en cuyo caso el órgano judicial competente era la Corte en Pleno de la Corte Suprema de Justicia.

3.   Los poderes del juez del contrato[4.]

Bajo las premisas anteriores, señalaba el autor que el juez contencioso-administrativo podía conocer de las demandas de nulidad (por incapacidades, incompetencia o vicios del consentimiento); por resolución del contrato; por daños y perjuicios originados en responsabilidad contractual; y también por demandas en reclamación de indemnizaciones debidas al co-contratante de la Administración. Puede el juez también, según señalaba BREWER-CARÍAS, conocer de las controversias en reclamación de actos de la Administración vinculados con el cumplimiento del contrato, por ejemplo en relación con las sanciones impuestas por la Administración.

4.   La hipótesis del recurso al arbitramento[5.]

Respecto a este punto, iniciaba A.R. BREWER-CARÍAS destacando lo controversial del mismo en el Derecho Comparado, añadiendo que el asunto de la validez de cláusulas compromisorias en los contratos administrativos no había sido abordado por la jurisprudencia venezolana, pero sí por la doctrina. En ese sentido, invocaba la posición de la Procuraduría General de la República, que distinguía entre la posibilidad de someter a arbitramento cuestiones técnicas, lo cual se consideraba válido, mas no así sobre la interpretación y ejecución del contrato. De seguidas, refería el criterio del MOLES CAUBET, quien concluía que la Administración tiene poderes para incluir cláusulas compromisorias que permiten el procedimiento arbitral.

Concluía BREWER-CARÍAS estableciendo su posición. En tal sentido, afirmaba que si se considera que la Administración no puede actuar sin norma legal expresa que defina sus atribuciones y competencia, y si además se toma en cuenta el interés público que engloba la contratación administrativa, no puede aceptarse el recurso al arbitramento en el ordenamiento jurídico venezolano en lo que respecta a la determinación de los efectos del contrato administrativo, ni a su ejecución ni interpretación.

II.   LA EVOLUCIÓN DE LA POSICIÓN DE ALLAN R. BREWER-CARÍAS SOBRE EL CONTENCIOSO DE LOS CONTRATOS.

Como consecuencia de la revisión que hizo ALLAN R. BREWER-CARÍAS de su planteamiento sobre los contratos administrativos, rechazando la existencia de

---

4   Párrafo 187.

5   Párrafo 189.

una dicotomía entre estos y los contratos privados o de Derecho Privado[6], también su concepción sobre el contencioso de los contratos cambió. En primer lugar, ya para hace más de dos décadas se refería al contencioso de los contratos <<de la Administración>>[7], y no al de los contratos administrativos. Aunado a ello, lo cierto es que el artículo 42.15 de la Ley Orgánica de la Corte Suprema de Justicia consagró – basándose en un equívoco-[8] la existencia de unos <<contratos administrativos>> como criterio determinante de una competencia funcional por parte de la Sala Político-Administrativa de la Corte Suprema de Justicia, reviviendo un criterio jurisprudencial que postulaba que la competencia de la jurisdicción contencioso-administrativa se circunscribía al conocimiento de las controversias originadas en contratos administrativos[9], quedando a los tribunales civiles la potestad jurisdiccional para conocer de las derivadas de contratos privados.

Resultado de ello fue que, respecto a las demandas intentadas por o contra la República, los Estados y los Municipios, originadas en un conflicto motivado a la celebración de un contrato administrativo, existían reglas especiales que se superponían a las generales en materia de pretensiones de condena por responsabilidad contractual o extracontractual contra la República, los Institutos Autónomos nacionales y las Empresas del Estado nacionales, cuyo conocimiento correspondía a los tribunales contencioso-administrativos de acuerdo con la cuantía. Contrariamente, en el caso de las demandas contra Estados y Municipios no vinculadas con contratos administrativos, la competencia correspondía en primera instancia a los tribunales civiles. Esa superposición de reglas generales y excepciones según se aplicase o no el

---

6   Véanse entre otros: *La evolución del concepto del Contrato Administrativo*. En: Libro Homenaje al Profesor Antonio Moles Caubet. Tomo I. Universidad Central de Venezuela. Facultad de Ciencias Jurídicas y Políticas. Caracas, 1981, pp. 43, 54-68; *Contratos Administrativos*. Colección Estudios Jurídicos N° 44. Editorial Jurídica Venezolana. Caracas, 1992, pp. 39-57, recogido recientemente en la recopilación del mismo autor: *Contratos Administrativos, Contratos Públicos, Contratos del Estado*. Colección Estudios Jurídicos N° 100. Editorial Jurídica Venezolana. Caracas, 2013, pp. 85-99, así como en: *Tratado de Derecho Administrativo. Derecho Público en Iberoamérica*. Tomo III. Los actos administrativos y los contratos administrativos. Fundación de Derecho Público. Editorial Jurídica Venezolana. Civitas. Thomson Reuters. Madrid, 2013, pp. 623-821; *Ley Orgánica del Tribunal Supremo de Justicia. Procesos y procedimientos constitucionales y contencioso-administrativos*. Colección Textos Legislativos N° 28. 2° edición. Editorial Jurídica Venezolana. Caracas, 2004, pp. 210-212. El tema del contrato administrativo desde el punto de vista sustantivo es abordado en otros trabajos de esta obra.

7   *Cfr.* BREWER-CARÍAS, *Contratos Administrativos...*, pp. 255-291.

8   Véanse: CABALLERO ORTIZ, Jesús: *Algunas consideraciones fundamentales sobre los contratos administrativos*. En: Régimen legal de las concesiones públicas. Aspectos jurídicos, financieros y técnicos. Colección Textos Legislativos N° 21. Editorial Jurídica Venezolana. Caracas, 2000, pp. 60-62; CABALLERO ORTIZ, Jesús: *¿Deben subsistir los contratos administrativos en una futura legislación?* En: El Derecho Público a comienzos del Siglo XXI. Estudios en Homenaje al Profesor Allan R. Brewer Carías. Tomo II. Tercera Parte. Derecho Administrativo. Civitas Ediciones. Madrid, 2003, p. 1.775; HERNÁNDEZ G., José Ignacio: *El contrato administrativo en la Ley de Contrataciones Públicas Venezolana*. En: Ley de Contrataciones Públicas. Colección Textos Legislativos N° 44. Editorial Jurídica Venezolana. Caracas, 2008, pp. 224-225; HERNÁNDEZ G., José Ignacio: *Hacia los orígenes históricos del Derecho Administrativo Venezolano: La construcción del Contrato Administrativo, entre el Derecho Público y Derecho Privado*. En: Boletín de la Academia de Ciencias Políticas y Sociales 147. Caracas, 2009, pp. 63-64

9   *Cfr.* BREWER-CARÍAS, *Contratos Administrativos...*, p. 256.

criterio del <<contrato administrativo>> para las entidades político-territoriales y los entes no territoriales producía un notable casuismo en las soluciones y, como acertadamente señaló A.R. BREWER-CARÍAS, rompía la propia unicidad del criterio basado en esa categoría jurídica[10]. Adicionalmente, señaló ese autor, el interés de la distinción entre el contrato administrativo y el contrato de Derecho Privado se limitaba únicamente al orden judicial, a los fines de la determinación del Tribunal competente[11].

La situación comenzó a cambiar con la entrada en vigencia de la Ley Orgánica del Tribunal Supremo de Justicia de 2004, y sobre todo, con los criterios que en su aplicación estableció la Sala Político-Administrativa del Tribunal Supremo de Justicia[12], al punto que, como advirtió la doctrina en su momento, la importancia del <<contrato administrativo>> en lo concerniente a los aspectos procesales se fue perdiendo aún más[13]. De allí que puede sostenerse que, a partir de tales criterios judi-

---

10   *Ibídem*, pp. 257-259.

11   *Ibídem*, pp. 259-260.

12   A partir de las decisiones de la Sala Político-Administrativa 1315 del 8 de septiembre, 1900 del 27 de octubre y 2271 del 24 de noviembre, todas de 2004. En esa última sentencia, por ejemplo, se establece como competencia de los tribunales contencioso-administrativos, conocer: <<*De las cuestiones de cualquier naturaleza que se susciten con motivo de la interpretación, cumplimiento, caducidad, nulidad, validez o resolución de los contratos administrativos en los cuales sean parte la República, los Estados, los Municipios, o algún Instituto Autónomo, ente público o empresa, en la cual alguna de las personas políticos territoriales (República, Estados o Municipios) ejerzan un control decisivo y permanente, en cuanto a su dirección o administración se refiere...* >>. Quedaban así <<fusionados>> por voluntad de la Sala Político-Administrativa, que no por el Derecho Positivo, dos ámbitos competenciales distintos, a saber, el de las demandas originadas en contratos administrativos, y el de las demandas contra los entes públicos y empresas del Estado.

13   Véanse, entre otros: BREWER-CARÍAS, Allan R.: *Nuevas consideraciones sobre el régimen jurídico de los Contratos del Estado en Venezuela*. En: VIII Jornadas Internacionales de Derecho Administrativo "Allan Randolph Brewer-Carías". Los contratos administrativos "Contratos del Estado". Fundación Estudios de Derecho Administrativo (FUNEDA). Caracas, 2006, pp. 471-472; RONDÓN DE SANSÓ, Hildegard: *Análisis de la Ley Orgánica del Tribunal Supremo de Justicia. Una ley fuera de contexto*. Editorial Ex Libris. Caracas, 2006, pp. 122-123 y 159; HERNÁNDEZ G., José Ignacio: *¿Subsiste la tesis de los contratos administrativos en la interpretación jurisprudencial de la nueva Ley Orgánica del Tribunal Supremo de Justicia?* En: Revista de Derecho Público N° 99. Editorial Jurídica Venezolana. Caracas, 2004, pp. 486-489 y 505-510; HERNÁNDEZ G., José Ignacio: *El contrato administrativo...*, p. 226; HERNÁNDEZ G., José Ignacio: *Hacia los orígenes históricos...*, pp. 64-65; TORREALBA SÁNCHEZ, Miguel Ángel: *Algunas implicaciones procesales de la reciente jurisprudencia de la Sala Político-Administrativa en materia de demandas contra los entes públicos y en el contencioso de los contratos administrativos*. En: Temas de Derecho Procesal. Colección Estudios Jurídicos N° 15. Tribunal Supremo de Justicia. Caracas, 2005, pp. 512-516, este último recogido también en: TORREALBA SÁNCHEZ, Miguel Ángel: *Manual de Contencioso Administrativo (Parte General)*. 2° edición. Editorial Texto. Caracas, 2007, pp. 473-477; TORREALBA SÁNCHEZ, Miguel Ángel: *Las demandas contra los entes públicos*. En: Manual de Práctica Forense. Contencioso Administrativo. Colección Práctica Forense N° 1. Editorial Jurídica Venezolana. Caracas, 2009,, pp. 65-67; GARCÍA SOTO, Carlos: *Posición de la Administración en su actividad contractual. El caso de la Ley de Contrataciones Públicas*. En: Ley de Contrataciones Públicas. Colección Textos Legislativos N° 44. Editorial Jurídica Venezolana. Caracas, 2008, pp, p. 175. Incluso la doctrina que defiende la existencia del contrato administrativo acepta que la distinción contrato administrativo-contrato privado dejó de tener consecuencias a luz de la interpretación jurisprudencial de la Ley Orgánica del Tribunal Supremo de Justicia de 2004 (*Cfr.* ARAUJO JUÁREZ, José: *Derecho Administrativo General. Acto y Contrato Administrativo*. Ediciones Paredes. Caracas, 2011, pp, p. 259, nota al pie 23; GRAU, María Amparo: *Principios generales de los contratos*

ciales, el régimen de distribución competencial en materia de pretensiones de condena derivadas de la responsabilidad contractual del Estado en cualesquiera de sus personificaciones, bajo forma de Derecho Público o Privado, ya no consideraba la figura del contrato administrativo como algo relevante. Tampoco la categoría en cuestión generaba efectos en el caso de las demandas intentadas contra los contratistas en la hipótesis de los Contratos Públicos o del Estado.

III. LA RECEPCIÓN (IMPLÍCITA) DE LAS TESIS DE ALLAN R. BREWER-CARÍAS EN EL TRATAMIENTO DEL <<ACTO BILATERAL>> EN LA LEY ORGÁNICA DE LA JURISDICCIÓN CONTENCIOSO ADMINISTRATIVA. LA INSISTENCIA DE LA SALA POLÍTICO-ADMINISTRATIVA EN ATRIBUIR EFECTOS PROCESALES A CIERTAS CATEGORÍAS DOGMÁTICAS SIN BASE LEGAL QUE LO JUSTIFIQUE.

Más recientemente, con la Ley Orgánica de la Jurisdicción Contencioso Administrativa, la figura del contrato administrativo deja de tener no solo importancia sino incluso existencia en el ámbito procesal administrativo. En efecto, el referido texto legal hace referencia únicamente a los <<actos bilaterales>>[14], como manifestación de la actividad administrativa convencional o contractual. A ello se añade que el instrumento no establece regla alguna, ni en cuanto a la distribución competencial ni en cuanto al procedimiento aplicable, que tome en consideración como variable la existencia de un título contractual como causa sustantiva de la pretensión procesal.

De tal forma que no puede seguir sosteniéndose que la presencia de un contrato al que se le califique como <<administrativo>> -con independencia de los cuestionamientos que un sector de la doctrina, iniciando por el propio A.R. BREWER-CARÍAS, ha formulado a tal categoría jurídica-, implica consecuencias procesales específicas en el contencioso-administrativo venezolano. Ello por cuanto, de acuerdo con la Ley Orgánica de la Jurisdicción Contencioso Administrativa, cualquier pretensión de condena por responsabilidad, sea contractual o extracontractual, en la que sea parte la Administración Pública en cualquiera de sus personificaciones, se rige por las mismas reglas generales aplicables al procedimiento de las demandas de contenido patrimonial, y en cuanto a la distribución de competencias entre los diver-

---

administrativos. En: VIII Jornadas Internacionales de Derecho Administrativo "Allan Randolph Brewer-Carías". Los Contratos Administrativos "Contratos del Estado". Fundación Estudios de Derecho Administrativo (FUNEDA). Caracas, 2005, p. 50; GRAU, María Amparo: *La legalidad de la competencia en el contencioso administrativo y la tutela judicial efectiva.* En: III Encuentro Latinoamericano en Derecho Procesal. Universidad Central de Venezuela. Facultad de Ciencias Jurídicas y Políticas. Centro de Estudios de Postgrado. Ediciones Homero. Caracas, 2010, p. 530).

14 Ya muy tempranamente el propio A.R. BREWER-CARÍAS, en Las *Instituciones Fundamentales...* (párrafo 116, p. 149), se refería a la distinción entre el acto administrativo unilateral y el bilateral, según intervinieran una o más voluntades, colocando como ejemplo de este último al Contrato.

sos tribunales de la jurisdicción contencioso-administrativa, por la estimación de la respectiva cuantía de la demanda[15].

Resultado de lo anterior es que lo que llamó A.R. BREWER-CARÍAS, <<lo contencioso del contrato>>, es decir, el ámbito competencial del juez contencioso-administrativo, sigue siendo extremadamente amplio en el caso de la legislación procesal vigente, toda vez que éste conocerá de cualquier controversia derivada de la actividad convencional o bilateral de la Administración (nulidad, resolución, daños y perjuicios, entre otros), aunque no solamente de la que se origine en los llamados <<contratos administrativos>>, de aceptarse tal categoría. Sigue siendo pues el juez contencioso-administrativo el competente para conocer de las pretensiones que se intenten contra el ejercicio de la actividad administrativa derivada de la celebración o ejecución de un vínculo contractual, ahora de manera unificada, es decir, con mayores <<poderes>> (como los llamó A.R. BREWER-CARÍAS) de los que ostentaba hace medio siglo, y sin que en este caso la distinción entre contratos administrativos y contratos de Derecho Privado tenga alguna consecuencia en el aspecto adjetivo. De tal suerte que la Ley acoge la posición de BREWER-CARÍAS, quien proponía de *lege ferenda* la eliminación de la figura de los <<contratos administrativos>>[16]. Y es que, a la luz de la Ley Orgánica de la Jurisdicción Contencioso Administrativa, no hay es un contencioso de los contratos propiamente dicho, así como por consiguiente, un contencioso de los contratos administrativos[17], aunque algunas decisiones del máximo Tribunal parecen ignorar la regulación vigente[18].

---

15   Un panorama general del asunto con posterioridad a la Ley Orgánica de la Jurisdicción Contencioso Administrativa, con sus correspondientes referencias bibliográficas, puede verse en TORREALBA SÁNCHEZ, Miguel Ángel: *Las actuaciones bilaterales: Los contratos públicos y los convenios en la Ley Orgánica de la Jurisdicción Contencioso-Administrativa*. En: La actividad e inactividad administrativa y la Jurisdicción Contencioso-Administrativa. (Director: Víctor Rafael Hernández-Mendible). Colección Estudios Jurídicos N° 96. Editorial Jurídica Venezolana. Caracas, 2012, pp. 221-257). Véase también, desde una posición divergente: ARAUJO JUÁREZ, José: *El contencioso de los contratos administrativos*. En: XXXVIII Jornadas Domínguez Escovar. Avances jurisprudenciales del contencioso administrativo en Venezuela. Instituto de Estudios Jurídicos Ricardo Hernández Álvarez. Colegio de Abogados del Estado Lara. Barquisimeto, 2013, pp. 239-276.

16   <<*Por ello, en una futura Ley de la jurisdicción contencioso-administrativa, la referencia a <<contratos administrativos>>, debería ser eliminada, atribuyéndose a los órganos de la misma todas las cuestiones concernientes a los contratos de la Administración, cualquiera que sea su naturaleza>>* (BREWER-CARÍAS, *Ley Orgánica del Tribunal Supremo de Justicia...*, p. 212). Véase también: CABALLERO ORTIZ, Jesús: *¿Deben subsistir...*, pp. 1.766-1773).

17   Es significativo que en los trabajos de A.R. BREWER-CARÍAS posteriores a la Ley Orgánica de la Jurisdicción Contencioso Administrativa, el autor no menciona dentro de sus clasificaciones de las diversas vías procesales contencioso-administrativas, a un contencioso de los contratos (Véase: *Sobre la justicia constitucional y la justicia contencioso administrativo. A 35 años del inicio de la configuración de los procesos y procedimientos constitucionales y contencioso-administrativos (1976-2011)*. En: El Contencioso Administrativo y los procesos constitucionales (Directores: Allan R. Brewer-Carías y Víctor Rafael Hernández-Mendible). Colección Estudios Jurídicos N° 92. Editorial Jurídica Venezolana. Caracas, 2011, p. 60). De hecho, ya durante la vigencia de la Ley Orgánica de la Corte Suprema de Justicia, el autor incluía como sub-categoría del proceso contencioso de las demandas contra los entes públicos, a la competencia de la Sala Político-Administrativa en materia de controversias derivadas de contratos administrativos, y reservaba el contencioso de los contratos para la normativa que regulaba las pretensiones de nulidad de convenios interpuestas por los terceros ajenos al vínculo contractual (*Nuevas tendencias en el contencioso-administrativo en Venezuela*. Cuadernos de la Cátedra Allan R. Brewer

No obstante el marco legal vigente, lo cierto es que la jurisprudencia de la Sala Político-Administrativa del Tribunal Supremo de Justicia ha mantenido un efecto procesal para la figura de los contratos administrativos, sin base legal alguna. Nos referimos al criterio que sostiene que cualquier pretensión que se vincule con la actividad contractual de la Administración, específicamente con los llamados contratos administrativos, debe plantearse y tramitarse por el procedimiento de las demandas de contenido patrimonial[19]. Esta regla, que en principio parece lógica, encuentra, sin embargo, en nuestro criterio objeciones ante la hipótesis de pretensiones de nulidad de actos administrativos dictados durante la fase de ejecución de contratos o convenios estatales, toda vez que el criterio implica que la nulidad de los actos administrativos de rescisión o terminación unilateral de contratos no puede ser solicitada sino mediante la interposición y tramitación de pretensiones de condena –que son los que se tramitan por ese procedimiento- a la Administración contratante. Ello luce contrario a la propia Ley Orgánica de la Jurisdicción Contencioso Administrativa, que establece en tales supuestos, es decir, para las demandas de nulidad de actos administrativos, su tramitación por el procedimiento <<común>>, es decir, por un trámite adjetivo distinto.

Ahora bien, ¿cuál es la justificación de tal criterio? Básicamente, el órgano judicial entiende que, visto que para pronunciarse sobre la procedencia o no de una pretensión de nulidad de un acto administrativo mediante el cual la Administración resuelva unilateralmente el vínculo contractual, se requiere el examen y revisión de la juridicidad de las cláusulas contractuales respectivas, el procedimiento idóneo es el de las demandas de contenido patrimonial, y no el establecido legalmente para la tramitación de las pretensiones de nulidad de actos administrativos. Ya en previa oportunidad hemos expuesto nuestros reparos a esta tesis vista su formulación genérica, habida cuenta de que el hecho de que se requiera revisar tales cláusulas así como el material probatorio atinente a la ejecución del contrato, a los fines de pronunciarse sobre la fundamentación de los motivos expuestos por la Administración para ejercer sus poderes de resolución o rescisión unilateral, no modifica la naturaleza de la pretensión interpuesta y de su objeto, a saber, la declaración de nulidad del acto

Carías de Derecho Administrativo Nº 4. Universidad Católica "Andrés Bello". Editorial Jurídica Venezolana. Caracas, 1993, pp. 103-114). En contra, sosteniendo la persistencia de un contencioso de los Contratos Administrativos a la luz de la Ley Orgánica de la Jurisdicción Contencioso Administrativa: ARAUJO JUÁREZ, *El contencioso de los contratos...*, pp. 274-276.

18   Así por ejemplo, al menos en un caso la Sala Plena del Tribunal Supremo de Justicia ha seguido considerando la presencia de un contrato calificado de administrativo como criterio relevante para resolver un conflicto negativo de competencia y concluir en que una determinada causa debe ser conocida por la jurisdicción contencioso-administrativa, sin darse cuenta de que el precedente invocado, a saber, una decisión de la Sala Político-Administrativa, se dictó antes de la entrada en vigencia de la Ley Orgánica de la Jurisdicción Contencioso Administrativa, y sin especificar cuál es el marco legal aplicable al caso concreto (sentencia de la Sala Plena del Tribunal Supremo de Justicia 54 del 14 de agosto de 2013).

19   Antes de la entrada en vigencia de la Ley Orgánica de la Jurisdicción Contencioso Administrativa, por el juicio ordinario del Código de Procedimiento Civil. Véanse, entre otras, las sentencias: 633 del 30 de abril de 2003, 1063 del 27 de abril de 2006, 921 del 6 de junio y 1196 del 4 de julio, ambas de 2007, 592 del 7 de mayo y 1010 del 8 de julio, ambas de 2009, 1238 del 11 de octubre y 1391 del 26 de octubre, ambas de 2011, el auto del Juzgado de Sustanciación 170 del 8 de mayo de 2013, y la sentencia 1503 del 18 de Diciembre de 2013.

administrativo resolutorio o rescisorio, y no la validez o nulidad del instrumento contractual, al igual que mucho menos la determinación de la responsabilidad contractual de una de las partes[20].

Se trata pues, a nuestro modo de ver, del mantenimiento inercial de categorías y, sobre todo, de prácticas judiciales surgidas al amparo de la legislación previa así como de las concepciones tradicionales sobre el contencioso-administrativo. En ese sentido, como ya se expuso, A.R. BREWER-CARÍAS distinguía hace medio siglo entre el recurso contencioso-administrativo de nulidad como vía procesal destinada a cuestionar los actos administrativos unilaterales dictados durante la fase de formación del contrato, del recurso contencioso-administrativo de plena jurisdicción, mediante el cual debían encauzarse las controversias respecto a la nulidad, caducidad, resolución y cumplimiento del contrato administrativo, así como también en lo atinente al alcance del mismo. Esa distinción tuvo continuidad, en cierto sentido, con la interpretación jurisprudencial de una serie de disposiciones de la Ley Orgánica de la Corte Suprema de Justicia y de la Ley Orgánica del Tribunal Supremo de Justicia de 2004, instrumentos que establecían un regulación específica para el supuesto de la interposición por parte de terceros de pretensiones de nulidad de vínculos contractuales públicos, lo que dio lugar al desarrollo de la teoría de los <<actos separables>> en el contencioso-administrativo venezolano, con las peculiaridades propias del Derecho Positivo[21].

Ahora bien, toda esa discusión ha perdido razón de ser a la luz de la regulación de la Ley Orgánica de la Jurisdicción Contencioso Administrativa, al adoptar el referido instrumento una legitimación uniforme basada en el interés jurídico actual, así como al unificar el régimen de distribución competencial en materia de determinación de la responsabilidad en los contratos del Estado, ya no basado, reiteramos, en la existencia de un <<contrato administrativo>>, sino sobre la base de que una de las partes del vínculo convencional sea uno de los sujetos sometidos al control de la jurisdicción contencioso-administrativa. Por consiguiente, el criterio de la Sala Político-Administrativa en esta materia no encuentra sustento en la legislación vigente, y lo que es más importante aún, establece limitaciones y pretendidos correctivos a la forma en que las partes plantean sus pretensiones en lo atinente a la nulidad de una serie de actos administrativos, limitando injustificadamente el derecho de acceso a la Justicia como manifestación del Derecho constitucional a la tutela judicial efectiva.

---

20   *Cfr.* TORREALBA SÁNCHEZ, *Las actuaciones bilaterales...*, pp. 251-254.

21   Sobre el tema puede consultarse: TORREALBA SÁNCHEZ, *Manual de Contencioso...*, pp. 478-489. Véase la bibliografía allí citada, especialmente por su claridad expositiva: ROSITO ARBIA, Giuseppe: *La teoría de los actos separables en el Derecho Administrativo venezolano.* Revista de Derecho Público Nº 59-60. Editorial Jurídica Venezolana. Caracas, 1994, pp. 31-52. Véase también, entre otros: ARAUJO JUÁREZ, José: *El procedimiento administrativo y los contratos de la Administración.* En: Régimen jurídico de los contratos administrativos. Fundación Procuraduría General de la República. Caracas, 1991, pp. 30-35; TAVARES DUARTE, Fabiola del Valle: *Actos administrativos y contratos de la Administración Pública: Teoría general de la conexión.* Cuadernos de la Cátedra "Allan R. Brewer-Carías" de Derecho Administrativo. Universidad Católica "Andrés Bello" Nº 16. Editorial Jurídica Venezolana. Caracas, 2003. Más recientemente: HERNÁNDEZ G., *Contratos de la Administración...*, pp. 471-479, 493-504.

IV.   BREVE REFERENCIA A LA EVOLUCIÓN DEL CRITERIO DE A.R. BREWER-CARÍAS EN CUANTO AL ARBITRAJE EN LA CONTRATACIÓN PÚBLICA.

Otro ejemplo de la evolución del pensamiento de A.R. BREWER-CARÍAS se evidencia en este punto. De su inicial posición contraria al arbitraje en la contratación pública, antes reseñada, ya en 1992 se muestra partidario del mismo, invocando su aceptación en el Código de Procedimiento Civil, con la limitación a aquellos asuntos en los que resultara aceptable la transacción[22]. Con respecto a esta última, señalaba también en 1992 que ella procede ante el ejercicio de facultades discrecionales[23]. Posteriormente, BREWER-CARÍAS retoma el punto en 1999, con ocasión del tema de la apertura petrolera, refiriendo la sentencia de la Corte Suprema de Justicia en Corte Plena del 17 de agosto de 1999, mediante la cual se desestimó la pretensión de nulidad por inconstitucionalidad de la cláusula decimaséptima de los Convenios de Asociación celebrados con ocasión de la misma, disposición contractual que incluía la posibilidad de arbitraje entre las partes.

Pero es a raíz de la entrada en vigencia de la Ley de Promoción y Protección de Inversiones, la Ley de Arbitraje Comercial y de la Constitución de 1999, cuando BREWER-CARÍAS retoma con mayor detalle el tema del arbitraje en la contratación pública. Inicia comentando el contenido del artículo 127 del texto constitucional vigente, en lo relativo a los alcances de la inmunidad de jurisdicción en la contratación estatal, que juzga relativa, para luego referirse al arbitramento o arbitraje en los contratos de interés público. En ese sentido, concluye que si el contrato tiene naturaleza comercial o se evidencian cláusulas de esa naturaleza, es posible la cláusula arbitral de derecho y la cláusula de árbitros arbitradores[24].

Más recientemente, el autor le dedica atención al tema del consentimiento del Estado para someterse al arbitraje internacional en la Ley de Promoción y Protección de Inversiones, concluyendo, del estudio del texto de los artículos 22 y 23 del referido instrumento legal, que sí es admisible el arbitraje internacional o nacional, según el caso, en lo relativo al ámbito de aplicación de dicha ley (inversiones internacionales)[25], discrepando de lo expuesto por la Sala Constitucional del Tribunal Supremo de Justicia en la decisión 1.541 del 17 de octubre de 2008, sentencia contraria a la jurisprudencia previa, según señala el autor. En similar sentido, expresa BREWER-

---

22   BREWER-CARÍAS, *Contratos Administrativos...*, pp. 262-265.

23   *Ibídem*, p. 269.

24   *Cfr. El arbitraje y los contratos de interés nacional.* En: Seminario sobre la Ley de Arbitraje Comercial. Biblioteca de la Academia de Ciencias Políticas y Sociales. Serie Eventos, N° 13. Caracas, 1999, pp. 169-204. En este trabajo hacemos uso del texto recopilado en: *Contratos Administrativos, Contratos Públicos, Contratos del Estado*. Colección Estudios Jurídicos N° 100. Editorial Jurídica Venezolana. Caracas, 2013, p. 478-489, por lo que la referencia es a la p. 488.

25   *Sobre el consentimiento del Estado al arbitraje internacional en la Ley de Promoción y Protección de Inversiones de 1999 y sus vicisitudes.* Revista de la Facultad de Derecho de la Universidad Católica "Andrés Bello". Caracas, 2012. En este trabajo hacemos uso del texto recopilado en: *Contratos Administrativos, Contratos Públicos, Contratos del Estado*. Colección Estudios Jurídicos N° 100. Editorial Jurídica Venezolana. Caracas, 2013, p. 478-489, por lo que la referencia es a la p. 508.

CARÍAS[26], en atención a lo dispuesto en el artículo 151 de la Constitución y 4 de la Ley de Arbitraje Comercial, que en la contratación pública el Estado venezolano ha expresado su aceptación general al arbitraje, tendencia iniciada por la legislación de 1999 anterior al texto constitucional, adoptada por esta última, aunque el Tribunal del CIADI haya concluido en sentido contrario.

Concluimos esta páginas señalando que solo en parte hemos logrado disipar las aprehensiones que evidenciamos en el primer párrafo de las mismas. No creemos haber alcanzado a mostrar cabalmente la línea evolutiva del pensamiento de A.R. BREWER-CARÍAS sobre *Lo contencioso del contrato*, como lo llamó hace medio siglo. Quizá porque no es ese el propósito de esta obra colectiva, y probablemente porque la mejor manera de realizar exitosamente ese ejercicio es acudiendo directamente a los escritos del autor, que son de lectura obligada para quienes quieran adentrarse en el Derecho Administrativo venezolano e Iberoamericano. Allí se encontrarán además, dos de las constantes presentes en la trayectoria académica y profesional de BREWER-CARÍAS, a saber: el estudio detenido, analítico y reiterado de los temas fundamentales del Derecho Administrativo de hoy y de siempre, que tratándose de la contratación pública, ha sido calificado acertadamente con <<uno de los más desesperantes del Derecho Administrativo>>, así como el dinamismo evolutivo del pensamiento del tratadista, quien no ha dudado en cambiar de criterio –explicando cómo y por qué- cuando las transformaciones de la disciplina así lo han requerido, sea por renovadoras tendencias doctrinarias, cambios en el Derecho Positivo, o simplemente, por la propia evolución intrínseca de su pensamiento.

Dualidad de caracteres que, entre muchas virtudes de tal obra, justifica el sentido de homenajear una larga y, sobre todo, extraordinariamente destacada y fructífera senda académica, como lo es sin duda la del autor de *Las Instituciones Fundamentales del Derecho Administrativo y la Jurisprudencia Venezolana*, abriendo ayer, hoy y siempre, nuevos caminos en el estudio de esta apasionante disciplina jurídica.

---

26   *Contratos Administrativos, Contratos Públicos...*, p. 542-546.

CUARTA PARTE

LOS RECURSOS ADMINISTRATIVOS

SECCIÓN PRIMERA:

¿SE JUSTIFICAN LOS RECURSOS ADMINISTRATIVOS PREVISTOS EN LA LEGISLACIÓN VENEZOLANA?

UNA APROXIMACIÓN AL PROBLEMA DESDE LA METODOLOGÍA DE COSTOS Y BENEFICIOS

Luis A. Herrera Orellana

[1]Licenciado en Filosofía y Abogado *summa cum laude* (UCV).
Especialista en Derecho Administrativo (UCV).
Profesor instructor de Derecho Administrativo (UCV).

"En este orden de ideas, el administrado, al tener acceso a los recursos administrativos, puede resolver la controversia planteada en la misma vía administrativa, es decir, se busca con el ejercicio de estos recursos una pronta conciliación, si ello es posible, entre el afectado por el acto y la Administración".

TSJ, Sala Político-Administrativa, sentencia N° 489, de 27.03.01, caso: *"Fundación Hogar Escuela José Gregorio Hernández"*

"...hay una creciente tendencia, preocupantemente compartida por buena parte de la sociedad, a prohibir o intentar prohibir lo que no le gusta a cada cual y a meterse en todo lo habido y por haber, algo propio de los sistemas totalitarios, que por eso se llaman así: el Estado interviene en *todo,* lo regula todo, lo que es de su competencia y lo que no; dicta normas sin cesar, se inmiscuye en las instituciones civiles, trata de controlarlas, lo mismo que la cultura, la lengua, la manera de pensar, el tipo de vida de los ciudadanos y sus decisiones más personales".

Javier Marías, *"Para eso somos el gobierno, idiota"*, El País, 2010.

COMENTARIO PRELIMINAR:

Oportuno y sin duda merecido el homenaje que la academia jurídica venezolana, en particular la dedicada al estudio y difusión del Derecho Administrativo, le rinde al libro del profesor Allan Randolph Brewer-Carías *Las Instituciones Fundamentales del Derecho Administrativo y la Jurisprudencia Venezolana*[1], (en lo que sigue *Las Instituciones*), y que constituye la tesis doctoral defendida por su autor, en la Universidad Central de Venezuela, ante el jurado conformado por su tutor, el profesor Antonio Moles Caubet, y los profesores Gonzalo Pérez Luciani, Enrique Pérez Olivares y Tomás Polanco Alcántara, y en la que expresó muy tempranamente a cabalidad su compromiso y pasión por participar de la construcción y consolidación de instituciones jurídicas modernas en nuestro país, que recién estrenaba la democracia.

Este libro, entre otros valores que han sido destacados por mejores críticos de la obra de su autor, tiene el mérito de aportar en la fecha de su publicación no sólo una obra actualizada en los temas ya tratados por otros textos de estudio de la disciplina, como el del profesor Eloy Lares Martínez *Manual de Derecho Administrativo*(los demás, como el *Tratado* del profesor J. M. Hernández Ron eran ya añejos), sino de incorporar al análisis de las figuras y de los temas estudiados la jurisprudencia vigente en la materia, de modo que no se limitara el estudio a la perspectiva estática y teórica que las normativas y la doctrina, nacional y extranjera, aportan, y que el mismo resultara enriquecido por la perspectiva dinámica y argumentativa de la doctrina jurisprudencial del Alto Tribunal de la República[2].

Dicho enfoque, no podemos olvidar, fue profundizado por el profesor Brewer-Carías en su muy imponente *Jurisprudencia de la Corte Suprema 1930-1974 y Estudios de Derecho Administrativo*[3], publicada entre 1975-1979, y que constituye otra obra de consulta obligatoria tanto para docentes e investigadores, como para abogados practicantes en no pocos casos, debido al valor de las sentencias fundamentales en los temas analizados, así como de los estudios críticos consignados en cada volumen.

En el caso de *Las Instituciones*, encontramos que bajo esa triple perspectiva normativa, doctrinal y jurisprudencial, se sistematizaron y estudiaron los siguientes temas del Derecho Administrativo (aunque el estudio del último, como corresponde, se incluye desde hace varios años en el Derecho Procesal Administrativo): el principio de legalidad administrativa, la teoría del acto administrativo, la teoría del contrato administrativo, los recursos administrativos y la jurisdicción contencioso-

---

1   Brewer-Carías, Allan R., *Las Instituciones Fundamentales del Derecho Administrativo y la Jurisprudencia Venezolana*. Caracas: Universidad Central de Venezuela, Colección Tesis de Doctorado, Volumen IV, 1964.

2   Sobre la evolución de los estudios universitarios del Derecho Administrativo en Venezuela, y la importancia de *Las Instituciones* en dicha evolución, ver Hernández González, José Ignacio, "Cien años de enseñanza del Derecho Administrativo en Venezuela", en *100 años de enseñanza del Derecho Administrativo en Venezuela*. Tomo 1. Caracas: UCV-FUNEDA, 2011, pp. XXV y ss.; y sobre los inicios en el país del estudio científico de la disciplina, ver Hernández González, José Ignacio, "Perspectiva histórica de los textos fundamentales del Derecho Administrativo en el centenario de la cátedra", en *Textos Fundamentales del Derecho Administrativo (Cien años de la creación de la Cátedra de Derecho Administrativo de la Universidad Central de Venezuela)*. Caracas: ACIENPOL, 2010, pp. XI y ss.

3   Brewer-Carías, Allan R., *Jurisprudencia de la Corte Suprema 1930-1974 y Estudios de Derecho Administrativo* (Caracas: Instituto de Derecho Público, Universidad Central de Venezuela, 6 Tomos.

administrativa. En todos ellos, hallamos valiosos análisis sobre la evolución de esas instituciones en Venezuela, su situación actual (a la fecha de la elaboración de la obra, se entiende) y sobre cómo, en ejercicios críticos del autor de notable valor teórico y práctico, podían y debían evolucionar esas figuras jurídicas para cumplir con los fines de servicio a los particulares de la Administración Pública.

Justo en tal sentido es que cabe señalar de *Las Instituciones* que no sólo tienen un indiscutible valor histórico para el estudio y comprensión de la evolución en Venezuela de las figuras jurídicas centrales del Derecho Administrativo, tanto a nivel normativo como a nivel jurisprudencial y doctrinal, sino que el espíritu pedagógico y crítico que animó y orientó su redacción se mantiene más vigente que nunca, pues la necesidad de explicar y argumentar con enfoques novedosos sobre el funcionamiento y utilidad de las instituciones del Derecho Administrativo a las actuales y futuras generaciones de estudiantes y abogados, y de además hacerlo desde una perspectiva crítica, abierta al debate y a la proposición de nuevas soluciones y modos de usar esas instituciones, son virtudes que todo investigador, docente y practicante de esta disciplina debe adoptar en forma permanente, hoy más que nunca ante la acelerada destrucción de esas instituciones en Venezuela.

Por ello, como el propio profesor Brewer-Carías lo ha indicado, poco importa que muchas de las explicaciones contenidas en la obra estén hoy día superadas, o incluso hayan sido abandonas por el propio autor. *Las Instituciones* seguirá siendo un libro de referencia para comprender los aspectos positivos y los negativos de las figuras jurídicas en ella estudiadas, y para ponderar en qué medida el estado de cosas en el Derecho Administrativo previo a la instauración de la República civil y democrática en 1958, pero en especial desde la vigencia de la Constitución de 1961, ha mejorado o empeorado en los años posteriores a su publicación, hasta este caótico 2014 en que tenemos el agrado de celebrar sus primeros 50 años de publicadas (me adelanto a decir, según lo que se sostiene en la parte IV de este trabajo, que ha empeorado considerablemente).

I. LOS RECURSOS ADMINISTRATIVOS EN LAS INSTITUCIONES:

Esta obra se publica varios años antes de que entre en vigencia la Ley Orgánica de Procedimientos Administrativos de 1982, y puede decirse que en la misma se planteó en forma directa la necesidad de una legislación tal, al tiempo que se sentaron las bases, por la sistematicidad y coherencia con que se analizó, por ejemplo, el tema de los recursos administrativos, para que pudiera superarse el caos normativo, administrativo y conceptual que todavía en 1964 caracterizaba al Derecho Administrativo venezolano.

Si se considera el tema objeto de este breve estudio, el de los recursos administrativos, se advierte que si bien en la obra se nos explica que algunas leyes especiales los establecían, y que existían ya dos grupos diferenciables: los propios, entre los que estaban el recurso de reconsideración y el recurso jerárquico solamente (no el recurso de revisión actual), y los impropios, entre los que estaba según la obra homenajeada el recurso jerárquico impropio, el recurso de gracia y el recurso económico-administrativo (antecedente del actual recurso jerárquico tributario), también se nos advierte sobre la gran confusión conceptual normativa y práctica que existía en su tramitación administrativa, y en su interpretación tanto judicial como doctrinal.

Por ejemplo, no se distinguía bien entre administración y jurisdicción de modo que se llamaban "apelaciones" a los recursos jerárquicos, se consideraban los recursos "derechos" de la Administración en lugar de medios de impugnación, y condición para el ejercicio de la autotutela administrativa (cuando ésta, sabemos, se puede ejercer sin necesidad de instancia de parte), se pensaba que era potestativo del legislador reconocer o no los recursos y que en los casos en que la ley no los previera no se podían ejercer, se aceptaba que debían agotarse en forma obligatoria para acudir a la vía contencioso-administrativa (tal despropósito, que rechacé en otro lugar[4], hoy día no rige al aceptarse que en efecto constituía un privilegio odioso y contrario a la tutela judicial), entre otros.

Resulta, en todo caso, de particular interés un párrafo de Las Instituciones en que se dice sobre el origen de los recursos administrativos, pues por mucho que se afirme que ya estos recursos no responden a esa forma de entender el Poder, la práctica, en especial la de países como Venezuela, desmienten tal consideración optimista y poco realista acerca de la realidad del Poder.

Dicho párrafo explica lo siguiente: "...en Francia, el recurso que nuestras leyes especiales califican de recurso de reconsideración es llamado Recurso Gracioso. Pero el empleo de esta terminología, que jurídicamente no tiene explicación, históricamente sí la tiene. El recurso de gracia o súplica, como la misma palabra lo indica, es un acto de favor, de gracia y no de justicia. Este recurso de gracia, históricamente puede considerarse como el origen de los recursos administrativos y tuvo vigencia en la Monarquía. Pero actualmente, cuando se recurre administrativamente de un acto, en cualquier sistema jurídico del molde del Estado de Derecho no se hace pidiendo 'gracia', ni se hace 'suplicando', sino en ejercicio de un derecho y fundamentándose en derecho"[5].

Otros párrafos nos dan idea de la grave confusión que existía en este tema, consecuencia en parte de la comprensión autoritaria y contraria a la libertad de los ciudadanos que ha prevalecido en el Derecho Administrativo venezolano[6].

Sobre la condición de "derecho" de la Administración de los recursos: "La jurisprudencia de la antigua Corte Federal le ha dado una doble fundamentación a los recursos administrativos. En relación a los particulares ha sostenido que constituyen

---

4   En Herrera Orellana, Luis Alfonso, *"La vía administrativa: ¿garantía para los particulares o privilegio de la Administración?"*, en Revista de Derecho Público N° 89-90 / 91-92, Enero-Diciembre 2002, Editorial Jurídica Venezolana, Caracas, 2004.

5   Brewer-Carías, Allan R., *Las Instituciones, op. cit.*, p. 276.

6   Sobre esta concepción véase Herrera Orellana, Luis Alfonso, "Derecho Administrativo y Libertad: o de por qué el Derecho Administrativo venezolano no ha respetado ni promovido la libertad", en *Revista Electrónica de Derecho Administrativo Venezolano*, N° 2, Centro de Estudios de Derecho Público de la Universidad Monteávila, Caracas, 2014.

un derecho público subjetivo. En relación con la Administración, ha considerado que constituyen un derecho a revisar sus propios actos"[7].

Asimismo, sobre la confusión entre recurso y apelación: "….algunas leyes han reconocido desde hace ya algún tiempo el recurso de apelación ante el superior jerárquico. La ausencia de un procedimiento administrativo uniformemente regulado, sin embargo, hizo que la Corte, en otros tiempos, considerara que sólo era admisible cuando una ley expresamente lo consagrara"[8]; y por último: sobre el carácter de medios jurídicos de impugnación de los recursos: "Estos tres recursos son, como hemos visto, verdaderos medios jurídicos de impugnación de los actos administrativos, dados para protección de los administrados y en conformidad con el derecho que asiste a la Administración, de revisar sus propios actos"[9], siendo de gran importancia esta última consideración, en aquella época, pues Altas Autoridades de los Gobiernos de entonces sostenían que este tipo de recursos en realidad no eran jurídicos sino aún medidas de gracia.

Sin pretender resumir lo expuesto en los Capítulos contenidos en el Título IV de *Las Instituciones*, cabe señalar que en ellos el autor informa del estado actual de los recursos administrativos, los clasifica y expone, los sistematiza, ordena, pero también propone, debate, critica y orienta con la finalidad de avanzar hacia una plena institucionalización y modernización del régimen jurídico de los recursos administrativos, lo que terminará lográndose, en buena medida, con la Ley Orgánica de Procedimientos Administrativos, sobre cuya redacción mucha influencia tuvo.

Por ello citamos como cierre de esta sección al profesor Brewer-Carías: "La Ley Orgánica de Procedimientos Administrativos que entró en vigencia el 1° de enero de 1982, puede decirse, sin la menor duda, que es la Ley más importante que se ha dictado en relación con la Administración Pública Venezolana Contemporánea. No había sido nunca nuestra Administración destinataria de un cuerpo normativo que regulara con tanta amplitud y precisión, aspectos centrales de su relación con los particulares, siendo ésta la primera vez que se regula de forma general, la actividad sustantiva de la Administración Pública"[10].

Era mucho lo que se esperaba de esa Ley, y sin duda mucho lo que ella permitió mejorar y modernizar el funcionamiento de la Administración Pública venezolana su puesta en vigencia. Sin embargo, no basta con tener una buena Ley, es además imprescindible que su interpretación y aplicación por las autoridades, así como por los tribunales, sea la adecuada y esté en el centro de todo ello el respeto y la salvaguarda de las libertades de los ciudadanos en lugar de ese abstracto y muy colectivista "interés general" que tanto se invoca, de modo que es mucho lo que aún debe avanzarse en la materia de procedimientos, y en especial en la de los recursos administrativos, ámbitos

7   Brewer-Carías, Allan R., *Las Instituciones*, *op. cit.*, p. 231

8   *Ibidem*, p. 247

9   Brewer-Carías, Allan R., *Las Instituciones*, *op. cit.*, p. 275.

10   Brewer-Carías, Allan R., *El Derecho Administrativo y la Ley Orgánica de Procedimientos Administrativos*. Caracas: Editorial Jurídica Venezolana, 4ta edición, 1997, p. 13.

de la disciplina que al menos desde el año 2007, luego de la puesta en vigencia de numerosos decretos-ley, han sufrido una notable involución en todo sentido.

Dado que están a disposición de los interesados estudios de dogmática jurídica, muy completos y didácticos, sobre los recursos administrativos, tanto de los previstos en la Ley Orgánica de Procedimientos Administrativos como en otras leyes especiales[11], lo que sigue a continuación no es un estudio más dirigido a comentar su régimen jurídico, sino a recordar lo que en Venezuela, tanto la jurisprudencia como la doctrina, entienden son los recursos, a examinar el porqué del aparente auge de los recursos, a partir de su reconocimiento legislativo creciente y del incremento de su uso por los particulares en casos concretos, y a reflexionar sobre su mantenimiento o no en el Derecho Administrativo venezolano, con apoyo en la metodología de los costos y los beneficios de las políticas y regulaciones.

II.   LOS RECURSOS ADMINISTRATIVOS SEGÚN LA JURISPRUDENCIA Y LA DOCTRINA VENEZOLANAS:

Como se verá a continuación, es casi unánime, por no decir pleno, el acuerdo entre la jurisprudencia y la doctrina especializada en torno al carácter de garantía que tienen los recursos administrativos para los particulares, enfoque que como veremos se base solo en la descripción e interpretación formal del régimen jurídico de los recursos, y en modo alguno en los resultados, efectos, aportes, cargas y desventajas que genera su existencia y utilización en casos reales.

Si de resumir la postura que la Sala Político-Administrativa ha mantenido en los años recientes (aquí en sintonía con la Sala Constitucional, según lo expuesto en sentencia No. 833, del 25.05.01) sobre los recursos administrativos, la sentencia No. 489, de 27 de marzo de 2001, caso: *"Fundación Hogar Escuela José Gregorio Hernández"*, no resulta de mucha utilidad, ya que en ella se destacan los supuestos atributos, beneficios y aspectos jurídicos que definen a estos medios de impugnación de los actos administrativos.

Señaló en esta sentencia dicha Sala, con miras en ese momento a justificar el carácter obligatorio de la interposición de los recursos como condición para luego acudir a la vía judicial, que "…el administrado, al tener acceso a los recursos administrativos, puede resolver la controversia planteada en la misma vía administrativa, es decir, se busca con el ejercicio de estos recursos una pronta conciliación, si ello es posible, entre el afectado por el acto y la administración. En este sentido resulta oportuno puntualizar que el uso de la vía administrativa no corresponde al cumplimiento de ninguna formalidad, sino como una necesidad que la propia dinámica administrativa impone en beneficio del administrado para ventilar la solución del conflicto antes de acudir a la vía jurisdiccional".

---

11   Además del ya citado trabajo de Brewer-Carías, Allan R., *El Derecho Administrativo y la Ley Orgánica de Procedimientos Administrativos*, ver entre otros Araujo Juárez, José, *Derecho Administrativo General. Procedimiento y recuso administrativo*. Caracas: Ediciones Paredes, 2010, pp. 400 y ss.

En dicha línea argumental, sostuvo la Sala Político-Administrativa que los recursos (medios de impugnación que no formas de autocomposición) podían equipararse a medios alternativos de conflictos, específicamente a la "conciliación": "Respecto de la figura de la conciliación, la Constitución de 1999, en su artículo 258 único aparte, reconoce los medios alternativos de resolución de conflictos como parte integrante del sistema de justicia venezolano (…) Identificándose de esta manera con las diversas normativas que con anterioridad a su vigencia habían adoptado la conciliación como medio alternativo de resolución de conflictos, tales como el Código Orgánico Procesal Penal (artículos 407, 421 y 422) y la Ley de Protección al Consumidor (artículos 77, 86 numeral 12, 134, 135, 136, 138, 139, 140 y 141), entre otros. Ello obedece al interés que se implementen mecanismos que permitan la solución no contenciosa de los conflictos que puedan surgir en un momento determinado entre los particulares y los intereses del Estado, con el fin último de garantizar de una manera efectiva la tutela de dichos intereses y la participación ciudadana en el marco de la resolución de los conflictos".

Y como suele ser frecuente en la motivación de esa Sala, se apeló al argumento de autoridad (sin indicar la fuente directa) para transferir validez a sus premisas: "Como refiere SÁNCHEZ MORÓN 'la vía administrativa previa encuentra su sentido institucional adecuado si constituye también una forma de garantía de los derechos e intereses de los particulares, sencilla y efectiva, de manera que ahorre la necesidad del proceso judicial, que suele ser lento y costoso, contribuyendo de paso a reducir la avalancha de recursos contencioso-administrativos' (…) En ese sentido debe afirmarse que los recursos en sede administrativa no fueron concebidos por el legislador para imponer una carga al administrado, sino más bien, como un medio garantizador de la esfera jurídica de los particulares. De tal manera que, aun cuando en la práctica el ejercicio obligatorio de tales recursos, se ha considerado como una carga al administrado, debe señalar esta Sala, que tal concepción ha sido constreñida por la conducta irresponsable de funcionarios que, en sus quehaceres, lejos de enfrentar objetiva, imparcial y eficazmente el propósito del recurso, han desvirtuado la verdadera naturaleza del agotamiento de la vía administrativa".

Según la Sala, el problema entonces no es un mal diseño institucional (es decir, la hipocresía y el carácter autoritario que subyace a la existencia misma de unos recursos que erigen a la Administración en juez y parte de sus propios asuntos, y a la cuya funcionarios se le pide sean imparciales y sirvan al interés general a la vez). No, el problema sería lo que Isaiah Berlin llamó "el fuste torcido de la humanidad"[12], de modo que cuando éste cese, es decir, cuando los funcionarios sean "hom-

---

12   Tomado de una reflexión de Immanuel Kant según la cual "…con un leño tan torcido como aquel del cual ha sido hecho el ser humano nada puede forjarse que sea del todo recto", Berlin la empleó no para negar la posibilidad de libertad, prosperidad y civilidad entre los seres humanos, sino para recordar la imperfección e ignorancia que caracteriza a nuestra especie, que sólo puede lograr emanciparse de sus naturales limitaciones mediante una combinación de pensamiento, ideas e instituciones que aseguren fundamentalmente la libertad individual y el pluralismo de valores, en lugar de aspirar a una utópica superación definitiva de la imperfección natural del ser humano, como esperan los socialistas, en un nivel filosófico, cuando afirman que el ser humano debe dejar el egoísmo para vivir felizmente, o los burócratas y mercantilistas cuando, en un nivel práctico, afirman que un control de cambios sí puede ser eficaz si los funcionarios y particulares no comenten actos de corrupción, olvidando unos y otros que, como

bres nuevos" (y no sean coaccionados por sus superiores jerárquicos al decidir los recursos, habría que indicar) y ya no tengan "vicios" que los hagan irresponsables, entonces los recursos administrativos sí serán efectivos.

Con apoyo en lo anterior, se concluyó en el fallo citado que "…el administrado, al tener acceso a los recursos administrativos, puede resolver la controversia planteada en la misma vía administrativa, es decir, se busca con el ejercicio de estos recursos una pronta conciliación, si ello es posible, entre el afectado por el acto y la administración. En este sentido resulta oportuno puntualizar que el uso de la vía administrativa no corresponde al cumplimiento de ninguna formalidad, sino como una necesidad que la propia dinámica administrativa impone en beneficio del administrado para ventilar la solución del conflicto antes de acudir a la vía jurisdiccional".

Mucho es lo que en la doctrina venezolana se ha escrito sobre el tema, en particular el profesor Brewer-Carías, de modo que no es posible dar cuenta en estas breves líneas de lo que ha sido analizado sobre el régimen jurídico y naturaleza de los recursos en estudio. En vista de ello, me limito a seguir lo expuesto por Andrés Troconis, que bien resume lo dicho en numerosas obras sobre el tema: "…hemos sido del criterio de que la propia existencia de los recursos administrativos no plantea ningún problema. Por el contrario, dada su naturaleza impugnatoria y su pretensión de nulidad del acto recurrido, brinda una solución al administrad que no tiene recursos económicos para impugnar en sede judicial el acto que lesiona sus intereses o derechos (…) Los recursos son mecanismos a través de los cuales los particulares impugnan un acto creado por la Administración que entienden es contrario a derecho y, por tanto, son una manifestación de los derechos constitucionales a la defensa y a la petición"[13]

Considerando lo anterior, puede sostenerse que tanto la jurisprudencia como la doctrina especializada coinciden en reconocer como ciertas las siguientes notas sobre la naturaleza, función y conveniencia de los recursos administrativos:

Son expresión de la potestad de autotutela administrativa, no son ya privilegios de la Administración Pública, que por ello ya no es obligatorio su agotamiento para acudir a la vía judicial, que son distintos a la jurisdicción, pues le anteceden.

Son medios de impugnación administrativos, dirigidos a revisar la legalidad de los actos administrativos, que también permiten revisar el mérito de dichos actos (su oportunidad, conveniencia), pero que no deben suspender en forma automática los efectos del acto impugnado pues tal suspensión afectaría el interés general, poco importa que la Administración Pública, que ya tiene ejecutoriedad, dicte además medidas cautelares, es decir, actos administrativos sin procedimientos previos.

---

bien explicó Ludwig von Mises en *La Acción Humana*los seres humanos actuamos, casi siempre, por incentivos y no por ideales abstractos o razones analíticas. Ver Berlin, Isaiah, *El Fuste Torcido de la Humanidad. Capítulos de historia de las ideas*. Barcelona: Editorial Península, 2002, en especial pp. 37 y ss.

13   Troconis Torres, Andrés, "Los recursos administrativos (LOPA)", en *Actualización en Procedimiento Administrativo*. Caracas: FUNEDA, 2da edición, 2008, p. 128.

Son garantías jurídicas de los particulares, de su derecho a la defensa, por lo que su tramitación debe respetar el debido procedimiento conforme al artículo 49 constitucional, así como el derecho de petición y oportuna respuesta (no se comparte esta afirmación pues la petición corresponde a procedimientos constitutivos y no revisores), y su vez son medios alternativos a la jurisdicción para la resolución de conflictos jurídicos, por lo que también serían expresión de lo previsto en el artículo 253 constitucional (tampoco se comparte esta afirmación porque quien concilia, arbitra o media no puede ser a la vez parte).

Por último, todavía se clasifican, al igual que para la fecha de publicación de *Las Instituciones*, en propios e impropios, de acuerdo al régimen legal aplicable a cada uno de ellos, así como en atención tanto al autor del acto como a la autoridad ante la cual se acude a pedir la revisión de lo decidido.

Tenemos entonces que las garantías jurídicas ante la propia Administración Pública serían, actualmente, el recurso de reconsideración, el recurso jerárquico y el recurso de revisión (que no existía en esos términos para 1964) previstos en la Ley Orgánica de Procedimientos Administrativos y otras leyes especiales como las que rigen en materia de bancos, seguros, precios y tierras agrarias (aunque en estas suele preverse sólo el recurso de reconsideración) los cuales corresponden a la categoría de recursos propios (existe relación de jerarquía entre quien dicta el acto y quien decide el recurso).

Mientras que el recurso jerárquico contra actos dictados por la máxima autoridad de los entes descentralizados funcionalmente (institutos autónomos, institutos públicos, etc.) ante la autoridad superior del Ministerio de adscripción, previsto en la misma Ley Orgánica de Procedimientos Administrativos, sería el caso de recurso administrativo impropio (por no existir jerarquía plena entre quien dicta el acto y quien decide el recurso administrativo) más relevante, junto a otros previstos en leyes especiales (por ejemplo, los previstos en la Ley Orgánica para la Prestación de los Servicios Públicos de Agua Potable y Saneamiento, reformada en 2007).

Nótese, en todo caso, que las razón por la cual en *Las Instituciones* se distinguió entre recursos administrativos "propios" e "impropios", a saber, porque unos debían decidirse conforme a Derecho y otros a partir de la equidad o la gracia de la autoridad, ya no tienen vigencia alguna en la actualidad legislativa, pues todos los recursos que se interpongan deben decidirse conforme a Derecho y no sobre la base de la indulgencia.

Ahora bien, luce sorprendente, pero también preocupante, que sea lo anterior lo que comúnmente se comenta por escrito sobre los recursos administrativos, no sólo porque siguen siendo en otros ordenamientos motivo de debate entre los especialistas y los propios funcionarios, sino en especial por la grave situación de involución y destrucción que sufre el Derecho Administrativo en Venezuela, en donde aún menos es posible, con semejante tranquilidad, afirmar que los recursos administrativos son garantías para los particulares.

Muestra de la necesidad que existe de tomarse más en serio lo que sucede en realidad con los recursos administrativos en la práctica, nos la ofrece este pasaje, publicado a mediados de la década de los 90 del pasado siglo, en España, sobre la casi nula utilidad de los recursos administrativos, y los mitos creados por la doctrina especializada en torno suyo: "Así, se suele presentar al recurso como un medio de garantía de la esfera jurídica de los particulares, y como un presupuesto para la posterior impugnación jurisdiccional del acto o acuerdo administrativo, lo cierto es que la primera nota queda desvirtuada en la práctica, constituyendo, por tanto, sólo una verdad teórica de esas que por mucho que se repitan no logran disipar las dudas sobre su verdadero sentido. Aquí, más que ninguna otra institución, se comprueba el divorcio entre el dogma teórico y la práctica administrativa y forense, ya que a pesar de las garantías formales que para los derechos e intereses de los particulares tienen los recursos, lo que es difícil poner en duda es su escasa o nula entidad para restablecer o salvaguardar la esfera jurídica vulnerada por la Administración Pública"[14].

El autor citado concluye su reflexión indicando muy enfáticamente que: "Porque, salvo en casos puntuales, en los que el recurso administrativo es el medio natural y hasta único de resolución de un conflicto, esta vía se ha configurado, sin exageración, como una rémora que retrasa y entorpece el acceso a los Tribunales de Justicia. Esta es una evidencia aceptada por la práctica totalidad de los autores que han analizado la materia, y que por esta misma razón necesita mayor abundamiento"[15]

Lo anterior, conviene destacar, lo afirmó un jurista que reivindica la intervención administrativa en la economía y los principios del Estado democrático y social de Derecho, es decir, que no parte de un enfoque liberal en su comprensión e interpretación del Estado y del Derecho (de modo tal que no se le puede "acusar" de ser "sesgado" en su análisis de los recursos administrativos, el cual basa, por además, en algunos estudios estadísticos sobre el tema citados en la obra consultada), y que analizó a los recursos administrativos bajo el funcionamiento de una Administración Pública como la española, muy superior en calidad y respeto a los derechos y libertades de los particulares a la actual venezolana, entre otras razones porque no se encontraba –ni se encuentra- ideologizada, desinstitucionalizada y militarizada como lo está la Administración Pública Nacional (y en parte la Administración Pública Estadal) al día de hoy en Venezuela.

Si la situación puede ser aún peor en nuestro país, cabe preguntarse: ¿qué explica entonces el aparente auge que tienen los recursos administrativos entre nosotros?

III. EL AUGE ACTUAL DE LOS RECURSOS ADMINISTRATIVOS Y LA –APARENTE– DISMINUCIÓN DE DEMANDAS Y LITIGIOS ANTE LA JURISDICCIÓN CONTENCIOSO-ADMINISTRATIVO:

En los últimos años han proliferado los decretos-ley y algunas leyes sancionadas por la Asamblea Nacional que ratifican y contemplan recursos administrativos propios en normativas aplicables a los más diversos ámbitos de la economía en los que

---

14   Sarmiento Acosta, Manuel J., *Los recursos administrativos en el marco de la justicia administrativa.* Madrid: Editorial Civitas, 1996, pp. 33 y 34.

15   *Ibidem*, p. 34.

interviene la Administración Pública Nacional, si bien en general se mantiene el carácter optativo de su agotamiento a efectos de acceder a la jurisdicción contencioso-administrativa, y sólo en materias como las de servicios públicos, por una interpretación cuestionable de la Ley Orgánica de la Jurisdicción Contencioso-Administrativa[16], y de alquiler de viviendas, por la legislación inconstitucional vigente en la materia, se ha intentado reestablecer en forma expresa esa vía administrativa previa de agotamiento obligatorio[17].

Junto a lo anterior, la práctica profesional nos permite apreciar un aumento del uso de los recursos administrativos propios por los particulares cuando tienen controversias con la Administración Pública, en especial con la Nacional, y al mismo tiempo una disminución de los juicios contencioso-administrativos que se inician cada año, pues aunque desde hace ya varios años el agotamiento de la vía administrativa no es obligatorio, los particulares afectados por actuaciones administrativas prefieren regularmente, luego de analizar su caso con sus asesores (siempre que estos les sean honestos sobre las posibilidades de triunfo ante la Administración con los "jueces" actuales), solicitar la revisión administrativa del acto antes que acudir en forma directa a los Tribunales contencioso-administrativos.

Las situaciones antes descritas, de ser ciertas en un número significativo de casos (desde luego, no se disponen de estadísticas elaboradas por Ministerios, centros de investigación, el Instituto Nacional de Estadística, entes descentralizados, Alcaldías, etc., que permitan asegurar categóricamente que hoy día se interponen más recursos administrativos que demandas judiciales comparando el período con otros anteriores, lo que es cuestionable ya de seguro se destinan fondos públicos para pagar el personal, papelería, estructura, etc., destinado a la tramitación de esos recursos una vez interpuestos), podrían interpretarse como una confirmación entonces de la confianza, utilidad, eficacia y carácter de verdaderas garantías jurídicas de los recursos administrativos, en los términos en que tanto la jurisprudencia como la doctrina los conciben tradicionalmente en Venezuela.

No obstante, pensamos que no es por lo anterior que habría aumentado en la práctica el uso, por lo general fallido e inútil, de los recursos administrativos en Venezuela (los cuales, como afirma Sarmiento Acosta para el caso español, siguen terminando de todos modos o en silencio negativo o en poco motivadas declaratorias de improcedencia), sino por una serie de circunstancias nada positivas, que pasamos a destacar a continuación:

En primer lugar, por el aumento desbordado y contrario a las libertades económicas del intervencionismo (planificación, dirigismo, sustitución de la libertad de elegir de las personas, es decir, algo muy distinto a limitar y "ordenar" las actividades como puede hacerlo la actividad de limitación o de policía) de la Administración

---

16   Véase Torrealba Sánchez, Miguel Ángel, *Problemas Fundamentales del Contencioso-Administrativo venezolano en la actualidad*. Caracas: FUNEDA, 2013.

17 Críticas a este inconstitucional régimen de la Ley para la Regularización y Control de los Arrendamientos de Vivienda en Herrera Orellana, Luis Alfonso, *Legislación venezolana y Propiedad Privada. Análisis Costo-Beneficios de la legislación dictada entre 2010-2011*. Caracas: CEDICE, 2012, p. 83, disponible en: http://goo.gl/kFTzj2

Pública Nacional en casi la totalidad de los mercados que subsisten en Venezuela, a través de regulaciones confiscatorias, actos ablatorios, etc., que colocan a los particulares en materias como bancos, seguros, protección a los consumidores, régimen cambiario, telecomunicaciones y medios radioeléctricos, alimentos, medicinas, servicios educativos y de salud, etc., como subordinados de la Administración Pública y a ésta como su superior jerárquico, por lo cual aquéllos, en su confusión, acuden a los recursos administrativos como medios para lograr algún "entendimiento" con sus "superiores"[18].

En segundo lugar, por la funcionalización, como consecuencia del intervencionismo antes mencionado, de las actividades económicas "abiertas a la libre competencia" (un mero decir esta expresión en la Venezuela actual), debido a la puesta en vigencia de mandatos en lugar de normas de mera conducta, que eliminan la autonomía de los particulares, y con ella su libertad de acción y de disposición sobre sus bienes, pues más que limitar su conducta, esos mandatos dirigen su conducta, los usan (tanto a las personas como a sus propiedades) como medios para lograr los fines de la Administración Pública, lo que lleva de nuevo a ver los recursos como posibles formas de evitar una funcionalización excesivamente arbitraria[19].

En tercer lugar, por la creciente desinstitucionalización de la Administración Pública Nacional, debido a la creación permanente de burocracias paralelas llamadas Misiones o instancias del Poder Popular, así como por su explícita ideologización, partidización y militarización al sujetarla al Plan de la Patria[20], que la lleva a apartarse en sus decisiones cada día más y más de las normas jurídicas, del respeto a la Constitución y del respeto a los derechos de los particulares, y a seguir únicamente criterios, fines e intereses del partido en ejercicio del Poder, de la ideología que sigue (el socialismo) y bajo una lógica militar, lo que lleva a los particulares, vía recursos administrativos, a explorar ante sus "superiores jerárquicos" soluciones basadas en el clientelismo, la corrupción y la militancia política[21].

---

18   Sobre esta grave problemática, contraria al Estado de Derecho y el sistema de economía social de mercado, véanse los estudios publicados en la *Revista de Derecho Público N° 130. Estudios sobre Decretos-Leyes 2010-2012.* Caracas: Editorial Jurídica Venezolana, 2013.

19   Respecto de la funcionalización y el intervencionismo económico, véase Herrera Orellana, Luis Alfonso, "Leyes, mandatos y regulación administrativa", en *Enfoques sobre Derecho y Libertad en Venezuela,* Caracas: ACIENPOL, 2013, así como los restantes trabajos publicados en esta obra.

20   Algunas críticas relativas a la inconstitucionalidad del Plan, que se pretende hacer pasar como nueva Constitución de la República, en las declaraciones de Jesús María Casal al diario *El Universal* en: http://goo.gl/RRBQnR; y el análisis costo beneficios aplicado a dicho texto, que no es ley de la República, elaborado por el Observatorio Económico Legislativo de CEDICE en: http://goo.gl/D3F4m0

21   Sobre el impacto de las Misiones en el proceso de deterioro de la Administración Pública tradicional en Venezuela, véase Zambrano, Paula, *Las Misiones en la Organización Administrativa venezolana.* Caracas: FUNEDA, 2011; y sobre el problema de la militarización de la Administración Pública civil dedicada a la economía, ver lo expuesto por la asociación civil Un Estado de Derecho en: http://goo.gl/HRGoRA; en cuanto a la ideologización y culto a la personalidad, véase el reporte de las organizaciones civiles que integran la coalición Monitor Legislativo (Transparencia Venezuela, Control Ciudadano, Espacio Público, entre otras), titulado *Los poderes públicos bajo severo control del Ejecutivo,* en: http://goo.gl/Ql9JzT

Y finalmente, en cuarto lugar, por la desconfianza y hasta temor de los particulares tanto nacionales como extranjeros, en el Poder Judicial venezolano, y específicamente en quienes "imparten justicia" en la jurisdicción contencioso-administrativa, debido a su verificada falta de independencia e imparcialidad al momento de juzgar a la Administración Pública Nacional, hecho que ha sido suficientemente constatado en estudios e informes tanto nacionales como extranjeros, y que ha sido por demás reconocido por esos "jueces" en sentencias, discursos y charlas de capacitación para funcionarios judiciales[22].

Sucede que los particulares, cuando son advertidos en forma responsable por sus asesores del entorno judicial en que operan, temen no sólo que les inadmitan una demanda, o que le declinen la competencia y se inicie un camino interminable de declinatorias para apenas iniciar el juicio, sino temen que puedan dictarse medidas cautelares no a su favor sino en su contra, que la sentencia de fondo no sólo les sea desfavorable sino que empeore su situación de por sí ya calamitosa al darle más poderes a la Administración, o temen, sencillamente, que todo el esfuerzo y costo de un proceso judicial ante la arrogante Administración Pública Nacional lleve a la nada, al desierto de la frustración y la impotencia frente a la arbitrariedad del Poder omnipotente, dado que éste "tutela el interés general" según el falaz lugar común.

De modo tal que puede afirmarse que es más bien la desesperanza y el temor, la ausencia de seguridad jurídica, la conciencia de que no tiene sentido útil acudir al Poder Judicial a solicitar protección jurídica, derivado ello de la vigencia de tópicos y criterios judiciales contrarios al Estado de Derecho y parcializados a la acción del Gobierno nacional (tales como la falaz colaboración de Poderes, la despótica primacía del interés general, el inaceptable reconocimiento de actos excluidos de control judicial –como ocurre en la materia cambiaria-, entre otros).

Y en modo alguno serían la confianza, utilidad, eficacia y carácter garantista de los recursos administrativos, lo que explica, de seguro al menos en un considerable número de casos, el que los particulares, al asumir que no existe tutela judicial efectiva frente a actuaciones del Gobierno nacional y otros Poderes Públicos nacionales, opten por activar algún recurso administrativo para no renunciar del todo a defenderse, e intentar lograr alguna forma de "arreglo" con la Administración Pública, casi en los términos del "recurso de gracia o súplica" examinado por el profesor Brewer-Carías en *Las Instituciones*.

---

22 Abundan las fuentes dedicadas al tema, a continuación sólo refiero algunas de ellas: Canova González, Antonio, *La realidad del contencioso administrativo venezolano (Un llamado de atención frente a las desoladoras estadísticas de la Sala Político Administrativa del Tribunal Supremo de Justicia en 2007 y primer semestre de 2008)*. Caracas, FUNEDA, 2009, Rafael Chavero Gazdik, *La Justicia Revolucionaria. Una Década de Reestructuración (O Involución) Judicial en Venezuela*. Caracas, Aequitas, 2010, Víctor Hernández Mendible, *La contribución del Poder Judicial en Venezuela a la desaparición de la Constitución, la Democracia y el Estado de Derecho*. Caracas: UCAB, 1999, Asdrúbal Aguiar, *Historia Inconstitucional de Venezuela 1999-2012*. Caracas: Editorial Jurídica Venezolana, 2013, LouzaScognamiglio, Laura, *La Revolución Judicial en Venezuela*. Caracas: FUNEDA, 2011; Human RightsWatch, *Una década de Chávez*, disponible en: http://goo.gl/2JMRGy Human RightsFoundation, *Informe sobre el estado de la independencia del poder judicial en Venezuela*, disponible en: http://goo.gl/Z2tW5

IV.   COSTOS Y LOS BENEFICIOS DE MANTENER EL RÉGIMEN JURÍDICO DE LOS RECURSOS ADMINISTRATIVOS VIGENTE EN VENEZUELA:

Es usual que en los análisis que se realizan durante la elaboración de la Ley o el diseño de instituciones en general, se usen sólo criterios jurídicos, políticos o morales para defender o rechazar una determinada redacción o norma a ser incluida en ella. Así, sólo si es o no inconstitucional o contradice otras Leyes, si contraría o no la ideología política mayoritaria en el Parlamento o porque, en forma subjetiva, se estima que es o no "injusta" respecto de ciertos valores, es que se juzga favorable o desfavorable el contenido de una Ley o de una institución en discusión, y luego de puesta en vigencia, su aplicación. Esos criterios, claro, tienen su importancia, pero por sí solos son insuficientes, ya que no permiten ni anticipar ni luego evaluar, con suficiente objetividad, el impacto que en la sociedad, la economía y la vida de las personas tendrá o está teniendo la Ley o la institución de que se trate, en este caso, los recursos administrativos.

En tal sentido, herramientas como el análisis costo-beneficio (ACB) permiten juzgar con objetividad tanto el contenido de una propuesta de Ley o institución, como los efectos de la aplicación de una la Ley o institución ya vigente. Este análisis consiste en determinar, mediante un juicio de probabilidad fundado (si se juzga lo que podría ocurrir) o sobre la base de los resultados verificables obtenidos (si se juzgan hechos ya acontecidos), si actuar de cierta manera producirá o está produciendo más beneficios para quienes así actúen que lo que les pueda costar o esté costando actuar de ese modo. Esto es muy útil porque excluye o reduce en forma considerable aspectos emocionales o subjetivos, lo que facilita acuerdos que de otro modo no se podrían lograr y permite evaluaciones basadas en hechos acerca de lo que más conviene o no a las personas según las soluciones o problemas surgidos (o mantenidos sin solución), en este caso, de la vigencia de la Ley[23].

Si bien es un tipo de análisis basado en una racionalidad económica, el ACB no sólo permite evaluar en términos cuantitativos los beneficios y perjuicios que un acto, institución o conducta económica, estatal o privada, produce. También permite evaluar actos y conductas políticas, económicas y morales incluso, es decir, es aplicable a la toma de decisión y a la decisión misma y sus efectos en cualquier ámbito en donde las personas deban resolver problemas prácticos y no existen soluciones impuestas y necesarias, sino consensuales y provisionales.

El ACB toma en cuenta criterios usualmente no atendidos en los estudios jurídicos que solemos consultar, tales criterios son: costos económicos convencionales, costos detransacción, costos de información, costos de negociación, costos de ejecución, costos de cumplimientos y costos de oportunidad. Sin duda, su utilización es fundamental, tanto en el caso de la Ley como de otras instituciones políticas o jurídicas, e incluso para decisiones de la vida en sociedad, para no sólo procurar mejo-

---

23   Sobre el tema véase Cantó, Leandro, *La Técnica del Costo-Beneficio. ¿En qué consiste? ¿Por qué es útil?*. Caracas: CEDICE, colección monografías N° 63, S-F.

res soluciones a los problemas de las personas, sino sobre todo, evitar aplicar medidas que empeoren e incrementen esos problemas y alejen las soluciones reales.

Tomando en cuenta lo señalado respecto de la metodología del ACB, se pasa a continuación a efectuar una evaluación sobre la base de juicios de probabilidad fundados en la experiencia profesional y en el conocimiento del marco institucional actual del país, los costos y beneficios de mantener la comprensión formalista (que no positivista incluyente[24]) y estatista (predominio de la potestad sobre la libertad), así como el régimen jurídico actual, de los recursos administrativos.

En primer lugar, afirmar que los recursos administrativos son garantías jurídicas para los particulares debido a su régimen jurídico, al margen de los resultados favorables o desfavorables a los particulares en casos concretos, podría considerarse apropiado en cuanto ofrece a los particulares una vía más para resolver sus controversias, adicional a las vías judiciales previstas en la Ley Orgánica de la Jurisdicción Contencioso-Administrativa, pero de poco o nada sirve sostener eso en un plano formal, por mera inercia y tradición, sin verificación empírica alguna, sin estadísticas suficientes que permitan concluir en que al menos en un número considerable de casos los particulares en efecto encuentran solución a su problema al pedir la revisión de los actos, y sin un análisis de los costos en términos de recursos humanos y materiales que supone mantener estas vías impugnatorias, aunque la mayoría de esos expedientes no serán decididos, o serán decididos negativamente porque el interés general siempre prevalece sobre el particular.

En segundo lugar, decir que los recursos administrativos deben mantenerse vigentes pues gracias a ello la Administración Pública ejerce la autotutela administrativa en segundo grado, puede que sea un modo de continuar justificando que exista esa forma de revisión ulterior de los actos, pero que a todas luces resulta innecesaria desde que aquélla, además de ejecutividad y ejecutoriedad (que es la verdadera autotutela) tiene potestad revocatoria, convalidatoria, correctiva y anulatoria, que puede ejercer siempre y de oficio, con los mismos límites que tiene cuando resuelve recursos administrativos: debe sustanciar un procedimiento y respetar los derechos adquiridos que se hayan creado por los actos, de modo que no queda claro qué beneficio se sigue de insistir con tal premisa.

En tercer lugar, sostener que los recursos administrativos dan una alternativa menos costosa, más breve y en casos eficaz que la vía judicial y ayudan a descongestionar el sistema judicial, que además es para muchos inaccesible, podría ser positivo si en efecto los funcionarios que resuelven los recursos fueran 3ros imparciales a la Administración y a los particulares, y no estuvieran subordinados al superior jerárquico de la estructura que dictó el acto, quizá la menos se acercaran al debido procedimiento, pero lo cierto es que tal condición es irrealizable con la organización

---

24   Sobre la distinción entre formalismo y positivismo, esencial para superar la pobre situación actual del pensamiento jurídico en Venezuela, que se caracteriza en general por una mezcla tóxica de iusnaturalismo, irracionalismo, autoritarismo, pragmatismo y mero formalismo, véase lo expuesto en Arias Castillo, Tomás, "Positivismo, Estado de Derecho y Libertad", en *Enfoques Actuales sobre Derecho y Libertad en Venezuela, op. cit.,* 2013, pp. 3 y ss, y en Delgado, Francisco, *La Idea del Derecho en la Constitución de 1999.* Caracas: Universidad Central de Venezuela, 2008.

actual[25], pues la jerarquía y la tutela del interés general prevalecen en la Administración Pública en condiciones institucionales (en otras, como la venezolana, prevalecen otros criterios, políticos y autoritarios); además, estos recursos no le permiten a los particulares controlar toda la actividad administrativa, sólo pueden pedir la revisión de los actos administrativos definitivos, mientras que ese control pleno de la actividad de la Administración sí le está dado a la jurisdicción contencioso-administrativa desde que se concibe como un sistema abierto de pretensiones, y no como una instancia revisora de la mera legalidad, de modo que esta afirmación no deja ser formal y divorciada de la realidad.

En cuarto lugar, afirmar que los recursos administrativos son garantías jurídicas hoy día más que nunca por cuanto su interposición no es obligatoria, sino optativa, poco aporta a fortalecer esa supuesta condición de medios de defensa efectivos, ya que por el contrario revela que antes de la Ley Orgánica de la Administración Pública y la jurisprudencia que confirmó su carácter optativo era un verdadero privilegio para la Administración Pública, y que los particulares cuando los usan, en realidad están legitimando y fortaleciendo una ventaja adicional a la autotutela ejecutiva que tiene el Gobierno frente a él, pues salvo en casos contados, ni la reconsideración ni el jerárquico son medios considerados por los funcionarios públicos como derechos de los particulares, sino como cuestionamientos a su autoridad, como desconocimiento de la razón que asiste a la Administración para actuar a favor del interés general, y por tanto, como una suerte de desafío a sus potestades, por lo que sus argumentaciones, cuando decide, siempre apuntan a contraponer el interés general con el particular.

En quinto lugar, se considera útil mantener los recursos administrativos en la actualidad porque su eliminación conduciría a colapsar el contencioso-administrativo, y a reducir la esfera de garantías jurídicas de los particulares; esto, en otro marco institucional respetuoso del Estado de Derecho (en su sentido original de *rule of law*[26]), podría en efecto considerarse un beneficio para los ciudadanos, pero en Venezuela tiene el doble problema de que, por un lado, oculta o contribuye a quitar importancia a la grave problemática de falta de independencia del Poder Judicial, y en particular de los tribunales contencioso-administrativos, pues aquí el problema no es que colapsen los tribunales por muchos juicios, sino que terminen cerrados de hecho, que cada día se usen menos esos Tribunales por no ofrecer ninguna confianza y seguridad a los particulares; y por el otro, que asume que los recursos pueden ser vías para que los particulares obtengan una decisión a su favor, cuando en el país

---

25   Sería necesario, acaso siguiendo la evolución seguida por el Consejo de Estado francés, separar los órganos de la Administración activa de los órganos de la Administración revisora, de modo que aquéllos no actúen sobre éstos, pero en tal esquema ya los recursos administrativos, como los conocemos, cesarían, pues no podría decidir de nuevo el mismo funcionario que dictó el acto, y tampoco el superior jerárquico de él, pues éstos lógicamente siempre actuarán como parte, nunca de forma imparcial.

26   Sobre esta idea, la original y más compatible con la libertad individual, véase Alvarado Andrade, Jesús María, "División del Poder y Principio de Subsidiariedad. El Ideal Político del Estado de Derecho como base para la Libertad y prosperidad material" en *Enfoques Actuales sobre Derecho y Libertad en Venezuela, op. cit.,* 2013, pp. 131 y ss.

mantienen vigencia tópicos, dogmas y criterios colectivistas, contrarios al Estado de Derecho, en el Derecho Administrativo sustantivo[27].

Por tales tópicos o dogmas, que son asumidos en forma tautológica y a-crítica por buena parte de los especialistas en esta rama del Derecho, me refiero a ideas como la supuesta primacía de lo general –es decir, del interés del Gobierno nacional, regional o local de turno- sobre lo particular –o sea, sobre la libertad de los particulares-, la presunta posición superior de la Administración Pública sobre los particulares o, su anverso, la supuesta situación general de sujeción de los particulares a las potestades de aquélla en lugar de a leyes generales e iguales para todos, a la peligrosa habilitación general que se da a la Administración Pública para intervenir y dirigir la conducta económica de los particulares sobre la base de principios jurídicos ambiguos y lugares comunes colectivistas –tales como el Estado social, la función social, la utilidad social, el interés público o el bien común, y, entre otros, el carácter vicarial de la Administración Pública que en el extranjero y en el país se reconoce al Gobierno nacional (que en el caso venezolano dirige a un Petroestado), llamado a brindar procura existencial y garantizar todos los pseudoderechos sociales[28] a cada vez más millones de personas, deslizando en tal idea una reminiscencia del viejo Estado confesional en el que religión y política no se hallaban separados y en el que la sumisión y dependencia de las personas al poder, aunque por otras razones, eran la regla[29].

En sexto y último lugar, se argumenta que los recursos administrativos se deben mantener aunque su interposición no genere la suspensión automática en ningún caso de los actos administrativos, pues se considera que ello no es necesario para que sean garantías jurídicas de los particulares y sí para que "el interés público" no quede desprotegido; esto sería cierto, y hasta en algún sentido beneficioso al menos para las personas no afectadas por el acto, si no existiera el caso de la suspensión automática de los actos en sede administrativa tributaria (no ha quebrado el fisco por ello), si la Administración Pública no tuviera ejecutoriedad como regla general, si ésta careciera de potestad para dictar medidas cautelares sin procedimiento previo, igualmente ejecutivas y ejecutorias como sus actos administrativos definitivos, y si en sede judicial las medidas cautelares se pudieran solicitar y obtener sobre la base de alegatos y pruebas, sin tener que superar, más allá de la indicada falta de independencia, dogmas infames como el supuesto carácter extraordinario o casi excepcional de la suspensión de efectos del acto administrativo, en tanto "excepción" al privilegio de ejecutoriedad.

---

27 Algunos de estos dogmas se estudian en sus fuentes originales en Herrera Orellana, Luis Alfonso, "Bases filosóficas del estudio y la enseñanza del derecho administrativo en Venezuela (1909-2009)" en *100 años de enseñanza del derecho administrativo en Venezuela*. tomo 1. Caracas: UCV-FUNEDA, 2011, pp. 55 y ss.

28 Las críticas a la calificación como "derechos" de necesidades como salud, vivienda, educación y trabajo en Arias Castillo, Tomás Aníbal, "La sentencia 1002/2004 y el derecho a la salud en Venezuela", en *Revista de la Facultad de Ciencias Jurídicas y Políticas* N° 128. Caracas: Universidad Central de Venezuela, p. 125.

29 Sobre las consecuencias que genera el uso de estas nociones colectivistas, véase el estudio de González P., José Valentín, *Las Tendencias Totalitarias del Estado Social y Democrático de Derecho y el carácter iliberal del Derecho Administrativo*. Caracas: CEDICE, 2012, disponible en: http://goo.gl/4QoFU5

Sin embargo, la realidad es que todo esto existe, y mientras la Administración no decide o se conforma con no decidir y darle al particular su "garantía" del silencio negativo, los actos administrativos se ejecutan y, en ese sentido, los mismos recursos administrativos se tornan inútiles y privilegios evidentes de la Administración, que debería por el contrario suspender su ejecución cuando se le solicita la revisión, al menos como regla general, y proceder a efectuar esa revisión en un plazo breve (reducir los plazos de decisión y crear incentivos para que sean decididos efectivamente), de modo que el fin a cumplir con el acto, si éste es conforme a Derecho, no se frustre por ello.

El breve ejercicio anterior, al menos en forma preliminar, nos lleva a concluir que los recursos administrativos que han sido estudiados y previstos en nuestro ordenamiento jurídico, incluso antes de la publicación de *Las Instituciones*, poca o nula justificación hallan en la realidad que vivimos, y que demandan urgentemente una revisión a fondo, para que cuando se logre establecer el Estado de Derecho en Venezuela puedan llegar a cumplir en ese futuro un rol de verdaderas garantías para los ciudadanos (lo que luce cuesta arriba por la vigencia de la jerarquía y obligación de tutelar el interés general que rige la acción dela Administración Pública), o tender en cambio a su progresiva eliminación, ya por su eliminación legislativa (lo que también luce utópico) o por su poca utilización, de lograrse un funcionamiento adecuado de la jurisdicción llamada por el artículo 259 constitucional a brindar tutela judicial efectiva a todos los particulares, sin discriminación alguna.

QUINTA PARTE

LA JURISDICCIÓN
CONTENCIOSO ADMINISTRATIVA

SECCIÓN PRIMERA:

ASPECTOS ESENCIALES DE LA JURISDICCIÓN CONTENCIOSO-ADMINISTRATIVA A LA LUZ DE LAS "INSTITUCIONES FUNDAMENTALES DEL DERECHO ADMINISTRATIVO Y LA JURISPRUDENCIA VENEZOLANA"

Daniela Urosa Maggi

Profesora de Derecho Procesal Constitucional y
Derecho Procesal Administrativo en la
Universidad Católica Andrés Bello

INTRODUCCIÓN

La obra *Instituciones Fundamentales del Derecho Administrativo y la Jurisprudencia Venezolana* (en lo adelante las *Instituciones Fundamentales*) de Allan R. BEWER-CARIAS, dedica su Título V al análisis de la Jurisdicción Contencioso-Administrativa. En los seis Capítulos de ese Título se estudia el *ámbito material* de esa jurisdicción, lo que abarca su fundamento, justificación, naturaleza jurídica y características fundamentales y su *ámbito formal o procesal,* esto es, la delimitación de las competencias de los tribunales contencioso-administrativos, los "recursos contencioso-administrativos" y el procedimiento a seguir en cada uno de ellos, culminando con un Capítulo especialmente dedicado a "la materia contencioso fiscal".

El mérito invalorable de las enseñanzas que en relación con la Jurisdicción Contencioso-Administrativa aportan las *Instituciones Fundamentales*, puede decantarse en dos aspectos:

En primer lugar, y con la importante excepción del *Manual de Derecho Administrativo* de Eloy Lares Martínez[1], las *Instituciones Fundamentales* constituye el pri-

---

[1] La primera edición del Manual de Derecho Administrativo de Eloy Lares Martínez, publicada en 1963 (un año antes de la publicación de las *Instituciones Fundamentales del Derecho Administrativo y la Jurisprudencia Venezolana* de Brewer-Carias) dedica tres Capítulos al estudio de la Jurisdicción Contencioso-Administrativa, su origen, los distintos sistemas existentes en el Derecho comparado, los recursos

mer estudio jurídico de la Jurisdicción Contencioso-Administrativa venezolana luego de promulgada la Constitución de 1961.

Como se sabe bien, fue el artículo 206 la Constitución de 1961 el que instituyó en Venezuela el sistema de Jurisdicción Contencioso-Administrativa. Tal sistematización del Texto de 1961 le otorgó al contencioso la garantía institucional que aporta el rango constitucional, aun cuando ya con anterioridad existían competencias de la máxima instancia judicial que permitían el control jurisdiccional de la Administración Pública y que, en consecuencia, daban lugar a la interposición de recursos contencioso-administrativos.

Esa concepción novedosa del contencioso administrativo como una "jurisdicción", ameritaba un análisis desde el Derecho venezolano que guiara sus primeros pasos. La obra académica que tempranamente efectuó ese análisis fue precisamente las *Instituciones Fundamentales del Derecho Administrativo y la Jurisprudencia Venezolana* del maestro BREWER-CARIAS.

Pero el mérito de esa obra no se limitó en ser el primer estudio que delineara el alcance de la incipiente Jurisdicción Contencioso-Administrativa venezolana, sino que además y en segundo lugar, se trató de un análisis claro, conciso, profundo y visionario de lo que era y debía ser la Jurisdicción Contencioso-Administrativa. Gracias al tratamiento otorgado por BREWER-CARÍAS a la justificación y fundamentos de esa jurisdicción, su naturaleza jurídica, sus premisas fundamentales y sus competencias, pudo desarrollarse en Venezuela por más de treinta años un sistema sólido de control judicial de la Administración Pública y una producción pretoriana y doctrinaria unificada y coherente que en todo momento se basó en esa concepción primaria que de la Jurisdicción Contencioso-Administrativa se estableció en la obra las *Instituciones Fundamentales*.

Concepción originaria que cincuenta años después se mantiene aún firme en su esencia, y a la que solo se han agregado puntos de vista o amplitud de ciertos criterios en el tratamiento formal o procesal de la Jurisdicción Contencioso-Administrativa.

En esta oportunidad realizaremos un breve análisis de los aspectos fundamentales del ámbito material de la Jurisdicción Contencioso-Administrativa a la luz de esa importantísima obra jurídica como es las *Instituciones Fundamentales del Derecho Administrativo y la Jurisprudencia Venezolana*, a fin de determinar su incidencia y su vigencia en la actualidad del ordenamiento jurídico venezolano.

---

contencioso-administrativos y sus aspectos fundamentales de orden procedimental. *Cfr.* Lares Martínez, Eloy, *Manual de Derecho Administrativo*, UCV, Caracas, 1963, pp. 475 y siguientes.

I. FUNDAMENTO Y NATURALEZA JURÍDICA DE LA JURISDICCIÓN CONTENCIOSO-ADMINISTRATIVA EN LAS INSTITUCIONES FUNDAMENTALES

1. Fundamento y justificación de la Jurisdicción Contencioso-Administrativa

La obra que se comenta explica que la Jurisdicción Contencioso-Administrativa existe a fin de ejercer el control jurisdiccional de la actuación administrativa, como garantía del respeto del principio de legalidad, pilar fundamental del Estado de Derecho.

Estado de Derecho-principio de legalidad-control jurisdiccional de la Administración como garantía de la observancia de ese principio, distinto e independiente del autocontrol o control interno que pueda ejercer la Administración sobre sus propios actos a través de los recursos administrativos. Es esa la justificación primaria de de la existencia de la Jurisdicción Contencioso-Administrativa, a la cual se añade el papel fundamental de los órganos contencioso-administrativos a fin de restablecer las situaciones jurídico-subjetivas vulneradas por la actividad administrativa, mediante los mandamientos que fuesen requeridos para ello.

Función objetiva –control de legalidad de la actividad administrativa- y función subjetiva –restablecimiento de las situaciones jurídico-subjetivas lesionadas por el actuar Administración- que aún hoy continúan siendo los pilares básicos de la existencia de la Jurisdicción Contencioso-Administrativa venezolana. Si bien en tiempos recientes se ha evolucionado en la concepción de que la justicia administrativa responde, además, a la necesidad de garantía del principio de eficacia administrativa y a la exigencia del cumplimiento del deber de buena Administración[2], lo cierto es que, en el fondo, esta justificación sigue encuadrándose en la función objetiva y subjetiva del contencioso administrativo.

2. Naturaleza jurídica de la Jurisdicción Contencioso-Administrativa

Luego de analizar la justificación de la existencia de la Jurisdicción Contencioso-Administrativa, la obra comentada aclara ciertos conceptos jurídicos que permiten determinar con claridad cuál es la naturaleza jurídica de esa jurisdicción.

Señala así BREWER-CARÍAS que *"...en Venezuela, cuando se habla de Jurisdicción Contencioso-Administrativa, no se indica que se está en presencia de una jurisdicción autónoma, independiente y en cierta forma incompatible con otra jurisdicción que podría llamarse judicial, sino que se quiere señalar la competencia que*

---

2   Al respecto véase por todos, en el Derecho Comparado, Ponce Solé, Julio, *Deber de buena Administración y derecho al procedimiento administrativo debido*, Lex Nova, Valladolid, 2001 y en Venezuela por todos, Hernández González, José Ignacio, "Organización Administrativa y Buena Administración", A.A.V.V. *II Congreso Venezolano de Derecho Administrativo,* Funeda, Caracas, 2014, pp. 39 y ss.

en materia contencioso-administrativa tienen determinados tribunales de la República"[3].

La función jurisdiccional, como bien señala el autor siguiendo las nociones fundamentales del Derecho Procesal, es una sola y se ejerce por el Poder Judicial mediante los tribunales que lo conforman cuya cúspide era la entonces Corte Suprema de Justicia, hoy Tribunal Supremo de Justicia. En cambio, la competencia es la medida de la jurisdicción, distribuida entre los diferentes órganos del Poder Judicial según distintos criterios, especialmente la cuantía, el territorio y la materia.

En este sentido, se aclara en las Instituciones Fundamentales que *"si bien hablaremos de Jurisdicción Contencioso-Administrativa al analizar el sistema venezolano, lo hacemos acogiendo la terminología usual, no para contraponerla a otra Jurisdicción (...) sino para indicar la competencia que en materia contencioso administrativa poseen ciertos órganos jurisdiccionales determinados"*[4].

Elocuentemente insiste en el punto, páginas más adelante, cuando expresa su desacuerdo con la posición de TORREALBA NARVÁEZ, quien en 1950 distinguía en Venezuela la existencia de dos jurisdicciones: la jurisdicción administrativa y la jurisdicción judicial. Al respecto, señala BREWER-CARÍAS en las *Instituciones Fundamentales* que *"En Venezuela el Poder Judicial tiene el "monopolio" de la Justicia, y solamente los órganos del Poder Judicial pueden desarrollar una actividad jurisdiccional, sea ésta civil, penal, del trabajo, administrativa, constitucional, etc. La distinción entre esas llamadas "jurisdicciones", hemos dicho es propiamente una distinción de competencias"*[5].

Tales referencias nos llevan a señalar que la temprana distinción entre jurisdicción y competencia realizada en las *Instituciones Fundamentales* permitió que no quedara duda de que esa justicia administrativa tiene naturaleza judicial y que cuando la Constitución estableció que el control contencioso correspondía a la – entonces- Corte Suprema de Justicia *"y a los demás tribunales que determine la Ley"*, dicho tribunales deben necesariamente estar insertos en el Poder Judicial, sin que fuese posible establecer legalmente una "jurisdicción administrativa" paralela a la jurisdicción judicial, ello a pesar de que la Constitución de 1961 asumió la tradicional terminología de corte francés y denominó "jurisdicción" al sistema contencioso administrativo y "recurso" a los medios procesales administrativos.

La misma jurisprudencia contencioso-administrativa en los casos en que hubo alguna duda acerca del carácter administrativo o judicial del control contencioso y en especial del recurso contencioso administrativo, aclaró que la presentación de ese "recurso" no implica, en modo alguno, una apelación, sino que se trata de la interpo-

---

3   Brewer-Carías, Allan, *Instituciones Fundamentales del Derecho Administrativo y la Jurisprudencia Venezolana*, UCV, Caracas, 1964, p. 295.

4   Brewer-Carías, Allan, *Las Instituciones Fundamentales del Derecho Administrativo y la Jurisprudencia Venezolana, cit.*, p. 298.

5   Brewer-Carías, Allan, *las Instituciones Fundamentales del Derecho Administrativo y la Jurisprudencia Venezolana, cit.*, p. 304.

sición de una demanda ante órganos insertos en el Poder Judicial[6]. Para tomar tales decisiones, los tribunales contencioso-administrativos llegaron incluso a citar la obra *Instituciones Fundamentales del Derecho Administrativo y la Jurisprudencia Venezolana* como fundamento de la decisión asumida en la sentencia[7].

Hoy en día tales consideraciones parecen ser obvias, pues nadie duda del carácter judicialista de la Jurisdicción Contencioso-Administrativa venezolana. No obstante, en su momento, el enfoque asumido en la obra comentada tuvo el mérito de saber distinguir la correcta naturaleza jurídica de la Jurisdicción Contencioso-Administrativa venezolana, aun cuando las únicas posiciones de la doctrina nacional que para la época habían abordado el tema –TORREALBA NARVÁEZ y POLANCO ALCÁNTARA- se inclinaban por considerar, como ya se dijo, que en Venezuela había una doble jurisdicción, tomando en cuenta la importante influencia francesa en la jurisprudencia y doctrina venezolana del momento.

Esa claridad en la distinción entre el modelo francés y el contencioso venezolano, sin negar evidentemente la influencia gala en muchos aspectos, es expresada en *las Instituciones Fundamentales* de la siguiente manera: *"...a pesar de las excelencias del sistema francés, es necesario observar la realidad venezolana y nuestra joven tradición para darse cuenta de los innumerables problemas que plantearía un sistema similar al francés en nuestro país, como en Francia mismo plantea, y para comprender la necesidad de que en Venezuela la Jurisdicción Contencioso-Administrativa permanezca en manos del Poder Judicial tal como lo establece la Constitución vigente y como lo han sostenido tímidamente las Constituciones anteriores"[8]*.

Del mismo modo, la determinación del carácter judicialista de la "Jurisdicción Contencioso-Administrativa" ha sido muy importante para sostener en el Derecho Comparado y en el venezolano también, que al contencioso administrativo han de aplicarse los principios fundamentales del Derecho Procesal y que el "recurso contencioso administrativo" debe estructurarse como un verdadero proceso judicial cuyo objeto sea la pretensión procesal administrativa. En síntesis, la concepción procesal de la justicia administrativa tiene como justificación primaria su carácter judicial y de allí que busca equiparar al proceso administrativo, en sus fundamentos y en sus garantías, con el proceso judicial, pues aquél es una especie de éste[9].

---

6 Entre otras, las importantes sentencias de la Sala Político-Administrativa de 14 de diciembre de 1970 (caso *Juan Vieira Alves*), de 11 de mayo de 1981 (caso *Pan American*) y de 14 de febrero de 1985 (caso *Patria Fondo Mutual*).

7 Nos referimos a la sentencia de la Corte Primera de lo Contencioso Administrativo de 18 de febrero de 1981 (caso *Armando Rodríguez* Trilla).

8 Brewer-Carías, Allan, *Las Instituciones Fundamentales del Derecho Administrativo y la Jurisprudencia Venezolana, cit.,* p. 308.

9 Al respecto vid. González Pérez, Jesús, *Manual de Derecho Procesal Administrativo*, tercera edición, Civitas, Madrid, 2001; y Urosa Maggi, Daniela, "La pretensión procesal administrativa", obra colectiva *El contencioso administrativo hoy*, Funeda, Caracas, 2004.

II. DEFINICIÓN Y CARACTERÍSTICAS DE LA JURISDICCIÓN CONTENCIOSO-ADMINISTRATIVA EN LAS INSTITUCIONES FUNDAMENTALES

1. Definición de Jurisdicción Contencioso-Administrativa

Enseña BREWER-CARÍAS en sus Instituciones Fundamentales que la Jurisdicción Contencioso-Administrativa es "el conjunto de órganos jurisdiccionales encargados de controlar la legalidad y legitimidad de los actos, hechos y relaciones jurídico-administrativas originadas por la actividad administrativa"[10].

Dicha definición arroja, de entrada, varios elementos:

En primer lugar, se trata de una definición fundamentada en un criterio orgánico, esto es, enfocada desde los órganos que llevan a cabo la función jurisdiccional de control de la actuación administrativa. Esos órganos son, como señalábamos ya, verdaderos tribunales insertos en el poder judicial –de allí su diferencia con el sistema francés y su semejanza con el sistema norteamericano y con el sistema español– que controlan a la Administración pública.

En segundo lugar, es una definición fundamentada en un criterio objetivo, en tanto establece que la función de esa "jurisdicción" es el control de la legalidad y legitimidad de las actuaciones administrativas. El concepto de legalidad que se maneja en la obra, no obstante, se aporta en *sentido lato*, como *bloque de legalidad o juridicidad*, lo que incluye no solo la contrariedad a la ley formal sino también a la Constitución, es decir, contrariedad a derecho, con clara alusión al artículo 206 de la Constitución entonces vigente.

Ahora bien, si se revisa la obra en su contexto, queda claro que se asume también el criterio subjetivo en la concepción de la Jurisdicción Contencioso-Administrativa, en el sentido de que ésta actúa para controlar la legalidad –*lato sensu*- de los actos, hechos y relaciones jurídicas que lesionen derechos e intereses de los particulares, y de allí la competencia constitucionalmente otorgada a los tribunales contenciosos de condenar al pago de sumas de dinero y a la reparación de daños y perjuicios originados por la responsabilidad contractual o extracontractual de la Administración y disponer lo necesario para el restablecimiento de las situaciones jurídicas subjetivas lesionadas por la actividad administrativa[11].

En definitiva, la concepción de Jurisdicción Contencioso-Administrativa venezolana asumida en las *Instituciones Fundamentales* es la del conjunto de órganos jurisdiccionales, insertos en el Poder judicial, que tienen como competencia el control de la actuación administrativa contraria a derecho, pudiendo anular y/o condenar a la Administración a fin de restablecer las situaciones jurídico-subjetivas lesionadas por la actividad administrativa.

---

10   Brewer-Carías, Allan, *Las Instituciones Fundamentales del Derecho Administrativo y la Jurisprudencia Venezolana*, cit. 2695.

11   Brewer-Carías, Allan, *Instituciones Fundamentales del Derecho Administrativo y la Jurisprudencia Venezolana, cit.,* p. 316.

Como se verá, tal definición recoge, en su esencia, los aspectos fundamentales del sistema contencioso administrativo venezolano y que son además los que aún sustentan el alcance y funciones de la justicia administrativa en nuestro país, bien en el artículo 259 de la vigente Constitución, que reprodujo el derogado artículo 206 constitucional, bien en la Ley Orgánica de la Jurisdicción Contencioso Administrativa (especialmente en sus artículos 1, 8 y 9) de 2010.

2. Características de la Jurisdicción Contencioso-Administrativa

Analizamos a continuación las características de la Jurisdicción Contencioso-Administrativa, siguiendo la enumeración y orden que en este sentido se sigue en las *Instituciones Fundamentales*:

A. Es una "jurisdicción especial"

Enseña BREWER-CARÍAS en la obra que se comenta que la Jurisdicción Contencioso-Administrativa es una jurisdicción especial y distinta a la jurisdicción ordinaria. Recuérdese que este estudio, como antes se señaló, aclara que el concepto "Jurisdicción Contencioso-Administrativa" se utiliza en el sentido de competencia de determinados tribunales insertos en el poder judicial para controlar a la Administración. Luego, "jurisdicción especial" hace referencia a un conjunto de tribunales con competencia exclusiva en razón de la materia contencioso-administrativa.

Esa especialidad de la competencia contencioso-administrativa es enfocada en las *Instituciones Fundamentales* en dos sentidos: en primer lugar, se considera especial porque controla a determinados entes y órganos del Poder Público, concretamente la Administración Pública y en segundo lugar, es especial porque controla determinados actos: los actos administrativos o, *lato sensu*, cualquier manifestación de la actuación administrativa.

En efecto, el modelo constitucional venezolano de Jurisdicción Contencioso-Administrativa, a diferencia del francés, como se dijo ya, se estructura en un conjunto de órganos jurisdiccionales insertos en el Poder Judicial que asumen el control de la Administración, no obstante y a diferencia también del modelo norteamericano, esos órganos judiciales no son tribunales ordinarios, sino que tienen competencia exclusiva en razón de la materia.

Tribunales especiales o "jurisdicción especial" en razón de la materia. Así lo asumió el constituyente tanto de 1961 como el de 1999, estableciendo como materia de reserva legal, que debía ser asumida por la entonces Corte Suprema de Justicia "y demás tribunales que determine la Ley".

Ahora bien, esa importancia que le dio el constituyente a la especialidad de los tribunales contenciosos no ha sido lamentablemente acatada ni asumida por el legislador. Así, ya en el año 1964 criticaba BREWER-CARÍAS en sus *Instituciones Fundamentales* que *"Lamentablemente después de dos años"* de dictada la norma constitucional no se habían creado ni determinado aún cuáles serían los tribunales que la conforman. Lamentablemente también, podemos agregar en el año 2014, esa transitoriedad e irregularidad en la estructura de los tribunales contenciosos parece haber sido una práctica continuada por nuestro legislador durante ya cincuenta años.

En efecto, la Ley Orgánica de la Jurisdicción Contencioso-Administrativa debió ser dictada a partir de la entrada en vigencia desde la Constitución de 1961, a fin de desarrollar su artículo 206. Sin embargo, el signo de esa jurisdicción fue el de la transitoriedad, en tanto su regulación organizativa y adjetiva quedó relegada en ciertas disposiciones transitorias de la Ley Orgánica de la Corte Suprema de Justicia de 1976. Así, dicha Ley otorgó competencia contencioso-administrativa a los Juzgados Superiores en lo Civil mientras se dictaba la Ley que regulara a esa jurisdicción y creara su estructura orgánica definitiva[12].

Tal precaria situación se mantuvo luego de la promulgación de la Constitución de 1999, a pesar del vencimiento de los plazos previstos en la propia Constitución para dictar esa Ley. Paradójicamente, la Ley Orgánica del Tribunal Supremo de Justicia de 2004 omitió incluir la regulación transitoria de la Jurisdicción Contencioso-Administrativa, con lo cual, criterios tan básicos como la competencia, quedaron establecidos directamente en la jurisprudencia[13].

En 2010, cuando finalmente se promulga la primera Ley Orgánica de la Jurisdicción contencioso-administrativa venezolana, se establece un cambio importante en su estructura orgánica, con la creación de los Juzgados Nacionales, Juzgados Superiores Estadales y Juzgados de Municipio de lo Contencioso Administrativo. No obstante, a pesar de que la Ley ha cumplido ya cuatro años de vigencia, no se han creado en su totalidad esos tribunales contenciosos, manteniendo así la eterna transitoriedad y reflejando la poca importancia que el Poder Legislativo y el Poder Ejecutivo Nacionales dan a la Jurisdicción Contencioso-Administrativa así como su poca relevancia práctica, pues si ésta jurisdicción se considerase necesaria –como en efecto debería serlo- dadas las funciones de control que cumple como pilar fundamental del Estado de Derecho, ya hubiese voluntad política para la conformación de sus tribunales.

En consecuencia, a pesar de que la Ley Orgánica de la Jurisdicción Contencioso-Administrativa llenó un vacío importante, lamentablemente la organización y competencias siguen rigiéndose por las reglas anteriores a esa Ley, a saber, por criterios jurisprudenciales, pues –recuérdese- la hoy derogada Ley Orgánica del Tribunal Supremo de Justicia nada dispuso al respecto.

---

12   En efecto, el artículo 181 de la Ley Orgánica de la Corte Suprema de Justicia establecía que *"Mientras se dicta la Ley que organice la Jurisdicción Contencioso-Administrativa, los Tribunales Superiores que tengan atribuida competencia en lo Civil, conocerán, en primera instancia en sus respectivas circunscripciones, de las acciones o recursos de nulidad contra los actos administrativos de efectos generales o particulares, emanados de autoridades estadales o municipales de su jurisdicción, sin son impugnados por razones de ilegalidad"*. Del mismo modo, los artículos siguientes establecían las competencias que transitoriamente tendrían dichos Tribunales Superiores.

13   En general, vid. Brewer-Carías, Allan, *Ley Orgánica del Tribunal Supremo de Justicia*, Editorial Jurídica Venezolana, Caracas, 2008, pp. 131 y ss.

B.   Es una "jurisdicción que controla a la Administración"

Señalaba el profesor BREWER-CARIAS en su obra comentada que "la existencia de la Jurisdicción Contencioso-Administrativa radica en la necesidad de una jurisdicción especial para controlar a la Administración y su actividad"[14].

En este sentido, enseña BREWER-CARÍAS que la nota característica del proceso administrativo es la presencia de la Administración Pública en juicio. Esa presencia se entiende en dos sentidos:

(i) En sentido orgánico, esto es, que sea un ente u órgano de la Administración Pública el sujeto pasivo o demandado, entendiendo por Administración pública, como enseña el mismo BREWER-CARÍAS, todo ente u órgano que conforma la Administración nacional, estadal y municipal, y la Administración central y descentralizada funcionalmente, lo que incluye entes públicos creados con forma de Derecho Público y con formas de Derecho Privado[15].

(ii) En sentido funcional o material, es decir, que esté en presencia del ejercicio de actividad administrativa, bien por parte un órgano administrativo, bien por parte de otro órgano del Poder Público –Legislativo, Judicial Ciudadano o Electoral-, los cuales, si bien orgánicamente están separados del Poder Ejecutivo, materialmente pueden ejercer función administrativa. Incluso, como ha asumido la jurisprudencia temprana de los tribunales contencioso administrativo, puede tratarse de personas jurídico-privadas que en virtud del ejercicio de competencias administrativas otorgadas por Ley puedan dictar actos de autoridad sometidos también al control contencioso administrativo[16]. Si se está en presencia, entonces, del ejercicio de actividad administrativa, se está en presencia de Administración Pública en sentido funcional.

Así, de la redacción del artículo 206 de la Constitución de 1961, como también de la del actual artículo 259 constitucional, se desprende que la competencia contencioso-administrativa se sustenta en la necesidad de control de la actividad administrativa y por ende los tribunales contenciosos son competentes para anular actos administrativos, condenar a la Administración y disponer lo necesario para el restablecimiento de las situaciones jurídico-subjetivas lesionadas por la actividad administrativa. En otras palabras, la justicia administrativa es, en términos de las Instituciones Fundamentales, una "jurisdicción especial" para controlar a la Administración.

Administración Pública, se insiste, entendida en sentido amplio a fin de abarcar toda relación jurídico-administrativa en la que esté presente el ejercicio de actividad

---

14   Brewer-Carías, Allan, *Instituciones Fundamentales del Derecho Administrativo y la Jurisprudencia Venezolana, cit.,* p. 313.

15   Brewer-Carías, Allan, *Tratado de Derecho Administrativo. Derecho Público en Iberoamérica,* "La Jurisdicción contencioso-administrativa", Tomo VI, Civitas, Thomson Reuters, Madrid, 2013 pp. 184-185.

16   En relación con el control contencioso administrativo de los llamados actos de autoridad y los actos emanados de órganos legislativos y judiciales en ejercicio de función administrativa, vid. Por todos, Brewer-Carías, Allan, *Nuevas Tendencias del Contencioso Administrativo en Venezuela,* Editorial Jurídica Venezolana, caracas, 1993, pp. 37 y ss. y Torrealba Sánchez, Miguel Ángel, *Manual de Contencioso Administrativo,* Universidad Central de Venezuela, Caracas, 2007, pp. 35 y ss.

administrativa, bien por parte de la propia Administración, bien de otro órgano del Poder Público o de algún particular dotado por ley para el ejercicio de cierta competencia administrativa.

En la actualidad, la Ley Orgánica de la Jurisdicción Contencioso-Administrativa de 2010 asume esa noción de "jurisdicción especial que controla a la Administración" tanto en sentido orgánico como en sentido funcional, tal como se desprende de su artículo 7, norma que establece lo siguiente:

"Artículo 7°: Entes y órganos controlados. Están sujetos al control de la Jurisdicción Contencioso Administrativa:

1.   Los órganos que componen la Administración Pública;

2.   Los órganos que ejercen el Poder Público, en sus diferentes manifestaciones, en cualquier ámbito territorial o institucional;

3.   Los institutos autónomos, corporaciones, fundaciones, sociedades, empresas, asociaciones y otras formas orgánicas o asociativas de derecho público o privado donde el Estado tenga participación decisiva;

4.   Los consejos comunales y otras entidades o manifestaciones populares de planificación, control, ejecución de políticas y servicios públicos, cuando actúen en función administrativa;

5.   Las entidades prestadoras de servicios públicos en su actividad prestacional; y

6.   Cualquier sujeto distinto a los mencionados anteriormente, que dicte actos de autoridad o actúe en función administrativa".

Ahora bien, esa concepción constitucional de la jurisdicción contencioso administrativa como una "jurisdicción especial que controla a la Administración", asumida como se dijo, en el artículo 7 de la Ley Orgánica de la Jurisdicción Contencioso-Administrativa, es contradictoriamente desvirtuada en esa misma Ley en artículos posteriores. Así, nos referimos a las disposiciones contenidas en los artículos 23, numerales 2; 24, numeral 2 y 25, numeral 2 de la Ley de la Jurisdicción Contencioso-Administrativa, según las cuales los tribunales contencioso-administrativos son competentes para conocer de "*las demandas que ejerzan la República, los estados, los municipios, o algún instituto autónomo, ente público, empresa o cualquier otra forma de asociación, en la cual la República, los estados, los municipios o cualquiera de los entes mencionados tengan participación decisiva (...) cuando su conocimiento no esté atribuido a otro tribunal en razón de su especialidad*"[17]. Competencia que es compartida entre las distintas instancias contencioso-administrativas, según la cuantía de la demanda.

Con fundamento en esa disposición, las instancias contencioso-administrativas admiten las demandas que intenten los entes públicos contra los particulares. Es el caso, entre otros varios, de la sentencia de la Sala Político-Administrativa n° 1059

---

17   Dicha norma positiviza el criterio asumido por la Sala Político-Administrativa a partir de su sentencia N° 1315 de 8 de septiembre de 2004, primera oportunidad en la cual, sin mayores motivaciones jurídicas, esa Sala determinó que corresponde a la Jurisdicción Contencioso-Administrativa la competencia para conocer de las demandas intentadas por entes públicos contra los particulares.

de 10 de julio de 2014, mediante la cual se asumió la competencia para conocer de una demanda por cobro de Bolívares intentada por la República, por órgano del Ministerio de la defensa, contra dos sociedades mercantiles de capital privado. En tales casos, la jurisprudencia ha dado una interpretación *sui generis* a la norma citada de la Ley Orgánica de la Jurisdicción Contencioso-Administrativa, al entender que cuando la Ley dispone que la competencia será del contencioso administrativo si "*su conocimiento no esté atribuido a otro tribunal en razón de su especialidad*", debe entenderse "*que la norma bajo análisis constituye una derogatoria de la competencia civil y mercantil, que es la jurisdicción ordinaria, pero no de las otras competencias especiales, tales como la laboral, del tránsito o agraria*".

En nuestro criterio, dichas disposiciones se exceden definitivamente del ámbito de las competencias que la Constitución reconoce a la Jurisdicción Contencioso-Administrativa, pues al conocer de demandas de entes públicos contra particulares, no se está –evidentemente- ejerciendo el control de la adecuación a derecho de la Administración pública ni se está persiguiendo el restablecimiento de las situaciones jurídico-subjetivas lesionadas por la actividad administrativa. Por el contrario, se está estableciendo a la Jurisdicción Contencioso-Administrativa como un "fuero atrayente" que conoce de cualquier demanda en la que alguna de las partes – demandante o demandada- sea la Administración Pública, lo que implica la violación del derecho al juez natural de los particulares demandados ante la Jurisdicción Contencioso-Administrativa.

Si bien es cierto que razones de economía procedimental y de uniformidad de criterio podrían llevar a considerar conveniente un cambio de esa naturaleza –y de allí que alguna autorizada doctrina se haya pronunciado a favor de esa novedad en la justicia administrativa venezolana[18]- somos de la opinión que mientras se mantenga la redacción actual del artículo 259 de la Constitución, las referidas disposiciones de la Ley Orgánica de la Jurisdicción Contencioso-Administrativa devienen inconstitucionales pues modifican el fundamento y justificación constitucional de la Jurisdicción Contencioso-Administrativa que no es otro que la existencia de una "jurisdicción especial" o conjunto de tribunales dotados de especial competencia para controlar la actuación administrativa, en los términos en que diáfanamente precisó BREWER-CARÍAS en sus *Instituciones fundamentales* hace ya cincuenta años.

    C.   Es una "jurisdicción que controla actos, hechos y relaciones jurídicas fundadas en Derecho administrativo"

La tercera característica fundamental de la Jurisdicción Contencioso-Administrativa según las *Instituciones fundamentales,* es que se trata de una "jurisdicción especial" que se circunscribe al control de actos, hechos y relaciones jurídicas de Derecho Administrativo. En este sentido, se afirma que "*...no toda la activi-*

---

18   Esta polémica modificación en la esencia misma de las competencias contencioso-administrativas ha dado lugar, lógicamente, a la exposición de distintas posiciones doctrinarias, algunas pocas a favor, la gran mayoría en contra. Tales opiniones son recogidas por Torrealba Sánchez, Miguel Ángel, *Manual de Contencioso Administrativo, cit.,* pp. 435 y ss.

dad de los órganos administrativos está sometida a la Jurisdicción Contencioso-Administrativa. Solamente los actos, hechos y relaciones jurídicas de Derecho Administrativo tienen su control en esta jurisdicción especial. Y nos encontramos ante un acto, un hecho o una relación jurídico-administrativa cuando la Administración actúa en función administrativa, es decir, cuando la actividad de la Administración tiene una finalidad de Servicio Público[19]".

Tales afirmaciones ameritan varios comentarios importantes en dos sentidos concretos:

(a)   La Jurisdicción Contencioso-Administrativa controla los actos, hechos y relaciones jurídico-administrativas

El artículo 206 de la Constitución de 1961, norma reguladora de la Jurisdicción Contencioso-Administrativa al momento de la publicación de las *Instituciones Fundamentales*, establecía que *"Los órganos de la Jurisdicción Contencioso-Administrativa son competentes para anular los actos administrativos generales o individuales contrarios a derecho, incluso por desviación de poder; condenar al pago de sumas de dinero y a la reparación de daños y perjuicios originados en responsabilidad de la administración, y disponer lo necesario para el restablecimiento de las situaciones jurídicas subjetivas lesionadas por la actividad administrativa".*

A pesar de la tendencia francesa que para entonces imperaba en la mayoría de los sistemas contencioso-administrativos continentales, de bipartición entre el contencioso por exceso de poder o de nulidad de actos administrativos frente a las demandas de plena jurisdicción o de condena patrimonial a la reparación de daños y perjuicios, y que, por ende centraba no solo al control contencioso sino en general al Derecho administrativo mismo en la noción de acto administrativo, la obra *Instituciones Fundamentales* dio tempranamente una amplia y acertada interpretación a esa norma constitucional, al señalar que no son solo los actos administrativos los que están sometidos al control contencioso administrativo, sino además lo están todos los hechos y relaciones jurídicas de la Administración; en definitiva, cualquier actividad –o inactividad- desplegada por la Administración regida por el Derecho Administrativo es materia de la justicia administrativa.

Tal interpretación de avanzada permitió que el contencioso venezolano se desarrollara como un sistema propio de múltiples medios procesales, mucho más amplio que el bipartito francés de exceso de poder-plena jurisdicción. De este modo, la Ley Orgánica de la Corte Suprema de Justicia de 1976 incluyó entre las competencias de los tribunales contencioso- administrativos no solo la nulidad de actos generales y particulares y las demandas patrimoniales contra entes públicos, sino además competencias de condena frente a las abstenciones o carencias administrativas, competencias mero declarativas de interpretación de leyes y competencias para resolver conflictos entre autoridades públicas.

---

19   Brewer-Carías, Allan, *Instituciones Fundamentales del Derecho Administrativo y la Jurisprudencia Venezolana, cit.,* p. 314.

Del mismo modo, la Ley de la Jurisdicción Contencioso-Administrativa de 2010 incluyó entre los medios procesales administrativos la demandas contra vías de hecho y demandas de prestación de servicio público y permitió la ampliación considerable del control de las pasividades mediante la demanda contra inactividades de la Administración, extendiendo así, aún más, el abanico de posibilidades de control de la actuación administrativa, mucho más allá de la nulidad de actos administrativos.

Esa evolución, si se quiere lenta pero paulatina, se logró gracias a la temprana concepción del sistema contencioso administrativo venezolano como una jurisdicción que controla actos, hechos, actuaciones y relaciones jurídico-administrativas, plasmada por BREWER-CARÍAS en sus *Instituciones Fundamentales* y posteriormente, del mismo autor, en su obra *Nuevas Tendencias del Contencioso Administrativo en Venezuela*, en la cual hizo especial énfasis en el *principio de universalidad del control,* en el sentido de que la justicia administrativa abarca el control de toda la actuación administrativa, sea que ésta se manifieste formalmente mediante actos administrativos, normativos o no, contratos administrativos, o bien mediante actuaciones materiales u omisiones antijurídicas[20].

(b) *La Jurisdicción Contencioso-Administrativa controla la actuación de la Administración fundada en Derecho Administrativo*

Se afirma en *las Instituciones Fundamentales* que *"el signo característico de la Jurisdicción Contencioso-Administrativa es que los procesos a ella encomendados son siempre originados (...) por una actividad de la Administración regida por el Derecho Administrativo"*[21].

Se asume, en este sentido, la cláusula establecida en la legislación española vigente para la época, específicamente la Ley Reguladora de la Jurisdicción Contencioso-Administrativa de 1956 y que hace referencia a la tradicional ecuación Derecho Administrativo-Jurisdicción contencioso-administrativa, en el sentido de que ésta es una "jurisdicción" especializada en Derecho Administrativo a la que le corresponde el conocimiento de las pretensiones fundadas en Derecho Administrativo y que, por argumento en contrario, las demandas originadas en actuaciones de la Administración no regidas por el Derecho administrativo serán controladas por otros órdenes jurisdiccionales, como serían el civil, laboral, mercantil, entre otros[22].

Tal distinción ha traído no pocas discusiones en España en relación con el fenómeno conocido como la huida del Derecho Administrativo, en el sentido de la proliferación de órganos administrativos cuyas actuaciones se rigen preponderantemente por el Derecho Privado como modo de sortear los controles propios de la actividad administrativa, incluida la justicia administrativa, siendo necesario acudir a técnicas

---

20   *Cfr.* Brewer-Carías, Allan, *Nuevas Tendencias del Contencioso Administrativo en Venezuela, cit.,* pp. 21 y ss.

21   Brewer-Carías, Allan, *Instituciones Fundamentales del Derecho Administrativo y la Jurisprudencia Venezolana, cit.,* p. 314.

22   Al respecto vid. Gavín, Pemán, "Comentarios al artículo 1 de la LJ", en AAVV *Comentarios a la Ley de la Jurisdicción Contencioso-Administrativa de 1998,* Civitas, Madrid, 1999, p. 50.

creadas por la doctrina y jurisprudencia, tales como el levantamiento del velo, los actos separables o el fraude a la ley, para constatar que en efecto determinada actuación debe ser sometida a un control jurisdiccional administrativo a pesar de la "resistencia" a la aplicación del Derecho Administrativo[23].

No obstante, en Venezuela, si bien ese criterio de definición del ámbito contencioso administrativo según las pretensiones fundadas en Derecho Administrativo fue inicialmente sostenido por BREWER-CARÍAS en sus *Instituciones Fundamentales*-, el mismo autor afirma con posterioridad que "*a partir de la Ley Orgánica de la Corte Suprema de Justicia de 1976, la Jurisdicción Contencioso-Administrativa se estableció como un fuero general respecto de la República y las otras personas jurídicas estatales nacionales. Por ello, en nuestro criterio, no solo los juicios de nulidad de actos administrativos emanados de los entes de derecho público, cualquiera sea la naturaleza de su objeto (incluso los que se refieren a la administración del derecho privado), corresponden a esta jurisdicción, sino que también compete a sus órganos el conocimiento de las demandas por cualquier causa intentadas contra la República y demás entes públicos nacionales, incluyendo las empresas nacionales del Estado*"[24].

En consecuencia, el mismo autor ha modificado esa posición inicial y si se quiere inevitable a la luz de la jurisprudencia venezolana imperante para 1964 y en sentido similar al de la legislación española, que establecía que la Jurisdicción Contencioso-Administrativa controlaba solamente la actuación administrativa fundada en Derecho Administrativo, para entender ahora que a dicha jurisdicción corresponde el conocimiento de cualquier demanda y pretensión por cualquier causa intentada contra la Administración Pública –sentido orgánico- o en razón del ejercicio de actividad administrativa –sentido funcional-.

D.   La Jurisdicción Contencioso-Administrativa ejerce control de legalidad y legitimidad de la actuación administrativa

La última de las características de la Jurisdicción Contencioso-Administrativa estudiadas en las *Instituciones Fundamentales*, es la que se refiere a los "motivos de control" de la actuación administrativa. En este sentido, la obra hace énfasis en dos

---

23   Al respecto, González-Varas Ibáñez, Santigo, *Tratado de Derecho Administrativo,* Tomo III "Contencioso Administrativo", Civitas, Thomson Reuters, Madrid, segunda edición, 2012, pp. 69 y ss.

24   Brewer-Carías, Allan, "La Justicia Contencioso Administrativa", *Instituciones Políticas y Constitucionales,* Tomo VII, Universidad Católica del Táchira, Editorial Jurídica Venezolana, Caracas-San Cristóbal, 1997, y también en *Tratado de Derecho Administrativo. Derecho Público en Iberoamérica,* "La Jurisdicción contencioso-administrativa", Tomo VI, *cit.,* pp. 185-186. La misma opinión del autor es plasmada en "La justicia administrativa en Venezuela como instrumento de protección de los particulares frente a la Administración", *Tratado de Derecho Administrativo. Derecho Público en Iberoamérica,* "La Jurisdicción contencioso-administrativa", Tomo VI, pp. 626; y en sus trabajos posteriores de comentarios a la Ley Orgánica del Tribunal Supremo de Justicia y de la Ley Jurisdicción contencioso-administrativa (en la misma obra recopilatoria "*Tratado de Derecho Administrativo. Derecho Público en Iberoamérica,* "La Jurisdicción contencioso-administrativa", Tomo VI, pp. 734 y ss. y 833 y ss.).

conceptos: el control de legalidad y el control de legitimidad de la actuación administrativa.

En este sentido, se expone que *"el control de la legalidad se manifiesta por la competencia que tienen los órganos de la Jurisdicción Contencioso-Administrativa para 'anular los actos administrativos generales o individuales contrarios a derecho, incluso por desviación de poder'. Es decir, esta jurisdicción especial controla los actos administrativos en su sumisión al Principio de la Legalidad Administrativa"*[25].

La Jurisdicción Contencioso-Administrativa controla la adecuación de la actuación administrativa al principio de la legalidad administrativa. Para entender el alcance de esta afirmación que se realiza en las *Instituciones Fundamentales*, es necesario acudir al concepto de legalidad administrativa que se asume en las primeras páginas de la misma obra, cuyo Título I se dedica al completo, precisamente, a estudiar el principio de la legalidad administrativa.

El principio de la legalidad administrativa, según se define en *las Instituciones Fundamentales, "...no es más que la conformidad con el Derecho que debe acompañar a todos los actos de las ramas del Poder Público. Es decir, el principio según el cual toda la actividad del Estado debe estar conforme con el Derecho de ese Estado"*[26].

Se entiende entonces que para BREWER-CARÍAS en sus *Instituciones Fundamentales*, la función de la Jurisdicción Contencioso-Administrativa es el control de la sumisión de la actuación administrativa al *Principio de la legalidad*, esto es, al Derecho. De allí que se utiliza el concepto legalidad administrativa en su sentido más lato, como juridicidad administrativa, abarcando así tanto la adecuación a la Constitución como a la ley en su sentido formal.

Esa legalidad *lato sensu* es didácticamente explicada en las *Instituciones Fundamentales* en relación con la manifestación clásica de la actividad administrativa: los actos administrativos. Siguiendo la redacción del artículo 206 de la Constitución de 1961, se hace allí referencia al control de legalidad como la sumisión al Derecho de los actos administrativos, incluso por desviación de poder, lo que conlleva a su declaratoria de nulidad, bien por razones de inconstitucionalidad, bien por razones de ilegalidad.

El mismo BREWER-CARÍAS en sus obras posteriores a las *Instituciones Fundamentales afirma que "no existe, por tanto, constitucionalmente hablando en Venezuela, limitación alguna en cuanto a los motivos de control respecto de los cuales pueden conocer los órganos de la Jurisdicción Contencioso-Administrativa, y que pudiera conducir a limitar el conocimiento de estos órganos a meras cuestiones de*

---

25 Brewer-Carías, Allan, *Instituciones Fundamentales del Derecho Administrativo y la Jurisprudencia Venezolana, cit.,* 314-315.

26 Brewer-Carías, Allan, *Instituciones Fundamentales del Derecho Administrativo y la Jurisprudencia Venezolana, cit.,* p. 23.

legalidad, excluyéndoles la competencia para conocer de cuestiones de constitucionalidad"[27].

Tales consideraciones fueron sin duda el germen del principio de universalidad de control al que recurrentemente se refiere el mismo BREWER-CARÍAS a partir de su obra *Nuevas Tendencias en el Contencioso Administrativo en Venezuela*, en el sentido de que toda actuación administrativa es controlable por los órganos de la Jurisdicción Contencioso-Administrativa con fundamento en cualquier motivo de impugnación, es decir, tanto por razones de inconstitucionalidad como por razones de ilegalidad, incluido el incumplimiento de normas reglamentarias y de rango sublegal[28].

Esa temprana y correcta interpretación dada al artículo 206 constitucional en las *Instituciones Fundamentales* se ha visto confirmada y reforzada en el tempo. Así, luego de la entrada en vigencia de la Constitución de 1999, con fundamento en el desarrollo jurisprudencial de las décadas que la precedieron, no queda duda que la distinción en cuanto al ámbito material u objeto de la jurisdicción constitucional y la Jurisdicción Contencioso-Administrativa se realiza en torno al rango del acto objeto del control de una y otra, no así del motivo de impugnación en el que se fundamente la demanda. Concretamente, a la jurisdicción constitucional corresponde el control de los actos de rango legal, esto es, los actos del Poder Público dictados en ejecución directa e inmediata de la Constitución, mientras que a la justicia administrativa corresponde el control de los actos administrativos y demás actuaciones de rango sublegal, es decir, dictados en ejecución directa de la Ley.

Por tanto el juez contencioso administrativo es juez constitucional, bien al revisar la constitucionalidad de la actuación administrativa a través de los diversos medios procesales administrativos, bien cuando actúa como juez de amparo constitucional, o bien cuando lo hace como juez que puede desaplicar por control difuso normas jurídicas que considere contrarias a la Constitución.

Ahora bien, en las *Instituciones Fundamentales* se hace referencia a un segundo motivo de control de la actuación administrativa en el marco del proceso administrativo: el control de la legitimidad, entendiendo por tal concepto la *"conformidad con el ordenamiento jurídico"*, que debe tener toda la actuación de la Administración Pública, es decir, *"no sólo los actos administrativos, sino también los hechos y las relaciones jurídico-administrativas"*. Para el autor de esa obra jurídica, una actividad es legítima cuando está fundada en un título jurídico regular y suficiente según el ordenamiento jurídico en el cual dicha actividad se desarrolla. Por argumento en contrario, señala BREWER-CARÍAS que *"la ilegitimidad en la actividad administrati-*

---

27   Brewer-Carías, Allan, "La Justicia Contencioso Administrativa", *Instituciones Políticas y Constitucionales*, Tomo VII, Universidad Católica del Táchira, Editorial Jurídica Venezolana, Caracas-San Cristóbal, 1997, y también en "Tratado de Derecho Administrativo. Derecho Público en Iberoamérica, "La Jurisdicción contencioso-administrativa", Tomo VI, *cit.,* pp. 186. Y en "La justicia administrativa en Venezuela como instrumento de protección de los particulares frente a la Administración", *Tratado de Derecho Administrativo. Derecho Público en Iberoamérica*, "La Jurisdicción contencioso-administrativa", Tomo VI, *cit.,* pp.627.

28   Brewer-Carías, Allan, *Nuevas tendencias en el Contencioso Administrativo en Venezuela, cit.,* pag. 21.

va surge, entonces, ante la ausencia de un título jurídico que autorice el desarrollo de esa actividad, que legitime esa actividad" [29].

De este modo, el concepto de legitimidad de la actuación administrativa es para BREWER especialmente relevante cuando se pretende lograr el control de las actuaciones materiales, hechos jurídicos y relaciones jurídico-administrativas, respecto de los cuales no calza el concepto de legalidad formal traducida en vicios de nulidad propios de los actos administrativos generales o particulares y que, además, sean lesivos de la esfera jurídico-subjetiva de los particulares. Visión definitivamente de avanzada, si se toma en cuenta que fue planteada hace cincuenta años, cuando el modelo de justicia administrativa dominante era el francés, fundado en el control de legalidad de actos administrativos formales mediante el recurso por exceso de poder y el restablecimiento de derechos mediante el recurso de plena jurisdicción.

De allí que los planteamientos de las *Instituciones Fundamentales* han permitido la construcción de un sistema contencioso administrativo propio en Venezuela, en el que la universalidad de control postula el control de cualquier manifestación de la actividad e inactividad administrativa, por cualquier motivo de control a través de una amplia gama de medios procesales, mucho mayor que el del esquema bipartito francés. Planteamientos que, debe insistirse, cincuenta años después aún mantienen plena vigencia en el marco jurídico formal de la Jurisdicción Contencioso-Administrativa, aun cuando en su aplicación práctica la realidad actual sea, lamentablemente, muy distinta. Realidad a la que no nos corresponde referirnos en esta oportunidad en la que, se insiste, nos circunscribimos a rendir homenaje a la doctrina y enseñanzas plasmadas en La obra *Instituciones Fundamentales del Derecho Administrativo y la Jurisprudencia Venezolana* de Allan R. BREWER-CARIAS [30].

---

29   Vid. Brewer-Carías, Allan, *Instituciones Fundamentales del Derecho Administrativo y la Jurisprudencia Venezolana, cit.,* p. 315. La misma opinión asume el autor en todos sus trabajos de contencioso administrativo, desde las *Instituciones Fundamentales del Derecho Administrativo y la Jurisprudencia Venezolana* hasta los más recientes de análisis de las disposiciones de la Ley Orgánica de la Jurisdicción contencioso-administrativa de 2010 (cfr. *Tratado de Derecho Administrativo. Derecho Público en Iberoamérica,* "La Jurisdicción contencioso-administrativa", Tomo VI, *cit.,* pp. 196, 641 y ss.; 740 y 863.

30   En otras oportunidades nos hemos referido al estado actual de la justicia administrativa venezolana y el contraste entre su teoría y práctica forense. Véase, Hernández G., José Ignacio y Urosa Maggi, Daniela, "El estado actual de la justicia administrativa en Venezuela", Colección Estado de Derecho y Justicia, *Tomo III: Justicia Administrativa,* Serie Primera, FUNEDA, Caracas, 2012.

SECCIÓN SEGUNDA:
LOS RECURSOS CONTENCIOSO-ADMINISTRATIVOS

José Ignacio Hernández G.

Profesor de Derecho Administrativo en la
Universidad Central de Venezuela y la
Universidad Católica Andrés Bello

INTRODUCCIÓN

Cuando Allan R. Brewer-Carías culminó la redacción de su Tesis Doctoral, el sistema contencioso-administrativo venezolano se encontraba decantado, en especial, en torno a los principios derivados del artículo 206 de la Constitución de 1961. De esa manera, la jurisdicción contencioso-administrativa podía ser entendida como la competencia asignada al conjunto definido de Tribunales para conocer de litigios relacionados con la Administración y, muy en especial, de litigios relacionados con el acto administrativo. En tanto mecanismo de control de la Administración Pública, la configuración constitucional de la jurisdicción contencioso-administrativa permitía concebir a ese orden judicial como una garantía adicional del principio de legalidad[1].

Por ello, en su Tesis, Brewer-Carías concluyó que la jurisdicción contencioso-administrativa es competente para conocer de los litigios en que la Administración sea parte, originados ya sea por sus actos administrativos o por la actividad administrativa[2]. Para entonces, Brewer-Carías otorgó especial importancia al concepto de "función administrativa" como elemento definitorio de la Administración y por ello, como elemento definitorio de la competencia de la jurisdicción contencioso-

---

1   Para una perspectiva histórica, véase a Urosa Maggi, Daniela, "Los recursos contencioso-administrativos", en *El Derecho administrativo venezolano en los umbrales del siglo XXI*, Editorial Jurídica Venezolana, Universidad Monteávila, Caracas, 2006, pp. 389 y ss.

2   *Las instituciones fundamentales del Derecho administrativo y la jurisprudencia venezolana*, Colección Tesis de Doctorado, Volumen IV, Publicaciones de la Facultad de Derecho de la Universidad Central de Venezuela, Caracas, 1964, pp. 318 y siguientes, en especial, en el número 277. En lo sucesivo, citaremos la obra por el número de párrafo.

administrativa[3]. Al limitar esa competencia a la función administrativa, la Tesis excluyó a las "actividades de la Administración sometidas a Derecho privado"[4].

Junto a esta limitación referida a la competencia por la materia, la caracterización de la jurisdicción contencioso-administrativa se llevó a cabo a partir de la distinción entre el recurso de anulación y el recurso de plena jurisdicción, lo que dependía de la competencia del juez: limitada a la anulación del acto, en el primer caso, o abierta incluso para la condena al pago de sumas de dinero y al restablecimiento de la situación jurídica infringida, en el segundo[5].

Partiendo de esta distinción, la Tesis recuerda la evolución jurisprudencial en cuanto al carácter "contencioso" del proceso. Así, se consideraba que el juicio de nulidad no era consecuencia del ejercicio de la denominada jurisdicción graciosa, sino que por el contrario se trataba de un proceso contencioso[6]. Afirmándose el carácter contencioso, sin embargo, la distinción bipartita de los recursos dotaba al recurso de nulidad de un grado menor de contención, al no existir un demandado, pues el recurso "se dirige contra un acto y no contra la Administración"[7]. Ello se manifestaba en el distinto tratamiento dado a la legitimación: para el recurso de nulidad se exigía el simple interés o el interés legítimo, según el tipo de acto recurrido[8], mientras que en el contencioso de plena jurisdicción la legitimación se definía en atención al derecho subjetivo[9].

Cincuenta años después, algunas de las premisas constatadas por Allan R. Brewer-Carías han variado. Por un lado, el ámbito competencial de la jurisdicción contencioso-administrativa se ha expandido, en parte, como consecuencia de la propia

---

3   Número 279. De allí que la jurisdicción contencioso-administrativa, según la Tesis, no es competente para conocer de la actividad legislativa y de actos legislativos (número 280); de la actividad judicial y de los actos judiciales (número 281) y de la actividad de gobierno y los actos de gobierno (número 282). La categoría de actos de gobierno fue definida en función a la ejecución directa de la Constitución y no en su carácter discrecional.

4   Número 283.

5   Números 285 y 286. La distinción se llevó a cabo, en especial, a la luz de la entonces vigente Ley Orgánica de la Corte Federal. Véanse también los números 294 y siguientes, en los cuales esta distinción es tratada de acuerdo con los poderes del juez contencioso administrativo.

6   Brewer-Carías recuerda cómo ese carácter contencioso fue afirmado luego de una lenta evolución jurisprudencial. Incluso en 1939, la jurisprudencia ponía en duda el carácter contencioso del juicio de nulidad de "actos unilaterales del Poder Público" (número 299). Luego de la Constitución de 1961 -cuyo artículo 261 aclaró el carácter "contencioso" de ese proceso- la jurisprudencia reconocerá que el control judicial de la Administración pública se lleva a cabo a través de un proceso que es "notoriamente de carácter contencioso" (número 299).

7   Partiendo de esta afirmación, Brewer-Carías criticó la sentencia de la Corte Federal de 30 de julio de 1957, que afirmó la existencia de una verdadera demanda con ocasión a la petición de nulidad del acto administrativo en sede judicial. La Tesis niega tal conclusión, pues en el "recurso de anulación ni se demanda a la Administración ni se cita al Procurador". Por el contrario, en el contencioso de plena jurisdicción sí hay parte demandada (número 314).

8   El simple interés aplica a la anulación de actos administrativos generales, mientras que el interés legítimo aplica a la anulación de actos administrativos individuales. Números 308 y 309.

9   Número 313. Brewer-Carías distinguía entre la plena jurisdicción derivada de un contrato y la plena jurisdicción extra-contractual. En este caso, pese a tratarse de una situación objetiva, la existencia del daño hacía nacer el derecho subjetivo a la reparación.

posición de Brewer-Carías, quien asumió que junto al criterio funcional debía aplicar también un criterio orgánico en la definición de Administración Pública[10], incluso, en aquellos casos en los cuales se hace uso instrumental del Derecho Privado[11]. De otro lado, la distinción bipartita de recursos ha quedado abandonada, al asumirse que la jurisdicción contencioso-administrativa, con independencia del medio procesal aplicable, es siempre cauce de garantía del derecho a la tutela judicial efectiva[12].

Sin embargo, los perfiles básicos de la jurisdicción contencioso-administrativa, condensados por Brewer-Carías en 1964, siguen vigentes medio siglo después, en especial, en cuanto a la función que esa jurisdicción cumple en el control del principio de legalidad como elemento determinante del Estado de Derecho. Y si bien la distinción entre el recurso de nulidad y el recurso de plena jurisdicción quedó abandonada en la legislación, doctrina y jurisprudencia, permanecen todavía las matizaciones que Brewer-Carías constató al carácter contencioso del denominado recurso de nulidad contra actos administrativos.

I.   LOS RECURSOS CONTENCIOSO ADMINISTRATIVOS Y EL CONTROL DE LEGALIDAD

En su Tesis Doctoral, Allan R. Brewer-Carías enmarcó a los recursos contencioso-administrativos dentro del control de legalidad, entendido en un sentido integral. Esto quiere decir que ya para 1964, Brewer-Carías –con base en el estudio de la jurisprudencia venezolana- aceptaba que toda la Administración, y en especial, que todos los actos administrativos, quedaban sujetos al principio de legalidad, incluso tratándose de actos discrecionales. Frente a otros sistemas –como el español- que todavía en esa época estaban construyendo propuestas para la reducción de las inmunidades del poder, el Derecho administrativo venezolano mostraba signos notables de avances, al negar la existencia de actos excluidos de control, e incluso, al negar la exclusión de control sobre la discrecionalidad administrativa, siempre manteniendo el carácter objetivo del recurso de nulidad[13]. Como se concluyó[14]:

"Todos los actos administrativos, discrecionales o reglados, están sometidos al control jurisdiccional de la Corte, en cuanto a su legalidad"

---

10   Actualmente, vid. Brewer-Carías, Allan, *Tratado de Derecho Administrativo*, Tomo VI, Thomson-Civitas, Madrid, 2013, pp. 833 y ss.

11   Brewer-Carías, Allan, "La actividad administrativa y su régimen jurídico", Las formas de la actividad administrativa, FUNEDA, 2005, consultado en: http://www.allanbrewercarias.com/Content/449725d9-f1cb-474b-8ab2-41efb849fea2/Content/I.1.895.pdf

12   Brewer-Carías, Allan, "Consideraciones sobre el contencioso administrativo como un derecho constitucional a la tutela judicial frente a la Administración", en *Revista de Derecho Público N° 49*, Caracas, 1992, pp. 5 y ss.

13   El tema es tratado con detenimiento en el primer capítulo de la Tesis (números 1 y siguientes, y especialmente, números 21 y siguientes).

14   Número 28.

Este postulado será reafirmado en la posterior evolución del Derecho administrativo venezolano, de la mano de la jurisprudencia, que señaló con precisión que todo acto administrativo está sujeto al control jurisdiccional, incluyendo los actos discrecionales[15]. El principio fue luego recogido en el artículo 12 de la Ley Orgánica de Procedimientos Administrativos, que ratifica la aplicación del principio de legalidad incluso, al acto administrativo discrecional[16]. Sin embargo, se sigue admitiendo (como postuló Brewer-Carías) que el control judicial sobre la discrecionalidad administrativa es limitado, en tanto el Juez –a diferencia de la Administración cuando resuelve un recurso administrativo- no puede ser Juez del mérito discrecional[17].

Lo que sí varió es el abandono del carácter objetivo con el cual Brewer-Carías caracterizó al recurso de anulación. Ciertamente, para 1964, tal recurso era ciertamente contencioso, pero no era el resultado de un proceso entre partes[18]. La evolución posterior del contencioso administrativo llevará a dos cambios, de los cuales solo es posible efectuar aquí una apretada síntesis:

.- En *primer* lugar, se aceptó que el proceso contencioso administrativo no es solo cauce objetivo de control de la legalidad, sino que además, es cauce de protección del derecho a la tutela judicial efectiva, tal y como el propio Allan R. Brewer-Carías observó[19]. Esto implicó valorar al contencioso administrativo desde la posición jurídica del ciudadano.

.- En *segundo* lugar, como ha sido propuesto por un sector de la doctrina[20], y luego aceptado en parte en las vigentes Ley Orgánica del Tribunal Supremo de Justicia y la Ley Orgánica de la Jurisdicción Contencioso-Administrativa[21], el objeto del proceso contencioso administrativo no queda reducido al acto administrativo previo, en tanto el ciudadano podrá esgrimir cualquier tipo de pretensión respecto a cualquier manifestación de la actividad o inactividad de la Administración.

Estos cambios, en todo caso, se construyeron sobre la posición defendida por Brewer-Carías hace cincuenta años: además de la anulación del acto administrativo,

---

15 La jurisprudencia posterior se basó en los principios sistematizados por Brewer-Carías en su Tesis. Véase así la sentencia de la Sala Político-Administrativa de 26 de julio de 1984, caso *Depositaria Judicial.*

16 Véase, sobre ello, las conclusiones actuales de Brewer-Carías, Allan, *Tratado de Derecho Administrativo, cit.,* pp. 408 y ss.

17 Número 344. Sobre los límites actuales al control judicial de la discrecionalidad administrativa, entre otros, vid. Araujo-Juárez, José, *Derecho administrativo,* Ediciones Paredes, Caracas, 2013, pp. 151 y ss.

18 Número 300.

19 Además del artículo ya citado, véase Brewer-Carías, Allan, *Nuevas tendencias en el contencioso-administrativo en Venezuela,* Editorial Jurídica Venezolana, Caracas, 1993, pp. 13 y ss.

20 Urosa Maggi, Daniela, "La pretensión procesal administrativa", *Derecho y sociedad N° 6,* Universidad Monteávila, 2005, pp. 53 y ss.

21 Torrealba, Miguel Ángel, "El acto administrativo como objeto de la pretensión procesal administrativa y su tratamiento jurisprudencial a partir de la Ley Orgánica del Tribunal Supremo de Justicia", en *El contencioso administrativo a partir de la Ley Orgánica del Tribunal Supremo de Justicia,* FUNEDA, Caracas, 2009, pp. 121 y ss. Hemos efectuado algunas consideraciones sobre ello, en Hernández G., José Ignacio, "Pasado, presente y futuro de la nueva Ley Orgánica de la Jurisdicción Contencioso Administrativa", en *Comentarios a la Ley Orgánica de la Jurisdicción Contencioso Administrativa,* Volumen I, Fundación Estudios de Derecho Administrativo, Caracas, 2010, pp. 119 y ss.

y de acuerdo con las bases constitucionales aplicables (correspondientes al artículo 261 del Texto de 1961, equivalente al artículo 259 del Texto de 1999), la jurisdicción contencioso-administrativa es competente para acordar lo conducente para el restablecimiento de la situación jurídica infringida.

II. LA DISTINCIÓN DE LOS RECURSOS CONTENCIOSO-ADMINISTRATIVOS

1. El recurso de nulidad y el recurso de plena jurisdicción

La Tesis Doctoral de Allan R. Brewer-Carías muestra, como no podía ser de otra manera, un apego a la clasificación dual entre el recurso de anulación y el recurso de plena jurisdicción[22] derivada de la interpretación de la entonces vigente Ley Orgánica de la Corte Federal[23]. La distinción, en realidad, estaba influencia en el régimen administrativo francés, cuya impronta puede apreciarse en toda la Tesis. Precisamente, la evolución contemporánea de la jurisdicción contencioso-administrativa en Venezuela responde a esta distinción bipartita, que marcó además una diferencia importante en cuanto al régimen aplicable[24]:

.- El recurso de anulación, a usanza del recurso de exceso de poder en Francia, se configuró como un medio de control objetivo de legalidad del acto administrativo, y por ello, como el recurso más usual. Los poderes del juez se concentraban en constatar la ilegalidad del acto y acordar, consecuentemente, su nulidad. Como el énfasis era el contraste entre el acto administrativo y la Ley, de la evolución jurisprudencial

---

22   Esa distinción bipartita es recalcada a lo largo de la Tesis. En el número 347, por ejemplo, Brewer Carías señaló que "*nuestro sistema jurídico conoce fundamentalmente dos tipos de recursos contencioso-administrativos: el recurso de anulación y el recurso de plena jurisdicción*". En ese número se aclara que si bien ambas categorías eran conocidas en Francia, en ese país se reconocían otros tipos de recursos.

23   La Ley Orgánica de la Corte Federal de 1953 no reconoció expresamente esa distinción bipartita. Su artículo 7, por el contrario, se limitó a reconocer la competencia de la Corte para declarar la nulidad de actos administrativos, incluso, en casos de abuso de poder, así como la competencia para conocer "en juicio contencioso" de "las acciones que se propongan contra la Nación por daños y perjuicios, y de las demás acciones que por sumas de dinero se intenten contra ella", así como de "todas las cuestiones" derivadas de contratos celebrados por la Administración. Junto a estas dos competencias, se reconoció también la competencia para conocer de la "negativa" de los funcionarios públicos, y de las llamadas "controversias". Lo que sucedió fue que esa Ley se interpretó bajo el prisma del régimen francés, concluyéndose en la existencia de dos grandes categorías: el recurso de nulidad -de corte objetivo- y el llamado recurso de plena jurisdicción -que comprendía a los "juicios contencioso" o demandas. Vid. Urosa Maggi, Daniela, "Origen y evolución del contencioso administrativo en Venezuela. ¿Influencia francesa o española? Repercusiones en la situación actual de la justicia administrativa venezolana y en sus perspectivas de cambio", en *Boletín de la Academia de Ciencias Políticas y Sociales N° 147*, Caracas, 2009, pp. 114 y ss.

24   Sobre esta evolución, vid. Canova, Antonio, *Reflexiones para la reforma del sistema contencioso administrativo venezolano*, Editorial Sherwood, Caracas, 1998.

de ese recurso derivó un completo y detallado catálogo de vicios del acto adminis-trativo[25].

.- El recurso de plena jurisdicción, por el contrario, se centró en la protección de derechos de los ciudadanos, típicamente, relacionados con la responsabilidad con-tractual y extracontractual de la Administración. En cuanto a la primera, el recurso de plena jurisdicción participaba de la distinción entre contratos administrativo y contratos de la Administración. En cuanto a lo segundo, la responsabilidad extracon-tractual de la Administración, siempre de acuerdo con la Tesis Doctoral, quedaba regida por el sistema general del Código Civil, con la sola excepción de la llamada "teoría de la indemnización", esto es, la responsabilidad de la Administración deri-vada del ejercicio lícito de sus potestades. Por ello, tal recurso podía comprender una variedad de acciones.

2. La superación -parcial- de la distinción entre el recurso de nulidad y el recurso de plena jurisdicción en el contexto de los otros "recursos contencioso-administrativos"

La distinción bipartita fue abandonada con ocasión a la Ley Orgánica de la Corte Suprema de Justicia, que reconoció –de manera incidental- un conjunto heterogéneo de competencias de la jurisdicción contencioso-administrativa. Como el "catálogo" de "recursos" en esa Ley era más amplio, se optó por abandonar la distinción bipar-tida. Por ello, Allan R. Brewer-Carías opinó que dicha distinción, cuyo estudio había llevado a cabo en 1964, había quedado superada. Otro sector de la doctrina – Iribarren Monteverde- apostó por mantener la distinción[26].

Ciertamente, la Ley Orgánica de la Corte Suprema de Justicia permitió la distin-ción de otros "medios de impugnación", como por ejemplo, el llamado recurso de abstención o carencia, o el recurso de interpretación[27]. Con todo, ese catálogo de "medios de impugnación" siguió siendo interpretado a la luz de los principios deri-vados de la distinción bipartita, con dos características: (i) la jurisdicción contencio-so-administrativa se concibió a partir de la definición cerrada de un conjunto de "medios de impugnación" y (ii) pese a reconocerse la existencia de una pluralidad de "medios de impugnación", el recurso contencioso administrativo de nulidad si-

25 Esta característica es tratada ampliamente en la Tesis, entre otros, en los números 348 y siguientes.

26 Brewer-Carías, Allan, "Algunos aspectos del proceso contencioso-administrativo", en *Ley Orgánica de la Corte Suprema de Justicia*, Editorial Jurídica Venezolana, Caracas, 1994, p. 177. La posición de Iriba-rren Monteverde, Henrique, en ¿Existe en Venezuela un recurso autónomo de plena jurisdicción?, en *Revista de la Fundación Procuraduría General de la República número 1*, Caracas, 1986, p. 57.

27 Por ejemplo, vid. Rondón de Sansó, Hildegard "El sistema contencioso-administrativo en el contexto de la Ley Orgánica de la Corte Suprema de Justicia. La distribución de competencias", A.A.V.V. *El Con-trol Jurisdiccional de los Poderes Públicos en Venezuela*, Instituto de Derecho Público, Facultad de Ciencias Jurídicas y Políticas, Universidad Central de Venezuela, Caracas, 1979, pp. 101 y ss.

guió siendo el recurso principal, al punto que en ausencia de un acto administrativo expreso, el acceso a tal jurisdicción era cuando menos complicado[28].

La consecuencia práctica de ello fue la paulatina expansión del concepto de acto administrativo, ante la persistencia de limitar en la práctica la revisión de la legalidad administrativa al control previo del acto administrativo[29]. Junto a ello, en todo caso, se siguió admitiendo la posibilidad de demandar a la Administración por su responsabilidad, contractual o extracontractual, incluso, de manera conjunta con el llamado recurso de nulidad[30]. Así, pese a que el recurso de plena jurisdicción había quedado eliminado en la entonces vigente Ley, la doctrina siguió estudiando tal sistema procesal de responsabilidad a través del perfil del recurso de plena jurisdicción[31].

La evolución reciente del contencioso administrativo favorece a la definitiva superación de tal distinción. Por un lado, como ya fue señalado, el centro del sistema contencioso administrativo dejó de ser el control de legalidad, para pasar a ser la garantía del derecho a la tutela judicial efectiva. Ello implica garantizar el derecho de acceso a la justicia administrativa frente a toda manifestación de la actividad o inactividad administrativa, al margen de la existencia de un específico "medio de impugnación". De acuerdo con la sentencia de la Sala Constitucional de 27 de mayo de 2004, caso *Elizabeth Morini Morandini*:

> "…al margen de que la denuncia encuadre en los recursos tradicionales establecidos en la ley o que haya construido la jurisprudencia, pues, la tendencia compatible con el derecho a la tutela judicial efectiva consagrado en el artículo 26 constitucional, es a darle recibo y trámite a todo tipo de demandas en tanto subyazca un conflicto de orden administrativo, derivado de una relación jurídica entre un particular y un órgano o ente envestido de potestades públicas, que exija el examen judicial respectivo…"

Con mayor énfasis, este principio fue reconocido en la sentencia de la Sala Constitucional de 1 de febrero de 2006, caso *Bogsivica*[32]:

> "De conformidad con esa premisa y la correcta lectura de las normas constitucionales que se transcribieron, la justicia contencioso-administrativa venezolana debe garantizar los atributos de integralidad y efectividad del derecho a la tutela judicial. De esa manera, y en lo que se refiere a la integralidad, toda pretensión fundada en Derecho Administrativo o que tenga

---

28   Sobre ello nos hemos pronunciado antes, en Hernández G., José Ignacio, "Treinta años de justicia administrativa en Venezuela. Análisis desde los 124 números de la Revista de Derecho Público", en *Revista de Derecho Público N° 125*, Caracas, 2011.

29   Farías Mata, "Acto Administrativo, Materia del Recurso Contencioso de Anulación", en *XVII Jornadas "J.M. Domínguez Escovar". Avances jurisprudenciales del contencioso administrativo en Venezuela*, Tomo II, Barquisimeto, 1993, pp. 9 y ss.

30   Moles Caubet, Antonio, "Rasgos generales de la jurisdicción contencioso-administrativa", en *Estudios de Derecho Público*, Universidad Central de Venezuela, Caracas, 1997, pp. 383

31   Caballero Ortiz, Jesús, *Contencioso de plena jurisdicción y demandas contra los entes públicos*, Editorial Jurídica Venezolana, 1989, pp. 157 y ss.

32   *Revista de Derecho Público N° 105*, pp. 185 y ss. Nuestro comentario a esa sentencia en Hernández G., José Ignacio, "¿Hacia la construcción de un nuevo modelo del contencioso administrativo? La sentencia de la Sala Constitucional de 1 de febrero de 2006, Caso: BOGSIVICA", en *Revisa de Derecho Público* N° 105, Caracas, 2006.

como origen una relación jurídico-administrativa, debe ser atendida o amparada por los tribunales con competencia contencioso-administrativa, pues el artículo 259 constitucional no es, en modo alguno, taxativo, sino que, por el contrario, enumera algunas –las más comunes– de las pretensiones que proceden en este orden jurisdiccional (pretensión anulatoria y pretensión de condena a la reparación de daños) y enunciativamente permite, como modo de restablecimiento de las situaciones que sean lesionadas por la actividad o inactividad administrativa, la promoción de cuantas pretensiones sean necesarias para ello…".

Por ello, la Sala Plena, en sentencia de 20 de noviembre de 2002, recaída en el caso *Fabrica de Tejidos Punto Ivette, C.A.,* cuestionó el uso de la expresión "recurso de plena jurisdicción":

"Estima esta Sala que la calificación que empleó la Ley Orgánica de la Contraloría General de la República de 1975 era, ciertamente, inexacta, desde que de conformidad con el artículo 206 de la Constitución de 1961, mal podía considerarse que en Venezuela existía un "recurso de plena jurisdicción" –en su acepción francesa tradicional- en contraposición al "recurso por exceso de poder", en el cual la función del juez se limitaba a la anulación del acto que se había recurrido. En efecto, de conformidad con ese artículo 206 –que reproduce el artículo 259 de la Constitución de 1999-, los Tribunales de la jurisdicción contencioso-administrativa siempre tendrán facultad tanto para anular los actos administrativos contrarios a Derecho, como también, para el restablecimiento de las situaciones jurídicas que sean lesionadas por la actividad –o inactividad- administrativa, de conformidad con los términos de la correspondiente pretensión"

Es por lo anterior que la distinción entre el recurso de anulación y el recurso de plena jurisdicción, que había sido abandonada en la práctica luego de la Ley Orgánica de la Corte Suprema de Justicia, puede decirse que ha quedado, en el plano formal, superada totalmente bajo la concepción constitucional de la justicia administrativa basada en la garantía del derecho a la acción. De allí que el ciudadano, como se reconoce en la vigente Ley Orgánica de la Jurisdicción Contencioso-Administrativa, podrá deducir cualquier pretensión respecto a cualquier manifestación de la actividad o inactividad administrativa. Empero, como se verá, algunos reflejos de esa distinción pueden encontrarse, en especial, en la configuración del llamado recurso contencioso administrativo de anulación.

III.   EL RECURSO CONTENCIOSO ADMINISTRATIVO DE ANULACIÓN

1.   Objeto y características del recurso contencioso administrativo de anulación

Pese haber quedado ya superada la distinción bipartita sobre la cual Allan R. Brewer-Carías estudió a los recursos contencioso-administrativos, en la práctica, tal distinción sigue siendo en parte relevante, por la importancia del recurso contencioso administrativo de nulidad, cuyos rasgos distintivos, en 1964, se mantienen en la actualidad.

En efecto, como ha quedado ya señalado, el recurso contencioso de nulidad, para 1964, aparecía configurado como un medio objetivo orientado al control de legalidad[33], de lo cual derivó un detallado mecanismo de revisión de legalidad del acto administrativo, inspirado en los vicios del acto administrativo desarrollados por el Consejo de Estado francés[34].

El centro de tal recurso era el acto administrativo, que fue definido por Brewer-Carías, en 1964, a partir de la conjunción del criterio orgánico y funcional, esto es, el acto administrativo era *"aquella manifestación de voluntad realizada por una autoridad pública actuando en ejercicio de la función administrativa"*[35]. Si bien todo acto administrativo se entendía sujeto a control, esa definición excluía del recurso de anulación otras manifestaciones de la Administración distintas al acto, como los hechos o actuaciones materiales[36].

Consecuentemente, el poder del juez, en el recurso de anulación, quedaba limitado a acordar la nulidad del acto declarado ilegal, quedando vedado a la Administración modificar el acto u ordenar el restablecimiento de la situación jurídica infringida[37].

2. La pervivencia -al menos parcial- de las características tradicionales del recurso contencioso-administrativo de anulación en el contexto de los otros "recursos contencioso-administrativos"

La evolución posterior de la jurisdicción contencioso-administrativa atemperó algunas de las características señaladas del recurso contencioso administrativo de nulidad. El primer cambio se constató al aceptarse que el carácter objetivo de dicho recurso colidía con el derecho a la tutela judicial efectiva y que, por ello, el recurso de nulidad era, también, un medio subjetivo de protección de los derechos e intereses del ciudadano[38]. Ya bajo la Ley Orgánica de la Corte Suprema de Justicia se había aceptado que el demandante en nulidad, además de solicitar la nulidad del ac-

---

33 Esta definición puede encontrarse, entre otros, en el número 353: *"el recurso contencioso-administrativo de anulación es un medio de impugnación jurisdiccional de los actos administrativos; es un acto del administrado dirigido a obtener la anulación jurisdiccional de un acto administrativo por razones de ilegalidad"*. En el número 356 se afirma: *"por ello, el recurso contencioso-administrativo de anulación tiene por objeto el control de la legalidad de los actos administrativos"*.

34 Número 368.

35 Número 364.

36 Se lee en el número 365: *"la misma definición de acto administrativo excluye del recurso contencioso-administrativo de anulación, contra los hechos jurídicos y a los actos materiales de la Administración"*. Por ello, la inacción administrativa solo era recurrible mediando un acto denegatorio (número 366).

37 De allí la siguiente conclusión: *"la labor del juez contencioso-administrativo como contralor de la legalidad de los actos administrativos sólo puede limitarse al restablecimiento de esa legalidad, y no al restablecimiento de situaciones jurídicas subjetivas"* (número 368).

38 Además de la doctrina ya citada, *vid.* Linares, Gustavo, "El carácter subjetivo del procedimiento contencioso administrativo", en *XVII Jornadas 'J.M Domínguez Escovar', Avances Jurisprudenciales del Contencioso Administrativo en Venezuela, Tomo I,* Institutos de Estudios Jurídicos del Estado Lara, Barquisimeto, 1993, p. 97.

to, podía solicitar el restablecimiento de la situación jurídica infringida, incluyendo la condena al pago de daños y perjuicios. Consecuentemente, los poderes del juez contencioso administrativo, en el marco del recurso de nulidad, se ampliaron[39].

Esa ampliación, aunado a la preservación de la universalidad de la jurisdicción contencioso-administrativa, se tradujo en la edificación de un potente sistema de revisión judicial que cumplió con funciones enteramente compatibles: el control de la legalidad de la Administración, previniendo su abuso, y la tutela judicial efectiva de los derechos e intereses del ciudadano. Sin embargo, la jurisprudencia ha enfatizado tradicionalmente la primera función, bajo la clásica concepción del recurso de nulidad como un medio de impugnación basado en el control de la legalidad. La sentencia de la Sala Político-Administrativa de 6 de noviembre de 1991, caso *Venezolana de Televisión,* concluyó[40]:

> "el sistema procesal conforme al cual la violación de derechos permite al interesado ejercer la acción "no puede ser aplicado en toda si integralidad", pues "para la defensa de tales derechos existen una serie de mecanismos de impugnación que, por su carácter de orden público, no pueden ser relajados ni sustituidos según el libre arbitrio de los particulares. Es el caso específico de los actos administrativos (...) su impugnación está indisolublemente ligada a la solicitud de anulación de los mismos".

En otra decisión de la Sala, de 11 de agosto de 1993, se reitera esta conclusión[41]:

> "la jurisdicción contencioso-administrativa ha sido establecida para revisar su la Administración ha permanecido fiel a su eje, el principio de legalidad; en consecuencia, abarca sin excepción, a todos los actos administrativos. En este sentido, la evolución jurisprudencial de este Alto Tribunal, fundamentada en el claro mandato del artículo 206 de la Constitución, conduce a que pueda formarse sin embargo que en el Derecho administrativo no hay actos totalmente excluidos del control judicial contencioso-administrativo".

También la jurisprudencia ha considerado que la jurisdicción contencioso-administrativa no está limitada a asegurar el respeto de la legalidad de la actuación administrativa, pues no puede concebirse como un sistema exclusivo de protección de la legalidad objetiva, en tanto es, también, sistema de tutela de situaciones subjetivas[42].

Pero quizás el cambio más relevante, medio siglo después de la publicación de la Tesis, es el desplazamiento del llamado recurso contencioso administrativo de nulidad como el medio de impugnación prototípico. Como ha sido expuesto, ese recurso se configuró sobre la base del dogma del acto administrativo previo, con dos claras manifestaciones: *(i)* no puede ejercerse el medio de impugnación sin un previo acto administrativo y *(ii)* es preciso agotar la vía administrativa para poder acceder al

---

39 En general, *vid.* Badell Madrid, Rafael, "La demanda de nulidad", en *Constitución, Derecho Administrativo y proceso: vigencia, reforma e innovación,* FUNEDA, 2014, pp. 383 y ss.

40 *Revista de Derecho Público N° 88,* p. 148

41 *Revista de Derecho Público N° 55-56,* pp. 389 y ss.

42 Sentencia de las Sala Político-Administrativa de 22 de abril de 2004, caso Omar Arenas, en *Revista de Derecho Público N° 97-98,* Caracas, 2004, pp. 133 y ss.

contencioso administrativo[43]. Por ello, fue necesario, como ya apuntamos, ampliar el concepto de acto administrativo[44], pues mientras mayor fuese ese concepto, mayor sería el alcance de la jurisdicción contencioso-administrativa. De allí que el propio Brewer-Carías cambió el concepto de acto administrativo que había asumido en 1964, para adoptar un criterio ciertamente amplio, que es el que impera hoy día en Venezuela[45].

El acto administrativo, en el llamado recurso contencioso administrativo de nulidad, alude así a todo acto de rango sublegal del Poder Ejecutivo, con independencia de la función ejercida, así como todo acto derivado de la función administrativa, con independencia del órgano que la dicte[46], lo que se extiende incluso a los actos de autoridad, dictados por sujetos del sector privado en ejercicio de la función administrativa[47]. Eventualmente, el concepto se ha querido ampliar hasta abarcar, incluso, a la vía de hecho de la Administración. El único elemento restrictivo de la definición, que se mantiene, es la exigencia en cuanto a que se trate de un acto dictado en ejercicio del Derecho administrativo –lo que excluye a los actos regidos por el Derecho privado[48].

Aun cuando dicho concepto de acto administrativo se mantiene, con una clara finalidad procesal, el llamado recurso de nulidad no es ya el medio prototípico de impugnación, pues el acto administrativo no es ya presupuesto único del proceso contencioso administrativo. Ya bajo la Ley Orgánica de la Corte Suprema de Justicia, comenzaron a reconocerse otros "recursos" distintos al recurso contencioso administrativo de nulidad, en especial, respecto de la inactividad administrativa. Aquí im-

---

43   En general, *vid.* Araujo-Juárez, José, "El Sistema Contencioso Administrativo en Venezuela. Antecedentes, Origen, Consolidación y Evolución", en *Constitución, Derecho Administrativo y proceso: vigencia, reforma e innovación,* pp. 337 y ss.

44   Resume así María Amparo Grau: como el objeto del contencioso administrativo es siempre un acto administrativo, la jurisprudencia ha procurado la ampliación de la competencia judicial atendiendo a la noción misma de acto administrativo. Cita la sentencia de la Sala Político-Administrativa de 6 de marzo de 1993, caso *Ruperto Machado,* según la cual, como el contencioso persigue el control de un acto, su ampliación supone la ampliación del concepto de acto administrativo. Grau, María Amparo, "La materia contencioso administrativa", en *Primeras Jornadas Internacionales de Derecho Administrativo Allan Randolph Brewer-Carías. Contencioso Administrativo,* FUNEDA-Editorial Jurídica Venezolana, Caracas, 1995, p. 131.

45   *Tratado de Derecho Administrativo, Tomo III, cit.,* pp. 87 y ss.

46   La jurisprudencia ratificó el principio constatado por Brewer-Carías en 1964, a saber, la universalidad del control contencioso administrativo. Por ello, las disposiciones legales que negaban la vía del "recurso" (o en ocasiones, de las llamadas "apelaciones administrativas") debían entenderse referidas solo recursos en sede administrativa. *Cfr.*: sentencias de la Sala Político-Administrativa de 11 de mayo de 1981, caso *Panamerican (Revista de Derecho Público N° 7,* 1981, p. 157), y de 2 de noviembre de 1982 *(Revista de Derecho Público N° 12,* Caracas, 1982, pp. 141 y ss.). La decisión líder, en cuanto a la amplitud del concepto de acto administrativo, es la sentencia de la Sala Político-Administrativa de 10 de enero de 1980, caso *Miranda Entidad de Ahorro y Préstamo.*

47   Recientemente, vid. sentencia de la Sala Político-Administrativa de 9 de diciembre de 2004, caso *HIDROLARA.*

48   Sigue siendo referencia la sentencia de la Sala Político-Administrativa de 18 de julio de 1985, caso *Díaz Bruzual.*

peró en la jurisprudencia, inicialmente, un criterio muy restringido[49], que fue posteriormente relejado[50], al asumirse que toda inactividad de la Administración –incluso cuando no estuviese referida a la obligación de dictar un acto previo- podía ser objeto de un recurso contencioso, llamado "recurso de abstención o carencia".

Esta –relativa- amplitud para la tutela judicial frente a la inactividad administrativa, fue complementada con la concepción según la cual el silencio administrativo de efectos negativos era una "garantía" para el ciudadano, pese a mantenerse el dogma del acto administrativo previo[51]. Tal dogma se mantuvo incluso en cuanto al agotamiento de la vía administrativa, hasta que este requisito fue suprimido por lo que parece ser un error de la Ley Orgánica del Tribunal Supremo de Justicia de 2004[52].

La vigente Ley Orgánica de la Jurisdicción Contencioso-Administrativa ha contribuido, decisivamente, a este desplazamiento del llamado recurso contencioso administrativo de nulidad, ante la superación del dogma del acto previo. Bajo esa Ley, en efecto, el ciudadano puede ejercer cualquier pretensión frente a cualquier manifestación de la actividad o inactividad administrativa, sin necesidad de que exista un previo acto administrativo[53]. Se admite, incluso, la pretensión respecto de la actividad administrativa prestacional o "actividad de servicio público"[54].

De otro lado, tampoco es relevante cuál es el Derecho sustantivo aplicado por la Administración, pues incluso cuando se trate de una actividad basada – preponderantemente- en el Derecho Privado, la acción podrá ser ejercida ante jurisdicción contencioso-administrativa.

Bajo estos postulados, puede afirmarse que el recurso contencioso administrativo de nulidad, como medio de impugnación, desaparece en la vigente Ley Orgánica de la Jurisdicción Contencioso-Administrativa, dado que ya no es requisito de acceso al

---

49 Sentencia de la Sala Político-Administrativa de fecha 28 de febrero de 1985, caso *Eusebio Igor Vizcaya Paz*.

50 Sentencia de la Sala Constitucional de 6 de abril de 2004, caso *Ana Beatriz Madrid*.

51 Sentencia de la Sala Político-Administrativa de 22 de junio de 1982, caso *Ford Motors de Venezuela* (*Revista de Derecho Público N° 11*, 1982, pp. 150 y ss.). Si la Administración no daba respuesta expresa a la petición o recurso administrativo, el ciudadano podía optar por esperar la respuesta expresa, o interponer –de ser el caso- el correspondiente recurso administrativo, o interponer el recurso contencioso administrativo, siempre y cuando existiese un previo acto administrativo que anular.

52 Esa Ley, de pésima factura, nada dispuso sobre el agotamiento de la vía administrativa como condición de admisibilidad del llamado recurso contencioso administrativo de nulidad. De allí que se entendió que tal condición había dejado de regir. *Cfr.*: sentencia de la Sala Constitucional de 20 de febrero de 2008, caso *Inversiones Martinique*.

53 Torrealba, Miguel Ángel, "El acto administrativo como objeto de la pretensión procesal administrativa y su tratamiento jurisprudencial a partir de la Ley Orgánica del Tribunal Supremo de Justicia", *cit.*, pp. 121 y ss. En general, vid. Espinoza, Alexander y Rivas, Jenny, *Ley Orgánica de la Jurisdicción Contencioso-Administrativa. Aspectos fundamentales*, IEC, Caracas, 2013, pp. 51 y ss.

54 Nuestra posición en Hernández G., José Ignacio, "El cambio de paradigma: las pretensiones procesales administrativas", *El contencioso administrativo y los procesos constitucionales*, Editorial Jurídica Venezolana, Caracas, 2011, pp. 117 y ss. Lamentablemente se persiste en la denominación "contencioso de los servicios públicos".

contencioso la existencia de un previo acto administrativo, en tanto el interesado podrá deducir cualquier pretensión necesaria para el restablecimiento de la situación jurídica infringida[55].

Estos cambios legales, sin embargo, no han logrado incidir en la práctica forense, en la cual sigue pesando la tradición de concentrar el contencioso administrativo en el "recurso de nulidad" bajo el "dogma del acto previo". En parte ello puede ser incentivado por la desafortunada regulación de los procedimientos, pues en el caso de la nulidad del acto, el procedimiento previsto en la Ley sigue siendo una especie de juicio al acto[56]. Con todo, es preciso insistir en la idea que no existe, como tal, un "recurso contencioso administrativo de nulidad", en tanto el ciudadano, en ejercicio del derecho a la acción, podrá ejercer cualquier pretensión procesal, incluyendo aquella por la cual se demanda la nulidad del acto administrativo.

IV. EL RECURSO CONTENCIOSO-ADMINISTRATIVO DE PLENA JURISDICCIÓN

1. El recurso contencioso-administrativo de plena jurisdicción y la responsabilidad patrimonial de la Administración Pública

Para 1964, como se ha señalado, la jurisprudencia había aceptado la existencia de una distinción dual de los recursos contencioso-administrativos, de acuerdo con la regulación de la entonces Ley Orgánica de la Corte Federal. Bajo esa distinción, el recurso contencioso-administrativo de plena jurisdicción se caracterizaba por la amplitud de los poderes del juez contencioso-administrativo, que no se limitan a la nulidad del previo acto administrativo, sino que se extendían a cualquier decisión necesaria para restablecer la situación jurídica infringida, incluyendo la condena al pago de sumas de dinero. De allí que tal recurso podía ser ejercido frente a la actividad administrativa, sin quedar circunscrito al acto administrativo previo. Ello, con la intención de lograr la protección jurídica plena del ciudadano, al punto que tal recurso era considerado una "demanda"[57].

---

55   *Vid.* Urosa Maggi, Daniela, "Las pretensiones procesales en la nueva Ley Orgánica de la jurisdicción contencioso-administrativa", en *Comentarios a la Ley Orgánica de la Jurisdicción Contencioso Administrativa, cit.,* 242 y ss.

56   La Ley tiene un infortunado régimen de distinción de procedimientos, bajo el cual, el "recurso de nulidad contra actos administrativos" se tramita por un proceso de corte objetivo. *Cfr.*: Brewer-Carías, Allan, "Introducción general al régimen de la jurisdicción contencioso-administrativa", en *Ley Orgánica de la Jurisdicción Contencioso Administrativa,* Editorial Jurídica Venezolana, Caracas, 2010, pp. 9 y ss. Véase, en general, a Torrealba, Miguel Ángel, *Problemas fundamentales del contencioso administrativo venezolano en la actualidad,* FUNEDA, 2013, pp. 25 y ss.

57   Esto implica reconocer que no se trataba de un medio objetivo de impugnación –como el recurso de nulidad- sino de un medio subjetivo. Véase en especial el número 380. Así, en tanto demanda, tal recurso se basada en un previo derecho subjetivo lesionado por una actividad administrativa ilegítima (número 382).

Bajo esta perspectiva, el recurso de plena jurisdicción tenía un ámbito bastante amplio:

.- En *primer* lugar, podía ser ejercido frente a actos administrativos, pero en tal caso la pretensión del demandante no se limitaba a la nulidad del acto, sino que de manera principal, se extendía a cualquier pretensión necesaria para restablecer la esfera jurídico-subjetiva, incluyendo la condena al pago de daños y perjuicios[58]. Fue esta opción, como antes se vio, la que contribuyó al cambio de concepción del recurso contencioso-administrativo de nulidad, bajo el artículo 131 de la hoy derogada Ley Orgánica de la Corte Suprema de Justicia.

.- En *segundo* lugar, tal recurso podía relacionarse con lo que Brewer-Carías denominaba el "contencioso contractual". Entonces, la posición del autor, basada en la jurisprudencia, partía –como vimos- de la distinción entre el contrato administrativo y el contrato de la Administración. La competencia de la jurisdicción contencioso-administrativa se determinaba únicamente en función al contrato administrativo[59].

.- En *tercer* lugar, el recurso de plena jurisdicción de extendía al llamado contencioso de la responsabilidad patrimonial de la Administración. Pese a la impronta del Derecho francés, en este punto la Tesis Doctoral de Brewer-Carías demostró una gran honestidad en cuanto a la interpretación del ordenamiento jurídico venezolano. Así, y a diferencia de la tesis francesa basada en un sistema de responsabilidad patrimonial de Derecho administrativo, la Tesis de Brewer-Carías concluyó que la remisión a un régimen de Derecho Administrativo no se justifica, ante el completo régimen de responsabilidad extracontractual del Código Civil[60]:

> "En Venezuela, la situación es radicalmente distinta. Contamos con un Código Civil con una magnífica y moderna regulación de la responsabilidad extracontractual inspirada en el Proyecto de Código Franco-italiano de las Obligaciones. Por ello creemos que, en ausencia de una reglamentación legal de la responsabilidad administrativa, puede intentarse fundamentar la responsabilidad extracontractual de la Administración en los principios del Código Civil.

> En todo caso, no conocemos jurisprudencia administrativa de la Corte que haya modificado el régimen de la responsabilidad regulada en el Código Civil, atando se resuelve la responsabilidad de la Administración. Por tanto, y en principio, en Derecho administrativo como en Derecho privado, la responsabilidad de la Administración está fundamentada en las nociones de culpa y riesgo"

La importancia de esta conclusión no ha sido suficientemente explorada en la historiografía del Derecho administrativo venezolano. Frente a la visión que podría sostener la tradicional hegemonía de la aplicación exclusiva del Derecho administrativo por la Administración, entendido como "régimen exorbitante", esta conclusión de Brewer-Carías demuestra que históricamente la Administración Pública venezolana ha quedado sujeta al Código Civil, incluso para cumplir mandatos constitucionales, como sucede con su responsabilidad patrimonial. De hecho, para Brewer-

---

58   Número 383.

59   Número 385.

60   Número 387

Carías, lo que podía apreciarse era un régimen mixto de responsabilidad, pues junto a los supuestos del Código Civil de responsabilidad por riesgo y por culpa, también era procedente acudir al Derecho administrativo, en el caso de los daños causados por el ejercicio lícito de potestades administrativas[61].

- En *cuarto* y último lugar, Brewer-Carias incluyó dentro del recurso de plena jurisdicción a la competencia del juez para acordar el restablecimiento de la situación jurídica infringida[62].

2. El estado actual de los "recursos" contencioso-administrativos relacionados con la responsabilidad patrimonial de la Administración Pública

Como se vio, en la práctica, la distinción del recurso de plena jurisdicción quedó abandonada. Ello quedó más claro, todavía, en la Ley Orgánica de la Jurisdicción Contencioso-Administrativa, al reconocerse que el juez contencioso tiene competencias para acordar cualquier decisión de restablecimiento frente a cualquier manifestación de la actividad o inactividad administrativa[63].

Empero, existen todavía signos de tal distinción, según se analizó, pues incluso bajo la Ley Orgánica vigente, los procedimientos son diferenciados, en parte, según se demande la nulidad del acto –en un juicio de tipo objetivo- o se formule algún tipo de pretensión de condena –incluyendo la demanda por daños y perjuicios[64]. Sin embargo, como ya se ha visto, el carácter "objetivo" del contencioso administrativo puede entenderse superado, en tanto el juez contencioso-administrativo siempre tendrá "competencia plena"[65].

En cualquier caso, conviene resumir la evolución de las cuatro materias que, para 1964, se incluyeron dentro del ámbito del recurso de plena jurisdicción:

---

61 Número 386.

62 Número 401.

63 Aun cuando persiste el estudio centrado en la identificación de "medios de impugnación" y no tanto basados en la pretensión procesal administrativa. *Vid.* Rondón de Sansó, Hildegard, "El objeto de la jurisdicción contencioso administrativa", *Comentarios a la Ley Orgánica de la Jurisdicción Contencioso Administrativa*, Volumen II, *cit.*, 211 y ss. Véase nuestra posición en "Pasado, presente y futuro de la nueva Ley orgánica de la jurisdicción contencioso-administrativa", en *Comentarios a la Ley Orgánica de la Jurisdicción Contencioso Administrativa*, cit.

64 *Cfr.*: Brewer-Carías, Allan, "Introducción general al régimen de la jurisdicción contencioso-administrativa", cit.

65 Con la sola excepción de la modificación del acto administrativo cuya nulidad se pretende. Véase la sentencia de la Sala Constitucional de 2 de mayo de 2014, caso *Servinave*.

.- En *primer* lugar, se mantiene, dentro del llamado recurso contencioso-administrativo de nulidad, la posibilidad de demandar no solo los daños y perjuicios ocasionados, sino además, el restablecimiento de la situación jurídica infringida[66].

.- En *segundo* lugar, se mantiene el esquema básico del llamado "contencioso contractual", referido a las pretensiones que pueden ser deducidas respecto del contrato administrativo. Ello, a pesar de que la categoría de contrato administrativo ya no es reconocida en la Ley Orgánica de la Jurisdicción Contencioso-Administrativa, la cual -por el contrario- reconoce que los Tribunales de la jurisdicción contencioso-administrativa son competentes para conocer de toda pretensión contra cualquier "actuación bilateral" de la Administración, o sea, cualquier contrato[67]. De allí que el propio Brewer-Carías ha apoyado la revisión de la figura del contrato administrativo[68].

.- En *tercer* lugar, la responsabilidad patrimonial de la Administración Pública[69] se concibe, hoy día, como un sistema de Derecho Público, proscribiéndose la aplicación del Derecho Civil[70]. Luego de la Constitución de 1999, y a partir de la interpretación de la Sala Constitucional[71], se ha entendido además que esa responsabilidad se basa en un sistema objetivo, que prescinde de la valoración de la conducta de la Administración. Luego, la posición de Brewer-Carías, en cuanto a la aplicación sustantiva del Código Civil, ha sido –lamentablemente- abandonada, a favor de un sistema que además de su poco arraigo constitucional, es bastante indefinido[72]. La persistencia, en esta área, por no aplicar el Código Civil, solo puede entenderse bajo la mecánica repetición de algunos dogmas que a la luz de la Constitución, muy poca relevancia deberían tener.

---

66 En general, *vid.* Brewer-Carías, Allan, "Sobre la justicia constitucional y la justicia contencioso-administrativa", *El contencioso administrativo y los procesos constitucionales*, Editorial Jurídica Venezolana, Caracas, 2011, pp. 20 y ss.

67 *Vid.* Torrealba, Miguel Ángel, "Las actuaciones bilaterales: los contratos públicos y los convenios en la Ley Orgánica de la Jurisdicción Contencioso-Administrativa", en *La actividad e inactividad administrativa y la jurisdicción contencioso-administrativa*, Editorial Jurídica Venezolana, Caracas, 2012, pp. 221 y ss. A favor de mantener la categoría de contrato administrativo, en especial, en el plano procesal, vid. Araujo-Juárez, José, "El contencioso de los contratos administrativos" en *XXXVII Jornadas J.M. Domínguez Escovar. Avances jurisprudenciales del contencioso administrativo en Venezuela*, Barquisimeto, 2013, pp. 239 y ss. Nuestra posición, en contra de la pervivencia del contrato administrativo, en Hernández G., José Ignacio, "El contrato administrativo en la Ley de contrataciones públicas venezolana", en *Revista de Administración Pública* N° 176, Madrid, 2008, pp.363 y ss.

68 Brewer-Carías, Allan, *Contratos administrativos. Contratos públicos. Contratos del Estado*, Editorial Jurídica Venezolana, Caracas, 2013, pp. 311 y ss.

69 Frente al "recurso de plena jurisdicción", en la actualidad, se alude en general a las "demandas contra los entes públicos", cuyo régimen sustantivo es la responsabilidad patrimonial de la Administración. *Cfr.*: Torrealba, Miguel Ángel, *Manual de Contencioso Administrativo*, Caracas, 2007, pp. 385 y ss.

70 Badell Madrid, Rafael, *Responsabilidad del Estado en Venezuela*, Academia de Ciencias Políticas y Sociales, Caracas, 2014, pp. 59 y ss.

71 Sentencia de la Sala Constitucional de 6 de agosto de 2004, *Viuda de Carmona*.

72 En suma, este sistema de "Derecho Público" sigue anclado en una tesis que hoy debe entenderse superada, como es la existencia de un régimen exclusivo de Derecho Público que aplica a la Administración. *Cfr.*: Brewer-Carías, Allan, "Introducción general al Derecho administrativo venezolano", en *Revista Electrónica de Derecho Administrativo Venezolano* N° 1, Caracas, 2013, pp. 17 y ss.

.- En *cuarto* y último lugar, y tal y como Brewer-Carias propuso, se admite que las pretensiones que pueden deducirse en el orden contencioso-administrativo, abarcan la competencia del juez para acordar el restablecimiento de la situación jurídica infringida. Ello en todo caso, no es consecuencia de una "jurisdicción plena" en contraposición a una jurisdicción limitada al recurso de nulidad. Desde la pretensión procesal administrativa, siempre el juez contencioso administrativo tiene competencia para acordar cualquier decisión orientada a restablecer la esfera jurídico-subjetiva.

La Unión, octubre de 2014

LOS RECURSOS CONTENCIOSO-ADMINISTRATIVOS
EL RECURSO CONTENCIOSO TRIBUTARIO

Betty Andrade Rodríguez

Abogado Summa Cum Laude egresada de la
Universidad Católica Andrés Bello. Especialista en Derecho Tributario de
la Universidad Central de Venezuela. Doctorado en Ciencias, Mención
Derecho de la Universidad Central de Venezuela. Profesora de la Cátedra
de Derecho Financiero en la Universidad Católica Andrés Bello.
Profesora de la Cátedra Imposición Municipal de la Universidad Central
de Venezuela. Profesora de la Cátedra Contencioso Tributario en la
Maestría en Gerencia Tributaria de la Universidad Metropolitana

I.   INTRODUCCIÓN

Al final de su magistral tesis, el Dr. BREWER-CARÍAS hace referencia al *recurso contencioso fiscal* regulado –para el año 1962- en la Ley de Impuesto sobre la Renta y el cual era tramitado en dos instancias ante el Tribunal de Apelaciones del Impuesto sobre la Renta y, posteriormente, ante la Corte Suprema de Justicia en apelación. Importantes modificaciones legales ha sufrido la regulación de este instrumento recursivo, en especial, con la entrada en vigencia del Código Orgánico Tributario en 1983. En consecuencia y partiendo del esquema empleado por el Dr. BREWER-CARÍAS en su obra, las siguientes líneas estarán orientadas a efectuar un esbozo de nuestro actual *proceso contencioso tributario,* dejando en evidencia las profundas modificaciones que esta institución ha sufrido a lo largo de estas décadas y las particularidades generadas como consecuencia de las interpretaciones jurisprudenciales sobre las regulaciones de nuestro proceso judicial.

La revisión de los actos emanados de la Administración Tributaria ha sido atribuida a lo largo de la historia venezolana del siglo XX a distintos entes. Con la aprobación de la primera Ley de Impuesto sobre la Renta en 1942 se atribuyó la revisión de los actos administrativos de contenido tributario a una Junta de Apelaciones que formaba parte del Ministerio de Hacienda[1]. Si se impugnaba la procedencia del tributo, la competencia correspondía a los Tribunales Superiores de Hacienda y los jueces de Primera Instancia con función de jueces federales, siendo sus decisio-

---

[1]   Esta Junta tenía a su cargo la revisión de las reclamaciones sobre la calificación de las rentas, así como conocer en apelación de las multas impuestas por razones distintas a la improcedencia del impuesto.

nes apelables ante la Corte. La competencia para revisar la procedencia del tributo fue asignada en 1944 a la Junta de Apelaciones, considerando la Corte Federal y de Casación que las decisiones de aquélla eran apelables ante la última. En 1955 se crea el Tribunal de Apelaciones que conocía de los recursos de nulidad contra los actos administrativos tributarios y, en 1966 se regula el recurso contencioso fiscal conocido por los Tribunales de Impuesto sobre la Renta.

Con la entrada en vigencia en 1983 del Código Orgánico Tributario promulgado en 1982[2], se introduce una profunda reforma al ahora denominado *proceso contencioso tributario*. Mediante este instrumento se establece una normativa *orgánica marco* de toda la materia tributaria por la cual se uniformó la revisión judicial de todas las controversias de naturaleza tributaria, quedando el proceso de *nulidad y condena* –ex artículo 327 del Código Orgánico Tributario vigente[3]- de los actos administrativos de contenido tributario íntegramente regulados en su texto. La Ley Orgánica de la Jurisdicción Contencioso Administrativa aprobada en 2010, ratifica que la regulación de este proceso se hará por las disposiciones del referido Código, siendo aplicables únicamente las disposiciones de esta Ley para la regulación del procedimiento de segunda instancia, como antes lo hizo la Ley Orgánica del Tribunal Supremo de Justicia[4].

---

2   El 20 de octubre de 1977 es presentado ante el Congreso de la República, por el entonces Ministro de Hacienda, Silva Luongo, el proyecto de nuestro primer Código Orgánico Tributario, como resultado de un trabajo especial preparado, entre otros, por el Dr. José Andrés Octavio, para la fecha, Contralor General de la República. Formó parte de un trabajo de reforma integral tributaria, en el cual se consideró la necesidad de que, además de introducir modificaciones en cada una de las leyes especiales, se constituyera un marco general aplicable sobre todas las regulaciones tributarias. Este Código se fundó en el modelo derivado del Programa Conjunto de Tributación de la Organización de los Estados Americanos y del Banco Interamericano de Desarrollo preparado en 1967 -Modelo de Código Tributario para América Latina o modelo OEA/BID-, utilizado en los países de América Latina en la elaboración de sus legislaciones internas, el cual pretendió lograr la eficiencia en la recaudación, pero respetando el equilibrio de las partes en la relación jurídico-tributaria. Luego de las deliberaciones correspondientes, el primer Código Orgánico Tributario es aprobado, para servir como Ley general tributaria, el 1° de julio de 1982. Este Código fue objeto de reformas en los años 1992 y 1994, para posteriormente llevarse adelante una reforma integral en el año 2001, siguiendo la instrucción contenida en la Disposición Transitoria Quinta del Texto Constitucional.

3   Artículo 327 del Código Orgánico Tributario: *"Declarado totalmente sin lugar el recurso contencioso, o en los casos en que la Administración Tributaria intente el juicio ejecutivo, el Tribunal procederá en la respectiva sentencia a condenar en costas al contribuyente o responsable, en un monto que no excederá del diez por ciento (10%) de la cuantía del recurso o de la acción que de lugar al juicio ejecutivo, según corresponda. Cuando el asunto no tenga una cuantía determinada, el tribunal fijará prudencialmente las costas. // Cuando, a su vez la Administración Tributaria resultare totalmente vencida por sentencia definitivamente firme, será condenada en costas en los términos previstos en este artículo. Asimismo, dichas sentencias indicarán la reparación por los daños que sufran los interesados, siempre que la lesión sea imputable al funcionamiento de la Administración Tributaria. // Los intereses son independientes de las costas pero ellos no correrán durante el tiempo en el que el juicio esté paralizado".*

4   Artículo 12 de la Ley Orgánica de la Jurisdicción Contencioso Administrativa: *"La jurisdicción especial tributaria forma parte de la Jurisdicción Contencioso Administrativa, su régimen especial es el previsto en el Código Orgánico Tributario".*

II. COMPETENCIA POR LA MATERIA Y EL TERRITORIO PARA CONOCER DEL RECURSO CONTENCIOSO TRIBUTARIO

El Código Orgánico Tributario otorga la competencia en materia contencioso-tributaria a los tribunales superiores de lo contencioso tributario[5], en primera instancia, y a la Sala Político-Administrativa del Tribunal Supremo de Justicia, en segunda instancia. No obstante, la competencia para conocer de los ilícitos sancionados con penas privativas de libertad, es atribuida a la jurisdicción penal ordinaria[6].

En cuanto a los actos impugnables mediante la interposición del recurso contencioso tributario, el artículo 259 del Código Orgánico Tributario prevé que podrán serlo los mismos actos recurribles por el jerárquico –aclarando de esta forma que no es necesario agotar la vía administrativa como requisito de interposición de la acción-, esto es, aquellos actos de efectos particulares, que determinen tributos, apliquen sanciones o afecten en cualquier forma los derechos de los administrados[7]. Asimismo, serán impugnables las decisiones de los recursos jerárquicos en las cuales se deniegue total o parcialmente, expresa o tácitamente, la acción recursoria interpuesta.

A este respecto vale acotar que el Código Orgánico Tributario introduce varias disposiciones en las cuales niega la posibilidad de recurrir ciertos actos administrativos de contenido tributario. Tal es el caso del artículo 47 del Código que niega la posibilidad de recurrir la decisión que rechaza el otorgamiento de prórrogas y fraccionamientos de pago, el artículo 214 del Código que dispone que los actos por los que se intime al pago de derechos pendientes no serán impugnables y el artículo 235 que imposibilita la recurribilidad de consultas en materia tributaria. No obstante, la jurisprudencia venezolana ha admitido la posibilidad de impugnar actos como los indicados, aplicando preferentemente el principio de *universalidad de control jurisdiccional* de los actos administrativos[8].

---

5   La Sala Plena del Tribunal Supremo de Justicia en fecha 21 de enero de 2003, dictó la Resolución N° 2003-001 *"mediante la cual se crean seis (6) Tribunales Superiores de lo Contencioso Tributario"*, publicada en la *Gaceta Oficial* N° 37.622 del 31 de enero de 2003. Con esta Resolución, se añaden seis tribunales a los nueve ya existentes en el Área Metropolitana de Caracas y que tenían competencia nacional.

6   El artículo 330 del instrumento legal bajo análisis reserva expresamente el conocimiento de la materia tributaria a los Tribunales Superiores de lo Contencioso Tributario, al disponer que: *"La jurisdicción y competencia de los Tribunales Superiores de lo Contencioso Tributario se ejercerán en forma excluyente de cualquier otro fuero, por lo que no podrá atribuirse la competencia a otra jurisdicción ni a otros Tribunales de distinta naturaleza".*

7   Artículo 242 del Código Orgánico Tributario.

8   La Sala Político-Administrativa del Tribunal Supremo de Justicia señaló que *"el recurso contencioso tributario sólo procede contra los actos definitivos que: comprueben el acaecimiento del hecho generador del tributo y cuantifiquen la deuda tributaria; impongan las sanciones en caso de incumplimiento de las obligaciones y los deberes tributarios; afecten en cualquier forma los derechos de los administrados; nieguen o limiten el derecho al reintegro o repetición de pago del tributo, o, impongan intereses, sanciones y otros recargos"* (Sentencia N° 523 de la Sala Político Administrativa del Tribunal Supremo de Justicia de fecha 25 de mayo de 2004). En esta decisión, la Sala consideró que las consultas que constituyen mera interpretación de disposiciones jurídicas pero que no generan una afectación directa en el patrimonio del contribuyente, no son susceptibles de impugnación. Asimismo, sobre la impugnación de las

Ha señalado ya el Dr. BREWER-CARÍAS que el pilar fundamental de la jurisdicción contencioso administrativa –incluyendo, en este caso, la contencioso tributaria– se encuentra previsto en el artículo 259 de la Constitución vigente, el cual dispone que: "*La jurisdicción contencioso administrativa corresponde al Tribunal Supremo de Justicia y a los demás tribunales que determine la ley. Los órganos de la jurisdicción contencioso administrativa son competentes para anular los actos administrativos generales o individuales contrarios a derecho, incluso por desviación de poder; condenar al pago de suma de dinero y a la reparación de daños y perjuicios originados en responsabilidad de la administración; conocer de reclamos por la prestación de servicios públicos; y disponer lo necesario para el restablecimiento de las situaciones jurídicas subjetivas lesionadas por la actividad administrativa*".

---

consultas emanadas de la Administración Tributaria, ha indicado la Sala que: "*siguiendo los presupuestos normativos precedentes, en principio, el acto derivado de una consulta tributaria no sería recurrible como expresamente lo consagra el citado artículo 235, cuando la finalidad de la misma proviene de la facultad consultiva de la Administración Tributaria, vale decir, generada de un pronunciamiento, criterio o parecer, según la interpretación que le merezca a esa Administración, respecto de algún asunto que le ayude a clarificar su relación jurídico-tributaria (del contribuyente o administrado) con el sujeto activo de que se trate, en un determinado momento. / No obstante, ... se desprende de las actas procesales que la opinión requerida estriba en la solicitud de calificación y registro del contribuyente como exento de la obligación tributaria, respecto al impuesto al débito bancario, como lo indicó la Administración al contestar la petición en ella formulada. // ... Ahora bien, el no otorgamiento de la calificación y registro de la exención solicitada..., excede el alcance de una consulta en los términos que lo establece el artículo 230 del vigente COT, pues no sólo se trata de conocer la forma en la cual la Administración Tributaria interpretará y aplicará una norma tributaria en un caso determinado, sino que la respuesta que dé a la petición que se le haga al respecto, afecta los derechos del administrado, que interpretando estar dispensado del pago del tributo ocurre ante dicha Administración, para que se le otorgue la calificación y registro conforme lo prevé la respectiva normativa a los fines consiguientes, y quien aún estando exento por encontrarse en los supuestos de la Ley, de no requerir la referida calificación y registro incumpliría un deber formal, razón por la que sería sancionado de conformidad con las correspondientes disposiciones. / Por ello, juzga esta Sala que no se está frente a un acto de mero trámite cuya finalidad consiste en informar, como lo sostiene la representación fiscal, sino de una manifestación de voluntad de la Administración... pues se trata de la negativa de otorgar la certificación de exención solicitada... / ... visto que el acto objeto de impugnación no es de naturaleza consultiva, sino que efectivamente afectó el derecho a la calificación de exención solicitada por la contribuyente, procedía su impugnación mediante el recurso contencioso tributario interpuesto, como en efecto así lo afirmó antes esta alzada...*" (Sentencia N° 259 de la Sala Político-Administrativa del Tribunal Supremo de Justicia de fecha 28 de febrero de 2008). // Por su parte, la Sala Político-Administrativa aceptó la impugnación de actos de intimación de derechos pendientes cuando a través de ellos se efectúe una nueva determinación de la deuda o de sus accesorios, o se impongan nuevas sanciones, no habiendo dispuesto el administrado de oportunidades para defenderse de tales actuaciones. Así, indica la Sala que: "*es de destacar que aun cuando dicha intimación constituye, como se dijo, un acto preparatorio de la vía ejecutiva, debe examinarse en cada caso si efectivamente el acto respectivo no representa en esencia un nuevo acto determinativo, por contener conceptos impositivos desconocidos por el contribuyente emplazado, convirtiendo la gestión de cobranza extrajudicial en un acto autónomo, declarativo de nuevas obligaciones fiscales. / Así, en aquellos supuestos en que la intimación no se limite a compeler al pago de obligaciones previamente determinadas y firmes y contenga una nueva manifestación de voluntad de la Administración Tributaria no conocida por el contribuyente (determinativa de obligaciones tributarias), destinada a producir efectos jurídicos y que, en todo caso, prejuzgara como definitiva, dicho acto no estará, pese a la disposición contenida en el artículo 214 del Código Orgánico Tributario, exenta del control jurisdiccional, pues en resguardo del orden constitucional y legal deben preservarse los derechos y garantías del contribuyente a la defensa, al debido proceso y a la tutela judicial efectiva*" (Sentencia N° 943 de la Sala Político Administrativa del Tribunal Supremo de Justicia de fecha 25 de junio de 2009).

De acuerdo con lo señalado en la norma en referencia, el juez contencioso administrativo –y dentro de dicha clasificación, el juez contencioso tributario- tiene facultad para anular los actos administrativos, condenar al órgano administrativo a la reparación de los daños causados por responsabilidad de éste y tomar todas aquellas otras medidas necesarias para el restablecimiento de la situación jurídica infringida[9]. Por ello, constituye un recurso de plena jurisdicción, en el cual –a diferencia del recurso contencioso fiscal- sí existe una demanda que es interpuesta contra la Administración donde se pretende el resarcimiento de los daños causados por la misma. De esta forma, el recurso contencioso interpuesto reviste más una naturaleza subjetiva que objetiva, al quedar claramente establecida la conformación de las contrapartes en el proceso. La legitimación para interponer el recurso es atribuida a quien tenga interés legítimo, personal y directo en la revisión del acto administrativo[10].

El recurso contencioso tributario podrá ser interpuesto directamente ante el Tribunal competente o ante un juez con competencia territorial en el domicilio fiscal del contribuyente, o ante la oficina administrativa de la cual emanó el acto, conforme a lo señalado en el artículo 262 del Código Orgánico Tributario. La jurisprudencia ha señalado que la competencia por el territorio para conocer del recurso corresponde a los Tribunales Superiores de lo Contencioso Tributario con competencia en el domicilio fiscal del contribuyente. La determinación de lo que constituirá domicilio fiscal del contribuyente variará dependiendo del tributo involucrado en la actuación fiscal. Por una parte, si se trata de tributos nacionales, el domicilio fiscal del contribuyente será el nacional fijado de conformidad con las disposiciones del Código Orgánico Tributario y normalmente asociado a la obtención del Registro de Información Fiscal. Por su parte, si se trata de tributos municipales, la determinación del domicilio dependerá de la localización del establecimiento permanente titular de los deberes formales o materiales asociados al procedimiento de fiscalización o determinación[11].

---

9   Esta norma debe ser citada en concordancia con lo previsto en los artículos 140 y 141 del Texto Fundamental que establecen el principio de responsabilidad en el ejercicio de la función pública, así como el artículo 137 *ejusdem* que regula la obligación de los órganos del Poder Público de sujetar sus actuaciones a lo establecido en la Constitución y la ley. Las normas anteriores establecen los límites en las actuaciones y responsabilidades de la administración pública, así como el otorgamiento del derecho al particular de acudir a la jurisdicción contencioso administrativa para la atención de sus derechos, estableciéndose con ello el marco de la tutela judicial efectiva en materia contencioso tributaria.

10 Artículo 242 del Código Orgánico Tributario.

11 En este sentido, ha señalado la Sala Político Administrativa lo siguiente: "*... en lo relativo a la materia fiscal, en aquellos supuestos en los cuales la competencia territorial para la interposición de recursos presente dudas, deberá determinarse el Tribunal Superior Regional competente para conocer la reclamación judicial a través de la noción del domicilio fiscal del recurrente. / El criterio precedente, ha sido asumido por esta Sala en diversos fallos entre ellos en sus sentencias Nos. 01494 y 2.358 de fechas 15 de septiembre de 2004 y 28 de abril de 2005, mediante las cuales se expuso lo siguiente: / '... se establece que el domicilio fiscal del recurrente corresponderá al lugar donde esté situada la dirección o administración efectiva de la contribuyente o, en su defecto, donde se halle el centro principal de su actividad, o en defecto de ambas, donde ocurra el hecho imponible, o en defecto de estos lugares, donde elija la Administración Tributaria... '. / En atención al criterio parcialmente transcrito y del análisis de las actas procesales, advierte la Sala que la contribuyente alegó que "tiene su sede principal, ... su dirección o administración efectiva, en la ciudad de Caracas... / Sin embargo, resulta relevante advertir que la contribuyente posee en el Municipio Girardot del Estado Aragua, un establecimiento permanen-*

No obstante, diferimos de la posición sentada por la jurisprudencia. En nuestra consideración, la competencia debe derivar de la aplicación de la *teoría del órgano* como criterio atributivo de la competencia de los órganos jurisdiccionales y en cuya virtud debe considerarse como tribunal competente a aquél que tenga jurisdicción en el lugar donde se encuentra ubicado el domicilio del órgano administrativo emisor del acto, coincidiendo de esta forma con los criterios tradicionalmente reconocidos con relación a la jurisdicción contencioso administrativa[12].

III.   SUSPENSIÓN DE EFECTOS DEL ACTO IMPUGNADO

Apunta el Dr. BREWER-CARÍAS que, al momento de la elaboración de su tesis, la Ley de Impuesto sobre la Renta establecía el principio del *solve et repete*, conforme al cual, debía pagarse el reparo como requisito para la interposición del recurso correspondiente. No obstante, el principio del *solve et repete* ha sido considerado inconstitucional por varias legislaciones foráneas, tal como es el caso de Inglaterra, Alemania, Suiza, Estados Unidos, etc. En Venezuela, siguiendo la tendencia internacional, la jurisprudencia venezolana desaplicó las normas legales vigentes para la fecha de emisión de dichas decisiones, consagratorias del principio del *solve et repete* al considerarlas manifiestamente violatorias del derecho a la defensa, como ocurrió en el caso de la decisión dictada por la Corte Suprema de Justicia en Pleno en el caso *Scholl Venezolana, C.A*, de fecha 14 de agosto de 1990[13].

---

te... *por tanto es el lugar donde se encuentre situada la base fija o establecimiento permanente en materia municipal, lo que se toma en cuenta a los efectos de establecer el factor de conexión que vincula al sujeto pasivo con el sujeto activo de la relación jurídico-tributaria que nace entre ellos producto del acaecimiento del hecho imponible, concretamente para el caso bajo análisis del impuesto sobre publicidad comercial generado en el Municipio Girardot del Estado Aragua. / En virtud de ello, esta Alzada considera que el lugar donde se encuentre ubicada la base fija o dirección permanente de negocios en la municipalidad, determina el tribunal competente para conocer y decidir los conflictos suscitados entre los contribuyentes y el órgano municipal respectivo*". (Sentencia N° 1507 de la Sala Político-Administrativa del Tribunal Supremo de Justicia del 14 de agosto de 2007).

12   Resulta aplicable al caso lo establecido en la *Resolución N° 254 por la cual se dispone que con el fin de regular la organización de la jurisdicción contencioso tributaria se divide el territorio nacional en seis circunscripciones judiciales que se denominarán y estarán integradas de la forma que en ella se señalan*, dictada por el Consejo de la Judicatura y publicada en la *Gaceta Oficial* N° 35.747 de fecha 6 de julio de 1995, la cual no ha sido derogada hasta la fecha. En los artículos 9, 10 y 11 de esta Resolución se establece que: "*Los Tribunales Superiores de lo Contencioso Tributario serán competentes en materia tributaria [nacional estadal, municipal y aduanera]... respecto de los **actos dictados por las Administraciones comprendidas dentro de su ámbito territorial de competencia**"* (Interpolado y resaltado nuestro). De acuerdo con lo indicado en las normas anteriormente citadas, los tribunales superiores de lo contencioso tributario son competentes para conocer de los recursos contencioso tributarios intentados contra los actos administrativos emanados de los entes administrativos con sede en su ámbito territorial de competencia. Así las cosas, la atribución de competencias se fundamenta en el criterio de la localización del órgano del cual emanó el acto, siguiendo en consecuencia el criterio que tradicionalmente había sido adoptado por los Tribunales de la jurisdicción contencioso administrativa.

13   En la sentencia referida, se indicó que: "*Se revela, en efecto, el principio como una indebida restricción legal al derecho constitucional de la defensa, consagrado en el Artículo 68 de la Carta Magna que, si bien remite al legislador la regulación y concreción de las garantías, no deja en sus manos la esencia de*

Por su parte y quedando establecida la inconstitucionalidad del *solve et repete*, la normativa tributaria venezolana ha variado sus regulaciones sobre la posibilidad de que la Administración Tributaria ejecute sus actos administrativos mientras se encuentra pendiente la tramitación de recursos interpuestos contra ellos. Podemos encontrar los antecedentes nacionales de la suspensión de efectos de los actos administrativos en una sentencia dictada por la Sala Político-Administrativa de 4 de diciembre de 1967, caso *Lanman y Kemp-Barclay Company*, el cual sujetó la procedencia de la medida a la existencia del *fumus bonis iuris* y el *periculum in mora*. Posteriormente, el artículo 136 de la Ley Orgánica de la Corte Suprema de Justicia recogió legalmente la posibilidad de la suspensión de efectos de los actos administrativos. Los Códigos Orgánicos Tributarios de 1983, 1992 y 1994, sin embargo, previeron la suspensión automática de efectos de los actos administrativos por la sola interposición de recursos contra los mismos, ello fundamentado en que la exigibilidad de los montos determinados en el acto respectivo derivaría en la imposición de sanciones excesivamente gravosas a los sujetos respectivos, acogiendo con ello las recomendaciones sentadas por el Instituto Latinoamericano de Derecho Tributario.

Las disposiciones contenidas en la materia en los instrumentos vigentes hasta 2001 fueron consideradas como disposiciones de avanzada que permitieron el efectivo ejercicio de los derechos de los particulares, estableciendo de esta forma una excepción a la regla general de la no suspensión de efectos de los actos administrativos establecida en el artículo 8 de la Ley Orgánica de Procedimientos Administrativos.

No obstante lo anterior, en la reforma del Código Orgánico Tributario de 2001 se estableció *(i)* que la interposición del recurso jerárquico suspendía los efectos del acto recurrido, salvo en lo relativo a las sanciones previstas en el Código o en leyes tributarias, relativas a la clausura de establecimiento, comiso o retención de mercaderías, aparatos, recipientes, vehículos, útiles, instrumentos de producción o materias primas, y suspensión de expendio de especies fiscales y gravadas –*ex* artículo 247- y *(ii)* que interpuesto el recurso contencioso tributario, era posible solicitar al

---

la misma, porque eso sería desnaturalizar la consagración directa por nuestra Ley Fundamental de un conjunto de derechos... // Este Supremo Tribunal, en Sala Político-Administrativa, reconoce expresamente –y así lo declara formalmente- la preferente aplicación del artículo 68 de la Constitución sobre los artículos 137 de la Ley Orgánica de Aduanas y 462 de su Reglamento; textos –legal y reglamentario- que, en cuanto condiciona económicamente el acceso de los particulares al Poder Judicial constituyen una violación flagrante del Derecho a la Defensa, garantizado por la transcrita norma constitucional. En virtud de lo cual, se abstiene la Sala de aplicar los señalados artículos al caso de autos, y así lo declara igualmente. // ... En virtud de que el Código Orgánico Tributario es aplicable a los tributos aduaneros sólo de manera supletoria (Artículo 1 de dicho Código), el presente caso debería ser resuelto según lo dispuesto por el Artículo 136 de la Ley Orgánica de la Corte Suprema de Justicia, tal como lo solicita el representante de la República. // No obstante, considera la Corte que el Artículo 178 del Código Orgánico Tributario, invocado por el recurrente, tuvo como propósito, precisamente, poner fin al principio solve et repete en el ordenamiento jurídico tributario de nuestro país, -y así nos lo recuerda su exposición de motivos- incluida la materia aduanera. Esa norma sustitutoria parece, en efecto, responder a un criterio más amplio: cuando el particular afectado interpone el recurso correspondiente, la ejecución forzosa de las obligaciones cuyo objeto activo sea la administración, queda suspendida hasta que el acto administrativo que las declara o impone adquiere firmeza; siempre, claro está, que no se lesione con ellos gravemente el interés general".

Tribunal que declarara la suspensión de efectos del acto impugnado, de darse las condiciones previstas en el artículo 263 del Código, sin que operara una suspensión automática de efectos por la sola impugnación judicial del acto.

La última norma citada indica literalmente que *"La interposición del recurso no suspende los efectos del acto impugnado; sin embargo, a instancia de parte, el tribunal podrá suspender parcial o totalmente los efectos de acto recurrido, <u>en el caso que su ejecución pudiera causar graves perjuicios al interesado, o si la impugnación se fundamentare en la apariencia de buen derecho"</u>[14]*. Tal y como lo establece literalmente el Código Orgánico Tributario, los requisitos exigidos para que se acuerde el decreto de la medida cautelar son alternativos y no concurrentes.

Así las cosas, el legislador tributario establece en el artículo 263 del Código el deber del órgano jurisdiccional de suspender los efectos del acto administrativo, cuando se evidencie que existen motivos racionales para litigar o cuando existan riesgos de que quede ilusoria la ejecución del fallo. El legislador consideró que ambos requisitos debían verificarse en forma alternativa y no concurrente para garantizar la mejor custodia de los derechos del contribuyente –y así lo señaló al utilizar la conjunción disyuntiva "o", en lugar de la copulativa "y"-. Si los efectos del acto administrativo recurrido no son suspendidos, la Administración Tributaria podrá iniciar un juicio ejecutivo a fin de obtener el pago de los créditos por ella determinados. Como consecuencia de la iniciación de dicho juicio ejecutivo, deberá decretarse el embargo de bienes propiedad del recurrente, cuyo remate quedará suspendido hasta que se adopte decisión definitiva acerca del Recurso Contencioso Tributario interpuesto.

No obstante lo antes señalado, la Sala Político-Administrativa del Tribunal Supremo de Justicia dictó en fecha 3 de junio de 2004 decisión en el caso *Deportes el Marquez,* en la cual efectuó una *interpretación correctiva*[15] del artículo 263 del Código, en el entendido que la conjunción disyuntiva "o" empleada en esta norma debía ser leída como una conjunción copulativa "y", por lo cual, debía acreditarse la existencia de los dos extremos –el *fumus bonis iuris* y el *periculum in mora*- para que se acordara la suspensión de efectos de los actos administrativos de contenido tributario[16].

---

14   Subrayado nuestro.

15   La interpretación correctiva (restrictiva o extensiva) no puede ser arbitraria o creadora de normas. Sólo procede para adaptar la literalidad de la norma a la verdadera intención del legislador, sin atender a razones de oportunidad y conveniencia.

16   Indica la Sala en este sentido que: *"En cuanto a la exigencia del fumus boni iuris, es decir, de la probable existencia de un derecho, del cálculo o verosimilitud de que la pretensión principal será favorable al accionante, dicho requisito no puede derivar únicamente de la sola afirmación del accionante, sino que debe acreditarse en el expediente. // ... Así, tomando en consideración dicha circunstancia, la sola apariencia del buen derecho no es suficiente para suspender el acto administrativo tributario; sino que además la ejecución del acto administrativo debe causar perjuicios al interesado, peligro este calificado por el legislador como grave. La apariencia del derecho y el peligro inminente de daño grave en los derechos e intereses del interesado sería lo que, en todo caso, justificaría la suspensión de los efectos del acto administrativo tributario. // En cuanto a la posibilidad de acordar la suspensión de los efectos del acto administrativo tributario con la sola verificación del periculum in damni, considera la Sala que*

Si consideramos –como indica la Sala- que la suspensión de efectos debe acordarse en forma excepcional y previa la constatación de los dos extremos en referencia, la posibilidad de iniciar el juicio ejecutivo y obtener el embargo de bienes propiedad del contribuyente, implicará la posibilidad de que el Fisco se haga de dicha medida cautelar sin la acreditación de tales requisitos. Así las cosas, si un contribuyente decide interponer un recurso contencioso tributario contra un reparo formulado por la Administración Tributaria, esta última tendrá dos opciones a los fines de lograr la protección de sus intereses: *(i)* solicitar el decreto de una medida cautelar, en cuyo caso deberá demostrar la concurrencia de los requisitos del *fumus bonis iuris* y del *periculum in mora*[17] o *(ii)* iniciar el juicio ejecutivo, en cuyo caso bastará con la simple exhibición del acto administrativo para lograr el decreto del embargo de bienes del contribuyente[18].

De esta forma, la Administración puede obtener la tutela de sus eventuales intereses sin acreditar que efectivamente existe una presunción de que tiene derecho al cumplimiento de la deuda por ella determinada, lo cual afectaría el ejercicio del derecho a la defensa por los administrados, en la medida en que puedan ver embargados sus bienes mientras se tramita el recurso correspondiente. Tal posibilidad sólo puede verse atenuada –y, en consecuencia, garantizado el derecho a la tutela judicial efectiva- en la medida en la cual se permita a los contribuyentes la suspensión de los efectos del acto administrativo con la sola comprobación de la presunción de buen derecho o del riesgo de que quede ilusoria la ejecución del fallo, como quedó textualmente señalado en el artículo 263 del Código Orgánico Tributario.

IV.   ADMISIBILIDAD DEL RECURSO CONTENCIOSO TRIBUTARIO

El artículo 267 del Código Orgánico Tributario dispone que el Tribunal competente deberá pronunciarse sobre la admisibilidad del recurso al quinto día de despacho siguiente a que conste en auto la última de las notificaciones de Ley. La administración podrá oponerse a la admisión del recurso dentro del mismo plazo, esto es, dentro de los cinco días siguientes a la consignación de la última notificación. De formularse oposición, se abrirá una articulación probatoria de cuatro días de despacho, dentro de los cuales las partes promoverán y evacuarán las pruebas correspon-

---

tampoco puede aisladamente solicitarse y decretarse, en razón de que carece de sentido que un contribuyente que no tenga la apariencia o credibilidad de la existencia de un buen derecho, pueda alegar que se le está causando un daño grave. // ... Conforme a todo lo expuesto, esta Sala debe realizar una interpretación correctiva de la norma sobre la base de los razonamientos expresados y, en tal sentido, entender de la referida disposición legal que para que el juez contencioso tributario pueda decretar la suspensión de los efectos del acto administrativo, deben siempre satisfacerse, de forma concurrente, los dos requisitos antes señalados, vale decir, periculum in danni y fumus boni iuris; ello con la finalidad de llevar al convencimiento del juzgador la necesidad de que la medida deba decretarse, para garantizar y prevenir el eventual daño grave, el cual pudiera causarse con la ejecución inmediata del acto administrativo tributario". (Sentencia N° 607 de la Sala Político-Administrativa del Tribunal Supremo de Justicia de fecha 3 de junio de 2004).

17   Artículos 296 y siguientes del Código Orgánico Tributario.

18   Artículos 289 y siguientes del Código Orgánico Tributario.

dientes, debiendo pronunciarse el Tribunal dentro de los tres días siguientes de vencida dicha articulación. La admisión del recurso será apelable dentro de los cinco días de despacho siguientes, siempre que la Administración haya formulado oposición y será oída en el sólo efecto devolutivo. Por su parte, si el recurso es inadmitido, la apelación se oirá en ambos efectos, debiendo emitirse decisión dentro de los treinta días continuos. En todo caso, las partes podrán presentar informes dentro de los diez días de despacho siguientes al recibo de los autos por la alzada.

El artículo 266 del Código Orgánico Tributario establece las causales de inadmisibilidad del recurso, las cuales son: *(i)* caducidad del plazo para ejercer el recurso[19], *(ii)* falta de cualidad o interés del recurrente, *(iii)* ilegitimidad de la persona que se presente como apoderado, por no tener capacidad necesaria para comparecer en juicio o por no tener la representación que se atribuye o porque el poder no esté otorgado en forma legal o sea insuficiente[20].

---

19   Artículo 261 del Código Orgánico Tributario: *"El lapso para interponer el recurso será de veinticinco (25) días hábiles, contados a partir de la notificación del acto que se impugna o del vencimiento del lapso previsto para decidir el recurso jerárquico en caso de denegación tácita de éste".* Vale acotar que la Sala Político-Administrativa del Tribunal Supremo de Justicia ha considerado que puede operar la caducidad del plazo para interponer el recurso aun en los casos de nulidad absoluta de los actos administrativos. Así, señala la Sala que: *"respecto de lo solicitado por el contribuyente de que no se le aplique el lapso de caducidad, por cuanto, a -su decir- los actos dictados por la Administración Tributaria adolecen del vicio de nulidad absoluta, esta Sala observa que la declaratoria sobre la legalidad o no de los actos administrativos que se impugnan a través del recurso interpuesto, se encuentran preliminarmente sujetos al cumplimiento de los requisitos de admisibilidad del recurso contencioso tributario, los cuales son de orden público, por lo que si el contribuyente no cumple con esos extremos, como es el caso del lapso para el ejercicio del recurso, no puede el juzgador pronunciarse sobre los vicios denunciados, aunque sean de nulidad absoluta, ya que sólo podría hacerlo en la sentencia definitiva; por tal razón, se declara improcedente lo solicitado"* (Sentencia N° 585 de la Sala Político-Administrativa del Tribunal Supremo de Justicia de fecha 7 de mayo de 2008). // De igual forma, tal y como se estableció en la sentencia emanada de la Sala Político-Administrativa del Tribunal Supremo de Justicia del 31 de agosto de 2004, caso *McGraw Hill Interamericana de Venezuela, S.A.*, que fue ratificada en el fallo N° 858 del 05 de abril de 2006, caso *TBC Brinadd Venezuela, C.A.*, el plazo para interponer el recurso se computará por los días de despachos transcurridos ante el órgano que conocerá del asunto en vía jurisdiccional. Tal y como lo ha señalado la propia Sala, ello implicará que el plazo de caducidad deberá tomar en consideración los días de despacho del Tribunal distribuidor o el plazo transcurrido en la Unidad de Recepción y Distribución de Documentos (U.R.D.D.), según corresponda.

20   La Sala Político-Administrativa ha indicado que es posible acreditar la representación del presentante del escrito en cualquier momento dentro del proceso contencioso tributario y no sólo antes de la admisión del recurso interpuesto. Expresa la Sala que: *"sostener la posibilidad de que las partes sólo pueden subsanar tal omisión [la no presentación del instrumento que acredita la representación]únicamente antes de la oportunidad para la admisión del recurso contencioso tributario ante la instancia correspondiente, implicaría establecer un criterio restrictivo sobre la misma, la cual vulneraría el derecho a la tutela judicial efectiva de las partes, al no permitirle el acceso al órgano jurisdiccional competente para el ejercicio de su derecho a la defensa y debido proceso como mecanismo fundamental para la realización de la justicia, el cual tiene por objeto garantizar la seguridad jurídica necesaria en la efectiva tutela judicial que la jurisdicción tiene como guía, la cual comienza con el acceso a la justicia y culmina con la ejecución de la sentencia dictada; en consecuencia, no existe en el caso de autos la causal de inadmisibilidad establecida en el numeral 3 del artículo 266 del vigente Código Orgánico Tributario".* (Sentencia N° 1.927 de la Sala Político-Administrativa del Tribunal Supremo de Justicia del 27 de julio de 2006) (Interpolado nuestro).

V.   SUSTANCIACIÓN DEL PROCESO: LAPSO PROBATORIO, INFORMES Y OBSERVACIONES

Una vez admitido el recurso contencioso tributario o transcurrido íntegramente el lapso de apelación del auto de admisión[21], se inicia el lapso probatorio, el cual estará formado de la siguiente manera: diez días para promover pruebas, tres días para oponerse a la admisión de las pruebas de la contraparte, tres días para que el Tribunal se pronuncie sobre la admisión o inadmisión de las pruebas y veinte días para su evacuación[22]. Este último lapso puede extenderse en caso que así sea requerido por la naturaleza de los medios probatorios empleados. Son admisibles en materia tributaria todos los medios de prueba con excepción del juramento y de la confesión de funcionarios públicos, cuando ella implique la prueba confesional de la Administración. El pronunciamiento sobre la admisión o inadmisión será apelable dentro de los cinco días hábiles siguientes[23].

Igualmente, en virtud de que el proceso contencioso tributario se rige por el *principio inquisitivo*, puede el Tribunal hacerse de las pruebas que requiera para esclare-

---

21   Sobre este particular, la Sala Político Administrativa del Tribunal Supremo de Justicia ha señalado que para que se inicie el lapso probatorio será necesario que se deje transcurrir íntegramente el lapso de apelación del auto de admisión del recurso, sin que el Fisco haya ejercido tal derecho. En tal caso, conforme al artículo 86 de la Ley Orgánica de la Procuraduría General de la República, deberá notificarse a dicho ente del auto de admisión y una vez que conste en el expediente la boleta de notificación, deberá dejarse transcurrir el plazo de ocho días a los fines de que se entienda notificada a la representación de la República, luego de lo cual, comenzará a transcurrir el plazo de apelación de cinco días señalado en el Código Orgánico Tributario. Una vez vencido íntegramente los plazos señalados, se entenderá que la causa queda abierta a pruebas. Es importante señalar que ello sólo ocurrirá en caso que la representación del Estado se haya opuesto a la admisión del recurso, único supuesto en el cual ésta tendría derecho de apelar del auto de admisión (Sentencia N° 253 de la Sala Político-Administrativa del Tribunal Supremo de Justicia de fecha 12 de marzo de 2013).

22   Artículos 269, 270 y 271 del Código Orgánico Tributario.

23   La Sala Político-Administrativa del Tribunal Supremo de Justicia ha señalado que, toda vez que el auto de admisión o inadmisión de pruebas es apelable conforme al artículo 270 del Código Orgánico Tributario, la decisión correspondiente deberá ser notificada a la Administración a los fines de que pueda decidir si objetarla o no. De no darse la notificación del auto de admisión, la Sala ha ordenado la reposición de la causa al estado de notificación de dicho auto y, en consecuencia, a la nueva evacuación de las pruebas promovidas (*Cfr.* Sentencia N° 778 de la Sala Político-Administrativa del Tribunal Supremo de Justicia de fecha 3 de junio de 2009). Es importante indicar que la parte recurrente en el caso citado, solicitó la revisión constitucional de dicha decisión por entender que era violatoria del principio de igualdad de las partes en el proceso, otorgándole privilegios excesivos a la República. La Sala Constitucional del Tribunal Supremo de Justicia estimó en el caso concreto no podía plantearse la existencia de excesos en los privilegios otorgados a la República, por tratarse de la mera aplicación de las disposiciones de la Ley Orgánica de la Procuraduría General de la República, que exige la notificación a la República de cualquier decisión que pueda afectarle y el otorgamiento de las oportunidades para ejercer las apelaciones y recursos correspondientes, por lo cual, no podía considerarse que existiesen errores grotescos en la decisión de la Sala Político-Administrativa que dieran lugar a la revisión constitucional (*Cfr.* Sentencia N° 1108 de la Sala Constitucional del Tribunal Supremo de Justicia de fecha 4 de noviembre de 2010). Tal posición, en nuestro parecer, pone de lado el análisis de la constitucionalidad de los privilegios y garantías otorgadas a la República y demás entes estatales, frente al principio de tutela judicial efectiva e igualdad de las partes en el proceso, especialmente acentuado en la materia tributaria, en donde se acepta que la igualdad de las partes de la relación jurídico-tributaria debe darse *en* la ley, *ante* la ley y *por* la ley.

cer los hechos controvertidos, a través de un *auto para mejor proveer*, de conformidad con el artículo 276 del Código Orgánico Tributario.

Concluido el lapso probatorio, las partes dispondrán de un término de quince días para presentar sus informes y un plazo de ocho días de despacho para formular observaciones a los informes de la contraparte. Sólo podrán presentar observaciones la parte que haya consignado sus informes correspondientes en el proceso. Luego de ellos, el Tribunal competente dirá "vistos" en el proceso.

VI.   SENTENCIA, APELACIÓN DE LA SENTENCIA DEFINITIVA Y EJECUCIÓN DE SENTENCIA

Concluida la sustanciación del proceso, el Tribunal dispondrá de un plazo de sesenta días, prorrogable por treinta días más, para dictar sentencia en el proceso, según el artículo 277 del Código Orgánico Tributario. Si la sentencia es dictada fuera de este plazo, deberá notificarse a las partes de la decisión correspondiente, a los fines de que ejerzan los recursos correspondientes. El plazo para apelar de la decisión, conforme a lo señalado en el artículo 278 del Código es de ocho días de despacho. Sin embargo, el artículo 87 de la Ley Orgánica de la Jurisdicción Contencioso Administrativa señala que el plazo para interponer el recurso de apelación será de cinco días de despacho siguientes a su publicación. En consecuencia, existiría un conflicto entre ambas normativas sobre el lapso del cual dispone la parte perdidosa para ejercer su derecho de apelación de la sentencia definitiva. En aplicación del principio de *especialidad*, entendemos que dicho conflicto debe ser resuelto a favor de la aplicación preferente del lapso consagrado en el Código Orgánico Tributario, quedando, posteriormente, el procedimiento de segunda instancia íntegramente regido por las disposiciones de la Ley Orgánica de la Jurisdicción Contencioso Administrativa[24].

---

24   Tal sería el parecer expuesto –de alguna forma- por la Sala Político-Administrativa del Tribunal Supremo de Justicia (*Cfr.* Sentencia N° 1.054 de la Sala Político-Administrativa del Tribunal Supremo de Justicia de fecha 3 de agosto de 2011, caso *Construcciones, Vialidad y Asfalsto Mixer, C.A.*). En esta misma decisión se reiteró el criterio conforme al cual el plazo de apelación comenzará a computarse una vez que consten en el expediente todas las notificaciones que haya ordenado el Tribunal. Indica la Sala que: "*debe entenderse que una vez conste en autos la última de las boletas de notificación de cualquiera de las partes, es que comienza a correr el lapso de ocho (8) días de despacho para que éstas puedan ejercer su derecho a apelar de la sentencia de que se trate, a cuyo vencimiento se abrirá el lapso de ocho (8) días de despacho aludido en el artículo 84 del Decreto con Fuerza de Ley Orgánica de la Procuraduría General de la República, para que se entienda notificado el Procurador o Procuradora General de la República. Así se declara. / Es de advertir que siguiendo la anterior interpretación, el Procurador o Procuradora General de la República, puede ejercer el recurso de apelación tanto en el lapso ordinario de ocho (8) días de despacho previsto en el Código Orgánico Tributario, como luego en los ocho (8) días de despacho contemplados en el artículo 84 del Decreto con Fuerza de Ley Orgánica de la Procuraduría General de la República, todo ello a los fines de dar cumplimiento al privilegio procesal dispuesto a favor de esta última; considerando además que si el Procurador o Procuradora General de la República incoare su apelación dentro del lapso previsto al efecto por el Código Orgánico Tributario, resultaría innecesaria la apertura de los 8 días dispuesto en el Decreto con Fuerza de Ley que rige sus*

El artículo 327 del Código Orgánico Tributario, como señalamos anteriormente, posibilita al Tribunal, en su decisión, no sólo la revisión de la validez o nulidad del acto impugnado, sino la condena a la Administración a indemnizar los daños que sufra el interesado. Sin embargo, pocos casos se han conocido de declaratoria de condena por responsabilidad de la Administración Tributaria, como ocurrió en el caso de la sentencia N° 760 emanada del Tribunal Superior Primero de lo Contencioso Tributario (con asociados) del 4 de diciembre de 2003, caso *Sociedad de Fabricación y Venta de Automóviles, S.A. (SOFAVEN)*.

Igualmente, el mismo artículo 327 del Código posibilita a la condenatoria en costas a la parte perdidosa –sea la Administración Tributaria o el contribuyente o responsable- en un monto que no excederá del diez por ciento (10%) de la cuantía del recurso o de la acción que de lugar al juicio ejecutivo, según corresponda. No obstante existencia de la disposición legal expresa, la Sala Político-Administrativa ha negado la posibilidad de condenar en costas a la Administración Tributaria[25], fundamentándose en ello en un fallo de la Sala Constitucional N° 1.238 de fecha 30 de septiembre de 2009 dictada en el caso *Julián Isaías Rodríguez*, en el cual dicha Sala declaró la imposibilidad de condenar en costas a la República en materia penal[26]. Sin embargo, ni la Sala Constitucional ni la Sala Político-Administrativa se pronuncian sobre la constitucionalidad o validez del artículo 327 del Código Orgánico Tributario. Por el contrario, se limita a señalar el Tribunal Supremo de Justicia en sus decisiones que existe una justificación para la eximente de condenatoria de costas a la República, pero sin considerar contraria a derecho la posibilidad de condenatoria, en caso que así esté establecido en el ordenamiento jurídico[27]. En tal virtud, en nuestra consideración, el fallo de la Sala Constitucional no es fundamento suficiente para eximir a la República de la condenatoria en costas en el proceso contencioso tributario, ignorando de esta forma el contenido del artículo 327 de nuestro Código, que pretende establecer formas de responsabilidad del Estado y mantener la igualdad de las partes en el proceso.

Otro punto a destacar es que la Sala Político-Administrativa ha declarado, a diferencia de lo que venía siendo la posición jurisprudencial pacífica, que los fallos dictados por los Tribunales Superiores de lo Contencioso Tributario deben subir en consulta obligatoria al Tribunal de alzada, es decir, a la Sala Político-Administrativa del Tribunal Supremo de Justicia –*ex* artículo 72 de la Ley Orgánica de la Procura-

---

funciones, por cuanto los intereses del Fisco Nacional habrían sido protegidos con el efectivo ejercicio del aludido recurso".

25   Sentencia N° 58 de la Sala Político-Administrativa del Tribunal Supremo de Justicia de fecha 21 de enero de 2010 caso *Almacenadora Granelera, C.A.*

26   En dicho fallo se señaló que: *"En virtud de los criterios jurisprudenciales expuestos, esta Sala considera que el enunciado normativo de prohibición de condenatoria en costas a la República encuentra una justificación constitucional por lo que debe prevalecer como privilegio procesal cuando ésta resulta vencida en los juicios en los que haya sido parte por intermedio de cualquiera de sus órganos, incluso en aquellos de carácter penal en todos los supuestos previstos en el artículo 268 del Código Orgánico Procesal Penal; y así se decide".*

27   Se ha aceptado la extensión de este privilegio a los Estados, conforme al artículo 36 de la Ley Orgánica de Descentralización, delimitación y Transferencias de Competencias del Poder Público, pero no a los Municipios.

duría General de la República[28]-, extendiendo así a la materia tributaria los privilegios otorgados a la República en materia contencioso administrativa y rompiendo, nuevamente, el equilibrio de las partes en el proceso. Ha señalado la Sala que la consulta obligatoria sólo procede respecto de causas que hubieran sido apelables, a los fines de no *"generar una cognición en segunda instancia más extensa que la producida por el ejercicio de los medios de impugnación previstos en las leyes aplicables y que, por causas inherentes a los titulares de esta prerrogativa, no han sido interpuestos en las oportunidades procesales correspondientes"*. Por ello, la determinación de la procedencia o improcedencia de la consulta dependerá del previo examen de la posibilidad de impugnar las decisiones definitivas de primera instancia y sólo procederá en caso que la representación pública no haya ejercido el recurso de apelación[29], con lo cual, se logra una protección excesiva en caso de inacción de la Administración Tributaria en las etapas procesales correspondientes.

Vale acotar que el Código Orgánico Tributario prevé la posibilidad de que el proceso termine a través de otros medios de autocomposición procesal, como es el caso de la transacción judicial[30] –regulada en los artículos 305 y siguientes del Código-, así como el desistimiento y convenimiento, aceptadas por aplicación del

---

28　Artículo 72 de la Ley Orgánica de la Procuraduría General de la República: *"Toda sentencia definitiva contraria a la pretensión, excepción o defensa de la República, debe ser consultada al Tribunal Superior competente"*

29　Indica la Sala Político Administrativa en uno de los múltiples fallos dictados al efecto que: "este Alto Tribunal ha expresado lo siguiente: *"…'la consulta obligatoria de un fallo judicial, cuando es concebida como prerrogativa procesal a favor del Estado, presupone una flexibilización al principio de igualdad entre las partes en litigio, sin embargo, su principal finalidad no es reportar al beneficiario ventajas excesivas frente a su oponente, sino lograr el ejercicio de un control por parte de la alzada sobre aspectos del fallo que por su entidad inciden negativamente en principios que interesan al orden público. // Por esta razón, el examen de juridicidad encomendado en el artículo 72 del Decreto con Rango, Valor y Fuerza de Ley Orgánica de la Procuraduría General de la República de 2008, no puede generar una cognición en segunda instancia más extensa que la producida por el ejercicio de los medios de impugnación previstos en las leyes aplicables y que, por causas inherentes a los titulares de esta prerrogativa, no han sido interpuestos en las oportunidades procesales correspondientes(…)'* [Vid sentencia N° 00812 del 22 de junio de 2011, caso: *C.A. Radio Caracas Televisión (RCTV)*]. // … debe analizarse previamente, a la luz de lo dispuesto en el artículo 278 del Código Orgánico Tributario de 2001, si el conocimiento de ésta se adecúa a los supuestos de apelabilidad de las decisiones recaídas en dicha materia. Por tal motivo, la Sala siguiendo los lineamientos expuestos en su sentencia N° 00566 dictada en fecha 2 de marzo de 2006, caso: *Agencias Generales CONAVEN, S.A.*, que precisó los supuestos de procedencia del recurso de apelación en materia tributaria, constata: *(a)* que la sentencia consultada declaró con lugar el recurso contencioso tributario incoado por la empresa Ensamblaje de Carrocerías Valencia, C.A. (ENCAVA); *(b)* que la cuantía de la causa excede de las quinientas unidades tributarias (500 U.T.) requeridas como mínimo de procedibilidad de dicho medio de impugnación en personas jurídicas; y *(c)* que la misma resultó desfavorable a los intereses del Instituto Venezolano de los Seguros Sociales (IVSS)". (Sentencia N° 464 de la Sala Político-Administrativa del Tribunal Supremo de Justicia de fecha 8 de mayo de 2012 caso *Ensamblaje e Carrocerías Valencia, C.A. (ENCAVA)*).

30　Sobre la transacción judicial, la Sala Político-Administrativa del Tribunal Supremo de Justicia ha señalado que: *"en materia tributaria son cuatro los requisitos concurrentes que de manera inexorable deben cumplirse para la admisión de la solicitud de transacción judicial planteada, a los efectos de notificar a la Administración Tributaria y comenzar así el lapso destinado a la negociación, a saber: 1) la solicitud debe ser presentada por la parte recurrente, 2) antes del acto de informes, 3) mediante escrito fundamentado y 4) ante el tribunal de la causa"* (Sentencia N° 872 de la Sala Político-Administrativa del Tribunal Supremo de Justicia de fecha 25 de julio de 2012, caso *Baker Hughes*).

Código de Procedimiento Civil, de conformidad con el artículo 326 de nuestro Código.

Una vez definitivamente firme el fallo dictado –haya sido o no tramitado el proceso de segunda instancia o de consulta obligatoria, según corresponda- procederá la ejecución de la sentencia conforme a los artículos 280 y siguientes del Código Orgánico Tributario. Es interesante destacar que la Sala Político-Administrativa ha señalado que la ejecución de la sentencia sólo procedería cuando se haya declarado total o parcialmente sin lugar el recurso interpuesto. En tal virtud, si una causa culmina por declaratoria de perención de la instancia, no procedería seguir el procedimiento de ejecución de la sentencia previsto en el artículo 280 del Código, sino, a todo evento, iniciar el juicio ejecutivo regulado en los artículos 289 y siguientes del mismo instrumento legal[31].

VII. PÉRDIDA DE INTERÉS PROCESAL Y PERENCIÓN DE LA INSTANCIA

Por último, debemos indicar que el Código Orgánico Tributario prevé la posibilidad de que el proceso termine mediante la declaratoria de la perención de la instancia y la pérdida de interés procesal, siendo que en ambos casos el efecto que se produce es la confirmación del acto recurrido, afectando, de esta forma, los intereses de los particulares que han buscado la protección de sus derechos por las instancias judiciales.

---

31 "*Corresponde de seguidas entrar a revisar el vicio de errónea interpretación de la Ley, ya que según afirma la representante del Fisco Nacional, el a quo debió por mandato de la norma prevista en el artículo 280 del Código Orgánico Tributario, decretar la ejecución de la sentencia de fecha 28 de febrero de 2003. // Frente a tales circunstancias, se observa del contenido de la diligencia suscrita por la representante del Fisco Nacional el 16 de marzo de 2003, referida anteriormente, que la solicitud de ejecución tenía su fundamento legal en el artículo 289 que regula lo concerniente al juicio ejecutivo. // En tal sentido, constata esta Sala que la representación del Fisco Nacional confundió la ejecución de la sentencia prevista en el artículo 280 del Código Orgánico Tributario, procedente en aquellos casos en que por sentencia definitivamente firme, pasada con autoridad de cosa juzgada, se hubiere declarado sin lugar o parcialmente con lugar el recurso ejercido, con el procedimiento judicial del juicio ejecutivo dispuesto en los artículos 289 y siguientes del texto adjetivo mencionado. // A tal efecto, esta Sala insiste en la improcedencia de la ejecución de la sentencia que declara la perención, ya que la misma como ha quedado establecido, es una sentencia definitiva formal que se limita a decretar la consumación del proceso, razón por la cual no encuadra en el supuesto previsto en el artículo 280 del Código Orgánico Tributario, que impone al Tribunal Contencioso Tributario que haya conocido de la causa en primera instancia, que decrete la ejecución de la sentencia que haya declarado sin lugar o parcialmente con lugar el recurso contencioso tributario. // En razón de lo anterior, si bien en el presente caso, la declaratoria de perención trae consigo la extinción del proceso y, en consecuencia, que los actos administrativos impugnados queden firmes, se estima que el procedimiento para su exigibilidad por constituir los mismos título ejecutivo, es el previsto en los artículos 289 y siguientes del Código Orgánico Tributario. A tal efecto, deberá la representación del Fisco Nacional, presentar escrito de acuerdo con los lineamientos dispuestos en el artículo 290 eiusdem, por ante el Tribunal Contencioso Tributario competente*" (Sentencia N° 1934 de la Sala Político Administrativa del Tribunal Supremo de Justicia de fecha 27 de octubre de 2004).

La perención de la instancia se encuentra regulada en el artículo 265 del Código Orgánico Tributario y ocurre cuando el proceso haya estado inactivo por el plazo de un año, sin que pueda declararse después de vistos. Por su parte, la pérdida de interés procesal puede ocurrir, conforme a lo señalado por la Sala Constitucional del Tribunal Supremo de Justicia[32], antes de la admisión de la demanda o luego de que se ha dicho vistos en el proceso e implica la declaratoria de desinterés de las partes en la continuación de la causa. Es decir, antes de la admisión de la demanda y luego de vistos sólo podría declararse la pérdida de interés procesal y en el período intermedio de sustanciación, la perención de la instancia.

La pérdida de interés procesal sólo puede ser declarada luego de que el Tribunal haya notificado a las partes, a los fines de que declaren si tienen interés en la continuación del proceso y sólo luego de que haya transcurrido el plazo de la prescripción sin que hayan ocurrido actuaciones en el mismo, conforme al criterio del Tribunal Supremo de Justicia[33]. Cabe cuestionar si la figura de la pérdida de interés

---

32   Indica la Sala Constitucional del Tribunal Supremo de Justicia en la sentencia N° 416 de fecha 28 de abril de 200, caso *Carlos Vecchio*, la cual ratificó el criterio sentado por la misma Sala en decisión N° 2.673 del 14 de diciembre de 2001, caso *DHL Fletes Aéreos, C.A.*, lo siguiente: *"...El derecho de acceso a los órganos de administración de justicia, previsto en el artículo 26 de la Constitución, se ejerce mediante la acción cuyo ejercicio se concreta en la proposición de la demanda y la realización de los actos necesarios para el debido impulso del proceso. El requisito del interés procesal como elemento de la acción deviene de la esfera del derecho individual que ostenta el solicitante, que le permite la elevación de la infracción constitucional o legal ante los órganos de administración de justicia. No es una abstracción para el particular que lo invoca mientras que puede ser una abstracción para el resto de la colectividad. Tal presupuesto procesal se entiende como requisito de un acto procesal cuya ausencia imposibilita el examen de la pretensión.// El interés procesal surge así de la necesidad que tiene una persona, por una circunstancia o situación real en que se encuentra, de acudir a la vía judicial para que se le reconozca un derecho y se le evite un daño injusto, personal o colectivo (Cfr. Sentencia N° 686 del 2 de abril de 2002, caso: 'MTI (Arv) Carlos José Moncada').// El interés procesal ha de manifestarse en la demanda o solicitud y mantenerse a lo largo del proceso, ya que la pérdida del interés procesal se traduce en el decaimiento y extinción de la acción. Como un requisito que es de la acción, ante la constatación de esa falta de interés, ella puede ser declarada de oficio, ya que no hay razón para que se movilice el órgano jurisdiccional, si la acción no existe. (vid. Sentencia de esta Sala N° 256 del 1 de junio de 2001, caso: 'Fran Valero González y Milena Portillo Manosalva de Valero'). // En tal sentido, la Sala ha dejado sentado que la presunción de pérdida del interés procesal puede darse en dos casos de inactividad: antes de la admisión de la demanda o después de que la causa ha entrado en estado de sentencia. En el resto de los casos, es decir, entre la admisión y la oportunidad en que se dice 'vistos' y comienza el lapso para decidir la causa, la inactividad produciría la perención de la instancia."*

33   Indica la Sala Constitucional en este sentido que: *"Vista la última actuación procesal mencionada en el fallo, esta Sala observa que en la presente causa no se determinó previamente la dilación del tiempo transcurrido, ni se hizo previa advertencia -mediante notificación- a la parte recurrente para concederle oportunidad que le permitiese manifestar la permanencia del interés en esa causa. // En lo que respecta a la declaratoria de la pérdida del interés procesal, esta Sala, mediante sentencia núm. 256 de 1 de junio de 2001 (caso: Fran Valero), determinó el requerimiento procedimental previo que debe cumplirse antes de procederse a la declaratoria de la pérdida del interés procesal y, por ende, la extinción del proceso. // "... De allí, que considera la Sala, a partir de esta fecha, como interpretación del artículo 26 Constitucional, en cuanto a lo que debe entenderse por justicia oportuna, que si la causa paralizada ha rebasado el término de la prescripción del derecho controvertido, a partir de la última actuación de los sujetos procesales, el juez que la conoce puede de oficio o a instancia de parte, declarar extinguida la acción, previa notificación del actor...". // En el caso de autos, la Sala observa que no se cumplió con la notificación a la parte recurrente de la causa principal, por lo que el fallo cuestionado no se apegó a los lineamientos establecidos por esta Sala Constitucional en la materia, lesionado el derecho a la defensa*

procesal, no prevista expresamente en el ordenamiento jurídico tributario, efectivamente puede ser empleada como una figura válida de terminación de los procesos, que niega la posibilidad de que los administrados logren una tutela judicial efectiva.

La anterior constituye una apretada síntesis de algunos de los aspectos relevantes del proceso contencioso tributario regulado actualmente en el Código Orgánico Tributario, sin pretender con ello en forma alguna, agotar todas las cuestiones que se plantean día a día en nuestra jurisdicción. Por el contrario, constituye éste un intento de evidenciar la evolución de esta instancia desde la existencia del *recurso contencioso fiscal* analizado por el Dr. BREWER-CARÍAS en su tesis doctoral y el vigente *recurso contencioso tributario*, resaltando algunas de las modificaciones efectuadas a dicho proceso vía jurisprudencial. Esperamos, con ello, haber contribuido a la curiosidad de las particularidades de nuestro especial proceso judicial.

---

y a la tutela judicial efectiva del demandante. // Por tanto, dado el incumplimiento de la jurisprudencia de esta Sala Constitucional, subsumiéndose en los supuestos delimitados en las sentencias (ss.S.C. 93/2001, del 6 de febrero; caso: Corpoturismo; y 325/2005, del 30 de marzo de 2005; caso: Álcido Parra Ferreira), se determina que la presente solicitud de revisión constitucional debe declararse HA LUGAR, razón por la cual, de conformidad con lo dispuesto en el artículo 35 de la Ley Orgánica del Tribunal Supremo de Justicia, ANULA la sentencia dictada el 10 de junio de 2010 por el Tribunal Superior Tercero de lo Contencioso Tributario de la Circunscripción Judicial del Área Metropolitana de Caracas; en consecuencia, se ordena al mencionado Juzgado, que de manera accidental se pronuncie nuevamente sobre este caso. Así se decide." (Sentencia N° 107 de la Sala Constitucional del Tribunal Supremo de Justicia del 27 de febrero de 2013).

FACSÍMIL DE ALGUNAS PÁGINAS
DEL MANUSCRITO (1962-1963)

LOS TEMAS FUNDAMENTALES

DEL DERECHO ADMINISTRATIVO

EN LA 7 LA RECIENTE

JURISPRUDENCIA VENEZOLANA

I. EL PRINCIPIO DE LA LEGALIDAD ADMINISTRA-
TIVA.

II. LA TEORIA DE LOS ACTOS ADMINISTRATIVOS.

III. LA TEORIA DE LOS CONTRATOS ADMINISTRATIVOS.

IV. LOS RECURSOS ADMINISTRATIVOS.

V. LA JURISDICCION CONTENCIOSO-ADMINISTRATIVA.

I.

EL PRINCIPIO DE LA LEGALIDAD ADMINISTRATIVA

I. NOCION DE LEGALIDAD

1- INTRODUCCION

2. ALCANCE DEL PRINCIPIO DE LEGALIDAD SEGUN LAS FUNCIONES DEL ESTADO

3. LA LEGALIDAD ADMINISTRATIVA
   A- NOCION
   B- ACTOS SOMETIDOS AL PRINCIPIO
   C- CONSECUENCIAS

II. FUENTES DE LA LEGALIDAD ADMINISTRATIVA

1- INTRODUCCION

2- FUENTES ESCRITAS
   A- IMPUESTAS A LA ADMINISTRACION
      a- JERARQUIA DE LAS FUENTES
      b- ENUMERACION DE LAS FUENTES
         a'. LA CONSTITUCION
         b'. LAS LEYES ORGANICAS
         c'. LAS LEYES ORDINARIAS

   B- CREADAS POR LA ADMINISTRACION
      a- DE CARACTER GENERAL
         a'. LOS DECRETOS LEYES
         b'. LOS REGLAMENTOS
      b. DE CARACTER PARTICULAR ORDEN INTERNO

3- FUENTES NO ESCRITAS

   A- LA JURISPRUDENCIA ADMINISTRATIVA
   B- LA COSTUMBRE ADMINISTRATIVA
   B- LOS PRINCIPIOS GENERALES DEL DERECHO ADMINISTRATIVO

4- FUENTES DE CARACTER PARTICULAR

   A- LA COSA JUZGADA JURISDICCIONAL
   B- LA COSA JUZGADA ADMINISTRATIVA
   C- LOS CONTRATOS ADMINISTRATIVOS.

VER REVERSO

III. ALCANCE DEL PRINCIPIO

1- ADMINISTRACION REGLADA y PODER DIS-
CRECIONAL
A. DISTINCION
    a- ADMINISTRACION REGLADA
    b. PODER DISCRECIONAL
    c- CONSECUENCIAS DE LA DISTINCION
B- JUSTIFICACION DEL PODER DISCRECIONAL
C- INTERES DE LA DISTINCION
    a- APRECIACION DE LA OPORTUNIDAD
    b- CONTROL DE LA OPORTUNIDAD
    c- CONTROL DE LA LEGALIDAD

2- LIMITES DEL PODER DISCRECIONAL

IV. LA ILEGALIDAD

1- NOCION
2- FORMAS DE LA ILEGALIDAD
A. INCONSTITUCIONALIDAD
    a. INCONSTITUCIONALIDAD DE LOS ACTOS
    ADMINISTRATIVOS
    b. USURPACION DE FUNCIONES
        a'. USURPACION DE AUTORIDAD
        b'. USURPACION DE FUNCIONES
    c'. PRECISION TERMINOLOGICA

B. LA ILEGALIDAD
    a. EXTRALIMITACION DE ATRIBUCIONES
    b. ABUSO O EXCESO DE PODER
    c. DESVIACION DE PODER
    d. VICIO DE FORMA
        a'. VICIO DE FORMA EN RELACION CON LA
        MANIFESTACION DE VOLUNTAD DE LA
        ADMINISTRACION
        b'. VICIO DE FORMA EN RELACION CON
        LA MOTIVACION DEL ACTO ADMINIS-
        TRATIVO

c'. VICIO DE FORMA EN RELACIÓN A
LA NOTIFICACIÓN DEL ACTO ADMI-
NISTRATIVO

d'. OTROS VICIOS DE FORMA

e- ACTOS ADMINISTRATIVOS CONTRARIOS
A DERECHO

3. CONTROL DE LA ILEGALIDAD

A- NOCIÓN PREVIA

B- RECURSOS ADMINISTRATIVOS

&- NOCIÓN PREVIA

b. CLASES DE RECURSOS ADMINISTRATI-
VOS

a'. RECURSO DE ~~~~~~~ RECONSIDE-
RACIÓN

b'. RECURSO JERÁRQUICO

c- MOTIVOS QUE PUEDEN INVOCARSE
EN LOS RECURSOS ADMINISTRATIVOS

d- DECISIÓN DE LOS RECURSOS ADMINIS-
TRATIVOS

C- RECURSOS JURISDICCIONALES

&- NOCIÓN PREVIA

b. CLASES DE RECURSOS JURISDICCIONALES

a'. RECURSO DE INCONSTITUCIONALI-
DAD DE LOS ACTOS ADMINISTRATIVOS

b'. RECURSO CONTENCIOSO-ADMINISTRA-
TIVO DE ANULACIÓN DE LOS ACTOS
ADMINISTRATIVOS

c- MOTIVOS QUE PUEDEN INVOCARSE EN
LOS RECURSOS JURISDICCIONALES

d- DECISIÓN DE LOS RECURSOS JURISDIC-
CIONALES

e- IMPOSIBILIDAD DE ACUMULACIÓN DE
LOS RECURSOS JURISDICCIONALES

D- LA EXCEPCIÓN DE ILEGALIDAD

VER REVERSO

4. CONSECUENCIAS DE LA ILEGALIDAD.
   A. NOCION PREVIA
   B. CONSTATACION DE LA ILEGALIDAD EN
      VIA ADMINISTRATIVA
   C. CONSTATACION DE LA ILEGALIDAD EN
      VIA JURISDICCIONAL
        a. INEXISTENCIA DEL ACTO ADMINISTRA
           TIVO
        b. NULIDAD DEL ACTO ADMINISTRATIVO

I. NOCIÓN DE LEGALIDAD

1. INTRODUCCIÓN

con *El principio de legalidad es el signo comunizariza, el más característico y patente, de los sistemas jurídicos contemporáneos.*

1.- La noción misma de Estado de Derecho que domina el funcionamiento
y la actividad del Estado moderno, implica la noción de legalidad. Y así,
~~por todo~~ históricamente, desde que
el Estado dejó de ser "Estado-~~Policía~~"
para convertirse en "Estado de Derecho,"
el principio base de su actuación es el
principio de legalidad.

Pero legalidad, en el sentido etimológico de la palabra, es lo que está conforme con la ley. Sin embargo, en esta noción, "ley" debe ser entendida en un
sentido más amplio y como sinónima
de derecho.

Entonces, el principio de legalidad
no es más que la conformidad con el
derecho que debe acompañar a todos
los actos de las Ramas del Poder
Público. *es decir, el principio que en el una toda la actividad del Estado, del está implica con el derecho de su Estado. Sin
embargo, los* textos constitucionales de la Mayo-
ría de los países del mundo occidental,
entre ellos, Venezuela, contienen una
declaración explícita del principio de
legalidad. "La Constitución y las leyes definen las atribuciones del Poder Público, y
a ellas debe sujetarse su ejercicio" dice
textualmente el artículo 117 de la Constitución Venezolana de 1961.
Pero cada una de las Ramas del Poder
Público tiene sus propias funciones, y
por lo tanto, el principio de legalidad
en base a ellas, tiene un diverso alcance.

2. ALCANCE DEL PRINCIPIO DE LEGALIDAD SEGÚN LAS FUNCIONES DEL ESTADO.

2.- La teoría kelseniana de la construcción escalonada del orden jurídico
es, para la elaboración del sistema de
las funciones del Estado, un factor decisivo. Entendiendo por funciones,

[nota al margen izquierdo:]
Esta aquí la le-
... constitución de 1909 ...
... art 28 ...
... el orden ... una nor-
ma ... las Ramas Públi-
cas ... Constitu-
cional de Venezu-
la. Editorial Elite,
Caracas, 1944, pág
488

más amplio. Si por jurisdicción entendemos la subsunción de una situación de hecho bajo una norma jurídica abstracta, el juez determina con fuerza de verdad legal, lo que para un caso particular es derecho según el sentido de una norma general. Por ello, el juez, personaje encargado fundamentalmente de aplicar el derecho, está sometido a todas las normas o reglas jurídicas a que están sometidos los particulares. La sanción a la ilegalidad es el Recurso de Casación que lo ejerce la Corte Suprema de Justicia en Sala de Casación (4) y los demás recursos ordinarios señalados por la ley.

art. 215 ord 10
disposición transitoria Quincuagésima.

(...de gobierno (adendum)

El objeto del presente estudio, es el principio de legalidad administrativa, al cual está sometida toda la actividad de la administración Pública.

3. LA LEGALIDAD ADMINISTRATIVA

A. NOCION

3.- Nuestra antigua Corte Federal ha definido el principio de la legalidad administrativa, como aquel, según el cual todos los actos de la administración Pública han de ser cumplidos o realizados dentro de las reglas o normas preestablecidas por la autoridad competente (6).

CF-30-1   9-4-59
CF-182-1 9-4-57
Eisenmann (

La amplitud de la legalidad administrativa es mayor a la señalada respecto a la legalidad de los actos jurisdiccionales. La administración, además de estar sometida a las reglas o normas jurídicas a que está sometido el juez y los particulares, debe cumplir estrictamente en su actividad, las normas que ella misma ha creado.

Esta es la característica esencial del principio de la legalidad administrativa, pues éste no implica solamente la sumisión de la Administración a las reglas de derecho que le son exteriores, sino que conlleva también la sumisión a las reglas o normas jurídicas que ella misma ha elaborado.

tico administrativa como órgano de la jurisdicción contencioso administrativa, es competente para anular los actos administrativos contrarios a derecho e incluso por desviación de poder (11).

art 206; 215 ad 7, Disposición transitoria Decimoseptima.

Estudiaremos la legalidad administrativa, en primer lugar desde el punto de vista de las fuentes, en seguida el alcance del Principio y por último las consecuencias de la ilegalidad.

II. FUENTES DE LA LEGALIDAD ADMINISTRATIVA

I. INTRODUCCION.

6.- La jurisprudencia administrativa de la antigua Corte Federal ha establecido, según señalamos, que la legalidad administrativa es aquel principio según el cual todos los actos de la administración pública han de ser cumplidos o realizados dentro de las "reglas o normas preestablecidas

CF-30-1   9-4-59
CF-33-2   17-7-53

por la autoridad competente" (12).

Ahora bien ¿qué debemos entender por reglas o normas preestablecidas? La solución a esta pregunta será el objeto del presente Capítulo.

Examinaremos en primer lugar las llamadas fuentes escritas, ~~las de diversas~~ en segundo lugar las fuentes no escritas de la legalidad administrativa, y por último las fuentes de carácter particular u orden interno.

2- FUENTES ESCRITAS

A. IMPUESTAS A LA ADMINISTRACION

a- JERARQUIA DE LAS FUENTES

7.- Ha establecido la actual Corte Suprema de Justicia en Sala Político-Administrativa que dentro del régimen jurídico que el propio pueblo se ha impuesto, dentro del conjunto general de disposiciones que el mismo ha creado para que lo rija

dentro del campo del derecho, es evidente
la supremacía de la Constitución Nacional
como cuerpo dispositivo que forma la
estructura básica y fundamental de la
República. Es por ello que el régimen legal
del país aparece clasificado, en cuanto
a normas concretas, en dos grupos esenciales: las constitucionales y las ordinarias o secundarias, incluyendo por
sobre estas últimas, con rango intermedio,
la categoría de leyes Orgánicas previstas
CSJ-PA-29-1 14-3-62 en el régimen constitucional vigente (13)

b. ENUMERACION DE LAS FUENTES

a'. LA CONSTITUCION.

8- El concepto de supremacía constitucional implica que la ley Fundamental sea
no solo superior a los demás cuerpos legales, sino que, sobre ella no puede existir
CSJ-PA-29-1 14-3-62 ninguna otra norma jurídica (14).

La Constitución, por tanto, como cuerpo de
reglas superiores a toda otra regla, se impone a la Administración.

La existencia del control jurisdiccional
de la constitucionalidad de los actos del Poder Público por parte del más alto Tribunal
de la República ha sido tradicional en Venezuela, y es indispensable en todo régimen
que pretenda subsistir como Estado de
Derecho. Porque lo inconstitucional es
siempre antijurídico y contrario al principio que ordena al Poder Público, en todas sus ramas, sujetarse a las normas
constitucionales y legales que definen sus
atribuciones. Lo inconstitucional es un
atropello al derecho de los ciudadanos
y al orden jurídico general, que tienen
su garantía suprema en la ley fundamental del Estado. En los países libremente regidos toda actividad individual o gubernativa, ha de mantenerse necesariamente circunscrita a los
límites que le señala la Carta Fundamental, cuyas prescripciones como expresión solemne de la voluntad popular

III. ALCANCE DEL PRINCIPIO

1- ADMINISTRACIÓN REGLADA Y PODER DIS-CRECIONAL

21. La noción de administración reglada se opone a la noción de competencia o poder discrecional de la administración.

A. DISTINCIÓN

2- ADMINISTRACIÓN REGLADA

22. La antigua Corte Federal ha señalado que la administración Pública, como órgano de la actividad estatal "no puede ejercitar sus funciones sino dentro de los precisos límites del derecho positivo, pues la demarcación de éstos constituye garantía establecida en beneficio de los particulares o administrados, contra las posibles arbitrariedades de la autoridad ejecutiva"; y ha señalado además, "que la administración reglada es aquella cuyos actos están sujetos a las disposiciones de la ley y reglamento o cualquier otra norma administrativa, ya que, así como en el derecho privado el acto jurídico requiere capacidad de parte de quien lo realiza, así también en el derecho público el funcionario debe actuar con arreglo a los trámites establecidos con miras a la finalidad social buscada"[6] De donde se sigue que el acto administrativo, aun siendo dictado por quien tiene facultades para ello, debe cumplirse en entera conformidad con las condiciones exigidas por la Ley[27].

CF-83-2   19-7-53
CF-75-1   23-10-53

En definitiva, la administración actúa bajo competencia reglada cuando las reglas-normas preestablecidas que forman el principio de legalidad, no le conceden libertad alguna de obrar o de escogencia entre varias soluciones, sino que le indican qué decisión concreta debe tomar.

Al alcance del principio de la legalidad

salirse de los fines que, con la norma legal se persiguen, aun en el supuesto de que estén en función las facultades discrecionales del poder público (96).

CF-182-1 4-8-57

IV. LA ILEGALIDAD

1. NOCIÓN

30. La violación del principio de la legalidad administrativa por una autoridad administrativa, vicia al acto administrativo que de ella emana, de ilegalidad.

En este sentido entendemos por ilegalidad como la violación por parte de la administración del conjunto de normas o reglas preestablecidas para su acción. Por tanto, hay ilegalidad cuando se infringe cualquiera de las ~~constituias~~ fuentes del principio de la legalidad administrativa, con las excepciones que. estudiaremos nuevamente, las formas de la ilegalidad, sin control y sus consecuencias.

de las normas que rigen y lo relativo respecto a su control administrativo.

2. FORMAS DE LA ILEGALIDAD.

A. INCONSTITUCIONALIDAD

31. Nuestra jurisprudencia ha distinguido fundamentalmente, dos formas de inconstitucionalidad de los actos administrativos: la inconstitucionalidad propiamente dicha y la usurpación de funciones como vicio de los mismos.

a. INCOSTITUCIONALIDAD DE LOS ACTOS ADMINISTRATIVOS.

32. Los actos administrativos están viciados de inconstitucionalidad, cuando la autoridad administrativa que los dictó, ha infringido algún principio o garantía constitucional.

La inconstitucionalidad entonces, debe resultar siempre sin necesidad de alegar ni probar hechos, del antagonismo directo entre el acto administrativo que se impugna y el principio o garantía constitucional infringida (97).

De ahí la necesidad de que en el recurso de in-

Art. 46 Constitución

CFC-18-5-1 23-2-53

en el lapso legal, ya no se lo podrá atacar por vía principal, y sólo se podrá invocar su vicio por vía de excepción (187).

En segundo lugar, el recurso contencioso administrativo de anulación tiene un determinado lapso de caducidad, pasa del cual no podrá intentarse el recurso por vía principal (188).

En tercer lugar, el acto administrativo unado no puede ser convalidado, y su declaración de anulación tiene efectos retroactivos, es decir, para el futuro y el pasado (189).

En cuarto lugar, mientras no sea declarada la nulidad del acto administrativo, los particulares no pueden rehusarse a cumplirlo, pues el acto produce todos sus efectos.

Por último, y por cuanto "el ejercicio del Poder Público acarrea responsabilidad individual por abuso de poder o por violación de la ley" (190), los funcionarios que dictan el acto anulado deben responder individualmente por los daños causados.

Paris, 4, Noviembre, 1962

(art 7, ord 9 de la ley Orgánica de la Corte Federal Ver N° 60

(188)
Hay una evidente contradicción en el art 7, ord 9 y art 28 de la ley Orgánica de la Corte al señalar lapsos distintos para la impugnación por ilegalidad del acto administrativo. Si el primero como se señala el lapso de 6 meses, en la segunda disposición el de 3 meses. Esta contradicción ha sido señalada por la Corte haciendo prevalecer el lapso de 6 meses.

189) Ver N° 112 Infra.

art 121 Constitución.

II.   LA TEORIA DE LOS ACTOS ADMINISTRATIVOS

I . INTRODUCCION

II . LA DEFINICION DEL ACTO ADMINISTRATIVO
1. EL CONCEPTO
2- ANALISIS DEL CONCEPTO
  A. EL ACTO ADMINISTRATIVO ES UNA DECLA-
     RACION DE VOLUNTAD.
     a. NOCION PREVIA
     b. ACTOS ADMINISTRATIVOS Y ACTOS MA-
        TERIALES
     c. FORMALIDADES
     d. VICIOS DE LA VOLUNTAD
  B- DECLARACION DE VOLUNTAD DE LA AD-
     MINISTRACION.

     a. NOCION PREVIA
     b. LA ADMINISTRACION Y LA FUNCION
        ADMINISTRATIVA.
        a'. NOCION PREVIA
        b'. EL ESTADO Y EL PODER PUBLICO
        c'. LAS FUNCIONES DEL ESTADO Y LA FUN-
           CION ADMINISTRATIVA
           a''. LAS FUNCIONES DEL ESTADO
              a'''. PRECISION ESTRUCTURAL
              b'''. LAS DIVERSAS FUNCIONES DEL
                 ESTADO
              c'''. LAS FUNCIONES DEL ESTADO
                 Y LOS ACTOS JURIDICOS ESTA-
                 TALES
           b''. LA FUNCION ADMINISTRATIVA Y
              LA FUNCION DE GOBIERNO
           c''. LA FUNCION ADMINISTRATIVA
              a'''. CARACTERIZACION FORMAL
              b'''. CARACTERIZACION MATERIAL
                 a''''. NOCION PREVIA
                 b''''. INDEPENDENCIA DE LA CA-
                    RACTERIZACION DE LA
                    FUNCION ADMINISTRATIVA
                    RESPECTO AL ORGANO QUE
                    LA REALIZA
                 c'''. CONCLUSION
        d'. LA FUNCION ADMINISTRATIVA: LA FINALIDAD DE
                                        SERVICIO PUBLICO
     C. LA ADMINISTRACION

C. DECLARACIÓN DE VOLUNTAD CON EL OBJETO DE PRODUCIR DETERMINADOS EFECTOS JURÍDICOS.

    a. NOCIÓN PREVIA.

    b. LA CREACIÓN DE UNA SITUACIÓN JURÍDICA.

    c. EL ACTO-CONDICIÓN.

3. LA DEFINICIÓN

III. LOS REQUISITOS DEL ACTO ADMINISTRATIVO.

1. NOCIÓN PREVIA

2. LOS REQUISITOS DE FORMA

    A. NOCIÓN PREVIA

    B. LA MANIFESTACIÓN DE LA VOLUNTAD ADMINISTRATIVA

    C. LA MOTIVACIÓN DEL ACTO ADMINISTRATIVO

    D. LA NOTIFICACIÓN DEL ACTO ADMINISTRATIVO.

3. LOS REQUISITOS DE FONDO

    A. NOCIÓN PREVIA

    B. SUBORDINACIÓN AL PRINCIPIO DE LA LEGALIDAD ADMINISTRATIVA.

    C. SUBORDINACIÓN A LA FINALIDAD DEL SERVICIO PÚBLICO

IV. LOS EFECTOS DEL ACTO ADMINISTRATIVO

1. NOCIÓN PREVIA

2. LA EJECUTORIEDAD DEL ACTO ADMINISTRATIVO.

3. LA ENTRADA EN VIGOR Y EL COMIENZO DE LOS EFECTOS DEL ACTO ADMINISTRATIVO

    A. NOCIÓN PREVIA

    B. LA ENTRADA EN VIGOR DEL ACTO ADMINISTRATIVO

    C. EL COMIENZO DE LOS EFECTOS DEL ACTO ADMINISTRATIVO.

        a. LA CONDICIÓN Y EL TÉRMINO EN LOS ACTOS ADMINISTRATIVOS

           a'. LA CONDICIÓN

           b'. EL TÉRMINO

        b. LA IRRETROACTIVIDAD DEL ACTO ADMINISTRATIVO.

4. EL FIN DE LOS EFECTOS DEL ACTO ADMINISTRA-
TIVO.

   A. NOCION PREVIA
   B. DESAPARICION DEL CONTENIDO DEL ACTO
     ADMINISTRATIVO
   C. DESAPARICION DEL OBJETO DEL ACTO
     ADMINISTRATIVO
   D. ADVENIMIENTO DE LA CONDICION RESO-
     LUTORIA

5. LA EXTINCION DEL ACTO ADMINISTRATIVO

   A. NOCION PREVIA
   B. LA REVOCACION DEL ACTO ADMINIS-
     TRATIVO.
     a. POSIBILIDAD DE LA REVOCACION
     b. EFECTOS DE LA REVOCACION
   C. LA ANULACION DEL ACTO ADMINISTRA-
     TIVO.

6. LA FIRMEZA DEL ACTO ADMINISTRATIVO

   a. EL PRINCIPIO
   B. LA COSA JUZGADA ADMINISTRATIVA

V. LA CLASIFICACION DE LOS ACTOS ADMINISTRA-
TIVOS.

1. SEGUN LA DECLARACION DE VOLUNTAD
   A. ACTOS ADMINISTRATIVOS EXPRESOS Y
     ACTOS ADMINISTRATIVOS TACITOS

   B. ACTOS ADMINISTRATIVOS UNILATERALES
     Y ACTOS ADMINISTRATIVOS BILATERA-
     LES

2. SEGUN LA AUTORIDAD QUE DECLARA LA VO-
LUNTAD DE LA ADMINISTRACION

3. SEGUN LOS PODERES DE LA AUTORIDAD
QUE DICTA EL ACTO ADMINISTRATIVO.

4. SEGUN LOS EFECTOS DEL ACTO ADMINISTRA
TIVO.

I. INTRODUCCION

65 Se admite doctrinalmente que, dentro del conjunto de fenómenos que la realidad presenta continuamente, cuando se examinan las diversas modificaciones que va sufriendo en el devenir de la vida diaria, se encuentra, como causa o motivo de ellas, un determinado acaecimiento o suceso del que se considera precisamente como efecto aquella específica modificación de la realidad. este suceso o acaecimiento se conoce con el nombre de hecho.

Cuando la realidad sobre la que el hecho opera es una realidad jurídica, el suceso que la determina es, a su vez, un hecho jurídico, o sea un suceso o acaecimiento que produce una modificación jurídica.

Pero dentro del concepto general de hecho jurídico, hay que señalar a la vez, un grupo importantísimo de acaecimientos, cuya característica consiste en que son la expresión de la voluntad humana. A esta clase de hechos es a la que se le da el nombre de actos, y en consecuencia, acto jurídico es el acaecimiento, caracterizado por la intervención de la voluntad humana, para la realización de un fin jurídico determinado (1).

De esta definición jurisprudencial de acto jurídico se derivan ciertas consecuencias: En primer lugar, todo acto jurídico es siempre una manifestación de voluntad de un sujeto de derecho. Pero la manifestación de voluntad supone esencialmente que su autor quiere que se produzca un efecto jurídico. Pero para que ello sea realidad desde el punto de vista del derecho, el autor del acto debe tener la posibilidad de querer ese efecto de derecho. y he aquí la segunda consecuencia: el acto jurídico supone un poder legal o potestad jurídica que

CST-CP-27-1   15-3-62

permita a su autor, querer, que el efecto jurídico se realice.

Por tanto, acto jurídico es aquella manifestación de voluntad que, en ejercicio de un poder legal, realiza un sujeto de derecho con la finalidad de producir un efecto jurídico determinado.

En base a estos conceptos generales, podemos entrar a desarrollar la teoría de acto administrativo en nuestra jurisprudencia.

II. LA DEFINICIÓN DEL ACTO ADMINISTRATIVO.

1. EL CONCEPTO

66. La antigua Corte Federal ha definido al acto administrativo como aquella declaración de voluntad realizada por la administración con el objeto de producir un efecto jurídico (2).

CF-59-1   3-6-59

Esta definición, sencilla, que nos da nuestro Tribunal Supremo en lo Contencioso-administrativo, está cargada de profundas e innumerables consecuencias que es preciso analizar detalladamente.

2. ANÁLISIS DEL CONCEPTO

A. EL ACTO ADMINISTRATIVO ES UNA DECLARACIÓN DE VOLUNTAD.

a. NOCIÓN PREVIA.

67. No es posible referirse a los actos de las personas morales de derecho público sin emplear términos psicológicos, tales como "querer" o "voluntad" propios de las personas naturales. Lamentablemente, no existe en materia jurídica un término que, refiriéndose a los actos de las personas jurídicas quiera significar lo mismo que "manifestación de voluntad."

Por ello, queda claro que cuando se habla de voluntad del Estado o de cual-

situación jurídica en la cual va a ser colocado
el sujeto de derecho es una situación jurídica general, impersonal y preexistente.

3. LA DEFINICIÓN

87. Recordando todas las nociones hasta aquí
emitidas, podemos definir el acto administrativo como aquella manifestación de voluntad realizada por una
autoridad pública actuando en ejercicio de la función administrativa, con
el objeto de producir efectos jurídicos
determinados que pueden ser o la creación de una situación jurídica individual o general o la aplicación a un
sujeto de derecho de una situación jurídica general.

III. LOS REQUISITOS DEL ACTO ADMINISTRATIVO

1. NOCIÓN PREVIA

88. Distinguimos los requisitos de forma de los
requisitos de fondo del acto administrativo. Los
primeros constituyen lo que se ha llamado el
procedimiento constitutivo del acto administrativo. Los segundos se refieren a su contenido y son los que determinan, propiamente,
la naturaleza del acto administrativo.
Estudiaremos separadamente ambos requisitos.

2. LOS REQUISITOS DE FORMA.

A. NOCIÓN PREVIA

89. Cuando la ley crea formas especiales para
el cumplimiento del acto administrativo,
quiere decir que el acto debe estar rodeado
de todas aquellas garantías necesarias para que pueda producir efecto. Más, es
necesario que la misma ley establezca el

IV. LOS EFECTOS DEL ACTO ADMINISTRATIVO

1. NOCION PREVIA

96. Del cumplimiento de los requisitos antes señalados, y principalmente de los dos requisitos de fondo se deriva el efecto fundamental del acto administrativo: su ejecutoriedad.

2. LA EJECUTORIEDAD DEL ACTO ADMINISTRATIVO

97. El interés público en que se inspiran las normas del Derecho Público y Administrativo, justifica ciertos privilegios de que goza la administración para el cumplimiento efectivo de sus fines. Entre tales privilegios, que exceden de los moldes clásicos del Derecho común, se encuentra el de la inmediata ejecución de sus actos. (76)

La Administración pública, por sus mismos caracteres y fines, actúa en medio de situaciones jurídicas ya creadas; por lo tanto, la gran mayoría de sus actos jurídicos habrá de destruir o modificar alguna o algunas de esas situaciones jurídicas preexistentes. De ahí la importancia que reviste la ejecución privilegiada de las resoluciones administrativas ejecutorias, que interesa tanto a la propia administración como a los particulares beneficiados con la situación anterior (77).

El carácter ejecutorio del acto administrativo es consecuencia directa de su presunción de legitimidad y subordinación a la legalidad (78), por ello puede, desde el momento preciso que se profiere, hacerse ejecutar por quien corresponda.

Ello, porque la presunción de legitimidad tiene por fundamento la preocupación y necesidad de evitar todo posible retardo en el desenvolvimiento de

juzgada desaparece.

Entonces al hablar de cosa juzgada administrativa debe entenderse la noción "cosa juzgada" en su sentido relativo o formal es decir, que significa la imposibilidad de modificar un acto ~~administrativo por~~ vía de recurso intentado por el interesado, o en otras palabras, la cosa juzgada administrativa hace el acto inatacable.

El concepto material o absoluto de la cosa juzgada está reservado a los actos jurisdiccionales y no se aplica, por tanto, a los actos administrativos. Por ello quizás, sea preferible hablar de "cosa decidida" respecto a los actos administrativos antes que de cosa juzgada (129)

V. LA CLASIFICACION DE LOS ACTOS ADMINISTRATIVOS

1. SEGUN LA DECLARACION DE VOLUNTAD

A. ACTOS ADMINISTRATIVOS EXPRESOS Y ACTOS ADMINISTRATIVOS TACITOS

115. Ya hemos hecho alusión a esta distinción. (130). El acto administrativo es expreso cuando la manifestación de voluntad de la autoridad administrativa es declarada formalmente. Es decir, cuando la administración manifiesta en forma expresa su voluntad.

Los actos administrativos tácitos, por el contrario, constituyen una manifestación tácita de voluntad de la administración. Están consignados por el silencio administrativo, establecido en la ley de la Procuraduría General de la República y del Ministerio Público ~~( )~~, artículo 63.

Sin embargo, hay otra diferencia radical entre ambos tipos de actos: los actos expresos pueden ser negativos o positivos respecto a los particulares, es decir, aceptar la proposición del particular o rechazarla. No sucede, en cambio, lo mismo con los actos administrativos tácitos que se consideran siempre negativos. Es decir, la ~~inacción~~

[margin left notes:]

sólo cuando y está en presencia de un acto administrativo usado de derecho a favor de tercero y contra el cual no quedan vías legales de impugnación cuando siempre quedará la vía de la excepción de ilegalidad (128)

Ver Nº 60

Ver G. Vedel. Droit administratif. Themis. Paris 1958 E Tome I. Pag 126

Ver Nº 90

vía a su servicio y también, su propia conducta.

Por último, y en relación a los efectos del acto administrativo es necesario distinguir los que producen efectos internos y los que producen efectos externos; es decir, los que no producen efectos hacia los administrados por tratarse de providencias de orden interno a la Administración y los actos administrativos que sí producen efectos frente a los particulares.

Los primeros tienen interés en cuanto al estudio de la Organización y funcionamiento de la Administración. Los segundos han sido fundamentalmente el objeto de este Título.

El interés de la distinción radica en la posibilidad de formas algún recurso de impugnación contra esas providencias de efectos internos, llamadas Instrucciones del Servicio (149). Estas instrucciones, es conveniente señalar, tienen su fundamento en el poder jerárquico que permite al superior de la Administración, normalmente el Ministro en su respectiva Administración Nacional, dar órdenes a sus subordinados, y que consisten normalmente en la instrucción respecto a la aplicación de las disposiciones legales y especialmente en el ejercicio de sus atribuciones (150).

Ahora bien, estas Instrucciones del Servicio son actos administrativos productores de efectos jurídicos determinados. El hecho de que sólo se produzcan para la misma Administración y sin ninguna repercusión directa hacia el exterior de ella no le quita el carácter de acto jurídico administrativo: la instrucción del servicio es una orden que crea la obligación jurídica por parte de sus destinatarios, o sea los funcionarios de la jerarquía, de cumplirla y respetarla. Su incumplimiento y desobediencia constituye una falta disciplinaria, sancionable por el superior jerárquico en virtud de su "poder disciplinario" (151).

Notas al margen:

Ver N° 13
Ver texto típico de Instrucción del Servicio en la Resolución N° 3-84 de 23 de junio de 1962 de la Contraloría General de la República. G.O N° 298 Ext de 10-7-62 que aprueba las Instrucciones y modelos para la contabilidad del Crédito Público elaboradas por la Sala de Control administrativa.

Véase por ejemplo el art 2, ordinales 1 y 32 del Reglamento interno del Ministerio de Hacienda de 4 de Abril de 1940. G.L. TI p 1374.

art 2, ordinal 8. Reglamento interno del Ministerio de Hacienda citado.

Sin embargo, estas Instrucciones del Servicio se diferencian claramente de las llamadas Circulares Administrativas, que no constituyen a nuestro modo de ver, verdaderos actos administrativos, ya que no producen determinados efectos jurídicos: su fin primordial es la difusión, en una dependencia administrativa o a determinados funcionarios, de concretas informaciones, consejos o sugerencias que no tienen ningún carácter imperativo ni fuerza obligatoria (152).

Respecto a las Instrucciones del Servicio, que al contrario sí son actos administrativos, como antes señalamos, se presenta el problema de su recurribilidad o impugnación (153). En Venezuela, consideramos que *por principio* no es posible intentar un recurso administrativo o contencioso administrativo contra las Instrucciones del Servicio. Para intentar dicho recurso es necesario un interés legítimo (154), y ese interés no puede existir en un recurrente contra Instrucciones del Servicio pues estas solo tienen efectos dentro de la Administración, sin ninguna repercusión directa en los derechos o intereses de los administrados. Sin embargo hay que estar en presencia del caso concreto para confirmar estas consideraciones generales: muchas de las pretendidas Instrucciones del Servicio pueden contener verdaderas reglas reglamentarias, que sí podrían dar, entonces, lugar a un recurso de impugnación. En todo caso corresponderá al recurrente probar su interés.

Paris, 15, Diciembre, MiM962

Ver Nº 204
Nº 207, ss

III.

LA TEORÍA DE LOS CONTRATOS ADMINISTRATIVOS.

I. INTRODUCCIÓN

1. LOS CONTRATOS DE LA ADMINISTRACIÓN : CONTRATOS DE DERECHO PRIVADO Y CONTRATOS ADMINISTRATIVOS

2. INTERÉS DE LA DISTINCIÓN

II. LA NATURALEZA DE LOS CONTRATOS ADMINISTRATIVOS
1. LA FINALIDAD DE SERVICIO PÚBLICO
2. LA DEFINICIÓN DEL CONTRATO ADMINISTRATIVO
3. LOS PRINCIPALES TIPOS DE CONTRATOS ADMINISTRATIVOS EN VENEZUELA.

III. LAS CARACTERÍSTICAS FUNDAMENTALES DE LOS CONTRATOS ADMINISTRATIVOS.

1. INTRODUCCIÓN
2. EL ELEMENTO SUBJETIVO
3. LAS CONDICIONES DE VALIDEZ
   A. NOCIÓN PREVIA
   B. LA CAPACIDAD Y COMPETENCIA DE LOS CONTRATANTES
      a. NOCIÓN PREVIA
      b. LA COMPETENCIA
      c. LA CAPACIDAD
      d. LAS INCAPACIDADES ESPECIALES
   C. EL CONSENTIMIENTO
      a. NOCIÓN PREVIA
      b. LA FORMACIÓN DE LA VOLUNTAD ADMINISTRATIVA
         a'. EL PROCEDIMIENTO ADMINISTRATIVO
            a''. EL PRINCIPIO
            b''. EL PROCEDIMIENTO DE CONTROL PREVIO DE APROBACIÓN
         b'. LA APROBACIÓN LEGISLATIVA
            a''. NOCIÓN PREVIA
            b''. LAS DOS CATEGORÍAS FUNDAMENTALES DE LOS CONTRATOS ADMINISTRATIVOS
               a'''. NOCIÓN PREVIA
               b'''. CONTRATOS ADMINISTRATIVOS NECESARIOS PARA EL NOR-

MAL DESARROLLO DE LA
ADMINISTRACION PUBLICA.
    c'''. CONTRATOS ADMINIS-
      TRATIVOS EXCEPCIONALES

c''''. NATURALEZA DEL ACTO DE
  APROBACION LEGISLATIVA

c. LA MANIFESTACION DE LA VOLUN-
  TAD ADMINISTRATIVA.

d. LOS VICIOS DEL CONSENTIMIENTO.

    a'. NOCION PREVIA
    b'. EL ERROR
      a''. ERROR EXCUSABLE
      b''. EL ERROR DE DERECHO
      c''. EL ERROR DE HECHO
    c'. LA VIOLENCIA
    d'. EL DOLO

  D. EL OBJETO
  E. LA CAUSA

4. EL ELEMENTO DE SUBORDINACION
5. EL REGIMEN DE DERECHO PUBLICO

IV. LA FORMACION DEL CONTRATO
  1. INTRODUCCION
  2. LIMITACIONES A LA LIBERTAD CONTRAC-
    TUAL
  3. LIMITACIONES A LA IGUALDAD CONTRAC-
    TUAL.

V. LOS EFECTOS DEL CONTRATO
  1. LOS EFECTOS RESPECTO A TERCEROS
  2. LOS EFECTOS ENTRE LAS PARTES
    A. NOCION PREVIA
    B. LA FUERZA OBLIGATORIA DEL CONTRATO
      ADMINISTRATIVO ENTRE LAS PARTES
      CONTRATANTES.
      a. EL PRINCIPIO DE LA TEORIA CIVI-
        LISTA: EL ARTICULO 1159 DEL CODI-
        GO CIVIL

ECONOMICA.

c. LAS INDEMNIZACIONES A QUE TIE-
NE DERECHO EL COCONTRATANTE
POR RUPTURA DE LA ECUACION
ECONOMICA DEL CONTRATO.

a'. NOCION PREVIA
b'. EL DERECHO DE INDEMNIZACION
DERIVADO DE LAS MODIFICACIONES
UNILATERALES DEL CONTRATO
REALIZADAS POR LA ADMINISTRACION

(el alea administrativa)

c'. EL DERECHO DE INDEMNIZACION
DERIVADO DE LA RESCISION UNI-
LATERAL REALIZADA POR LA AD-
MINISTRACION

d' EL DERECHO DE INDEMNIZACION
DERIVADO DE LA PRESENCIA, EN
LA EJECUCION, DE HECHOS AJENOS
A LA VOLUNTAD DE LAS PARTES

(el alea económica)

a''. NOCION PREVIA
b''. EL ACTO DE UNA AUTORIDAD
PUBLICA DISTINTA DE LA AD-
MINISTRACION
c''. EL ESTADO DE IMPREVISION

e'. EL MONTO DE LA INDEMNIZACION

3. LA RESPONSABILIDAD CONTRACTUAL

A. LA INEJECUCION DE LAS OBLIGACIONES
a. EL PRINCIPIO : LOS DAÑOS Y PERJUICIOS
b. EL MONTO DE LOS DAÑOS Y PERJUICIOS

B. LAS CAUSAS EXIMENTES DE RESPONSABILI-
DAD.
C. LA RESOLUCION JUDICIAL DEL CONTRATO

VI. LO CONTENCIOSO DEL CONTRATO

1. EL JUEZ DEL CONTRATO
2. EXTENSION DEL CONTENCIOSO DEL CONTRA-
TO
3. LOS PODERES DEL JUEZ DEL CONTRATO
4. LA HIPOTESIS DEL RECURSO AL ARBITRAMEN-
TO.

VII. LA EXTINCIÓN DEL CONTRATO
   1. EL CUMPLIMIENTO
   2. LA RESCISIÓN UNILATERAL POR LA ADMINIS-
      TRACIÓN
   3. LA RESOLUCIÓN JUDICIAL
   4. LA NULIDAD DEL CONTRATO
   5. LA CADUCIDAD DEL CONTRATO

I. INTRODUCCIÓN

1. LOS CONTRATOS DE LA ADMINISTRACIÓN: CONTRATOS DE DERECHO PRIVADO Y CONTRATOS ADMINISTRATIVOS.

120. Es un hecho, uniformemente aceptado por la práctica administrativa y la jurisprudencia administrativa venezolana, que el Estado y concretamente la administración Pública sea Nacional, Estadal o Municipal, pueden celebrar contratos para el desarrollo de sus múltiples actividades cada vez más numerosas: ello es posible desde que el Estado es persona jurídica.

Pero también es un hecho cierto, que por su contenido y naturaleza, esas convenciones entre la administración y por lo general uno o más particulares para constituir, reglar, transmitir, modificar o extinguir entre ellos un vínculo jurídico (1), no son siempre iguales. En efecto, los contratos de la Administración se presentan bajo dos formas distintas.

c art 1133

Por una parte, ella puede realizar sus negocios jurídicos con los particulares bajo forma de contratos de derecho privado, es decir, contratos idénticos a aquellos de los particulares, tales como están regidos en el código civil. En efecto, la Administración puede comprar un terreno u otro inmueble amigablemente; puede vender productos del dominio privado del Estado, puede dar en arrendamiento o arrendar amigablemente un inmueble (2), etc. La Administración recurre muy frecuentemente a este tipo de contratos: ello es la regla en el campo del dominio industrial y comercial del Estado.

CF-127-1 3-12-59

Pero la administración puede realizar actos bilaterales, que si bien tienen naturaleza contractual, como consecuencia de su contenido, la relación jurídica que surge de ellos es una re-

II. LA NATURALEZA DE LOS CONTRATOS ADMI-NISTRATIVOS.

1. LA FINALIDAD DE SERVICIO PUBLICO

122. La jurisprudencia de la antigua Corte Federal (4) y de la actual Corte Suprema de Justicia (5), es unánime al considerar que el requisito esencial que determina la naturaleza de los contratos administrativos es la finalidad de servicio público que se persigue al realizar el negocio jurídico, y por tanto, es el criterio fundamental para distinguir entre los contratos de la Administración, los contratos administrativos de los contratos de Derecho Privado.

En este sentido, la Corte Federal al planteársele una contención sobre un contrato de arrendamiento celebrado entre un particular y la Administración del Estado Zulia cuyo objeto era un inmueble propiedad de éste último y cuyo fin era la destinación, por parte del particular del inmueble, para estacionamiento de automóviles, expresó: "Pero tal contrato, como claramente se desprende de sus cláusulas no constituye una convención de naturaleza administrativa, ya que la relación contractual en él contenida no tiende de modo inmediato y directo a la prestación de un servicio público, que sería tacto esencial para calificar el contrato de administrativo" (6). Se contraría dicho convenio al arrendamiento del inmueble para un fin particular y privado como lo es el estacionamiento de vehículos. Por consiguiente, si la administración había obrado en dicho contrato como persona jurídica privada, o sea, como sujeto de derecho y obligaciones de naturaleza civil, habría que considerar dicha convención también como de índole civil, y por ello, ajena a la vía contencioso-administrativa; ya que esta jurisdicción especial está reservada exclu-

CF-127-1 3-12-59
CF-127-1 12-11-54
CSJ-PA-97-1 14-12-61
donde se hallado "así-no de servicio público"

CF-127-1 3-12-59

buar un transporte de de personas o bienes de carácter público por cuenta de la administración (19)

Los contratos de concesión de servicio público, por los cuales la Administración confía a un particular la misión de hacer funcionar un servicio público, remunerándose este último, de las contraprestaciones de los usuarios del servicio (20). Si el particular está encargado además, de construir las obras necesarias para hacer funcionar el servicio, habrá, junto con la concesión de servicio público una concesión de obra pública.

Los contratos de función pública, por medio del cual un particular se compromete contractualmente frente a la administración a prestar servicio especiales remunerados. No se trata de un funcionario público, pues no hay ni nombramiento ni prestación de juramento, pero tampoco se trata de un contrato del Trabajo regido por la ley especial (21)

Fuera de estos tipos principales de contratos, la Administración utiliza el procedimiento contractual administrativo, según sus diversos fines y utilizando diversas combinaciones, configurando lo que podríamos denominar: contratos administrativos innominados (22).

II. LAS CARACTERÍSTICAS FUNDAMENTALES DE LOS CONTRATOS ADMINISTRATIVOS

1. INTRODUCCIÓN

125 La naturaleza señalada de los contratos administrativos, es decir su conclusión para una finalidad de servicio público, trae como consecuencia inmediata la presencia en ellos de ciertos caracteres fundamentales. Podemos estudiar estos, anali-

Notas marginales:

Al hablarse de contrato de transporte, no nos referimos a la concesión de servicio público de transporte.

Por ejemplo, la concesión de servicio público de transporte de hidrocarburos, artículo 8 Ley de Hidrocarburos?

Tal es el caso de contratación de Técnicos extranjeros por ciertas oficinas públicas.

Por ejemplo, la concesión de uso del dominio público.

como por ejemplo derecho de rescisión o modificar unilateralmente el contrato administrativo

se atribuye sobre su cocontratante, derechos que un particular no podría atribuirse en ningún contrato de derecho privado(93); de cláusulas por medio de las cuales la Administración pública, otorga a su cocontratante poderes respecto de terceros que un particular no podría atribuir en ningún contrato (94).

Por ejemplo, la posibilidad para el concesionario de transporte de hidrocarburos, de expropiar. Ley de hidrocarburos art.

IV. LA FORMACION DEL CONTRATO

1. INTRODUCCION

Ver N° 133 y 55

151. Ya hemos examinado los problemas relativos a la formación de la voluntad de la administración(95) Nos corresponde ahora examinar la formación del contrato, es decir, los problemas que se presentan en el acuerdo de las voluntades. Y concretamente debemos verlos bajo dos ángulos fundamentales: desde el punto de vista de la igualdad de los contratantes y desde el otro punto de vista de la libertad contractual, y siempre como limitaciones a ambos principios

2. LIMITACIONES A LA LIBERTAD CONTRACTUAL.

152. Las limitaciones a la libertad contractual, se presentan principalmente en la escogencia del cocontratante de la Administración.

La Administración no siempre es libre de escoger su cocontratante. Quizás en los contratos administrativos donde el carácter intuito personae tiene gran importancia, se deja mayor libertad a la Administración de escoger su cocontratante(96). Sin embargo, en otros contratos, donde tiene mayor importancia las condiciones objetivas del concesionario, se imponen ciertas limitaciones

Por ejemplo en la escogencia del concesionario de servicio público, un el caso de la concesión de servicio público de transporte de hidrocarburos. Ver la ley de hidrocarburos, art. 5

anexo de cláusulas de condiciones generales. Sin embargo, ellas son comunes para
los contratos de obra pública celebrados por
cada una de esas entidades, pero lamentablemente no son comunes a todas. Y
ello, porque todavía no se ha establecido
o reglamentado lo que todavía hoy es
una práctica administrativa, de muy
sana continuación.

De resto, algunos contratos como el de
concesión de servicio público de transporte
de Hidrocarburos (101), tienen sus cláusulas de condiciones generales en la ley.

en de Hidrocarburos
art. 32, 46, 44, 35
50, 50, 51, 56, 60, 61
39, etc.

I. LOS EFECTOS DEL CONTRATO

1. LOS EFECTOS RESPECTO A TERCEROS

154. Es principio fundamental de la contratación privada, el hecho de que los contratos
no tienen efecto sino entre las partes
contratantes, y por tanto no dañan ni
aprovechan a los terceros (102).

Antiguos Wheaterini-
no "Res inter alios
acta aliis neque nocere
neque prodesse potest"
etc.

Art. 1166 C.C.

Ver Nº 20

Este principio, ya lo hemos visto (103) no
se aplica en forma absoluta a los contratos administrativos, sobre todo en los contratos administrativos excepcionales que requieren aprobación legislativa (104).

Ver Nº 138

En estos últimos, por la naturaleza e
importancia de su objeto para la vida nacional, están interesados todos los ciudadanos. Es por ello, por lo que, podría
recurrirse por el recurso de inconstitucionalidad de las leyes, de los señalados contratos con forma de ley (105)

CSJ-CP-23-1   18-3-62
art. 216, ord 3º constit.

Y así hemos visto recientemente, que la
Corte Suprema de Justicia, en Corte Plena
(106) ha declarado con lugar el recurso
de inconstitucionalidad basado en el ordinal 3º del artículo 215 de la constitución,
es decir recurso de inconstitucionalidad de
las leyes, intentado por la Municipalidad
del Distrito Federal contra la ley aprobatoria del contrato celebrado entre el Ejecu-

CSJ-CP-23-1   18-3-61

art 1167.

los daños y perjuicios a que hubiere lugar (180)

Esta facultad se revela más en beneficio del cocontratante de la Administración que de ella misma, por el poder de rescisión unilateral que tiene, como hemos visto.

Por ello, el cocontratante de la administración respectivamente puede pedir la resolución del contrato administrativo con demanda de daños y perjuicios, cuando ha habido incumplimiento de la Administración a sus obligaciones.

VI. LO CONTENCIOSO DEL CONTRATO.

1. EL JUEZ DEL CONTRATO.

185 Desde la misma Constitución de 1830 (181), está atribuida a la Corte Suprema de Justicia la facultad de conocer de las controversias que resultaban de los contratos y negociaciones que celebra el Poder Ejecutivo ~~o~~ por sí, o por medio de sus agentes.

Esta atribución constitucional dada al Tribunal Supremo, se mantuvo en todas las Constituciones Venezolanas posteriores, hasta que, en la de 1961 vigente, dejó de tener rango Constitucional, quedando solo con rango legal.

En efecto, el artículo 7, ordinal 28 de la Ley Orgánica de la Corte de Casación (182) establece que es atribución de la Corte Federal, hoy Corte Suprema de Justicia en Sala Político-Administrativa, conocer en juicio contencioso de todas las cuestiones por nulidad, caducidad, resolución, alcance, interpretación y cumplimiento y cualesquiera otras que se susciten entre la Nación, hoy la República, y los particulares a consecuencia de los contratos celebrados por el Ejecuti-

[left margin notes:]

fue la primera Constitución de Venezuela en cuestionarse, después de su separación de la gran colombia. Véase el art. 145, ord. 5, en Viso Picón Rivas, Índice Constitucional de Venezuela (Editorial Edit. Caracas, 1944 pag. 211). Llevamos por otra parte que ya es la segunda Constitución de la República de 1819 existía una disposición similar. Véase pag 259.

Ley de 23-julio-1953, vigente si pulido...

CSSCP-27-1 15-1-62

[bottom note:]
sin embargo, sólo queda con rango constitucional en función de la CSS para condenar al pago de suma de dinero y la reparación de daños y perjuicios originados en responsabilidad de la administración (art 206) donde está incluida la responsabilidad contractual.

privado", para concluir, después de hacer un
minucioso análisis de la pluralidad de
normas que constituyen el Ordenamiento
jurídico Venezolano relacionadas con la
materia, que la Administración tiene poderes para incluir, sea en un Pliego de
condiciones, sea en el contrato mismo, en
cláusula compromisoria, que abre entonces el procedimiento de arbitraje."

Sin embargo, si consideramos que la
administración no puede actuar sin
norma legal expresa que defina sus
atribuciones y competencia (200), y si
observamos el interés público que engloba la contratación administrativa, no
podemos aceptar el recurso al arbitra-
miento en el ordenamiento jurídico actual, por lo que respecta a la esencia
del contrato, es decir, a su ejecución
o interpretación. (201)

Ver Nos 128 y 129

VIII. LA EXTINCIÓN DEL CONTRATO

1. EL CUMPLIMIENTO

189. Constituye la forma de extinción normal
de un contrato administrativo, y se produce por la ejecución y cumplimiento de
las obligaciones contratadas, sea porque
se realizó el objeto del contrato, sea
porque el mismo llegó al término pactado.

2. LA RESCISIÓN UNILATERAL POR LA ADMINISTRACIÓN

190. Véase los Números 160, 170 y 176

3. LA RESOLUCIÓN JUDICIAL

191. Véase el Número 184

sentación de determinados planos topográficos, la falta de pago de determinados impuestos en un lapso fijo (209)

La caducidad del contrato es pronunciada por la propia administración,
pero las cuestiones que surjan respecto
a ella deben ser llevadas a la Corte Suprema de Justicia (210)

Paris, 21, Enero, mil 1963

IV

. LOS RECURSOS ADMINISTRATIVOS

I. INTRODUCCION

II. LA TEORIA DEL RECURSO ADMINISTRATIVO
   1. EL CONCEPTO Y LA NATURALEZA
      A. NOCION
      B. EL ANALISIS DE LA NOCION: LA NATURA-
         LEZA JURIDICA DEL RECURSO
         a. ES UN MEDIO DE IMPUGNACION
         b. ES UN MEDIO DE IMPUGNACION ADMI-
            NISTRATIVO
         c. ES UN MEDIO DE IMPUGNACION ADMI-
            NISTRATIVO DE LOS ACTOS ADMINIS-
            TRATIVOS

   2. EL FUNDAMENTO
      A. NOCION PREVIA
      B. UN DERECHO PUBLICO SUBJETIVO
      C. EL DERECHO DE REVISION

   3. LOS REQUISITOS DEL RECURSO
      A. NOCION PREVIA
      B. LOS ELEMENTOS SUBJETIVOS
         a. REFERENTES A LA ADMINISTRACION
         b. REFERENTES AL RECURRENTE
      C. EL ELEMENTO OBJETIVO.

   4. LOS MOTIVOS DEL RECURSO
      A. NOCION PREVIA
      B. MOTIVOS DE DERECHO
      C. MOTIVOS DE HECHO Y OPORTUNIDAD

   5. LA DECISION DEL RECURSO
      A. EL CARACTER DE LA DECISION
      B. LOS PODERES DE LA ADMINISTRACION
         AL DECIDIR
      C. LOS EFECTOS DE LA DECISION
      D. LAS FORMALIDADES DE LA DECISION
      E. EL SILENCIO ADMINISTRATIVO

III. LOS RECURSOS ADMINISTRATIVOS

1. INTRODUCCION

2. EL RECURSO JERARQUICO

A. NOCION
B. FUNDAMENTO
C. REQUISITOS DEL RECURSO
  a. EL ELEMENTO SUBJETIVO
  b. EL ELEMENTO OBJETIVO
D. LA INTERPOSICION DEL RECURSO
  a. LA OPORTUNIDAD
  b. LA AUTORIDAD COMPETENTE
    a'. LA AUTORIDAD A QUO
    b'. EL RECURSO JERARQUICO DE HECHO
  c. LOS EFECTOS DE LA INTERPOSICION
    a'. EL EFECTO SUSPENSIVO
    b'. EL EFECTO DEVOLUTIVO

E. EL PROCEDIMIENTO DEL RECURSO
F. LA DECISION DEL RECURSO
G. EL RECURSO JERARQUICO COMO PRESU-
   PUESTO PROCESAL DEL RECURSO CON-
   TENCIOSO-ADMINISTRATIVO. DE ANULACION

3. EL RECURSO DE RECONSIDERACION

A. NOCION
B. FUNDAMENTO
C. REQUISITOS DEL RECURSO
  a. ELEMENTO SUBJETIVO
  b. ELEMENTO OBJETIVO
D. LA INTERPOSICION DEL RECURSO
E. LOS MOTIVOS DEL RECURSO
F. EFECTOS DE LA DECISION

4. EL RECURSO DE REVISION

A. NOCION
B. FUNDAMENTO
C. REQUISITOS DEL RECURSO
  a. ELEMENTO SUBJETIVO
  b. ELEMENTO OBJETIVO
D. INTERPOSICION DEL RECURSO
E. LOS MOTIVOS DEL RECURSO
F. EFECTOS DE LA DECISION

IV. LOS RECURSOS ADMINISTRATIVOS IMPROPIOS

1. INTRODUCCION
2. EL RECURSO JERARQUICO IMPROPIO
   A. NOCION
   B. PARTICULARIDAD DEL RECURSO
      a. ES UN RECURSO ADMINISTRATIVO
      b. ES UN RECURSO ADMINISTRATIVO IMPROPIO
      c. IMPORTANCIA HISTORICA
   C. REQUISITOS DEL RECURSO
      a. ELEMENTO SUBJETIVO
      b. ELEMENTO OBJETIVO
   D. EL PROCEDIMIENTO DEL RECURSO
      a. NOCION PREVIA
      b. INTERPOSICION DEL RECURSO
      c. EMPLAZAMIENTO DE LOS INTERESADOS
      d. LAS PRUEBAS
      e. RELACION E INFORMES
   E. DECISION DEL RECURSO

3. EL RECURSO DE GRACIA ~~ADMINISTRATIVO~~. O SUPLICA
   A. NOCION PREVIA Y PRECISION TERMINOLÓ-
      GICA
   B. EL RECURSO DE GRACIA ECONOMICO AD-
      MINISTRATIVO
      a. REGULACION LEGAL
      b. EL PROCEDIMIENTO
      c. LA DECISION
   C. LAS CARACTERISTICAS DEL RECURSO

4. LOS RECURSOS EN MATERIA DE INQUILINATO
   A. INTRODUCCION
   B. LA NATURALEZA JURIDICA DE LOS PROCEDI-
      MIENTOS ESTABLECIDOS EN LA LEY DE
      REGULACION DE ALQUILERES
      a. EL CARACTER ~~JURISDICCIONAL~~ DE PRO-
         CEDIMIENTOS JURISDICCIONALES
      b. EL CARACTER DE PROCEDIMIENTO CON-
         TENCIOSO-ADMINISTRATIVO

   C. EL CARACTER DE RECURSO ADMINISTRATIVO
      DE LOS EJERCIDOS ANTE EL TRIBUNAL
      DE APELACIONES DE INQUILINATO.

a. NOCION PREVIA

b. LOS RECURSOS INTENTADOS ANTE
EL TRIBUNAL DE APELACIONES
DE INQUILINATO NO SON RECURSOS
JURISDICCIONALES

c. LOS RECURSOS INTENTADOS ANTE EL
TRIBUNAL DE APELACIONES DE
INQUILINATO NO SON RECURSOS
CONTENCIOSO-ADMINISTRATIVOS

d. LOS RECURSOS INTENTADOS ANTE
EL TRIBUNAL DE APELACIONES DE
INQUILINATO SON RECURSOS AD-
MINISTRATIVOS

I. INTRODUCCIÓN

194. El privilegio de la ejecutoriedad del acto administrativo, según el cual, la administración puede darles cumplimiento inmediato, incluso contra la voluntad de los propios interesados, sin necesidad de acudir a la vía judicial(1) no implica la sumisión absoluta de los derechos de los administrados a la voluntad de la administración.

Al contrario, el Ordenamiento jurídico nacional, pone en manos de los particulares, ciertos medios de impugnación de los actos administrativos, para la defensa de sus derechos e intereses.

Y si recordamos que la actuación de la administración está sometida integramente al principio de la legalidad (3), y a la verdad, y equidad (3), es fácil concluir, que esa sumisión al Derecho y a la equidad garantizada por nuestro sistema jurídico, ~~tiene~~ tiene medios de ser controlada por los administrados. De ahí los medios de impugnación de los actos administrativos.

Fundamentalmente, nuestra Constitución vigente reconoce y garantiza en manos de los administrados dos medios de impugnación de los actos administrativos: los medios de impugnación jurisdiccionales de los actos administrativos, y los medios de impugnación administrativos de los mismos actos.

Los primeros se derivan del derecho de todo ciudadano de utilizar los órganos de la administración de justicia para defender sus derechos e intereses (4). Es la consagración de la garantía procesal, que se manifiesta en el recurso contencioso-administrativo de anulación de los actos administrativos (5).

Los segundos, es decir, los medios de impugnación administrativos o en la vía administrativa, de los actos administrativos se derivan del derecho de todo ciudadano a representar o dirigir peticiones ante cualquier autoridad pública, sobre los asuntos de su competencia y a obtener oportuna respuesta (6). Es la consagración constitucional de los Recursos administrativos, objeto del presente título.

art 67 Constit.

Las diferencias entre el Recurso Contencioso-Administrativo y los Recursos administrativos serán estudiados al tratar en el Título V de la jurisdicción Contencioso-Administrativo (7)

Ver Nº 342

La ausencia de una legislación sobre Procedimiento administrativo, hace difícil en Venezuela construir una Teoría del Recurso Administrativo. La regulación legal dispersa sobre los distintos tipos de recursos administrativos que admite nuestra legislación, son a veces tan distintos que no puede, en ciertos aspectos, dar normas generales para todos.

Por ello, intentaremos en una primera parte dar las normas generales que sobre recursos administrativos pueden extraerse de nuestro ordenamiento jurídico y de la jurisprudencia administrativa y en una segunda ~~parte~~ estudiaremos los diversos tipos de recursos, con sus implicaciones y procedimientos especiales.

De esta manera, creemos que la visión del problema será, en la medida de lo posible, completo.

En una Tercera parte estudiaremos los Recursos administrativos en operación que por su especialidad presentan aristas particulares y por tanto a los que del análisis aplicarse todos los principios que veamos en la Teoría General.

II. LA TEORÍA DEL RECURSO ADMINISTRATIVO

1. EL CONCEPTO Y LA NATURALEZA

A. NOCION

195. Entendemos por Recurso Administrativo, el medio de impugnación administrativo de los actos administrativos.

sanción legal ante el mutismo de la administración (54), debe tenerse muy presente, que el silencio administrativo no debe ser instituido para dispensar a la Administración de la obligación de resolver, como podría entenderse, sino como una garantía del particular para que, ante la pereza administrativa, pueda utilizar los medios jurídicos de protección procedentes (55) y no quedar al arbitrio de los deseos de la administración.

En algunos casos especiales de recursos de reconsideración, como el establecido en el Reglamento de la ley de Regulación de alquileres, Artículo 34, se consagra el silencio administrativo.

III. LOS RECURSOS ADMINISTRATIVOS

214. Nuestra legislación y jurisprudencia reconocen fundamentalmente dos recursos administrativos: el recurso jerárquico y el recurso de reconsideración. Sin embargo, aunque de menos importancia algunas normas consagran un tercer recurso de revisión, distinto de los dos anteriores. El estudio particular de estos tres recursos será el objeto de este capítulo.

Además, existen otros recursos administrativos, que por sus caracteres especiales denominaremos recursos administrativos impropios y que serán objeto de un capítulo cuarto.

215. El recurso jerárquico o de alzada (56) que algunas leyes denominan recurso de apelación es la reclamación que contra una decisión o acto administrativo se interpone ante el superior jerárquico en el orden administrativo, por estimar que dicho acto lesiona un interés legítimo o un derecho subjetivo (57).

IV. LOS RECURSOS ADMINISTRATIVOS IMPRO-PIOS.

1. INTRODUCCIÓN

242 Además de los recursos administrativos antes ~~estudiados~~ estudiados, es decir, del Recurso jerárquico, el más tratado por la jurisprudencia, y de los recursos de reconsideración y de revisión, tratados parcialmente por ella, y todos dispersa e incompletamente tratados por el legislador, existen en Venezuela varios recursos, que denominamos recursos administrativos impropios, y que tienen la esencial característica de que por su especialidad, requieren ley expresa que los permita. Por tanto, no se aplica a estos recursos impropios los principios señalados en la introducción de este Título sobre la posibilidad de los recursos administrativos sin ley expresa que los autorice.

La razón de ser de esta contradicción al principio general, radica o en la especialidad de la materia objeto de ellos o en la interferencia de alguna u otra forma en su formación o decisión, de alguna otra autoridad no correspondiente orgánicamente a la Administración; concretamente por la interferencia de una autoridad del poder judicial actuando en función administrativa.

Estudiaremos entonces como recursos administrativos impropios, el Recurso de gracia económico-administrativo, y el llamado Recurso jerárquico impropio y el problema de los recursos intentados ante el Tribunal de apelaciones de Inquilinato.

[illegible]

Ese es un principio básico de lo Contencioso Administrativo y vemos que no existe aquí la hipótesis de que se trata de un procedimiento judicial normal. También en este sentido tiene una grave objeción respecto a la justicia y equidad: la ausencia de Recurso en Casación, contralor de la legalidad en esos procedimientos.

[illegible]

En definitiva, advertimos, no nos mueve un criterio dogmático de condenación a las posiciones que se oponen a la opinión que sostuvimos y que mantenemos. Consideramos que esta posición es la que menos problemas plantea y más garantías da a los administrados. En todo caso, la ley y el Reglamento requieren una urgente reforma desde el punto de vista estrictamente jurídico, aparte de las reformas en otro sentido que ciertos sectores han propugnado.

París, 7, marzo y mil 1963

V.

LA JURISDICCION CONTENCIOSO-ADMINISTRATIVA

I. INTRODUCCION

1. NOCION PREVIA
2. JURISDICCION Y COMPETENCIA
3. LA JURISDICCION CONTENCIOSO-ADMINIS-
   TRATIVA EN VENEZUELA
   A. EVOLUCION CONSTITUCIONAL
   B. EVOLUCION JURISPRUDENCIAL
   C. EVOLUCION DOCTRINAL

II. LAS CARACTERISTICAS FUNDAMENTALES

1. NOCION PREVIA
2. JURISDICCION ESPECIAL
3. JURISDICCION ESPECIAL PARA CONTROLAR
   LA ADMINISTRACION
4. RELACIONES JURIDICAS DE DERECHO AD-
   MINISTRATIVO
5. EL CONTROL DE LA LEGALIDAD Y DE LA
   LEGITIMIDAD.

III. LA COMPETENCIA DE LA JURISDICCION CON-
TENCIOSO-ADMINISTRATIVA

1. NOCION PREVIA
2. LA DELIMITACION DE LA COMPETENCIA

   A. EL PRINCIPIO
   B. LIMITES DEL PRINCIPIO
      a. EXCLUSION DE LAS ACTIVIDADES DE
         OTROS ENTES JURIDICOS EXTRAÑOS
         AL ESTADO VENEZOLANO
      b. EXCLUSION DE LAS ACTIVIDADES DEL
         ESTADO VENEZOLANO EJERCIDAS EN
         FUNCION LEGISLATIVA, JURISDIC-
         CIONAL Y DE GOBIERNO
         a'. NOCION PREVIA
         b'. LA ACTIVIDAD LEGISLATIVA Y LOS
            ACTOS LEGISLATIVOS
         c'. LA ACTIVIDAD JUDICIAL Y LOS
            ACTOS JURISDICCIONALES
         d'. LA ACTIVIDAD DE GOBIERNO Y
            LOS ACTOS DE GOBIERNO

c. EXCLUSIÓN DE LAS ACTIVIDADES
   DE DERECHO PRIVADO DE LA ADMI-
   NISTRACIÓN

C. REGULACIÓN DEL PRINCIPIO

a. NOCIÓN PREVIA
b. CUESTIONES QUE CORRESPONDEN AL
   CONOCIMIENTO DE LA JURISDICCIÓN
   CONTENCIOSO-ADMINISTRATIVA
   a'. COMPETENCIA DE ANULACIÓN
   b'. COMPETENCIA DE PLENA JURIS-
      DICCIÓN
c. LAS EXCEPCIONES AL PRINCIPIO
   a'. NOCIÓN PREVIA
   b'. EL AMPARO A LA LIBERTAD
      PERSONAL
   c'. LA EXPROPIACIÓN

D. LOS PROBLEMAS DE LA COMPETENCIA

a. NOCIÓN PREVIA
b. LA ACUMULACIÓN DE ACCIONES
c. LA CUESTIÓN PREJUDICIAL
d. LOS CONFLICTOS DE COMPETENCIA

3. LOS PODERES DEL JUEZ CONTENCIOSO-AD-
   MINISTRATIVO

A. NOCIÓN PREVIA
B. PODERES DEL JUEZ EN SU COMPETENCIA DE
   ANULACIÓN
C. PODERES DEL JUEZ EN SU COMPETENCIA DE
   PLENA JURISDICCIÓN

II. EL PROCEDIMIENTO CONTENCIOSO-ADMINISTRA-
    TIVO.

1. INTRODUCCIÓN
2. CARACTERÍSTICAS PRINCIPALES

A. NOCIÓN PREVIA
B. CARÁCTER CONTENCIOSO
C. CARÁCTER INQUISITORIO
   a. LA DIRECCIÓN DEL PROCEDIMIENTO
   b. PRUEBAS
D. CARÁCTER NO SUSPENSIVO

3. LOS REQUISITOS PROCESALES

A. NOCION PREVIA

B. LA LEGITIMACION

  a. NOCION PREVIA

  b. CONTENCIOSO DE ANULACION

    a'. NOCION PREVIA

    b'. LEGITIMACION ACTIVA

      a". NOCION PREVIA

      b". ANULACION DE ACTOS ADMINIS-TRATIVOS GENERALES: INTERES SIMPLE

      c". ANULACION DE ACTOS ADMINISTRATIVOS INDIVIDUALES: INTERES LEGITIMO

      d". LA LEGITIMACION ACTIVA DEL PROCURADOR GENERAL DE LA REPUBLICA

    c'. LEGITIMACION PASIVA

  c. CONTENCIOSO DE PLENA JURISDICCION.

    a'. NOCION PREVIA

    b'. LEGITIMACION ACTIVA · EL DERECHO SUBJETIVO.

    c'. LEGITIMACION PASIVA

      a". NOCION PREVIA

      b". LA ENTIDAD DEMANDADA

      c". LAS PRERROGATIVAS PROCESALES.

C. AGOTAMIENTO DE LA VIA ADMINISTRATIVA

  a. NOCION PREVIA.

  b. CONTENCIOSO DE ANULACION

  c. CONTENCIOSO DE PLENA JURISDICCION

    a'. NOCION PREVIA

    b'. EL PROCEDIMIENTO ADMINISTRATIVO PREVIO EN LAS DEMANDAS CONTRA LA REPUBLICA

    c'. LAS CONSECUENCIAS

D. LAPSO DE CADUCIDAD

  a. NOCION PREVIA
  b. CONTENCIOSO DE ANULACION
  c. CONTENCIOSO DE PLENA JURISDICCION

4. EL PROCEDIMIENTO

  A. NOCION PREVIA
  B. CONTENCIOSO DE ANULACION
    a. NOCION PREVIA
    b. INICIACION DEL PROCEDIMIENTO
    c. EL EMPLAZAMIENTO
    d. ETAPA PROBATORIA
    e. LA RELACION E INFORMES
    f. SENTENCIA

  C. CONTENCIOSO DE PLENA JURISDICCION.
    a. NOCION PREVIA.
    b. DEMANDA Y EL EMPLAZAMIENTO
    c. LAS EXCEPCIONES Y LA CONTES-
      TACION AL FONDO
    d. ETAPA PROBATORIA
    e. MEDIDAS PREVENTIVAS
    f. RELACION E INFORMES
    g. SENTENCIA
    h. EJECUCION

  D. LA ACUMULACION DE LOS RECURSOS
    CONTENCIOSO - ADMINISTRATIVOS

V. LOS RECURSOS CONTENCIOSO - ADMINIS-
TRATIVOS.

  1. INTRODUCCION
  2. DISTINCION ENTRE LOS RECURSOS ADMI-
    NISTRATIVOS Y LOS RECURSOS CONTEN-
    CIOSO - ADMINISTRATIVOS
    A. NOCION PREVIA
    B. AUTORIDAD COMPETENTE PARA CONOCER
    C. MOTIVOS QUE PUEDEN INVOCARSE
    D. PODERES DE LA ~~ADMINISTRACION~~ autoridad
    E. NATURALEZA DE LA DECISION

3. LA DISTINCION DE LOS RECURSOS CONTEN-
CIOSO ADMINISTRATIVOS.

A. LOS TIPOS DE RECURSOS CONTENCIOSO
ADMINISTRATIVOS

B. LA DISTINCION ENTRE EL RECURSO CON-
TENCIOSO DE ANULACION Y EL RECURSO
CONTENCIOSO DE PLENA JURISDICCION
a. NOCION PREVIA
b. DISTINCION EN BASE A LA REGULACION
DE LOS RECURSOS
c. DISTINCION POR EL OBJETO DE LA
DEMANDA
d. DISTINCION POR LA NATURALEZA DE
LA SITUACION JURIDICA EN QUE SE
FUNDA EL RECURSO
e. DISTINCION POR LOS PODERES DEL
JUEZ.

4. EL RECURSO CONTENCIOSO-ADMINISTRA-
TIVO DE ANULACION.

A. INTRODUCCION
B. CARACTERES FUNDAMENTALES
a. ES UN MEDIO DE IMPUGNACION JURIS.
DICCIONAL
b. ES UN MEDIO DE IMPUGNACION JURIS.
DICCIONAL DIRIGIDO CONTRA LOS
ACTOS ADMINISTRATIVOS UNIVATE-
RALES
c. POR RAZONES DE LEGALIDAD
C. DISTINCION ENTRE EL RECURSO CONTEN-
CIOSO-ADMINISTRATIVO DE ANULACION
Y OTROS MEDIOS DE IMPUGNACION
JURISDICCIONAL.

a. NOCION PREVIA
b. DISTINCION CON EL RECURSO DE
CASACION.
c. DISTINCION CON EL RECURSO DE
INCONSTITUCIONALIDAD
a'. NOCION PREVIA
b'. EL ACTO RECURRIDO

c'. EL RECURRENTE
d'. EL PROCEDIMIENTO

D. EL OBJETO DEL RECURSO CONTENCIOSO-
ADMINISTRATIVO DE ANULACION; EL
ACTO ADMINISTRATIVO

  a. NOCION PREVIA
  b. EL ACTO ADMINISTRATIVO
  c. LA EXCLUSION DE LOS HECHOS JURIDI-
    COS y ACTOS MATERIALES DE LA AD-
    MINISTRACION
  d. EL PROBLEMA DE LA INACCION DE LA
    ADMINISTRACION
  e. EL PROBLEMA DE LOS ACTOS INEXIS-
    TENTES

E. LOS MOTIVOS DEL RECURSO CONTENCIOSO-
ADMINISTRATIVO DE ANULACION

F. LA DECISION DEL RECURSO CONTENCIO-
SO-ADMINISTRATIVO DE ANULACION

  a. NOCION PREVIA
  b. CONTENIDO DE LA DECISION
    a'. NOCION PREVIA
    b'. LA INADMISIBILIDAD DEL RECURSO
    c'. LA IMPROCEDENCIA DE LA IMPUG-
      NACION
    d'. LA ANULACION
  c. LOS EFECTOS DE LA ANULACION
    a'. NOCION PREVIA
    b'. RESPECTO AL ACTO IMPUGNADO
    c'. RESPECTO A LOS ADMINISTRADOS
    d'. RESPECTO A LA ADMINISTRACION

5. EL RECURSO CONTENCIOSO-ADMINISTRATIVO
DE PLENA JURISDICCION

A. INTRODUCCION
B. CARACTERISTICAS FUNDAMENTALES

  a. NOCION

b. ES UNA DEMANDA

c. FUNDAMENTADA EN UN DERECHO
SUBJETIVO

d. DERECHO SUBJETIVO ORIGINADO POR
LA ACTIVIDAD ADMINISTRATIVA
ILEGITIMA

e. PARA SATISFACER EL DERECHO
SUBJETIVO O PARA RESTABLECER
UNA SITUACION JURIDICA SUBJE-
TIVA LESIONADA.

C. AMBITO DEL RECURSO CONTENCIOSO-
ADMINISTRATIVO DE PLENA JURIS-
DICCION.

     a. NOCION PREVIA

     b. EL CONTENCIOSO CONTRACTUAL

     c. EL CONTENCIOSO DE LA RESPONSA-
     BILIDAD ADMINISTRATIVA

       a'. NOCION PREVIA

       b'. EL FUNDAMENTO DE LA RESPONSABILI-
       DAD ADMINISTRATIVA

         a''. NOCION PREVIA

         b''. RESPONSABILIDAD POR CULPA

           a'''. NOCION PREVIA

           b'''. RESPONSABILIDAD DE LA ADMI-
           NISTRACION

           c'''. RESPONSABILIDAD DEL FUNCIONA-
           RIO

           d'''. EL CUMULO DE RESPONSABILIDA-
           DES

           e'''. EL CUMULO DE CULPAS

         c''. RESPONSABILIDAD SIN CULPA

       c'. LA CONDICION DE LOS EXTRANJEROS
) LA RESPONSABILIDAD DE LA ADMI-
       NISTRACION

         a''. NOCION PREVIA

         b''. LA VIA DIPLOMATICA : DENEGACION
         DE JUSTICIA

         c''. RESPONSABILIDAD EN TIEMPO DE
         GUERRA

         d''. EL PROCEDIMIENTO DE LA RECLA-
         MACION

           a'''. RESOLUCION EN VIA ADMINISTRA-
           TIVA

b'''. LA VÍA CONTENCIOSO-ADMINIS-
TRATIVA DE PLENA JURISDICCIÓN
e'''. LOS DAÑOS CAUSADOS POR DETEN-
CIÓN ILEGÍTIMA DEL EXTRANJERO
f'''. LA PRESCRIPCIÓN

d. EL CONTENCIOSO DEL RESTABLECIMIENTO
DE LAS SITUACIONES JURÍDICAS SUBJE-
TIVAS.

D. LA DECISIÓN DEL RECURSO CONTENCIOSO-
ADMINISTRATIVO DE PLENA JURISDICCIÓN.

a. NOCIÓN PREVIA.
b. CONTENIDO DE LA DECISIÓN
a'. NOCIÓN PREVIA
b'. INADMISIBILIDAD DEL RECURSO
c'. IMPROCEDENCIA DEL RECURSO
d'. LA CONDENA Y LA ANULACIÓN
c. LOS EFECTOS DE LA DECISIÓN
d. LOS PRIVILEGIOS DE LA ADMINISTRA-
CIÓN EN LA EJECUCIÓN DE LA
DECISIÓN

VI. LA MATERIA CONTENCIOSO-~~ECONÓMICA~~ FISCAL.

1. INTRODUCCIÓN
2. EL PROCEDIMIENTO ADMINISTRATIVO

A. NOCIÓN PREVIA
B. FASES DEL PROCEDIMIENTO
C. LA RECONSIDERACIÓN ADMINISTRATIVA
D. LA COSA JUZGADA ADMINISTRATIVA

3. EL PROCEDIMIENTO CONTENCIOSO-FISCAL

A. NOCIÓN PREVIA
B. LA PRIMERA INSTANCIA: EL TRIBUNAL DE
APELACIONES DEL IMPUESTO SOBRE LA RENTA
a. LA APELACIÓN
a'. NOCIÓN PREVIA
b'. NATURALEZA DE LA APELACIÓN
c'. REQUISITOS DEL RECURSO
a''. ELEMENTO SUBJETIVO
b''. ELEMENTO OBJETIVO

d'. LA INTERPOSICION DEL RECURSO
   a". OPORTUNIDAD
   b". EL PRINCIPIO SOLVE ET REPETE

b. EL RECURSO DE HECHO
c. COMPETENCIA DEL TRIBUNAL DE APELA-
   CIONES
d. EL PROCEDIMIENTO
   a'. REGULACION
   b'. PRUEBAS
   c'. INFORMES, RELACION, AUTO PARA
     MEJOR PROVEER
e. SENTENCIA
   a'. OPORTUNIDAD
   b'. CONTENIDO
     a'. NOCION PREVIA
     b'. SENTENCIA CONFIRMATORIA
     c'. SENTENCIA ANULATORIA
     d'. SENTENCIA PARCIALMENTE ANULATORIA
   c'. COSA JUZGADA JURISDICCIONAL

C. LA SEGUNDA INSTANCIA : LA CORTE SUPREMA
DE JUSTICIA EN SALA POLITICO ADMINISTRA-
TIVA.

I. INTRODUCCION

1. NOCIÓN PREVIA

266.La consecuencia fundamental de la sumisión de la actividad administrativa al Principio de la legalidad, al que hemos dedicado el Título Primero de este ~~tiempo~~ estudio, es principalmente, la existencia en el Estado de Derecho, de un contralor de la legalidad y legitimidad de esa actividad, aparte e independiente del propio control administrativo interno. De ahí la existencia de la jurisdicción contencioso-administrativa que no es mas que aquel conjunto de órganos jurisdiccionales encargados de controlar ~~la legalidad~~ dad y legitimidad de las ~~relaciones~~ actuaciones jurídico-administrativas originadas por la actividad administrativa.

Pero el estudio de la jurisdicción contencioso-administrativa en Venezuela, requiere previamente, la aclaración de algunos conceptos fundamentales sobre la misma. En efecto, es necesario dejar claramente sentado desde el inicio que en Venezuela, cuando se habla de jurisdicción contencioso-administrativa, no se indica que se esta en presencia de una jurisdicción autónoma y en cierta forma incompatible con otra jurisdicción que podría llamarse judicial, sino lo que se quiere señalar es la competencia que en materia contencioso-administrativa, tienen determinados Tribunales de la República. Para ello es necesario entonces examinar someramente, las nociones de jurisdicción y competencia y luego analizar, a la luz de esos conceptos cual es el significado de la existencia en Venezuela de una jurisdicción administrativa.

II. LAS CARACTERÍSTICAS FUNDAMENTALES

1. NOCIÓN PREVIA.

271 Ya hemos definido la jurisdicción contencioso-administrativa en Venezuela como aquel conjunto de órganos jurisdiccionales encargados de controlar ~~contencioso~~ la legalidad y la legitimidad de las ~~relaciones~~ jurídico-administrativas originadas por la actividad administrativa.

De esta Noción podemos destacar las características fundamentales de la materia contencioso-administrativa en Venezuela, que ~~constituyen el~~ presente capítulo, cuyo estudio detallado lo haremos a lo largo del desarrollo del título.

2. JURISDICCIÓN ESPECIAL

272 La jurisdicción contencioso-administrativa es ante todo lo que se ha llamado por contraposición a la jurisdicción ordinaria, una jurisdicción especial. Es decir, es una parte del poder jurisdiccional del Estado ~~cuando~~ cuyo ejercicio está encomendado a unos órganos jurisdiccionales determinados por razón de la materia que están llamados a juzgar. A los órganos de la jurisdicción contencioso-administrativa no están entonces encomendados la generalidad de los procesos ni sometidas la generalidad de las personas: Sólo están sometidas a ella determinadas categorías de personas y solamente juzga determinadas clases ~~de negocios o~~ relaciones jurídicas.

En cuanto a las personas jurídicas sometidas a esta jurisdicción especial, una de las partes de la relación jurídico-procesal debe ser la Administración.

Respecto a las relaciones jurídicas que esta jurisdicción especial está llamada a juzgar, deben ser siempre relaciones jurídico-administrativa, es decir, relaciones jurídicas de Derecho administrativo.

III. LA COMPETENCIA DE LA JURISDICCION CON-TENCIOSO-ADMINISTRATIVA.

1. NOCION PREVIA

276. La competencia de la jurisdicción conten-cioso administrativa no es más que el derecho y la obligación que ella tiene de conocer y resolver determinado litigios. Por tanto, el problema del examen de la com-petencia de la jurisdicción contencioso administrativa se reduce de una parte a la determinación de la naturaleza de la materia que ella está obligada a conocer, y de otra parte a la deter-minación de los poderes del juez en la resolución de los litigios que debe conocer.

Pero antes de entrar al estudio de las cuestiones planteadas debemos dejar claramente establecido que la compe-tencia jurisdiccional es de orden pú-blico. Por tanto, las disposiciones legales y constitucionales que la establezcan no pueden renunciarse ni relajarse por convenios particulares. Pero el carácter de orden público de la compe-tencia jurisdiccional no solo se refiere a los particulares y administrados, sino que también tiene especial referen-cia a los mismos organos jurisdic-cionales. En este sentido, los organos de la jurisdicción contencioso administra-tiva, como cualquier organo ju-risdiccional, no pueden desconocer su competencia sea porque conozcan de litigios respecto a los cuales no tienen cualidad para conocer, o sea porque se refusen a conocer cuestiones que pertenecen a su competencia. Examinaremos entonces en primer lugar, la delimitación de la competen-cia de la jurisdicción contencioso-admi-nistrativa examinando también los problemas que surgen del conflicto de com-

Art 6 CC

IV. EL PROCEDIMIENTO CONTENCIOSO-ADMINISTRATIVO.

1. INTRODUCCION

297 Gran dificultad se nos presenta, al querer estudiar bajo el título de este capítulo, de una parte los rasgos más característicos del procedimiento contencioso-administrativo, de otra parte los requisitos procesales del mismo, y en fin, el procedimiento aplicable, y ello, porque como ya ha podido vislumbrarse, la jurisdicción contencioso administrativa comprende dos tipos de competencias distintas: la competencia de anulación y la competencia de plena jurisdicción.

Sin embargo, el orden lógico y sistemático que nos hemos propuesto seguir en el estudio de la materia contencioso-administrativa en Venezuela, nos conduce, a intentar ~~exponer~~ exponer algunos principios fundamentales que rigen lo contencioso-administrativo en ambas competencias, ~~~~ diferenciándolas cuando sea imprescindible. De esta manera, podríamos, antes al final de este ~~Título~~, al estudio de los recursos de anulación y de plena jurisdicción en particular, que abarcarían un quinto y último ~~capítulo~~.

Pero antes de entrar al estudio del procedimiento contencioso-administrativo en Venezuela, tal como actualmente existe y es regulado, debemos aclarar q' las fuentes legales que lo disponen: de una parte principalmente, la Ley Orgánica de la Corte Federal de 1953 aún vigente de conformidad con la disposición Transitoria De cimoquinta de la Constitución Nacional; y de otra parte, con carácter ~~suplo~~ supletorio, el Código de Procedimiento Civil (7).

En base a las disposiciones de estas leyes estudiaremos la materia propuesta.

CXV

tencioso-administrativos, donde veremos detalladamente sus delimitaciones
propias.

V. LOS RECURSOS CONTENCIOSO-ADMINISTRA-TIVOS.

1. INTRODUCCIÓN

341. Hemos visto, que desde el comienzo del
estudio de la jurisdicción contencioso administrativa en Venezuela en el presente
Título, nos hemos visto obligados a hacer
en múltiples ocasiones la distinción
entre lo contencioso-administrativo de
~~plena juris~~ de anulación y lo contencioso administrativo de plena jurisdicción.

Al estudiar la competencia de la
jurisdicción contencioso administrativa
en el sistema venezolano previsto por la
Constitución de 1961 (146) hemos visto
que la existencia de dos competencias
delimitadas: la competencia de anulación y la competencia de plena jurisdicción.

Pues bien, son recursos contencioso-administrativos aquellos medios jurídicos
puestos a disposición de los administra-
dos para obtener una satisfacción medio el pronunciamiento
jurisdiccional de los órganos de la jurisdicción contencioso-administrativa.
En esta forma, el recurso contencioso
administrativo de anulación obtendrá
un pronunciamiento de la jurisdicción
contencioso-administrativa en su competencia de anulación. El recurso contencioso-administrativo de plena jurisdicción obtendrá un pronunciamiento
de la jurisdicción contencioso-administrativa en su competencia de plena
jurisdicción.
Estos dos recursos son los únicos que
~~admite~~ admite el sistema venezolano

Véase Nos 276) ss y principal-mente Nos 285 y 286.

ser una cosa que ha sido reivindicada
por su propietario. En todo caso, agrega el
artículo 449 del CPC "Si no pudiere ser
habida la cosa mueble podrá estimarse en valor a petición del solicitante, procediéndose desde entonces como si se
tratara del pago de cantidad de dinero".
Por el contrario, si se trata de una cosa
inmueble, las formalidades de Registro
impedirán esto último.

VI. LA MATERIA CONTENCIOSO-ECONÓMICA. FISCAL

1. INTRODUCCIÓN

Proyecto LPA

409. La llamada materia contencioso-económica o
~~según el Proyecto de LPA~~ contencioso-fiscal (260)
puede considerarse como una parte de
la jurisdicción contencioso-administrati-

Sentencia N° 118
de 25-2-1961
Exp. N° 264

va según lo tiene declarado el Tribunal
de Apelaciones del I sobre la R. (261)
Sin embargo, esta consideración no fue
cierta en la historia de la legislación
fiscal del I sobre la R. sino a partir
de 1954.
Antes de 1954 la Junta de Apelaciones
del I sobre la Renta, organismo que a
partir de la reforma de 1955 vino a denominarse Tribunal de Apelac del I sobre
la Renta, era un organismo administrativo que decidía las apelaciones
o recursos administrativos que se ejercían

Ministerio 4-8-54
cit. por Andueza-
P 18

anteriormente ante el ministro de
Hacienda. Sus decisiones eran consideradas como actos administrativos (262)
contra los cuales había posibilidad de
recurrir en gracia ante el ministro

Sentencia CF
15-10-54
CF 116-2

de H. y jurisdiccionalmente ante la
CF por medio del R. c. a. de a. (263)

segunda instancia". "Los juzgadores
por razones supuestas llegan a la conclusión "de que para poder ejercer
el recurso de apelación para ante la
corte suprema de justicia contra las
decisiones del Tribunal del Impuesto
sobre la Renta debe pagarse en todo
caso, así haya nacido revocación
parcial del acto administrativo, la
totalidad de la planilla liquidada
que dió origen al proceso". (310)

*Sentencia del
Trib. accidental
Nº 8 de Apela-
ciones del I. sobre
la R. Exp. 303
Marzo 1962*

*Sentencia del
Trib. accidental
Nº 7 del Trib.
de apelaciones
del I sobre la R.
Exp. Nº 239
Marzo 1962.*

París, 10, junio, Mil963

LA JURISPRUDENCIA ADMINISTRATIVA VENEZOLANA

TEXTOS I a CXLIV

EXTRAIDOS DEL FICHERO DE JURISPRUDENCIA DE LA CORTE FEDERAL Y DE CASACION EN CORTE PLENA Y EN SALA FEDERAL, DE LA CORTE FEDERAL, Y DE LA CORTE SUPREMA DE JUSTICIA EN CORTE PLENA Y EN SALA POLITICO ADMINISTRATIVA, CORRESPONDIENTE A LOS AÑOS ENERO DE 1951 A JUNIO DE 1962, PREPARADO POR ALLAN-RANDOLPH BREWER-CARÍAS DURANTE LOS AÑOS 1961-1962 PARA EL INSTITUTO DE DERECHO PUBLICO DE LA FACULTAD DE DERECHO DE LA UNIVERSIDAD CENTRAL DE VENEZUELA Y PARA EL INSTITUTO DE CODIFICACION Y JURISPRUDENCIA DEL MINISTERIO DE JUSTICIA DE LA REPUBLICA DE VENEZUELA.

PARIS 15-24 DE OCTUBRE. 1962

TEXTOS CXLV a CLX

EXTRAIDOS DEL "RESUMEN DE LAS DECISIONES DE LA CORTE FEDERAL Y DE CASACION EN SALA POLITICA Y ADMINISTRATIVA" 1940-1951. PUBLICACION DEL MINISTERIO DE RELACIONES INTERIORES DE LA REPUBLICA DE VENEZUELA. IMPRENTA NACIONAL. CARACAS. 1954

PARIS, 10 DE NOVIEMBRE. 1962

TEXTOS CLXI a CLXIX

EXTRAIDOS DEL "RESUMEN DE LAS DECISIONES

DE LA CORTE FEDERAL Y DE CASACION EN
SALA POLÍTICA Y ADMINISTRATIVA "
1936-1939. PUBLICACION DEL MINISTERIO
DE RELACIONES INTERIORES DE LA RE-
PUBLICA DE VENEZUELA. TIPOGRAFIA
LA NACION. CARACAS. 1941.

PARIS, 10. DE NOVIEMBRE. 1962

TEXTOS CLXX a CLXXIX

DICTAMENES ADMINISTRATIVOS DE LA
PROCURADURIA GENERAL DE LA RE-
PUBLICA

PARIS, 11 DE NOVIEMBRE. 1962

NOTAS A LOS CINCO TITULOS

"LAS INSTITUCIONES FUNDAMENTALES
DEL DERECHO ADMINISTRATIVO
Y LA JURISPRUDENCIA VENEZOLANA

Paris, 1963

TÍTULO I

1. CSJ-PA-24-1 , 14-3-62

Sobre la noción de Estado de Derecho y sus implicaciones véase: Luis Legaz y Lacambra. El Estado de Derecho. RAP. Madrid. 1951. Nº 6. pag 13 y ss ; Rafael Entrena Cuesta. Notas sobre el concepto y clases de Estado de Derecho. RAP. Madrid. 1960. Nº 33. pag 31 y ss. Sobre la Teoría de la jerarquía de las normas véase la bibliografía citada en la Nota 14 al punto de Títulos.

2. Hans Kelsen. Teoría General del Estado. Editora Nacional, México. 1957. Nota al parágrafo Nº 33. Pag 510.

3. Adolfo Merkl. Teoría General del Derecho Administrativo. Editorial Revista de Derecho Privado. Madrid. 1935. pag 13. Sobre la División de Poderes Véase: Fernando Garrido Falla. La Administración y la Ley. RAP. Madrid. 1951. Nº 6. pag 125 y ss. L. Rossi: Analisi della divisione dei poteri. Rivista di Diritto Pubblico 1939. F. Bosch: Ensayo de interpretación de la doctrina de la separación

de los poderes. Buenos Aires 1944

4. Artículo 215 , ordinal 10 y Disposición Transitoria Decimaquinta de la Constitución.

5. Artículos 190 , ordinales 2, 5, 6, 7, 9, 18, y 21 y Artículos 240, 241 y 244 de la Constitución. Véase Nº 282 y su nota 55.

6. CF-30-1 9-4-59
   CF-182-1 9-8-57
   Según la concepción de la Corte "legalidad no es solo el conjunto de leyes dictadas por los órganos legislativos, sino también la forman, el conjunto de reglas de derecho; en otras palabras, legalidad es conformidad con el Derecho. Esta noción ha sido aceptada por nuestra Constitución vigente al declarar en su artículo 206 que los órganos de la jurisdicción contencioso-administrativa son competentes para anular los actos administrativos "contrarios a derecho", es decir

7. CF-14-1 , 16-6-53 Sobre la jerarquía administrativa
véase la bibliografía citada en el
Nº 216

8. CF-59-1 , 3-6-59
Véase Título II, Nºs 65 y ss. Se incluyen
los actos administrativos tácitos; véase
Nº 115. Quedan excluidos los actos de
Gobierno: véase al respecto el Nº 282 y su
nota 55.

9. CF-33-2 , 17-7-53
CF-78-1 , 23-10-53

10. CF-30-1 , 9-4-59
CF-33-2 , 17-7-53

11. Artículos 206 y 215, ordinal 7 y Disposición
Transitoria Décimaquinta de la Constitución.

12. CF-30-1 , 9-4-59
CF-33-2 , 17-7-53

13. CSJ-PA-24-1 14-3-62
Sobre la jerarquía de las fuentes del derecho administrativo Véase. J.
García y Martín. Jerarquía de las fuentes del derecho administrativo. Estudios jurídicos.
Nº 2. 1941

14. CSJ-PA-24-1 , 14-3-62
al respecto véase Roger Bonnard. "La théorie
de la formation du droit par degrés dans
l'oeuvre d'Adolf Merkl": Revue de Droit
RDP Public . 1928 ; Carré de Malberg. "Théorie
de la formation du droit par degrés": Paris.
1933.

15. CSJ-CP-27-1 , 15-3-62

16. CSJ-PA-24-2 , 14-3-62

17. Artículo 163 de la Constitución

18. CSJ-CP-27-1 , 15-3-62
Véase también CSJ-PA-39-1 , 20-6-61
Sobre la noción de ley en la doctrina
Véase : Carré de Malberg "La loi, expression
de la volonté générale. Paris. 1931. ;
Burdeau "Essai sur l'évolution de la
notion de loi en droit public français.
Archives du Philosophie du droit. Paris.
Eloy Lares Martínez. La ley como fuente jurídico-
administrativa. Revista del Ministerio de Justicia.
Nº 40. Caracas 1962. pág 135 y ss

41. CSJ-CP-27-1   , 15-3-62

42. CSJ-PA-97-1 ,   14-12-61
     CSJ-CP-27-1 ;   15-3-62

43. CF-54-1   ,   5-8-58
     CF-127-1   ;   6-12-55

44. CF-126-1 , 9-11-54
     CF-7-1 , 25-1-60

45. CFC-CP-16-1 , 30-5-52

46. CF-33-2   , 17-7-53

47. CFC-CP-26-1 , 11-6-52

48. CP-126-1   ,   9-11-54

49. CF-94-3 , 24-11-53

50. CSJ-PA-43-1 , 3-7-61

51. CSJ-PA-26-1   , 15-3-62

52. CF-30-1   ,   9-4-59
     CSJ-PA-102-1 , 19-12-61
     CSJ-PA-103-1 , 20-12-61

53. CF-59-1   ,   3-6-59
     CF-30-1   ,   9-4-59
     CF-85-1   ,   6-11-58
     CSJ-PA-21-1   28-2-62
     CF-94-3   ; 24-11-53
     CF-107-1   , 15-10-59
     CF-9-1   ,   26-1-60
     CF-9-2   ,   26-1-60
     CF-33-1 ,   2-6-58
     CSJ-PA-90-1   4-12-61
     CF-113-1   ; 28-10-59
     CF-127-1   ; 3-12-59
     CP-54-1   ; 5-8-58

54. CF-115-1   11-11-55
     CF-23-1   14-3-60
     CF-94-3   24-11-53

TÍTULO II

1. CSJ-CP-27-1   , 15-3-62

2. CF-59-1   , 3-6-59

Sobre la Teoría del Acto administrativo en la doctrina véase: M.S. Giannini. Atto Amministrativi. Enciclopedia del Diritto. Edizione speciale per gli studenti dell'Università di Roma. Giuffré. 1960. pag 23 a 110 ; M. Stassinopoulos. Traité des actes administratifs. Collection de l'Institut Français d'Athènes. N°82. Atenas. 1954. ; M.M. Diez. El Acto Administrativo. Editorial THEA. Buenos Aires. 1956. Recadero Fernández de Velazco. El Acto Administrativo. Madrid. 1929 ; Charles Eisenmann. Droit administratif approfondi (les actes juridiques du Droit Administratif). Cours de Doctorat. 1956-1957. Editions Cujas. Paris. 1957 ; H.Lefebure. Le pouvoir d'action unilatérale de l'administration en droit anglais et français. Librairie Générale de Droit et de jurisprudence. Paris. 1961. Leon Duguit. L'acte administratif et l'acte juridictionnel. RDP. 1906 ; Raggi. Sull'atto amministrativo. Rivista di diritto pubblico. 1917. De Soto. Contribution à la théorie des actes administratifs unilatéraux. Paris. 1941 Tivaroni. Teoria degli atti amministrativi Torino. 1939 ; Villary. Acte Administratif. Repertoire de Droit Public et administratif. Dalloz. 1958.; Ranelletti. Teoria degli atti amministrativi speciali. 7ª ed. Milano. 1945. U, Fragola. Gli atti amministrativi. Torino.1952; F. Garrido Falla. Régimen de impugnación de los actos administrativos. Madrid. 1956 ; V. Cattaneo. Del Acto Administrativo en general. Revista de la Facultad de Derecho y Ciencias Sociales. N°4. Montevideo. 1952.

Raggi. atti amministrativi giustizia amministrativa. Génova. 1450

12. Título IV. "Del Poder Público" de la constitución vigente.

13. Artículo 4 de la Constitución

14. Artículo 2 de la Constitución, véase la Exposición de Motivos

15. En la Constitución vigente de 1961, lo que se llamaba "Nación" en las constituciones anteriores, se llama ahora "República". Véase la Exposición de Motivos.

16. Se emplea el término "Estadal" referente a los Estados Federados, para distinguirlo del término "Estatal" referente al Estado. Véase la Exposición de Motivos de la Constitución.

17. Carré de Malberg. Teoría General del Estado. editorial Fondo de Cultura Económica. México. 1948. pag 249, nota 1.

18. Artículo 118 de la Constitución

19. Artículo 118 de la Constitución

20. Artículo 138 de la Constitución

21. Artículo 204 de la Constitución

22. Artículo 181 de la Constitución

23. Artículo 19 de la Constitución

24. Artículo 21 de la Constitución

25. Artículo 30 de la Constitución

26. Los actos de las autoridades municipales nunca tienen el carácter de ley como señala la sentencia CF-93-1, 24-11-53 Véase Nº 117

ALLAN R. BREWER-CARÍAS

TÍTULO III

1. Artículo 1133 del Código Civil

2. CF-127-1 , 3-12-59

3. Artículo 206 y 215, ordinal 11 , Disposición Transitoria Decimaquinta de la constitución, y Artículo 7, ordinal 28 de la Ley Orgánica de la Corte Federal

[margin note:] Sobre el problema de la distinción en la doctrina vease. J. Lamarque. les difficultés présente et les perspectives d'avenir de la distinction entre les contrats administratifs et les contrats du droit privé. Actualité juridique. Edit. 1961. T. 123 ; Rivero. Caractéristiques du contrat administratif par nature. Recueil Sirey. 1961. crónicas, T. ; J.R. Parada Vazquez, la lucha del la jurisdicción por la competencia sobre los contratos de la administración con origen en el Derecho Frances, ejemplos en Homenaje a Jordana de Pozas. Vol I. 1961. pag 163 ; ss.

4. Sobre la Teoría de los Contratos Administrativos véase: André de Laubadère. Traité théorique et pratique des contrats Administratifs. 3 Tomos. Librairie général de droit et de jurisprudence. Paris. 1956 ; Miguel Angel Bercaitz. Teoría general de los Contratos Administrativos. De Palma. Buenos Aires. 1952. ; Joao de Melo Machado. Teoria jurídica do contrato administrativo. Tesis. Coimbra. Coimbra ed. 1937. ; J.D.B. Michel. The Contracts of public authorities. A comparative study. G. Bell and sons. Londres. 1945. G. Pequignot. Des contrat Administratif. Libraries Techniques. Extrait du Juris-classeur administratif. Paris. 1953 ; Jaime Polanco Urrueta. Los Contratos Administrativos. Tesis Bogotá. Ibagué. Imprenta Departamental. 1957. ; Sabino Alvarez Gendin. Los Contratos públicos. Madrid. 1934 ; H. Zwahlen. Le contrat de droit administratif. Rapport et communication de la société Suisse des juristes 1958 ; Gastón Jèze. Principios generales del Derecho administrativo. Tomos IV al V. De Palma. Buenos Aires. 1949. M.A. Flamme. Les marchés de l'administration. Bruselas. 1955 ; R. Fer-

60. Artículo 1148 del Código Civil.

61. Por ejemplo, error en la identidad de la cosa

62. Artículo 1148 del Código Civil

63. Artículo 1148, aparte segundo.

64. Véase Nos 152, 161 y 169

65. Artículo 1150 del Código Civil

66. Artículo 1151 y 1152 del Código Civil. Un ejemplo de violencia ejercida por la administración es el abuso de poder del funcionario. Este acarrea responsabilidad individual del mismo. Al efecto Véase el artículo 121 de la Constitución.

67.

68. Artículo 1154 del Código Civil

69. Código Civil de Venezuela. Editorial Andrés Bello. Caracas. pag 181. nota al artículo 1154 comentario de A. Pulido Villafañe

70. Artículo 1157 del Código Civil

71. Artículo 1141 del Código Civil.

72. Véase Nº 122
     CF-127-1   ,   12-11-54

73. Contrato de suministro, Contrato de empréstito público. Véase Nº 124.

74. Contrato de obra pública, contrato de transporte. Véase Nº 124

TITULO IV

1. Véase Nº 97 y ss

2. Véase Nº 1 y ss.

3. Véase Nº 29

4. Artículo 67 de la Constitución

5. Véase Nº 353 y ss. y artículo 206 de la Constitución ~~Racional~~.

6. Artículo 67 de la Constitución

7. Véase Nº 342 y ss.
Sobre la Teoría ~~general~~ de los Recursos administrativos en la doctrina y en el derecho comparado véase. Jesús González Pérez, los Recursos administrativos. Instituto de Estudios Políticos, Madrid 1960; Clavero. Consideraciones generales sobre la vía gubernativa. Estudios dedicados al Profesor García Oviedo. Sevilla. 1954. Vol I. p. 233; E. Guicciardi. La Giustizia Amministrativa. 3ª edición. Cedam. Padua. 1957; Ragnisco. I ricorsi amministrativi. Roma 1936; J.M. Auby. les recours administratifs. 'Actualité' juridique. 1955. Nº 12; J.M. Auby. ~~Se~~ Nota al Sirey. París. 1951. 3. pag 69; F. Garrido Falla. Régimen de impugnación de los actos administrativos. Instituto de Estudios Políticos. Madrid. 1956.

8. Sobre esta noción de impugnación, aunque referido al Recurso de Casación véase nuestro estudio "El Proceso de impugnación en el Recurso de Casación". Revista Rayas. (Organo de divulgación jurídica de los Estudiantes de la Universidad

11. Véase N°s 206 y 267 y ss.

12. Véase N° 65

13. Véase N° 68

14. Sobre los actos administrativos véase Título II N°s 66 y ss.

15. CF-54-1 , 5-8-58

16. CF-127-1 , 6-12-55
    CF-94-3 , 24-11-53 *Sobre los Derechos públicos subjetivos véase F. Garrido Falla. Las tres crisis del derecho público subjetivo. Estudio dedicado al Profesor García Oviedo. Vol I. pag 177; Garrido Falla. Derechos públicos subjetivos. Nueva enciclopedia jurídica. Tomo VII, 1955. p. 68.*

17. CF-163-1 , 19-7-57 *Véase N° 215*
    No sucede lo mismo respecto al
    recurso contencioso-administrativo de
    anulación que no puede renunciarse
    contractualmente. Véase N° 358

18. Véase N° 19 y 110

19. CF-33-2 , 17-7-53
    CSJ-PA-12-1 , 10-4-61

20. CF-54-1 , 5-8-58

21. En sentido contrario según el derecho
    español véase Jesús González Pérez. Los
    recursos.... cit. pag 25 y F. Garrido Falla.
    Régimen de impugnación.... cit. pag 288.

22. Artículo 67 de la Constitución

23. Artículo 67 de la Constitución
    LPA Comp. art. 3 y 4.

TÍTULO V

1. Artículo 204 de la Constitución
   Art 4 de la ley Orgánica del Poder Judicial
2. Título XIV del libro Primero del Código Civil
   y artículos 2, 3 de la Ley Orgánica del Poder
   Judicial

3. Artículo 206 de la Constitución

4. Para el análisis de las implicaciones de
   estos conceptos debemos apelar a criterios
   cultivados en el Derecho Penal ya que
   es en esta disciplina donde más y mejor
   han sido estudiados. En este sentido nos guiaremos por la exposición
   que de las diversas doctrinas sobre la
   materia hace en su magnífica Tesis
   de Grado sobre "La Jurisdicción en el Derecho Procesal Moderno" el actual Profesor Aristides Rengel Romberg. Véase en Anales de la Facultad de Derecho. Caracas. 1951.
   pag. 89 y ss.

5. Artículo 66 del Código de Procedimiento
   Civil

6. José Alberto Dos Reis. Proceso ordinario
   e sumario. 2ª Edición. Coimbra. 1928.
   pag. 564 citado por Rengel Romberg.
   La Jurisdicción... cit. pag 101.

7. Como sostiene J. Chiovenda. Principios
   de Derecho Procesal Civil. Madrid. pag
   463 citado por Rengel Romberg. La jurisdicción... cit. pag 100.

8. Artículo 67 del Código de Procedimiento Civil

10. . Artículo 120, ordinal 12

11. Artículo 215, ordinal 7, Artículo 206.

12. Artículo 145 y posteriormente en la Constitución de 1858: Artículo 113, ordinal 5. Véase No 185.

13. Artículo 89, ordinal 6.

14. Artículo 89, ordinal 10.

15. Artículo 120, ordinal 13.

16. Artículo 7, ordinal 78° de la ley Orgánica de la Corte Federal.

17. Artículo 120, ordinal 15

18. Artículo 24 y 220, ordinal 12.

19. Artículo 47 y 206.

20. Artículo 220, ordinal 10 y 12.

21. Anales de la Facultad de Derecho. Caracas. 1951. pag 947 y ss

22. Ello lo hace en varias partes del texto, pero lo sienta como premisa fundamente en la Nota Jurídica cit. pag 456, 474 y 492. Tesis de que tomamos

23. Véase No 197, 209 y 342 y ss.

24. Sentencia de 7-12-37. Resumen CFS en SPA. 1936-1939. pag 173 (Memoria 1938. Tomo I. pag 377).

LAS INSTITUCIONES FUNDAMENTALES DEL DERECHO ADMINISTRATIVO Y LA JURISPRUDENCIA VENEZOLANA (ALLAN RANDOLPH BREWER CARÍAS) 1964

REPRODUCCIÓN DEL TEXTO

PREMIO LUIS SANOJO

1963-1964

otorgado por la

FUNDACION ROJAS ASTUDILLO

Las autoridades de la UNIVERSIDAD CENTRAL DE VENEZUELA en 1964 eran:

Rector, Dr. Jesús M. Bianco
Vicerrector, Dr. Luis Plaza Izquierdo
Secretario, Dr. José Ramón Medina

Las autoridades de la FACULTAD DE DERECHO eran:

Decano, Dr. José Guillermo Andueza
Director, Dr. Alfredo Valero García

CONSEJO DE LA FACULTAD:

Dr. José Guillermo Andueza, Decano; Dr. Alfredo Valero García; Director;
Dr. Tulio Chiossone; Dr. Antonio Moles Caubet; Dr. Manuel García-Pelayo;
Dr. Luis Loreto Hernández; Dr. Roberto Goldschmidt; Dr. Octavio Andrade Delgado;
Dr. Eloy Lares Martínez; Dr. Tomás Polanco; Dr. Gustavo Planchart Manríquez;
Dr. Carlos Leáñez S.; Dr. José A. Zambrano V.; Dr. Rafael Ruiz Carrillo; Dr. Francisco
de Sales Pérez; Br. Luis Gorrea; Br. Simón Jiménez

INSTITUTO DE DERECHO PRIVADO:

Director: Dr. Roberto Goldschmidt

INSTITUTO DE DERECHO PÚBLICO:

Director: Dr. Antonio Moles Caubet

INSTITUTO DE CIENCIAS PENALES: Y CRIMINOLÓGICAS:

Director: Dr. Tulio Chiossone

INSTITUTO DE ESTUDIOS POLÍTICOS:

Director: Dr. Manuel García-Pelayo

CURSOS De DOCTORADO:

Director, Dr. Luis Loreto Hernández

ALLAN-RANDOLPH BREWER CARIAS

Graduado Summa cum Laude de la Universidad Central de Venezuela.
Profesor de Derecho Administrativo en la Facultad de Derecho.
Adscrito al Instituto de Derecho Público.

LAS INSTITUCIONES FUNDAMENTALES DEL DERECHO ADMINISTRATIVO Y LA JURISPRUDENCIA VENEZOLANA

COLECCIÓN TESIS DE DOCTORADO

Volumen IV

PUBLICACIONES DE LA FACULTAD DE DERECHO

UNIVERSIDAD CENTRAL DE VENEZUELA

CARACAS

1964

INFORME DEL TUTOR

El egresado de esta Facultad de Derecho, Allan-Randolph Brewer, elaboró en París con el título "Las Instituciones Fundamentales del Derecho Administrativo y la jurisprudencia venezolana", la tesis o Memoria requerida para optar al grado de Doctor, acogiéndose al Acuerdo del Consejo Universitario de fecha 11 de diciembre de 1962, por cuanto fue presentado oportunamente en el tiempo previsto y resultar acomodada a las demás condiciones prescritas.

El trabajo del abogado Allan-Randolph Brewer se desarrolla en un total de setecientas treinta y tres (733) páginas mecanografiadas, conforme al plan que expresa el índice incluido en las páginas 1 a 15 bis.

La distribución de las materias tratadas tiene lugar en cinco títulos, cada uno de los cuales está dividido en varios capítulos; cuatro el primero, cinco el segundo, siete el tercero, cinco el cuarto y seis el quinto, provistos, respectivamente, de numerosas notas bibliográficas y jurisprudenciales (págs. 99 a 124, 190 a 210, 290 a 319, 404 a 429 y 646 a 707). Ello demuestra el acopio de datos básicos, lo que confiere al estudio efectuado la seriedad propia de una auténtica tesis doctoral.

El autor ha hecho una exposición clara, precisa y contraída a sus metas, con un estilo fluido que facilita su lectura. El enfoque temático va proyectándose, en todo momento, conforme a una rigurosa metodología. En efecto, las categorías jurídicas que ha legrado establecer la avanzada evolución del Derecho Administrativo clentifico, sobre todo en Francia, Italia y asimismo ahora en España, sirven de arquetipo para contrastar sus coincidencias y discrepancias con la doctrina jurisprudencial venezolana que en el transcurso de los tres últimos lustros ha ido adquiriendo una cierta unidad sistemática. En tal sentido la obra comentada del abogado Brewer representa el intento, perfectamente logrado, de hacer una exposición comparativa del Derecho Administrativo venezolano que, a través de semejante prisma categorial, permite ser bien conocido y valorado.

La utilización del método comparativo, además de otros logros, obliga a depurar los conceptos jurídicos, lo que impone, simultáneamente, la ineludible escrupulosidad terminológica. Véase por ejemplo, a propósito de la "usurpación de autoridad", la "usurpación de funciones", "extralimitación de atribuciones", "abuso o exceso de poder" y "desviación de poder" cuanto se indica en las páginas 58 a 74.

Por lo demás, dentro de esta misma tónica se examinan los temas fundamentales del Derecho Administrativo, con todas sus implicaciones, a saber: la teoría de los actos administrativos unilaterales —definición, requisitos, efectos, clasificación— la teoría de los contratos administrativos —naturaleza, características, formación y efectos incluyendo el contencioso del contrato y su extinción (págs. 125 a 319), los recursos administrativos (págs. 320 a 429) y la jurisdicción contenciosa y administrativa (págs. 430 a 707).

Los aciertos que sobresalen consisten en la precisión dentro de la sobriedad, el acopio selectivo de datos, el tratamiento dado al temario y la sencillez del lenguaje, sin detrimento de su rigor técnico, todo lo cual añade a este trabajo una cualidad evidentemente didáctica.

Claro está —no podría ser de otra manera— que cabría hacer algunas reservas a ciertas afirmaciones quizás excesivamente concluyentes. Mas ello en nada mengua el mérito de la obra realizada y tan sólo se hace constar como un testimonio de la imparcialidad con que se ha efectuado su análisis.

De otra parte, el autor, becado por el Consejo de Desarrollo Científico y Humanístico de nuestra Universidad, ha sabido aprovechar en París las enseñanzas de los mejores maestros y el abundante material bibliográfico de las Bibliotecas especializadas, todo lo cual queda reflejado en la excelente calidad y abundante cantidad de la bibliografía manejada (págs. 710 a 713).

En su virtud, procede considerar la Memoria o tesis doctoral presentada como investida de cuantos requisitos, de forma y contenido, precisan reglamentariamente para someterse a examen y sucesivo veredicto del Jurado que a tal efecto se designe.

Antes de cerrar el presente informe se estima oportuno llamar la atención, tanto del Decano como del Consejo de Facultad, respecto a las cualidades constitutivas de las tesis doctorales durante este interregno en congruencia con tal nivel que debe corresponder al máximo grado académico. En tal sentido el trabajo elaborado por el doctorando Allan-Randolph Brewer habría de representar la medida exigible.

Caracas, 15 de enero de 1964.

Doctor ANTONIO MOLES CAUBET
Director del Instituto de Derecho Público

VEREDICTO

Nº 72.

Los profesores que suscriben, integrantes del Jurado Calificador designado para examinar la Tesis de Grado intitulada *Las instituciones fundamentales del Derecho Administrativo y la Jurisprudencia Venezolana*, presentada por el ciudadano abogado Allan-Randolph Brewer Carias para optar al título de Doctor en Derecho, se constituyeron en la Sala de Exámenes de la Facultad de Derecho de la Universidad Central de Venezuela, a objeto de realizar el examen mencionado. Presente el autor de la tesis, la discutió y sostuvo durante el tiempo reglamentario, a satisfacción del Jurado Calificador, en cuya virtud éste le imparte su aprobación, sin hacerse solidario de las ideas emitidas por el autor.

Y por cuanto la tesis presentada reúne condiciones excepcionales de trabajo y distingue al autor por su extraordinaria dedicación a la investigación, al estudio y a la interpretación del Derecho, amerita un reconocimiento especial de la Universidad, por lo cual este Jurado examinador recomienda su publicación y le otorga la más alta mención honorífica permitida por los Reglamentos Universitarios,

Caracas, a los veinticuatro días del mes de abril de mil novecientos sesenta y cuatro. Años 155º y 106º.

El Jurado Calificador.

(fdo.) Doctor Gonzalo Pérez Luciani.

                (fdo.) Doctor Enrique Pérez Olivares,

(fdo.) Doctor Tomás Polanco Alcántara,

A mis padres y hermanos;
A mi esposa;
A mi hijo.

A LA UNIVERSIDAD CENTRAL DE VENEZUELA

"Figúrate ahora, por contraposición, un cuerpo científico como el nuestro, puramente reglamentario, con más formalidades que sustancia, con preguntas por único sistema, con respuestas por único ejercicio; un cuerpo en que las cátedras se proveen sólo por votos, sin conceder al público una partecita de criterio; en que se recibe el Título y no se deja en cambio nada; en que no quedan, con pocas y honrosas excepciones, trabajos científicos como cosecha de las lucubraciones, y en que el tiempo mide, y el diploma caracteriza, ¿no te parece una fábrica más bien que un gimnasio de académicos? Agrega ahora, que de ordinario se aprende lo que fue en lugar de lo que es; que et cuerpo va por un lado y el mundo va por otro; que una Universidad que no es reflejo del progreso es un cadáver que sólo se mueve por andas; agrega, en fin, que las profesiones son sedentarias e improductivas, y tendrás el completo cuadro. El título no da clientela, la clientela misma, si la hay, es la lámpara del pobre, que sólo sirve para alumbrar la miseria de su cuarto; y de resultas, vienen a salir hombres inútiles pata sí, inútiles para la sociedad, y que tal vez la trastornan por despecho o por hambre, o la arruinan, llevados de que les da necesidades y no recursos. . . ¡Qué de males! ¿Y dije que se fabrican académicos? Pues ahora sostengo que se fabrican desgraciados, y apelo a los mismos que lo son".

CECILIO ACOSTA

Caracas, mayo 8 de 1856.

NOTA INTRODUCTIVA

Ciertamente, no era yo el llamado a escribir por primera vez en Venezuela sobre la Teoría General del Derecho Administrativo *venezolano actual*. Sin embargo, cuando se cree tener responsabilidades, la conciencia exige la asunción de ellas, y más, cuando tengo el convencimiento de que, como ha señalado Jesús González Pérez, "el hecho de que, en buen número de casos, no se haya logrado alcanzar un auténtico saber científico del Derecho, no es una imposición de la realidad investigada, no es que ésta se rebele a un conocimiento científico, sino una falla de sus investigadores, que no han logrado alcanzar aquel plano del saber que constituye la Ciencia".

Hasta tal punto esta falla existe, que algunas veces se ha dudado de las propias bases fundamentales del Derecho Administrativo en el ordenamiento jurídico venezolano, y de la posibilidad real de la sumisión de la Administración a la Legalidad. Al contrario, con este estudio pretendo demostrar que sí puede hablarse en Venezuela, con propiedad, de la existencia de un Derecho Administrativo y, por tanto, que podemos calificar a nuestro sistema como de Régimen Administrativo. La Administración, en nuestro sistema jurídico, está sometida a la Ley, y por ello es responsable ante los administrados por su actuación ilegítima.

En los momentos en que concluyo este estudio, llegan a mí poder los Proyectos de Ley Orgánica de la Hacienda Pública Nacional con una remarcable sección sobre Contratación Administrativa, y de Ley de Procedimientos Administrativos reguladora de la Jurisdicción Contencioso-Administrativa, ambos elaborados en el seno de la Comisión de Administración Pública. La lectura de estos Proyectos me ha producido satisfacción. He comprendido el esfuerzo de los proyectistas para interpretar en lo fundamental, la realidad y las necesidades jurídicas del país, incluyendo en su trabajo normas ya desenvueltas por la jurisprudencia y legislación nacional, o amoldando a nuestra realidad disposiciones estudiadas o contenidas en la doctrina y legislación extranjeras.

Es mi deseo de que este estudio contribuya al esclarecimiento o modificación de muchas de las normas de dichos Proyectos, ya porque sean verdaderas innovaciones respecto a la doctrina tradicional de nuestra jurisprudencia, ya porque sean continuación o desconocimiento de dicha doctrina.

Es mi intención, por otra parte, ayudar, en la medida de mis posibilidades, al estudiante de nuestras Facultades de Derecho y a los profesionales preocupados, en la iniciación al estudio o en el estudio de la Teoría General del Derecho Administrativo venezolano. Es quizás nuestra disciplina jurídica la menos afortunada en cuanto a estudios doctrinales se refiere, excepción hecha de la obra de nuestro primer y único tratadista, J. M. Hernández Ron[*] Pretendo, por tanto, con este estudio, comenzar a llenar el vacío hasta ahora existente.

Este trabajo está dividido en cinco Títulos que corresponden a cada una de las cinco Instituciones Fundamentales del Derecho Administrativo en Venezuela, que he escogido: El Principio de la Legalidad Administrativa, La Teoría de los Actos Administrativos, La Teoría de los Contratos Administrativos, Los Recursos Administrativos y la Jurisdicción Contencioso-Administrativa.

El estudio está realizado fundamentalmente a la luz de las soluciones jurisprudenciales de la antigua Corte Federal y de Casación, de la antigua Corte Federal y de la actual Corte Suprema de Justicia, en materia administrativa. La jurisprudencia estudiada cubre un fecundo período de doce años, correspondientes al lapso 1950-1962, que tuve oportunidad de recopilar cuando colaboré con el Instituto de Codificación y Jurisprudencia del Ministerio de Justicia y cuando trabajaba como Auxiliar de Investigación en el Instituto de Derecho Público. He hecho, sin embargo, y en la medida en que mí fichero me lo permitió, algunas citas y referencias respecto a la jurisprudencia correspondiente al período 1936-1949.

He procurado citar toda la información bibliográfica actualmente a mi alcance, para la orientación del lector en cada punto concreto. Con el mismo carácter informativo he elaborado una lista de las obras de carácter general más relevantes en la doctrina contemporánea, sobre Derecho Administrativo, que se encuentra al final de la obra.

Esté seguro el lector, en todo caso, que las observaciones que pueda formular respecto a la interpretación que haya dado a una decisión jurisprudencial o a una norma, serán debidas a mi inmadurez en la investigación jurídica y no a negligencia en el quehacer. Sin embargo, ojalá que las críticas que a esta tesis se hagan sean realizadas por escrito. De la divergencia surgirá la síntesis para el progreso de la disciplina.

No puedo concluir esta Nota Introductiva sin manifestar mi sincero y profundo agradecimiento a todas aquellas personas e instituciones de quienes, en una forma u otra, he recibido colaboración para la realización de este trabajo. Y entre ellas especialmente al Consejo de Desarrollo Científico y Humanístico de la Universidad Central de Venezuela, al Instituto de Derecho Público de la Facultad de Derecho de la Universidad Central de Venezuela, a la Consultoría Jurídica y al Instituto de Codificación y Jurisprudencia del Ministerio de Justicia, a la Embajada de Venezuela en París y al *Centre National des Oeuvres Universitaires et Scolaires* de Francia.

Asimismo, deseo dejar constancia de mi profunda gratitud a todos mis profesores de la Facultad de Derecho de la Universidad Central de Venezuela, a quienes debo mi formación jurídica, y muy especialmente a mis profesores de Derecho Administrativo, Gonzalo Pérez Luciani y Tomás Polanco, al profesor Antonio Moles Caubet, bajo cuya dirección me inicié en el estudio del Derecho Administrativo en Venezue-

---

[*]   Concluido este trabajo apareció en junio de 1963 el *Manual de Derecho Administrativo* del profesor Eloy Lares Martínez, editado en Caracas por la Imprenta universitaria.

la, y a los profesores Florencio Contreras Quintero, Arístides Calvani, Gustavo Planchart Manrique, Emilio Pittier Sucre, Gert Kummerow, Enrique Pérez Olivares, Arminio Borjas h. y Joaquín Sánchez-Covisa, de quienes aprendí, a lo largo de mis estudios de Derecho, la virtud del método en la disciplina jurídica.

Asimismo, deseo dejar constancia de mi agradecimiento a mis profesores del Doctorado de la Facultad de Derecho y Ciencias Económicas de la Universidad de París, Marcel Waline, Charles Eisermann y Charlier, e igualmente al Asistente Yves Lenior, quienes me guiaron como nadie en la iniciación al estudio del sistema administrativo francés.

Debo indicar, por último, que, sin la ayuda de Dios y la constante comprensión y estímulo de mi querida y amada esposa, no hubiese podido redactar este trabajo durante nuestra estada en esta maravillosa ciudad.

París, mayo de 1963.

ADVERTENCIA

La cita de la jurisprudencia de la antigua Corte Federal y de Casación, de la antigua Corte Federal y de la actual Corte Suprema de Justicia se hace casi exclusivamente siguiendo el criterio y los ficheros del Instituto de Codificación y Jurisprudencia del Ministerio de Justicia.

Entonces, a modo de ejemplo:

CFC—CP—34—1, 3—5—52

Significa: Sentencia de la Corte Federal y de Casación (CFC) en Corte Plena (CP), número 34 según la numeración del Instituto de Codificación y Jurisprudencia y ficha N° 1 de jurisprudencia correspondiente a esa Sentencia de 3 de mayo de 1952.

Cuando la sigla CP cambia por SF significa Sala Federal.

CF—58—3, 23—12—57

Significa: Sentencia de la Corte Federal (CF), número 58 según la numeración del Instituto, y ficha N° 3 de jurisprudencia correspondiente a esa Sentencia de 23 de diciembre de 1957.

CSJ—PA—90—2, 13—6—62

Significa: Sentencia de la Corte Suprema de Justicia (CSJ) en Sala Político-Administrativa (PA), número (90) según la numeración del Instituto y ficha N* 2 de jurisprudencia correspondiente a esa Sentencia de 13 de junio de 1962.

Cuando la sigla PA cambia por CP significa Corte Plena.

Donde no se ha podido citar los ficheros del Instituto de Codificación y Jurisprudencia se indica directamente la fuente donde fue consultada la Sentencia correspondiente, lo que se hace fundamentalmente respecto a la jurisprudencia anterior a 1950.

ABREVIATURAS

AJ:	*Actualité Juridique*, París.
CL:	Compilación Legislativa de Venezuela.
Dalloz Crónicas:	*Recueil Dalloz Hebdomadaire*, primera parte: CHRONIQUES, París.
EDCE:	*Etudes et Documents, Conseil d'Etat*, Paris.
FA:	*Foro Administrativo*.
FI:	*Foro Italiano*.
GI:	*Giurisprudenza Italiana*.
JISR 1961:	*Jurisprudencia de Impuesto sobre la Renta, Administración General del Impuesto sobre la Renta, Servicio de Publicaciones*, Gráfica Americana, Caracas, junio 1961.
JP:	*Jurisclasseur Périodique o Semaine Juridique*, Paris.
Proyecto LOHPN 1963:	Proyecto de la Ley Orgánica de la Hacienda Pública Nacional, Comisión de Administración Pública, Caracas, abril 1963.
Proyecto LPA 1963:	Proyecto de Ley de Procedimientos Administrativos, Comisión de Administración Pública, Caracas, mayo de 1963.
RA:	*Revue Administrative*, París.
RAP:	*Revista de Administración Pública*, Madrid.
RCADF:	*Revista del Colegio de Abogados del Distrito Federal*, Caracas.
RDP:	*Revue de Droit Public et de Science Politique*, Paris.
Resumen CFC en SPA 1956-1939:	*Resumen de las decisiones de la Corte Federal y de Casación en Sala Política y Administrativa*, Ministerio de Relaciones Interiores, Tipografía La Nación, Caracas, 1941.

Resumen CFC en SPA

1940-1951:	*Resumen de las decisiones de la Corte Federal y de Casación en Sala Política y Administrativa (1940-1951)*, Ministerio de Relaciones Interiores, Imprenta Nacional, Caracas, 1954.
RIDC:	*Revue Internationale de Droit Comparé*, París.
RISA:	*Revue Internationale des Sciences Administratives*, Bruselas.
Riv. dir. pub.:	*Rivista di diritto pubblico*.
RMJ:	*Revista del Ministerio de Justicia*, Caracas.
Sirey Crónicas:	*Recueil Sirey*, primera parte: CHRONIQUES, Paris.

TITULO PRIMERO

PRINCIPIO DE LA LEGALIDAD ADMINISTRATIVA

CAPITULO PRIMERO
LA NOCIÓN DE LEGALIDAD

1.   INTRODUCCIÓN

1. El Principio de Legalidad es el signo común y quizás más característico y patente de los sistemas jurídicos contemporáneos.

La noción misma de Estado de Derecho que domina el funcionamiento y la actividad del Estado moderno implica la noción de legalidad. Y así, históricamente, desde que el Estado dejó de ser Estado-Policía para devenir en Estado de Derecho, el principio base de su actuación es el Principio de la Legalidad. Pero legalidad, en el sentido etimológico de la palabra, es lo que está conforme con la Ley. Sin embargo, en esta noción, Ley debe ser entendida en un sentido amplio y como sinónimo de Derecho.

Entonces, el Principio de Legalidad aplicado al Estado no es más que la conformidad con el Derecho que debe acompañar a todos los actos de las ramas del Poder Público. Es decir, el principio según el cual toda la actividad del Estado debe estar conforme con el Derecho de ese Estado.

El contenido de los diversos Derechos Nacionales es ciertamente diverso pero, sin embargo, los textos constitucionales de la mayoría de los Estados del mundo occidental, entre ellos Venezuela, contienen una declaración más o menos explícita del Principio de Legalidad. "La Constitución y las Leyes definen las atribuciones del Poder Público, y a ellas debe sujetarse su ejercicio", dice el artículo 117 de la Constitución venezolana de 1961.

Vemos entonces que el Principio de Legalidad no es más que una forma de enunciación de la teoría de la jerarquía de las normas. En los sistemas de Derecho moderno se admite, en efecto, que toda norma o regla jurídica encuentra su fundamento en una norma superior, a la cual, para ser válida, debe estar conforme tanto formal como materialmente. Y en este sentido, la Constitución es la norma jurídica superior del orden interno de la República, Por ello la Corte Suprema de Justicia ha hablado de la "supremacía de la Constitución, como cuerpo dispositivo que forma la estructura básica y fundamental de la República"[1].

Pero si bien es cierto, entonces, que el ejercicio del Poder Público debe sujetarse a la Legalidad, cada una de las ramas de ese Poder Público tiene sus propias funciones y, por tanto, el Principio de Legalidad en base a ellas tiene diverso alcance.

2.   ALCANCE DEL PRINCIPIO DE LEGALIDAD SEGÚN LAS FUNCIONES DEL ESTADO

2. La Teoría merkeliana de la construcción escalonada del orden jurídico es, para la elaboración del sistema de las funciones del Estado, un factor decisivo; entendiendo por fundones, claro está, las diversas actividades del Estado, en cuanto constituyen diversos modos de ejercicio del Poder Público o potestad estatal. La misma doctrina de Kelsen sobre las funciones estatales está inspirada en la teoría de Merkl. Eso mismo lo afirma Kelsen en las notas a su Teoría General del Estado[2].

En efecto, Merkl establece que la división tripartita tradicional de los Poderes del Estado, entendida como tres tipos de actividad del mismo, independientes y coordinados, se reduce, bajo la mirada crítico-jurídica, a dos campos de funciones jurídicas dependientes de la Constitución y escalonadas: por un lado la Legislación, entendida como ejecución de la Constitución; por otro lado, la Ejecución entendida como ejecución de la Legislación. La Ejecución vuelve a subdividirse en Justicia y Administración, resultando en definitiva, en lugar de la tríada tradicional de los Poderes, una tríada de funciones jurídicas que se comportan mutuamente de una manera considerablemente diferentes a la de los Poderes del Estado que, al menos originalmente, fueron concebidos con sentido oposicional. Los dos sectores de ese complejo de funciones designado como Ejecución, filiales ambas con respecto a la Legislación y hermanas, por tanto, entre sí, son, como hemos dicho, la Justicia y la Administración[3]. De ello se deduce, en definitiva, que la Legislación es ejecución inmediata, en primer grado, de la Constitución, y la Administración y Jurisdicción son ejecución inmediata de la Legislación y mediata, en segundo grado, de la Constitución.

Por tanto, lo que es legalidad para los actos de la Administración y de la Justicia, es constitucionalidad para la Legislación.

El Legislador no puede actuar sino sometido a las reglas jurídicas superiores de la Carta Fundamental, y por ello el control de la constitucionalidad de las Leyes y demás actos de los Cuerpos legislativos lo ejerce la Corte Suprema de Justicia, en

---

1   CSJ— PA—24— 1, 14—3—62. Sobre la noción de Estado de Derecho y sus implicaciones véase: Luis Legaz y Lacámbra, "El Estado de Derecho", *RAP*, 1951, N° 6, págs. 13 y sig.; R. Entrena Cuesta, "Notas sobre el concepto y clases de Estado de Derecho", *RAP*, 1960, N° 33, págs. 31 y sig.

Sobre la teoría de la Jerarquía de las Normas, véase la bibliografía citada en la nota 14 del presente Titulo.

2   Hans Kelsen, *Teoría General del Estado*, Editora Nacional, México, 1957, nota al parágrafo N° 33, pág. 510.

3   Adolf Merkl, *Teoría General del Derecho Administrativo*, Editorial Revista de Derecho Privado, Madrid, 1935, pág. 13.

Corte Plena, según los artículos 215, ordinal 3°, 216 y Disposición Transitoria decimoquinta de la Constitución.

Para el Juez, el Principio de Legalidad es más amplio. Si por Jurisdicción entendemos la subsunción de una situación de hecho bajo una norma jurídica abstracta, el Juez determina con fuerza de verdad legal lo que para el caso particular es Derecho, según el sentido de una norma jurídica. Por ello el Juez, personaje encargado fundamentalmente de aplicar el Derecho, está sometido a todas las normas o reglas jurídicas a que están sometidos los particulares. El correctivo a la ilegalidad, en este caso es el Recurso de Casación, que lo conoce la Corte Suprema de Justicia en Sala de Casación[4] y los demás recursos ordinarios que señala la Ley.

Pero, además de las tres clásicas funciones del Estado, éste realiza otra no menos importante: la función de Gobierno, ejecutada por los Cuadros Superiores del Poder Ejecutivo, separados funcionalmente de la Administración. Los Actos de Gobierno[5], procediendo de atribuciones delegadas inmediatamente de la Constitución y no condicionadas por las Leyes, se encuentran en el mismo plano estructural que la Legislación, como ejecución directa de la Constitución. Por tanto, al igual que la actividad legislativa, la actividad de Gobierno no puede ser desarrollada sino encuadrada en las normas jurídicas superiores de la Constitución. El control de la constitucionalidad de los actos de Gobierno lo ejerce la Corte Suprema de Justicia en Corte Plena según el artículo 215, ordinal 6° y Disposición Transitoria decimaquinta de la Constitución. Al igual que los actos legislativos y por ser ejecución inmediata de la Constitución, los actos de Gobierno no están sometidos lógicamente a ningún control de legalidad.

El objeto del presente Título es el estudio del Principio de la Legalidad Administrativa, al cual está sometida toda la actuación de la Administración.

3.   LA LEGALIDAD ADMINISTRATIVA

A) *Noción*

3. Nuestra antigua Corte Federal ha definido el Principio de la Legalidad Administrativa como aquel según el cual todos los actos de la Administración han de ser cumplidos o realizados dentro de las reglas o normas preestablecidas por la autoridad competente[6].

---

4   Artículo 215, ordinal 10 y Disposición Transitoria decimoquinta de la Constitución.

5   Artículo 190, ordinales 2, 5, 6, 7,9, 18 y 21 y artículos 240 y sig. de la Constitución.

      Véase N° 282 y su nota 55 en el Título V

6   CF-30-1, 9-4-59.

      CF—182—1, 9—8—57.

      Según la concepción de la Corte, "legalidad" no es sólo el conjunto de leyes dictadas por los órganos legislativos, sino que también la forman el conjunto de reglas de derecho en general. En otras palabras, legalidad es la conformidad con el Derecho. Esta noción ha sido aceptada por nuestra Constitución vigente al declarar, en su artículo 206, que los órganos de la jurisdicción contencioso-administrativa son compe-

La amplitud de la legalidad administrativa es mayor a la señalada respecto a la legalidad de los actos jurisdiccionales. La Administración, además de estar sometida a las reglas o normas jurídicas a que está sometido el Juez y los particulares, debe cumplir estrictamente en su actividad las normas que ella misma ha creado. Esta es la característica esencial del Principio de la Legalidad Administrativa, pues éste no implica solamente la sumisión de la Administración a las reglas de derecho que le son exteriores, sino que conlleva también la sumisión a las reglas o normas jurídicas que ella misma ha elaborado.

Por último, el Principio de la Legalidad Administrativa, en virtud de la jerarquía administrativa que implica la subordinación de los funcionarios inferiores a las superiores[7], comprende también las normas que imponen dentro de la Administración los funcionarios superiores a los de inferior jerarquía.

El estudio de las fuentes de la Legalidad Administrativa será el objeto del Segundo Capítulo del presente Título.

B) *Actos sometidos al principio*

4. Todos los actos administrativos están sometidos a la legalidad administrativa, y entendemos por ellos las declaraciones de voluntad realizadas por la Administración con el propósito de producir un efecto jurídico[8].

Por otra parte, nuestro estudio se limitará al análisis del Principio de la Legalidad Administrativa al cual deben estar sometidos los actos administrativos.

---

tentes para anular los actos administrativos "contrarios a derecho", es decir, contrarios al Principio de la Legalidad Administrativa.

Esta concepción es la mayormente aceptada en la doctrina. Sin embargo, véase en sentido disidente el magnífico trabajo del profesor CHARLES EISENMANN, "Le Droit Administratif et le Principe de Légalité", EDCE, Fascículo N° 11, págs. 25 y sig.

Sobre el Principio de la Legalidad en la Doctrina Administrativa, véase GEORGES VEDEL, *La soumission de l'Administration a la loi, Curso de* Doctorado 1950-1951, Facultad de Derecho de El Cairo, El Cairo, 1952. Asimismo, véase R. ENTRENA CUESTA, "La Contraposición entre el Régimen Administrativo y el Rule of Law", en Estudios en Homenaje a Jordana de Pozas. Vol. I, Instituto de Estudios Políticos, Madrid, 1961, págs. 17 y sig.; JAROSCINSKY, "Le Principe de Légalité dans l'Administration de la République populaire de Pologne", EDCE, Fascículo 12, 1958, pág. 22).

Sobre un estudio de carácter general del Principio de Legalidad en el mundo occidental, véase: Le Principe de la Légalité, Informe sobre los Trabajos del Congreso Internacional de Juristas celebrado en Nueva Delhi, enero de 1959.

COMISION INTERNACIONAL DE JURISTAS, Ginebra. El informe venezolano para dicho Congreso preparado por Ramón Díaz y Simón González Urbaneja puede verse en el Boletín de la Academia de Ciencias Políticas y Sociales, N° 21, Caracas, 1961, págs. 25 y sig.

7   CF—14—1, 16—6—53.

Sobre la Jerarquía Administrativa, véase la bibliografía citada en el N° 216.

8   CF—59—1, 3—6—59.

Véase Título II, Nos. 65 y sig. Se incluyen los actos administrativos tácitos, véase N° 115. Quedan excluidos los actos de gobierno; véase al respecto el N° 282 y su nota N° 55.

C) *Consecuencias*

5. Las consecuencias principales del Principio de la Legalidad Administrativa son la garantía de los administrados y la ineficacia de los actos cumplidos con su violación.

La antigua Corte Federal ha señalado que la Administración no puede ejercitar sus funciones sino dentro de los precisos límites del derecho positivo, pues la demarcación de éstos constituye garantía establecida en beneficio de los particulares o administrados contra las posibles arbitrariedades de la autoridad administrativa[9].

Todas las actividades de la autoridad administrativa deben ceñirse a las reglas o normas preestablecidas. Por tanto, los actos administrativos carecen de vida jurídica, no sólo cuando les falta como fuente primaria un texto legal, sino también cuando no son ejecutados en los límites y dentro del marco señalado de antemano por la Ley. Desbordar este cerco constituye grave infracción, que apareja la consiguiente enmienda por parte de los órganos jurisdiccionales[10].

La Corte Suprema de Justicia en Sala Político-Administrativa, como órgano de la jurisdicción contencioso-administrativa, es competente para anular los actos administrativos contrarios a derecho e incluso por desviación de poder[11].

Estudiaremos la Legalidad Administrativa en primer lugar desde el punto de vista de sus fuentes, en seguida el alcance del principio y, por último, las consecuencias de la ilegalidad.

---

9   CF-33-2, 17-7-33

     CF-75-1,23-10-53

10   CF-30-1, 9-4-59

     CF-33-2, 17-7-59

11   Artículos 206 y 215, ordinal 7° y Disposición Transitoria decimoquinta de la Constitución

CAPITULO SEGUNDO
FUENTES DE LA LEGALIDAD ADMINISTRATIVA

1. INTRODUCCIÓN

6. La jurisprudencia administrativa de la antigua Corte Federal ha establecido, según señalamos, que la legalidad administrativa es aquel principio según el cual todos los actos de la Administración han de ser cumplidos o realizados dentro de las reglas o normas preestablecidas por la autoridad competente[1]".

Ahora bien, ¿qué debemos entender por "reglas o normas preestablecidas por la autoridad competente"? La solución a esta pregunta será el objeto del presente Capítulo. Examinaremos las llamadas fuentes escritas, las fuentes no escritas y las que hemos denominado fuentes de carácter particular.

2. FUENTES ESCRITAS

A) *Impuestas a la Administración*

a. *Jerarquía de las fuentes*

Ha establecido la actual Corte Suprema de Justicia en Sala Político-Administrativa que, "dentro del régimen jurídico que el propio pueblo se ha impuesto, dentro del conjunto general de disposiciones que él mismo ha creado para que lo rija dentro del campo del Derecho, es evidente la supremacía de la Constitución Nacional como cuerpo dispositivo que forma la estructura básica y fundamental de la República. Es por ello que el régimen legal del país aparece clasificado, en cuanto a las normas concretas, en dos grandes grupos esenciales: las constitucionales y las ordinarias o secundarias, incluyendo por sobre estas últimas, con rango intermedio, la categoría de leyes orgánicas previstas en el régimen constitucional vigente"[2].

Estudiemos someramente estas tres fuentes escritas,

---

1   CF-30-1, 9-4-59

     CF-33-2, 17-7-53

2   CSJ-PA-24-1, 14-3-62

     Sobre la Jerarquía de las Fuentes del Derecho Administrativo, véase *J. GASCON Y MARIN*, "Jerarquía de las Fuentes del Derecho Administrativo", *Estudios Jurídicos*, 2, 1941.

b. *Enumeración de las fuentes*

a'. *La Constitución*

8. El concepto de supremacía constitucional implica que la Ley Fundamental sea, no solamente superior a los demás cuerpos legales, sino que implica también el hecho de que por sobre ella no pueda existir ninguna otra norma jurídica[3].

La Constitución, por tanto, como cuerpo de reglas superiores a toda otra, se impone a la Administración.

La existencia del control jurisdiccional de la Constitucionalidad de los actos del Poder Público por parte del más alto Tribunal de la República ha sido tradicional en Venezuela, y es indispensable en todo régimen que pretenda subsistir como Estado de Derecho. Y ello, porque lo inconstitucional es siempre antijurídico y contrario al principio que ordena al Poder Público, en todas sus ramas, sujetarse a las normas constitucionales y legales que definan sus atribuciones. Lo inconstitucional es un atropello al derecho de los ciudadanos y al orden jurídico general, que tienen su garantía suprema en la Ley Fundamental del Estado.

En los países libremente regidos, toda actividad individual o gubernativa ha de mantenerse necesariamente circunscrita a los límites que le señala la Carta Fundamental, cuyas prescripciones, como expresión solemne de la voluntad popular en la esfera del derecho público, son normas de ineludible observancia para gobernantes y gobernados, desde el más humilde de los ciudadanos hasta el más alto de los Poderes del Estado. De los principios consagrados en la Constitución, de las normas por ella trazadas, así en su parte dogmática como en su parte orgánica, deben ser simple desarrollo las leyes y disposiciones que con posterioridad a la misma se dicten, y tan inconstitucionales y, por consiguiente, abusivas, serian éstas si de tal misión se excedieran, como inconstitucionales y también abusivos lo serían cualesquiera otros actos de los Poderes Públicos que abiertamente contravinieren lo establecido en la Ley Fundamental. Así lo ha señalado la Corte Suprema de Justicia[4]".

b'. *Las leyes orgánicas*

9. La categoría de Leyes Orgánicas, intermedias entre la Constitución y las leyes ordinarias, ha sido creada expresamente por la vigente Constitución de 1961.

En efecto, señala el artículo 163 de la Constitución que son Leyes Orgánicas las que así denomina la propia Constitución y las que sean investidas con tal carácter por la mayoría absoluta de los miembros de cada Cámara Legislativa al iniciarse en ellas el respectivo proyecto de Ley.

---

3 CSJ—PA—24—1, 14—3—62.

   Al respecto, véase R. BONNARD, "La Théorie de la formation du droit pardegrés dans l'ouvre d'Adolf Merkl", *RDP*, 1928; CARRE DE MALBERG, Théorie de la formation du droit par degrés, París, 1933.

4 CSJ—CP—27—1, 15—3—62.

En la Exposición de Motivos de la Constitución se mencionan las Leyes Orgánicas como una categoría especial de leyes intermedias entre la Constitución y las Leyes Ordinarias; agregándose que para definirlas se sigue el modelo francés y se acoge un criterio meramente formal para su calificación: primero, cuando la propia Constitución le dé tal denominación y, segundo, cuando sea investida con ese carácter por las Cámaras en la forma expresada anteriormente.

La creación de las Leyes Orgánicas —añade la indicada Exposición de Motivos— tiene por objeto impedir que por leyes especiales se deroguen disposiciones que se refieren a la organización de ciertos Poderes Públicos o a las formalidades que deben reunir determinadas leyes[5].

Por tanto las Leyes, y en general todos los actos que se dicten en materias reguladas por Leyes Orgánicas, se someterán a las normas de éstas[6].

c'. *Las leyes ordinarias*

10. El artículo 162 de la Constitución define como Ley; Los actos que sancionen las Cámaras Legislativas actuando como cuerpos colegisladores. Según este criterio, que también es expresado por las anteriores Constituciones, la orientación constitucional venezolana se ha apartado, en este punto, de toda doctrina que consagre otros requisitos como los de generalidad y carácter abstracto, para determinar el concepto de Ley. Acoge sólo la Constitución esa forma simple pero precisa para tipificar dicho concepto, lo que significa que la mera circunstancia de que una norma sea sancionada por las Cámaras Legislativas como cuerpos colegisladores, basta para que figure como Ley dentro de nuestro ordenamiento jurídico.

Este concepto claro y preciso de lo que la Constitución concibe como Ley, ha sentado la Corte Suprema de Justicia, "no admite ni puede admitir interpretaciones contrarias a su texto, ni menos aún la asignación de otros requisitos o condiciones que, si bien pueden ser atribuibles o procedentes en otras legislaciones donde el concepto de Ley obedece a otros criterios doctrinales, en manera alguna son adecuados al que terminantemente se fija en la Constitución venezolana"[7].

Por tanto, para calificar de Ley a una norma de derecho, basta únicamente determinar si es o no un acto sancionado por las Cámaras Legislativas como Cuerpos colegisladores.

---

5   CSJ-PA-24-2, 14-3-62

6   Artículo 163 de la Constitución.

7   CSJ—CP—27—1, 15—3—62.

    Véase también CSJ—PA—39—1, 20—6—61.

    Sobre la noción de Ley en la doctrina, véase: ELOY LARES MARTINEZ, "La Ley como fuente jurídico-administrativa, *RMJ,* N° 40, 1962, págs. 135 y sig.; CARRE DE MALBERG, *La Loi expression de la volonté général* Paris, 1931; BURDEAU, *Essai sur l'évolution de la notion de loi en droit public français,* Archives du Philosophie du droit, Paris, 1939; R. MESPE*TIOL*, "Le problème de la loi et ses développements récents dans le droit public français", *EDCE, Fascículo de 1949, págs. 50 y sig.*

Por otra parte, los Tratados internacionales constituyen, con la misma condición que las leyes ordinarias, fuente de la Legalidad Administrativa ya que, para que tengan validez interna, generalmente deben ser aprobados por las Cámaras Legislativas actuando como Cuerpos colegisladores. El inicio de la discusión de los proyectos de Ley relativos a Tratados o Convenios internacionales corresponde al Senado[8].

La consecuencia inmediata del concepto de Ley que acoge nuestra Constitución consiste, en que la distinción doctrinal entre Ley formal y Ley material no se refleja en nuestro ordenamiento constitucional, sobre todo en lo que respecta al control de la constitucionalidad de las Leyes.

Recientemente ha señalado la Corte Suprema de Justicia[9]20 que, "si bien es cierto que en algunas decisiones de la antigua Corte Federal y de Casación, entre ellas la de 5 de mayo de 1937, se sostuvo la indicada distinción entre las llamadas Ley material y Ley formal, negándose a esta última el recurso objetivo de inconstitucionalidad, también es verdad que, en otras decisiones de aquel Supremo Tribunal, posteriores a la anteriormente señalada, se admitió plenamente dicho recurso contra actos del Poder Legislativo expresados bajo la apariencia de Ley formal. Así, por ejemplo, en sentencia de 16 de noviembre de 1937 (Memoria de la Corte Federal y de Casación, año 1938, tomo I, pág. 339), el Supremo Tribunal de la República declaró la nulidad, por inconstitucionalidad, del acto legislativo (Ley formal de 28 de junio de 1937) que decretó el estudio y trazados del Ferrocarril de los Llanos. Asimismo, por sentencia de 26 de noviembre de 1937 (misma Memoria, pág. 350), la citada Corte declaró la nulidad, por inconstitucionalidad, de una Ley Especial que autorizaba un préstamo a la Municipalidad del Distrito Iribarren del Estado Lara. De la misma manera aquel Supremo Tribunal, por sentencia de 22 de diciembre de 1937 (Memoria citada, pág. 381), declaró la nulidad, por inconstitucionalidad, de varias Leyes Especiales (o formales) sancionadas por las Cámaras Legislativas, contentivas de donaciones a diversas Municipalidades".

En consecuencia, concluye la Corte Suprema de Justicia en el señalado fallo, "la jurisprudencia de nuestro más Alto Tribunal no ha sido constante en cuanto a limitar el recurso objetivo de inconstitucionalidad de las leyes únicamente para las llamadas leyes materiales, o sea, para las normas jurídicas que 'implican un mandato general y abstracto que imponen reglas de conducta válidas para todos y para casos abstractamente considerados' (como expresaba el citado fallo de 5 de mayo de 1937), sino que, por el contrario, con posterioridad a dicho fallo, los propios Magistrados que intervinieron en aquella decisión dictaron las sentencias que se acaban de señalar, por las que se admitió y decidió el recurso objetivo de inconstitucionalidad —mediante el procedimiento inherente a dicho recurso—, contra actos legislativos emanados de las Cámaras del Congreso que revestían las expresadas características de las llamadas Leyes formales, o sea, actos legislativos que carecían de ese mandato general y abstracto que se ha considerado como típico de las denominadas Leyes

---

8   Artículos 128 y 150 de la Constitución.
9   CSJ—CP—27—1, 15—3—62.

materiales, y se concretaban, en cambio, a normas reguladoras de actos especiales y concretos".

Ahora bien, hemos traído a colación este fallo para señalar, en primer lugar, que la Administración sometida al Principio de la Legalidad Administrativa debe observar con igual cuidado las llamadas leyes formales y las materiales. En segundo lugar, para observar que en base a los razonamientos citados[10] se declaró la nulidad por inconstitucionalidad de un Contrato administrativo, acto administrativo bilateral para cuya existencia y validez fue requerida la intervención de los Cuerpos Legislativos actuando como cuerpos colegisladores, según la Constitución vigente para el momento de su celebración.

Pues bien, la cuestión doctrinal que se plantea es, a nuestro entender, la siguiente: El artículo 126 de la Constitución vigente establece que sin la aprobación del Congreso no podrá celebrarse ningún contrato de interés nacional, salvo los que fueren necesarios para el normal desarrollo de la Administración Pública[11]. Ahora bien, ¿el hecho de la aprobación legislativa convierte al Contrato administrativo en Ley, o es sólo una de las manifestaciones de voluntad realizadas en función administrativa complementaria de la manifestación de voluntad de la Administración, ambas formando parte de un acto complejo? O, en otras palabras, ¿la aprobación legislativa de un contrato administrativo que no sea de los normales para el desarrollo de la Administración Pública, convierte a dicho contrato en una Ley y, por tanto, fuente de la Legalidad Administrativa con ese carácter, o continúa siendo un contrato administrativo y, por tanto, fuente de la Legalidad Administrativa como contrato en que están interesados los administrados? Dejamos la cuestión planteada para resolverla al hablar de los Contratos administrativos como fuente de la Legalidad Administrativa[12].

B) *Creadas por la Administración.*

a. *El carácter general*

a'. *Los Decretos-Leyes*

11. Dentro de las fuentes de la Legalidad Administrativa creadas por la propia Administración con carácter general se encuentran los Decretos con valor de Ley. En Venezuela, la Constitución de 1961 establece un solo caso de los llamados Decretos-Leyes.

En efecto, el artículo 190, ordinal 8 de la Constitución da facultad al Presidente de la República en Consejo de Ministros, para dictar medidas extraordinarias en materia económica o financiera cuando así lo requiera el interés público y haya sido

---

10   CSJ—CP—27—1, 15—3—62.

      Con los que estamos de acuerdo en cuanto a la admisibilidad del recurso de inconstitucionalidad contra las llamadas leyes formales o especiales.

11   Véase N° 20.

12   Véase N° 20.

autorizado para ello por Ley especial. Estos actos constituyen lo que la doctrina ha denominado Decretos-Leyes delegados, en que el Congreso por autorización constitucional delega al Presidente de la República la potestad legislativa, sin exclusividad, y con las limitaciones en relación a la materia: económica y financiera; y al tiempo: mientras lo requiera el interés público.

En casi todos los Estados contemporáneos los Jefes de éstos o de sus Gobiernos suelen realizar bajo determinadas circunstancias y condiciones, ciertos actos con fuerza jurídica fundamentalmente igual a la de las normas que votan las Cámaras Legislativas actuando como cuerpos colegisladores. La igualdad normativa fundamental de dichos actos, en relación con las Leyes, es evidente si se advierte que, en virtud de aquéllos, la autoridad Ejecutiva no sólo regula materias que la Constitución o la tradición política reservan a dichas Cámaras, sino que reforma o modifica, e incluso deroga, actos formales acordados por éstas.

En atención a esta virtualidad de dichos actos, se los conceptúa como verdaderos actos legislativos. Se considera que la autoridad Ejecutiva, al dictarlos, está realizando una función legislativa. Es decir, se estima que está dictando reglas jurídicas cuya emisión, según el constitucionalismo predominante, debe corresponder a otra autoridad especializada: el cuerpo legislativo o Congreso. Por ello, el derecho positivo y la doctrina de algunos países han incluido todos estos actos, de categoría legislativa, pero de procedencia ejecutiva, bajo el nombre genérico de Decretos-Leyes. Son Decretos, porque provienen de la autoridad superior ejecutiva; y son leyes, porque versan sobre materias que el Derecho positivo moderno ha reservado tradicionalmente a las Cámaras Legislativas y porque, además, tienen fuerza para modificar y derogar las normas sancionadas por éstas, es decir, las leyes.

En la sistematización general de la doctrina[13] de los Decretos-Leyes se han señalado tres clases fundamentales de ellos: En primer lugar, los Decretos dictados por los gobiernos de jacto; en segundo lugar, los decretos con fuerza de ley dictados por los gobiernos de jure, sin habilitación legislativa, sobre materias reservadas a la ley por la norma constitucional; y en tercer lugar, los Decretos con fuerza de ley, dictados por la misma clase de gobierno, y sobre las mismas materias, pero mediante autorización legislativa. Estos últimos son los admitidos por nuestra Constitución, y son los denominados decretos-leyes autorizados o de legislación delegada.

---

13 Véase CESAR A. QUINTERO, *Los Decretos con valor de Ley*, Instituto de Estudios Políticos, Madrid, 1958; J. GASCÓN HERNÁNDEZ, "Problemas actuales del Decreto-Ley", *RAP*, Nº 15, 1954, págs. 91 y sig.; R. GÓMEZ ACEBO S., "El ejercicio de la función legislativa por el Gobierno: leyes delegadas y Decretos Leyes", *RAP*, Nº 6, 1951, págs. 99 y sig.; J. DONNE DIEU DE VARBES, *Crónicas Dalloz*, 1949, pág. 5; ANDRE DE LAUBADERE. "Des pleins pouvoirs aux demi décrets-lois", Crónicas Dalloz, 1952; A. VARELA C, "Decretos-leyes y decretos con fuerza de ley", *Boletín del Seminario de Derecho Público*, Escuela de Derecho, Universidad de Chile, Nos. 2 y 3. 1934; AGOSTINO, ORGIONE, "Decretto Legge", *Nuevo Digesto Italiano*, tomo IV, 1938: M. MIGNON, "Nature et effets juridiques d'une technique législative d'exception, mais d'utilization repetée: le décret-loi", *Crónicas Dalloz*, 1948, pág. 141; A. R. REAL, Los *decretos-ley*, Montevideo, 1946; M. MIGNON, *La practique des décrets-lois devant la doctrine et la jurisprudence*, Lille, 1938; G. FERRARI, *Formula e natura dell'attuale* decretazione con valor legislativo, Milán, 1948; R. BIELSA, "El Decreto-Ley", Estudios de Derecho Público, tomo III.

b'. *Los Reglamentos*

12. Es inherente a la función administrativa la facultad de la Administración de dictar actos administrativos contentivos de normas generales. Por tanto debemos entender por Reglamento, como fuente del Principio de la Legalidad Administrativa, todo acto administrativo de carácter general. Es decir que, en este sentido, no sólo son reglamentos los Decretos Reglamentarios que dicta el Presidente de la República en Consejo de Ministros, en virtud de la atribución 10ª del artículo 190 de la Constitución, sino que debemos considerar también como Reglamento todo acto administrativo de carácter general emanado de cualquier otra autoridad actuando en función administrativa y en virtud de autorización legal. En esta forma los Reglamentos, como actos administrativos, están sometidos también al Principio de la Legalidad Administrativa por cuanto no deben alterar el espíritu, propósito y razón[14] de la Ley, bajo la sanción de ilegalidad por desviación de poder.

En virtud del principio de la jerarquía administrativa que implica la subordinación de los funcionarios inferiores ante los superiores[15], y por cuanto según el Principio de la Legalidad Administrativa, todo acto administrativo debe estar conforme a las reglas generales preestablecidas, los actos que dicte cualquier autoridad administrativa deben estar conformes a los Reglamentos que se hayan dictado por las autoridades superiores, como también deben estar conformes con los Reglamentos que esa misma autoridad haya dictado con anterioridad. Esto último es consecuencia del principio de que una autoridad administrativa no puede quebrantar sus propias decisiones y reglamentaciones, a menos que las derogue expresamente.

b. *De orden interno*

Las normas o reglas creadas por la misma Administración, que forman parte del Principio de la Legalidad Administrativa son, además de las que hemos llamado de carácter general, que a la vez de tener como destinatarios a los particulares también rigen a la Administración, las que llamaremos de carácter particular o de orden interno. Es decir, aquellas normas o reglas creadas por la propia Administración y que tienen también como destinataria a la propia Administración. Son los actos administrativos interiores o medidas administrativas de orden interior.

Generalmente se manifiestan en las llamadas Instrucciones del Servicio que no son más que indicaciones, que en base al principio de la jerarquía administrativa, los funcionarios superiores dan a los que les están subordinados, sobre la manera cómo han de desarrollar la actividad administrativa[16]. Por ser de orden interno, normal-

---

14   Artículo 190, ordinal 10 de la Constitución.

Sobre los Reglamentos en la doctrina, véase: MORE AU, Le règlement administratif, Parts, 1902; J. LAMASURIER, "Contribution a l'étude du domaine réglementaire en Droit positif", R.A. N° 52, 1957, págs. 624 y sig.; M. MIGNON, "Une création continue du Droit Public français: Le Pouvoir réglementaire de l'executif', R.A. N° 14, 1950. págs. 144 y *sig.*

15   CF—14—1, 16—6—33.

16   El Reglamento Interior del Ministerio de Hacienda, Resolución de 4 de abril de 1940 (C. t., tomo I, pág. 1.374) en su artículo 2, ordinal 1°, señala que el Ministro de Hacienda puede *instruir,* vigilar y dirigir los

mente no tienen publicidad. Sin embargo, no por ello dejan de ser normas o reglas preestablecidas que debe observar la autoridad administrativa en su actuar y, por ende, fuente del principio de la Legalidad Administrativa.

El incumplimiento por parte de una autoridad administrativa inferior de una de esas Instituciones del Servicio acarreará una sanción disciplinaria interna. Por su ausencia generalmente de publicidad, y por sus destinatarios, creemos que los administrados no podrían invocar su violación como fundamento de un recurso contencioso-administrativo de anulación, excepto cuando puedan probar un interés legítimo para recurrir.

3. FUENTES NO ESCRITAS

A) *La Jurisprudencia Administrativa*

14. Sin distinción entre las diversas ramas jurídicas y, en general, el juez juega un considerable rol en la construcción del Derecho. Nosotros no creemos, como todavía algunas veces se afirma, que el juez es una especie de distribuidor automático de decisiones jurídicas concretas que no exigen, de su parte, otra función que la de confrontar la ley a los hechos y deducir una solución en cierta forma mecánica. El juez debe interpretar la ley: y la experiencia prueba que ninguna ley puede prever todos los casos particulares que podrían traer problemas o dificultades de interpretación.

Pero en algunas oportunidades, que se denotan más acentuadamente en el Derecho Administrativo, el juez carece de una norma legal que interpretar para una solución concreta y, sin embargo, debe decidir. En virtud del artículo 9 del Código de Procedimiento Civil se prohíbe al juez abstenerse de decidir so pretexto de silencio, contradicción o deficiencia de la ley, o de oscuridad o de ambigüedad en sus términos. En los casos de ausencia de ley, entonces, el juez está obligado a determinar la regla de derecho que va a aplicar al caso concreto no regulado abstractamente.

Por tanto, la labor del juez no sólo es interpretativa sino creadora. En sentencia de 8 de febrero de 1946 la Corte Federal y de Casación sostuvo: "Pero ni ésta (la jurisprudencia) ni mucho menos los precedentes judiciales aislados tienen en nuestro

---

funcionarios que integran su administración, en la aplicación de las disposiciones legales y especialmente en el ejercicio de sus atribuciones. Al respecto véase el N° 119.

Sobre las llamadas Medidas de Orden interior en la doctrina y el Derecho Comparado, véase: J. RIVERO, *Les Mesures d'ordre intérieur administratives*, Tesis, Sirey, París, 1934; R. E. CHARLIER, "Circulaires, instructions de Service et autres prétendues mesures d'ordre intérieur", *J. P.*, 1954, I, pág. 1.169; A. COCATRE-ZILGIEN, "La nature juridique des mesures d'ordre intérieur en droit administratif français", *RISA*, 1958, N° 4, pág. 487; E. SILVESTRI, *L'attività interna della pubblica amministrazione*, Giuffré, Milán, 1950; J. ORTIZ DIAZ, "Las circulares, instrucciones y medidas de orden interior ante el recurso por exceso de poder en la jurisprudencia del Consejo de Estado francés", *RAP*, 24, 1957, págs. 335 y sig.; L. LEVENTAL, "L'anulation pour excès de pouvoir des circulaires administratives", *Crónicas Dalloz*, pág. 99, 1954; LIET-VEAUX, "Les actes administratifs qui ne font pas grief, *R.A.*, 1952, pág. 384; CAMMEO, "La violazione delle circolari comme vizio di eccesso di potere", *G.I.*, 1912, III, pág. 107; CAMMEO, "A proposito di circolari e istruzioni, *G.I.*, 1920, III, pág. 1.

sistema positivo la fuerza suficiente para elevarse a la categoría de fuente formal del derecho objetivo. El precedente judicial y la jurisprudencia misma no tienen en el Derecho venezolano sino una autoridad puramente científica. A lo más, sólo podría atribuírsele la fuerza de una presunción de interpretación correcta de la norma jurídica por aplicar. De allí que los jueces deban y puedan dar en sus decisiones una interpretación de la ley distinta y aun contraria de aquella recibida y tradicional, por más firme que sea, cuando del estudio detenido del caso y de la norma aparezca que esa interpretación no corresponde a su espíritu y a su sana inteligencia. El valor práctico de seguridad que entrañan los precedentes judiciales y la jurisprudencia cede entonces su puesto y se quebranta ante el más elevado y digno de observancia, que consiste en que las decisiones judiciales correspondan a la convicción que de la voluntad de la ley tengan los jueces para el momento de pronunciar sus fallos. Tal era el alcance científico que en el Derecho romano del último período se atribuyó a la jurisprudencia, según el cual, el juez no estaba obligado a conformarse, en sus sentencias, a las decisiones anteriores, si las encontraba contrarias a la letra y espíritu de la norma, ya que él no sentenciaba por imitación sino para aplicar las leyes: *cum non exemplis sea legibus indicandum est* (L. 13. cod. 7. 45). Esta doctrina es conforme a nuestra genuina tradición jurídica y a las funciones que tiene en nuestro sistema el juzgador"[17].

Esta doctrina es ciertamente correcta si se tiene en cuenta la labor interpretativa del juez; pero no es tan absoluta respecto a la labor creadora del sentenciador. En ésta, la seguridad jurídica exige una cierta uniformidad y continuidad en la jurisprudencia. Es cierto que esta labor creadora es excepcional en las ramas jurídicas codificadas, ya que por este mismo carácter las normas aplicables generalmente constan de textos legales. Sin embargo, en Derecho Administrativo la situación es diferente.

En efecto, en materia administrativa, la creación del derecho por el juez no es un hedió excepcional; es, al contrario, lo normal. Es verdad que la legislación llamada de leyes administrativas o especiales es abundantísima, pero, sin embargo, la generalidad de esas leyes están consagradas a regular casos concretos. Por ello, en la mayoría de los problemas planteados ante el juez administrativo, éste se encuentra con la ausencia de normas generales y, por tanto, con la obligación de crear él mismo el derecho aplicable.

Esta específica función del juez en materia administrativa no es más que una consecuencia del carácter nuevo, no codificado y evolutivo del Derecho Administrativo venezolano. En efecto, al darse cuenta el juez administrativo que el Código Civil no podía y no puede regular los problemas específicos del Derecho Administrativo, se vio y se ve obligado a sustituirlo con reglas que él mismo forma y crea inspiradas en ciertos Principios Generales. Por ello, no se piense que estas reglas son ar-

---

17   Resumen *CFC*—SPA, 1940-1951, pág. 113.

Sobre la jurisprudencia como fuente del Derecho Administrativo en Francia, véase: M. WALINE, "Pouvoir normatif de la jurisprudence", *Mélanges Scelle*, tomo II, pág. 613; J. RIVERO, "Le juge administratif français: un juge qui gouverne?". *Crónicas Dalloz*, 1951, pág. *21; J.* RIVERO, "Jurisprudence et doctrine dans l'elaboration du droit administratif", *EDCE*, Fascículo 9, 1955, págs. 27 y sig.; J. H. THEIS, "Aspectos de la jurisprudencia actual del Consejo de Estado francés", *RAP.* N° 19, 1956, pág. 303.

bitrariamente inventadas. De ninguna manera, ellas se inspiran en una serie de Principios Generales referentes al funcionamiento de la Administración, a la equidad y a la misma civilización jurídica. Es así como nuestro Tribunal Supremo ha sentado las bases del Derecho Administrativo en Venezuela. Bases que corresponde a la Doctrina analizar, juzgar y criticar.

Esta realidad es evidente. ¿Dónde, si no en la jurisprudencia, puede la Doctrina fundamentar nuestra Teoría de los actos administrativos, de los Contratos administrativos, de los recursos administrativos y de la materia contencioso-administrativa?

En efecto, en materia de actos administrativos, sólo nuestra Corte ha señalado sus características fundamentales[18] su naturaleza[19], la necesidad de su motivación[20], su carácter ejecutorio o de decisión ejecutoria[21], los efectos de su firmeza[22], los efectos de su discrecionalidad y el Poder discrecional[23], la cosa juzgada administrativa[24], su clasificación general y sus clases[25].

En materia de contratos administrativos sólo la jurisprudencia administrativa de la Corte ha señalado su naturaleza[26], sus características esenciales y su causa[27], la posibilidad de rescisión unilateral por parte de la Administración[28] y el derecho a indemnización del co-contratante de la Administración[29], la jurisdicción competente

---

18   CF—182—1, 9—8—57.
      CF—30—1, 9—4—59.
19   CFC—CP—40—1, 30—10—32.
20   CF—182—1, 9—8—57.
21   CF—7—1, 25—1—60.
      CF—54—1, 5—8—58.
      CF—182—1, 9—8—57.
22   CF—94—1, 24—11—53.
23   CFC—CP—19—1, 4—6—52.
      CF—2—1, 24—2—56.
      CF—85—1, 6—11—58.
      CF—182—1, 9—8—57.
24   CFC—CP—16—1, 30—5—52.
      CF—97—1, 15—6—56.
25   CF—33—2, 17—7—53
      CF—8—1, 9—2—61.
26   CF—127—1, 12—11—54.
      CF—127—1, 3—12—59.
      CSJ—PA—97—1, 14—12—61.
27   CF—127—1, 12—11—54.
28   CF—127—2, 12—11—54.
29   CF—127—5, 12—11—54.

y los criterios de delimitación[30] y la manifestación de la voluntad de la Administración en su formación[31].

En materia de Recursos Administrativos, sólo la Corte ha señalado su fundamento[32], sus efectos[33], la revocación del acto administrativo[34], la revisión del mismo[35], el recurso jerárquico de hecho[36], los efectos del recurso jerárquico[37], el interés legítimo para intentarlo[38] y su decisión[39].

En materia contencioso-administrativa[40], sólo la jurisprudencia de nuestro Tribunal Supremo ha señalado sus requisitos esenciales[41], las características que debe revestir su objeto[42], la legitimación activa y el interés legítimo para recurrir[43], la ne-

---

30 CSJ—CP—27—1, 15—3—62.
31 CSJ—PA—97—1, 14—12—61.
    CSJ—CP—27—1, 15—3—62.
32 CF—54—1, 5—8—58.
    CF—127—1, 6—12—55.
33 CF—126—1, 9—11—54.
    CF—7—1, 25—1—60.
34 CFC—CP—16—1, 30—5—52.
35 CF—33—2, 17—7—53.
36 CFC—CP—26—1, 11—6—52.
37 CF—126—1, 9—11—54.
38 CF—94—3, 24—11—53.
39 CSJ—PA—43—1, 3—7—61.
40 CSJ—PA—26—1, 15—3—62.
41 CF—30—1, 9—4—59.
    CSJ—PA—102—1, 19—12—61.
    CSJ—PA—103—1, 20—12—61,
42 CF—59—1, 3—6—59.
    CF—30—1, 9—4—59-
    CF—85—1, 6—11—58.
    CSJ—PA—21—1, 28—2—62.
    CF—94—3, 24—11—53.
    CF—107—1, 15—10—59.
    CF—9—1, 26—1—60.
    CF—9—2, 26—1—60.
    CF—33—1, 2—6—58.
    CF—113—1, 28—10—59.
    CSJ—PA—90—1, 4—12—61.
    CF—127—1, 3—12—59.
    CF—54—1, 5—8—58.
43 CF—115—1, 11—11—55.
    CF—23—1, 14—3—60.
    CF—94—3, 24—11—53.

cesidad de agotar la vía administrativa para la admisibilidad del recurso[44] y las partes en el mismo[45].

Vemos, entonces, que el juez administrativo se ha salido de los marcos tradicionales de la actuación judicial, y ello por necesidad. Sin embargo, ello no quiere decir que propugnemos la "tiranía del precedente". El hecho de que el Derecho Administrativo en Venezuela tenga actualmente que fundamentarse en la jurisprudencia administrativa no convierte a ésta, directamente, en una fuente del Derecho y, por ende, en una fuente del Principio de la Legalidad Administrativa. La verdadera fuente no escrita de este principio en el ordenamiento jurídico venezolano está constituida por *los Principios Generales del Derecho Administrativo* contenidos en esa jurisprudencia.

Por tanto, la sumisión de la actividad administrativa al Principio de la Legalidad Administrativa implica el respeto de los Principios Generales del Derecho Administrativo establecidos y definidos por la jurisprudencia, y no el respeto de la jurisprudencia en sí. De esta manera, un recurso contencioso-administrativo de anulación procedería por la violación, por un acto administrativo, de un Principio General del Derecho Administrativo reconocido por la jurisprudencia, pero no procedería por la violación pura y simplemente de esta última.

B) *Los Principios Generales del Derecho Administrativo*

15. Los Principios Generales del Derecho, en nuestro ordenamiento jurídico, son fuente del Derecho[46].

En materia administrativa han jugado un papel decisivo en la formación de la jurisprudencia de la Corte. Esta los ha reconocido como fuente del Principio de la Legalidad Administrativa y, por tanto, inspiradores de la actuación de la autoridad administrativa[47]. Veamos algunos de los Principios Generales del Derecho Administrativo según la jurisprudencia administrativa del Supremo Tribunal.

---

44   CF—94—3, 24—11—33.

CSJ—PA—90—1, 4—12—61.

CF—54—1, 5—8—58.

45   CF—23—1, 14—3—60.

46   CF—54—1, 5—8—58.

En esta sentencia la Corte daba carácter supletorio al Código de Procedimiento Civil, "cuando la ley o los *principios* y doctrinas administrativos nada establezcan para casos análogos". Véase el artículo 4 del Código Civil.

47   En la doctrina administrativa y el derecho comparado, véase: BENIOT JANNEAU, *Les Principes Généraux du droit dans la jurisprudence administrative,* Sirey, Paris, 1954; LETOURNEUR, "Les principes généraux du droit dans la jurisprudence du Conseil d'Etat", *EDCE,* Fascículo de 1951; J. RIVERO, "Los principios generales del Derecho en el Derecho Administrativo Francés contemporáneo", *RAP,* N° 6, 1951, págs. 289 y sig.; M. CLAVERO AREVALO. "La doctrina de los principios generales del Derecho *y* las lagunas del ordenamiento administrativo, *RAP,* N° 7, 1952, págs. 51 y sig.

Por una parte, los principios basados en la noción del predominio de *la finalidad de servicio público* en la actuación de la autoridad administrativa[48], de donde se deriva: la ejecutoriedad del acto administrativo según la cual éstos tienen efectos inmediatos y pueden ejecutarse desde que se los dicta[49] y por la cual los recursos administrativos no producen efectos suspensivos[50]; el derecho de la Administración a revisar sus propios actos antes de su recurribilidad jurisdiccional, limitada dicha recurribilidad a los poseedores de un interés legítimo para no entorpecer la acción de la Administración[51]; el derecho de modificar unilateralmente los Contratos Administrativos según las necesidades públicas generales[52]; el derecho para la Administración de conocer exclusivamente del mérito y oportunidad de sus actos[53].

Por otra parte, los principios basados en el derecho de los administrados al normal funcionamiento del servicio y a la protección jurídica frente a la Administración, de donde se deriva: el principio de la cosa juzgada administrativa[54], según el cual un acto administrativo no puede ser revisado por una autoridad de alzada, cuando contra él no se admite apelación o ésta ha caducado, es decir, cuando está firme, siendo creador dicho acto de derechos subjetivos[55]; el derecho a la motivación del acto administrativo como protección contra el arbitrio de la Administración[56]; el carácter de Derecho Público subjetivo que revisten los recursos administrativos para el particular lesionado en su interés legítimo[57].

La violación de estos principios por parte de la autoridad administrativa vician el acto de ilegalidad, pues son fuente del Principio de la Legalidad Administrativa que, a su vez, está reconocido por la Corte, como el principio fundamental del Derecho Administrativo venezolano[58].

---

48   CF—127—2, 12—11—54.

49   CF—182—1, 9—8—57

50   CF—7—1, 25—1—60.

51   CF—94—3, 24—11—53.

      CF—54—1, 5—8—58.

      CSJ—PA—90—1, 4—12—61.

      Sobre el interés legítimo, véase especialmente:

      CF—23—1, 14—3—60.

      CF—94—1, 24—11—53.

52   CF—127—3, 12—11—54.

53   CF—85—1, 6—11—58.

54   CF—97—1, 15—6—56.

55   CF—33—2, 17—7—53.

56   CF—182—1, 9—8—57.

57   CF— 54—1, 5—8—58.

      CF—127—1, 6—12—55.

58   CF—182—1, 9—8—57.

      CF—30—1, 9—4—59.

      CF—33—2, 17—7—53.

C) *La costumbre administrativa*

16. La práctica administrativa en Venezuela ha jugado un papel decisivo en la formación de las reglas que guían la acción de las autoridades administrativas, y ello porque la repetición constante de una determinada manera de proceder de la Administración forma una norma decisiva para la actuación sucesiva de las autoridades de la Administración. Es decir que, cuando la práctica es unánimemente aceptada en el orden administrativo, ella forma parte del Principio de la Legalidad Administrativa y, por tanto, de obligatoria observancia por el administrador. En varias oportunidades así lo ha reconocido nuestro Tribunal Supremo[59].

Por otra parte, ello no podría ser de otro modo ya que, por' la ausencia de una legislación procedimental administrativa, las autoridades encargadas de cumplir el procedimiento constitutivo e impugnativo del acto administrativo han carecido de normas precisas para actuar, por lo que están guiadas en una larga medida por las prácticas administrativas.

4. FUENTES DE CARÁCTER PARTICULAR

17. Además de las fuentes escritas y no escritas de la Legalidad Administrativa, cumplen también el carácter de fuentes ciertos actos jurídicos, que pueden ser exteriores a la Administración o dictados por ella, de carácter particular. Tales son las decisiones de la autoridad judicial y las decisiones de la autoridad administrativa. De ellas se desprende sucesivamente el respeto de la cosa juzgada jurisdiccional y el respeto de la cosa juzgada administrativa. Además cumplen también, en cierta forma, la función de fuente de la Legalidad Administrativa, los contratos administrativos.

Veamos, someramente, las implicaciones de estos tres supuestos.

A) *La cosa juzgada jurisdiccional*

La Administración, como los particulares, está obligada a respetar y cumplir lo decidido por la autoridad jurisdiccional con fuerza de verdad legal.

Y ello, así se trate de una cosa juzgada de efectos relativos, cuando la Administración ha sido parte en un proceso y condenada, por ejemplo, al pago de daños y perjuicios originados por su responsabilidad; como de una cosa juzgada de efectos

---

CF—102—1, 28—9—54.

CF—75—1, 23—10—53.

59 Sentencia de la CFC en SPA de 7-12-37, *Memoria* 1938, tomo I, pág. 375.

CF—54—1, 5—8—58.

CF—34—1, 3—6—58.

CSJ—PA—17—3, 19—2—62.

Véase al respecto: *G. FERRARI, Introduzione allo studios sul Diritto Pubblico Consuetudinario,* Milán, 1950; J. ORTIZ DIAZ, "El precedente administrativo", *RAP,* N° 24, 1957, págs. 75 y sig.

erga omnes[60], cuando, por ejemplo, la autoridad jurisdiccional en lo contencioso-administrativo declara la nulidad de un acto administrativo. La Administración, en todo caso, está obligada a observar y cumplir lo decidido por el juez.

Por ello, la cosa juzgada jurisdiccional forma parte del Principio de la Legalidad Administrativa, y su violación acarrea la ilegalidad del acto dictado que la incumple o desconoce.

B) *La cosa juzgada administrativa*

19. La Administración, en todo caso, está obligada a respetar las decisiones que ella misma ha tomado, sean éstas de carácter general o particular, una vez que hayan adquirido firmeza[61]" o hayan causado estado[62].

Respecto a sus actos generales, ello no implica que la Administración no los pueda modificar posteriormente. Es derecho de la Administración el revisar en todo caso, sus actos generales[63]. Sin embargo, mientras no los modifique o derogue, la obligan en su acción.

Respecto a los actos administrativos de efectos particulares creadores de derechos a favor de terceros, una vez firmes o si han causado estado, la Administración no puede desconocerlos ni revisarlos nuevamente, ya que es principio general del Derecho Administrativo que, cuando los actos administrativos han creado derechos subjetivos, la Administración no puede revocarlos[64]. Hasta tal punto está obligada la Administración a respetar sus decisiones, que si solicitada la nulidad de un acto administrativo que ha sido dictado con fundamento en otro plenamente válido ante la Corte Suprema, y no se solicita también la nulidad de éste, o está firme, la Corte no puede pronunciarse sobre la nulidad solicitada[65].

En resumen, el principio según el cual la Administración está sometida a sus propias decisiones, que no significa la obligación para ella de un inmovilismo o inmutabilidad jurídica, se traduciría por lógica en las siguientes reglas:

---

60   Sentencia de 27-1-37, Resumen CFC-SPA, 1936-1939, pág 130 *(Memoria* 1938, tomo I, pág. 145).

      Véanse los Nos. 376 y sig. y 407.

      Sobre el problema en el Derecho italiano, *véase:* GIUCCIARDI, *L'obbligo dell'aautorità amministrativa dì conformasi al giudicato dei Tribunali, Archivio di Diritto Pubblico,* Padua, 1938, pág. 250.

61   CSJ—PA—26—1, 15—3—62.

      CF—94—3, 24—11—53.

62   CF—54—1, 5—8—58.

      CSJ—PA—90—1, 4—12—61.

63   CFC—CP—16—1, 30—5—52.

64   CF—33—2, 17—7—53.

      CFC—CP—16—1, 30—5—52.

65   CSJ—PA—21—1, 28—2—62.

En primer lugar, la Administración debe respetar los derechos adquiridos por terceros y que han sido conferidos por sus propias decisiones. Este es el principio más importante y que juega el primer papel: es la limitación al derecho de la Administración a revisar sus propias decisiones[66]. Sólo puede revisarlas en este caso, cuando están abiertos los lapsos de recursos administrativos. Pero, una vez firmes, hayan o no causado estado, no pueden ser revisados.

En segundo lugar la Administración, pudiendo revisar un acto por no haber creado derechos a favor de particulares, debe para ello respetar el principio de la jerarquía formal de los actos que se desprende de la misma jerarquía administrativa. En este caso, si bien es cierto que el superior jerárquico puede revisar los actos del inferior, éste no puede revisar los actos de aquél.

Por último, respetadas las dos reglas anteriores, la Administración debe tener en cuenta la jerarquía material de los actos en respeto del aforismo: *Tu patere legem quam ipse fecisti*, es decir, el deber de respetar la norma que ella misma dictó. En este sentido la Administración debe, generalmente, dictar sus actos individuales conforme a los actos reglamentarios que ella misma ha dictado. Pero si ella tiene el derecho de revocar el Reglamento, mientras no lo haga no puede violarlo. En este mismo sentido, si un acto individual ha sido dictado en fundamento de otro anterior general o individual, la Administración no debe revisar aquél sin hacer lo mismo respecto a éste.

Por ello la cosa juzgada administrativa[67] es también fuente del Principio de la Legalidad Administrativa.

C) *Los contratos administrativos*

20. Hemos examinado anteriormente dos actos jurídicos de carácter particular que forman parte del Principio de la Legalidad Administrativa: la decisión de justicia, como acto externo a la Administración, y le acto administrativo como acto jurídico interno y propio de la Administración. Nos corresponde observar ahora un tercer acto jurídico, también fuente, particular de la Legalidad Administrativa: los contratos administrativos, que tienen carácter mixto, pues, si bien no son exteriores a la Administración, ya que ella interviene preponderantemente en su formación, tampoco son obra exclusiva de ella, pues interviene también en su formación un cocontratante externo a la Administración.

La Constitución de 1961 distingue dos categorías fundamentales de contratos administrativos: En primer lugar los contratos administrativos necesarios para el normal desarrollo de la Administración Pública, que los celebra el Presidente de la República o el funcionario competente, sin necesidad de intervención legislativa; y, en segundo lugar, los contratos administrativos que podríamos llamar excepcionales,

---

66   Véase Nos. 110 y 201.

67   CF—97—1, 15—6—56.
     Véase N° 114.

que requieren para su celebración, o la aprobación posterior del Congreso o la autorización previa[68].

La naturaleza de estos contratos administrativos excepcionales se desprende asimismo de nuestra Constitución: son aquellos de tal importancia para el funcionamiento del Estado mismo, sobre todo desde el punto de vista económico, que la Constitución exige para su celebración, además de la intervención del órgano ejecutivo, la autorización o aprobación del órgano legislativo como supremo representante de la soberanía popular. Tal es el caso, por ejemplo, de los contratos de empréstito público y operaciones de crédito público, que requieren, para su validez, una ley especial que las autorice[69].

En estos contratos administrativos excepcionales, no sólo está interesado en su cumplimiento el Estado mismo, sino que también están interesados los administrados. De ahí la autorización o aprobación legislativa requerida.

Como consecuencia de ello, el Principio de la Legalidad Administrativa tiene un distinto alcance en ambos Contratos administrativos. En los primeros, normales para el desarrollo de la Administración Pública, el Principio de Legalidad tiene efecto restringido, *inter partes*. El Contrato, en principio, tiene efectos sólo entre las partes[70], y sólo las partes están interesadas en su cumplimiento. Ningún tercero, persona pública o particular, puede intervenir en su cumplimiento, ni podría, en ningún caso, acudir a la vía contenciosa demandando su nulidad. La Corte Suprema sólo tiene competencia legal[71] para conocer en juicio contencioso de las cuestiones suscitadas entre la República y los particulares a consecuencia de contratos celebrados por el órgano ejecutivo. Por ello, sólo las partes contratantes pueden acudir a la vía jurisdiccional cuando lo consideren conveniente, y sólo el co-contratante de la Administración podría exigir jurisdiccionalmente el respeto del contrato y del Principio de la Legalidad Administrativa por parte de ésta. La violación del Contrato como fuente de la Legalidad Administrativa sólo podría ser denunciada por el co-contratante de la Administración cuando ésta lo ha infringido.

Pero, ¿podríamos decir lo mismo respecto de los contratos administrativos excepcionales que requieren aprobación legislativa, en los que, como, hemos dicho, todos los administrados y las mismas personas públicas tienen interés? Ciertamente que no, y por ello es que consideramos que la Constitución ha exigido que, para su celebración, se obtenga la aprobación legislativa. En efecto, en base a esta aprobación legislativa, que se hace por ley especial, cualquier particular o persona pública

---

68   Artículo 190, ordinal 15 y artículo 126 de la Constitución. Véase N° 136.

      Sobre los Contratos Administrativos en general, véase el Título III del presente estudio, Nos. 120 y sig.

69   Artículo 231 de la Constitución.

70   El artículo 1.166 del Código Civil dispone: "Los contratos no tienen efecto sino entre las partes contratantes; no dañan ni aprovechan a terceros, excepto en los casos establecidos por la ley". Véase al respecto el N° 154.

71   El artículo 7, ordinal 28 de la Ley Orgánica de la Corte Federal. Sí bien es cierto que ningún tercero puede acudir a la vía contencioso-administrativa demandando la nulidad de un contrato administrativo, en cambio sí se podría lograr obtener su ineficacia por vía de consecuencia: demandando la nulidad del acto administrativo que manifestó el consentimiento y aprobación de la Administración en el contrato.

podrá exigir ante la Corte, no ya el cumplimiento del contrato por alguno de los contratantes, sino el control de la constitucionalidad[72] del mismo. Esa es la principal finalidad de la aprobación legislativa, hacer que los terceros, ciertamente interesados como administrados, puedan exigir la conformidad con la Constitución del contrato, o, lo que es lo mismo, puedan exigir el cumplimiento del Principio de la Legalidad Administrativa.

Pero volvamos a la pregunta que nos habíamos formulado anteriormente[73]: ¿La aprobación legislativa de un contrato administrativo que no sea de los normales para el desarrollo de la Administración Pública, convierte dicho contrato en una Ley o continúa siendo un contrato administrativo?

Indudablemente que continúa siendo un contrato administrativo, y fuente de la Legalidad Administrativa con ese carácter, en cuya observancia están interesados los administrados, por contener, dicho contrato, prestaciones en las que está interesada la vida del Estado mismo.

La aprobación legislativa recaída en esos contratos perfecciona y completa la voluntad administrativa que interviene en la creación del vínculo contractual. El proceso de formación de la voluntad administrativa comprende varias etapas, una de las cuales es la aprobación impartida por el órgano legislativo.

Siempre que un contrato requiera la aprobación del Congreso, el acto aprobatorio emanado de este último constituye una de las manifestaciones de voluntad del Estado, complementaria de la manifestación anterior hecha por el órgano ejecutivo. La decisión aprobatoria de las Cámaras es, por su contenido, un acto administrativo de aprobación, esto es, una declaración de un órgano del Estado, en ejercicio de la función administrativa, que expresa su conformidad con una declaración de voluntad anterior, de otro órgano estatal. Las Cámaras, en efecto, "actúan en esa ocasión en ejercicio de la función administrativa, y el acto de aprobación emanado del Congreso es un acto administrativo emitido con forma de Ley[74].

Los actos de carácter administrativo, como los judiciales, fiscales, etc., lo son por su naturaleza, y por la cuestión que en ellos se ventila, y no cambia ese carácter ni suspende ni restringe la facultad del funcionamiento a quien la ley da competencia para conocer y decidir, la circunstancia de que otra autoridad conozca de asunto semejante y aun conexo con aquél[75]. La aprobación legislativa, por tanto, en nada altera la naturaleza contractual y administrativa del acto aprobado. Sólo permite, y por ello son fuente de la Legalidad Administrativa, que los particulares promuevan un

---

72   Artículos 126 y 162 de la Constitución.

Véase, asimismo, el artículo 215, ordinal 3 de la Constitución.

Al respecto, véase CSJ—CP—27—I, 15—3—62.

73   Véase el 10.

74   Véase la sentencia de la CFC en SPA de 5-5-17, Memoria 1938, tomo I, pág. 226.

Así también se expresaron los Magistrados J. M. Padilla, J. R. Duque Sánchez, E. Monsalve Casado, J. H. Rosales y E. Lares Martínez en el voto salvado a la sentencia CSJ—CP—27—I, 15—3—62.

75   CFC—CP—40—I, 30—10—52.

control jurisdiccional de su constitucionalidad, tal como antes hemos expresado. Sin embargo, y ello queda claro, dichos contratos no podrían ser objeto de un recurso contencioso-administrativo de anulación o de plena jurisdicción. Este último sólo estaría en manos del co-contratante de la Administración, pues el contrato sigue teniendo efecto sólo entre las partes.

CAPITULO III

ALCANCE DEL PRINCIPIO

1. LA ADMINISTRACION REGLADA Y EL PODER DISCRECIONAL

21. La noción de administración reglada se opone tradicionalmente a la noción de competencia o poder discrecional, en lo que respecta al alcance del Principio de la Legalidad Administrativa. Examinemos entonces la razón de esta distinción, la justificación del poder discrecional y el interés de la distinción.

A) *Distinción*

a. *Administración reglada*

22. La antigua Corte Federal ha señalado que la Administración Pública, como órgano de la actividad estatal, "no puede ejercitar sus funciones sino dentro de los precisos límites del derecho positivo, pues la demarcación de éstos constituye garantía establecida en beneficio de los particulares o administrados contra las posibles arbitrariedades de la autoridad ejecutiva"; y ha señalado además "que la administración reglada es aquella cuyos actos están sujetos a las disposiciones de la ley, reglamento o cualquier otra norma administrativa ya que, así como en el Derecho privado el acto jurídico requiere capacidad de parte de quien lo realiza, así también en el Derecho público el funcionario debe actuar con arreglo a los trámites establecidos con miras a la finalidad social buscada"[1]. Por donde se sigue que el acto administrativo, aun siendo dictado por quien tiene facultades para ello, debe cumplirse en entera conformidad con las condiciones exigidas por la ley.

En definitiva, la Administración actúa bajo competencia reglada cuando las reglas o normas preestablecidas que forman el Principio de la Legalidad Administrativa no le conceden libertad alguna de obrar o de elección entre varias soluciones, sino que le indican qué decisión concreta debe tomar.

El alcance del Principio de la Legalidad Administrativa se manifiesta extraordinariamente rígido en la Administración reglada.

---

1   CF—33—2, 17—7—53.

CF—75—1, 23—10—53.

Respecto a la noción de Administración reglada en la doctrina, *véase*: B. KORNPROBST, "La compétence liée", *RDP*, 1961, pág. 935.

b.   *El poder discrecional*

23. Pero si toda la actividad de la Administración se realizara bajo la forma de competencia reglada, la función de ella se reduciría a la elaboración mecánica de actos, sin ninguna libertad de apreciación de la oportunidad o conveniencia de los mismos, y sin posibilidad de iniciativa.

De ahí la existencia del poder discrecional de la Administración, según el cual ante unas circunstancias de hecho determinadas, la autoridad administrativa tiene la facultad de apreciar esas circunstancias en punto a su oportunidad y conveniencia y, por tanto, la facultad discrecional de adoptar, suprimir o modificar providencias[2] sin estar condicionada para ello por norma legal expresa.

c.   *Consecuencias de la distinción*

24. Los casos de competencia reglada son la excepción en Derecho administrativo. Pero si bien esto es cierto, el principio de la Legalidad Administrativa en los casos de competencia discrecional señala a la autoridad unos ciertos límites de apreciación, por lo cual se halla en todo caso encerrada por ciertas prescripciones normativas. De ahí la ausencia de arbitrariedad.

B)   *Justificación del poder discrecional*

25. La antigua Corte Federal, ante la interpretación de una norma legal que disponía que "El Ejecutivo Federal, cuando lo estime conveniente, podrá reducir las penas que esta Ley impone..."[3], señalaba[4] que el uso del verbo "poder" en la oración

---

2   CFC—CP—19—I, 4—6—52.

Respecto al poder discrecional o competencia discrecional, véase: J.M. HERNÁNDEZ RON, "La Potestad Discrecional *y* la teoría de la Autolimitación de los poderes", *Revista del Colegio de Abogados del Distrito Federal,* Año VI, N° 30-31, 1942, págs. 5 a 9; J.M. HERNÁNDEZ RON, "La potestad administrativa discrecional", misma *Revista,* año VII, N° 35-36, 1943, págs. 7 a 11; M. WALINE, "Le pouvoir discrétionaire de l'Administration et sa limitation par le contrôle juridictionnel", *RDP,* 1930, pág. 197; NICOLAS, "Le pouvoir discrétionnaire de l'Administration", *Recueil Lambert,* tomo II, pág. 36; T. C. VENEZIA, *Le pouvoir discrétionnaire,* Tesis, Librairie Général de Droit et de Jurisprudence, Paris, 1939; A. GUILLOIS, "De l'arrêt Bouteyre à l'arrêt Barel (Contribution a l'étude du pouvoir discrétionnaire)", *Mélanges Mestre,* Sirey, 1956, pág. 297; L. LÓPEZ-RODO, "Le pouvoir discrétionnaire de l'Administration", *RDP,* 1953, pág. 572; J. MEGRET, "De l'obligation pour l'Administration de procéder a un examen particulier des circonstances de l'affaire avant de prendre une décision discrétionnaire, *ED-CE,* 1953, pág. 77; P. STAINOF, "Du contrôle juridictionnel sur l'exercice du pouvoir discrétionnaire", *Mélanges Nugulesco,* 1935; C. FERRARIS, *Il potere discrecionale délla Pubblica Administrazione,* 1939; F. GARRIDO FALLA. "El Tratamiento jurisprudencial de la discrecionalidad administrativa", *RAP,* N° 13, 1954, pág. 143; F. LUCES GIL, "La discrecionalidad de la Administración en la jurisprudencia del Tribunal Supremo", *Revista de Estadios de la Vida Local,* año IX, N° 53, pág. 665; C. J. FRIEDRICH, "Apuntes sobre el valor de la discreción", *Revista de Ciencias Sociales,* Universidad de Puerto Rico, vol. II, N° 1, 1958; V. MARIKOWSKI, *Le pouvoir discrétionnaire de l'Administration,* Bruselas, 1958; L. LOPEZ-RODO, "La discrecionalidad de la Administración en el Derecho Español", *Revista de Estudios de la Vida Local,* 1947, pág. 493.

3   Artículo *74* de la Ley de Impuesto sobre sucesiones y otros ramos de la Renta *Nacional.*

4   CF—85—I, 6—11—58.

Sobre la justificación del Poder discrecional en la doctrina francesa, véase: A. HAURIOU, "Le pouvoir discrétionnaire et sa justification", Mélanges Carré de Malberí, pág. 233.

"podrá reducir las penas", del texto citado, indica que se está en presencia de una facultad discrecional de la Administración Pública.

Poder es tener la facultad o el medio de hacer una cosa y facultad, el derecho —no el deber ni la obligación— de hacer una cosa. El Código de Procedimiento Civil, en su artículo 13, da la interpretación jurídica de este verbo, que bien puede aplicarse, no sólo en las actuaciones judiciales, sino también en general. Cuando la ley dice: "El Juez o Tribunal puede o podrá", se entiende que lo autoriza para obrar según su prudente arbitrio, consultando lo más equitativo o racional, en obsequio de la justicia, y de la imparcialidad.

Este poder discrecional, ya virtual, ya expresamente conferido por la Ley, es indispensable para que el Poder administrador, y de una manera más amplia, el Poder Ejecutivo, pueda realizar sus fines de un modo cabal, porque la Ley no puede prever y reglamentar las múltiples, cambiantes y complejas relaciones jurídicas que se producen en la sociedad. De ahí que, por lo general, se limite a determinar normas que fijan la competencia de los diversos órganos administrativos y deja a éstos una cierta libertad de apreciación de los hechos para decidir u orientar su actuación.

Puede decirse, entonces, que el acto discrecional se produce cuando el administrador actúa en ejercicio del poder de libre apreciación que le deja la Ley para decidir si debe obrar o abstenerse, o cómo ha de obrar, o qué alcance ha de dar a su actuación.

Y esta forma de acción es precisamente, dentro de la Administración, la regía general.

C) *Interés de la distinción*

a. *Apreciación de la oportunidad*

26. El interés fundamental de la distinción entre competencia reglada y poder discrecional es la distinción entre legalidad y oportunidad. En el primer caso, la autoridad administrativa debe dictar su decisión enteramente condicionada por la Ley; en el segundo caso la Administración es libre de adoptar su decisión en cuanto a la oportunidad de hacerlo y a la conveniencia de ello[5].

Sin embargo, la apreciación libre de la oportunidad y conveniencia no implica ausencia de legalidad y ni siquiera una excepción al Principio de la Legalidad Administrativa, pues ha sido precisamente la ley quien ha dado la facultad discrecional a la autoridad administrativa.

---

5   CFC—CP—19—1, 4—6—52.

Sobre el control de la legalidad y la oportunidad, véase: M. DUBISSON, La distintion entre la légalité et l'opportunité dans la théorie du recoure pour excès de pouvoir, Tesis. Librairie Général de Droit et de Jurisprudence, Paris, 1958.

b.   *Control de la oportunidad*

27. La apreciación de la oportunidad y conveniencia tiene un control innato y es el control de la propia Administración. Los medios puestos a disposición de los administrados para lograr ese control son los recursos administrativos o gubernativos y principalmente el recurso jerárquico[6], admitidos por la legislación vigente y por la jurisprudencia administrativa.

Sin embargo, ¿existe en Venezuela el control jurisdiccional de los actos administrativos discrecionales en cuanto a su oportunidad? Al efecto, la antigua Corte Federal ha señalado que "es de la naturaleza de todo acto realizado en ejercicio de una facultad discrecional, el que no pueda ser revisado o anulado por otro Poder en lo que se refiere al mérito o fondo"[7]. Esta conclusión resulta evidente porque, de lo contrario, esa facultad discrecional no sería tal ni propia de un Poder.

Por tanto, la Corte Suprema de Justicia en Sala Político-Administrativa no es competente para controlar jurisdiccionalmente la oportunidad y conveniencia de los actos administrativos discrecionales[8].

c.   *El control de la legalidad*

28. ¿Quiere decir lo anterior que los actos administrativos discrecionales no están sometidos al control de la legalidad por la Corte? Ciertamente que no, y de ahí es que se encuentran sometidos al cumplimiento del Principio de la Legalidad Administrativa.

Todos los actos administrativos, discrecionales o reglados, están sometidos al control jurisdiccional de la Corte, en cuanto a su legalidad. Sin embargo, ya hemos señalado, la Legalidad tiene un alcance más amplio y estricto en la Administración reglada que en la Administración discrecional.

2.   LIMITES DEL PODER DISCRECIONAL

29. La autoridad administrativa que actúa en apoyo de un poder discrecional está sometida, en su competencia discrecional, al fin para el cual le ha sido conferida esa competencia. Ello implica, por otra parte, que la potestad discrecional del funcionario administrativo no puede traspasar los lindes de la verdad y de la equidad.

---

6   Véanse los Nos. 194 y sig.

      CF—54—1, 5—8—58.

      CF—127—1, 6—12—55;

      Véase al respecto: G. JEZE, "Apprétiation par les gouvernements et leurs agents de l'opportunité d'agir: création, organisation et fonctionement du service public", *RDP*, 1943, pág. 1.

7   CF—85—1,6—11—58.

8   En la doctrina francesa, véase: M. WALINE, "Etendue et limites du contrôle du juge administratif', *EDCE*, Fascículo N° 10, 1956, pág. 25; REGLADE, "Du prétendue contrôle juridictionnel de l'opportunité", *RDP*, 1925.

La antigua Corte Federal ha señalado que "es cierto que los componentes de los Poderes Públicos y especialmente del Poder Ejecutivo y del Poder Judicial, así como del Municipal en los Estados y Distrito Federal, pueden realizar actos discrecionales, es decir, que el ente administrativo al tomar la vía de la discrecionalidad queda en libertad de realizar los actos según la libre expresión de las circunstancias. Pero esa discrecionalidad ni implica arbitrariedad ni injusticia, puesto que la Administración Nacional, Estadal o Municipal no obra en pura conformidad a su elección, sino en virtud y como consecuencia de su capacidad condicionada por su fin[9]. Siendo así las cosas, el funcionario, al obrar discrecionalmente, tiene que hacerlo sin excederse de su competencia y marcando la exacta correspondencia entre los motivos, el fin perseguido y los medios utilizables.

Por otra parte, la subordinación del acto administrativo a la equidad y verdad significa que el funcionario o la Administración no pueden en modo alguno salirse de los fines que con la norma legal se persiguen, aun en el supuesto de que estén en función las facultades discrecionales del Poder Público[10].

---

9   CF—2—1, 24—2—56.
10   CF—182—1, 9—8—57.

CAPITULO CUARTO
LA ILEGALIDAD

1. NOCIÓN

30. La violación del Principio de la Legalidad Administrativa por una autoridad administrativa vicia el acto administrativo de ella emanado de ilegalidad.

En este sentido entendemos por ilegalidad como la violación, por parte de la Administración, del conjunto de normas o reglas preestablecidas que forman el conjunto de las fuentes del Principio de la Legalidad Administrativa y que han sido dictadas por la autoridad competente para guiar su acción. Por tanto, hay ilegalidad cuando se infringen cualesquiera de las fuentes señaladas con las observaciones especificadas al hablar de las Instrucciones del Servicio y lo señalado respecto de los contratos administrativos.

Ahora bien, es necesario señalar que no toda ilegalidad vicia un acto administrativo con la misma intensidad. Nos limitaremos a estudiar los vicios de ilegalidad susceptibles de ser controlados jurisdiccionalmente y, en este sentido, veremos las formas de la ilegalidad, su control y las consecuencias que produce.

2. FORMAS DE LA ILEGALIDAD

A) *La inconstitucionalidad*

31. Nuestra jurisprudencia ha distinguido fundamentalmente dos formas de la inconstitucionalidad de los actos administrativos: la inconstitucionalidad propiamente dicha y la usurpación de funciones como vicio de los mismos. Estudiemos separadamente estas dos formas de presentación de la inconstitucionalidad de los actos administrativos.

a. *La inconstitucionalidad de los actos administrativos*

32. Los actos administrativos están viciados de inconstitucionalidad cuando la autoridad administrativa que los dictó ha infringido algún precepto, principio o garantía constitucional. La inconstitucionalidad, entonces, debe resultar siempre sin necesidad de alegar ni probar hechos, del antagonismo directo entre el acto administrativo que se impugna y el precepto, principio o garantía constitucional infringida[1].

---

1 Artículo 46 de la Constitución.
   CFC—CP—5—1, 23—2—53.

De ahí la necesidad de que en el respectivo libelo se exprese, como fundamento, la norma constitucional violada[2].

b.   *La usurpación de funciones*

33. La Constitución de 1961 señala que la Constitución y las Leyes definen las atribuciones del Poder Público y a ellas debe sujetarse su ejercicio. Cada una de las ramas de ese Poder Público, por otra parte, tiene sus propias funciones pero los órganos a los que incumbe su ejercicio colaborarán entre sí para la realización de los fines del Estado. Y agrega después que toda autoridad usurpada es ineficaz y sus actos son nulos[3].

De estos preceptos constitucionales, que con variaciones de redacción se encuentran en nuestra Teoría Constitucional desde la Carta Fundamental de 1858[4], se desprende que hay dos tipos de usurpación de funciones: la usurpación de autoridad y la usurpación de funciones propiamente dicha.

a'.   *La usurpación de autoridad*

34. El usurpador de autoridad es aquel que la ejerce y realiza sin ningún tipo de investidura, ni regular ni prescrita. El concepto de usurpación, en este caso, emerge cuando una persona que no tiene *auctoritas* actúa como autoridad. De ahí que la autoridad usurpada sea ineficaz y sus actos sean nulos por inconstitucionalidad[5]. Este no es el caso de la actuación del funcionario de hecho.

Por otra parte, es necesario observar que la usurpación de autoridad implica la usurpación de funciones, por eso la calificamos como una forma de esta última.

b'   *La usurpación de funciones*

35. Existe, por otra parte, usurpación de funciones cuando una autoridad, al dictar un acto, incurre en una incompetencia constitucional; y sólo puede considerarse incompetencia constitucional, propiamente hablando, aquella que resulta cuando una de las ramas del Poder Público usurpa funciones correspondientes a otra rama del mismo Poder Público[6], es decir, cuando un órgano del Poder Legislativo, por ejemplo, realiza funciones propias del Poder Judicial. La misma incompetencia constitucional se presenta cuando, por ejemplo, un órgano del Poder Municipal o Estadal usurpa funciones del Poder Nacional en cualquiera de sus ramas. En ambos casos se violan disposiciones "atributivas de competencia constitucional"[7].

---

2   CFC—CP—42—1, 26—11—52.

3   Artículos 117 al 119 de la Constitución.

4   CFC—CP—14—1, 12—6—51.

5   Artículo 119 de la Constitución.

6   Artículo 118 de la Constitución. Cuando un órgano ejecutivo, por ejemplo, realiza un acto atribuido a un órgano legislativo o jurisdiccional.

7   Artículos 17, 18, 29, 31 y 136 y Títulos V, VI y VII de la Constitución.

Esta usurpación de funciones es lo que la antigua Corte Federal denominó en algunos fallos "exceso de poder jurisdiccional"[8], como vicio de los actos administrativos. Y siguiendo el criterio de la Corte, el exceso de poder jurisdiccional, por contraposición al "exceso de poder administrativo", se confunde con la usurpación de funciones y se relaciona con la inconstitucionalidad de los actos administrativos y, en general, con los actos del Poder Público, por violación de preceptos estampados en la Carta Fundamental, debido a inversiones o interferencias de un Poder a otro.

Esta usurpación de funciones es lo que nuestras Constituciones anteriores llamaban, a nuestro juicio impropiamente, "extralimitación de atribuciones y facultades" o "usurpación de atribuciones"[9].

Es necesario insistir en este concepto de usurpación de funciones, que sólo vicia a los actos administrativos, cuando la autoridad que los dicta actúa con inversiones o interferencias de un Poder a otro. Es decir, se está en presencia de la forma más burda, grosera y radical de incompetencia. La usurpación de funciones es, así, el grado mayor de incompetencia.

Pero debemos dejar muy claro que no constituye usurpación de funciones la incompetencia en menor grado que vicia el acto administrativo, cuando la autoridad administrativa que lo dicta asume atribuciones o facultades que le están encomendadas a otra autoridad administrativa. En este caso hay extralimitación de atribuciones o, si se quiere, usurpación de atribuciones, pero nunca habrá una usurpación de funciones, pues ambas autoridades ejercen la misma función administrativa. Por ello, en este caso sólo hay un vicio de ilegalidad, de incompetencia legal, que examinaremos más adelante bajo el nombre de "extralimitación de atribuciones", pero no hay un vicio de inconstitucionalidad que, en materia de incompetencia, sólo existe cuando se usurpa una "función" del Estado que no se tiene poder para ejercer.

c'. *Precisión terminológica*

36. Creemos imprescindible aclarar, una vez más, los términos que hemos empleado y que, según la terminología de la Constitución vigente de 1961, estimamos los correctos. Insistimos tanto en ello, pues, sí bien es cierto que la Corte en algunos fallos ha sido lo relativamente clara y precisa para deducir el significado exacto de los términos, en algunos otros numerosos fallos ha reinado, en nuestro concepto, una lamentable confusión de términos[10].

---

8   CF—94—1, 14—11—53.

     CF—32—2, 2—6—58.

9   Artículo 41 de la Constitución de 1953; artículo 84 de la Constitución de 1947; artículo 42 de la Constitución de 1936.

     Una cosa es la Función y otra la Atribución; la Función es el género, la Atribución la especie. Cuando se usurpa la Función se usurpa, como consecuencia, la Atribución; pero cuando se usurpa la Atribución no necesariamente se usurpa la Función, ya que la usurpación de la Atribución puede ser realizada por una autoridad con atribuciones propias dentro de la misma Función.

10   CF—32—1, 2—6—58.

     CF—33—1, 17—7—53.

La usurpación de funciones es siempre un vicio de inconstitucionalidad, pues las funciones del Estado están definidas fundamentalmente por la Constitución. En cambio la usurpación de atribuciones puede ser vicio de inconstitucionalidad o de ilegalidad, pues las atribuciones no sólo están señaladas en la Constitución sino también en las leyes (artículo 118 de la Constitución). Así, hay usurpación de atribuciones cuando una autoridad usurpa una atribución de otra autoridad, ambas en ejercicio de la misma función estatal y, por tanto, generalmente, pertenecientes al mismo Poder; pero también hay usurpación de atribuciones cuando una autoridad en ejercicio de una función estatal dada usurpa atribuciones de otra autoridad perteneciente a otro Poder estatal, en cuyo caso también usurpa la función.

Por tanto, si queremos evitar los términos confusos y equívocos, tenemos que desechar el de usurpación de atribuciones cuando queremos calificar el vicio de incompetencia constitucional que hemos denominado usurpación de funciones. Y ello porque el término usurpación de funciones sólo nos puede indicar *ese vicio* de incompetencia constitucional; en cambio el término usurpación de atribuciones nos puede indicar tanto un vicio de inconstitucionalidad como un vicio de ilegalidad, como hemos visto. La usurpación de funciones implica, claro está, que también se usurpa la atribución y es siempre un vicio de inconstitucionalidad; en cambio la usurpación de atribuciones no conlleva necesariamente la usurpación de la función y, por tanto, no siempre es un vicio de inconstitucionalidad.

Por tanto no es correcto decir, como lo ha hecho la Procuraduría General de la República, que la usurpación de funciones es sinónima de la usurpación de atribuciones[11].

En definitiva adoptamos la siguiente terminología, que nos parece la más adecuada y que no da lugar a confusión:

a". La usurpación de autoridad, tal como se desprende de la Constitución en su artículo 119, es el vicio que acompaña a todo acto dictado por una persona desprovista totalmente de autoridad. No es el caso de la actuación del "funcionario de hecho" y, por tanto, siempre es un vicio de inconstitucionalidad.

b". La usurpación de funciones es el vicio que acompaña a todo acto dictado por una autoridad que, para dictarlo, se ha arrogado funciones que corresponden a otra autoridad perteneciente a otra rama del Poder Público distinta de la que ella pertenece. Se trata siempre de un vicio de inconstitucionalidad[12]. Este vicio de usurpación de funciones se ha calificado también como extralimitación de funciones pues, ciertamente, toda autoridad que se extralimite en su función, sea legislativa, jurisdiccional, administrativa o de gobierno, e invada la función de otra distinta, comete una usurpación de funciones.

CFC—CP—14—1, 12—6—51.

11   Escrito dirigido a la Corte Federal en 17 de noviembre de 1960, Informe de la Fiscalía General de la República al Congreso *en* 1960, Caracas, 1961 pág. 531.

12   Artículo 118 de la Constitución.

CF—94—1, 24—11—53.

c". La extralimitación de atribuciones es, como veremos, la incompetencia de orden legal que vicia al acto administrativo: la autoridad que se extralimita de su atribución e invade atribuciones de otra autoridad, siempre dentro del mismo Poder y en ejercicio de la misma función estatal, comete una extralimitación de atribuciones. Se trata siempre de un vicio de orden legal.

Muchos de los fallos confusos de nuestra Corte[13] tienen una explicación parcial: el hecho de que las Constituciones anteriores emplearan indistintamente los términos extralimitación de facultades y atribuciones o usurpación de atribuciones para calificar la usurpación de funciones[14]

En la Constitución actual, por otra parte, no hay posibilidad de confundir la "extralimitación de atribuciones" con la "usurpación de funciones". Ambos son vicios distintos: el primero, cuando se refiere a la actividad administrativa, como veremos, es una incompetencia de orden legal; el segundo, como hemos visto, es una incompetencia de orden constitucional y, por tanto, mucho más grave que la primera.

B) *La ilegalidad*

37. Vistos ya los vicios de inconstitucionalidad administrativa, nos corresponde examinar ahora los vicios de ilegalidad administrativa o ilegalidad de los actos administrativos propiamente dicha. Veremos sucesivamente la incompetencia legal o extralimitación de atribuciones, el abuso o exceso de poder, la desviación de poder, los vicios de forma y la contrariedad al Derecho en general que pueden viciar a los actos administrativos[15].

a. *La extralimitación de atribuciones*

38. La extralimitación de atribuciones en materia administrativa y, en su concepto propio, supone, según la terminología constitucional[16], la invasión o interferencia

---

13 CF—101—1, 25—9—54.

CF—33—1, 17—7—53.

14 Artículo 41 de la Constitución de 1953; artículo 84 de la Constitución de 1947; artículo 42 de la Constitución de 1936.

15 Artículo 206 de la Constitución.

Sobre un completo estudio doctrinal respecto a los vicios del acto administrativo, véase: F. GARRIDO FALLA, "Los Motivos de impugnación del acto administrativo", *RAP,* N° 17, 1955, págs. 11 y sig.; también véase el libro del mismo autor: *Régimen de impugnación de los Actos Administrativos,* Instituto de Estudios Políticos, Madrid. 1956. Véase, asimismo, DE SOTO, *Contribution á la théorie des nullilés des actes administratifs unilateraux,* Tesis. París, 1942.

16 Artículo 159 de la Constitución. En efecto, este es el único artículo de la Constitución que habla de la "extralimitación de atribuciones", cuando establece: "Los actos de los cuerpos legislativos en ejercicio de sus atribuciones privativas no estarán sometidos al veto, examen o control de los otros poderes, salvo lo que esta Constitución establece sobre ex trai imitación de atribuciones".

El artículo, aunque en su fondo no nos interesa para lo que ahora aclaramos, en su forma y por la terminología empleada, nos es de gran utilidad. En efecto, se señala que hay atribuciones privativas de los cuerpos legislativos, es decir, del Senado y de la Cámara de Diputados; y que en el ejercicio de esas atribuciones no están dichos cuerpos sometidos al control de otro Poder del Estado, salvo lo que se establezca sobre la ex trai imitación de atribuciones. Ahora bien, en el sentido del artículo, extralimitación de

de un funcionario administrativo en atribuciones que no le corresponden y que están atribuidas específicamente a otra autoridad administrativa. En nuestra Constitución vigente la extralimitación de atribuciones no es más que esto, es decir, la incompetencia legal que vicia al acto administrativo cuando su autor se extralimita de sus propias atribuciones e invade las de otra autoridad dentro del mismo Poder Administrativo.

Por otra parte es necesario volver a insistir en lo ya dicho: no debe confundirse lo administrativo con lo constitucional. La extralimitación de atribuciones es una incompetencia de orden administrativo, de orden legal; la usurpación de funciones es una incompetencia de orden constitucional. La extralimitación de atribuciones es una incompetencia que proviene de la actividad administrativa dentro de la función administrativa y puede ser, en razón de la materia, del territorio, del tiempo, del grado jerárquico o de los poderes legales conferidos. I-a usurpación de funciones, en cambio, es una incompetencia de orden constitucional que deriva de la propia Constitución y que es, en nuestro régimen constitucional, una incompetencia político-social. La finalidad de su regulación ha sido, históricamente, amparar la Constitución contra la acción violenta y arbitraria. Nuestra Constitución sanciona los actos viciados de usurpación de funciones o, como alguien la ha llamado, "usurpación de poder"[17], con la ineficacia o nulidad radical, como proveniente de autoridad usurpada, de una autoridad ilegítima, de una autoridad fundada en la arbitrariedad o en la violencia o en cualquier otro hecho desprovisto de respaldo legal.

En cambio, en la extralimitación de atribuciones no hay en juego un interés social, ni conviene declarar tampoco los actos con ese vicio como desprovistos de toda existencia jurídica. En estas situaciones los actos sólo son anulables.

En todo caso debemos expresar que estamos hablando de vicios de los actos administrativos, y éstos son ejecutados en cumplimiento de la Ley. Por ello la extralimitación de atribuciones como vicio de los actos administrativos siempre es un vicio de ilegalidad. No sucede lo mismo, por supuesto, respecto a la extralimitación de atribuciones, por ejemplo, de los cuerpos legislativos. Sólo en la Constitución se establecen las atribuciones privativas de cada Cámara; ninguna ley lo hace, pues la actividad legislativa se realiza en ejecución directa de la Constitución. Por ello la extralimitación de atribuciones, en este caso, corresponde propiamente a problemas de Derecho Constitucional y es un vicio de inconstitucionalidad.

---

atribuciones no puede ser otra cosa que la interferencia de un cuerpo legislativo en las atribuciones privativas de otro, y esto nunca puede ser igual a la usurpación de funciones.

Un comentario completamente al margen, pero útil como observación jurídica: la Constitución no establece nada, en ninguno de sus artículos, sobre la extralimitación de atribuciones...

Sobre la incompetencia como vicio de los actos administrativos en la doctrina, véase: AUBY, "L'incompétence ratione temporis", RDP, 1953, pág. 5; M. S. GIANNINI, "In tema di vizio di incompetenza dell'atto amministrativo"; *Giurisprudenza completa della Corte Suprema di Cassazione*, 1946, II, pág. 570; SANDULLI, "Per la delimitazione del vizio di incompetenza degli atti amministrativi". Rassegna di diritto pubblico, 1948, I, pág. 25.

17   Voto salvado del Magistrado Rafael Angel Camejo a la sentencia CFC-CP-64-1, 8-8-51

Aquí sólo hablamos de extralimitación de atribuciones de la autoridad administrativa y como vicios de los actos administrativos.

b. *El abuso o exceso de poder*

39. En Francia, el Recurso por Exceso de Poder nació y es empleado para impugnar a los actos administrativos viciados de ilegalidad[18]. No se emplea el término "exceso de poder" para calificar un vicio de ilegalidad de los actos administrativos sino para indicar el principal recurso contencioso-administrativo de anulación. En este sentido el recurso por exceso de poder es la acción por la cual toda persona que tenga interés en provocar la anulación de un acto administrativo ejecutorio puede ocurrir al juez de lo contencioso-administrativo en razón de la ilegalidad de ese acto[19].

Nuestra jurisprudencia no utiliza el término "exceso de Poder" para calificar el recurso contencioso-administrativo de anulación. En múltiples fallos, la antigua Corte Federal[20] ha utilizado dicho término para indicar un vicio de ilegalidad del acto administrativo. Y, en este sentido, lo asimila al abuso de poder[21]. También en otros fallos, erradamente en el sentido general de nuestra jurisprudencia, la Corte Federal calificó la extralimitación de funciones como exceso de poder[22] y la desviación de poder también como exceso de poder[23].

Trataremos de sacar en claro cuál es el sentido correcto que domina en la jurisprudencia administrativa de la Corte, cuando se ha atenido a la competencia que le da la Ley Orgánica de la Corte Federal para declarar la nulidad de los actos administrativos por abuso de poder[24].

---

18 Sobre la evolución histórica del Recurso por Exceso de Poder en Francia, véase: P. LANDON, *Histoire abrégée du recours pour excès de pouvoir des origines à 1934,* Librairie Général de Droit et de Jurisprudence, París, 1962; P. LAMPUE, "Le développement historique du recours pour excès de pouvoir depuis ses origines jusqu'au debout de XXe. siècle", *RISA,* 1954, N" 2; IMBERT, *L'évolution du recours pour excès de pouvoir (1872-1900), Dalloz, Paris, 1952.*

19 Sobre el recurso por exceso de poder en la doctrina, véase: J. FOURNIES y G. BRAIBANT, "Recous pour excès de pouvoir". *Répertoire de Droit Public et Administratif,* Dalloz, Paris; ARIAS DE VELASCO, "El Recurso por exceso de poder". *Revista de Derecho Público,* Madrid, 1934.

20 CF—182—1, 9—8—57.

    CF—2—1, 24—2—56.

    Sobre el exceso de poder como vicio del acto administrativo, véase: S. MARTIN-RETORTILLO, "Exceso de poder como vicio del acto administrativo", *RAP,* N° 23, 1957, págs. 83 y sig.; RESTA, "La natura giuridica dell'eccesso di potere come vizio degli atti amministrativi". *Studi per P. Cammeo,* Padua, vol. II, 1933, pág. 383; FORTI, "In tema di eccesso di potere", P. I., 1937, III, pág. 122.

21 CF—182—1, 9—8—57.

    CF—2—1, 24—2—56.

22 CF—182—1, 9—8—57.

    CF—2—1, 24—2—56.

23 CF—94—1, 24—11—53.

    CF—182—1, 9—8—57.

24 Ley Orgánica de la Corte Federal, artículo 7, ordinal 9.

En sentencia de 9 de agosto de 1957, la antigua Corte Federal ha señalado[25] que "un acto administrativo puede haber sido dictado por el órgano competente aun dando cumplimiento a los preceptos de la ley positiva —y en tal caso no podría tildárselo propiamente de 'ilegal' en el sentido estricto de la palabra—; pero, dentro de esa apariencia de legalidad, el acto puede adolecer de otros vicios, como el de exceso o abuso de poder, contemplado por el ordenamiento jurídico venezolano".

Claramente observamos que, en Venezuela, el exceso de poder o abuso de poder no es un recurso jurisdiccional sino que es un vicio de ilegalidad de los actos administrativos. Y, en este sentido, continúa la Corte señalando[26] que cuando la ley venezolana habla de "abuso de poder para sancionar con la nulidad los actos administrativos que lo contengan, no se contrae exclusivamente a la transgresión de normas constitucionales o legales expresas, sino que mira también otros vicios que pueden infirmar los actos de la administración. Por eso distingue netamente entre ilegalidad o abuso de poder, y este abuso de poder puede cometerlo cualquier funcionario aun en el caso de darle cumplimiento estricto a la norma escrita, ley positiva o precepto legal expreso, porque en la aplicación de ese precepto legal bien puede haber tergiversado los presupuestos de hecho que autorizaban la actuación del funcionario".

Y agrega la Corte en el mismo fallo[27] "que no debe confundirse el abuso de poder con la desviación de poder, pues el primero consiste únicamente en hacer uso indebido del poder que es atribuido al funcionario, independientemente del fin[28] logrado, bien porque se tergiverse la verdad procesal denudándose los hechos o bien por cualquier otra causa". El abuso de poder sostuvo la Corte "se caracteriza más que en ningún otro aspecto en el llamado *travisamento dei facti* del Derecho italiano, o sea, lo que la doctrina procesal denomina 'tergiversamiento', reglamentado en el artículo 435 del Código de Procedimiento Civil así: "Cuando los jueces hayan dado por probado un hecho con pruebas que por la ley sea improcedentes para demostrarlo; cuando a una prueba que no reúna los requisitos exigidos por la Ley le hayan dado, sin embargo, los efectos que ésta le atribuye como si estuviera debidamente hecha; cuando basen sus apreciaciones en falso supuesto, atribuyendo la existencia en un instrumento o acta del expediente de menciones que no contenga, o dando por demostrado un hecho con pruebas que no aparezcan en autos, o cuya inexactitud resulte de actas o instrumentos del expediente mismo no mencionados en la sentencia' ".

Pues bien, esto mismo es lo que se presenta en el Derecho administrativo cuando la Administración, sin violar un precepto legal, realiza un acto en el que altere la verdad que sirve de presupuesto a éste; no podría ciertamente decirse que ha cometido una efectiva transgresión de la Constitución y las leyes, pero no puede caber duda de que el acto así cumplido está gravemente viciado por exceso de poder[29]. Y

---

25   CF—182—I, 9—8—57.

26   CF—182—1, 9—8—57.

27   CF—182—1, 9—8—57.

28   Característica de la Desviación de Poder. Véase N° 40.

29   CF—182—1, 9—8—57.

ello porque la potestad discrecional del funcionario administrativo, lo mismo que la del juez, no puede atravesar y traspasar los lindes de la verdad y de la equidad.

De lo expuesto, claramente se deduce qué entiende la jurisprudencia por vicio de exceso o abuso de poder de los actos administrativos. Observamos que no se trata de un recurso contencioso-administrativo sino de un vicio del acto administrativo. Observamos, asimismo, que se trata de un vicio totalmente distinto del vicio de incompetencia por extralimitación de atribuciones, sobre la que ya hemos hablado. Veremos también, seguidamente, que este vicio del acto administrativo es completamente distinto de la desviación de poder.

El vicio de abuso o exceso de poder es, en definitiva, el vicio que acompaña al acto administrativo cuando el agente que lo cumplió hizo uso indebido del poder legal que le fue atribuido para su actuación por la ley, y en este sentido el más característico es aquel que acompaña a los actos administrativos cuando el funcionario que los ha dictado modificó los presupuestos de hecho que autorizaban su actuación, alterando, como consecuencia, la verdad de esos presupuestos de hecho del acto administrativo. Estos presupuestos de hecho son los que configuran la causa del acto administrativo[30].

c.   *La desviación de poder*

40. Ha señalado la antigua Corte Federal que están afectados con vicio de desviación de poder aquellos actos que, a pesar de conservarse siempre formal y aparentemente dentro de los limites de las facultades discrecionales, "éstas son usadas para fines distintos de aquellos para los cuales fueron atribuidas al funcionario" esas facultades[31].

---

30   Sobre la causa del acto administrativo como uno de los requisitos de fondo, véase: G. VEDEL, *Essay sur la notion de cause dans le Droit Administratif.* París, 1934; FORTI, "Il motivi e la causa negli atti amministrativi", *Studi di Diri no Pubblico,* 1937, vol. 3, pág. 477; BODDA, "Opinioni sulla causa nell' atto amministrativo", *Studi in onore di Santi Romano,* vol. II, pág. 59; GASPARRI, *La causa degli atti amministrativi,* Pisa, 1942; R. NÚÑEZ LAGOS, "La causa del acto administrativo", *Estudios en Homenaje a Jordana de Pozas,* vol. I, Madrid, 1961, págs. 65 y sig.; R. E. CHARLIER, "La cause dans la jurisprudence administrative récente", *JP,* 1950, 871. Véase el N° 94.

31   CF—182—1, 9—8—57.

Sobre la desviación de poder como vicio del acto administrativo en la doctrina, véase: S. MARTIN-RETORTILLO BAQUER, "La desviación de poder en el Derecho Español", *RAP,* N° 22, 1957, págs. 129 y sig.; A. SERRA PIÑAR, "El recurso por desviación de poder". *Revista de la Facultad de Derecho de Madrid,* 1942, número en homenaje a GASCON Y MARIN, págs. 181 y sig.; MARTINEZ USEROS, "Desviación de Poder", *Anales de la Universidad de Murcia,* 1955-1956; FERRERÒ, "Lo sviamento di potere della Pubblica Amministrazione", *Annali della Facultà di Giurisprudenza dell'Università di Peruggia,* 1929, pág. 294; ROVELLI, "Lo sviamento dì potere", *Scritti per G. Vaccbelli,* Milán, 1936, pág. 447; M. F. CALVERO AREVALO, "La desviación de poder en la reciente jurisprudencia del tribunal Supremo", *RAP,* N° 50, 1959, págs. 105 y sig.; M. LAGRANGE, "Le détournement de pouvoir en droit comparé", *RDP,* 1955, pág. 581; LEMASURIER, "Le preuve dans le détournement de pouvoir", *RDP,* 1959, pág. 36; R. VIDAL, "L'évolution du détournement de pouvoir dans la jurisprudence administrative", *RDP,* 1952, págs. 275 y sig.

Esta clara noción de la Corte nos indica que no puede confundirse la desviación de poder, creación del Consejo de Estado francés (*detournement de pouvoir*)[32] con el exceso o abuso de poder antes estudiado. Con el primero se obtiene una finalidad distinta de la buscada por el legislador, en el segundo se hace uso indebido del poder que le es atribuido al funcionario, independientemente del fin logrado, bien porque se tergiverse la verdad procesal denudándose los hechos, o bien por cualquier otra causa.

Las autoridades administrativas no pueden obrar ad libitum cuando están de por medio los derechos de los administrados. Los actos administrativos pueden adolecer de vicios que acarrean su nulidad, aun cuando tales actos no violen los preceptos constitucionales o legales y con ellos no se usurpe atribuciones el funcionario que los profiere. Estamos entonces, ha señalado la antigua Corte Federal[33], en presencia de un acto administrativo viciado de desviación de poder, pues, aun siendo dictado por quien está facultado para hacerlo y en forma tal que aparece subordinado a la ley, "en su espíritu o en el fondo es realmente contrario a la finalidad del servicio público" o de los principios que informan la función administrativa. No es que el agente público carezca de competencia para ejecutar el acto; ni que éste choque con una disposición legal o norma obligatoria; ni que se omitan determinadas formalidades exigidas por la ley; sino que, no obstante emanar el acto de la autoridad competente y encuadrarse objetivamente dentro de la ley, repugne a los principios de la equidad y, de consiguiente, amenace el funcionamiento regular y seguro de los servicios públicos que, "en un Estado de Derecho como el que garantiza nuestro ordenamiento jurídico, ha de constituir meta invariable, como genuina expresión de democracia orgánica".

La actividad administrativa en el Estado de Derecho está condicionada por la Ley a la obtención de determinados resultados; por ello no puede la Administración Pública procurar resultados distintos de los perseguidos por el legislador, aun cuando aquéllos respondan a la más estricta licitud y moralidad, pues lo que se busca es el logro de determinado fin, que no puede ser desviado por ningún motivo, así éste sea plausible.

La Ley atribuye a la autoridad administrativa el ejercicio de cierta y determinada facultad, pero se la atribuye para obtener un determinado fin o para alcanzar determinado objetivo; si la autoridad administrativa se sirve de tal poder que, efectivamente, le ha sido conferido, para obtener un fin distinto de aquel buscado por la ley, desvía la finalidad de ésta, y por ello se dice que los actos que así dicte están viciados de "desviación de poder".

De esta noción jurisprudencial de la desviación de poder podemos concluir que hay dos tipos característicos de este vicio: uno general y otro particular. Se comete desviación de poder general cuando la autoridad administrativa al actuar no persigue

---

32   M. LONG, P. WEIL y G. BRAIBANT, *Les grands arrêts de la jurisprudence administrative*, Sirey, Paris, 1962, págs. 19 y sig.

33   CF—102—1, 28—9—54.
      CF—94—1, 24—11—53.

el fin general que caracteriza la función administrativa: *la finalidad de servicio público*[34]. Se comete, por otra parte, desviación de poder particular cuando la autoridad administrativa al actuar no persigue el fin determinado, concreto y específico para cuya consecución le ha sido conferido por la ley el poder y la posibilidad de desarrollar esa acción.

En la Constitución vigente de 1961[35], por primera vez en nuestro ordenamiento jurídico positivo se ha empleado el término "desviación de poder" para indicar un vicio del acto administrativo. Sin embargo, ya había aceptado la jurisprudencia administrativa de la Corte este vicio, tal como se desprende en los fallos anteriormente señalados.

Por otra parte, antes de la aparición de la Constitución vigente, el vicio de desviación de poder se desprendía indirectamente de la facultad reglamentaria que se le atribuía al Presidente de la República en todas nuestras Constituciones anteriores[36]. En efecto, se facultaba al Presidente de la República para reglamentar total o parcialmente las leyes "sin alterar su espíritu, propósito y razón". De ahí se desprendía que un acto reglamentario contrario a esas finalidades señaladas por la ley estaba viciado de desviación de poder[37]. Eso mismo lo aceptaba la antigua Corte Federal y de Casación[38] cuando expresaba que "se altera el espíritu de la ley cuando el acto reglamentario contiene excepciones o sanciones no previstas en la ley o disposiciones contrarias a los fines perseguidos por el legislador".

Nuestra Constitución actual, en su artículo 206, señala que los órganos de la jurisdicción contencioso-administrativa son competentes para anular los actos administrativos generales o individuales contrarios a derecho, "incluso por desviación de poder". La fórmula "contrarios a derecho" es una enunciación general que evita una enumeración que puede ser peligrosa al dejar afuera algunos actos administrativos. La Exposición de Motivos de la Constitución señala que "a título simplemente aclaratorio se agregaron las palabras 'incluso por desviación de poder' ". En realidad esto último no era necesario, porque el acto producido con desviación de poder es también contrario a derecho, pero pareció conveniente ponerlas en el texto constitucional para evitar las dudas que se han producido en otros países.

d. *El vicio de forma*

41. La antigua Corte Federal y de Casación en 1937 ya señalaba que, "cuando la Ley crea formas especiales para el cumplimiento del acto administrativo, quiere decir que el acto debe estar rodeado de todas aquellas garantías necesarias para que pueda producir su efecto". Mas es necesario que la misma Ley establezca, de manera

---

34   Véanse los Nos. 82 y 93.

35   Artículo 206 de la Constitución.

36   Artículo 108, ordinal 2° de la Constitución de 1953; artículo 198, ordinal 10 de la Constitución de 1917: artículo 104, ordinal 10 de la Constitución de 1936.

37   Véase al respecto ANTONIO MOLES CAUBET, "Le contentieux de la légalité des actes administratifs", en *Bulletin de la Société de Legislation Comparé, RIDC,* año 4, N° 3, 1952, pág. 611 y sig.

38   CFC—CP—19-1, 4—6—52.

categórica, las formas en que ha de cumplirse el acto, y sólo así es cuando el acto cumplido fuera de esas formalidades legales llega a estar viciado de nulidad.

Pero agregaba la Corte, "cuando la ley no establece esas formas especiales para el acto, sino que únicamente establece la facultad de cumplir el funcionario tal o cual acto, la forma de expresión de la Administración Pública puede hacerse en las condiciones que juzgue más conveniente y racional el funcionario público, siempre que esa forma de expresión demuestre claramente la voluntad de la Administración"[39].

La ausencia de una legislación sobre procedimientos administrativos en Venezuela dificulta la construcción sistemática del procedimiento constitutivo del acto administrativo. De ahí la libertad absoluta que daba la Corte al funcionario público para la construcción de la forma de su actividad. Sin embargo, la práctica administrativa y la misma jurisprudencia administrativa de la Corte, fundamentalmente, han elaborado de manera parcial el formalismo del acto administrativo. Formalismo que algunas leyes especiales han acogido. Examinaremos separadamente los principios fundamentales establecidos por la Corte sobre la forma del acto administrativo, con especial referencia a sus vicios.

a'. *El vicio de forma en relación con la manifestación de voluntad de la Administración*

42. La Corte Suprema de Justicia ha señalado que "mediando en un asunto la intervención del Estado, su declaración de voluntad. . . se expresa dentro de un proceso formativo que se desarrolla de acuerdo con la ley y con fundamento en la observancia de ciertas formalidades por parte de quien pueda cumplirlas en ejercicio de la función pública, porque tenga capacidad para obrar e intervenir. . . como sujeto de derecho". Según este principio, no podrá haber manifestación legítima de voluntad cuando se dejan de cumplir las formas requeridas o cuando se han cumplido de manera irregular o distinta, porque la manifestación así emanada "no responde a la verdadera voluntad de la Administración"[40].

Por tanto, los vicios de error y dolo del derecho común se aplican a la manifestación de voluntad de la Administración, en tanto en cuanto conlleven un vicio de ilegalidad. Respecto al vicio de violencia, la Constitución vigente ha establecido[41] que es nula toda decisión acordada por requisición directa o indirecta de la fuerza o por reunión de individuos en actitud subversiva.

---

39   Resumen CFC-SPA, 1936-1939, pág. H sentencia de 7-12-37 (Memoria de 1938, tomo I, pág. 374).

      Sobre el vicio de forma de los actos administrativos en la doctrina, véase: G. BELIA. "Le vice de forme et le contrôle de la légalité des actes administratifs, *RDP,* 1941, págs. 397 y sig.

40   CSJ—PA—97—1, 14—12—61.

      Véase N° 90

41   Articulo 120 de la Constitución.

      Al respecto, véase: CAMMEO, "I vizi di errore e di violenza negli atti amministrativi, *G. I.,* 1913, III, pág. 114.

En todo caso, cuando la manifestación de la Administración no responde a su verdadera voluntad, el acto de ella emanado contiene un vicio de forma susceptible de producir la anulación del acto administrativo.

b'. *El vicio de forma en relación con la motivación del acto administrativo*

43. El motivo o la causa del acto administrativo es el antecedente que lo provoca. Un acto administrativo se integra con tal elemento cuando existe previa y realmente una situación legal y de hecho y cuando esa situación es la que el legislador ha previsto con miras a la actuación administrativa. De ahí que, vinculado o discrecional el poder de la Administración Pública, cuando están de por medio el interés colectivo y los derechos subjetivos de los administrados, todo acto administrativo ha de ser motivado, o mejor dicho, fundamentado con los razonamientos en que se apoya. En este orden de ideas ha señalado la antigua Corte Federal[42] que "la forma del acto en lo tocante a la motivación del mismo ha llegado a considerarse sustancial, en razón de que la ausencia de fundamentos abre amplio campo al arbitrio del funcionario. En efecto, en tal situación jamás podrían los administrados saber por qué se les priva de su derecho o se les sanciona".

Por canto, según nuestra jurisprudencia, la ausencia de motivación o de razonada fundamentación vicia al acto administrativo.

Sin embargo, ante la ausencia de legislación procedimental administrativa no puede pretenderse que los actos administrativos cumplan con todos los requisitos y formalidades que para las sentencias establece la legislación procesal civil. No es posible equiparar, en su aspecto formal, la decisión gubernamental con la sentencia como acto típico que es de conclusión normal del proceso civil[43].

c'. *El vicio de forma en relación a la notificación del acto administrativo*

44. En relación a la necesidad de notificación de los actos administrativos, la antigua Corte Federal ha señalado que en el juicio ordinario, cuando llega la oportunidad de sentencia, las partes están a derecho y, si por cualquier circunstancia extraordinaria, no ocurriere así, deberán ser citadas previamente al acto de decisión, con indicación del día y hora en que ella habrá de pronunciarse. "Es lógico, pues, que el lapso de apelación comience a correr desde la audiencia siguiente, ya que los interesados están en cuenta o deben estarlo, de la automática apertura de ese lapso. En la tramitación administrativa no ocurre igual cosa". Como sucede en muchos casos, las actuaciones de los funcionarios no están sometidas a plazos previamente determinados; esas actuaciones, por lo general, no son públicas en el sentido de que el interesado no tiene acceso fácil al expediente administrativo y, por lo tanto, el procedimiento se desarrolla prácticamente a sus espaldas. Por ello, en el orden administrativo es unánimemente aceptada la práctica sancionada hoy por todas las leyes sobre

---

42   CF—182—1, 9—8—57.

43   CSJ—PA—17—3, 19—2—62.

     Véase, asimismo, sentencia de la CFC en SPA de 29-3-38 *(Memoria* 1939, tomo I, pág. 199) y sentencia de la CFC en SPA de 15-12-36 *(Memoria* 1937, tomo I, pág. 237).

esta materia, que la notificación de las resoluciones se haga, de ordinario, por su publicación en el órgano oficial cuando el acto es general. Pero, si el acto es individual, es preciso su notificación especial al interesado por medio de oficio, dejándose constancia también escrita del día y la hora en que se entrega al propio interesado. Sin embargo, algunas leyes especiales establecen la notificación de actos administrativos individuales por su publicación en un órgano oficial determinado. En todo caso, y cuando es requerida la notificación especial y no se logra localizar al interesado, las leyes, la jurisprudencia y la doctrina, así como también un elemental principio de justicia, requieren que el interesado sea notificado por cartel, que se publicará en el órgano oficial destinado a este efecto, con fijación de un lapso prudencial, vencido el cual, sin que se presente el interesado a notificarse, se considerará iniciado el lapso de apelación.

Ha indicado la Corte en la misma decisión que "esta solución, a más de estar enmarcada dentro de claros principios de procedimiento, es justa. La Administración Pública no puede tener interés en cercenar o desconocer el derecho de los particulares de defender sus derechos subjetivos o su interés legítimo contra la posible equivocación, descuido o negligencia de funcionarios de categoría inferior; por el contrario, su deber y conveniencia estriba, como se ha dicho, en que el orden jurídico prevalezca incólume, que el imperio de la ley no se menoscabe ni desvirtúe; y, por ello, el particular que reclama contra una violación de ésta es en realidad un coadyuvador de la Administración en el cumplimiento de ese deber, no su opositor o contrario"[44].

En definitiva, por cuanto los lapsos para recurrir contra los actos administrativos comienzan según lo expuesto, una vez que el interesado tenga conocimiento formal de ellos, su firmeza[45] está condicionada por la notificación al interesado[46], y se produce después de vencidos los lapsos para impugnarlos. La notificación del acto, por tanto, es un requisito de forma esencial para la eficacia del mismo.

d'. Otros vicios de forma

45. Fundamentalmente, nuestra jurisprudencia sólo se ha pronunciado sobre los tres vicios de forma antes determinados. Sin embargo, numerosas leyes dispersas

---

44   Véase N° 92.

CF—54—1, 5—8—58.

Sobre el vicio en la notificación del acto administrativo, véase; N. RODRIGUEZ MORO, "las Notificaciones defectuosas". *RAP,* N° 31. 1960, págs. 153 y sig.

45   Véase N° 113.

CF—94—3, 24—11—53.

46   "Es opinión generalmente sustentada en Venezuela que la notificación al interesado o solicitante condiciona la firmeza del acto administrativo". Así se expresa JOSE GUILLERMO ANDUEZA, *El control en Venezuela de los actos ilegales de la Administración Pública,* trabajo preparado en colaboración con T. Polanco, L. E. Farías Mata y E. Pérez Olivares para el Seminario de las Naciones Unidas sobre "Recursos judiciales o de otra índole contra el ejercicio ilegal o abusivo del Poder Administrativo", celebrado en Buenos Aires del 31 de agosto al 11 de septiembre de 1959, Publicaciones del Ministerio de Justicia de la República de Venezuela, Caracas, pág. 14.

establecen formalidades especiales para determinados actos. Tal es el caso, por ejemplo, de la consulta previa a órganos de la Administración Consultiva en forma obligatoria. En estos casos la ausencia de consulta vicia al acto.

En todo caso debe tenerse en cuenta que las formalidades del procedimiento constitutivo del acto administrativo han sido señaladas por la Ley en beneficio de los administrados; por tanto, su observancia por parte de la Administración es obligatoria. Sin embargo, para que el vicio de forma constituya una ilegalidad susceptible de producir la nulidad del acto, debe tratarse de una forma esencial a la validez del mismo.

e. *Los actos administrativos contrarios a derecho*

46. Según la expresión utilizada por nuestra vigente Constitución, en su artículo 206, los órganos de la jurisdicción contencioso-administrativa son competentes para anular los actos administrativos "contrarios a derecho". Es decir que, además de los vicios de ilegalidad específicamente señalados, que representan también una contrariedad al derecho, caen bajo este control de la ilegalidad que ejerce la Corte todos los actos administrativos que no se acomoden en una u otra forma al Principio de la Legalidad Administrativa. Así, todos los actos administrativos que no se encuentren en acuerdo * "con el conjunto de reglas o normas preestablecidas" que constituyen las señaladas fuentes de la Legalidad Administrativa, y que, por tanto, sean contrarios a derecho, son anulables por estar viciados de ilegalidad. Aquí entran, por ejemplo, los llamados actos negativos de la Administración, es decir, la inacción de la autoridad administrativa cuando estaba obligada a actuar.

Pero es quizás la ilegalidad relativa al objeto del acto administrativo la que aquí nos interesa destacar específicamente. En este sentido también son ilegales, por contrarios al derecho, los actos administrativos cuyo objeto o contenido esté viciado. Esto sucede cuando el objeto del acto es imposible, ilícito, indeterminado o indeterminable, pues, como veremos, el objeto del acto administrativo, como de cualquier acto jurídico debe ser, según la expresión del artículo 1.155 del Código Civil, "posible, lícito, determinado o determinable".

3. EL CONTROL DE LA ILEGALIDAD

A) *Noción previa*

47. La consecuencia fundamental del principio de la legalidad administrativa, como plataforma donde se apoya el Estado de Derecho, es la existencia de controles para frenar las posibles actuaciones ilegales de la Administración. En Venezuela hay dos tipos fundamentales de Control de la Ilegalidad de los actos administrativos, uno administrativo y otro jurisdiccional. Los medios de que disponen los administrados para poner en movimiento esos controles son los recursos que constituyen las vías de derecho que permiten obtener de una autoridad pública una decisión conforme al derecho y a la equidad.

Tradicionalmente se han distinguido dos tipos de recursos según el control de la ilegalidad de los actos administrativos que se quiera utilizar. Así distinguimos entre los Recursos Administrativos y los Recursos Jurisdiccionales.

El criterio fundamental de distinción radica en el hecho de que los Recursos Administrativos se proponen ante una autoridad administrativa, quien decide por un acto administrativo, en tanto que los Recursos Jurisdiccionales se proponen ante una autoridad judicial, quien decide por un acto jurisdiccional o sentencia.

En el primer caso, el acto administrativo es revisado por la propia Administración; en el segundo caso, es revisado por una autoridad funcional, orgánica y radicalmente distinta o independiente de la Administración Pública,

Examinaremos en esta oportunidad someramente ambos tipos de recursos, los que estudiaremos detenidamente en los Títulos IV y V del presente trabajo.

B) *Los recursos administrativos*[47]

a. *Noción previa*

48, Es deber y conveniencia de la Administración Pública en que el orden jurídico prevalezca incólume y que el imperio de la ley no se menoscabe ni desvirtúe[48]. Y por tanto, correlativamente, es derecho de todos los administrados en solicitar de la Administración el cumplimiento de ese deber. De ahí los Recursos Administrativos.

b. *Los principales recursos administrativos*

49. La jurisprudencia de nuestro Tribunal Supremo y algunas leyes especiales y dispersas han distinguido tradicionalmente dos tipos principales de Recursos Administrativos: el Recurso de Reconsideración y el Recurso Jerárquico.

a'. *El Recurso de Reconsideración*

50. Este Recurso de Reconsideración se intenta ante la misma autoridad administrativa que dictó el acto administrativo recurrido, para que lo revise desde el punto de vista de la justicia y equidad, y si es el caso, reconsidere su oportunidad y conveniencia.

Ha sostenido la antigua Corte Federal[49] que "es de principio que los actos administrativos, aun cuando sean de la categoría de los discrecionales, pueden ser revisados por el propio órgano que los expide, sobre todo cuando no lesionan derechos legítimamente adquiridos". En ello está comprometido el buen nombre de la Administración, pues una de las peculiaridades del acto administrativo debe ser, precisamente, su subordinación a la equidad y a la oportunidad.

---

47 Véase el Título IV, Nos. 194 y sig.

48 CF—54—1, 5—8—58

49 CF—33—2, 17—7—53

Advertido el funcionario público de que su determinación no corresponde a las exigencias de la equidad, bien por haberse cometido un error de derecho, bien porque no se apreciaron cabalmente las circunstancias de hecho que constituyen el presupuesto del acto administrativo, la sana lógica y el buen sentido han de inducirlo a la consiguiente rectificación, tanto más si no se ha lastimado ningún derecho adquirido. Ahora bien, el medio jurídico puesto a disposición de los particulares lastimados por un acto administrativo para provocar esa rectificación es el Recurso de Reconsideración.

Este recurso ha sido establecido por algunas leyes especiales,

b'. *El Recurso Jerárquico*

51. El Recurso Jerárquico es el medio jurídico de que disponen los administrados para obtener, de una autoridad jerárquicamente superior de aquella que dictó el acto administrativo que los lesiona, la revisión del mismo. Normalmente en nuestro sistema jurídico-positivo se lo denomina como Apelación Administrativa.

Los principios fundamentales de este recurso han sido elaborados, en su casi totalidad, por la jurisprudencia administrativa de la Corte. Actualmente, después de una larga evolución, la jurisprudencia admite su procedencia en todo caso, salvo disposición legal expresa en contrario[50].

En efecto, la antigua Corte Federal ha señalado que "es de principio que en el Estado de Derecho la apelación es concedida a todo aquel que se sienta lesionado por una decisión administrativa, siendo taxativos los casos en que no procede el recurso. Cuando este recurso es negado expresamente por la ley, tal negación ha de entenderse limitada al caso específicamente contemplado por el legislador, sin que pueda extenderse a otras situaciones por interpretación analógica". Por ello, como la negativa de este recurso, que es un derecho del administrado, constituye una derogatoria de los principios —ya que la apelación es la regla—, el intérprete debe ceñirse estrictamente a los precisos términos de la ley cuando es negado.

La apelación ha sostenido la Corte en la misma decisión "es un derecho de carácter general y de incuestionable interés social por cuanto con ello se busca el equilibrio y el imperio de la justicia y la verdad"[51], y, por ende, la negativa de procedencia del Recurso Jerárquico, repítese, no puede extenderse más allá de los límites que la ley establece.

---

50   Véase Nos. 214 y sig.

CF—75—2, 20—10—60.

CF—116—2, 15—10—54.

CF—127—1, 16—11—54.

En sentido contrario, véase la sentencia de 23-4-42 en Resumen CFC-SPA 1940-1951, pág. 30 *(Memoria* 1943, tomo I, pág. 295).

51   CF—127—I, 6—12—55.

c.   *Motivos que pueden invocarse en los Recursos Administrativos*

52. Los Recursos Administrativos, internos o gubernativos, como también se los llama, pueden intentarse, además de por motivos de ilegalidad, por motivos que podríamos calificar de extrajurídicos. En este sentido, por ejemplo, en los Recursos Administrativos se puede solicitar la reconsideración o revisión del acto en cuanto a su oportunidad o conveniencia cuando éste ha sido dictado en base a una facultad discrecional de la Administración. En definitiva, en estos recursos puede alegarse todo motivo jurídicamente útil, y por eso es que se ha llamado al Recurso Jerárquico como Apelación Administrativa, pues sólo se exige al interesado su inconformidad con el acto. En los Recursos Jurisdiccionales, al contrario, no pueden alegarse sino motivos de ilegalidad[52].

d.   *La decisión de los Recursos Administrativos*

53. La decisión de los Recursos Administrativos se manifiesta indudablemente como un acto administrativo. No estamos en presencia, ni mucho menos, de actos jurisdiccionales como inadecuada e inelegantemente ha sostenido algún autor nacional[53]. Los órganos administrativos, y en esto ha sido categórica la jurisprudencia, "no revisten en ningún caso el carácter de jueces, ni aun cuando resuelven autorizar o no el ejercicio de un derecho subjetivo"[54].

Por tanto las decisiones emanadas de la autoridad administrativa, cuando resuelve un recurso administrativo o gubernativo, son actos administrativos. Hay que tener en cuenta que "los actos de carácter administrativo... lo son por su naturaleza, por la cuestión que en ellos se ventila, y no cambia ese carácter ni suspende ni restringe la facultad del funcionario a quien la ley da competencia para conocer y decidir, la circunstancia de que otra autoridad conozca de asunto semejante y aun conexo con aquél"[55], ni la circunstancia de que otra autoridad realice en un momento dado una actividad semejante.

Para el estudio detallado de los Recursos Administrativos, véase el Título IV de este trabajo.

---

52   CF—85—1, 6—11—58.

Véanse Nos. 25 y sig.

53   Véase LUIS TORREALBA NARVAEZ, "Consideraciones acerca de la jurisdicción contencioso-administrativa, su procedimiento y algunas relaciones de éste con el de la jurisdicción judicial civil". Tesis de Grado. *Anales de la Facultad de Derecho,* U.C.V., Caracas, 1951, págs. 474 y 492.

54   Sentencia de 7-12-37 en Resumen CFC-SPA, 1936-1939, pág. 173 *(Memoria* 1938, tomo I, pág. 373).

55   CFC—CP—40—1, 30—10—52

C)   *Los Recursos Jurisdiccionales*

a.   *Noción previa*

54. El control jurisdiccional de los actos administrativos contrarios al Principio de la Legalidad Administrativa, se ejerce actualmente por la Corte Suprema de Justicia en Corte Plena y en Sala Político-Administrativa[56].

Debemos distinguir dos tipos fundamentales de Recursos Jurisdiccionales que pueden intentarse contra los actos administrativos: el Recurso de Inconstitucionalidad de los actos administrativos reglamentarios y el Recurso Contencioso-Administrativo de anulación de los actos administrativos generales o individuales.

Estudiemos separadamente ambos recursos.

b.   *Los tipos de recursos jurisdiccionales*

a'. *El recurso de Inconstitucionalidad de los actos administrativos generales*

55. La Corte Suprema de Justicia, en Corte Plena virtualmente, y en Sala Político-Administrativa transitoriamente[57], tiene competencia para "declarar la nulidad de los reglamentos y demás actos del Ejecutivo Nacional cuando sean violatorios de la Constitución". Esta disposición de la Constitución da atribución a la Corte para controlar la constitucionalidad de los reglamentos o actos administrativos reglamentarios o generales y de los llamados actos de gobierno[58].

El Recurso de Inconstitucionalidad de los actos administrativos de carácter general es imprescriptible y, por tanto, no está sujeto a término alguno de caducidad. En su procedimiento no hay partes propiamente dichas, por lo que no es contencioso, y la ley respectiva prevé simplemente una notificación al Procurador General de la República[59]. Por ello ha señalado la antigua Corte Federal y de Casación que la inconstitucionalidad, a diferencia de la ilegalidad, "debe resultar siempre sin necesidad de alegar ni probar hechos, del antagonismo directo entre el acto administrativo que se impugna y algún principio o garantía constitucional infringida"[60], o de que aparezca realizado dicho acto por una autoridad usurpada o por un funcionario que ejerza funciones que, según la Constitución, no le correspondan.

El Recurso de Inconstitucionalidad puede ser ejercido por vía de acción popular, que corresponde a todos y cada uno de los individuos que componen el conglomerado social, cuando se impugna la validez de un acto administrativo, que por tener un

---

56   Artículos 206, 215, 216 y Disposición Transitoria decimoquinta de la Constitución.

57   Artículo 215, ordinal 6° y artículo 216 de la Constitución. Asimismo, la Disposición Transitoria decimoquinta.

58   Véanse Nos. 359 y sig.

     Sobre los actos de Gobierno, véase N° 282.

59   CF—172—1 . 30—7—57.

60   CFC—CP—5—1, 23—2—53.

carácter general y normativo, obra *erga omnes* y, por tanto, su vigencia afecta e interesa a todos por igual[61]. En cambio ha señalado la actual Corte Suprema de Justicia, "la situación particular y concreta que se deriva del acto administrativo inconstitucional con efectos individuales, no puede ser impugnada por vía de acción popular, propia de los actos generales del Poder Público"[62]. En estos casos de actos administrativos individuales con vicio de inconstitucionalidad sólo se pueden impugnar por la vía contencioso-administrativa de anulación, en base a un interés legítimo, y no podría alegarse un simple interés propio de la acción popular[63].

Sobre un estudio comparativo de este Recurso de Inconstitucionalidad con el Recurso Contencioso-Administrativo de Anulación, véanse los núms. 359 y siguientes en el Título V de este estudio.

b'. *El recurso Contencioso-Administrativo de Anulación de los actos administrativos*[64].

56. La jurisdicción contencioso-administrativa corresponde a la Corte Suprema de Justicia en Sala Político-Administrativa y a los demás Tribunales que determine la Ley. Los órganos de la jurisdicción contencioso-administrativa son competentes para anular los actos administrativos generales o individuales contrarios a derecho, incluso por desviación de poder[65].

El medio jurídico de que disponen los particulares para producir esa nulidad jurisdiccional de los actos administrativos es el Recurso Contencioso-Administrativo de Anulación. Este recurso es un medio de impugnación de los actos administrativos y por eso es que se intenta contra el acto y no contra la Administración. Por ello es inexacta la afirmación de la antigua Corte Federal cuando dice que en este recurso se propone "formal demanda contra la Nación en la persona del Procurador de la misma, a quien necesariamente se le cita y se le emplaza, como a cualquier demandado, para que comparezca en la oportunidad que se le señale a contestar la demanda"[66].

El Recurso Contencioso-Administrativo de Anulación en principio es prescriptible y, por tanto, está sujeto a lapso de caducidad[67].

---

61   CF—23—1, 14—3—60.

62   CSJ—PA—26—1, 15—3—62.

63   CF—23—1, 14—3—60.

64   Véase el Título V, Nos. 266 y sig.

65   Artículos 206, 215 ordinal 7°, 216 y Disposición Transitoria decimoquinta de la Constitución. Respecto a los Actos Reglamentarios, la atribución es en principio de la Corte Suprema de Justicia en Corte Plena, artículo 215, ordinal 6°

66   CF—172—1, 30—7—57.

Esta jurisprudencia no la consideramos del todo exacta; al respecto, véanse los Nos. 310, 349 y 363.

67   Artículo 7, ordinal 9 de la Ley Orgánica de la Corte Federal.

CSJ—PA—76—1, 20—6—62.

Véase el N° 323.

En este recurso la función contralora de la Corte Suprema de Justicia no se limita a una simple comparación del acto administrativo con la regla o norma legal violada. La Corte tiene amplios poderes de investigación[68] y las partes deben probar los extremos de sus imputaciones[69].

Los ordenamientos jurídicos que, como el nuestro, admiten el Recurso Contencioso-Administrativo de Anulación de los actos administrativos exigen, como uno de los requisitos procesales, que el recurrente ostente un interés que, en todo caso, ha de ser personal, directo y legítimo aunque, como lo dispone el artículo 14 de nuestro Código de Procedimiento Civil, puede ser eventual o futuro, salvo el caso en que la ley lo exija actual[70]. Sin embargo, cuando se solicita por vía de ilegalidad la nulidad de actos administrativos generales, cualquier persona con capacidad legal e interés simple podrá solicitarla[71].

La propia Administración puede ocurrir, por conducto del Procurador General de la República, solicitando la nulidad ante la Oírte Suprema de Justicia de un acto administrativo contrario a derecho, siempre que ella misma no lo pueda revocar[72]. Su interés legítimo, al efecto, es presumido.

Para el estudio detallado de este recurso véase el Título V del presente trabajo.

c. *Motivos que pueden invocarse en los recursos jurisdiccionales*

57. Respecto al Recurso de Inconstitucionalidad, éste debe fundamentarse en la denuncia del principio o garantía constitucional infringido por el acto administrativo general que se ataca. Por ello debe señalarse obligatoriamente el precepto constitucional infringido o violado. Tal violación no puede colegirse por vía de deducciones, sino que ha de descansar en razones amplias y suficientemente explícitas para poner en claro la cuestión de inconstitucionalidad[73].

En relación con el Recurso Contencioso-Administrativo de Anulación, el recurrente debe señalar la decisión administrativa recurrida, expresando las razones legales y de otra índole en que apoya el recurso[74], y por las que considera que el acto

---

68   Véase 300.

      CF—23—1, 14—3—60.

      CF—94—2, 24-11-53.

69   Véase N° 329.

70   CF—23—1, 14—3—60.

71   COLEGIO DE ABOGADOS DEL DISTRITO FEDERAL, Ponencia preparada con la colaboración de José Gabriel Sarmiento Núñez y Eloy Lares Martínez sobre *La Revisión de decisiones administrativas,* y presentada a la Ilustre Conferencia Interamericana de Derecho Procesal reunida en San Juan de Puerto Rico, del 21 al 23 de julio de 1962, edición multigrafiada, pág. 5.

72   CF—115—1, 11—11—55.

      CFC—CP—18—1, 19—10—51.

73   CFC—CP—42—1, 26—11—52.

74   —CF—30—1, 9—4—59-

      CSJ—PA—102—1, 19—12—61.

administrativo impugnado es contrario a derecho. Sólo pueden alegarse motivos de ilegalidad, es decir, de contrariedad al Derecho, sea por usurpación de funciones, extralimitación de atribuciones, abuso o exceso de poder, desviación de poder, vicio de forma u otro cualquiera de ilegalidad. En este sentido podría demandarse, por ser contraria a derecho, la inacción de la Administración que es cosa distinta del llamado "silencio administrativo", ya que en la primera lo que se impugna, por ser ilegal, es la falta de acción de la Administración cuando ha debido actuar; en cambio, en el silencio administrativo la doctrina admite el recurso pero contra la decisión administrativa implícita que se considera emanada del órgano administrativo. La doctrina del silencio administrativo no está admitida con carácter general en Venezuela[75].

d. *La decisión de los recursos jurisdiccionales*

58. La decisión de los recursos jurisdiccionales de Inconstitucionalidad o de Anulación de los actos administrativos por contrariedad al Derecho se manifiesta como un acto jurisdiccional, ya que emana de la Corte Suprema de Justicia ejerciendo el Poder Judicial[76] y actuando en función jurisdiccional.

e. *Imposibilidad de acumulación de los recursos jurisdiccionales*

59. Ha sostenido la actual Corte Suprema de Justicia, en Sala Político-Administrativa, que no es posible intentar conjuntamente el Recurso de Inconstitucionalidad de los actos administrativos generales con el Recurso Contencioso-Administrativo de Anulación, ya que "ambos recursos son esencialmente diferentes y distintos los procedimientos para tramitarlos"[77].

D) *La excepción de ilegalidad*

60. Establece la Ley Orgánica de la Corte Federal que las acciones y recursos contencioso-administrativos caducarán en todo caso a los seis meses, contados a partir de la fecha de la publicación del acto administrativo en el órgano oficial respectivo, o de la fecha de notificación del acto al interesado, cuando ésta fuere procedente y si aquélla no se efectuare. La ilegalidad del mismo acto —termina la ley— puede oponerse siempre como excepción, salvo que la ley disponga lo contrario[78].

Esta disposición legal responde al aforismo *Quae temporalia sunt ad agendum, perpetua sunt ad excipiendum*, es decir, los argumentos jurídicos que no pueden ser invocados en justicia en un tiempo determinado, pueden ser invocados siempre como excepción.

CSJ—PA—103—1, 20—12—61.

75 Véanse Nos. 213 y 320.

76 Artículo 204 de la Constitución.

77 CSJ—PA—26—1, 15—3—62.

    Véanse Nos 359 y sig.

78 Artículo 7, ordinal 9 de la Ley Orgánica de la Corte Federal.

Sin embargo, debe tenerse en cuenta que el hecho de que transcurra el lapso fijado para el recurso sin que se haya intentado éste para anular el acto, no significa que el mismo deja de ser ilegal. De ahí la existencia de la excepción de ilegalidad.

4. CONSECUENCIAS DE LA ILEGALIDAD

A) *Los efectos de la ilegalidad respecto al acto administrativo*

a. *Noción previa*

61. La violación del acto administrativo de alguna de las fuentes que constituyen el Principio de la Legalidad Administrativa lo hace ilegal, sea por inconstitucionalidad, usurpación de funciones, extralimitación de atribuciones, abuso o exceso de poder, desviación de poder, vicio de forma o, en general, por contrariedad al Derecho.

Sin embargo, estas ilegalidades no vician al acto administrativo con la misma intensidad y, por tanto, no tienen el mismo efecto respecto al acto que las contiene. En este sentido hay que distinguir, entre los vicios de ilegalidad de los actos administrativos, aquellos que producen la nulidad de ellos, de los que producen su anulabilidad.

Estudiaremos entonces, por una parte, la nulidad del acto administrativo donde se incluyen algunos casos que la jurisprudencia ha calificado de inexistencia; y por otra parte, la anulabilidad de los actos administrativos.

b. *La nulidad del acto administrativo*

62. La nulidad del acto administrativo puede tener su origen en un vicio de inconstitucionalidad o en un vicio de ilegalidad propiamente dicha. En el primer caso nuestra jurisprudencia ha calificado el acto administrativo nulo por violación de la Constitución como "inexistente". Sin embargo, para nosotros dicho acto es tan nulo, de nulidad absoluta, como el acto administrativo nulo por ilegalidad propiamente dicha. Por tanto, cuando hablemos de inexistencia del acto administrativo, nos referiremos, acogiendo la denominación jurisprudencial, al acto administrativo nulo por violación de la Constitución, y en ningún caso nos estaremos refiriendo a un tipo de nulidad distinto de la nulidad absoluta.

Respecto a la nulidad del acto administrativo por violación de la Constitución, la antigua Corte Federal y de Casación ha sostenido[79] que "el acto nulo por violación de la Constitución, virtualmente no existe; sobre él nada útil puede levantarse. Ni este Alto Tribunal, con toda la extraordinaria facultad que le reconoce la Constitución, puede dar validez alguna al acto ejecutado con violación de algún precepto constitucional".

Es decir, el acto administrativo inconstitucional es inexistente: no produce ninguno de los efectos jurídicos perseguidos ni puede jamás ser convalidado, y, cuando

---

79   CFC—CP—14—1, 12—6—51.

se trata de actos administrativos reglamentarios, el recurso para constatar su inexistencia, sea el Recurso de Inconstitucionalidad, como el Recurso Contencioso-Administrativo de Anulación, es imprescriptible, como hemos visto. La categoría de los vicios de inconstitucionalidad, y entre ellos la usurpación de autoridad y la usurpación de funciones[80], justifican una sanción jurídica tan rigurosa.

La misma Constitución, en sus artículos 46 y 119, declara nulos, de nulidad absoluta, los actos administrativos viciados de inconstitucionalidad.

Pero, por otra parte, fuera de los actos viciados de inconstitucionalidad, también puede haber actos administrativos nulos, de nulidad absoluta, por estar viciados de ilegalidad propiamente dicha. Tal es el caso, por ejemplo, de los actos administrativos dictados por un funcionario público manifiestamente incompetente. No se trata aquí de una usurpación de funciones sino de una extralimitación de atribuciones burda y manifiesta, que no pueda hacer pensar nunca que el acto fue dictado por la autoridad que era competente y, por tanto, que no pueda ser jamás considerado como una manifestación normal de voluntad de la Administración.

También debe considerarse como acto administrativo nulo, por mandato constitucional, el acto dictado "por requisición directa o indirecta de la fuerza o por reunión de individuos en actitud subversiva"[81]. En la misma forma debe considerarse como acto administrativo nulo, aquellos cuyo objeto sea de realización imposible, o cuyo objeto sea ilícito, constituyendo un delito. Por último, deben también considerarse actos administrativos nulos aquellos dictados con ausencia total y absoluta de procedimiento administrativo, cuando éste estaba determinado para guiar y garantizar la correcta formación y manifestación de la voluntad administrativa. No se trata de una violación de formas prescritas sino una ausencia total de esas formas[82].

Los efectos que produce la nulidad de un acto administrativo respecto a éste son de una gravedad absoluta, correlativa a la gravedad del vicio. Veamos algunas:

En primer lugar, el acto nulo no puede crear ningún derecho ni puede convertirse, por tanto, en definitivo. Nadie puede alegar derechos adquiridos de un acto nulo.

---

80   Véanse Nos. 31 y sig.

Sobre la inexistencia de los actos administrativos, véase: J. M. AUBY, *La Théorie de l'inexistence des actes administratifs,* Tesis. Paris, 1946, Pedone Paris, 1951; P. WEIL, "Une résurrection: la théorie de l'inexistence en droit administratif", *Crónicas Dalloz,* 1958, pág. 47; F. P. MASTROPASQUA, "Inconvertibilità degli atti administrativi inesistenti", *Annali del Seminario Giuridico dell'Università di Bari,* 1936; F. GAZIER y M. LONG, "La notion d'acte administratif inesistente", AJ, N° 8-9, 1954, *pág.* 5.

81   Artículo 120 de la Constitución.

82   El Proyecto LPA 1963 distingue claramente entre la nulidad de los actos administrativos y su anulabilidad, acogiendo la doctrina más moderna al respecto. En este sentido, el artículo 31 declara que "Los actos administrativos son nulos en los casos siguientes: 1) Los dictados por un órgano administrativo manifiestamente incompetente; 2) Aquellos cuyo contenido sea de ejecución imposible o que constituyan en sí mismos delito; 3) Los que fueren dictados prescindiendo total y absolutamente del procedimiento legal o reglamentario establecido pata ello". Por otra parte, agrega el artículo 82 del Proyecto que "la Administración podrá, en cualquier momento, de *oficio* o a solicitud del interesado... anular los actos a que se refiere el artículo 31 de esta Ley".

Por ello nuestra Corte, refiriéndose al acto nulo por violación de la Constitución, señalaba que "sobre él nada útil puede levantarse"[83].

En segundo lugar, en materia de recursos jurisdiccionales, solamente respecto a los actos administrativos nulos de carácter general, esos recursos son imprescriptibles y, por tanto, su inconstitucionalidad o ilegalidad puede ser señalada e impugnada en cualquier momento[84]. Sin embargo, respecto a los actos administrativos individuales, en contra de los cuales sólo puede intentarse el Recurso Contencioso-Administrativo de Anulación, éste tiene lapso determinado de caducidad y, por tanto, es prescriptible, por lo cual no podrán impugnarse por vía de acción después de vencido el lapso correspondiente. Pero el acto administrativo nulo de efectos individuales podrá, sin embargo, ser impugnado siempre por vía de excepción. De ahí la gran importancia de la excepción de ilegalidad. Esta posibilidad de excepción hará, en todo caso, inaplicable el acto. La razón de ser de este distinto tratamiento, en materia de recursos jurisdiccionales, radica en el interés de los administrados en dichos actos: en los actos administrativos de carácter general el interés es colectivo; en cambio, en los actos administrativos individuales el interés es particular, por lo cual el interesado debe estar pendiente de ejercer los recursos puestos a su disposición. Si no los ejerce en su oportunidad tendrá, sin embargo, la posibilidad de oponer la excepción de ilegalidad cuando se intente aplicar el acto nulo.

En materia de recursos administrativos la situación es distinta. La Administración, como los actos administrativos nulos son incapaces de producir derechos a favor de los administrados, puede declarar su nulidad en cualquier momento, sea de oficio o a solicitud de parte por medio de un recurso administrativo, revocándolos.

En tercer lugar, el acto administrativo nulo no puede ser jamás convalidado, ni siquiera por la Corte Suprema[85].

Por último, los funcionarios y empleados públicos que ordenen o ejecuten un acto administrativo nulo, "incurren en responsabilidad penal, civil y administrativa, según los casos, sin que les sirvan de excusa órdenes superiores manifiestamente contrarias a la Constitución y a las leyes"[86] y en todo caso incurren en "responsabilidad individual por abuso de poder o por violación de la ley"[87].

---

83   CFC—CP—14—1, 12—6—51.

84   Véase N° 55.

85   CFC—CP—14—I, 12—6—51.

86   Artículo *46* de la Constitución.

87   Artículo 121 de la Constitución.

   En general, en materia de nulidad de los actos administrativos, véase: *TOMAS GIBBS,* "Nulidad de los actos administrativos por ilegalidad o abuso de poder. El problema en la Constitución Nacional", *Revista de Derecho y Legislación,* tomo XXIX, 1940, págs. 187 a 194; J. DE SOTO, *Contribution a la Théorie des Nullités des actes administratifs unilateraux, Tesis. París,* 1942; ROMANELLI, *L'annullamento degli atti amministrativi,* Milán, 1939; CADACCI PISANELLI, *L'annullamento degli atti amministrativi, Milán,* 1939; F. GARRIDO FALLA, "Los Motivos de impugnación del Acto Administrativo", RAP, N° 17, 1955, págs. 11 y sig.

c. La anulabilidad del acto administrativo

63. La anulabilidad del acto administrativo, contrariamente a lo visto en los casos de nulidad, no produce consecuencias tan graves. Y ello se deriva de la calidad de vicios de ilegalidad que la producen. Tales son los casos de los actos administrativos ilegales por abuso o exceso de poder o por desviación de poder. También produce la anulabilidad del acto la incompetencia del funcionario que lo dictó, cuando esa incompetencia no es manifiesta y haga presumir en el público la normalidad en la manifestación de la voluntad administrativa. En el mismo caso de anulabilidad se encuentran los actos administrativos en cuya formación se omitió una formalidad o se incurrió en un vicio de forma esencial capaz de producir la anulabilidad y el posible control jurisdiccional. Veamos las características de esta anulabilidad por contraposición a la nulidad anteriormente estudiada:

En primer lugar, el acto administrativo anulable, mientras no sea declarado anulado, produce todos sus efectos jurídicos y, por tanto, es susceptible de crear derechos en favor de los particulares.

En segundo lugar, pueden ser impugnados en vía jurisdiccional por el Recurso Contencioso-Administrativo de Anulación, dentro de un determinado lapso de caducidad[88], fuera del cual no se lo podrá impugnar por vía principal, y sólo se podrá invocar su vicio por vía de excepción[89].

En materia de recursos administrativos, si se trata de un Recurso Jerárquico, la autoridad superior puede modificar o revocar el acto impugnado dentro de los términos correspondientes, así como reponer el procedimiento administrativo al estado de subsanar el vicio de forma que hacía al acto anulable. Si se trata de un Recurso de Reconsideración, la autoridad administrativa que decide el recurso, y que es la misma que dictó el acto impugnado, puede modificarlo corrigiendo los vicios de que adolecía o revocarlo, siempre que con dicho acto no se hayan creado derechos a favor de particulares[90]. En todo caso, cuando el acto administrativo es creador de derechos a favor de particulares, la Administración no puede revocar de oficio dichos actos.

En tercer lugar, el acto administrativo anulable en principio puede ser convalidado por la Administración subsanando los vicios de que adolecía[91].

---

88   Hay una evidente contradicción entre el artículo 7, ordinal 9° y el artículo 25 de la Ley Orgánica de la Corte Federal, al señalar lapsos distintos para la impugnación por ilegalidad del acto administrativo. En la primera disposición se señala un lapso de seis meses, y en la segunda otro de tres meses. Esta contradicción ha sido aclarada por la jurisprudencia administrativa de la Corte, aceptando siempre el lapso mayor de seis meses. Al respecto, véase N° 323.

89   Artículo 7, ordinal 9 de la Ley Orgánica de la Corte Federal. Véase al respecto el N° 60.

90   CF—33—2, 17—7—53.

     Véase N° 110.

91   Sobre la convalidación de los actos administrativos anulables, es interesante destacar el artículo 35 del Proyecto LPA 1963. En efecto, dicha disposición expresa: "La Administración Nacional podrá convalidar los actos anulables subsanando los vicios de que adolezcan. Si el vicio consistiere en la incompetencia, la convalidación podrá realizarse por el superior jerárquico de aquel funcionario u organismo que

Por último, y por cuanto "el ejercicio del Poder Público acarrea responsabilidad individual por abuso de poder o violación de la ley[92], los funcionarios que dicten el acto administrativo anulable deben responder por los daños y perjuicios que causen.

B) *La constatación de la ilegalidad*

64. La constatación de la ilegalidad del acto administrativo produce la declaración de nulidad del mismo, sea porque se lo *anula por la autoridad jurisdiccional, sea porque se lo revoca por la autoridad administrativa*. Cuando la autoridad judicial competente en materia contencioso-administrativa declara a un acto administrativo como nulo, de nulidad absoluta, su decisión tiene efectos hacia el futuro y hacia el pasado. Se considera que el acto no ha producido jamás sus efectos pretendidos[93]. En cambio, cuando sólo declara un acto administrativo anulado, los efectos de su decisión se extienden sólo hacia el futuro.

Cuando se trata de una revocación hecha por la autoridad administrativa, los efectos de la decisión serán los mismos antes señalados, según se trate también de la revocación de un acto administrativo nulo o de un acto administrativo anulable[94].

---

dictó el acto convalidado. El acto convalidado surtirá todos sus efectos desde la fecha de la convalidación. Cuando la anulabilidad dependa de la falta de alguna autorización podrá ser convalidado el acto mediante el otorgamiento de la misma por el órgano competente. Esta norma no se aplicará en el caso de que la omisión fuere de informes o de propuestas exigidas con carácter obligatorio".

92 Artículo 121 de la Constitución.

93 Véanse Nos. 111 y 112.

    Al respecto, véase FORTI, "Limiti alla retroattivit.i dell'anmillamento, FI, 1931, III, pág. 6.

94 Sobre la Revocación de los Actos Administrativos, véanse Nos. 110 y sig.

LA TEORÍA DE LOS ACTOS ADMINISTRATIVOS

CAPITULO PRIMERO
INTRODUCCIÓN

65. Se admite doctrinalmente que, dentro del conjunto de fenómenos que la realidad presenta continuamente, cuando se examinan las diversas modificaciones que va sufriendo en el devenir de la vida diaria, se encuentra, como causa o motivo de ellas, un determinado acaecimiento o suceso del que se considera, precisamente como efecto, aquella específica modificación de la realidad: este suceso o acaecimiento se conoce con el nombre de hecho.

Cuando la realidad sobre la que el hecho opera es una realidad jurídica, el suceso que la determina es, a su vez, un hecho jurídico, o sea, un suceso o acaecimiento que produce una modificación jurídica.

Pero dentro del concepto general de hecho jurídico, hay que señalar a la vez un grupo importantísimo de acaecimientos cuya característica consiste en que son la expresión de la voluntad humana. A esta clase de hechos es a la que se le da el nombre de actos; y, en consecuencia, "acto jurídico es el acaecimiento, caracterizado por la intervención de la voluntad humana, para la realización de un fin jurídico determinado"[1].

De esta noción jurisprudencial de acto jurídico podemos derivar algunas consecuencias interesantes: En primer lugar, todo acto jurídico es siempre una manifestación de voluntad de un sujeto de derecho. Pero la manifestación de voluntad supone esencialmente que su autor quiere que se produzca un efecto jurídico. Sin embargo, para que ello sea realidad desde el punto de vista del derecho, el autor del acto ha de tener la posibilidad de querer ese efecto de derecho. Y he aquí la segunda consecuencia: el acto jurídico supone un poder legal o potestad jurídica que permita a su autor querer que el efecto jurídico se realice.

Por tanto, acto jurídico será aquella manifestación de voluntad que, en ejercicio de un poder legal, realiza un sujeto de derecho con la finalidad de producir un efecto jurídico determinado.

---

1   CSJ—CP—27—1, 15—3—62

En base a estos conceptos generales, podemos entrar a desarrollar la Teoría de los Actos Administrativos en nuestro ordenamiento jurídico y especialmente en nuestra jurisprudencia administrativa.

Para el estudio sistemático del tema analizaremos sucesivamente la definición del acto administrativo, sus requisitos, sus efectos y sus diversas clases.

CAPITULO SEGUNDO
LA DEFINICIÓN DEL ACTO ADMINISTRATIVO

1. EL CONCEPTO

66. La antigua Corte Federal ha definido al acto administrativo como aquella "declaración de voluntad realizada por la Administración con el propósito de producir un efecto jurídico"[1].

Esta definición sencilla, que nos da nuestro Tribunal Supremo en lo contencioso-administrativo, está cargada de profundas e innumerables consecuencias que es preciso analizar detalladamente.

2. EL ANÁLISIS DEL CONCEPTO

A) *El acto administrativo es una declaración de voluntad*

a. *Noción previa*

67. No es posible referirse a los actos de las personas morales de Derecho Público sin emplear términos psicológicos tales como "querer" o "voluntad", propios de las personas físicas o naturales. Lamentablemente no existe, en materia jurídica, un término que, refiriéndose a los actos de las personas jurídicas, quiera significar lo mismo que "manifestación de voluntad".

Por ello queda claro que, cuando se habla de voluntad del Estado o de cualquier género de persona jurídica o moral, no puede entenderse la realidad psicológica co-

---

[1]   CF—59—1, 3—6— 59.

Sobre la Teoria del Acto Administrativo en la doctrina, véase: M. S. GIANNINI, "Atto Amministrativo", *Enciclopedia del Diritto*, Edizione speciale per gli studenti dell'Università di Roma, Giuffré, l960, págs. 23 a 110; M. STASSINOPOULOS, *Traité des Actes Administratifs*, Collection de l'Institut Français d'Athènes, N° 82, Atenas, 1954; M. M. DIEZ, *Los Actos Administrativos*, Buenos Aires, 1956; R. FERNÁNDEZ DE VELAZCO, *El Acto Administrativo*, Madrid, 1929; CHARLES EISENMANN, *Droit Administratif Approfondi (Les Actes juridiques du Droit Administratif)*, Cours de Doctorat, 1956-1957, Editions Cujas, Paris, 1957; M. LEFEBURE, *Le pouvoir d'action unilaterale de f Administration en droit anglais et français*, Librairie Générale de Droit et de Jurisprudence, Paris, 1961; RAGGI, "Sull'atto amministrativo", *Riv. Dir. Pub.*, 1917; RAGGI, "Atti Amministrativi", *Giustizia amministrativa*, Génova, 1950; TIVARONI, *Teoria degli atti amministrativi*, Turin, 1959; *VILLARY*, Acte Administratif", *Repertoire de Droit Public et administratif*, Dalloz; RANELLETI, *Teoria degli atti amministrativi speciali*, Milán, 1945; U. FRAGOLA. *Gli atti amministrativi*, Turin, 1952; F. GARRIDO FALLA, *Régimen de impugnación de los actos administrativos*, Instituto de Estudios Políticos, Madrid, 1956; V. CATTANEO, "Del Acto Administrativo en general", *Revista de la Facultad de Derecho y Ciencias Sociales*, N° 4, Montevideo, 1952.

nocida bajo ese nombre, pues en ese sentido son incapaces de querer. Así, lo que se llama manifestación de voluntad de las personas morales, no es más que la expresión antropomórfica de una determinación. Por tanto, cuando la acción de un órgano de una persona moral es considerada como una manifestación de voluntad de ella, esa acción no le es imputada porque ella misma lo quiso, sino que, a la inversa, la persona moral quiere una acción porque y en tanto le es imputada[2].

En definitiva, cuando hablamos de los actos administrativos como manifestaciones de voluntad de la Administración, y cuando esa manifestación emana del órgano competente, no se trata de que el hecho interno de voluntad de un hombre en determinadas funciones públicas se traslade a la Administración, sino que esa determinación humana es imputada a ella y se la considera también realizada por ella.

b.   *Los actos administrativos y los actos materiales.*

68. Pero no toda declaración de voluntad de la Administración es un acto administrativo. Puede haber declaraciones de voluntad de la Administración que no sean actos administrativos: estamos en presencia, entonces, de los llamados actos materiales de la Administración.

Estos son, ciertamente, actos de voluntad, pero no son actos administrativos porque con ellos no se persigue un efecto jurídico determinado, porque al realizarse no se "quiere" un efecto jurídico determinado.

Las consecuencias jurídicas que un acto material puede entrañar son completamente independientes de la voluntad declarada. En cambio, las consecuencias o efectos jurídicos del acto administrativo son siempre queridos.

Esta diferencia la hemos visto reconocida por la antigua Corte Federal al exigir como requisito del acto administrativo el carácter de decisión o resolución del mismo, que lo haga capaz de producir per se determinados efectos jurídicos[3].

Es decir que, cuando una declaración de voluntad no tiene como fin inmediato la producción de determinados efectos jurídicos y, por tanto, no se la puede considerar como una decisión o resolución, no se está en presencia de un acto administrativo sino de un acto material de la Administración.

c.   *Las formalidades*

69. La Corte Suprema de Justicia ha señalado[4] que, mediando en un asunto la intervención del Estado, su manifestación de voluntad debe expresarse dentro de un

---

2   HANS KELSEN, *Teoría General del Estado,* Editora Nacional, México, 1957, pág. 348

3   CF—30—1, 9—4—59.

Entiéndase bien, que hablamos de actos materiales porque esos actos no tienen por finalidad ni por objeto producir una consecuencia jurídica determinada. Por tanto, no queremos decir que no produzcan consecuencias de derecho.

4   CSJ—PA—97—1, 14—12—61. Véanse Nos. 89 y sig.

proceso formativo que se desarrolla de acuerdo con la ley y con fundamento en la observancia de ciertas formalidades por parte de quien pueda cumplirlas en ejercicio de la función pública.

Según este principio, no podrá haber manifestación legítima de voluntad cuando dejan de cumplirse las formas requeridas, o cuando se han cumplido de manera irregular o distinta, porque la manifestación así emitida no responde a la verdadera voluntad de la Administración.

Por tanto el acto administrativo, como manifestación de voluntad de la Administración, implica en su misma esencia el cumplimiento de formalidades requeridas para que esa manifestación sea cierta y válida. El proceso de formación de la manifestación de voluntad constituye lo que se ha llamado el procedimiento constitutivo del acto administrativo.

d.   Los vicios de la voluntad

70. La seguridad y la estabilidad de las situaciones jurídicas creadas por la Administración constituyen la preocupación fundamental del Derecho Administrativo. Por ello el acto administrativo está acompañado de fuerza ejecutoria[5], como consecuencia de su presunción de legalidad[6]. De esta manera, los vicios que puedan acompañar a la manifestación de voluntad de la Administración, como el dolo o el error, no afectarán la validez del acto sino en tanto en cuanto conlleven un vicio de ilegalidad.

Respecto al vicio de violencia que puede acompañar a la manifestación de voluntad de la Administración, la propia Constitución le ha dado un tratamiento especial, declarando nulo el acto que la conlleve. Y así establece[7] que es nula toda decisión acordada por requisición directa o indirecta de la fuerza o por reunión de individuos en actitud subversiva.

B)   Declaración de voluntad de la Administración

a.   Noción previa

71. Cuando la Corte nos habla de manifestación de voluntad realizada por la Administración[8] no podemos pretender que utiliza el término "Administración" en un sentido orgánico, relativo a los órganos que componen lo que nuestra Constitución denomina la "Administración Pública"[9].

---

5   CF—54—1, 5—8—58.

6   CF—182—1, 9—8—57.

     Véase N° 97

7   Artículo 120 de la Constitución.

     Véanse el N° 42 y la bibliografía citada en su nota 37.

8   CF—59—1, 3—6—59.

9   Artículos 126, 19, 122, 160, 139, 202 y 190 ord. 19 de la Constitución.

Para precisar correctamente lo que por Administración debe entenderse en la definición del acto administrativo, debemos analizar previamente el concepto mismo de Administración, tal como se desprende de nuestro ordenamiento jurídico y constitucional. Y es que no podemos delimitar el concepto de Administración y de su actividad sin considerar cómo se integra en el concepto más amplio de Estado. Pero, para la verdadera y real comprensión de lo que la Administración representa, no sólo debemos encuadrarla dentro de lo que el Estado es, sino también en su recíproca interrelación con los otros ordenamientos que, como el que ella representa, dentro de aquél tienen vida[10].

Ello nos conduce a examinar la función administrativa y, una vez precisado por este conducto lo que por Administración debe entenderse, examinar las diferencias esenciales entre el acto administrativo y los demás actos jurídicos estatales.

b.   La Administración y la función administrativa

a'.   Noción previa

72. Para poder examinar la función administrativa es preciso, como hemos dicho, examinar su encuadramiento en el Estado y su delimitación de las funciones del mismo. Estudiaremos, por tanto, el Estado y sus relaciones con el Poder Público, las funciones del Estado y sus relaciones con la función administrativa y, por último, la noción de función administrativa y sus implicaciones.

b'.   El Estado y el Poder Público

73 El Poder Público es la potestad o poder jurídico de obrar que confiere la Constitución al Estado venezolano[11] para realizar sus fines. En este sentido, el Poder Público no existe en la realidad social como un ente funcionante sino como un concepto jurídico que representa las funciones del Estado venezolano. Por ello, como todo poder, el Poder Público no es más que una situación jurídica constitucional individualizada, propia y exclusiva del Estado.

Ahora bien, la actuación del Estado como detentador del Poder Público no tiene fundamento en sí mismo, sino en el ejercicio del Poder soberano, de la soberanía. Y ésta reside en el pueblo venezolano quien, precisamente, la ejerce mediante el sufragio y por los órganos del Estado[12].

Sobre el concepto de Administración Pública, véase *NECTARIO ANDRADE LABARCA, Revista de la Facultad de Derecho.* Universidad del Zulia, septiembre-diciembre 1961, N° 3, pág. 7.

10   En este sentido se habla de la constitucionalización como una de las características de la Administración Pública contemporánea en relación con los otros Poderes y funciones del Estado, en cuanto supone la acomodación a un orden normativo superior. Véase, en este sentido: S. MARTIN-RETORTILLO BAQUER, "Presupuestos Constitucionales de la Función Administrativa en el Derecho Positivo Español", *RAP, N° 26, 1958, pág.* 21; G. VEDEL, *"Les* bases constitutionelles du droit administratif", *EDCE,* Fascículo N° 8, París, pág. 21.

11   Título V "Del Poder Público" de la Constitución.

12   Artículo 4 de la Constitución.

Los órganos fundamentales de la República de Venezuela, por ser un Estado particularmente federal[13], son la misma República en ejercicio del Poder Nacional[14], los Estados federados en ejercicio del Poder Estadal[15] y los Municipios en ejercicio del Poder Municipal.

Ahora bien, sentada la noción de Estado en relación con la de Poder Público en nuestro sistema constitucional, y sentada la división del Poder Público en Poder Nacional, Estadal y Municipal, según los órganos fundamentales del Estado venezolano, queda por señalar, a pesar de esto último, que el Estado actúa en base a una sola potestad: el Poder Público.

El Poder Público es la potestad única del Estado. Consiste, de una manera invariable, en el poder que tiene el Estado de querer por sus órganos esenciales por cuenta de la colectividad y de imponer su voluntad a los individuos. Cualesquiera que sean el contenido y la forma variable de los actos por medio de los cuales se ejerce el Poder Público, todos esos actos se reducen, en definitiva, a manifestaciones de la voluntad estatal, que es una e indivisible. Es necesario, por tanto, comenzar por establecer la unidad del Poder del Estado[16] a pesar de los restos del federalismo que aún, por razones históricas y de tradición, perviven en nuestra Constitución.

Pero hecho esto, y desde el punto de vista jurídico, es preciso también distinguir en la actividad del Estado las diversas funciones del mismo por las que se manifiesta su actividad, que son múltiples, y por otra parte, los órganos que realizan la actividad en ejercicio del Poder, que pueden ser igualmente múltiples.

c'. Las junciones del Estado y la función administrativa

a". Las funciones del Estado

a'". Precisión estructural

74. Es preciso, ante todo, precisar las relaciones estructurales del Estado venezolano según nuestra Constitución particularmente federalista.

En efecto, hemos señalado que, según nuestra Carta Fundamental, el Poder Público se divide, desde el punto de vista funcional, en Poder Nacional, Poder Estadal y Poder Municipal. Ello trae como consecuencia la existencia de órganos especiales que actúan en ejercicio de esos poderes. Estos son la República, que actúa en ejercicio del Poder Nacional, los Estados federados, que actúan en ejercicio del Poder Estadal, y los Municipios, que actúan en ejercicio del Poder Municipal.

---

13 Artículo 2 de la Constitución. Véase la Exposición de Motivos.

14 En la Constitución vigente de 1961, lo que se denominaba "Nación" en las anteriores Constituciones se llama "República". Véase la Exposición de Motivos.

15 Se emplea el término "estadal" referente a los Estados Federados, para distinguirlo del término "estatal" referente al Estado venezolano. Véase la Ex-posición de Motivos.

16 CARRE DE MALBERG, *Teoría General del Estado,* Editorial Fondo de Cultura Económica, México, 1948, *pág.* 249, nota 1.

Estos tres poderes son las ramas fundamentales del Poder Público, y los órganos que actúan en ejercicio de ellos colaboran entre sí en la realización de los fines del Estado[17].

b'''. *Las diversas funciones del Estado*

75. Pero cada una de las ramas del Poder Público que hemos señalado tiene sus propias funciones. Así se expresa la Constitución[18]. Entonces es necesario indicar, antes de seguir adelante, qué son funciones del Estado.

La noción de funciones del Estado debe ser entendida únicamente en el sentido de función jurídica y no en el sentido de atribución. Entonces, funciones del Estado no es más que la acción que desarrollan los órganos estatales o la actividad que desempeñan, como tarea que les es inherente. De ahí que la función es toda actividad de la propia esencia y naturaleza del Estado y, por tanto, indelegable. Entonces, las diversas funciones del Estado son sólo las diversas formas bajo las cuales se manifiesta la actividad estatal.

Ello significa, en definitiva, que las funciones del Estado se definen según la naturaleza jurídica de los actos cumplidos en su ocasión.

Tradicionalmente, y así lo ha aceptado nuestro Constituyente, las funciones del Estado se dividen en Función Ejecutiva, Función Legislativa y Función Jurisdiccional. La amplitud de actividades del Estado moderno, ha hecho que la función ejecutiva se haya dividido en Función Administrativa y Función de Gobierno, para distinguir dos tipos de manifestaciones de la actividad de los órganos ejecutivos, que son fundamentalmente los actos administrativos y los actos de Gobierno, radicalmente distintos en cuanto a su naturaleza.

Pero hemos señalado que nuestra Constitución indica que las diversas ramas del Poder Público tienen sus propias funciones. Así, los órganos encargados de realizar el Poder Nacional están divididos, en principio, según las diversas funciones que la Constitución les señala: la Función Legislativa Nacional está atribuida al Congreso, integrado por el Senado y la Cámara de Diputados, quien ejerce su actividad en ejercicio del Poder Legislativo Nacional, subdivisión a la vez del Poder Nacional[19]. La Función Jurisdiccional está atribuida exclusivamente a la Corte Suprema de Justicia y de' más Tribunales de la República, quienes ejercen su actividad en ejercicio exclusivo del Poder Judicial, subdivisión a la vez del Poder Nacional[20], con la particularidad de que la justicia en Venezuela, a pesar de ser cuasi federación, está atribuida exclusivamente al Poder Nacional. La Función Ejecutiva Nacional está atribuida al Presidente de la República y demás funcionarios que señale la Constitución y las

---

17   Artículo 118 de la Constitución.

18   Artículo 118 de la Constitución

19   Artículo 138 de la Constitución.

20   Artículo 204 de la Constitución.

Leyes, quienes ejercen su actividad en ejercicio del Poder Ejecutivo Nacional, subdivisión a la vez, también, del Poder Nacional[21].

Los órganos encargados de desarrollar y ejercer el Poder Estadal, están a su vez divididos en principio según las diversas funciones que nuestra Constitución les señala: la Función Legislativa Estadal está atribuida a las Asambleas Legislativas de cada Estado, quienes ejercen su actividad en ejercicio del Poder Legislativo Estadal, subdivisión del Poder Estadal[22]. La Función Ejecutiva Estadal está atribuida a un Gobernador de cada Estado, quien ejerce su actividad en ejercicio del Poder Ejecutivo Estadal, subdivisión también del Poder Estadal[23].

Por último, los órganos encargados de desarrollar y ejercer el Poder Municipal, según nuestra Constitución vigente, ejercen para desarrollar toda su actividad lo que podríamos denominar un Poder Ejecutivo Municipal cuyo ejercicio se traduce en una Función Ejecutiva[24]. No tienen los Municipios un poder jurídico constitucional similar al Poder Legislativo Nacional o Estadal.

c'''. *Las funciones del Estado y los actos jurídicos estatales*

76. La clasificación de las funciones del Estado está íntimamente ligada, por tanto, a la clasificación fundamental de los actos jurídicos estatales.

Según lo antes señalado, entonces, los órganos encargados de desarrollar la actividad nacional en ejercicio del Poder Nacional podrán realizar actos legislativos, actos jurisdiccionales y actos ejecutivos.

Los órganos encargados de desarrollar la actividad estadal en ejercicio del Poder Estadal podrán realizar solamente actos legislativos y actos ejecutivos.

Por último, los órganos encargados de desarrollar la actividad municipal, en ejercicio del Poder Municipal, podrán realizar únicamente actos ejecutivos[25].

b". *La función administrativa y la función de Gobierno*

77. Nos hemos referido fundamentalmente a la Función Ejecutiva y a los actos ejecutivos. Sin embargo, ya antes señalamos que la Función Ejecutiva realizada en ejercicio del Poder Ejecutivo, por la amplitud de actuación del Estado moderno, actualmente se divide en dos funciones fundamentales: la Función Administrativa y la Función de Gobierno, que se manifiestan a la realidad jurídica en la forma de actos administrativos y actos de Gobierno.

---

21   Artículo 181 de la Constitución.

22   Artículo 19 de la Constitución.

23   Artículo 21 de la Constitución.

24   Artículo 30 de la Constitución.

25   Los actos de las autoridades municipales nunca tienen el carácter de ley, como ha señalado la Corte. Véase CF—93—1, 24—11—53.
     Al respecto véase N° 117.

La distinción entre la Función Administrativa y la Función de Gobierno no es puramente doctrinal, es una realidad en nuestra Constitución. Esta, en efecto, al referirse a las funciones de la autoridad ejecutiva, habla siempre de "Administración y Gobierno"[26].

Ya también hemos señalado[27] la diferencia fundamental entre la Función Administrativa y la Función de Gobierno: la primera se realiza en ejecución de la Ley, y de ahí la atribución fundamental del Ejecutivo Nacional de reglamentar total o parcialmente las leyes, sin alterar su espíritu, propósito y razón[28]; la segunda se realiza en ejecución directa de la Constitución[29] y los actos de Gobierno, por tanto, tienen el mismo rango estructural que la Ley. Ello trae como consecuencia que los actos administrativos puedan siempre ser controlados jurisdiccionalmente en razón de su ilegalidad y en razón de su constitucionalidad. Los actos de Gobierno, en cambio, sólo podrán ser controlados jurisdiccionalmente en razón de su constitucionalidad[30].

c". *Caracterización de la Función Administrativa*

a'''. *Caracterización formal*

78. La caracterización formal de la función administrativa ya la hemos indicado en diversas oportunidades al señalar que se trata de una actividad realizada en ejecución inmediata de la Legislación y mediata de la Constitución, y que no consiste en la declaración de lo que en un caso es derecho con fuerza de verdad legal[31].

Sin embargo, la caracterización formal de la función administrativa sólo puede ser dada en forma negativa. Es decir, función administrativa es aquella función del Estado que no es ni Legislación, ni Jurisdicción ni Gobierno. Esta forma de caracterizar la función administrativa tuvo su origen en la doctrina con Adolf Julius Merkl[32], y la hemos visto acogida recientemente por Waline[33].

Pero si bien es útil la caracterización formal de la función administrativa para diferenciarla de las otras funciones del Estado, no nos sirve para caracterizarla en sí misma. Es necesario, entonces, tratar de caracterizar la función administrativa en sí misma y, por tanto, los actos que de ella se derivan que serán actos administrativos, según su propia naturaleza.

---

26   Artículos 21 y 30 de la Constitución. La misma distinción se desprende del artículo 190 de la Constitución. En este mismo sentido el artículo 7, ordinal 14 de la Ley Orgánica de la Corte Federal.

27   Véase N° 2.

28   Artículo 190, ordinal 10 de la constitución.

29   Artículo 190, ordinales 2, 5, 6, 7, 18 y 21, y artículos 240 y sig. de la Constitución.

30   Artículo 215, ordinales 6 y 7 de la Constitución.

31   Véase N° 2.

32   ADOLF JULIUS MERKL, *Teoría General del Derecho Administrativo,* Madrid, 1935, pág. 13.

33   MARCEL WALINE, *Droit Administratif,* 9ª edición, Sirey, París, 1963, pág. 4.

b''' *Caracterización material*

a''''. *Noción previa*

79. Ya hemos indicado que ha sido jurisprudencia de la Corte Federal y de Casación el establecer[34] que los actos administrativos, como los judiciales, "lo son por su propia naturaleza, por la cuestión que en ellos se ventila", y no cambia ese carácter ni suspende ni restringe la facultad del funcionario u órgano a quien la ley le da competencia para decidir, la circunstancia de que otra autoridad conozca de asunto semejante o aun conexo con aquél". Por tanto, no son los nombres o denominaciones, "sino su naturaleza o contenido lo que da a los actos, tanto de los funcionarios como de los particulares, su verdadero carácter"[35], su significación o fisonomía propia.

En definitiva, para poder caracterizar la función administrativa, es preciso examinar previamente la naturaleza del acto: si nos encontramos entonces en presencia de un acto administrativo, éste ha sido realizado siempre en función administrativa y con independencia absoluta de toda consideración respecto al órgano o autoridad estatal que lo ha dictado.

Entonces la función administrativa consiste primordialmente en el cumplimiento de actos administrativos por parte de una autoridad competente.

b''''. *Independencia de la caracterización de la función administrativa respecto al órgano que la realiza*

80. Decimos que la función administrativa consiste en el cumplimiento primordial de actos administrativos por parte de la autoridad competente, pues no sólo la autoridad administrativa está facultada para dictar actos administrativos, sino que cualquier autoridad, cuando para ello está autorizada por la Ley, puede dictar actos administrativos actuando entonces en función administrativa.

Por tanto, no es posible decir que la función administrativa es aquella que desarrollan los órganos de la Administración Pública cuando dictan actos administrativos. Al contrario, muchas autoridades que no pertenecen a la Administración Pública están facultadas para dictar actos administrativos y, por tanto, cuando ello hacen, realizan una función administrativa.

Esta es la aplicación atenuada del principio de la Separación de Poderes que ha tenido tanta influencia en la Teoría General del Estado después de la aparición, en 1748, del libro de Montesquieu Del Espíritu de las Leyes.

Ciertamente, no podría negarse que la doctrina de la Separación de los Poderes del Estado descansa sobre el principio de que no puede ninguno de ellos invadir la esfera de acción, vale decir, de las atribuciones de los otros poderes. Mas, también es cierto que tal principio no tiene una rigidez absoluta. En efecto, así vemos cómo

---

34   CFC—CP—40—1, 30—10—52.

35   CFC—CP—3—1, 4—4—51.

la propia Constitución da atribuciones al Poder Judicial para declarar la nulidad de los actos del Poder Ejecutivo y del Poder Legislativo y para conocer en determinados casos de las controversias que surjan entre los particulares y la Administración[36].

Pero es más, la propia Corte Federal y de Casación ya en 1937 ha señalado[37] cómo en algunos casos el Poder Legislativo y los órganos que lo ejercen realizan una función administrativa que se manifiesta en actos administrativos. En efecto, ha establecido que cuando las Cámaras Legislativas colaboran con el Poder Ejecutivo en la Administración Pública ejecutan actos administrativos, aun cuando ellos estén revestidos de la forma extrínseca de la Ley y sean calificados por la doctrina como leyes formales: tal es el caso de la llamada Ley que aprueba un contrato de interés nacional. Aquí se trata de una providencia o acto administrativo en forma de Ley.

Así vemos, entonces, que no sólo emanan actos administrativos de los órganos de la Administración Pública, sino que también de los otros órganos del Estado cuando actúan en función administrativa, en los casos autorizados por la Constitución y las leyes.

Hemos hablado de actos administrativos emanados de los Cuerpos Legislativos cuando actúan en función administrativa. Sin embargo, vayamos aún más lejos al afirmar que nuestra legislación positiva permite, en ciertos casos concretos, a los órganos del Poder Judicial actuar en función administrativa dictando actos administrativos. Así vemos, por ejemplo, a determinados Tribunales de la República dictar un reglamento administrativo. Esto puede extrañar a primera vista, pero es rigurosamente cierto. Por ello no nos cansamos de repetir que los actos administrativos se determinan por su propia naturaleza y no por el órgano del cual emanan[38].

Otro caso, aún más extraño, de actos administrativos dictados por órganos judiciales actuando en función administrativa, es el que cumple la Corte Suprema de Justicia cuando conoce de los llamados Recursos Jerárquicos Impropios. En estos casos, tomada una decisión por una autoridad administrativa, casi siempre la de más alta jerarquía en una rama ministerial determinada, se permite llevar el asunto, por vía de apelación administrativa, ante la Corte Suprema de Justicia, cuando la Ley lo permite expresamente. Este es un recurso especialísimo de la legislación venezolana

---

36 CFC—SF—37—l, 26—5—51.

CP—164—1, 23—7—57.

37 Sentencia de la CFC de 5-5 37, *Memoria* 1938. tomo I, 226. Véase, también, el voto salvado a la sentencia CSJ—CP—27—1, 15—3—62.

Por otra parte, debemos observar que estos actos administrativos son realizados como consecuencia, en ejecución de la Ley que los permite. Véase ELOY LARES MARTINEZ, "La Ley como fuente jurídico-administrativa", *RMJ*, Nº 40, Caracas, 1962, pág. 114.

38 Véase Nº 281.

CFC—CP—40—1, 30—10—52.

CFC—CP—3—1, 4—4—51.

Véase nuestro "Estudio sobre la Ley de Regulación de Alquileres de 1º de agosto de 1960", *RCADF,* Nº 113, Caracas, 1960, págs. 217 y sig.

y que tiene una gran importancia histórica: En la evolución de la legislación administrativa venezolana expresa el Decano Andueza: "Este recurso de apelación ante la Corte tiene la especialidad de haber sido la primera vía que el legislador aceptó para la revisión de los actos del Poder Administrativo. Admitido a duras penas por la Jurisprudencia, que veía con recelo la intervención de un Poder en la esfera de otros, fue a poco abriéndose paso y preparando el camino al auténtico recurso contencioso-administrativo"[39]. Por ello consideramos que, estando ya establecido definitivamente el proceso contencioso-administrativo por la Constitución vigente, esos recursos administrativos impropios y específicamente el Recurso Jerárquico Impropio, deberían desaparecer de nuestra legislación. Sin embargo, estos recursos existen actualmente y nos interesa destacarlo para lo que aquí explicamos.

Este recurso especial es un Recurso Jerárquico, pues los poderes de la Corte no sólo se reducen a motivos de ilegalidad, como sucede en el recurso contencioso-administrativo de anulación[40], sino que son mucho más amplios: la Corte está facultada para apreciar en este caso especial la oportunidad del acto apelado, característica esta propia del recurso jerárquico puramente administrativo. Por tanto, es un recurso administrativo y no jurisdiccional. Pero, por otra parte es impropio porque, contrariamente al principio que domina en los recursos administrativos, este recurso jerárquico sólo puede ser ejercido en los casos concretamente permitidos por la Ley[41]. Además, también es impropio porque contra la decisión administrativa de la Corte no es posible intentar recurso jurisdiccional contencioso-administrativo alguno, pues es la misma Corte quien conoce de él. En estos casos la vía jurisdiccional ha sido cerrada expresamente por el legislador, permitiendo solamente la posibilidad de recurrir por vía administrativa. Por último, también es impropio pues la Corte actúa como superior jerárquico de la Administración sin serlo propiamente.

Ahora bien, en base a lo señalado, la decisión de la Corte no es una decisión jurisdiccional, pues no es con ese carácter que ella conoce del asunto. La decisión de la Corte es puramente administrativa, es un acto administrativo con forma de sentencia, pues ella actúa en fundón administrativa. Y precisamente porque actúa en función administrativa, es que el legislador le permite conocer de ese recurso y, lo que es más, le permite conocer de la oportunidad y conveniencia del acto administrativo apelado, lo que no podría hacer si actuase en función jurisdiccional[42].

    c''' *Conclusión*

---

39   Véase JOSÉ GUILLERMO ANDUEZA, *El control en Venezuela de los Actos Ilegales de la Administración Pública*. Publicaciones del Ministerio de Justicia de la República de Venezuela, Caracas, 1959, pág. 30.

    Sobre el Recurso Jerárquico Impropio, véanse Nos. 242 y *sig.*

40   Véase Nº 368. Asimismo, Nos. 28 y 57.

41   Artículo 7, ordinal 31 de la Ley Orgánica de la Corte Federal. Véase la Sentencia de la CFC de 23-4-42, *Memoria* 1943, tomo I, pág. 295.

    Véase Nº 244.

42   CF—85—1 . 6—11—58

Por tanto, concluimos la caracterización de la función administrativa en sí misma no puede hacerse ni en base a un concepto orgánico ni en base a un concepto puramente formal.

Para caracterizarla en sí misma debemos atender a la naturaleza jurídica de los actos que se cumplen cuando ella es desarrollada.

d'. *La función administrativa: la finalidad de Servicio Público*

El carácter material que señala fundamentalmente la naturaleza de los actos administrativos y, por tanto, de la función administrativa es la finalidad de Servicio Público, utilizando la expresión de la Corte Federal[43].

Esta expresión, "finalidad de Servicio Público" es para nosotros la nota que determina la naturaleza de los actos administrativos y, por tanto, de la función administrativa: así, toda actividad realizada por una persona moral de Derecho Público con finalidad de servicio público[44] es ejecutada en función administrativa, y se manifiesta al exterior por medio de actos administrativos, generalmente.

Pero, ¿qué entendemos por actividad realizada con finalidad de servicio público?

De acuerdo con nuestro ordenamiento jurídico, por tal concepto entendemos toda actividad que en ejecución de la Ley y como gestión de los intereses públicos, realiza una autoridad pública con el objeto de mantener y hacer mantener incólumes las garantías constitucionales; a respetar y hacer respetar los derechos constitucionales de los ciudadanos; a hacer cumplir los deberes constitucionales de los ciudadanos; o a cumplir las obligaciones constitucionales del Estado venezolano, con miras a obtener el "bienestar general y la seguridad social"[45].

Esta noción conlleva, ciertamente, varias explicaciones e implicaciones. Veamos:

a". En primer lugar, se nos podría objetar que esa actividad podría ser realizada en ejercicio de una función legislativa o en ejercicio de una función jurisdiccional. Sin embargo, esa objeción no es exacta; y ello porque, si bien es cierto que toda actividad realizada con finalidad de servicio público es una actividad de interés general, no toda actividad de interés general[46] es realizada con finalidad de servicio público, es decir, no toda actividad de interés general de una autoridad pública es realizada como gestión de los intereses públicos.

En efecto, el ejercicio de la función legislativa y de la función judicial producen ciertamente, el desarrollo de una actividad de interés general, es decir, de una actividad que busca el bienestar general y la seguridad social: la actividad legislativa y la actividad jurisdiccional que se manifiestan en actos legislativos y en actos jurisdiccionales. Sin embargo, esas actividades no son realizadas con finalidad de servicio

---

43   CF—102—1, 28—9—54.

      Véase N° 95.

44   .Nótese bien que no decimos Finalidad *del* Servicio Público, que restringe considerablemente la noción.

45   Constitución de 1961, Preámbulo.

46   Es decir, con miras a obtener el bienestar general y la seguridad social.

público: en ambas está ausente la característica esencial de gestión de los intereses públicos.

La actividad legislativa sí crea las condiciones necesarias para que esa gestión pueda ser realizada, pero no constituye ella misma una gestión de los intereses públicos. Asimismo, la actividad jurisdiccional hace que las condiciones que establece el legislador para la gestión de los intereses públicos sean mantenidas, pero tampoco es ella misma una gestión[47].

Sólo la actividad administrativa realizada en función administrativa constituye una gestión de los intereses públicos, pues sólo ella puede traducirse en ejecuciones prácticas mediante actos administrativos o actos materiales[48].

Por otra parte es útil observar que, cuando el Estado actúa en su faceta administrativa, actuando en función administrativa, lo hace como sujeto de derecho, titular de los intereses públicos y en gestión de los mismos, relacionándose con otros sujetos de derecho. En cambio, cuando el Estado juzga o legisla, no lo hace como parte interesada en una relación jurídica con otro sujeto de derecho.

b". En segundo lugar, si bien es cierto que normalmente la función administrativa es ejercida por la Administración Pública o la autoridad administrativa, no toda la actividad de la Administración Pública es realizada con finalidad de servicio público, esto es, en gestión de los intereses públicos propiamente dicha y, por tanto, no toda la actividad de la Administración Pública es ejercicio inmediato de la función administrativa.

En este sentido, la Administración Pública puede desarrollar actividades de interés general, pero que no son llevadas a cabo directamente con finalidad de servicio público. De ahí la atribución dada por la Constitución a la Administración Pública para "reservarse determinadas industrias, explotaciones o servicios de interés público por razones de conveniencia nacional"[49]. De ahí también la posibilidad de la autoridad administrativa de realizar actividades dentro del marco del derecho privado como un sujeto de derecho privado. Estas actividades constituyen una facultad para la Administración, no una obligación.

c". En tercer lugar, el ejercicio de la función administrativa, como el de toda otra función del Estado, no sólo es una atribución del mismo y de sus autoridades, sino, ante todo, es una obligación jurídica.

---

47   Sobre el conjunto del problema desde el punto de vista del Derecho Procesal, véase ARISTIDES REN-GEL ROMBERG, "La Jurisdicción en el Derecho Procesal Moderno", Tesis de Grado. *Anales de la Facultad de Derecho,* Caracas, 1950, págs. 60 y sig.

48   Véase N° 68.

49   Artículo 97 de la Constitución. Sobre el problema de la actividad industrial del Estado, véase: J. VILLAR PALASI, "La Actividad Industrial del Estado en el Derecho Administrativo", *RAP,* N° 3, 1950, pág. 53 y sig.; P. DUPONT, *L'Etat Industriel,* Sirey, París, 1961; A. G. DELION, *L'Etat et les Entreprtses Publiques,* Sirey, París, 1959. Sobre la actividad de derecho privado de la Administración, véase CANTUCCI, *L'attività dì diritto privato della Pubblica Amministrazione,* Padua, 1942.

Por tanto, siempre que una autoridad pública realiza una actividad con finalidad de servicio público, es decir, actúa en ejercicio de la función administrativa, no hace más que ejecutar una obligación legal o constitucional impuesta al Estado. Por tanto, no sólo la función administrativa es ejecución de la Ley sino que, principalmente, es ejecución de una obligación jurídica impuesta por la misma Ley.

d". En cuarto lugar, toda actividad realizada por una autoridad pública en función administrativa es ejecutada dentro de los marcos y por los medios y procedimientos del Derecho Público, es decir, procedimientos exorbitantes del derecho común o, por lo menos, con la posibilidad irrenunciable de utilizarlos. Esta es la consecuencia esencial de la obligación impuesta al Estado para actuar. Por ello, cuando el Estado y la Administración Pública no están obligados a actuar, a realizar una actividad determinada, puede desarrollar esa actividad por los procedimientos de derecho privado. Sin embargo, y como señalamos anteriormente, cuando la autoridad pública está obligada a actuar como en el caso del ejercicio de la función administrativa, esto conlleva necesariamente la utilización en algún momento de su desarrollo de procedimientos de Derecho Público.

e". Por último, la actividad de la autoridad pública realizada con finalidad de servicio público, es decir, en ejercicio de la función administrativa, no consiste necesariamente en la prestación de un determinado servicio para determinados usuarios. La actividad realizada en ejercicio de la función administrativa es algo más amplia que la simple prestación de servicios.

Dicho todo esto, es necesario concluir que la función administrativa es aquella en cuyo ejercicio se realizan actividades con finalidad de servicio público. Entonces, toda declaración de voluntad que emane de una autoridad pública para producir determinados efectos jurídicos, actuando en función administrativa, es un acto administrativo.

Nos corresponde, sin embargo, aclarar alguna duda que pueda presentarse: al hablar de finalidad de servicio público lo hacemos única y exclusivamente para delimitar la función administrativa. No nos referimos por tanto a la finalidad de servicio público como la noción delimitadora del Derecho administrativo. Este estudia algo más que la mera función administrativa y que los meros actos administrativos: estudia todas las manifestaciones de la Administración Pública, sean realizadas o no en ejercicio de la función administrativa, y su organización y funcionamiento.

Por último, a título ejemplificativo y siguiendo los postulados constitucionales, podemos señalar algunas actividades del Estado realizadas en función administrativa: Una actividad tendiente a mantener incólumes las garantías de los ciudadanos: la creación, organización y funcionamiento de la administración de Justicia (artículos 49, 68 y 69 de la Constitución); Una actividad tendiente a respetar y hacer respetar los derechos constitucionales de los ciudadanos: los servicios de policía (artículo 59 de la Constitución); Una actividad tendiente a hacer cumplir los deberes constitucionales de los ciudadanos: la organización del seguro social obligatorio, el funcionamiento de los servicios de educación (artículos 53 y 55 de la Constitución); en fin, una actividad tendiente a cumplir las obligaciones constitucionales del Estado: los servicios de salud pública (artículos 57 y 76 de la Constitución), el sistema de la seguridad social (artículo 94 de la Constitución), la promoción del desarrollo económico y la diversificación de la producción (artículo 95 de la Constitución).

c. *La Administración*

83. Delimitada la noción de función administrativa, volvamos a nuestro punto de partida: acto administrativo es la declaración de voluntad realizada por la Administración... ¿Qué debemos entender en esta noción por Administración? Ahora vemos la utilidad de todos los conceptos hasta ahora expuestos: por Administración debe entenderse toda autoridad pública actuando en función administrativa.

Entonces acto administrativo es aquella manifestación de voluntad realizada por una autoridad pública actuando en ejercicio de la función administrativa, con el objeto de producir determinados efectos jurídicos.

La noción de función administrativa es el elemento que nos permite diferenciar claramente el acto administrativo de los otros actos jurídicos estatales realizados, sea en función legislativa, en función jurisdiccional o en función de Gobierno.

Asimismo, la diferencia fundamental entre los actos administrativos y los actos jurídicos de derecho privado realizados por la Administración Pública resulta del mismo elemento: la noción de función administrativa que implica la existencia del Poder Público y sus prerrogativas falta en los segundos.

Resta sólo en el análisis de la definición del acto administrativo, examinar qué debe entenderse por producción de efectos jurídicos.

C) *Declaración de voluntad con el objeto de producir determinados efectos jurídicos*

a. *Noción previa*

84. La declaración de voluntad realizada por una autoridad pública actuando en función administrativa, para que sea un acto jurídico administrativo es necesario que sea hecha con el objeto de producir determinados efectos jurídicos. De lo contrario, estaríamos en presencia de los llamados actos materiales de la Administración que, como hemos señalado[50], son declaraciones de voluntad realizadas por la Administración pero sin el propósito de producir un efecto jurídico determinado.

Pues bien, los efectos jurídicos que pueden perseguirse al dictar un acto administrativo pueden ser, o la creación de una situación jurídica o la concesión a un sujeto de derecho de una situación jurídica general preestablecida[51].

Examinemos someramente estos efectos.

---

50   Véase N° 68.

51   Esta es la clasificación de los actos administrativos según sus efectos o contenido establecida por la Escuela de Burdeos o del Servicio Público, Sobre la Técnica Jurídica de León Duguit y su escuela, véase la magnífica exposición de A. DE LAUBADERE. *Traité Elémentaire de Droit Administratif*, Librairie Générale de Droit et de Jurisprudence, 3ª edición, París, 1963, Introducción. Véase, asimismo, G. JEZE, *Principios Generales del Derecho Administrativo*, Editorial De Palma, Buenos Aires, tomo I. Sobre la noción de Situación Jurídica, véase P. ROUBIER, *Droits Subjectifs et Situations Juridiques*, Dalloz, Paris, 1963.

b.   *La creación de una situación jurídica*

El acto administrativo puede tener por objeto la creación[52] de una situación jurídica, sea general o sea individual. En el primer caso estamos en presencia del acto
administrativo general, fundamentalmente el acto reglamentario[53], llamado también
acto regla por Jéze[54]. En el segundo caso nos encontramos con el acto administrativo
individual o de efectos subjetivos[55].

En el primer caso se crea una situación jurídica general, impersonal y objetiva.
En el caso del acto individual se crea una situación jurídica individual, personal y
subjetiva.

c.   *El acto-condición*

El término acto-condición, para señalar el acto por el cual se aplica una situación
jurídica general a un sujeto de derecho, es una creación de León Duguit y sus discí-
pulos de la Escuela de Burdeos. Tiene la originalidad de señalar que los actos-regla
no tienen, necesariamente, que aplicarse en forma automática a las personas y a las
situaciones jurídicas concretas. Muchas veces su aplicación no tiene lugar sino con
la intervención de otro acto que somete a un sujeto de derecho a la situación jurídica
general creada por el acto-regla. Ese acto es, entonces, la condición indispensable
para la aplicación de la regla de derecho; de ahí su nombre de actocondición[56].

Realmente, el acto-condición es un acto administrativo individual, pues tiene
efectos jurídicos individuales y subjetivos. Sin embargo, difiere esencialmente de
aquél en que no crea una situación jurídica individual, sino que la situación jurídica
en la cual va a ser colocado el sujeto de derecho es una situación jurídica general,
impersonal y preexistente.

3.   LA DEFINICIÓN

87, Recordando todas las nociones hasta aquí expuestas, podemos definir el acto
administrativo como aquella manifestación de voluntad realizada por una autoridad
pública actuando en ejercicio de la función administrativa, con el objeto de producir
efectos jurídicos determinados que pueden ser, o la creación de una situación jurídica individual o general, o la aplicación a un sujeto de derecho de una situación jurídica general.

---

52   El acto de modificación o de extinción de una situación jurídica puede traducirse en una creación de otra
     situación jurídica o en un acto-condición.

53   Artículo 190, ordinal 10 de la Constitución.
     Véase N° 12.

54   G. JEZE, *Ob. cit.,* tomo I, pág. 32.

55   CF—59—1, 3—6—59.

56   Tal es el caso de la concesión de nacionalidad o del nombramiento de un funcionario. Véase STASSI-
     NOPOULOS, *ob. cit.,* pág. 81.

CAPITULO TERCERO
LOS REQUISITOS DEL ACTO ADMINISTRATIVO

1. NOCIÓN PREVIA

88. Distinguimos los requisitos de forma de los requisitos de fondo del acto administrativo. Los primeros constituyen lo que se ha llamado el procedimiento constitutivo del acto administrativo. Los segundos se refieren a su contenido y son los que determinan, propiamente, la naturaleza del acto administrativo.

Estudiaremos separadamente ambos requisitos.

2 LOS REQUISITOS DE FORMA

A) *Noción previa*

89. Cuando le Ley crea formas especiales para el cumplimiento del acto administrativo, quiere decir que el acto debe estar rodeado de todas aquellas garantías necesarias para que pueda producir su efecto. Mas, es necesario que la misma Ley, de manera categórica, establezca las formas en que ha de cumplirse, y sólo es así cuando el acto cumplido fuera de esas formalidades legales llega a estar viciado de nulidad.

Pero cuando la ley no establece esas formas especiales, sea de formación, sea de expresión de la voluntad administrativa, la facultad del funcionario de cumplir tal o cual acto puede hacerse en las condiciones que juzgue más conveniente y racional, siempre que esa forma de formación o de expresión demuestre claramente la verdadera voluntad de la Administración. Por esto último, cuando la práctica administrativa o la jurisprudencia han exigido unas determinadas formas, la verdadera voluntad de la Administración corresponderá al estricto cumplimiento de esas formalidades.

Al respecto ha señalado la antigua Corte Federal y de Casación[1] que, cuando la ley o la costumbre no preceptúan una forma determinada, la autoridad administrativa

---

1   Sentencia de 7-12-37. Resumen CFC en SPA, 193(5-1939, pág. 14 *(Memoria* 1938, tomo I, pág. 374).

     Sobre los requisitos de forma del acto administrativo, véase: E. MARTINEZ USEROS, "Los requisitos de forma en los actos administrativos", *Anales de la Universidad de Murcia,* 1951. Sobre el Procedimiento Administrativo en general, véase S. ROYO-VILLANOVA, "El Procedimiento Administrativo como garantía jurídica". *Revista de Estudios Políticos,* Instituto de Estudios Políticos, N° 48. Madrid, pág. 109; SANDULLI, *Il Procedimento amministrativo,* Milán, 1959; U. FORTI, "Atto e Procedimento amministrativo", *Studi dì diritto pubblico in onore de O. Renalleti,* tòmo I, Padua, 1931, págs. 456 y siguientes.

     Por último, es necesario dejar constancia del esfuerzo realizado por la Comisión de Administración Pública de Venezuela en la preparación del Proyecto de Ley de Procedimientos Administrativos, cuya

puede servirse de cualquier forma adecuada para el cumplimiento del acto administrativo.

La ausencia de una Ley de Procedimientos Administrativos en Venezuela hace difícil la generalización de las formalidades del acto administrativo. Sin embargo, de la jurisprudencia de la Corte Suprema podemos estudiar tres principales requisitos de forma que ella ha exigido en los actos administrativos y que están consagrados en algunas leyes especiales. Estos son referidos a la manifestación de voluntad de la Administración, a la motivación del acto y a su notificación.

B) *La manifestación de la voluntad administrativa*

90. Ya hemos señalado[2] que la Corte Suprema de Justicia ha sostenido que, mediando en un asunto la intervención de la Administración, su declaración de voluntad debe expresarse dentro de un proceso formativo que se desarrolla de acuerdo con la ley y con fundamento en la observancia de ciertas formas por quien pueda cumplirlo porque tenga capacidad de obrar como sujeto de derecho y como órgano de la Administración. Cuando la manifestación de voluntad de la Administración ha sido realizada dejándose de cumplir las formas requeridas o cuando esas formas se han cumplido de manera irregular, esa tal manifestación de voluntad "no responde a la verdadera voluntad de la administración[3].

Fundamentalmente, el órgano que expresa la voluntad de la Administración debe ser competente para ello, es decir, debe tener la atribución legal para obrar en cumplimiento de la función administrativa.

El cumplimiento de las formalidades requeridas se realiza estrictamente en principio, en los actos administrativos expresos. Pero decimos en principio, pues nuestro ordenamiento jurídico y nuestra jurisprudencia han admitido, en ciertos casos concretos, y sin carácter general, los llamados actos administrativos tácitos producidos por el silencio de la Administración[4].

Ciertamente, si la ley faculta al interesado para ocurrir a la vía judicial cuando, después de vencido un determinado plazo, no se le ha notificado por el Poder Administrativo el resultado de su representación, es porque, de acuerdo con un principio unánimemente aceptado por el Derecho administrativo moderno, y consagrado legalmente por muchos países, considera ese silencio de la Administración equivalen-

---

sanción y promulgación sería el paso decisivo para la estructuración definitiva de nuestro Régimen Administrativo. Aún más, cuando está inspirado en la notable legislación española sobre la materia.

2 Véanse Nos. 42 y 70.

Sobre la manifestación de voluntad de la Administración, véase F. CAMMEO, "Della manifestazione della volontà delle Stato nel campo dei Diritto Amministrativo", *Primo trattato completo di diritto amministrativo italiano* de V. M. Orlando, Milán, 1901, vol. III, pág. 113

3 CSJ—PA—97—1, 14—12—61.

4 Artículo 63 de la Ley de la Procuraduría de la Nación y del Ministerio Público, artículos 32 y 34 del Reglamento de la Ley de Regulación de Alquileres.

Véase N° 320.

te a un rechazo de la petición del reclamante, y tal decisión tácita de denegación es ejecutoria[5], como un acto administrativo expreso.

Por tanto, no sólo la manifestación expresa de voluntad administrativa está sujeta a determinadas formalidades según los casos, sino que también, en los pocos casos aceptados por nuestra legislación, la manifestación tácita de voluntad está sometida a determinadas formas y plazos, sin cuyo cumplimiento no podrá haber legítima manifestación de la Administración. En todo taso hay que aclarar que las formas del acto administrativo tácito deben ser siempre legales para que haya tal manifestación de voluntad.

Por último, debemos observar que el silencio administrativo como manifestación tácita de voluntad, repetimos, no está aceptado con carácter general en nuestra legislación, y además sólo puede producirse respecto a actos de efectos individuales, y nunca en actos generales de la Administración.

C) La motivación del acto administrativo

91. Respecto a la exigencia de la motivación como uno de los requisitos de forma del acto administrativo, nuestra jurisprudencia ha tenido una evolución radical.

En efecto, según la antigua Corte Federal y de Casación en 1938, la ausencia de motivación del acto no lo hacía objetable en derecho[6]. Esta opinión ha sido totalmente modificada.

En efecto, recientemente la antigua Corte Federal manifestó y razonó la solución contraria, y en nuestra opinión la correcta. En sentencia de 1957[7] la Corte señaló, como ya hemos manifestado[8], que la forma del acto, "en lo tocante a su motivación, ha llegado a considerarse sustancial, en razón de que la ausencia de fundamentos abre amplio margen al arbitrio del funcionario".

A semejanza de lo que ocurre en derecho privado, en el que es requisito irrefragable la motivación del fallo, pues de no contener los fundamentos en que se apoya, debe considerarse necesariamente viciado[9]; así también, en Derecho administrativo,

---

5   CF—34—1, 3—6—58. Véase N° 213.

    En la doctrina italiana, véase FRAGOLA, *La dichiarazione tacita di volontà della pubblica amministrazione*, Nápoles, 1938.

6   Sentencia de 29-3-38 en Resunien CFC en SPA, 1936-1939, pág. 215 *(Memoria 1939, tomo I, pág. 199)*.

    Sobre la motivación del acto administrativo en la doctrina, véase: A. LENTENI, "Motivi, motivazione, giustificazione e causa negli atti", *Nuova Rassegna di Legizlazione, Dottrina e Giurisprudenza*, año VII 1, N° 20, 1952, pag. 1.521; ROEHRSSEN, "Note sulla motivazione degli atti amministrativi", *Riv. Dir. Pub.*, 1941, pig. 110; FORTI, "I motivi e la causa negli atti amministrativi", *Studi di diritto pubblico*, 1937, vol. I, pág. 477; JACCARINO, *Studi sulla motivazione*, Roma, 1933; MJELE, *L'obbligo di motivazione degli atti amministrativi*, 1941; RAGGI, "Motivi o motivazione degli atti amministrativi, *Giurista Italiano*, 1941, tomo III, pág. 163; LA TORRE, "Sull'obbligo della motivazione degli atti ammministrativi, *FA*, 1930, pág. 44.

7   CF—182—1, 9—8—57.

8   Véase N° 43.

9   Artículo 162 del Código de Procedimiento Civil.

los actos administrativos deben expresar concretamente la causa o motivo que los inspira como condición para su validez, sobre todo cuando sólo están en juego, en principio, intereses de particulares, que si bien son tutelados por el Estado, es con miras de equidad y provecho general.

De otra parte, la motivación del acto dictado por la Administración, no sólo es conveniente como justificativo de la acción administrativa, sino como medio de permitir "el control jurisdiccional sobre la exactitud de los motivos"[10] y su correspondencia con los textos legales o reglamentarios en que se funda el acto.

D) *La notificación del acto administrativo*

92. La notificación del acto administrativo como requisito de forma del acto administrativo ha sido aceptada por la mayoría de nuestras leyes administrativas.

A este respecto, la antigua Corte Federal ha indicado[11] que la notificación debe hacerse por medio de oficio, dejándose constancia escrita del día y hora en que se

---

10   CF—182—1, 9—8—57.

El Seminario de las Naciones Unidas sobre los Recursos Judiciales y de otra índole contra el ejercicio ilegal o abusivo del Poder Administrativo, celebrado en Buenos Aires en 1959 opinó "en forma unánime que las decisiones administrativas deben ser fundadas en la ley, apoyadas en razones de hecho y de derecho y lo suficientemente motivadas para que no quede duda en cuanto a su naturaleza, alcance y fundamentación", Publicación de las Naciones Unidas, Nueva York, 1960 (*ST/TAO/HR/6*), pág. *6.*

El Proyecto LPA 1963 consagra expresamente la necesidad de motivación del acto administrativo, pero sin carácter general. En efecto, el artículo 26 de dicho Proyecto dispone que "todo acto administrativo que contenga limitación a algún derecho, que resuelva algún recurso o que determine un nuevo criterio diferente al anteriormente establecido por el mismo organismo, deberá ser suficientemente razonado. Igual característica deberán reunir los actos administrativos a los cuales la ley o el Reglamento exijan específicamente tal circunstancia". Por otra parte, el artículo 97 del mismo Proyecto, al hablar de las multas administrativas dispone que "la multa que no sea aplicada por los Tribunales, se impondrá en virtud de resolución motivada que dicte el funcionario autorizado para imponerla…". Por último, el artículo 71 del Proyecto señalado, al hablar de la terminación del Procedimiento Administrativo por Resolución, señala que ésta "deberá ser motivada, salvo cuando la Ley expresamente determine lo contrario".

11   CF—54—1, 5—8—58.

Véase N° 44.

El Seminario de las Naciones Unidas antes citado estimó "que es deber ineludible de toda autoridad administrativa de notificar a los particulares los actos administrativos que les afecten directamente. La notificación debe hacerse expresándose el contenido del acto". Publicación *cit.,* pág. 9.

Véase el artículo 18 del Reglamento Interno del Ministerio de Hacienda.

Sobre la notificación de los actos administrativos en la doctrina, véase: V. OTTAVIANO, La *communicazione degli atti* amministrati, Giuffré Ed., Milán, 1953; E. SERRANO GUIRADO, "La notificación de los actos administrativos en la jurisprudencia", *RAP*, N° 1, 1950, págs. 131 y sig. En materia de notificación de los actos administrativos, el Proyecto LPA 1963 establece, en su artículo 30, que "los actos administrativos que por su naturaleza sean o puedan ser de interés general, deberán ser publicados en el órgano oficial correspondiente. Los actos administrativos que solamente afecten los intereses a determinadas personas se comunicarán a éstas sin necesidad de publicación". El procedimiento y forma de la notificación están consagrados en el Proyecto en la forma siguiente: Artículo 56, "Deberá notificarse a todo interesado toda resolución que afecte sus derechos o intereses". Artículo 57, "La notificación a que se refiere el artículo anterior deberá practicarse en el plazo máximo de diez días hábiles a partir de la resolución o acto que fuere objeto de la notificación y deberá contener el texto íntegro del acto con la indicación de si es o no definitivo y, en su caso, de los recursos que contra e) mismo procedan, del órgano

entrega al propio interesado. Si no se logra localizar a éste, un elemental principio de justicia requiere que el interesado sea notificado por cartel que se publicará en el órgano oficial destinado al efecto[12], con fijación de un plazo prudencial, vencido el cual, sin que se presente el interesado a notificarse, se considera iniciado el lapso de apelación. Esta solución, además de estar enmarcada dentro de claros principios de procedimiento, es justa. Y ello porque la Administración no puede tener interés en cercenar o desconocer el derecho de los particulares de defender sus derechos subjetivos o sus legítimos intereses contra la posible equivocación, descuido o negligencia de funcionarios de categoría inferior. Por el contrario, su deber y conveniencia estriba en que el orden jurídico prevalezca incólume y que el imperio de la ley no se menoscabe ni desvirtúe; y por ello el particular que reclama contra una violación de ésta es en realidad un coadyuvador de la Administración en el cumplimiento de ese deber y no su opositor o contrario[13].

Respecto a los actos administrativos generales, la notificación se convierte en publicación en el órgano oficial, y sólo desde esa publicación surtirá efectos el acto acogiendo el principio general del derecho que se establece en el artículo primero del Código Civil.

3. LOS REQUISITOS DE FONDO

A) *Noción previa*

93. Los requisitos de fondo que señalan propiamente la naturaleza del acto administrativo, pues determinan su contenido, son fundamentalmente la competencia del funcionario que dicta el acto, el objeto, la causa del mismo y su fin. Los tres primeros constituyen parte del requisito que llamaremos Subordinación al Principio de la Legalidad Administrativa, el cuarto lo denominaremos Subordinación a la Finalidad de Servicio Público. Veamos ambos requisitos de fondo separadamente.

---

del cual *(sic)* deba presentarse dicho recurso y del plazo para interponerlos, sin perjuicio de que los particulares puedan intentar otros recursos si así consideran conveniente a sus intereses". Artículo 58, "Si la notificación fuere defectuosa surtirá todos sus efectos desde el momento en que el interesado decida acogerse a ella". Artículo 59, "Surtirá todos los efectos de la notificación realizada conforme a los artículos anteriores la imposición que el interesado hiciere personalmente en el expediente del contenido del acto que pueda afectar sus derechos e intereses". Artículo 60, "Las notificaciones se realizarán mediante oficio, carta, telegrama o cualquier otro medio que permita tener constancia de la recepción, de la fecha e identidad del acto notificado y, en todo caso, se remitirá a la residencia del interesado determinada a tal efecto en el expediente respectivo conforme a lo pautado en el artículo 18 de esta ley. Se presumirá conocida del destinatario la notificación llegada por correo certificado a la dirección determinada conforme al artículo 18 de esta ley". Cuando por cualquier circunstancia se ignore la dirección a la cual deba dirigirse la notificación a que se refiere esta Sección, ella se hará mediante publicación del texto respectivo en la *Gaceta Oficial de la República de Venezuela*"

12 Por ejemplo el artículo 14 del Reglamento de la Ley de Regulación de Alquileres. Véase nuestro "Estudio sobre la Ley..." *lugar cit.*, pág. 226.

13 CF—54—1, 5—8—58.

B) *La subordinación al principio de la legalidad administrativa*

94 Hemos dedicado el Título Primero de este estudio al desarrollo del Principio de la Legalidad Administrativa. Por ello, en lo esencial, a él nos remitimos.

Sin embargo, es conveniente recalcar especialmente que la subordinación de los actos administrativos al Principio de la Legalidad Administrativa implica tres requisitos de singular importancia: Por una parte, la competencia del órgano del cual emana el acto administrativo, por otra parte la ausencia de vicios en el objeto del acto y, por último, la exactitud y el respeto de los presupuestos de hecho que forman la causa o motivo del acto administrativo.

La violación del primero de estos requisitos produce lo que ya hemos estudiado bajo el nombre de extralimitación de atribuciones[14].

La violación del tercero, es decir, la tergiversación de los presupuestos de hecho del acto o la falta de concordancia entre esos presupuestos y la norma atributiva de competencia produce lo que ya también hemos estudiado como vicio de abuso o exceso de poder de los actos administrativos[15].

Respecto al objeto, es necesario detenernos un instante. El objeto del acto administrativo es la consecuencia inmediata, el efecto práctico que el acto persigue. Es, por ejemplo, la imposición de una multa, la expropiación de un inmueble, el nombramiento de un funcionario. Este objeto del acto, como en todo acto jurídico, debe ser "posible, lícito, determinado o determinable". De lo contrario el acto estaría viciado de nulidad por irregularidad de su objeto.

C) *La subordinación a la finalidad de servicio público*

95. Ya hemos indicado que la finalidad de servicio público es el requisito esencial y de fondo que determina la naturaleza del acto administrativo[16], y también ya hemos indicado qué debe entenderse por tal expresión.

Lo que nos interesa destacar aquí es que la autoridad administrativa en el Estado de Derecho está condicionada en su actuación, por la Ley, para la obtención de determinados resultados, y por ello no puede la Administración Pública procurar resultados distintos de los perseguidos por el Legislador, aun cuando aquéllos respondan a la más estricta moralidad, pues lo que se busca es el logro de determinado fin que no puede ser desvirtuado por ningún motivo, así sea plausible este.

En definitiva, la Ley atribuye a la autoridad administrativa el ejercicio de cierta facultad, pero se la atribuye para Obtener un fin específico. De ahí toda la extensa

---

14   Véase N° 38.

15   Véase N° 39 y la bibliografía citada en la nota 126 de dicho número. Además, véase G. JEZE, "Essai d'une théorie générale sur l'influence des motifs déterminants sur la validité des actes juridiques en droit public", RDP, 1922.

      CF—102—1, 28—9—54. Véase N° 40.

16   Véase N° 82.

      CF—102—1, 28—9—54.

jurisprudencia que hemos examinado al estudiar la desviación de poder como vicio de ilegalidad del acto administrativo[17].

Por otra parte es necesario remarcar que la subordinación a la finalidad de servicio público implica en el acto administrativo su subordinación a la equidad y a la oportunidad, aun en el supuesto de que estén en función las facultades discrecionales de la Administración[18].

---

17 Véase en la doctrina: PHILIBERT, *Le but et le motif dans l'acte administratif,* Paris, 1931; WALTER, Le contrôle juridictionnel de la moralité administrative, Nancy, 1929

18 CF—182—1, 9—8—57.

CAPITULO CUARTO
LOS EFECTOS DEL ACTO ADMINISTRATIVO

1. NOCIÓN PREVIA

96. Del cumplimiento de los requisitos estudiados en el capítulo anterior, y principalmente de los requisitos de fondo del acto administrativo, se deriva el efecto fundamental de éste: su ejecutoriedad, que estudiaremos en primer lugar. Pero también en relación con los efectos del acto administrativo estudiaremos en el presente Capítulo la entrada en vigor y el comienzo de los efectos del acto, el fin de esos efectos y especialmente la extinción del acto y, por último, la firmeza del acto administrativo.

2. LA EJECUTORIEDAD DEL ACTO ADMINISTRATIVO

97. El interés público en que se inspiran las normas de Derecho Público y Administrativo justifica ciertos privilegios de que goza la Administración para el cumplimiento de sus fines. Entre tales privilegios, que exceden de los moldes clásicos del Derecho común, se encuentra el de la inmediata ejecución de sus actos[1].

---

1   CF—88—1, 29—7—59.

Sobre la ejecutoriedad del acto administrativo, véase: BORSI, *L'esecutorietà degli atti amministrativi*, Turín, 1901; PUJIA, "L'esecuzione d'ufficio nelle opere pubbliche", *Riv. Dir. Pub.*, 1913, J. GONZALEZ PEREZ, "Sobre la ejecutoriedad de los actos administrativos", *Revista Crítica de Derecho Inmobiliario*, N° 316, 1954, págs. 706 y sig.; TOURDIAS, *Le sursis a exécution des decisions administratives*, París, 1957.

La jurisprudencia administrativa de la Corte, al hablar de la ejecutoriedad del acto administrativo, incluye en dicho concepto dos caracteres diferentes distinguidos por la doctrina (véase: *F. Garrido Falla, Tratado de Derecho Administrativo*, Instituto de Estudios Políticos, tomo I, Madrid, págs. 480 y sig.; *E. Sayaguez Laso, Tratado de Derecho Administrativo*, tomo I, pág. 490; *N. Rodríguez Moro, La ejecutividad del acto administrativo —con especiales referencias a lo Municipal—*, Instituto de Estudios de la Administración Local, Madrid, 1946): la ejecutividad 7 la ejecutoriedad del acto administrativo. En este sentido, la ejecutividad es la regla general del acto administrativo y consiste en el principio de que todo acto administrativo, una vez perfeccionado, produce todos sus efectos y, por lo mismo, puede ser ejecutado. Decir entonces que un acto administrativo es ejecutivo es tanto como afirmar que tiene fuerza obligatoria y debe cumplirse, lo cual ocurre desde el momento en que produce íntegramente sus efectos. Por otra parte, para nosotros este concepto de ejecutividad del acto implica la aptitud de ser llevado, si es necesario, a la ejecución judicial directamente, con fuerza de título ejecutivo. Es la terminología del artículo 523 y sig. del Código de Procedimiento Civil.

Sin embargo, este carácter según la doctrina más autorizada, debe distinguirse de la ejecutoriedad del acto administrativo, que es la posibilidad de la Administración de ejecutar el acto por sí misma, incluso en caso de resistencia abierta o pasiva de las personas afectadas, pudiendo acudir en tal caso a diversas medidas de coerción.

La Administración Pública, por sus mismos caracteres y fines, actúa en medio de situaciones jurídicas ya creadas; por tanto, la gran mayoría de sus actos jurídicos habrán de destruir o modificar alguna o algunas de esas situaciones jurídicas pre-existentes. De ahí la importancia que reviste esa ejecución privilegiada de las reso-luciones administrativas que interesa, tanto a la propia Administración, como a los particulares beneficiados con la situación anterior[2].

El carácter ejecutorio del acto administrativo es consecuencia directa de su pre-sunción de legalidad y legitimidad[3], por ello puede, desde el momento preciso en que se profiere, hacerse ejecutar por quien corresponda. Ello porque la presunción de legitimidad tiene por fundamento la preocupación y necesidad de evitar todo po-sible retardo en el desenvolvimiento de la actividad de la Administración Pública, siendo así que la ejecutoriedad responde al mismo principio: la rapidez de la acción administrativa para el logro del bienestar general.

Esta ejecutoriedad, por otra parte, permite darle a los actos administrativos, cum-plimiento inmediato incluso contra la voluntad de los propios interesados, por existir en ellos esa presunción de legitimidad. Además, el acto administrativo expreso es un documento auténtico, y como tal se presume válido y hace plena fe[4].

La ejecutoriedad del acto administrativo trae, como consecuencia, que los recur-sos administrativos y jurisdiccionales de impugnación de los actos administrativos no tienen efecto suspensivo sobre la ejecución del acto, es decir, no suspenden la ejecución del acto administrativo, ya que admitir lo contrario equivaldría a hacer

---

Nuestra jurisprudencia, como vemos, incluye ambos conceptos bajo la ejecutoriedad del acto administra-tivo.

Por otra parte observamos que el Proyecto LPA 1963 acoge el concepto de ejecutividad, distinto de la ejecutoriedad que hemos indicado. Así, la sección correspondiente a la eficacia de los actos administrati-vos, en el artículo 27 dispone: "Los actos administrativos de los órganos de la Administración Nacional en la esfera de sus competencias respectivas serán ejecutivos conforme a derecho".

2   CF—54—1, 5—8—58.

3   CF—182—1, 9—8—57.

4   Entiéndase que no hablamos de documento público sino de documento auténtico. En este sentido la CFC, en sentencia de 9-6-42 (*Memoria* 1943, tomo I, pág, 323), ha establecido que "es improcedente la solicitud de reconocimiento de firmas que aparecen en acta o acto emanado de un funcionario público, actos a los cuales debe reconocérseles *autenticidad* en principio, cuando menos, de conformidad con las leyes administrativas y civiles, que tratan de los documentos como medios de prueba". Sobre el concepto de autenticidad en los documentos, véase nuestro estudio: "Consideraciones acerca de la distinción entre documento público o auténtico, documento privado reconocido o autenticado y documento registrado", *RMJ*, 1962, N° 41, págs. 192 y sig. Sobre el carácter de instrumentos públicos que revisten los emanados de funcionarios públicos en algunos países como Argentina, véase E. BIELSA, *Instrumentos Públicos emanados de funcionarios y órganos del Estado*, Rosario, 1949.

En general, sobre la presunción de legitimidad del acto administrativo, véase: TREVES, La presunzione de legittimità degli atti amministrativi. Studi di diritto pubblico direti da Donati, vol. VIII, Padua, 1936; R, RESTA, "La legittimità degli atti giuridici", *Riv. Dir. Pub.*, 1955.

En este mismo sentido, véanse los fallos:

CF—88—1, 29—7—59;

CF—7—2, 25—1—60

posibles paralizaciones de la acción administrativa por la voluntad de los particulares[5].

Este carácter o efecto fundamental del acto administrativo es lo que ha hecho que
cierta jurisprudencia[6] venezolana y la unanimidad de la doctrina francesa después de
Hauriou, califiquen al acto administrativo unilateral como decisión ejecutoria.

Sin embargo, el carácter ejecutorio del acto administrativo no implica en nuestra
legislación vigente la necesidad de la ejecución forzosa del acto por la utilización de
medidas coercitivas realizada por la misma Administración.

En principio, la ejecución forzosa del acto administrativo por vías coercitivas no
puede tener lugar sino por vía judicial, y ante ésta es que el acto administrativo, por
su presunción de legitimidad, tiene carácter de acto ejecutorio[7].

Por tanto la Administración, a pesar de que es detentadora de la fuerza pública,
no puede recurrir directamente y en principio a la coerción para ejecutar sus propias
decisiones. Pero decimos en principio pues, ciertamente, dos consideraciones opuestas hay que tener en cuenta: por una parte, no es conveniente que por una simple
inercia de los particulares, o por el carácter recalcitrante de éstos, las decisiones de
la Administración corran el peligro de no ser ejecutadas o serlo pero con gran dilación; pero, por otra parte, es peligroso que la Administración, por detentar la fuerza
pública, pueda en todo caso ejecutar sus propias decisiones forzosamente, ya que
ello traería una violación sencilla y rápida de los derechos y garantías constitucionales de los ciudadanos.

Ante estas consideraciones creemos, siguiendo criterios del derecho comparado[8],
que la Administración en Venezuela puede recurrir a la fuerza pública para ejecutar

---

5   CF—7—1, 25—1—60.

6   CF—54—1, 5—8—58.

7   Artículos 446 y sig. del Código de Procedimiento Civil, y artículo 1.929 del Código Civil.

8   Es interesante observar la posición del sistema francés y del sistema español sobre el problema de la
     ejecución forzosa.

     Sobre el sistema español, F. GARRIDO FALLA *(Tratada de Derecho Administrativo, cit.,* tomo I, pág.
     484) nos lo resume así: "A partir de la Ley de Procedimientos Administrativos de 1958 no existe ningu-
     na duda sobre la posibilidad de la ejecución forzosa a cargo de la Administración; está admitida con
     carácter general por nuestro Derecho, Ahora bien, en el ejercicio de esta potestad existen dos
     limitaciones: 1°. La ejecución forzosa ha de ajustarse precisamente a un procedimiento previamente re-
     glado, hasta el punto de que su olvido convierte la acción administrativa en vía de hecho; 2°. Cuando la
     ejecución forzosa consiste en la utilización de medidas *coercitivas,* únicamente podrá ser utilizada por la
     Administración cuando exista *precepto legal expreso que la autoricé'* (subrayados nuestros).

     Es decir, en el sistema español es posible, en principio, la ejecución forzosa del acto administrativo por
     la propia Administración. Pero cuando se trata de la utilización de medidas coercitivas es necesario un
     texto legal expreso que autorice dicha utilización.

     La situación en el Derecho francés es distinta, pues, en principio, la Administración no puede ejecutar
     forzosamente sus decisiones. Pero, en ausencia de otro procedimiento para ejecutar el acto administrati-
     vo, la ejecución forzosa por la Administración "es un medio empírico justificado legalmente... por la ne-
     cesidad de asegurar la observancia de la ley" (Romieu). Bajo la guía de las conclusiones del Comisario
     de Gobierno Romieu, la jurisprudencia francesa inició con la decisión del Tribunal de Conflictos de 2-
     12-02, Société Immobilière de Saint Just (Rcc. pág. 713 con las conclusiones de Romieu), la evolución

forzosamente sus decisiones, en tres casos precisos que se desprenden de nuestro ordenamiento jurídico vigente: Por una parte, cuando una ley lo permite expresamente, Tal es el caso del recurso a la fuerza pública en ciertas condiciones del reclutamiento o requisiciones militares. Estamos en presencia, en este caso, de la ejecución "manu militari" de un acto administrativo. Por otra parte, puede también la Administración recurrir a la fuerza pública para ejecutar sus decisiones sin pronunciamiento judicial en los casos de Estado de Emergencia Nacional declarado o de suspensión de las garantías constitucionales. Por último, en caso de necesidad o urgencia comprobada[9].

---

de la posibilidad de la ejecución forzada de las decisiones administrativas que podemos resumir de la siguiente forma: En primer lugar, la ejecución de oficio de los actos administrativos por la propia Administración es lícita en dos hipótesis generales: 1°. Cuando una ley lo autoriza expresamente (tal es el caso de las requisiciones militares según la ley de 3 de julio de 1877, artículo 21. Véase dicha ley en el *Code Administratif,* Dalloz, 1961, pág. 727). 2°. Cuando hay urgencia: tal como lo dijo Romteu, "es la esencia misma del rol de la Administración de actuar inmediatamente y de emplear la fuerza pública sin pérdida de tiempo, cuando el interés inmediato de la conservación pública lo exige; cuando una casa está incendiada, no se exigirá al juez la autorización para enviar a los bomberos".

En ausencia de texto o de urgencia, la ejecución de los actos administrativos no es lícita sino cuando se reúnan las siguientes condiciones: a) Es necesario ante todo que no haya ninguna otea sanción legal. Como lo señaló el Comisario de Gobierno, L. Blum, en sus conclusiones a la decisión del Consejo de Estado de 17 de mareo de 1911 (Rec. pág. 341) Abbé Bouchon, "la ejecución administrativa no se justifica en principio sino por la necesidad de asegurar la observancia de la ley y por la imposibilidad de asegurarla por otro procedimiento jurídico"; b) En segundo lugar "es necesario que la operación administrativa por la cual La ejecución es necesaria tenga su fuente en un texto de ley preciso", es decir, que el acto administrativo a ejecutar sea tomado en aplicación de un texto legislativo expreso; c) "Es necesario que haya lugar a la ejecución forzada", es decir, que la ejecución del acto se haya encontrado con una resistencia cierta o al menos a una "mala voluntad manifiesta"; Por último, "es necesario que las medidas de ejecución forzada tiendan únicamente, en su objeto inmediato, a la realización de la operación prescrita por la ley". Sobre el conjunto del problema en la jurisprudencia francesa, véase: LONG, WEIL y BRAIBANT, *Les Grands Arrêts de la Jurisprudence Administrative,* Sirey, 1962, págs. 40 y sig.

De este ligero bosquejo del problema en el sistema francés y el sistema español nos damos cuenta certeramente que la ejecución forzosa, cuando se trata de utilización de medidas coercitivas, es posible cuando un texto legal la autoriza, salvo en circunstancias anormales donde el interés público debe prevalecer, y en las cuales no es necesario el texto legal expreso que permita la ejecución forzosa.

En Venezuela, como se señala en el texto, no hay una norma legal que con carácter general autorice, en el ordenamiento jurídico vigente, la utilización de medidas coercitivas para la ejecución forzosa de los actos administrativos. En el Proyecto LPA 1965, artículos 78 y 79, hemos encontrado las siguientes disposiciones: "Toda Resolución dictada conforme a esta Ley deberá ser ejecutada de inmediato...". "La ejecución forzosa de los actos administrativos será realizada por la propia administración pública, salvo cuando la Ley exija la intervención de la autoridad judicial". El proyecto persigue, a nuestro entender, cambiar completamente el actual sistema: considerar la ejecución forzosa por la Administración como el Principio en lugar de como la Excepción. Y a tal efecto el artículo 81 agrega que "la ejecución de los actos administrativos se efectuará por los siguientes modos: a) Realización de lo ordenado en el acto administrativo por la propia Administración y por cuenta del obligado; c) *Arresto,* en caso de negativa del obligado a cumplir lo ordenado por la Administración". Esta última disposición nos parece francamente peligrosa, pues con ella se pondría a disposición de la administración el "arresto" para ejecutar forzosamente sus decisiones sin hacer ninguna distinción según el objeto del acto o las circunstancias en que se ejecuta, lo que podría traer innumerables violaciones del artículo 60 de la vigente Constitución sobre la libertad y seguridad personales.

9   Respecto al servicio militar obligatorio debe tenerse en .cuenta, sin embargo, la disposición del ordinal 9 del artículo 60 de la Constitución, pues debido a que la libertad y seguridad personales son inviolables,

3.   LA ENTRADA EN VIGOR Y EL COMIENZO DE LOS EFECTOS DEL ACTO ADMINISTRATIVO

A)   *Noción previa*

98. Respecto a la validez del acto administrativo en el tiempo, es necesario examinar dos momentos decisivos: El momento en que el acto administrativo entra en vigor, como acto jurídico que obliga a su autor, y el momento en que el acto tiene eficacia, es decir, el momento en que el acto administrativo adquiere la posibilidad de producir sus efectos jurídicos propios con fuerza ejecutoria.

Examinemos separadamente ambos momentos.

B)   *La entrada en vigor del acto administrativo*

99. El acto administrativo, por ser una declaración de voluntad, sólo a partir del momento en que la voluntad de la Administración es declarada válidamente, es exteriorizada, se produce su entrada en vigor. Ciertamente que la voluntad de la Administración puede estar formada después de haberse cumplido el procedimiento constitutivo del acto .administrativo, pero esa voluntad no adquirirá fuerza ejecutoria y fuerza obligatoria u oponibilidad frente a terceros, hasta tanto no sea declarada o manifestada exteriormente.

Esta manifestación externa varía según los efectos que se persigan con el acto en cuestión: la declaración de voluntad de lös actos reglamentarios o generales tiene lugar con su publicación en la Gaceta Oficial, en aplicación del principio general del derecho establecido en el artículo primero del Código Civil[10]. En los actos administrativos individuales, la declaración de voluntad tiene lugar con la notificación[11] o con la misma publicación si el caso lo amerita.

Ahora bien, quede claro que él conocimiento efectivo del acto por su destinatario no es exigido, ni en el caso de publicación ni en el caso de notificación. Basta que estas últimas hayan sido hechas legalmente.

Como consecuencia de lo expuesto, es conveniente señalar que la ley aplicable a los actos administrativos es la vigente para el momento en que entren en vigor. Si un acto administrativo ha sido formado entonces, en base a una determinada disposición legal, que es derogada por la autoridad competente antes de la publicación o notificación del acto, éste no podrá ser publicado o notificado en las mismas condiciones. Lo mismo debe decirse respecto al caso inverso: que se dicte una nueva disposición legal atinente, entre el momento de la formación de la voluntad y su exte-

---

"nadie podrí ser objeto de reclutamiento forzoso ni sometido al servicio militar sino en los términos pautados por la Ley". Respecto al Estado de Emergencia, véase lo establecido en los artículos 240 y sig. de la Constitución. En este sentido, véase: JOSÉ GUILLERMO ANDUEZA, "Los Derechos del Hombre en el Estado de Emergencia", *RMJ*, N° 38, 1961, págs. 195 y sig. Por último; respecto a la noción de "necesidad o urgencia comprobada", ella se desprende del ordinal 1°, aparte 3 del artículo 60 de la Constitución.

10   Véase N° 92.

11   Sobre la declaración de voluntad véase el N° 67 y sig.

riorización; el acto administrativo, entonces, no podrá ser publicado o notificado sin que se acomode su contenido con la nueva disposición.

C) El comienzo de los efectos del acto administrativo.

100. Hemos señalado que el acto administrativo adquiere su validez desde que la voluntad de su autor se encuentra declarada. Ese es el momento de la entrada en vigor del acto administrativo.

Nos toca examinar ahora el problema de determinar el momento del comienzo de la eficacia del acto administrativo, es decir, el momento en que comienza a pro ducir efectos. En principio, el momento del comienzo de los efectos del acto administrativo debe coincidir con el momento de su entrada en vigor. Pero el problema se plantea en saber si la producción de Los efectos jurídicos puede ser desplazada en el tiempo, sea hacia el pasado o sea hada el futuro.

En el primer caso estamos en presencia de la retroactividad de los actos administrativos; en el segundo, en presencia de la suspensión de los efectos del acto por término o por condición. Examinemos someramente las implicaciones de estos conceptos.

a. La condición y el término en los actos administrativos

Lamentablemente no tenemos jurisprudencia administrativa en esta materia. Sin embargo, la doctrina es unánime en aceptar[12] que, como toda declaración de voluntad tendiente a producir efectos jurídicos, el acto administrativo puede ser simple o acompañado de disposiciones suplementarias tales como el término y la condición.

Estas nociones, tomadas del derecho común, son muy bien utilizables en el Derecho administrativo, porque ellas no contradicen el fin de los actos administrativos que es siempre el de servicio público. Sin embargo, es conveniente aclarar que la condición y el término en los actos de la Administración, sólo son posibles cuando la Administración obra en base a una potestad discrecional, o si, cuando actuando regladamente, la norma se lo ordena.

a'. La condición

El acto administrativo es condicional cuando su eficacia depende de un "acontecimiento futuro e incierto"[13]. La condición puede ser entonces suspensiva o resolutoria.

Es suspensiva la condición cuando hace depender la eficacia del acto administrativo de un acontecimiento futuro e incierto"[14]. Un ejemplo de acto administrativo contentivo de una condición suspensiva es la orden inscrita en la boleta de conscrip-

---

12   Véase, al respecto, STASSINOPOULOS, *Ob. cit.,* pág. 89.

     Asimismo, F. GARRIDO FALLA, Los motivos de impugnación..., *cit.,* págs. 42 y siguientes.

13   Artículo 1.197 del Código Civil.

14   Artículo 1.198 del Código Civil.

ción militar por el Servicio Militar Obligatorio a los reservistas, de presentarse en un determinado caso de movilización a una unidad militar determinada[15]. La movilización constituye una condición suspensiva.

Es resolutoria la condición cuando, verificándose, repone las cosas al estado que tenían, como si el acto administrativo no se hubiere dictado[16].

La mayoría de los actos administrativos revocables contienen lo que podríamos llamar una condición resolutoria implícita y legal, que subordina sus efectos a la finalidad de servicio público, y de ahí la posibilidad para la Administración de revisar sus propios actos y revocarlos cuando no son creadores de derechos[17].

Por último, debemos observar que hay actos administrativos que por su propia naturaleza no pueden estar sometidos a condición: tal es el caso de los actos reglamentarios y de los actos tácitos de la Administración.

b'. *El término*

El término difiere de la condición en que no suspende los efectos del acto administrativo sino que fija solamente el momento de su ejecución o de su extinción[18].

El acto administrativo reglado, en que su emisión está impuesta a la Administración por la Ley, no puede en principio contener un término resolutorio limitando a un tiempo determinado su validez y aplicación[19]. Respecto al término suspensivo se admite que, en virtud del principio de que la Administración puede escoger el tiempo oportuno de la emisión de sus actos o de precisar el momento en el cual el acto comience a producir sus efectos, en la Administración discrecional podrá utilizarse siempre ese término[20].

b. *La irretroactividad del acto administrativo*

Si bien es cierto, como hemos indicado, que la Administración es libre de señalar, con las limitaciones observadas, el momento de producción de los efectos de su acto administrativo, no podemos decir lo mismo respecto a la producción de efectos hacia el pasado. Se plantea entonces el problema de la retroactividad o irretroactividad de los actos administrativos.

---

15   Ley del Servicio Militar Obligatorio, artículo 12.

16   Artículo 1.198 del Código Civil.

17   Véase N° *201*.

     Esto es lo que se ha llamado en la doctrina "Reserva de revocación". Véase STASSINOPOULOS, *ob. cit.*, pág. 93.

18   Artículo 1.211 del Código Civil.

19   STASSINOPOULOS. *ob. cit.*, pág. 95; en el mismo sentido GARRIDO FALLA, *Los motivos de impugnación .., cit.*, pág. 43.

     Sobre la Administración reglada, véase N° 22.

20   Véanse Nos. 21 y sig.

Largamente ha sido sostenido por la jurisprudencia venezolana el principio constitucional que consagra la irretroactividad de la Ley[21]. Sin embargo ese principio, establecido además de en la Constitución[22], en el Código Civil[23], debe ser considerado como un principio general y fundamental de nuestro Derecho, aplicable a todos los actos jurídicos estatales. Por ello, en nuestro concepto tiene aplicación a los actos administrativos[24]. El acto administrativo no puede disponer sino para el futuro y, por tanto, es inadmisible que pueda reglar relaciones o situaciones jurídicas que se han sucedido en el pasado, es decir, no puede tener efecto retroactivo. De lo contrario estaría viciado de ilegalidad, es decir, sería un acto administrativo contrario a derecho.

4. EL FIN DE LOS EFECTOS DEL ACTO ADMINISTRATIVO

A) *Noción previa*

105. El acto administrativo puede cesar de producir sus efectos sea por desaparición de su contenido o de su objeto, por el advenimiento cíe una condición resolutoria o por la declaratoria de una autoridad pública. En los tres primeros casos se produce el fin de los efectos del acto administrativo por causas otras que la declaratoria de una autoridad pública que se refiera a la extinción del acto o a la cesación de sus efectos. Estudiaremos seguidamente los tres supuestos señalados, y en la parte quinta de este Capítulo estudiaremos los principales casos de declaratoria de extinción del acto.

B) *Desaparición del contenido del acto administrativo*

106. Por regla general, la ejecución del acto administrativo conlleva la desaparición de su contenido si con esta ejecución todas sus consecuencias jurídicas se transforman en operaciones materiales. Esto sucede en los actos administrativos que por su naturaleza no son susceptibles sino de una sola aplicación. Tal es el caso, por ejemplo, de la ejecución de la orden de demolición de un edificio que amenaza rui-

---

21   Véanse las sentencias de la CFC de 20-12-45 (*Memoria* 1946, tomo I, pág. 311), 7-12-43 *(Memoria* 1944, tomo I, pág. 26), 9-3-39 (*Memoria* de 1940, tomo I, pág. 354), y de 20-3-42 (*Memoria* de 1943, tomo I, pág. 265).

22   Artículo 3 del Código Civil.

23   Artículo 44 de la Constitución.

24   Sobre el principio de la irretroactividad de los actos administrativos en la doctrina, véase: O. DUPEYROUX, *La règle de la non-rétroactivité des actes administratifs,* Librairie Générale de Droit et de Jurisprudence, Paris, 1954; M. LATOURNEUR, "Le principe de la non-rétroactivité des actes administratifs", *EDCE,* Fascículo 9, 1955, pág. 37; LEE AS, "Non-rétroactivité des actes administratifs", *EDCE,* 1949, Fascículo 3, pág. 71; PUISOYE "L'application du principe de la non-rétroactivité des actes administratifs", *Sirey Crónicas,* 1961, 45.

El Proyecto LPA 1963 consagra expresamente, en su artículo 29, la irretroactividad de los actos administrativos al disponer que "en ningún caso los actos administrativos podrán tener efectos retroactivos".

na[25]. Esa ejecución hace desaparecer el contenido y, por tanto, produce la finalización de los efectos del acto administrativo.

C) *Desaparición del objeto del acto administrativo*

107. Cuando el acto administrativo ha sido dictado *intuitu personae*, la desaparición de la persona produce la cesación de los efectos jurídicos del acto. Tal es el caso, por ejemplo, del nombramiento de un funcionario o empleado público, que cesa de producir sus efectos si el funcionario fallece. Sucede lo mismo con los actos administrativos dictados *intuitu rei*[26]. Por ejemplo, el decreto de expropiación pierde sus efectos con la desaparición del bien que constituye su objeto.

D) *Advenimiento de la condición resolutoria*

108. El advenimiento de la condición resolutoria pone fin, igualmente, a los efectos del acto administrativo. Un ejemplo de acto que contiene una condición resolutoria combinada con término es aquella autorización concedida para que se ejecute una actividad en un término señalado, vencido el cual el interesado debe solicitar la renovación de la autorización, y si no lo hace, la anterior cesa de producir sus efectos[27].

5. LA EXTINCIÓN DEL ACTO ADMINISTRATIVO

A) *Noción previa*

109. Se produce también la cesación de los efectos del acto administrativo cuando, por declaración expresa de una autoridad pública, se extingue el mismo. En estos casos el acto desaparece; y sus efectos desaparecen para el futuro cuando se trata de una revocación por mérito u oportunidad pronunciada por la autoridad administrativa, o cuando se trata de una revocación de un acto anulable. En cambio, cuando la autoridad administrativa declara el acto nulo, de nulidad absoluta, y lo revoca, los efectos de esa revocación se extienden hacia el futuro y hacia el pasado.

Cuando la nulidad ha sido declarada por la autoridad judicial competente, que sólo puede conocer de razones de ilegalidad, los efectos de la declaración de nulidad varían según se trate de actos nulos o anulables. En el primer caso la decisión se extiende hacia el futuro y hacia el pasado, en el segundo caso sólo se extiende hacia el futuro[28].

---

25   STASSINOPOULOS, ob. *cit.,* pág. 238.

26   STASSINOPOULOS, ob. *cit.,* pág. 238.

27   Artículo 219 del Reglamento de la Ley de Tránsito Terrestre.

28   Sobre el aspecto de la terminología, la mayoría de los participantes en el Seminario de las Naciones Unidas sobre los Recursos Judiciales o de otra índole contra el ejercicio ilegal o abusivo del Poder Administrativo, celebrado en Buenos Aires del 31 de agosto al 11 de septiembre de 1959, se pronunciaron en el sentido de que debe entenderse por "revocación el acto por medio del cual la propia autoridad administrativa o la superior revé el acto dictado por ella, y que debe entenderse por anulación, el acto por

Analicemos estas dos formas de extinción del acto: la Revocación y la Anulación.

B) *La revocación del acto administrativo*

a. *Posibilidad de la revocación*

110. La extinción de los actos administrativos puede realizarse por la misma Administración, sea por razones de mérito u oportunidad, sea por razones de ilegalidad. En ambos casos estamos en presencia de la extinción del acto administrativo en la vía administrativa por revocación de los actos administrativos.

Es de principio que los actos administrativos, aun cuando no sean de la categoría de los llamados discrecionales, pueden ser revisados por el propio órgano que los expide, sobre todo cuando no lesionan derechos legítimamente adquiridos. En ello está comprometido el buen nombre de la Administración, pues una de las peculiaridades, precisamente, del acto administrativo es su subordinación a la equidad y a la oportunidad[29]. Advertido el funcionario de que su determinación no corresponde a las exigencias de la equidad, bien por haberse cometido error de derecho, bien porque no se apreciaron cabalmente las circunstancias de hecho, la sana lógica y el buen sentido han de inducirlo a la consiguiente rectificación, tanto más si no se han lastimado derechos adquiridos[30].

Por tanto, cuando el acto administrativo no ha creado ningún derecho a favor de terceros particulares y, por tanto, su revocación no lesiona derechos adquiridos, la misma autoridad que pronunció el acto o el superior jerárquico pueden perfectamente, por razones de oportunidad o conveniencia o por razones de ilegalidad, revocar el acto administrativo en cualquier momento, sin condición alguna.

Sin embargo, no sucede igual cuando se trata de actos administrativos que han creado derechos a favor de particulares. En estos casos, ni la misma autoridad administrativa ni el superior jerárquico pueden revocar el acto administrativo creador de derechos.

---

medio del cual un Tribunal resuelve la invalidez de la decisión administrativa". Publicación de las Naciones Unidas (ST/TAO/HR/6), Nueva York, 1960, pág. 10.

29   CSJ—PA—12—1, 10—4—61. Véase 95.

Véase, también, la sentencia de la Corte Federal de 7-7-53 en *Gaceta Forense*, año II, N° 1, pàgs. 122 y 172. CF—33—2, 17—7—53.

La Ley, sin embargo, puede prohibir expresamente la posibilidad de revocación. Véase al respecto la sentencia de la CFC de 4-8-49, Resumen CFC en *SPA*, 1940-1951, pág. 98.

Respecto a la revocación de los actos administrativos, véase: DELBEZ, "La révocation des actes administratifs", *RDP*, 1928, pág. 463; J. GONZALEZ PEREZ, "La revocación de los actos administrativos en la jurisprudencia española", *RAP*, N° 1, 1950, pág. 155; RAGGI, "La revocabilità degli atti amministrativi", *Riv. Dir. Pub.*, 1917; ALESSI, *La revocabilità dell'atto amministrativo*, Milán, 1936, 1942; VITTA, "La revoca degli atti amministrativi", *F.A.*, 1930; RESTA, *La revoca degli atti amministrativi*, Milán, 1935; SANDULLI, "Spunti en materia di rivocabilità di atti administrativi", *G.I.* 1943, III, **7**; RESTA, "Revoca, revocazione, abrogazione di atti amministrativi" *FA*, 1936, pág. 97.

30   CF—33—2, 17—7—53. Véase también en *Gaceta Oficial* N° 24.287 de 9-11-53.

Es conveniente aclarar, sin embargo, que la Administración sí puede revocar sus actos, de la naturaleza que sean, cuando decide un recurso jerárquico introducido legalmente. En este caso, en que no actúa de oficio sino en cumplimiento del proceso de impugnación del acto administrativo en vía administrativa, la Administración sí puede revocar sus propios actos.

Sin embargo, cuando los recursos que se permitían no han sido ejercidos o cuando la ley no permite el ejercicio de ningún recurso, la Administración no puede revocar de oficio sus actos creadores de derechos a favor de los administrados, pues quebrantaría el principio de la cosa juzgada administrativa[31].

Lo mismo sucede cuando el acto administrativo creador de derechos subjetivos ha sido dictado por la autoridad jerárquicamente superior que agota la vía administrativa: no puede esa misma autoridad revocar sus actos[32]. Si el mismo contiene un vicio de ilegalidad, la autoridad administrativa consciente de la legalidad que debe acompañar a sus actos sólo puede solicitar al Procurador General de la República para que demande la nulidad del acto en cuestión ante la jurisdicción contencioso-administrativa[33]. De lo contrario, si la autoridad revoca en ese caso el acto administrativo, en vez de crear la estabilidad que es uno de los fines superiores en la organización del Estado de Derecho, su determinación revocatoria acarrea incertidumbre en el público, en contra de aquel principio cardinal base de la institución política, y conduce al desconcierto en la Administración, pues no habría firmeza en las decisiones que han creado la cosa juzgada administrativa[34].

Sin embargo, la revocación de los actos administrativos generales o reglamentarios, por su misma naturaleza, siempre puede producirse[35].

En todo caso, la revocación de los actos administrativos nulos, de nulidad absoluta, puede ser pronunciada en cualquier momento por la administración, pues dichos actos, como hemos visto, no son susceptibles de producir legítimamente algún derecho, por lo cual los administrados no podrían deducir de ellos derechos legítimamente adquiridos.

b. *Efectos de la revocación*

La revocación del acto administrativo cuando ha sido efectuada por motivos de oportunidad o conveniencia[36], ya sea de oficio o a solicitud del administrado, por la propia autoridad que dictó el acto, o por su superior jerárquico, produce efectos

---

31   CF—97—1, 15—6—56.

32   CFC—CP—16—1, 30—5—52.

       Véanse los Nos. 19 y 210.

33   CF—115—1, 11—11—55.

CFC—CP—18—1, 19—10—51.

34   CFC—CP—16—1, 30—5—52.

       CF—94—3, 24—11—53.

35   CFC—CP—16—1 . 30—5—52.

36   Entonces estamos en presencia de la actuación discrecional de la Administración. Véanse Nos. 21 y sig.

hacia el futuro. Es decir, impide que el acto administrativo revocado continúe produciendo sus efectos desde el momento en que la decisión de revocatoria ha sido declarada[37]. Es decir, la revocación por mérito tiene efectos ex nunc.

Pero, si la revocación del acto administrativo ha sido pronunciada por motivos de ilegalidad y se trata de un acto administrativo nulo, de nulidad absoluta, sea que esa revocación se haya producido de oficio o a solicitud de parte interesada por el ejercicio de un recurso administrativo permitido y ejercido legalmente por la misma autoridad administrativa que dictó el acto, o por su superior jerárquico, esa decisión revocatoria produce efectos hacia el futuro y hacia el pasado. Es decir, los efectos de la revocatoria de un acto nulo son, por lo general, *ex tunc*[38]. Sin embargo, cuando se trata de un acto administrativo anulable, el efecto de la revocatoria por ilegalidad es sólo hacia el futuro, es decir, ex nunc.

B) *La anulación del acto administrativo*

La anulación propiamente dicha del acto administrativo sólo puede producirse por la jurisdicción contencioso-administrativa[39] y solamente por motivos de ilegalidad, como ya hemos señalado[40].

Esta anulación por ilegalidad, cuando se trata de un acto administrativo nulo, de nulidad absoluta, tiene efectos ex tunc, es decir, tiene efectos hacia el futuro y hacia el pasado. El acto nulo declarado ilegal se considera como si nunca ha producido efectos; y entre los actos nulos, los inconstitucionales son, para utilizar la terminología de la Corte, inexistentes[41] y, por tanto, no producen ninguno de los efectos jurídicos perseguidos por su autor[42].

Si se trata, sin embargo, de la anulación jurisdiccional de un acto administrativo anulable, los efectos de esa anulación se extienden solamente hacia el futuro.

6. LA FIRMEZA DEL ACTO ADMINISTRATIVO

A) *El principio*

113. Cuando el acto administrativo produce íntegramente sus efectos y no ha sido extinguido expresamente, tanto la Administración como los administrados están interesados en que las decisiones de la autoridad administrativa contengan un mínimo de estabilidad. De ahí la firmeza de los actos administrativos[43].

---

37 Véase al respecto lo señalado sobre la entrada en vigor del acto administrativo, Nos. 98 y sig.

38 Véase N° 211.

39 Artículos 206 y 215, ordinal 7° de la Constitución.

40 Véanse Nos. 28 y 57. Se incluye la inconstitucionalidad.
    Véanse Nos. 30 y sig.

41 CFC—CP—14—1, 12—6—51.

42 Véase N° 62.

43 CF—94—3, 24—11—53.

Pero la firmeza del acto administrativo no implica cercenamiento de la garantía de los administrados de exigir a la Administración la revisión de sus actos. Al contrario, la firmeza se produce cuando el titular de un interés legítimo que haya sufrido lesión como consecuencia del acto administrativo, no ha ejercido o interpuesto el recurso jerárquico en el término que para el caso se establece[44].

Se produce también cuando, dictado un acto administrativo por la autoridad que agota la vía administrativa, el particular lesionado no ejerce el recurso jurisdiccional contencioso-administrativo de anulación del acto en el término que para ello establece la ley[45]. En este caso nos encontramos en presencia de un acto definitivamente firme[46]. En estos casos, la firmeza del acto administrativo hace que no se lo pueda atacar ya en razón de su ilegalidad por vía de acción, produciéndose para siempre sus efectos. Sólo podría alegarse su ilegalidad por vía de excepción[47]. Sin embargo, debemos señalar que, tratándose de un acto administrativo general, su firmeza no impide el ejercicio de los recursos jurisdiccionales, pues, respecto a él, éstos son imprescriptibles[48].

B) *La cosa juzgada administrativa*

114. La consecuencia fundamental de la firmeza del acto administrativo es el principio de la cosa juzgada administrativa[49], según el cual la administración está

CFC—CP—16—1, 30—5—52.

44   CF—94—3, 24—11—53.

45   Artículo 7, ordinales 9 y 25 de la Ley Orgánica de la Corte Federal. Sobre el acto administrativo definitivo, véase: CAMMEO, "La definitività degli atti amministrativi". *Giurisprudenza Italiana*, 1911, III, 1; TOMMASONE, "Sulla definitività degli atti amministrativi", *FA*, 1925, pág. 1; M. S. GIANNINI, "In torno agli atto amministrativi definitivi impliciti", *Giurisprudenza Italiana*, 1940, III, pág. 117.

46   CSJ—PA—26—I, 15—3—62.

Esta firmeza del acto administrativo ha llevado a la jurisprudencia a considerar firmes y no impugnables los actos administrativos, cuando han sido dictados en base a otro acto administrativo firme, en la forma siguiente: "el acto de la Administración Pública que dio origen a las resoluciones administrativas posteriores no fue impugnado dentro del lapso que la ley concede, por lo que dichas resoluciones administrativas así dictadas y con fundamento en aquel acto administrativo quedaron firmes, ya que mal podrían ser éstas nulas estando fundadas en un acto plenamente válido, pues ello equivaldría a enjuiciar aisladamente la resolución con absoluta prescindencia del sometimiento al control jurisdiccional del acto administrativo que le dio origen", CSJ PA—21—1, 28—2—62.

Por último debemos observar que un acto ya firme no es susceptible de recurso alguno, ni siquiera el de inconstitucionalidad, cuando se trata de actos individuales. A tal efecto la sentencia CSJ—PA—26—1, 15—3—62 sostiene que, "estando sometido el recurso contencioso-administrativo al lapso de caducidad de seis meses, pasado et cual no podrá ya ejercerse, mal se podrá entonces recurrir a la acción de inconstitucionalidad para modificar el acto administrativo definitivamente firme", agregando por otra parte que "la situación particular y concreta que se deriva del acto administrativo no es susceptible de ser impugnada por la vía de la acción popular y directa de inconstitucionalidad, propia de los actos generales del Poder Público".

47   Artículo 7, ordinal 9 de la Ley Orgánica de la Corte Federal.

Véase N° 60.

48   CF—172—1, 30—7—57.

Véanse Nos. 55 y 323.

49   Véase N° 19.

sujeta y no puede revisar una decisión administrativa creadora de derechos a favor de particulares, contra la cual no se permite ejercer ningún recurso o éstos han caducado no quedando, por tanto, ninguna vía para impugnarla[50].

En el Derecho administrativo venezolano no existe disposición alguna que consagre expresamente la cosa juzgada administrativa pero, sin embargo, la jurisprudencia se ha pronunciado sobre ella contrariamente a lo que se ha sostenido[51]. Pero ciertamente, como sostuvo la antigua Procuraduría de la Nación[52], la cosa juzgada en materia administrativa es siempre de valor relativo pues "la revocabilidad o irrevocabilidad de un acto depende de las mutaciones que eventualmente sufra el supuesto de hecho sobre el cual se basa. Si el supuesto de hecho cambia, la regla general aplicable será aquella que se adecúe a la nueva situación producida y, en consecuencia, la autoridad de la cosa juzgada desaparece".

Sin embargo, fuera de este supuesto la cosa juzgada administrativa tiene efecto cuando se trata de actos administrativos creadores de derechos a favor de terceros, y contra los cuales no quedan vías legales de impugnación, aunque siempre quede la vía de la excepción de ilegalidad[53]. Respecto a los actos administrativos revocables, es decir, no creadores de derechos, la cosa juzgada administrativa no tiene ningún efecto.

Vemos, en todo caso, que no se trata de una cosa juzgada absoluta, propia de los actos jurisdiccionales. Por ello es correcta la afirmación de Georges Vedel cuando dice que es preferible hablar de "cosa decidida" respecto a los actos administrativos antes que de cosa juzgada[54].

CFC—CP—16—1, 30—5—52.

50   CF—97—1, 15—6—56

51   CF—97—1, 15—6—56.

52   *Informe de la Procuraduría de la Nación,* años 1957-1958, Caracas, 1958, pág. 408: Criterio sustentado por el Procurador en Oficio de fecha 25-2-57 dirigido al Ministerio de Agricultura y Cría.

53   Véase N° 60.

54   En este sentido, véase G. VEDEL, *Droit Administratif,* Themis, Presses Universitaires de France, tomo I, Paris, 1958, pág. 126.

CAPITULO QUINTO
LA CLASIFICACIÓN DE LOS ACTOS ADMINISTRATIVOS

1. SEGÚN LA DECLARACIÓN DE VOLUNTAD

A) *Actos administrativos expresos y actos administrativos tácitos*

Ya hemos hecho alusión a esta distinción[1]. El acto administrativo es expreso cuando la manifestación de voluntad de la autoridad administrativa es declarada formalmente, es decir, cuando la Administración manifiesta en forma expresa su voluntad.

Los actos administrativos tácitos, por el contrario, constituyen una manifestación tácita de voluntad de la Administración. Están configurados por el Silencio Administrativo establecido en ciertas leyes especiales y para ciertos casos determinados.

Sin embargo, hay otra diferencia radical entre ambos actos: los actos expresos pueden ser denegatorios o acordatorios respecto a la petición del administrado; en cambio no sucede lo mismo respecto a los actos administrativos tácitos que admite nuestra legislación y que se consideran siempre como denegatorios de la petición del administrado. El silencio de la Administración, en estos casos, equivale a un rechazo de la petición del interesado y, por tanto, el acto tiene fuerza ejecutoria[2].

B) *Actos administrativos unilaterales y actos administrativos bilaterales*

La Administración Pública no está obligada a cumplir sus fines específicos imponiendo siempre unilateralmente su voluntad a los particulares. En innumerables ocasiones obtiene la colaboración voluntaria de éstos y logra de ellos, por medio de un arreglo consensual, la prestación de bienes o servicios que le interesan para desarrollar su función.

Así distinguimos el acto administrativo unilateral, que es obra exclusiva de la sola voluntad de la Administración, sea tomada individualmente, o sea, formada colectivamente[3]. Estos actos administrativos unilaterales, con su carácter ejecutorio, cons-

---

1   Véase N° 90.

2   Véanse Nos. 97, 213 y 320.

CF—34—1, 3—6—58.

Por ejemplo, véanse los artículos 32 y 34 del Reglamento de la Ley de Regulación de Alquileres, y artículo 63 de la Ley de la Procuraduría de la Nación y del Ministerio Público.

3   Deliberación de una asamblea: actos administrativos emanados de las Cámaras Legislativas. En este sentido, véase la sentencia de 5-5-37, Resumen CFC en SPA, 1936-1939, pág. 182 (Memoria 1938, tomo I, pág. 226).

tituyen el modo de acción normal de la Administración y son los que hemos estudiado en el presente Título.

Por otra parte se encuentra el acto administrativo bilateral, que se forma por el encuentro de más de una voluntad entre las cuales está la de la Administración: el tipo lo constituye el Contrato Administrativo que estudiaremos en el Título Tercero del presente estudio y que sólo pueden tener por efecto la producción de una situación jurídica individual.

2. SEGÚN LA AUTORIDAD QUE DECLARA LA VOLUNTAD DE LA ADMINISTRACION

117. Según ya hemos expresado[4], la Administración Pública del Estado venezolano está dividida fundamentalmente en Administración Nacional, Administración Estadal y Administración Municipal. Entonces, según que el acto administrativo emane de cada una de estas autoridades, estaremos en presencia de un Acto Administrativo Nacional, Estadal o Municipal.

Conviene, sin embargo, analizar someramente estos últimos, es decir, los actos administrativos municipales, sobre cuya naturaleza han surgido varios equívocos.

Ya hemos señalado que, de conformidad con la vigente Constitución, los Municipios tienen para actuar la función ejecutiva, que comprende la función administrativa y la función de gobierno[5].

Por tanto, es de la competencia exclusiva de los Municipios el gobierno y la administración de los intereses de la entidad[6], pero no tienen competencia alguna para establecer su propia organización.

En efecto, la organización de los Municipios, que siempre será democrática y debe responder a la naturaleza propia del gobierno local[7], se rige por la Constitución, por las normas que para desarrollar los principios constitucionales establezcan las Leyes Orgánicas nacionales y por las disposiciones legales que, en conformidad con aquéllas, dicten los Estados[8]. Por tanto, los Municipios son autónomos respecto a su gobierno y administración[9], pero no lo son en lo referente a su organización.

La actividad administrativa municipal se cumple fundamentalmente por medio de las Ordenanzas, Acuerdos, Decretos y Resoluciones municipales. La diferencia fundamental entre estos diversos actos está basada en los efectos que persiguen. Los Acuerdos y Resoluciones tienen un radio de acción limitado, pues tienden a lo parti-

---

4   Véanse Nos. 73, 75 y 77.
5   Véase N° 76.
     Artículo 30 de la Constitución.
6   Artículo 30 de la Constitución.
7   Artículo 28 de la Constitución.
8   Artículo 26 de la Constitución.
9   Artículo 25 de la Constitución.

cular, concreto y circunstancial. Pueden también referirse a medidas de interés general, pero siempre que éstas sean complementarias de las Ordenanzas[10]. Por tanto, los Acuerdos y Resoluciones son actos administrativos municipales, de efectos, por lo general, individuales. Al contrario, las Ordenanzas constituyen actos de efectos generales y obligatorios. Equivalen, en el ámbito municipal, a los actos administrativos generales nacionales, y son actos administrativos municipales de carácter general dictados por los Municipios en virtud de su autonomía administrativa. Pretender señalar que las Ordenanzas Municipales son "leyes"[11] equivale a confundir los debatidos conceptos de Ley Formal y Ley Material.

Ya hemos señalado[12] que en nuestro ordenamiento constitucional Ley es el acto que sancionan las Cámaras Legislativas en el ámbito nacional o las Asambleas Legislativas en el ámbito estadal, actuando como cuerpos colegisladores. Por tanto, nuestra Constitución acoge el criterio de Ley Formal. Pretender decir que, porque una Ordenanza municipal tiene efectos generales y obligatorios, es una Ley, equivaldría a atribuirle la misma naturaleza a los actos reglamentarios nacionales.

Ya hemos señalado[13] que es inherente a la función administrativa el dictar actos de carácter general. Lo mismo sucede con los actos administrativos generales de los Municipios, es decir, con las Ordenanzas municipales. Estas son meros actos administrativos, dictados en función administrativa municipal y en ejercicio del Poder Ejecutivo municipal, y de ninguna manera son actos legislativos[14] dictados en ejercicio de un pretendido "Poder Legislativo municipal", como ha sostenido la Corte en alguna oportunidad[15].

---

10   CF—8—1, 9—2—61.

11   CF 93 1, 24—11—53.

12   Véase N° 10.

13   Véase N° 12.

14   Sabemos que podría argumentarse en defensa de un pretendido Poder Legislativo municipal, y en defensa del carácter de Leyes de ciertos actos municipales, señalándose que el artículo 224 de la Constitución vigente establece que no podrá cobrarse ningún impuesto u otra contribución que no estén establecidos por Ley; y que por cuanto el artículo 31 de la misma Constitución establece que los Municipios pueden crear impuestos, entonces se concluye que ello sólo es posible en ejercicio de una función legislativa municipal. Sin embargo, este argumento a nuestro entender no es valedero: en efecto, los Municipios no pueden crear impuestos conforme *a*. la atribución del artículo 31, *sino de conformidad con la ley*. Por tanto, sólo cuando una ley lo establece, y por tanto lo autoriza, el Municipio puede crear un impuesto. Si se observa detenidamente el referido artículo 31 de la Constitución, relativo a los ingresos municipales, se llega necesariamente a la siguiente conclusión: los Municipios sólo pueden crear impuestos, tasas o contribuciones de conformidad con la ley, y sólo pueden cobrar tos impuestos que crea la misma Constitución o que ellos crean de conformidad con la ley. Sí una ley no autoriza al Municipio a crear un impuesto, no puede cobrar otros que los establecidos directamente en la Constitución (ordinales 1 al 5 del artículo 31). De lo contrarío habría infracción de la Constitución. Esa y no otra interpretación puede dársele a la expresión "de conformidad con la Ley". Entonces, los Municipios sólo pueden crear impuestos en ejecución de la Ley y, por tanto, ejerciendo una función propia del Poder Ejecutivo municipal.

15   CF—93—1, 24—11—53.

3.   SEGÚN LOS PODERES DE LA AUTORIDAD QUE DICTA EL ACTO ADMINISTRATIVO

118. Distinguimos en este caso el acto administrativo reglado y el acto administrativo discrecional. Ya sobre esta distinción hemos hablado[16]. Sin embargo, recordamos que el acto administrativo reglado es aquel que emana de una autoridad pública actuando bajo competencia reglada, es decir, bajo el condicionamiento de reglas o normas preestablecidas que no le conceden libertad alguna de obrar o de elegir entre varias soluciones, sino que le indican la decisión concreta que debe tomar.

En realidad, la actuación reglada es la excepción en la actividad administrativa. La regla es la posibilidad de apreciación de la oportunidad y conveniencia en el actuar: de ahí los actos administrativos discrecionales. Estos se producen cuando la administración actúa en ejercicio de un poder discrecional, de libre apreciación, que le deja la Ley para decidir si debe obrar o abstenerse, o cómo ha de obrar o qué alcance ha de dar a su actuación.

4.   SEGÚN LOS EFECTOS DEL ACTO ADMINISTRATIVO

119. Los actos administrativos se dividen también, según los efectos que producen, en actos administrativos generales y actos administrativos individuales. Los primeros producen efectos generales, impersonales y objetivos. El tipo es el acto reglamentario[17]. Los segundos producen efectos particulares, individuales y subjetivos. Constituyen, quizás, el modo de acción habitual de la Administración.

Ya sobre esta distinción nos hemos detenido[18]. Sin embargo, es conveniente recalcar que la potestad reglamentaria dada por la Constitución al Presidente de la República[19] tiene su fundamento en la misma función administrativa y, por tanto, no sólo el Presidente puede dictar actos generales. Es decir, el reglamento es un instrumento esencial para la actividad administrativa en virtud del cual la Administración regula uniformemente la conducta de los administrados, de los funcionarios a su servicio y también su propia conducta.

Por último, y en relación a los efectos del acto administrativo, es necesario distinguir los que producen efectos internos y los que producen efectos externos, es decir, los que no producen efectos hacia los administrados por tratarse de providencias de orden interno a la Administración, y los actos administrativos que sí producen efectos frente a los particulares. Los primeros tienen interés en cuanto al estudio de la organización y funcionamiento de la Administración. Los segundos han sido fundamentalmente el objeto de estudio del presente Título.

---

16   Véanse Nos. 22 y sig.

17   Véase N° 12.

18   Véanse Nos. 84 y sig.

19   Artículo 190, ordinal 10 de la Constitución

El interés de la distinción radica en la posibilidad de formar algún recurso de impugnación contra esas providencias de efectos internos, llamadas Instrucciones del Servicio[20]. Estas instrucciones, es conveniente señalar, tienen su fundamento en el poder jerárquico que permite al superior de la rama administrativa, normalmente el Ministro en su respectiva Administración nacional, dar órdenes a sus subordinados, las cuales consisten generalmente en la instrucción respecto a la aplicación de las disposiciones legales y especialmente respecto al ejercicio de sus atribuciones[21].

Ahora bien, estas Instrucciones del Servicio son actos administrativos productores de efectos jurídicos determinados. El hecho de que sólo se produzcan estos últimos para la sola Administración, y sin ninguna repercusión, en principio, para los administrados, no le quita el carácter de acto jurídico administrativo: la Instrucción del Servicio es una orden que crea la obligación jurídica por parte de sus destinatarios, o sea, los funcionarios de la jerarquía, de cumplirla y respetarla. Su incumplimiento y desobediencia constituye una falta disciplinaria sancionable por el superior jerárquico en virtud de su poder disciplinario[22].

Sin embargo, estas Instrucciones del Servicio se diferencian claramente de las llamadas Circulares Administrativas, que no constituyen, a nuestro modo de ver, verdaderos actos administrativos ya que no producen determinados efectos jurídicos. Su fin primordial es la difusión, en una dependencia administrativa, o a determinados funcionarios, de concretas informaciones, consejos o sugerencias que no tienen ningún carácter imperativo ni fuerza obligatoria[23].

Respecto a las Instrucciones del Servicio, que, al contrario, sí son actos administrativos, se presenta el problema de su recurribilidad o impugnación[24]. En Venezuela consideramos que en principio no es posible intentar un recurso administrativo o contencioso-administrativo contra las Instrucciones del Servicio. Para intentar di-

---

20   Véase N° 13.

      Un caso típico de Instrucción del Servicio es la Resolución N° 5-84 de 23 de junio de 1962, de la Contraloría General de la República *(Gaceta Oficial,* Extraordinaria, N° 798 de 10-7-62), que aprueba las Instrucciones y Modelos para la contabilidad del Crédito Público elaboradas por la Sala de Centralización.

21   Véase, por ejemplo, el artículo 2, ordinales 1 y 32 del Reglamento Interno del Ministerio de Hacienda de 4 de abril de 1940, C L., tomo I, pág. 1.374.

22   Artículo 2, ordinal 8 del Reglamento Interno del Ministerio de Hacienda.

23   Respecto al conjunto del problema en la doctrina francesa, véase: J. RIVERO, *Les mesures d'ordre intérieur administratives,* París, 1934; CHARLIER, "Circulaires, instructions de service et autres prétendues mesures d'ordre intérieur", *JP,* 1954, pág. 1.169; COCATRE-ZILGIEN, "La nature juridique des mesures d'ordre intérieur en droit administratif français", *RISA,* 1958, N° 4, pág. 487. En la doctrina italiana, véase: E. SILVESTRI, *L'attività interna della pubblica amministrazione,* Giuffré, Milán, 1950; M. S. GIANNINI, *L'attività amministrativa,* Enciclopedia dei diritto, Edizione especiale per gli studenti dell'Università di Roma, Giuffré, Milán, 1960, págs. 8 y sig.

24   Véase al respecto, en la doctrina francesa: M. HAURIOU, Nota al Sirey, 1921, 3, pág. 9; M. WALINE, Nota en *RDP,* 1934, pág. 539; L. LEVENTAL, "L'annulation pour excès de pouvoir des circulaires administratives". *Dalloz Crónicas,* 1954, 99. Véase, asimismo, el notable comentario de LONG, WEIL y BRAIBANT, *Les grandes arrêts..., cit.,* págs. 394 y sig., a la decisión del Consejo de Estado de 29 de enero de 1954, Institución Notre-Dame du Kreisker, donde resumen el estado actual del problema en la jurisprudencia francesa.

chos recursos es necesario alegar un interés legítimo[25] y ese interés no puede existir en un recurrente contra Instrucciones del Servicio, pues éstas sólo tienen efectos dentro de la Administración, sin ninguna repercusión directa en los derechos o intereses de los administrados. Sin embargo, hay que estar en presencia del caso concreto para confirmar estas consideraciones generales: muchas veces las pretendidas Instrucciones del Servicio pueden contener verdaderas reglas de carácter general o reglamentario, que sí podrían dar, entonces, lugar a un recurso de impugnación. En todo caso correspondería al recurrente probar su legítimo interés.

---

25   Véanse Nos. 204 y 307.

LA TEORÍA DE LOS CONTRATOS ADMINISTRATIVOS

CAPITULO PRIMERO

INTRODUCCIÓN

1. LOS CONTRATOS DE LA ADMINISTRACION: CONTRATOS DE DERE-CHO PRIVADO Y CONTRATOS ADMINISTRATIVOS

120. Es un hecho, uniformemente aceptado por la práctica administrativa y la jurisprudencia administrativa venezolanas, que el Estado, y concretamente la Administración Pública, sea Nacional, Estadal o Municipal, pueden celebrar contratos para el desarrollo de sus múltiples actividades.

Pero también es un hecho cierto que, por su contenido y naturaleza, esas convenciones entre la Administración y, por lo general, uno o más particulares, para constituir, reglar, trasmitir, modificar o extinguir entre ellos un vínculo jurídico[1], no son siempre iguales. Y, en efecto, los Contratos de la Administración se presentan bajo dos formas distintas.

Por una parte, la Administración puede realizar sus negocios jurídicos con los particulares bajo la forma de contratos de derecho privado, es decir, contratos idénticos a aquellos de los particulares tal como están regidos en el Código Civil. En efecto, la Administración puede comprar un terreno u otro inmueble amigablemente; puede vender productos del dominio privado del Estado; puede dar en arrendamiento o arrendar amigablemente un inmueble[2], etc. La Administración recurre muy frecuentemente a este tipo de contrato: ello es la regla en el campo del dominio industrial y comercial del Estado.

Pero la Administración Pública puede realizar también actos bilaterales, que, si bien tienen naturaleza contractual, como consecuencia de su contenido la relación jurídica que surge de ellos es una relación de Derecho administrativo y, por tanto, estarán sometidos a normas jurídicas autónomas, algunas de las cuales distintas de las del Derecho privado. Estos contratos forman, dentro de los Contratos de la Administración, la categoría particular de los contratos administrativos, cuyo estudio será el objeto del presente Título.

---

1   Artículo 1.133 del Código Civil.

2   CF—127—1, 3—12—59.

2. INTERÉS DE LA DISTINCIÓN

121. En el Derecho venezolano, tal como se desprende de la jurisprudencia administrativa, existe un interés evidente en distinguir los contratos de Derecho privado y los contratos administrativos realizados por la Administración. Y este interés es doble: Por una parte, en cuanto al régimen jurídico aplicable a ellos es necesario distinguirlos, porque si se está en presencia de un contrato de Derecho privado concluido por la Administración Pública las reglas aplicables son las del Código Civil. En cambio, el régimen jurídico aplicable a los contratos administrativos es aquel propio del Derecho administrativo.

Por otra parte, tiene interés la distinción en cuanto a la jurisdicción competente para conocer de los litigios que de ellos surjan: Si se está en presencia de un contrato de Derecho privado, la jurisdicción competente es esa del Derecho privado: la jurisdicción ordinaria civil, mercantil o del trabajo. En cambio, la jurisdicción competente en el contencioso de los contratos administrativos es la jurisdicción contencioso-administrativa que actualmente corresponde a la Corte Suprema de Justicia en Sala Político-Administrativa[3].

El presente Título está destinado al estudio del régimen jurídico de los Contratos Administrativos[4], analizando sucesivamente la naturaleza jurídica de los mismos,

---

3   Artículos 206, 215 ordinal 11 y Disposición Transitoria decimoquinta de la Constitución, y artículo 7 ordinal 28 de la Ley Orgánica de la Corte Federal. Sobre el problema que plantea la distinción en la doctrina, véase: J. LAMARQUE, "Les difficultés présents et les perspectives d'avenir de la distintion entre les contrats administratifs et les contrats de droit privé", AJ, Paris, 1961, 1, 123; POISOYE, "Caractéristiques du contrat administratif par nature", Sirey Crónicas, 1961, 1; J. R. PARADA VAZ-QUEZ, "La lucha de las jurisdicciones por la competencia sobre los contratos administrativos. Sus orígenes en el Derecho Francés", Estudios en homenaje a Jordana de Pozas, vol. t 1961, págs. 163 y sig.

4   Sobre la Teoría de los Contratos Administrativos, véase: ANDRE DE LAUBADERE, Traite Théorique et pratique des contrats administratifs, 3 tomos, Librairie Générale de Droit et de Jurisprudence, Paris, 1956; MIGUEL ANGEL BERÇAITZ, Teoría General de los Contratos Administrativos, Ed. De Palma, Buenos Aires, 1952; JOAO DE MELO MACHADO, Teoría jurídica do contrato administrativo, Tesis. Coimbra, Coimbra Ed., 1937; J. D, B. MICHEL, The Contrats of publies authorities. A comparative Study, G. Bell and Sons, Londres, 1945; G. PEGUÍGNOT, Des Contrats Administratifs, Librairies Techniques, Extrait du Jurisclasseur Administratif, Paris, 1955; JAIME POLANCO URUESA, Los Contratos Administrativos, Tesis. Bogotá, Ibagué, Imprenta Departamental, 1957; SABINO ALVAREZ GENDIN, Los Contratos Públicos, Madrid, 1934; H. ZWAHLEN, Le Contrat de Droit Administratif, Rapport et communication de la Société Suisse des juristes, 1958; G. JÊZE, Principios Generales de Derecho Administrativo, tomos IV al VI, Ed. De Palma, Buenos Aires, 1949; M. A. FLAMME, Us Marchés de l'Administration, Bruselas, 1955; R. FERNÁNDEZ DE VELAZCO, Los Contratos Administrativos, 2ª edición, Madrid, 1945; GARCÍA TREVIJANO, "Principios sobre Contratos de la Administración", Revista de Estudios de la Vida Local, N° 87, pág. 331; ENTERNA CUESTA, "Consideraciones sobre la Teoría General de los Contratos de la Administración", RAP, N° 24. 1957, pág. 39; ONORATO SEPE, Contratto della Pubblica Amministrazione, Enciclopedia del Diritto, Edizione Speciale per gli studenti dell'Università di Roma, Giuffré Ed., 1960, págs. 111 y sig.; M. S. GIANNINI, L'attività amministrativa (L'Attività negoziale), Lezioni tenute durante l'anno accademico 1961-1962, Jaudi Sapi Ed., Roma, 1962; GALLO, I rapporti contrattuali nel diritto amministrativo, Padua, 1936; F. M. REMION, "Le Conseil d'Etat et les marchés de l'Administration", Annales de la Faculté de Droit de Liège, N° 3, 1960; F. ALBI CHOLVI, "Contratos Administrativos", Nueva Enciclopedia Jurídica, tomo V, 1953, págs. 433 y sig.; G. LANGROD, "Le contrat, instrument d'action des Administrations publiques", Annales Universitatis Saraviensis, 1955; MICHELE CALMIERI, I contrato dello stato,

sus características fundamentales, la formación del contrato, los efectos del mismo, lo contencioso del contrato administrativo y las formas de extinción del contrato.

---

delle province, dei comuni, Milán, F. Angeli, 1959; I, ALBI, *Los Contratos Municipales,* Valencia, 1944; GARCIA DE ENTERRIA, "Dos regulaciones orgánicas de la Contratación Administrativa", *RAP,* Nº 10, 1953, pág. 241; J. M. BOQUERA OLIVER, "La caracterización del Contrato Administrativo en la reciente jurisprudencia francesa y española", *RAP,* Nº 23, 1957, pág. 193; A. DE GRAND'RY, "Les marchés de l'Etat en France et en Belguique", *RISA,* 1959, Nº 3, págs. 36 y sig.; MITCHELL, "Jurisprudence récent relative aux contrats administratifs en Grand Bretagne", *RDP,* 1959, pág. 461; M. LUBRANO LAVADRA, "Les Marchés de l'Etat et des collectivités locales", *AJ,* 1959, pág. 17; M. BONNEAU, "Les marchés des collectivités locales", *Jurisclasseur Administratif,* Fascículo 540; J. GINGES, *Les marchés des collectivités locales,* Sirey, Paris, 1962; M. CAETANO, "Conceito do contrato administrativo", *O Direito,* año 70, pág. 30; CESAR TINOCO RICHTER, "La Contratación administrativa", *RCADF,* año XXI, 1958, Nº 105, págs. 49 a 56.

CAPITULO SEGUNDO

LA NATURALEZA DE LOS CONTRATOS ADMINISTRATIVOS

1. LA FINALIDAD DE SERVICIO PÚBLICO

122. La jurisprudencia de la antigua Corte Federal y de la actual Corte Suprema de Justicia[1] es unánime al considerar que el requisito esencial que determina la naturaleza de los contratos administrativos es "la finalidad de servicio público" que se persigue al realizar el negocio jurídico y, por tanto, es el criterio fundamental para distinguir entre los Contratos de la Administración, los contratos administrativos de los contratos de Derecho privado.

En este sentido la Corte Federal, al planteársele una cuestión sobre un contrato de arrendamiento celebrado entre un particular y la Administración Pública del Estado Zulia, cuyo objeto era un inmueble propiedad de este último y cuyo fin era la destinación del inmueble, por parte del particular contratante, para estacionamiento de automóviles, expresó: "Pero tal contrato, como claramente se desprende de sus cláusulas, no constituye una convención de naturaleza administrativa, ya que la relación contractual en él contenida no tiende de modo inmediato y directo a la prestación de un servicio público, que sería factor esencial para calificar el contrato como administrativo[2]. Se contraía dicho contrato al arrendamiento del inmueble para un fin particular y privado como lo es el estacionamiento de vehículos. Por consiguiente, si la Administración había obrado en dicho contrato como persona jurídica privada, o sea, como sujeto de derechos y obligaciones de naturaleza civil, habría que considerar dicha convención también como de índole civil y, por ello, ajena a la vía contencioso-administrativa, ya que esta jurisdicción especial, dijo la Corte, "está reservada exclusivamente para los casos en que la Administración actúa en régimen

---

1   CF—127—1, 3—12—59.

CF—127—1, 12—11—54.

CSJ—PA—97—1, 1-4—12—61 donde se habla de "criterio de Servicio Público".

Sobre el Criterio para determinar la naturaleza de los Contratos Administrativos, el Proyecto LOHPN 1963 dispone, en su artículo 22, que "son Contratos Administrativos: 1) Los contratos de Obras Públicas; 2) Los contratos que tuvieren por objeto el aprovechamiento, la explotación o el uso preferencia] o exclusivo de recursos naturales, renovables o no, que se encuentren en terrenos del dominio privado de la República o en terrenos del dominio privado de alguna otra persona pública; 3) Los contratos en los cuales la obligación principal del cocontratante constituye en la prestación de un servicio público, o esté directamente relacionado con e! mismo; 4) Los contratos que tengan por objeto la realización de operaciones de crédito público". Después de esta enumeración, el artículo 21 del Proyecto señala que "estarán sometidos al régimen de Derecho común todos los contratos celebrados por la Administración Pública que, conforme a esta Ley, no sean contratos administrativos".

2   CF—127—1, 3—12—59.

de prerrogativa, haciendo uso del Poder Público de que está investida y con fines de utilidad pública, que le son característicos",

Por otra parte, la Corte Suprema de Justicia, en Sala Político-Administrativa ha expresado que, cuando un contrato no se ha celebrado con criterio de servicio público[3], ni para crearlo, modificarlo o extinguirlo, como por regla general son aquellos contratos en que es parte la Administración Pública, tal supuesto nos sitúa frente a un convenio bilateral, sujeto a los requisitos ordinarios sobre la existencia y validez de los contratos.

Lo que nos interesa destacar de esta jurisprudencia es la contraposición que hace la Corte, entre fin privado y particular y fin de servicio público, para negarle el carácter de contrato administrativo a los que tienen la primera finalidad.

Por otra parte, para nosotros, la noción que le da su naturaleza específica al contrato administrativo es la finalidad de servicio público que se persigue al celebrarlo, y no la prestación de un determinado servicio público. Ya hemos expresado qué entendemos por finalidad de servicio público[4] y las implicaciones del concepto. Sin embargo, es conveniente recordar que una actividad es realizada con finalidad de servicio público cuando, realizada por una autoridad pública como gestión de intereses públicos y en ejecución de la Ley, tiende a mantener y hacer mantener incólumes las garantías constitucionales de los ciudadanos; a respetar y hacer respetar los derechos constitucionales de los ciudadanos; a hacer cumplir los deberes constitucionales de los ciudadanos; o a cumplir las obligaciones constitucionales del Estado venezolano con miras a obtener el bienestar general y la seguridad social.

En definitiva, todo contrato realizado por la Administración Pública con finalidad de servicio público es un contrato administrativo.

2. LA DEFINICIÓN DEL CONTRATO ADMINISTRATIVO

123. Tomando como base los conceptos sobre acto jurídico expuestos en el Título II[5] y lo anteriormente expresado, podemos definir el contrato administrativo como aquel acuerdo bilateral de voluntades realizado entre dos o más personas jurídicas, una de las cuales es la Administración Pública actuando en función administrativa, con la finalidad de servicio público y el efecto de crear una situación jurídica individual y subjetiva[6].

---

3   CSJ—PA—97—1, 14—12—61.

4   Véase N° 82.

5   Véanse Nos. 65, 66, 85 y 116.

6   La creación de una situación jurídica individual y subjetiva puede manifestarse como "constitución, reglamentación, transmisión, modificación o extinción" entre los contratantes de un vínculo jurídico.

3. LOS PRINCIPALES TIPOS DE CONTRATOS ADMINISTRATIVOS EN VENEZUELA

124. Los principales tipos de contratos administrativos en Venezuela son los siguientes:

Los contratos de Obra Pública, mediante los cuales la Administración confía a un particular la construcción, el mantenimiento o la reparación de una obra de utilidad pública, es decir, de una obra que tenga por objeto directo el proporcionar a la nación en general cualesquiera usos o mejoras que cedan en beneficio común[7]. En estos contratos el particular se compromete a ejecutar el trabajo por sí o bajo su dirección, mediante un precio que la Administración se obliga a satisfacerle[8].

Los contratos de Empréstito Público, según los cuales un particular presta al Estado[9], a los Estados[10] o a las Municipalidades[11] una suma de dinero con la condición indispensable de que se contrate para atender a obras reproductivas, excepto en caso de evidente necesidad o conveniencia nacional[12] y con la obligación, por parte de la Administración, de restituir la cantidad de dinero expresada en el contrato[13].

Los contratos de Suministros, que tienen por objeto la adquisición, por parte de la Administración, de bienes muebles de toda clase[14] con finalidad de servicio público.

Los contratos de Transporte, por medio de los cuales un particular se encarga, mediante remuneración, de efectuar un transporte de personas o bienes de carácter público por cuenta de la Administración[15].

Los contratos de Concesión de Servicio Público, por los cuales la Administración confía a un particular la misión de hacer funcionar un servicio público, remunerán-

---

7   Ley de Expropiación por causa de utilidad pública o social, artículo 2.

8   Artículo 1.630 del Código Civil.

    Sobre los Contratos de Obra Pública en el Derecho Comparado, véanse las comunicaciones de L. LOPEZ RODO, A. GUAITA, A. SARAMITE A. K. DUHVOSE, S. DERBIL y otros al X Congreso Internacional de Ciencias Administrativas. *RAP*, N° 21, 1956, págs. 295 y sig. Véase asimismo FLAMME, "Los Contratos de Obras Públicas de la Administración", *RAP*, N° 21, 1956, págs. 13 y sig.; H. BONNEAU, "Marché de Travaux Publiques", *jurisclasseur Administratif*, Fascículo 520.

9   Artículo 190, ordinal 13 de la Constitución.

10   Artículo 17, ordinal 4 de la Constitución.

11   Artículo 33 de la Constitución.

12   Artículo 231 de la Constitución.

13   Artículo 1.737 del Código Civil.

14   Desde el suministro de Conejos con fines de utilidad pública (CF—127—1, 12—11—54) hasta el suministro de maquinaria pesada.

    Sobre los Contratos de Suministro en la doctrina, véase: J, M. FABREGAS DEL PILAR, "Los Contratos de Suministro celebrados por las entidades públicas", *Revista de Impuestos de la Hacienda Pública*, N° 146-147, Madrid, 1955, págs. 443 y sig.; E. DESGRANGES, "Definition des Marchés de fornituras", *RDP*, 1942, pág. 189.

15   Al hablar de contrato de Transporte no nos referimos a la Concesión de Servicio Público de Transporte.

dose este último con las contraprestaciones de los usuarios del servicio[16]. Si el particular está encargado, además, de construir las obras necesarias para hacer funcionar el servicio, habrá, junto con la concesión de servicio público, una Concesión de Obra Pública.

Los contratos de Función Pública, por medio de los cuales un particular se compromete contractualmente, frente a la Administración, a prestar servicios especiales remunerados. No se trata de un funcionario público, pues no hay ni nombramiento ni prestación de juramento, pero tampoco se trata de un contrato de trabajo regido por la ley especial[17].

Fuera de estos tipos principales de contratos administrativos, la Administración Pública utiliza el procedimiento contractual administrativo según sus diversos fines y utilizando diversas combinaciones, configurando a veces lo que podríamos denominar contratos administrativos innominados[18].

---

16   Por ejemplo, la Concesión de Servicio Público de Transporte de Hidrocarburos, artículo 8 de la Ley de Hidrocarburos.

Sobre la Concesión de Servicio Público, véase: TRAVIESO PAUL, *La Concesión de Servicio Público*, Tesis. Caracas, 1943; En la doctrina extranjera, véase: G. JÉZE, "La concession de Service Public", *RDP*, 1925, pág. 530; A. BLONDEAU, *La Concession de Service Public*, Dalloz, París, 1932; P. COMTE, *Essai d'une théorie d'ensamble de la Concession de Service Public*, Sirey, París, 1935; O. ARANDA BANDEIRA DE MELO, "Aspecto jurídico-administrativo da concessao de servicio público", *Rivista de Direito Administrativo*, Rio de Janeiro, Sao Paulo, vol. 34, 1953, pág. 34; MANUEL PEÑA VILLASMIL, *La Concesión de Servicios Públicos*, La Asunción, Paraguay, 1957; RODOLFO BULLRICH, *La Naturaleza Jurídica de la Concesión de Servicios Públicos*, 1936; JUAN P. RAMOS, *La Concesión de Servicios Públicos*, 1937.

17   Tal es el caso de contratación de técnicos por ciertas oficinas públicas.

18   Por ejemplo, el contrato de concesión de uso del dominio público.

Al efecto véase: JORGE REYES RIVEROS, *Naturaleza Jurídica del Permito y de la Concesión sobre Bienes Nacionales de Uso Público*, Editorial Jurídica de Chile, 1960

CAPITULO TERCERO

LAS CARACTERÍSTICAS FUNDAMENTALES DE LOS CONTRATOS ADMINISTRATIVOS

1. INTRODUCCIÓN

125. La naturaleza señalada de los contratos administrativos, es decir, su conclusión para una finalidad de servicio público, trae como consecuencia inmediata la presencia en ellos de ciertos caracteres fundamentales. Podemos estudiar éstos analizando sucesivamente el elemento subjetivo, las condiciones de validez del contrato, el elemento de subordinación y el régimen de derecho público.

2. EL ELEMENTO SUBJETIVO

126. Elemento esencial del contrato administrativo es la participación, en la relación jurídica, de la Administración Pública como parte y actuando como tal[1]. Es decir que, para que un contrato pueda ser calificado de administrativo, una de las partes de la relación jurídica contractual debe ser una autoridad pública actuando en función administrativa.

En este sentido toda persona jurídica de Derecho Público, sea nacional, estadal, municipal o de la Administración. Autónoma, actuando en función administrativa, puede celebrar contratos administrativos. No existe, por tanto, contrato administrativo sin la presencia, como parte contratante en la relación jurídica, de la Administración.

3. LAS CONDICIONES DE VALIDEZ

A) *Noción previa*

Como todo contrato, los contratos administrativos están sometidos a ciertas condiciones de validez que se refieren a la capacidad y competencia de los contratantes, al consentimiento, al objeto y a la causa del contrato. Examinemos estas condiciones separadamente.

---

1   CF—127—1, 12—11—54

B) *La capacidad y competencia de los contratantes*

a. *Noción previa*

El concepto de competencia en Derecho público y de capacidad en el Derecho privado tiene idéntico significado, es decir, denota siempre el poder legal o aptitud de obrar o de ejecutar determinados actos, sea de una persona pública o sea de una persona privada.

Sin embargo, ambos conceptos no tienen el mismo alcance: en Derecho privado, la capacidad es la regla y la incapacidad la excepción. En Derecho público, y concretamente en Derecho administrativo, impera el principio inverso: la competencia requiere siempre un texto expreso de ley para que exista. Es decir, la competencia debe justificarse siempre expresamente, y el órgano que la detenta debe limitarse a su ejercicio en los términos establecidos por la ley[2].

b. *La competencia*

La autoridad pública contratante debe tener competencia legal para ello, por razón de la materia, del territorio, del tiempo, del grado jerárquico y según los poderes legales que le son atribuidos para concluir el contrato. Por ello el Estado no reconoce otras obligaciones que las contraídas por órganos legítimos del Poder Público de acuerdo con las leyes[3].

En el ámbito nacional, el Presidente de la República directamente, o por sus órganos directos los Ministros[4], es competente para "celebrar los contratos de interés nacional" permitidos por la Constitución y las leyes[5].

c. *La capacidad*

130 La capacidad del particular cocontratante de la Administración está regida por el Derecho común y, por tanto, pueden contratar todas las personas que no estuvieren declaradas incapaces por la ley. A tal efecto, la Constitución señala dos incapacidades especiales que veremos en el número siguiente.

Falta señalar solamente que, además de la capacidad, la ley exige el cumplimiento, por parte del cocontratante, de ciertos requisitos necesarios para poder contratar. Uno de ellos es la solvencia del cocontratante en sus obligaciones fiscales y concre-

---

2   Respecto a la capacidad y competencia en la contratación administrativa, véase: C. CAMMEO, *I contratti della pubblica amministrazione. Capacità e legitimittà a contrattare,* Florencia, 1954.

Sobre las condiciones del contrato administrativo en general, el artículo *20* del Proyecto LOHPN 1963 establece que "los contratos celebrados por la Administración Pública requerirán para su existencia y validez que, además, de sujetarse a las disposiciones que les fueren aplicables conforme a las leyes, hubieren sido celebrados y otorgados por funcionarios a quienes la Ley atribuya competencia para hacerlo y se hubieren cumplido todas las formalidades legales y reglamentarias exigidas para la conformación de la voluntad de la Administración".

3   Artículo 232 de la Constitución.

4   Artículo 195 de la Constitución.

5   Artículo 190, ordinal 15 de la Constitución.

tamente en sus obligaciones derivadas del Impuesto sobre la Renta. A tal efecto, la Ley de Impuesto sobre la Renta, en su artículo 74, ordinal 4°, señala que para poder celebrar contratos con la Administración es necesario estar en posesión del Certificado de Solvencia del Impuesto sobre la Renta.

d. *Las incapacidades especiales*

131 "Nadie que esté al servicio de la República, de los Estados, de los Municipios y demás personas jurídicas de derecho público podrá celebrar contrato alguno con ellos, ni por sí ni por interpuesta persona ni en representación de otro, salvo las excepciones que establezcan las leyes"[6]. La disposición es de sana administración y consagra una incapacidad absoluta. Es necesario, sin embargo, precisar qué se entiende por persona jurídica de derecho público, ya que no solamente los establecimientos públicos y los Institutos Autónomos lo son, sino que también la ley considera persona jurídica de derecho público algunos Colegios profesionales como el de Ingenieros[7].

Tampoco podrá celebrarse ningún contrato de interés público nacional, estadal o municipal con Estados o entidades oficiales extranjeros, ni con sociedades no domiciliadas en Venezuela, ni traspasarse a ellos sin la aprobación del Congreso. Además, señala la Constitución[8], la Ley podrá exigir determinadas condiciones de nacionalidad, domicilio o de otro orden, o requerir especiales garantías en los contratos de interés público.

C) *El consentimiento*

a. *Noción previa*

Como todo contrato, el contrato administrativo es un acuerdo de voluntades, una convención entre dos o más personas jurídicas y, por tanto, la necesidad del consentimiento entre las partes es una condición requerida para la existencia del contrato mismo[9], más que para su validez.

La ausencia de consentimiento conlleva la inexistencia del contrato. Pero en materia administrativa, y al hablar de contratos administrativos y su consentimiento, es necesario examinar en primer lugar cómo se forma el consentimiento de la Adminis-

---

6   Artículo 126 de la Constitución.

     Por otra parte, los miembros de las Fuerzas Armadas están incluidos en esta incapacidad. Véase al respecto el Dictamen de la Procuraduría General de la República en Oficio 2.970 de 1-9-60, dirigido al Ministerio de Agricultura y Cría, Informe de la Fiscalía General de la República, 1960, Caracas, 1961, página 492.

7   Tal es el caso del Coléalo de Ingenieros. Véase el artículo 21 de la Ley correspondiente, *Gaceta Oficial* N° 25.822 de 26-11-58.

8   Artículo 126 de la Constitución y artículo 1.144 del Código Civil.

9   Artículo 1.141, ordinal 1° del Código Civil.

     Sobre la Formación y manifestación de la voluntad en la doctrina, véase: COLETTI, "Sulla formazione e manifestazione della volontà contrattuale dei comuni", *FA*, 1959, I, pág. 660; FORTI, "Sulla formazione dei contratti dello Stato", *Rivista it. scienze giur.*, 1938, pág. 38.

tración y, en segundo lugar, la manifestación de la voluntad administrativa relativa a dicho consentimiento. En todo caso debemos también considerar los posibles vicios del consentimiento en los contratos administrativos.

b.   *La formación de la voluntad administrativa*

a'.   *El procedimiento administrativo*

a".   *El principio*

133. Ya hemos expresado[10] que la Corte Suprema de Justicia, en Sala Político-Administrativa estableció que, mediando en un asunto la intervención del Estado, "su declaración de voluntad y el consentimiento que de ella emana, se expresan dentro de un proceso formativo que se desarrolla de acuerdo con la ley y con fundamento en la observancia de ciertas formalidades por parte de quien pueda cumplirlas en ejercicio de la función pública, porque tenga capacidad para obrar e intervenir en el acuerdo o convenio como sujeto de derecho. Según este principio, no podrá haber efecto consensual por manifestación legítima cuando dejan de cumplirse las formas requeridas para aceptar o imponer condiciones dentro del contrato o cuando se han cumplido de manera irregular o distinta, porque el consentimiento así prestado no responde a la verdadera voluntad de los contratantes, que es su fuente jurídica más importante"[11].

Por tanto, en la conclusión del contrato administrativo la formación de la voluntad de la Administración debe pasar, antes de su expresión, por una serie de procedimientos administrativos cumplidos dentro de la misma Administración, de obligatoria observancia[12].

Pero la voluntad de la Administración no sólo se forma con procedimientos llevados a cabo dentro de la rama administrativa que contrata, sino que también exige la ley el cumplimiento de ciertos procedimientos previos a la conclusión definitiva del contrato, realizados en la Contraloría General de la República. Entre estos procedimientos estudiaremos seguidamente el Procedimiento de Control Previo de aprobación.

b".   *El procedimiento de control previo de aprobación*

134. Todo contrato concluido por los Despachos Ejecutivos y los Institutos Autónomos debe ser aprobado previamente, para que tenga validez, por la Contraloría General de la República[13], y ello porque corresponde a dicho organismo el con-

---

10   Véase N° 90.

11   CSJ—PA—97—I, 14—12—61.

12   La necesidad de estudios técnicos y jurídicos previos a la expresión de la voluntad administrativa.

13   Artículo 172 de la Ley Orgánica de la Hacienda Nacional.

Al respecto, véase: SIEBEL A. GIRON R., "El Control Previo", Revista Control Fiscal y Tecnificación Administrativa, Contraloría General de la República, N° 15, 1960-1961, pág. 2, Caracas.

trol, vigilancia fiscalización da los ingresos, gastos y bienes nacionales, así como de las operaciones relativas a los mismos[14].

En principio, las funciones de la Contraloría General de la República abarcan sólo la Administración Pública Nacional; sin embargo, la Ley Orgánica de la Hacienda Nacional[15] extiende dichas funciones a los Institutos Autónomos. Por otra parte, la Constitución autoriza, para que por Ley se extiendan las funciones de la Contraloría a las Administraciones Estadales y Municipales, sin menoscabo de la autonomía, que a los Municipios y a los Estados garantiza la propia Constitución[16].

La Contraloría General de la República debe, entonces, aprobar previamente todos los contratos de interés nacional para que tengan validez. Sin embargo, y en razón de la cuantía, algunos contratos pueden ser celebrados sin dicha aprobación. En efecto, la misma Contraloría General de la República mediante resolución[17] ha fijado en la cantidad de dos mil bolívares el límite hasta el cual podrán los Despachos Ejecutivos e Institutos Autónomos contratar sin la previa aprobación de la misma.

b'. *La aprobación legislativa*

a". *Noción previa*

135. La formación de la voluntad administrativa no sólo se realiza por la intervención de varios organismos de la Administración sino que también, en ciertos casos, es necesaria la intervención de un Poder distinto al Ejecutivo y concretamente del Poder Legislativo.

Decimos en ciertos casos, pues la Constitución no exige la intervención del Poder Legislativo sino sólo respecto a determinados contratos. Ello nos conduce a examinar el problema estudiando la división fundamental de los contratos administrativos en Venezuela.

b". *Las dos categorías fundamentales de contratos administrativos*

a'''. *Noción previa*

Ya hemos señalado[18] que la Constitución vigente en Venezuela distingue dos categorías fundamentales de contratos administrativos: los contratos administrativos

---

14   Artículo 234 de la Constitución

15   Artículo 235 de la Constitución.

Artículo 172 de la Ley Orgánica de la Hacienda Nacional en defecto de la Ley Orgánica de Instituciones Autónomas que prevé la Constitución.

16   Artículo 235 de la Constitución.

17   Resolución N° 7 de 11 de enero de 1961. *Gaceta Oficial* N° 26.453 de 11 de enero de 1961.

18   Véase Título I, N° 20.

necesarios para el normal desarrollo de la Administración Pública y los que no lo son[19] y que podríamos calificar como contratos administrativos excepcionales.

b'''. *Contratos administrativos necesarios para el normal desarrollo de la Administración Pública*

Estos contratos, normales en la vida de la Administración, abarcan la mayoría de los principales tipos de contratos administrativos que hemos señalado anteriormente[20]. Pueden celebrarse, sin necesidad de intervención previa o posterior de los órganos legislativos, por el Presidente de la República en el ámbito nacional o por sus órganos directos[21].

c'''. *Contratos administrativos excepci*onales

Consideramos como contratos administrativos excepcionales aquellos que para su celebración válida requieren, o la autorización o la aprobación del Congreso[22]. Son aquellos de tal importancia para el funcionamiento del Estado mismo, sobre todo desde el punto de vista económico, que la Constitución exige para su válida celebración, además de la intervención del Poder Ejecutivo, la participación de las Cámaras Legislativas. Esta intervención de los órganos legislativos puede revestir dos formas: En primer lugar, hay ciertos contratos administrativos excepcionales que requieren para su validez la autorización previa del Congreso. Tal es el caso de los contratos de empréstito público, que requieren una ley especial que los autorice como condición de validez[23]. En segundo lugar, algunas leyes especiales requieren, para la validez de un contrato administrativo, no ya la autorización previa, sino la aprobación posterior de las Cámaras legislativas. Sólo nos interesa destacar en esta oportunidad estos casos de aprobación posterior del Congreso, sobre los cuales han surgido en Venezuela algunos criterios divergentes en lo que se refiere a la naturaleza jurídica del acto de aprobación legislativa.

c''. *La naturaleza del acto de aprobación legislativa*

139. Ya hemos señalado que la antigua Corte Federal y de Casación ha sostenido[24] categóricamente que, atando el Poder Legislativo "colabora con el Poder Ejecutivo en la Administración Pública", es decir, en la función administrativa, "ejecuta actos administrativos aun cuando ellos estén revestidos de la forma extrínseca de la Ley", y son estos actos algunos de los que la doctrina del Derecho constitucional denomina leyes formales puras. En el caso de la ley que aprueba un contrato o un convenio de interés nacional, "ésta no tiene el contenido de la ley propiamente dicha

---

19   Artículo 126 de la Constitución.

20   Véase N° 124.

21   Artículo 190, ordinal 15 de la Constitución.

22   Artículo 126 de la Constitución.

23   Artículo 231 de la Constitución.

24   Véase la Sentencia de la Corte Federal y de Casación de 5-5-37, Resumen CFC en SPA, 1936-1939, pág. 182 *(Memoria* 1938, tomo I, pág. 226).

(ley formal-material), porque no establece reglas de conducta para todos, no contiene un mandato general y abstracto, sino que se refiere a una relación concreta, a un caso particular: es una providencia administrativa o acto de Administración Pública en forma de ley".

Esta, ciertamente, es la conclusión más lógica: el acto de aprobación legislativa de un contrato administrativo es, en cuanto al fondo, un acto administrativo por su contenido y naturaleza, y en cuanto a la forma, una ley formal. Y esto último, pues, ya hemos indicado que ley, en nuestro ordenamiento constitucional, es ley formal[25].

La aprobación legislativa recaída en esos contratos administrativos perfecciona y completa la voluntad administrativa que interviene en la creación del vínculo contractual. El proceso de formación de la voluntad de la Administración comprende varias etapas, una de las cuales en estos casos es la aprobación impartida por el órgano legislativo. Por tanto, la aprobación legislativa de un contrato no transforma en ningún momento dicho acto de aprobación en un acto puramente legislativo. Al contrario, continúa siendo un acto administrativo por su contenido, pero con forma de ley.

Y aún hay más: el acto de aprobación legislativa no cambia en ningún momento la naturaleza contractual de la relación jurídica que se aprueba[26]. No creemos correcto el afirmar, como lo ha hecho la Corte recientemente[26], que la intervención legislativa en un contrato administrativo transforma dicho contrato en un acto legislativo. La aprobación legislativa, insistimos, en nada altera la naturaleza contractual del acto aprobado. El contrato sigue siendo contrato pero con forma de ley, como formalidad *ad solemnitatem* del acto. Y la razón de ser de esta forma no es otra que hacer interesar a todos los componentes de la comunidad en el cumplimiento del contrato, pudiendo atacarse por vía de inconstitucionalidad por cualquiera, en cualquier momento[27].

Por otra parte, la misión de las Cámaras en estos casos consiste en aprobar o negar, es decir, impartir o negar su aprobación, pero en ningún caso modificar el contrato. Además, la ley aprobatoria de un contrato de interés nacional no es susceptible de derogatoria ni de reforma total o parcial por la sola voluntad de los Cuerpos Legislativos, sin audiencia de las partes que han concurrido a la formación del contrato, es decir, de la Administración y del cocontratante. Y esto es consecuencia del principio de que los vínculos contractuales no pueden romperse sin audiencia de las partes que han concurrido voluntariamente a crearlos. Pero, como hemos visto, este principio no es absoluto: el órgano jurisdiccional competente[28] puede declarar la nulidad por inconstitucionalidad de cláusulas o de un contrato de interés nacional aprobado por el Poder Legislativo, por la vía del Recurso de Inconstitucionalidad de

---

25   Título I, Nº 10.

26   CSJ—CP— 27—1, 15—5—62.

27   Véase Nº 20.

Véase el Voto Salvado a la Sentencia CSJ—CP—27—1, 15—J—62.

28   La Corte Suprema de Justicia en Corte Plena, artículo 215, ordinal 3º de la Constitución.

las Leyes y, por tanto, sin juicio contradictorio cuando dicho recurso ha sido intentado hasta por un tercero extraño a la relación jurídica contractual[29].

c. *La manifestación de la voluntad administrativa*

140. Una vez formada la voluntad de la Administración siguiendo, según los casos, el procedimiento señalado anteriormente, la manifestación de esa voluntad debe ser siempre expresa, sea por la firma del contrato o por la publicación de la Ley aprobatoria en la Gaceta Oficial de la República[30]. Por tanto, lo que se expresó respecto a los actos administrativos tácitos[31] no es aplicable a los contratos administrativos como actos jurídicos bilaterales de la Administración. En esta forma el consentimiento de la Administración no puede, en ningún caso, presumirse en la formación y conclusión de un contrato.

Por último, creemos conveniente señalar una vez más, en líneas generales, el procedimiento de formación y manifestación de la voluntad administrativa. En los contratos administrativos necesarios para el normal desarrollo de la Administración Pública, además de la necesidad de aprobación previa de la Contraloría General de la República, debe seguirse el procedimiento normal interno de la Administración para la formación del contrato, y la manifestación de la voluntad de esta última debe hacerse por la firma de la autoridad competente[32]. En los contratos administrativos excepcionales debemos distinguir entre los que requieren autorización legislativa previa y los que requieren aprobación legislativa posterior. En los primeros, entre los cuales está el contrato de empréstito público, una vez autorizada la contratación por Ley especial, en cuya sanción ha intervenido la Contraloría General de la República como órgano auxiliar del Congreso[33], la manifestación de voluntad de la Administración se expresa por la firma del contrato dada por la autoridad competente. En los segundos, entre los cuales se encuentra el contrato de constitución de Bancos Auxiliares de la Tesorería, por el cual se da la posibilidad de prestación del ser-

---

29   CSJ—CP—27—1, 15—1—62.

      En definitiva, estamos en conformidad con la dispositiva de este fallo, pero en desacuerdo con varios razonamientos de La motivación, como se ha expresado.

30   Artículo 1° de la Ley de Publicaciones Oficiales.

31   Véanse los Nos. 90 y 115.

32   Creemos, junto con la Procuraduría General de la República, que, mientras la Administración no haya aprobado expresamente la oferta a través del acto de otorgamiento que es el contrato, no existe ninguna vinculación entre ella y el particular interesado, puesto que los actos previos que realiza la Administración son meros actos de trámites administrativos que no otorgan derecho alguno a los interesados, ya que su único objeto es el de preparar la realización del acto administrativo contractual que es el otorgamiento del contrato, y hasta que la Administración no haya manifestado su voluntad a través de dicho acto no han nacido obligaciones ni derechos para las partes contratantes. Véase al respecto el *Informe de la Fiscalía General de la República*, 1960, Caracas, 1960, pág. 311.

33   Artículos 231 y 236 de la Constitución. Observamos que esta autorización constituye un requisito del consentimiento; por tanto, la omisión de la autorización no es que vicia el consentimiento, sino que lo impide y, por tanto, produce la inexistencia del contrato. En este sentido, véase el Informe presentado por la Procuraduría de la Nación a la Comisión Interministerial designada por el Gobierno Nacional para examinar el llamado caso "Innocenti", *Informe de la Procuraduría de la Nación al Congreso*, 1939, Caracas, 1960, pág. 624.

vicio público de Tesorería por Bancos Privados[34], la formación de la voluntad administrativa se lleva a cabo por la intervención de la propia Administración, por la aprobación de la Contraloría General de la República y por la aprobación posterior por las Cámaras Legislativas actuando en función administrativa; y la expresión de esa voluntad se lleva a cabo por la publicación de la Ley aprobatoria del contrato.

d. *Los victos del consentimiento*

a'. *Noción previa*

141.   En los contratos administrativos, como en cualquier contrato, el consentimiento de las partes para que sea válido debe carecer de vicios. Por ello, otra de las condiciones de validez de los contratos administrativos es la ausencia de vicios del consentimiento.

En esta materia, los principios generales del derecho elaborados por la doctrina civilista son aplicables a los contratos administrativos. Veamos entonces, someramente, el contenido de los artículos 1.146 y siguientes del Código Civil y su aplicación a los contratos administrativos.

b'. *El error*

a". *Error excusable*

Ante todo, para que el error pueda viciar el consentimiento de alguna de las partes contratantes, debe tratarse de un error excusable[35]. Entonces el error cometido por una parte contratante no puede ser invocado por ella cuando procede de una falta inexcusable de su parte. Esta es una aplicación del principio *nemo auditur propram turpitudinem allegans*. Consecuencia de ello es la disposición del artículo 1.149 del Código Civil, según el cual "la parte que invoca su error para solicitar la anulación de un contrato está obligada a reparar a la otra parte los perjuicios que le ocasione la invalidez de la convención, si el error proviene de su propia falta y la otra parte no lo ha conocido o no ha podido conocerlo".

El principio es perfectamente aplicable a los contratos administrativos. Veamos ahora los dos tipos fundamentales de error: el error de derecho y el error de hecho.

b". *El error de derecho*

Para que sea posible alegar el error de derecho como vicio del consentimiento en un contrato administrativo, además de ser excusable debe ser determinante, es decir, debe ser la causa única y principal de la conclusión del contrato[36]. Pero, tratándose de un error de derecho, la misma dificultad que se presenta en el derecho privado

---

34   Artículo 90 de la Ley Orgánica de la Hacienda Nacional.

35   Artículo 1.146 del Código Civil.

36   Artículo 1.147 del Código Civil.

para probarlo, pues la ignorancia de la ley no excusa de su cumplimiento[37], se presentará en el campo de los contratos administrativos.

c". *El error de hecho*

El Código Civil distingue dos tipos de errores de hecho: el error sobre la cosa y el error sobre la persona. En esta forma el error de hecho produce la anulabilidad del contrato cuando recae sobre una cualidad de la cosa[38] objeto del contrato. Aunque el Código Civil no exige que esa cualidad de la cosa sea determinante, parece lo más lógico sostener ese requisito[39]. Pero, además, el error de hecho produce también la anulabilidad del contrato cuando recae sobre una circunstancia que las partes han considerado como esenciales o que deben considerarse como tales, en atención a la buena fe y a las condiciones bajo las cuales ha sido concluido el contrato[40].

También es causa de anulabilidad del contrato el error sobre la identidad o las cualidades de la persona con quien se ha contratado, cuando esa identidad o esas cualidades han sido causa única o principal del contrato[41]. En este caso el error también debe ser determinante y, en principio, es en los contratos administrativos *intuitu personae* donde el error sobre la persona del cocontratante puede ser considerado como determinante.

Respecto a los contratos administrativos, el error en la persona del cocontratante de la Administración es quizás el que tiene más relevancia por el carácter *intuitu personae* con que son concluidos por lo general[42].

c'. *La violencia*

145. La violencia empleada contra el cocontratante que ha contraído la obligación es causa de anulabilidad del contrato, aun cuando haya sido ejercida por una persona distinta de aquella en cuyo provecho se ha celebrado la convención[43]. Por tanto la violencia es causa de anulabilidad del contrato cuando es ejercida por el cocontratante o por terceras personas, y cuando reviste carácter de gravedad suficiente para que haga impresión sobre una persona sensata[44].

---

37   Artículo 2° del Código Civil.

     Hasta tal punto, que el Código Civil excluye expresamente la posibilidad de pedir la nulidad por error de ciertos contratos. Por ejemplo, en el contrato de transacción, artículo 1.719 del Código Civil.

38   Artículo 1.148 del Código Civil.

39   Por ejemplo, error en la identidad de la cosa.

40   Artículo 1.148 del Código Civil.

41   Artículo 1.148, aparte segundo del Código Civil.

42   Véanse Nos. 152, 161 y 164.

43   Artículo 1.150 del Código Civil.

44   Artículos 1.151 y 1.152 del Código Civil.

     Un ejemplo de violencia ejercida por la Administración es el abuso de poder del funcionario. Este acarrea responsabilidad individual del mismo. Al efecto véase el artículo 121 de la Constitución.

Sin embargo, en los casos de violencia ejercida sobre la Administración y sus órganos, la Constitución declara nulos los actos acordados bajo esa presión. En efecto, el artículo 120 declara que es nula toda decisión acordada por requisición directa o indirecta de la fuerza o por reunión de individuos en actitud subversiva[45].

d' El dolo

El dolo es causa de anulabilidad del contrato cuando las maquinaciones practicadas por uno de los cocontratantes o por un tercero, con su conocimiento, han sido tales que sin ellas el otro no hubiera contratado[46].

El dolo, en primer lugar, puede haber emanado de un tercero con el conocimiento de uno de los contratantes. Esta es una nueva causal de la teoría de los vicios del consentimiento introducida por la Comisión Codificadora Nacional en 1942[47]. Por otra parte, el dolo debe ser determinante para la conclusión del contrato.

Respecto a este vicio, como a los demás examinados, nada parece indicar su inaplicabüidad a la Teoría de los Contratos Administrativos, teniéndose en cuenta para ello, sin embargo, la peculiar condición de la Administración.

D) El objeto

Ciertamente, como en todo contrato, el objeto de los contratos administrativos debe ser posible, lícito, determinado o determinable[48], y por otra parte es una de las condiciones de existencia y, por tanto, de validez del contrato administrativo[49]. Los principios de la teoría privatista sobre los requisitos del objeto del contrato son aplicables en su esencia a los contratos administrativos. Por ello no insistiremos mucho en este respecto.

Sin embargo, es necesario hacer algunas observaciones peculiares de los contratos administrativos.

Ante todo, y por la finalidad de servicio público que persigue la Administración al celebrar los contratos administrativos, el objeto de los mismos debe ser una prestación de utilidad pública o de interés general[50]. Esta prestación puede ser de dar[51], de hacer[52] o de no hacer[53].

---

45 Desde la Constitución de 1864, artículo 104, encontramos esta disposición en nuestra evolución constitucional.

Véase: ULISES PICÓN RIVAS, *Indice Constitucional de Venezuela*, Ed. Elite, Caracas, 1944, pág. 383.

46 Artículo 1.154 del Código Civil.

47 *Código Civil de Venezuela*. Ed. Andrés Bello, Caracas, pág. 181, nota al artículo 1.154, comentario de A. Pulido Villafañe.

48 Artículo 1.157 del Código Civil.

49 Articulo 1.141 del Código Civil.

50 Véase N° 122.

CF—127—1, 12—11—54.

51 Contrato de Suministro, Contrato de Empréstito Público.

No consideramos que la prestación objeto del contrato administrativo debe estar siempre relacionada con un determinado servicio público, como expresaba Jéze en los albores de la Teoría de los Contratos Administrativos[54]; de lo contrario quedarían excluidos de la calificación de contratos administrativos, contratos tales como el de ocupación del dominio público o el de empréstito público. Estos contratos, a pesar de no estar relacionados directamente en muchos casos con el funcionamiento de un servicio público determinado, son contratos administrativos pues son celebrados por la Administración con finalidad de servicio público: la salvaguarda del derecho de uso público del dominio público del Estado[55] que muchas veces es la condición indispensable para el libre tránsito de los ciudadanos en el territorio nacional; y la procuración de fondos para obras reproductivas o en caso de evidente necesidad o conveniencia nacional[56].

Por otra parte, y como veremos más adelante, la Administración[57] puede introducir modificaciones unilateralmente, dentro de ciertos límites, en el objeto del contrato administrativo. En derecho privado, al contrario, rige el principio de la inmutabilidad unilateral del objeto del contrato.

Respecto a la licitud del objeto, los contratos administrativos no pueden perseguir la derogación de leyes en cuya observancia esté interesado el orden público y las buenas costumbres, de lo contrario serían inválidos por ilicitud del objeto. Es la aplicación del principio general consagrado en el artículo 6 del Código Civil.

También, tal como sucede en los contratos de derecho privado, en materia de contratos administrativos existen ciertas materias que no pueden ser objeto de negocios contractuales en razón de su naturaleza. Tal es el caso del estado y capacidad de las personas y los bienes del dominio público en lo que se refiere a su inalienabilidad. Pero, además, en derecho administrativo existen otras materias que por su naturaleza legal o reglamentaria no pueden ser objeto, tampoco, de relaciones contractuales. En efecto, cuando una situación jurídica determinada es de carácter legal o reglamentaria, es decir, fijada unilateralmente por el Estado, sea por medio de actos reglamentarios, o sea, por medio de actos legislativos, esa situación jurídica no puede ser objeto de convenciones entre la Administración y los particulares. En este sentido sería nulo, por ilicitud del objeto, un contrato administrativo que tuviere por objeto derogar la situación jurídica reglamentaria o legal de un funcionario público.

Por último, es conveniente observar que también estaría viciado un contrato administrativo por ilicitud del objeto, cuando en él se compromete el ejercicio de la

---

Véase N° 124.

52   Contrato de Obra Pública. Contrato de Transporte.
      Véase N° 124.

53   En el contrato de concesión de ocupación del dominio público por razones de utilidad pública o interés general, se puede obligar al cocontratante a no hacer determinadas construcciones.

54   Gastón JÈZE. *Principios Generales..., cit.,* tomo IV, pág. 5.

55   Artículo 539 y 540 del Código Civil.

56   Artículo 231 de la Constitución.

57   Véase N° 169.

competencia. En Derecho privado los contratantes pueden fijar ciertos límites a su capacidad de obrar. Sin embargo, en Derecho administrativo la competencia es de orden público y, por tanto, no puede renunciarse ni ser objeto de contratos que comprometan su ejercicio.

E) *La causa*

148. En la misma forma que en el derecho privado, en los contratos administrativos la obligación sin causa, o fundada en una causa falsa o ilícita, no tiene ningún efecto[58]. La causa lícita en los contratos administrativos también es una de las condiciones requeridas para la existencia del contrato[59]; por tanto, cuando la causa es ilícita, es decir, contraria a la ley, a las buenas costumbres o al orden público[60], el contrato es inexistente[61] y las obligaciones que contiene no producen ningún efecto[62].

En la teoría civilista, y más generalmente en la Teoría General del Derecho, la palabra causa, sobre todo en lo que respecta a los contratos sinalagmáticos, ha producido innumerables discusiones y principalmente dos concepciones: por una parte la Teoría de la causa objetiva, donde la causa de las obligaciones de cada contratante es la contraprestación que el otro se obliga a realizar; por otra parte la Teoría de la causa subjetiva, donde la causa está definida por el fin que las partes buscan en el contrato o por el motivo que las indujo a contratar.

Ambos conceptos y teorías son perfectamente aplicables a las condiciones de validez de los contratos en general: la ausencia de causa en el sentido de la contraprestación del otro contratante, o la ilicitud de dichas contraprestaciones, produce la inexistencia del contrato; y la ilicitud o inmoralidad de la causa en el sentido del fin o motivo perseguido por los contratantes produce el mismo efecto.

En el campo del derecho administrativo, también son aplicables ambos conceptos. Así lo ha expresado la jurisprudencia administrativa. En efecto, la antigua Corte Federal ha señalado que en los contratos administrativos "la causa inmediata de las prestaciones de la Administración la constituyen las contraprestaciones del particular, y la causa o motivo determinante es el interés público que con esas prestaciones se persigue"[63].

58　Artículo 1.157 del Código Civil.

　　Sobre el problema de la causa de los contratos administrativos en la doctrina italiana, véase: F. P. MASTROPASQUA, "Osservazioni sulla teoria della causa dell'atto amministrativo negoziale", *Riv. Dir. Pub.*, 1939.

59　Artículo 1.141 del Código Civil.

60　Artículo 1.157, aparte segundo del Código Civil.

61　Artículo 1.141 del Código Civil.

62　Artículo 1.157, aparte primero del Código Civil.

63　CF—127—1, 12—11—54.

Una vez más observamos cómo la jurisprudencia administrativa requiere el interés público o lo que nosotros hemos llamado finalidad de servicio público para que exista contrato administrativo.

Es interesante observar, por otra parte, el juego del vicio de desviación de poder en el problema de la causa ilícita: cuando la Administración, con ocasión de la conclusión de un contrato administrativo, persigue fines ilícitos, aunque no podría atacarse el contrato por causa ilícita pues no se ha contratado buscando expresamente ese fin ilícito, podría conseguirse la anulación del contrato, impugnando por recurso contencioso-administrativo de anulación el acto administrativo por el cual la Administración manifestó su consentimiento, alegando vicio de desviación de poder en dicho acto[64].

La declaración de nulidad del acto producirá, como consecuencia, la nulidad del contrato.

4. EL ELEMENTO DE SUBORDINACIÓN

149. Además del elemento subjetivo y de las condiciones de validez del contrato, la tercera característica fundamental de los contratos administrativos está constituida por la relación de subordinación del cocontratante de la Administración respecto a ésta. Así lo ha establecido la antigua Corte Federal[65].

El particular, cocontratante de la Administración, por un acto de propia voluntad contrata con ella y se sitúa en la relación jurídica en un plano de subordinación. Esta subordinación o desigualdad jurídica no es arbitraria, ni deriva del Poder o de la autoridad que tiene la Administración; tiene su origen en la desigualdad de fines de los contratantes. El cocontratante de la Administración persigue, evidentemente, un fin económico privado. La Administración, en cambio, vela por el interés público, por las necesidades colectivas y persigue una finalidad de servicio público. El fundamento, pues, de esta desigualdad jurídica, de esta subordinación del particular frente a la Administración, es el fin público o la finalidad de servicio público con mitas a la cual contrata la Administración.

En este sentido, ha expresado la antigua Corte Federal[66] que esa desigualdad se explica por el propio interés de los administrados y porque es obligación de los administradores el velar por que la prestación objeto del contrato se efectúe en forma ordenada y continua si tal fuere el caso y, en resumen, conforme a las normas regu-

---

64   Sobre la desviación de poder, véase N° 40.

65   CF—127—1, 12—11—54.

CF—127—2 . 12—11—54.

Sobre el problema de la igualdad de las partes en los contratos administrativos, véase: S. MARTIN-RETORTILLO BAQUER, "La institución contractual en el Derecho administrativo: en torno al problema de la igualdad de las partes", *RAP*, N° 29, 1959, pág. 59; y en el libro del mismo autor, *El Derecho Civil en la génesis del Derecho Administrativo y de sus instituciones*, Sevilla, 1960, págs. 110 y sig.

66   CF—127—1, 12—11—54.

CF—127—2, 12—11—54.

ladoras del contrato; de no ser así, se llegaría a la conclusión de que por tales actos "la Administración pierde, renuncia o enajena uno de sus grandes atributos cual es el de tuteladora del bien y del interés público".

La consecuencia fundamental de esta situación de subordinación es, como lo ha indicado la Corte[67], la facultad de la Administración de adoptar decisiones ejecutivas sobre el cumplimiento, inteligencia, rescisión y efectos del contrato. Más adelante examinaremos detenidamente estas facultades de la Administración[68].

5. EL RÉGIMEN DE DERECHO PÚBLICO

150. El régimen jurídico de los contratos administrativos, teniendo en cuenta todo lo hasta aquí expuesto, no puede ser otro que el de Derecho administrativo[69].

Y ello no podría ser de otro modo. El contrato administrativo no puede regirse íntegramente por el derecho privado, regulador de relaciones entre particulares y de intereses privados. Necesita, en vista de la finalidad de servicio público que se tiene en cuenta al concluirlo, un régimen jurídico propio, exorbitante o derogatorio del Derecho común, y ese es el régimen de Derecho público.

No compartimos el criterio, por otra parte, de que la presencia en un contrato de cláusulas exorbitantes del Derecho común sea la causa de que ese contrato sea administrativo[70]: un contrato no es administrativo porque tenga cláusulas exorbitantes del Derecho común, sino que contiene cláusulas de ese tipo por ser administrativo. Por tanto, la aplicación del régimen de derecho público a un contrato es consecuencia, es un efecto del carácter administrativo del contrato y no la causa de él. El contrato es administrativo por su naturaleza, es decir, porque fue concluido con finalidad de servicio público y, por tanto y como consecuencia, necesita de un régimen jurídico propio, lo que conlleva la presencia de él en forma expresa o tácita de cláusulas derogatorias del Derecho común.

La necesidad de que los contratos administrativos se rijan por un régimen de Derecho público no implica, sin embargo, la inaplicabilidad absoluta a dichos contratos de normas consagradas en el Derecho civil. Al contrario, y como hemos visto, la elaboración de la Teoría civilista de los contratos es perfectamente aplicable a los contratos administrativos. Sin embargo, hay muy graves y fundamentales excepciones que veremos al estudiar la formación del contrato administrativo y los efectos del mismo. Fundamentalmente, en este último campo es donde más se manifiesta el imperio del Derecho público y la presencia expresa o tácita en todo contrato administrativo de cláusulas exorbitantes del Derecho común, es decir, de cláusulas que no podrían encontrarse en un contrato de Derecho privado, y que las más de las ve-

---

67   CF—127—1, 12—11—54.

68   Véanse Nos. 166 y sig.

69   CF—127—1, 12—11—54.

70   GEORGES VEDEL, *Droit Administratif*, tomo II, Presses Universitaires de France, París, 1959, pág. 592. Véase, también del mismo autor, "Remarques sur la notion de clause exorbitante", *Mélanget Mestre*, Sirey, 1956, pág. 527.

ces derogan principios tradicionales de la contratación civil. Tal es el caso, por ejemplo, de cláusulas en las cuales la Administración se atribuye sobre su cocontratante derechos que un particular no podría atribuirse en ningún contrato de Derecho privado[71]; o de cláusulas por medio de las cuales la Administración otorga a su cocontratante poderes respecto a terceros que un particular no podría atribuirse en ningún contrato[72].

---

71   Como por ejemplo, el derecho de rescindir o modificar unilateralmente el contrato administrativo.

72   Por ejemplo, la posibilidad para el concesionario de transporte de Hidrocarburos de expropiar. Véanse artículos 1° y 52 de la Ley de Hidrocarburos.

CAPITULO CUARTO
LA FORMACIÓN DEL CONTRATO

1. INTRODUCCIÓN

151. Ya hemos examinado los problemas relativos a la formación de la voluntad de la Administración[1]. Nos corresponde ahora examinar la formación del contrato, es decir, los problemas que se presentan en el acuerdo de las voluntades, y concretamente debemos verlos desde dos ángulos distintos: desde el punto de vista de la igualdad de los contratantes y desde el otro punto de vista de la libertad contractual y siempre como limitaciones a ambos principios.

2. LIMITACIONES A LA LIBERTAD CONTRACTUAL

152. Las limitaciones a la libertad contractual se presentan principalmente en la escogencia del cocontratante de la Administración.

La Administración no siempre es libre de escoger su cocontratante. Quizás en los contratos administrativos, donde el carácter intuitu personae tiene gran importancia, se deje mayor libertad a la Administración de escoger su cocontratante[2]. Sin embargo, en otros contratos donde tienen mayor importancia las condiciones objetivas del contratante se imponen ciertas limitaciones a la libertad de escogencia de los mismos. Esto nos conduce a hablar de la Licitación.

Ante todo debemos expresar que en Venezuela no existe un sistema uniforme legal de ¿citaciones en los contratos administrativos. Los intentos que se han hecho para lograr la uniformidad han sido infructuosos[3].

---

1 Véanse Nos. 133 y sig.

2 Por ejemplo, en la concesión de Servicio Público de Transporte de Hidrocarburos, la Administración es libre de escoger su concesionario. Véase el artículo 5 de la Ley de Hidrocarburos.

3 En el Proyecto LOHPN 1963 se establece, artículo 27, que "los contratos administrativos no podrán ser celebrados sino por el procedimiento de licitación..." pero, sin embargo, señala el artículo 36 del mismo Proyecto que "cuando, por razones de conveniencia nacional así lo exijan, el Ejecutivo Nacional podrá previa decisión en cada caso del Presidente de la República, y notificación al Contralor General de la República, omitir el procedimiento de licitación en orden a la celebración de determinados tipos de contratos administrativos".

La reglamentación que de la licitación pública trae el Proyecto es la siguiente, contenida en el artículo 29: "La licitación pública estará sometida a las siguientes normas: 1ª, Para ser válida deberán concurrir al menos tres propuestas provenientes de personas naturales o jurídicas que no tengan entre sí vinculaciones de interés mutuo; 2ª, Las propuestas deberán ser siempre presentadas en tal forma que no fuere posible identificar previamente al proponente. La propuesta que fuere identificable será considerada no hecha; 3ª, Las propuestas serán abiertas en acto público al cual debe concurrir un funcionario designado

Sin embargo, diversas disposiciones legales y reglamentarias se han dictado al efecto. En primer lugar, la Ley Orgánica de la Hacienda Nacional vigente, muy tímidamente recomienda el empleo de la licitación pública en los contratos de obras públicas y de suministros. Al efecto, el artículo 427 dispone que "en cuanto sea posible, los contratos para construcción de obras y los de suministros y servicios, que se propongan celebrar los Despachos Ejecutivos, serán objeto de licitaciones". El mismo dispositivo legal exceptúa los contratos en que esté interesada la defensa nacional, los relativos a servicios técnicos y aquellos cuyo monto no exceda de diez mil bolívares.

Esta disposición legal ha sido desarrollada en cuanto a los contratos de obra pública por la Resolución N° 8 del Ministerio de Obras Públicas de 8 de marzo de 1947[4]. Y es ciertamente en las dependencias de este Despacho ministerial y de los Institutos Autónomos a él adscritos que se lleva a cabo regularmente el procedimiento de licitación. Así, todos los contratos de obras públicas celebrados directamente por el Ministerio de Obras Públicas, por el Banco Obrero o por el Instituto Nacional de Obras Sanitarias, siguen normalmente el procedimiento de licitación.

Respecto a los contratos de suministros, podemos señalar la existencia de un Reglamento de Compras del Ministerio de Minas e Hidrocarburos. Este es uno de los pocos y quizás el único Despacho Ejecutivo que ha reglamentado el procedimiento respectivo y establecido la obligatoriedad de la licitación[5].

---

al efecto por la Contraloría General de la República. Se levantará acta escrita de la apertura de propuestas con indicación de todo cuanto contribuya a dejar clara constancia de lo sucedido; 4ª, El examen de las propuestas será hecho por los funcionarios que para cada caso designe el Despacho Ejecutivo correspondiente y por el funcionario o los funcionarios designados al efecto por la Contraloría General de la República; 5ª. Si ninguna de las propuestas se considera aceptable, la licitación será considerada desierta y ello se hará saber a quienes hubieren concurrido; 6ª, Se concederá la buena pro a la propuesta que presente las mejores ventajas para la República en cuanto a precios, plazos y garantías financieras y técnicas". En lo que respecta a las licitaciones privadas, éstas se regirán, según el Proyecto, por las mismas disposiciones relativas a las licitaciones públicas, salvo las modalidades siguientes establecidas en el artículo 34: "1) En la escogencia de las personas invitadas a presentar propuestas deberán intervenir el o los funcionarios que para tal fin designare el Contralor General de la República; 2) Para la validez de la licitación bastará la concurrencia de dos propuestas; 3) La apertura de la propuesta y el otorgamiento de la buena pro deberán realizarse en acto privado".

Es de observar, por otra parte, que el artículo 35 del Proyecto establece que "los contratos que se otorguen como resultado de una licitación pública o privada no requerirán el control previo por parte de la Contraloría General de la República en cuanto a precios". Sobre este control previo, véase N° 134. Sobre las Licitaciones en la doctrina, véase: E. SAYAGUES LASO, *Las licitaciones públicas*, Montevideo, 1940; J. DELBECQUE, "Note sur la procédure et les recours en matière d'adjudication", *AJ*, 1962, pág. 116; FLAMME, "Les modes de passation des marchés publics en droit comparé", *RISA*, 1954, N° 4; G. BEINHARDT, "La passation des marchés par l'Etat dans le droit allemand", *RISA*, 1961, 4, pág. 397; M. QUANCARD, *L'adjudication des marchés publics*, Tesis. Sirey, París

4   Compilación Legislativa, tomo III, pág. 914. Además el Decreto Reglamentario de las Obras Públicas de 14 de abril de 1909, artículos 7 al 12, Compilación legislativa, tomo II, pág. 894.

5   Resolución N° 1.400 del Ministerio de Minas e Hidrocarburos de 8 de octubre de 1958, artículo 3, *Gaceta Oficial* N° 25.780 de 8-10-58.

Por tanto, fuera de los contratos de obra pública y de suministros, los otros contratos administrativos[6], no tienen previsto por la Ley la necesidad ineludible de su contratación por licitación pública.

Debemos observar, por último, que en materia de licitación, además de la licitación pública, se puede utilizar el procedimiento de licitación privada. En todo caso, la utilización de esta última está supeditada a la naturaleza de las prestaciones contractuales cuando requieran condiciones especiales, técnicas o de otra índole de parte del cocontratante.

3.   LIMITACIONES A LA IGUALDAD CONTRACTUAL

153. En el esquema clásico del contrato de derecho civil, las partes elaboraban de común acuerdo las cláusulas del contrato, en el libre acuerdo y discusión de una oferta y una demanda, formuladas por ambos contratantes, situados en planos idénticos. En la práctica, esta discusión desaparece en muchos casos: la potencialidad económica producida por la acumulación de grandes riquezas en manos de una sola persona jurídica, trajo como consecuencia la elaboración de un tipo especial de contrato cuyas cláusulas redactaba exclusivamente uno de los cocontratantes y aceptaba in totum el otro, sin que fuera posible ninguna discusión o deliberación. De ahí el contrato de adhesión.

Pero este hecho, que es excepción en la teoría civilista, es la regla en el Derecho administrativo: es la Administración quien, en los contratos administrativos, determina la casi totalidad de las reglas contractuales. El cocontratante, fuera de la discusión del precio si lo hay, no puede sino aceptar o rechazar en bloque las condiciones que le son propuestas. Nos encontramos, entonces, con las cláusulas de condiciones generales, anexas al acto contractual propiamente dicho e incorporadas al contrato de pleno derecho.

La práctica en Venezuela de la elaboración de cláusulas de condiciones generales o especiales, comunes para ciertos contratos administrativos, es ciertamente reciente y circunscrita casi exclusivamente a los contratos de obra pública.

En efecto, los contratos de obra pública celebrados por el Ministerio de Obras Públicas, por el Banco Obrero y por el Instituto Nacional de Obras Sanitarias contienen un anexo de cláusulas de condiciones generales. Sin embargo, ellas son comunes para los contratos celebrados por cada una de esas entidades y lamentablemente no son comunes a todas. Y ello porque todavía no se ha establecido o reglamentado lo que hoy es una práctica administrativa de muy sana continuación. En todo caso correspondería a la Contraloría General de la República el control de dichas cláusulas con miras a obtener una uniformidad.

---

6   Véase N° 124.

De resto, algunos contratos administrativos como el de concesión de servicio público de transporte de hidrocarburos[7] tienen sus cláusulas de condiciones generales en la ley.

---

7   Véanse los artículos 30, 35, 37, 44, 46, 50, 56, 59, 60, 61 y 77 de la Ley de Hidrocarburos.

Sobre las Condiciones Generales de los Contratos Administrativos, el Proyecto LOHPN 1963 dispone, en su artículo 23, que "el Ejecutivo Nacional, mediante Resolución del Ministerio de Hacienda, determinará las condiciones generales a las cuales estarán sometidos todos los contratos administrativos. Igualmente los Despachos Ministeriales, también por Resolución, determinarán las condiciones especiales a que estarán sujetos los contratos administrativos de cada tipo que corresponde celebrar al respectivo Despacho. Unas y otras condiciones se considerarán incorporadas a los mismos de pleno derecho. Además, para cada contrato el Despacho Ministerial correspondiente fijará las condiciones particulares del mismo. Unico: Las Resoluciones a que hace referencia este artículo deberán ser aprobadas previamente por la Contraloría General de la República y publicadas en la *Gaceta Oficial de la República de Venezuela*. La Contraloría velará por que exista la mayor uniformidad en las condiciones especiales que determinen los distintos Despachos del Ejecutivo Nacional".

CAPITULO QUINTO
LOS EFECTOS DEL CONTRATO

1. LOS EFECTOS RESPECTO A TERCEROS

154. Es principio fundamental de la contratación privada el hecho de que los contratos no tienen efecto sino entre las partes contratantes y, por tanto, no dañan ni aprovechan a los terceros[1].

Este principio, ya lo hemos visto[2], no se aplica en forma absoluta a los contratos administrativos y específicamente a los contratos administrativos excepcionales que requieren aprobación legislativa posterior[3]. En estos últimos, por la naturaleza e importancia de su objeto para la vida nacional, están interesados todos los miembros de la comunidad. Es por ello por lo que podría recurrirse por el recurso de inconstitucionalidad de las leyes, de los señalados contratos con forma de ley[4]. Y así hemos visto recientemente que la Corte Suprema de Justicia, en Corte Plena[5], ha declarado con lugar el Recurso de Inconstitucionalidad basado en el ordinal 3° del artículo 215 de la Constitución, es decir, el Recurso de Inconstitucionalidad de las Leyes intentado por la Municipalidad del Distrito Federal contra la Ley Aprobatoria del contrato celebrado entre el Ejecutivo Nacional y el Banco de Venezuela sobre la prestación del servicio público de Tesorería, y la constitución de este último como Banco Auxiliar de la Tesorería.

Y ese es el principal fin que, a nuestro entender, persiguió el Constituyente al establecer la necesidad de aprobación legislativa por ley de ciertos contratos administrativos: la posibilidad de que cualquier ciudadano, por vía de acción popular, haga controlar la constitucionalidad del contrato como de cualquiera ley.

---

1   Es la aplicación del aforismo *Res inter alios acta aliis neque nocere neque prodesse potest,* recogido en el artículo 1.166 del Código Civil.

2   Véase N° 20.

3   Véase N° 138.

4   CSJ—CP—27—1, 15—3—62.

       Véase el artículo 215, ordinal 3° de la Constitución.

5   CSJ—CP—27—1, 15—3—62.

2. LOS EFECTOS ENTRE LAS PARTES

A) *Noción previa*

155. El hablar de los efectos del contrato administrativo nos conduce, además de examinar la fuerza obligatoria del contrato entre las partes, a estudiar la ejecución misma de las obligaciones y derechos contractuales.

B) *La fuerza obligatoria del contrato administrativo entre las partes contratantes*

a) *El principio de la teoría civilista: el artículo 1.159 del Código Civil*

156. Es noción fundamental de los efectos de los contratos, en el Derecho civil, el dispositivo contenido en el artículo 1.159 del Código Civil: "Los contratos tienen fuerza de ley entre las partes. No pueden revocarse sino por mutuo consentimiento o por las causas autorizadas por la Ley".

Esta fórmula implica, principalmente, tres características del contrato en el Derecho privado: En primer lugar, el carácter obligatorio del contrato que impide a las partes desligarse de sus obligaciones contractuales; en segundo lugar, la inmutabilidad del contrato, que por su "fuerza de ley entre las partes" no puede modificarse sino por mutuo consentimiento; y, por último, la irrevocabilidad unilateral del contrato, salvo por las causas que permita expresamente la ley.

b) *El principio en los contratos administrativos*

a'. *Noción previa*

Analicemos las tres características señaladas de los contratos de Derecho privado, en relación con los contratos administrativos, y obtendremos unos principios opuestos, derogatorios del derecho común.

b'. *La fuerza obligatoria del contrato*

Indudablemente que, como todo contrato, el contrato administrativo tiene fuerza obligatoria entre las partes. De lo contrario no estaríamos en presencia de un negocio jurídico contractual.

Pero sí debemos expresar que este principio no es tan rígido y absoluto como lo es en el Derecho civil, pues en ciertos casos, y previa indemnización, la Administración puede desligarse de sus obligaciones contractuales y rescindir unilateralmente el contrato sin que medie falta alguna de parte del cocontratante[6].

---

6   Véase N° 170.

A este respecto en la doctrina francesa véase: A. DE LAUBADERE, "Du pouvoir de l'Administration d'imposer unilatéralement des changements aux dispositions du contrat administratif", *RDP*, 1954, pág. 16. En este sentido contrario véase: L'HUILLIER, "Les contrats administratifs, tiennent ils lieu de loi à l'Administration ?" *Dalloz Crónicas*, 1953, pág. 87.

c'. *La mutabilidad del contrato*

159. La inmutabilidad del contrato, base de las relaciones contractuales de derecho privado, no tiene vigencia en los contratos administrativos.

En razón de las prerrogativas de la Administración por su actuación dependiente de la finalidad de servicio público, y en razón de la mutabilidad de las exigencias del interés general, ella puede modificar hasta de una manera sustancial las condiciones de ejecución del contrato administrativo[7].

d'. *La posibilidad de rescisión unilateral del contrato*

160. La Administración, en razón de las consideraciones anteriormente señaladas, puede también rescindir unilateralmente el contrato administrativo[8], lo que está en abierta contradicción con el principio civilista ya enunciado.

Estas características someramente señaladas nos ponen de relieve, una vez más, la importancia del régimen jurídico propio, de derecho público, de los contratos administrativos, derivado de su misma naturaleza y de la finalidad que con su contratación se persigue.

C) *Las obligaciones del cocontratante de la Administración*

a. *La obligación de ejecutar personalmente las obligaciones del contrato*

a'. *La ejecución personal*

Ya hemos señalado que los contratos administrativos son casi siempre ejecutados intuitu personae y, por tanto, en principio, el cocontratante debe ejecutar personalmente su obligación. Si en la formación del contrato administrativo hay limitaciones en la libertad contractual, porque la Administración en muchos casos no es libre de escoger a su cocontratante, una vez escogido éste por procedimientos especiales[9], en razón de sus condiciones de solvencia y capacidad económica y técnica, no puede librarse de su obligación ni de ella puede relevarlo el Estado, salvo en casos especiales[10]. Por tanto el cocontratante de la Administración tiene la obligación de ejecutar las obligaciones a su cargo, exactamente como han sido contraídas[11], y debe hacerlo personalmente y de buena fe[12].

b'. *La diligencia en la ejecución*

En razón de la finalidad de servicio público y del interés general que se persigue al contratar, el cocontratante de la Administración debe ejecutar sus obligaciones

---

7   Véase N° 168.

8   Véanse Nos. 168 y 170.

9   Véase N° 152.

10   Véase N° 118: el caso fortuito y la fuerza mayor.

11   Artículo 1.264 del Código Civil.

12   Artículo 1.160 del Código Civil.

con el máximo de diligencia y no solamente con la diligencia de un buen padre de familia exigida en los contratos civiles[13]. Y ello porque en el contrato administrativo no están en juego intereses particulares, sino intereses públicos y prestaciones de utilidad general.

El cocontratante de la Administración, al contratar con ésta, materialmente se convierte en un colaborador de ella en la consecución de la finalidad de servicio público perseguida: por ello se le exige el máximo de diligencia y esfuerzo en la ejecución de sus obligaciones contractuales.

b.   *La interpretación del contrato*

163. En el Derecho administrativo, como en el Derecho civil, el consensualismo contractual no es extremadamente rígido sino que los contratos obligan, no solamente a cumplir lo expresado en ellos, sino a todas las consecuencias que se derivan de los mismos, según la equidad, el uso y la ley[14].

Sin embargo, en Derecho administrativo la interpretación del contrato en cuanto al alcance de las obligaciones en él estipuladas tiene una mayor amplitud, ya que están en juego los intereses públicos. Por ello obligan también a cumplir todas las consecuencias derivadas de la finalidad de servicio público que se ha tenido al contratar.

Por otra parte, y en cuanto a la inteligencia del contrato, la antigua Corte Federal ha sostenido que la Administración tiene facultad para tomar decisiones ejecutivas al respecto[15], lo que implica el poder de la Administración de interpretar el alcance de las obligaciones del cocontratante.

c.   Las consecuencias del *intuitu personae*

164. El carácter *intuitu personae* de los contratos administrativos implica, fundamentalmente, dos consecuencias: En primer lugar, la obligación para el cocontratante de no ceder ni traspasar el contrato. Este principio general rige mientras una norma especial no exima de su cumplimiento[16], y en todo caso la cesión debe hacerse con conocimiento y autorización de la Administración[17].

---

13   Artículo 1.270 del Código Civil.

14   Artículo 1.160 del Código Civil.

15   CF—127—1, 12—11—54

CF—127—2, 12—11—54.

Véase N° 171.

16   Decreto Reglamentario de las Obras Públicas de 14 de abril de 1909, artículo 70.

17   Cesión de las Concesiones de Servicio Público de Transporte de Hidrocarburos. Ley de Hidrocarburos, artículo 6°. Sobre la cesión de las concesiones en el Derecho francés, véase: R. ALIBERT, "Les cessions de concessions", nota al Sirey, 1935, pág. 21; J. APPLETON, "Les cessions de concessions", nota al *Dalloz*, 1925, 1, pág. 17.

Sin embargo, aun cuando la ley permita el traspaso del contrato, éste no puede ser efectuado a Estados o entidades oficiales extranjeras ni sociedades no domiciliadas en Venezuela sin la previa aprobación del Congreso[18].

La segunda consecuencia principal del carácter *intuitu personae*, que obliga en los contratos administrativos al cocontratante de la Administración a ejecutar personalmente sus obligaciones, es la obligación para este último de no subcontratar el objeto del contrato[19].

d.   *La garantía de cumplimiento*

Es práctica administrativa, revelada fundamentalmente en la conclusión de contratos de obra pública[20], la exigencia al cocontratante por la Administración, de la prestación de diversas garantías para el cumplimiento de sus obligaciones.

En materia de obras públicas, por ejemplo, la Resolución N° 8 del Ministerio de Obras Públicas de 8 de marzo de 1947, sobre licitaciones para las obras públicas, dispone en su artículo 3, ordinal 4, letra b, que para presentarse a la licitación es necesaria la presentación de una fianza solidaria de un Banco o una Compañía de Seguros establecida en el país, por una entidad no menor del diez por ciento ni mayor del veinte por ciento del precio estipulado, para responder por el incumplimiento de las obligaciones contraídas por el cocontratante de la Administración, la cual deberá pagarse en el caso de inejecución total o parcial de la obra o cuando el cocontratante hubiere dado lugar a que la Administración rescinda unilateralmente el contrato.

En estos casos esta estipulación no exime, por supuesto, al cocontratante de la responsabilidad establecida en el artículo 1.637 del Código Civil.

D) *Las prerrogativas de la Administración*

a.   *Introducción*

166.   En diversas oportunidades la jurisprudencia de la antigua Corte Federal y de Casación y de la también antigua Corte Federal[21], ha sostenido categóricamente la existencia, en los contratos administrativos, de ciertas prerrogativas de la Administración. Prerrogativas que son consecuencia inmediata de la situación de subordinación jurídica en que se encuentra, respecto a la Administración, su cocontratante[22]

---

18   Artículo 126 de la Constitución.

19   Decreto Reglamentario de las Obras Públicas de 14 de abril de 1909, artículo 107.

20   Decreto Reglamentario de las Obras Públicas de 14 de abril de 1909, artículos 9, 10 y 11. Véanse los Nos. 162 y 182.

      Sobre el problema en el Derecho francés, véase: A. COUTARD, "Les garanties pécuniaires exigées des soumissionaires et des titulaires des marchés de l'Etat", *RA*, N° 57, 1957, pág. 242.

21   Véase Sentencia de la Corte Federal y de Casación de 5-12-45, Actuaciones en 1945, pág. 304.

      Asimismo, CF—127—1, 12—11—54.

      CF—127—2, 12—11—54.

22   Véase N° 149

y, por tanto, de la finalidad de servicio público que se persigue al celebrar el contrato.

También ha dejado claramente establecido la jurisprudencia[23] que esas prerrogativas se derivan de la naturaleza misma del contrato y, por tanto, *no necesitan estar en cláusulas expresas* del mismo para tener aplicación: estamos en presencia del régimen de Derecho público, exorbitante del Derecho común.

Examinaremos someramente estas prerrogativas de la Administración en la ejecución de los contratos administrativos, que la antigua Corte Federal ha calificado de "facultades para adoptar decisiones ejecutivas sobre el cumplimiento, inteligencia, rescisión y efectos del contrato", a las que hay que agregar la facultad de control y dirección sobre la prestación objeto del contrato y la facultad de sancionar administrativamente los incumplimientos del cocontratante, también correspondientes a la Administración.

b. *La facultad de dirección y control*

167. La desigualdad jurídica en que se hallan las partes en el contrato administrativo, y que está caracterizada por la situación de subordinación en que se encuentra el cocontratante de la Administración respecto a ella, trae como consecuencia la facultad de la autoridad administrativa de dirigir y controlar, inspeccionando y fiscalizando, la marcha de la ejecución de las prestaciones objeto del contrato.

El cocontratante de la Administración, hemos señalado, en cierto sentido es un colaborador de ésta en la consecución de la finalidad de servicio público en miras de la cual se contrata. Por tanto, la Administración tiene el deber de dirigir y controlar a su cocontratante como tuteladora que es del interés general, pues éste, en fin de cuentas, persigue principalmente un interés privado al ejecutar la prestación de utilidad pública[24].

Pero esta facultad de la Administración no tiene la misma vigencia en todos los contratos administrativos: por ejemplo, en los contratos de empréstito público, en que el cocontratante de la Administración no realiza generalmente una prestación continua, sino por una sola vez, y en los cuales la ejecución posterior queda como

---

CF—127—1, 12—11—54.

23   Sentencia de la CFC de 5-12-45, Actuaciones en 1945, pág. 304.

CF—127—2, 12—11—54.

24   Sobre los poderes de Dirección y control, véase el artículo 24 del Decreto Reglamentario de las Obras Públicas de 14 de abril de 1909. En la concesión de servicio público de Hidrocarburos, véase el artículo 69 de la Ley de Hidrocarburos relativo a los poderes de Fiscalización e Inspección por parte de la Administración.

Sobre el problema en el Derecho francés, véase G. JÈZE, "Pouvoirs de contrôle de l'Administration sur les concessionaires de services publics", *RDP*, 1931, pág. 141.

En esta materia, el Proyecto LOHPN 1963 establece en su artículo 26 que '"en todo contrato administrativo se considerará implícita la facultad del Ejecutivo Nacional para inspeccionar la ejecución del contrato, así como la de la Contraloría. General de la República para efectuar las fiscalizaciones necesarias en el ejercicio de sus atribuciones".

obligación de la Administración de restituir, el poder de dirección y control no juega prácticamente ningún papel.

En los otros casos, sin embargo, el cocontratante de la Administración debe acatar las órdenes de ésta en cuanto a la ejecución de las prestaciones a que está obligado.

c. *La facultad de sancionar administrativamente el incumplimiento del co-contratante*

168. La facultad de Dirección y Control conlleva la de sancionar administrativamente el incumplimiento del cocontratante a sus obligaciones contractuales, pues es la forma lógica como puede la Administración constreñir a su cocontratante al cumplimiento estricto del contrato.

Representa esta facultad uno de los rasgos más característicos de la relación de subordinación en que se encuentra el cocontratante frente a la Administración.

Las sanciones que puede imponer el Estado en este respecto pueden ser pecuniarias o coercitivas. Respecto a las sanciones pecuniarias, éstas están representadas por multas administrativas previstas en leyes o reglamentos[25].

Sin embargo, en virtud del principio general de que el incumplimiento de las obligaciones contractuales acarrea la responsabilidad por daños y perjuicios por parte del contraventor[26], es práctica de la Administración fijar en el momento de conclusión del contrato el monto de los daños y perjuicios que deba pagar el cocontratante por la inejecución de su obligación o por el retardo en la ejecución. Entonces, en estos casos de contratos administrativos con cláusula penal[27] la Administración puede ejecutivamente pedir el cumplimiento de lo debido al cocontratante.

Cuando no se especifica nada en el contrato sobre los daños y perjuicios, la Administración no puede imponer ejecutivamente, y sin intervención de la autoridad judicial, sanciones pecuniarias por daños y perjuicios sin incurrir en una ilegalidad. Sí puede imponer la multa administrativa por infracción de la ley cometida por el cocontratante, pero no puede imponer otra sanción no prevista por ella.

De ahí la gran diferencia legal y de principio que la antigua Corte Federal y de Casación ha señalado, entre la multa por infracción de ley y la reparación del daño

---

25 Respecto a la concesión de Servicio Público de Transporte de Hidrocarburos, véanse los artículos 85 y 86 de la Ley de Hidrocarburos. En relación con los Contratos de Obras Públicas, véase el artículo 69 del Decreto Reglamentario de las Obras Públicas Nacionales.

Sobre el problema en el Derecho francés, véase: POLACK, Les sanctions pouvant atteidre le concessionaire de service public en cas de manquement à ses obligations, *Tesis*. Paris, Ed. Rousseau, Paris, 1958.

26 Artículos 1.264 y 1.271 del Código Civil.

27 Artículo 1.258 del Código Civil.

La cláusula penal libera a la Administración de la obligación de probar los daños sufridos y su valor en dinero; por su parte, el cocontratante sabe anticipadamente a cuánto alcanza su indemnización, sin exponerse a un pago exagerado superior a los recursos de que dispone. Al respecto, véase CFC— SF—23— 1, 17—3—52.

que esa infracción pueda ocasionar[28]. En la primera, cuyos límites mínimo y máximo fija el legislador y no las partes contratantes, se incurre, aun cuando la violación de la norma no hubiere causado el más leve daño, pues se trata de una medida disciplinaria que garantiza el sometimiento y respeto a la ley. En cambio, carecería de razón lógica, de fundamento legal, de causa justa, la reparación de un daño que no se ha ocasionado. Debe, pues, existir el daño para que surja el derecho de pedir reparación y procesalmente debe probarse para que pueda prosperar la acción respectiva.

Por tanto, si no hay cláusula penal en el contrato, la Administración, para exigir el pago de daños y perjuicios debe dirigirse a la autoridad judicial y no puede imponerlos directa y unilateralmente al cocontratante.

Por otra parte, ha señalado también la antigua Corte Federal y de Casación[29] que la Administración no puede apropiarse ejecutivamente de la garantía dada por el cocontratante para el cumplimiento de las obligaciones que le impone el contrato[30], cuando por la infracción de una norma legal el cocontratante ya ha satisfecho la multa administrativa correspondiente a su infracción. Tampoco puede la Administración apropiarse, en ausencia de cláusula penal, de la garantía dada por el cocontratante bajo el pretexto de daños y perjuicios, sino cuando han sido estimados por la autoridad judicial.

Fuera de las sanciones pecuniarias, la Administración puede imponer sanciones coercitivas, pero por causas más graves. La Administración puede, entonces, sustituir al cocontratante en la ejecución de sus obligaciones temporalmente por un tercero o por ella misma[31].

Pero la sanción más grave que la Administración puede imponer al incumplimiento de las obligaciones del cocontratante, es la rescisión unilateral del contrato. Si es un derecho, como ha sostenido la jurisprudencia, la posibilidad por parte de la Administración de rescindir un contrato administrativo, aun cuando no haya falta por parte del cocontratante, con mayor razón ese derecho es real en los casos de falta del cocontratante por incumplimiento de sus obligaciones contractuales.

Esta sanción resolutoria requiere, por supuesto, motivos aún más graves: la quiebra definitiva del cocontratante, la cesión o traspaso del contrato a un Estado extranjero, por ejemplo.

---

28   CFC—SF—23—1, 17—3—52.

      En el mismo sentido, CF—71—1, 20—10—53.

29   CFC—SF—25—1, 17—3—53.

30   Véanse Nos. 165 y 182.

31   El caso, en los contratos de obra pública por ejemplo, cuando el contratante es demandado ante los Tribunales comerciales por quiebra, ocupándose judicialmente sus bienes, etc. En esta situación de incumplimiento del co-contratante, la Administración, si la obra es de urgencia, puede sustituirlo en la ejecución de la obra por un tercero hasta que se declare definitivamente la quiebra o se declare que no hay lugar a ella por la autoridad judicial.

Por último, debemos señalar que la sanción por el incumplimiento del cocontratante de sus obligaciones exige, como principio de equidad, la constitución en mora del cocontratante, sea por vencimiento del plazo o sea por requerimiento[32].

d.   La facultad de modificar unilateralmente el contrato

169. Ya hemos indicado que la jurisprudencia de la antigua Corte Federal reconoce a la Administración el derecho de modificar unilateralmente los contratos administrativos, cambiando la extensión de las prestaciones a efectuar por el cocontratante[33].

Esta facultad tiene su fundamento en la finalidad de servicio público que constituye la naturaleza del contrato: la Administración debe amoldar su acción y las de sus colaboradores a las exigencias cambiantes del interés público; por tanto puede imponer obligaciones nuevas, no previstas originalmente, al cocontratante.

Pero esta facultad de modificación unilateral, en vista del interés público que corresponde a la Administración, tiene en ciertos casos una contrapartida en el interés privado, pero también legítimo, del cocontratante. Esta contraprestación es el derecho de este último a una indemnización, cuando la modificación impuesta por la Administración afecta lo que la Corte denomina "ecuación económica del contrato"[34] o "equilibrio financiero" del mismo[35]. Sobre el derecho de indemnización del cocontratante por ruptura del equilibrio financiero del contrato hablaremos más adelante[36].

e.   La facultad de rescisión unilateral del contrato

170. Ha expresado la antigua Corte Federal[37] que "en el campo de acción de los contratos administrativos, y aunque no conste en las cláusulas de la convención, la

---

32   Artículo 1.269 del Código Civil.

33   CF—127—2, 12—11—54.

   CF—127—3, 12—11—54.

   Asimismo la sentencia de la CFC de 9-3-39 en Resumen CFC en SPA 1940-1951, pág. 70 (*Memoria* de 1940, tomo I, pág. 346), y la Sentencia de la CFC de 5-12-45, *Actuaciones* de 1945, pág. 304.

   Sobre el problema en el Derecho francés, véase: J. DUFAN, "Le pouvoir de modification unilatérale de l'Administration et les contrats de concession de service public", *AJ*, N° 7, 1955; A. DE LAUBADERE, "Du pouvoir de l'Administration d'imposer unilatéralement des changements aux dispositions du contrat administratif", *RDP*, 1954, pág 36.

   La posibilidad de modificación unilateral de los Contratos Administrativos está específicamente señalada en el Proyecto LOHPN 1963 cuando, en su artículo 24, establece que "el Ejecutivo Nacional, cuando así convenga a los intereses de la República y sin necesidad de obtener el consentimiento del cocontratante, podrá introducir alteraciones en el objeto del contrato; pero, si de tales alteraciones se deriva algún perjuicio directo para el cocontratante, éste tendrá derecho a una justa y razonable indemnización".

34   CF—127—1, 12—11—54.

35   Sentencia de la CFC de 9-3-39 en Resumen CFC en SPA 1940-1951, pág. 70

   (*Memoria d*e 1940, tomo I, pág. 350).

36   Véanse Nos. 172 y 175.

37   CF—127—1, 12—11—54.

rescisión unilateral de ellos, cuando así lo demandan los intereses generales y públicos, es una facultad que la Administración no puede enajenar ni renunciar; y así, conforme lo decidió la Corte Federal y de Casación, hoy extinguida, en sentencia de fecha 5 de diciembre de 1945[38], en esos contratos administrativos, por cuanto en ellos va envuelto el interés general, el particular contratista no puede oponer a la Administración la regla *inadimpleti non est adimpledum"*.

Por otra parte, aun en el caso de que una cláusula del contrato establezca que el incumplimiento por parte del cocontratante de una cualquiera de las cláusulas que se estipulan en el contrato da derecho a la Administración para demandar judicialmente la resolución del mismo, la Administración puede también rescindir unilateralmente el contrato. Esa cláusula sólo consignaría, a mayor abundamiento, el derecho que en todo caso asiste a la Administración para pedir judicialmente, si así lo creyere conveniente, la resolución del contrato en caso de incumplimiento del mismo por parte del cocontratante[39], pues, al lado de ese derecho, queda siempre incólume la facultad de la Administración, conforme a lo expresado, de rescindir unilateralmente el contrato administrativo sin incurrir en violación de éste ni exponerse a ilegalidad en el acto administrativo que dicta la ejecución[40].

En definitiva, la facultad de rescindir unilateralmente el contrato administrativo es consecuencia inmediata del carácter de subordinación de la relación, jurídica que crea el contrato como resultado del fin de servicio público perseguido. Esta facultad es, quizás, una de las características más originales de la Teoría de los Contratos Administrativos, ya que contradice de una manera radical los principios fundamentales del Derecho privado en materia contractual.

Por otra parte, la facultad es tan inherente al contrato administrativo que la Administración no podría renunciar a ella ni enajenarla[41].

Esta facultad de rescindir unilateralmente el contrato administrativo puede utilizarla la Administración, haya falta o no del cocontratante. Es decir, puede ser utili-

---

A este respecto la Procuraduría General de la República ha sostenido que "es un principio de derecho administrativo aceptado por la mayoría de los ordenamientos jurídicos modernos, que el Estado tiene facultad para rescindir unilateralmente los contratos que haya firmado cuando así lo aconseje el interés público, al cual necesariamente debe subordinarse el interés particular. El mencionado principio deroga claramente el establecido por nuestro Código Civil en materia contractual, el cual establece que los contratos no pueden ser rescindidos sino por mutuo consentimiento. La posición especial y privilegiada del Estado sobre los particulares justifica esa derogación; posición especial y privilegiada que favorece al Estado y que encuentra su justificación en la alta misión del administrador de la cosa pública que tiene como único objeto el beneficio de los administrados". Tal fue el criterio sustentado por la Procuraduría de la Nación en escrito dirigido a la Corte Federal con fecha 3 de agosto de 1960 (Informe al Congreso Nacional, 1960, Caracas 1961, pág. 312).

Sobre la rescisión unilateral, el artículo 25 del Proyecto LOHPN 1963 señala que "él Ejecutivo Nacional, cuando así convenga a los intereses de la República, podrá, por Resolución que deberá ser publicada en la *Gaceta Oficial* de la República de Venezuela, declarar rescindido un contrato administrativo".

38   *Actuaciones* en 1945, págs. 304 y sig

39   Artículo 1.167 del Código Civil.

40   CF—127—2, 12—11—54.

41   CF—127—3, 12—11—54.

zada por la Administración como sanción al incumplimiento del cocontratante a sus obligaciones contractuales. Ya de esto hemos hablado[42]. En este caso, cuando de parte del cocontratante hay una falta, la rescisión unilateral del contrato por parte de la Administración no produce derecho de indemnización en favor del cocontratante de ésta: él ha incumplido y justamente ha sido sancionado.

Pero la facultad de rescindir unilateralmente el contrato administrativo es un derecho inherente a la función administrativa aun cuando la Administración lo ejerza sin falta alguna por parte del cocontratante, sino en atención a las exigencias cambiantes del interés público o general. En este sentido, la rescisión unilateral se configura como un aspecto más grave de la facultad de modificar unilateralmente la convención ya estudiada[43].

Pero en este último sentido ha establecido la Corte[44] que la facultad de la Administración para rescindir unilateralmente el contrato, cuando así lo exija el interés general, no la exime, de una manera absoluta, de indemnizar al cocontratante cuando para éste, sin su culpa, se han derivado perjuicios de la rescisión. La indemnización en este caso, como cuando se trata de una expropiación por causa de utilidad pública o social, es lo conforme con la justicia y la equidad. Más adelante veremos el derecho a una justa indemnización que tiene en estos casos el cocontratante de la Administración[45].

f. *La facultad de tomar decisiones ejecutivas respecto a la inteligencia del contrato*

171. La antigua Corte Federal ha sostenido[46] la facultad, por parte de la Administración, de tomar decisiones ejecutivas respecto, a la inteligencia del contrato, es decir, respecto a la interpretación del mismo.

Y ciertamente, si se tiene en cuenta que el contrato obliga al cocontratante, no solamente a cumplir lo expresado en él, sino a cumplir todas las consecuencias derivadas de las exigencias de la utilidad o interés público general o de la finalidad de servicio público[47], fácil es comprender la facultad de la Administración de tomar

---

42   Véase N° 143.

Por otra parte observamos que, en ciertos casos como en los contratos de Obras Públicas, el Reglamento respectivo varias veces citado, en su artículo 69, prevé una cláusula resolutoria expresa en ciertos contratos, por incumplimiento del cocontratante. Es más, la resolución citada del Ministerio de Obras Públicas de 1947, sobre las Licitaciones en los Contratos de Obras Públicas, prevé la inclusión en los mismos (artículo 2, ordinal 4, letra a), de una cláusula que exprese el derecho del Ministerio de declarar resuelto administrativamente el contrato en caso de incumplimiento del cocontratante.

43   Véase N° 169.
44   CF—127—3, 12—11—54.
45   Véase N° 176.

Sobre el carácter de esta indemnización, véase N° 386.

46   CF—127—1, 12—11—54.
CF—127—2, 12—11—54.
47   Véase N° 163.

decisiones ejecutivas respecto a la interpretación del contrato y el alcance de las obligaciones del cocontratante. En este caso también esta facultad es una consecuencia de la facultad de modificación unilateral del contrato por la Administración, ya estudiada.

E) Los derechos del cocontratante de la Administración

a. El equilibrio financiero del contrato y los derechos del cocontratante de la Administración

172. El cocontratante de la Administración está guiado principalmente, al contratar, por un interés privado patrimonial, financiero o económico. Este interés económico privado se materializa fundamentalmente en la contraprestación que, por el cumplimiento de sus obligaciones contractuales, debe recibir generalmente de la Administración contratante, el cocontratante de ésta.

Estas contraprestaciones están representadas por el precio que debe pagar la Administración al cocontratante, por el derecho de este último a la exoneración de ciertas tasas o contribuciones, o por el precio que por la prestación que realiza el cocontratante le deben pagar los usuarios del servicio, manifestado en forma de tarifas.

Entonces, el cocontratante de la Administración, además del derecho a su contraprestación económica, tiene un derecho inherente al contrato y es el equilibrio financiero del mismo, es decir, la inmutabilidad de la ecuación económica del contrato cuando la mutación le causa perjuicios[48], sea que la modificación provenga de un acto de la propia Administración Pública, de modificación o rescisión sin culpa del cocontratante, sea de modificación surgida en la ecuación económica proveniente de hechos ajenos a la voluntad de las partes contratantes. Este derecho a la inmutabilidad de la ecuación económica del contrato se materializa en un derecho, por parte del cocontratante, a recibir una indemnización de la Administración.

Estudiaremos entonces, en primer lugar la remuneración del cocontratante y, en segundo lugar, su derecho a indemnización.

b. El derecho a la contraprestación económica

173. El régimen de la remuneración contractual en los contratos administrativos es semejante al de los contratos de derecho privado, es decir, en principio, si el co-

---

48   CF—127—3, 12—11—M.

Véase también Sentencia de la CFC de 9—3—39 en Resumen CFC en SPA 1940-1951, pág. 70 (*Memoria* 1940, tomo I, pág. 350). Debe dejarse muy claramente establecido que el derecho al equilibrio financiero del contrato no es una garantía dada al cocontratante de que no va a tener pérdidas. En el momento de la conclusión del contrato, cada parte ha evaluado lógicamente las cargas y ventajas del mismo, y si contratan, es porque han estimado que entre esas cargas y esas ventajas hay un equilibrio aceptable. Si una de las partes se ha equivocado en su cálculo y tiene pérdidas, por eso no tiene, por supuesto, derecho a indemnización alguna. No debe entonces confundirse el derecho al equilibrio financiero del contrato con un supuesto derecho a percibir determinados beneficios. El derecho al equilibrio financiero es el derecho a la inmutabilidad de la ecuación financiera o económica, cuando la mutabilidad no ha podido preverse al concluirse el contrato.

contratante tiene la obligación de ejecutar las prestaciones a que se ha obligado en el contrato, la Administración también está obligada a remunerar al cocontratante por su cumplimiento. De esta manera, tratándose de un contrato sinalagmático y salvo limitaciones provenientes del interés público, en principio el cocontratante de la Administración puede negarse a ejecutar su obligación si la Administración no ejecuta la suya, salvo que se hayan fijado fechas diferentes para la ejecución de ambas obligaciones[49].

Pero la remuneración del cocontratante no se manifiesta siempre como el pago de un precio, como es el caso de los contratos de obra pública. También puede manifestarse, además del precio, como una ventaja económica que concede la Administración: es el caso, por ejemplo, de la exoneración de determinados derechos de aduana en ciertas manifestaciones del contrato[50].

En los casos de concesión de servicio público o de obra pública, la remuneración del cocontratante de la Administración consiste generalmente en la percepción de tarifas que pagan los usuarios del servicio o de la obra. En todo caso esas tarifas deben ser fijadas o aprobadas por la Administración concedente[51].

Cuando se trata de pago de un precio, en los contratos de obra pública o de suministros, y sobre todo en el primer caso, que implica un financiamiento mayor de los trabajos, es práctica administrativa el conceder, antes del comienzo de la ejecución de la obra por parte del cocontratante, un anticipo del precio para facilitarle al cocontratante el financiamiento de la obra. El resto del precio en estos contratos, que son de tracto sucesivo, lo paga la Administración generalmente por relación de obras ejecutadas que debe presentar el cocontratante y, por tanto, el pago del precio se distribuye en relación con los trabajos ejecutados[52].

c.   *Las indemnizaciones a que tiene derecho el cocontratante por ruptura de la ecuación financiera del contrato*

a'.   *Noción previa*

174. Los poderes o prerrogativas de la Administración en la ejecución del contrato administrativo, que constituyen normas exorbitantes del Derecho común, tienen su contrapartida en el régimen jurídico de los contratos administrativos, en el dere-

---

49   Es la excepción *non adimpleti contractus* o de contrato no cumplido recogida en el artículo 1.168 del Código Civil.

50   Reglamento de las Obras Públicas Nacionales de 14 de abril de 1909, artículo 77. Véase asimismo sentencia de la CFC de 913-39 en Resumen CFC en SPA, 1940-1951, pág. 70 (*Memoria* de 1940, tomo I, pág. 350).

     En el Derecho francés, véase: MONTMERLE, "Le prix dans les marchés de travaux publics", *AJ*, 1951, pág. 155.

51   En las concesiones de Servicio Público de Transporte de Hidrocarburos, véase lo establecido en el artículo 37 de la Ley de Hidrocarburos.

     Sobre el problema en la doctrina francesa, véase G. JÈZE, "Droit du cocontratant à la rémunération pécuniaire inscrite dans le contrat administratif de concession de service public", *RDP*, 1932, pág. 581.

52   Véase el artículo 20 del Decreto Reglamentario de las Obras Públicas.

cho del cocontratante de la Administración a percibir una indemnización de ésta cuando, sin su culpa, se ha producido un desajuste en la ecuación económica del contrato.

Por tanto, el derecho de indemnización tiene su fundamento en la equidad y en las prerrogativas de la Administración en la ejecución del contrato.

Ahora bien, el desajuste o ruptura de la ecuación económica o equilibrio financiero del contrato puede provenir fundamentalmente de las modificaciones unilaterales al contrato realizadas por la Administración, de la rescisión unilateral del contrato practicada también por la Administración y de hechos ajenos a las partes contratantes. Estudiemos separadamente estas tres causas.

b'. *El derecho de indemnización derivado de las modificaciones unilaterales del contrato: el álea administrativo*

La antigua Corte Federal ha señalado[53] que la extrema flexibilidad que caracteriza a los contratos administrativos en relación con la facultad de la Administración para introducir en ellos modificaciones cuando así lo exija el interés general —y esto es el álea administrativo del contrato—, no la exime, de una manera absoluta; de indemnizar al cocontratante cuando para éste, dada la naturaleza de las modificaciones introducidas, se ha llegado a una alteración sustancial del contrato y, desde luego, a un cambio sensible de la ecuación económica del mismo. La indemnización, en estos casos, es conforme con la justicia y la equidad.

Por tanto, para que sea posible la indemnización en estos casos de modificación unilateral del contrato por la Administración, esa modificación debe ser introducida en forma unilateral por la Administración contratante[54]; no debe, además, ser impuesta como sanción al cocontratante por su culpa en el incumplimiento de sus obligaciones; y debe ser sustancial, es decir, que modifique sensiblemente el equilibrio financiero del contrato haciéndolo más oneroso de lo previsto.

En estos casos, generalmente la modificación consiste en la imposición de nuevas obligaciones o agravación de las ya previstas a cargo del cocontratante[55],

---

53   CF—127—3, 12—11—54.

54   Esto es lo que la jurisprudencia del Consejo de Estado Francés ha denominado "Fait du Prince" (Hecho del Príncipe). Al respecto, véase: LONG, WEIL y BRAIBANT, *Les grands arrêts de la jurisprudence administrative*, Sirey, Paris, 1962, pág. 128; S. BADAOUI, *Le fait du Priai e dans tes contrats administratifs en droit français et en droit egyptien*, Tesis, París, 1955, Librairie Générale de Droit et de Jurisprudence.

Observamos, por otra parte, que la medida debe ser tomada unilateralmente por la Administración pero consideramos que debe exigirse que sea siempre directa: la Administración puede modificar también el equilibrio financiero del contrato tomando medidas reglamentarias o de otra índole, y entonces la modificación sería indirecta, lo que, a nuestro juicio, no la exime de pagar la indemnización.

55   Véase el artículo 18 del Reglamento de las Obras Públicas Nacionales de 1909 ya citado.

c'. *El derecho de indemnización derivado de la rescisión unilateral realizada por la Administración*

176. Asimismo ha establecido la antigua Corte Federal[56], en relación con la facultad de la Administración para rescindir administrativamente el contrato administrativo cuando así lo exija el interés general, que ese poder no lo exime de manera absoluta de indemnizar al cocontratante cuando para éste, sin su culpa, se han derivado perjuicios por la rescisión unilateral.

Vemos, entonces, que el derecho o facultad de la Administración a rescindir el contrato administrativo unilateralmente tiene una contrapartida para el cocontratante: el derecho, a su vez, de percibir una indemnización.

Sin embargo, este derecho del cocontratante a percibir una indemnización está sometido a las siguientes condiciones: que la rescisión sea pronunciada unilateralmente por la Administración en ausencia total de culpa de parte del cocontratante, es decir, que sea pronunciada, no como una sanción, sino en razón del interés público; y que esa rescisión produzca perjuicios evidentes para el cocontratante.

Procesalmente, sin embargo, la Administración tiene la carga de la prueba sí pretende liberarse de su obligación de indemnizar, es decir, la Administración debe pagar siempre la indemnización a menos que pruebe que hubo culpa de parte del cocontratante. Así lo ha establecido la Corte Federal[57].

d'. *El derecho de indemnización derivado de la presencia en la ejecución de hechos ajenos a la voluntad de las partes: el àlea económico*

a". Noción previa

177. El derecho a indemnización surge para el cocontratante, no sólo por una acción de la Administración en base a sus prerrogativas, sino también por la presencia en la ejecución del contrato de hechos o actos jurídicos ajenos a la voluntad de las partes y que afecten la ecuación económica del contrato. Estos hechos constituyen el àlea económico del contrato y pueden ser, o un acto de una autoridad pública distinta de la Administración, o lo que se ha llamado la Teoría de la Imprevisión.

Veamos someramente estos dos supuestos como manifestaciones típicas del àlea económico del contrato administrativo en Venezuela.

b". *El acta de una autoridad pública distinta de la Administración*

178. El derecho del cocontratante a ser indemnizado por la Administración surge también cuando se altera el equilibrio financiero del contrato administrativo, como consecuencia de un acto de una autoridad pública distinta de la Administración.

---

56   CF—127—3, 12—11—54.

      Véase, también, sentencia de la CFC de 5-12-45 en *Actuaciones* en 1945, pág. 304

57   CF—127—3, 12—11—54

Cuando el acto proviene de la misma Administración, surge el derecho a indemnización como consecuencia de la modificación unilateral del contrato realizada por la Administración, sin culpa del cocontratante, es decir, no impuesta como sanción y produciendo esa modificación una quiebra del equilibrio financiero del contrato en forma que no haya podido preverse. Esto ya lo hemos examinado y se trata de lo que la jurisprudencia del Consejo de Estado francés ha denominado "hecho del Príncipe" o "hecho de la Administración"[58].

Aquí se trata, no de un acto de la misma Administración, sino de una autoridad distinta a ella.

La jurisprudencia de la antigua Corte Federal y de Casación ha admitido el derecho, por parte del cocontratante de la Administración, a una indemnización causada por acto de una autoridad distinta de esta última y concretamente por acto de la autoridad legislativa, cuando dicho acto altera sensiblemente la ecuación económica del contrato haciendo más onerosa su ejecución. En efecto, en sentencia de 9 de marzo de 1939[59] dejó establecido que "siendo la exoneración de derechos una condición de equilibrio financiero, proporcionado por la Ley misma a la Empresa desde que ésta nace y para mientras dura su explotación, hay que aplicar... la regla de índole contractual consistente en la obligación implícita para el Estado concedente de no alterar ese equilibrio; y es indudable que lo alteraría, dando efecto inmediato contra las concesiones ya otorgadas, a la nueva Ley que restringe el derecho de exoneración. Es tan racional la obligación de mantener ese equilibrio financiero, que aun tratándose de reformas de la ley en la parte puramente reglamentaria o estatutaria de ésta, no obstante el derecho con que el Estado o el Legislador proceden en esas reformas de lo no contractual, también se reconoce en doctrina y jurisprudencia la obligación eventual para el Estado de indemnizar en este caso al concesionario según la entidad del daño o de las nuevas cargas que éste sufra por la reforma".

c". El estado de Imprevisión

179. La Teoría de la Imprevisión o de los riesgos imprevisibles como causa de indemnización para el cocontratante por parte de la Administración, por la ruptura del equilibrio financiero del contrato administrativo, es creación de la jurisprudencia del Consejo de Estado francés en la célebre decisión "Compagnie genérale d'éclairage de Bordeaux", conocida como Gas de Burdeos, de 30 de marzo de 1916[60]. Según la jurisprudencia francesa posterior a la señalada decisión la Imprevisión debe reunir las siguientes características: debe tratarse de un hecho anormal, excepcional e imprevisible que provoque un descalabro importante en el equilibrio económico del contrato; los hechos que lo causan *no deben hacer imposible la ejecución* de las

---

58   Véase N° 175.

59   Resumen CFC en SPA 1940-1951, pág. 70 (*Memoria* de 1940, tomo I, pág. 350).

60   LONG. WEIL y BRAIBANT, Let grands arrêts..., *cit.*, pág. 124.

      En la doctrina, véase: CH. BLAEVOLET, "Imprevisión", *AJ*, 1951 pág. 196; PEQUIGNOT, "Imprévisioa", Repertoire de Droit Public et Administratif, Dalloz; GUILLERMO A. SANAVIA, "La teoría del riesgo en *la* Contratación Administrativa", *Boletín de la Facultad de Derecho y Ciencias Sociales*, Universidad de Córdoba, Nos. 1-2, 1957, págs. 55 y sig.

obligaciones, sino importantemente más onerosa; los hechos deben ser extraños a la voluntad de los contratantes y el desequilibrio financiero debe ser temporal.

Entonces, la Teoría de la Imprevisión es distinta del caso fortuito o fuerza mayor que veremos más adelante[61], en el sentido de que éstos deben impedir o imposibilitar la ejecución del contrato por un hecho definitivo y no temporal.

La jurisprudencia administrativa venezolana no se ha pronunciado concretamente sobre el particular. Sin embargo, creemos que en justicia y equidad la Teoría puede ser aplicada en el país, y decimos en justicia y equidad pues la Teoría de la Imprevisión tiene más fundamentos extrajurídicos que jurídicos.

En efecto, cuando la utilidad que el cocontratante debe percibir calculada razonablemente, no se produce en razón de circunstancias ajenas totalmente al cocontratante, provenientes de hechos extraordinarios que no pudieron razonablemente preverse y que tornan excesivamente más oneroso el contrato y el cumplimiento de las obligaciones que él impone, el cocontratante tiene derecho en justicia y equidad al reajuste de las tarifas o del precio pactado, o al pago, en su defecto, de una indemnización por parte de la Administración, que cubra su descalabro económico en todo lo que pueda exceder de la situación normal y previsible del contrato, generalmente de tracto sucesivo.

Vemos, con la aplicación de la Teoría de la Imprevisión, una derogación del principio *pacta sunt servanda* y la aplicación del principio *contractus qui habent tractun sucessivum et dependentia de futuro rebus sic stantibus inteligentur*.

El fundamento de la Teoría es, en todo caso, la necesidad de prestación del servicio o la necesidad de realizar la actividad de interés general en razón de la finalidad de servicio público que se persiguió al contratar. Y ello porque la situación del cocontratante en estos casos es, hasta cierto punto, trágica: no puede ejecutar el contrato sin tener que soportar grandes pérdidas, y no puede dejar de ejecutarlo en razón del interés general. Entonces es justo y equitativo que la Administración lo indemnice, sobre todo si se tiene presente que ella posee poderes exorbitantes. Estamos entonces en presencia de una especie de contrapartida del cocontratante, a los poderes unilaterales de la Administración.

e'. *El monto de la indemnización*

180. La jurisprudencia de la Corte[62] ha señalado que la indemnización no puede nunca trascender más allá de los límites justos a los cuales llegue el perjuicio ocasionado, es decir, que la indemnización debe ser en su monto igual y equivalente a la monta del daño o perjuicio que se está obligado a reparar. Es aplicación de los principios generales de la materia.

---

61   Véase N° 183.

62   CF—127—3, 12—11—54.

      Véase también Sentencia de la CFC de 9-3-39, Resumen CFC en SPA, 1940-1951, pág. 70 (Memoria 1940, tomo I, pág. 350).

La determinación del monto de la indemnización, en todo caso, corresponde a la Autoridad Judicial si hay inconformidad del cocontratante con el monto que proponga la Administración.

3. LA RESPONSABILIDAD CONTRACTUAL

A) *La inejecución de las obligaciones*

a. *El principio: los daños y perjuicios*

181. El cumplimiento inexacto de las obligaciones contractuales, la inejecución de dichas obligaciones o el retardo en la ejecución de las mismas produce, por parte del cocontratante incumplidor, la responsabilidad por daños y perjuicios[63] y el derecho, por parte del contratante cumplidor, de exigir judicialmente dicha responsabilidad. Esta es la aplicación de las normas fundamentales del Código Civil.

En el caso de no ejecución de la obligación de hacer por parte del cocontratante, por ejemplo en los contratos de obra pública, la Administración puede ejecutarla ella misma o hacerla ejecutar a costa del cocontratante administrativamente[64]. Si el cocontratante lo que incumple es una obligación de no hacer, por el solo hecho de la contravención queda responsable de pagar los daños y perjuicios que su incumplimiento cause a la Administración.

La Administración, por su parte, como su obligación generalmente es la entrega de cantidades de dinero, es responsable del pago del interés legal por inejecución o retardo en la ejecución de su obligación[65] desde el día en que se constituya en mora, es decir, desde el vencimiento del plazo, si se ha estipulado, o desde el requerimiento que le haga el cocontratante[66]

b. *El monto de los daños y perjuicios*

182. Los daños y perjuicios, en todo caso, no deben extenderse sino a los que son consecuencia inmediata y directa de la falta de cumplimiento de las obligaciones[67]. Para el caso de que no haya dolo en el incumplimiento de la obligación, el incum-

---

63   Artículo 1.264 y 1.271 del Código Civil.

      Véase sobre la responsabilidad contractual de la Administración en la doctrina francesa: A. DE LAU-BADERE, *Les éléments d'originalité de la responsabilité contractuelle de l'Administration*, Mélanges Mestre, S ¡rey, 1956 pág. 383.

64   Véase N° 168.

65   Artículos 1.277, 1.745 y 1.746 del Código Civil.

66   Artículos 1.269 y 1.277 del Código Civil.

      Por otra parte creemos que no podría considerarse que hay incumplimiento por parte de la Administración cuando el Ministerio respectivo retarda el pago de las cantidades debidas al cocontratante como consecuencia del normal trámite administrativo y de Contraloría, de ordenación de pagos. Véase al respecto el *Informe de la Fiscalía General de la República al Congreso*, 1960, Caracas, 1961, pág. 477.

67   Artículo 1.275 del Código Civil.

plidor no queda obligado sino por los daños y perjuicios que hayan podido preverse al tiempo de la celebración del contrato[68].

En estos casos la autoridad judicial competente debe fijar el monto de los daños y perjuicios.

Sin embargo las partes pueden, en el momento de conclusión del contrato, prever el monto de los daños y perjuicios: estamos entonces en presencia de la obligación con cláusula penal. Y ésta no es más que la compensación de los daños y perjuicios causados por la inejecución de la obligación[69].

En esta forma las partes fijan de antemano la indemnización que debe pagarse a título de daños y perjuicios por cualquier infracción de las cláusulas contractuales. Con ello se libera el actor de la obligación de probar los daños sufridos y su valor en dinero; por su parte, el infractor sabe anticipadamente a cuánto alcanza la indemnización que debe, sin exponerse a un pago exagerado superior a los recursos de que dispone[70].

Pero en todo caso la cláusula penal debe ser expresa. No puede nunca presumirse. Si las partes no han hecho por esa vía la fijación de los daños y perjuicios, a falta de acuerdo entre las partes corresponde hacerlo al Juez del Contrato, que en los contratos administrativos es el competente en materia contencioso-administrativa[71].

La existencia de una cláusula penal, sin embargo, no exime al acreedor de la obligación de probar los daños y perjuicios ocasionados en caso de controversia, ni de probar el incumplimiento por parte del deudor[72]".

Por otra parte, en ausencia de cláusula penal expresa, y en caso de incumplimiento del cocontratante de la Administración, no puede esta última apropiarse ejecutivamente de la garantía dada por el cocontratante para el cumplimiento de sus obligaciones. La garantía sólo tiene una finalidad: garantizar el cumplimiento de las obligaciones del cocontratante. Probado o aceptado un incumplimiento, los daños no están probados y, por consiguiente, el montante de éstos es totalmente desconocido. Así, después de fijados los daños y perjuicios amigablemente o por la autoridad judicial competente, la Administración puede disponer lo que le corresponda por ese concepto de la garantía dada en el momento de la conclusión del contrato por su contratante[73].

B) *Las causas eximentes de responsabilidad*

183 El cocontratante no está obligado a pagar daños y perjuicios cuando, a consecuencia de un caso fortuito o de fuerza mayor, ha dejado de dar o hacer aquello a

---

68   Artículo 1.274 del Código Civil.

69   Artículo 1.258 del Código Civil.

70   CFC—SF—25—1, 17—3—52.

71   Véase N° 185.

72   CFC—SF—23—1, 17—3—52.

73   CFC—SF—23—1, 17—3—52.

que estaba obligado, o ha ejecutado lo que le estaba prohibido[74]. Es la aplicación de la teoría de las causas eximentes de responsabilidad contractual del Derecho privado.

En todo caso, el que pretende liberarse de su obligación de pagar daños y perjuicios basando su incumplimiento en una causa extraña que no le es imputable debe probarla. A él corresponde la carga de la prueba[75].

El caso fortuito o fuerza mayor, tal como lo define la jurisprudencia del Derecho privado[76], es aquel acontecimiento extraño a la voluntad de las partes, e imprevisible, que impide de manera absoluta la ejecución de las obligaciones contractuales. Esta misma noción es aplicada al Derecho administrativo.

En base a ella, la Administración y su cocontratante pueden liberarse de su obligación de pagar daños y perjuicios probando el caso fortuito o la fuerza mayor: en dicha prueba es imprescindible y rigurosa la constatación cierta del hecho exterior, imprevisible e irresistible que constituye la causa eximente de responsabilidad. Y quizás, por cuanto la obligación de ejecutar del cocontratante de la Administración debe ser cumplida, no ya como un buen padre de familia sino con la diligencia máxima[77], las condiciones de la fuerza mayor o caso fortuito y su prueba sean más rigurosas en Derecho administrativo que en Derecho privado.

Por otra parte, para el cocontratante de la Administración podría considerarse como caso fortuito o fuerza mayor el hecho de la propia Administración cuando es extraño a la voluntad del cocontratante y es imprevisible e irresistible, y que impide en absoluto el cumplimiento de las obligaciones contractuales. Tal sería el caso del retardo de la Administración en cumplir un acto que es condición indispensable para la ejecución del contrato por parte de su cocontratante[78].

C) *La resolución judicial del contrato*

184. En todo caso, y fuera de la rescisión unilateral del con-trato por parte de la Administración, ella misma o su cocontratante pueden pedir judicialmente la resolu-

---

74 Artículo 1.272 del! Código Civil.

   Al respecto, en la jurisprudencia española véase: E. GARCIA DE ENTERRIA. "Riesgo y ventura y fuerza mayor en el contrato administrativo", RAP, N° 2, pág. 83 y sig.

75 Artículos 1.271 y 1.354 del Código Civil.

76 Véase al respecto la jurisprudencia de los Tribunales de Instancia de la República, contenida en los volúmenes publicados por el Instituto de Codificación y Jurisprudencia del Ministerio de Justicia: volumen IV, 1954-1955, tomo I, pág. 203; volumen V, 1957, págs. 1'46 y 251; volumen VII, 1958-1959, tomo I, pág. 311.

77 Véase N° 162.

78 Aquí no estamos en el caso de una modificación unilateral del contrato por la Administración, que haga más onerosa la ejecución del contrato de lo que podía preverse, sino de una modificación unilateral de la Administración que impida completamente el cumplimiento de la obligación por parte del cocontratante. También puede considerarse como un caso fortuito o fuerza mayor, reuniendo todas las condiciones señaladas, el acto de una autoridad pública distinta de la Administración.

ción del mismo cuando la otra parte no ha ejecutado sus obligaciones, con los daños y perjuicios a que hubiere lugar[79].

Esta facultad se revela más en beneficio del cocontratante de la Administración que de ella misma por el poder de rescisión unilateral que tiene ésta. Por ello el cocontratante de la Administración puede perfectamente pedir judicialmente la resolución del con-trato administrativo, con demanda de daños y perjuicios, cuando ha habido incumplimiento de la Administración en sus obligaciones.

---

79   Artículo 1.167 del Código Civil.

CAPITULO SEXTO
LO CONTENCIOSO DEL CONTRATO

1.   EL JUEZ DEL CONTRATO

185. Desde la misma Constitución de 1830[1] estaba atribuida expresamente a la Corte Suprema de Justicia la facultad de conocer de las controversias que resultaban "de los contratos y negociaciones que celebraba el Poder Ejecutivo por sí o por medio de sus agentes". Esta atribución constitucional dada al Tribunal Supremo se mantuvo en todas las Constituciones venezolanas posteriores, hasta que en la Constitución de 1961, vigente, quedó en forma implícita respecto a la responsabilidad contractual. En efecto, el artículo 206 de la Constitución atribuye a los órganos de la jurisdicción contencioso-administrativa la facultad de "condenar al pago de sumas de dinero y a la reparación de daños y perjuicios originados en responsabilidad de la Administración", donde está incluida la responsabilidad contractual. Sin embargo, todas las otras atribuciones en materia contractual que tenía constitucionalmente la Corte queda-ron con rango legal.

En efecto, el artículo 7, ordinal 28 de la Ley Orgánica de la Corte Federal[2] establece que es atribución de dicha Corte, hoy Corte Suprema de Justicia en Sala Político Administrativa, "conocer en juicio contencioso de todas las cuestiones por nulidad, caducidad, resolución, alcance, interpretación, cumplimiento y cualesquiera otras que se susciten entre la Nación y los particulares a consecuencia de los contratos celebrados por el Ejecutivo Nacional...".

Por tanto es atribución de la jurisdicción contencioso-administrativa que actualmente ejerce la Corte Suprema de Justicia en Sala Político-Administrativa, el conocer de todas las controversias suscitadas entre la República y los cocontratantes de la Administración con ocasión de los contratos administrativos[3].

De esta forma, no sólo no pueden conocer de conflictos originados de contratos administrativos los Tribunales de la jurisdicción ordinaria, sino que tampoco podrían

---

1   Que es la primera Constitución venezolana autónoma, después de la separación de Venezuela de la Gran Colombia. Véase su artículo 145, ordinal 5, en ULISES PICÓN RIVAS, *Índice Constitucional.*, *cit.*, pág. 314. Observamos, por otra parte, que en la segunda Constitución que rigió a Venezuela, de 1814, existe una disposición similar. Véase ULISES PICÓN RIVAS, *ob. cit.,* pág. 254.

2   Ley de 23 de julio de 1953 vigente de conformidad con la Disposición Transitoria decimoquinta de la Constitución. Véase CSJ—CP—27—1, 15—3—62. Sobre una visión histórica del problema en el Derecho francés y español, véase: J. R. PARADA VÁZQUEZ, "La lucha de las Jurisdicciones por la competencia sobre los contratos de la Administración. Sus orígenes en el Derecho francés". *Estudios en homenaje de Jordana de Pozas*, vol. I, Madrid, 1961, págs. 163 y sig.

3   CF—127—1, 3—12—59.

tener ese conocimiento ningún Tribunal o jurisdicción extranjeros. Y ello porque en los contratos administrativos se considera incorporada por mandato constitucional[4], aun cuando no estuviere expresa, una cláusula según la cual, "las dudas y controversias que puedan suscitarse sobre dichos contratos y que no llegaren a ser resueltas amigablemente por las partes contratantes serán decididas por los Tribunales competentes de la República en conformidad con sus leyes, sin que por ningún motivo ni causa puedan dar origen a reclamaciones extranjeras".

Por tanto, cuando hemos hablado de autoridad judicial competente en el desarrollo del presente Título nos hemos referido a los órganos de la jurisdicción contencioso-administrativa, y concretamente a la Corte Suprema de Justicia en Sala Político-Administrativa.

Por otra parte, como toda competencia jurisdiccional, la atribución de la Corte es de orden público y las partes no pueden derogarla ni relajarla contractualmente[5].

2. EXTENSIÓN DEL CONTENCIOSO DEL CONTRATO

186. Lo contencioso atribuido al Juez del contrato es sumamente extenso. Comprende todas las cuestiones relativas a la nulidad, caducidad, resolución, alcance, interpretación y cumplimiento del contrato administrativo[6].

El recurso contencioso-administrativo de anulación[7] no es admitido contra los contratos administrativos ya que sólo es posible contra los actos administrativos unilaterales. Sin embargo, es perfectamente posible y admisible el recurso contra los actos administrativos que contribuyeron a la formación del contrato. De esta manera se podría obtener, aunque no directamente, la pérdida de los efectos de! contrato.

Ya hemos señalado, sin embargo, que es posible recurrir contra la Ley aprobatoria de un contrato administrativo excepcional por la vía del Recurso de Inconstitucionalidad. Sin embargo, no sería entonces competente la jurisdicción en lo contencioso-administrativo sino la misma Corte Suprema de Justicia en Corte Plena como jurisdicción constitucional[8].

Por último, debemos expresar que el medio puesto a disposición del cocontratante de la Administración para obtener una decisión de la jurisdicción contencioso-

---

4   Artículo 127 de la Constitución.

Por otra parte, ha sostenido la Procuraduría de la Nación que en todo caso la demanda contra la República ante un Tribunal extranjero sería improcedente conforme al Derecho Internacional Privado sobre domicilio; artículo 22 del Código Bustamante y artículo 27 del Código Civil. Véase, al efecto, el Informe de la Fiscalía General de la República al Congreso, 1960, Caracas, 1961, pág. 314.

5   Artículo 6 del Código Civil.

Véase N° 276.

6   Artículo 7, ordinal 28 de la Ley Orgánica de la Corte Federal.

7   Véase N° 355.

8   Véase N° 139.

Artículo 215, ordinal 3 de la Constitución.

administrativa en materia de contratos administrativos, es el Recurso Contencioso-administrativo de Plena Jurisdicción[9].

3. LOS PODERES DEL JUEZ DEL CONTRATO

187. El Juez del contrato conoce como juez de plena jurisdicción; y los recursos jurisdiccionales que se intenten a este respecto son, como hemos dicho, recursos contencioso-administrativos de plena jurisdicción[10].

De esta manera el Juez del contrato puede conocer de demandas de nulidad, sea por incapacidades o incompetencia o por vicios del consentimiento[11]; puede asimismo conocer por demandas de resolución del contrato[12]; también por demandas de daños y perjuicios por responsabilidad contractual[13]; y también por demandas en reclamación de indemnizaciones debidas al cocontratante por la Administración[14]. Puede, por último, conocer el Juez del contrato, también, de las controversias en reclamación de actos de la Administración relacionados con el cumplimiento del contrato, por ejemplo en relación con las sanciones impuestas por la Administración[15]

4. LA HIPÓTESIS DEL RECURSO AL ARBITRAMENTO

188. El problema de la posibilidad de recurrir al arbitramento en los contratos administrativos ha sido largamente debatido en la doctrina, y las soluciones del Derecho comparado son diferentes. Por tanto, no puede considerarse que hay unanimidad al respecto. Lamentablemente la jurisprudencia administrativa en Venezuela no ha tenido la oportunidad de pronunciarse sobre la existencia y validez de cláusulas compromisorias en los contratos administrativos. Sin embargo, valiosas opiniones doctrinales se han dado al respecto.

Encontramos así la del Procurador General de la República en 1959, doctor Pablo Ruggieri Parra, y la del profesor Antonio Moles Caubet.

En efecto, y por su importancia, ya que proviene de la Asesoría Jurídica de la Administración Pública Nacional, transcribiremos parte del texto del informe de la Procuraduría General de la República presentado a la Comisión Interministerial designada por el Ejecutivo Nacional para examinar el llamado caso Innocenti, en fecha 12 de junio de 1959. En dicho Informe, la Procuraduría expresaba[16]: "A este respecto el Despacho observa que no existe disposición legal alguna que autorice a la na-

---

9   Véase N° 385.
10   Véase N° 296 sobre la noción de Plena Jurisdicción.
11   Véanse Nos. 128 al 131.
12   Véase N° 184.
13   Véase N° 181.
14   Véanse Nos. 174 y sig.
15   Véase N° 168.
16   *Informe de la Procuraduría de la Nación al Congreso*, 1959, Caracas, 1960, pág. 660

ción venezolana para celebrar compromisos arbitrales, de modo de poder deferir a Tribunales de arbitraje la solución de las dudas y controversias que surjan en la interpretación y ejecución de los contratos que ella celebre. Al contrario, por mandato del artículo 40 de la Constitución Nacional[17], 'en los contratos de interés público celebrados con el Gobierno nacional, con los Estados o con las Municipalidades, se considerará incorporada la cláusula siguiente: Las dudas y controversias de cualquier naturaleza que puedan suscitarse sobre este contrato y que no puedan ser resueltas amistosamente por las partes contratantes, serán decididas por los Tribunales competentes de Venezuela, de conformidad con sus leyes, sin que por ningún motivo puedan ser origen de reclamaciones extranjeras'. Por ello la Procuraduría conceptúa válida la cláusula compromisoria mencionada en cuanto con ella se difiere a un arbitramento la solución de 'las discrepancias que puedan presentarse entre las partes sobre cuestiones *técnicas*'[18]; pero la conceptúa nula, de nulidad absoluta, en cuanto con ella se pretenda despojar a los Tribunales competentes de Venezuela' de la facultad de decidir 'divergencias' o 'discrepancias sobre 'cuestiones' de otra naturaleza que no sea exclusivamente técnica. Con todo ello no excluye, naturalmente, la posibilidad legal de que la nación pueda transigir válidamente tales 'divergencias' o 'discrepancias' una vez que éstas surjan con motivo de la interpretación y ejecución de los contratos en examen; pero ello es materia sustancialmente distinta a la cláusula compromisoria; en efecto, la transacción judicial o extrajudicial que la nación quiera celebrar, si la considera conveniente con respecto a las 'divergencias' o 'discrepancias' mencionadas, está sujeta, necesariamente, al previo cumplimiento de los requisitos y formalidades exigidos por el artículo 7 de la Ley Orgánica de la Hacienda Nacional".

Es decir, según la Procuraduría es necesario, al hablar del recurso de arbitramento, distinguir claramente qué cuestiones pueden someterse válidamente al mismo. Respecto a las cuestiones técnicas, las discrepancias que puedan presentarse entre las partes pueden ser resueltas por Tribunales arbitrales. Sin embargo, respecto a las cuestiones sobre interpretación y ejecución del contrato administrativo, éstas no pueden ser sometidas válidamente a arbitramento.

Por otra parte, el profesor Moles Caubet, en dictamen publicado en la *Revista de la Facultad de Derecho*[19], sienta como base de su razonamiento "que no existe en Venezuela prohibición alguna de la cláusula compromisoria y del subsiguiente procedimiento de arbitraje o arbitramento en los contratos de la Administración, sea cualquiera su especie, contratos propiamente administrativos o contratos de Derecho privado"; para concluir, después de hacer un minucioso examen del problema en el Derecho comparado y de la pluralidad de normas que constituyen el ordenamiento jurídico venezolano relacionadas con la materia, que "la Administración tiene pode-

---

17 Se refiere a la Constitución de 1953. La disposición ha sido mantenida en la Constitución actual de 1961, en su artículo 127, con la variante de que, en lugar de decir "que no puedan ser resueltas amistosamente", dice "que no llegaren a ser resueltas amigablemente" por las partes contratantes.

18 Subrayado nuestro.

19 ANTONIO MOLES CAUBET, "El Arbitraje y la Contratación Administrativa", *Revista de la Facultad de Derecho*, Caracas, 1960, N° 20, págs. 9 y sig.

res para incluir, sea en un pliego de condiciones, sea en el contrato mismo, la cláusula compromisoria que abre entonces el procedimiento de arbitraje".

Pero, sin embargo, si consideramos que la Administración no puede actuar sin norma legal expresa que defina sus atribuciones y competencia[20], y si observamos el interés público que engloba la contratación administrativa, no podemos aceptar, en nuestro concepto, el recurso al arbitramento en el ordenamiento jurídico venezolano, por lo que respecta a la esencia del contrato administrativo, es decir, a sus efectos, ejecución e interpretación[21].

---

20   Véanse Nos. 128 y 129.

21   La situación a éste respecto en el Derecho Comparado está lejos de ser uniforme. Por ejemplo, en Bélgica y en España, la ley prohíbe a la Administración, tanto someterse a arbitraje como aceptar la inclusión de cláusulas compromisorias en las convenciones en las cuales es parte. En otros países, en cambio, la ley prevé y organiza un procedimiento de arbitraje con ocasión a los contratos administrativos. Tal es el caso de Alemania, Chile, Gran Bretaña y Grecia.

En Francia, por otra parte, la prohibición de principio para las personas públicas, de comprometer (artículos 1.004 y 83 del Código de Procedimiento Civil), admite, precisamente en materia de Contratos Administrativos, unf importante derogación prevista por la Ley de Finanzas de 17 de abril de 1906, cuyo artículo 69 autoriza al Estado, los Departamentos y las Comunas a comprometer, pero solamente para "la liquidación de sus gastos de obras públicas y de suministros", según las reglas del Libro III del Código de Procedimiento Civil. En lo que concierne al Estado, no podrá recurrir al arbitraje sino en virtud de un Decreto tomado en Consejo de Ministros y refrendado por el Ministro respectivo y el Ministro de Finanzas. Al respecto, véase el Code Administratif Dalloz, París, 1961, pág. 818.

En Italia, en cambio, nos encontramos con un principio opuesto: todas las diferencias entre la Administración y el adjudicatario en los Contratos de Obra Pública, tanto durante la ejecución como al fin del contrato, y cualquiera que sea su naturaleza —técnica, administrativa o jurídica—, son deferidas, conforme a lo dispuesto en el Código de Procedimiento Civil y en la Ley de 1865 sobre las Obras Públicas, artículo 349, a un Colegio de cinco árbitros. Estos árbitros deben decidir según derecho y sus decisiones son susceptibles de un recurso ante los Tribunales ordinarios y ante el Tribunal de Apelación. Véase al respecto la Ponencia General de M. A. FLAMME sobre "Los Contratos de Obras Públicas de la Administración" al X Congreso Internacional de Ciencias Administrativas celebrado en Madrid en 1956, RAP, N" 21, 1956, págs. 102 y sig. Asimismo, véase: E. CAPACCIOLI, *L'arbitro tel diritto amministrativo*, Padua, 1957; LA TORRE, "L'arbitratto nel diritto amministrativo", *Riv. Dir. Pub.*, 1935; AUBY, "L'arbitrage en matière administrative", *AJ*, París, 1955, N° 10; MIELE, "Limiti all'ammissibilià dell'arbitrato nelle controversie amministrativa", *Nuova rassagna di legislazione, doctrina e giurisprudenza*, Roma, 1950.

CAPITULO SÉPTIMO
LA EXTINCIÓN DEL CONTRATO

1. EL CUMPLIMIENTO

El cumplimiento constituye la forma normal de extinción de los contratos administrativos y se produce por la ejecución y cumplimiento de las obligaciones contractuales en la forma pactada, sea porque el objeto del contrato fue realizado, sea porque el mismo llegó al término convenido.

2. LA RESCISIÓN UNILATERAL POR LA ADMINISTRACION

190.   *Al respecto, véanse los números 160, 170 y 176.*

3. LA RESOLUCIÓN JUDICIAL

191.   Al respecto, véase el número 184.

4. LA NULIDAD DEL CONTRATO

192.   El contrato administrativo se extingue también por la declaración de su nulidad. Puede ser anulado por diversas causas. Las principales son: por incompetencia legal del órgano que contrató por la Administración o por incapacidad del cocontratante[1]; por los vicios del consentimiento[2]; por la ausencia de ciertos requisitos y formalidades necesarios para la validez del mismo, tal es el caso de la necesaria aprobación previa de la Contraloría General de la República[3]; por la ausencia de los requisitos legales del objeto[4], o por la falsedad o ilicitud de la causa[5].

En todo caso, sólo el Juez del contrato puede pronunciar la nulidad del contrato administrativo[6] y el recurso contencioso-administrativo de plena jurisdicción para

---

1   Véanse Nos. 128 y sig.

2   Véanse Nos. 141 y sig.

3   Véase N° 134.
      Asimismo, véase el Informe de la Procuraduría de la Nación al Congreso, 1959, Caracas, 1960, págs. 435 y 944.

4   Véase N° 147.

5   Véase N° 148.

6   Véase N° 186.

pedir la nulidad del contrato dura cinco años, salvo disposición especial de la Ley en contrario[7].

5.   LA CADUCIDAD DEL CONTRATO

193. Se produce la caducidad del contrato administrativo cuando el cocontratante de la Administración incumple ciertas obligaciones necesarias para que surta completos efectos. Tal es el caso, por ejemplo, en el contrato de concesión de servicio público de Transporte de Hidrocarburos, el incumplimiento del concesionario de algunas disposiciones reglamentarias del contrato: el no comienzo de la ejecución de los trabajos en un lapso determinado; la falta de presentación de determinados planos topográficos; la falta de pago de determinados impuestos en un plazo fijo[8].

La caducidad del contrato es pronunciada por la propia Administración concedente, pero las cuestiones que surjan respecto a ella deben ser llevadas al Juez del contrato, es decir, a la jurisdicción contencioso-administrativa[9].

---

7   Artículo 1.346 del Código Civil y artículo 18 de la Ley Orgánica de la Hacienda Nacional.

8   Artículos 72, 75 y 77 de la Ley de Hidrocarburos.

9   Véase N° 185.

TITULO CUARTO

LOS RECURSOS ADMINISTRATIVOS

CAPITULO PRIMERO

INTRODUCCIÓN

194. El privilegio de la ejecutoriedad del acto administrativo, según el cual la Administración puede darles cumplimiento inmediato, incluso contra la voluntad de los propios interesados, sin necesidad de acudir a la vía judicial[1], no implica la sumisión absoluta de los derechos de los administrados a la voluntad de la Administración. Al contrario, el ordenamiento jurídico nacional pone en manos de los particulares, ciertos medios de impugnación de los actos administrativos para la defensa de sus intereses.

Si recordamos que la actuación de la Administración está sometida íntegramente al Principio de la Legalidad[2] y a la verdad y equidad[3], es fácil comprender y concluir que esa sumisión al Derecho y a la equidad garantizada por nuestro sistema jurídico tiene medios de ser controlada por los administrados. De ahí los medios de impugnación de los actos administrativos.

Fundamentalmente, nuestra Constitución vigente reconoce y garantiza en manos de los administrados dos medios de impugnación de los actos administrativos: los medios de impugnación jurisdiccional de los actos administrativos y los medios de impugnación administrativa de los mismos actos. Los primeros se derivan del derecho de todo ciudadano de utilizar los órganos de la Administración de Justicia para defender sus derechos e intereses[4]. Es la consagración de la garantía procesal que se manifiesta en el Recurso Contencioso-administrativo de anulación de los actos administrativos[5]. Los segundos, es decir, los medios de impugnación administrativa o en la vía administrativa de los actos administrativos, se derivan del derecho de todo ciudadano de representar o dirigir peticiones ante cualquier autoridad pública sobre los asuntos de su competencia y a obtener oportuna respuesta[6]. Es la consagración

---

1   Véanse Nos. 97 y sig.

2   Véanse Nos. 1 y sig.

3   Véase N° 29.

4   Artículo 67 de la Constitución.

5   Véanse Nos. 353 y sig. y artículo 206 de la Constitución

6   Artículo 67 de la Constitución.

constitucional de los Recursos Administrativos, objeto de estudio en el presente Título.

Las diferencias entre el Recurso Contencioso-administrativo de anulación y los Recursos Administrativos serán estudiadas al hablar en el Título V de la Jurisdicción Contencioso-administrativa[7].

La ausencia de una legislación sobre Procedimientos Administrativos no contenciosos hace difícil en Venezuela construir una Teoría del Recurso Administrativo. La regulación legal dispersa sobre los distintos tipos de recursos administrativos que admite nuestra legislación son a veces tan distintas que no se puede, en ciertos aspectos, dar normas generales para todos. El estudio del tema nos demostrará la urgente necesidad que hay en nuestra Administración Pública de una regulación legal y sistemática sobre procedimientos administrativos no contenciosos.

Por ello intentaremos en una primera parte dar las normas generales que sobre Recursos Administrativos pueden extraerse de nuestro ordenamiento jurídico y de la jurisprudencia administrativa; en una segunda parte estudiaremos los diversos tipos de Recursos Administrativos que admite nuestro ordenamiento jurídico vigente, con sus implicaciones y procedimientos; en fin, en una tercera parte analizaremos los Recursos Administrativos Impropios, que, por su especialidad, revisten caracteres particulares y a los cuales no pueden aplicarse totalmente los principios que veremos en la Teoría General.

---

7   Véanse Nos. 342 y sig.

Sobre la Teoría de los Recursos Administrativos en la Doctrina y en el Derecho Comparado, véase: JESÚS GONZÁLEZ PÉREZ, *Los Recursos Administrativos*, Instituto de Estudios Políticos, Madrid, 1960; CLAVERO, "Consideraciones generales sobre la Vía Gubernativa". *Estudios dedicados al profesor García Oviedo*, Sevilla, 1954, vol. I, pág. 233; E. GUICCIARDI, *La Giustizia Amministrativa*, 3ª edición, Cedam, Padua, 1957; RAQUISCO, / *ricorsi amministrati*, Roma, 1936; J. M. AUBY, "Les Recours Administratifs", *AJ*, 1955, Nº 12, pág. 69; F. GARRIDO FALLA, *Régimen de Impugnación de los actos administrativos*. Instituto de Estudios Políticos, Madrid 1956.

CAPITULO SEGUNDO

LA TEORÍA DEL RECURSO ADMINISTRATIVO

1 EL CONCEPTO Y NATURALEZA

A) *Noción*

195. Entendemos por recurso administrativo, el medio de impugnación administrativo de los actos administrativos.

B) *El análisis de la noción: la naturaleza jurídica del recurso*

a. *Es un medio de impugnación*

196. El recurso administrativo es un medio de impugnación, es decir, es una vía abierta al administrado para atacar, para impugnar la validez del acto administrativo que lesiona sus derechos e intereses. La impugnación será entonces un acto del administrado dirigido a obtener la rescisión[1] de un acto administrativo. Rescisión que puede manifestarse por la revocación, reforma o sustitución del acto administrativo atacado.

b. *Es un medio de impugnación administrativo*

197. El recurso administrativo es un medio de impugnación administrativo, es decir, un recurso que se intenta ante la misma Administración contra un acto administrativo y para que la Administración misma lo decida por medio de otro acto administrativo que será siempre ejecutorio[2].

---

1   Sobre esta noción de impugnación, aunque referido al Recurso de Casación, véase nuestro estudio "El Proceso de Impugnación en el Recurso de Casación", Revista *Rayas*, Órgano de los Estudiantes de la Universidad Católica Andrés Bello, N° 7-8, Caracas, 1962, pág. 57.

2   Véase N° 97.

Véase al respecto, JESÚS GONZÁLEZ PÉREZ, *Los Recursos...*, *cit.*, pág 22, donde expresa "El recurso administrativo se dirige a un órgano administrativo, no a un órgano imparcial e independiente del que dictó el acto impugnado... De ahí que el recurso administrativo sea una consecuencia de las prerrogativas de la Administración en el régimen administrativo, concretamente del privilegio que se conoce con el nombre de decisión ejecutiva. Pues si la Administración puede por sí, sin acudir a los Tribunales, dirimir los conflictos que surjan con las personas que con ella se relacionan, en ejercicio de esta prerrogativa decide los recursos que se deducen contra sus actos". Al respecto véase N. RODRÍGUEZ MORO, La ejecutividad del acto administrativo (con especiales referencias a lo Municipal), Instituto de Estudios de la Administración Local, Madrid, 1946.-

Este carácter administrativo del recurso es la principal diferencia que existe entre él y los recursos jurisdiccionales contencioso-administrativos. Es decir, que estos últimos, a pesar de ser dirigidos contra actos administrativos, son intentados ante un organismo jurisdiccional para ser resueltos por el mismo mediante un acto jurisdiccional. El recurso administrativo, al contrario, es decidido por la misma Administración por medio de un acto administrativo.

Por ello consideramos errada la opinión de la antigua Procuraduría de la Nación[3] al considerar que los recursos administrativos tenían carácter contencioso-administrativo. No debe confundirse lo jurisdiccional con lo administrativo. Son cosas distintas, con ámbitos y fines distintos. Son dos funciones diferenciadas del Estado. Es necesario que quede esto muy claro, ya que es la base para el desarrollo del tema[4].

La consecuencia fundamental del carácter administrativo del recurso es que forma parte del procedimiento administrativo no contencioso: por ello se ha distinguido en este último el procedimiento constitutivo y el procedimiento de impugnación del acto administrativo. Los recursos administrativos forman parte del procedimiento de impugnación de los actos administrativos en la vía administrativa o también llamada gubernativa.

c. *Es un medio de impugnación administrativo de los actos administrativos*

198. El recurso administrativo se dirige contra un acto administrativo. Por ello, una vez constituido el acto por su procedimiento constitutivo, si se lo impugna, comienza un procedimiento distinto de impugnación del mismo acto formado que culmina con otro acto administrativo de decisión. No es posible, por tanto, ejercer recursos administrativos contra hechos de la Administración[5] ni contra actos materiales de la misma[6]. Sólo es posible ejercerlos contra actos administrativos[7].

2. EL FUNDAMENTO

A) *Noción previa*

199. La jurisprudencia de la antigua Corte Federal le ha dado una doble fundamentación a los recursos administrativos. En relación a los particulares ha sostenido que constituyen un derecho público subjetivo. En relación con la Administración, ha

---

3 Criterio sustentado ante la Corte Federal en escrito de 30 de junio de 1959 y en escrito de 27 de enero de 1959.

   Informe de la Procuraduría de la Nación al Congreso, 1959, Caracas, 1960. págs. 367 y 386.

4 Véanse Nos. 206 y 267 y sig.

5 Véase N° 65.

6 Véase N° 68.

7 Sobre los actos administrativos véase el Título II, Nos. 66 y sig.

considerado que constituyen un derecho de ella a revisar sus propios actos. Analicemos esta doble fundamentación.

B) *Un derecho público subjetivo*

200. La no existencia de recursos administrativos traería como consecuencia que los administrados quedarían indefensos ante las resoluciones o actos de los funcionarios administrativos, las cuales podrían ejecutarse inmediatamente con fuerza del procedimiento de acción directa[8]. Por ello el recurso administrativo es un derecho de carácter público, de carácter general y de indiscutible interés social por cuanto con él se busca el equilibrio y el imperio de la justicia y la verdad[9].

En este sentido el recurso no es un derecho subjetivo privado sino un derecho público subjetivo que corresponde a todo ciudadano lesionado. Y esto es precisamente lo que ha consagrado la Constitución venezolana de 1961 como uno de los derechos individuales que ella garantiza. Así, señala su artículo 67: "Todos tienen derecho de representar o dirigir peticiones ante cualquier entidad o funcionario público sobre los asuntos que sean de la competencia de éstos y a obtener oportuna respuesta".

En este sentido, el derecho público subjetivo no sólo consiste entonces en el derecho de recurrir administrativamente sino también el derecho de obtener oportuna respuesta, es decir, el derecho de que la Administración decida el recurso.

Por otra parte, hasta tal punto es un derecho el recurrir administrativamente que la antigua Corte Federal ha admitido la posibilidad de la renuncia contractual del recurso[10].

C) *El derecho de revisión*

201. Pero los recursos administrativos no sólo tienen su fundamento en un derecho público subjetivo de los ciudadanos, sino también en el derecho que tiene la Administración de revisar sus propios actos.

Ya hemos señalado[11] que es de principio, y así lo ha sostenido la antigua Corte Federal[12], que los actos administrativos pueden ser revisados por la Administración

---

8   CF—54—1, 5—8—58.

9   CF—127—1, 6—12—55.

     CF—94—3, 24—11—53.

     Sobre los Derechos Públicos subjetivos, véase F. GARRIDO FALLA, "Las tres crisis del Derecho Público Subjetivo", Estudios dedicados al profesor García Oviedo, vol. I, pág. 177; F. GARRIDO FALLA, "Derechos Públicos Subjetivos", Nueva Enciclopedia jurídica, tomo VIII, 1955, pág. 68.

10   CF—163—1, 19—7—57.

     Véase N° 215.

     No sucede lo mismo respecto al recurso contencioso-administrativo de anulación que no puede renunciarse contractual mente. Véase al respecto el N° 354.

11   Véanse Nos. 19 y 110.

sobre todo cuando no lesionan derechos legítimamente adquiridos, es decir, cuando los actos no han creado derechos o cuando se trata de actos nulos y, por tanto, incapaces de producir legítimos derechos. En ello está comprometido el buen nombre de la Administración, pues una de las peculiaridades precisamente del acto administrativo es su subordinación a la equidad y a la oportunidad. Advertido entonces un funcionario, de que su determinación no corresponde a las exigencias de la equidad, bien por haberse cometido error de derecho, bien porque no se apreciaron cabalmente las circunstancias de hecho, la sana lógica y el buen sentido han de inducirlo a la consiguiente rectificación, tanto más si no se lastima ningún derecho legítimamente adquirido. El mismo derecho asiste a los superiores en la jerarquía administrativa. No podría negarse las consecuencias hondamente perjudiciales que la inexistencia de recursos administrativos producirían a la Administración, pues se dificultaría en gran manera la posibilidad de corregir los errores o las arbitrariedades que pudieran cometer los funcionarios inferiores[13].

Por tanto, es derecho de la Administración el revisar sus propios actos cuando estos no han producido derechos legítimos a los particulares. Creemos, entonces, que la Administración puede, de oficio, revisar sus actos[14] cuando no han creado legítimamente derechos a los administrados y, entonces, en estos casos, los recursos administrativos sólo son los medios puestos a disposición de los particulares para obligar a la Administración a ejercer su derecho.

3.   LOS REQUISITOS DEL RECURSO

A) *Noción previa*

202. La misma disposición constitucional[15] que consagra el derecho de todo ciudadano, de dirigir peticiones a cualquier autoridad pública, consagra también el derecho del administrado a obtener oportuna respuesta y, por tanto, la obligación por parte de la Administración de decidir y resolver lo solicitado. Sin embargo, para ello todo recurso administrativo debe conllevar determinados requisitos para su admisibilidad, referentes fundamentalmente a los sujetos y al objeto. Examinaremos entonces los elementos o requisitos objetivos y subjetivos para la admisibilidad de los recursos administrativos.

---

12   CF—33—2, 17—7—53.

  CSJ—PA—12—1, 10—4—61

13   CF—54—1, 5—8—58.

14   En sentido contrario, según el Derecho español, véase JESÚS GONZÁLEZ PÉREZ, *Los Recursos... cit.*, pág. 25, y F. GARRIDO FALLA, *Régimen de impugnación. . ., cit.*, pág. 288.

15   Artículo 67 de la Constitución.

B) *Los elementos subjetivos*

a. *Referentes a la Administración*

203. Es requisito constitucional[16], para la admisibilidad del recurso administrativo, que sea interpuesto ante un órgano de la Administración sobre asuntos que sean de su competencia.

En primer lugar, la competencia debe referirse a la Administración nacional, estadal, municipal o autónoma. Es decir, el recurso ha de ser intentado ante la Administración a la cual pertenece el órgano que dictó el acto recurrido. En segundo lugar, y en el caso de la Administración nacional, el recurso debe ser interpuesto ante la Administración ministerial a la cual pertenece también el órgano que dictó el acto impugnado. Por último, dentro de la Administración nacional y en ésta la Administración ministerial competente, el recurso debe ser interpuesto ante el órgano competente en razón del territorio, del grado jerárquico, del tiempo y según los poderes legales que le son atribuidos.

b. *Referentes al recurrente*

204. No hay, sobre la legitimación del recurrente en los recursos administrativos, jurisprudencia alguna que trate específicamente el problema. Sin embargo, de una sentencia de la antigua Corte Federal creemos se deduce un requisito primordial referente al recurrente cuando afirma[17]: "De suerte que el titular de un interés legítimo que haya sufrido lesión como consecuencia de un acto administrativo determinado, debe ante todo interponer el recurso legal de apelación en el término que para el caso ha establecido la ley reguladora de la materia. Si así no lo hiciere, la decisión queda firme". De ello deducimos que, por lo menos, y además de la capacidad de obrar del derecho común, el recurrente debe ser titular de un interés legítimo. Decimos por lo menos, pues, si el recurrente es titular de un derecho subjetivo lesionado, con mayor razón y derecho podrá ejercer su recurso.

---

16 Artículo 67 de la Constitución.

En materia de competencia administrativa, el Proyecto LPA 1963 trae dos disposiciones de distribución de competencias que es interesante destacar: Artículo 3: "En todo caso en que una disposición legal o reglamentaría atribuya determinada facultad al Ejecutivo Nacional se entenderá que es de la competencia del Ministro a quien corresponda la materia conforme a las normas del Estatuto Orgánico de Ministerios". "El Ministro, para decidir, se atendrá a las instrucciones generales i particulares que hubiere adoptado el Presidente de la República o el Consejo de Ministros, según los casos". Artículo 4: "En todo caso en que una disposición legal o reglamentaría atribuya determinada competencia a un Ministerio, sin especificar el órgano que debe ejercerla, se entenderá que la facultad de instruir el expediente y de resolver corresponde al organismo o dependencia del respectivo Ministerio que tuviese atribución en la materia correspondiente, jurisdicción territorial en el lugar donde fuere a ser ejercida la facultad legal o reglamentaria correspondiente".

17 CF—94—3, 2-4—11—53.

En el Derecho francés, por ejemplo, no se exige ninguna condición de capacidad o interés para intentar los recursos administrativos. Véase al respecto J. M. AUBY, "Les Recours. . .", *cit.,* págs. 117 y sig.

Sin embargo, no es lógico permitir el recurso sólo a los titulares de derechos subjetivos lesionados, entendiendo por Derecho subjetivo aquel poder atribuido por el
ordenamiento jurídico a una voluntad determinada para la satisfacción de sus propios intereses humanos[18] ya que ello constituiría un menoscabo al derecho público
subjetivo de petición que hemos señalado anteriormente y que consagra nuestra
Constitución.

Pero tampoco parece lógico permitir a los titulares de un simple interés ejercer
los recursos administrativos. Un interés simple es ese interés vago e impreciso, no
individualizado, perteneciente a cualquiera, no reconocido ni tutelado en modo directo por el ordenamiento jurídico y relativo al buen funcionamiento de la Administración. Permitir a los titulares de un tal interés simple, es decir, permitir a todos los
ciudadanos recurrir administrativamente contra los actos administrativos, sería, ciertamente, crear el caos en la actuación de la Administración, la que se vería entorpe-
cida cotidianamente en su buen funcionamiento.

Todo ello nos conduce a pensar, en base a esa referencia jurisprudencial que antes hemos señalado, y en base a algún Reglamento Administrativo que lo exige[19],
que, para poder recurrir en la vía administrativa, es necesario ser titular de un interés
legítimo y que ese interés legítimo haya sido lesionado.

Por otra parte, por interés legítimo entendemos ese que tienen ciertos habitantes,
merced a la especial y particular situación de hecho en que se encuentran respecto a
los demás y que exige una debida observancia por parte de la Administración, de las
normas establecidas en interés general, puesto que de tal observancia o inobservancia pueden resultar beneficiados o perjudicados especialmente y de modo particular
con relación a los demás habitantes.

Todo ello no quiere decir que los titulares de un simple interés no puedan dirigir
peticiones a la Administración. Cierto que la norma constitucional confiere a todos
el derecho de dirigir peticiones a la Administración y el derecho a que sean contes-
tadas, pero dentro de esas peticiones los recursos administrativos aparecen revesti-

---

18   En este sentido, véase la sentencia del Juzgado Primero de Primera Instancia en lo Civil de la Circuns-
      cripción Judicial del Distrito Federal y del Estado Miranda de 21 de noviembre de 1960, en el Informe
      de la Fiscalía General de la República presentado al Congreso, 1960, Caracas, 1961, pág. 337.

19   Reglamento interior del Ministerio de Hacienda, Resolución de 4 de abril de 1940, artículo 2, ordinales 3
      y 4, en CL, tomo I, pág. 1.374.

      En materia de interesados, el Proyecto LPA 1963 establece, en su artículo 12 que "tendrán capacidad pa-
      ra promover y actuar en toda clase de procedimientos administrativos quienes conforme a la Ley sean
      considerados como interesados", agregando en su artículo 13 que "se presumen interesados: 1) Quienes
      promuevan un procedimiento administrativo como titulares de derecho o intereses legítimos; 2) Quienes,
      sin haber iniciado un procedimiento administrativo puedan ser afectados en sus derechos e intereses legí-
      timos por la tramitación o la Resolución que hubiere en el mismo". Por último, el artículo 14 del mismo
      Proyecto establece una presunción de interés legítimo cuando se promueva un procedimiento tendiente a
      poner en duda normas de carácter general que producirían normalmente un simple interés. En efecto, di-
      cho artículo dispone: "Existe interés legítimo en todo ciudadano, civilmente capaz, cuando se trate de
      procedimientos administrativos relativos a la existencia o validez de normas legales o reglamentarias ge-
      nerales"

dos de caracteres propios y especiales, y por cuanto constituyen medios de impugnación de los actos administrativos, sólo deben ser abiertos a los que por lo menos aduzcan en su favor la lesión de un interés legítimo.

C) *El elemento objetivo*

205. Todo recurso administrativo debe ser interpuesto contra un acto susceptible de ser recurrido, es decir, contra un acto administrativo. Por ello hablamos de los recursos administrativos como medios de impugnación de los actos administrativos. Entonces, sólo pueden recurrirse administrativamente aquellas manifestaciones de voluntad de la Administración con el objeto de producir un efecto jurídico determinado[20] y no podrán ser objeto del recurso ni los hechos jurídicos de la Administración ni sus actos materiales.

Por otra parte, sólo los actos administrativos unilaterales pueden ser objeto de recursos administrativos, por lo que hay exclusión total de los contratos administrativos. Claro está, sin embargo, que los actos administrativos referentes a la ejecución de un contrato administrativo celebrado sí podrán ser objeto de recursos administrativos, y entonces el titular del interés legítimo será el cocontratante de la Administración.

Por último, debemos señalar que otro de los requisitos para la admisibilidad del recurso administrativo derivase del llamado principio *solve et repete,* es decir, el cumplimiento del acto administrativo en los casos en que sea necesario, previamente a la interposición del recurso. De ahí que es principio de los recursos administrativos que su interposición no produce efectos suspensivos en la ejecución del acto administrativo recurrido. A pesar de que éste es principio general aplicable a todos los recursos administrativos, hemos preferido tratarlo al hablar de cada recurso por razones de orden sistemático debido a la especialidad que en algunos casos implica[21].

4. LOS MOTIVOS DEL RECURSO

A) *Noción previa*

206. La característica fundamental de los recursos administrativos, y esta es otra de las grandes diferencias que tienen con los recursos jurisdiccionales contencioso-

---

20 Véanse Nos. 65 y sig.

21 Sobre el recurso jerárquico, véase N° 222. Sobre el recurso de revisión, véase N° 238. Sobre el recurso de reconsideración, véase N° 231.

Este requisito está íntimamente conectado con el problema de la ejecutoriedad del acto administrativo. Al respecto, véase N° 97.

Al respecto, el Proyecto LPA 1963 establece en su artículo 88, que "la interposición de cualquier recurso no causa la suspensión del acto recurrido, salvo cuando tal ejecución pueda causar gravamen irreparable o de mucha consideración, en cuyo caso el órgano ante el cual se recurre podrá, de oficio o a petición de parte, acordar tal suspensión pudiendo, si lo estima conveniente, exigir al interesado la constitución de caución suficiente".

administrativos de anulación, es que pueden ser interpuestos alegándose motivos de derecho y oportunidad.

B) *Motivos de derecho*

La interposición del Recurso Administrativo puede tener por fundamento la ilegalidad del acto administrativo recurrido. Así lo ha reconocido expresamente la Corte Federal[22]. Por otra parte, el Reglamento Interno del Ministerio de Hacienda, uno de los pocos y quizás el único que regula más o menos orgánicamente los recursos administrativos en una Administración ministerial, lo admite[23]. Es por ello por lo que no podemos aceptar la opinión del Decano, José Guillermo Andueza, cuando afirma "que la ley niega el recurso de alzada o jerárquico contra el acto ilegal", y que "en el recurso de súplica o de gracia la autoridad administrativa sólo se pronuncia sobre la oportunidad y conveniencia del acto pero no conoce de su legalidad"[24].

En ambos recursos, y en todos los recursos administrativos, puede invocarse como fundamento la ilegalidad del acto recurrido. Ello es consecuencia, por otra parte, del derecho de revisión de sus propios actos que tiene la Administración[25].

C) *Motivos de hecho y oportunidad*

208. Pero también, y fundamentalmente, el recurrente puede fundamentar su recurso en motivos extrajurídicos, es decir, en motivos de hecho o de oportunidad y conveniencia del acto recurrido.

Ya hemos señalado[26] que la apreciación de la oportunidad y conveniencia del acto administrativo corresponde por principio a la propia Administración.

Sólo la misma Administración puede apreciar sus propios actos en cuanto a su oportunidad y conveniencia, ya que es de la naturaleza de todo acto administrativo realizado en ejercicio de una facultad discrecional[27] que no pueda ser revisado o anulado por otro Poder en lo que se refiere al mérito[28]. Por tanto, no es posible ejercer

---

22   CF—54—1, 5—8—58.

23   Véase su artículo 2.

24   Véase en la publicación de las Naciones Unidas sobre las conclusiones y resumen de debates del Seminario sobre Los Recursos Judiciales o de otra Índole *contra el ejercicio Ilegal o Abusivo del Poder Administrativo*, celebrado en Buenos Aires del 31 de agosto al 11 de septiembre de 1959 (ST/TAO/HR/ 6), Naciones Unidas, Nueva York, 1960, págs. 50 y 32.

25   Véase N° 201.

26   Véase N° 27.

      Sobre los motivos de hecho, el Proyecto LPA 1963 establece la facultad de la Administración de revisar y corregir de oficio, en cualquier momento, los "errores materiales, de hecho o de cálculo en que se hubiere incurrido en los actos administrativos".

27   Sobre la discrecional i dad y el Poder discrecional, véanse Nos. 21 y sig.

28   CF—85—1, 6—11—58.

un recurso contencioso-administrativo fundamentado en la inoportunidad o inconveniencia de un acto administrativo.

5.   LA DECISIÓN DEL RECURSO

A) *El carácter de la decisión*

209 La decisión del recurso administrativo que realiza la Administración constituye una resolución o acto administrativo unilateral e individual, y nunca jamás un acto jurisdiccional.

Esto ha sido declarado expresamente por la jurisprudencia de la antigua Corte Federal y de Casación cuando ya en 1937 señalaba[29] que "los órganos de la Administración activa no revisten en ningún momento el carácter o categoría de jueces, ni aun cuando resuelven autorizar o no el ejercicio de un derecho subjetivo. En las decisiones administrativas no debe confundirse la Administración activa con la jurisdicción administrativa. Nuestras leyes, en general, tienen decididos ambos conceptos en términos que no dan lugar a dudas".

Por ello es incomprensible e inadmisible la opinión de Luis Torrealba Narváez cuando afirma que los recursos administrativos tienen carácter jurisdiccional[30], lo que, además de estar en contradicción total con nuestro ordenamiento jurídico legal y jurisprudencial, está en contra de la unanimidad de la doctrina.

La función jurisdiccional en Venezuela es monopolio del Poder Judicial, y sólo los órganos jurisdiccionales pueden dictar actos jurisdiccionales. Es más, afortunadamente la jurisdicción contencioso-administrativa en nuestro país la ejerce el mismo Poder Judicial. Así está declarado en nuestra Constitución vigente[31].

En definitiva, las decisiones emanadas de la autoridad administrativa cuando resuelve un recurso administrativo, ya lo hemos dicho[32], son actos administrativos. Y ello porque, como ha declarado la antigua Corte Federal y de Casación[33], los actos de carácter administrativo lo son por su propia naturaleza por la cuestión que en ellos se ventila, y no cambia ese carácter ni suspende ni restringe la facultad del funcionario a quien la ley le da competencia para conocer y decidir, la circunstancia de que otra autoridad conozca de asunto semejante y aun conexo con aquél.

---

29   Sentencia de 7-12-37 en Resumen CFC en SPA, 1936-1939, pág. 173 (*Memoria* 1938, tomo I, pág. 377).

Véanse también las sentencias de la Corte Federal y de Casación de 29-3-38 (Memoria 1939, tomo 1, pág. 199) y de 15-12-36 (Memoria 1937, tomo I, pág. 237).

30   LUIS TORREALBA NARVAEZ, "Consideraciones acerca de la Jurisdicción Contencioso-administrativa, su procedimiento y algunas relaciones de éste con el de la Jurisdicción Judicial Civil". Tesis de Grado. Anales de la Facultad de Derecho, Caracas, 1951, págs. *474 y 492*.

31   Véase N° 206.

32   Véase N° 53.

33   CFC—CP—40—I, 30—10—52.

B) Los poderes de la Administración al decidir

210. En virtud del recurso interpuesto contra un acto administrativo, la Administración decisora puede confirmarlo, modificarlo, revocarlo o declarar el recurso inadmisible por falta de los requisitos del mismo, es decir, por falta de capacidad o interés en el recurrente o por falta de competencia del órgano llamado a decidir.

Uno de los efectos primordiales del recurso administrativo es la ampliación de los poderes de la Administración decidora en cuanto a la revisión del acto administrativo.

En efecto, esta ampliación de poderes se manifiesta fundamentalmente en la revocación del acto administrativo. Si bien es cierto, como ya hemos señalado[34], que la Administración tiene derecho a revisar sus propios actos y a revocarlos de oficio, esa potestad tiene una limitación importante: el respeto a los derechos legítimamente adquiridos en razón de dicho acto por los particulares. Es decir, la administración no puede revocar sus actos cuando éstos han creado derechos a favor de particulares.

Sin embargo, esa limitación desaparece cuando se intenta un recurso administrativo. En virtud de la decisión del recurso, que la Administración debe realizar[35], ella puede revocar sus propios actos, así sean creadores de derechos subjetivos a favor de particulares.

Lo mismo sucede respecto a la modificación del acto administrativo: Cuando el acto ha creado derechos a favor de terceros, la Administración no puede reformarlo o modificarlo en perjuicio de sus beneficiarios. Sin embargo, y en virtud de la decisión del recurso administrativo correctamente interpuesto y admitido, la Administración sí puede modificar el acto recurrido así sea en perjuicio de su beneficiario[36].

C) Los efectos de la decisión

211. Al hablar de los efectos de la decisión debemos distinguir entre los varios supuestos ya señalados:

Cuando la decisión es de inadmisibilidad del recurso, sea por falta de capacidad o de interés legítimo en el recurrente, sea por falta de competencia del órgano que decide, o sea porque no se está recurriendo de un acto administrativo, los efectos de la decisión son la inadmisibilidad del recurso y, seguramente, la firmeza del acto impugnado por haberse vencido los lapsos de impugnación, si los hay.

---

34   Véanse Nos. 110 y sig.

Al respecto véase la sentencia de la CFC de 4-8-49 en Gaceta Forense, año 1, N" 2, pág. 123. Véase también CF—2—1, 24—2—56.

CFC—CP—16—1, 30—5—52.

35   Artículo 67 de la Constitución.

36   Constituye lo que se ha denominado la reforntatio in pejus cuando el beneficiario del acto es el mismo recurrente. En este sentido, véase la sentencia: CSJ—PA— 2—1, 9—2—61

Si la decisión es confirmatoria del acto, éste seguirá produciendo sus efectos jurídicos, reafirmados por la nueva decisión.

Si la decisión es modificatoria del acto impugnado, las modificaciones tendrán efecto desde el momento de la publicación o notificación de la decisión.

Por último, si la decisión es revocatoria, tal como antes hemos señalado[37], si la revocación se produce por razones de mérito, es decir, por razones de oportunidad y conveniencia, el acto revocado dejará de producir efectos hacia el futuro. En cambio, si la decisión es revocatoria por razones de ilegalidad y se trata de un acto administrativo nulo, de nulidad absoluta, el acto revocado no producirá efectos desde su origen, es decir, la decisión revocatoria tendrá efectos hacia el futuro y hacia el pasado. Sin embargo, tratándose de un acto anulable, la decisión revocatoria sólo tendrá efectos hacia el futuro.

D) *Las formalidades de la decisión*

212. Dada la ausencia de legislación procedimental administrativa, los órganos decisores de la Administración han carecido de normas precisas en cuanto al aspecto formal de sus decisiones, limitándose generalmente a una sucinta expresión declaratoria de la voluntad afirmativa o negativa de la Administración en el supuesto planteado[38].

Sin embargo, ello es cierto, aun dentro de un adecuado régimen de procedimiento administrativo, no es posible equiparar en su aspecto formal la decisión administrativa con la sentencia jurisdiccional. El procedimiento administrativo no puede estar dotado de la misma técnica formalista que el proceso civil ordinario, ni la decisión administrativa debe tener todos los requisitos de la sentencia judicial según el Código de Procedimiento Civil. Así lo ha sostenido la actual Corte Suprema de Justicia[39].

La Corte ha sido fiel a estos conceptos y, al efecto, ha sostenido que el hecho de que la autoridad administrativa decisora utilizara argumentos similares a los expuestos por el funcionario a quien correspondió dictar la decisión apelada, no puede considerarse como una irregularidad, ya que nada impide que un órgano decisor de segundo grado haga suyas, por considerarlas procedentes y ajustadas a derecho, las consideraciones de una decisión apelada[40].

También ha indicado la Corte que no es requisito indispensable, para la validez de una decisión administrativa, la circunstancia de que en ella no se mencionen y

---

37   Véase N° 111.
38   CSJ—PA—17—3, 19—2—62.
39   CSJ—PA—17—3, 19—2—62.
40   CSJ—PA—43—1, 5—7—61.

analicen todos y cada uno de los alegatos de hecho y de derecho invocados por el interesado en el curso del procedimiento[41].

Sin embargo, a pesar de la libertad relativa de formas que la Corte ha reconocido a los órganos administrativos decisores[42], ha sido siempre cuidadosa en exigir la motivación de sus decisiones, pues la ausencia de fundamentos abre amplio campo a) arbitrio del funcionario decisor. Además, la motivación de la decisión administrativa no sólo es conveniente como justificativo de la acción administrativa, sino como medio de permitir el control jurisdiccional sobre la exactitud de los motivos y su correspondencia con los textos legales en que se funda la decisión[43]

E) *El silencio administrativo*

213. Por mandato expreso de la Constitución[44], la Administración está obligada a responder las peticiones que le dirijan los particulares, y éstos tienen el consiguiente derecho a obtener oportuna respuesta. Por tanto, en nuestro ordenamiento jurídico vigente sobre recursos administrativos, la Administración está obligada a responder y, entonces, su decisión debe ser expresa.

Si bien es cierto que en Venezuela está admitida la doctrina del silencio administrativo por la Ley de la Procuraduría de la Nación y del Ministerio Público[45], esa consagración tiene fines muy particulares relativos a la apertura de la vía judicial a los administrados cuando el silencio administrativo se produce en el procedimiento administrativo previo a las demandas contra la República. Este procedimiento administrativo previo se produce, y es de obligatorio cumplimiento, cuando se va a instaurar judicialmente una acción contra la República. Entonces se reclama previamente ante la Administración. El silencio de ésta produce la denegación tácita de la petición, considerándose que ha habido decisión de la Administración. El particular puede entonces ocurrir libremente a la vía judicial ordinaria o contencioso-

---

41   CSJ—PA—43—1, 3—7—61.

42   Véase la Sentencia de la Corte Federal y de Casación de 7-12-37 en Resumen CFC en SPA, 1936-1939, pág. 14 (Memoria 1938, tomo I, pág. 374).

43   CF—182—1, 9—8—57.

Sobre la motivación de la decisión, el Proyecto LPA 1963 ha establecido, en su artículo 71, que la Resolución que dé por terminado un procedimiento administrativo "deberá ser motivada, salvo cuando la Ley expresamente determine lo contrario". Respecto al contenido de la Resolución, el artículo 72 del referido Proyecto señala que "la Resolución deberá contener la determinación del órgano que la aporta, con indicación expresa, en su caso, de actuar por delegación, la expresión sucinta del caso, las razones en que se fundamente, los fundamentos legales correspondientes y la decisión respectiva. La Resolución expresará, además, su fecha y el lugar en donde hubiere sido dictada y el original contendrá la firma autógrafa del funcionario o funcionarios que la hubieren adoptado y el sello de la oficina".

44   Artículo 67 de la Constitución.

45   Véanse Nos. 90 y 115.

Véase, asimismo, el artículo 63 de la Ley de la Procuraduría y del Ministerio Público.

administrativa de plena jurisdicción[46], no atacando por nulidad la decisión tácita de la Administración sino demandando a la República ante los Tribunales competentes.

Fuera de este caso particular, el silencio administrativo no tiene consagración en nuestra legislación vigente y, por tanto, no puede considerarse decidido un recurso administrativo por el silencio guardado por la Administración.

Ello no quiere decir que no pueda instaurarse un recurso contencioso-administrativo de anulación ante la inacción de la Administración. Ciertamente que sí, pero no fundado en la doctrina del silencio administrativo, sino fundamentado en una ilegalidad o inconstitucionalidad de la Administración por su inacción.

Nos explicamos: una vez intentado un recurso administrativo, la Administración está obligada a responder y decidirlo. Si no lo hace oportunamente, y si la ley, en ejecución de la norma constitucional, ha establecido una oportunidad, podrá recurrirse a la vía contencioso-administrativa de anulación basándose en la inacción da la Administración. Sin embargo, y como no está consagrado con carácter general el silencio administrativo en la legislación vigente, no podría considerarse la inacción de la Administración como una denegación tácita del recurso administrativo interpuesto y considerarse entonces agotada la vía administrativa y recurrir a la vía contencioso-administrativa.

Sí la ley, por el contrario, no establece oportunidad alguna, ante la inacción de la Administración queda solamente la alegación de un vicio de inconstitucionalidad por violación del artículo 67 de la Constitución.

En definitiva, la Administración en Venezuela está obligada a decidir expresamente los recursos administrativos que se interpongan oportunamente por los particulares, por imperativo constitucional.

Por otra parte, si en la futura Ley de Procedimientos Administrativos se instaura en Venezuela con carácter general, la doctrina del silencio administrativo, esto es, se erige una presunción legal de respuesta denegatoria ante el mutismo de la Adminis-

---

46   Véase N° 320.

Respecto a la doctrina del silencio administrativo en el Derecho Comparado, véase: MASIP, El Silencio en el Derecho Administrativo Español, Trabajos de la Cátedra de Derecho Administrativo de la Universidad de Oviedo, Oviedo, 1934; GARRIDO FALLA, "La llamada doctrina del Silencio Administrativo", RAP, N° 16, 1955, págs. 85 y sig.; PÉREZ SERRANO, El Silencio Administrativo en la doctrina jurisprudencial, Madrid, 1952; J. M. BOQUERA OLIVER, "Algunas dificultades de la actual regulación del Silencio Administrativo". RAP, N° 30, 1959, pág. 85; R. BIELSA, "Garantías contra el Silencio de la Administración Pública". Estudios de Derecho Público, 2ª edición, tomo I; R. RESTA, Il silenzio nell'esercizio della funzione amministrativa, 1932; FORTI. "Il silenzio della Pubblica Amministrazione e suoi effetti processuali", Riv. Dir. Processuali Civile, 1932, I, pág. 137; MONTAGNA, "il silenzio della Pubblica Amministrazione". Studi per el Consiglio di Stato, vol. II, pág. 363; JACCARINO, "Ammisibilità di pronuncia da parte dell' autorità gerarchica dopo el 'silenzio-rigetto' sul ricorso gerarchico", FI, 1951, III, pág. 37; FRAGOLA, La dichiarazione tacita di volontà della Pubblica Amministrazione, Nápoles, 1938.

tración[47], debe tenerse muy presente que el silencio administrativo no debe ser instituido para dispensar a la Administración de su obligación de resolver, como podría entenderse, sino como una garantía del particular para que, ante la pereza administrativa, pueda utilizar los medios jurídicos de protección procedentes[48] y no quedar al arbitrio de los deseos y vicios de los funcionarios administrativos.

Por último, es necesario observar que en ciertos casos de recursos de reconsideración, como el contemplado en el artículo 34 del Reglamento de la Ley de Regulación de Alquileres, se ha establecido el silencio administrativo pero sin ninguna consecuencia jurisdiccional, pues se niega todo recurso contra dicho silencio.

---

47   En efecto, el Proyecto LPA 1963 establece, en su artículo 73, que "se considerará negada toda solicitud que no hubiere sido resuelta a los seis meses de su fecha. Esta disposición no excluye el deber de la Administración de dictar resolución". En relación con el recurso jerárquico, el señalado proyecto instituye la teoría del silencio al disponer, en su artículo 91, que "interpuesto el recurso de apelación y pasados tres meses sin haber sido resuelto, se entenderá denegado". Respecto a la posibilidad de ejercer el recurso contencioso-administrativo con base al silencio de la Administración, el artículo 123 del Proyecto establece que "cuando cualquier interesado hubiere formulado una pretensión ante la autoridad administrativa, y ésta no le hubiere comunicado su decisión dentro del plazo de seis meses, se considerará denegada (a pretensión formulada y en tal caso el interesado podrá interponer contra dicha negativa recurso contencioso-administrativo, si no existiere el recurso Jerárquico o de revisión. ÚNICO: *Si* la ley estableciere un plazo distinto del determinado en este artículo para que la autoridad decida sobre las pretensiones formuladas ante ella, deberá el interesado atenerse a dicho plazo a los efectos determinados en este artículo".

48   JESÚS GONZÁLEZ PÉREZ, Los recursos..., *cit.,* pág. 33.

CAPITULO TERCERO
LOS RECURSOS ADMINISTRATIVOS

1. INTRODUCCIÓN

Nuestra legislación y jurisprudencia administrativas reconocen fundamentalmente dos recursos administrativos: el Recurso Jerárquico y el Recurso de Reconsideración. Sin embargo, aunque de menos importancia, algunas normas consagran un tercer Recurso de Revisión, distinto de los dos anteriores. El estudio particular de estos tres recursos será el objeto del presente Capítulo.

Además, existen en nuestro ordenamiento jurídico vigente otros recursos administrativos que, por sus caracteres especiales, denominamos Recursos Administrativos Impropios, y que serán objeto de estudio en el Capítulo Cuarto.

2. EL RECURSO JERÁRQUICO

A) *Noción*

El Recurso Jerárquico o de alzada, también denominado por algunas leyes Recurso de Apelación[1], es la reclamación que contra un acto administrativo se interpone para ante el superior jerárquico en el orden administrativo, por estimar que dicho acto lesiona un interés legítimo o un derecho subjetivo[2]. Por tanto es aquel medio de impugnación del acto administrativo ejercido para ante et superior jerárquico de la autoridad administrativa que dictó el acto impugnado.

Tradicionalmente, algunas leyes han reconocido desde hace ya algún tiempo el recurso de apelación ante el superior jerárquico. La ausencia de un procedimiento administrativo uniformemente regulado, sin embargo, hizo que la Corte, en otros tiempos, considerara que sólo era admisible cuando una ley expresamente lo consagrara[3]. Esta opinión ha sido rectificada por la Corte, y ya desde 1954[4] encontramos

---

1   Sobre el recurso jerárquico en la doctrina y Derecho comparado, véase: C. PUCHETTI. Ricorso gerarchico, Padua, 1958; R. BIELSA, El Recurso jerárquico, Ed. De Palma. Buenos Aires, 1958; GASCÓN HERNÁNDEZ, "Sobre el Recurso Jerárquico", Revista de Estudios Políticos, N° 5, Madrid; B. BERGERON, Le recours hiérarchique, París, 1923: HAUTMANN, Del Ricorso gerarchico, Florencia, 1911; DE VALLES, "Per un sistema dei ricorso gerarchici". FA, 1930, tomo IV, pág. 37; AMORTH, "Ricorso gerarchico, Nuovo Digesto Italiano, XI, pág. 668.

2   CF—54—1, 5—8—58.

3   Por ejemplo, y aunque refiriéndose a los recursos jerárquicos impropios (véanse Nos. 241 y sig.), la Corte Federal y de Casación, en sentencia de 23 de abril de 1942 (Memoria de 1943, tomo I, pág. 245), expresaba que "en los asuntos administrativos, a diferencia de lo que ocurre en los asuntos judiciales, no

decisiones expresas que consagran el recurso jerárquico como un derecho público subjetivo y, por tanto, como un medio normal y ordinario de apelación que, al contrario, requiere ley expresa para ser negado[5].

En este sentido, la antigua Corte Federal ha señalado[6] que "es de principio que en el Estado de Derecho la apelación es concedida a todo aquel que se sienta lesionado por una decisión administrativa; siendo taxativos los casos en que no procede el recurso". El silencio de la ley a este respecto no significa, entonces, que el derecho no existe[7]. Por tanto, sólo cuando la ley niega expresamente el derecho a recurrir puede decirse que no existe. Pero en todo caso tal negación ha de entenderse limitada al caso específicamente contemplado por la ley, sin que pueda extenderse a otras situaciones por interpretación analógica. Por ello, como la negativa de ese derecho a recurrir constituye una derogatoria de los principios —ya que la apelación es la regla—, debe ceñirse el intérprete estrictamente a los precisos términos de la ley, cuando el recurso es negado[8].

En definitiva, la jurisprudencia considera el recurso jerárquico como un derecho de los administrados[9] cuya existencia, por tanto, no necesita declaración expresa.

Hasta tal punto es esto cierto, es decir, el hecho de que el recurso jerárquico constituye un derecho de los administrados, que la propia Corte Federal ha admitido la posibilidad de renuncia contractual del recurso, y al efecto ha expuesto: "Ahora bien, la apelación es un recurso ordinario que la ley concede exclusivamente en beneficio de las partes; y como tal puede ser renunciado válidamente, pues ello no envuelve la renuncia general de las leyes sino de un derecho o beneficio concreto y

---

hay lugar a la apelación sino cuando expresamente consagra ese derecho la ley respectiva en el caso de que se trate".

4   CF—94—3, 24—11—53.

     CF—127—I, 6—12—55.

     CF—54—1, 5—8—58.

5   Véase N° 200.

     Esta es, por otra parte, la posición en el Derecho comparado. A tal efecto, véase: E. GUICCARDI, La giustizia..., cit., pág. 114; J. M. AUBRY, "Les Recours...", cit., pág. 118; J. GONZÁLEZ PÉREZ, Los Recursos..., cit., pág. 131.

     Este es, por otra parte, el criterio que también acoge el Proyecto LPA 1963 cuando establece, en su artículo 89, que "el recurso de apelación será procedente contra todo acto administrativo dictado por órganos subalternos a un Ministro o al órgano superior de un Instituto autónomo, siempre y cuando la Ley no determine que la decisión sea inapelable".

6   CF—127—1, 6—12—55.

     CF—163—1, 19—7—57.

7   CF—54—1, 5—8—58.

8   CF—127—1, 6—12—55.

9   Véase N° 200.

determinado; que ambos contratantes estaban en cabal aptitud de apreciar y de medir sus efectos y consecuencias; y de consentirlo voluntariamente"[10].

B) *Fundamento*

216. El recurso jerárquico, además de los fundamentos ya señalados[11], tiene un fundamento específico y es la noción de jerarquía administrativa que implica subordinación de parte de los funcionarios inferiores ante los superiores[12]. La noción de jerarquía, por tanto, está implícita en la Organización Administrativa y en este orden, el superior jerárquico —el Ministro en la Administración nacional— es el decisor y es quien, en última instancia, debe decir la voluntad de la Administración. De otra manera podría verse el superior jerárquico obligado a aceptar y cumplir una decisión dictada por un funcionario inferior aun estando en desacuerdo con él mismo, y ello es inadmisible[13].

Por tanto, el fundamento específico del recurso jerárquico reside en la propia jerarquía administrativa. Por ello, los actos de la Administración autónoma no están sujetos a recurso jerárquico para ante una autoridad extraña a ella[14]. Asimismo, los actos administrativos municipales no pueden ser recurridos administrativamente ante ninguna autoridad[15]. Ello no indica, sin embargo, que dentro de la organización de la institución autónoma, por ejemplo, no pueda recurrirse de los actos de los funcionarios inferiores ante el superior jerárquico en dicha Administración.

---

10 CF—163—1, 19—7—57.

11 Véanse Nos. 199 y sig.

12 CF—l4— 1, 16—6—53.

Véase al respecto: J. M. HERNÁNDEZ RON. "La Jerarquía Administrativa en Venezuela", Revista del Colegio de Abogados del Distrito Federal, año IV, N° 18, 1940, págs. 79 y sig.; HUGOT-DERVILLE, Le principe hiérarchique dans l'Administrativon française, París, 1913; RANELLETI, "Il poteri del superiore nella gerarchia amministrativa", FA, 1930, IV, pág. 53; RAGNISCO, "Poteri dell'autorità superiore e ricorso in via gerarchica", Riv. Dir. Pub., 1942, I, pág. 172; GASCÓN HERNÁNDEZ, "Unidad, competencia y jerarquía como principios de la organización administrativa". Estudios en homenaje al profesor Gascón y Marín, Madrid, 1952; DI MALTA, Essai sur la notion de pouvoir hiérarchique, Librairie Générale de Droit et de Jurisprudence, Paris, 1961.

13 En este sentido, véase el escrito de la Procuraduría de la Nación ante la Corte Federal de fecha 26-7-57, *Informe Je la Procuraduría al Congreso*, 1957-1958, Caracas, 1958, pág. 423.

14 CF—75—2, 20—10—60.

Es conveniente indicar la excepción a este principio consagrada en el artículo 201 de la Ley de Reforma Agraria. Véase nota N° 73 de este Título. Sobre el problema en la doctrina y el Derecho comparado, véase: R. BIELSA, "El contralor en las entidades autárquicas", *Revista de la Facultad de Ciencias Económicas, Comerciales y Políticas*, Rosario, 1937; R. BIELSA, "Él Recurso Jerárquico y las decisiones de las entidades autárquicas", misma revista, tomo VI, pág. 41; J. M. BOQUERA O., "Recursos contra las decisiones de entidades autárquicas institucionales", *RAP*, N° 18, 1955, pág. 127; H. H. HEREDIA, *Contralor Administrativo sobre entes autárquicos*, Buenos Aires, 1942.

15 Artículo 29 de la Constitución.

C) *Requisitos del recurso*

a. *El elemento subjetivo*

217. Además de los requisitos generales para todos los recursos administrativos[16], debemos señalar respecto al recurso jerárquico uno especial: El recurso es decidido por la Administración misma, pero dentro de la entidad administrativa correspondiente, por el superior jerárquico del funcionario cuyo acto es impugnado. Es decir, el acto administrativo es impugnado para ante una autoridad administrativa distinta y jerárquicamente superior a aquella que dictó el acto recurrido.

Pero este elemento, unido al de la jerarquía, exige que, en todo caso, esa jerarquía sea respetada: es decir, que no se salten los órganos superpuestos, pasándose directamente de un funcionario inferior a la jerarquía superior, saltando por sobre algún funcionario que sirve de órgano de relación entre aquél y ésta[17]. Y ello porque la jerarquía administrativa, como la competencia, es de orden público.

b. *El elemento objetivo*

218. El recurso jerárquico, como todo recurso administrativo, debe interponerse para ante el superior jerárquico, contra un acto administrativo. Pero este acto administrativo, a los efectos del recurso jerárquico, debe reunir ciertos caracteres especiales entre los cuales el más importante es que no cause estado, es decir, que no agote la vía administrativa.

En efecto, para poderse interponer el recurso para ante el superior jerárquico el acto recurrido debe haber sido dictado por un órgano administrativo inferior, que no agote la vía administrativa. Así, los actos administrativos dictados por los Ministros no son susceptibles de ser recurridos jerárquicamente. En esta misma forma, los actos administrativos de la jerarquía superior de los institutos autónomos tampoco serán, en principio, susceptibles de recurso jerárquico. Lo mismo podemos decir, por último, de las Administraciones municipales y estadales. Si hemos considerado la jerarquía administrativa como fundamento del recurso de apelación, fácil es llegar a esta conclusión.

Claro está que una Ley Especial podría establecer en casos similares un recurso administrativo ante un órgano de tutela no superior jerárquico. Sin embargo, por tratarse de una excepción, necesitan ley expresa que los autorice. Nuestra legislación conoce de una excepción, además de la de los recursos administrativos impropios que estudiaremos más adelante[18]; y, al contrario, ha sido cuidadosa en negar el re-

---

16   Véanse Nos. 202 y sig.

17   CF—180—1, 8—57 en relación a la interpretación del artículo 275 de la Ley del Trabajo.

En relación con esta materia, el Proyecto LPA 1963 establece, en su artículo 92 que "en todo caso en que la Ley o los Reglamentos internos de un determinado organismo administrativo no señalaren otro órgano, el funcionario competente, para conocer y decidir de las apelaciones será el respectivo Ministro o. en su caso, el órgano supremo o superior de los respectivos Institutos autónomos".

18   Véanse Nos. 241 y sig.

curso: por ejemplo, la Ley del Instituto Nacional de Cooperación Educativa, institución autónoma, establece que no se admitirá recurso administrativo alguno contra las decisiones del Consejo Administrativo del Instituto[19]. Esta disposición establece expresamente, para disipar las dudas, que la vía administrativa termina con la decisión de alzada y que contra ésta no habrá recurso administrativo alguno, permitiéndose, por supuesto, los recursos contencioso-administrativos que sean procedentes.

Esta misma solución la acoge la propia Constitución respecto a la Administración municipal. Al efecto establece, en su artículo 29, que "los actos de los Municipios no podrán ser impugnados sino por ante los órganos jurisdiccionales de conformidad con esta Constitución y las leyes". En definitiva, el acto administrativo recurrible jerárquicamente no debe poner fin a la vía administrativa.

D) *La interposición del recurso*

a. *La oportunidad*

219. El recurso jerárquico, quizás el mejor y más dispersamente regulado en nuestra legislación, exige para su interposición un lapso determinado que varía generalmente entre cinco y diez días hábiles[20]. Sin embargo, ha señalado la antigua Corte Federal que ante el silencio de la ley, las disposiciones del Código de Procedimiento Civil tienen al respecto carácter supletorio y entonces se aplica el artículo 176 *ejusdem,* según el cual "el término para intentar la apelación es de cinco días, salvo disposición especial"[21].

En la misma decisión[22], y respecto a la oportunidad en que debe comenzar el término para recurrir, la Corte ha señalado que "en el juicio ordinario, cuando llega la oportunidad de sentencia, las partes están a derecho, y si por cualquier circunstancia extraordinaria no ocurriere así, deberán ser citadas previamente al acto de la decisión, con indicación del día y hora en que ella habrá de ser pronunciada. Es lógico,

---

Al respecto, el Proyecto LPA 1963 ha establecido, en su artículo 94, que "contra las decisiones *de* los Ministros del Despacho, del Procurador *General*, de la República, del Fiscal General de la República y *del* Contralor *General* de la República no cabe el recurso de apelación".

Por otra parte, la excepción a que hacemos referencia es !a consagrada en el artículo 201 de la Ley de Reforma Agraria, que permite la "apelación" administrativa de algunas decisiones del Directorio del Instituto Agrario Nacional para ante el Ministro de Agricultura y Cría.

19   Artículo 20 de la Ley.

    CF—75—2, 20—10—60.

20   En Francia, por ejemplo, no se exige ningún término para la interposición del recurso. Véase AUBY, "Les Recours...", *cit.,* pág. 118. Sobre el problema en el Derecho italiano, véase LA TORRE, "Sul termine stabilito per el ricorso gerarchico", Rivista Amministrativa della República Italiana, 1940, pág. 728; GIACOBELLI. "Garatteri ed effeti del termino per el ricoso gerarchico", Riv. Dir. Pub., 1933, I, pág. 318.

    Al efecto, el Proyecto LPA 1963 establece, en su artículo 87, que "todo recurso de apelación o de revisión deberá intentarse dentro de los quince días hábiles siguientes a la fecha del acto recurrido".

21   CF—54—1, 5—8—58

22   CF—54—1, 5—8—58.

pues, que el lapso de apelación comience a correr desde la audiencia siguiente, ya que los interesados están en cuenta, o deben estarlo, de la automática apertura de ese lapso. En la tramitación administrativa no ocurre tal cosa", y ello porque generalmente "las actuaciones de los funcionarios no están sometidas a plazos previamente determinados; esas actuaciones, por lo general no son públicas en el sentido de que el interesado no tiene acceso fácil al expediente y, por lo tanto, el procedimiento se desarrolla prácticamente a sus espaldas". Por ello en el procedimiento administrativo es unánimemente aceptada la práctica, sancionada hoy por casi todas las leyes sobre la materia[23], "que la notificación de las resoluciones se haga de ordinario por su publicación en el órgano oficial cuando el acto es general. Pero si el acto es individual, es preciso su notificación por medio de oficio al interesado, dejándose constancia, también escrita, del día y la hora en que se entrega al propio interesado". Si no se logra localizar a éste, "un elemental principio de justicia requiere que el interesado sea notificado por cartel que se publicará en el órgano oficial destinado a este efecto, con fijación de un plazo prudencial, vencido el cual, sin que se presente el interesado a notificarse, se considera iniciado el lapso de apelación". En los otros casos dicho lapso comenzará desde la publicación o desde la notificación personal del acto al interesado.

Esta solución de la Corte, además de estar enmarcada dentro de claros principios de procedimiento, es justa. La Administración Pública no puede tener interés, ya lo hemos dicho, en cercenar o desconocer el derecho de los particulares de defender sus derechos subjetivos o sus legítimos intereses contra la posible equivocación, descuido o negligencia de funcionarios de categoría inferior; por el contrario, su deber y conveniencia estriba en que el orden jurídico prevalezca incólume y que el imperio de la ley no se menoscabe ni desvirtúe; y por ello ha señalado la misma Corte que "el particular que reclama contra una violación de ésta es en realidad un coadyuvador de la Administración en el cumplimiento de ese deber, no su opositor o contrario..."[24]. Por tanto, el recurrente debe interponer su recurso en el término que lo señalen las leyes.

La no interposición del recurso en su oportunidad produce la caducidad del derecho a recurrir[25], ya que el lapso es de caducidad[26] y, por tanto, produce también la firmeza del acto administrativo[27].

Ahora bien, si vencido el lapso de apelación la autoridad competente oye el recurso interpuesto extemporáneamente, comete una violación de la cosa juzgada ad-

---

23   Véanse Nos. 44, 92 y 113.

24   CF—54—1, 5—8—58.

25   CF—97—1, 15—6—56.

26   *Véase al respecto el Informe de la Procuraduría de la Nación al Congreso, 1959, Caracas, 1960, pág. 462.*

27   CF—94—3, 24—11—53.

Véanse Nos. 113 y sig.

ministrativa[28]. Ya que se quebranta este principio, ha declarado la Corte Federal[29] "cuando en presencia de una decisión de la cual no se admite apelación, o si ésta ha caducado, no quedando, por tanto, a la parte ningún recurso que ejercer contra ella, es revisada, sin embargo por una autoridad de alzada". Ello produciría un vicio de ilegalidad en el acto administrativo que decide el recurso extemporáneo, susceptible entonces de ser recurrido por la vía contencioso-administrativa de anulación.

b. *La autoridad competente*

a'. *La autoridad* a quo

220. Es principio general en el procedimiento administrativo, según la jurisprudencia de la Corte, que los recursos jerárquicos "para ante" el superior, deben ser interpuestos "por ante" el organismo que dictó el acto impugnado. Por tanto, corresponde a dicho organismo admitir o negar el recurso como organismo *a quo* que es[30]. Admitido el recurso por la autoridad que dictó el acto, ésta debe remitirlo para su decisión al superior jerárquico.

b'. *El recurso jerárquico de hecho*

221. La antigua Corte Federal ha admitido expresamente[31] la posibilidad de interposición del recurso jerárquico de hecho, cuando interpuesto por el interesado el recurso ordinario, éste ha sido negado por la autoridad que dictó el acto impugnado. En este caso, entonces, la autoridad competente para admitir el recurso es la misma autoridad *a quem,* es decir, el superior jerárquico que debe decidir.

c. *Los efectos de la interposición*

a'. *El efecto suspensivo*

222. Ha sostenido reiteradamente la antigua Corte Federal[32] que "en principio, los recursos contra los actos administrativos no tienen efectos suspensivos, ya que

---

28 Véanse Nos. 19 y 114.

29 CF—97—1, 15—6—56.

30 CF—54—1, 5—8—58.

En cambio, el Proyecto LPA 1963 establece, en su artículo 90, que "el recurso de apelación se podrá interponer tanto ante el órgano que dictó el acto recurrido como ante el superior jerárquico respectivo al cual corresponda decidir la apelación".

31 CFC—CP—76—1, 11—6—52

Esta decisión de la Corte es dada en aplicación del artículo 424 de la Ley Orgánica de la Hacienda Nacional vigente en esa época, que permitía el recurso jerárquico de hecho en las multas fiscales, por aplicación analógica, y más, cuando es principio general del derecho la admisibilidad del recurso de hecho.

32 CF—88—1, 29—7—59.

CF—7—1, 25—1—60.

El mismo principio es aplicable a los recursos contencioso-administrativos.

Véase N° 303.

admitir lo contrario equivaldría a hacer posible paralizaciones de la acción administrativa por voluntad de los particulares".

Esta es la consecuencia fundamental de la ejecutoriedad de los actos administrativos[33], que permite a la Administración obtener su cumplimiento aun contra la voluntad de los particulares. Por otra parte, este principio de la ejecutoriedad del acto administrativo y de que los recursos administrativos no suspenden los efectos del acto es aplicable a todos los recursos y no solamente al recurso jerárquico.

El principio de que el recurso 110 suspende la ejecución del acto está en relación con el conocido aforismo solve *et repete,* según el cual, y especialmente en materia fiscal, el reclamo contra los impuestos o multas fiscales no exime de la obligación de pagar.

La legislación venezolana ha consagrado en sus leyes fiscales este principio. Sin embargo, ha sido tolerante el legislador patrio al permitir que en determinados casos el previo pago para recurrir puede ser sustituido por afianzamiento. Pero también en este caso la constitución de la garantía viene a ser requisito de tan ineludible cumplimiento como lo es el propio pago en aquellas situaciones en las que no se admite fianza. El cumplimiento de tales presupuestos crea una situación impeditiva que no tiene posibilidad de subsanación y, por tanto, constituye un supuesto típico de inadmisibilidad del recurso[34].

Por todo lo expuesto no compartimos, por contraria al sentido de nuestra legislación y a lo establecido en otros fallos, lo expresado por la antigua Corte Federal en 1954[35] en el sentido de que "a falta de disposición legal expresa, los recursos administrativos se oyen libremente", es decir, en su efecto suspensivo y devolutivo. Lo anteriormente señalado indica lo errado de esta afirmación respecto al efecto suspensivo. El principio es el contrario: la regla es que el remeso no tiene efectos suspensivos.

Pero este principio, como cualquiera, tiene sus lógicas excepciones. En primer lugar, el legislador, por disposición expresa, puede señalar que el recurso sí suspenda la ejecución del acto administrativo. El legislador es soberano.

Al respecto, el Proyecto LPA 1963 establece, en su artículo 88, que "la interposición de cualquier recurso no causa la suspensión del acto recurrido, salvo mando tal ejecución pueda causar gravamen irreparable o de mucha consideración en cuyo caso el órgano ante el cual se recurre podrá, de oficio o a petición de parte, acordar tal suspensión pudiendo, si lo estima conveniente, exigir al interesado la constitución de caución suficiente".

33   Véase N° 97.

34   CF—88—1, 29—7—59-

En este sentido se ha pronunciado la Procuraduría de la Nación. Véase el Informe al Congreso, 1959, Caracas, 1960, págs. 456 y 461. En materia de multas administrativas, el Proyecto LPA 1963 establece, en su artículo 100, que "la apelación deberá interponerse ante el mismo funcionario que impuso la multa o ante un Juez de la localidad. El apelante deberá pagar la multa o afianzarla a satisfacción del funcionario que la impuso, requisito sin el cual no se dará curso a la apelación. . .".

35   CF—126—1, 9—11—54.

Pero, en segundo lugar, creemos que también es posible que el recurso suspenda la ejecución del acto cuando la conveniencia administrativa lo requiera. En efecto, ante un acto administrativo que podría producir daños irreparables al administrado, la Administración tiene dos vías: por una parte, ejecutar el acto de inmediato, y entonces atenerse a las consecuencias de la decisión del superior jerárquico, que si es revocatoria daría derecho al administrado a exigir reparación por daños y perjuicios a la Administración por el daño o gravamen irreparable que produjo la ejecución del acto revocado; por otra parte, suspender la ejecución del acto cuando lo considere conveniente, y esa conveniencia está supeditada al temor de que el acto sea revocado.

Por tanto, en principio los recursos administrativos, y concretamente el recurso jerárquico, no producen efectos suspensivos. Sin embargo, creemos que la excepción a este principio puede provenir del legislador o de la conveniencia de la propia Administración.

b'. *El efecto devolutivo*

223. Respecto al efecto devolutivo ha señalado la antigua Corte Federal que en el recurso jerárquico rige el antiguo aforismo *tantum devolutum quantum appelantum,* es decir que, en virtud de ese efecto, el recurso trasmite al conocimiento del superior la causa controvertida, en la extensión y medida a que quedó reducido el debate en el momento de la apelación[36]. Sin embargo, creemos que este principio no es del todo general ni válido para todos los recursos administrativos en el orden jerárquico.

En efecto, ello depende de la materia controvertida. Si lo que se controvierte en la apelación o recurso es más bien un litigio entre particulares, donde la Administración actúa en cierta forma imparcialmente, la apelación hecha por una de las partes en litigio tiene efectos devolutivos regidos par el principio *tantum devolutum quantum appelantum.* Tal es el caso, por ejemplo, de las apelaciones que antes se realizaban ante el Ministro de Fomento en materia de inquilinato. En estos casos el organismo decisor actuaba imparcialmente y decidía así, ante un conflicto entre particulares, entre inquilinos y propietarios[37].

Sin embargo, cuando el recurso jerárquico se intenta por ante el superior de la jerarquía administrativa contra el acto del inferior, porque este acto perjudica a un particular sin beneficiar a otro, el efecto devolutivo del recurso es más amplio que el contenido en el aforismo citado. En efecto, el superior jerárquico en estos casos conoce de todo el problema, pues no hay derechos adquiridos por un tercero. En estos casos la Administración podría, si así lo cree justo y equitativo, hasta modificar el acto con mayor perjuicio para el recurrente. Estamos entonces ante el hecho denominado *reformatio in pejus*[38]. En todo caso quedaría abierta, por el agotamiento de

---

36 CF—126—1, 9—11—54.

37 Este es el caso regulado en la decisión de la Corte Federal antes señalada:

CF—126—1, 9—11—54.

38 Véase N° 210.

la vía administrativa, la vía jurisdiccional contencioso-administrativa al administrado perjudicado en su interés legítimo o en su derecho subjetivo.

E) *El procedimiento del recurso*

224. La ausencia de legislación sobre procedimientos administrativos se manifiesta profundamente cuando se habla del procedimiento que debe seguirse en la sustanciación y decisión del recurso jerárquico. En esta materia, ni siquiera las leyes especiales que conceden el recurso indican el procedimiento a seguir.

Sin embargo, creemos que en su esquema fundamental se siguen las normas del procedimiento ordinario previsto en el Código de Procedimiento Civil[39]", aún más cuando la Corte, en varias oportunidades, ha considerado dicho Código como supletorio en el procedimiento administrativo[40].

Sin embargo, algunas normas dispersas sobre el particular existen en Venezuela. Tal es el caso del Reglamento Interno del Ministerio de Hacienda[41] que establece, al hablar del recurso jerárquico, que "el apelante o reclamante puede promover junto con su apelación o reclamo las pruebas que juzgue pertinentes y, en caso de que la evacuación de esas pruebas o de las que ordene evacuar de oficio el Ministro requieran más tiempo que el prefijado para el despacho del asunto, podrá éste prorrogarlo a su juicio comunicándolo así al interesado".

Es decir, en esta Administración ministerial las pruebas deben promoverse junto con el recurso, y el Ministro, como autoridad decisora e interesada, también puede ordenar la evacuación de ciertas pruebas, de oficio.

En el mismo Reglamento se señala que el Ministro deberá decidir el recurso en el máximo de sesenta días hábiles, a contar de la fecha en que haya sido intentado o interpuesto el recurso[42]. Por tanto, si la evacuación de las pruebas requiere mayor número de días a juicio del Ministro, éste podrá prolongar el lapso de evacuación pero, en todo caso, la decisión debe ser rendida en el lapso prescrito.

F) *La decisión del recurso*

225. Como antes señalamos, algunas normas establecen un plazo determinado dentro del cual el Ministro debe decidir el recurso jerárquico ante él interpuesto. Sin embargo, no hay tampoco norma alguna de carácter general al respecto.

39　En este mismo sentido, J. G. ANDUEZA, *El Control en Venezuela de los Actos Ilegales de la Administración Pública*, Caracas, 1959, pág. 17.

40　CF—54—1, 5—8—58.

41　Artículo 2, ordinal 3, aparte único del Reglamento dictado por Resolución de 4 de abril de 1940, CL, tomo I, pág. 1.374.

42　Artículo, ordinal 3.

　　Debe señalarse en todo caso, respecto al procedimiento administrativo, que entre los dispositivos vigentes el que mejor lo regula es el Reglamento de la Ley de Regulación de Alquileres. Véase al efecto nuestro "Estudio sobre la Ley de Regulación de Alquileres de 1° de agosto de 1960", Revista del Colegio de Abogados del Distrito Federal, N° 113, págs. 217 y sig.

En todo caso debemos señalar que la decisión del recurso, como todo acto administrativo, ha de ser motivada. Por otra parte, la decisión del Ministro puede ser confirmatoria, modificatoria, revocatoria o declarativa de inadmisibilidad del recurso por extemporaneidad, falta de capacidad o interés en el recurrente o falta de competencia en la autoridad decisora. Ya sobre esto hemos hablado[43].

G) *El recurso jerárquico como requisito procesal del recurso contencioso-administrativo de anulación*

226. Es de principio, y así lo ha aceptado la antigua Corte Federal, que el recurso contencioso-administrativo de anulación contra los actos ilegales de la Administración no puede ser llevado ante el órgano jurisdiccional competente sino después de haberse agotado la vía administrativa. De suerte que el titular de un interés legítimo que haya sufrido lesión como consecuencia de un acto administrativo determinado, debe ante todo interponer el recurso legal de apelación o recurso jerárquico en el término que para el caso ha establecido la ley reguladora de la materia. Si así no lo hiciere, la decisión queda firme. Y ello porque realmente conviene al orden social la estabilidad de los actos de la Administración Pública, sin perjuicio, claro está, de la garantía debida a los administrados quienes tienen a su alcance las vías adecuadas para hacer valer sus derechos[44]. Este criterio, por otra parte, ha sido ratificado por la actual Corte Suprema de Justicia[45].

Por tanto, el agotamiento de la vía administrativa por interposición del recurso jerárquico solamente, es en Venezuela requisito procesal para la interposición del recurso contencioso-administrativo de anulación[46].

---

43 Véanse Nos. 209 y sig.

Véase, asimismo, el Reglamento Interno del Ministerio de Hacienda señalado, artículo 2, ordinal 3°.

Al respecto, el artículo 93 del Proyecto LPA 1963 establece que "al decidirse la apelación deberá confirmarse, modificarse o revocarse el acto impugnado. El recurso podrá decidirse ordenándose la reposición del procedimiento si hubieren habido vicios de forma en su tramitación".

44 CF—94—3, 24—11—53.

CF—54—1, 5—8—58.

45 CSJ—PA—90—1, 4—12—61.

46 Véase N° 318.

Es interesante observar el Derecho comparado: En España se acepta igual solución pero extendida a todos los recursos administrativos. Véase: J. GONZÁLEZ PÉREZ, Los recursos. . ., *cit.*, pág. 125. En Francia, la situación es radicalmente distinta: En principio no es necesario agotar los recursos administrativos para acudir a la vía contenciosa: el recurrente puede escoger uno de los dos recursos, puede intentarlos simultáneamente o puede ejercer el recurso administrativo después del jurisdiccional, salvo disposición legal expresa en contrario. Véase AUBY, "Les Recours...", *cit.*, pág. 122. El Proyecto LPA 1963 exige, para el agotamiento de la vía administrativa, la interposición del recurso de apelación y del recurso de revisión. En efecto, el artículo 122 establece que "el recurso contencioso-administrativo sólo será admisible contra los actos respecto de los cuales no existieren o se hubieren agotado los recursos jerárquicos o de revisión".

3.   EL RECURSO DE RECONSIDERACIÓN

A)   *Noción*

228. El recurso de reconsideración es aquel que se ejerce contra un *acto adminis-trativo revocable,* ante la misma autoridad que dictó el acto, para que ésta lo recon-sidere en razón de su equidad.

B)   *Fundamento*

El fundamento del recurso de reconsideración está en el derecho de la Adminis-tración de revisar sus propios actos[47].

C)   *Requisitos del recurso*

a.   *El elemento subjetivo*

Respecto al recurrente, rigen los principios señalados anteriormente[48], es decir, debe tener por lo menos interés legítimo en recurrir.

Respecto a la autoridad administrativa que conoce del recurso, y esta es su carac-terística específica, debe ser la misma que dictó el acto recurrido. Es decir, el recur-so de reconsideración sólo puede ser intentado ante la misma autoridad administrati-va que dictó el acto que se recurre para que ella lo decida.

---

47   Véase N° 201.

La denominación de recurso de "reconsideración" es empleada por el Reglamento Interno del Ministerio de Hacienda, artículo 2, ordinal 4, aparte segundo. Asimismo, es empleado por el Reglamento de la Ley de Regulación de Alquileres. Sobre esta última, véase nuestro "Estudio sobre la Ley de Regulación de Alquileres de 1° de agosto de 1960", RCADF, N° 113, 1960, pág. 224. Por ello acogemos la denomina-ción "recurso de reconsideración". No consideramos acertada la denominación "recurso de gracia o súplica" que emplea J. G. ANDUEZA para calificar este recurso de reconsideración. Al efecto, véanse los Nos. 254 y sig. con sus notas.

Menos aún consideramos acertada la denominación "recurso de reposición" que le dan a este recurso de reconsideración ELOY LARES MARTINEZ y JOSÉ GABRIEL SARMIENTO N., copiando la termino-logía de la legislación española, sin mirar de cerca nuestras propias instituciones. Véase la ponencia del Colegio de Abogados del Distrito Federal redactada por los citados autores, presentada a la Conferencia Interamericana de Derecho Procesal reunida en San Juan de Puerto Rico en julio de 1962, edición multi-grafiada, pág. 7. Respecto a la legislación española, véase: GASCÓN HERNÁNDEZ, "El Recurso de Reposición" en Revista de la Facultad de Derecho de Madrid, 1942, págs. 212 y sig. La misma termino-logía española es censurada por ALCALA-ZAMORA Y CASTILLO, "Nueva ley reguladora de la juris-dicción contencioso-administrativa en España", Boletín del Instituto de Derecho Comparado de México, N° 31, 1958, pág. 93, citado por J. GONZÁLEZ PÉREZ, Los Recursos..., *cit.,* pág. 150.

Por otra parte, debemos observar que el Proyecto LPA 1963 no incluye, en su articulado, disposición al-guna sobre este recurso, a pesar de que está vigente en nuestro ordenamiento jurídico actual.

48   Véase N° 204.

b. *El elemento objetivo*

230. Otra de las características diferenciadoras de este recurso administrativo radica en el acto administrativo recurrido. En efecto, debe tratarse de un *acto administrativo revocable,* es decir, un acto administrativo que no haya creado derechos legítimamente a favor de particulares. Este requisito especial se deduce, por un lado, de nuestra jurisprudencia de la antigua Corte Federal[49], y por otro lado, del Reglamento Interno del Ministerio de Hacienda, que establece en su artículo 2, ordinal 4, segunda parte, la posibilidad para el ministro de "reconsiderar sus propias decisiones cuando se trate de actos revocables".

De esta forma los derechos adquiridos por particulares en razón de un acto administrativo ya firme quedan incólumes. La Administración no puede reconsiderar sus propios actos cuando éstos son irrevocables, es decir, cuando han creado legítimamente derechos a favor de terceros.

Por otra parte, el acto administrativo puede ser un acto *firme,* es decir, contra el cual no se interpuso el recurso jerárquico en la oportunidad correspondiente o contra el que decida un recurso jerárquico sin que se haya utilizado la vía contenciosa. En razón precisamente, de que puede intentarse el recurso de reconsideración contra actos administrativos firmes, es que se indica que sólo pueden ser recurridos por esta vía los actos revocables.

En efecto, hemos señalado que la Administración tiene derecho de revisar sus propios actos cuando no han creado derechos a favor de particulares. Además, también hemos señalado que la Administración sí puede revisar sus actos creadores de derechos, antes de su firmeza, es decir, con ocasión de un recurso jerárquico, generalmente[50]. Por tanto, y esto es lógico, una vez firme el arto, éste no puede ser revisado sí ha creado derechos a favor de terceros[51].

---

49 CF—33—2, 17—7—53

50 Véanse Nos. 201 y 210.

También con ocasión a los recursos de reconsideración, se puede producir una importante excepción. En efecto, en ciertos casos particulares una ley expresamente señala término para la interposición del recurso. En estos supuestos puede entonces intentarse el recurso contra actos administrativos que fueran irrevocables si estuvieran firmes, pero que no lo son aún por estar abierto el lapso de interposición del recurso. Una excepción de este tipo está consagrada en el artículo 34 del Reglamento de la Ley de Regulación de Alquileres. Sin embargo, este recurso no tiene ulteriores consecuencias jurisdiccionales.

Por otra parte, debemos observar que algunas leyes establecen la posibilidad de una reconsideración de oficio sin necesidad de recurso alguno. Tal es el caso contemplado en la Ley de Impuesto sobre la Renta, artículo 81, que establece la posibilidad, para la Administración, de reconsiderar un acto administrativo contra el que se ha recurrido jurisdiccionalmente ante el Tribunal de Apelaciones del Impuesto sobre la Renta. Observamos que esta reconsideración no es ya un recurso del interesado sino, claramente, un derecho de la Administración de volver a reconsiderar un acto ya recurrido judicialmente, para evitar la vía contenciosa en caso de que no se dé cumplimiento y curso a la apelación, porque no confirme su propio acto. Al respecto véase N° 412.

51 A esta conclusión llega la antigua CFC, pero lamentablemente, a nuestro juicio, con razonamientos inadecuados: CFC—CP—16—1, 30—5—52.

Asimismo véase CF—33—2, 17—7—53.

Así, sólo contra actos administrativos revocables que no han creado derechos a favor de particulares, sea porque no son susceptibles de hacerlo, sea porque son nulos, de nulidad absoluta, es que es posible interponer el recurso de reconsideración. Dada las varias leyes especiales que regulan un recurso de reconsideración, para su construcción uniforme, nos hemos guiado fundamentalmente por el Reglamento Interno del Ministerio de Hacienda, varias veces citado, ya que es la regulación con mayor carácter general en la materia y también por la jurisprudencia administrativa señalada. Debe tenerse presente esta advertencia.

D. *La interposición del recurso*

230. Para la interposición del recurso de reconsideración no se exige ningún requisito de término. Por ello precisamente es que puede ejercerse contra actos administrativos firmes. Por ello es que sólo puede ejercerse contra actos administrativos revocables y, por último, por ello es que la jurisprudencia no lo ha considerado como un requisito procesal a la apertura de la vía contencioso-administrativa de anulación. Sólo el recurso jerárquico reviste este último carácter.

Ya que no se exige ningún término para interponer el recurso, menos aún tendrá su interposición efectos suspensivos sobre la ejecución del acto, sobre todo cuando se intenta contra un acto ya firme.

Por los caracteres específicos de este recurso, consideramos que *no es necesaria una ley expresa* que lo autorice, para que haya posibilidad de interponerlo.

E. *Los motivos del recurso*

232. Al recurso de reconsideración se aplican los supuestos generales estudiados al hablar de los Motivos de los Recursos Administrativos[52], es decir, puede intentarse por motivos de derecho, de hecho y de oportunidad.

Al efecto ha señalado la antigua Corte Federal[53], que "advertido un funcionario de que su determinación no corresponde a las exigencias de la equidad, bien por haberse cometido error de derecho, bien porque no se apreciaron cabalmente las circunstancias de hecho, la sana lógica y el buen sentido han inducido a la consiguiente rectificación, tanto más si no se ha lastimado ningún derecho adquirido... En ello está comprometido el buen nombre de la Administración, pues una de las peculiaridades del acto administrativo es, precisamente, su subordinación a la equidad y oportunidad".

Por tanto, al interponerse el recurso, el recurrente puede aducir motivos de derecho o legalidad, motivos de hecho y motivos de oportunidad y conveniencia.

En este sentido establece el Reglamento Interno del Ministerio de Hacienda que el Ministro "puede reconsiderar sus propias decisiones cuando se trata de actos re-

---

52   Véanse Nos. 206 y sig.

53   CF—33—2, 17—7—53.

vocables y se aduzca que se ha omitido la apreciación de algún dato o que se ha incurrido en errores de hecho o cálculo o se presente documento o recaudo no presentado anteriormente capaz de influir en lo decidido"[54].

F) Efectos de la decisión

233 Resuelto el recurso de reconsideración, se abre el término del recurso contencioso-administrativo de anulación sí el órgano que reconsidera es el último en la jerarquía administrativa. Esto es perfectamente admisible pues es la jurisdicción contencioso-administrativa quien en último término debe decidir si la Administración obró, *en la reconsideración,* conforme a derecho. Sin embargo, en este caso el recurso contencioso-administrativo sólo puede ser dirigido contra el acto de reconsideración, contra la nueva decisión, y en ningún momento debe pensarse que es contra el acto impugnado por la vía de reconsideración. Este acto quedó firme y ningún recurso puede ya intentarse contra él.

Por otra parte, si la reconsideración la hace un inferior jerárquico, la decisión del recurso de reconsideración no abre nuevamente ni el recurso jerárquico ni menos aún el contencioso. El acto recurrido quedó firme por el vencimiento del lapso de caducidad del recurso jerárquico.

4. EL RECURSO DE REVISIÓN

A) Noción

234. El recurso de revisión es aquel que se ejerce contra un *acto administrativo revocable y firme,* ante el superior de la jerarquía administrativa, para que lo revise en razón de su equidad.

B) Fundamento

235. El fundamento del recurso de revisión está, por una parte, en el derecho de la Administración en revisar sus propios actos[55], y, por otra parte, en el poder de la más alta jerarquía en la Entidad Administrativa, de controlar y revisar las actuaciones de sus inferiores jerárquicos.

El nombre de recurso de revisión es empleado por el Reglamento Interno del Ministerio de Hacienda antes citado. Es el único texto que lo consagra expresamente. Sin embargo, por su carácter de recurso administrativo propiamente dicho, creemos que, como los recursos antes estudiados, *no necesita ley expresa* para su existencia. Su fundamento y especialidad lo justifican.

---

54   Artículo 2, ordinal 4, parte segunda.

No establece dicho Reglamento disposición alguna sobre motivos de legalidad en el recurso de reconsideración. Sin embargo, la jurisprudencia de la Corte anteriormente citada así lo admite, con lo que estamos de acuerdo.

55   Véase N° 201

C) *Requisitos del recurso*

a. *El elemento subjetivo*

236. Respecto al recurrente, como todos los recursos antes analizados, el recurso de revisión exige por lo menos un interés legítimo lesionado. Así, una de las causas por la cual el Ministro en la rama administrativa puede "no entrar a conocer el fondo del asunto", es cuando el solicitante o recurrente carezca de interés legítimo.

Respecto a la Administración, el recurso se interpone ante el superior jerárquico de más alto rango, es decir, ante el Ministro en la Administración ministerial.

Esto lo diferencia del recurso jerárquico, que debe ser interpuesto por ante el órgano que dictó el acto, para ser enviado al superior jerárquico[56]. Por otra parte, es el mismo Ministro quien decidirá el recurso, por lo que en esto se asemeja al recurso jerárquico"[57].

b. *El elemento objetivo*

237. Una de las especialidades de este recurso es que sólo puede intentarse contra *actos administrativos firmes,* es decir, contra actos que no pueden ya impugnarse por el recurso jerárquico por haberse vencido el término para ejercerlo. Esto lo diferencia, entonces, radicalmente, del recurso jerárquico, admisible sólo dentro de un plazo y, por tanto, contra actos no firmes[58].

Por otra parte, y al igual que el recurso de reconsideración, consideramos que sólo es admisible contra *actos revocables,* es decir, contra actos no creadores de derechos a favor de particulares. Las mismas razones que allí expresamos son válidas para este recurso[59].

Consideramos también, y en razón de su especialidad, que puede ser intentado este recurso de revisión directamente ante el Ministro, sin respetar la jerarquía administrativa. Y ello porque, precisamente, no se trata de un recurso jerárquico.

D) *Interposición del recurso*

Dado que sólo puede interponerse este recurso de revisión contra actos administrativos firmes y revocables, no se exige ningún plazo determinado para que se intente. En este aspecto reviste los mismos caracteres del recurso de reconsideración, es decir, no es presupuesto procesal para intentar el recurso contencioso-

---

56   Véase Nº 220.

57   Véase Nº 225.

58   Véase Nº 219.

El Proyecto LPA 1963 establece, en su artículo 95, que "una vez dictado el acto administrativo y que hubiere quedado firme por no haberse recurrido en apelación o por haberse desestimado ésta, procederá el recurso de revisión ante el Ministro respectivo...".

59   Véase Nº 230.

administrativo, ni su interposición suspende la ejecución del acto, ya que se trata de un acto firme produciendo todos sus efectos.

E) *Los motivos del recurso*

239. La especialidad del recurso exige motivos determinados pues, como hemos visto, no se trata de un recurso jerárquico.

En efecto, este criterio ha sido acogido por el Reglamento Interno del Ministerio de Hacienda varias veces citado, cuando dispone en el artículo 2, ordinales 1 y 4, que unas de las atribuciones del Ministro como autoridad jerárquica en la Administración activa del Departamento de Hacienda es la de "revisar, a petición de los interesados o de oficio, las actuaciones de los funcionarios de la jerarquía cuando se pida gracia respecto a lo dispositivo de ellas o se alegue que el funcionario carece de facultades legales o las ha extralimitado o que ha actuado por interés distinto al de la Administración, o que ha incurrido en errores de hecho o de cálculo".

Debemos aclarar, antes de continuar, que esta disposición consagra propiamente dos recursos: uno de gracia y otro de revisión. Respecto al recurso de gracia o súplica hablaremos más adelante, al estudiar los Recursos Administrativos Impropios[60]. Aquí sólo nos interesa destacar las últimas causales a partir de la segunda, que se refiere al recurso de revisión.

Según este artículo, pueden alegarse en el recurso de revisión motivos de legalidad o de derecho, por extralimitación de atribuciones o incompetencia manifiesta del funcionario que dictó el acto o por desviación de poder en la actuación de éste. Agregamos también en estos motivos los concernientes a la alegación de la nulidad absoluta de un acto administrativo. También pueden alegarse motivos de hecho cuando el funcionario que dictó el acto incurrió en errores de hecho o de cálculo. El Ministro no puede pronunciarse sobre el fondo del asunto cuando se alegue un motivo distinto a los señalados, según dispone el mismo Reglamento[61].

Vemos, entonces, que el recurso de revisión no es más que un medio de obligar al Ministro a revisar un acto administrativo, para lo cual tiene facultad de hacerlo de

---

60   Véanse Nos. 154 y sig.

61   Artículo 2, ordinal 5.

El Proyecto LPA 1963 establece la posibilidad de interposición del recurso de revisión, según el artículo 95, en los siguientes casos: "1) Cuando hubieren aparecido documentos de valor esencial para la resolución del asunto y que hubieren sido desconocidos para la época de la tramitación del expediente; 2) Cuando se hubiere incurrido en manifiesto error de hecho que aparezca del expediente; 3) Cuando en la resolución hubieren influido en forma decisiva documentos o testimonios declarados falsos por sentencia judicial definitivamente firme; 4) Cuando la resolución hubiere sido adoptada por cohecho, violencia, soborno u otra manifestación fraudulenta y ello hubiere quedado establecido en sentencia definitivamente firme". Por otra parte, agrega el artículo 96 que "el recurso de revisión no procede sino dentro de los tres meses siguientes a la fecha de la sentencia a que se refieren los números 3 y 4 del artículo anterior, de la fecha del acto en el caso previsto en el número 2 del mismo artículo o de haberse tenido noticias de la existencia de los documentos a que se hace referencia en el número 1° del mismo artículo". Entonces es ilógica la disposición del artículo 87 del mismo Proyecto cuando establece que "todo recurso de... revisión deberá intentarse dentro de los quince días hábiles siguientes a la fecha del acto recurrido".

oficio. Es decir, es un medio puesto a disposición de los particulares interesados para obligar a la Administración a ejercer su derecho[62].

F) *Efectos de la decisión*

240. La decisión del recurso por el superior de la jerarquía administrativa no abre, respecto al acto administrativo originalmente recurrido, la vía contencioso-administrativa. Y ello porque el superior jerárquico de la Entidad Administrativa revisa el acto por medio de este recurso de revisión cuando no se ha intentado el recurso jerárquico. De lo contrario decidiría un recurso jerárquico y no un recurso de revisión.

Pues bien, si solamente revisa un acto firme y revocable porque no se ha intentado el recurso jerárquico, mal podría abrirse la vía jurisdiccional del recurso contencioso-administrativo de anulación, cuando es presupuesto procesal para éste el haberse agotado la vía administrativa por el ejercicio del recurso jerárquico[63], que en el caso del recurso de revisión no se ha intentado.

Ahora bien, ello no Índica que no pueda recurrirse por la vía contencioso-administrativa, por razones de ilegalidad, la nueva decisión del Ministro con abstracción total, eso sí, del acto revisado.

---

62   Véase N° 201.

63   Véase N° 226.

CAPITULO CUARTO
LOS RECURSOS ADMINISTRATIVOS IMPROPIOS

1. INTRODUCCIÓN

241. Además del recurso administrativo antes estudiados, es decir, del recurso jerárquico, el más tratado por la jurisprudencia, y de los recursos de reconsideración y de revisión, tratados parcialmente por ella, y todos dispersa e incompletamente contemplados por el legislador, existen en Venezuela varios recursos que denominamos Recursos Administrativos Impropios, y que tienen la esencial característica de que, por su especialidad, requieren ley expresa que los permita. Por tanto no se aplica a estos recursos impropios los principios señalados en la Introducción de este Título, sobre la posibilidad de los recursos administrativos sin ley expresa que los autorice.

La razón de ser de esta contradicción al principio general radica en la especialidad de la materia objeto de ellos, o en la interferencia en alguna u otra forma, en su formación y decisión, de una autoridad no correspondiente, orgánicamente, a la Administración; concretamente, por la interferencia de una autoridad del Poder Judicial actuando en función administrativa.

Estudiaremos, entonces, como recursos administrativos impropios el llamado recurso jerárquico impropio, el recurso de gracia y, principalmente, el económico-administrativo y, por último, el problema de los recursos intentados ante el Tribunal de Apelaciones de Inquilinato.

2. EL RECURSO JERÁRQUICO IMPROPIO

A) *Noción*

242. El artículo 7, ordinal 31 de la Ley Orgánica de la Corte Federal, vigente por mandato de la Constitución[1], da atribución a la actual Sala Político-administrativa de la Corte Suprema de Justicia para "conocer de los *recursos jerárquicos* interpuestos dentro del término de ley contra decisiones de la Administración nacional en materia fiscal, cuando la competencia para ello no esté atribuida a otro Tribunal".

Además de esta atribución general en materia fiscal, la Corte tiene atribuciones similares declaradas por innumerable cantidad de textos legales. En estos textos in-

---

1   Véase la Disposición Transitoria decimoquinta de la Constitución.

variablemente se señala que de la decisión del Ministro "se podrá apelar para ante la Corte[2].

Según estos textos, podemos decir que el llamado recurso jerárquico impropio es aquel recurso administrativo que concede la ley expresamente al particular lesionado en su interés legítimo o en su derecho subjetivo, contra un acto administrativo de un Ministro para ante la Corte Suprema de Justicia, por razones de mérito o ilegalidad o, más ampliamente, por *inconformidad* con la decisión apelada.

B) *Particularidad del recurso*

a. *Es un recurso administrativo*

243. El recurso jerárquico impropio es un recurso administrativo, pues la Corte, al decidirlo, *conoce del mérito* o fondo del acto administrativo impugnado. La antigua Corte Federal ha establecido[3] que "es de la naturaleza de todo acto realizado en ejercicio de una facultad discrecional el que no pueda ser revisado o anulado por otro poder en lo que concierne al mérito o fondo. Esta conclusión resulta evidente porque, de lo contrario, esa facultad discrecional no sería tal ni propia de un poder; pero sí puede ser materia de revisión por lo que se refiere a la incompetencia del funcionario que lo dictó o defecto de forma del acto, o a su ilegalidad, en cuyos casos procede su revocación o anulación".

De esta doctrina de la Corte se deduce claramente lo que ya en otras oportunidades hemos señalado: la Corte Suprema de Justicia no puede conocer *por vía contencioso-administrativa,* como órgano actuando en función jurisdiccional, sino de la ilegalidad de los actos administrativos que ante ella se impugnen. No puede por tanto, la Corte, conocer del fondo o mérito, es decir, de la oportunidad y conveniencia de un acto impugnado ante ella por vía contencioso-administrativa[4]. Es de la naturaleza de los actos administrativos, dice la Corte, "el que no puedan ser revisados o anulados en lo que se refiere al mérito o fondo por otro poder", es decir, por el Poder Judicial Por tanto el mérito de los actos administrativos, su oportunidad y conveniencia tienen un control innato: la propia Administración o *cualquier autoridad actuando en función administrativa[5].*

---

2   Por ejemplo, el artículo 13 de la ley de Naturalización.

    Esta expresión "apelación ante la Corte" la hemos visto mantenida en esta materia de naturalización en la Disposición Transitoria Cuarta de la Constitución, que dispone: "Mientras la ley establece las normas sustantivas y procesales correspondientes, la pérdida de nacionalidad por revocatoria de naturalización se ajustará a las disposiciones de la legislación vigente *pero el interesado podrá apelar de la decisión administrativa ante la Corte Suprema de Justicia* en el plazo de seis meses, a partir de la fecha de publicación de la revocatoria, en la *Gaceta Oficial'.*

    El empleo de este término por la Constitución, así sea en su parte transitoria, nos indica la naturaleza administrativa de la "apelación", distinta del recurso contencioso-administrativo de anulación regulado por el propio texto constitucional en su artículo 206 y Disposición Transitoria decimoquinta. La misma expresión la encontramos también en el artículo 436 de la Ley Orgánica de la Hacienda Nacional.

3   CF—85—1, 6—11—58.

4   Véanse Nos. 27 y 52.

5   Véanse Nos. 80 y 83.

En consecuencia, cuando la Corte Suprema de Justicia conoce del recurso jerárquico impropio, controlando la legalidad y la oportunidad y conveniencia del acto recurrido, no conoce como órgano jurisdiccional contencioso-administrativo sino como autoridad pública actuando en función administrativa. Por ello este recurso es un recurso administrativo y no jurisdiccional.

En esto está de acuerdo José Guillermo Andueza cuando afirma que "este recurso de apelación se diferencia del procedimiento contencioso-administrativo y se asemeja al procedimiento jerárquico, en que no supone ilegalidad de ninguna especie en el acto impugnado, sino únicamente *desacuerdo del interesado con el mismo*[6].

b. *Es un recurso administrativo impropio*

244. Ante todo, este recurso jerárquico impropio es esto último, pues no se ejerce propiamente ante una autoridad jerárquica.

La Corte Suprema de Justicia no es autoridad jerárquica del Ministro. Por ello es impropio. Creemos que la denominación "jerárquico" que emplea la propia Ley Orgánica de la Corte se debe a que los redactores de la Ley de 1953, que es la vigente, entendieron por recurso jerárquico el recurso administrativo, ya que de estos últimos el más empleado y el más conocido en nuestra legislación es el jerárquico.

Por otra parte, es impropio porque *requiere ley expresa* para su procedencia, contrariamente a lo que sucede en los recursos administrativos[7]. También es impropio porque, contrariamente a lo que sucede en el recurso jerárquico, no es posible intentar el recurso contencioso-administrativo de anulación contra la decisión que en él recaiga, ya que es la misma Corte la competente para conocer de éste[8].

c. *Importancia histórica*

245. En la evolución de la legislación administrativa venezolana, este recurso de apelación ante la Corte tiene la especialidad de haber sido la primera vía que el legislador aceptó para la revisión de los actos del Poder Administrativo. Admitido a duras penas por la jurisprudencia, que veía con recelo "la intervención de un Poder en la esfera de otros", fue paulatinamente abriéndose paso y preparando el camino al auténtico recurso contencioso-administrativo[9].

Por tanto, la importancia de este recurso es meramente histórica, y ya aceptado definitivamente el recurso contencioso-administrativo en nuestra Constitución, creemos que debe desaparecer. Aún más, cuando la jurisdicción contencioso-administrativa, en su competencia de plena jurisdicción, tiene facultad para disponer lo necesario para el restablecimiento de las situaciones jurídicas subjetivas lesiona-

---

6   J. G. ANDUEZA, *El Control en Venezuela...*, *cit.*, págs. 29 y 30.

7   Sentencias de la CFC de 23-4-42 y de 21-11-46 en Resumen CFC en SPA, 1940-1951, págs. 29 y 30.
    Asimismo las sentencias de 7-10-46, 24-11-46, 27-7-48 y 7-10-48 de la antigua Corte Federal y de Casación, citadas por ANDUEZA, *El Control en Venezuela . ..*, *cit.*, pág. 26.

8   ANDUEZA, *El Control en Venezuela...*, *cit.*, pág. 30.

9   *ANDUEZA, El Control en Venezuela. ..*, *cit., pág 30.*

das por la actividad administrativa[10]. Sin embargo, su desaparición sólo puede ser regulada por una legislación que, a la vez, uniforme todos los procedimientos administrativos.

C) *Requisitos del recurso*

a. *El elemento subjetivo*

246. Respecto al recurrente, entran en juego las normas generales sobre recursos administrativos señaladas anteriormente, es decir, por lo menos debe estar asistido de un interés legítimo.

Respecto al órgano decisor, ya hemos señalado su particularismo: es la Corte Suprema de Justicia, en Sala Político-administrativa, actuando en función administrativa, quien decide el recurso. De ahí la necesidad de ley expresa que lo permita.

Por ello ha señalado la antigua Corte Federal y de Casación que "la intervención judicial —porque al fin y al cabo es un órgano del Poder Judicial— en los procesos de competencia del Poder Ejecutivo, que tienen siempre y naturalmente por objeto materias administrativas, es de derecho estricto o, más propiamente, es excepcional, porque la interferencia de un Poder en asuntos de la competencia de otro Poder sólo puede aceptarse contra el principio de la independencia que les es propia, en casos y circunstancias especialísimos que el legislador toma en cuenta para permitir u ordenar esa intervención. De ahí que las Resoluciones ministeriales sean revisables por la Corte Federal y de Casación solamente en los casos en que alguna ley haya creado expresamente contra ellas el derecho de apelación o cualquier otro recurso. Esta conclusión, que es apenas aplicación de los principios constitucionales y legales que establecen y garantizan la independencia de los Poderes Públicos y su interdependencia en los casos limitados en que proceda, aparece explícitamente sancionado en el artículo 426 de la Ley Orgánica de la Hacienda Nacional, pues él establece que 'cuando la ley conceda expresamente el derecho de recurrir de la decisión del Ministro u organismo respectivo, ante la Corte Federal y de Casación, deberá hacerse uso de él dentro del término de diez días a contar de la fecha en que se hubiere notificado la decisión' "[11].

Aparte de lo que se dice sobre la separación de Poderes en este fallo, que por otra parte la Corte la ha considerado atenuada[12], no puede negarse lo fundamentado del razonamiento: la Corte actúa en función administrativa excepcionalmente, por lo que necesita para ello norma expresa atributiva de competencia.

---

10   Artículo 206 de la Constitución.

11   Sentencia de 21-11-46 en Resumen CFC en SPA, 1940-1951, pág. 29.

     Esta sentencia ha sido criticada, en nuestro concepto injustamente, por TOMAS POLANCO, "La Administración Pública", Tesis de Grado. *Anales de la Facultad de Derecho*, Caracas, 1951, págs. 291 y sig.

12   CFC—SF—37—1, 26—5—51.

b. El elemento objetivo

247. Como en todo recurso administrativo, el objeto del recurso jerárquico impropio es un acto administrativo pero con la característica de que debe ser dictado generalmente por la más alta jerarquía ministerial, es decir, actos administrativos dictados por el Ministro.

D) El procedimiento del recurso[13]

a. Noción previa

248. Las leyes especiales que conceden esta "apelación" ante la Corte no establecen procedimiento alguno. Por tanto, debe aplicarse el procedimiento mismo que establece la Ley Orgánica de la Corte Federal. En efecto, los artículos 25 y siguientes de dicha ley establecen un procedimiento para ciertos casos específicos y para los casos en que no se haya previsto un procedimiento especial. Por tanto, en el recurso jerárquico impropio sí debe aplicarse el procedimiento previsto en la Ley de la Corte, contrariamente a lo que sostuvo recientemente la Corte Suprema de Justicia[14].

Examinaremos rápidamente las disposiciones relacionadas con la interposición del recurso, el emplazamiento, las pruebas, la relación, los informes y la decisión del recurso.

b. Interposición del recurso

249. Generalmente las leyes especiales establecen, para recurrir, un lapso que varía entre tres y diez días. Si no se establece lapso determinado, debe interponerse en el de tres meses señalado por la Ley Orgánica de la Corte Federal[15].

El recurso puede interponerse por ante el Ministro para ante la Corte cuando la Ley lo señala. De lo contrario, debe interponerse directamente ante la Corte[16]. En el primer caso, el Ministro debe enviar, junto con el escrito del recurso, el expediente administrativo correspondiente. De lo contrario, la Corte pedirá a la autoridad administrativa respectiva el envío de los autos.

Iniciado el procedimiento, debe notificarse al Procurador General de la República[17].

c. Emplazamiento de los interesados

250. Una vez hecha la notificación correspondiente al Procurador General de la República, "la Corte emplazará por cartel que se publicará en la Gaceta Oficial de la

---

13 Un buen resumen del procedimiento de este Recurso, véase en J. G. ANDUEZA, El Control en Venezuela..., cit., pág. 27.

14 CSJ—PA—76—1, 20—6—62.

15 Artículo 25 de la Ley Orgánica de la Corte Federal.

16 Artículo 25 de la Ley Orgánica de la Corte Federal.

17 Artículo 27 de la Ley Orgánica de la Corte Federal.

República de Venezuela a todos los que se crean interesados, a fin de que concurran dentro de un lapso prudencial a hacerse parte en el recurso"[18].

d. *Las pruebas*

251. Vencido el lapso de emplazamiento, los interesados, y observamos que la ley habla aquí de interesados y no de "los que se crean interesados", lo que presume la prueba del interés legítimo, promoverán, dentro de las cinco audiencias siguientes, las pruebas que estimen pertinentes, las cuales se evacuarán dentro de las diez audiencias posteriores al vencimiento de las cinco dichas, sin concederse término de distancia. La Corte Federal, por otra parte, queda facultada para solicitar y hacer evacuar de oficio las informaciones y pruebas que considere convenientes[19].

e. *Relación e informes*

252. Si no se hubieren promovido pruebas, o si promovidas, hubiere transcurrido el lapso de evacuación, comenzará la relación durante la cual podrán evacuarse las pruebas de confesión, experticia e inspección ocular que se hubieran promovido dentro del primer lapso de cinco audiencias. Hecha la relación, que no podrá tener una duración mayor de cuarenta y cinco días, la Corte fijará audiencia para oír informes[20]. Oídos éstos, se procederá a dictar sentencia, pudiendo antes dictarse auto para mejor proveer.

E) *Decisión del recurso*

253. Llegada la oportunidad de dictar sentencia, la Corte decidirá el recurso, y en la resolución del mismo podrá confirmar, revocar o reformar la decisión impugnada o reponer el procedimiento[21].

Puede observarse, ciertamente, que las facultades de la Corte son extremadamente amplias; sin embargo, ello se explica por la naturaleza del recurso, como ya hemos señalado[22].

3. EL RECURSO DE GRACIA O SUPLICA

A) *Noción previa y precisión terminológica*

254. Hemos visto anteriormente[23] cómo nuestro Derecho positivo y la jurisprudencia del Tribunal Supremo en materia administrativa reconocen la existencia de tres recursos administrativos propiamente dichos: El recurso jerárquico, el recurso de reconsideración y el recurso de revisión.

---

18   Artículo 25 de la Ley Orgánica de la Corte Federal.

19   Artículos 25 y 28 de la Ley Orgánica de la Corte Federal.

20   Artículos 25, 29 y 47 de la Ley Orgánica de la Corte Federal.

21   Artículo 25 de la Ley Orgánica de la Corte Federal

22   Véase N° 245.

23   Véanse Nos. 214 y sig.

Estos tres recursos son, como hemos visto, verdaderos medios jurídicos de impugnación de los actos administrativos, dados para protección de los administrados y en conformidad con el derecho que asiste a la Administración, de revisar sus propios actos.

El Decano, José Guillermo Andueza, ha afirmado que "en nuestra legislación se encuentra con frecuencia consagrado el llamado recurso de gracia o súplica, a favor del administrado, a quien se impone una sanción administrativa o que es objeto de una medida administrativa que atañe a sus legítimos intereses", y ha añadido que "interpuesto el recurso de gracia, el órgano administrativo que dictó el acto lo revisa en vista de los principios de equidad y oportunidad"[24]. De esta afirmación podemos observar que a lo que se refiere el citado autor es al recurso de reconsideración que ya hemos estudiado[25], pero erradamente, en nuestro concepto, lo califica de recurso de gracia o súplica debido, quizás, a la importación de términos utilizados en otros sistemas jurídicos como el francés, sin tener en cuenta preferentemente la terminología empleada por nuestro legislador.

En efecto, en Francia el recurso que nuestras leyes especiales califican de recurso de reconsideración es llamado Recurso Gracioso[26]. Pero el empleo de esa terminología, que jurídicamente no tiene explicación, históricamente sí la tiene. El recurso de gracia o súplica, como la misma palabra lo indica, es un acto de favor, de gracia y no de justicia. Este recurso de gracia, históricamente puede considerarse como el origen de los actuales recursos administrativos y tuvo vigencia en la Monarquía. Pero actualmente, cuando se recurre administrativamente de un acto, en cualquier sistema jurídico del molde del Estado de Derecho no se hace pidiendo "gracia", ni se hace "suplicando", sino en ejercicio de un derecho y fundamentándose en derecho. El hecho de que todavía en Francia se emplee el término "gracioso" para calificar a un recurso jurídico de reconsideración o de reposición, como se llama en el sistema español[27], tiene sólo una explicación histórica y un sabor tradicionalista típico del sistema francés. Pretender importar términos que no tienen, en este momento, una razón jurídica para su empleo en su sistema de origen, para implantarlos en nuestro sistema, constituye, en nuestra opinión, un afán confusionista.

Ello no impide, sin embargo, que nuestro derecho positivo admita en ciertos casos particulares un verdadero recurso de gracia o súplica distinto radicalmente del recurso de reconsideración y del de revisión. Tal es el caso, por ejemplo, del recurso de gracia económico-administrativo contemplado en la Ley de Impuesto sobre la Renta, o del recurso de gracia establecido en el Reglamento Interno del Ministerio de Hacienda cuando dispone, en su artículo 2, ordinales 1 y 4, que el Ministro tiene facultad para revisar, a petición de los interesados, "las actuaciones de los funcionarios de la jerarquía, cuando se pida *gracia* respecto a lo dispositivo de ellas".

---

24   J. G. ANDUEZA, *El Control en Venezuela...*, *cit.*, pág. 15

25   Véanse Nos. 227 y sig.

26   J. M. AUBY, "Les Recours. . .", *cit.*, págs. 117 y sig.

27   Véase J. GONZALEZ PÉREZ *Los Recursos...*, *cit.*, págs. 149 y sig.

Pero antes de pasar a examinar someramente estos recursos de gracia, y principalmente el económico-administrativo, debemos señalar que los incluimos entre los que hemos llamado recursos administrativos impropios, pues no poseen, a nuestro juicio, un fundamento jurídico como lo tienen los recursos administrativos antes estudiados, sino pura y simplemente un *fundamento de favor*. Es decir, el legislador, soberano en dar o negar recursos administrativos[28], después de negarlos en ciertos casos, admite para ciertas causales especiales la posibilidad de pedir "gracia" o "favor" al superior de la jerarquía administrativa, "suplicándosele" revise el acto administrativo dictado por un inferior jerárquico.

Veremos seguidamente uno de los típicos recursos de gracia que admite nuestra legislación, para estudiar luego sus características fundamentales.

B) *El recurso de gracia económico-administrativo*

a. *Regulación legal*

255. La Ley de Impuesto sobre la Renta, en su artículo 66, establece que el Ejecutivo Nacional, y concretamente el Ministro de Hacienda[29], "podrá, *por vía de gracia* y a solicitud de parte, eximir o rebajar las multas impuestas en virtud de la misma ley cuando concurran circunstancias que demuestren falta de intención dolosa en el contribuyente".

De la redacción de esta disposición se deduce claramente lo siguiente: En primer lugar, se trata de un recurso de gracia o súplica, como hemos indicado en el número anterior. En segundo lugar, y por ser un recurso, el Ministro no puede conceder el favor o la gracia de oficio sino a solicitud de parte interesada. En tercer lugar, la concesión de la gracia es una facultad discrecional de la Administración[30].

b. *El procedimiento*

La solicitud de gracia deberá ser presentada ante la oficina que practicó la liquidación de la multa correspondiente[31] dentro del término de cinco días a contar de la fecha de recibo de la planilla de liquidación o del día en que el acto quedó definitivamente firme[32].

---

28   CF—116—2, 15—10—54.

29   Véase el artículo 144 del Reglamento de la Ley de Impuesto sobre la Renta de 11 de enero de 1956 (*Gaceta Oficial*, Extraordinaria, N° 479 de 3-2-56). Debemos observar que este recurso de gracia establecido actualmente en el artículo 66 de la Ley, antes de la reforma de 1955 estaba permitido interponerlo contra las decisiones de la entonces Junta de Apelaciones del Impuesto sobre la Renta, en materia de calificación de la Renta o de inconformidad del contribuyente con la liquidación fiscal, por ante el Ministro de Hacienda.

30   Sobre el Poder Discrecional, véase Nos. 21 y sig.

31   Artículo 144 del Reglamento de la Ley de Impuesto sobre la Renta.

32   Artículo 66 de la Ley de Impuesto sobre la Renta.

La petición de gracia deberá ser interpuesta mediante escrito razonado, con exposición clara y precisa de los hechos y acompañado de las pruebas que el interesado juzgue pertinentes[33].

c. *La decisión*

257. La decisión del Ministro respecto a la solicitud de gracia puede ser denegatoria de la misma o de exención o rebaja de la multa objeto del recurso. Es conveniente observar que *no se trata de revocación* del acto administrativo que impuso la multa, sino de exención o rebaja del pago que ella impone. Esta característica es fundamental y por ello, además de las que veremos seguidamente, es por lo que calificamos a este recurso como un recurso administrativo impropio, ya que no se trata propiamente de un medio de impugnación de los actos administrativos, sino de una petición de favor o gracia.

En todo caso, en las peticiones de gracia, además de todas aquellas circunstancias que configuran el caso, el Ministro deberá tomar en consideración los antecedentes del contribuyente, según su expediente.

Por último, para obtener la exención o rebaja de la multa no es necesaria la prueba de ausencia de culpa, sino que basta solamente la comprobación de la ausencia de intención dolosa en la actuación del contribuyente[34].

C) *Las características del recurso*

Las mismas condiciones excepcionales de su existencia, ya que constituye una reminiscencia de sistemas jurídicos superados en los cuales la Administración, por no estar sometida a un Principio de Legalidad como hemos estudiado[35], propio del Estado de Derecho, conllevan a que estos recursos de gracia *exijan ley expresa* que los autorice para su admisibilidad. Y ello pues, jurídicamente, el recurso de gracia no constituye un derecho del administrado sino al contrario, un derecho de la Administración. Es una institución propia del Estado Policía[36] transplanteada por cierto tradicionalismo al Estado Moderno.

Por otra parte, el recurso de gracia es una institución que se ejerce, en nuestro sistema jurídico, contra *actos administrativos firmes,* es decir, contra los cuales no hay recurso administrativo alguno como es el caso del recurso de gracia económico-administrativo, o contra los cuales los recursos administrativos se ejercieron o dejaron de ejercerse. Por ello, el lapso para interponerlo se cuenta en el recurso de gracia económico-administrativo "desde el día en que el acto quedó definitivamente firme".

Por las mismas razones, en la mayoría de los casos no se exige lapso alguno de interposición.

---

33   Artículo 44 del Reglamento.

34   Artículo 66 de la Ley.

35   Véase Titulo I

36   Que es otra cosa distinta en sustancia e históricamente del llamado Estado- Gendarme.

Pero quizás la característica más importante de este recurso, y es la que lo distingue netamente de todos los anteriormente vistos, es que puede interponerse respecto a un acto administrativo firme por decisión jurisdiccional en el cual ya hay cosa juzgada. Es decir, puede ser intentado después que haya recaído una decisión jurisdiccional en el asunto. Y ello pues, como hemos visto, el Ministro al conceder la gracia no revoca el acto administrativo que sigue vigente, sino que *atenúa sus efectos,* rebajando o eximiendo del pago de una multa si es el caso. En efecto, en el recurso de gracia económico-administrativo, éste se ejerce respecto al acto que impuso la multa, sea el acto administrativo que la impuso directamente o sea ese mismo acto administrativo confirmado por un acto jurisdiccional de lo contencioso-económico[37].

De esta manera vemos cómo la propia Ley de Impuesto sobre la Renta permite el recurso jurisdiccional ante el Tribunal de Apelaciones del Impuesto sobre la Renta contra multas impuestas por incumplimiento de la ley[38] y separadamente permite el recurso de gracia contra esas mismas multas sin establecer, por supuesto, ningún índice de orden en la interposición de los mismos.

4.   LOS RECURSOS EN MATERIA DE INQUILINATO

A)   *Introducción*

259. Siendo aún estudiante de la Facultad de Derecho de la Universidad Central de Venezuela, y a los pocos meses de salir publicada la Ley de Regulación de Alquileres de 1° de agosto de 1960, publicamos en la *Revista del Colegio de Abogados del Distrito Federal* un estudio sobre la naturaleza jurídica de los procedimientos que establecía la nueva Ley[39]. Dicho estudio trajo como consecuencia la aparición de criterios divergentes sobre el tema central que él trataba. Lamentablemente, dichas opiniones y criterios, como a veces es costumbre en nuestro medio doctrinal, no fueron nunca publicadas y, por tanto, no obtuvimos el fin que perseguíamos al permitir publicar ese trabajo y que era el mover alguna opinión, contraría o conforme sobre el asunto, ya que la mejor manera de resolver los problemas jurídicos es por la síntesis de las opiniones divergentes.

Sin embargo, el problema de la naturaleza jurídica de los procedimientos establecidos en la Ley sigue aún en pie y hemos podido observar que hay tres soluciones distintas: por una parte, la Corte Suprema de Justicia en múltiples sentencias que comienzan con la de 20 de junio de 1961[40] ha sostenido que se trata de procedimientos jurisdiccionales; en segundo lugar, alguna opinión ha sostenido que se trata de

---

37   Véanse Nos. 409 y sig.

38   Artículo 74, ordinal 3.

39   El trabajo, con el título Estudio sobre la *Ley de Regulación de Alquileres, de 1° de agosto de 1960,* fue presentado en la Cátedra de Trabajos Prácticos de Derecho Procesal I que dictaba el profesor Miguel Santana Mujica. En su calidad de Secretario de la Junta Administradora del Colegio de Abogados del Distrito Federal en aquella época, me solicitó ofreció la publicación del mismo en la Revista del Colegio, apareciendo en el N° 113, de julio-septiembre de 1960, págs. 217 a 232.

40   CSJ—PA—39—1, 20—6—61.

procedimientos jurisdiccionales contencioso-administrativos; por último, y es el criterio que sostuvimos en aquel estudio y en el cual permanecemos ahora con nuevos argumentos, consideramos que los procedimientos creados por la nueva Ley constituyen procedimientos administrativos.

Sabemos que el razonamiento se hace difícil cuando se rebaten opiniones hasta cierto punto aéreas, pues estas opiniones, como no han sido escritas, se limitan a enunciar una posible solución sin razonar el porqué de ese enunciado. Trataremos, entonces, de buscar nosotros los fundamentos de esas opiniones contrarias en una primera parte; en una segunda parte analizaremos cómo esos fundamentos no son sólidos, reafirmando nuestro ya viejo criterio con el ánimo de que el problema se aclare definitivamente con la reforma de los dispositivos legales.

No abordaremos en esta oportunidad el estudio del procedimiento de los recursos en materia de Inquilinato; para ello nos remitimos a nuestro citado trabajo aparecido en la *Revista del Colegio de Abogados.*

B)   *La naturaleza jurídica de los procedimientos establecidos en la Ley de Regulación de Alquileres*

a.   *Carácter de procedimientos judiciales*

260. A raíz de un recurso interpuesto contra la sentencia de 11 de abril de 1961 del Tribunal de Apelaciones de Inquilinato, de conformidad con el artículo 92 del Reglamento de la Ley de Regulación de Alquileres, la Corte Suprema de Justicia, en sentencia de 20 de junio de 1961[41] estableció su incompetencia para conocer de recurso alguno establecido en una disposición reglamentaria, pues sólo por ley, de conformidad con la Constitución vigente, pueden ser atribuidas competencias a la Corte.

Ahora bien, en los razonamientos de dicha sentencia se estableció que "examinando la Ley de Regulación de Alquileres, que es de la naturaleza especial que rige la materia del recurso interpuesto, cabe observar que en el Capítulo III, que trata del procedimiento, se establece, como *único recurso de apelación,* el que pueda interponerse conforme al artículo 15 *ejusdem, contra las decisiones emanadas de los organismos encargados de la regulación".*

"En este caso, y de acuerdo con el artículo 17 de la misma Ley, los órganos *jurisdiccionales* competentes para conocer de la apelación son: a) En los Estados y Territorios Federales, los respectivos Jueces de Distrito o los de igual competencia en la localidad; b) En el Distrito Federal y Distrito Sucre del Estado Miranda (y en las demás localidades donde fueren creados), los Tribunales y organismos especiales que se constituyan, los cuales tramitarán y decidirán las apelaciones de que conozcan, de conformidad con las disposiciones del Código de Procedimiento Civil para los juicios breves".

---

41   CSJ—PA—39—1, 20—6—61.

"Aparte del recurso de apelación expresado, no concede la Ley especial que regula la materia ningún otro recurso; de lo que claramente se deduce que fue intención del legislador mantener, en todo caso, solamente dos instancias o grados en el procedimiento previsto en esta ley: el primero, que se realiza ante los respectivos organismos reguladores, que son de índole administrativa; y el segundo y último, ante un órgano jurisdiccional o *tribunal especial* que, como se expresó en la Exposición de Motivos de la Ley, ha venido a sustituir el recurso que antiguamente se interponía ante el Ministerio de Fomento".

De los párrafos transcritos de la sentencia se deduce claramente que la opinión de la Corte Suprema fue la de considerar al Tribunal de Apelaciones de Inquilinato como un órgano jurisdiccional o tribunal especial actuando en función jurisdiccional y, como consecuencia, de considerar el procedimiento y los recursos ante él desarrollados como jurisdiccionales.

La posición de la Corte es netamente formal: porque un Reglamento[42] denomine a un órgano determinado como Tribunal y le asigne a éste el procedimiento de los juicios breves establecido en el Código de Procedimiento Civil y denomine como sentencias los actos que de él emanan, se trata, entonces, de un órgano jurisdiccional que realiza funciones jurisdiccionales, con procedimientos jurisdiccionales y por medio de actos jurisdiccionales. Simplemente y nada más.

Consideramos que la Corte se dejó llevar por la "tiranía del formalismo", sin buscar la naturaleza misma del problema que se le planteaba. Se limitó a declarar que era incompetente por una razón formal incontestablemente justa, sin analizar otras razones legales en favor de su competencia que no sólo eran y son justas, sino equitativas.

b.   *Carácter de procedimientos contencioso-administrativos*

261. La segunda posición, como antes señalábamos, es más difícil de constatar, pues sólo se trata de opiniones sueltas; y aún más difícil es señalarle paternidad.

Sin embargo, por no decir que está fundamentada en razones banales porque la novedad de la materia y el decir que se trata de una parte de "lo contencioso-administrativo" le da mucha importancia al Tribunal de Apelaciones de Inquilinato, podemos buscar el origen de esta posición en la Exposición de Motivos de la Ley cuando dice: "El Ministerio de Justicia, al ser consultado en virtud de estarse estudiando la reforma al sistema judicial, consideró conveniente, como fórmula transitoria, la acogida por el Proyecto. Ella, si bien es una excepción con relación a la legislación vigente, no es grave si pensamos en la inminente reforma que requiere el Poder Judicial. En fin, por no ser una solución definitiva y por estar determinada la existencia de esta disposición en el Proyecto por una clara legislación contencioso-administrativa, esperamos que en un debate esclarecedor podría muy bien, aprove-

---

42   Debemos observar que es sólo el Reglamento quien denomina al órgano en cuestión Tribunal de Apelaciones de Inquilinato, ya que la ley, y esa fue la intención del legislador, se limita a señalar "los organismos o tribunales" sin definir su naturaleza apriorísticamente (artículo 17 de la Ley).

chando la oportunidad brindada por el Proyecto, sentar su opinión sobre las necesarias reformas que reclama la organización de nuestro Poder Judicial".

Por otra parte, esta posición la hemos visto sostenida por José Gabriel Sarmiento Núñez y Eloy Lares Martínez, indirectamente, en la Ponencia presentada por el Colegio de Abogados del Distrito Federal a la Conferencia Interamericana de Derecho Procesal reunida en San Juan de Puerto Rico en julio de 1962.

Veamos en los números que siguen los insolubles problemas que estas dos posiciones plantean y la solución que consideramos la más racional porque menos problemas engendra, pero no por ello, inmune a las críticas.

C) *El carácter de recurso administrativo de los ejercidos ante el Tribunal de Apelaciones de Inquilinato*

a. *Noción previa*

262. Creemos que la solución más adecuada y acorde a nuestro ordenamiento jurídico vigente es la de considerar a los procedimientos desarrollados ante el Tribunal de Apelaciones de Inquilinato como procedimientos administrativos, y los recursos, como recursos administrativos aunque impropios.

Sin embargo, antes de analizar nuestra posición queremos plantear todos los interrogantes que presentan las dos posiciones antes señaladas. Así podremos fijar mejor nuestro criterio.

b. *Los recursos intentados ante el Tribunal de Apelaciones de Inquilinato no son recursos jurisdiccionales*

263. La afirmación de que los procedimientos desarrollados ante el Tribunal de Apelaciones de Inquilinato constituyen procedimientos jurisdiccionales conduce a afirmar que ante ese "órgano jurisdiccional", como ante cualquier otro, se desarrolla un verdadero proceso.

Sin pretender hablar de temas particulares del Derecho Procesal, un lego puede constatar que para que haya proceso es necesario que haya un contradictorio, es decir, que haya dos partes con pretensiones opuestas y, por tanto, que haya un demandante y un demandado.

Pero ante esta constatación cabe preguntarse: ¿Quiénes son las partes contrarias en el procedimiento del Tribunal de Apelaciones de Inquilinato? ¿Quién es el demandante y quién es el demandado ?

Son, acaso, de una parte el apelante y de otra parte la Administración cuyo acto es apelado? ¿Son acaso el inquilino y el propietario arrendador?

Al formularnos estas preguntas surge una incongruencia asombrosa entre la teoría y la práctica: Por una parte, el Reglamento establece que se apela de un acto administrativo del organismo regulador y que el Tribunal de Apelaciones, al recibir la apelación, debe notificar al Procurador General de la República. Nos preguntamos aquí: ¿Es un interesado el Procurador? ¿Debe él defender el acto atacado?

Por otra parte, la realidad del procedimiento es otra: hay dos partes de hecho siempre, el inquilino de una parte y el propietario o arrendador de otra. Son dos partes que defienden sus derechos. Y entonces, ¿cuál es el objeto de la notificación al Procurador? ¿Será para que coadyuve a una de esas partes? Y realmente, ¿ha comparecido el Procurador alguna vez ante el Tribunal de Apelaciones? ¿Qué ha hecho?

Aparte de estas consideraciones, encontramos otras: "El juicio breve principiará por diligencia, donde se expresarán los nombres del demandante y el demandado, con la designación del objeto y fundamento de la *demanda*", dice el artículo 701 del Código de Procedimiento Civil. Ahora bien, ¿cuál demanda? ¿Qué es lo que se demanda ante el Tribunal de Apelaciones de Inquilinato? ¿La nulidad del acto administrativo o el reintegro de una suma de dinero? ¿La rebaja de un alquiler o la subida del mismo? Pero, ¿se demanda realmente? La Ley y el Reglamento hablan pura y simplemente de apelación. ¿Puede afirmarse en Derecho que se apela de lo administrativo para ante un Tribunal judicial? ¿Es esto correcto? No lo creemos. Sólo se apela de lo judicial a lo judicial y por defecto de terminología algunas veces, de lo administrativo a lo administrativo, pero nunca de lo administrativo a lo judicial. A menos que se cometa la locura de decir que el procedimiento que se desarrolla ante el organismo regulador también es judicial. Pero si no hay tal apelación ni tal demanda, ¿qué hay? Se contestará entonces hay un recurso. Y de esta forma, ¿no volvemos al inicio? ¿Qué se recurre? ¿Contra qué o contra quién se recurre?.. .

c. *Los recursos intentados ante el Tribunal de Apelaciones de Inquilinato no son recursos jurisdiccionales contencioso-administrativos*

264. Parte de los interrogantes que nos planteábamos anteriormente pueden volverse a plantear aquí.

En todo caso, si se tratase de un procedimiento contencioso-administrativo de anulación, el Juez competente sólo podría confirmar o anular el acto recurrido. No podría nunca resolver el fondo del asunto debatido; su labor es sólo de contralor de la legalidad del acto administrativo. Pero es fácil constatar que en los procedimientos que analizamos no se solicita ninguna declaratoria de nulidad por ilegalidad. Sólo se apela y, por tanto, el organismo *a quem* conoce íntegramente del asunto.

Esto podría hacernos pensar entonces en la posibilidad de un procedimiento contencioso-administrativo de plena jurisdicción que, por sus caracteres, se asemeja al proceso ordinario y que tiene la esencial característica de que siempre la parte *demandada* es la Administración por medio de formal *demanda*. De los interrogantes señalados en el número anterior vemos claramente que no se demanda a la Administración y que, por tanto, nadie la defiende.

No tratándose, entonces, de recursos contencioso-administrativos de anulación o de plena jurisdicción, esta posición es inaceptable.

Y, lamentablemente para los que puedan pensar en esta posibilidad, nuestra Constitución, como veremos, sólo admite en esencia estos dos recursos contencioso-administrativos[43].

d. *Los recursos intentados ante el Tribunal de Apelaciones de Inquilinato son recursos administrativos*

265. Hemos visto los problemas que plantean las dos posiciones anteriores. Creemos que la que desarrollaremos en este número es la que menos problemas engendra, por lo cual la seguimos acogiendo.

Pero para la verdadera comprensión de esta solución debemos partir de una premisa ya enunciada en varias oportunidades: Los actos jurídicos, y entre ellos los actos administrativos, se determinan por su propia calidad o contenido y no por la naturaleza del órgano del cual procedan[44].

Esta premisa, fundamental para el estudio claro y preciso de los fenómenos del Derecho Administrativo, pues está desligada de la tiranía del formalismo, ha sido acogida por la antigua Corte Federal y de Casación cuando establecía que "los actos de carácter administrativo, como los judiciales, lo son por su propia naturaleza, por la cuestión que en ellos se ventila y no cambia ese carácter ni suspende ni restringe la facultad del funcionario a quien la ley da competencia para conocer y decidir la circunstancia de que otra autoridad conozca de asunto semejante o aun conexo con aquél"[45]. Por tanto, ha sostenido en otra oportunidad la misma Corte, que "no son los nombres o denominaciones, sino su naturaleza o contenido, lo que da a los actos tanto de los funcionarios como de los particulares su verdadero carácter, su significación o fisonomía propia"[46].

Esta premisa fundamental que ahora insistimos en destacar ya la habíamos señalado en nuestro estudio de 1960. Sin embargo, dado que no se llamaba con insistencia la atención sobre ella, sino que se daba en cierta forma por sabida, no fue meditada en su debida forma.

El estudio de la función administrativa y de la actividad administrativa no puede ser llevado a cabo racionalmente con un criterio orgánico o formal, sino que debe basarse en la nota material y de contenido de los actos realizados en ejercicio de esa función, es decir, debe realizarse ateniéndose a la propia naturaleza de los actos en estudio. Por ello abordaremos desde este punto de vista los procedimientos, recursos y actos que emanan del Tribunal de Apelaciones de Inquilinato que participan de una misma y sola naturaleza: la administrativa.

En primer lugar, entonces, debemos señalar que el hecho de que el órgano encargado de resolver las apelaciones en materia de Inquilinato sea llamado "Tribunal" en

---

43 Artículo 206 de la Constitución. Véase Título V, Nos. 266 y sig.

44 Véase nuestro "Estudio sobre la Ley de Regulación de Alquileres. . .", *loc. cit.*, págs. 220 y sig. Véanse, asimismo, Nos. 79 y sig.

45 CFC—40—1, 30—10—52.

46 CFC—CP—3—1, 4—4—51.

unos casos, o sea, propiamente un Tribunal en otros casos[47] no nos puede indicar la naturaleza de los actos que ante él se desarrollan y que de él emanan. El hecho de que el Reglamento de la Ley de Regulación de Alquileres señale un procedimiento de juicio breve según el Código de Procedimiento Civil, e indique que los "Jueces" del nuevo Tribunal serán nombrados por la Corte Suprema de Justicia según el procedimiento regular, y que se regirán por las disposiciones de la Ley Orgánica del Poder Judicial, tampoco nos indica, ni nos puede indicar, la naturaleza de los actos que ahí se cumplen. Por último, el hecho de que la Ley y el Reglamento califiquen el acto que con motivo de la Ley de Regulación de Alquileres de esos Tribunales emanan, como "sentencias", tampoco puede indicarnos la verdadera naturaleza de él. Repetimos lo que ha establecido la jurisprudencia administrativa de la Corte: "No son los nombres o denominaciones, sino su propia naturaleza o contenido lo que da a los actos. . . su verdadero carácter, su significación o fisonomía propia"[48].

Entonces, sí la naturaleza de los actos debe buscarse en relación a "la cuestión que en ellos se ventila"[49], examinemos ésta para desenmascarar el problema.

La materia de Inquilinato, originalmente dispuesta por el Código Civil con el signo de la autonomía de la voluntad, fue regulada en relación con la fijación de los alquileres máximos de arrendamiento por diversas disposiciones administrativas que comenzaron en 1942 con la creación de la Junta Reguladora de Precios, y pasando luego por la Comisión Nacional de Abastecimiento, la Dirección de Inquilinato del Ministerio de Fomento, y terminando con el pastel orgánico de la actual Ley de Regulación de Alquileres, con sus originales desaciertos[50].

Toda la legislación sobre Regulación de Alquileres ha tenido por objeto la restricción de la autonomía de la voluntad en los contratos de arrendamiento. Así lo ha sostenido la antigua Corte Federal cuando señalaba que "las decisiones relacionadas con la regulación de alquileres son de incuestionable orden público ya que tienen por mira el bienestar general y no los intereses o conveniencias particulares de determinada persona y es obvio que los propietarios y los inquilinos tienen restringida su voluntad por imperativos insuperables cuando se trata de la estipulación concerniente al tipo de alquiler que han de cobrar los unos y pagar los otros. Y siendo así, como innegablemente lo es, la misión de la autoridad administrativa encargada de la regulación de alquileres no es precisamente la de aprobar las convenciones privadas de aquéllos, sino la de imponer su determinación con absoluta prescindencia del querer de las partes. Sí así no fuera, no sólo desaparecería el carácter de orden público que tiene la materia, sino que se frustrarían lamentablemente los altos propósitos

---

47   Véase artículo 17 de la Ley de Regulación de Alquileres y artículo 83 del Reglamento.

48   CFC—CP—3—1, 4—4—51.

49   CFC—CP—40—1, 30—10—52.

50   Sobre un completo estudio de la historia del problema de inquilinato en Venezuela, y de la actual Ley y su Reglamento, véase: CARLOS ANGARITA TRUJILLO, Comentarios sobre la Ley de Regulación de Alquileres y su Reglamento, Edime, Caracas-Madrid, 1962. La materia de este estudio ha sido objeto de algunas críticas que pueden verse en las notas bibliográficas aparecidas en la Revista del Ministerio de Justicia, Nº 40, Caracas, 1962, pág. 395, y Revista Rayas, Nos. 7-9, Caracas, 1962, pág. 55. Lamentablemente, dicho trabajo no trata en ningún aspecto el problema que nosotros aquí estudiamos.

perseguidos por la Administración en favor de la economía general; y los organismos creados con tal finalidad no tendrían razón de ser, pues su función estaría limitada a cohonestar las estipulaciones de los interesados"[51].

De esta sentencia, y de las otras citadas de la antigua Corte Federal y de Casación, se deduce claramente cuál es la cuestión que se ventila ante el Tribunal de Apelaciones de Inquilinato: principalmente la fijación de alquileres máximos y, subsidiariamente, en dependencia de ésta, el procedimiento en caso de reintegro. Además, el Tribunal conoce del ejercicio del derecho de preferencia y de la imposición de multas administrativas. Todos estos procedimientos son netamente administrativos, ya que eran los que se ventilaban antes de la publicación de la Ley ante el Ministro de Fomento como superior jerárquico de la Dirección de Inquilinato, en virtud del recurso jerárquico.

Y observamos entonces, si se tratara de una apelación propiamente dicha ante un organismo jurisdiccional que actúa jurisdiccionalmente, y decide por acto jurisdiccional, ¿sería posible la *reformado in pejus*? No es la *reformado in pejus* una noción extraña al procedimiento judicial venezolano? Sobre el problema véase el autorizado criterio de Luis Loreto[52]. Pero si la *reformatio in pejus* es extraña al procedimiento jurisdiccional ordinario del Código de Procedimiento Civil, ya hemos visto que no es nada raro en Derecho administrativo y en los procedimientos de los recursos administrativos. Hemos visto cómo, en virtud del ejercicio de un recurso jerárquico, la Administración decisora puede reformar el acto recurrido, así sea en perjuicio del recurrente[53]. Por ello, la llamada apelación administrativa, de lo administrativo para ante lo administrativo, es netamente distinta de la apelación judicial, de lo judicial para ante lo judicial. Y por ello es que no debe hablarse de apelación de lo administrativo para ante lo judicial. También hemos visto que, cuando la ley permite una apelación de este último tipo, el órgano jurisdiccional al decidir actúa en ejercicio de la función administrativa y decide por *un acto administrativo con forma de sentencia:* Tal es el caso de los recursos jerárquicos impropios que conoce la Corte y que antes hemos estudiado[54].

El hecho de que las funciones administrativas que desarrollan algunas disposiciones legislativas de Inquilinato hayan sido atribuidas a unas autoridades formal y orgánicamente jurisdiccionales, no puede engañarnos respecto a la naturaleza de los actos que de ellas emanan. No debemos atender a los nombres y denominaciones sino a la naturaleza intrínseca del acto.

---

51 CF—21—1, 25—3—54.

En este mismo sentido véase: CFC—SF—15—1, 23—2—53.

CFC—CP—47—1, 15—12—52.

52 LUIS LORETO, "Adhesión a la Apelación (Contribución a la Teoría de los recursos en materia civil)", Studia Jurídica, Nº 2, Facultad de Derecho, U. C. V., Caracas, 1958, págs. 233 1 235.

53 Véase Nº 210.

Véase concretamente la sentencia de la CSJ—PA—2—1, 9—2—61, que precisamente resuelve una cuestión de Inquilinato en la cual declara que la reformatio in pejus, que hace el superior jerárquico en su decisión, no es una ilegalidad del acto administrativo decisor.

54 Véanse Nos. 242 y sig.

Si el Reglamento de la Ley de Regulación de Alquileres creó un Tribunal que, según el legislador, ha podido ser muy bien un órgano administrativo, fue para descargar de un volumen de trabajo intenso que iba al Ministro de Fomento y su Consultoría Jurídica. Por ello se lo sustituyó por un órgano distinto formalmente, pero que decide la misma materia con el mismo contenido y de la misma naturaleza: la administrativa.

Por otra parte, si esa misma atribución fue dada a los Jueces de Distrito fuera del área metropolitana de Caracas, fue con el único propósito de desconcentrar un Servicio de la Administración con la conciencia de que, si esa desconcentración se hacía por medio de órganos administrativos *ad hoc,* creaba un grave problema burocrático y presupuestario. Por ello se dio a los Jueces de Distrito la atribución de hacer lo que hacía el Ministro de Fomento, y a las Municipalidades la atribución local de hacer lo que ejecuta en el área metropolitana la Dirección de Inquilinato del mismo Ministerio.

Como podemos ver, es el Reglamento en realidad quien crea casi todo y quien intenta ordenar, sin mucho triunfo, el caos establecido por la Ley.

Los redactores del Reglamento seguramente estaban conscientes de la importancia que tenía la existencia de un control de la legalidad de los actos administrativos, control que existía en materia de Inquilinato respecto a los actos del Ministro de Fomento y que correspondía a la Corte como jurisdicción contencioso-administrativa. Ellos sabían la existencia anterior de este control y su importancia, y, a nuestro parecer, conscientes de que se trataba de actos administrativos los emanados del Tribunal de Apelaciones de Inquilinato, "recordaron" en el artículo 92 del Reglamento que éstos podían ser recurribles por ilegalidad para ante la Corte Suprema de Justicia, y solamente "recordaron" y no establecieron, pues esa atribución está en el artículo 7, ordinal 9° de la Ley Orgánica de la Corte Federal. En nuestro concepto, los redactores del Reglamento no pretendieron crear una atribución para la Corte, sino que pura y simplemente reafirmaron el control de la legalidad de los actos administrativos admitido en nuestra legislación. Entonces, ¿por qué la Corte no tuvo en cuenta todos estos argumentos para admitir el recurso que le fue interpuesto, en lugar de declararse incompetente?[55]. No creemos que los redactores del Reglamento, entre los cuales estaban dos profesores de nuestras Universidades, no supieran que no podían otorgar competencia a la Corte por un Reglamento. Entonces, ¿por qué la Corte, en lugar de ir al fondo del problema, sólo se dejó tiranizar por el formalismo, que felizmente no siempre la ha dominado? ¿Exceso de trabajo... ?

En definitiva, si se admite que estamos en presencia de un recurso administrativo que podríamos calificar también como recurso jerárquico impropio con sus primordiales características[56], quedaría a salvo *el derecho y la garantía de loa administrados a la legalidad,* ya que habría siempre la posibilidad de obtener una revisión de la misma Corte Suprema de Justicia en su competencia contencioso-administrativa de anulación, y ello porque la decisión del recurso de apelación ante el Tribunal de

---

55   Véase N° 260.

56   Véase N° 242.

Apelaciones sería un acto administrativo con forma de sentencia. El mismo carácter revestiría la decisión de los Jueces de Distrito.

Pero si admitimos que se trata de un recurso jurisdiccional (?) y de una sentencia propiamente dicha en su fondo, ese derecho a la Legalidad quedaría quebrantado como actualmente lo está por las reiteradas sentencias de la Corte al negar su competencia en el recurso, y como seguramente lo seguirá estando hasta que haya un cambio de criterio y, por tanto, de magistrados.

La hipótesis de que se trata de un procedimiento contencioso-administrativo queda descartada por el fondo del asunto que se ventila, ya que no se ataca al acto por ilegalidad ni se demanda a la República directamente ante el Tribunal de Apelaciones. Y, por otra parte, si fuera un procedimiento contencioso-administrativo, la última instancia estaría siempre en manos de la Corte Suprema de Justicia y no en manos de un Tribunal especial o de un Juzgado de Distrito.

La hipótesis de que se trata de un procedimiento judicial normal tiene también una objeción en un sentido similar; la ausencia de un recurso de casación, contralor nato de la legalidad en esos procedimientos, quebranta la justicia y la equidad.

En definitiva, advertimos no nos mueve un criterio dogmático de condenación a las posiciones que se oponen a la opinión que sostuvimos y que mantenemos. Consideramos que nuestra posición es la que menos problemas plantea y más garantías da a los administrados. En todo caso, la Ley y el Reglamento requieren una urgente reforma desde el punto de vista estrictamente jurídico, aparte de las modificaciones que en otros sentidos algunos han propugnado.

TÍTULO V

LA JURISDICCIÓN CONTENCIOSO ADMINISTRATIVA

CAPITULO PRIMERO
INTRODUCCIÓN

1. NOCIÓN PREVIA

266. La consecuencia fundamental de la sumisión de la actividad administrativa al Principio de la Legalidad, al que hemos dedicado el Título Primero de este estudio, es principalmente la existencia en el Estado de Derecho de un contralor de la legalidad y de la legitimidad de esa actividad, aparte e independiente del propio control administrativo interno.

De ahí la existencia de la jurisdicción contencioso-administrativa, que no es más que el conjunto de órganos jurisdiccionales encargados de controlar la legalidad y legitimidad de los actos, hechos y relaciones jurídico-administrativas originados por la actividad administrativa.

Pero el estudio de la jurisdicción contencioso-administrativa en Venezuela requiere previamente la aclaración de algunos conceptos fundamentales sobre !a misma. En efecto, es necesario dejar claramente sentado desde el inicio que en Venezuela, cuando se habla de jurisdicción contencioso-administrativa, no se índica que se está en presencia de una jurisdicción autónoma, independiente y en cierta forma incompatible con otra jurisdicción que podría llamarse judicial, sino que se quiere señalar la competencia que en materia contencioso-administrativa tienen determinados Tribunales de la República. Por ello es necesario, entonces, examinar someramente las nociones de jurisdicción y competencia y luego analizar, a la luz de estos conceptos, cuál es el significado y las consecuencias de la existencia en Venezuela de una jurisdicción contencioso-administrativa.

2. JURISDICCIÓN Y COMPETENCIA

267. La función jurisdiccional en el Estado venezolano es una y sólo una, y es ejercida en base a una de las ramas del Poder Público por la Corte Suprema de Justicia y por los demás Tribunales que forman parte del Poder Judicial[1].

Sin embargo, si bien esto es cierto e incontestable en el sistema venezolano, la práctica doctrinal y legislativa habla corrientemente de clases de jurisdicción, señalándose entonces una jurisdicción ordinaria y otra especial[2]. En este sentido también se habla de una jurisdicción civil, mercantil, del trabajo, penal, de menores, etc., y también de jurisdicción contencioso-administrativa[3].

Sin embargo, cuando así se habla creemos que las distinciones que se quieren hacer consisten propiamente en distinciones de la competencia y no de la jurisdicción[4].

La competencia es la medida de la jurisdicción. La función jurisdiccional, hemos dicho, es una. Pero su ejercicio se realiza por diversos órganos con una competencia específica, diferenciada con arreglo a diversos criterios que pueden basarse, sea en la naturaleza de las relaciones jurídicas existentes entre las partes, sea por la magnitud económica, sea por la sede del órgano o sea por la conexión de la materia[5]. Todo ello responde a aquella fecunda idea de la división del trabajo que nos ofrece la mejor manera de realizar a cabalidad determinadas funciones o actividades, especializando en ellas a órganos diversos que puedan atenderlas en mejor forma.

Así vemos que la jurisdicción es una función pero que la competencia es una medida, un quantum de esa función. Si la primera corresponde a una de las tres grandes ramas del Poder Público Nacional, y a sólo una, con carácter de exclusividad o monopolio, la segunda no es otra cosa que la reglamentación y la delimitación de atribuciones de los órganos encargados de ejercer la función jurisdiccional en base a aquella rama del Poder Público.

Vemos, entonces, que no hay verdaderamente una diferencia en cuanto a la naturaleza o a la cualidad del Poder que ejercen los órganos jurisdiccionales, ordinarios y especiales. Tanto los unos como los otros están investidos del Poder Judicial o Jurisdiccional, del Poder de decir el derecho con fuerza de verdad legal, y que la dife-

---

1   Artículo 204 de la Constitución y artículo 4 de la Ley Orgánica del Poder Judicial.

2   Título XIV del Libro Primero del Código Civil y artículo 2, ordinal 3° de la Ley Orgánica del Poder Judicial.

3   Artículo 206 de la Constitución.

4   Para el análisis de las implicaciones de estos conceptos, debemos apelar a criterios cultivados en el Derecho Procesal, ya que es en esta disciplina donde más y mejor han sido estudiados. En este sentido, nos guiaremos por la exposición que de las diversas doctrinas sobre la Jurisdicción hace en su magnífica Tesis de Grado sobre "La Jurisdicción en el Derecho Procesal Moderno", el actual profesor de la Universidad Central en la materia, ARÍSTIDES RENGEL ROMBERG. Véase en *Anales de la Facultad de Derecho*, Caracas, 1951, págs. 89 y sig.

5   Artículo *66* del Código de Procedimiento Civil.

rencia entre ellos es apenas de extensión, de límites, de cantidad, en suma, de competencia. La diferencia no es cualitativa sino cuantitativa[6]: los tribunales ordinarios tienen una porción más larga, más extensa del Poder Jurisdiccional.

Según estas ideas, entonces la distinción entre jurisdicciones, como corrientemente se habla, se reduce en definitiva a una distinción entre jurisdicción y competencia. En efecto, los Jueces tienen el mismo Poder Jurisdiccional, están investidos por el Estado del Poder abstracto de sustituirse a la actividad de los particulares o de otras personas públicas para declarar las concretas voluntades de Ley, nacidas antes del proceso o para ejecutarías, no existiendo entre ellos otra diferenciación que aquella que deriva de la extensión, de la esfera de ejercicio de aquel Poder. Los Jueces son así órganos jurisdiccionales que sólo pueden ejercer el Poder Jurisdiccional dentro de los límites de su competencia. Son, pues, órganos que se distinguen por su competencia y no por la cualidad del Poder que ejercen.

De ahí se deduce que una sentencia pronunciada por un Tribunal Especial fuera de los límites de su competencia o por un Tribunal Ordinario en la misma forma, en manera alguna es nula por usurpación de funciones o falta absoluta de jurisdicción[7]. Habría falta absoluta de jurisdicción si el órgano que decidiere o juzgare no fuera un Tribunal en el estricto sentido de la palabra. Desde el momento en que tal decisión es pronunciada por un Juez, investido por el Estado del Poder Jurisdiccional, del Poder de juzgar, su decisión podrá estar afectada de un vicio de incompetencia, mas no de falta de jurisdicción. En el caso señalado sólo habría una incompetencia por razón de la materia[8].

Si todos estos conceptos se aplican a la distinción entre Tribunales Ordinarios y Tribunales Especiales, en la misma forma se aplican a la distinción entre los órganos de la jurisdicción contencioso-administrativa como Tribunales Especiales que son, y los demás Tribunales Ordinarios y Especiales de la República.

De todo lo expuesto concluimos que, si bien hablaremos de jurisdicción contencioso-administrativa al analizar el sistema venezolano, lo hacemos acogiendo la terminología usual, no para contraponerla a otra Jurisdicción, pues repetimos que la Jurisdicción, en el Estado venezolano, es sólo una, sino para indicar la competencia que en materia contencioso-administrativa poseen ciertos órganos jurisdiccionales determinados. Preferimos hablar de jurisdicción contencioso-administrativa y no de lo contencioso-administrativo, término neutro e incoloro que poco nos indica para la investigación del tema.

---

6   JOSE ALBERTO DOS REIS. *Proceso ordinario e sumario,* 2ª ed., Coimbra, 1928, pág. 564, Citado por RENGEL ROMBERG, "La Jurisdicción..*cit.,* pág. 101.

7   Como sostiene J. CHIOVENDA, *Principios de Derecho Procesal Civil,* Madrid, pág. 436, citado por RENGEL ROMBERG, "La Jurisdicción...", *cit..* pág. 100.

8   Artículo 67 del Código de Procedimiento Civil.

3.　LA JURISDICCIÓN CONTENCIOSO-ADMINISTRATIVA EN VENEZUELA

A)　Evolución constitucional

268. Hace trece años, en su magnífica tesis de grado, Tomás Polanco escribía que "suele hablarse con frecuencia de la imposibilidad en Venezuela del recurso contencioso-administrativo. Pero ello no pasa de ser una de tantas afirmaciones gratuitas. Nada más falso. Tenemos suficiente base constitucional y legal para elaborar un sistema de contencioso-administrativo. Lo que falta es su estudio analítico y una reordenación de la materia, que evite no sólo las confusiones actuales sino que imponga la vía más congruente con el progreso jurídico". Nosotros agregamos, nada más cierto[9].

9　Véase TOMAS POLANCO, "La Administración Pública", Tesis de grado. *Andes de la Facultad de Derecho*, Caracas, 1951, pág. 289.

Sobre la Jurisdicción Contencioso-Administrativa en la doctrina y Derecho comparado, hay cuatro obras fundamentales: AUBY y DRAGO, *Traité de Contentieux-Administratif*, 5 volúmenes, Librairie Générale de Droit et de Jurisprudence, Paris, 1962; R. ODENT, *Contentieux Administratif*, Curso en el Instituto de Estudios Políticos de Paris, 3 fascículos, 1961-1902, Les Cours de Droit, Paris, 1962; JESUS GONZALEZ PÉREZ, *Derecho Procesal Administrativo*, 5 volúmenes. Instituto de Estudios Políticos, Madrid, 1955-1958; E. GIUICC1ARDI, *Giustizia Amministrativa*, Padua, 1957.

Véase igualmente respecto al *Derecho francés*; R. CASIN, "Les grands principes de l'organisation et du fonctionnement de la Justice Administrative en France", en *La Justice*. Presses Universitaires de France, Paris, 1961; G, PEISER, "Jurisdiction Administrative", *Repertoire de Droit Public et Administratif*, Dalloz, Paris; J. HOUBICQ, "Les recents réformes concernant le contentieux administratif". *Départements et Communes*, 1959, pág. 277; J. GONZALEZ PÉREZ. "Consideraciones sobre el contencioso francés", *RAP*, N° 15, 1954, pág. 11; N. COMBE COURTENACHE. "Reformas en el procedimiento contencioso-administrativo francés", *RAP*, N° 31, 1960, pág. 361; J. A. GARCIA TREVIJANO FOS, "La reforma del contencioso francés", *Arbor*, Nos. 105-106, 1954, pág. 113; y en general los trabajos publicados en el LIVRE JUBILAIRE DU CONSEIL D'ETAT, París.

Respecto al *Derecho español*, véase: PI SUÑER, "Le reçours contentieux administratifs dans la législation espagnole". *Mélanges Maury*, tomo II, pág. 223; C. MARTIN-RETORTILLO, *Nuevas Notas sobre lo Contencioso-Administrativo*, Madrid, 1950; A. NEGRE VILLAVECHIA, *Ley reguladora de la jurisdicción contencioso-administrativa*, Madrid, 1957; PERA VERDAGUER, *De lo comencioso-administrativo*, Barcelona, 1953; PERA VERDAGUER, *Jurisdicción Contencioso-Administrativa*, Barcelona, 1951; S. ALVARES GENDIN, *Teoria y Práctica de lo contencioso-administrativo*. Barcelona. 1960; RÍOS SARMIENTO, *Legislación contencioso-administrativa*, Barcelona, 1957; E. GARCÍA DE ENTERRIA, "Sobre un texto refundido en la legislación contencioso-administrativa", *RAP*, N° 6, 1951, pág. 279; J. GONZÁLEZ PÉREZ, "La Justicia Administrativa en España", *RAP*, N° 6, 1951, pág. 163; J. GONZÁLEZ PÉREZ. "La reforma de la jurisdicción con iene i oso-administrativa". *RAP*, N° 17, 1955, pág. 295; J. GONZÁLEZ PÉREZ. "Ideas generales sobre lo contencioso-administrativo". *Revista Critica de Derecho Inmobiliario*, N° 293, 1952, pág. 705; E. SERRANO GUIRADO. "La Justicia Administrativa" *RAP*, N° 6, 1951, pág. 143; M. VILLAR ROMERO, "Lo contencioso-administrativo", *Revista de impuestos de la Hacienda Pública*, Nos. 110-111, 1952, pág. 437.

Respecto al *Derecho italiano*, véase: E. Ettori, "Le contrôle juridictionnel de l'Administration en Italie", *RDP*, 1951, p. 997; CANNADA-BARTOLI, *La tutela giudiziaria dei cittadino verso la pubblica amministrazione*, Milán. 1956; ROCCO, "Exposé des principes sur l'organisation de la Justice Administrative en Italie et Ics caractéristiques qui la distinguent de l'organisation française", *Livre jubilaire du Conseil d'Etat*, Paris, pág. 449; SALEMI, *La giustizia amministrativa*, Padua, 1952; RAGGI, *Atti amministrativi-Giustizia amministrativa*, Genova, 1950; ALESSI, *La giustizia amministrativa*, Milán, 1950; BODDA, *Giustizia Amministrativa*, 5 ed., Turin, 1950; BODDA, *Diritto*

Processuale Amministrativo, Turín, 1947; LENTINI, *La giustizia amministrativa,* Milán, 1948; ZANOBINI, *La Giustizia Amministrativa,* Milán, 1946; LESSONA, *La Giustizia Amministrativa,* Florencia, 1946.

Respecto a los países de *América Latina,* véase la obra fundamental de M. J. ARGAÑARAS, *Tratado de lo contencioso-administrativo,* Buenos Aires, 1955; también véase N. ALCALA-ZAMORA, "Lo contencioso administrativo", Buenos Aires, *Jur. Arg.,* 1943; R. BIELSA, *Ideas sobre lo contencioso-administrativo,* Buenos Aires, 1936; R. BIELSA, *Sobre lo contencioso-administrativo,* Buenos Aires, 1954; R. BIELSA, *Jurisdicción contencioso-administrativa,* Rosario, 1948; J. T. BOSCH, *¿Tribunales Judiciales o Tribunales Administrativos para juzgar la Administración Pública?,* Buenos Aires, 1951; F. ALVAREZ TABIO, *El proceso comencioso-administrativo,* La Habana 1954; ALVAREZ TABIO, MARQUES DE LA CEDRA, y MORE BENÍTEZ, *Sobre lo contencioso-administrativo,* La Habana. 1956; N. FADDA y R. A. NOVARRIA, *Lo contencioso-administrativo y la Jurisdicción Administrativa, Trabajos de Seminario de la Facultad de Ciencias Económicas, Comerciales y Políticas de la Universidad Nacional del Litoral,* Rosario, 1950; E. JIRON VARGAS, S. MER Y BRAVO y A. SARIC PAREDES. *Lo contencioso-administrativo,* Chile, 1959; NEGRETE NAVA, *Derecho procesal administrativo,* México, 1959; ARAGAO, "Le problème actuel de la jurisdiction administrative au Brésil". EDCE, *fascículo 11,* 1957, pág. 167; MANUEL ANDREOZZI, *La materia contencioso-administrativa; bases para su codificación,* T.E.A., Buenos Aires, 1947; FRANCISCO CAJIAO V., *El Consejo de Estado y lu competencia.* Bogotá. 1944; APARICIO MÉNDEZ, *Lo contencioso de anulación en el Derecho uruguayo, Biblioteca de Revista de Derecho Público y Privado,* Montevideo. 1952; ELOY G. MERINO BRITO, *Principios fundamentales del procedimiento contencioso-administrativo,* Jesús Montero, editor, La Habana, 1945; GUSTAVO RAMÍREZ OLIVELLA, Legislación contencioso-administrativa, Jesús Montero, editor. *La Habana. 1943;* ENRIQUE SAYAGÜES LASO, *El Tribunal de lo contencioso-administrativo,* Montevideo, 1952; M. SEABRA FEGUNDEZ, *O contrôle dos atos administrativos pelo poder judiciairo,* Ediçao Revista Forense, Río de Janeiro, 1957; TULIO E. TASCON, *Derecho Contencioso-Administrativo,* Bogotá, 1946; TULIO E. TASCON, *Derecho Contencioso-Administrativo Colombiano,* Bogotá, 1954; JOSÉ C. VIVANCO HERNÁNDEZ, *El juicio contencioso-administrativo,* La Habana, 1944.

Respecto a *otros países,* véase: G, TIXIER. *Le contrôle judiciaire de F Administration Anglaise,* Dalloz, París; P. BATATIER, "Le contentieux administratif en Gran Bretagne", *RDP,* 1959, pág. 67; O. BACHOF, "La jurisdiction administrativa en la República Federal Alemana", *RAP,* N° 25, 1958, pág. 289; ALEJANDRO NIETO, "Nueva ordenación de la jurisdicción contencioso-administrativa en la República Federal Alemana", *RAP,* N° 31. 1960, pág. 355; M. MARTIN, "Les jurisdictions administratives en Allemagne", *EDCE,* fascículo 6, 1952, pág. 166; CAMBIER, *Principes du contentieux administratif,* Bruselas, 1961; CH. CHARDAHI, "La juridiction administrative au Liban et son évolution", *Livre Jubilaire du Conseil d'Etat;* ANIS SALEH, "Liban: le contentieux administratif", *RDP,* 1950, pág. 800; THEIS, "Le contentieux administratif au Maroc, *RDP,* 1958; THEIS, "Régimen contencioso-administrativo en Marruecos", *RAP,* N° 28, 1959, pág. 303; G. RAZI, "Le contentieux administratif roumain *RIDC,* 1950, pág. 305; J. PELLIER,. "Le contentieux administratif en Suisse". R/DC, 1936; V. SILVERA, "Le contentieux administratif en Tunisie", *RDP,* 1959, pág. 207; A. HOLLEAUX, "L'organisation du contentieux administratif en Yougoslavie", *EDCE, fascículo 8,* 1954, pág. 207; J. GONZALEZ PÉREZ, "El contencioso administrativo en los pueblos árabes". *RAP,* N° 16, 1955, pág. 287.

En general sobre *Derecho Comparado,* véase: J. RIVERO, *Cours de Droit Administratif Comparé,* París, 1956-1957; Les cours de droit, París, 1957; R. BONNARD, *Le contrôle juridictionnel de l'Administration,* Etude de Droit Administrative Comparé, Paris, 1934. Véase, asimismo, los siguientes seminarios organizados por las NACIONES UNIDAS: 1959, *Seminar on Judicial and other remedies against the illegal exercise or abuse of Administrative Authority,* Paradeniya (Kandy), Ceilán, 4-5 de mayo de 1959, Publicación de las Naciones Unidas ST/TAO/HR/4, Nueva York. 1959; *Seminario sobre los Recursos Judiciales o de otra índole contra el ejercicio ilegal o abusivo del Poder Administrativo,* Buenos Aires, 31 de agosto al 11 de septiembre de 1959, Publicación de las Naciones Unidas, ST/TAO/HR/6, Nueva York, 1960.

En efecto, a partir de la Constitución de 1925 puede decirse que comienza propiamente en Venezuela la elaboración de un sistema contencioso-administrativo separado del control jurisdiccional en materia de inconstitucionalidad. Por primera vez, en el artículo 120 de dicha Constitución se establece la posibilidad de que la Corte Federal y de Casación "declare la nulidad de los Decretos o Reglamentos que dictare el Poder Ejecutivo para la ejecución de las leyes cuando alteren su espíritu, razón o propósito de ellas", es decir, la posibilidad de un recurso contencioso-administrativo de anulación pero sólo contra actos administrativos generales o individuales dictados por el Presidente de la República. Esta atribución de la Corte va a ser ampliada respecto a todos los actos administrativos a partir de la Constitución de 1931[10], cuando estén viciados de ilegalidad o abuso de poder. Con la Constitución de 1961 la atribución de la Corte Suprema de Justicia en materia contencioso-administrativa de anulación es ampliada, para evitar equívocos, para declarar la nulidad de los actos administrativos generales o individuales contrarios a derecho e incluso por desviación de poder[11].

En materia contencioso-administrativa de plena jurisdicción, desde la Constitución de 1830[12] la Corte Suprema tiene atribución para "conocer de las controversias que resulten de los contratos o negociaciones que celebre el Poder Ejecutivo por sí solo o por medio de agentes". Esta atribución, demasiado amplia para pretender circunscribirla a materia de contratos administrativos, fue restringida por la Constitución de 1864 cuando atribuyó a la Alta Corte Federal la competencia para "conocer de los juicios civiles cuando sea demandada la nación"[13], dejándole también atribución para "conocer de las controversias que resultaren de los contratos o negociaciones que celebrare el Presidente de la Unión"[14], de donde se deduce que esta segunda atribución estaba destinada a aquellos contratos no civiles, donde cabrían los contratos administrativos. En la Constitución de 1925, y a partir de ella, esta atribución fue restringida a los contratos administrativos propiamente dichos, cuando atribuyó a la Corte Federal y de Casación la facultad de "conocer en juicio contencioso de todas las cuestiones sobre nulidad, caducidad, resolución, alcance, interpretación, cumplimiento y cualesquiera otra que se susciten entre la nación y los contratistas o concesionarios a consecuencia de contratos celebrados por el Ejecutivo Federal"[15]. Incomprensiblemente, la Constitución de 1961 eliminó de su articulado esta tradicional disposición, quedando con la última redacción antes indicada en la vigente Ley Orgánica de la Corte Federal[16], pero atribuyendo, sin embargo, a los órganos de la jurisdicción contencioso-administrativa en su artículo 206 competencia para "con-

---

10   Artículo 120, ordinal 12.

11   Artículo 215, ordinal 7° y artículo 206.

12   Artículo 145, y posteriormente en la Constitución de 1858, artículo 113, ordinal 5°.
      Véase N° 185.

13   Artículo 89, ordinal 6.

14   Artículo 89, ordinal 10.

15   Artículo 120, ordinal 13.

16   Artículo 7. ordinal 28 de la Ley Orgánica de la Corte Federal.

denar al pago de sumas de dinero y a la reparación de daños y perjuicios originados en responsabilidad de la administración", donde seguramente está incluida la responsabilidad contractual.

También en materia contencioso-administrativa de plena jurisdicción, a partir de la Constitución de 1925, la Corte Federal y de Casación tiene atribución para "conocer en juicio contencioso y en los casos que determine la Ley, de las reclamaciones por daños y perjuicios que se propusieren contra la nación, y de todas las demás acciones por sumas de dinero que se intenten contra ella"[17]. Esta disposición era, ciertamente, demasiado amplia, no pudiéndose, por tanto, circunscribirla a la materia de responsabilidad extracontractual de la nación. Sin embargo, a pesar de que dicha disposición es mantenida exacta en las Constituciones posteriores, es sólo en la Constitución de 1947 cuando se declara como procedimiento contencioso-administrativo[18], y sólo en la Constitución de 1961 donde se da competencia específica a los órganos de la jurisdicción contencioso-administrativa para "condenar al pago de sumas de dinero y a la reparación de daños y perjuicios originados en responsabilidad de la Administración"[19].

En líneas generales, esta es la evolución constitucional que ha tenido la materia contencioso-administrativa en Venezuela. Es justo, sin embargo, destacar que la Constitución de 1947 es la primera en emplear la expresión "procedimiento contencioso-administrativo"[20].

Por último, el establecimiento definitivo de la jurisdicción contencioso-administrativa en Venezuela se hace en la vigente Constitución de 1961, cuyo artículo 206 dispone:

"La jurisdicción contencioso-administrativa corresponde a la Corte Suprema de Justicia y a los demás Tribunales que determine la Ley".

"Los órganos de la jurisdicción contencioso-administrativa son competentes para anular los actos administrativos generales o individuales contrarios a derecho, incluso por desviación de poder; condenar al pago de sumas de dinero y a la reparación de daños y perjuicios originados en responsabilidad de la administración y disponer lo necesario para el restablecimiento de las situaciones jurídicas subjetivas lesionadas por la actividad administrativa".

B) *Evolución jurisprudencial*

269. Es fundamentalmente a partir de 1950, cuando la Corte Federal afirma, con caracteres específicos, nuestro sistema contencioso-administrativo. La jurisprudencia anterior a esa fecha, si bien es cierto que tiene algunas decisiones de gran valor,

---

17   Artículo 120, ordinal 15.

18   Artículos 24 y 220, ordinal 12.

19   Artículos 47 y 206.

20   Artículo 220, ordinales 10 y 12.

ésas constituyen la excepción pues, en su mayoría, son una fuente de confusión. Hecho, por otra parte, perfectamente comprensible.

Tendremos oportunidad, en el desarrollo del tema, de analizar la jurisprudencia de la Corte en esta materia.

C) *Evolución doctrinal*

270. Lamentablemente pocos trabajos doctrinales de autores nacionales hay dedicados a la jurisdicción contencioso-administrativa en Venezuela. Sin embargo, no debemos olvidarlo, ha sido el tema más favorecido de la Teoría del Derecho Administrativo en materia de estudios doctrinales.

En esta oportunidad nos interesa destacar dos meritorias tesis de grado presentadas en la Universidad Central de Venezuela.

En 1950, Luis Torrealba Narváez presentó su "tesis de grado intitulada "Consideraciones acerca de la jurisdicción contencioso-administrativa, su procedimiento y algunas relaciones de éste con el de la jurisdicción judicial civil"[21]. Este estudio tiene el mérito, como bien lo señala el autor en su nota inicial que lo antecede, de ser el primer trabajo alusivo a la jurisdicción contencioso-administrativa en Venezuela.

Sin embargo, consideramos que dicha tesis peca de algunas fallas fundamentales respecto a nuestro sistema jurídico. En primer lugar, confunde los recursos administrativos que nosotros hemos estudiado en el Título precedente con los recursos contencioso-administrativos dentro del mismo concepto de jurisdicción administrativa[22]. Ya hemos aclarado suficientemente que, cuando la Administración decide un recurso administrativo, no realiza una función jurisdiccional, que es propia y exclusiva del Poder Judicial, sino pura y simplemente realiza una función administrativa[23]. Este, además, es el criterio de la antigua Corte Federal y de Casación[24].

En segundo lugar Torrealba Narváez incurre, en nuestro concepto, en otra grave imperfección, al distinguir lo que él llama jurisdicción administrativa de la jurisdicción judicial[25], como dos tipos de jurisdicciones diferentes e incompatibles. Consideramos que la posición del autor al hacer estas afirmaciones está influenciada por los sistemas jurídicos, como el francés o el panameño, que sí poseen dos jurisdicciones diferenciadas. Sin embargo, la realidad en nuestro propio sistema jurídico es

---

21 *Anales de la Facultad de Derecho*, Caracas, 1951, págs. 947 y sig. Véase también, del mismo autor: "Lo contencioso-administrativo y el Estado Venezolano", *RCADF*, año XXI, N° 106, 1958, págs. 19 a 24.

22 Ello lo hace en varias partes del texto, pero lo sienta como premisa fundamental en la Nota Inicial, TORREALBA, Tesis de Grado, *cit.*, págs. 456, 474 y 492.

23 Véanse Nos. 197, 209 y 342 y sig.

24 Sentencia de 7-12-37, Resumen CFC en SPA, 1936-1939, pág. 173 *(Memoria* 1938, tomo I, pág. 377).

25 Ello también lo hace en varias partes del texto, pero lo sienta como premisa fundamental en la Nota Inicial, TORREALBA, Tesis de Grado, *cit.*, págs. 456 y 467 y sig. Al respecto véase, en Venezuela: *LUIS I. BASTIDAS,* "Relación entre la jurisdicción administrativa y la judicial"; *ASTREA, Gaceta Jurídica,* 1937, N° 1, págs. 32 a 36, y en *Venezuela Jurídica* N° 2, 1936, pág. 50, Caracas.

otra. En Venezuela el Poder Judicial tiene el "monopolio" de la Justicia, y solamente los órganos del Poder Judicial pueden desarrollar una actividad jurisdiccional, sea ésta civil, penal, del trabajo, administrativa, constitucional, etc. La distinción entre esas llamadas "jurisdicciones", hemos dicho es propiamente una distinción de competencias.

Por último, y como consecuencia de lo anterior, Torrealba Narváez considera la jurisdicción contencioso-administrativa "como una actividad estatal ejecutiva"[26], lo cual está en abierta contradicción con nuestro sistema jurídico y con nuestras bases constitucionales tradicionales.

En el mismo año de 1950 el profesor Tomás Polanco presentó su magnífica y concienzuda tesis de grado sobre "La Administración Pública", cuya Sección Cuarta está dedicada a lo que él denomina "La Administración Contenciosa"[27].

Tomás Polanco incurre en su tesis en las mismas imperfecciones anteriormente anotadas, al considerar la jurisdicción contencioso-administrativa como separada de la jurisdicción judicial e inmersa en la propia Administración, lo que es inaplicable en el sistema venezolano. En este sentido expuso[28]: "Debe plantearse esta pregunta en primer lugar: ¿Por qué no atribuir al Poder Judicial, que tiene facultad para juzgar, el conocer de los actos administrativos por vía contenciosa ? La respuesta es clara y sencilla: no puede atribuirse a un Poder el entrar en el ámbito de acción de otro. Dentro de la misma Administración Pública debe buscarse el control jurisdiccional de sus actos y no acudir fuera de ella a fin de evitar perjudiciales intromisiones que puedan perjudicar la independencia que tanto los jueces como la Administración han de tener en sus respectivas esferas de competencia". Aparte de que esta apología que Tomás Polanco hace de la Teoría de la Separación de Poderes, es criticada por él mismo en páginas anteriores de su tesis, a raíz de una correcta sentencia de la Corte Federal y de Casación[29], ella es inaplicable, tal como la define, en nuestro sistema jurídico. Sin embargo, así es especulada en Francia, madre patria del Derecho administrativo, y creemos que Polanco, al escribir lo transcrito, estaba hondamente influenciado por el famoso dogma de "la separación de las autoridades administrativas y las autoridades judiciales".

En efecto, el sistema francés[30] nació de la interpretación del principio de la separación de poderes realizada a la luz de una peculiar tradición y evolución que tiene su origen en los días de la Revolución Francesa. Basta citar los textos legales fun-

---

26   TORREALBA, Tesis de Grado, *cit.*, pág. 474, Este criterio, por otra parte, está en abierta contradicción con el artículo *4* de la Ley Orgánica del Poder Judicial, que establece que "corresponde al Poder Judicial conocer de las causas y asuntos... administrativos y fiscales, cualesquiera que sean las personas que intervengan; decidirlos definitivamente y ejecutar o hacer ejecutar las sentencias que dictare".

27   *Anales de la Facultad de Derecho*, Caracas, 1951, págs. 289 y sig.

28   POLANCO, Tesis de Grado, *cit.*, pág. 305.

29   POLANCO, Tesis de Grado, *cit.*, pág. 291.

30   Sobre el sistema contencioso-administrativo francés, véase la bibliografía citada en la Nota 9 del presente Título.

damentales para comprender este inicio del sistema de Derecho administrativo francés, que gira en torno a ese principio de la separación de las autoridades administrativas de las judiciales, que prohíbe al Poder Judicial juzgar a la Administración.

En primer lugar, la Ley de 16-24 de agosto de 1790, en su Título II, artículo 13, contiene una disposición siempre vigente que constituye la base jurídica y teórica de la competencia de la jurisdicción administrativa francesa. Dicho artículo dice: "Las funciones judiciales son y permanecerán siempre separadas de las funciones administrativas. Los jueces no podrán, bajo pena de prevaricación, perturbar de cualquier manera que sea las operaciones de los cuerpos administrativos, ni citar delante de ellos a los administradores en razón de sus funciones".

Posteriormente, la Ley de 16 fructidor del año III reiteraba el principio: "Prohibición reiteradas son hechas a los tribunales de conocer de los actos de Administración de cualquier especie que ellos sean".

Entonces los litigios en los cuales la Administración estaba interesada escapaban del conocimiento de los Tribunales. Pero era necesario, ciertamente, un Juez para conocer de esos litigios, so pena de denegación de justicia. Hasta el año VIII fue el Administrador Activo, el Rey, y luego los Ministros, quien juzgaba. Era la época del sistema llamado del Administrador-Juez, que no ofrecía ninguna seguridad a los particulares, ya que se trataba de un juez interesado, es decir, de un juez que era al mismo tiempo parte.

Es entonces en el año VIII, 22 frimaire, cuando son creados importantes órganos consultivos: el Consejo de Estado, cerca del Poder Central, y los Consejos de Prefectura, cerca del Prefecto. Estos órganos consultivos fueron asociados al ejercicio de la jurisdicción administrativa. De esta manera se abre, en el seno de la Administración, una nueva separación entre la función administrativa activa y la jurisdicción administrativa que es necesario distinguir bien de la separación de Poderes ya existente: La separación de poderes interesa a las relaciones entre el Poder Ejecutivo y el Poder Judicial; en cambio, la separación de funciones sólo concierne a una división del trabajo en el seno del Ejecutivo: algunos de sus agentes se especializan en juzgar los asuntos contenciosos en que la misma Administración es parte. De esta separación de funciones nace la jurisdicción administrativa en Francia.

La evolución posterior a 1800 se caracteriza por una paulatina separación entre la administración activa y la jurisdicción administrativa. Hasta 1872 continúa la concepción llamada de la "justicia retenida" en la que el Jefe del Estado retenía la justicia administrativa: el Consejo de Estado se limitaba a dar su opinión sobre la solución de los litigios administrativos pero él no los resolvía propiamente sino que esa función correspondía al Jefe de Estado. En la práctica, sin embargo, las opiniones del Consejo de Estado fueron siempre seguidas, pero siempre quedaba el riesgo de que el soberano no acogiera la opinión del cuerpo consultivo. La Ley de 24 de mayo de 1872 pondrá fin a esta riesgosa situación, concediendo al Consejo de Estado el poder de ejercer la jurisdicción administrativa, llamada desde entonces sistema de la "justicia delegada", es decir, decidiendo directamente, como todo Tribunal, "en nombre del pueblo francés".

El último paso importante que nos interesa destacar en esta rápida ojeada de la evolución se produce con la decisión del Consejo de Estado, Cadot, del 3 de diciembre de 1889[31]. La situación anterior a esta fecha era la siguiente: el Consejo de Estado actúa siempre como Juez de Apelación. El demandante debe dirigir siempre en primer lugar su petición al Ministro. El Ministro es entonces el juez ordinario en materia administrativa, al cual deben acudir los demandantes, salvo texto legal expreso. El Consejo de Estado sólo conoce y decide en apelación de la decisión del Ministro. Con la sentencia Cadot, el mismo Consejo de Estado termina con esta situación y se proclama juez ordinario en materia administrativa, eliminando así al Ministro de la jurisdicción administrativa, como la Ley de 1872 ya había eliminado al Jefe de Estado. Ese fue el fin de la llamada Teoría del Ministro-Juez.

La evolución posterior a 1889 se destaca por una separación cada vez más profunda entre la jurisdicción administrativa y la administración activa, y por una paulatina analogía de los procedimientos de la primera respecto a los de los Tribunales judiciales.

El año 1953, por último, marca una importante reforma en la competencia interna de la jurisdicción administrativa, con la creación de los Tribunales administrativos en sustitución de los antiguos Consejos de Prefectura.

Con esta ligera vista sobre la evolución del sistema francés, podemos darnos cuenta de su particularismo. Y, si bien el Derecho administrativo francés ha dado materialmente origen al régimen administrativo de la mayoría de los países latinos del mundo occidental, su sistema jurisdiccional administrativo ha tenido menor influencia en cuanto a su forma, ya que es el producto de una larga evolución y tradición, difícilmente transportable en bloque a otro sistema jurídico.

Los mismos autores franceses han comprendido esto y han afirmado que la jurisdicción administrativa separada de la jurisdicción judicial, e integrada en el Poder Administrador, no es una necesidad, y que la existencia de un Derecho administrativo distinto de un Derecho privado no implica necesariamente esa separación entre un orden jurisdiccional administrativo y un orden jurisdiccional judicial[32].

Sin embargo, la ligera exposición que de la evolución del sistema francés hemos hecho nos lleva a comprender la gran influencia que tuvo en la mente de algunos de nuestros administrativistas. Pero, a pesar de las excelencias del sistema francés, es necesario observar la realidad venezolana y nuestra joven tradición para darse cuenta de los innumerables problemas que plantearía un sistema similar al francés en nuestro país, como en Francia mismo plantea, y para comprender la necesidad de

---

31   LONG, WEIL y BRAIBANT, *Les Grands arrêts de la jurisprudence administrative,* Sirey, Paris, 1962, págs. 24 y sig.

32   J. RIVERO, *Droit Administratif,* Précis Dalloz, 1962, París, pág. 118; R. ODENT, *Contentieux Administratif,* Curso citado, fascículo I, pág. 16.

que en Venezuela la jurisdicción contencioso-administrativa permanezca en manos del Poder Judicial, tal como lo establece la Constitución vigente y como lo han sostenido tímidamente las Constituciones anteriores.

Por último, otra observación que debemos hacer respecto a los conceptos que desarrolla Tomás Polanco en su tesis es la asimilación que hace, y que en nuestro concepto no es correcta, entre lo que nosotros hemos llamado recursos jerárquicos impropios, que son recursos administrativos, y el recurso contencioso-administrativo de plena jurisdicción. A este respecto Polanco afirma, a propósito de estos recursos jerárquicos impropios, que no se trata de una revisión judicial sino que "se trata de un recurso estrictamente administrativo en el cual la Corte actúa, no como órgano judicial, sino como órgano administrativo", para luego darles carácter de recurso contencioso-administrativo de plena jurisdicción[33], confundiendo así dos cosas diferentes. En el recurso jerárquico impropio la Corte actúa como autoridad administrativa por poder que la Ley le concede al efecto; sin embargo, en el recurso de plena jurisdicción, que es otra cosa, la Corte actúa como órgano jurisdiccional, realizando su función jurisdiccional en materia contencioso-administrativa[34].

Aparte de estas dos tesis de grado, se ha hablado de la jurisdicción contencioso-administrativa en Venezuela, en diversas ponencias presentadas a reuniones internacionales.

En primer lugar, en el año 1950 el profesor Antonio Moles Caubet presentó en las Terceras Jornadas de Derecho Franco-Latino-Americano, celebradas en París bajo los auspicios de la Société de Législation Comparée, un Informe sobre "El Contencioso de la Legalidad de los Actos Administrativos" con especial referencia al Derecho venezolano. Lamentablemente, la época en que se escribía —sin tradición jurisprudencial— no permitió, seguramente, al autor darle la extensión debida al problema[35].

Para el Seminario de las Naciones Unidas sobre "Los recursos judiciales o de otra índole contra el ejercicio ilegal o abusivo del Poder Administrativo", celebrado en Buenos Aires del 31 de agosto al 11 de septiembre de 1959, el Decano José Guillermo Andueza, en colaboración con los profesores Luis Enrique Farías, Tomás Polanco y Enrique Pérez Olivares, preparó una ponencia intitulada "El Control en

---

33   POLANCO, Tesis de Grado, *cit.,* págs. 298 y 299.

     Respecto a los Recursos Jerárquicos Impropios, véanse Nos. 242 *y* sig.

34   Así lo ha declarado recientemente la Corte Suprema de Justicia: "Con efecto, no podría ser otra la acción a intentarse tratándose, como se trata, de la nulidad de las Resoluciones Ministeriales, nulidad que, por su naturaleza y según nuestro sistema jurídico, es contencioso-administrativa, y conoce de ella esta Sala (Político-Administrativa) como *órgano jurisdiccional* de revisión en esa materia conforme el citado ordinal de su Ley Orgánica y siguiendo el trámite procesal que pauta el artículo 25 *ejusdemn* (Paréntesis y subrayado nuestro).

     Véase CSJ—PA—26—1, 15—3—62.

35   ANTONIO MOLES CAUBET, "Le contentieux de la Légalité des actes administratifs, *RIDC,* 1952, pág. 611.

Venezuela de los Actos Ilegales de la Administración Pública". Lamentablemente sólo dedica tres páginas a la jurisdicción contencioso-administrativa[36].

Por último, y recientemente, el Colegio de Abogados del Distrito Federal ha publicado mimeografiada una ponencia sobre la "Revisión de las Decisiones Administrativas", preparada por los magistrados Eloy Lares Martínez y José Gabriel Sarmiento Núñez para la Conferencia Interamericana de Derecho Procesal reunida en San Juan de Puerto Rico del 21 al 26 de julio de 1962. Lamentablemente, este trabajo no analiza el sistema jurídico venezolano, sino que estudia solamente las principales disposiciones del Anteproyecto de la Ley de Procedimientos Administrativos que se elaboraba en aquella época en la Comisión de Administración Pública.

Sin embargo, éstas son, fundamentalmente, las fuentes doctrinales de esta materia en el Derecho venezolano.

Analizados los conceptos generales de esta Introducción, que nos indican la existencia en Venezuela de una jurisdicción contencioso-administrativa integrada en los cuadros del Poder Judicial, para el desarrollo de la materia estudiaremos, utilizando principalmente la jurisprudencia de nuestro Tribunal Supremo, las características fundamentales de la jurisdicción contencioso-administrativa, su competencia, el procedimiento contencioso-administrativos los recursos contencioso-administrativos y la materia contencioso-fiscal.

---

36 Publicación de) Ministerio de justicia. República de Venezuela, Caracas, 1959, págs. 23, 2-1 y 25. Este trabajo también fue publicado en la *Revista del Ministerio de Justicia,* N° 30, 1959, pág. 41; y en la *RCADF,* N° 109, 1959, págs. 63 y sig.

CAPITULO SEGUNDO
LAS CARACTERÍSTICAS FUNDAMENTALES

1. NOCIÓN PREVIA

271. Ya hemos definido la jurisdicción contencioso-administrativa en Venezuela como aquel conjunto de órganos jurisdiccionales encargados de controlar la legalidad y la legitimidad de los actos, hechos y relaciones jurídico-administrativas originadas por la actividad administrativa.

De esta noción podemos destacar las características fundamentales de la jurisdicción contencioso-administrativa en Venezuela, que enunciaremos en el presente Capítulo y cuyo análisis detallado resultará del desarrollo del Título.

2. JURISDICCIÓN ESPECIAL

272. La jurisdicción contencioso-administrativa es, ante todo, lo que se ha llamado por contraposición a la jurisdicción ordinaria, una jurisdicción especial. Es decir, es una parte del Poder Jurisdiccional del Estado cuyo ejercicio está encomendado a unos órganos jurisdiccionales determinados y especializados por razón de la materia. A los órganos de la jurisdicción contencioso-administrativa no están encomendados, entonces, la generalidad de los procesos ni sometidas la generalidad de las personas: Solamente están sometidas a ella determinadas categorías de personas y solamente juzga determinados actos, hechos y relaciones jurídicas.

En cuanto a las personas jurídicas sometidas a esta jurisdicción especial, una de las partes de la relación jurídico-procesal debe ser la Administración.

Respecto a las relaciones jurídicas, hechos y actos jurídicos, esta jurisdicción especial está llamada a juzgar los actos, hechos y relaciones jurídico-administrativos, es decir, actos, hechos y relaciones jurídicas de Derecho administrativo.

Los órganos de la jurisdicción contencioso-administrativa, como jurisdicción especial, son la Corte Suprema de Justicia y los demás Tribunales que determine la Ley[1]. Lamentablemente, después de algo más de dos años, la Ley no ha determinado aún los Tribunales competentes en materia contencioso-administrativa. Sin embargo, recientemente se ha dado a conocer el Proyecto de Ley de Procedimientos Administrativos, cuya segunda parte se refiere a los procedimientos contencioso-administrativos, y cuya sanción y promulgación se requiere urgentemente. Actualmente, en todo caso, solamente tienen competencia en materia contencioso-

---

1   Artículos 206, 215 y Disposición Transitoria decimoquinta de la Constitución.

administrativa, la Corte Suprema de Justicia y el Tribunal de Apelaciones del Impuesto sobre la Renta. Este último solamente en materia contencioso-fiscal[2].

3. JURISDICCIÓN ESPECIAL PARA CONTROLAR LA ADMINISTRACION

273. La existencia de la jurisdicción contencioso-administrativa radica en la necesidad de una jurisdicción especial para controlar la Administración y su actividad.

Por ello se habla de jurisdicción contencioso-administrativa: Es imposible obtener un pronunciamiento de esta jurisdicción especial cuando las partes en la relación jurídico-procesal son ambas particulares. Siempre, en la relación jurídico-procesal-administrativa, debe estar presente la Administración y su actividad.

---

2   Véanse Nos. 409 y sig.

Respecto a los órganos de la jurisdicción administrativa, es interesante destacar las disposiciones pertinentes del Proyecto LPA 1963:

"Artículo 114: La jurisdicción con (endoso-administrativa se ejerce por la Corte Suprema de Justicia y por las Cortes o Tribunales Superiores en lo Civil y por los Tribunales Administrativos.

La Ley Orgánica de la Corte Suprema de Justicia indicará la Sala competente para conocer de lo contencioso-administrativo.

Artículo 115. La Corte Suprema de Justicia conocerá: a) En única instancia, de les recursos contencioso-administrativos que se formulen en relación con la actividad de los órganos de la Administración Pública Nacional y de la Municipalidad del Distrito Federal;

b)   En segunda instancia, de los recursos que se formulen en relación con las decisiones susceptibles de apelación pronunciadas por las Cortes o Tribunales Superiores en lo Civil;

c)   En segunda instancia, en su caso, de los recursos que se formulen en relación con las decisiones del Tribunal Superior de Hacienda, del Tribunal de Apelaciones del Impuesto sobre la Renta y de los Tribunales Administrativos a que se refiere el artículo siguiente.

Artículo 116. Las Cortes o Tribunales Superiores en lo Civil conocerán: a) En única instancia de los recursos de plena jurisdicción, cuya cuantía no exceda la cantidad de diez mil bolívares, que se formulen en relación con les órganos de la Administración Pública estadal y municipal; b) En primera instancia, de los recursos contencioso-administrativos que se formulen contra los actos administrativos de los órganos de la Administración Pública estadal o municipal, salvo lo dispuesto en el aparte anterior.

UNICO. El Ejecutivo Nacional podrá, cuando ello fuere necesario para el mejor funcionamiento de los Tribunales que ejercieren conforme a esta Ley la jurisdicción contencioso-administrativa, crear nuevos Tribunales unipersonales o colegiados y señalar a los mismos la zona territorial de competencia. Los tribunales a que se refiere este artículo ejercerán en la zona respectiva la competencia atribuida por esta Ley a los Tribunales o Cortes Superiores en lo Civil.

El Ejecutivo Nacional, asimismo, podrá crear en la capital de la República uno o más Tribunales superiores administrativos, unipersonales o colegiados, para conocer en primera instancia de los recursos que, conforme a esta Ley, se intenten contra los actos administrativos de la Administración Nacional centralizada o autónoma y de la Municipalidad del Distrito Federal.

117. La organización y funcionamiento de la Corte Suprema de Justicia y de las Cortes o Tribunales Superiores en lo Civil serán determinados por las leyes orgánicas respectivas".

Sobre el problema, véase en Venezuela: J. GIMÉNEZ ANZOLA, "De la organización de lo Contencioso-Administrativo entre nosotros". *Revista del Colegio de Abogados del Estado Lara,* año II, 1939, N° 8, págs. 9 a 14.

De otra parte, por Administración debemos entender aquí toda autoridad pública actuando en función administrativa, es decir, actuando con finalidad de servicio público[3].

En esta forma, entre los entes de la Administración que están sometidos a esta jurisdicción especial se encuentran, además de las Administraciones Públicas territoriales, la Estatal, la Estadal y la Municipal, aquellas otras personas jurídicas de derecho público denominadas Establecimientos Públicos, entre los cuales se encuentran los Institutos Autónomos y ciertas Corporaciones Públicas como los Colegios Profesionales.

4. ACTOS, HECHOS Y RELACIONES JURÍDICAS DE DERECHO ADMINISTRATIVO

274. Pero no toda la actividad de los órganos administrativos está sometida a la jurisdicción contencioso-administrativa. Solamente los actos, hechos y relaciones jurídicas de Derecho administrativo tienen su control en esta jurisdicción especial. Y nos encontramos ante un acto, un hecho o una relación jurídico-administrativa cuando la Administración actúa en función administrativa, es decir, cuando la actividad de la Administración tiene una finalidad de Servicio Público[4].

Por tanto, cuando la actividad que desarrolla la Administración no tiene por finalidad una finalidad de Servicio Público, las relaciones jurídicas que con esa actuación surjan corresponden a otras jurisdicciones ordinarias o especiales previstas por nuestra legislación: sea la civil, mercantil, del trabajo, etc.

Entonces, el signo característico de la jurisdicción contencioso-administrativa es que los procesos a ella encomendados son siempre originados por un acto administrativo, un hecho jurídico-administrativo o una relación jurídica de Derecho administrativo, es decir, por una actividad de la Administración regida por el Derecho administrativo.

---

3   Sobre esta noción, véanse Ns. 82 y 83.

4   Véanse Nos. 82 y 83.

A este respecto, el artículo 111 del Proyecto LPA 1963 señala que "la jurisdicción contencioso-administrativa conocerá de las pretensiones que se deduzcan con relación a los actos de la Administración Pública sujetos al Derecho Administrativo". Sin embargo, creemos que este artículo es incompleto, ya que la jurisdicción contencioso-administrativa, -no sólo conoce de pretensiones que se deduzcan contra actos administrativos, sino también contra hechos jurídico-administrativos de la Administración. Por ejemplo, en los casos de responsabilidad administrativa. Lo mismo puede decirse respecto al contencioso contractual, pues, si bien et contrato administrativo es un acto donde participa para su formación la Administración, no es un acto exclusivo de ella, sino un acto bilateral o más bien una relación jurídico-administrativa. Por ello creemos que ese artículo del Proyecto sería más completo si, en lugar de referirse a los "actos de la Administración Pública", hablara de los "actos, hechos y relaciones jurídicas de la Administración-Pública sujetos al Derecho Administrativo".

5   EL CONTROL DE LA LEGALIDAD Y DE LA LEGITIMIDAD

275. Por último, la jurisdicción contencioso-administrativa tiene por objeto el control de la legalidad y de la legitimidad de la actuación administrativa.

El control de la legalidad se manifiesta por la competencia que tienen los órganos de la jurisdicción contencioso-administrativa para "anular los actos administrativos generales o individuales contrarios a derecho, incluso por desviación de poder"[5]. Es decir, esta jurisdicción especial controla los actos administrativos en su sumisión al Principio de la Legalidad Administrativa.

Pero, por otra parte, el control de la legalidad de los actos administrativos no es el único objeto de la jurisdicción contencioso-administrativa. Esta también tiene por objeto el control de la legitimidad de la actuación administrativa, es decir, el control de la legitimidad, no sólo de los actos administrativos, sino también de los hechos y velaciones jurídico-administrativas.

Antes de proseguir debemos aclarar, sin embargo, qué entendemos por legitimidad en esta expresión. Jurídicamente hablando, y no moral o políticamente, legitimidad es la conformidad con el ordenamiento jurídico[6]; o, dicho en otras palabras, una actividad es legítima cuando está fundada en un título jurídico regular según el orden jurídico[7]. Por tanto, la investigación de la legitimidad de la actividad administrativa se reduce a la búsqueda de un título jurídico regular y suficiente según el ordenamiento jurídico, en el cual esa actividad está fundada y según el cual es desarrollada. Para determinar esa legitimidad, bastará preguntarse si el ordenamiento jurídico permite la existencia y realización de esa actividad.

La ilegitimidad en la actividad administrativa surge, entonces, ante la ausencia de un título jurídico que autorice el desarrollo de esa actividad, que legitime esa actividad; y, por tanto, será ilegítima la actividad administrativa cuando atente contra el ordenamiento jurídico vigente.

La jurisdicción contencioso-administrativa, como contralora de la legitimidad de la actividad administrativa, hemos señalado, no sólo abarca los actos administrativos, sino los actos materiales, hechos jurídicos y relaciones jurídico-administrativas

---

5   Artículo 206 de la Constitución.

Véase N° 295.

6   Entendemos por ordenamiento jurídico, no solamente el conjunto de normas de carácter general e imperativas, sino también las normas de carácter particular como los contratos, sentencias, actos administrativos, etc., siguiendo la terminología y concepción nacida en Kelsen. Véase al respecto CHARLES EISENMANN, Curso de Doctorado, *Droit Admmistratif Approfondi*, 1956-1957, Editorial Cujas, París, 1957, págs. 33 y sig.

7   Sobre el concepto de legitimidad en relación a las situaciones jurídicas, véase PAUL ROUBIER, *Droits Subjectifs et Situations juridiques*, Dalloz, París, 1963, págs. 224 y sig., y concretamente pág. 228.

El misino concepto de legitimidad que acogemos lo encontramos en M. S. GIANNINI, *Atto amministrativo*, Edizioni speciali per gli studenti dell'Università di Roma (Enciclopedia del Diritto), Milán. Giuffré, 1960, pág. 80, donde habla de la legitimidad como "conformità dell'atto alla norma".

que atenten contra el ordenamiento jurídico, y que lesionen situaciones jurídicas objetivas que den lugar a un derecho positivo, o que lesionen derechos subjetivos preestablecidos.

En este sentido, los órganos de la jurisdicción contencioso-administrativa son competentes para condenar al pago de sumas de dinero y a la reparación de daños y perjuicios originados por la responsabilidad contractual o extracontractual de la Administración, y para disponer lo necesario para el restablecimiento de las situaciones jurídicas subjetivas lesionadas por la actividad administrativa[8]. Veremos más adelante[9] que el control de la legalidad de los actos administrativos se obtiene por el recurso contencioso-administrativo de anulación y que el control de la legitimidad de la actuación de la Administración se obtiene por el recurso contencioso-administrativo de plena jurisdicción.

---

8   Artículo 206 de la Constitución.
     Véase N° 296.
9   Véanse Nos. 353 y sig.

CAPITULO TERCERO
LA COMPETENCIA DE LA JURISDICCIÓN CONTENCIOSO-ADMINISTRATIVA

1. NOCIÓN PREVIA

276. La competencia de la jurisdicción contencioso-administrativa no es más que el derecho y la obligación que ella tiene de conocer y resolver determinados litigios. Por tanto, el problema del examen de la competencia de la jurisdicción contencioso-administrativa se reduce, de una parte, a la determinación de la naturaleza de la materia que ella está obligada a conocer y, por otra parte, a la determinación de los poderes del Juez en la resolución de los litigios que debe conocer.

Pero antes de entrar al estudio de las cuestiones planteadas, debemos dejar claramente establecido que la competencia jurisdiccional por la materia es de orden público. Por tanto, las disposiciones legales y constitucionales que la establezcan no pueden renunciarse ni relajarse por convenios particulares.

Pero el carácter de orden público de la competencia jurisdiccional no sólo se refiere a los particulares y administrados, sino que también tiene especial referencia a los mismos órganos jurisdiccionales. En este sentido, los órganos de la jurisdicción contencioso-administrativa, como cualquier órgano jurisdiccional, no pueden desconocer su competencia, sea porque conozcan de litigios respecto a los cuales no tienen cualidad para conocer, sea porque rehusen a conocer cuestiones que pertenecen a su competencia.

Examinaremos entonces, en primer lugar, la delimitación de la competencia contencioso-administrativa, pasando revista a los problemas que surgen del conflicto de competencias, de la acumulación de acciones y de la cuestión perjudicial; y, en segundo lugar, examinaremos los poderes del Juez contencioso-administrativo.

2. LA DELIMITACIÓN DE LA COMPETENCIA

A) *El principio*

277. La competencia de la jurisdicción contencioso-administrativa es una competencia en razón de la materia, es decir, en razón de la naturaleza administrativa de los litigios que a ella deben ser sometidos.

La competencia por razón de la materia, indica el artículo 67 del Código de Procedimiento Civil, "se determina por las leyes relativas a la materia misma que se discute... y, en defecto de éstas, por las leyes orgánicas de los Tribunales". De esta forma, la competencia contencioso-administrativa, en ausencia de la Ley Reguladora de la Jurisdicción Contencioso-administrativa, está determinada en nuestro Derecho positivo por la Constitución y por la Ley Orgánica de la Corte Federal.

Veamos el principio que consagra la Constitución vigente de 1961, el cual domina todo nuestro sistema contencioso-administrativo y que está determinado en el aparte segundo del artículo 206:

"Los órganos de la jurisdicción contencioso-administrativa son competentes para anular los actos administrativos generales o individuales contrarios a derecho, incluso por desviación de poder; condenar al pago de sumas de dinero y a la reparación de daños y perjuicios originados por responsabilidad de la Administración, y disponer lo necesario para el restablecimiento de las situaciones jurídicas subjetivas lesionadas por la actividad administrativa".

De este artículo de la Constitución vigente, y de las expresiones "actos administrativos", "administración" y "actividad administrativa" se deduce claramente cuál es el ámbito y el dominio de la jurisdicción contencioso-administrativa.

En efecto, ésta es competente para conocer de los *litigios en que la "administración" sea parte, originados ya sea por sus "actos administrativos" o por la "actividad administrativa"*.

Sin embargo, a pesar de que este concepto sea claro, requiere una somera explicación en lo referente al señalamiento de los límites del mismo. En este sentido, veremos cómo quedan excluidas de la jurisdicción contencioso-administrativa las actividades de otros entes jurídicos extraños al Estado venezolano, las actividades del Estado venezolano ejercidas en base a otra función estatal que no sea la administrativa y las actividades de la propia Administración, que no puedan calificarse propiamente de "actividad administrativa".

---

1   Sobre la competencia de la jurisdicción contencioso-administrativa, véase: J, A. DE GREGORIO LAVIE, *La competencia contencioso-administrativa*, Abeledo-Perrot, Buenos Aires, 1961; PERA VERDAGUER, *jurisdicción y competencia*, Bosch, Barcelona, 1953; BOULOIS, "Compétence administrative", *Repertoire de Droit Public et Administratif*, Dalloz, París; C, DURAND, *Les rapports entre les juridictions administrative et judiciaire*, Paris, 1956; GAZIER y LONG, "La compétence à l'intérieur de ta juridiction administrative" *AJ, 1954, N° 6; DESFORGER*, La compétence juridictionnel du Conseil d'Etat et des Tribunaux administratifs, *Paris, 1961*.

Sobre la competencia en general, véase G. JÊZE. "Essai de théorie générale de la compétence", *RDP*, 1923, pág. 58.

El Proyecto LPA 1963 define la competencia de la jurisdicción contencioso-administrativa en la forma siguiente: "Artículo 112. Corresponderán a la jurisdicción contencioso-administrativa: 1°) Las cuestiones relativas a la nulidad de los actos administrativos generales e individuales contrarios a derecho, incluso por desviación de poder; 2°) Las cuestiones referentes a cumplimiento, caducidad, resolución, alcance, interpretación y cualesquiera otros que se susciten a consecuencia de contratos administrativos o de concesiones otorgadas por la Administración Pública; 3°) Las cuestiones que se susciten sobre la responsabilidad patrimonial de la Administración Pública emanada de actos y hechos administrativos; 4°) Las cuestiones que una ley le atribuya especialmente".

B) *Límites del principio*

a. *Exclusión de las actividades de otros entes jurídicos extraños al Estado venezolano*

278. En primer lugar, quedan excluidos de la jurisdicción contencioso-administrativa los litigios entre particulares de cualquier naturaleza que éstos sean. Es imposible recurrir ante la jurisdicción contencioso-administrativa cuando no se pone en causa la actividad del Estado venezolano, y concretamente la actividad de la Administración.

Por lo mismo, también quedan excluidos de la competencia de la jurisdicción contencioso-administrativa los litigios entre un particular y un Estado extranjero o cualquier organismo internacional no sometido a la soberanía del Estado venezolano.

Por tanto, para que la competencia de la jurisdicción contencioso-administrativa funcione, es necesario en primer lugar que se trate de una actividad del Estado venezolano.

b. *Exclusión de las actividades del Estado venezolano ejercidas en función legislativa, jurisdiccional y de gobierno*

a'. *Noción previa*

279. Pero no basta, para que la jurisdicción contencioso-administrativa sea competente, que se le someta un litigio concerniente a una actividad del Estado venezolano. Hemos señalado que la jurisdicción contencioso-administrativa es sólo competente para conocer de los litigios en que la Administración sea parte, originados por sus actos administrativos y por la actividad administrativa. Por tanto, sólo pueden ser sometidos a la jurisdicción contencioso-administrativa los litigios en que la Administración sea parte, es decir, en que sea parte cualquier autoridad pública actuando en función administrativa[2].

Así, quedan excluidos de la competencia de la jurisdicción contencioso-administrativa todos los litigios concernientes a otras actividades del Estado que no sean "actividad administrativa", es decir, que no sean realizadas por una autoridad pública en ejercicio de la función administrativa y, por tanto, también quedan excluidos de la competencia de esta jurisdicción las acciones en nulidad dirigidas contra otros actos del Estado venezolano que no sean actos administrativos.

Estos conceptos requieren un preciso análisis.

---

2   Véanse Nos. 82 y 83.

b'. *La actividad legislativa y los actos legislativos*

280. La jurisdicción contencioso-administrativa es incompetente para conocer de litigios concernientes a la actividad legislativa y para conocer de acciones de nulidad de los actos legislativos.

El Principio de Legalidad, que domina toda la actividad del Estado venezolano exige, sin embargo, la existencia de un control jurisdiccional para la actividad de los cuerpos legislativos ejercida en función legislativa. Hemos dicho que el Principio de Legalidad aplicado a la función legislativa se traduce exclusivamente en constitucionalidad, pues la actividad legislativa es ejercida en ejecución directa de la Constitución[3]. Entonces, el control que pueda ejercerse sobre los actos del Poder Legislativo es solamente un control de la constitucionalidad de dichos actos, que se ejerce en nuestro ordenamiento vigente por ante la jurisdicción constitucional que ejerce la Corte Suprema de Justicia en Pleno y por medio del recurso de inconstitucionalidad[4]. Es necesario dejar claro esto: el control de la constitucionalidad de las leyes y demás actos de los cuerpos legislativos es ejercido por la Corte Suprema de Justicia en Corte Plena[5], es decir, por la Corte como jurisdicción constitucional y no como jurisdicción contencioso-administrativa.

Sin embargo, y ello es evidente, no toda la actividad que desarrollan los Cuerpos Legislativos es una "actividad legislativa". Las Cámaras también desarrollan, aunque excepcionalmente, una actividad administrativa. En la actividad de los Cuerpos Legislativos hay que distinguir, entonces, la actividad ejercida en función legislativa y la actividad ejercida en función administrativa. La primera tiene su control propio en la jurisdicción constitucional que hemos señalado. Sin embargo, la segunda, la actividad administrativa ejercida por los Cuerpos Legislativos sí está sometida al control de la jurisdicción contencioso-administrativa.

Vemos, por ejemplo, que la Constitución, en su artículo 158, ordinales 3° y 6°, señala que es atribución privativa de cada uno de los Cuerpos Legislativos organizar su servicio de policía y ejecutar y mandar ejecutar las resoluciones concernientes a su funcionamiento. Pues bien, en el ejercicio de esta atribución los Cuerpos Legislativos actúan en función administrativa propia del concepto de policía en Derecho administrativo; y los litigios resultantes del nombramiento o destitución de esos funcionarios de policía, o los litigios resultantes de la responsabilidad que pueda causar al Estado por el mal funcionamiento o por los daños que cause ese servicio de policía, entrarán bajo la competencia de la jurisdicción contencioso-administrativa.

El acto de nombramiento de un funcionario de policía por uno de los Cuerpos Legislativos es un acto administrativo susceptible de ser recurrido por ilegalidad por

---

3   Véase N° 2.

4   Sobre la diferencia entre los Recursos de Inconstitucionalidad y los Recursos Contencioso-Administrativos de Anulación, véanse Nos. 359 y sig.

5   Véase el artículo 215, ordinal 3° de la Constitución

el recurso contencioso-administrativo de anulación. Esto es evidente. Esos actos no constituyen, en ningún momento, actos legislativos.

En este mismo sentido, la responsabilidad que pueda resultar para el Estado por el mal funcionamiento de esos servicios de policía o por los daños que causen en sus funciones, es una responsabilidad administrativa y, por tanto, susceptible de ser puesta en evidencia por la jurisdicción contencioso-administrativa.

Por último, es conveniente señalar que el principio que venimos desarrollando es tajante cuando el artículo 206 de la Constitución habla de "responsabilidad administrativa", por lo tanto, la responsabilidad que pueda resultar de una ley u otro acto legislativo no es susceptible de ser demandada ante la jurisdicción contencioso-administrativa.

c'. La actividad judicial y los actos jurisdiccionales

281. Por los mismos razonamientos antes expuestos, la actividad de los órganos jurisdiccionales cuando es ejercida en función jurisdiccional, y los actos jurisdiccionales que de ella resulten, no son susceptibles de ser recurridos por ningún motivo ante los órganos de la jurisdicción contencioso-administrativa. Esta jurisdicción sólo puede conocer de los litigios que tienen su origen en la actividad administrativa y de la nulidad de actos administrativos, y nunca de la nulidad de actos jurisdiccionales o de sentencias de los Tribunales de la República.

La Corte, sistemáticamente, se ha declarado incompetente para conocer de las acciones que se han intentado contra actos jurisdiccionales y se ha invocado su competencia contencioso-administrativa[6]. Es más, nuestro Tribunal Supremo también se ha declarado incompetente para conocer de recursos que por inconstitucionalidad se han intentado contra actos jurisdiccionales[7].

Sin embargo, es necesario distinguir también en este caso la actividad jurisdiccional de los órganos del Poder Judicial, de la actividad administrativa que esos mismos órganos puedan realizar en ejercicio de la función administrativa.

A tal efecto, cuando los órganos jurisdiccionales dictan actos de nombramiento de determinados funcionarios, esos actos son administrativos y no jurisdiccionales y,

---

6   Véase fundamentalmente una reciente sentencia de la antigua Corte Federal: CF—9—1, 26—1—60.
     Véase también CF—107—1, 15—10—59.
7   CFC—CP—28—1, 28—11—51.
     CFC—CP—15—1, 26—5—52.
     CFC—CP—27—1, 18—7—52.
     CF—37—1, 3—7—53.
     CF—46—1, 29—5—55.
     CF—37—1, 23—3—56.
     CF—107—1, 15—10—59.
     CSJ—PA—13—1, 17—4—61.

por tanto, son susceptibles de ser recurridos por ilegalidad ante los órganos de la jurisdicción contencioso-administrativa. En el mismo caso se encuentran los actos reglamentarios que tienen facultad para dictar determinados órganos jurisdiccionales[8].

d'. La actividad de gobierno y los actos de gobierno.

282. Ya hemos hablado de los actos de gobierno y hemos señalado que se trata de actos del Poder Ejecutivo dictados en ejecución directa de la Constitución y, por tanto, sometidos directamente a ella y con el mismo rango jurídico que la Ley[9].

No compartimos el criterio de que los actos de gobierno son actos administrativos discrecionales, como sostiene el Decano José Guillermo Andueza[10]. El acto dis-

---

8   Tal es el caso de la atribución que el Estatuto Orgánico del Poder Judicial, reformado por Ley de 30 de junio de 1956 (*Gacela Oficial* N° 493 de 1-8-56) da, en su artículo 80, letra A, ordinal 8 a las Cortes Superiores, para dictar su Reglamento interno y de Policía, y el de los demás Tribunales de la Circunscripción. Un Reglamento de este tipo fue dictado por las Cortes Superiores de la **antigua** Primera Circunscripción, actual Circunscripción Judicial del Distrito Federal y de! Estado Miranda.

9   Véanse Nos. 2 y 77.

10 ANDUEZA, *El Control en Venezuela. .., cit.,* págs. 23 y 24.

Mucha controversia ha surgido en la doctrina y jurisprudencia francesas sobre los Actos de Gobierno, a !os cuales no se aplica el Principio de Legalidad por excepción, pues no pueden ser objeto de ningún recurso jurisdiccional, ni judicial ni administrativo. Véase al respecto, *R. ODENT, Contentieux administratif, curso cit.,* fascículo I, págs. 149 y sig.; MIGNON, "Une emprise nouvelle du principe de légalité: "Les actes de gouvernements", *Dalloz Crónicas,* 1951, pág. 51; CHAPUS, "L'acte de gouvernement, monstre ou victime", *Crónicas Dalloz,* 1958, pág. 2; P. DUEZ, *Les actes de gouvernement,* Sirey, Paris, 1953; CIRALLY, "L'introuvable acte de gouvernement", *RDP,* 1952, pág. 317; CHAPUS, "Acte de Gouvernement", *Repertoire de Droit Public et Administratif,* Dalloz; APELT, "L'acte de gouvernement dans la jurisprudence et la doctrine en France et en Allemagne", *Livre Jubilaire du Conseil d'Etat,* Sirey, Paris.

I.a existencia de actos de gobierno en Francia, escapando a todo control jurisdiccional, no es compatible con el régimen y el principio de la legalidad, y deja subsistir una zona inaccesible a los jueces donde puede reinar la arbitrariedad de las autoridades ejecutivas. La existencia de esos actos en Francia tiene un origen histórico, como la gran mayoría de las instituciones jurídico-administrativas de ese gran país: Cuando la Justicia Delegada reemplazó a la llamada Justicia Retenida, en 1872, el legislador confirmó la existencia de un dominio de actos administrativos prohibido al juez, y que la doctrina llamó posteriormente actos de gobierno. Ese dominio, sin embargo, cada vez ha sido más estrecho, gracias a la creación pretoriana de la institución. Los fundamentos de la teoría de los actos de gobierno fueron diversos para la jurisprudencia francesa. En primer lugar se habló del móvil político. Eso fue hasta 1875; un acto administrativo cualquiera era un acto de gobierno y escapaba del control jurisdiccional del Consejo de Estado, cuando su realización estaba inspirada por un móvil político. Este fundamento fue abandonado desde los inicios de la III República por la decisión del Consejo de Estado, Príncipe Napoleón, de 19 de febrero de 1875 (véase en LONG, WEIL y BRAIBANT, *Les Grands arrêts de la jurisprudence administrative,* Sirey, París, 1962, pág. 14). Es el inicio, entonces, de la teoría de la distinción entre Administración y Gobierno. Esta situación cambió, sin embargo, en el primer cuarto de este siglo, cuando el Consejo de Estado comprendió que no podía aplicar un criterio único para la calificación de esos actos de gobierno que la doctrina francesa consideraba actos administrativos que escapaban del control de la jurisdicción contencioso-administrativa. Desde esta época, el Consejo de Estado se ha limitado a hacer una lista empírica de los actos llamados de gobierno. Lista que, por otra parte, se ha ido reduciendo considerablemente en los últimos años. En definitiva, el acto de gobierno es indefinible en Francia. Sólo puede darse de él una noción parcial: El acto de gobierno es el que cumple el Poder Ejecutivo en sus relaciones con una autoridad pública que escapa a todo control jurisdiccional, principalmente, con el Legislador.

La situación venezolana es completamente distinta al respecto: los actos de gobierno no son actos administrativos; y tanto los actos de gobierno como los actos legislativos están sometidos al control jurisdiccional de la Constitucionalidad por la Corte Suprema de Justicia, por ser ejecución directa de la Constitución.

Los actos de gobierno, hemos dicho, no son, en nuestro sistema constitucional, actos administrativos. Entre ellos hay una radical diferencia estructural en cuanto a la norma a la cual deben directamente conformarse: el acto de gobierno debe estar conforme a la Constitución, pues es ejecución directa de ésta; los actos administrativos deben estar conformes a la legalidad, pues son ejecución directa de la ley e indirecta de la Constitución. Por ello los actos administrativos están sometidos al principio de la legalidad administrativa que hemos analizado en el Primer Título. Los actos de gobierno, en cambio, no lo están, no porqué sean una excepción, sino porque tienen el mismo rango estructural que la Legalidad con relación a la Constitución. Por ello los actos de gobierno sólo están sometidos a la Constitucionalidad. En Francia hemos visto sostener una posición en el fondo similar a la que señalamos, a CHAPUS, en la Crónica citada al Dalloz de 1958, enfrentándose a la casi totalidad de la doctrina francesa actual y tradicional. De esta manera, no compartimos el criterio del Decano ANDUEZA cuando considera a los actos de gobierno —que llama políticos— como una modalidad del acto administrativo discrecional. Encontramos esta misma opinión, además de en la fuente antes señalada, en sus intervenciones en el *Seminario de las Naciones Unidas sobre los Recursos Judiciales o de otra índole contra el ejercicio ilegal o abusivo del Poder Administrativo* celebrado en Buenos Aires en 1959, Publicación de las Naciones Unidas ST/TAO/HR/6, Nueva York, 1960, pág. 49.

Por tanto, cuando se habló de actos administrativos sometidos al Principio de la Legalidad Administrativa (véase N° 4), no incluimos en ningún momento a los actos de gobierno, que constituyen otra cosa distinta, no sometidos a la Legalidad sino sólo a la Constitucionalidad (véase N° 2).

En el Proyecto LPA 1963 hemos visto acogido este criterio cuando no considera a tos actos de gobierno como actos administrativos. En efecto, en el artículo 113, letra b, señala que "no corresponderán a la jurisdicción contencioso-administrativa:... b. Las cuestiones relativas a los actos de gobierno, sin perjuicio de las indemnizaciones que fueren procedentes, cuyo conocimiento corresponde a la jurisdicción contencioso-administrativa". Según este artículo del Proyecto, no corresponde a la jurisdicción contencioso-administrativa las cuestiones sobre actos de gobierno, donde se incluye su declaratoria de inconstitucionalidad, porque esta jurisdicción especial está reservada a las cuestiones sobre actos administrativos. Ahora bien, siguiendo un criterio lógico, la segunda parte de esa disposición es un contrasentido en lo que se refiere a indemnizaciones que puedan provenir de la Responsabilidad del Estado —y no de la Administración— por sus actos de gobierno, ya que, según la enumeración taxativa del artículo 206 de la Constitución, sólo las indemnizaciones originadas en la Responsabilidad *Administrativa* corresponden a esa jurisdicción. Sin embargo, ello no impide que pueda atribuirse por Ley esa atribución a la Corte Suprema de Justicia como Tribunal polivalente que es, y no como órgano específico de la jurisdicción contencioso-administrativa. Y ello, por otra parte, porque el artículo 47 de la misma Constitución reconoce la Responsabilidad del *Estado* por cualquiera de sus actos, sin excepción, sean legislativos, jurisdiccionales, de gobierno o administrativos. Por último, en relación a la teoría de los actos de gobierno, véase en la doctrina: CARUSO INGUILLERI, "Atto politico e giurisprudenza amministrativa", *Riv. Dir. Pub.*, 1915; GUAITA, "Los actos políticos o de gobierno en el Derecho español", *Revista del Instituto de Derecho Comparado*, N° 4, 1955; GUAITA, "Actos políticos y justicia administrativa". *Estudios en Homenaje a! Profesor Legaz y Lacambra*, Santiago de Compostela, 1960; SÁNCHEZ AGESTA, "Concepto jurídico del acto político". *Homenaje a Nicolás Pérez Serrano*, Madrid, 1959; AMORTH, "Atti politici o di governo", *Novísimo Digesto Italiano;* RODRÍGUEZ QUEIRO, *Teoria dos actos de governo,* Coimbra, 1948; GUICCIARDI, "L'atto politico". *Archivio di Diritto Pubblico,* 1937; LIUZZI, "Sulla nozione degli atti di governo", *FA,* 1927; ROEHRSEN, "L'atto di potere politico c la sua sindicabilità in sede giudiziaria", *Riv. Dir. Pub.,* 1936, I, pág. 557; VITTA, " Impugnabili degli atti politici", *FA,* 1951, I, página 203.

En materia de responsabilidad del Estado, originada por sus actos de gobierno, véase en el Derecho español: BOQUERA OLIVER, "La responsabilidad patrimonial del Estado por la adopción de medidas no fiscalizables en vía contenciosa", *Estudios en Homenaje a Jordana de Pozas,* Madrid, tomo HI, voi I, 1961, pág. 197.

crecional es un acto sometido a la ley y al Principio de la Legalidad Administrativa. La única característica especial que tiene es que la misma ley le da poderes a la Administración para dictarlo según su libre apreciación de la oportunidad y conveniencia[11]. El acto de gobierno, en cambio, es un acto totalmente distinto, no administrativo. Tan distinto es, que no está sometido a la Ley —pues tiene su mismo rango—, sino directamente a la Constitución. Por ello es ejecución directa de la Constitución, con el mismo rango que la Ley.

Posiblemente la opinión del profesor Andueza tiene su fundamento en el deseo, justo por otra parte, de someter los actos de gobierno o políticos, como los llama, a un control jurisdiccional, creyendo que no lo tienen, como sucede en el Derecho francés, en que constituyen una excepción al Principio de la Legalidad.

Sin embargo, en Venezuela los actos de gobierno sí tienen un control jurisdiccional propio y ese control es de constitucionalidad. En efecto, el artículo 215, ordinal 6° de la Constitución señala que es de la competencia de la Corte Suprema de Justicia en Corte Plena[12] declarar la nulidad de los "reglamentos y demás actos del Ejecutivo Nacional cuando sean violatorios de la Constitución", entre los cuales se incluyen los actos de gobierno.

Esta atribución de la Corte en Pleno es distinta de aquella contenida en el ordinal 7 del mismo artículo, por la cual la Corte Suprema de Justicia en Sala Político-administrativa, y actuando como órgano de la jurisdicción contencioso-administrativa, es competente para declarar la nulidad de los actos administrativos del Ejecutivo Nacional cuando sea procedente, es decir, cuando sean contrarios a derecho e incluso por desviación de poder[13].

c.   *Exclusión de las actividades de la Administración sometidas al Derecho privado*

283. Circunscrita, entonces, la competencia de la jurisdicción contencioso-administrativa a la actividad administrativa, es decir, a la actividad de aquellas autoridades públicas actuando en ejercicio de la función administrativa, sólo nos queda por señalar que no toda actividad de la Administración puede calificarse de "actividad administrativa" y, por tanto, no toda la actividad de la Administración está sometida a esa jurisdicción especial.

La Administración, además de realizar la actividad administrativa que resulta del ejercicio de la función administrativa, regida por el Derecho Administrativo, y que origina actos, hechos y relaciones jurídico-administrativos, realiza múltiples actividades de interés público, que no están sometidas al Derecho Administrativo y que escapan del control de la jurisdicción contencioso-administrativa. Estas actividades

---

11   Sobre la discrecionalidad y el acto administrativo, véase N° 21 y sig.

12   Artículo 216 de la Constitución.

13   Artículo 206 de la Constitución.

están sometidas al Derecho Privado y entran bajo la competencia de la jurisdicción ordinaria.

Tal es el caso, por ejemplo, de los contratos de derecho privado que realiza la Administración y cuyo conocimiento pertenece a los Tribunales de la jurisdicción ordinaria, sea civil, mercantil o del trabajo[14].

En el mismo caso se encuentran todas las actividades sometidas al Derecho privado que realiza la Administración por intermedio de sus Empresas Públicas.

Concluimos, por tanto, que la competencia de la jurisdicción contencioso-administrativa se circunscribe a los litigios en que la Administración sea parte, originados por sus actos administrativos o por su actividad administrativa.

C) *Regulación del principio*

a. *Noción previa*

284. Ya hemos visto cómo la competencia de la jurisdicción contencioso-administrativa se circunscribe, de conformidad con el artículo 206 de la Constitución, a los litigios en que sea parte la "Administración" originados por sus "actos administrativos" y por su "Actividad administrativa".

Este principio de la competencia de la jurisdicción contencioso-administrativa que, como hemos visto, corresponde actualmente a la Corte Suprema de Justicia en Sala Político-Administrativa, está regulado por la Constitución vigente y por la Ley Orgánica de la Corte Federal, aún vigente por mandato de la Disposición Transitoria decimoquinta de la propia Constitución.

Veamos, en primer lugar, la regulación del principio y, en segundo lugar, las excepciones al principio.

---

14   CF—127—1, 5—12—59.

En esta sentencia la Corte ha establecido: "Por consiguiente, si la Administración ha obrado en dicho contrato como persona jurídica privada, o sea, como sujeto de derechos y obligaciones de naturaleza civil, hay que considerar dicha convención también como de índole civil, y por ello, ajena a la vía contencioso-administrativa; ya que esta jurisdicción especial está reservada exclusivamente para los casos en que la administración actúa en régimen de prerrogativa, haciendo uso del derecho público de que está investida y con fines de utilidad pública que le son característicos". Véase también: CSJ—PA—97—1, 14—12—61; CSJ—PA—27—1, 15—3—62. Véase N° *122.*

A este respecto, el Proyecto LPA 1963 ha establecido, en su artículo 113, letra a, que "no corresponderán a la jurisdicción contencioso-administrativa... a. Las cuestiones civiles, mercantiles y del trabajo, aun cuando en ellas sea parte o haya de intervenir la Administración Pública".

b. *Cuestiones que corresponden al conocimiento de la jurisdicción contencioso-administrativa*

a'. *Competencia de anulación*

285. En su competencia de anulación, los órganos de la jurisdicción contencioso-administrativa tienen atribución de conformidad con los artículos 206 y 215, ordinal T de la Constitución para declarar la nulidad de los actos administrativos generales o individuales contrarios a Derecho, incluso por desviación de poder.

Estas disposiciones están complementadas por los ordinales 9° y 11° de la Ley Orgánica de la Corte Federal.

El medio para obtener el pronunciamiento de la Corte en su competencia de anulación es el recurso contencioso-administrativo de anulación.

b'. *Competencia de plena jurisdicción*

286. En su competencia de plena jurisdicción, donde la competencia no está limitada a la declaración de nulidad de un acto administrativo, sino donde los órganos de la jurisdicción contencioso-administrativa tienen plenitud de jurisdicción para decidir, éstos tienen atribución de conformidad con el artículo 206 de la Constitución para "condenar al pago de sumas de dinero y a la reparación de daños y perjuicios originados en responsabilidad de la Administración y disponer lo necesario para el restablecimiento de las situaciones jurídicas subjetivas lesionadas por la actividad administrativa".

En lo que se refiere a la responsabilidad contractual, esta disposición está complementada por el ordinal 28 del artículo 7 de la Ley Orgánica de la Corte Federal.

Respecto a la responsabilidad extracontractual, esta disposición está complementada por el ordinal 29 del artículo 7 de la misma Ley Orgánica de la Corte Federal.

También complementa la disposición el ordinal 30 del artículo 7 de la citada Ley Orgánica de la Corte Federal en lo referente a la reivindicación en materia administrativa.

El medio para obtener pronunciamiento de la Corte en su competencia de plena jurisdicción es el Recurso Contencioso-Administrativo de Plena Jurisdicción.

c. *Las excepciones al principio*

a'. *Noción previa*

287. Si bien es cierto que la jurisdicción contencioso-administrativa es competente para conocer de los litigios en que sea parte la Administración, originados por sus actos administrativos o por su actividad administrativa, ello no excluye que ciertos asuntos expresamente determinados por la Ley, y que tengan su origen en actos administrativos, sean atribuidos al conocimiento de otros órganos jurisdiccionales ordinarios. Tal es el caso del amparo y de la expropiación.

b'. *El amparo a la libertad personal*

288. El artículo 49 de la Constitución establece que "los Tribunales ampararán a todo habitante de la República en el goce y ejercicio de los derechos y garantías que la Constitución establece, en conformidad con la Ley".

Todavía no ha sido decretada la ley correspondiente, a pesar de la necesidad de ella en la vida venezolana. Sin embargo, la Disposición Transitoria Quinta de la Constitución reguló el procedimiento de amparo en lo relativo a la libertad personal, previendo el retardo de la ley.

A tal efecto, la referida Disposición Transitoria establece que "toda persona que sea objeto de privación o restricción de su libertad, con violación de las garantías constitucionales, tiene derecho a .que el juez de Primera Instancia en lo Penal, que tenga jurisdicción en el lugar donde se haya ejecutado el acto que motiva la solicitud o donde se encuentre la persona agraviada, expida un mandamiento de habeas corpus".

"Recibida la solicitud, que podrá ser hecha por cualquier persona, el juez ordenará inmediatamente al funcionario bajo cuya custodia esté la persona agraviada que informe, dentro del plazo de veinticuatro horas, sobre los motivos de la privación o restricción de la libertad y abrirá una averiguación sumaria".

"El juez decidirá, en un término no mayor de noventa y seis horas después de presentada la solicitud, la inmediata libertad del agraviado o el cese de las restricciones que se le hayan impuesto, si encontrare que para la privación o restricción de la libertad no se han llenado las formalidades legales. El juez podrá sujetar esta decisión al otorgamiento de caución o prohibición de salida del país de la persona agraviada por un término que no podrá exceder de treinta días, si lo considerare necesario".

"La decisión dictada por el juez de Primera Instancia se consultará con el superior, al que deberán enviarse los recaudos en el mismo día o en el siguiente. La consulta no impedirá la ejecución inmediata de la decisión. El Tribunal Superior decidirá dentro de las sesenta y dos horas siguientes a la fecha de recibo de los autos".

Observamos de este procedimiento de amparo, cómo la jurisdicción penal tiene competencia para controlar la ilegalidad de un acto administrativo, declarando su nulidad. Observamos que eso es lo que realmente hace del acto administrativo por el cual se privó de la libertad o por el cual se restringió la libertad del solicitante, al comprobar que ese acto se hizo sin llenarse las formalidades legales, decidiendo a tal efecto la libertad o el cese de las restricciones a la libertad del solicitante.

Es de observar, sin embargo, que este fenómeno es, si se quiere, excepcional ya que las más de las veces no hay acto administrativo en la base de la privación de la libertad, produciéndose lo que en la teoría del Derecho administrativo se ha denominado la Vía de Hecho.

c'. La expropiación

289. Una de las causales de oposición a la solicitud de expropiación, cuando ésta no es introducida por la República y, por tanto, cuando se introduce ante los Tribunales de Primera Instancia en lo Civil, es la alegación de haberse violado la ley en alguna etapa del procedimiento expropiatorio[15]

Pues bien, cuando el juez de Primera Instancia en lo Civil se ve llamado a considerar una oposición de esta naturaleza, debe examinar, en muchos casos, la legalidad o ilegalidad del acto administrativo de declaratoria de utilidad pública o del acto administrativo que constituya el Decreto de Ejecución. Y cuando ello se hace, para declarar con lugar la oposición, debe declarar ilegal el acto administrativo que violó la Ley y, por tanto, debe declarar su ilegalidad.

Vemos así cómo, en materia de expropiación por causa de utilidad pública o social, el juez de Primera Instancia en lo Civil tiene, en ciertos casos, competencia para controlar la ilegalidad de los actos administrativos, lo que constituye también una excepción a la competencia de anulación de los órganos de la jurisdicción contencioso-administrativa.

D) Los problemas de la competencia

a. Noción previa

290. La delimitación de la competencia contencioso-administrativa presenta, como en cualquier jurisdicción ordinaria o especial, una serie de problemas procesales. Entre ellos se destacan en materia contencioso-administrativa los problemas de la acumulación de acciones, la cuestión prejudicial y los conflictos de competencia.

Veamos separadamente estos supuestos.

b. La acumulación de acciones

291 El artículo 7, ordinal 32 de la Ley Orgánica de la Corte Federal dispone que ésta es competente para "conocer de los juicios en que se acumulen varias acciones contra la nación, siempre que a la Corte esté atribuido el conocimiento de alguna de ellas".

Las razones de esta acumulación de acciones son, en general, las mismas que rigen el procedimiento ordinario[16]. La competencia de la Corte es, en este caso, una competencia por conexión o por continencia de la causa, y se admite por el interés

---

15   Artículo 26 de la Ley de Exportación por causa de utilidad pública o social. Al respecto, véase: SILVESTRE TOVAR h,, La Expropiación por causa de utilidad pública, Tesis de Grado, Caracas; T. POLANCO, Derecho Administrativo Especial, Cursos de Derecho, Universidad Central de Venezuela, Caracas, 1959, págs. 133 y sig.

16   Sobre el problema en el Derecho español, véase J. GONZÁLEZ PÉREZ, "La acumulación de pretensiones en el proceso administrativo", RAP, N° 10, 1953, página 89.

que existe de evitar el riesgo de que se dicten sentencias contrarias o contradictoras en asuntos que tengan entre sí una conexión.

En todo caso debe tenerse presente el artículo 239 del Código de Procedimiento Civil, que dispone que "no podrán acumularse en una misma demanda acciones que se excluyan mutuamente, o que sean contrarias entre sí; ni las que por razón de la materia no correspondan al conocimiento del mismo Tribunal que ha de conocer de la principal; ni aquellas cuyos procedimientos legales sean incompatibles entre sí".

"Sin embargo, podrán proponerse en una misma demanda dos o más acciones incompatibles para que sean resueltas una como subsidiaria de la otra, siempre que sus respectivos procedimientos no sean incompatibles entre sí.

En primer lugar, creemos que la acumulación de acciones podrá tener lugar en las demandas en plena jurisdicción que constituyen verdaderas "acciones contra la nación". Sin embargo, no la creemos posible en los recursos de anulación.

En segundo lugar, y ello es evidente, sólo podrán acumularse acciones cuyo conocimiento corresponda a la jurisdicción contencioso-administrativa.

Sin embargo, aun cuando la Ley Orgánica de la Corte admite la posibilidad de una acumulación de acciones, no creemos posible en materia contencioso-administrativa la acumulación de autos tal como se rige en los artículos 222 y siguientes del Código de Procedimiento Civil. Y ello fundamentalmente por la prohibición que de ello hace el propio Código en su artículo 226 cuando establece que "tampoco son acumulables los autos que cursen en Tribunales civiles o mercantiles ordinarios a otros autos que cursen en Tribunales de organización especial". Entendemos por esto la imposibilidad de acumulación de autos entre Tribunales de jurisdicción ordinaria y Tribunales de jurisdicción especial, y más aún, cuando se está en presencia de procedimientos distintos.

Por tanto no es posible oponer ante la jurisdicción contencioso-administrativa la excepción dilatoria por declinatoria de jurisdicción de la Corte, porque el asunto deba acumularse a otro proceso de que esté conociendo un Tribunal distinto, contemplada en el artículo 248, ordinal 1º del Código de Procedimiento Civil. En esta misma forma tampoco es posible oponer esa excepción ante Tribunales civiles o mercantiles ordinarios porque el asunto deba acumularse a los autos que cursan en la jurisdicción contencioso-administrativa.

c. *La cuestión prejudicial*

292. La cuestión prejudicial se presenta en el Derecho procesal cuando un juez, para decidir un litigio para el cual es incontestablemente competente, debe tratar una cuestión que no es normalmente de su competencia.

Entonces, una cuestión es llamada prejudicial cuando su solución, que debe preceder al examen del fondo del asunto, debe ser resuelta por otra jurisdicción distinta de la que tiene competencia para la acción principal.

El problema de la cuestión prejudicial se plantea ante la jurisdicción contencioso-administrativa, en la misma forma que se plantea en la jurisdicción ordinaria[17]. Por tanto, es perfectamente oponible la excepción dilatoria por existencia de una cuestión prejudicial que debe resolverse en un proceso distinto, contemplada en el artículo 248, ordinal 6° del Código de Procedimiento Civil.

Entonces, al juez de lo contencioso-administrativo puede presentársele una cuestión prejudicial en el curso de un proceso del cual él es competente para conocer. Sin embargo, es necesario señalar que esta cuestión prejudicial debe ser realmente una cuestión prejudicial[18]. Es necesario, ante todo, que haya verdaderamente una cuestión, es decir, una dificultad real que haga surgir duda respecto al conflicto. En segundo lugar, es necesario que la respuesta a esta cuestión sea necesaria para la decisión del fondo del asunto. Una vez que el juez se encuentra ante esta situación debe retardar su decisión hasta que la decisión de la cuestión no se produzca por el juez competente[19].

El mismo problema de la cuestión prejudicial puede plantearse ante la jurisdicción ordinaria respecto a una cuestión de la competencia de la jurisdicción contencioso-administrativa. En este caso también debe reunir las dos condiciones antes señaladas. De lo contrario, la excepción dilatoria sería declarada sin lugar[20]. Podría vislumbrarse en todo caso, aquí, un recurso contencioso-.administrativo de interpretación.

d.   Los conflictos de competencia

293. La existencia de órganos jurisdiccionales con competencia distinta plantea, inevitablemente, problemas de conflictos de competencia[21].

---

17   Sobre el problema de la cuestión prejudicial en el Derecho italiano, véase: FORTI, "Competenza dei giudice amministrative sulle questioni pregiudiziali concernenti diritti civili", *FI*, 1935, III, pág. 155; GRANITO, "Della competenza a decidete la questioni pregiudiziali o incidentali di diritto soggetivo sorte devanti l'autorità giurisdicionale amministrativa", *Riv. Dir. Pub.*, 1925; ROMANO, *La pregiudizialità nel processo amministrativo*, Milán, 1958.

18   *ODENT*, Contentieux-Administratif, Curso citado, *fascículo I,* pág. 68.

19   Por ejemplo, el Juez contencioso-administrativo no podría resolver sobre la solicitud de nulidad de un acto administrativo que debe ser introducida por un propietario de un bien, por ser él solo el titular de un interés legítimo o de un derecho subjetivo, cuando está cuestionado ante los Tribunales ordinarios la cualidad del solicitante de propietario del bien.

20   Véase al respecto la sentencia de 23-6-54, del Juzgado Primero de Primera Instancia en lo Civil del Distrito Federal y del Estado Miranda, IICl—102— 1, 23—6—54, en *Jurisprudencia de los Tribunales de la República*, Ministerio de de Justicia, vol. IV, tomo I, Instituto de Codificación y Jurisprudencia.

Véase, asimismo, la sentencia IICl—100—1, 21—6—54.

21   Al respecto véase, en el Derecho Comparado: I. M. VILLAR Y ROMERO, "Conflictos jurisdiccionales", *Nueva Enciclopedia Jurídica*, tomo IV, 1962, pág. 648; PERA VERDAGUER, *Jurisdicción y Competencia*, Barcelona, 1953; P. BARDONNET, *Le Tribunal des Conflits, juge de fond*, París, 1959; F. LUCHAIRE, "L'évolution du conflict positif d'attribution", *Dalloz Crónicas*, 1952; LAROQUE, "Les conflicts d'attribution". *RDP*, 1932; LAGARDE, "Tribunal des Conflicts", *Répertoire de Droit Public et*

Estando atribuida la competencia en materia contencioso-administrativa actualmente en Venezuela a la Corte Suprema de Justicia, y particularmente al Tribunal de Apelaciones del Impuesto sobre la Renta, corresponde a la misma Corte Suprema conocer de los conflictos de competencia que puedan presentarse entre órganos jurisdiccionales ordinarios y el Tribunal de Apelaciones del Impuesto o la Corte misma. Ello en virtud del artículo 7, ordinal 15 de la Ley Orgánica de la Corte Federal, que le da atribución para "dirimir las competencias que se susciten entre dos o más Tribunales de la República, siempre que la ley no indique para el caso otra autoridad", pues no hay ley alguna vigente que indique quién debe resolver los conflictos de competencia en que intervenga un órgano de la jurisdicción contencioso-administrativa. Esta misma atribución está consagrada en la Constitución vigente, artículo 215, ordinal 9º, cuando faculta a la Corte para "dirimir los conflictos de competencia entre Tribunales, sean ordinarios o especiales, cuando no exista otro Tribunal Superior y común a ellos en el orden jerárquico".

5. LOS PODERES DEL JUEZ CONTENCIOSO-ADMINISTRATIVO

A) *Noción previa*

294. Hemos señalado[22] que la determinación de la competencia de la jurisdicción contencioso-administrativa nos llevó a examinar la naturaleza de la materia que ella está llamada a conocer, a lo cual dedicamos la sección precedente, y ahora nos llevará a examinar los poderes del juez en la decisión de los litigios que debe conocer. Es decir, hemos visto qué debe conocer el juez, y ahora veremos qué puede hacer el juez respecto a lo que puede conocer.

Los poderes del juez contencioso-administrativo son diferentes según se trate de la puesta en práctica de su competencia de anulación o de su competencia de plena jurisdicción. Y ello principalmente porque, en el primer caso, es competente para controlar la legalidad de los actos administrativos, y en el segundo caso, es competente para controlar la legitimidad, y a veces la legalidad, de la actividad administrativa.

Veremos entonces, sucesivamente, los poderes del juez en su competencia de anulación y en su competencia de plena jurisdicción.

B) *Poderes del juez en su competencia de anulación*

295. Hemos señalado que, en su competencia de anulación, el juez de lo contencioso-administrativo tiene facultad para declarar la nulidad de los actos administrativos contrarios a derecho[23]. Y también hemos visto cómo los actos administrativos

---

Administratif, Dalloz; THEIS, "Le Tribunal des conflits, juge de fond", *RDP,* 1933; WEIL, "Conflicts de décisions au fond et conflits négatifs de compétence", *Dalloz Crónicas,* 1956, pág. 81.

22   Véase Nos. 275 7 276.

23   Véase Nº 285.

contrarios a derecho son aquellos dictados en contradicción con el Principio de la Legalidad Administrativa[24].

Por tanto el juez de lo contencioso-administrativo, en su competencia de anulación, sólo tiene poder para declarar la nulidad del acto administrativo impugnado, total o parcialmente, para declarar sin lugar el recurso intentado porque no existe la ilegalidad invocada, o para declarar, en su oportunidad, inadmisible el recurso por la ausencia de los requisitos procesales para intentarlo.

En este sentido, la antigua Corte Federal y de Casación señaló "que mandar a expedir los títulos a que se contrae el demandante no es, ciertamente, atribución de esta Corte, limitada como está su competencia en el presente caso a resolver si es nula o si es válida la Resolución del Ministerio de Fomento a que se refiere este juicio"[25].

Por tanto, y en ello no hay lugar a dudas, la Corte Suprema de Justicia en Sala Político-Administrativa, en su competencia de anulación sólo puede declarar o no la nulidad del acto administrativo impugnado. Sólo puede constatar la existencia o no de una ilegalidad en dicho acto y declarar su constatación. La Corte no puede, en su competencia de anulación, condenar a la Administración en ninguna forma ni obligarla a dar o a hacer. Por ello estamos en presencia, en el recurso contencioso-administrativo de anulación, de un proceso de impugnación en que la Corte no entra a resolver controversias de fondo ni entra, en principio, a conocer o censurar hechos, sino que se limita a verificar la legalidad del acto administrativo atacado.

Sobre esto volveremos al hablar del recurso contencioso-administrativo de anulación[26].

C) *Poderes del juez en su competencia de plena jurisdicción*

296. Los poderes del juez, en su competencia contencioso-administrativa de plena jurisdicción, son radicalmente distintos. En este caso el juez no debe limitarse a la declaración de nulidad de un acto sino que, al contrario, tiene plena jurisdicción, completa jurisdicción para juzgar y resolver los litigios que se le plantean, y de los cuales es competente para conocer. Por ello, en su decisión, el juez puede rendir toda resolución jurídicamente útil. En este sentido, en su competencia de plena jurisdicción, el juez contencioso-administrativo se aproxima al juez de la jurisdicción ordinaria.

Pero veamos qué puede hacer el juez en su competencia de plena jurisdicción. El artículo 206 de la Constitución nos dice: "Los órganos de la jurisdicción contencioso-administrativa son competentes para... condenar al pago de sumas de dinero y a la reparación de daños y perjuicios originados en responsabilidad de la administración

---

24 Véase N° 30.

25 Sentencia de 11-8-45 en Resumen CFC en SPA, 1940-1951, pág. 27 *(Gaceta Forense,* año I, N° 2, pág. 131).

26 Véanse Nos. 369 y sig.

y disponer lo necesario para el restablecimiento de las situaciones jurídicas subjetivas lesionadas por la actividad administrativa".

Según esta disposición, y esto ya lo hemos indicado, los órganos de la jurisdicción contencioso-administrativa son contralores de la legitimidad de la actividad administrativa, sea que se manifieste por actos, hechos o relaciones jurídico-administrativos, tal como los Tribunales de la jurisdicción ordinaria están encargados de controlar la legitimidad de los actos, hechos y relaciones jurídicas de Derecho privado.

Es decir, la jurisdicción contencioso-administrativa controla la conformidad de la actividad administrativa con el ordenamiento jurídico vigente[27].

Entonces, como contralor de la legitimidad de la actividad administrativa, y en su competencia de plena jurisdicción, el juez de lo contencioso-administrativo tiene atribución:

a) Para condenar al pago de sumas de dinero a la Administración. Por ejemplo, la condena a la Administración a pagar una suma de dinero que debe, según un contrato administrativo, a su cocontratante.

b) También tiene atribución para condenar a la reparación de daños y perjuicios originados por responsabilidad contractual o extracontractual de la Administración.

c) Asimismo tiene atribución para disponer lo necesario para el restablecimiento de las situaciones jurídicas subjetivas lesionadas por la actividad administrativa. Por ejemplo: una situación jurídica subjetiva es la calidad de propietario. Cuando la Administración posee o detenta indebidamente la propiedad ajena, la declaración con lugar de la demanda en reivindicación que contra ella intenta el propietario, constituye un restablecimiento de la situación jurídica de propietario, subjetiva, lesionada por la actividad administrativa.

Por último, debemos observar que el juez contencioso-administrativo, en su competencia de plena jurisdicción, puede también "anular los actos administrativos contrarios a derecho", cuando ello sea necesario para satisfacer el derecho subjetivo invocado o para restablecer la situación jurídica lesionada. En efecto, si lo que ha causado la responsabilidad de la Administración es un acto administrativo ilegal, junto con la condena a la reparación por daños y perjuicios que el juez formula a la Administración, éste debe también declarar la nulidad del acto administrativo que origina la responsabilidad. En el mismo sentido, si lo que ha ocasionado el incumplimiento de un contrato es un acto administrativo, junto con la condena respectiva, debe formularse la declaración de nulidad del acto que origina el incumplimiento, si es ilegal. Y observamos que, en esta forma, el juez contencioso-administrativo, no solamente puede también declarar la nulidad de un acto administrativo, sino que también puede reformarlo cuando ello es necesario para la satisfacción del derecho

---

27   Ya hemos señalado en el N° 275 qué entendemos por ordenamiento jurídico en este concepto, donde incluimos, no solamente las normas de carácter general, sino que también las normas de carácter particular como actos jurídicos, contratos, etc.

subjetivo invocado por el recurrente, o cuando ello es necesario para el restablecimiento de la situación jurídica lesionada por la actividad administrativa.

Sobre esto volveremos al hablar del recurso contencioso-administrativo de plena
jurisdicción[28].

---

28   Véanse Nos. 313 y 402.

      Respecto al contencioso-contractual, véanse Nos. 183 y sig.

CAPITULO CUARTO

EL PROCEDIMIENTO CONTENCIOSO-ADMINISTRATIVO

1. INTRODUCCIÓN

297. Gran dificultad se nos presenta al querer estudiar, bajo el Título del presente Capítulo, de una parte los rasgos más característicos del procedimiento contencioso-administrativo, de otra parte los requisitos procesales del mismo y, en fin, el procedimiento aplicable. Y ello porque, como ya ha podido vislumbrarse, la jurisdicción contencioso-administrativa comprende dos tipos de competencias distintas, con caracteres propios: la competencia de anulación y la competencia de plena jurisdicción.

Sin embargo, el orden lógico y sistemático que nos hemos propuesto seguir en el estudio de la materia contencioso-administrativa en Venezuela nos conduce a intentar exponer algunos principios fundamentales que rigen el procedimiento contencioso-administrativo en ambas competencias, diferenciándolas cuando sea imprescindible. De esta manera podremos entrar en el Capítulo V al estudio de los recursos de anulación y de plena jurisdicción en particular, y en un VI y último Capítulo al análisis de la materia contencioso-fiscal.

Pero antes de entrar al estudio del procedimiento contencioso-administrativo en Venezuela, tal como actualmente existe y es regulado, debemos aclarar que las fuentes legales que lo disponen son: de una parte, y principalmente, la Ley Orgánica de la Corte Federal de 1953 aún vigente por mandato de la Disposición Transitoria decimoquinta de la Constitución, y de otra parte, con carácter supletorio, el Código de Procedimiento Civil[1].

En base a las disposiciones de estas leyes, y a la luz de las soluciones jurisprudenciales en materia administrativa, entraremos a estudiar la materia propuesta en la siguiente forma: en una primera parte, las características principales del procedimiento contencioso-administrativo; en una segunda parte, los requisitos procesales del mismo; y, en una última parte, las normas procedimentales básicas.

---

1   CF—54—1, 5—8—58.

En este sentido el Proyecto LPA 1963 establece, en su artículo 126, el mismo carácter supletorio del Código de Procedimiento Civil, al disponer: "El recurso contencioso-administrativo se substanciará y decidirá en la forma prevista en esta Ley. En los casos no contemplados en ella se aplicarán las normas pertinentes del Código de Procedimiento Civil".

2. CARACTERÍSTICAS PRINCIPALES

A) Noción previa

298. Las características rectoras del procedimiento civil venezolano, entre las cuales podemos señalar la escritura, la publicidad, la mediación y la concentración[2] son también aplicables en principio al procedimiento contencioso-administrativo.

Sin embargo, al hablar del procedimiento en materia contencioso-administrativa, debemos señalar fundamentalmente tres características propias que lo distinguen y especializan: el carácter contencioso, el carácter inquisitorio y el carácter no suspensivo.

B) Carácter contencioso

299. Sobre el carácter contencioso del procedimiento contencioso-administrativo, la jurisprudencia administrativa de la Corte ha sufrido una lenta evolución, siguiendo la evolución constitucional. Sin embargo, es necesario advertir, esta evolución que parte de la afirmación de que los procedimientos contencioso-administrativos no son contenciosos, hasta la admisión de su carácter contencioso, se refiere fundamentalmente al procedimiento originado por el recurso contencioso-administrativo de anulación, del cual conoce la Corte en base a su competencia de anulación[3]. Respecto al procedimiento originado por el recurso de plena jurisdicción, nunca, ciertamente, se ha puesto en duda su carácter contencioso.

El problema comienza a preocupar a la Corte cuando interpretaba la Constitución de 1931, que establecía en su artículo 120, ordinal 12, aparte 3°, un procedimiento contencioso sólo cuando el acto administrativo impugnado por el recurso de anulación era "una Resolución ministerial relativa a la ejecución, interpretación o caducidad de algún contrato celebrado por el Ejecutivo Federal", no señalando, respecto al recurso de anulación interpuesto contra otros actos administrativos que no tuvieran relación con contratos, procedimiento alguno.

Sin embargo, con la reforma constitucional de 1936, y por disposición del aparte segundo, ordinal 11 de su artículo 123, se estableció que todas las Resoluciones ministeriales sin excepción no podían ser tachadas de nulidad sino en juicio contencioso. Así también lo sostuvo la Corte en 1938[4].

Pero esta posición no era definitiva. En 1937 la Corte comenzó por afirmar que "el recurso por exceso de poder, que fue intentado... contra las resoluciones del Ministerio..., si bien puede decirse no contencioso en el sentido de constituir un recurso

---

2   Sobre una exposición de estos principios referidos al Derecho Procesal Hispanoamericano, véase: COUTURE, "Trayectoria y destino del Derecho Procesal Civil Hispanoamericano", *Estudios de Derecho Procesal Civil*, Buenos Aires, 1948, tomo 1, págs. 308 y sig.

3   Véanse Nos. 285 y 295.

4   Sentencia de la Corte Federal y de Casación de 14-6-38, en Resumen CFC en SPA, 1936-1939, pág. 217 *(Memoria* 1939, tomo I, pág. 237).

subjetivo, dirigido directamente a atacar el acto y no ejercido respecto a la persona del funcionario de quien emanó, no tiene el carácter de acto de la jurisdicción voluntaria, la cual se concreta a los actos de la autoridad judicial necesarios para validar o confirmar un negocio jurídico, ya que el aludido recurso por exceso de poder provoca una decisión que favorece y perjudica los derechos de tercero en cuanto produce efectos *erga omnes*[5]

Pero la incertidumbre de la Corte se refleja todavía en 1939, cuando establecía que "aunque este género político de procesos en que se ventila la nulidad de actos unilaterales del Poder Público no tenga propiamente el carácter contencioso, es indiscutible el derecho que tiene aquel contra quien obra para contestar los hechos y promover al efecto las pruebas que juzgue conducentes, motivo por el cual la Corte ha dado a los interesados tiempo suficiente para esgrimir las armas de ataque y de defensa que respectivamente posean a fin de que pueda resultar el fallo verdaderamente justo. Corolario de no ser dichos procesos verdaderamente contenciosos lo es, sin duda alguna, que no obliguen a los jueces los trámites imprescindibles del procedimiento establecido para los juicios contenciosos sin que ello implique, en modo alguno, que no puedan aplicarlos en casos especiales o cuando circunstancias determinadas a ello lo induzcan"[6].

Esta posición dudosa de la Corte la vemos cambiada con las sucesivas reformas de la Constitución[7] afirmando, después de la reforma de 1961, que el procedimiento contencioso-administrativo establecido para los procesos de este género por el artículo 25 de la Ley Orgánica de la Corte Federal "es notoriamente de carácter contencioso, ya que se ordena el emplazamiento de todos los que se crean interesados para que se hagan parte en el recurso; dispone abrir lapsos de promoción y evacuación de pruebas que se estimen pertinentes; ordena la relación e informes de los interesados; autoriza auto para mejor proveer y, finalmente, prevé la oportunidad para sentenciar el caso"[8].

Por tanto el procedimiento contencioso-administrativo de anulación tiene carácter contencioso aunque no pueda decirse propiamente que existe un demandado, pues el recurso se dirige contra un acto y no contra la Administración u otra persona pública. Sin embargo, el hecho de que no exista demandado no excluye la posibilidad de un defensor del acto. Por ello no consideramos acertada una opinión de la antigua Corte Federal cuando señalaba, en 1957, que "en el juicio contencioso por recurso de ilegalidad el actor propone formal demanda contra la nación en la persona del Procurador, a quien necesariamente se le cita y se le emplaza como a cualquier demandado, para que comparezca en la oportunidad que se le señala, a contes-

---

5   Sentencia de la Corte Federal y de Casación de 27-1-37 en Resumen CFC en SPA, 1956-1939, pág. 130 *(Memoria* 1938, tomo 1, pág. 145).

6   Sentencia de la CFC de 23-6-39, Resumen CFC en SPA, 1936-1939, pág. 18 *(Memoria* 1940, tomo I, pág. 241).

7   CFC—CP—3—1, 4—4—51

      CF—23—1, 14—3—60.

8   CSJ—CP—27—1, 15—3—62.

tar la demanda"[9]. Al contrario, en el Recurso de Anulación ni se demanda a la Administración ni se cita al Procurador, ni éste tiene que contestar una demanda. Solamente se impugna un acto, de lo cual se notifica al Procurador. La defensa del acto puede ser realizada por el Procurador o por cualquier interesado. Sin embargo, ello no es imprescindible. El acto hasta puede no tener defensor. Y es más, su nulidad puede ser solicitada por el propio representante jurídico de la Administración, es decir, por el Procurador General de la República.

Ahora bien, lo cierto es que a partir de la Constitución de 1961 no hay lugar a dudas de que se trata de un procedimiento de carácter contencioso.

C) *Carácter inquisitorio*

300. Tradicionalmente se distingue entre procedimiento acusatorio y procedimiento inquisitorio. En el primero, la producción de pruebas y la marcha del proceso resulta de la sola iniciativa de las partes, siendo el juez solamente un árbitro en el debate. En el procedimiento inquisitorio, al contrario, el juez juega un papel activo en la búsqueda de la prueba y en la dirección del proceso.

En materia de jurisdicción ordinaria, en mayor o menor grado, el procedimiento civil es de tipo acusatorio y el procedimiento penal del tipo inquisitorio. En el procedimiento civil, por ejemplo, ese carácter acusatorio se manifiesta por la disposición, impulso y dirección que tienen las partes en el proceso venezolano[10].

Sin embargo, en materia contencioso-administrativa la situación es distinta respecto al procedimiento civil, pudiendo decirse que tiene un carácter inquisitorio. Y este carácter inquisitorio se manifiesta, fundamentalmente, en la dirección del proceso y en la búsqueda de la prueba. Veamos separadamente estas dos manifestaciones.

a. *La dirección del procedimiento*

301. En la jurisdicción contencioso administrativa el juez tiene la dirección del proceso, y en esto se opone al procedimiento civil, en que son las partes quienes dirigen el proceso.

Ciertamente, en materia contencioso-administrativa como en materia de jurisdicción ordinaria, no hay jurisdicción sin acción y, por tanto, es la parte actora y no el juez la que debe proponer su acción y pedir la tutela jurídica.

Sin embargo, una vez que la acción ha sido intentada por la parte y el proceso se encuentre pendiente, en la plenitud de sus efectos"[11] en materia civil, la dirección del

---

9   CF—172—1, 30—7—57.
     Véase N° 328.

10   Al respecto véase A. RENGEL ROMBERG, "El Rol del Juez en la dirección del Proceso Civil Venezolano", *RMJ*, N° 40, 1962, págs. 70 y sig.

11   RENGEL ROMBERG, "El rol del Juez...", *cit.*, pág. 88.

proceso continúa en manos de las partes. No sucede lo mismo en el procedimiento contencioso-administrativo. En éste, una vez interpuesto el recurso respectivo o intentada la acción, es el juez quien toma la dirección del procedimiento: Es él mismo quien pide a la autoridad administrativa el envío de los autos respectivos cuando haya lugar; es el juez también quien notifica o cita al Procurador General de la República; por último, es sólo el juez quien emplaza a los que se crean interesados en el asunto que se ventila, para que comparezcan dentro de un plazo que él mismo fija[12].

b. *Las pruebas*

302. El carácter inquisitorio del procedimiento contencioso-administrativo, no sólo se manifiesta por el rol del juez en la dirección del mismo, sino por su intervención en materia probatoria, que lo convierten en parte activa en la búsqueda de la verdad.

Es por ello que el artículo 28 de la Ley Orgánica de la Corte Federal señala que ésta "queda facultada para solicitar y hacer evacuar las informaciones y pruebas que considere pertinentes".

Observamos, entonces, que la situación del juez contencioso-administrativo es diferente de aquella del juez civil, que materialmente asiste, sin participar, a una discusión de la cual sólo da el resultado.

En este sentido, el Proyecto LPA 1963 establece, en su artículo 127, que "en materia contencioso-administrativa el Juez o Tribunal no podrán proceder sino a instancia de parte, salvo en aquellos casos en que la Ley lo autorice para actuar de oficio".

12   Ley Orgánica de la Corte Federal, artículo 25,

Los principios esenciales de este artículo de la Ley vigente han sido recogidos por el Proyecto LPA 1963 en la forma siguiente: Respecto a la solicitud del expediente administrativo el Proyecto establece:

"Artículo 133. El Juez o Tribunal, al recibir la solicitud que inicie el recurso dará por Secretaría recibo de ella y, dentro de las dos audiencias siguientes, procederá a dictar auto en el cual ordenará a la autoridad administrativa de la cual emanó el acto recurrido la remisión del expediente respectivo dentro del plazo que a tal efecto señalará y que no podrá exceder de quince días continuos, a contar de la fecha del auto respectivo". Respecto al emplazamiento de los interesados, el Proyecto establece: "Artículo 139. Cuando el Juez admita el recurso ordenará el emplazamiento de los interesados mediante cartel que deberá ser publicado en un periódico de circulación en la ciudad en la cual el recurso hubiere sido interpuesto y, de no haber tal, en un periódico de la ciudad de Caracas, y, de ser posible, en un Diario o Gaceta Oficial. UNICO: El Juez señalará plazo para la publicación y, si ésta no fuere hecha en tal tiempo, se entenderá desistido el recurso". Respecto al emplazamiento de la Administración, el Proyecto establece: "Artículo 140. En el mismo acto en el cual el Juez ordene emplazar por cartel a los interesados ordenará emplazar también al representante legal de la Administración autora del acto recurrido, salvo que dicho representante hubiere iniciado el recurso. UNICO: Se entenderá como representante legal de la administración autora del acto al funcionario que como tal designe la respectiva ley u ordenanza y, en falta de tal, al mismo funcionario del cual emanó el acto".

Por último, en materia de pruebas, el carácter inquisitorio del procedimiento ha sido recogido del principio establecido en el artículo 28 de la Ley Orgánica de la Corte Federal, por el Proyecto LPA 1963 en la forma siguiente: "Artículo 148. Terminado el lapso probatorio el Juez podrá, por auto, ordenar que sean evacuadas, sin intervención de las partes, determinadas pruebas que él estimare de interés para el proceso. En tal caso señalará lapso para tales diligencias, lapso que no podrá exceder de ocho audiencias".

D) *Carácter no suspensivo*

303. En principio, los recursos contencioso-administrativos contra los actos administrativos, y concretamente el recurso de anulación, no tiene ni produce efecto suspensivo. Y ello porque "admitir lo contrario equivaldría a hacer posible paralizaciones de la acción administrativa por voluntad de los particulares"[13].

El carácter no suspensivo del procedimiento contencioso-administrativo es una consecuencia directa de la ejecutoriedad del acto administrativo que ya hemos estudiado[14].

Sin embargo, se exceptúan solamente los casos en que la ley, de modo expreso, permita suspender, previo el cumplimiento de determinadas formalidades legales, tales como la prestación de una caución, la ejecución del acto administrativo impugnado. Esto se producirá, por lo regular, cuando la ejecución del acto produzca gravamen irreparable al recurrente, no subsanable por la decisión definitiva[15].

En todo caso, creemos, esta suspensión posible de los efectos del acto administrativo sólo puede ser pronunciada por el juez cuando se ha solicitado por una parte interesada.

4. LOS REQUISITOS PROCESALES

A) *Noción previa*

304. Los requisitos procesales del procedimiento contencioso-administrativo son aquellos necesarios para la admisibilidad de los recursos que a él dan lugar.

En el sistema jurídico venezolano, tres son principalmente los requisitos procesales del procedimiento contencioso-administrativo: la legitimación, el agotamiento de la vía administrativa y el lapso de caducidad.

Estudiaremos separadamente estos requisitos.

---

13   CF—88—1, 29—7—59.

      En la doctrina francesa, véase: LAVAU, "Du caractère non suspensif des recours devant les Tribunaux Administratifs", *RDP*, 1950, pág. 777. El Principio ha sido recogido por el artículo 127, aparte UNICO del Proyecto LPA 1963, al establecer que "Los Tribunales que ejercieren la jurisdicción contencioso-administrativa podrán, en cualquier etapa del procedimiento, a petición de interesado, acordar la suspensión de la ejecución del acto administrativo recurrido, cuando tal ejecución pueda producir gravamen irreparable y se diere, si el Tribunal lo exige, caución suficiente".

14   Véanse Nos. 97 y 222.

15   CF—7—1, 25—1—60.

      Véase N° 222.

B) *La legitimación*

a. *Noción previa*

305. El primer requisito procesal para la admisibilidad del recurso contencioso-administrativo y, por tanto, para el inicio del procedimiento contencioso-administrativo, es el que se delimita con las nociones de legitimación activa y legitimación pasiva.

Además de la capacidad general para actuar en un proceso, la existencia de los requisitos de legitimación activa y pasiva dará lugar al nacimiento del concepto de parte en el procedimiento contencioso-administrativo. Sin embargo, este concepto de parte tiene diverso alcance según se trate de un procedimiento contencioso-administrativo de anulación o de plena jurisdicción. Por ello analizaremos la legitimación en relación con ambos tipos de procedimiento.

b. *Contencioso de anulación*

a'. *Noción previa*

306. En el procedimiento contencioso-administrativo de anulación debemos hablar solamente, en propiedad, de legitimación activa. Sin embargo analizaremos, bajo la denominación de legitimación pasiva, no el demandado pues no lo hay, sino los defensores del acto impugnado.

b'. *Legitimación activa*

a". *Noción previa*

307. Para poder delimitar correctamente la legitimación activa en el procedimiento contencioso-administrativo de anulación de los actos administrativos, debemos distinguir claramente la anulación de los actos administrativos generales de la anulación de los actos administrativos individuales.

b". *Anulación de actos administrativos generales: interés simple*

308. Entre las competencias de anulación de los órganos de la jurisdicción contencioso-administrativa, ya hemos señalado[16] que tienen la atribución de declarar la nulidad de los actos administrativos generales contrarios a derecho e incluso por desviación de poder.

Ahora bien, es legitimado activo para impugnar un acto administrativo de carácter general por la vía contencioso-administrativa aquel a quien la decisión adminis-

---

16   Véase N° 285.

trativa perjudica en su simple interés[17]; y entendemos por interés simple "ese interés vago e impreciso, no individualizado, perteneciente a cualquiera —no reconocido ni tutelado en modo directo por el ordenamiento jurídico—, relativo al buen funcionamiento de la Administración"[18].

En definitiva, cualquier persona hábil puede ser legitimado activo para impugnar los actos administrativos de carácter general en la vía contencioso-administrativa de anulación por el mismo carácter de éstos.

> c". *Anulación de los actos administrativos individuales: interés legítimo*

309. Por otra parte, tiene legitimación activa en el recurso contencioso-administrativo de anulación de los actos administrativos individuales contrarios a derecho o viciados de desviación de poder aquel a quien dicho acto perjudica en su interés legítimo; y entendemos por interés legítimo "el que tienen ciertos habitantes, merced a la especial y particular situación de hecho en que se encuentran respecto a los demás, en la debida observancia, por parte de la Administración, de las normas establecidas en interés general, puesto que de tal observancia o inobservancia pueden resultar beneficiados o perjudicados en modo particular con relación a los demás habitantes"[19].

Es decir, para poder impugnar en la vía contencioso-administrativa un acto administrativo individual es necesario tener interés legítimo en la anulación.

En realidad, es justo y lógico exigir como fundamento del recurso contencioso-administrativo de anulación de los actos administrativos individuales, un interés legítimo, pues lo que se persigue es el restablecimiento del derecho objetivo violado por la Administración, o más propiamente, el restablecimiento de la situación jurídica objetiva violada. Por ello no sería justo exigir un derecho subjetivo como fundamento del recurso.

Pero ese interés, no sólo debe ser legítimo, sino que también debe ser personal y directo. Al respecto, en sentencia de 14 de marzo de 1960, la antigua Corte Federal estableció: "Los ordenamientos jurídicos que como el nuestro admiten el recurso contencioso de anulación de actos administrativos, exigen, como requisito procesal, que el demandante ostente un interés que, en todo caso, ha de ser personal, directo y

---

17 Este principio ha sido acogido por el Proyecto LPA 1963 cuando establece, en su artículo 118, que cualquier persona hábil tendrá cualidad para ser parte, cuando se solicite la nulidad de actos administrativos generales.

Al respecto, en el Derecho español véase: GARRIDO FALLA, "La impugnación de resoluciones administrativas de carácter general y la jurisprudencia del Tribunal Supremo", *RAP*, N° 6, 1951, pág. 223.

18 Véase en este sentido la sentencia del Juzgado Primero de Primera Instancia en lo Civil de la Circunscripción Judicial del Distrito Federal y del Estado Miranda de 21-11-60 en el *Informe de la Fiscalía General de la República* al Congreso de 1960, Caracas, 1961, pág. 337.

19 Al respecto, véase la sentencia citada en la Nota 91 de este Título.

legítimo, aunque, como lo dispone el artículo 14 de nuestro Código de Procedimiento Civil, puede ser eventual o futuro, salvo el caso en que la ley lo exija actual".

"Este interés que han de ostentar en el recurso de anulación de un acto administrativo, las partes, entendiéndose por tales las que han establecido una relación jurídica con la Administración Pública, o aquel a quien la decisión administrativa perjudica en su derecho o en su interés legítimo, en el caso de la acción popular basta que sea de carácter simple. De aquí que, en el primer supuesto, sólo puedan actuar los sujetos a quienes directamente afecta el acto administrativo; y en el segundo, cualquier ciudadano puede ejercer la acción para atacar un acto lesivo al interés general"[20].

d". *La legitimación activa del Procurador General de la República*

310. Ya en dos oportunidades hemos citado una sentencia de la antigua Corte Federal[21], donde se dice que en el recurso contencioso-administrativo de anulación de los actos administrativos, "el actor propone formal demanda contra la nación en la persona del Procurador de la Nación, a quien necesariamente se le cita, y se lo emplaza, como a cualquier demandado, para que comparezca en la oportunidad que se le señala, a contestar la demanda". En esas oportunidades también hemos dicho que esa jurisprudencia no es del todo exacta, y ello porque, como veremos más adelante[22], el recurso contencioso-administrativo de anulación es una acción dirigida contra un acto administrativo y no contra la Administración o cualquier otra persona pública, y si bien hay un demandante que es el recurrente legitimado activamente, no hay, propiamente hablando, un demandado. En este sentido ha dicho la misma Corte Federal en otra oportunidad[23], que "no puede decirse que se demanda a la na-

---

20   CF—23—1, 14—3—60.

     El principio ha sido acogido por el Proyecto LPA 1963 al establecer, en su artículo 118, que "Tendrá cualidad para actuar en la jurisdicción contencioso-administrativa toda persona que tenga interés legítimo, personal y directo en el asunto de que se trate...".

     Sobre la noción de interés legítimo para recurrir, véase: BODDA, "Interesse a ricorrere e interesse legittimo", *FA*, 1935, I. pág. 48; A. D. GIANNINI, "L'inteesse che legittima il ricorso giuridizionale", *Il diritto dei betti pubblici*, 1940, pig. 287; D'ALESSIO, *Le parti nel giudizio amministrativo*, Roma, 1915; KORNPROBST, *La notion Je partie en les recours pour excès de pouvoir*, Paris, 195?; P. PRETE, "L'interesse a ricorrere nel processo amministrativo", *Rassegna di Diritto Pubblico*, 1951, págs, 36 y sig.; MIGNON, "La notion d'intérêt ouvrant le recours pour excès de pouvoir", *Dalloz Crónicas*, 1953, pág. 22.

21   Véanse Nos. 56 y 299

    CF—172—1, 30—7—37.

22   Véanse Nos. 363 y sig.

23   CF—115—1, 11—11—55.

     Por ello consideramos que el artículo 120 del Proyecto LPA 1963 consagra una ficción al establecer que "se considerarán parte demandada: a. La Administración de que proviene el acto o disposición a que se contraiga el recurso, salvo en el caso previsto en el artículo anterior (es decir, cuando es la misma administración autora del acto la que solicita la nulidad del acto administrativo cuando ella no puede revocarlo); b. Las personas que deriven derechos del propio acto".

ción, sino que lo que se busca es la declaratoria de nulidad de un acto administrativo".

Sin embargo, si bien no podemos decir que hay en términos jurídicos un demandado, sí podemos señalar que hay, en principio, un defensor nato del acto, a quien se notifica pero no se cita: es el Procurador General de la República[24].

Pero decimos que en principio el Procurador es defensor del acto impugnado, pues no siempre lo es ni necesariamente tiene que serlo. En efecto, el Procurador "como defensor de los principios de Derecho Público"[25], puede manifestar su opinión en favor de la nulidad del acto, ante la jurisdicción contencioso-administrativa, y es más, el Procurador General de la República puede ocurrir como legitimado activo a esta jurisdicción para solicitar la declaratoria de nulidad de un acto administrativo ilegal o contrario a derecho, piando la Administración se encuentra en la imposibilidad de revocarlo, por haber creado derechos a favor de terceros[26].

En este último caso tenemos la legitimación activa del Procurador General de la República, en representación de la Administración Pública nacional, en el procedimiento contencioso-administrativo de anulación.

c'. *Legitimación pasiva*

311. Venimos de señalar que no creemos que en el procedimiento contencioso-administrativo de anulación pueda hablarse propiamente de demandado en la legitimación pasiva, pues no hay, jurídicamente hablando, una parte demandada.

Sin embargo, el hecho de que no haya parte demandada, pues lo que se demanda es la nulidad de un acto y no a una persona moral de derecho público, no implica que el acto no pueda tener defensor. Sin embargo, ello no es imprescindible. En todo caso, el acto administrativo puede ser defendido por el Procurador General de la República o por cualquiera de las partes "interesadas" que hayan comparecido por el emplazamiento que debe hacer la Corte[27].

---

24   Artículo 25 de la Ley Orgánica de la Corte Federal.

25   CF—115—1, 11—11—55.

26   El artículo 27 de la Ley Orgánica de la Corte Federal señala que, al iniciarse el procedimiento, se notificará al Procurador General de la República "cuando no hubiese sido a instancia" de él.

Véase también CFC—CP—18—1, 19—10—51.

En este sentido el artículo 119 del Proyecto LPA 1963 establece que "La Administración autora de algún acto, que no pueda ser revocado o anulado por ella misma, tendrá cualidad para deducir cualquiera de las pretensiones consagradas en esta Ley". Y agrega el aparte segundo del artículo 121 que "también podrán intervenir como coadyuvantes de la Administración que demandare la anulación d? sus propios actos, quien tuviere interés directo en dicha pretensión".

27   Artículo 25 de la ley Orgánica de la Corte Federal:

Al respecto ya hemos señalado en la Nota 96 de este Título lo que establece el artículo 120 del Proyecto LPA 1963. Sin embargo, es oportuno observar que, en relación a los "interesados" que pueden intervenir en la defensa del acto, el artículo 121 del citado Proyecto establece que "podrán intervenir *en* el proceso,

c.   *Contencioso de plena jurisdicción*

a'.   *Noción previa*

312. En el procedimiento contencioso-administrativo de plena jurisdicción, al contrario, sí nos encontramos propiamente ante dos partes con pretensiones contrarias: el particular demandante y la Administración demandada.

Veamos, entonces, la legitimación activa y la legitimación pasiva en el procedimiento contencioso-administrativo de plena jurisdicción.

b'.   *Legitimación activa: el derecho subjetivo*

313. Hemos señalado[28] que el objeto de las pretensiones que pueden demandarse por el recurso de plena jurisdicción puede ser: la condena al pago de sumas de dinero por la Administración; la condena a la reparación de daños y perjuicios originados por responsabilidad contractual o extracontractual de la Administración; y el restablecimiento de las situaciones jurídicas subjetivas lesionadas por la actividad administrativa.

Claramente puede observarse de esta enumeración que las pretensiones que se dirijan contra la Administración por el recurso de plena jurisdicción, y que la Corte debe resolver en su carácter de contralor de la legitimidad de la actividad administrativa, han de ser pretensiones fundamentadas en un derecho subjetivo o en la lesión de una situación jurídica subjetiva del recurrente[29].

Dicho en otras palabras, los órganos de la jurisdicción contencioso-administrativa son contralores de la legitimidad de la actividad administrativa, cuando ésta vulnere una situación jurídica subjetiva o cuando por la vulneración de una situación jurídica objetiva se dé origen a un derecho subjetivo de parte del recurrente. Examinemos esto de acuerdo con el artículo 206 de la Constitución.

En los casos de lesión de una situación jurídica subjetiva por la actividad administrativa, la Constitución concede tres casos de apertura del recurso contencioso-administrativo de plena jurisdicción:

a". En primer lugar, la demanda que para la condena a pagar sumas de dinero se intente contra la Administración. El caso típico de este supuesto es el originado por un derecho de crédito. Sólo el titular del derecho de crédito, es decir, el acreedor,

---

como coadyuvantes de la parte demandada, las personas que tuvieren interés directo en el mantenimiento del acto o disposición que motivare el recurso contencioso-administrativo...".

28   Véase N° 296.

  Artículo 206 de la Constitución.

29   Sobre los conceptos de situación jurídica y derecho subjetivo que utilizamos, véase: PAUL ROUBIER, *Droits subpectifs et situations juridiques*, Dalloz, París, 1963, págs. 11 y sig. y 299.

  Sobre la situación jurídica en relación con el objeto de la jurisdicción contencioso-administrativa, véase: CESSAR INO, *La situazioni giurìdiche e toggeto delta giustizia amministrativa*, Milán, 1956.

puede demandar a la Administración deudora. Entonces, sólo el titular de un derecho subjetivo puede demandar a la Administración por el pago de sumas de dinero. Cuando la Administración ha incumplido su obligación lesiona la situación jurídica subjetiva de acreedor que posee el recurrente, y es en base al derecho subjetivo que origina esa situación jurídica subjetiva, que ese recurrente está legitimado activamente para iniciar el procedimiento contencioso-administrativo de plena jurisdicción.

b". En segundo lugar, la demanda que se intente contra la Administración para la condena a la reparación de daños y perjuicios originados por la responsabilidad contractual de la Administración. Este es el caso normal en los contratos administrativos: sólo el cocontratante de la Administración puede ser titular de un derecho subjetivo originado por la lesión de su situación jurídica subjetiva de cocontratante. Por tanto, sólo él puede, en base a ese derecho subjetivo, demandar a la Administración a la reparación de daños y perjuicios.

En tercer lugar, y fuera de toda relación contractual, puede demandarse a la Administración para lograr el restablecimiento de una situación jurídica subjetiva lesionada por la actividad administrativa. El caso típico de este supuesto es la demanda en reivindicación establecida en el artículo 7, ordinal 30 de la Ley Orgánica de la Corte Federal. En efecto, sólo el propietario de un bien determinado puede demandar en reivindicación a la Administración, cuando ésta, administrativamente, ha tomado posesión o detenta ese bien indebidamente. Por tanto, aquí también sólo el titular de un derecho subjetivo puede intentar la acción.

Pero puede verse que todos estos casos tienen su origen en la lesión de una situación jurídica subjetiva que puede tener su origen en un acto jurídico, como un contrato o en una ley. Son situaciones jurídicas preestablecidas, que son lesionadas por la actividad administrativa y que dan derecho a su titular a demandar en justicia.

Sin embargo, la redacción del artículo 206 de la Constitución que analizamos permite la apertura del recurso de plena jurisdicción, en los casos de responsabilidad extracontractual de la Administración. La responsabilidad, en sí misma, es una situación jurídica objetiva, producto del derecho objetivo. No constituye un derecho, pues no puede renunciarse, y más bien implica un deber de no hacer daño a otro.

Sin embargo, una vez causado el daño por un hecho ilícito o por otra fuente de la responsabilidad administrativa, la víctima del daño adquiere un derecho subjetivo a la reparación del mismo, es decir, se encuentra en una situación jurídica de acreedor. Por tanto, sólo fundamentándose en ese derecho subjetivo a la reparación del daño que se le causó, es por lo que puede actuar en justicia ante la jurisdicción contencioso-administrativa en su competencia de plena jurisdicción.

En conclusión, podemos observar cómo para poder intentar un recurso de plena jurisdicción, el demandante debe ser titular de un derecho subjetivo, pudiendo nacer ese derecho subjetivo de la lesión de una situación jurídica subjetiva preexistente, o de la lesión de una situación jurídica objetiva. No podrá, entonces, intentarse el recurso de plena jurisdicción, con un interés simple, ni con un interés legítimo. La legitimación activa consiste en la titularidad de un derecho subjetivo.

A este respecto, la antigua Corte Federal ha exigido que se alegue un derecho subjetivo como requisito procesal para que se admita el recurso contencioso-administrativo de plena jurisdicción, y al efecto ha señalado que "es principio ya admitido unánimemente por la doctrina, la jurisprudencia y las leyes de todas las naciones donde existe, independiente o delegada, la jurisdicción contencioso-administrativa, que para que pueda interponerse el recurso de plena jurisdicción... es necesario que la resolución administrativa contra la cual se dirija concurran las tres condiciones siguientes: que cause estado, que emane de una autoridad administrativa en uso de sus facultades regladas y que la resolución desconozca o vulnere un derecho de carácter administrativo"[30].

c'. *Legitimación pasiva*

a". *Noción previa*

314. En el procedimiento contencioso-administrativo de plena jurisdicción, al contrario de lo que sucede en el procedimiento contencioso-administrativo de anulación, sí puede hablarse de demandante y demandado en el sentido propio y jurídico de las palabras.

En el recurso contencioso-administrativo de plena jurisdicción, el actor titular de su derecho subjetivo "propone formal demanda contra la Administración en la persona del Procurador General de la República, a quien necesariamente se le cita y se le emplaza, como a cualquier demandado, para que comparezca en la oportunidad que se le señale a contestar la demanda"[31].

Respecto a la legitimación pasiva nos interesa destacar lo relativo a la entidad demandada y a las prerrogativas procesales de ella.

b". *La entidad demandada*

315. Tratándose de un derecho subjetivo, lo que configura la legitimación activa, fácil es determinar la legitimación pasiva: el recurso será válidamente interpuesto y admisible cuando se interpone contra la persona jurídica o la entidad administrativa a quien sea oponible el derecho subjetivo, o quien lesionó la situación jurídica subjetiva.

Pero debe tenerse muy presente que la acción debe intentarse específicamente contra la entidad administrativa que se demanda, sea la República, los Estados, las Municipalidades o aquellas Corporaciones o Institutos de carácter público como los Institutos autónomos y las demás personas jurídicas de derecho público sometidas a la jurisdicción contencioso-administrativa. En estos casos actuará como representante de la entidad demandada el Procurador General de la República para la primera, o

---

30 CF—112—1, 28—10—59.

31 Hemos utilizado la expresión de la Corte que es perfectamente aplicable el recurso de plena jurisdicción y no al de anulación, como hemos visto en el número 310. Véase la sentencia CF—172—1, 30—7—57.

la persona competente para las demás entidades administrativas territoriales o autónomas.

c". *Las prerrogativas procesales*

316. Cuando la demanda en plena jurisdicción tenga consecuencias patrimoniales contra la República, la Ley Orgánica de la Hacienda Nacional establece una serie de prerrogativas procesales[32] aplicables en principio a la República. Sin embargo, dichas prerrogativas son aplicables a gran número de Institutos autónomos existentes en Venezuela, de conformidad con sus respectivos estatutos orgánicos[33]. También, de conformidad con el artículo 233 de la Constitución vigente, "las disposiciones que rigen la Hacienda Pública nacional regirán la Administración de la Hacienda Pública de los Estados y de los Municipios en cuanto sean aplicables", por lo cual estas prerrogativas pueden ser aplicadas a los Estados y a las Municipalidades.

Estas prerrogativas procesales de la entidad administrativa legitimada pasivamente se refieren principalmente a la contestación de la demanda y las excepciones dilatorias opuestas a la condenación en costas, a la exigencia de caución judicial y a la condición de que "las partes están a derecho".

En efecto, la Ley Orgánica de la Hacienda nacional establece, en su artículo 6, que "cuando los apoderados o mandatarios de la nación no asistan al acto de la contestación de demandas interpuestas contra ella, o de excepciones que hayan sido opuestas, se tendrán unas y otras como contradichas en todas sus partes, sin perjuicio de la responsabilidad que la omisión apareja al representante del Fisco'

El artículo 8 de la misma Ley Orgánica, por su parte, establece que "en ninguna instancia podrá ser condenada la nación en costas, aun cuando se declaren confirmadas las sentencias apeladas, se nieguen los recursos interpuestos, se declaren sin lugar, se dejen perecer o se desista de ellos".

Por otra parte, el artículo 15 de la Ley Orgánica citada dispone que "en ningún caso podrá exigírsele caución al Fisco nacional para una actuación judicial".

Por último, la Ley de la Procuraduría de la Nación y del Ministerio Público establece algunas prerrogativas procesales que modifican sensiblemente el principio de que "las partes están a derecho", que impera en nuestro sistema procesal ordinario[34].

---

32 Sobre las prerrogativas y privilegios del Fisco, véase: R. LEPERVANCE PARPARCEN, *Privilegios del Fisco en el Derecho Venezolano,* Separata de la Revista de Hacienda, año X, 1945, N° 19.

33 Al respecto, véase el Capítulo "La Administración Autónoma" en la Tesis de Grado de TOMAS POLANCO, "La Administración Pública", *cit.,* págs. 327 y siguientes.

34 Véase al respecto LUIS LORETO, "El principio de que Las partes están a derecho en el proceso civil venezolano". *Estudios de Derecho Procesal Civil,* Caracas, 1956, págs. 23 y sig. Sobre el mismo principio en materia contencioso-fiscal, véase N° 419,

   Sobre el conjunto de las prerrogativas de la República en cuanto a Hacienda Pública nacional, es conveniente destacar las disposiciones del Proyecto LOHPN 1963, algunas de las cuales modifican sensiblemente el régimen vigente. En materia de contestación de la demanda, el Proyecto LOHPN 1963 establece, en su artículo 17, que "cuando los representantes del Fisco Nacional no asistan al acto de la contesta-

En efecto, el artículo 54 de la referida Ley señala "que los jueces están obligados a dar noticia inmediata al Procurador de la Nación de toda actuación que se practique en los juicios en que la nación o el Fisco sean partes, así como también enviarle copia de tales actuaciones", agregando en el mismo sentido el artículo 55 que "los funcionarios judiciales están obligados a notificar al Procurador de la Nación, por la vía más rápida, de toda demanda, oposición, sentencia, providencia o solicitud de cualquier naturaleza que, directa o indirectamente, obre contra los intereses de la nación o del Fisco nacional, así como también de la apertura de todo término para el ejercicio de algún derecho o recurso por parte del Fisco. Las notificaciones a que se refiere este artículo deberán ordenarse y hacerse con otorgamiento de los mismos términos que la Ley señala a las partes en litigio, a fin de que los personeros de la nación o del Fisco puedan hacer valer oportunamente las defensas, excepciones o recursos que existan en favor de los intereses que representan".

De estas disposiciones observamos que la carga que implica el principio de que "las partes están a derecho" se aplica al litigante particular, pero no a la Administración.

---

ción de demandas interpuestas contra él, o de excepciones que le hayan sido opuestas, se tendrán unas y otras como contradichas en todas sus partes, sin perjuicio de la responsabilidad que la omisión apareja al representante del Fisco". V agrega el artículo 177 del mismo Proyecto que "toda persona que tenga a su cargo o cuidado la representación de la República, responderá de los daños y perjuicios que le ocasione por no haber interpuesto oportunamente los recursos o defensas a que haya lugar, salvo cuando hubiesen recibido orden escrita en tal sentido del Ejecutivo Nacional". Concretamente, en materia contencioso-administrativa, el Proyecto LPA 1963 establece a su vez, en el aparte Unico del artículo 143, que "la no concurrencia del representante de la administración autora del acto recurrido se entenderá como desistimiento del procedimiento si ella fuere también la solicitante. En caso de ser demandada tal administración, la no comparecencia de su representante acarreará para éste multa de hasta quinientos bolívares que le impondrá el Tribunal".

En materia de condenatoria en costas, el artículo 19 del Proyecto LOHPN 1963 señala que "para que proceda la condenatoria en costas contra la República, será necesario que ésta resulte totalmente vencida por sentencia definitivamente firme en juicio de contenido patrimonial. El monto de la condenación en costas no podrá exceder del 25 por ciento del valor de la demanda y en ningún caso excederá de quinientos mil bolívares sin perjuicio de la retasa que será siempre obligatoria. En todo caso el juez podrá eximir de costas a la nación cuando aparezca que ésta ha tenido motivos racionales para litigar". Es de observar que esta disposición se refiere únicamente a los juicios de *contenido patrimonial,* es decir en materia contencioso-administrativa, a los juicios en plena jurisdicción. Por tanto, en las solicitudes de anulación de setos administrativos puras y simples, no habrá condenatoria en costas cuando se declare con lugar el recurso de anulación. Al efecto, el Proyecto LPA 1963 establece, al hablar del contenido de la sentencia contencioso-administrativa de anulación en el artículo 154, ordinal 4, que ésta deberá expresar "decisión clara y precisa sobre el pago de las costas del proceso sí el recurso fuere declarado *sin lugar".*

En materia de caución judicial, el Proyecto LOHPN 1963 conserva el mismo principio actualmente vigente, al indicar en su artículo 16 que "la República no está obligada a prestar caución para ninguna actuación judicial". Sobre otra prerrogativa procesal en relación a la citación de la República, véase lo expresado en el N° 333.

C) *El agotamiento de la vía administrativa*

a. *Noción previa*

317. El segundo requisito procesal para la admisibilidad de un recurso administrativo y como consecuencia, para la apertura del procedimiento contencioso-
administrativo, constituye el agotamiento previo, por parte del recurrente, de la vía
administrativa.

Este agotamiento de la vía administrativa como paso previo a la vía contencioso-
administrativa, no es más que la obligación impuesta legalmente al recurrente de
agotar los medios administrativos útiles que tiene a su disposición ante la misma
Administración.

En su esencia, la necesidad de agotar la vía administrativa antes de intentarse el
recurso contencioso-administrativo, constituye una prerrogativa de la Administración. En efecto, el agotamiento da la vía administrativa protege a la Administración
en el sentido de que ella, o sus actos, no pueden ser demandados ni recurridos jurisdiccionalmente sin antes haber ella tomado posición respecto a la futura materia liti-
giosa.

Pero en otro sentido, la necesidad de agotar la vía administrativa protege también
a los demandantes o recurrentes, en el sentido de que les impide introducir recursos
vanamente sobre cuestiones sobre las cuales la Administración estaría dispuesta a
dar amigablemente y administrativamente una satisfacción.

Por otra parte, la necesidad de agotar la vía administrativa facilita la actividad del
juez contencioso-administrativo, pues éste se encuentra ante un litigio discutido y
ante un expediente administrativo ya formado.

Sin embargo, este requisito procesal que constituye el agotamiento de la vía administrativa, es radicalmente distinto en el recurso contencioso-administrativo de
anulación y en el recurso contencioso-administrativo de plena jurisdicción.

En el recurso contencioso-administrativo de anulación este requisito procesal ha
sido una creación de la jurisprudencia de la Corte Suprema. En el recurso contencioso-administrativo de plena jurisdicción entra en juego el llamado "procedimiento
administrativo previo en las demandas contra la República", contemplado en la Ley
de la Procuraduría General de la Nación y del Ministerio Público.

Examinaremos separadamente ambos casos de agotamiento de la vía administrativa, según se trate del contencioso de anulación o del contencioso de plena jurisdicción.

b. *Contencioso de anulación*

318. La necesidad del agotamiento de la vía administrativa como requisito procesal previo para interponerse el recurso contencioso-administrativo de anulación, es
materialmente una creación de la jurisprudencia administrativa de la antigua Oírte

Federal y de Casación. Esa doctrina ha sido tradicionalmente sostenida por la antigua Corte Federal y por la jurisprudencia de la actual Corte Suprema de Justicia.

El origen de esta doctrina jurisprudencial se encuentra, a nuestro entender, en la interpretación que la antigua Corte Federal y de Casación daba al artículo 123, ordinal 11 de la Constitución de 1936.

En efecto, en sentencia de 6 de abril de 1945[35], dicha Corte dispuso que "por cuanto el control de la constitucionalidad que ejerce la Corte Federal y de Casación en principio ha de recaer, no sobre los actos de los funcionarios que actúan con subordinación a otros dentro y aun fuera del territorio nacional, sino sobre los actos de las autoridades en quienes termine el orden jerárquico respectivo, motivo por el cual ya esos actos no son susceptibles de ulterior revisión dentro de ese orden; y por cuanto de lo expuesto se concluye que los actos de los Administradores de Aduanas, apelables o reclamables para ante el Ministerio de Hacienda, no son atacables por acción de inconstitucionalidad establecida en el artículo 123 de la Carta Fundamental de la República, siéndolo solamente en las materias del ramo, los actos del expresado Ministro, y ello teniendo en cuenta que la disposición final del número 11 del citado artículo 123 de dicha Carta Fundamental, según el cual una Resolución ministerial no puede ser atacada, aún por razón de inconstitucionalidad, sino en juicio contencioso, por tanto, la Corte Federal y de Casación, administrando justicia en nombre de los Estados Unidos de Venezuela y por autoridad de la Ley, se abstiene de dar curso a la expresada solicitud".

De esta sentencia observamos, a pesar de que se refiere propiamente a un recurso de inconstitucionalidad, pero que en esa época se encontraba regulado en la Constitución junto al recurso de anulación por ilegalidad, que la Corte señalaba que sólo cuando un acto administrativo no era susceptible de ulterior revisión en el orden jerárquico administrativo, era posible su revisión jurisdiccional. Es decir, exigía que se agotaran los recursos administrativos antes de ocurrirse a la vía judicial.

Y ello porque, como sostuvo la misma Corte en sentencia de 28 de mayo de 1951[36], el principio de la división de poderes impide que la autoridad judicial "intervenga en asuntos que aún están bajo la jurisdicción y competencia del Poder Ejecutivo".

Este criterio, aunque algunas veces confuso y otras veces impreciso, fue expresamente confirmado a partir de la sentencia de la antigua Corte Federal de 24 de noviembre de 1953[37]. En dicha sentencia, la Corte expresaba que "es de principio, y así está consagrado en aquellos países donde el procedimiento contencioso-administrativo ha sido organizado legislativamente —y aun en alguna Carta Fundamental como la nueva del Uruguay—, que el recurso extraordinario contra los actos ilegales de la Administración no puede ser llevado ante el órgano jurisdiccional

---

35   Resumen CFC en SPA, 1940-1951, pág. 86 *(Memoria* 1946, tomo I, pág. 119).

36   Resumen CFC en SPA 1940-1951, pág. 13 *(Gaceta Forense,* año II, N° 8, página 110).

37   CF—94—1, 24—11—53.

competente, sino después de haberse agotado la vía administrativa. De suerte que el titular de un interés legítimo que haya sufrido lesión como consecuencia de un acto administrativo determinado, debe ante todo interponer el recurso legal de apelación en el término que para el caso ha establecido la ley reguladora de la materia. Si así no lo hiciera, la decisión queda firme. Y ello porque realmente conviene al orden social, la estabilidad de los actos de la Administración Pública, sin perjuicio, claro está, de la garantía debida a los administrados, quienes tienen a su alcance las vías adecuadas para hacer valer sus derechos".

A partir de esa fecha, los actos administrativos no podrán ser atacados de nulidad por el recurso contencioso-administrativo de anulación sino una vez agotada la vía administrativa por la interposición del recurso jerárquico o de apelación.

Ante esto surge la siguiente pregunta: ¿Qué agota la vía administrativa? La respuesta es fácil deducirla de la última sentencia transcrita, cuando establece la necesidad de agotarse la vía administrativa por el "recurso legal de apelación" administrativa, y esta apelación administrativa no es otro que el recurso jerárquico.

Esto ha sido expresamente señalado por la misma Corte Federal en 1958[38], cuando estableció que "es bien sabido que el recurso contencioso-administrativo contra decisiones del Poder Administrativo no puede intentarse sino cuando el interesado ha agotado la vía administrativa por medio del recurso jerárquico".

Por tanto, en materia contencioso-administrativa de anulación, sólo el recurso jerárquico agota la vía administrativa[39].

Nunca ha exigido nuestra jurisprudencia el agotamiento de la vía administrativa por el recurso de reconsideración[40]. Y si esto llegara a establecerse en una legislación de procedimientos administrativos[41], sólo debe exigirse respecto a los actos

---

38   CF—54—1, 5—8—58.

    En esta sentencia también se expresa que "esa decisión de la autoridad superior en la respectiva escala, que *(ama estado,* es la que puede impugnarse por medio del recurso contencioso-administrativo y, por tanto, la que tiene que provocar el interesado, por medio de la apelación o el reclamo para ante esa autoridad superior".

    Sobre el mismo carácter del acto administrativo recurrible, en cuanto a que debe causar estado, la actual Corte Suprema de Justicia, en sentencia CSJ— PA—90—1, 4—12—61, ha expresado que "en ausencia, pues, de decisión Ministerial que agote la vía administrativa y *cause estado* dentro de la misma, resulta improcedente para la Corte dictar decisión alguna en el presente caso, y así se declara".

39   Sobre el Recurso Jerárquico, véanse Nos. 215 y sig.

40   Sobre el Recurso de Reconsideración, véanse Nos. 227 y sig.

41   Esto se desprendía de la Ponencia elaborada por el Colegio de Abogados del Distrito Federal con la colaboración de José Gabriel Sarmiento Núñez y Eloy Lares Martínez sobre la *Revisión de las Decisiones Administrativas* según el Anteproyecto de Ley de Procedimientos Administrativos, presentada a la Conferencia Interamericana de Derecho Procesal reunida en San Juan, Puerto Rico, en julio de 1962, edición multigrafiada, pág. 7.

    Sin embargo, en el Proyecto LPA 1963 se ha eliminado al recurso de reconsideración de su articulado, y se ha establecido un Recurso de Revisión como presupuesto procesal al recurso contencioso-administrativo de anulación. Véase lo señalado respecto a este Recurso de Revisión establecido en el Proyecto, en las Notas 113 y 116 del Título IV de este Estudio.

administrativos que no tengan posibilidad de ser revisados por el recurso jerárquico. Sea porque la ley no lo permite expresamente, sea porque el acto administrativo ha sido originalmente dictado por la autoridad superior en el orden administrativo. En estos casos es posible establecer que se interponga el recurso de reconsideración antes de ocurrir a la vía jurisdiccional.

Sin embargo, si el acto administrativo es dictado por una autoridad inferior debe seguirse el criterio impuesto por la Corte, es decir, debe establecerse que sólo se agota la vía administrativa por el recurso jerárquico. La exigencia también en estos casos de la interposición de un recurso de reconsideración haría interminable la vía administrativa en perjuicio de los administrados.

En conclusión, en el sistema actualmente vigente en Venezuela la Corte ha considerado agotada la vía administrativa con el solo recurso jerárquico, y por ello es que se dice que sólo pueden ser recurridos en la vía contencioso-administrativa de anulación los actos administrativos que causen estado[42].

c.   *Contencioso de plena jurisdicción*

a'. *Noción previa*

319. En el procedimiento contencioso-administrativo de plena jurisdicción, la situación es completamente distinta de la señalada anteriormente.

Como en este caso sí hay, propiamente hablando, una demanda contra la Administración, y puede hablarse de un demandante y de una entidad administrativa demandada, el recurrente en plena jurisdicción debe agotar la vía administrativa, no ejerciendo un recurso jerárquico sino cumpliendo el procedimiento administrativo previo a las demandas contra la República prescrito en los artículos 58 al 62 de la Ley de la Procuraduría de la Nación y del Ministerio Público, actualmente vigente[43].

Este procedimiento administrativo previo está previsto como requisito procesal en las demandas que se intenten "en contra de la nación venezolana, de alguna dependencia del Gobierno nacional o de cualquier otro organismo o entidad en la defensa de cuyos intereses esté llamada a intervenir la Procuraduría de la Nación"[44].

---

42   Véase N° 364.

Al respecto, véase en el Derecho español E. SERRANO GUIRADO, "El recurso contencioso-administrativo y el requisito de que la resolución cause estado", *RAP*, N° 10, 1953, pág. 109.

En la jurisprudencia venezolana, véanse las sentencias citadas en la Nota 111 de este Título.

Por otra parte, véase: J. M. HERNÁNDEZ RON, "Las decisiones de la autoridad administrativa no causan estado y caen bajo la revisión de la Corte Federal y de Casación", *Revista de Derecho y Legislación*, año XLI, N° 488, 1952, páginas 3 a 8.

43   Ley de 9 de abril de 1955.

Véase también la Disposición Transitoria decimasexta de la Constitución.

44   Artículo 58 de la Ley.

Este procedimiento ha sido recogido en el Proyecto LPA 1963, artículos 102 al 110, casi exactamente como está previsto en la vigente Ley de la Procuraduría.

Por tanto, cuando la acción pretenda interponerse contra una entidad administrativa cuyos intereses no deba defender el Procurador General de la República, el demandante no tiene la obligación de observar las disposiciones de la Ley de la Procuraduría de la Nación y del Ministerio Público.

Examinaremos el procedimiento administrativo previo en las demandas contra la Administración nacional y las consecuencias que produce su cumplimiento o incumplimiento.

b'. *El procedimiento administrativo previo en las demandas contra la República*

320. El artículo 58 de la Ley de la Procuraduría de la Nación y del Ministerio Público establece que "quienes pretendan instaurar judicialmente alguna acción contra la nación venezolana, de alguna dependencia del Gobierno nacional o de cualquier otro organismo o entidad en defensa de cuyos intereses esté llamado a intervenir la Procuraduría de la Nación, deberán dirigirse previamente y por escrito al Ministro u organismo al cual corresponda el asunto, para exponer concretamente sus pretensiones en el caso, las razones o fundamentos en que apoyan sus aspiraciones y presentar todos los elementos de juicio de que dispongan y que permita formar criterio al respecto".

De esta disposición observamos, en primer lugar, que abarca todas las acciones que se pretenda intentar por vía judicial contra la República. En este sentido, no sólo es aplicable a las demandas que se intenten ante la jurisdicción contencioso-administrativa invocando su competencia de plena jurisdicción, sino que también se aplica a todas las demandas que se quieran intentar contra la República ante cualquier órgano jurisdiccional sometidas a las regulaciones del Derecho privado.

Por otra parte, observa la antigua Corte Federal que la ley ha establecido "como forma única y esencial de iniciación del procedimiento administrativo previo, la elaboración y consignación, ante el Despacho respectivo, de un escrito que contenga los datos señalados en la indicada norma. No puede, pues, iniciarse ese procedimiento sin la existencia de tal escrito, que equivale, en esa vía administrativa, al libelo de los procedimientos judiciales. En efecto, sin la presentación de ese escrito y demás elementos de juicio que al mismo deben ser acompañados, no puede la Administración formarse criterio de las pretensiones de los reclamantes, ni apreciar las razones o fundamentos en que apoyen sus aspiraciones"[45].

Por otra parte, establece el último aparte del señalado artículo 58 que "de la presentación de este escrito se dará recibo al interesado, a menos que su remisión haya sido hecha por conducto de un juez o de un notario. De dicha presentación se dejará constancia también, al pie del mismo escrito".

Los artículos 59 y siguientes de la Ley citada de la Procuraduría establecen que, una vez presentado dicho escrito, el expediente con él formado y los demás recaudos

---

45   CP—14—2, 11—2—60

pertinentes deberán ser remitidos dentro de los treinta días siguientes a la Procuraduría General de la República, "a fines de obtener la opinión que a este Despacho pueda merecerle el asunto".

La Procuraduría General de la República, dentro de los quince días siguientes al recibo del expediente, debe formular por escrito su dictamen y remitirlo al Ministerio u organismo respectivo, que a su vez debe llevarlo a conocimiento del interesado dentro de los quince días subsiguientes para que éste responda por escrito si acoge el criterio sustentado por el Ministerio, sea o no el mismo que ha sustentado la Procuraduría. Una vez notificado el interesado, concluye con su contestación el procedimiento administrativo, bien porque acepte el criterio que se le propone y llegue a un acuerdo con el Despacho respectivo, o bien porque conteste negativamente al Ministerio u organismo respectivo, en cuyo caso quedará abierta la vía judicial.

Sin embargo, la conclusión del procedimiento administrativo previo puede tener lugar por el silencio administrativo. En efecto, el artículo 63 de la mencionada Ley de la Procuraduría señala que, vencido el lapso de sesenta días hábiles dentro de los cuales debe ser notificado el interesado del criterio de la Procuraduría, contados desde la fecha de la presentación del escrito respectivo, sin habérsele notificado al reclamante el resultado de su representación, quedará éste facultado para ocurrir a la vía judicial.

A este respecto, la antigua Corte Federal ha establecido que "es indudable que, si la ley faculta al interesado para ocurrir a la vía judicial cuando, después de vencido el determinado lapso no se le ha notificado por el Poder Administrativo el resultado de su representación, es porque, de acuerdo con principio unánimemente aceptado por el Derecho Administrativo Moderno y consagrado legalmente por muchos países, considera que esa inacción o silencio de la Administración, guardado por la autoridad más alta en el orden jerárquico administrativo, equivale a un rechazo de la petición del reclamante. Tal decisión, negativa y tácita, es ejecutoria a menos que se recurra de ella; extingue la competencia del Poder administrador para continuar conociendo y en su contra sólo procede una acción civil ordinaria o un recurso contencioso, sea el extraordinario de anulación o el de plena jurisdicción, según la naturaleza de la cuestión suscitada"[46].

Debemos observar que esta afirmación de la Corte es justa y correcta en lo que se refiere a la apertura de la vía judicial por demandas ante los Tribunales ordinarios o ante la jurisdicción contencioso-administrativa en su competencia de plena jurisdicción. Sin embargo, es necesario señalar que el recurso contencioso-administrativo de anulación no es propiamente una "demanda contra la nación", por lo cual la misma Corte no ha exigido para su interposición el cumplimiento de este procedimiento administrativo previo que estamos estudiando[47]. Entonces, mal puede aplicarse la

---

46   CF—34—1, 3—6—58. Véanse Nos. 5° y 115.

47   CF—115—1, 11—11—55.

      En esta sentencia la Corte señala que el procedimiento administrativo previo que establece la Ley de la Procuraduría no es aplicable al contencioso-administrativo de anulación, con lo que estamos completa-

doctrina del silencio administrativo ahí señalada al recurso contencioso-administrativo de anulación, lo que no quiere decir que no pueda intentarse este recurso contra una inacción de la Administración. En este último caso no se recurriría en virtud del silencio administrativo y la presunción de denegación tácita de la petición, sino que se atacaría de nulidad la inacción de la Administración por considerarse ilegal, ya que la Administración está obligada a responder las peticiones que se le dirijan[48].

Por último, debemos observar que, cuando la acción que se pretenda intentar tenga por objeto la reclamación de acreencias contra el Fisco nacional, cuyo pago no esté autorizado en el Presupuesto, el interesado, según lo dispone el artículo 58 de la Ley de la Procuraduría citada, antes de ocurrir al procedimiento administrativo previo que hemos descrito, agotará los recursos administrativos a que se refiere el Título III de la Ley Orgánica de la Hacienda Nacional.

c'. *Las consecuencias*

321. El artículo 65 de la referida Ley de la Procuraduría señala que "los funcionarios judiciales no darán curso a las demandas que se introduzcan en contra de la nación, del Fisco o de alguna de las entidades u organismos cuya defensa corresponda a la Procuraduría de la Nación, sin que se acredite previamente el cumplimiento de las gestiones establecidas por los artículos anteriores".

De acuerdo con esta norma, el procedimiento administrativo previo constituye un requisito procesal y, como tal, su falta de cumplimiento dará lugar necesariamente a la inadmisibilidad de la demanda[49]. Por tanto, ha establecido la Corte que "tal procedimiento no puede considerarse cumplido con vagas afirmaciones..., sino mediante la prueba auténtica y documentada de los actos que lo constituyen"[50].

Se deduce claramente de lo expuesto, como ha señalado la antigua Corte Federal, que "el procedimiento administrativo previo tiene por objeto salvaguardar los intereses de la nación y el buen orden administrativo, por lo cual las disposiciones que lo rigen asumen el carácter de orden público"[51].

Y, precisamente por este carácter de orden público, si la falta de tal requisito se observa y declara estando ya en curso el proceso, bien por instancia de parte o aun de oficio, la consecuencia no puede ser otra que la nulidad de lo actuado y la reposi-

---

mente de acuerdo. Sin embargo, reduce dicho procedimiento a los "casos en los cuales se demanda a la nación en razón de sus actos como persona jurídica privada", ignorando por completo la existencia de demandas en el contencioso-administrativo de plena jurisdicción donde también es aplicable.

48   Véase N° 213.

49   CF—99—1, 12—7—55.
      CF—14—1, 11—2—60.

50   CF—14—2, 11—2—60.

51   CF—51—1, 25—5—59.

ción del proceso al estado de que se cumpla dicho trámite administrativo, para que la demanda pueda ser nuevamente admitida y se le dé el curso de ley"[52].

D) *El lapso de interposición*

a. *Noción previa*

322. En principio, los recursos contencioso-administrativos tienen un lapso de interposición que, una vez vencido, sin que se hayan interpuesto aquellos recursos, impiden, por extemporáneos, que se puedan intentar.

Sin embargo, este lapso varía según se trate de un recurso para iniciar el procedimiento contencioso-administrativo de anulación o para iniciar el procedimiento contencioso-administrativo de plena jurisdicción.

En todo caso, la interposición del recurso en el lapso legal es uno de los requisitos procesales para la admisibilidad del mismo.

Examinaremos este requisito procesal en ambos recursos contencioso-administrativos.

b. *Contencioso de anulación*

323 El artículo 7, ordinal *9°* de la Ley Orgánica de la Corte Federal establece que es atribución de la Corte "conocer en juicio contencioso de las acciones y recursos por abuso de poder y otras ilegalidades de las Resoluciones ministeriales y en general de los actos de la autoridad administrativa en cualquiera de sus ramas nacionales, estadales y municipales. Dichas acciones y recursos caducarán en todo caso a los seis meses contados a partir de la fecha de la publicación del acto en el órgano oficial respectivo, o de la fecha de notificación del acto al interesado, cuando ésta fuere procedente y si aquélla no se efectuare. La ilegalidad del mismo acto puede oponerse siempre como excepción, salvo que la ley disponga lo contrario".

El principio que esta norma establece es que los recursos contencioso-administrativos de anulación tienen un lapso de caducidad de seis meses contados a partir de la publicación o notificación del acto que se impugna.

Debemos señalar, por otra parte, que en la Ley Orgánica de la Corte Federal hay una evidente contradicción entre lo dispuesto en el ordinal 9^9 del artículo 7 antes transcrito y lo dispuesto en el artículo 25, que establece que "en los casos a que se refiere el ordinal 9° del artículo 7 de esta Ley, y en los no previstos, se seguirá el siguiente procedimiento: el recurso se interpondrá ante la Corte dentro de los tres meses siguientes a la decisión impugnada...".

Esta contradicción, sin embargo, ha sido subsanada por la jurisprudencia administrativa de la Corte, pues ha acogido siempre el lapso de seis meses en beneficio de los administrados[53].

---

52   CF—14—3, 11—2—60.

Aparte de este problema, el lapso de caducidad de seis meses tiene, a nuestro entender, dos excepciones. En primer lugar, cuando se trata de un recurso de anulación por ilegalidad contra un acto administrativo de carácter general; en este caso, como hemos visto, la legitimación activa para recurrir consiste en el simple interés que tiene todo ciudadano[54], pues precisamente se trata de un acto administrativo que afecta a todos los habitantes. Por ello no creemos que haya lapso de caducidad alguno para solicitar la anulación de actos administrativos generales y, más aún, cuando el recurso de inconstitucionalidad contra los actos reglamentarios del Presidente de la República es también imprescriptible.

Por otra parte, cuando se recurre por ilegalidad la inacción de la administración, tampoco hay, en nuestro concepto, lapso de caducidad ya que, generalmente, no hay oportunidad para que comience dicho lapso, pues no hay acto administrativo publicado o notificado, y es precisamente contra esa ausencia de acto que se reclama[55]. Aparte de estos dos casos, el recurso contencioso-administrativo de anulación debe ser interpuesto obligatoriamente en el lapso de seis meses de caducidad.

c. *Contencioso de plena jurisdicción*

324. No creemos que pueda pretenderse aplicar a los recursos contencioso-administrativos de plena jurisdicción un lapso de caducidad como el de tres meses que establece el artículo 25 de la Ley Orgánica de la Oírte Federal para los recursos que no tengan procedimiento previsto, entre los cuales están los de plena jurisdicción que esa misma Ley establece.

Sería insensato pretender que las acciones por responsabilidad extracontractual de la Administración establecidas en el ordinal 29 del artículo 7 de dicha Ley Orgá-

---

53   CF—23—1, 14—3—60. CSJ—PA—26—1, 15—3—62. CSJ—PA—76—1, 20—6—62.

El Proyecto LPA 1963 ha acogido el mismo lapso estableciendo, en su artículo 133, que "el recurso contencioso-administrativo contra los actos administrativos individuales deberá ser interpuesto dentro de los seis meses siguientes a la fecha de la notificación o publicación correspondiente". Sobre el lapso para recurrir en lo contencioso-administrativo en el Derecho Comparado, véase: COOPER ROYER, "Le délais de recours", *AJ*, 1955, II, pág. 63; J. GONZÁLEZ PÉREZ, "El cómputo del plazo para interponer el recurso contencioso-administrativo", *RAP*, Nº 33, 1960, pág. 112; FRANCHINI, "Il termini per il ricorso al Consiglio di Stato e la teoria dell'atto amministrativo". *Riv. Dir. Pub.*, 1941, I, pág. 378.

54   Véanse Nos. 56 y 308.

Al respecto, el Proyecto LPA 1963 señala, en su artículo 134, que "el recurso contencioso-administrativo contra los actos administrativos generales podrá ser interpuesto en cualquier momento".

55   A este respecto, J. G. ANDUEZA, en la varias veces citada Ponencia preparada en colaboración con T. Polanco, E. Pérez Olivares y L. E. Parías Mata, señala que "ante la negativa de la Administración Pública a proveer de acuerdo con instancia de parte o negativa a cumplir determinados actos a que está obligada por las leyes nacionales, puede recurrirse ante la Corte Federal para obligar al Funcionario Público para que provea o dicte el acto. Este recurso tiene su fundamento en el derecho de petición y a obtener oportuna respuesta. Por tanto, el acto administrativo negativo es recurrible ante la Corte Federal", *El Control en Venezuela...*, *cit.*, pág. 25. Véanse Nos. 213 y 366.

En la doctrina francesa, véase J. LAFERRIERE, "Le recours contre le silence de l'administration", *Mélanges Negulesco*, 1935.

nica deban intentarse en el lapso de tres meses en lugar del de diez años establecido en el Código Civil para la prescripción de las acciones personales.

Sería injusto pretender hacer lo mismo con las acciones que por responsabilidad contractual se intenten contra la Administración, establecidas en el ordinal 28 del artículo 7 de la misma Ley.

Por último, sería ilógico reducir el lapso de veinte años de prescripción de las acciones reales, en los casos de acciones en reivindicación que se intenten contra la Administración nacional previstas en el ordinal 20 del artículo 7 de la citada Ley, a un lapso de caducidad de tres meses.

Por tanto, las acciones o demandas que se intenten por la vía contencioso-administrativa de plena jurisdicción no tienen lapso de caducidad perentorio, sino que se rigen por las disposiciones del Código Civil o de las leyes respectivas sobre prescripción. Más aún, cuando la Ley Orgánica de la Hacienda nacional, en su artículo 18 prescribe que las deudas y acciones en favor del Fisco nacional o a cargo de éste, están sujetos a la prescripción, conforme a las reglas del Código Civil, a falta de disposiciones contrarias a esta ley o de las leyes fiscales especiales".

5. EL PROCEDIMIENTO

A) *Noción previa*

325. Si hay algo verdaderamente mal regulado en nuestro sistema contencioso-administrativo, eso es el procedimiento mismo. Quizás es aquí donde mayor se siente la necesidad de una ley reguladora del procedimiento contencioso-administrativo o, por lo menos, de una adecuada regulación que reforme la actual, establecida en la Ley Orgánica de la Corte Federal.

Sin embargo, de las confusas normas de procedimiento establecidas en la actual Ley Orgánica de la Corte y de las normas supletorias del Código de Procedimiento Civil, pueden extraerse los principios procedimentales básicos actualmente en vigor.

Pero, sin embargo, al hablar del procedimiento en materia contencioso-administrativa, debemos distinguir también entre el contencioso de anulación y el contencioso de plena jurisdicción, ya que los procedimientos en estos casos son, en nuestro concepto, esencialmente distintos.

B) *Contencioso de anulación*

a. *Noción previa*

326. El procedimiento contencioso-administrativo de anulación de los actos administrativos está fundamentalmente regulado por el artículo 25 de la Ley Orgánica de la Corte Federal, con el Código de Procedimiento Civil como ley supletoria.

Veamos someramente este procedimiento.

b.   *Iniciación del procedimiento*

327. El procedimiento contencioso-administrativo de anulación se inicia por la interposición del recurso mediante escrito en el que se indicará el acto administrativo que se impugna "y las razones legales y de otra orden en que se apoye el recurso"[56].

A este respecto, ha señalado la Corte Suprema de Justicia que "cuando se demanda la nulidad de un acto por ser violatorio de la Ley, la violación denunciada constituye efectivamente el fundamento de la demanda, lo que implica la necesidad de que sea determinado con entera claridad en el libelo a fin de que el Tribunal... pueda hacer las apreciaciones consiguientes. Es por ello que el artículo 237 del Código de Procedimiento Civil ordena que se expresen en la demanda las razones en que se funda"[57].

Por otra parte, debe acompañarse al escrito del recurso el ejemplar del acto o disposición que se impugna, o su referencia, y los correspondientes instrumentos que acrediten los requisitos procesales de legitimación, agotamiento de la vía administrativa y fecha de notificación o publicación del acto administrativo que marcó el inicio del correspondiente lapso de caducidad. Además, y como hemos indicado, los recursos contencioso-administrativos, al igual que los recursos administrativos, no tienen efectos suspensivos, por lo que debe acompañarse también al escrito del recurso los recaudos que acrediten el cumplimiento del principio solve et repete cuando haya lugar[58].

---

56   CF—30—1, —59.

Sobre una comparación entre el procedimiento contencioso-administrativo y el procedimiento ordinario, véase: LUIS TORREALBA NARVÁEZ, "Consideraciones acerca de la jurisdicción contencioso-administrativa, su procedimiento y algunas relaciones de éste con el de la jurisdicción judicial civil"; Tesis de Grado. *Anales de la Facultad de Derecho,* Caracas, 1951, págs. 447 y sig.

En la doctrina francesa, véase CH. DEBBASCH, *Procédure administrative contentieuse et procédure civile,* Librairie Générale de Droit et de Jurisprudence, París, 1962.

En materia de iniciación del procedimiento, el Proyecto LPA 1963 establece en Su artículo 130, que "El recurso contencioso-administrativo se iniciará mediante escrito en el que deberá indicarse el Tribunal ante el cual se introduce, se indicará al solicitante, se determinará en la forma que fuere más precisa el acto que se recurre y se expresarán las razones que se estimen pertinentes para solicitar su anulación".

57   CSJ—PA—102—1, 19—12—61. CSJ—PA—103—1, 20—12—61.

Sobre el escrito del recurso, véase J. GONZÁLEZ PÉREZ, "El escrito de interposición del recurso contencioso-administrativo", *Estudios en homenaje a García Oviedo,* vol. I, pág. 377.

58   Véanse Nos. 222 y 303.

Véase al respecto E. SERRANO GUIRADO, "El requisito del previo pago en el recurso contencioso-administrativo en materia fiscal", *Revista de Derecho Financiero y de Hacienda Pública,* vol. II, N° 5, marzo 1952, pág. 5.

Sobre estos requisitos señalados, el Proyecto LPA 1963, en su artículo 131, señala: "A los fines de determinar el acto que se recurre, será necesario señalar su fecha y número, si lo tiene, la autoridad de la cual emanó y todo otro elemento que contribuya a su individualización. Sí hubiere sido publicado deberá acompañarse un ejemplar del Diario o Gaceta Oficial en la cual se hizo tal publicación y, en caso de haber sido solamente notificado a los interesados, se acompañará un ejemplar de la respectiva notifica-

La Ley Orgánica de la Corte Federal señala, al comienzo del artículo 25, que "introducido el recurso, la Corte pedirá a la autoridad administrativa que dictó la decisión el envío de los autos respectivos". Todos los recaudos acompañados por el recurrente, más los que consten del expediente administrativo, servirán para la formación del criterio de la Corte acerca de la admisibilidad del recurso interpuesto.

Por último, establece el artículo 27 de la misma Ley Orgánica citada que "al iniciarse el procedimiento..., cuando no hubiere sido a instancia del Procurador General de la República, se le notificará a éste". Observamos que la Ley prevé una notificación y no una citación, y ello porque, como hemos dicho, no se trata de la existencia de una persona demandada propiamente dicha, sino de un defensor si es el caso y que puede bien ser el mismo Procurador o cualquier persona interesada.

c. *El emplazamiento*

328. Una de las verdaderas fallas del procedimiento previsto en la Ley Orgánica de la Corte Federal en materia contencioso-administrativa de anulación es la ausencia absoluta de regulación sobre la admisión del recurso interpuesto. Sin embargo, creemos que la declaratoria de admisión o de inadmisión del recurso interpuesto es imprescindible, ya que es lo que hace efectivos los requisitos procesales del recurso que antes hemos estudiado. Esta admisión del recurso debe hacerse, en nuestro concepto, antes del emplazamiento de los interesados y versará sobre la verificación que debe hacer el Tribunal en relación al cumplimiento o incumplimiento, por parte del recurrente, de los requisitos procesales de legitimación, de agotamiento de la vía administrativa y de interposición del recurso en el lapso legal. Asimismo debe verificarse, cuando haya lugar, el cumplimiento del principio *solve et repete*[59].

---

ción o copia certificada de la misma". Por otra parte, el artículo 132 de dicho Proyecto indica que "el escrito deberá venir acompañado de los instrumentos que acrediten la representación que ostenta quien lo introdujere, si tal fuere el caso y las constancias de pago o afianzamiento de las cantidades que réquiem la Ley en los casos en que así lo exija".

59   Véase N° 371.

Respecto a la remisión del expediente administrativo, el Proyecto LPA 1963 establece:

"Artículo 135. El Juez o Tribunal, al recibir la solicitud que inicie el recurso, dará por secretaría recibo de ella y dentro de las dos audiencias siguientes, procederá a dictar auto en el cual ordenará a la autoridad administrativa de la cual emanó el acto recurrido, la remisión del expediente respectivo dentro del plazo que a tal efecto señalará y que no podrá exceder de quince días continuos, a contar de la fecha del auto respectivo".

"Artículo 136. Si la autoridad administrativa no remitiere el expediente en el plazo que el Juez o Tribunal determinaren, éste le requerirá por oficio con la advertencia que, de no acatar la orden judicial, serán impuestas al funcionario a cuyo cargo estuvieren, las sanciones de ley".

"Artículo 137. Si a pesar del requerimiento judicial, la autoridad administrativa, dentro de las setenta y dos horas siguientes no entregare el expediente al Juez o Tribunal, éste se constituirá en la Oficina donde se encontrare el expediente, tomará posesión de él e impondrá multa de hasta un mil bolívares a quien considere responsable de los hechos. El Tribuna) podrá imponer arresto de hasta ocho días a quienes se opusieren o impidieren su actuación".

Ahora bien, una vez recibido el expediente administrativo, hecha la notificación al Procurador General de la República y habiéndose admitido el recurso por la Corte, ésta emplazará por cartel que se publicará en la Gaceta Oficial de la República de Venezuela, a todos los que se crean interesados, a fin de que concurran dentro de un lapso prudencial —indicado en el cartel— a hacerse parte en el recurso.

Observamos que este emplazamiento es hecho a los que se crean interesados, para hacerse parte en el procedimiento, como coadyuvantes del recurrente o como coadyuvantes en la defensa del acto.

La ley no fija ninguna oportunidad para contestar ninguna demanda, porque no hay tal propiamente dicha, a pesar de lo afirmado por la Corte en alguna oportunidad[60]. Hay una demanda, sí, pero contra un acto administrativo y no contra la Administración. Por ello creemos, sin embargo, que en la oportunidad de comparecencia de los interesados puede contestarse la "solicitud de nulidad" por cualquiera que tenga interés legítimo en el sostenimiento del acto y no por un determinado "deman-

---

En materia de admisión de la solicitud de declaratoria de nulidad de los actos administrativos, el artículo 138 del Proyecto LPA 1963 establece: "Recibido el expediente, el Juez o Tribunal, dentro de las ocho audiencias siguientes, decidirá si admite o no el recurso interpuesto:

1°. Sí el recurso fuere evidentemente temerario, el Juez, al rechazarlo, podrá imponer multa hasta de un mil bolívares al recurrente; 2°. Si al escrito faltaren alguno o algunos de los elementos requeridos por el artículo 130 de esta Ley (véase Nota 129 del presente Título) o no estuvieren en el expediente los anexos a que se refiere el artículo 131 y 132 *ejusdem* (véase Nota 131 del presente Título), el Juez o Tribunal señalarán plazo de no más de ocho audiencias para que el o los interesados complementen lo necesario. De no hacerlo en tal plazo, el Tribunal, a instancia del interesado podrá otorgar nuevo plazo de no más de cuatro audiencias. Si al cabo de tal no estuviere cumplida la orden del Juez se estimará desistido el recurso y no podrá volver a ser intentado por los mismos interesados; 3°. El auto del Juez por el cual ordene la no admisión del recurso será apelable cuando hubiere segunda instancia para ante el Juez o Tribunal a que ésta corresponda. Cuando hubiere una sola instancia y la decisión fuere dictada por el Tribunal en pleno, ella no será recurrible. Si la hubiere dictado un Juez sustanciador se podrí apelar ante el Tribunal pleno".

60 CF—172—1, 30—7—57.

En este sentido, ANDUEZA señala que "cuando se trata de un recurso de ilegalidad, la nación no es parte del proceso, ya que no se fe cita, sino que se le notifica del recurso...". *El control en Venezuela..., cit.,* pág. 31. En materia de contestación a la solicitud de anulación, el Proyecto LPA 1963 establece:

"Artículo 142. Al ordenar el emplazamiento de la Administración autora del acto y de los interesados el Tribunal señalará oportunidad para que tenga lugar el acto de contestación a la solicitud. Tal deberá ser cualquiera de las cuatro audiencias que sigan a la fecha en la cual se deje constancia en el expediente de haber sido publicado el cartel a que se refiere el artículo 139 de esta Ley".

"Artículo 143. En la oportunidad fijada conforme al artículo anterior, deberán comparecer cuantos tengan interés en el recurso. Si no compareciere el o los solicitantes, se entenderá que desisten del procedimiento. Los interesados que no concurrieren no podrán posteriormente intervenir en el procedimiento en ninguna forma,.,".

"Artículo 144. Todos los asistentes al acto de contestación de la solicitud deberán presentar al Juez escrito que se agregará al expediente y en el cual expresarán si están o no conformes con la solicitud hecha y las razones en las cuales se fundamenten".

dado" que no lo hay. En este sentido hemos dicho que el acto administrativo puede ser defendido y por ello es que hay contención[61].

d. *Etapa probatoria*

329. Vencido el lapso de emplazamiento, comenzará la etapa probatoria. La Ley Orgánica de la Corte, en su artículo 25, señala que "los interesados promoverán, dentro de las cinco audiencias siguientes, las pruebas que estimen pertinentes, las cuales se evacuarán dentro de las diez audiencias posteriores al vencimiento de las cinco dichas, sin concederse término de distancia. Si no se hubieren promovido pruebas, o si promovidas, hubiese transcurrido el lapso de evacuación, comenzará la relación durante la cual podrán evacuarse las pruebas de confesión, experticia o inspección ocular que se hubieren promovido durante el primer lapso de cinco audiencias".

Nota resaltante del procedimiento en la etapa probatoria son los poderes del juez, pues "la Corte Federal queda facultada para solicitar y hacer evacuar de oficio las informaciones y pruebas que considere pertinentes", según establece el artículo 28 de la Ley. Este es uno de los caracteres inquisitorios del procedimiento contencioso-administrativo.

Por otra parte debemos señalar que, en los casos "en que la Corte hubiere de dictar alguna providencia para lo cual no exista procedimiento previsto, observará lo establecido en el artículo 386 del Código de Procedimiento Civil, según consagra el artículo 27 de la Ley Orgánica. Es decir, "si por resistencia de una parte a alguna medida legal del juez, por abuso de algún funcionario, o por alguna necesidad del procedimiento, una de las partes reclamare alguna providencia, el juez ordenará en la misma audiencia que la otra parte conteste en la siguiente y, hágalo ésta o no, resolverá en la primera audiencia, o a lo más tarde dentro de la tercera, lo que considere justo; a menos de que haya necesidad de esclarecer algún hecho, caso en el cual abrirá una articulación por ocho días sin término de distancia. SÍ la resolución de la incidencia debiere influir en la decisión de la causa, el juez resolverá la articulación en la sentencia definitiva; en caso contrario decidirá al noveno día".

Aparte de esto es necesario observar que, en materia probatoria y en relación con el contencioso de anulación, en principio la carga de la prueba está en manos del recurrente[62].

---

61   Véase N° 299.

62   CF—94—2, 24—11—53.

En materia probatoria es de interés destacar el artículo 147 del Proyecto LPA 1963: "Las pruebas serán admitidas y evacuadas en la forma establecida en el Código de Procedimiento Civil para, el juicio ordinario, pero con arreglo las siguientes modalidades: a. El representante de la Administración autora del acto no podrí ser obligado a absolver posiciones juradas; b. Podrá deferirse el juramento a cualquier funcionario público de quien hubiere emanado el acto recurrido, pero sólo sobre cuestiones de hecho que no estuvieren relacionadas con materias reservadas de la actuación administrativa. A tal efecto, el Juez o Tribunal, oído al funcionario, decidirán sobre la fórmula del juramento que podrá ser utilizada; c. Si fuere pedida inspección ocular de algún archivo, expediente o documento y el Tribunal la admitiere, la dili-

Por último, también es útil observar que en materia de exhibición de documentos, cuando es solicitada como prueba, la obligación de exhibir incumbe también a la República. Al respecto, la antigua Corte Federal y de Casación, en sentencia de 8 de febrero de 1949[63], ha señalado que "es cierto que la Ley de Ministerios, en sus artículos *24,* 25 y *26,* pauta las reglas conforme a las cuales pueden obtenerse copias en los archivos de los respectivos Departamentos Ejecutivos. Tales archivos son, por su naturaleza, reservados para el servicio oficial pero, mediante el procedimiento establecido en la referida Ley de Ministerios, es posible a los ciudadanos proveerse de copias certificadas de aquellos instrumentos que les sean útiles para su consulta, defensa u otros fines lícitos. Mas, aparte de que no aparece allí tampoco el privilegio para la nación de no exhibir este o aquel documento, cuando así se le pida conforme a la pauta legal respectiva, el derecho que se da para obtener determinadas copias certificadas no pone a quien en un juicio sea contraparte de la nación al abrigo de una negativa, puesto que es facultativo del Ministerio conceder o no la copia certificada que se le pida. Además, como la referida Ley de Ministerios no establece término alguno para la expedición de las copias certificadas, bien podría suceder que ellas se expidieran fuera de la oportunidad legal en que la parte interesada debiera presentarlas al Tribunal para la prueba de su derecho. Tales motivos inducen a esta Corte a considerar que sí está obligada la nación a exhibir cuando ello se le pida de conformidad con la Ley".

e.   *La relación e informes*

330. Si no se hubieren promovido pruebas, o si promovidas hubiere transcurrido el lapso de evacuación, comenzará la relación de la causa.

Señala el artículo 47 de la Ley Orgánica de la Corte Federal que "la relación... consistirá en el estudio que individual o colectivamente harán los jueces del expediente respectivo. La relación no podrá tener una duración mayor de 45 días, excluidos los feriados y los de vacaciones, y se pondrá en el expediente una nota en que conste el día de comenzar la relación y otra en que conste, por lo menos con tres días de anticipación, aquel en que ha de terminar". No interrumpe la relación por otra parte el hecho de la separación de uno o más vocales de la Corte. En este caso el o los suplentes o conjueces harán la relación individual del expediente.

Durante la relación podrán evacuarse las pruebas de confesión, expertícia o inspección ocular que se hubieren promovido en el lapso correspondiente.

---

gencia judicial será cumplida salvo que el Ministro del cual dependa el respectivo archivo, o expediente, o registro disponga que el mismo fuera reservado, siempre bajo orden expresa del Presidente de la República. En tal caso, el Ministro informará al juez por oficio. El Juez podrá insistir en que se practique la diligencia judicial, en cuyo caso el Ministro deberá llevar el caso dentro de los quince días siguientes al Consejo de Ministros. Sí el Consejo de Ministros ratificare la decisión del Ministro, la decisión judicial será suspendida, pero la Administración demandada podrá ser condenada a reparar al solicitante los daños y perjuicios que tal decisión o suspensión le ocasione".

63   Resumen CFC en SPA 1940-1951, pág. 45 *(Gacela Forense,* año I, N° 1, página 58)

Hecha la relación, la Corte fijará audiencia para oír informes de los interesados[64] y, oídos los informes, se procederá a dictar sentencia.

f. *Sentencia*

331. Por tratarse de un Tribunal Colegiado, las disposiciones de la Ley Orgánica del Poder Judicial suplen las de la Ley Orgánica de la Corte en lo que ésta no haya previsto especialmente[65].

En todo caso, los artículos 48 y siguientes de esta última disponen que la ponencia corresponderá sucesivamente a los vocales, conforme al orden de entrada de los asuntos. El ponente debe pasar a los demás vocales una minuta de los puntos que han de discutirse y presentarles un proyecto de decisión la cual, una vez aprobada definitivamente, será redactada por él mismo. Si el ponente no estuviere de acuerdo con el criterio de la mayoría, el Presidente designará otro ponente.

Cuando un vocal disienta de la opinión mayoritaria puede salvar su voto, y en tal caso tendrá el término de tres días para presentarlo por escrito, lapso que se contará a partir de la fecha de la aprobación definitiva del Proyecto. Sin embargo, antes de dictarse sentencia, la Corte podrá dictar auto para mejor proveer.

En la resolución del recurso, la Corte podrá confirmar, revocar o reformar la decisión impugnada o reponer el procedimiento. En todo caso se aplicará, en cuanto a costas, las reglas del Código de Procedimiento Civil"[66].

---

64 Artículo 29 de la Ley Orgánica de la Corte Federal.

E) Proyecto LPA 1963 en materia de relación establece, en su artículo 150, que "la relación del juicio comenzará con una primera etapa de quince días continuos, al cabo de los cuales, en el primer día hábil y a la hora que fije el Tribunal o Juez, tendrá tugar el acto de informes por las partes. Terminado dicho lapso correrá la segunda etapa de la relación, que tendrá una duración de veinte audiencias".

65 Artículo 52 de la Ley Orgánica de la Corte Federal.

66 Artículo 25 de la Ley Orgánica de la Corte Federal.

En materia de costas, véanse Nos. 316 y 338. En todo caso debe tenerse en cuenta el artículo 8 de la Ley Orgánica de la Hacienda Nacional. A este respecto ha señalado el Decano ANDUEZA que "cuando se trata de un recurso de ilegalidad, la nación no es parte del proceso ya que no se le cita sino que se le notifica del recurso y, por tanto, no hay pronunciamiento sobre costas". Véase Nota Nº 133 de este Título,

Respecto al problema de las costas en la legislación española, véase: J. GONZÁLEZ PÉREZ, "Las costas en lo contencioso-administrativo", *RAP*, Nº 9, pág. 105.

Sobre el contenido de la decisión en materia contencioso-administrativa de anulación, véanse Nos. 369 y sig. A este respecto, el Proyecto LPA 1963 establece, en su artículo 154, que "las sentencias en las cuales se decidan los recursos interpuestos conforme a esta ley deberán expresar: 1º El Tribunal que la dicta y la indicación de que actúa en el nombre de la República y por autoridad de la Ley; 2º Una exposición sucinta de la controversia planteada y del desarrollo del proceso; 3º Decisión clara y precisa sobre si admite o no la solicitud que se le ha formulado al Tribunal con todos los pronunciamientos del caso previstos en el Aparte Único del artículo 112 de esta Ley (los mismos que están contemplados en el artículo 206 de la vigente Constitución); 4º Decisión clara y precisa sobre el pago de las costas del proceso si el recurso fuere declarado sin lugar (al respecto, véase lo indicado en la Nota 107 de este Título V); 5º Indicación exacta del lugar y fecha en que dicte, constatado todo con las firmas del Juez o Jueces del Tribunal del Secretario respectivo y estampado el sello correspondiente".

Por último, dispone el artículo 30 de la Ley "la disposición que recaiga debe publicarse inmediatamente en la Gaceta Oficial de la República de Venezuela".

C) *Contencioso de plena jurisdicción*

a. *Noción previa*

332. En nuestra opinión, contrariamente a lo que sucede en el procedimiento contencioso-administrativo de anulación, el procedimiento de plena jurisdicción está regulado fundamentalmente por el Código de Procedimiento Civil y por las disposiciones de la Ley Orgánica de la Corte Federal en cuanto le fueren aplicables. Y ello por el objeto mismo de las demandas en plena jurisdicción, que asemejan el procedimiento, en gran medida, con el procedimiento ordinario.

Veamos, entonces, los rasgos esenciales del procedimiento, teniéndose muy en cuenta lo que hemos señalado al hablar de las prerrogativas procesales de la Administración[67].

b. *La demanda y el emplazamiento*

333. En principio rigen las disposiciones de los artículos 236 y siguientes del Código de Procedimiento Civil. A la República debe citársela por intermedio del Procurador General de la República ya que, según el artículo 202, ordinal 1° de la Constitución, corresponde al Procurador representar y defender judicialmente los intereses patrimoniales de la República.

Respecto a la citación del Procurador General de la República, el artículo 56 de la Ley de la Procuraduría de la Nación y del Ministerio Público establece que "las citaciones que hayan de hacerse al Procurador de la Nación para contestación de demandas se practicarán por medio de oficio, al cual deberá acompañarse copia de todo lo que sea conducente. El oficio será entregado personalmente al Procurador de la Nación y, desde la fecha de esa entrega, declarada por el alguacil en el expediente respectivo, comenzará a correr un lapso de quince días continuos, excluidos los feriados y los de vacaciones, a cuya terminación se considerará consumada la citación de dicho funcionario. El Procurador de la Nación puede darse por citado en cualquier momento dentro del referido lapso".

En todo caso, la demanda debe presentarse por escrito, con todos los requisitos exigidos por el artículo 237 del Código de Procedimiento Civil.

c. *Las excepciones y la contestación al fondo*

334. En principio rigen las disposiciones de los artículos 246 y siguientes del Código de Procedimiento Civil, salvo lo que establecen en materia de apelación respecto a las excepciones opuestas, por el hecho de la única instancia cuando conoce la Corte Suprema de Justicia.

---

67 Véase N° 316.

El artículo 276 y sus consecuencias sobre la confesión ficta no es aplicable a la República. Al respecto rige el artículo 6 de la Ley Orgánica de la Hacienda Nacional que señala que "cuando los apoderados o mandatarios de la nación no asistan al acto de la contestación de demandas intentadas contra ella, o de excepciones que hayan sido opuestas, se tendrán unas y otras como contradichas en todas sus partes, sin perjuicio de la responsabilidad que la omisión apareja al representante del Fisco".

d. *Etapa probatoria*

335. En principio rigen las disposiciones del Código de Procedimiento Civil establecidas en los artículos 278 y siguientes. Sin embargo, las normas sobre pruebas que hemos señalado respecto al contencioso de anulación contenidas en la Ley Orgánica de la Corte Federal"[68], son perfectamente aplicables al contencioso de plena jurisdicción.

e. *Medidas preventivas*

336. Fundamentalmente rige la disposición del artículo 16 de la Ley Orgánica de la Hacienda Nacional cuyo encabezamiento señala que "los bienes, rentas y derechos o acciones, pertenecientes a la nación, no están sujetos a embargo, secuestro, hipoteca o a ninguna otra medida de ejecución preventiva o definitiva".

Sin embargo, respecto al particular en juicio, sí rigen las disposiciones del artículo 368 y siguientes del Código de Procedimiento Civil respecto a las medidas preventivas que solicite la Administración. En todo caso debe tenerse en cuenta a este respecto que "no podrá exigírsele caución al Fisco nacional para una actuación judicial", tal como establece el artículo 15 de la Ley Orgánica de la Hacienda Nacional.

f. *Relación e informes*

337. En esta materia, además de las disposiciones de los artículos 404 y siguientes del Código de Procedimiento Civil, en lo que fueren aplicables rigen perfectamente las disposiciones de la Ley Orgánica de la Corte Federal que hemos señalado al hablar del procedimiento contencioso de anulación[69].

g. *Sentencia*

338. Además de las disposiciones de los artículos 160 y siguientes del Código de Procedimiento Civil, rigen las disposiciones que sobre esta materia señalamos en el procedimiento contencioso de anulación previstas en la Ley Orgánica de la Corte Federal[70].

---

68   Véase N° 329.

69   Véase N° 330.

70   Véanse Nos. 331 y 402 *y* sig.

Al respecto, además, debe tenerse presente el artículo 8 de la Ley Orgánica de la Hacienda Nacional que establece que "en ninguna instancia podrá ser condenada la nación en costas, aun cuando se declaren confirmadas las sentencias apeladas, se nieguen los recursos interpuestos, se declaren sin lugar, se dejen perecer o se desista de ellos".

h. *Ejecución*

339. En materia de ejecución rigen, en principio, las disposiciones de los artículos 446 *y* siguientes del Código de Procedimiento Civil.

Sin embargo, respecto a la República debe tenerse presente la disposición del artículo 16 de la Ley Orgánica de la Hacienda Nacional, que establece uno de los privilegios de la República: "Los bienes, rentas y derechos o acciones pertenecientes a la nación no están sujetos a embargo, secuestro, hipoteca o a ninguna otra medida de ejecución preventiva o definitiva. En consecuencia, los jueces que conozcan de ejecuciones contra el Fisco, luego que resuelvan definitivamente que deben llevarse adelante dichas ejecuciones, suspenderán en tal estado los juicios, sin decretar embargo, y notificarán al Ejecutivo Nacional, para que se fijen por quienes corresponda, los términos en que ha de cumplirse lo sentenciado".

Por otra parte, en esta materia rige el procedimiento establecido por los artículos 681 y siguientes del Código de Procedimiento Civil referentes a las "demandas en que tengan interés las rentas públicas"[71].

D) *La imposibilidad de la acumulación de los recursos contencioso-administrativos*

340. Al constatar la distinción esencial entre los procedimientos contencioso-administrativos de anulación y de plena jurisdicción, podría pensarse en la imposibilidad de acumulación de los recursos que a ellos dan lugar. Y ello es cierto, pero no acarrea ninguna consecuencia procesal.

En efecto, creemos que ambos recursos no pueden acumularse por tener los procedimientos esencialmente distintos. Sin embargo, ello no quiere decir que sea imposible solicitar una anulación de un acto administrativo de un recurso de plena jurisdicción.

Hemos dicho que las acciones contencioso-administrativas de plena jurisdicción pueden ser originadas en hechos, actos y relaciones jurídicas administrativas[72]. Pues bien, cuando estas acciones, por ejemplo las que contienen una demanda contra la Administración por responsabilidad contractual o extracontractual, son originadas por un acto administrativo, la misma demanda en responsabilidad conlleva una solicitud de declaratoria de nulidad del acto que originó y origina el daño al recurrente. La condenatoria pura y simplemente de pagar daños y perjuicios que se dictase con-

---

71   Véase N° 408.

72   Véase N° 275.

tra la Administración no sería eficiente si se dejara produciendo sus efectos al acto que causa el daño. Por otra parte, también sería inútil la instancia jurisdiccional si sólo se pudiera anular el acto sin tener el juez poder para reformar ese acto y para condenar a la Administración pecuniariamente.

Por ello es que las pretensiones de plena jurisdicción conllevan en las oportunidades que sea necesario la solicitud de nulidad del acto, pero se diferencia del contencioso de anulación por el procedimiento que se sigue que, como hemos visto, es distinto, y por los poderes del juez.

Sin embargo, cuando se trata de un recurso contencioso-administrativo de anulación, sólo es posible solicitar la declaratoria de nulidad de un acto administrativo, y el juez, en su competencia de anulación, no puede pronunciar ninguna decisión condenatoria contra la Administración, de ninguna especie. Sólo puede anularse el acto, pues es el acto lo que se impugna, y no puede condenarse a la Administración porque no se la demanda.

Con el estudio que hemos hecho de la competencia de la jurisdicción contencioso-administrativa, y de los procedimientos que ante ella se desarrollan, podemos entrar ahora al estudio de los recursos contencioso-administrativos, donde veremos detalladamente sus delimitaciones propias.

CAPITULO QUINTO
LOS RECURSOS CONTENCIOSO ADMINISTRATIVOS

1. INTRODUCCIÓN

341. Hemos visto que desde el comienzo del estudio de la jurisdicción contencioso-administrativa en Venezuela que realizamos en el presente Título nos hemos visto obligados a hacer, en múltiples ocasiones, la distinción entre lo contencioso-administrativo de anulación y lo contencioso-administrativo de plena jurisdicción.

Y concretamente, al estudiar la competencia de la jurisdicción contencioso-administrativa en el sistema venezolano consagrado en la Constitución de 1961, hemos constatado la existencia de dos competencias delimitadas: la competencia de anulación y la competencia de plena jurisdicción[1].

Constatadas estas dos competencias, se comprende que los recursos contencioso-administrativos son los medios jurídicos puestos a disposición de las pretensiones de los administrados para obtener una satisfacción por medio de un pronunciamiento jurisdiccional de los órganos de la jurisdicción contencioso-administrativa. En esta forma el recurso contencioso-administrativo de anulación obtendrá un pronunciamiento de la jurisdicción contencioso-administrativa en su competencia de anulación. El recurso contencioso-administrativo de plena jurisdicción obtendrá, en cambio, un pronunciamiento de la jurisdicción contencioso-administrativa en su competencia de plena jurisdicción.

Estos dos recursos son los únicos que admite expresamente nuestro sistema contencioso-administrativo.

Antes del análisis detallado de los recursos contencioso-administrativos es necesario establecer la diferencia fundamental de los mismos con respecto a los recursos administrativos, y asimismo los rasgos diferenciales más resaltantes entre ellos.

---

1   Véanse Nos. 276 y sig., y específicamente Nos. 285 y 286.

Al respecto, en la doctrina véase: WALINE, "Vers un reclassement des recours contentieux?", *RDP*, 1935, pág. 305; LAMPUE, "La distinction des contentieux", *Mélanges Scelle*, vol. I, pág. 285; HEILBRONNER, "Recours pour excès de pouvoir et recours de plein contentieux", *Dalloz Crónicas*, 1953, pág. 183; PI SUÑER, "Les recours contentieux administratifs dans la législation espagnole", *Mélanges Maury*, vol. II, pág. 223.

2. DISTINCIÓN ENTRE LOS RECURSOS ADMINISTRATIVOS Y LOS RE-CURSOS CONTENCIOSO-ADMINISTRATIVOS

A) *Noción previa*

342. Lo esencial de esta distinción ya lo hemos visto al estudiar en el Título Cuarto los recursos administrativos. Sin embargo, podemos sistematizar los rasgos fundamentales de la distinción en los siguientes aspectos: autoridad competente para conocer, motivos que pueden invocarse, poderes de la autoridad decisora y naturaleza de la decisión. Veamos.

B) *Autoridad competente para conocer*

343. En el recurso administrativo, la autoridad ante la cual se intenta y la cual es competente para conocer, es una autoridad pública actuando en función administrativa. En otras palabras, es la misma Administración[2].

El recurso contencioso-administrativo, al contrario, se intenta por y para ante una autoridad jurisdiccional, competente para conocer. Concretamente, ante un órgano de la jurisdicción contencioso-administrativa.

C) *Motivos que pueden invocarse*

344. La distinción en cuanto a los motivos que pueden invocarse en los recursos radica en que en los recursos administrativos pueden alegarse motivos de mérito, es decir, motivos de oportunidad y conveniencia y, en cambio, en los recursos contencioso-administrativos no es posible invocar motivos de oportunidad y conveniencia[3].

D) *Poderes de la autoridad decisora*

345 Frente a un recurso administrativo, la autoridad administrativa decisora tiene todos los poderes y puede conceder más de lo pedido[4]. En el recurso contencioso-administrativo, en cambio, la autoridad jurisdiccional no puede decidir ultra petita.

---

2   Véanse Nos. 197 y 203.

Sobre los Recursos Administratives y su distinción con los Recursos Contencioso-Administrati vos, véase: AUGE, "Ricorsi gerarchici e ricorsi giurisdizionali", *FA*, 1947, IV, pág. 5; GIACOMELLI, *I ricorsi amministrativi e contenziosi contro gli atti della Pubblica Amministrazione*, Bergamo, 1935; E. GUICCIARDI, "I motivi di ricorso nei rapporti fra ricorso gerarchico e ricorso contenzioso", *Rivista di diritto processuale civile*, 1935; LIET-VEAUX, "Recours hiérarchique ou gracieux et recours contentieux", *RA*, 1955.

3   Véanse Nos. 27 y 208.

4   Véase N° 210.

E)   *Naturaleza de la decisión*

346. La decisión del recurso administrativo es un acto administrativo[5]. En cambio la decisión del recurso contencioso-administrativo es un acto jurisdiccional con todas sus características de cosa juzgada.

3.   DISTINCIÓN DE LOS RECURSOS CONTENCIOSO-ADMINISTRATIVOS

A)   *Los tipos de recursos contencioso-administrativos*

347. Hemos señalado que nuestro sistema jurídico conoce fundamentalmente dos tipos de recursos contencioso-administrativos: el recurso de anulación y el recurso de plena jurisdicción.

En Francia, el contrario, los recursos contencioso-administrativos pueden agruparse bajo cuatro rúbricas: recurso por exceso de poder, recurso de plena jurisdicción, recurso de interpretación y recurso de represión[6]. Cuando se demanda al juez de pronunciar la anulación de un acto administrativo una vez reconocida su ilegalidad, estamos en presencia de un recurso de anulación entre los cuales el más importante y característico del sistema francés es el recurso por exceso de poder[7].

Pero también puede demandarse al juez francés de lo contencioso-administrativo que utilice, al servicio del restablecimiento del derecho, el conjunto de sus poderes jurisdiccionales y no solamente su poder de anulación, pronunciando principalmente condenaciones pecuniarias. Se está en presencia, entonces, del recurso de plena jurisdicción o pleno contencioso. Su denominación, que tiene su origen en la jurisprudencia francesa y es aceptada por la casi unanimidad de la doctrina, viene del hecho de que este recurso pone en movimiento la plenitud, la totalidad de los poderes del juez contencioso-administrativo j no solamente sus poderes de anulación.

Pero, además de estos dos recursos, el sistema francés conoce un tercero llamado de interpretación y que está íntimamente ligado a las cuestiones prejudiciales[8]. Opera cuando un Tribunal judicial está obligado a sobreseer porque una cuestión de la competencia contencioso-administrativa, y que es decisiva para su decisión final, aparece en el curso del proceso. El juez administrativo será, entonces, el llamado a decidir por un recurso distinto, que puede ser de interpretación, cuando se le pide la

---

5   Véase N° 209.

      Otra diferencia respecto a la posibilidad de renuncia contractual, véase en Nos. 200 y 354.

6   Para un estudio sobre el recurso de anulación y de plena jurisdicción en el sistema francés, véase HEILBRONNER, "Recours pour excès de pouvoir et recours de plein contentieux", *Dalloz Crónicas,* 1953, pág. 183.

7   Sobre el recurso por exceso de poder en el sistema francés, véase ALIBERT, *Le contrôle juridictionnel de l' Administration au moyen du recours pour excès de pouvoir,* Paris, 1926; FOURNIER y BRAIBANT, "Recours pour excès de pouvoir", *Répertoire de Droit Public et Administratif,* Dalloz; POUSSIERES, "Recours pour excès de pouvoir", *Jurisclasseur Administratif,* Paris, fascículo 665.

8   Enunciado en el N° 292.

interpretación de un acto administrativo oscuro, o de apreciación de la legalidad, cuando se le pide decidir si el acto administrativo que alguna de las partes tacha de ilegal, es legal o no. En ambos casos, el juez judicial decidirá el litigio para el cual es competente, basándose en la interpretación o la apreciación de la legalidad hecha por el juez administrativo.[9]

En fin, el juez administrativo francés puede ejercer también una función represiva y es competente para condenar penalmente a las personas que hayan violado ciertas reglas relativas a la conservación de ciertos bienes inmuebles del dominio público. Ejerce esa función por medio del recurso de represión.

En todo caso los dos recursos más importantes, y que constituyen lo esencial de la actividad del juez administrativo en Francia, son los recursos de anulación, es decir, el recurso por exceso de poder y el recurso de plena jurisdicción.

El sistema venezolano relativo a estos últimos recursos, en su esencia, está inspirado en el sistema francés, que es materialmente el origen de la materia contencioso-administrativa en el Derecho contemporáneo.

Veamos someramente las distinciones, en Venezuela, entre el recurso contencioso-administrativo de anulación y el recurso contencioso-administrativo de plena jurisdicción, para luego estudiar las particularidades de cada uno.

B) *La distinción entre el recurso contencioso-administrativo de anulación y el recurso contencioso-administrativo de plena jurisdicción*

a. *Noción previa*

348. Las principales distinciones que entre ambos recursos podemos hacer en el sistema venezolano pueden resumirse en la distinción por la regulación, distinción por el objeto, distinción por el fundamento de la demanda y distinción por los poderes del juez.

b. *Distinción en base a la regulación de los recursos*

349. En primer lugar, puede decirse que el recurso contencioso-administrativo de anulación es el recurso normal puesto a disposición de los administrados contra todo acto administrativo unilateral, en base al Principio de la Legalidad Administrativa y su violación.

Forman, en cambio, el recurso de plena jurisdicción una serie de recursos con objetos distintos: recursos en materia contractual, recursos en materia de responsabilidad extracontractual, demandas para el restablecimiento de situaciones jurídicas subjetivas, etc.

---

9   Véase al respecto FLINIAUX, "Le recours en appréciation de validité", *Mélanges Hauriou*, París, pág. 297.

En cuanto a su regulación, hemos visto las diferencias esenciales respecto a los requisitos procesales[10] y a los procedimientos respectivos[11].

En este sentido podemos destacar que el recurso de plena jurisdicción es dado al titular de un derecho subjetivo lesionado. En cambio, el recurso contencioso-administrativo de anulación es más amplio: es dado a toda persona que tenga interés legítimo en la anulación de un acto administrativo ilegal.

Podemos destacar también que el recurso de plena jurisdicción es propiamente una demanda contra una persona moral de derecho público para su condenación, por lo general pecuniaria. El recurso de anulación, en cambio, no busca la condenación de alguien, sino de algo; por tanto no hay propiamente un demandado, aunque puede haber un defensor del acto impugnado.

Por último, podemos destacar también que en un recurso de plena jurisdicción pueden formularse pretensiones de anulación. Tal es el caso de la demanda en reparación de un perjuicio que causa un acto administrativo ilegal, por lo cual puede demandarse también la anulación del acto. Al contrario, un recurso de anulación no puede contener sino pretensiones de anulación.

c.   *Distinción por el objeto de la demanda*

350. En el recurso de anulación, el objeto del mismo sólo puede ser la anulación total o parcial de un acto administrativo contrario a derecho[12]. En el recurso de plena jurisdicción, en cambio, el objeto de la demanda puede ser la condenación al pago de sumas de dinero, la condenación al pago de daños y perjuicios originados por responsabilidad administrativa y, por otra parte, la demanda en restablecimiento de situaciones jurídicas subjetivas lesionadas por la actividad administrativa[13].

Por tanto, en el recurso de anulación sólo pueden invocarse motivos de derecho o legalidad; en cambio, en el recurso de plena jurisdicción, puede invocarse cualquier motivo jurídicamente útil, de legalidad o de hecho[14].

d.   *Distinción por la naturaleza de la situación jurídica en que se funda el recurso*

351. Esta distinción, que ya hemos anotado[15], ha dado origen en la doctrina a que se califique como recurso objetivo el recurso contencioso-administrativo de anulación, y como recurso subjetivo el recurso contencioso-administrativo de plena jurisdicción.

---

10   Véanse Nos. 304 y sig.

11   Véanse Nos. 325 y sig.

12   Véanse Nos. 285 y sig.

13   Véase N° 286.

14   Véase N° 568.

15   Véanse Nos. 295, 296, 310 y 313.

Se basa la distinción en que el recurso de anulación tiene por objeto principal el restablecimiento de la legalidad general u objetiva y, por tanto, el restablecimiento de situaciones jurídicas objetivas. En cambio, el recurso de plena jurisdicción, fundado en un derecho subjetivo, tiene por objeto el restablecimiento de una situación jurídica subjetiva lesionada por la actividad administrativa, o a satisfacer ese derecho subjetivo.

e. *Distinción por los poderes del juez*

352. Los poderes del juez en el recurso contencioso-administrativo de anulación se limitan a la declaración o no de la nulidad del acto administrativo por ilegalidad[16]. En su competencia de plena jurisdicción el juez, en cambio, puede condenar a la Administración y restablecer las situaciones jurídicas lesionadas por la actividad administrativa, para lo cual puede también anular decisiones administrativas o reformarlas[17]. En el primer caso su decisión tiene valor *erga omnes*, en cambio, en la decisión de plena jurisdicción, tiene valor inter partes[18]

Además de estas distinciones esenciales, tendremos oportunidad de estudiar otras, en el desarrollo de las Secciones siguientes, dedicadas al estudio de cada recurso en particular.

4. EL RECURSO CONTENCIOSO-ADMINISTRATIVO DE ANULACIÓN

A) *Introducción*

353. El recurso contencioso-administrativo de anulación es un medio de impugnación jurisdiccional de los actos administrativos; es un acto del administrado dirigido a obtener la anulación jurisdiccional de un acto administrativo por razones de ilegalidad.

Para el estudio de este recurso comenzaremos por analizar las características fundamentales del mismo para luego examinar su distinción con otros medios de impugnación jurisdiccional, su objeto, sus motivos y su decisión.

B) *Caracteres fundamentales*

a. *Es un medio de impugnación jurisdiccional*

354. El recurso contencioso-administrativo de anulación es un medio de impugnación de los actos administrativos por la vía jurisdiccional y ante los órganos de la jurisdicción contencioso-administrativa.

---

16   Véase N° 295.

17   Véase N° 296.

18   Véanse Nos. 374 y 407.

Como todo medio de impugnación jurisdiccional[19] es de orden público, y como consecuencia existe, sin necesidad de ley expresa que lo prevea, para una categoría cualquiera de actos administrativos. Es más, cuando en múltiples ocasiones las leyes especiales venezolanas han empleado respecto a determinados actos administrativos la fórmula "no habrá recurso alguno", la jurisprudencia ha entendido que esa fórmula no suprime la posibilidad del recurso contencioso-administrativo de anulación.

En efecto, en sentencia de 20 de octubre de 1960 la antigua Corte Federal expuso: "Pasa la Corte a considerar la afirmación del demandante de que el artículo 20 de la Ley (del Instituto Nacional de Cooperación Educativa), al declarar inapelables las decisiones del Consejo Nacional Administrativo del Instituto, priva a los afectados con esas decisiones del derecho de ser juzgados por sus jueces naturales. La Procuraduría de la Nación, en su informe, hace las siguientes reflexiones acerca de esta denuncia: 'En el caso contemplado en el artículo 20, considera esta Procuraduría que, al establecer la ley la inapelabilidad de la decisión de alzada, está diciendo que la vía gubernativa o administrativa se agota allí, es decir, que dicha decisión no puede ser apelada nuevamente para ante una autoridad superior al Consejo Nacional Administrativo, puesto que en orden a jerarquía es el órgano administrativo supremo dentro de su competencia. Sin embargo —agrega el informe— no es cierto, como dice el exponente, que dicha disposición col ida con el artículo 29 de la Constitución Nacional, por cuanto tratándose de actos administrativos, su revisión en alzada por otra autoridad administrativa superior es perfectamente constitucional; además, los interesados que consideren ilegal el acto de la segunda instancia pueden ejercer el recurso extraordinario de nulidad establecido por la Constitución. La Corte acoge esta conclusión porque, efectivamente, la Ley del Instituto crea como autoridad suprema el Consejo Nacional Administrativo al declarar que las decisiones de éste son inapelables, lo que hace es impedir que pueda recurrirse a otra autoridad ejecutiva, como el Ministro de Educación, a cuyo Despacho está adscrito el Instituto, según el artículo 1° de la Ley que lo crea. Ese es el efecto de la declaratoria de inapelabilidad del artículo 20, agotar la vía administrativa, no impedir que los afectados con las decisiones del Consejo Administrativo acudan por vía de nulidad ante la autoridad judicial competente, si consideran que tales decisiones son ilegales o inconstitucionales"[20].

De esta sentencia de la Corte, claramente se refleja su criterio al respecto: cuando la Ley emplea la fórmula "no habrá recurso alguno" se refiere a los recursos administrativos y no a los recursos contencioso-administrativos.

Esta interpretación la hemos visto acogida por el profesor Roberto Goldschmidt cuando, al comentar la Ley de Tránsito Terrestre de 1960, de la cual fue uno de los proyectistas, señala: "El artículo 35 admite la apelación ante la autoridad administrativa inmediatamente superior en el orden jerárquico, siempre que la sanción exceda

---

19   Por ejemplo de Recurso de Casación o el Recurso de Inconstitucionalidad.

      Sobre el carácter de orden público del recurso contencioso-administrativo de anulación, véase: J. DE SOTO, "Caractère d'ordre public du recours pour excès de pouvoir", *RDP,* 1953, pág. 1.052.

20   CF—75—2, 20—10—60.

de cien bolívares de multa o consista en suspensión de la licencia. Respecto a las modalidades del juicio de apelación, se pone de relieve que aquella autoridad superior resolverá desde el principio, incluso, acerca de la admisión de la apelación. En la Cámara de Diputados se ha agregado que contra la decisión en segunda instancia no procederá recurso alguno, lo que sólo se refiere a recursos administrativos, y no a los recursos eventualmente procedentes ante la Corte Federal, actualmente Corte Suprema de Justicia, de acuerdo con la Constitución y la Ley Orgánica de dicha Corte"[21].

Esta y no otra puede ser la interpretación que debe dársele a la fórmula "no habrá recurso alguno" que respecto a algunos actos administrativos encontramos con frecuencia en nuestra legislación administrativa[22].

Por otra parte, este carácter de orden público del recurso contencioso-administrativo de anulación impide que se pueda renunciar de antemano al derecho de recurrir en la vía contenciosa, por ejemplo, contractualmente. No sucede lo mismo respecto a los recursos administrativos, respecto a los cuales la Corte ha establecido que sí es posible su renuncia contractual[23], y ello porque no se trata de recursos jurisdiccionales sino administrativos.

b. *Es un medio de impugnación jurisdiccional dirigido contra los actos administrativos unilaterales*

355. Sólo los actos administrativos generales o individuales pueden ser objeto del recurso contencioso-administrativo de anulación. Quedan excluidos, entonces, de este recurso los actos legislativos, jurisdiccionales y de gobierno[24].

Por otra parte, sólo los actos administrativos unilaterales pueden ser objeto del recurso contencioso-administrativo de anulación, por lo que quedan excluidos los actos administrativos bilaterales o contratos administrativos. Estos, sin embargo, tienen su recurso propio en el de plena jurisdicción,

c. *Por razones de ilegalidad*

356. Sólo por razones de legalidad, y alegando motivos de ilegalidad[25] pueden impugnarse por el recurso contencioso-administrativo de anulación los actos admi-

---

21 Véase ROBERTO GOLDSCHMIDT, "La Ley de Tránsito Terrestre de 1960", *Revista de la Facultad de Derecho,* Caracas, 1961, N° 21, pág. 44.

22 No podemos estar de acuerdo, entonces, con la interpretación que a esa fórmula da la antigua Corte Federal en sentencia CF—116—2, 15—10—54 siguiendo una decisión de la antigua Corte de Casación. Si esa fórmula se encuentra en procedimientos judiciales, es correcta la interpretación amplia. Pero no podemos hacer lo mismo respecto a procedimientos administrativos.

23 CF—163—1, 19—7—57.

Véanse Nos. 200 y 215.

En todo caso, consideramos que sí es posible el desistimiento de un recurso ya intentado.

24 Véanse Nos. 277 y sig.

25 Véanse Nos. 30 y sig.

nistrativos unilaterales. Esta es la consecuencia fundamental de la sumisión de la Administración al Principio de la Legalidad Administrativa[26]. Por ello, el recurso contencioso-administrativo de anulación tiene por objeto el control de la legalidad de los actos administrativos.

C) *Distinción entre el recurso contencioso-administrativo de anulación y otros medios de impugnación jurisdiccional*

a. *Noción previa*

357. Es conveniente distinguir el recurso contencioso-administrativo de anulación de otros medios jurisdiccionales de impugnación que buscan también el control de la legalidad de determinados actos jurídicos emanados de entidades públicas. Nos referimos, entonces, al recurso de casación y al recurso de inconstitucionalidad.

b. *Distinción con el recurso de casación*

358. En alguna oportunidad[27] definimos el recurso de casación como aquel medio de impugnación jurisdiccional, de carácter extraordinario, tendiente a anular toda decisión judicial ejecutoria que contenga una violación de ley, como consecuencia de la errónea interpretación o aplicación de la misma, con el propósito principal de conservar la integridad de la legislación y la uniformidad de la jurisprudencia.

De esta definición podemos observar la diferencia fundamental entre el recurso de casación y el recurso contencioso-administrativo de anulación: el primero es dirigido contra una decisión judicial, es decir, contra un acto jurisdiccional; en cambio, el segundo es dirigido contra un acto administrativo. Sin embargo, en ambos recursos el juez respectivo actúa como contralor de la legalidad.

Por otra parte, en cuanto a las condiciones de admisibilidad, tanto el acto administrativo recurrido por el contencioso de anulación, como el acto jurisdiccional recurrido en casación, deben ser actos que agoten las vías ordinarias respectivas. En el recurso contencioso-administrativo de anulación, este carácter se denomina "causar estado", y se produce por el agotamiento de la vía administrativa[28].

Sin embargo, grandes diferencias hay entre ambos recursos, en lo que se refiere al procedimiento[29] y en cuanto a la legitimación activa. Respecto a esta última, el

---

26   Véanse Nos. 3 y sig.

27   Véase nuestro estudio "El Proceso de Impugnación en el Recurso de Casación", *Revista Rajas* (Órgano de divulgación jurídica de los estudiantes de la Universidad Católica Andrés Bello), Nº 7-8, 1962, pág. 38.

28   Véase Nº 318 y especialmente su Nota Nº 111 en el presente Título.

29   Véase nuestro estudio "El Proceso de Impugnación... *cit.,* págs. 38 y sig.

      Véase, asimismo, el artículo 413 del Código de Procedimiento Civil.

      Véanse Nos. 326 y sig.

recurso de casación requiere ante todo que el recurrente haya sido parte en el proceso que originó la sentencia que se recurre.

Respecto a los motivos por los cuales pueden intentarse ambos recursos, son los mismos de ilegalidad, a excepción del vicio de desviación de poder, exclusivo de los actos administrativos y del recurso contencioso-administrativo de anulación[30].

c. Distinción con el recurso de inconstitucionalidad

a'. Noción previa

359. Si bien es cierto que la distinción entre el recurso contencioso-administrativo de anulación y el recurso de casación no causa mayor problema o dificultad, no ha sucedido lo mismo en nuestro sistema jurídico respecto a la distinción entre el recurso de anulación y el recurso de inconstitucionalidad[31], que en muchas oportunidades ha sido confundido con el recurso contencioso-administrativo de anulación[32].

El origen de la confusión radica, en primer lugar, en la imprecisa redacción que existía respecto a estos dos recursos en las Constituciones anteriores a la actualmente vigente. En segundo lugar, a la interpretación de la Corte, no siempre afortunada.

Esta confusión se hacía verdaderamente asombrosa en la época anterior a 1953, cuando existía la Corte Federal y de Casación como órgano polivalente dividido en Salas. Es justo dejar constancia del intento que hizo el magistrado Rafael Ángel Camejo, miembro de la Sala Federal en aquella época, para aclarar la distinción entre "lo constitucional y lo administrativo". Intento que lamentablemente quedó en votos salvados, entre los cuales está el de la sentencia de la Corte Federal y de Casación en Sala Federal de 8 de agosto de 1951[33]

Sin embargo, a partir de la Constitución de 1961 el problema, a nuestro entender, ha quedado completamente resuelto y delimitado y, por tanto, sin lugar a dudas.

Veamos, entonces, las diferencias fundamentales entre ambos recursos, examinando sucesivamente el acto recurrido, el recurrente y el procedimiento.

---

30   Véanse los artículos 420 y 421 del Código de Procedimiento Civil.
Véanse Nos. 30 y sig.

31   Sobre el Recurso de Inconstitucionalidad, véase la Tesis de Grado del Decano JOSÉ GUILLERMO ANDUEZA, *La jurisdicción Constitucional en el Derecho Venezolano,* Publicaciones de la Facultad de Derecho, Nº 2, Caracas, 1955.

32   CFC—SF—64—1, 8—8—51.
Véanse Nos. 31 y sig.

33   CFC—SF—64—1, 8—8—51.

b'. *El acto recurrido*

360. Por el recurso de inconstitucionalidad, según la Constitución vigente, pueden ser recurridos "los actos de los cuerpos legislativos" que colidan con la Constitución donde están incluidos las Leyes"[34], los Reglamentos y "los demás actos del Ejecutivo Nacional cuando sean violatorios de la Constitución", que son los actos de gobierno[35].

Es decir, que por el recurso de inconstitucionalidad sólo pueden recurrirse las leyes, los actos de los Cuerpos Legislativos, los Reglamentos y los actos de gobierno.

En la expresión "demás actos del Ejecutivo Nacional cuando sean violatorios de la Constitución", sólo pueden incluirse los actos de gobierno, ya que los actos administrativos del Ejecutivo Nacional cuando sean ilegales (inconstitucionales o ilegales propiamente dichos) tienen su recurso propio que es el contencioso-administrativo de anulación.

Observamos que el recurso de inconstitucionalidad está reservado a aquellos actos de una importancia general que afecte a los intereses públicos y generales. Los únicos actos administrativos que pueden recurrirse por este recurso de inconstitucionalidad, son los Reglamentos del Ejecutivo Nacional, ya que hemos señalado que los actos de gobierno no son actos administrativos[36].

Por tanto es inadmisible e improcedente solicitar la nulidad por la vía del recurso de inconstitucionalidad de un acto administrativo de efectos individuales. Esto lo ha declarado expresamente la Corte Suprema de Justicia al afirmar que "la situación particular y concreta que se deriva del acto administrativo no es susceptible de ser impugnada por vía de acción popular y directa de inconstitucionalidad, propia de los actos generales del Poder Público"[37].

No puede, en nuestro concepto, interpretarse el ordinal 6° del artículo 215 de la Constitución que atribuye a la Corte facultad para "declarar la nulidad de los reglamentos y demás actos del Ejecutivo Nacional cuando sean violatorios de la Constitución", en el sentido de incluir en esos "demás actos del Ejecutivo Nacional" los actos administrativos individuales. Esos otros actos del Ejecutivo Nacional sólo pueden ser los actos de gobierno, ya que los actos administrativos de carácter individual tienen su control nato, sea de ilegalidad propiamente dicha o de inconstitucionalidad, en la jurisdicción contencioso-administrativa.

En efecto, hemos expresado múltiples veces que esta competencia para declarar la nulidad de los actos administrativos generales o individuales "contrarios a derecho", donde se incluyen los vicios de ilegalidad e inconstitucionalidad y que consti-

---

34   Artículo 215, ordinales 3 y 4 de la Constitución.

35   Artículo 215, ordinal 6 de la Constitución.

36   Véase N° 282 y su Nota N° 55 en el presente Título.

37   CSJ—PA—26—1, 15—3—62.

tuyen todos violaciones al Principio de la Legalidad Administrativa, corresponde a los órganos de la jurisdicción contencioso-administrativa.

Por tanto, un acto reglamentario del Ejecutivo Nacional puede ser impugnado por la vía del recurso de inconstitucionalidad, si tiene un vicio de ese tipo. Sin embargo, si sólo tiene un vicio de ilegalidad, podrá ser impugnado por la vía del recurso contencioso-administrativo de anulación.

En cambio, un acto administrativo individual sólo puede ser impugnado por la vía del recurso contencioso-administrativo de anulación, dentro del lapso de caducidad determinado, alegándose vicios de inconstitucionalidad o ilegalidad, pues ambos vicios constituyen contrariedad al derecho, y ambos vicios entran en lo que nosotros hemos denominado genéricamente, ilegalidad.

Por ello la Corte Suprema de Justicia ha afirmado que "estando sometido el recurso contencioso-administrativo al lapso de caducidad de seis meses, pasado el cual no podrá ya ejercerse, mal podría entonces recurrir al medio de la acción de inconstitucionalidad para modificar el acto administrativo definitivamente firme"[38].

c'. El recurrente

361. En el recurso de inconstitucionalidad, ha señalado la antigua Corte Federal, "puede ser ejercido por vía de acción popular que corresponde a todos y cada uno de los individuos que componen un conglomerado social"[39]. Por tanto, el recurrente está legitimado activamente con un "simple interés"[40].

En cambio, en el recurso contencioso-administrativo de anulación contra los actos administrativos individuales se requiere que el recurrente sea titular de un interés legítimo[41]. Sin embargo, si lo que se recurre por el contencioso de anulación es un acto administrativo general, el recurrente sólo necesitará alegar un simple interés[42].

d' El procedimiento

362. El recurso de inconstitucionalidad es, por esencia, imprescriptible[43]. El recurso contencioso-administrativo de anulación tiene, por el contrario, un lapso fijo de caducidad, excepción hecha cuando se recurre un acto administrativo de carácter general[44].

---

38 CSJ—PA—26—1, 15—3—62.

39 CF—23—1, 14—3—60.

40 CF—23—1, 14—3—60.
    Véase Nº 308.

41 Véase Nº 309.

42 Véase Nº 308.

43 CF—27—1, 13—3—56.
    CF—172—1, 30—7—57.

44 Véase Nº 323.

Por otra parte, el recurso de inconstitucionalidad debe intentarse ante la Corte Suprema de Justicia en Corte Plena[45], constituyendo la jurisdicción constitucional en el Derecho venezolano. En cambio, el recurso contencioso-administrativo de anulación corresponde a la Sala Político-Administrativa de la misma Corte Suprema de Justicia, como órgano de la jurisdicción contencioso-administrativa[46].

Por otra parte, la antigua Corte Federal ha señalado que el procedimiento del recurso de inconstitucionalidad no es contencioso[47]. En cambio, hemos visto que el procedimiento del recurso contencioso-administrativo de anulación sí es contencioso[48].

D) *El objeto del recurso contencioso-administrativo de anulación: el acto administrativo*

a. *Noción previa*

363. Hemos examinado tres de las condiciones de admisibilidad del recurso contencioso-administrativo de anulación, y que constituyen lo que hemos denominado los requisitos procesales, y que son: la legitimación activa[49], el agotamiento de la vía administrativa y el ejercicio del recurso en un determinado lapso de caducidad[50].

Nos corresponde ahora examinar, el cuarto requisito para la admisibilidad del recurso contencioso-administrativo de anulación, y que es la necesidad de que se impugne un acto administrativo.

b. *El acto administrativo*

364. El recurso contencioso-administrativo de anulación sólo es posible ejercerlo contra un acto administrativo. Ello lo declara expresamente la Constitución en sus artículos 206 y 215, ordinal 7°. Sobre esto no hay lugar a dudas. Por tanto, quedan excluidos del recurso contencioso-administrativo de anulación los actos legislativos, los actos jurisdiccionales, los actos de gobierno y los actos de la Administración sometidos al Derecho privado[51].

---

45 Artículo 216 de la Constitución, aunque Transitoriamente debe conocer la Sala Político-Administrativa.

46 Artículos 206, 215 y Disposición Transitoria decimoquinta.

47 CF—172—1, 30—7—57.

48 Véanse Nos. 399 y 326 y sig.

49 Véanse Nos. 307 y sig.

50 Véanse Nos. 318 y 323.

51 Véanse Nos. 276 y sig.

Sobre el Recurso Contencioso-Administrativo de Anulación y su objeto, los actos administrativos, véase: A. MOLES CAUBET, "Le contentieux de la légalité des actes administratifs", *RIDC,* 1952, pág. 611; LEVI-CARNEIRO, "Le contentieux de la légalité des actes administratifs", *RIDC,* 1952, pág. 585; PI SUÑER, "Le contentieux de la légalité des actes administratifs", *RIDC,* 1952, pág. 592; ESCALANTE, "Le contentieux de la légalité des actes administratifs", *RIDC,* 1952, pág. 596; WALINE, "Le contentieux de la légalité des actes administratifs", *RIDC,* 1951, pág. 700; CARLOS MORET, *Control*

Entonces, sólo los actos administrativos pueden ser objeto de un recurso contencioso-administrativo de anulación, y entendemos por acto administrativo[52] aquella manifestación de voluntad realizada por una autoridad pública actuando en ejercicio de la función administrativa, con el objeto de producir efectos jurídicos determinados que pueden ser, o la creación de una situación jurídica individual o general, o la aplicación a un sujeto de derecho de una situación jurídica general.

Abunda decir que quedan incluidos, como objeto del recurso de anulación, los actos administrativos dictados en ejercicio de una facultad discrecional[53].

Quedan excluidos, por otra parte, los contratos administrativos. Estos pueden ser objeto de un recurso de plena jurisdicción, pero no de un recurso contencioso de anulación.

Por último, y en cumplimiento de los requisitos procesales estudiados, el acto administrativo que se impugna debe haber lesionado al recurrente en su interés legítimo, debe haber causado estado por el agotamiento de la vía administrativa y no debe tratarse de un acto administrativo firme, es decir, sin posibilidad de recurrirse jurisdiccionalmente, porque se haya vencido el lapso de caducidad para impugnarlo.

Jurisdiccional de los actos administrativos, Buenos Aires, 1934; J. RIVERO, *Le contrôle de la légalité des actes administratifs dans les principaux systèmes juridiques,* Cours de Droit, Paris, 1956.

52 Véase Título II, Nos. 65 y sig., y especialmente el 87.

53 Véanse Nos. 27 y 28.

CF—85—1, 6—11—58. CF—2—1, 24—2—56.

Sin embargo, debemos destacar que no es posible impugnar un acto administrativo cuando está fundamentado en otro plenamente válido, A este respecto, la actual Corte Suprema de Justicia, en sentencia CSJ—PA—21—I, 28— 2—62, ha señalado: "Ahora bien, tal como lo asienta la representación de la nación en escrito que corre en autos, el acto de la Administración Pública que dio origen a las resoluciones administrativas posteriores no fue impugnado dentro del lapso que la ley concede, por lo que las dichas resoluciones administrativas así dictadas, y con fundamento en aquel acto administrativo, quedaron firmes ya que mal podrían ser éstas nulas estando fundadas en un acto plenamente válido, pues ello equivaldría a enjuiciar aisladamente la Resolución con absoluta prescindencia del sometimiento al control jurisdiccional del acto administrativo que le dio nacimiento".

Este criterio de la Corte lo hemos visto acogido en el Proyecto LPA 1963, artículo 125, donde expresa que "no se admitirá el recurso contencioso-administrativo contra las decisiones de aplicación o ejecución de actos anteriores cuya validez hubiere sido declarada por la jurisdicción contencioso-administrativa".

c.   *La exclusión de los hechos jurídicos y actos materiales de la Administra-ción*

365. La misma definición de acto administrativo excluye del recurso contencio-so-administrativo de anulación, contra los hechos jurídicos y a los actos materiales de la Administración. Sin embargo, es necesario insistir en ello.

En efecto, respecto a los hechos jurídicos, la antigua Corte Federal en sentencia de 2 de junio de 1958 sostuvo: "Ahora bien, la anterior petición, en los términos en que está redactada, es inadmisible en cuanto a la pretensión de que esta Corte decla-re la nulidad de los hechos comprendidos en los particulares señalados, ya que, entre las funciones de la Corte que le señalan la Constitución en su artículo 133, y su Ley Orgánica en el 7° no figura, ni podría figurar la de declarar la nulidad de hechos ma-teriales. Son las decisiones de la Administración Pública y no sus hechos los que pueden impugnarse por recurso jurisdiccional con el fin de lograr su revocación o anulación. Los hechos pueden ser causa de un interdicto, o de una acción por in-demnización de daños y perjuicios, o de una denuncia o acusación penal; pero es imposible aceptar que puedan ser fundamento de tal recurso jurisdiccional adminis-trativo"[54].

Por otra parte, los actos materiales de la Administración, es decir, aquellas decla-raciones de voluntad que no constituyen una decisión y que, por tanto, no persiguen la producción de determinados efectos jurídicos, también quedan excluidos del re-curso contencioso-administrativo de anulación. Al efecto, en sentencia de 9 de abril de 1950[55], la antigua Corte Federal señaló: "La llamada decisión apelada comprende explícitamente la constatación de una diferencia de precio e implícitamente la afir-mación de que, en concepto de la nación, la compañía constructora es deudora de aquélla por el monto de esa diferencia... Ahora bien, examinando detenidamente esta Corte las actas del expediente, encuentra que no existe en el caso de autos decisión o resolución alguna del Contralor al respecto, que constituya formalmente un acto ad-ministrativo que pueda ser objeto del recurso, pues lo que hace dicho funcionario es encontrar una diferencia de precio en el contrato celebrado y participarlo a los orga-nismos del Ministerio de Obras Públicas 'para su debido conocimiento y a los fines del caso'. Esta frase, inserta al final de un oficio dirigido a la Dirección de Obras Públicas ya nombrada, no constituye una decisión o resolución capaz de producir per se determinados efectos jurídicos. Constituye, a lo más, la expresión de un crite-rio adverso de la Contraloría sobre el referido contrato de construcción, pero sin configurar ninguno de los actos de la Contraloría.

Por tanto, los actos materiales de la Administración, por no constituir actos ad-ministrativos, tampoco son susceptibles de recurso.

---

54   CF—33—1, 2—6—58.

55   Sobre los actos materiales, véase N° 68. Véase CF—30—1, 9—4—59.

    Sobre la noción de "decisión" en el acto administrativo fiscal recurrible ante el Tribunal de Apelaciones del Impuesto sobre la Renta, véase N° 418.

d.   *El problema de la inacción de la Administración*

366. Ya hemos hablado sobre el efecto de la inacción de la Administración[56], y hemos señalado que es posible intentar el recurso contencioso-administrativo de anulación contra los llamados actos administrativos negativos.

No se trata de lo que en la doctrina se denomina silencio administrativo, y que está aceptado en Venezuela para casos particulares, principalmente en el procedimiento administrativo previo a las demandas contra la República que puede dar origen a un recurso de plena jurisdicción[57].

El silencio administrativo, como productor de un acto administrativo tácito denegatorio[58] de una petición, no está aceptado con carácter general en Venezuela y, por tanto, no consideramos que puede ser empleado como fundamento de un recurso contencioso-administrativo de anulación en nuestro sistema actual.

Sin embargo, ello no implica que no pueda recurrirse por ante la jurisdicción contencioso-administrativa, de la inacción de la Administración, por constituir esa inacción una abstención ilegal o inconstitucional. El Decano José Guillermo Andueza ha expuesto al respecto que "ante la negativa de la Administración Pública a proveer de acuerdo con instancia de parte, o la negativa a cumplir determinados actos a que está obligada por las leyes nacionales, puede recurrirse ante la Corte Federal para obligar al funcionario público para que provea o dicte el acto. Este recurso tiene su fundamento en el derecho de petición y a obtener oportuna respuesta. Por tanto, el acto administrativo negativo es recurrible ante la Corte Federal"[59].

Si una ley fija a la Administración oportunidad para actuar, la inacción corresponde a una ilegalidad. Sin embargo, en todo caso, la inacción equivale a una inconstitucionalidad, por violación del artículo 67 de la Constitución vigente.

Pero lo que debe quedar claro es que en nuestro sistema actual, cuando se recurre de un acto administrativo negativo producido por la inacción de la Administración, se hace precisamente para lograr que la Administración actúe, accediendo a la peti-

---

56   Véanse Nos. 213 y 323 y la bibliografía allí citada.

57   Véase N° 320.

58   Algunas disposiciones legales especiales como el Reglamento de la Ley de Regulación de Alquileres, en sus artículos 32 y sig., establecen el silencio administrativo pero sin ninguna consecuencia jurisdiccional y solamente hábil para dar lugar a un recurso administrativo de reconsideración.

En cuanto al lapso para recurrir en estos casos, véase N° 323.

El Proyecto LPA 1963 acoge la doctrina del silencio administrativo para dar lugar a un recurso contencioso-administrativo de anulación. En efecto, el artículo 123 de dicho Proyecto establece: "Cuando cualquier interesado hubiere formulado una pretensión ante la autoridad administrativa, y ésta no le hubiere comunicado su decisión dentro del plazo de seis meses, se considerará denegada la pretensión formulada y en tal caso el interesado podrá interponer contra dicha negativa recurso contencioso-administrativo, sí no existiere el recurso jerárquico o de revisión. ÚNICO: Si la Ley estableciere un plazo distinto del determinado en este artículo para que la autoridad administrativa decida sobre las pretensiones formuladas ante ella, deberá el interesado atenerse a dicho plazo a los efectos determinados en este artículo".

59   ANDUEZA, *El control en Venezuela...*, *cit.*, pág. 25.

En cuanto al lapso para recurrir en estos casos, véase N° 323.

ción del interesado o negándosela, y no para impugnar una presunta denegación de la petición del interesado.

e. *El problema de los actos inexistentes*

367. Hemos señalado que el acto administrativo nulo, de nulidad absoluta, por violación de la Constitución es calificado por la jurisprudencia como inexistente, aunque para nosotros sólo representa una categoría del acto administrativo nulo[60].

Sin embargo, la palabra "inexistente" en Derecho administrativo, como en todas las ramas jurídicas, no ha cesado de plantear problemas, uno de los cuales sería la duda sobre sí un acto que no existe puede ser objeto de un recurso contencioso-administrativo de anulación.

Aparte de todos los problemas que puedan surgir, la necesidad de una vía juris-diccional para constatar la nulidad absoluta o inexistencia, como la ha llamado la Corte, de un acto administrativo, cuando causa desórdenes, es incontestable. Por tanto, a nuestro entender, es perfectamente posible ejercer el recurso contencioso-administrativo de anulación contra los actos administrativos nulos por violación de la Constitución; y más aún cuando por esa vía la jurisdicción contencioso-administrativa es competente para declarar la nulidad de los actos administrativos "contrarios a derecho", y tan contrario a derecho es el acto ilegal propiamente dicho, como el inconstitucional.

En todo caso, los actos administrativos reglamentarios, o sea, de carácter general, pueden ser recurridos por la vía del recurso de inconstitucionalidad, que es impres-criptible. Sin embargo, el acto administrativo individual, así sea viciado de inconsti-tucionalidad, sólo puede ser recurrido por la vía del recurso contencioso-administrativo de anulación, que sí es prescriptible. Una vez transcurrido el lapso de caducidad correspondiente, el acto administrativo quedará firme y "mal se podrá entonces recurrir al medio de la acción de inconstitucionalidad para modificar el acto administrativo definitivamente firme"[61]. En todo caso, la vía de la excepción de ilegalidad quedará siempre abierta al administrado.

E) *Los motivos del recurso contencioso-administrativo de anulación*

368. La jurisdicción contencioso-administrativa, en su competencia de anula-ción[62], actúa como contralor de la legalidad de los actos administrativos, es decir, controla la conformidad con el derecho, con las reglas o normas preestablecidas de los actos administrativos. En definitiva la jurisdicción contencioso-administrativa,

---

60   Véase N° 62.

61   Así lo ha señalado la Corte Suprema de Justicia en Sala Político-Administrativa: CSJ—PA—26—1, 15—3—62.

62   Véanse Nos. 275 y 295.

en su competencia de anulación, vela por el imperio del Principio de la Legalidad Administrativa[63].

Por tanto, sólo los actos administrativos ilegales, es decir, contrarios al Principio de la Legalidad Administrativa, pueden ser impugnados por el recurso contencioso-administrativo de anulación, y el recurrente sólo puede alegar motivos de derecho, de ilegalidad, como fundamento de su recurso.

Ya hemos estudiado la ilegalidad de los actos administrativos[64]. Sin embargo, recordemos que son motivos de ilegalidad: la inconstitucionalidad de los actos administrativos[65], que puede consistir en la violación de un precepto constitucional[66], la usurpación de autoridad[67] y la usurpación de funciones[68]; y la ilegalidad propiamente dicha de los actos administrativos, que puede consistir en la extralimitación de atribuciones[69], el abuso o exceso de poder[70], la desviación de poder[71], el vicio de forma[72] y, en general, en la contrariedad al derecho[73].

En principio, debemos señalar que la prueba de la ilegalidad del acto administrativo incumbe al recurrente[74]. Sin embargo, recordemos los poderes del juez en cuan-

---

63   Véase Título I, Nos. 3 y sig.

64   Véanse Nos. 30 y sig. y N° 57.

65   Véanse Nos. 31 y sig.

66   Véase N° 32.

67   Véase N° 34.

68   Véanse Nos. 33 y 36.

69   Véase N° 38.

70   Véase N° 39-

Respecto al abuso o exceso de poder como vicio de ilegalidad de los actos administrativos, debemos observar lo siguiente: Es cierto que el recurrente *sólo* puede alegar motivos de ilegalidad en su pretensión, pero la alegación del vicio de exceso o abuso de poder en relación con la causa del acto administrativo, lleva necesariamente a la Corte a examinar y controlar la exactitud material de los hechas que fueron presupuesto o causa del acto atacado, así como también la calificación jurídica que a esos hechos fue dada al dictarse el acto.

Véase en este sentido: M. LETOURNEUR, "El control de los hechos por el Consejo de Estado Francés, Juez del Recurso por exceso de Poder, en la jurisprudencia reciente", *RAP*, N° 7, 1952, págs. 219 y sig.

71   Véase N° 40.

72   Véanse Nos. 41 al 45.

73   Véase N° 46.

Respecto a la contrariedad del derecho alegable, el artículo 124 del Proyecto LPA 1963 establece que "El recurso contencioso-administrativo podrá intentarse contra un acto administrativo individual en base a que el acto administrativo general, en el cual se fundamenta la decisión recurrida, es contraria a derecho".

74   CF—94—2,24—11—53.

En esta sentencia la Corte expuso: "Tratándose, como se trata, de un procedimiento contencioso, correspondía al actor probar los extremos de su imputación; y he aquí que en la articulación respectiva nada fue aprobado en relación con la sedicente usurpación o abuso de poder... Por tanto, elemental deber del interesado en demostrar la incompetencia de ese funcionario era probar en el proceso y por los medios legales que éste carecía de la investidura que ostenta en la Resolución impugnada, es decir, que no estaba

to a la prueba por el carácter inquisitorio del procedimiento contencioso-administrativo[75], lo que hace que el juez coadyuve a la búsqueda de la verdad.

Por otra parte, respecto a la inconstitucionalidad de los actos administrativos, a diferencia de la ilegalidad propiamente dicha, ha señalado la Corte Federal y de Casación que "debe resultar siempre, sin necesidad de alegar ni probar hechos, del antagonismo directo entre el acto administrativo que se impugna y algún principio o garantía constitucional infringido"[76].

F)   La decisión del recurso contencioso-administrativo de anulación

a.   Noción previa

369. El estudio de la decisión del recurso contencioso-administrativo de anulación nos lleva a examinar separadamente, de una parte, el contenido de la decisión, íntimamente ligado con los poderes del juez contencioso-administrativo en su competencia de anulación[77], y por otra parte, los efectos de la decisión del recurso.

b.   Contenido de la decisión

a'.   Noción previa

370. La decisión del recurso por el juez contencioso-administrativo en su competencia de anulación sólo puede ser de declaratoria de nulidad o no del acto atacado[78], y esto último, sea porque el recurso se declaró inadmisible o improcedente. Por tan-

---

encargado legalmente de la Comisión Nacional de Abastecimiento en la oportunidad del cumplimiento del acto atacado".

Sobre la prueba en la jurisdicción contencioso-administrativa, véase: P. PACTET, *Essai d'une théorie de la préuve devant la juridiction administrative*, Pedone, París, 1952; CADOUX-TRIAL, "La Charge de la préuve devant le Conseil d'Etat", *EDCB*, 1933, pág. 85; J. LEMASURIER, "Le préuve dans le détournement de pouvoir", *Public Administration*, 1959, N° 1, pág. 36; O. TENTOLINI, *La prova amministrativa*, Milán, 1950; DALLARI, *Il sistema delle prove nel giudizio amministrativa*, Turín, 1920; J. GONZÁLEZ PÉREZ, "La prueba en el proceso administrativo", *Revista General de Legislación y Jurisprudencia*, N° 3, 1954, pág. 253.

75   Véase N° 302.

76   CFC—CP—5—1, 23—2—53.

77   Véase N° 295.

Sobre las Costas, véase N° 331.

En general, sobre la Sentencia de la Jurisdicción contencioso-administrativa, véase: J. GONZÁLEZ PÉREZ, *La Sentencia Administrativa, Su Impugnación y efectos*, Instituto de Estudios Políticos, Madrid, 1954; J. GONZÁLEZ PÉREZ, "La Sentencia Administrativa", *Revista Critica de Derecho Inmobiliario*, N° 309, 1954, pág. 101; J. GONZÁLEZ PÉREZ, "La ejecución de las sentencias contencioso-administrativas", *Revista General de Legislación y Jurisprudencia*, N° 31, 1951, pág. 285; A. GUAITA, "Ejecución de sentencias en el proceso administrativo español", *RAP*, N° 9, 1952, pág. 55; S. LESSONA, "La ejecución de sentencias y decisiones en la justicia administrativa italiana", *RAP*, N° 13, 1954, pág. 103.

78   Sentencia de la CFC de 11—4—49, Resumen CFC *en* SPA 1940-1951, pág. 27 *(Gaceta Forense*, año I, N° 2, pág. 131).

to, el juez contencioso-administrativo en la decisión de un recurso contencioso-administrativo de anulación, no puede reformar el acto atacado ni condenar a la Administración, ni sustituir su decisión por la de aquélla. La labor del juez contencioso-administrativo como contralor de la legalidad de los actos administrativos sólo puede limitarse al restablecimiento de esa legalidad, y no al restablecimiento de situaciones jurídicas subjetivas.

Examinaremos, entonces, los tres posibles contenidos de la decisión del recurso contencioso-administrativo de anulación: la declaratoria de inadmisibilidad, la declaratoria de improcedencia y la declaratoria de nulidad.

b'. *La inadmisibilidad del recurso*

371. Debemos señalar, ante todo, que consideramos que esta declaratoria de inadmisibilidad debe hacerse al intentarse el recurso, y no en la decisión final. Ello es evidente. Sin embargo, y esta es una de las grandes fallas del procedimiento vigente en esta materia, esa declaratoria de inadmisibilidad se hace al decidirse el recurso.

En todo caso, veamos el contenido de esa declaratoria de inadmisibilidad, íntimamente ligada al cumplimiento de los requisitos procesales del recurso.

En primer lugar, el juez puede declarar inadmisible el recurso interpuesto, por la ausencia de alguno de los requisitos procesales del mismo, ya sea porque el recurrente carezca de interés legítimo para recurrir, ya sea porque el acto administrativo que se impugna no haya causado estado, es decir, porque no se haya agotado la vía administrativa, o ya sea porque el acto que se impugna no es un acto administrativo o, siendo un acto administrativo, está definitivamente firme porque no admite recurso, o porque el lapso para interponerlo se encuentra vencido.

En segundo lugar, debemos señalar que la declaratoria de inadmisibilidad del recurso hace que el acto administrativo subsista sin problemas de ilegalidad. Ciertamente, el acto administrativo puede ser objeto de un nuevo recurso contencioso-administrativo de anulación si la inadmisibilidad fue pronunciada por falta de agotamiento de la vía administrativa o por falta de legitimación activa en el recurrente. Sin embargo, la expiración del término del recurso administrativo que pueda agotar la vía administrativa, o la expiración del lapso del mismo recurso de anulación, hacen prácticamente ilusoria esa nueva impugnación. En todo caso, si la inadmisibilidad ha sido dictada por encontrarse agotado el lapso de caducidad del recurso, la interposición de un nuevo recurso es imposible.

Queda a salvo siempre, sin embargo, la posibilidad de la excepción de ilegalidad por parte del administrado lesionado por el acto administrativo[79].

---

79   Véase N° 60.

   Sobre la inadmisibilidad del recurso, véase 328. Sobre los requisitos procesales, véanse Nos. 304 y sig. y especialmente Nos. 306 y sig., 318 y 323.

c'   *La improcedencia de la impugnación*

372. La decisión del juez contencioso-administrativo, al resolver el recurso de anulación, si los requisitos procesales están cabalmente cumplidos y ha sido admitido el recurso, puede ser también de declaratoria sin lugar del recurso, o más bien, de declaratoria de improcedencia de la anulación, porque el acto administrativo que se impugna no tiene los vicios de ilegalidad que fueron invocados por el recurrente, o porque estos vicios no pudieron ser probados por éste, ni constatados por el juez.

La declaratoria sin lugar del recurso por improcedencia de la impugnación tiene el carácter de cosa juzgada relativa. En efecto, el mismo recurrente, alegando los mismos vicios de ilegalidad, no podría intentar un nuevo recurso de anulación contra el mismo acto administrativo impugnado anteriormente.

Sin embargo, teóricamente un nuevo recurso puede ser intentado por el mismo recurrente contra el mismo acto, pero invocándose otros vicios de ilegalidad. También podría ser intentado un nuevo recurso por otro recurrente. Esto teóricamente, pero prácticamente la expiración del lapso de caducidad para intentar el recurso impide su nueva interposición. Queda a salvo, en todo caso, la posibilidad de la excepción de ilegalidad[80].

d'.   *La anulación*

373. La decisión del recurso puede ser también, y principalmente, una declaratoria de nulidad del acto administrativo impugnado. Esta anulación, sin embargo, puede ser total o parcial, limitándose esta última a una parte individualizada del acto recurrido.

También debemos indicar que la decisión del recurso contencioso-administrativo de anulación equivale a una reposición del procedimiento, cuando el acto administrativo impugnado se anula por vicios de forma en su procedimiento constitutivo.

Veremos seguidamente los efectos de esta anulación jurisdiccional de los actos administrativos.

c.   *Los efectos de la anulación*

a'.   *Noción previa*

374. Los efectos de la anulación del acto administrativo por la decisión del recurso contencioso-administrativo de anulación pueden ser vistos desde tres ángulos diferentes: respecto al mismo acto administrativo impugnado, respecto a los administrados y respecto a la Administración.

---

80   Véase N° 60.

b'. *Respecto al acto impugnado*

373. La nulidad del acto administrativo declarada jurisdiccionalmente lo hará desaparecer, y con él sus efectos. En cuanto a estos últimos efectos, las consecuencias de la anulación jurisdiccional del acto administrativo varían según se trate de un acto administrativo viciado de nulidad o de anulabilidad.

En efecto, si la decisión del recurso contencioso-administrativo ha sido de declaratoria de nulidad de un acto administrativo nulo, viciado de nulidad absoluta, los efectos de esa anulación se extienden hacia el pasado y hacia el futuro, es decir, la anulación del acto administrativo nulo hace desaparecer los efectos producidos y por producirse de ese acto administrativo.

En cambio, cuando lo que se declara anulado es un acto administrativo anulable, los efectos de la anulación jurisdiccional se extenderán sólo hacia el futuro y los efectos producidos por el acto anulado en el pasado permanecerán válidamente producidos[81].

c'. *Respecto a los administrados*

376. La decisión declaratoria de nulidad de un acto administrativo produce efectos erga omnes, absolutos, contrariamente a la regla habitual de la autoridad relativa de la cosa juzgada, que limita a las partes el efecto de la decisión jurisdiccional. Vemos, entonces, la diferencia radical entre los efectos de la decisión que declara sin lugar o improcedente el recurso, de la decisión que declara con lugar el recurso y, por tanto, la nulidad del acto impugnado. Mientras que la primera, como hemos visto, tiene valor de cosa juzgada relativa, la segunda tiene valor de cosa juzgada absoluta.

En este sentido la antigua Corte Federal y de Casación señaló que "el recurso por exceso de poder provoca una decisión que favorece y perjudica los derechos de tercero en cuanto produce efectos erga omnes"[82]. Así, la decisión del recurso contencioso-administrativo de anulación, cuando es declaratoria de nulidad del acto im-

---

81 Véanse Nos. 64 *y* 112 con la bibliografía allí citada.

Véase además BRAIBANT, "Remarques sur l'efficacité des annulations pour excès de pouvoir", *EDCE,* fascículo 1.961, pág. 53.

82 Sentencia de 27-1-37, Resumen CFC en SPA 1936-1939, pág. 130 *(Memoria* 1938, tomo I, pág. 145).

Sobre la cosa juzgada en lo contencioso-administrativo, véase: J. GONZÁLEZ PÉREZ: "La cosa juzgada en lo contencioso-administrativo", *RAP,* Nº 8, 1952, pág. 67; R. A. ZVANIACH, *La cosa juzgada en el Derecho Administrativo,* Perrot, Buenos Aires, 1952; ROYO VILLANOBA, "Consideraciones sobre la fuerza de cosa juzgada de las sentencias de los historiales contencioso-administrativos", *Estudios en homenaje a Gascón y Maris,* pág. 619; RAGGI, "Appunti sulla cosa giudicata derivante dalla decisioni giurisdizionali amministrative", *FI,* 1934, III, pág. 221; FORTI, "In tema di effeti del giudicato amministrativo", *FI,* 1931, III, pág. 310; BENEDICENTI, *Contributo »Ilo studio della cosa giudicata nelle giurisdizioni amministrative,* Génova, 1930; GIUICCIARDI, "I limiti soggetivi del giudicato amministrativo", *GI,* 1941, III, pág. 17; RAGGI, "1 limiti soggetivi dell'efficacia di cosa giudicata delle decisioni delle giuridizioni amministrative", *Giurisprudenza completa de la Corte Suprema di Cassazione,* 1948, I, pág. 418.

pugnado, tiene efectos contra todos los administrados, aunque no hayan sido parte en el recurso intentado y decidido.

d'. *Respecto a la Administración*

377. En principio, la decisión anulando un acto administrativo implica para la Administración la obligación de tomar todas las medidas necesarias para que la anulación pronunciada sea efectiva. En este sentido, si la anulación es de un acto administrativo nulo, de nulidad absoluta, la Administración está obligada a tomar todas las medidas necesarias para hacer desaparecer, en lo posible, los efectos jurídicos que aquel acto, a pesar de su nulidad, haya producido y, por tanto, está obligada a considerar aquel acto nulo como nunca dictado.

Si se trata de la anulación de un acto administrativo anulable, la Administración está obligada a corregir aquellos vicios y errores que viciaban el acto, sea rehaciendo el procedimiento, sea respetando las reglas de la competencia.

En todo caso, la violación de la cosa juzgada con valor erga omnes, que implica la decisión de anulación del acto administrativo, acarrearía otro vicio de ilegalidad sobre el acto administrativo que la desconozca o no la acate[83].

5. EL RECURSO CONTENCIOSO-ADMINISTRATIVO DE PLENA JURISDICCIÓN

A) *Introducción*

378. Hemos señalado que el control de la legalidad de los actos administrativos corresponde a los órganos de la jurisdicción contencioso-administrativa en su competencia de anulación[84]. Ese control se logra por la interposición y decisión del recurso contencioso-administrativo de anulación, anteriormente estudiado.

Sin embargo, la labor de la jurisdicción contencioso-administrativa no se limita a un control de la legalidad de los actos administrativos, sino que también se extiende al control de la legitimidad de la actividad administrativa que se manifiesta por los hechos, actos y relaciones jurídico-administrativos, y que se realiza por el recurso contencioso-administrativo de plena jurisdicción.

La diferencia entre ambos controles es una diferencia de género a especie, es decir, el control de la legalidad de los actos administrativos es una especie del control de la legitimidad de la actividad administrativa, y ello porque la legalidad es una forma de la legitimidad y los actos administrativos son una de las formas de manifestación de la actividad administrativa.

---

83   Véase N° 18.

     Al respecto, véase P. WEIL, *Les conséquences de l'annulation a un acte administratif pour excès de pouvoir*, París, 1952.

84   Véase N° 275.

Nos corresponde estudiar en esta sección el control de la legitimidad de la actividad administrativa que se ejerce por el recurso de plena jurisdicción, o en otras palabras, nos corresponde estudiar los medios jurídicos puestos a disposición de los administrados para controlar la conformidad de la actividad administrativa con el ordenamiento jurídico por el análisis de la existencia de un título jurídico que autorice esa actividad.

Estudiaremos el recurso contencioso-administrativo de plena jurisdicción analizando las características fundamentales, el ámbito del recurso y la decisión del mismo.

B) *Características fundamentales*

a. *Noción*

379. El recurso contencioso-administrativo de plena jurisdicción es aquella acción intentada por un sujeto de derecho, fundamentada en un derecho subjetivo, contra la Administración por su actividad ilegítima, para la obtención de una satisfacción jurisdiccional de su pretensión.

Ya hemos señalado algunas de las características del recurso contencioso-administrativo de plena jurisdicción, al distinguir los tipos de recursos contencioso-administrativos[85]. Sin embargo, por razones de claridad sistemática creemos necesario destacar aquí las características fundamentales. Estas serán el desarrollo de la noción dada anteriormente.

b. *Es una demanda*

380. En primer lugar debemos señalar que, a pesar de que la tradición doctrinal califique a esta acción como recurso, se trata en su esencia de una demanda contra la Administración. Aquí, contrariamente a lo que sucede en el recurso de anulación, se demanda a alguien, a la Administración, y no se impugna solamente un acto.

En definitiva, el recurso contencioso-administrativo de plena jurisdicción es una demanda en el sentido del derecho procesal venezolano[86].

c. *Fundamentada en un derecho subjetivo*

381. Ya hemos expresado, al hablar de la legitimación activa del recurrente en plena jurisdicción, que el demandado debe invocar un derecho subjetivo como fundamento de su acción. Este derecho subjetivo puede tener su origen en una situación

---

85   Véanse Nos. 348 y sig.

86   Por otra parte, debemos expresar que es inadmisible, en nuestro ordenamiento jurídico, considerar a los recursos administrativos impropios originados por multas impuestas por la Administración (véanse Nos. 242 y sig.), y de los cuales conoce la Corte actuando en Función Administrativa, como recursos de Plena Jurisdicción, tal como lo hace T. POLANCO en su Tesis de Grado "La Administración Pública", *cit.*, págs. 296 y 297.

jurídica subjetiva lesionada por la actividad administrativa, o en la violación de una situación jurídica objetiva o general que dé lugar a ese derecho subjetivo de reparación. Este último caso, hemos señalado, es el de la responsabilidad extracontractual[87].

d. Derecho subjetivo originado por la actividad administrativa ilegítima

382. El derecho subjetivo que se alega como fundamento jurídico de la demanda en plena jurisdicción debe ser originado o lesionado por la actividad administrativa ilegítima, es decir, contraria al ordenamiento jurídico, por ausencia de un título jurídico capaz de justificarla.

Debemos destacar dos cosas: en primer lugar, se trata de una actividad administrativa, es decir, de una actividad de una autoridad pública actuando en función administrativa. Esa actividad no sólo se manifiesta en actos administrativos, sino también en hechos jurídicos, actos materiales y relaciones jurídicas de derecho administrativo Por tanto, en una demanda por responsabilidad administrativa, por ejemplo, esa responsabilidad puede ser originada por un acto o un hecho imputable a la Administración y no necesariamente por un acto administrativo.

En segundo lugar, la actividad administrativa debe ser ilegítima, es decir, contraria al ordenamiento jurídico: así, tan ilegítima es una actividad administrativa violatoria de normas jurídicas de carácter general como la Constitución, las leyes o los reglamentos y, por tanto, ilegal; como ilegítima también es la actividad administrativa violatoria de normas jurídicas de carácter particular, como un contrato o un acto jurídico cualquiera.

Por tanto, siempre que la actividad administrativa carezca de un título jurídico capaz y suficiente para justificarla, se estará en presencia de una actividad administrativa ilegítima y que puede ser objeto de una demanda en plena jurisdicción ante los órganos de la jurisdicción contencioso-administrativa.

e. Para satisfacer el derecho subjetivo o para restablecer una situación jurídica subjetiva lesionada

383. Por último, la demanda implícita en el recurso contencioso-administrativo de plena jurisdicción sólo puede tener por objeto, o la satisfacción del derecho subjetivo que se alega, o el restablecimiento de la situación jurídica subjetiva lesionada por la actividad administrativa.

En el primer caso, el juez condenará a la Administración al pago de la reparación correspondiente; en el segundo caso, el juez restablecerá la situación jurídica subjetiva lesionada, sea por una condenación, por una restitución o por una anulación.

---

87 Véase N° 313.

Por último debemos observar que, para la satisfacción de la pretensión del demandante, éste debe alegar no solamente motivos de derecho sino también, puede invocar razones de hecho.

En todo caso, una de las características esenciales del recurso contencioso-administrativo de plena jurisdicción frente al recurso de anulación es que las pretensiones del demandante, no sólo pueden ser de condenación pecuniaria a la Administración, Sino que éstas pueden estar acompañadas de pretensiones de anulación. En efecto, si lo que se demanda es la responsabilidad de la Administración, por ejemplo, además de la condenación al pago de daños y perjuicios, el recurrente puede obtener del juez la nulidad del contrato o la nulidad del acto administrativo que origina el daño, si es el caso.

Lo mismo sucedería en una demanda por reivindicación, en que la condena a restituir la cosa puede estar acompañada de una declaratoria de nulidad del acto administrativo que lesionó la situación jurídica subjetiva del propietario reivindicante.

C) *Ámbito del recurso contencioso-administrativo de plena jurisdicción*

a. *Noción previa*

384. La disposición del artículo 206 de la Constitución vigente, al establecer que los órganos de la jurisdicción contencioso-administrativa son competentes para "condenar al pago de sumas de dinero y a la reparación de daños y perjuicios originados en responsabilidad de la Administración y disponer lo necesario para el restablecimiento de las situaciones jurídicas subjetivas lesionadas por la actividad administrativa", hace imposible, prácticamente, la delimitación exacta y precisa del ámbito de las pretensiones del recurso contencioso-administrativo de plena jurisdicción.

Por ello nos limitaremos a estudiar someramente, en esta Sección, tres posibles pretensiones, las más importantes en nuestro concepto, y que constituyen el contencioso contractual, el contencioso de la responsabilidad de la Administración y el contencioso del restablecimiento de las situaciones jurídicas subjetivas lesionadas por la actividad administrativa.

Sin embargo, antes de analizar estas posibles pretensiones del recurso de plena jurisdicción, debemos remitir, en lo que respecta a los requisitos procesales, para intentarlas, y al procedimiento del recurso a lo estudiado anteriormente[88].

b. *El contencioso contractual*

385. El recurso contencioso-administrativo de plena jurisdicción puede ser intentado por el cocontratante de la Administración para lograr la condena de ésta al pago de una suma de dinero o de daños y perjuicios, o para restablecer una situación jurídica subjetiva y contractual lesionada por la actividad ilegítima de la Administra-

---

88   Véanse Nos. 297 y sig.

ción, es decir, por una actividad administrativa contraria al título jurídico que origina la relación jurídico-administrativa: el contrato administrativo.

Por tanto, todo lo referente a los contratos administrativos es de la competencia de los órganos de la jurisdicción contencioso-administrativa y para lograr un pronunciamiento jurisdiccional al respecto está instituido el recurso de plena jurisdicción.

Por otra parte, en el recurso de plena jurisdicción en materia contractual, la legitimación activa la ostenta el cocontratante de la Administración y la legitimación pasiva está referida a la entidad administrativa contratante.

Actualmente la Corte Suprema de Justicia, en Sala Político-Administrativa, una vez requerida por el recurso contencioso-administrativo de plena jurisdicción, es competente para "conocer en juicio contencioso de todas las cuestiones por nulidad, caducidad, resolución, alcance, interpretación, cumplimiento y cualesquiera otras que se susciten entre la nación y los particulares, a consecuencia de los contratos celebrados por el Ejecutivo Nacional o de concesiones mineras, de hidrocarburos o de tierras baldías que hubiere otorgado, así como de las controversias que resulten por su negativa a expedir títulos de concesiones a que los demandantes aleguen tener derecho; salvo los puntos que la ley vigente, al tiempo de la celebración del contrato, del otorgamiento de la concesión o de la negativa a concederla, según el caso, dejaren a la decisión del Ejecutivo Nacional sin recurso judicial". Así lo dispone el artículo 7, ordinal 28º de la Ley Orgánica de la Corte Federal.

Sobre la noción de contrato administrativo, sus consecuencias y el contencioso contractual, debemos remitir al Título III de este estudio[89].

Por último, debemos señalar que el Parágrafo Único del artículo 7, ordinal 28 de la Ley Orgánica de la Corte Federal establece que "la Corte Federal conocerá también en juicio contencioso de la controversia entre particulares sobre nulidad de las concesiones mineras, de hidrocarburos y de tierras baldías por falta de formalidades o violación de la ley en su otorgamiento". Esta competencia de la Corte se justifica porque, en definitiva, en esas controversias entre particulares se discute la validez del acto administrativo de otorgamiento de la concesión, lo que atrae lógicamente la competencia de los órganos de la jurisdicción contencioso-administrativa y la necesaria intervención, por otra parte, de la Administración concedente para la defensa, si es el caso, del acto de concesión cuestionado.

a.   *El contencioso de la responsabilidad administrativa*

a'.   *Noción previa*

386. La Constitución vigente declara expresamente la responsabilidad del Estado venezolano. En efecto, el artículo *47* dispone que "en ningún caso podrán pretender

---

89   Véanse Nos. 120 y sig., y especialmente lo expresado sobre lo contencioso del contrato administrativo en el Nº 185 y sig.

los venezolanos ni los extranjeros que la República, los Estados o los Municipios los indemnicen por daños, perjuicios o expropiaciones que no hayan sido causados por autoridades legítimas en el ejercicio de su función pública".

Este reconocimiento de la responsabilidad del Estado, aunque en forma indirecta, tiene una importancia capital. En efecto, sin el reconocimiento de esta institución difícil sería calificar a nuestro sistema estatal como Estado de Derecho, y las garantías jurídicas de los administrados frente a la Administración quedarían incompletas.

Sin embargo, debemos observar que este artículo no solamente consagra la responsabilidad del Estado, sino que también contempla lo que se ha llamado la Teoría de la Indemnización. Y antes de seguir adelante creemos necesario distinguir estos dos conceptos[90].

En efecto, es necesario distinguir en Derecho administrativo el derecho a indemnización que pueden tener los particulares por daños y perjuicios que les hayan sido causados por la responsabilidad del Estado, es decir, por la actuación ilegítima del Estado, o concretamente de la Administración, de aquella otra indemnización a que puedan tener derecho los particulares, y que es "debida por la Administración Pública al titular de ciertos derechos que ceden ante el ejercicio legítimo de una potestad administrativa"[91], como es el caso de la indemnización debida en los supuestos de expropiación por causa de utilidad pública o social.

En el primer caso se trata de una actividad ilegítima de la Administración, es decir, contraria al ordenamiento jurídico y, por tanto, sin título jurídico suficiente que lo autorice; en el segundo caso, el daño que sufre el particular es causado por la Administración actuando legítimamente, de conformidad con la ley y con miras a satisfacer el interés colectivo.

Hecha esta distinción, debemos señalar que solamente nos concretaremos en esta oportunidad a examinar la responsabilidad del Estado, y concretamente de la Administración, producto de una actividad ilegítima, y no nos referiremos a la Teoría de la Indemnización que en nuestro concepto no puede considerarse como una de las formas de responsabilidad del Estado.

Por último, tenemos que señalar que la norma constitucional citada consagra la responsabilidad del Estado por daños causados por autoridades legítimas en el ejercicio de su función pública, es decir, en principio, por cualquier autoridad legítima

---

90   Al respecto véase: GARRIDO FALLA, "La Teoría de la indemnización en Derecho Público", *Estudios dedicados a Gascón y Mari»*, Madrid, 1952; SANDULLI, "Spunti in tema di indemnizo per atti legittimo della pubblica amministrazione", *FI*, 1947, I, pág. 938; FÒRTI, "In tema di responsabilità per atti legittimi della Pubblica amministrazione", *FI*, 1942, I, pág. 835; SALEMI, *La cosidetta responsabilità per atti legittimi della Pubblica amministrazione*, Milán, 1912. En general, sobre la responsabilidad del Estado en Venezuela, véase: ZOLIO GRATEROL, "La responsabilidad de la Nación en su concepto de Estado", *El Profesional*, tomo IV, año 6, Nº 93-94, 1924, págs. 91 a 93.

91   F. GARRIDO FALLA, *Tratado de Derecho Administrativo*, Instituto de Estudios Políticos, vol. II, Madrid, 1962, pág. 197.
     Véanse Nos. 170 y 174 y sig.

en ejercicio de la función legislativa, jurisdiccional, administrativa o de gobierno. No hay ninguna norma constitucional que excluya la responsabilidad del Estado en alguno de estos últimos supuestos. Sin embargo, sólo nos interesa destacar aquí la responsabilidad que pueda surgir para el Estado por su actividad administrativa, es decir, por el ejercicio de la función administrativa[92].

Sobre el origen de esta norma, consagrada en el artículo 47 de la actual Constitución, el Decano José Guillermo Andueza nos señala[93] que la finalidad de ese artículo, incorporado por primera vez en la normativa constitucional en el año 1901, "roe exonerar de responsabilidad al Estado por los hechos ilícitos cometidos por los revolucionarios en las guerras civiles y evitar así las constantes reclamaciones de daños y perjuicios que provenían principalmente de los extranjeros. Por eso se exige, para empeñar la responsabilidad del Estado, que el daño sea causado por una autoridad competente (las anteriores Constituciones decían autoridad legítima)[94] en ejercicio de sus atribuciones legales".

Sin embargo, esas constantes reclamaciones de parte de los extranjeros al Estado, no solamente dieron origen a esa norma constitucional, sino que también dieron nacimiento a una legislación especial de extranjeros donde se establecen normas particulares reguladoras de esas reclamaciones y de la responsabilidad del Estado respecto a aquéllos.

---

92   Sobre la Responsabilidad Administrativa, véase: CHAPUS, *Responsabilité publique et responsabilité privée*, Librairie Générale de Droit et de Jurisprudence, Paris, 1957; BENIOT, "Responsabilité de la puissance publique", *Jurisclasseur administratif*, París, fascículos 700 y sig.; DUEZ, *La Responsabilité de la Puissance Publique*, Paris, 1938; BERLIA, "Essai sur les fondements de ta responsabilité en droit public français", *RDP*, 1951, pag. 685; BENIOT, "Le régime et le fondement de la responsabilité de la puissance publique", *JP*, 1954, I, pág. 1.178; CH. EISENMANN, "Sur le degré d'originalité de la responsabilité extracontractuelle des personnes publiques", *JP*, 1949, I, pág. 742; LEVY, *La Responsabilité de la puissance publique et de ses agents en Anglaterre*, Paris, 1957; H. E. KOECHLIN, *La responsabilité de l'Etat en debors des contrats de l'an VIII à 1873*, Librairie Générale de Droit et de Jurisprudence, Paris, 1957; J. MOREAU, *L'influence de la situation et du comportement de la victime sur la responsabilité administrative*, Librairie Générale de Droit et de Jurisprudence, Paris, 1957; S. ROYO VILLANOBA, "La responsabilidad de la Administración Pública", *RAP*, N° 19, 1956, pág. 11; TENA IBARRA, "Desarrollo y perspectivas del principio de la responsabilidad civil de la Administración", *RAP*, N° 6, 1951, pág. 177; E. GARCIA DE ENTERRIA, *Los principios de la nueva Ley de Expropiación Forzosa*, Madrid, 1956; ALESSI, *La responsabilità délia Pubblica Amministrazione*, Milán, 1951; GIAQUINTO, *La responsabilità degli enti pubblici*, 3 volúmenes, Nápoles, 1913-1914; CIOFFI, "La responsabilità dello Stato fondata sulla colpa e la cosidetta responsabilità di diritto pubblico", *Riv. Dir. Pub.*, 1916 II, pág. 10; CALAMANDREI-LESSONA, "Sulla responsabilità degli Enti Pubblici per atti illeciti dei loro organi", *Riv. Dir. Pub.*, 1933, I, pág. 449; H. I. SUMMERS, "The Idea of Responsability in Government", *Public Administration*, vol. 28, 1950, págs. 97 y sig.

93   ANDUEZA, *El control en Venezuela... cit.*, pág. 31. En este sentido véase: CARLOS GRISANTI, "Responsabilidad del Estado, particularmente por daños causados a extranjeros en los casos de guerra civil", *Revista Universitaria*, N° 3, 1906, Caracas, págs. 1 a 5.

94   Observamos que la actual Constitución acogió la terminología tradicional ce "autoridad legítima", que la Constitución de 1953 ignoró, y a la cual se refiere ANDUEZA antes citado.

Por eso el problema de la responsabilidad administrativa requiere en este estudio un ligero análisis en el ordenamiento jurídico venezolano, del fundamento de dicha responsabilidad y de la condición de los extranjeros en relación a ella.

Pero antes de analizar estos dos supuestos, debemos señalar que el artículo 206 de la Constitución ha completado la disposición del artículo 47 ejusdem en materia de responsabilidad administrativa, al atribuir competencia a los órganos de la jurisdicción contencioso-administrativa para condenar a la Administración "a la reparación de daños y perjuicios originados en responsabilidad de la Administración".

El medio jurídico puesto a disposición de los particulares para exigir esa responsabilidad de la Administración y para obtener reparación por decisión de la jurisdicción contencioso-administrativa, es el recurso de plena jurisdicción. Por otra parte, sólo a la jurisdicción contencioso-administrativa le corresponde pronunciar jurisdiccionalmente condenas a la Administración por su responsabilidad[95].

Veamos entonces, como antes indicamos, el fundamento de la responsabilidad de la Administración en el sistema venezolano y la condición de los extranjeros frente a esa responsabilidad.

b'. *El fundamento de la responsabilidad administrativa*

a". *Noción previa*

387. Uno de los signos característicos de la teoría de la responsabilidad administrativa en Francia, donde por primera vez se admitió, es su total autonomía e independencia respecto a la responsabilidad civil. Es más, uno de los signos característicos de la autonomía del Derecho administrativo francés radica en su original construcción de la responsabilidad de la Administración que, aunque está fundamentada en la noción de culpa, se trata de una culpa distinta de la teoría civilista y es la Culpa del Servicio. Muchas causas están en el origen de esta construcción francesa. Sin embargo, para nosotros una de las causas principales de esta construcción original derogatoria del derecho común, radica en la insuficiente regulación que el Código Napoleón trae en sus artículos 1.382 y siguientes sobre la responsabilidad civil extracontractual.

En Venezuela, la situación es radicalmente distinta. Contamos con un Código Civil con una magnífica y moderna regulación de la responsabilidad extracontractual inspirada en el Proyecto de Código Franco-italiano de las Obligaciones. Por ello creemos que, en ausencia de una reglamentación legal de la responsabilidad administrativa, puede intentarse fundamentar la responsabilidad extracontractual de la Administración en los principios del Código Civil,

En todo caso, no conocemos jurisprudencia administrativa de la Corte que haya modificado el régimen de la responsabilidad regulada en el Código Civil, cuando se resuelve la responsabilidad de la Administración. Por tanto, y en principio, en Dere-

---

95   Véase Nº 282.

cho administrativo como en Derecho privado, la responsabilidad de la Administración está fundamentada en las nociones de culpa y riesgo.

b". *Responsabilidad por culpa*

a'''. *Noción previa*

388. Se ha discutido en la doctrina si la responsabilidad de la Administración es una responsabilidad por hecho propio y, por tanto, directa, o si es una responsabilidad indirecta por el acto de sus funcionarios.

En este sentido, el Decano Andueza ha señalado que la responsabilidad de la Administración es "una responsabilidad directa por hecho propio, ya que el acto ejecutado por una autoridad competente en ejercicio de sus atribuciones legales sólo puede ser imputado al Estado"[96]. Y ello es lógico, pues los funcionarios no son unos entes extraños a la Administración sino que, como órganos, forman parte de ella y se integran en ella. Y es precisamente la teoría del órgano[97], en Derecho público, la que ha dado, en nuestro concepto, el triunfo definitivo a esta concepción. Por ello la Constitución establece la responsabilidad de la Administración por los daños y perjuicios "causados por autoridades legítimas en el ejercicio de su función pública". No se trata, entonces, de una responsabilidad fundada en el artículo 1.191 del Código Civil, es decir, una responsabilidad fundada en culpa *in eligendo* o in vigilando, sino de una responsabilidad fundada en culpa in comitendo o in omitendo establecida en el artículo 1.185 del Código Civil.

Este artículo establece que "el que con intención, o por negligencia, o por imprudencia ha causado un daño a otro, está obligado a repararlo". Según este mismo artículo, la Administración debe igualmente reparación cuando "haya causado un daño a otro, excediendo, en el ejercicio de su derecho, los límites fijados por la buena fe o por el objeto en vista del cual le ha sido conferido ese derecho"[98].

Pero si bien es cierto que la responsabilidad de la Administración es una responsabilidad por hecho propio, no hay que perder de vista que es causada por la actuación de un funcionario que también es responsable personalmente, en principio, de los daños que cause.

Por tanto se hace necesario distinguir la actuación de ese funcionario, que es imputada a la Administración, de la actuación de ese funcionario que le es imputada

---

96 ANDUEZA, *El Control en Venezuela..., cit.*, pág. 32.

97 MOLES CAUBET, "La personalidad jurídica del Estado", *Revista de la Facultad de Derecho,* N° 8, Caracas, 1956, págs. 21 y sig.

98 Debe tenerse aquí una especial referencia al abuso o exceso de poder y a la desviación de poder examinados en los Nos. 39 y 40.

únicamente a él mismo; y cuando se trata de responsabilidad, entre la responsabilidad de la Administración y la responsabilidad personal del funcionario[99].

b'''. *Responsabilidad de la Administración*

389. La responsabilidad de la Administración se encuentra comprometida cuando por intención, negligencia o imprudencia, la actividad administrativa ha causado un daño al administrado. La actividad administrativa es aquella actividad realizada por una autoridad pública y legítima actuando en ejercicio de la función administrativa, y se manifiesta por medio de actos administrativos, hechos jurídico-administrativos y relaciones jurídico-administrativas. Por tanto hay responsabilidad de la Administración extracontractual cuando, por intención, negligencia o imprudencia los actos y hechos jurídico-administrativos han causado un daño al administrado.

Sin embargo, a pesar de que todo hecho o acto de la Administración tiene que ser realizado por sus órganos, no siempre, en nuestro concepto, la exigencia de la responsabilidad a la Administración requiere la individualización del agente. En efecto, fuera de los casos en que el daño es causado con intención por la actividad administrativa, en que sí es necesaria la individualización del funcionario que ha obrado con intención para comprometer la responsabilidad de la Administración, en los casos de negligencia o imprudencia no es siempre necesaria esa individualización.

Cuando, por ejemplo, y aquí utilizamos conceptos y nociones elaborados por la jurisprudencia francesa, un Servicio Público ha funcionado mal, no ha funcionado o ha funcionado tardíamente, la negligencia o la imprudencia en el actuar de los funcionarios encargados de hacer funcionar bien el Servicio no necesita ser individualizada e identificado el funcionario, sino que basta con que esos hechos se hayan producido para comprometer la responsabilidad de la Administración; probando, por supuesto, el daño que ese mal funcionamiento, o funcionamiento tardío, o esa ausencia de funcionario del Servicio Público, haya producido al administrado reclamante.

También debemos señalar que la actividad ilegal de la Administración, sea por actos administrativos inconstitucionales o por actos administrativos ilegales propiamente dichos, cuando han producido un daño al administrado, comprometen la responsabilidad de la Administración. Consideramos que en estos casos puede hablarse de presunción de culpa de la Administración, ya que la violación de la Constitución, la violación de ley y la desviación de poder —que, en términos de responsabilidad civil, equivale al abuso de derecho— por un acto administrativo, o en general por una actividad administrativa, hacen presumir la existencia de una negligencia o im-

---

99   El origen de está distinción está en el Derecho francés cuando se hizo la diferenciación entre la "faute du service" y la "faute personnelle" por la decisión del Tribunal de Conflictos PELLETIER de 30 de julio de 1873.

Véase está sentencia en LONG, WEIL y BRAIBANT, *Les grands arrêts de la Jurisprudence administrative*, Sirey, 1962, págs. 9 y sig. Al respecto, en la Doctrina francesa véase: DOUC-RASY, *Les frontières de la faute personnelle et de la faute de service en Droit Administratif français*, Librairie Générale de Droit et de Jurisprudence, Paris, 1962.

prudencia en el actuar administrativo, cuando no se trate de una intencionalidad. En todo caso, la ilegalidad debe haber producido un daño que debe probarse. Así, un simple vicio de forma no esencial puede ser simple y rápidamente convalidado, por lo cual no producirá daño. Sin embargo, una violación de la Constitución o de las garantías constitucionales, una incompetencia manifiesta, una desviación de poder, sí son susceptibles de producir un daño capaz de comprometer la responsabilidad de la Administración.

Sin embargo, los daños causados por una usurpación de autoridad no son susceptibles de comprometer la responsabilidad de la Administración por no tratarse de una autoridad legítima en ejercicio de una función pública. El usurpador de autoridad, sin embargo, es responsable frente a la comunidad en los términos consagrados por el artículo 250 de la Constitución.

c'''. *Responsabilidad del funcionario*

390. En principio, la Administración es responsable por todos los daños que causen sus autoridades legítimas en ejercicio de la función administrativa, sean ocasionados intencionalmente o por dolo, o culposamente por negligencia o imprudencia. Sin embargo, ello no excluye la responsabilidad personal del funcionario también en todo caso. Esto es lo que constituye el cúmulo de responsabilidades que analizaremos en la sección siguiente. Ahora sólo nos interesa destacar los casos en que se compromete la responsabilidad personal del funcionario, sin que se comprometa la del Estado, y concretamente la de la Administración.

La responsabilidad del funcionario, cuando no origina responsabilidad de la Administración, puede presentarse en materia de responsabilidad extracontractual bajo dos formas: responsabilidad civil y responsabilidad administrativa[100].

La responsabilidad civil del funcionario público se presenta, sin originar su actuación responsabilidad de la Administración, cuando el hecho ilícito por él cometido no tiene relación alguna con el ejercicio de sus funciones públicas. Es decir, cuando los daños que cause su actuación personal no tienen relación con el Servicio Público que desarrolla, ni fueron producidos con ocasión del ejercicio de sus funciones públicas. En estos casos, el único responsable de esos daños es el funcionario público y la Administración es totalmente irresponsable respecto a ellos.

La responsabilidad personal del funcionario también se encuentra comprometida, no sólo respecto a los particulares, sino también respecto a la propia Administración. Estos son los casos de la responsabilidad administrativa del funcionario. En este sentido, el funcionario público responde personalmente de los daños causados a la

---

100   Véase al respecto J. C. MAESTRE, *La responsabilité civile des agents publics français*, París, 1962; J, M. PI SUÑER, "La responsabilidad de los órganos y funcionarios de la Administración Local", *Revista de Estudios de la Vida Local*, año X, 1951, pág. 38; P. GUAITA, "El proceso de responsabilidad civil de los funcionarios administrativos", *Anuario de Derecho Civil*, tomo VI, fascículo I, 1953, pág. 94; J. M. PI SUÑER, *La responsabilidad personal de los agentes públicos en relación con los terceros*, Barcelona, 1955.

Administración por su hecho ilícito. De ahí que, en ciertos casos y principalmente para funciones relacionadas con el patrimonio del Estado, la Administración exija de los funcionarios públicos la prestación de una caución legal. Esta caución responderá de los daños que cause a la Administración el funcionario, por su actividad negligente, dolosa o imprudente, y servirá además de seguridad frente a la posible insolvencia del funcionario[101].

d'''. *El cúmulo de responsabilidades*

391. De conformidad con el artículo 47 de la Constitución, la Administración es responsable de los daños y perjuicios que causen sus autoridades legítimas en el ejercicio de sus funciones públicas y administrativas. Por tanto, la Administración es responsable así esa autoridad legítima haya actuado dolosamente, contrariamente a lo que sucede en el sistema francés.

Pero no solamente la Administración es responsable de los daños que causen sus autoridades legítimas en el ejercicio de la función administrativa, sino que en el sistema venezolano esas autoridades legítimas son también responsables de los daños que causen en ejercicio de sus funciones públicas. En efecto, el artículo 46 de la Constitución establece que "todo acto del Poder Público que viole o menoscabe los derechos garantizados por esta Constitución es nulo, y los funcionarios y empleados públicos que lo ordenen o ejecuten incurren en responsabilidad penal, civil y administrativa, según los casos, sin que les sirvan de excusa órdenes superiores manifiestamente contrarias a la Constitución y a las leyes".

Y, es más, el artículo 121 de la propia Constitución declara expresamente que "el ejercicio del Poder Público acarrea responsabilidad individual por abuso de poder o por violación de la ley".

Por tanto, en materia de responsabilidad administrativa, cuando esta responsabilidad surge por violación de la Constitución y los derechos que ella garantiza, por violación de la Ley o por abuso de poder, se produce lo que se ha llamado el cúmulo de responsabilidades. En este cúmulo de responsabilidades, tanto el Estado o la Administración como el funcionario público, personalmente, responden de los daños causados. Por tanto hay una responsabilidad solidaría, de suerte que el particular

---

101 Artículos 128 y sig. de la Ley Orgánica de la Hacienda Nacional.

En materia de Funcionarios de Hacienda, el Proyecto LOHPN 1963 establece, en su artículo 163, el principio sobre la caución de los funcionarios en los términos siguientes: "Los funcionarios de Hacienda... deberán prestar caución suficiente, a juicio de la Contraloría General de la República, para responder por los bienes que manejen y por los daños que puedan sobrevenir a la República, tanto por hecho intencional como por negligencia, imprudencia o impericia en el desempeño de sus funciones, y no podrán tomar posesión de su cargo sin estar constituida y admitida la caución". En materia de responsabilidad de los funcionarios de Hacienda frente a la República, el artículo 176 del Proyecto LOHPN 1963 establece que "los funcionarios de Hacienda que, con intención, o por negligencia, impericia, imprudencia, abuso de poder, o violación de leyes, reglamentos, resoluciones o instrucciones administrativas causaren algún daño o perjuicio a la República, están obligados a repararlo".

lesionado puede dirigirse contra la Administración y contra el funcionario público. Entra en juego, entonces, el artículo 1.195 del Código Civil[102].

Ahora bien, creemos que por razones de equidad esta responsabilidad solidaria tiene un atenuante. En efecto, hemos dicho que la Administración debe responder de todos los daños causados por sus autoridades legítimas en ejercicio de sus funciones públicas, así sean causados esos daños por dolo o intención de parte del funcionario. Esto es lo que se desprende del artículo 47 de la Constitución. Sin embargo, creemos que el cúmulo de responsabilidades no se produce en forma absoluta y, por tanto, aunque la Administración responda pecuniariamente por los daños causados por dolo del funcionario, *éste* tendrá también una responsabilidad administrativa y, como consecuencia, la Administración podrá repetir de él lo pagado. Esto, por otra parte, es aplicación del artículo 1.195 del Código Civil cuando establece, en los casos de responsabilidad solidaria, que quien ha pagado íntegramente la totalidad del daño, tiene acción contra el coobligado por una parte que fijará el juez, según la gravedad de la falta. Por tanto, como la falta es completa del funcionario por su dolo, la Administración tendrá acción por la totalidad de lo pagado.

En esta misma forma, si ha sido el funcionario público el que ha pagado, no tendrá acción contra su coobligado que es la Administración, por ser de él la totalidad de la falta. Esto, sin embargo, está limitado a los casos de dolo del funcionario en el ejercicio de sus funciones, pero no se aplica, en nuestro concepto, a los otros casos.

e'''. *El cúmulo de culpas*

392. Dados los supuestos señalados, en el sistema venezolano creemos que no puede darse el supuesto de la acumulación de culpas, entre la culpa del funcionario imputada a la Administración *y* la culpa del funcionario imputada a él mismo, y ello, porque la segunda, hemos dicho, para que entre en juego tiene que haber sido realizada con independencia total del Servicio Público o del ejercicio de sus funciones públicas. Este supuesto, en cambio, sí puede darse en sistemas como el francés, que distinguen netamente entre la "culpa del Servicio" y la "culpa del funcionario".

c''. *Responsabilidad sin culpa*

393. La responsabilidad de la Administración no sólo está fundamentada en la noción de culpa, sino que se da en algunos supuestos con prescindencia absoluta de la noción de culpa y principalmente fundada en la noción de riesgo.

---

102 A este respecto, el Decano ANDUEZA, *El control en Venezuela...* cit., pág. 35 expresa que "como el Estado y los funcionarios públicos están obligados a resarcir los daños y perjuicios ocasionados en el ejercicio de funciones públicas, creemos que su responsabilidad es solidaria. Sin embargo, la doctrina venezolana se inclina a hacer la distinción hecha en el Derecho francés entre "falta personal" y "falta o hecho del servicio". Sobre esto último no creemos que pueda aplicarse la distinción francesa al Derecho venezolano, y por otra parte no conocemos la doctrina venezolana a que se refiere el autor.

La idea de riesgo, creación de la jurisprudencia francesa civilista, se fundamenta en la idea correlativa al provecho; en efecto, puede decirse, en la relación provecho-carga. De esta manera, toda persona que con ocasión de una actividad de la cual saca provecho crea un riesgo de causar daños, debe, si ese riesgo se realiza, responder del daño causado, ya que no sería justo sacar provecho de su actividad sin asumir las cargas.

Esta idea de riesgo está acogida en el artículo 1.193 del Código Civil respecto a las cosas. En efecto, dicha disposición establece que "toda persona es responsable del daño causado por las cosas que tiene bajo su guarda, a menos que pruebe que el daño ha sido ocasionado por falta de la víctima, por el hedió de un tercero o por caso fortuito o fuerza mayor".

En materia de tránsito terrestre, la Ley vigente acoge la teoría del riesgo para establecer la responsabilidad del conductor. En efecto, el artículo 21 señala que "el conductor está obligado a reparar todo daño material que cause con motivo de la circulación del vehículo, a menos que pruebe que el daño proviene de un hecho de la víctima o de un tercero que haga inevitable el daño y sea normalmente imprevisible para el conductor".

Estos dos casos de responsabilidad objetiva, fundada en la noción de riesgo, y con prescindencia absoluta del concepto de culpa, son perfectamente aplicables a la responsabilidad administrativa.

Ambas disposiciones establecen, lógicamente, una presunción juris et de jures, permitiéndose, sin embargo, la exoneración de responsabilidad en los supuestos típicos de falta de la víctima, hecho de un tercero y caso fortuito o fuerza mayor. Observamos que la disposición de la Ley de Tránsito Terrestre no contempla como causal de exclusión de responsabilidad el caso fortuito o fuerza mayor. Ello es, ciertamente, incomprensible y estamos seguros, como afirma el profesor Goldschmidt, que "en un caso extremo, los tribunales admitirán su existencia y excluirán la causalidad"[103].

Ahora bien, en todo caso, el segundo fundamento de la responsabilidad de la Administración en el sistema venezolano radica en la idea de riesgo.

La doctrina refiere con frecuencia casos de "responsabilidad administrativa" no fundamentados en la idea de culpa o en la idea de riesgo, y que tienen su origen en daños causados por el ejercicio legal y legítimo del poder administrativo. Estos casos, hemos dicho, no los consideramos como casos de responsabilidad administrativa, sino que entran en los supuestos de lo que en Derecho administrativo se ha denominado la Teoría de la Indemnización.

---

103 ROBERTO GOLDSCHMIDT, "La Ley de Tránsito Terrestre de 1960", *Revista de la Facultad de Derecho*, N° 21. Caracas, 1961, pág. 35. Sobre la responsabilidad por riesgo: HILDEGARD RONDÓN-SOTILLO, "El Riesgo Administrativo", *Revista de la Facultad de Derecho*, N° 10, 1957, págs. 283 y siguiente.

c'. *La condición de los extranjeros y la responsabilidad de la Adminis-tración*

a". *Noción previa*

394. Hemos visto que el origen de la norma constitucional que consagra la responsabilidad del Estado venezolano radica principalmente en el ánimo de excluir la responsabilidad del Estado por los daños causados por los revolucionarios de las guerras civiles de finales del siglo pasado a ciudadanos extranjeros, y que dieron motivo a constantes reclamaciones de parte de éstos.

Por ello creemos necesario, al hablar de la responsabilidad administrativa, analizar someramente algunas normas de interés para nuestro estudio, contenidas en la vigente Ley de Extranjeros.

Examinaremos entonces, rápidamente, las disposiciones relativas a la apertura de la vía diplomática, a la responsabilidad en tiempo de guerra, al procedimiento de la reclamación de responsabilidad, a los daños causados por la detención ilegítima y a la prescripción de la acción.

b". *La vía diplomática: denegación de justicia*

395. El artículo 56 de la Ley de Extranjeros consagra un principio general del Derecho Internacional Público sobre la Responsabilidad Internacional del Estado. En efecto, dispone que ni los extranjeros domiciliados ni los transeúntes tienen derecho a recurrir a la vía diplomática en materia de reclamaciones contra la nación, "sino cuando habiendo agotado todos los recursos legales ante las autoridades competentes aparezca evidente que ha habido denegación de justicia, previa la debida comprobación que se haga al respecto".

Por tanto, en materia de reclamaciones por responsabilidad contra la República, sólo cuando ha habido denegación de justicia por los órganos jurisdiccionales internos es cuando los extranjeros pueden ocurrir a la vía diplomática para obtener la reparación demandada.

c". *Responsabilidad en tiempo de guerra*

396. La Ley de Extranjeros, dispone su artículo 55, rige la materia de reclamaciones de extranjeros contra la República por los daños y perjuicios originados por los funcionarios nacionales o de los Estados, "en guerra civil o internacional, en disturbio del orden público o en tiempo de paz". Por tanto, se declara implícitamente en este artículo la responsabilidad del Estado y de la Administración, sin distingo alguno de las circunstancias sociales o políticas imperantes.

Es interesante destacar esta disposición, ya que contiene una consagración expresa de la responsabilidad del Estado y concretamente de la Administración, por los daños y perjuicios causados por sus funcionarios públicos o autoridades legítimas "en disturbio del orden público". Lamentablemente, muchos han sido los daños causados en estas circunstancias que han quedado en los últimos tiempos sin reparación.

En todo caso debe observarse que, aunque la disposición está consagrada en una Ley destinada a una cierta categoría de habitantes de la República, el principio es de carácter general y, por tanto, susceptible de ser alegado por todo ciudadano.

La responsabilidad del Estado, y concretamente de la Administración, surge según esta disposición sin distingo de la calidad de la culpa del funcionario imputada a la Administración. Por tanto, la Administración debe responder de los daños causados en esas circunstancias, no sólo cuando su autoridad legítima ha actuado con negligencia o imprudencia, sino también cuando en el ejercicio de sus funciones públicas ha actuado con dolo.

Sin embargo, este principio sufre una modificación cuando se trata de responsabilidad en tiempo de guerra. En efecto, el artículo 58 de la misma Ley de Extranjeros reduce la responsabilidad del Estado, cuando el daño se produce en tiempo de guerra, a los casos en que el daño se realiza con propósito deliberado, es decir, cuando el funcionario, actuando en ejercicio de su función pública, causa un daño al administrado extranjero con dolo. El artículo señala textualmente que "los extranjeros tienen derecho a reclamar de la nación el resarcimiento de los daños y perjuicios que con propósito deliberado en tiempo de guerra les causen las autoridades legítimamente constituidas obrando en su carácter público".

Por tanto, y como consecuencia previa, el reclamante no puede exigir de la República el resarcimiento de "los daños y perjuicios que le causen agentes o grupos armados al servicio de alguna revolución"[104], por no ser autoridades legítimamente constituidas.

Ahora bien, respecto a la norma contenida en el artículo 58 de la Ley de Extranjeros, antes transcrita, debemos advertir que circunscribe la responsabilidad del Estado a los daños causados por dolo o propósito deliberado, solamente en tiempo de guerra y, por tanto, no puede exigirse la prueba de ese dolo en las reclamaciones por daños causados por autoridades legítimas en tiempo de paz o de disturbio del orden público, como ha pretendido en alguna oportunidad la Procuraduría General de la República[105]. En estos casos de daños causados en tiempo de paz o de disturbio del orden público, basta con probar la culpa del funcionario que causó el daño, o pura y simplemente, como hemos indicado, el deficiente o mal funcionamiento del Servicio Público que presume la culpa.

---

104 Artículo 59 de la Ley de Extranjeros.

Sobre las indemnizaciones por daños de guerra en el Derecho comparado, véase: S. MORO SERRANO, "La compensación de los daños de guerra en el Derecho Alemán", *RAP,* N° 20, 1956, pág. 223; M. PÉREZ OLEA, "La compensación por daños de guerra en el Derecho Británico", *RAP,* N° 23, 1957, pág. 291; ALIOTTA, "Risacrimento di danni di guerra e responsabilità dell'Amministrazione militare in tempo di guerra", *GI,* 1948, I, pág. 269. En Venezuela, véase: CARLOS GRISANTI, citado en Nota 238 de este Título

105 Véase el Oficio que contiene el criterio sustentado ante el Ministro de Relaciones Interiores de fecha 11 de abril de 1960, *Informe al Congreso 1960,* Caracas, 1961, pág. 302.

d". *El procedimiento de la reclamación*

a'". *Resolución en vía administrativa*

397. Dos vías son abiertas a disposición del extranjero para formular sus reclamaciones contra la Administración por los daños que ha sufrido y que comprometen la responsabilidad de la misma: una vía administrativa y una vía jurisdiccional. Veamos la primera de éstas.

En efecto, el artículo 60 de la Ley de Extranjeros dispone que "el extranjero que intente formular alguna reclamación contra la nación puede ocurrir directamente, en solicitud formal, al Ejecutivo Federal, por órgano del Ministerio de Relaciones Interiores, a efecto de que si el Gobierno Nacional considera que de modo administrativo puede resolver la reclamación, quede ésta sometida a su conocimiento y resolución en tal forma"; y agrega el artículo 61 ejusdem que "el arreglo o convenio que recaiga en la resolución del asunto tendrá fuerza de cosa juzgada y no constituirá antecedentes que pueda en casos posteriores invocarse contra la nación".

El carácter de cosa juzgada que esta disposición da a esa resolución administrativa tiene por objeto, según lo que por ello se entiende, impedir que el asunto sea vuelto a presentar ante la autoridad administrativa por las mismas personas, con el mismo carácter, por la misma causa y con el mismo fin u objeto, según lo establecido en el artículo 1.395, ordinal 3° del Código Civil.

En todo caso consideramos que se trata de una cosa juzgada administrativa y no de una cosa juzgada suficiente para ser opuesta ante un órgano jurisdiccional.

b'". *La vía contencioso-administrativa de plena jurisdicción*

398. Puede también el extranjero, y esto queda a su libre elección, optar por la vía jurisdiccional formulando reclamación contra la Administración por medio del recurso contencioso-administrativo de plena jurisdicción, ante los órganos de la jurisdicción contencioso-administrativa.

Sin embargo, como paso previo a toda demanda judicial contra la Administración, el extranjero debe, antes de interponer su recurso de plena jurisdicción, agotar la vía administrativa por el procedimiento administrativo previo, además de cumplir todos los requisitos procesales ya examinados[106].

En cuanto al procedimiento que se desarrolla ante los órganos de la jurisdicción contencioso-administrativa, y actualmente ante la Corte Suprema, la Ley de Extranjeros establece algunos requisitos especiales sobre la publicación que debe hacer la Corte de un extracto de la demanda en la Gaceta Oficial[107], sobre la prueba de la

---

106   Véanse Nos. 319 y sig.

107   Artículo 64 de la Ley de Extranjeros.

nacionalidad por parte del extranjero[108] y sobre la evacuación de las pruebas promovidas[109].

Es necesario destacar, sin embargo, la reafirmación que hace la Ley del carácter inquisitorio del procedimiento contencioso-administrativo en esta materia, cuando en su artículo 66 faculta a la Corte "para ordenar que se instruyan todas las pruebas que crea conducentes al descubrimiento de la verdad, a petición de las partes, o de oficio"[110].

e". *Los daños causados por detención ilegítima del extranjero*

399. Es interesante destacar la consideración que la Ley de Extranjeros hace sobre el daño emergente y el lucro cesante ocasionados por la detención ilegítima del extranjero. El artículo 68 de la ley establece al efecto que "si la demanda se intentare por indemnización de la detención de un extranjero, el Tribunal, para acordarla, considerará la estimación del daño emergente por consecuencia inmediata de la detención y el lucro cesante por igual causa, tomando en cuenta la condición del reclamante y la clase de trabajo que ejerce".

Por otra parte, es de sumo interés destacar el principio establecido en esta disposición. Es quizás la única norma de nuestro ordenamiento jurídico que consagra expresamente la responsabilidad de la Administración por los daños causados por la detención ilegítima del administrado. Creemos también que este es un principio general, válido para cualquier ciudadano lesionado y no sólo para los habitantes que ostentan la condición de extranjeros.

f". *La prescripción*

400. El régimen de la prescripción que contempla la Ley de Extranjeros en su artículo 70, para las acciones en responsabilidad contra la Administración por los daños causados por sus autoridades legítimas a los extranjeros, no difiere del general establecido en el Código Civil. Es decir, la prescripción se produce en diez años.

d. *El contencioso del restablecimiento de las situaciones jurídicas subjetivas*

401. Pero el ámbito del recurso contencioso-administrativo de plena jurisdicción no se agota solamente en la materia de la responsabilidad contractual y de la responsabilidad extracontractual de la Administración, sino en la materia más amplia del restablecimiento de las situaciones jurídicas subjetivas lesionadas por la actividad administrativa[111].

---

108 Artículo 65 de la Ley de Extranjeros.

109 Artículo 67 de la Ley de Extranjeros.

110 Véase N° 300.

111 Artículo 206 de la Constitución.

El restablecimiento de las situaciones jurídicas subjetivas lesionadas por la actividad administrativa puede dar lugar a toda decisión jurídicamente útil de parte de los órganos de la jurisdicción contencioso-administrativa. Y no solamente puede tratarse de una decisión condenatoria de la Administración demandada, sino que ésta puede conllevar, si así es solicitado, la anulación de algún acto que lesiona la situación jurídica subjetiva y sin cuya anulación no sería efectivamente restablecida la situación jurídica lesionada.

Para nosotros, un típico caso de restablecimiento de una situación jurídica lesionada por la actividad administrativa, y que, de acuerdo con la terminología constitucional, no consiste en una condenación a pagar sumas de dinero o daños y perjuicios originados en responsabilidad administrativa, es el contemplado en el ordinal 30 del artículo 7 de la Ley Orgánica de la Corte Federal. Es el caso de las demandas en reivindicación contra la República.

Según este artículo, la actual Corte Suprema de Justicia, como órgano de la jurisdicción contencioso-administrativa, es competente para conocer, en juicio contencioso, de las acciones reivindicatorias que se propongan contra la Administración. La condena que pronuncie el juez contra la Administración a restituir el bien reivindicado constituye simplemente un restablecimiento de la situación jurídica de propietario lesionada por la actividad administrativa.

D) *La decisión del recurso contencioso-administrativo de plena jurisdicción*

a. *Noción previa*

402. El estudio de la decisión del recurso contencioso-administrativo de plena jurisdicción nos conduce a examinar separadamente, de una parte, el contenido de la decisión íntimamente ligado con los poderes del juez en su competencia de plena jurisdicción[112], y de otra parte, los efectos de la decisión.

b. *Contenido de la decisión*

a'. *Noción previa*

403. El juez contencioso-administrativo, en su competencia de plena jurisdicción, es el contralor de la legitimidad de la actividad administrativa y de los actos, hechos y relaciones jurídico-administrativos por ella originados y, por tanto, su labor consiste en la satisfacción de los derechos subjetivos o en el restablecimiento de las situaciones jurídicas subjetivas lesionadas por la actividad administrativa.

Esta labor, hemos visto, puede dar lugar a toda decisión útil jurídicamente, sea de condena a la Administración, sea de anulación o reforma de un acto administrativo o de un contrato administrativo. Sin embargo, antes de analizar estos supuestos de

---

112 Véanse Nos. 186 y sig., 296, 313 y 338.

Véase la bibliografía citada en los Nos. 369 y sig.

fondo de la decisión, veamos los casos de inadmisibilidad del recurso y de improcedencia del mismo.

b'. *Inadmisibilidad del recurso*

404. Respecto a la admisibilidad o inadmisibilidad del recurso de plena jurisdicción, debemos señalar lo mismo que dijimos al hablar del recurso de anulación y su admisibilidad. En efecto, creemos que este pronunciamiento sobre la admisión del recurso debe hacerse al intentarse la demanda y no al decidirse el fondo de la cuestión que se debate.

En todo caso, el juez puede declarar inadmisible el recurso o la demanda intentada por ausencia de los requisitos procesales del mismo, ya sea porque el demandante no posea el derecho subjetivo que alega, ya sea porque no se ha cumplido el procedimiento administrativo previo en las demandas contra la nación, o ya sea porque la acción que se intenta se encuentra prescrita.

Por otra parte, la decisión del juez puede ser de inadmisibilidad por la presencia de cosa juzgada respecto al asunto que se debate. Sin embargo, para que se produzca la inadmisibilidad por cosa juzgada, "es necesario que la cosa demandada sea la misma; que la nueva demanda esté fundada sobre la misma causa; que sea entre las mismas partes, y que éstas vengan al juicio con el mismo carácter que en el anterior", según lo establece el artículo 1.395, ordinal 3° del Código Civil.

La declaratoria de inadmisibilidad no impide, ciertamente, la posibilidad de intentar nueva demanda una vez cumplidos los requisitos procesales no realizados, excepción hecha de la declaratoria de inadmisibilidad por prescripción de la acción o por existencia de cosa juzgada.

c' *Improcedencia del recurso*

405. Una vez comprobados los requisitos procesales y admitidos el recurso, la decisión del juez contencioso-administrativo, en su competencia de plena jurisdicción, puede ser de declaratoria sin lugar de la demanda, o más bien, de improcedencia del recurso, porque la pretensión reclamada no fue suficientemente probada en el proceso. Tal es el caso, por ejemplo, cuando en una demanda por responsabilidad extracontractual contra la Administración no se prueba satisfactoriamente el daño ocasionado, la imputabilidad o la relación de causalidad.

En todo caso, la demanda será declarada improcedente cuando la actividad administrativa no haya lesionado la situación jurídica subjetiva que se alega y cuando, por tanto, la actividad administrativa no sea una actividad ilegítima.

La declaratoria sin lugar del recurso de plena jurisdicción, como en toda demanda jurisdiccional, tiene efectos de cosa juzgada relativa, es decir, el mismo demandante alegando la misma causa, con el mismo carácter y con la misma cosa como objeto, no podría intentar de nuevo la demanda en plena jurisdicción.

d'.   *La condena y la anulación*

406. La decisión del recurso de plena jurisdicción puede ser también, y principalmente, de condena a la Administración: condena a pagar una suma de dinero, a pagar daños y perjuicios originados en su responsabilidad, a restituir una cosa.

Hemos dicho que la decisión de condena a la Administración puede estar acompañada de una decisión de anulación de un acto administrativo o de un contrato. Y ello se producirá cuando la sola condena a la Administración no sea suficiente para restablecer por sí sola la situación jurídica subjetiva lesionada por la actividad administrativa.

c.   *Efectos de la decisión*

407. La decisión del recurso contencioso-administrativo de plena jurisdicción produce siempre y solamente una cosa juzgada de valor relativo[113], es decir, inter

---

113   Véase N° 18.

En ciertos casos, sin embargo, relativos a demandas contra la República que deba conocer la Corte Suprema y que no se tratan propiamente de procedimientos contencioso-administrativos de plena jurisdicción, la misma Corte ha Señalado que su decisión tiene efectos *erga omnes*. Esto sucede en las sentencias relativas a bienes del dominio público, donde se declara con lugar una demanda de Expropiación. A este respecto, la Corte Suprema de Justicia en Sala Político-Administrativa, en sentencia de 10 de agosto de 1961, relativa al caso "Fundo José", señaló que "constituye un principio universalmente aceptado el de que la cosa juzgada sólo produce efecto entre las partes que han intervenido directamente en el litigio en el cual fue declarada procedente. Ahora bien, tal principio no puede ser aplicado irrestrictamente y debe ser analizado en cada caso concreto, considerando el objeto sobre el cual haya recaído la declaratoria. En el caso de autos, la excepción de cosa juzgada invocada por la nación venezolana se refirió a un bien, a una faja de terreno del fundo "José", o José', perfectamente determinada por sus linderos y medidas; estableciéndose en el fallo respectivo que ésta es la misma que aquella cuya reivindicación ha solicitado el actor de las Compañías Petroleras demandadas, y por haber sido comprobada dicha identidad, en la citada sentencia de fecha 16 de julio de 1958, se declaró procedente dicha excepción por cuanto la faja en referencia, ya expropiada por la nación venezolana, constituía un bien del dominio público sobre el cual, por mandato imperativo del artículo 8 de la Ley de Expropiación por causa de utilidad pública o social, no puede intentarse ninguna acción después de dictada la sentencia que acordó la expropiación. Es indudable, pues, que, reconocido por una sentencia emanada del más alto Tribunal de la República, el título que asiste a la nación venezolana, tal situación no puede ser desconocida por quien pretenda hacer valer derechos sobre la misma cosa, y los terceros, aun cuando no hubieren sido directamente partes en este juicio, en el sentido procesal de dicha acepción, pueden invocar y oponer, ante el reclamante, la autoridad emanada de la cosa juzgada". Edición multigrafiada del original de dicha sentencia, pág. 16.

Hasta tal punto tiene efectos *erga omnes* la cosa juzgada emanada de una sentencia de juicio expropiatorio, que la antigua Corte Federal, en sentencia de 16 de julio de 1958, señaló que "existe, por efecto imperativo de U cosa juzgada, la imposibilidad de plantear o de continuar ninguna controversia judicial donde directa o indirectamente se desconozca o se discuta el dominio adquirido por la nación sobre la porción de terreno definitivamente expropiado". Cita de la sentencia de la Corte Suprema de Justicia en Sala Político-Administrativa de 10 de agosto de 1961 antes indicada, pág 16.

Ahora bien, estos mismos razonamientos son perfectamente aplicables a la sentencia de la Corte en su competencia de Plena Jurisdicción, cuando declara sin lugar un recurso que tiene por objeto la reivindicación de un bien del dominio público de la República. Esta sentencia tendrá, entonces, efectos *erga omnes* y no *inter partes*, porque por Su intermedio se declara jurisdiccionalmente, o mejor, se reafirma el carácter de bien del dominio público del bien que se pretendió reivindicar.

partes. De aquí la gran diferencia que existe entre la decisión del recurso contencioso-administrativo de anulación y la decisión del recurso contencioso-administrativo de plena jurisdicción.

Esta cosa juzgada de efectos relativos se extiende a todas las decisiones del juez en su competencia de plena jurisdicción: en esta forma, cuando para restablecer íntegramente una situación jurídica subjetiva lesionada por la actividad administrativa, el juez debe anular un acto administrativo, por ejemplo, esa anulación tiene también, contrariamente a lo que sucede en el recurso de anulación, efectos inter partes, es decir, entre la Administración demandada y el particular demandante, y nunca tiene efectos absolutos o erga omnes.

d. Las prerrogativas de la Administración en la ejecución de la decisión

408. Una de las características esenciales de la Administración, como objeto de regulación del Derecho administrativo, consiste en los diversos privilegios y prerrogativas que posee en su campo de actividad frente a los administrados y particulares. Algunos de estos privilegios se manifiestan, y es lo que ahora destacamos, en la ejecución de la decisión jurisdiccional contencioso-administrativa de plena jurisdicción.

En efecto, el artículo 16 de la Ley Orgánica de la Hacienda Nacional señala que "los bienes, rentas y derechos o acciones pertenecientes a la nación no están sujetos a embargo, secuestro, hipoteca o a ninguna otra medida preventiva o definitiva. En consecuencia, los jueces que conozcan de ejecuciones contra el Fisco, luego que resuelvan definitivamente que deben llevarse a cabo dichas ejecuciones, suspenderán en tal estado los juicios sin decretar embargo, y notificarán al Ejecutivo Nacional para que se fijen, por quien corresponda, los términos en que ha de cumplirse lo sentenciado".

Por tanto, la nación tiene el privilegio de no poder ser ejecutada. El juez, en su competencia contencioso-administrativa de plena jurisdicción, debe limitarse a condenar pecuniariamente a la República, sin proceder a la ejecución de lo ordenado. De esta manera los administrados no poseen, frente a la República, ninguna vía de ejecución.

A este respecto, el Código de Procedimiento Civil de 1916, vigente, trae algunas disposiciones de interés respecto a las "demandas en que tengan interés las rentas públicas", y que es útil señalar.

En efecto, el artículo 687 de dicho Código establece que si "el Tesoro Nacional, del Estado o Municipal fueren condenados a pagar cantidades o cualquiera otra cosa indeterminada, se suspenderá la ejecución y ocurrirá el Tribunal, con copia de la sentencia que haya causado ejecutoria, al Cuerpo encargado de formar el presupuesto de los gastos nacionales, estadales o municipales, para que coloque en él la correspondiente partida o determine el modo cómo haya de verificarse el pago". Este procedimiento rige respecto a la condena a pagar sumas de dinero y a la condena a entregar una cosa indeterminada.

Cuando la condena se produce para la entrega de una cosa determinada el régimen que establece el Código de Procedimiento Civil es ligeramente distinto al anteriormente señalado. En efecto, el *artículo 688* ejusdem señala que si "el Tesoro Nacional, del Estado o Municipal fueren condenados a entregar una cosa determinada, el Tribunal ejecutor procederá conforme a las reglas establecidas para el caso en el Título sobre ejecución de sentencias", y en este Título del Código, artículo 449, se señala que "sí en la sentencia se hubiere mandado entregar alguna cosa mueble, se llevará a efecto la entrega haciéndose uso de la fuerza pública si fuere necesario"[114]. En todo caso, creemos dudoso y difícil este empleo de la fuerza pública contra su misma detentadora que es la Administración, en caso de que sea condenada a entregar una cosa que ha sido reivindicada por su propietario, por ejemplo. Sin embargo, agrega el artículo 449 del Código de Procedimiento Civil, "si no pudiere ser habida la cosa mueble podrá estimarse su valor a petición del solicitante, procediéndose desde entonces como si se tratara del pago de cantidades de dinero". En estos últimos casos, sin embargo, creemos que deben tenerse presente las disposiciones de la Ley de Expropiación por Causa de Utilidad Pública o Social sobre el justiprecio ya que, en definitiva, cuando no puede ser habida la cosa a la cual ha sido obligada a entregar la Administración, por ejemplo, por estar afectada necesariamente a la prestación y al funcionamiento de un Servicio Público, se trata más bien de una expropiación que de una evaluación en dinero para hacer efectiva la ejecución.

---

114   Véase el artículo 449 del Código de Procedimiento Civil.

A este respecto, el Proyecto LPA 1963 establece, en su artículo 168, que "cuando la sentencia ordenare el pago de cantidades de dinero o de entrega de bienes, se procederá en la forma prevista en el artículo 15 de la Ley Orgánica de la Hacienda Pública Nacional". Ahora bien, el artículo 15 del Proyecto LOHPN modifica notablemente el sistema vigente, regulando sanamente el problema. En efecto, dicho Proyecto señala que "cuando la República resultare condenada en juicio, el Tribunal encargado de ejecutar la sentencia la comunicará al Procurador General de la República para que éste, dentro del término que al efecto señale el Tribunal, proponga la forma y oportunidad de dar cumplimiento a lo ordenado en la sentencia. El Tribunal aprobará o rechazará la propuesta del Procurador General de la República y, en este último caso, le fijará término para prestar nueva propuesta. Si ésta fuere aprobada, el Tribunal determinará la forma y oportunidad de cumplir lo ordenado por la sentencia. El Tribunal deberá velar por el exacto cumplimiento de lo ordenado por este artículo".

"Cuando la orden judicial no fuere cumplida, se procederá así: 1° Si se tratare de cantidades de dinero, el Tribunal podrá, a instancia de parte, ordenar que se incluyan las respectivas partidas en el próximo o próximos presupuestos, a cuyo efecto transmitirá copia certificada de lo actuado al Ministro de Hacienda y al Presidente del Congreso.

2° Si se tratare de entrega de bienes, el Tribunal pondrá en posesión de ellos a quien corresponda; pero, si tales bienes estuvieren afectados a un servicio público o al uso público, o a una actividad de utilidad pública, el Tribunal acordará la fijación del precio por peritos en la forma prevista por la Ley de Expropiación por causa de utilidad pública y social, y determinado el precio ordenará su entrega a quien corresponda".

CAPITULO SEXTO
LA MATERIA CONTENCIOSO FISCAL

1. INTRODUCCIÓN

409. La llamada materia contencioso-económica o contencioso-fiscal[1] puede considerarse como una parte de la materia contencioso-administrativa especializada en materia fiscal, según lo tiene declarado el Tribunal de Apelaciones del Impuesto sobre la Renta[2].

Sin embargo, esta consideración no es cierta y definitiva en la evolución de la legislación fiscal del Impuesto sobre la Renta sino a partir de 1954.

Antes de 1954, la Junta de Apelaciones del Impuesto sobre la Renta —organismo que a partir de la reforma legislativa de 1955 vino a denominarse Tribunal de Apelaciones del Impuesto sobre la Renta—, era un organismo administrativo que decidía las apelaciones o recursos administrativos que se ejercían anteriormente ante el Ministro de Hacienda. Las decisiones de dicha Junta eran consideradas como actos administrativos[3] contra los cuales había la posibilidad de recurrir en gracia ante el Ministro de Hacienda o jurisdiccionalmente por medio del recurso contencioso-administrativo de anulación ante la Corte Federal[4].

Fue entonces, en 1954, cuando la misma Corte Federal después de un movimiento doctrinal favorable[5], definió, por sentencia de 15 de octubre cié 1954, la verdadera naturaleza jurisdiccional de la Junta de Apelaciones, convirtiéndose entonces el procedimiento contencioso-fiscal en un procedimiento con dos instancias jurisdiccionales en lugar de una, la primera de las cuales se desarrolla ante el Tribunal de Apelaciones del Impuesto sobre la Renta, y la segunda ante la Corte Suprema de Justicia.

---

1   El carácter contencioso-administrativo de esta materia ha sido confirmado por los proyectistas de la LPA 1963, al incluir en el Proyecto un Capítulo dedicado al tema "De lo contencioso-fiscal". Lamentablemente las normas del Proyecto sobre esta materia tienen un carácter enunciativo sobre le contencioso-fiscal y, por tanto, no contienen una regulación precisa que perfeccione o modifique el actual sistema.

2   Sentencia del Tribunal de Apelaciones del Impuesto sobre la Renta N° 118, de 25-2-61. Expediente N° 264.

3   Sentencia de la Corte Federal de 4-8-54, citada por ANDUEZA, *El control en Venezuela...*, *cit.*, pág. 18.

4   CF—116—2, 15—10—54.

5   Véase principalmente la magnífica Tesis de Grado, en la U.C.V., de FLORENCIO CONTRERAS' Q., *Naturaleza Jurídica de la Junta de Apelaciones del Impuesto sobre la Renta*, 1954 (inédita). Véase también LUIS MAURI, *Anotaciones acería de la justicia administrativa fiscal en Venezuela*, Caracas, 1946.

Pero veamos los razonamientos de la Corte Federal en la sentencia señalada de octubre de 1954: "En 1944 fue reformada, por primera vez, la Ley de Impuesto sobre la Renta y desde entonces, y hasta ahora, se le dio a la Junta de Apelaciones categoría de Tribunal Federal, como resulta, tanto de las nuevas funciones que se le atribuyeron, como de la categórica explicación formulada en la Exposición de Motivos, a saber: 'Se ha creído conveniente atribuir a la Junta de Apelaciones del Impuesto sobre la Renta toda la competencia en esta materia, pues dicho organismo jurisdiccional administrativo, además de ser un cuerpo técnico especializado en el conocimiento de ese instrumento legal, es un Tribunal Federal propio, en tanto que los Juzgados de Primera Instancia en lo Civil sólo lo son mientras no se creen los Tribunales Federales' (V., Boletín del Impuesto sobre la Renta, Nº 13, abril, mayo y junio 1951, p. 27; Archivo del Congreso Nacional, Legajo sobre reforma de la Ley de Impuesto sobre la Renta, año de 1944)".

"Las reformas de la Ley de Impuesto sobre la Renta de los años posteriores no alteraron estas disposiciones. Las atribuciones que por la Ley de 1942 tenía la Junta eran, según el artículo 50: 1") Resolver las cuestiones que se susciten con motivo de la calificación de la renta; 2°) Decidir en caso de inconformidad del contribuyente con la liquidación fiscal; 3°) Conocer en apelación de todas las multas impuestas por razones que no fueren de improcedencia del impuesto, y 4°) Las demás que se le señalen en los Reglamentos que dicte el Ejecutivo Federal".

"Por la Ley de 1944, en su artículo 52, conserva las mismas anteriores atribuciones y se le atribuye, además, por el ordinal 3°, artículo 52: 'Resolver las cuestiones sobre procedencia del impuesto'. Con sólo esta nueva atribución el antiguo organismo administrativo adquirió la categoría de Tribunal Federal, como lo explica la correspondiente Exposición de Motivos, preinserta. Y por aplicación de la Ley y en ejercicio de esa función tiene la Junta de Apelaciones del Impuesto todas las atribuciones correspondientes por la Ley de 1942, al Tribunal Superior de Hacienda en el Distrito Federal y a los Jueces de Primera Instancia que tuvieran funciones de Jueces Federales en los Estados y Territorios Federales. Por modo que, conforme a la reforma de 1944, y hasta la reforma de 1948 la competencia en materia de Impuesto sobre !a Renta está atribuida exclusiva y expresamente a la Junta de Apelaciones del Impuesto y a la Corte Federal. Indudablemente que con esa reforma se quiso introducir un mejoramiento en la organización de nuestro incipiente procedimiento contencioso-administrativo, evitando inconvenientes injustificados que para los demás impuestos federales estorbaban el buen funcionamiento administrativo, por seguirse dos procedimientos consecutivos: el primero, para la comprobación de la procedencia del impuesto; y el segundo, para comprobar la infracción fiscal que originó la multa. Complicación innecesaria que quisieron evitar los proyectistas de la reforma de 1944, para la cual tuvieron presente, sin duda, la doctrina establecida por la antigua Corte Federal y de Casación en los fallos siguientes: 1°) 'El caso (apelación de multa fiscal) cuando ha quedado reducido a la discusión sobre la procedencia y pago del impuesto es extraño al procedimiento administrativo que se sigue primero ante los funcionarios fiscales y luego ante la Corte Federal y de Casación' (M. 1940, págs. 400 y 469). 2°) 'Impuesta una multa por los funcionarios fiscales dependientes del Ministerio de Hacienda, si surge discusión sobre la procedencia o improcedencia del impuesto, tal cuestión debe ser sometida al conocimiento de los Tribunales Federales, quedando en suspenso la resolución sobre la multa hasta que la aludida controversia sobre el impuesto haya quedado decidida por la justicia federal, pues entonces es cuando puede saberse si hubo o no infracción de la ley fiscal. Por lo cual, en tal caso, la multa no podría ser definitiva sino cuando quede firme el fallo que declare tal infracción' (M. 1940, págs. 405 y 411)".

"De consiguiente —continúa la sentencia de 1954—, desde la reforma de la Ley de 1944 y hasta hoy, por haber sido modificada en esa materia por las reformas de 1946 y de 1948, el procedimiento sobre toda la materia del Impuesto sobre la Renta, es el siguiente: La Junta de Apelaciones del Impuesto sobre la Renta conoce en apelación de todas las discrepancias, de cualquier especie, discutidas en materia de dicho impuesto; y de sus decisiones sólo se da el recurso de apelación para ante la Corte Federal sobre las cuestiones de procedencia del impuesto, o de multas, por razones de dicha procedencia. De las demás decisiones no se conoce recurso alguno, salvo el de gracia, para ante el ciudadano Ministro de Hacienda, por disposición expresa del artículo 53 de la Ley"[6].

"Y por cuanto la Junta de Apelaciones es un Tribunal Federal en materia del Impuesto sobre la Renta —concluye la sentencia—, dicha Junta es Tribunal ejecutor de las decisiones sobre la materia, y ante ella puede seguirse el procedimiento establecido por el Título XIII del Libro Tercero del Código de Procedimiento Civil cuando se trate del Impuesto sobre la Renta"[7].

De esta sentencia transcrita se deduce cuál fue el criterio que indujo a la antigua Corte Federal para definir la naturaleza de la antigua Junta de Apelaciones, declarando que "todas sus decisiones tienen el carácter de sentencias", por lo que se trata de un órgano jurisdiccional contencioso-administrativo[8].

Para el estudio de la materia contencioso-fiscal, analizaremos en primer lugar y someramente el procedimiento administrativo que se desarrolla ante la Administración del Impuesto. Examinaremos luego el procedimiento contencioso-administrativo fiscal en sus dos Instancias, ante el Tribunal de Apelaciones del Impuesto sobre la Renta y ante la Corte Suprema de Justicia en Sala Político-Administrativa.

---

6   Este Recurso Je Gracia que se ejercía incongruentemente contra una decisión jurisdiccional fue eliminado de la legislación del Impuesto sobre la Renta, quedando solamente el Recurso de Gracia Económico-Administrativo estudiado en los Nos. 255 y sig.

7   CF—116—2, 15—10—54.

     Esta sentencia puede verse también en JISR, 1961, págs. 312 y sig. Véase, asimismo, el comentario a dicho Fallo de FLORENCIO CONTRERAS QUINTERO, "Naturaleza Jurídica de la Junta de Apelaciones del Impuesto sobre la Renta", *Revista de la Facultad de Derecho,* Nº 3, Caracas, 1955, págs. 125 y sig.

8   CF—116—2, 15—10—54.

2. EL PROCEDIMIENTO ADMINISTRATIVO

A) *Noción previa*

410. Creemos imprescindible analizar a grandes rasgos el procedimiento administrativo-fiscal previo al contencioso-fiscal, pues algunas de sus instituciones nos permitirán estudiar mejor este último. De esta forma, además de analizar las fases del procedimiento y la cosa juzgada administrativa, estudiaremos principalmente la posibilidad de reconsideración administrativa de oficio.

B) *Fases del procedimiento*

411. Las fases del procedimiento administrativo han sido precisadas según la Ley por la jurisprudencia de la antigua Junta de Apelaciones. Aunque la Ley ha sufrido múltiples reformas, lo esencial del procedimiento no ha variado, por lo cual podemos transcribir parte de una sentencia de 1946[9] que resume muy bien ese procedimiento.

La Junta, en aquella oportunidad, señaló: "Para dictar fallo, esta Junta considera conveniente poner de manifiesto claramente las disposiciones de derecho que regulan las relaciones de un contribuyente cualquiera ante el Fisco nacional, a los fines de la fijación del imponible y percepción del Tributo. El proceso es el siguiente:

"1°) El contribuyente presenta su declaración de rentas ante la Administración Seccional de la Circunscripción a cuya jurisdicción esté sometido, la cual acepta provisionalmente como ciertos los datos que, bajo juramento, el contribuyente ha declarado y procede a expedir una planilla de liquidación basada en ellos, siempre que la declaración no adolezca de defectos de forma;

"2°) Cuando lo considere oportuno, tiene facultad para comprobar la exactitud de lo declarado a cuyo efecto puede destacar un funcionario fiscal, quien tiene amplio margen para revisar los libros y comprobantes en que constan los datos de la declaración. Esta revisión puede ser total o parcial, puede extenderse a todos los renglones determinantes de la renta neta, o sólo a uno de ellos;

"3°) Concluida la labor en cuestión, el funcionario en referencia concreta en acta que habrá de formar en unión del contribuyente, y uno de cuyos ejemplares dejará en su poder, las observaciones y reparos que sean la resultante de su labor;

"4°) Con base a este último documento, el funcionario Administrador Seccional expedirá, si es el caso, una planilla de liquidación que habrá de complementar a aquella otra que vimos debe expedir al recibir la declaración, y la cual deberá llevar el visto bueno del ciudadano Administrador General;

"5°) Dicha planilla contendrá las multas que se hagan lugar en el caso de que se trate, de conformidad con las disposiciones legales pertinentes, y tomando en consi-

---

9   Sentencias de la Junta de Apelaciones del Impuesto sobre la Renta N° 137, de 5-11-46, y N° 241 de 5-8-48, JISR 1961, págs. 119 y sig.

deración para aplicarlas, todas las circunstancias agravantes del hecho penado (letra c del artículo 26 del Reglamento Orgánico de la Administración del Impuesto sobre la Renta);

"6°) El contribuyente disfruta de un término perentorio —cinco días más el término de distancia— (diez días en la vigente ley), para hacer uso del derecho de apelación manifestando su inconformidad con la planilla de liquidación recibida".

Interpuesta la apelación, la Administración puede reconsiderar administrativamente su decisión y, por consiguiente, la planilla de liquidación apelada. Veamos esta reconsideración de oficio.

C) *La reconsideración administrativa*

412. Establece el artículo 85 de la Ley del Impuesto sobre la Renta que, cuando se ejerza el recurso de apelación —que debe intentarse por ante la Administración del Impuesto—, podrá ésta reconsiderar el acto sobre que versa el recurso antes de la remisión al Tribunal de Apelaciones del Impuesto sobre la Renta. Con este objeto, la Administración del Impuesto podrá solicitar del contribuyente las informaciones que juzgue convenientes.

"Como resultado de esta reconsideración —agrega el citado artículo— podrá ser modificado total o parcialmente el acto administrativo como también la planilla de liquidación recurrida. En caso de que el contribuyente apelante manifieste su inconformidad con alguna de las liquidaciones resultantes de la nueva actuación, será sobre ésta que versará el recurso ante el Tribunal".

En todo caso, el término para la reconsideración administrativa es de treinta días según la misma disposición.

Ahora bien, obsérvese que aquí no se trata de un recurso administrativo de reconsideración, pues no es el contribuyente quien la solicita, sino que se trata del ejercicio de un derecho o facultad discrecional por parte de la Administración[10].

Esta calidad de facultad discrecional que acompaña a la reconsideración administrativa de oficio se deduce claramente de la jurisprudencia del Tribunal de Apelaciones del Impuesto sobre la Renta. En efecto, dicho organismo, en sentencia de 24 de marzo de 1960[11], señaló lo siguiente: ,"La contribuyente, como antes se dijo, apeló de la Resolución de la Administración General del Impuesto sobre la Renta, mediante la cual negó la reconsideración administrativa de la precitada planilla de liquidación, en vista de que no consideró suficiente los argumentos aducidos al respecto, lo cual comunicó a la recurrente en Oficio N° 1.647 de 30-12-57. Toca, pues, al Tribunal examinar este aspecto de la apelación que temporal y lógicamente tiene prioridad sobre el fondo del asunto debatido en este proceso, y a tal efecto observa: De con-

---

10   Véanse Nos. 227 y sig.

11   Sentencia del Tribunal de Apelaciones del Impuesto sobre la Renta. N° 92, de 24-3-60, Expediente N° 159.

formidad con el artículo 81 de la Ley de Impuesto sobre la Renta, derogada (igual al mismo artículo de la ley vigente) —y que corresponde al artículo 85 citado de la ley actual de 1961— que rigió para la fecha en que se operó la negativa en referencia, la Administración General del Impuesto sobre la Renta gozaba de la facultad discrecional de reconsiderar administrativamente, después de ejercido el recurso de alzada y dentro de un término de treinta días, el acto sobre que versara la apelación, a cuyo objeto podría solicitar del contribuyente las informaciones que juzgare necesarias.. . En el presente caso, la Administración General del Impuesto sobre la Renta, ajustando estrictamente su actuación a la precitada norma legal, negó la reconsideración administrativa solicitada, en ejercicio de una facultad discrecional no susceptible por su propia naturaleza de ser revisada en alzada; razones por las cuales el Tribunal considera, y así lo declara, que contra el acto mismo de reconsideración administrativa desfavorable no es admisible el recurso de apelación, sino que éste, en tal supuesto, sigue su curso normal pero sólo en relación con la respectiva planilla de liquidación del impuesto".

D) *La cosa juzgada administrativa*

413. Ha sostenido la antigua Junta de Apelaciones del Impuesto sobre la Renta que "en materia fiscal no existe disposición alguna que conceda el carácter de cosa juzgada a la actuación realizada por un organismo administrativo, por lo que, hasta tanto no se cumpla el lapso de prescripción establecido al efecto, tales organismos pueden realizar las investigaciones que crean convenientes a los contribuyentes, y de hacer constar nuevas infracciones aunque se hayan sucedido investigaciones anteriores"[12].

Por tanto, materialmente el acto administrativo fiscal carece de firmeza para la Administración, por lo que puede ser revisado por ella en cualquier momento. Esto constituye una importante derogación al principio ya estudiado de la cosa juzgada administrativa[13].

Por consiguiente, cuando un acto administrativo en materia fiscal queda firme respecto a los contribuyentes, sea porque no se ejerció el recurso de apelación ante el Tribunal de Apelaciones del Impuesto, sea porque ejercido el recurso, el contribuyente se conformó con la reconsideración de la Administración, según la doctrina de la Junta de Apelaciones, puede ser siempre revisado administrativamente hasta tanto no se cumpla la prescripción de las acciones fiscales que posee la Administración contra los contribuyentes[14].

Sin embargo, ha manifestado la misma Junta de Apelaciones que "si el contribuyente manifiesta su voluntad conforme con la liquidación efectuada, bien sea por el pago del impuesto o porque no haga uso de los recursos que la ley le concede, se

---

12   Sentencia de la Junta de Apelaciones del Impuesto sobre la Renta N° 195, de 29-10-47, JISR 1961, pág. 90.

13   Véase N° 114.

14   Artículo 94, ordinal 1° de la Ley del Impuesto sobre la Renta.

considera que se ha consumado el proceso administrativo normal y, en términos generales, queda sólo entre el contribuyente y el Fisco una relación jurídica de deudor a acreedor"[15].

Esto es cierto respecto al procedimiento normal pero, sin embargo, queda abierta la posibilidad de una nueva revisión por parte de la Administración y de una nueva apertura del procedimiento.

3.   EL PROCEDIMIENTO CONTENCIOSO-FISCAL

A)   *Noción previa*

414. El procedimiento contencioso-administrativo en materia fiscal o contencioso-fiscal, pura y simplemente, se inicia con el recurso de apelación que el contribuyente ejerce contra el acto administrativo de liquidación, de liquidación de la multa o de formulación de reparos.

Actualmente es el único procedimiento contencioso-administrativo que tiene dos instancias: la primera ante el Tribunal de Apelaciones del Impuesto sobre la Renta, y la segunda ante la Corte Suprema de Justicia.

Examinaremos el procedimiento contencioso-fiscal separadamente respecto a estas dos instancias.

B)   *La primera instancia: el Tribunal de Apelaciones del Impuesto sobre la Renta*

a.   *La apelación*

a'.   *Noción previa*

415. Nos interesa destacar, al hablar del recurso de apelación que se ejerce ante el Tribunal de Apelaciones del Impuesto sobre la Renta, en primer lugar, su naturaleza, para luego analizar los requisitos de la apelación y las modalidades de la interposición del recurso.

b'.   *Naturaleza de la apelación*

416. A pesar de que la ley califica a este recurso como "apelación", y a pesar de que se ejerce por la sola inconformidad del contribuyente con la liquidación fiscal, se trata, en esencia, de un recurso contencioso-administrativo de anulación que se ejerce contra los actos administrativos fiscales de la Administración del Impuesto sobre la Renta.

---

15   Sentencia de la Junta de Apelaciones del Impuesto sobre la Renta, de 19-2-51, N° 309, JISR 1961, pág. 152.

La decisión del recurso por el Tribunal de Apelaciones del Impuesto se traduce siempre, cuando se declara con lugar la apelación, en una declaratoria de nulidad por ilegalidad del acto apelado. Cuando se declara sin lugar la apelación, la decisión constituye una confirmación del acto administrativo apelado. Por último, cuando se declara parcialmente con lugar la apelación, la decisión constituye una anulación parcial del acto administrativo recurrido.

El carácter de recurso contencioso-administrativo de anulación de esta apelación es, en nuestro concepto, evidente y quedará comprobado a lo largo del estudio del tema.

c'. Requisitos del recurso

a". Elemento subjetivo

417. El recurso de apelación debe ser interpuesto por el contribuyente inconforme con el acto administrativo fiscal, o por su representante legal. Sólo él es el legitimado activo en este recurso, ya que es el único que puede alegar un interés legítimo, personal y directo en la eficacia del acto administrativo recurrido y en la anulación del mismo.

En este sentido, sólo el contribuyente o su representante legal pueden interponer el recurso. Al respecto, el Tribunal de Apelaciones del Impuesto ha señalado que "la falta de firma del presunto representante legal de la contribuyente en el escrito de apelación dirigido a la Administración General del Impuesto sobre la Renta, convierte en acto írrito el recurso que se pretendió ejercer, sin que | pueda alegarse en favor de su validez la circunstancia de estar dicho escrito firmado por el abogado asistente, pues es elemental que la asistencia no conlleva los efectos legales de la representación como para suplir legítimamente la actuación directa del asistido, quien en el presente caso era presuntivamente el personero legal de la sociedad para intentar la apelación"[16]. Por tanto, sólo el contribuyente o su representante legal tienen la legitimación activa.

Por otra parte, no puede considerarse en ningún momento que en este procedimiento originado por la apelación haya una parte demandada, pues de lo que se recurre es de un acto administrativo, es decir, se impugna un acto, se recurre contra un acto y no contra alguna persona pública ni contra la Administración fiscal.

Sin embargo, como en materia del recurso contencioso-administrativo de anulación, el acto administrativo recurrido puede tener defensor y, en este caso, generalmente será la Administración fiscal.

b". Elemento objetivo

418. Como en todo recurso de anulación, en el recurso intentado ante el Tribunal de Apelaciones del Impuesto el acto recurrido es un acto administrativo fiscal. Por

---

16   Sentencia del Tribunal de Apelaciones del Impuesto sobre la Renta N° 116, de 30-1-61, Expediente N° 268.

ello la jurisprudencia del mismo Tribunal de Apelaciones habla de "acto administrativo apelado"[17].

Por ello no es acto apelable el escrito dirigido al contribuyente por la Administración, donde se le hacen observaciones sin fuerza coercitiva. Al efecto, la antigua Junta de Apelaciones del Impuesto ha señalado que "la comunicación del ciudadano Administrador General del Impuesto sobre la Renta a la firma C. C., contenida en oficio fechado el 6 de noviembre del año en curso y la cual se apela, no contiene decisión alguna dictada por vía de autoridad, sino simplemente observaciones que la Administración considera como irregularidades, a fin de evitarle posibles consecuencias perjudiciales. Pero esas observaciones carecen en absoluto de fuerza coercitiva y, como simples indicaciones o consejos, pueden o no seguirse libremente. Si la persona a quien han sido hechas opta por apartarse de ellas y la Administración, persistiendo en su criterio, dicta alguna decisión al respecto, es de esa decisión que puede apelarse. No existe, por tanto, acto jurídico susceptible de apelación ni, consecuencialmente, materia de la cual pueda conocerse"[18].

En el mismo sentido "la ley no concede apelación contra las actas levantadas por los fiscales del Impuesto sobre la Renta, las cuales, en tanto no sean aprobadas por los administradores seccional y general, constituyen en una gran medida opiniones de dichos fiscales sujetas a ser rectificadas o desechadas por los mencionados funcionarios superiores"[19].

Por tanto, sólo los actos administrativos fiscales son susceptibles de ser recurridos e impugnados por ante la jurisdicción contencioso-fiscal.

d'. *La interposición del recurso*

a". *Oportunidad*

419. El recurso para ante el Tribunal de Apelaciones del Impuesto sobre la Renta deberá interponerse ante la Administración del Impuesto dentro del término de diez días contados a partir del recibo de la planilla de liquidación[20]. El escrito de apelación, sin embargo, puede ser remitido por intermedio de un juez de la localidad.

---

17 Sentencia del Tribunal de Apelaciones del Impuesto sobre la Renta N° 92 de 24-3-60, Expediente N° 159.

Sobre la noción de acto administrativo, véase el Título II, Nos. 66 y sig.

18 Sentencia N° 7 de la Junta de Apelaciones del Impuesto sobre la Renta, de 23-12-42, JISR 1961, pág. 4.

Sobre la noción de "decisión" en el acto administrativo, véanse Nos. 365, 418 y 68.

19 Sentencia de la Junta de Apelaciones del Impuesto sobre la Renta N° 118, de 31-7-46, JISR 1961, pág. 43.

20 Artículo 82 de la Ley de Impuesto sobre la Renta.

En el mismo sentido, véase la sentencia de la Junta de Apelaciones del Impuesto sobre la Renta N° 303, de 3-8-50, JISR 1961, pág. 148.

Por la apelación, establece la ley, el recurrente queda a derecho, sin necesidad de citación o notificación, para todos los actos del proceso. Aquí también, como en el procedimiento contencioso-administrativo de anulación, el principio de que las partes están a derecho se aplica al recurrente pero no a la Administración defensora del acto, y ello es lógico, ya que la Administración no es parte propiamente hablando[21].

b". *El principio* solve et repete

420. Establece el artículo 83 de la Ley de Impuesto sobre la Renta que "para interponer la apelación, el recurrente deberá afianzar o pagar previamente el monto de la planilla liquidada". Para el caso de que el recurrente "hubiere de pagar las correspondientes planillas de liquidación, el pago se hará en una Oficina receptora de fondos nacionales con cargo a la contabilidad de la cartera del Tesoro"[22].

La necesidad de pagar o afianzar para recurrir, hemos visto, es una de las manifestaciones, en materia fiscal, del principio de la ejecutoriedad del acto administrativo[23].

A este respecto ha establecido la antigua Corte Federal que "esta ejecutoriedad de los actos administrativos permite darles cumplimiento incluso contra la voluntad de los propios interesados, por existir en ellos una presunción de legitimidad que no se destruye por la mera impugnación. De aquí que, en principio, los recursos contra los actos administrativos no tienen efectos suspensivos; ya que admitir lo contrario equivaldría a hacer posible paralizaciones de la acción administrativa por voluntad de los particulares. Tales principios derivan del conocido aforismo solve et repete (paga y después reclama), según el cual, y especialmente en materia fiscal, el reclamo contra los impuestos no exime de la obligación de pagar... La legislación venezolana ha consagrado en sus leyes fiscales los anteriores principios. Sin embargo, ha sido más tolerante el legislador patrio al permitir que, en determinados casos, el previo pago para recurrir pueda ser sustituido por afianzamiento. Pero también en este caso la constitución de la garantía viene a ser requisito de tan ineludible cumplimiento, como lo es el propio pago en aquellas situaciones en las que no se admite fianza. El incumplimiento de tales presupuestos crea una situación impeditiva que no tiene posibilidad de subsanación y, por tanto, constituye un supuesto típico de inadmisibilidad del recurso"[24].

---

21   Artículo 82 de la Ley de Impuesto sobre la Renta.

    Sobre el principio de que las partes están a derecho en el procedimiento contencioso-administrativo, véase N° 316.

22   Artículo 153 del Reglamento de la Ley de Impuesto sobre la Renta.

23   Véanse Nos. 97 y 432.

    Véase, asimismo, la bibliografía citada en la Nota N° 131 del presente Título.

24   CF—83—1, 29—7—59.

    CF—7—1, 25—1—60.

    Véase N° 432.

Por tanto, además de todos los requisitos procesales de legitimación activa y de oportunidad para recurrir, el contribuyente debe cumplir el principio *solve et repete*, sin el cual el recurso será inadmisible.

b. *El recurso de hecho*

421. La Administración General del Impuesto sobre la Renta es la llamada a admitir o declarar inadmisible el recurso de apelación interpuesto ante ella por el contribuyente. Por tanto, éste debe probar ante la Administración el cumplimiento de los requisitos procesales del recurso.

Cuando la apelación es negada, sin embargo, puede el contribuyente recurrir de hecho ante el Tribunal de Apelaciones, dentro de los cinco días siguientes a la negativa. En todo caso, el Tribunal de Apelaciones decidirá sobre la procedencia o improcedencia de la apelación dentro de la quinta audiencia[25].

c. *Competencia del Tribunal de Apelaciones*

422. La competencia del Tribunal de Apelaciones del Impuesto sobre la Renta en materia contencioso-fiscal está definida por el artículo 78 de la Ley del Impuesto. Dicha disposición establece que son atribuciones del Tribunal:

a') Conocer en apelación de las controversias entre la nación y los contribuyentes, con motivo de la aplicación de la ley y su Reglamento;

b') Conocer en apelación de los reparos que formule la Contraloría de la República a los contribuyentes en materia de esa Ley; y

c') Conocer en apelación de las multas impuestas por incumplimiento de esa misma Ley.

De esta enumeración legislativa podemos observar que se trata de una competencia contencioso-administrativa de anulación de los actos administrativos individuales de la Administración en materia fiscal. La decisión del Tribunal de Apelaciones en cada una de las atribuciones antes indicadas se traduce siempre en un control de la legalidad del acto apelado, es decir, en un examen y comprobación de la conformidad de ese acto con la Ley fiscal y su reglamento. Sin embargo, y esto lo hace un órgano de la jurisdicción contencioso-administrativa de carácter especial, su control de la legalidad no puede extenderse sino a los solos actos administrativos fiscales relacionados con el Impuesto sobre la Renta y de carácter individual.

Por tanto, el Tribunal de Apelaciones del Impuesto no tiene competencia para controlar la legalidad de los actos administrativos generales en materia fiscal. A este efecto, la antigua Junta de Apelaciones señaló que "aunque a esta Junta no le compete declarar la inconstitucionalidad de los actos del Poder Reglamentario que hubieren podido alterar el espíritu, propósito y razón de la ley del Impuesto sobre la Renta, puesto que tal materia, en términos genéricos, es de la competencia de la Corte

---

25   Artículo 84 de la Ley de Impuesto sobre la Renta.

Suprema de Justicia, sí debe avocarse al conocimiento de casos como el de autos en que se alega una pretendida colisión entre la ley mencionada y una disposición de su reglamento, con el objeto de decidir acerca de la existencia e inexistencia de la antinomia planteada y, en caso afirmativo, aplicar la norma sustantiva con preferencia a la reglamentaria por razones elementales de sistemática jurídica. Esta aplicación preferente de la norma sustantiva no involucraría de manera alguna la nulidad *erga omnes* de la norma reglamentaria colidente, ya que sus efectos no irían más allá del caso juzgado y, cuando más, podría ser invocada en casos semejantes como un precedente jurisprudencial"[26].

Es superfluo agregar, por otra parte, que el Tribunal tampoco, y mucho menos, tiene competencia para controlar la constitucionalidad de las leyes, como su misma jurisprudencia lo ha afirmado"[27].

d. *El procedimiento*

a'. *Regulación*

423. En principio, el procedimiento que se desarrolla ante el Tribunal de Apelaciones del Impuesto sobre la Renta está regulado por la Ley de Impuesto sobre la Renta y su reglamento. Sin embargo, para todo lo no previsto en dicha ley regirán las disposiciones del Código de Procedimiento Civil en cuanto fueren aplicables[28].

Destacaremos en esta oportunidad las principales regulaciones del procedimiento, sobre todo en lo que se refiere a las pruebas, relación, informes y auto para mejor proveer.

b'. *Pruebas*

424. El Tribunal de Apelaciones, dentro de los tres días siguientes al recibo del expediente y del escrito de apelación, le dará entrada, designará ponente y declarará la causa abierta a pruebas[29]. El lapso de promoción de pruebas es de cinco audiencias, y el de evacuación de doce audiencias más el término de la distancia para las pruebas que no hayan de ser evacuadas en Caracas, el cual se calculará a razón de un día por cada doscientos kilómetros o fracción de esta cantidad[30].

---

26   Véase N° 210.

     Véase, asimismo, la sentencia de la antigua Junta de Apelaciones del Impuesto sobre la Rente de 12-1-48, N° 210, JISR 1961, pág. 99.

27   Sentencias de la Junta de Apelaciones del Impuesto sobre la Renta N° 321, de 18-4-51, JISR 1961, *pág.* 160; N° 336, de 11-7-51, JISR 1961, *pág.* 173; y N° 373, de 28-1-52, JISR 1961, pág. 191.

28   Artículo 93 de la Ley de Impuesto sobre la Renta.

29   Artículo 87 de la Ley de Impuesto sobre la Renta.

30   Artículo 88 de la Ley de Impuesto sobre la Renta

En materia de pruebas es necesario observar que la carga de la misma está siempre en manos del contribuyente recurrente[31], y ello principalmente porque las actas fiscales están acompañadas de una presunción de veracidad y legitimidad"[32] que corresponde al contribuyente apelante desvirtuar.

Sin embargo, el principio que obliga a las partes a probar sus alegatos no cercena el derecho que tiene el Tribunal de realizar investigaciones para hallar la verdad del caso[33]. Ello es, a nuestro entender, la aplicación del principio inquisitorio que caracteriza el procedimiento contencioso-administrativo[34]. Sin embargo, este principio no tiene aplicación extrema en esta materia, por lo cual el Tribunal de Apelaciones no puede suplir pruebas que no fueron evacuadas[35].

c'. *Informes, relación, auto para mejor proveer*

425. Vencido el lapso probatorio se fijará una de las cinco audiencias siguientes para el acto de Informes[36]. Celebrado el acto de informes, el ponente estudiará el expediente dentro del término de diez días continuos. Durante este lapso, el Tribunal podrá dictar auto para mejor proveer. El término para evacuar las diligencias ordenadas en dicho auto será fijado en cada caso por el Tribunal[37]. En todo caso, ha señalado la antigua Junta de Apelaciones, la facultad de dictar auto para mejor proveer la tiene únicamente el Tribunal para esclarecer puntos dudosos o complementar pruebas evacuadas, pero no para suplir pruebas que no fueron promovidas[38].

e. *Sentencia*

a'. *Oportunidad*

426. Dentro de los tres días siguientes al término acordado para el estudio del expediente, o de haberse cumplido el auto para mejor proveer, el ponente deberá presentar al Tribunal el Proyecto de Sentencia. Si éste fuere improbado por la mayoría, se nombrará nuevo ponente.

---

31 Sentencias N° 41 de la Junta de Apelaciones del Impuesto sobre la Renta, JISR 1961, pág. 12 (sentencia de 14-12-44); N° 45, de 22-12-44, JISR 1961, página 15.

32 Sentencias del Tribunal de Apelaciones del Impuesto sobre la Renta N° 90, de 21-3-60, Expediente N° 210; N° 118, de 24-2-61, Expediente N° 264; y N° 92, de 24-3-60, Expediente N° 159.

33 Sentencia de la Junta de Apelaciones del Impuesto sobre la Renta N° 50, de 2-2-45, JISR 1961, pág. 16.

34 Véase N° 300.

35 Sentencia de la Junta de Apelaciones del Impuesto sobre la Renta N° 161, de 13-2-47, JISR 1961, pág. 65.

36 Artículo 89 de la Ley de Impuesto sobre la Renta.

37 Artículo 90 de la Ley de Impuesto sobre la Renta.

38 Sentencia de la Junta de Apelaciones del Impuesto sobre la Renta N° 161, de 13-2-47, JISR 1961, pág. 65.

En todo caso el Tribunal debe decidir, dentro del plazo que faltare para completar noventa días contados a partir de la fecha en que se dio entrada al expediente[39].

La sentencia puede ser confirmatoria del acto apelado, al declararse sin lugar el recurso; anulatoria del acto apelado, al declararse con lugar; y declaratoria de nulidad parcial, al declararse parcialmente con lugar la apelación intentada.

b'. *Contenido*

a". *Noción previa*

427. La sentencia del Tribunal de Apelaciones del Impuesto sobre la Renta, hemos dicho, puede ser confirmatoria, anulatoria o parcialmente anulatoria del acto administrativo fiscal recurrido. Veamos separadamente estos tres posibles contenidos de la sentencia de Primera Instancia del procedimiento contencioso-fiscal.

b". *Sentencia confirmatoria*

428. Declarada sin lugar la apelación, se produce la confirmación del acto apelado. El efecto principal de la confirmatoria del acto es la producción del ingreso definitivo al Tesoro Nacional, de las cantidades pagadas por el contribuyente para interponer su recurso, en base al principio *solve et repete*[40].

Además, declarada totalmente sin lugar la apelación, deberá imponerse al recurrente el pago del interés del 1 por ciento mensual sobre el total de la planilla objetada, computable a partir del último día de pago concedido administrativamente para cancelarla. El Tribunal sólo puede eximir de dichos intereses al apelante cuando, a su juicio, hubiere motivos racionales para interponerse el recurso, lo cual deberá hacer mediante exposición motivada en la misma sentencia[41].

c". *Sentencia anulatoria*

429. Declarada con lugar la apelación se produce la anulación del acto administrativo fiscal recurrido[42].

La sentencia anulatoria, en este caso, es título suficiente para que el recurrente obtenga la devolución total de la cantidad pagada para recurrir[43].

---

39   Artículos 91 y 92 de la Ley de Impuesto sobre la Renta.

40   Artículo 153 del Reglamento de la Ley de Impuesto sobre la Renta.

41   Artículo 92 de la Ley de Impuesto sobre la Renta.

42   Declaraciones expresas de nulidad por ilegalidad de actos administrativos fiscales pueden verse en la sentencia de la Junta de Apelaciones del Impuesto sobre la Renta N° 491, de 6-5-55, JISR 1961, pág. 241, y en las sentencias del Tribunal de Apelaciones del Impuesto sobre la Renta N° 49, de 26-4-60, Expediente N° 185, y N° 103, de 9-6-60, Expediente N° 181.

43   Artículo 153 del Reglamento de la Ley de Impuesto sobre la Renta.

d". *Sentencia parcialmente anulatoria*

430. Declarada parcialmente con lugar la apelación interpuesta, se produce la anulación parcial del acto apelado. En este caso, también la sentencia es título suficiente para que el recurrente obtenga la devolución parcial de la cantidad pagada para recurrir[44].

Respecto a esta anulación parcial, la antigua Junta de Apelaciones ha indicado que "la anulación parcial de la planilla conlleva el descargo de los derechos allí cobrados..., pero ese simple registro formal no hace desaparecer la primitiva relación entre el contribuyente y el Fisco, entre el deudor y el acreedor. En el caso concreto, en lugar de la planilla anulada se expide bajo un número nuevo, otra planilla, que exhibe características formales distintas de la anterior pero que, sustancialmente, son idénticas, sin que pueda inferirse que al contribuyente le sea dado valerse de esta segunda ocasión para intentar el recurso de apelación que permitió, al no impugnar las bases que sirvieron para la liquidación de la primera planilla, en la oportunidad en que ésta era un instrumento idóneo para intentarlo. El hecho generador del impuesto no ha variado a consecuencia de la emisión de la segunda planilla, único caso en que podría ejercerse válidamente el recurso de apelación en que estamos tratando; el acto constitutivo de la acreencia de impuesto es, pues, igual en ambas planillas, sin que la segunda planilla, emitida a consecuencia de la anulación ordenada por el Ministerio de Hacienda, traiga nuevos elementos entre las relaciones del binomio contribuyente-fisco"[45].

c'. *La cosa juzgada jurisdiccional*

431. En virtud del principio de la autoridad de la cosa juzgada, no puede volverse a discutir ante el Tribunal un asunto sentenciado ya con anterioridad.

A tal efecto, la antigua Junta de Apelaciones ha sostenido lo siguiente: "Basa su apelación el recurrente en la inconformidad con la liquidación complementaria y multa que la Administración General del Impuesto sobre la Renta expidió, con fecha 10-9-48, bajo el número 2.737, en cumplimiento de la sentencia dictada por esta Junta el día 10-12-47, reproduciendo íntegramente los alegatos que en anterior ocasión había formulado en apoyo de su primer recurso, declarado con lugar en parte por la susodicha sentencia N° 201, y, comoquiera que en esta nueva apelación se discute el fondo de la cuestión en análogas circunstancias, sin que haya habido promoción de nuevos elementos que hagan susceptible de revisar el fallo dictado con anterioridad, esta Junta desestima el recurso en cuanto atañe a los alegatos que le sirven de fundamento, por considerar que la sentencia N° 201 ha pasado en autoridad de cosa juzgada y que, en el caso de autos, se cumplen los requisitos exigidos

---

44   Artículo 153 del Reglamento de la Ley de Impuesto sobre la Renta.

45   Sentencia de la Junta de Apelaciones del Impuesto sobre la Renta N° 324, de 18-5-51, JISR 1961, pág. 163.

por la presunción *juris et de jures* que el artículo 1.395 del Código Civil tiene establecidos"[46].

En todo caso, los efectos de la cosa juzgada, como se trata de la anulación de actos administrativos, tiene efectos absolutos[47].

C) *La segunda instancia: la Corte Suprema de Justicia en Sala Político-Administrativa*

432. De las sentencias dictadas por el Tribunal de Apelaciones del Impuesto sobre la Renta puede apelarse para ante la Corte Suprema de Justicia en Sala Político-Administrativa[48] dentro del término de diez días. Sin embargo, solamente se oirá el recurso *previo el pago de la planilla de liquidación*[49].

Entre los problemas que se presentan en la Segunda Instancia, el más discutido y de interés en destacar es el relacionado con la aplicación del principio *solve et repete*, cuando se ha obtenido una decisión parcialmente anulatoria, es decir, se ha declarado parcialmente con lugar la apelación.

La cuestión, aunque ha sido objeto de diversas interpretaciones, ha sido resuelta reiteradamente por el Tribunal de Apelaciones del Impuesto sobre la Renta. Veamos su jurisprudencia.

El Tribunal ha expresado: "La cuestión debatida en esta incidencia es la de si el contribuyente que haya obtenido una decisión parcialmente favorable en el Tribunal de Apelaciones del Impuesto sobre la Renta, como consecuencia del Recurso de Apelación interpuesto ante la Administración General del Impuesto sobre la Renta contra liquidación de impuesto sobre la renta y multa, o de ambos, debe pagar, para recurrir a su vez ante la Corte Suprema de Justicia, la totalidad del monto de la planilla originaria contra la cual ejerció la apelación y que fue objeto de la controversia jurisdiccional, conforme a lo decidido por el juez en el auto recurrido, o si, acorde con el criterio del apoderado de la contribuyente, debe librarse a los efectos de su pago una nueva planilla sólo por el monto de los reparos confirmados aunque el Fisco apele de los reparos revocados"[50].

La situación procesal que originó la disidencia de criterios sobre el punto controvertido aparece regulada por el artículo 86 de la Ley. Y agrega el Tribunal: "Del examen de esta norma legal, y también de la contenida en el artículo 83 *ejusdem*, según la cual, para interponer apelación para ante el Tribunal de Apelaciones del Impuesto sobre la Renta contra liquidaciones de impuesto expedidas por la Adminis-

---

46   Sentencia de la Junta de Apelaciones del Impuesto sobre la Renta Nº 289, de 28-2-50, JISR 1961, pág. 137.

47   Véase Nº 376.

48   Que viene a sustituir a la antigua Corte Federal.

49   Artículo 86 de la Ley de Impuesto sobre la Renta.

50   Sentencia del Tribunal de Apelaciones del Impuesto sobre la Renta Accidental Nº 8, Nº 303 de marzo de 1962.

tración de dicho impuesto, se requiere el afianzamiento o pago del monto de la planilla liquidada, se infiere en forma indiscutible que nuestro Derecho fiscal en esta materia ha adoptado el clásico principio de *solve et repete*, que se aplica en razón de la necesidad que tiene el Estado de percibir sin dilación los recursos tributarios, pues la actividad administrativa es continua y necesaria, y ella presupone la percepción regular de los ingresos fiscales previstos para proveer al funcionamiento de los servicios públicos. El aludido principio conforme al cual el contribuyente debe pagar previamente el impuesto para poder discutir jurisdiccionalmente su legitimidad, sin perjuicio de que lo pagado se revierta a su patrimonio por efecto de sentencia favorable a su interés, no ha sido acogido en términos absolutos para recurrir a la primera instancia judicial, pues la ley admite alternativamente el pago o la caución, pero sí lo ha sido para poder impulsar el proceso a la revisión de la segunda y última instancia, pues el precepto en esta última situación no admite sino exclusivamente el pago previo de la planilla liquidada, como textualmente reza el texto".

"De acuerdo, pues, con la fundamentación doctrinaria de la regla *solve et repete*, el pago previo no puede versar sino sobre la liquidación objetada por el contribuyente con el ejercicio de la apelación, o sea, la misma planilla liquidada cuya legitimidad fue objeto de la controversia procesal. El precepto legal es, por lo demás, tan claro en su redacción que tampoco admitiría una interpretación gramatical diferente, pues para el momento en que el juez sustanciador va u oír la apelación no existe en autos ninguna otra planilla liquidada diferente de la objetada por el contribuyente".

Y el Tribunal de Apelaciones reafirma este criterio, "al observar lo preceptuado por el artículo 85 de la ley, en el sentido de que cuando, por efecto de reconsideración administrativa, se modifique total o parcialmente el acto fiscal, la apelación del contribuyente versará sobre la nueva actuación y no sobre la planilla primigenia que lógicamente deberá ser anulada. Pues bien, si la ley es tan previsiva al reglar expresamente esta situación, mal puede el intérprete pensar que la intención legislativa fue la misma pero se omitió su reglamentación en el caso del recurso de alzada para la Segunda Instancia".

El Tribunal de Apelaciones llega, en definitiva, a la conclusión "de que, para poder ejercer el recurso de apelación para ante la Corte Suprema de Justicia contra las decisiones del Tribunal, debe pagarse en todo caso, así haya habido revocación parcial del acto administrativo, la totalidad de la planilla liquidada que dio origen al proceso"[51].

---

51 Sentencia del Tribunal Accidental N° 8 de Apelaciones del Impuesto sobre la Renta, N° 303 de marzo de 1962. Asimismo, véase la sentencia del Tribunal Accidental N° 7 de Apelaciones del Impuesto sobre la Renta, de marzo de 1962, Expediente N° 239.

ÍNDICE INFORMATIVO DE BIBLIOGRAFÍA GENERAL

R. ALESSI, *Sistema Istituzionale dei Diritto Amministrativo*, Giuffré Ed., Milán. 1953.

S. ALVAREZ GENDIN, *Tratado de Derecho Administrativo*, Bosch, Barcelona, 1957.

H. BERTHELEMY, *Traité élémentaire de Droit Administratif*, 13 ed., Paris, 1933.

R. BIELSA, *Derecho Administrativo*, 5 tomos, Ed. De Palma, Buenos Aires.

R. BIELSA, *Compendio de Derecho Administrativo*, Ed. De Palma, Buenos Aires, 1960.

R. BONNARD, *Précis de Droit Administratif*, 4 ed., librairie Générale de Droit et de Jurisprudence, Paris, 1943.

Th. BRANDAO CAVALCATI, *Tratado de Diremo Administrativo*, Río de Janeiro, 1942.

R. BULLRICH, *Principios Generales de Derecho Administrativo*, Buenos Aires, 1942.

A. BUTTGENBACH, *Manuel de Droit Administratif*, 2 ed., Larder, 1959.

M. CAETANO, *Manual de direito Administrativo*, 4 ed., Coimbra E., Coimbra, 1957.

M. CAETANO, *Tratado Elemental de Derecho Administrativo*, G. Gali, Santiago de Compostelo, 1946.

J. J. CASTRO MARTINEZ, *Tratado de Derecho Administrativo*, 2ª ed., Ed. Agra, Bogotá, 1950.

A. COPETE LIZARRALDE, *Lecciones de Derecho Administrativo*, Bogotá, 1950.

F. D'ALESSIO, *Instituzioni di diritto amministrativo*, 4 ed., Turin, 1949.

A. DE VALLES, *Elementi di Diritto Amministrativo*, 3 ed., Cedam, Padua, 1956.

P. DUEZ y G. DEBEYRE, *Précis de Droit Administratif*, Dalloz, París, 1952.

Ch. EISENMANN, *Cours de droit administratif approfondi*, Cours de Doctorat de Droit Administratif en la Facultad de Derecho de Paris, policopiados desde 1948.

F. FLEINER, *Instituciones de Derecho Administrativo*, Ed. Labor, Barcelona, 1933.

E. FORSTHOFF, *Tratado de Derecho Administrativo*, Instituto de Estudios Políticos, Madrid, 1958.

G. FRAGA, *Derecho Administrativo*, 6 ed., Porrúa H., México, 1955.

C. GARCIA OVIEDO, *Derecho Administrativo*, 2 vol., 7 ed., Madrid, 1959.

F. GARRIDO FALLA, *Tratado de Derecho Administrativo*, 2 vol., Instituto de Estudios Políticos, Madrid, 1958-1962.

J. GASCON Y MARIN, *Tratado de Derecho Administrativo*, Ed. Reus, 1952-1955.

P. GASP ARRI, *Corso di Diritto Amministrativo*, Padua, 1960.

M. S. GIANNINI, *Lezioni di diritto amministrativo*, Milán, 1950.

Ch. GEORGIN, *Cours de Droit Administratif*, Eyrilles, París, 1954.

GRIFFITH y STREET, *Principles of Administrative Law*, Pitman, Londres, 1952.

M. HAURIOU, *Précis élémentaire de Droit Administratif*, 4 ed., Sirey, París, 1938.

J. A. IRIBARREN, Lecciones de Derecho Administrativo, Santiago de Chile, 1936.

M. JARA CRISTI, *Derecho Administrativo*, Santiago de Chile, 1948.

G. JEZE, *Principios Generales del Derecho Administrativo*, Ed. De Palma, 6 vol., Buenos Aires, 1948-1950.

A. LANOIS y SANCHEZ, *Derecho Administrativo*, 3 ed., Cultural S. A., La Habana, 1952.

A. DE LAUBADERE, *Traite élémentaire de Droit Administratif*, 3 ed., Librairie Générale de Droit et de Jurisprudence, Paris, 1963.

A. DE LAUBADERE, *Manuel de Droit Administratif*, 6 ed., Librairie Générale de Droit et de Jurisprudence, Paris, 1960.

R. MALEZIEUX, *Manuel de Droit Administratif*, Editions Cujas, París, 1954.

O. MAYER, *Derecho Administrativo Alemán*, 5 vol., De Palma Ed., Buenos Aires, 1949.

A. MERKL, *Teoría General del Derecho Administrativo*, Revista de Derecho Privado, Madrid, 1935.

G. MIELE, *Principi di diritto amministrativo*, Padua, 1960,

V. E. ORLANDO y S. LESSONA, *Principi di diritto amministrativo*, Ed. Barbera, Florencia, 1952.

V. E. ORLANDO, *Primo Trattato Completo di Diritto Amministrativo Italiano*, Milán, 1935.

G. POTENZA y G. LANDI, *Manuale di Diritto Amministrativo*, Milán, 1960.

PRESUTTI, *Instituzioni di diritto amministrativo italiano*, 3 ed., Messina, 1933.

O. RANELLETTI, *Instituzioni di diritto amministrativo*, Cedam, Padua, 1930.

O. RANELLETTI, *Principi di diritto amministrativo*, Nápoles, 1911.

A. REVILLA QUEZADA, *Curso de Derecho Administrativo Boliviano*, La Paz, 1958.

J. RIVERO, *Droit Administratif*, 2 ed., Précis Dalloz, París, 1962.

L. ROLLAND, *Précis de Droit Administratif*, 11 éd., Dalloz, París, 1957.

A. y S. ROYO-VILLANOBA, *Elementos de Derecho Administrativo*, 2 vol., 24 éd., Santander, Valladolid, 1955.

A. SANDULLI. *Manuale di diritto amministrativo*, Nápoles, 1952.

E. SAYAGÜES LASO, *Tratado de Derecho Administrativo*, 2 vol., Montevideo, 1953-1959.

A. SERRA ROJAS, *Derecho Administrativo*, México, 1959-

B. SCHWARTZ, *Le droit administratif américain*, Sîrey, París, 1952.

E. SILVA CÎMMA, *Derecho Administrativo Chileno y Comparado*, Editorial Jurídica de Chile, 1954.

L. SPIEGEL, *Derecho Administrativo*, Barcelona, 1933.

G. VARGAS, *Derecho Administrativo*, Santiago de Chile, 1940.

G. VEDEL, *Droit Administratif*, 2ª ed., Col. Themis, Presses Universitaires de France, París, 1961.

B. VILLEGAS BASAVILBASO, *Derecho Administrativo*, 5 vol., Buenos Aires, 1949.

C. VITTA, *Diritto Amministrativo*, 3 ed., 1950.

D. WALDO, *The Administrative State*, Nueva York, 1948.

M. WALINE, *Droit Administratif*, 9 ed., Sirey, Paris, 1963.

G. ZANOBINI, *Corso di diritto amministrativo*, 5 vol., Gìuffré, Milán.

G. ZANOBINI, *Curso de Derecho Administrativo*, vol. I, Ed. Arayú, Buenos Aires, 1954.

ÍNDICE GENERAL

SEGUNDA PARTE:

LA TEORÍA DE LOS ACTOS ADMINISTRATIVOS

TERCERA PARTE:

LA TEORÍA DE LOS CONTRATOS ADMINISTRATIVOS

Cuarta Parte:

LOS RECURSOS ADMINISTRATIVOS

QUINTA PARTE:

LA JURISDICCIÓN CONTENCIOSO-ADMINISTRATIVA

CAPITULO III

ALCANCE DEL PRINCIPIO

CAPITULO CUARTO

LA ILEGALIDAD

TITULO SEGUNDO
LA TEORÍA DE LOS ACTOS ADMINISTRATIVOS

CAPITULO PRIMERO
INTRODUCCIÓN

CAPITULO SEGUNDO
LA DEFINICIÓN DEL ACTO ADMINISTRATIVO

CAPITULO QUINTO

LA CLASIFICACIÓN DE LOS ACTOS ADMINISTRATIVOS

TÍTULO TERCERO

LA TEORÍA DE LOS CONTRATOS ADMINISTRATIVOS

CAPITULO PRIMERO

INTRODUCCIÓN

CAPITULO SEGUNDO

LA NATURALEZA DE LOS CONTRATOS ADMINISTRATIVOS

CAPITULO TERCERO

LAS CARACTERÍSTICAS FUNDAMENTALES
DE LOS CONTRATOS ADMINISTRATIVOS

CAPITULO CUARTO
LA FORMACIÓN DEL CONTRATO

CAPITULO QUINTO
LOS EFECTOS DEL CONTRATO

TÍTULO CUARTO
LA TEORÍA DE LOS CONTRATOS ADMINISTRATIVOS

CAPITULO PRIMERO
INTRODUCCIÓN

CAPITULO SEGUNDO
LA TEORÍA DEL RECURSO ADMINISTRATIVO

CAPITULO TERCERO
LOS RECURSOS ADMINISTRATIVOS

TITULO V

LA JURISDICCIÓN CONTENCIOSO ADMINISTRATIVA

CAPITULO PRIMERO

INTRODUCCIÓN

CAPITULO SEGUNDO

LAS CARACTERÍSTICAS FUNDAMENTALES

CAPITULO TERCERO

LA COMPETENCIA DE LA JURISDICCIÓN
CONTENCIOSO-ADMINISTRATIVA

CAPITULO CUARTO

EL PROCEDIMIENTO CONTENCIOSO-ADMINISTRATIVO

CAPITULO QUINTO

LOS RECURSOS CONTENCIOSO ADMINISTRATIVOS

CAPITULO SEXTO
LA MATERIA CONTENCIOSO FISCAL

www.ingramcontent.com/pod-product-compliance
Lightning Source LLC
Chambersburg PA
CBHW052128020426

42334CB00023B/2635